說郛三種

壹

[明] 陶宗儀 等編

上海古籍出版社

圖書在版編目（CIP）數據

說郛三種 /（明）陶宗儀編 .— 上海：上海古籍出版社，2012.12（2024.6 重印）

ISBN 978-7-5325-6488-0

Ⅰ．說… Ⅱ．①陶… Ⅲ．①古籍-中國-明代-選集 Ⅳ．①Z424.8

中國版本圖書館 CIP 數據核字（2012）第 108742 號

說郛三種

（全十册）

［明］陶宗儀等　編

上海古籍出版社 出版發行

（上海市閔行區號景路 159 弄 1-5 号 A 座 5 樓　郵政編碼 201101）

（1）網址：www.guji.com.cn

（2）E-mail：guji1@guji.com.cn

（3）易文網網址：www.ewen.co

上海世紀嘉晉數字信息技術有限公司

開本 787×1092　1/16　印張 585　插頁 50

2012 年 12 月第 1 版　2024 年 6 月第 5 次印刷

ISBN 978-7-5325-6488-0

Z・419　　定價：2980 圓

出版説明

《説郛》，元末明初學者陶宗儀編纂。宗儀字九成，號南村，浙江黄巖人。生卒年尚待考定。青年時，博學工文章，曾有志於科名，因所作舉業論及當世時事，爲主試者所忌，遂絶意仕進，埋首讀書，手不釋卷，無所不窺。因家境貧寒，常從友人借貸買書或借書抄録。中年避世亂，隱居松江，以授徒爲生。有弟子在泗涇之北，爲買地造屋，其自號南村，又號泗濱老人，以著述終老。宗儀著述甚富，據明孫作所撰小傳，稱纂有《説郛》一百卷，撰《輟耕録》三十卷、《書史會要》九卷、《四書備遺》二卷。又《四庫全書總目提要》所著録宗儀著作除上述各書外，尚有《國風尊經》一卷、《草莽私乘》一卷、《古刻叢鈔》一卷、《南村詩集》四卷、《滄浪櫂歌》一卷。阮元進呈《四庫未收書目》著録有《游志續編》二卷。《千頃堂書目》著録又有《金丹密語》一卷。總計十一種。《説郛》乃是其居松江時所輯成者。

《説郛》分類選輯歷朝「士林罕見」的經、史、小説、雜記一千餘家共數萬條，是一部很有價值的綜合性大型叢書。早在《説郛》成書時，楊維禎在序言中説：「學者得是書開所聞、擴所見多矣。要其博古物，可爲張華、路段；其覈古文奇字，可爲子雲、許慎；其索異事，可爲贊皇公；其知天窮數，可爲淳風、一行；其搜神怪，可爲鬼董狐；其識蟲魚草木，可爲《爾雅》；其紀山川風土，可爲《九丘》；其訂古語，可爲鈐契；其究諺談，可爲稗官；其資謔浪調笑，可爲軒渠子。昔應中遠作《風俗通》，蔡伯喈作《勸學篇》，史游作《急就章》，猶皆傳世，况是集之用工深而資識者大乎！其可傳世無疑也。」《四庫全書總目提要》僅著録明刻重輯本，已稱許其「斷簡殘篇，往往而在；佚文瑣事，時有徵焉，固亦考證之淵海」。至於近世，對於歷代史料的收輯研究逐步深入，《説郛》也引起中外學術界的重視，對它的研究論述之作屢見不鮮。

《説郛》原本久佚，僅有明抄本流行。近人張宗祥據六種明抄本，即：原北平圖書館藏約隆慶、萬曆間殘抄本，傅氏雙鑑樓藏明抄本三種（弘農楊氏本、弘治十八年抄本、吴寬叢書堂抄本），涵芬樓藏明抄殘存九十一卷本，瑞安孫氏玉海樓藏明殘抄本十八册，校理成書，於民國十六年由上海商務印書館排印出版，是爲涵芬樓一百卷本，爲現今學者據以考證、研究的主要本子，但所輯之書僅七百二十五種，遠不逮原本所收。

在此以前，《説郛》已有明刊一百二十卷本行世，一署「天台陶宗儀九成纂」，一署「天台陶宗儀纂、姚安陶珽重輯」（通常稱爲宛委山堂本）。此本收書有一千二百餘種，其版刻情況頗複雜，至今所見各部，收録内容均有差異之處。

在明刻《説郛》一百二十卷本後，附有《説郛續》四十六卷，卷端或未署名，或署「姚安陶珽編」，體例與《説郛》同，共收著作五百三十餘種。清代編纂《四庫全書》時，被列入禁燬書目，故流傳極少。

我社在調查《説郛》上列各種版本情況後，決定將涵芬樓百卷本，明刻《説郛》一百二十卷本及《説郛續》四十六卷本三種彙集影印，定名《説郛三種》。張宗祥氏後曾用休寧汪季青家所抄明抄殘本二十五册，以校涵芬樓本，所得校文十餘萬字，經我社整理爲校記，現附於涵芬樓百卷本後。明刻《説郛》、《説郛續》，各部都有殘缺漫漶之處，現以中國佛教圖書文物館及上海辭書出版社藏本爲底本，其有缺頁則用北京圖書館、上海圖書館、上海博物館等藏本配補。因各本不同，甚至有某一卷目不能包含全篇内容者。遇到這種情況，本社將兩個不同卷目均保留在所屬卷前。有目無文未言缺者也存其舊。有文無目無從歸屬者則作爲附録，放在明刻《説郛》、《説郛續》後。至此《説郛三種》所收内容，合而觀之，已多於《中國叢書綜録》著録，雖尚未敢稱爲全璧，以目前而論，庶幾近之。但缺殘之處仍所難免，亟盼學術界匡正補充，使此書再版之時，能更臻完善。

《説郛三種》中各書所署書名、作者，時有錯誤之處，但難予一一勘正，現悉依原書；新編目録亦照正文不改。書末附書目索引，以便讀者檢索。

上海古籍出版社

一九八六年三月

説郛三種總目録

說郛一百卷目録

卷一

卷二

卷三

卷四

卷二十一

卷二十二

卷二十三

卷二十四

卷二十五

說郛一百二十弓目録

弓六

弓七

弓八

弓九

弓十

弓十一

弓十二

弓十三

弓十四

弓二十

弓二十一

弓二十二

弓二十三

弓二十四

弓二十五

弓二十六

弓二十七

弓二十八

弓二十九

弓三十

弓三十一

弓三十二

弓三十三

弓三十四

弓三十五

弓三十六

弓三十七

弓六十

弓六十一

弓七十四

弓七十五

弓七十六

弓七十七

弓七十八

弓一百一

弓一百二

弓一百三

弓一百四

弓一百九

弓一百十

弓一百十一

弓一百十二

説郛續四十六弓目録

弓一

弓二

弓三

弓四

弓五

弓六

弓七

弓十五

弓十六

弓十七

弓二十一

弓二十二

弓二十三

弓二十四

弓二十五

号二十六

号二十七

号二十八

㢧二十九

㢧三十

㢧三十一

㢧三十二

㢧三十三

弓三十八

弓三十九

弓四十

弓四十六

附録

説郛一百卷

据明鈔本

説郛

涵芬樓藏板

說郛序

說郛一百卷明陶宗儀纂今世通行本爲一百二十卷乃清順治丁亥姚安陶珽編次其中錯誤指不勝屈如四庫目錄所載春秋緯九種之後別出一春秋緯青瑣高議之外別出一珩璜新論周密之武林舊事分題九部段成式酉陽雜俎別立三名陳世崇之隨隱筆記詭標二目又王逵蠡海集其人于宗儀爲後輩雜事祕辛出楊慎而其書並列集中各條已足証明非南村原本而揉雜竄亂之可笑矣乾嘉前輩往往歎息于說郛之亡亡于剞劂豈不諒哉自民國八年冬主京師圖書館事得見館中殘本明抄說郛持校刊本則雲谷雜記一種刊本亦標三名一標雲谷雜記一以壽山艮嶽一條標艮嶽記一則以聯句所始等二十五條別爲東齋記事而云宋許觀撰杜撰書名僞標作者則其他更何足言由是發願欲還南村之舊然非明抄本則不足據明抄又不可多覯既遇之矣又皆非全帙且錯簡脫文不一而足私心以爲必無望矣然遇明抄則缺者必借鈔重者必借校閱今六年竟成全書其中字句不敢臆改非據善本則必以抄本校抄本擇其善者而從之今已竣事敢舉其大者以告世之同好者事始續事始世無傳本一善也（此二種舉其大者其餘小者甚多）雲谷雜記雖非全本然較武英殿本已多二十餘條意林世所傳皆五卷本此書所收爲六卷本二善也老學菴續筆記有目無書久矣四庫各閣皆無此獨有之三善也至于各子佳字尤多既還南村之舊奚敢祕爲己物爰付剞劂用補先輩之憾云海寧張宗祥記

說郛序

孔子述土鼓蕢桴實于僮謠孟子證瞽瞍朝舜之語于齊東野人則知瑣語虞初之流博雅君子所不棄也天台陶君九成取經史傳記下迨百氏雜說之書千餘家纂成一百卷凡數萬條剪揚子語名之曰說郛徵予序引閱之經月能補予攷索之遺學者得是書開所聞擴所見者多矣要其博古物可爲張華路段其覈古文奇字可爲子雲許愼其索異事可爲贊皇公其知天窮數可爲淳風一行其搜神怪可爲鬼董狐其識蟲魚草木可爲爾雅其紀山川風土可爲九丘其訂古語可爲鈐契其究諺談可爲稗官其資謔浪調笑可爲軒渠子昔應中遠作風俗通蔡伯喈作勸學篇史游作急就章猶皆傳世况是集之用工深而資識者大乎其可傳于世無疑也雖然揚子謂天地萬物郭也五經衆說郛也是五經郛衆說也說不要諸聖經徒勞搜泛采朝記千事暮博千物其于仲尼之道何如也孟子曰博學而詳說之將以反說約也約則要諸道已九成尚以斯言勉之會稽抱遺叟楊維禎序

說郛目錄

說郛目錄終

說郛卷第一

南村眞逸陶宗儀 纂

南 齋龔 鉞校正

經子法語 二十四卷 宗詳案一本有注他本無今從無注本

周易

上經

草昧 闔厄 金夫 擊蒙 毒天下 反目 素履 視履考

祥 不可榮以祿 離祉 裒多益寡 介于石 睢盱 何校

滅耳 束帛戔戔 白賁 牀辨 貫魚 家食童牛 豶豕

朵頤 女妻 徽纆

下經

以虛受人 輔頰舌 滕口說 肥遯 蹇連 從貴 已事遄

往 酌損之 次且 羝狠難移 莧陸 梘 羸豕 蹢躅

剛揜拚 尙口 致命遂志 改井 往來井井 久井不可渫

治 革面 啞啞 覆餗 喪具 豐屋蔀家 麗澤

繫辭

言語爲階 冶容誨淫 掛一 爲近利市三倍 矯輮 剛

鹵

尙書

虞書

雅誥 爲隸古定 悉上送官 三句係序非尙書本文 賓出日 東作 嚚訟

鳩僝 象恭 方命圮族 否德 上日 既月乃日 東后

協時月正日 任人 矢謨 疑謀勿成 枚卜 習吉 孔

壬 化居 叢脞

夏書

降丘宅土 成賦中邦 甘酒嗜音 畔官離次 俶擾 于史

商書

稱亂 穡事 典寶 敷虐 造攻 蒙士 徂后 速戾 自

廣以狹人 矢言 卜稽 有秋 不昏作勞 和吉言 憸民

逸口 短長之命 佚罰 謀長 迪穢以自臭 易種 營

求 啟寵納侮 專美 康食 興受其敗

周書

一月 犁老 朋家 脅權 罪浮 淫巧 俊民穆卜 降割

于我家不少延遹播臣 投艱 民大和會 紹聞衣德言 耇

成人 宅心 政人 引惡 德將無醉 奔走事厥 考厥長

洗澳 崇飮 酣身 剛制于酒獻臣 百宗工 姑惟教之

攻位 保抱攜持 百爲 開釋 牆面 載僞 居寵 依埶

作威 倚法以削 壞隤 報誥 宅里 風聲 席寵 側媚

府辜 受賷如流 諞言

毛詩

好逑 子孫蟄蟄 湘之 退食 懷春 隱憂 古處 終風

不日有曀 契闊 百爾君子 歸妻 招招舟子 御窮

瑣尾 流離 渥赭 養養 靈雨 倌人 維私 垝垣 三

歲食貧 一葦杭 不容刀 不日不月 曷月 百凶 挑達

闉闍 甘與子同夢 兩肩 姝子 盧鋂 板屋 俴駟

遡洄 人百其身 穀旦于差 握椒 漚麻漚紵 亨魚煩則

碎 蒼蔚 一之日觱發 二之日栗烈 三之日 四之日

舉趾 懿筐 微行 蠶月 執宮功 肥羜 月恆 膚公

宣驕 爪士 尸饔 毋金玉爾音 新特 考室 妣祖 閣

閣 唯酒食是議 薦瘥 膴仕 鞫訩 莠言 朔日 不愸

遺一老 讒口囂囂 噂沓背憎 暬御 鼠思 不潰于成

淪胥 塡寡 岸獄 握粟出卜 永歎 疚首 我辰安在
篢言 拳勇 河槃 巷伯 萋斐 腹我 風議 南東其
畝 百穀庭碩 遺秉滯穗 匹鳥 無幾相見 奏能 邪幅
義問 仇方 女士 殿屎 牖民 訏謨 實虹小子 大
房 古帝 淸酤 旅楹

周禮

天官
內饔外饔 亨人 女酒 囿游 九穀 八材 賦口出泉
羞服 嬪貢 斿貢 稱責傳別 質劑 最目 起文章草
侍晉伍伯 趨走給召呼 灥羹 腒鱐 痟首疾 劀殺 酒
材公酒 㳷酒 翁翁然葱白色上 事酒 昔酒 酒式 酒
府 寒粥 斬冰乾橑 醓 䴴醢 昌本 脾析 豚拍 蓑
中之事 褻器 行羽物 潛服賊器 奇服怪民 內令

地官
齊人名麴麩曰媒 饎人 女饎 褻物 甃韜 絣 介次
死政之老 野職 稼器 稼政 季材 紫茢
春官
師不功 儀酌 渠眉 年十二到年三十 散樂 奇拜 襃
拜 朔日直某
夏官
虎士 懷方氏 撢人 夜事 取不孕任者 原蠶 涂數
遽令 小命 燕令 先牧 庌馬 誦四方之傳道
秋官
訝士 象胥 嘉石 肺石 邦約 慢朝錯立族談 傅語
合錢共賈 歲登下其死生 餅金 搶雷椎擣 柴誓 蹩
幾酒 夜士 定昏 屋誅 土揖 時揖 天揖

冬官
審曲面執 橘踰淮而北爲枳 旋蟲 篆景 鍾以厚則石
侈則柞 䶉頭無髮 頭髮皓白曰宣 膸敗

禮記

曲禮
班朝 撙節 聚麀 幼學 致事 不得謝 肩隨 連步
男女異長 用楔 始服衣若干尺 翰音 美獻 明視 疏
趾 尹祭 商祭鱻
檀弓
雨甚至 進使者而問故 申也聞諸申之父曰 吾何行如之
易墓 卽遠 不家于喪 二夫人之死而致生之 不可不
深長思 生於我乎館 馬鬣封 傷哉貧也 世世萬子孫
壹似重有憂者 嗟來食 沐椁 自吾母而不得吾情吾惡乎

用吾情
王制
不能五十里 析言破律 尊物非民所宜有 得人不暖 以
珍從 月告存 世國 世爵
月令
魚上冰 先立春三日 迎歲 骼胔 舟牧 禁婦女毋觀分
繭稱絲 日號 博勞 黑黃蒼赤 溽暑 白鳥 閩蚋 蟄
蟲坏戶 厲飾 物勒工名
曾子問
升自西階盡等不升堂 女氏 雨霑服失容 方色 天子稱
天以誅 上牲 介子 當室之白 受宿
文王世子
日三 九朌 乞言合語 遠近間三席 負牆 曲藝 又語

上嗣　公大事　同宗無相賓客之道　貴宮貴室　下宮
下室　先老　色憂不滿容　不能飽
禮運
捭遯　笵金　上神　越席　合莫　幽國　與僕相等輩而處
腐革充盈　持情
禮器
居山以魚鼈爲禮　年之上下　臺門　豚肩不掩豆　瀚衣濯
冠以朔
郊特牲
褻味　寓公　寄公　答陽　雕幾
內則
紛帨　慈以旨甘　掉磬　膷　膮　臐　舒雁　舒鳧　專夜
當夕　女君御日　詩負

玉藻
衣布晞身　惰游之士　不齒之服　居士　山立　力臣　臣
孽　私事　使人私
明堂位
味　任　重檐刮楹　疏屏　浮思
喪服小記
異月　如不知姓則書氏　報葬　筮宅　世祭　妾母
大傳
旁治　戚單　出入之服
少儀
固頗聞名于將命者　階主　聽事　聽役　拚席　箕揭　武
門　侍役　運笏澤劍首　夫襓　卻刃授穎　削胦　步爵
報切　宛脾

學記
謏聞　學然後知不足　離經　佔畢　燕朋　燕譬
樂記
事者民之風雨　豢豕爲酒　周還象風雨　區萌　獶雜子女
溺音　趨數　繁瘠廉肉　飾喜
雜記
葦席少爲屋　不名神　廣長盡終幅　不避涕泣而見人　侈
袂　爲火來者　可人
喪服大記
設階　東榮　子姓　抗衾　拒用浴衣　爪足　爪手剪鬚
祭法
能出雲爲風雨見怪物皆曰神
祭義

非其寒之謂也　蕭光　歲單　月盡　卒蠶　抽繭出絲　三
盆手　出緒　盛王
祭統
心怵　明薦　溫生寒死　惠術　濟志　慶士
經解
疏通知遠　夫婦之道苦　差若毫釐繆以千里
哀公問
喪葬　好實　無似　身也者親之枝也
仲尼燕居
縱言　領惡而全好　仁賓客　發曚
孔子閒居
正明目而視之　風霆流形　負牆
坊記

天下其幾矣　盡且　食浮于人
中庸
衽金革　素隱行怪　造端　改而止　有餘不敢盡　宗器
人一能之已百之　致曲　一卷石　其默足以容　曉一孔之
人
表記
不以一日使其躬儳焉如不終日　寬身　議道自己置法以民
難爲人　以人望人　口惠而實不至　諸責　貌親
緇衣
惡得　大作　嬖御人　莊后　嬖御士　溺於口　兌命　其
言明且淸　怨資　毒其正
奔喪
以哭答使者　哭位　拾踊　奔父

問喪
婦人不宜袒故發胸擊心爵踊　殷殷田田如壞牆然　送形迎
精　當室
服問
三千之葛　文不縟
間傳
惡貌　三曲而偯　苹蒯
三年問
創鉅　啁噍之頃
深衣
短毋見膚長毋被土　善衣
投壺
枉矢哨壺　踰言　有常爵　若是者浮

儒行
衣冠中弼弼　流言不極　飲食不溽　圭窬　甕牖　并日而
食　毀方瓦合　浴德
大學
厭然如見其肺肝然　十目　十手　潤屋　體胖　菉竹　峻
德　心不在焉　學養子而後嫁　僨事　盜臣
冠義
服備　筮日筮賓　客位　以成人見
昏義
共牢合巹　女叔　內治　陽事不得
鄉飲酒義
庠門　嘗酒　啐酒　樂備　節文終遂　左海
射義

觀者如堵牆　彼將安能以中
燕義
游卒　明嫌　升成拜　禮無不答
聘義
大客禮　日幾中
喪服四制
恩揜義義斷恩　存學
儀禮
士冠禮
以蓍問日吉凶於易　旅占　宿服　側尊　一甒　鄉先生
字辭
士昏禮
以先祖之遺體許人　醴賓　改筵　良席　疑立　壻父　更

爵　祭行　昏辭　君子有惠貺室某也　婦氏人俎　某以得
爲外昏姻之數
士相見禮
久無因緣以自達　賤私　升見　問夜　宅者　刺草之臣
鄉飲酒禮
羹定　手坋汙　捝手
鄉射禮
屋廠
燕禮
伉禮　媵爵　笙三成　栗階
大射儀
不及地武　疏數容弓若丹若墨度尺而午
聘禮

介夕　管人　逊命　沒竟　問從者幾人　俟間　奄卒主人
問幾月之齋　殘日　延及二三老
食公大夫禮
右人　左人　踐汙館庭　歸具
覲禮
初事　方明
喪服
輔病　不能病　沽功　麤功　因母　妻穉　公妾　妻貴於
室　仕焉而已者　乘姓　嫂者尊年之稱　穉婦
士喪禮
中室　竹簭　功布　夾衾
既夕禮
拂抗　物土　兩服

士虞禮
南黍其東稷　倜　賓長　明齊
特牲饋食禮
寫卦　薦歲事　視牲告充　改饌　季指　內兄弟　交恩定
好　午割　內賓　公有司私臣
少牢饋食禮
官戒　旦明　移袂
有司
私人　兄弟之後生者
公羊春秋
隱公
加醲嘲辭　父時事　渴葬　慢葬　口隱
桓公

専邑　日言之　閾負茲
莊公
摽劍　開滕路　大瘠　痢　贛諫　漱浣　旗獲
閔公
歸獄　久闊思相見
僖公
寶與而文不與　寡人夜者寢而不寐其意也何　末言　前目
後凡　不能乎母　膚寸　崒上之木拱矣
文公
不雨之日長　天無是月　是月非常月也
宣公
摘巢毀卵　雙雙俱至　雙行匹至　厮役扈養　糧短　履畝
成公

佚獲　踦閭　移日前日相見
襄公
以傷辜死　有恩痛之心　就塒　孽生
昭公
五亦有中三亦有中　濆水
定公
不義成　以干闔閭　駷馬　弓綉質
哀公
以王事辭家事　薄陋餘福
穀梁春秋
隱公
遊廛　厲樂
桓公
四時具而後爲年　爲之中
莊公
始人之　日入至於星出謂之昏　隱死　淺事　婦人弗日
密石　豐年補敗
僖公
夫人之我可以不夫人之乎　訖羅　耳治　目治　倚輪
文公
閏月者附月之餘日也積分而成於月者也　毋姊妹
宣公
婚兄弟
成公
啇民工民　侵車
襄公

汲鄭伯　矢創終日不言衞　民足以滿城而自守　身賢賢也
使賢亦賢也
昭公
羈貫成童　交午翦髮　有天疾兩足不能相過
定公
正終　以身塞無狀　不盡一等　首足異門而出　日下稷
哀公
未牲曰牛　其牛一也其所以爲牛者異　已牛矣　不外麟於
中國　非魯之常禽　非嘉蟲
孟子
梁惠王
上下交征利　萬取千焉千取百焉　賢者而後樂此　數罟
狗彘食人食　餓莩　王無罪歲　願安承教　率獸食人　象
人而用之　天油然作雲沛然下雨則苗浡然興之矣
天下之人牧　仁術　挾泰山以超北海　老吾老以及人之老
幼吾幼以及人之幼　舉斯心加諸彼　權然後知輕重度然後
知長短物皆然心爲甚　緣木求魚　罔民　驅而之善　卑踰
尊疎踰戚　一夫紂　爲巨室則必使工師求大木　匠人斲而
小之　教玉人雕琢玉　係累其子弟　旄倪　疾視其長上
輕身以先於匹夫　行或使之止或尼之行止非人所能也
公孫丑
當路於齊　吾先子之所畏也　得君如彼其專也　功烈如彼
其卑　故家遺俗風流善政　尺地一民　雞鳴狗吠相聞　速
於置郵而傳命　事半古之人　養勇　不膚撓不目逃　褐夫
惡言至必反之　雖千萬人吾往矣　志氣之帥也氣體之充
也　志壹則動氣氣壹則動志　集義所生　非徒無益而又害

之　詖辭　淫辭　遁辭　善爲說辭　具體而微　仁則榮
夫里之布　天吏　內交　要譽　矢人惟恐不傷人函人惟恐
傷人　巫匠　天之尊爵　人役而恥爲役　樂取於人以爲善
耕稼陶漁　不可以風　有采薪之憂　宜於夫禮若不相然
好臣其所教而不好臣其所受教　兼金　前日之不受是則
今日之受非也今日之受是則前日之不受非也　致爲臣而去
輔行　敦匠　木若以美然　龍斷　以左右望而罔市利
識其不可然且至　窮日之力而後宿

滕文公

絕長補短　喪祭從先祖　面深墨　爲富不仁矣爲仁不富矣
粒米狼戾　糞其田而不足　選擇而使子　井地不均穀祿
不平　汙吏　圭田　死徙無出鄉鄉田同井出入相友　方里
而井　八家皆私百畝　公事畢然後敢治私事　願受一廛而

爲氓　捆屨　願爲聖人氓　一人之身而百工之所爲備　是
率天下而路也　治於人者食人治人者食於人　獸蹄鳥跡之
道　分人以財謂之惠　心不用於耕　楚產　北學於中國北
方之學者未能或之先也　江漢以濯之秋陽以暴之皜皜乎不
可尙已　治任將歸欲以所事孔子事之　下喬木而入於幽谷
市價不貳　或相倍蓰或相什百或相千萬　以所賤事親
施由親始　蠅蚋嘬之　詭遇　我不慣與小人乘　以羨補不
足　毀瓦畫墁　巨擘　辟纑　生鵝　惡用是鶃鶃者爲哉
是鶃鶃之肉也

離婁

仁心仁聞　惟仁者宜在高位　工不信度　賊民與　陳善閉
邪　規矩方圓之至　不以堯之所以治民者治民　孝子慈孫
是由惡醉而强酒　禮人不答反其敬　爲政不難不得罪於
巨室　猶執熱而不以濯　人必自侮然後人侮之　爲淵敺魚
爲叢敺爵　猶七年之病求三年之艾　天下之父歸之其子焉
往　率土地而食人肉罪不容於死　莫良於眸子　豈可以聲
音笑貌爲哉　嫂溺援之以手　不虞之譽求全之毀　舍館定
然後求見長者　徒餔啜也　底豫　惠而不知爲政　焉得人
人而濟之　每人而悅之　日亦不足矣　賢不肖之相去其間
不能以寸　泄泄　端人也其取友必端　蒙不潔　行其所無
事　施從良人之所之　無與立談者卒之東郭墦閒之祭者乞
其餘不足又顧而之他　所仰望而終身也今若此　相泣於中
庭　施施從外來

萬章

爲不若是恝　共爲子職　如窮人無所歸　不得於君則熱中
捐階　使浚井出從而揜之　牛羊父母倉廩父母干戈朕琴

朕弤朕二嫂治朕棲　舜在牀琴　始舍之圉圉焉少則洋洋焉
攸然而逝　君不得而臣　齊東野人之語　我獨賢勞　爲天
子父　以天下養　天與賢則與賢天與子則與子　施澤於民
久　一介不以與人一介不以取諸人　我何以湯之聘幣爲哉
天民之先覺者　天誅造攻　好事者爲之　鄉黨自好者不
爲　懦夫有立志　接淅而行　智譬則巧也聖譬則力也　其
至爾力也其中非爾力也　入云則入坐云則坐食云則食　館
甥于貳室　迭爲賓主　請毋以辭卻之以心卻之　以他辭無
受　獵較　簿正　仕非爲貧也而有時乎爲貧　抱關擊柝
委吏　乘田　牛羊茁壯長而已　亟問亟餽鼎肉　摽使者
犬馬畜伋　臺無餽　廩人繼粟庖人繼肉不以君命將之　使
己僕僕爾亟拜　傳賢爲臣　欲其入而閉之門　尙友
告子

戕賊杞柳以爲桮棬　禍仁義　水信無分於東西無分於上下
乎　庸敬在兄斯須之敬在鄉人　富歲子弟多賴非天之降才
爾殊也　陷溺其心　其地同樹之時又同　地有肥磽雨露之
養人事之不齊　不知足而爲屨　天下之口相似　芻豢悅我
口　山濯濯　梏亡　一日暴之十日寒之　吾退而寒之者至
矣　一心以爲有鴻鵠將至　場師　樲棘　養其一指而失其
肩背　狼疾人　心之官則思　令聞廣譽　以一桮水救一車
薪之火　黃稗　岑樓　摟其處子　文王十尺湯九尺今交九
尺四寸以長　力不能勝一匹雛　子歸而求之有餘師　關弓
不可磯　詩無問其詳願聞其指　處守　摟諸侯以伐諸侯
無曲防　地非不足也而儉於百里　不能一朝居　貉道
萬室之國一人陶　空乏其身行拂亂其所爲　困於心衡於慮
法家拂士

盡心
心者人之北辰此句當是注文　子好遊乎吾語子遊　以佚道使民以生
道殺民　仁言不如仁聲之入人深　與鹿豕遊　孤臣孽子
爲容悅　天民　中天下而立　睟然見於面盎於背　樹牆下
以桑匹婦蠶之　五母雞二母彘　民非水火不生活　觀於海
者難爲水　容光必照　摩頂放踵　無以飢渴之害爲心害
掘井九仞而不及泉猶爲棄井　安富尊榮　居移氣養移體
此非吾君也何其聲之似我君也　豕交之獸畜之也　姑徐
徐云爾　雖加一日愈於已　有如時雨化之者　私淑艾　宜
若登天然　何不使彼爲可幾及　彀射　改廢繩墨　於不可
已而已者無所不已於所厚者薄無所不薄　盡信書則不如無
書　二女果　周于利　憎兹多口　茅塞子之心　二之中四
之下　上宮　業屨　從者之廋　舍其田而芸人之田　諱名

不諱姓姓所同也名所獨也　鄉原　閹然媚於世
荀子
卷一
漸滫　散儒　夷固　折閱　程役　倚魁之行　偷儒憚事
東理
卷二
吟口　縛紲　晻世　危足　巨涂　乳彘　軥錄疾力　陶誕
以小重小　廉恥隅積
卷三
突禿長左　奇衣婦飾　矞宇嵬瑣　偶然無所歸宿　琦辭
溝猶瞀儒嚾嚾然　跂訾　嵬容　簡連　謏詾　神禫　以匹
老夫　伏而咶天救經而引其足
卷四
退編百姓　窮閻漏屋　竭蹶　厭旦　逢衣淺帶解果其冠
繆學雜舉　倚物怪變　儗怎　溝瞀
卷五
不待須　假道人　駭政　析愿禁悍　紫紶魚鹽　詩商　火
憲　百索　採清
卷六
出賓不半　出死斷亡　掎挈伺詐　粥其城　表畝　刺屮
進事長功　畝數盆　盆鼓瓜桃　澤量百蔬　噴菽　墨術
呪嘔　候繳支繚　布衣紃屨之士　藥傷補敗　君盧屋妾
卷七
挈國呼禮義　耗顇　橐謝　說無之有也　枉木　佻其期日
卷八
斗斛敦槩　相借官　州入　基杖

卷九
態臣　聖臣　補削　樸馬　流謀流譽　逐魂
卷十
感忽悠闇　以指撓沸　隴種　𥦗楛　負服矢五十个　贏糧
豐祿　辟門除涂以迎吾入　虛腹張口來歸我　掌窌
卷十一
形范　假城　其縣日也淺　瑞歷　天不爲之惡寒也而輟其
多　恈星黨見　楛耕
卷十二
有埶籍　溝中之瘠　鬼說　撥弓曲矢　龍茲　葬薶　潮陷
卷十三
五味調香　疏房檖貌　持手而食　修士　備家　宛治　三
律　飾終

卷十四
琴婦好　服組容婦
卷十五
鳳凰秋秋　心臥則夢　壘云　心枝　器師　寢石　勇非
卷十六
散名　疾養滄熱　當簿　白道而不冥窮　學心　小家珍說
禍託於欲
卷十七
闢括烝矯　恣睢　雜能旁魄　恬禍　鉅黍　排檄
卷十八
昏莫　夷對　友風子雨　身女好　尾趙繚　佹詩
卷十九
衰存　瞶盲佐生　妬友　溺者不問遂　有所竄其手　婦謁

宿問　列士　汙上　流丸止於甌臾　家言邪學
卷二十
宥坐　記醜而博　任負車　埤下裾拘　盈不求槩　卒遇故
人每無舊言　知色　拘領
列子
天瑞
將嫁於衛　𧝹蠙之衣　陵屯鬱栖　食醯　瞀芮　稺蜂　底
春　破礪　貌色智態　蹸步趾蹈
黃帝
肌色皯黴　疻㾢　一解顏而笑　片體　田更　攩拯挨抌
諸客之技單憊於戲笑　淫隅　追幸昔日之不焦溺　讋　死
矣弗活矣　沈水　煬者避竈
周穆王

廚饌腥螻　嬪御膻惡　娥媌靡曼　鼻口所納嘗　觭騮　冬
起雷夏造冰　唫㘆　駭鹿
仲尼
連牆二十年不相謁請　漫衍而無家　餘竅　餘日
湯問
麼蟲　獻疑　魁父之丘　赴飲河渭　甑甄　神瀵　祝髮
滄滄涼涼　有偕生之疾與體偕長　神藥　鈞絃　曼聲
力命
連欐　誶㞙　媥斫　眠娗　㩧立
楊朱
百年壽之大　規死後之餘榮　重囚纍梏　婑媠　𨇤步　隱
耕　百羊而羣　枝流　太古之事滅矣　筋節𨇩急
說符

桑婦　能燕戲　喀喀然　𦩍渡　不達先生之況　恩過不相
補　頭之忘將何不忘哉

國語

周語
覛土　農祥　農大夫　協風　班嘗　音官　料民　回祿
信於聆隧　舌人　奥草　厚味腊毒　竇澤　墨丈尋常之間
天黿　魁陵
魯語
獨恭　土發而社　選事　取名魚登川禽　罪罛　獸長麑麌
佮籥　任喪　致祿　齊朝駕則夕極於魯國
齊語
相示以賴　挈菒除田　垂橐稛載
晉語

齒牙爲猾　有口　賞女以爵罰女以無肴　俘女　流志而行
追鑑　授情　聲章　晚蓋　蝎譖　言無鄢　心度　竄謀
蔵定　西方之書　四命　恥門不閉　疏軍　少涖於豕牢
在母　勿兜　袜韋　將穀　昭私　以煩刑史　滯賞　元
尉　文錯其服　無尋尺之祿　賀貧　無一卒之田　盈頤
筴死　以賄殃之　繭絲　吾幾不爲人
鄭語
角犀豐盈　以它平它　以同裨同　酋腊
楚語
故志　使民蒿焉　大卒　蚩蟣　愿妾　騶諫
吳語
以心孤句踐　起死人而肉白骨　晐姓　捐　鴟夷　肥胡
越錄　會日薄矣　自剄　陽卜　淫名　簦笠

越語
衰笠　前馬　廣運百里　非爲人客　亂梯　禍新民恐　觥
飯

太玄經

卷一
陰陽坒參　黃宮　昆侖旁薄　開明于西　秋常　輯杭　赤
臭　雨溟沐　倉靈　珍穀　干言　扶狩　矢犬　焯龜　蒙
柴求兕　方容　童蘽　峽嵲
卷二
陽氣岑鋭　蟹郭索　紈耦　濯漱其詢　哲符
卷三
戴威滿頭　觥羊　幽裝　摧孥　琢齒依齴　迓侮　畜槃
繭純　㾞　何福滿肩　家不旨　元離大稷

卷四
迦逅　歐歈　陽蓬　石婦　鴻文無范　孔雁　大施　晏
雨
卷五
哄嶷　明牖　天牝　不丁言時　彫離　嘎鳴　沈耳於闔
卷六
宛雛　好媲　曌紈
卷七
射埻　婉　砒石　心祖　天杭　紅蠶
卷八
參晷　游冥　挹盈　衮　矩范
卷九
釦器　腹器　愚牟

風識虎雲知龍　骫卒　日月相斛
卷十
黃純　泰柄雲行　晝夜相丞　日月相劘　山川相流　地坎
天嚴　月滛日湛　四時不俱壯　歲寧年病
莊子
逍遙遊
逍遙　北㝠　海運　水擊　扶搖　野馬　坳堂　芥爲之舟
置杯焉則膠　九萬里則風斯在下矣　背負青天　鷽鳩
莽蒼　腹猶果然　之二蟲又何知　蟪蛄　窮髮　冥海　羊
角而上　斥鴳　猶然笑之　未數數然　御風而行泠然善也
名者實之賓　鷦鷯巢於深林不過一枝偃鼠飲河不過滿腹
大有逕庭　不近人情　綽約若處子　瞽者無以與乎文章
之觀　時女　大浸稽天　瓠落無所容　拙於用大　不龜手

洴澼絖　一朝而鬻技百金　無何有之鄉廣莫之野
齊物論
形固可使如槁木心固可使如死灰　吾喪我　人籟　山林之
畏佳　吹萬不同　姚佚啓態　薾然疲役　人謂之不死奚益
是其所非非其所是　以指喻指之非指不若以非指喻指之
非指也　惡乎然然於然惡乎不然不然於不然　恢恑憰怪
狙公賦芧　惠子據梧　堅白　天下莫大於秋毫之末而太山
爲小　二與一爲三　葆光　德進乎日　民溼寢則腰疾偏死
鰌然乎哉木處則惴慄恂懼猨然乎哉　蝍蛆甘帶　孟浪之言
聽熒　予嘗爲汝妄言之汝亦以妄聽之奚　脗合參萬歲而
一成純　方其夢也不知其夢也夢之中又占其夢焉覺而後知
其夢也且有大覺而後知此其大夢也　弔詭　天倪　是若果
是也則是之異乎不是也亦無辨然若果然也則然之異乎不然
也亦無辨　罔兩問景　栩栩然胡蝶也覺則蘧蘧然周也不知
周之夢爲胡蝶與胡蝶之夢爲周與
養生主
以有涯隨無涯殆已　爲善無近名爲惡無近刑　可以盡年砉
然嚮然奏刀騞然　進乎技矣　所見無非牛者　批大郤導大
窾　大軱　所解數千牛矣　刀刃若新發於硎　以無厚入有
間恢恢乎其於游刃必有餘地矣　用力甚微磔然已解　躊躇
滿志　善刀而藏之　遁天倍情
人間世
死者以國量　醫門多疾　信矼　菑人者人必反菑之　乘人
而鬬其捷　與天爲徒　子之與己皆天之所子　擎跽曲拳
無聽之以耳而聽之以心　虛室生白　子其有以語我來　傳
兩喜兩怒之言兩喜必多溢美之言兩怒必多溢惡之言溢之類

妄妄則其信之也莫莫則傳言者殃　泰至則多奇樂　剋核太
至則必有不肖之心應之　彼且爲嬰兒亦與之爲嬰兒　蚉虻
僕緣　散木　液樠　無所可用故能若是之壽　文木　以其
能苦其生　且予求無所可用久矣　散人又惡知散木　覺而
診其夢　狂酲　狙猴之杙　高名之麗　禪榜　豚亢鼻　頤
隱於臍　會撮指天　挫鍼治繲　鼓筴播精　支離其德　人
皆知有用之用而莫知無用之用
德充符
肝膽楚越　視喪其足猶遺土也　人莫鑑於流水而鑑於止水
唯止能止衆止　勇士一人雄入於九軍　心未嘗死　鑑明
則塵垢不止　知不可奈何而安之若命唯有德者能之　今子
與我遊於形骸之內而子索我於形骸之外　改容更貌　與物
爲春　闉跂支離　人不忘其所忘而忘其所不忘此謂誠忘

大宗師
不雄成不謩士　其寢不夢　其息深深眞人之息以踵　嗌言
其耆欲深者其天機淺　適人之適而不自適其適　泉涸魚
相與處於陸相呴以溼相濡以沫不若相忘於江湖　大塊載我
以形　藏天下於天下　先天地生而不爲久長於上古而不爲
老　襲氣母　維斗　乘東維騎箕尾而上比於列星　無古今
而後能入於不死不生　副墨　勞我以生佚我以老息我以死
善吾生者乃所以善吾死　參寥　句贅指天　跰𨇤　尻爲
輪神爲馬　叱避無怛化　相與於無相與相爲於無相爲　編
曲　遊方之外　魚相造乎水人相造乎道　畸人者畸於人而
侔於天　獻笑　坐忘　黜聰明
應帝王
其覺于于　一以已爲馬一以已爲牛　猶涉海鑿河而使蚊負

山也　壙埌之野　勞形怵心　死矣非活矣不以旬數矣　杜
德機　無爲名尸無爲謀府無爲事任無爲知主　用心若鏡
駢拇
駢拇　枝指　駢於足者連無用之肉也枝於手者樹無用之指
也　使天下簧鼓　竄句　鳧脛雖短續之則憂鶴脛雖長斷之
則悲　蒿目　男而增婢女而婦奴（二句今本無）
馬蹄
翹足而陸　植木之性豈欲中規矩鉤繩哉　禽獸可係羈而遊
蹩躠　踶跂　澶漫　摘僻　喜則交頸相靡　介倪　鷙曼
鼓腹而遊
胠篋
胠篋　魯酒薄而邯鄲圍　丘夷而淵實　爲之斗斛以量之則
并與斗斛而竊之爲之權衡以稱之則并與權衡而竊之　擿玉

毀珠　掊斗折衡　鑠絕竽瑟　削格羅落　頡滑　惴耎肖翹
役役之佞
在宥
臠卷傖囊　尸居而龍見淵默而雷聲神動而天隨　炊累　其
居也淵而靜　雲氣不待族而雨　抱神以靜　汝神將守形形
乃長生　吾與日月參光　人其盡死而我獨存乎　涬溟　萬
物云云各復其根　一不成而萬有餘喪
天地
淵靜而百姓定　通於一而萬物畢　行不涯異　有萬不同謬
乎其淸　可以爲衆父而不可以爲衆父父　壽富多男子　去
而上仙乘彼白雲至於帝鄉　無落吾事　俋俋乎耕而不顧
局局然笑　猶螳螂之怒臂以當車轍　覤覤然驚　抱甕而出
灌搰搰然　數如泆湯　於于以蓋衆　獨絃哀歌以賣名聲

風波之民　假修渾沌氏之術　橫目之民　上神乘光與形滅
亡　世俗之所謂然而然之　道諛之人　知其愚者非大愚也
大聲不入於里耳折楊皇華則嗑然而笑　至言不出俗言勝
也　百年之木破爲犧樽靑黃而文之其斷在溝中　溝中之斷
天道
萬物無足以撓心　水靜則明燭鬚眉平中準　上必無爲而用
天下下必有爲爲天下用　帝王無爲而天下功成　可用於天
下不足以用天下　辯士一曲之人　苦死者嘉孺子而哀婦人
膠膠擾擾　鼠壤有餘蔬　呼我牛也而謂之牛呼我馬也而
謂之馬　雁行避影　而容崖然而目衝然而顙頯然而口闞然
而狀義然　古人之糟魄　口不能言有數存焉於其間
天運
天其運乎地其處乎日月其爭於所乎　孰主張是孰維綱是

雲者爲雨乎雨者爲雲乎孰隆施是　風起北方一西一東有上
彷徨孰噓吸是　蟄蟲始作吾驚之以雷霆　天機不張　苞裹
六極　盛以篋衍　蘇者　死生相與鄰　以舟之可行於水也
而求推之於陸則沒世不行尋常　取猨狙而衣以周公之服
捧心而矉其里　食於苟簡之田立於不貸之圃　播糠眯目則
天地四方易位矣蚊虻噆膚則通昔不寐矣　口張而不能嗋
烏鵲孺魚傳沫
刻意
枯槁赴淵者之所好　釣魚閒處　吹呴呼吸吐故納新熊經鳥
申爲壽而已矣　導引　不爲福先不爲禍始　其生若浮其死
若休
繕性
繕性　澆淳散朴　世與道交相喪　深根寧極　物之儻來寄

也
秋水
兩涘渚涯之間不辨牛馬　望洋向若　聞道百以爲莫己若
吾長見笑於大方之家　井蛙不可以語於海夏蟲不可以語於
冰　過江河之流不可爲量數　未嘗以此自多　礨空　計中
國之在海內不似稊米之在太倉乎　號物之數謂之萬　因其
所大而大之　知東西之相反而不可以相無　梁麗　鴟鵂夜
撮蚤察毫末　牛馬四足是謂天落馬首穿牛鼻是謂人　無以
人滅天無以故滅命　諱窮求通　吾無所開吾喙　埳井蛙
井幹　蚿蟹　跐黃泉而登大皇　吾將曳尾於塗中　子非魚
安知魚之樂子非我安知我不知魚之樂
至樂
富貴壽善　多積財而不得盡用　與憂俱生　芒芴　綆短不

可汲深　攓蓬　食醯　萬物皆出於機皆入於機
達生
精而又精反以相天　不開人之天而開天之天　痀僂者承蜩
累丸二而不墜　處身若橛株拘　用志不分乃凝於神　痀僂
丈人　津人操舟若神　操拔篲以侍門庭　善養生者若牧羊
然視其後者而鞭之　高門縣薄　柴立其中央　牢筴　誒詒
爲病　上而不下則使人善怒　內熱溲膏　始乎故長乎性成乎
命　不知吾所以然而然　進退中繩左右旋中規　馬力竭矣
而猶求焉故曰必敗　忘足屨之適　飾知以驚愚　修身以明
汙　無中道夭於聾盲跛蹇而比於人數亦幸矣　款啓寡聞
山木
此木以不材得終其天年　殺不能鳴者　主人之雁以不材死
將處夫材與不材之間　豐狐文豹　胥疏於江湖之上　吾

無糧我無食　少君之費寡君之欲雖無糧而乃足　一呼而不
聞於是三呼邪則必以惡聲隨之　直木先伐甘井先竭　棄千
金之璧負赤子而趨　翔佯而歸　眞命　騰猿　犂然有當於
人之心　鷾鴯
田子方
人貌而天　前立臣　所學眞土梗耳　往者蘄見我今也又蘄
見我是必有以振我也　其諫我也似子其道我也似父　目擊
而道存　夫子步亦步夫子趨亦趨夫子馳亦馳夫子奔逸絕塵
而回瞠乎若後矣　吾終身與汝交一臂而失之　求馬於唐肆
忘乎故吾　雖忘故吾吾有不忘者存　遺物離人而立於獨
假至言以修心　醯雞　發吾覆　冠圜冠履句屨　以魯國
而儒者一人耳　飯牛而牛肥　舐筆和墨　解衣般礴贏　是
眞畫者矣　典法無更　是射之射非不射之射　凡之亡也不

足以喪吾存　楚之存不足以存存
知北遊
汝曈焉如新生之犢　天地之委形　生非汝有　疏瀹而心澡
雪而精神掊擊而知　無門無房四達之皇皇也　唶醷物　白
駒過隙　解其天弢墮其天袠　奓戶而入　曝然放杖　不知
深矣知之淺矣道不可聞聞而非也　道無問問無應　至言去
言至爲去爲
庚桑楚
擁腫之與居鞅掌之爲使　吾灑然異之　日計之而不足歲計
之而有餘　歲得秋而萬寶成　竊竊焉欲俎豆予於賢人之間
巨魚無所還其體　鯢鰌爲之制　孽狐　碭而失水則蟻能
苦之　鳥獸不厭高魚鼈不厭深　簡髮而櫛數米而炊　舉賢
則民相軋任知則民相盜　日中穴阫　奔蜂不能化藿蠋越雞

不能伏鵠卵　魯雞　吾忘吾答因失吾問　不知乎人謂我趎
愚知乎反愁我軀　願聞衛生之經　終日嗥而嗌不嗄　宇泰
定者發乎天光　腞胲　至禮有不人　湯以庖人籠伊尹
徐無鬼
見似人者而喜　去人滋久思人滋深　逃空虛　藜藋柱乎鼪
鼬之逕　聞人足音跫然而喜　鶴列　麗譙　前馬　囿於物
前期而中　有公是　郢人堊漫其鼻端若蠅翼　運斤成風
暖姝　擇疏鬣自以爲廣宮大囿奎蹄曲隈乳間股脚自以爲
安室利處　羊肉不慕蟻蟻慕羊肉　雞壅　豕零　不知其身
之所以愁
則陽
擉鼈於江　顛冥乎富貴之地　凍者假衣於春暍者反冬乎冷
風　有國於蝸之左角者曰觸氏有國於蝸之右角者曰蠻氏

惝然若有亡　吹劍首　漂疽　溲膏　未知今之所謂是之非
五十九年非也　丘里之言　合十姓百名　合異以爲同散同
以爲異　吾觀之本其往無窮吾求之末其來無止
外物
木與木相摩則然金與火相守則流　天地大絯　螴蜳　心若
懸於天地之間　東海之波臣　君豈有升斗之水而活我哉
吾失我常與我無所處　吾得升斗之水然活矣　早索我於枯
魚之肆　五十犗　飾小說以干縣令　心有天遊　婦姑勃谿
春雨日時草木怒生
寓言
寓言十九　卮言日出和以天倪　支離無首尾言陳人此二句今本無
而睢睢盱盱而誰與居
讓王

猶之可也　適有幽憂之病　春耕種形足以動勞秋收斂身足
以休食　日出而作日入而息逍遙於天地之間而心意自得
葆力之士　不以養傷身不以利累形　道之眞以治身其緒餘
以爲國家其土苴以治天下　以隨侯之珠彈千仞之雀　陳義
甚高　延以三旌之位　軒車不容巷　顏色腫噲　捉衿而肘
見納屨而踵決　身在江海之上心居乎魏闕之下　藜羹不糝
窮通爲寒暑風雨之序
盜跖
穴室樞戶　爲人父者必能詔其子　膾人肝而餔之　敬再拜
謁　目如明星髮上指冠　作言造語妄稱文武　冠枝木之冠
帶死牛之脅　多辭繆說　搖脣鼓舌擅生是非　丘得幸於季
願望履幭下　縫衣淺帶　其中開口而笑者一月之中不過四
五日而已　天與地無窮人死者有時操有時之具而託於無窮

之間忽然無異騏驥之馳過隙也　今者闕然數日不見車馬有行色得無往見跖耶　料虎頭編虎鬚幾不免虎口哉

說劍

善爲劍　蓬頭突鬢垂曼胡之纓　治劍服　以燕谿石城爲鋒齊岱爲鍔晉魏爲脊周宋爲鐔韓魏爲鋏　上決浮雲下絕地紀　劍事已畢奏矣

漁父

奏曲未半　左手據膝右手持頤　方將杖拏而引其船　畏者先生有緒言而去　田荒室露　希意道言　人有畏影惡迹而去之走者舉足愈數而迹愈多走愈疾而影不離身　處陰以休影處靜以息迹　強哭者雖悲不哀強怒者雖嚴不威強親者雖笑不和眞悲無聲而哀眞怒未發而威眞親未笑而和　飲酒以樂爲主　祿祿而受變於俗　蚤湛於人僞而晚聞大道　分庭抗禮　曲要磬折

列御寇

先生既來曾不發藥乎　汎若不繫之舟　使其弟墨　造物者之報人也不報其人而報其人之天　聖人以必不必故無兵衆人以不必必之故多兵　小夫之知不離苞苴竿牘　敝精神乎蹇淺　槁項黃馘　破癰潰痤　離實學僞　宵人　人厚貌深情　卒然問之而觀其知急與之期而觀其信　心有睫　假佚驕稺莊子　恃緯蕭而食

天下

不離於精　薰然慈仁謂之君子　縉紳先生　耳目鼻口皆有所明不能相通　不該不徧　一曲之士也　內聖外王之道闇而不明　道術將爲天下裂　其道之轂　名川三百支川三千　沐甚雨櫛疾風　以跂蹻爲服　以觭偶不仵之辭相應　其爲人太多其自爲太少　五升之飯足矣先生恐不得飽　滑然猶與神明居　知其雄守其雌爲天下谿　博大眞人　謬悠之說荒唐之言無端崖之辭　上與造物者遊而下與外死生無終始者爲友　至大無外謂之大一至小無內謂之小一　我知天地之中央燕之北越之南是也

宗祥案此卷一本有注而注文與各書本注無甚出入故從無注本

說郛卷第一終

說郛卷第二

古典錄略

三墳書

淸氣未升濁氣未沉遊神未靈五色未分中有其物冥冥而性存謂之混沌混沌爲太始太始者元胎之萌也太始之數一一爲太極太極者天地之父母也一極易天高明而淸地博厚而濁謂之太易太易者天地之變也太易之數二二爲兩儀兩儀者陰陽之形也謂之太初太初者天地之交也太初之數四四盈易四象變而成萬物謂之太素太素者三才之始也太素之數三三盈易天地孕而生男女謂之三才三才者天地之備也遊神動而靈故飛走潛化動植魚蟲之類必備於天地之間謂之太古太古生民之始也太古之民皆壽盈易始三男三女冬聚夏散食鳥獸蟲魚草木之實而男女搆精以女生爲姓始三頭謂之合雄紀生子三世合雄氏沒子孫相傳記其壽命是謂敍命紀通紀四姓生子二世男女衆多羣居連逋從强而行是謂連逋紀生子一世通紀五姓是謂五姓紀天下羣居以類相親男女衆多分爲九頭各有居方故號居方氏居方氏沒生子三十二世强弱相迫欲生呑害中有神人提挺而出故號提挺氏

政典曰國無邪教市無淫貨地無荒土官無濫士邑無遊民山不童澤不涸其正道全矣正道全則官有常職民有常業父子不背恩夫婦不棄情兄弟不去義鳥獸不失長草木不失生皇曰咸若我言則無爾終亂亂我政則爾不舍

皇曰岐伯天師爾司日月星辰陰陽厤數爾政爾考無有差貸先時者殺不及時者殺爾惟戒哉皇曰后土中正爾職山川草木蟲魚鳥獸爾察無亂田制以作田訟爾惟念哉皇曰龍東正爾分爵祿賢知爾咨爾行無掩大賢以恡財無庇惡德以私賞皇曰融南正爾平禮服祭祀爾正爾爲無亂國制以僭上無廢祀事以簡恭爾惟念茲皇曰大封西正爾分干戈刑法爾掌以平皇曰大常北正爾居田制民事爾訓爾均百工惟良山川爾圖爾惟勤恭哉皇曰天師輔相五正百官士子農夫商人工技咸順我言終身於休

伏生尙書

天子出馬鳴中律步者有容大師乃奏登車告出也

散宜生南宮括閎夭太公望見西伯於羑里西伯得此而免於虎口孔子曰西伯得四臣丘亦得四友自吾得回也門人加親是非胥附耶自吾得賜也遠方之士至是非奔走耶自吾得師也前有光後有輝是非前後耶自吾得由也惡言不至於門是非禦侮耶

成王時三苗貫桑而生同一穗大幾盈車長幾充箱民有得而上之王問周公曰何也周公曰天下其和爲一乎三年越裳氏重譯來朝

尙書大傳

五嶽皆觸石而出雲膚寸而合不崇朝徧天下而雨

成王之時越裳重譯而來曰久矣天之無烈風迅雨意中國有聖人乎

尙書璇機鈐

帝堯煥炳隆興可觀曰載曰車曰軒曰冠曰冕作此車服以賜有功

鬼哭山鳴　鄭玄曰鬼哭誅無辜也山鳴聽不聽之異也

孝經援神契

太山天帝孫也主召人魂

蛟珠宋曰蛟魚之珠有光輝可以飾旗

德至山陵則景雲出　德至於艸木則木連理也德至艸木則芝

草生又曰善養老則芝草茂　德至水泉則黃龍見君之象也又左契曰天子孝而龍負圖地龜出書也　德至鳥獸則麒麟臻鳳皇翔鸞鳳舞　詩含神霧曰德化充塞照潤八冥則鸞臻　王者奉己儉約臺榭不侈尊事耆老則白雀見　德至鳥獸白烏下白鹿見　白虎見　王者祭祀不相踰　宴食衣服有節則白雉至　又德至鳥獸故雉白首　又妃房不偏白雉應

椒薑禦溼菖蒲益聰　神靈滋液則翠羽曜　天子孝天孽消滅

景雲出遊　德至八方則祥風至　神靈滋液百寶用則璣鏡出

大珠有光可以爲鏡

孝經緯

社土地之主地闊不可以盡敬故封土爲社以報功也稷五穀之長穀衆不可以偏祭故稷神以祭也

黃河者水之伯上應天河

禮含文嘉

燧人炮生爲熟令人無腹疾遂天之意故爲燧人

明堂所以通神靈感天地正四時出教化崇有德彰有道也

神含神霧

秦地處中秋之位男懦弱女高瞭白色秀身音中商其言舌舉而仰聲清以揚

蹄羌之國其人自膝以下有毛如馬蹄嘗自鞭其脛日行百里

易飛候

鼠舞國門厥咎亡鼠舞於庭厥咎誅死

四方嘗有大雲五色俱其下賢人隱淸雲潤澤蔽日在西北爲舉賢良

正月有偃月必有嘉王

凡日食皆於晦朔食者名曰薄

京房易傳

木同本異枝其君有餘鄰邑來附者吉木生於君屋上及朝廷其君聖子木生而有實其國有慶木生於城脇一圍以上長數丈此謂城强其君大昌

嬖惡生螻蟲食苗心害忠良蟲食苗根無德節蟲食栞

誅不原情則霜附木不下不教而誅其霜反在草下

蟻封曰戾雨將至　海出巨魚邪人進賢人疏

五經通義

王者所以祭天地何也王者以父事天母事地子道也祭以丁辛反覆自丁寧也辛自克辛也

日月運行一寒一暑日在牽牛則寒在東井則暑牽牛水宿遠人故寒東井火宿近人故溫也

五經要義

古者后夫人必有女史彤管之法后妃羣妾以禮御于君所女史書其環以進退之生子月辰則以金環退之當御者以銀環進之著于左手既御者于右手左手陽也以當就男故著左手右手陰也御而復故

春秋漢含

蛾穴藏先知雨陰曀未集魚已噞喁巢居之鳥先知風樹木格鳥已翔翰

春秋考異

陰氣之專精凝合生雹雹之爲言合也

春秋說題

號者功之表謚者行之跡所以追勸成德也

星之爲言精也陽之榮也陽精爲日日分爲星故其字日生爲星

春秋繁露

法倅天地者稱皇帝天祐而子之稱天子
美惡之類是故以龍致雨以扇逐暑軍之所處生以棘楚

春秋運斗樞

北斗七星第一天樞第二璇第三璣第四權第五衡第六開陽第七搖光第一至第四爲魁第五至第七爲杓合而爲斗居陽布陰故稱北斗

春秋元命苞

天不足西北陽極於九故天周九九八十一萬里天如雞子天大地小表裹有水地各承氣而立載水而浮天轉如車轂之過　地者易也言萬物懷任交變化也自東極至於西極五億十萬九千八百八步

春秋感精符

麟一角明海內共一主也王者不刳胎不剖卵則出於郊

人主與日月同明四時合信故父天母地兄日姊月　注曰父天於圜丘之祀也母地於方澤之祭也兄日於東郊姊月於西郊

春秋潛潭巴

河水逆流怨氣盛也
天子無高屋榭高屋榭則人叛也

春秋緯

日之將蝕則斗第二星變色微赤不明而蝕

春秋符

王者政令苛則夏降霜誅伐不行則冬霜不殺草

吳越春秋

吳季札去徐而歸行道逢男子五月被裘采薪於道傍有委金季札見之謂薪者曰爾來取此金薪者曰君舉止何高而視何下也五月被裘采薪寧是拾金者乎

陳音對越王曰弩生於弓弓生於彈彈生於古之孝子古者人民質朴死則裹以白茅投之中野孝子不忍父母爲禽獸所食則作彈以守之故古人歌曰斷竹續竹飛土逐肉

越王既棲會稽范蠡等曰臣竊見會稽之上有魚池上下二處水中有三江四瀆之流九谿六合之廣上池宜於臣畜魚三年其利可以致千萬越國當富盈矣

越王欲復仇冬寒則抱冰夏熱則握火愁心苦志懸膽于戶外出入嘗之不絕于口

晉春秋

大興中衡陽區純作鼠市四方丈餘開門門有一木人縱四五鼠于中欲出門木人輒以椎椎之

吳有張衡字思眞明達天官能爲機巧作渾天儀使地居中以機動之若天轉而地止以上應度

齊春秋

王儉不好聲色未嘗遊宴衣裘服用自周而已

九州春秋

臧洪爲青州刺史爲袁紹所圍糧盡廚有米三斗主簿啓白欲以爲糜粥洪嘆曰吾獨食此何味命爲薄粥與衆共歠之

晏子春秋

北郭騷見晏子託以養母晏子分倉粟府金以遺之騷辭金受粟

齊景公爲臺臺成又欲爲鐘晏子諫曰君既已築臺矣又斂于民而爲鐘則民必哀矣斂民哀以爲樂不祥非所以君民也公乃止

晏子曰君子居必擇鄰遊必就士可以避患也

景公所愛馬暴死公怒令刀解養馬者晏子請數之爾有罪三公使汝養馬汝殺之當死罪一又殺公之所愛馬當死罪二公以一馬之故殺人百姓怨吾君諸侯輕吾國汝當死罪三景公喟然曰

僉之
朝野僉載（二十卷此書與今本出入甚多）　唐張鷟（司門員外郎號浮休子博陸人）
周洛州司倉嚴昇期攝侍御史於江南道巡察性嗜水牸肉所至
州縣烹宰極多小事大事入金則弭凡到處金銀爲之踊貴故江
南人號爲金牛御史
唐劉仁軌爲左僕射天下號爲解事僕射
周鳳閣侍郎杜景佺文筆宏贍知識高遠時在鳳閣時人號爲鶴
鳴雞樹王及善才行庸猥風神鈍濁爲內使時人號爲鳩集鳳池
俄遷文昌右相無他政但不許令史奴驢入臺王終日迫逐無時
暫捨時人號爲驅驢宰相
周春官尙書閻知微和默啜司賓丞田歸道爲副至牙帳下知微
舞蹈宛轉抱默啜靴而鼻臭之田歸道長揖不拜默啜大怒倒懸
之經一宿明日將殺元珍諫曰大國和親使殺之不祥乃放之及

歸與知微爭於殿庭言默啜必不和知微堅執以爲和默啜果反
陷趙定知微誅九族拜歸道夏官侍郎右拾遺良弼使入匈奴坐
帳下以不淨餧之良弼食盡一槃放歸朝廷恥之
周文昌左丞孫彥高無他識用性頑鈍出爲定州刺史歲餘默啜
賊至圍其郛郭彥高卻鏁宅門不敢詣廳事文案須徵發者於小
窗內接入賊既乘城四入彥高乃謂奴曰牢關門戶莫與鑰匙其
愚怯皆此類俄而陷沒刺史之宅先殲焉浮休子曰孫彥高之智
也似鼠固其穴不知水灌而鼠亡鳥固其巢不知林燔而鳥殞禽
獸之不若何以處二千石之秩乎
周契丹賊孫萬榮之寇幽州河內王武懿宗爲元帥引兵至趙州
聞賊駱務整從北數千騎來王乃棄兵甲南走邢州賊退方便向
前軍迴至都置酒會郎中張元一於御前嘲懿宗曰長弓短度箭
蜀馬臨階騸去賊七百里隈牆獨自戰甲仗總拋卻騎猪正南蹿
上曰懿宗有馬何因騎猪對曰騎猪者夾豕走也上大笑懿宗形
貌妊醜故曰長弓短度箭
唐崔渾御史性至溫恭能盡色養父母少不安輒祈幽靈以身代
母嘗有病渾跪請病授己有頃覺疾從十指入俄而徧身母所苦
遂愈丁母艱勺飲不入口哀毀瘠立無何不勝哀而卒朝野傷之
周左領軍將軍權龍襃不識忌日問府史曰何名稱忌對曰父母
亡日請假獨坐房中不出襃至日于房中靜坐有靑狗突入房中
襃大怒沖破我忌更陳牒改到明朝好作忌日談者笑之
周定州刺史孫彥高被突厥圍城數十里彥高乃入櫃中藏令奴
曰牢掌鑰匙賊來索愼勿與
周挽郎裴最於天官試問目曰山陵事畢各還所司供葬羽儀若
爲處分最判曰大行皇帝奉敕昇遐凡是羽儀皆科官造卽宜貯
納以待後需殿十選

周推事索元禮時人號爲索使訊囚作鐵籠頭𩑶其頭仍加楔焉
多至腦裂髓出亦爲鳳晒翅等以椽關手足而轉之並研骨至碎
亦懸囚於梁下以石縋頭其酷法如此元禮故胡人薛師之假父
後坐贓賄流死嶺南
唐監察御史李全交專以羅織酷虐爲業臺中號爲人頭羅刹殿
中王旭號爲鬼面夜叉訊囚引枷柄向前名爲驢駒拔橛縛枷頭
着樹名曰犢子懸駒兩手捧枷累磚於上號爲仙人獻果立高木
之上枷向後拗之名玉女登梯
隋末深州諸葛昂性豪俠渤海高瓚聞而造之爲設雞肫而已瓚
小其用明日大設屈昂數十人烹猪羊等長八尺薄餅濶丈餘裹
餤麄如庭柱盆作酒盌行巡自爲金剛舞以送之昂至後日屈瓚
屈客數百人大設車行酒馬行炙挫碓斬膾磑轢蒜虀唱夜叉歌
師子舞瓚明日設烹一奴子十餘歲呈其頭顱手足座客皆攫喉

而吐之昂後日報設先令愛妾行酒妾無故笑昂叱下須臾蒸此妾坐銀盤仍飾以脂粉衣以綾羅遂擘骸肉以啖瓚諸人皆掩目昂於妳房間撮肥肉食之盡飽而止瓚羞之夜遁而去昂富後遭離亂狂賊來求金寶無可給縛於椽上炙殺之

唐安東郡都護鄧祐韶州人也家巨富奴婢千人莊田緜亙恆課口腹自供未嘗設客孫子將一鴨私用祐以擅破家貲鞭二十

唐瀛州饒陽縣令竇知範貪汙有一里正死範集里正二百人爲里正造像各出錢一貫範自納之謂曰里正地下受罪先須救急範先造得一像且以與之納錢二百千平像五寸半又臘月追百姓萬餘人獵各科二杖麁如臂回宅納上以供柴用又修城料杴鍫人一具範皆納取舡載入𨚗博鹽萬餘石放與百姓一石一緜惟有一男放鷹馬驚桑枝打其頭破百姓快之皆曰千金之子易一兎之命

唐益州新昌縣令夏侯彪之初下車問里正曰雞子一錢幾顆曰三顆彪乃遣取十千錢令買三萬顆謂里正曰吾未要且寄雞母抱之遂成三萬頭雞經數月長成令便與我賣卻一雞三十文半年之間成三十萬又問竹笋一錢幾莖曰一錢五莖又取十千錢付之買得五萬莖謂未須且林中養之至秋成一莖十錢遂至五十萬其貪猥不道皆此類

唐滕王極淫諸官妻美者無不嘗徧詐言妃喚卽行無禮時典籤崔簡妻鄭氏初到王遣喚欲不去則怕王之威去則被王所辱鄭曰昔愍懷之妃不受賊胡之逼當今清泰敢行此事邪遂入王中門外小閤王在其中鄭入欲逼之鄭大叫左右曰王也鄭曰大王豈作如是必家奴耳以一隻屐擊王頭破抓面血流妃聞而出鄭氏乃得還王慚旬日不視事簡每日參候不敢離門後王衙坐簡向前謝過王慚卻入月餘日乃出諸官之妻曾被王喚入者莫不羞之其壻問之無辭以對

唐杭州刺史裴有敞疾甚令錢唐縣主簿夏榮看之榮曰使君百無一慮夫人早須崇福以禳之崔夫人曰禳須何物榮曰使君娶二姬以厭之出三年則厄過矣夫人怒曰此獠狂語兒在身無病榮退曰夫人不信榮不敢言使君合有三婦若不更娶於夫人不祥矣夫人曰寧可死此事不相當也其年夫人暴亡敞更娶二姬

周大足年中泰州赤水店有鄭家莊有一兒郎年二十餘日晏於驛路上見一靑衣女子獨行姿容姝麗郎君屈就莊宿將衣被同寢至曉門久不開呼之不應於窗中窺之惟有腦骨頭顱在餘並食訖家人破戶入一物不見於梁上暗處有一大鳥冲門飛去或云羅刹魅也

江東江西山中多有楓木人於楓樹下生似人形長三四尺夜雷雨卽長與樹齊見人卽縮依舊曾有人合以笠子明日看笠子挂在樹上土人旱時欲雨以竹束其頭禊之卽雨人取以爲式極驗楓天棗地是也

唐柴駙馬紹之弟某有材力輕趫迅捷踊身而上挺然若飛十餘步乃止嘗著吉莫靴上甎城直至女牆手無扳引又以足指緣佛殿柱至簷頭捻椽覆上越百尺樓閣了無障礙文武睿聖皇帝奇之曰此人不可以處京邑出爲外官時人號爲壁飛

唐垂拱四年安撫大使狄仁傑檄告西楚霸王項君將校等略曰鴻名不可以謬假神器不可以力爭應天者膺樂推之名背時者非見機之主自祖龍御寓橫噬諸侯任趙高以當軸棄蒙恬而齒劍沙丘挻禍於前望夷覆滅於後七廟墮圮萬姓屠原岳思靜于飛塵魚豈安于沸水赫矣皇漢受命玄穹膺赤帝之鎭符當素靈之缺運俯張地紐彰鳳舉之符仰緝天綱鬱龍興之兆而君潛遊澤國嘯聚水鄉矜扛鼎之雄逞拔山之力莫測天符之所會不知

曆數之有歸遂奮關中之翼竟垂垓下之翅蓋盡由於人事焉有闕于天亡雖驅百萬之兵終棄八千之子以爲殷鑑豈不惜哉當匿魄東峯收魂北極豈合虎豕廟食廣費牲牢仁傑受命方隅循革攸寄今遣焚燎祠宇削平臺室使蕙櫞銷燼羽帳隨烟君宜速遷勿爲人患檄到如律令遂除項羽廟餘小神並盡惟會稽禹廟存焉

唐張狗兒亦名懷慶愛偷人文章與冀州棗強尉才士剽述多翻用之時爲之語曰活剝張昌齡生吞郭正一諒不誣也

周則天時謠言曰張公吃酒李公醉張公者斥易之兄弟也李公者言李氏大盛也

俗例春雷始鳴記其日計其數滿一百八十日霜必降又曰鴈從北來記其日後十八日霜必降

周杭州臨安尉薛震好食人肉有債主及奴詣臨安止於客舍飲

之醉並殺之水銀和煎并骨銷盡後又欲食其婦婦知之踰牆而遁以告縣令縣令詰之具得其情申州錄事奏奉敕杖一百而死

周舒州刺史張懷肅好食人精唐左司郎中任正名亦有此病

周滄州南皮縣丞郭務靜每巡鄉喚百姓婦託以縫補而姦之其夫至縛靜鞭數十步主簿李悊往救解之靜羞諱其事低身答云忍痛不得口唱阿瘖瘖靜不被打阿瘖瘖

周郎中裴珪妻趙氏有美色曾就張憬藏卜年命憬藏曰夫人目長而慢准相書豬視者淫婦人目有四白五夫守宅夫人終以廢宜慎之趙笑而去後果與合宮尉盧崇道姦沒入掖庭

唐宜城公主駙馬裴巽有外寵一人公主遣閹人執之截其耳鼻剝其陰皮漫駙馬面上并截其髮令廳上判事集僚吏共觀之駙馬公主一時皆被奏降公主爲郡主駙馬左遷也

唐開元二年衡州五月頻有火災其時人盡皆見物大如甕亦如燈籠所指之處尋而火起百姓咸謂之火殃

開元五年洪潭二州復有火災晝日人見火精赤熾熾所詣處即火起

內官過武三思宅三思曲意祇承恣其所欲裝束少年男子衣以羅綺出入行觴馳驅不食淫戲忘反倡蕩不歸爭稱三思之忠節共譽三思之才賢外受來婆之姦內搆送韋之釁

周如意中洛下有牛三足

唐先天年洛下人牽一牛左腋下有一人手長尺餘巡方而乞

周永昌中涪州多虎暴有一獸似虎而絕大逐一虎噬殺之錄奏檢瑞圖乃酋耳也不食生物有虎暴則殺之

漢發兵用銅虎符及唐初爲銀兔符以兔子爲符瑞故也又以鯉魚爲符瑞遂爲銅魚符以珮之至僞武姓也玄武龜也又以銅爲龜符

郴州古桂陽郡也有曹泰年八十五偶少妻生子名曰曾日中無影焉年七十方卒親見其道士孫子具說道士曹體一即其從孫姪云的不虛故知郗吉驗影不虛也

雜志 三卷　　宋江鄰幾

孝武六年初作誥

梅聖俞說曲名鹽角兒令者始教坊家人市鹽於紙角子中得一曲譜翻之遂以名焉

丁正臣賫玉腴來館中沈景休云福州人謂之珮奚魚哼也

韓持國問李端明駕頭何物曰講座之一（仁王經）原甫訪王原叔原叔此座傳四世矣（乃初節鋒所生）

唐制自前殿喚仗入便殿爲入閤唐末五代出御前殿爲入閤

山海經云象膽在四足　魚秋分後不食

肥壤栽柳蒸殺　鹵地宜種林禽不宜栽桃

文德殿漏刻房司天生云冬月故水澀旋汲新水滑夏月相反

林逋傲許洞洞作詩嘲逋餘杭人以爲中的寺裏撥齋飢老鼠林間咳嗽病獼猴豪民送物伸鵝項好客窺門縮鼈頭

蘇大舜元爲浙憲登杭州黃皮塔索澗床澗於其顛羣僧惡之

蘇子容云唐誥初用紙肅宗朝有用絹者貞元後始用綾又云家有徐浩自寫爲除左丞誥

眞宗禁銷金自東封回杜媫好者昭憲太后姪女迎駕服之眞宗見之怒送太和宮令出家爲道士是以天下無敢犯禁者

蝟毛順者雄逆者雌都下造濫縑帛者用之

徐續廷評監廬州稅河次得一小兒手無血懼埋之案白澤圖所謂封食之多力

契丹鴨淥水出牛魚鰾製爲魚形贈遺婦人貼面花

景德中天下二萬五千寺今三萬九千寺陳襄判祠部云

胡武中在眞州常見火電子墜地火滅劉原甫云龍火水沃愈熾以人火撲之卽滅

舉子有以巨軸而贄胡旦者覽之云旨哉旨哉

梅聖俞云叔父爲陜西漕知客卒浴斂畢他婢欲竊其衣其屍熱如火驚告家人遂傳於外或云不祥此當有重喪俄而嫡亦卒

司馬君實說夾拜今陜府村野婦女皆如此男子一拜婦人兩拜男子一拜城外則不然

廟主帝用白帊后用茜帊覆行禮則發之方木爲趺薦以重褥置主于其上

錢明逸知開封府時都下婦人白角冠闊四尺梳一尺餘諫官上疏禁之重其罰告者有賞

京師上元放燈三夕錢氏納土進錢買兩夜今十七十八兩夜燈因錢氏而添之

隱窟雜志 三卷　宋 溫革 晉江人

四六文用經史全語必須詞旨相貫若徒積卌以爲奇乃如集句也楊文公居陽翟時希深與之啓云曳鈴其空上念無君子者解組弗顧公其如蒼生何文公書於扇曰此文中虎也蓋喜其用經如己出特爲豪健

楊文公有重名於世常因草制爲執政者多所點竄楊甚不平因取藁上塗抹之處以濃墨傳之就加爲鞋底樣題其旁曰世業楊家鞋底或問其故乃曰是他別人腳迹當時傳以爲嗢噱自後舍人行詞遇塗抹者必相謔云又遭鞋底

江内相勸主上聽政表云漢家之厄十世知光武之中興獻公之子九人念重耳之獨在蓋佳語也或曰若移上句爲下句則善不可加矣

李漢老云古者詔令多天子自爲之故漢武帝詔淮南王令相如

視草而光武詔鄧禹曰司徒堯也赤眉桀也使臣下代言其敢爲是語乎

仁廟初欲封皇女下崇文院檢尋典故王洙等言唐制封公主有以郡國名者有以美名者文皇幼女在宮已有晉陽之號若明皇女封永穆常芬唐昌文華皆爲美名乃詔封長女福康公主次女崇慶公主蓋用明皇故事也

閬州有三雅池古有修此池者得三銅器狀如酒盃各有二篆曰伯雅仲雅季雅或謂劉表一子好酒常製三爵大受一斗次受七升小受五升趙德麟云恐是盛酒器非飲器也余以問曾存之存之言古人軀幹大升合小王仲弓傷寒證治湯劑註云古方三兩當今一兩三升當今一升然則存之之言信矣予案廣韻盃字註云酒器盃雅同音則雅字蓋借用三雅乃酒盃也無可疑者

趙德麟論法帖據唐人李涪刊誤云短啓出晉宋兵興之際國禁

書疏非弔喪問疾不得輒行尺牘故羲之書云死罪死罪是違制令故也予觀文選載任昉沈約爲中丞時彈章云死罪死罪自是惶懼語不必謂違制令乃云爾也

今世燒香埋火蓋有所自楞嚴云純水沈無令見火是也

故事館職每洛陽貢花例賜百朶并南庫法酒此二者麟臺故事不載因志之

取覆膀子蓋兩制見宰執之禮自建炎中庶官亦用今則布衣以下皆通用矣

梁溪漫志 十卷

宋費袞 字補之

故事朝廷有合撰樂章贊頌敕葬諭祭文夏國人使到驛燕設教坊白語刪潤經詞及回答高麗書並送祕書省官撰蓋學士代王言掌大典册此等瑣細文字付之館職既足以重北門之體且以試三館翰墨之才異時內外制闕人多於此取之所謂館職儲材

意蓋本此

謚之美者極於文正司馬溫公嘗言之而身得之國朝以來謚此者惟公及王沂公范希文而已若李司空昉王太尉旦皆謚文貞後以犯仁宗嫌名世遂呼爲文正其實非本謚也如張文節夏文莊始皆欲以文正易名而朝論迄不可此謚不易得如此其砥勵世之具深矣

東坡一日退朝食罷捫腹徐行顧謂侍兒曰汝輩且道是中有何物一婢遽曰都是文章坡不以爲然又一人曰滿腹都是識見坡亦未以爲當至朝雲乃曰學士一肚皮不入時宜坡捧腹大笑

中興死節之士固不乏而女子守節者亦多有之洪鴻父羽之女適繁昌焦洧一日遇巨盜於江中欲逼之女義不受汙投江而死兩侍兒大曰宜思小曰均奴姓吳氏女兄弟也俱有色藝亦相隨赴水死焦之甥徐伯遠傳其事丁文簡公五世孫女世爲鄭州新鄭縣人年十六嫁進士張晉卿靖康中與其夫避地大隗山虜至丁被擒挾之上馬丁投地以醜語詆之且曰我寧死耳誓不辱於汝輩虜始亦不怒但屢扶上馬丁罵不已乃忿然瞋目遂絕於梃下晏元獻公四世孫女其父孝廣爲鄧州南陽縣尉女小字師姑年十五從叔孝純官於廣陵建炎三年陷於虜係以北去每欲侵陵之輒擲身於地僵仆氣絕或自經或投於井皆救而獲免其主母愛之撫育如己出虜中爭傳誇焉又有陳氏女其父壽隆紹興初爲湖北提刑卒於官其子造之挈妹至吳欲適呂丞相之子舟至焦山遇賊其家被害賊欲逼女力拒之大聲呼其嫂曰不如俱投江俾此身明白無爲賊辱因躍入水死其屍浮數里不沒賊怒因撞以矛乃沒女時年十四古今烈女史官不及知而湮滅無傳者何可勝數是以表而出之

有士人貧甚夜則露香祈天益久不懈一夕方正襟焚香忽聞空

中神人語曰帝憫汝誠使我問汝何所欲士答曰某之所欲甚微非敢過望但願此生衣食粗足逍遙山間水濱以終其身足矣神人大笑曰此上界神仙之樂汝何從得之若求富貴則可矣予因歷數古人極貴念歸而終不能遂志者比比皆是蓋天之所靳惜清樂百倍于功名爵祿也

江東村落間有叢祠其始巫祝附託以興妖里民信之相與營葺爲土木浸盛有惡少年不信一夕被酒入廟肆言詆辱巫駭愕不知所出聚謀曰吾儕爲此祠勞費不貲一旦爲此子所敗遠邇相傳則吾事去矣迺夜共詣少年以情告曰吾之情狀若固知之倘因成吾事當以錢十萬謝若少年喜問其故因教之曰汝質明復入廟詈辱如前凡廟中所有酒肴畢飲啖之斯須則僞爲受械祈哀之狀庶印吾事今先賂汝以其半少年許諾受金翌日又果復來廟廷袒裼踞嘑極口醜詆不可聞廟旁民大驚觀者踵至少年

視神像前方祭賽羅列即舉所祀酒悉飲之以至肴饌無孑遺旋俯躬如受縶者叩頭謝過忽黑血自口湧出七竅皆流即仆地死里人益神之即日喧傳旁郡祈禳者雲集廟貌繪繕極嚴巫所得不可勝計越數月其黨以分財不平詣郡反告乃巫寘毒酒中殺其人捕治引伏魁坐死餘分隸諸郡靈響訖息

舊傳滕達道未遇時與諸生講學於僧舍主僧出諸生夜盜其犬而烹之事聞有司欲治其罪滕公爲丐免守素聞其能賦因諭之曰如能爲盜犬賦則將釋之滕公即口占其辭曰僧既無狀犬誠可偷輟鹽宮之夜吠充絳帳之晨羞摶飯引來猶掉續貂之尾索綯牽去難回顧兔之頭守大笑即置不問

博物志十卷　　晉張華字茂先晉司空

地以名山爲輔佐石爲之骨川爲之脈草木爲之毛土爲之肉三尺以上爲糞三尺以下爲地

考靈曜曰地有四遊冬至地上北而西三萬里夏至地下南而東三萬里春秋二分其中矣地常動不止譬如人在舟而坐舟行而人不覺七戎六蠻九夷八狄形類不同總而言之謂之四海言皆近海海之言晦冥無所覩也

東方少陽日月所出山谷清其人佼好西方少陰日月所入其土窈冥其人高鼻深目多毛南方太陽土下水淺其人大口多傲北方太陰土平廣深其人廣面縮頸中央四析風雨交山谷峻其人端正

昔夏禹觀河見長人魚身出曰吾河精豈河伯也

馮夷華陰潼鄉人也得仙道化爲河伯豈同道哉馮夷乘龍虎水神乘魚龍其行恍惚萬里如空

水石之怪爲龍罔象木之怪爲夔魍魎土之怪爲羵羊火之怪爲宋無忌

江河水赤名曰泣血道路涉骸於河以處也

和氣相感則生朱草山出象車澤出神馬陵出黑丹阜出土怪江南大貝海出明珠仁主壽昌民延壽命天下太平

人食冬葵爲狗所齧瘡不差或致死

麒麟鬬而日蝕鯨魚死則彗星出嬰兒啼婦乳出

龍肉以醢漬之則文章生

人食燕肉不可入水爲蛟龍所吞

妊娠者不可啖兔肉不可見兔令兒脣缺又不可啖生薑令兒多指

異説云瞽叟夫婦凶頑而生舜叔梁紇淫夫也徵在失行也加又野合而生仲尼焉在其有胎教也

山氣多男澤氣多女

莊子云地三年種蜀黍其後七年多蛇

九竅者胎生八竅者卵生

削木令圓舉以向日以艾於後承其影則得火

陳葵子微火炒令爆咤散著熟地徧踏之朝種莫生遠不過經宿耳

蠶三化先孕而後交不交者亦產子子後爲蠶皆無眉目易傷收採亦薄

婦人妊娠未滿三月著壻衣冠平旦左繞井三匝映詳影而去勿反頭顧勿令人知見必生男

諡法司馬法周公所作

三讓一曰禮讓二曰固讓三曰終讓

盜跖冢在太陽縣西

上公備物九錫一大輅各一玄牡二駟二袞冕之服赤舄副之三軒縣之樂六佾之舞四朱戶以居五納陛以登六虎賁之士三百

人七鈇鉞各一八彤弓一彤矢百玈弓十玈矢千九秬鬯一卣珪瓚副之

蔡伯喈母袁公妹曜卿姑也

舊洛陽字作水各漢火行也忌水故去水而加佳又魏於行次爲土水得土而流土得水而柔故復去佳加水變雒爲洛矣

周穆王八駿赤驥飛黃白蟻華騮騄耳騧騟渠黃盜驪

漢承秦舊臣上書皆曰昧死言王莽盜位慕古法改昧死曰稽首光武因而不改

魏文帝所記諸物相似亂者武夫怪石似美玉蛇牀亂蘼蕪薺苨亂人參杜衡亂細辛雌黃似石流黃鯿魚相亂以有大小相異敵休亂門冬百部似門冬房葵似狼毒鉤吻草與荇華相似拔揳與萆薢相似一名狗脊

神農本草云雞卵可作琥珀其法取伏卵段黃白渾雜者煮及尚軟隨意刻作物以苦酒漬數宿既堅內著粉中佳者乃亂眞矣此世所恆用作無不成者

積艾草三年後燒津液下流成鉛錫已試有驗

遠志苗曰小草根曰遠志芎藭苗曰江籬根曰芎藭

楚熊渠子夜行射石以爲伏虎矢爲沒羽

三株樹生赤水之上

續博物志十卷　唐李　石前都官員外郎隴西人

天圜圜三百六十五度四分度之一案考靈曜云一度二千九百三十二里千四百六十一分里之三百四十八周天百七萬一千里者是天圓周之里數也以圍三徑一言之則直徑三十五萬七千里此爲二十八宿周迴直徑之數也然二十八宿之外上下東西各有萬五千里是爲四遊之極謂之四表四表之內幷星宿內總有三十八萬七千里然則天之中央上下正半之處則一十九萬三千五百里地在於中是地去天之數也

僧一行本名璲俗姓張氏後出家改名敬賢仙化詔起塔銅人原謚大惠禪師

太歲在丑乞漿得酒太歲在巳販妻鬻子

藕生應月閏月益一節芋以十二子爲衞亦應月之數也

郭璞曰蓬飛磑則天風舂則天雨蓬蠓也

傳曰雷不蓋醬令人腹中雷鳴月上下弦之時觸醬輒壞里俗忌之

寵脂得火可以然鐵

馱糞煙殺蚊壁蝨

物有異體而相制者翡翠屑金人氣粉犀北人以針敲冰南人以綫解茶

魚勞則尾赤人勞則髮白

孔子生鯉字伯魚鯉生伋字子思伋生白字子上白生求字子家求生箕字子京箕生穿字子高穿生子順相魏自叔梁紇至子順九世魏城大梁

山東風俗過正月取五姓女年十餘歲共臥一榻覆之以衾以箕扇之良久如夢寐或欲刺文繡事筆硯理管絃俄頃乃寤謂之扇天卜以乞巧

秦穆公時有人掘地得物若羊將獻之道逢二童子謂曰此名爲蝹常在地中食死人腦若欲殺之以柏東南枝捶其首由是墓皆植柏又曰柏爲鬼廷

老子谷神不死至用之不勤此章全是黃帝之言今在五千文內則老氏所著書恐非專己出

凡鳥三指向前一指向後鸜鵒兩指向後

兩頭蛇馬鼈食牛肉所化

眼者身之鏡耳者體之牖視多則鏡昏聽衆則牖閉面者神之庭髮者腦之華心悲則面燋腦減則髮素精者體之神明者身之寶勞多則精散營竟則明消

孔安國撰孔子弟子傳七十二人劉向傳列仙亦七十二人皇甫士安撰高士亦七十二人陳長文撰耆舊亦七十二人

劇談錄 二卷　唐康　駢 崇文館校書郎

孟才人善歌有寵於武宗皇帝嬪御之中莫與爲比一旦龍體不豫召而問曰我若不諱汝將何之對曰以微眇之身受君王之寵若陛下萬歲之後無復生焉是日俾於御榻前歌河滿子一曲聲調淒切聞者莫不涕零及宮中晏駕哀慟數日而殁禁掖近臣以小棺殯於殿側山陵之際梓宮重莫能舉議者曰得非候才人乎於是輿櫬以殉遂窆於端陵之側是歲攻文之士或爲賦題或爲詩目以爲馮媛班姬無以過也所知者張祜有詩云偶因淸唱詠歌頻奏入宮中二十春卻爲一聲河滿子下泉須弔孟才人

乾符中有宰相自中書還第使人以布囊盛錢數千沿路以施丐者於是貧乏相率羅列路隅所分既微漸不能普台鉉行李無復威儀時有朝士投箋諫之其略云方今兵寇互興民力凋弊所望明公弼成大化彌綸紀綱舉賢任能以光庶事俾萬物各得其理百姓日用不知損不急之官杜私門之請如此則刑淸俗富天下自無窮人不宜專政廟堂方行小惠昔子產以已車濟人於溱洧君子謂不知爲政不如以時修橋梁惟明公祭焉執政覽書慚怒俄而巢寇陷京遂及於難

大中年韋顓舉進士詞學優贍而貧窶滋甚歲暮飢寒無以自給有韋光者待以宗黨後名殷裕之輟所居外舍館之放牓之夕風雪凝互報光成名者絡繹而至顓略無登第之耗光延之於堂際小閣備設肴饌慰安之見光婢妾羅列衣裝僕者排比鞍馬顓夜分歸於

所止擁爐而坐愁嘆無已候光成名將修賀禮寢榻迫於壞牖以橫竹拄席蔽之簷際忽有鳴梟頃之集於竹上顓神魄驚駭杖策出戶逐之飛起復還久而方去謂僕者曰我失意亦無所恨妖禽作怪如此兼恐橫羅災患俄而禁鼓忽鳴牓到顓已登第光之服用車馬悉皆遺焉世以鵩至梟鳴不祥之兆近觀數事亦不然乎昔鄧艾梟鳴牙旂乃軍勝之兆張率更聞於庭樹亦受官之祥以此推之未必皆爲不吉者

東皐雜錄 十卷　宋孫宗鑑 字少魏號安陸道人

予頃官海上同僚多吳人盛誇鼃味之美坐有一關右士人大噱吳人不能平予從旁爲解紛曰漢東方朔言漢都涇渭之南所謂天下陸海之地土宜薑芋水多鼃魚顔師古註曰鼃似蝦蟆而小長腳人亦取食之漢唐皆都雍東方朔言水多鼃魚是漢都人食鼃也顔師古言人亦取食之是唐都人食鼃也漢不惟都食之宗廟薦獻亦用鼃霍光傳曰霍山曰丞相擅減宗廟羔兎鼃可以此罪也非宗廟薦獻而何吳人大喜曰今日蝦蟆價增三倍矣

今人擲錢爲博戲者以錢文面背分勝負曰字曰幕前漢西域傳云罽賓國以金銀爲錢文爲騎馬幕爲人面如淳曰幕音漫顔師古曰幕卽漫耳無勞借音

漢碑額多篆身多隸隸多凹篆多凸惟張平子墓銘則額與身皆篆也

唐李匡乂資暇集曰借借上字亦反下字亦反書籍俗曰借一癡借二癡索三癡還四癡又按王府新書杜元凱遺其子書曰書勿借人古人云古諺借書一嗤嗤笑也後人更生其詞至三四因訛爲癡集韻釋瓻字酒器也古以借書謂借昔餽酒一瓻還書亦餽酒一瓻故山谷從人借書有詩曰勿辭借我千里他日還君一瓻三說可兼存之恆惜集韻不載以瓻盛酒借書出何典故也

又四條見後

王荆公一日謂劉貢父曰三代夏商周可對乎貢父應聲曰四詩風雅頌拊髀曰天造地設也

東坡喜嘲謔以呂微仲豐碩每戲之曰公眞有大臣體此坤六二所謂直方大也微仲拜相東坡當制其詞曰果藝以達有孔門三子之風直大而方約坤爻六二之動一日東坡謁微仲微仲方晝寢久而不出東坡不能堪良久見於便坐有一菖蒲盆畜綠毛龜東坡曰此龜易得若六眼龜則難得微仲問六眼龜出何處東坡曰昔唐莊宗同光中林邑國常進六眼龜見口號六隻眼兒分明睡一覺抵別人三覺

司馬溫公人傳所製樂府詞有西江月流傳最久今又得一解名錦堂春云紅日遲遲虛廊轉影槐陰迤邐西斜彩筆工夫難狀晚景煙霞蝶尚不知春去漫遶幽砌尋花奈猛風過後縱有殘紅飛

向誰家始知青鬢無價歎飄零官路荏苒年華今日笙歌叢裏特地咨嗟席上青衫溼透算感舊何止琵琶怎不教人易老多少離愁散在天涯

宗朝韓子華玉汝兄弟相繼命相未幾持國又拜門下侍郎甚有爰立之望其家搆堂欲榜曰三相俄持國能政遂請老東坡聞之曰既不成三相堂可只名二相公廟耳

東坡元豐間繫御史獄謫黃州元祐初起知登州未幾以禮部員外郎召道中偶遇當時獄官甚有愧色東坡戲之曰有蛇螫殺人爲冥官所追議法當死蛇前訴曰誠有罪然亦有功可以自贖冥官曰何功也蛇曰某有黃可治病所活已數人矣吏考驗不誣遂得免良久牽一牛至獄吏曰此牛觸殺人亦當死牛曰我亦有黃可治病亦活數人矣良久亦得免久之獄吏引一人至曰此人生常殺人幸免死今當還命人倉皇妄言亦有黃冥官大怒詰之曰蛇黃牛黃皆入藥天下所共知汝爲人何黃之有左右交訊其人窘甚曰某別無黃但有些慚惶

予喜蓄三代秦漢金石刻自魏晉以下不錄也西漢以前金石刻皆完但石刻極少惟石鼓文與吉日癸巳及秦李斯篆漢文翁學士題名爾自後漢始作墓碑故今人所見漢碑皆東京文字也予家所藏最完者惟淳于長承與逢童子碑無一字訛冀州從事章表亦其次也近鄠陵縣得故民吳公碑亦甚完好

古碑有三種儀禮註曰宮必有碑所以識日景禮記祭儀曰君牽牲既入廟門麗於碑說者曰猶繫也以碑繫牲則必有穿也矣檀弓曰公室視豐碑三家視桓楹說者謂斲大木爲之形如石碑爲椁前後四角樹之穿中於間爲鹿盧下棺以綍繞天子六綍四碑諸侯四綍二碑大夫二綍二碑士二綍無碑蓋古葬惟王者有隧諸侯皆懸棺而下晉文公朝王請隧勿許曰王章也未有大德而

有二王亦叔父所惡也自周衰及戰國秦漢皆以碑懸棺或以木或以石既葬碑留壙中不復出矣其後稍稍書姓名爵里其上至後漢遂作文字歟識矣今人掘地得石碑或無文字而有竅者非麗牲之碑則下棺之碑也

封禪書曰天帝使素女鼓五十絃琴瑟悲帝禁不止故破其瑟爲二十五絃按集韻釋箏字曰秦人薄義父子爭瑟而分之因以爲名箏十三絃蓋破二十五絃而爲之也

古人通上下稱朕臯陶曰朕言惠可底行象曰干戈朕琴朕弤朕離騷曰朕皇考曰伯庸至秦天子始自稱曰朕

漢唐人稱父母叔通曰大人疏受謂其叔廣曰從大人議唐劉禹錫無辭以白其大人稱父曰大人蓋近語也

貢父爲中書舍人一日朝會幙次與三衙相鄰時諸帥兩人出軍伍有一水晶茶盂傳玩良久一帥曰不知何物所成瑩潔如此貢

父隔幔謂之諸公豈不識此乃多年老兵耳

神考常問荆公卿曾看歐陽五代史否公對曰臣不曾子細看但見每篇首必曰嗚呼則事事皆可嘆也予謂公眞不曾子細看也若使曾子細看必以嗚呼爲是五代之事豈非事事可嘆者乎

澠水燕談錄（十卷） 宋王闢之（字聖涂）

慶曆中郎官呂覺者勘公事已回登對自陳衣緋已久乞改章服仁宗曰待別差遣與卿換章服朕不欲因鞫獄與人恩澤慮刻薄之徒望風希進加人深罪耳帝寬厚欽恤之德如此廟號曰仁不亦宜乎

皇祐末契丹請觀太廟樂仁宗以問宰相對曰恐非享祀不可習也樞密副使孫公沔曰當以禮折之請謂使者曰廟樂之作皆本朝所以歌詠祖宗功德也他國可用耶使人如能助吾祭乃觀之仁宗從其言使者不敢復請

陳文惠將終前一日自爲墓誌曰宋有潁川先生堯佐字希元道號知餘子年八十不爲夭官一品不爲賤使臣納祿不爲辱三者粗備歸息於先秦國太夫人（秦國太夫人今本作燕國大夫）仲兄丞相棲神之域吾何恨哉

范文正公知邠州暇日率僚屬登樓置酒未舉觴見縗絰數人營理葬具者公亟令詢之乃寓居士人卒於邠將出殯近郊賵斂棺槨皆所未具公憮然即撤宴席厚賙給之使畢其事坐客感歎有泣下者

孫明復先生退居泰山之陽枯槁憔悴鬚髮皓白著春秋尊王發微十五篇爲春秋學者未有過之者也故相李文定公守兗就見之嘆曰先生年五十一室獨居誰事左右不幸風雨食飲生疾奈何吾弟之女賢可以奉先生箕帚先生固辭文定公曰吾女不妻先生不過爲一小官人妻先生德高天下幸壻李氏榮貴莫大於此先生曰宰相女不以妻公侯貴戚而固以嫁山谷衰老藜藿不充之人相國之賢古無有也予不可不成相國之賢遂妻之其女亦甘淡薄事先生以盡婦道當時士大夫莫不賢之

趙鄰幾好學善著述太宗擢知制誥踰月卒子東之亦有文才前以職事死塞下家極貧三女皆幼無田以養無宅以居僕有趙延嗣者久事舍人義不忍去竭力營衣食以給之雖勞苦不避如是者十餘年三女皆長延嗣未嘗見其面至京師訪舍人之舊謀嫁三女見宋翰林白楊侍郎徽之發聲大哭具道所以二公驚謝曰吾徒被衣冠且與舍人友而不能恤舍人之孤不迨汝遠矣即迎三女歸京求良士嫁之三女皆有歸延嗣乃去徂徠先生石守道爲之傳以厲天下云

曹州于令儀者市井人也長厚不忤物晚年家頗豐富一夕盜入其家諸子擒之乃鄰子也令儀曰汝素寡悔何苦而爲盜耶曰迫

於貧耳問其所欲曰得十千足以資衣食如其欲與之既去復呼之盜大恐謂曰汝貧乘夜負十千以歸恐爲人所詰留之至明使去盜大感愧卒爲良民鄉里稱君爲善士君擇子姪之秀者起學室延名儒以誘掖之子伋姪傑倣舉進士第今爲南曹令族

眉山蘇洵少不喜學幾壯猶不知書年二十七始發憤讀書舉進士又舉茂才皆不中曰此未足爲吾學也焚其文閉戶讀書五六年乃大究六經百家書說嘉祐初與二子軾轍至京師歐陽文忠公獻其書於朝士大夫爭持其文二子舉進士亦皆在高等於是父子名動京師而蘇氏文章擅天下目其文曰三蘇蓋洵爲老蘇軾爲大蘇轍爲小蘇也

舊制郊祀禮成駕還闕門有勘契之儀其制以劄爲箭長三尺縷金飾其端緘以泥金絳囊金吾掌之金塗銅爲鏃長三寸其端所以合符者也貯以泥金紫囊駕前掌之駕至端門閤吏閻扉以問

曰南來者爲誰駕前司告曰天皇皇帝奏請行勘箭之儀旋交勘奏曰勘乞又審曰是否贊者齊聲曰是三審乃啓扉列班起居駕乃入契刻檀爲魚金飾鱗鬣別刻檀板爲坎足以容魚駕前掌魚殿前掌板駕過殿門合魚乃啓扉其制如勘箭之儀熙甯中詔罷其制

京師品官之喪用浮屠法擊鐃初無定制景德中令文臣卿監武臣大將軍命婦郡夫人以上令於天清開寶擊鐃至今爲例

進士之舉至本朝尤盛而沿革不一開寶六年因徐士廉伐鼓訴訟帝御講武殿覆試自此始賜詩自興國二年呂蒙正牓始分甲次自興國八年王世則牓始賜袍笏自祥符中姚曄牓始賜宴自呂蒙正牓始賜同出身自王世則牓始賜別科出身自咸平三年陳堯咨牓始唱名自雍熙二年梁顥牓始彌封謄錄覆考編排皆始於景德祥符之間

慶曆中歐陽文忠公謫守滁州有瑯邪幽谷山川奇麗鳴泉飛瀑聲若環珮公臨聽忘歸僧智仙作亭其上公刻石爲記以遺州人既去十年太常博士沈遵好奇之士聞而往遊其山水秀絕以琴寫其聲爲醉翁吟蓋宮聲三疊後會公河朔遵援琴作之公歌以遺遵幷爲醉翁引以敘其事然調不主聲爲知琴者所惜後三十餘年公薨遵亦歿其後廬山道人崔閑遵客也妙於琴理常恨此曲無詞乃譜其聲請於東坡居士子瞻以補其缺然後聲詞皆備遂爲琴中絕妙好事者爭傳其詞曰琅然清圜誰彈向空山無言惟有醉翁知其天月明風露娟娟人未眠荷蕢過山前曰有心也哉此賢（第二疊泛聲同此）醉翁嘯詠聲和流泉醉翁去後空有朝吟夜怨山有時而童巔水有時而回淵思翁無歲年翁今爲飛仙此意在人間試聽徽外三兩絃方其補詞閑爲絃其聲居士倚爲詞頃刻而就無所點竄遵之子爲比丘號本覺眞禪師居士書以與之云二水同器有不相入二琴同手有不相應沈君信手彈琴而與泉合居士縱筆作詞而與琴會此必有眞同者矣

洛陽至京六驛舊未嘗進花李文定公留守始以花進歲差府校一人乘驛馬晝夜馳至京師所進止姚黃魏紫三四朶用菜葉實籠中藉覆上下使馬不動搖亦所以禦日氣又以蠟封花蔕可數日不落至今歲貢不絕

江陰軍北距大江地僻鮮過客無將迎之煩所隸一縣公事絕少通州南阻江東北濱海士大夫罕至居民以魚鹽自給不爲盜賊獄訟希簡仕宦二州者最爲優逸故士大夫以江陰爲兩浙道院通州爲淮南道院也

北戶錄　唐段公路

赤白吉了

普寧有廉州民獲赤白吉了各一頭獻於刺史其赤者尋卒白者久而能言

猨

公路咸通十年往高涼程次青山鎭其山多猨有黃緋者絕大毛彩殷鮮眞謂奇獸夫猨則狙玃猱狖之類其色多傳青白玄黃而已今則豈可窮其族類歟其猿能伏鼠多羣行玄者善啼其音凄入肝脾韻含宮徵方知當一部鼓吹豈獨於鼃聲者哉

蚺蛇

蚺蛇大者長十餘丈圍可七八尺多在樹上候麞鹿過者吸而吞之至鹿消即纏束大樹出其頭角乃不復動夷人伺之方以竹籤籤煞之取其膽也故南裔異物志曰蚺惟大蛇既洪且長采色駮犖其文錦章食象吞鹿腴成養創賓享嘉食是豆是觴言其養創之時肪腴甚肥美搏之以婦人衣投之則蟠而不起元和郡縣引括地志云蚺蛇牙長七八寸土人尤重之云辟不祥利遠行賣一

枚直牛數頭

紅蛇

公路至雷州對岸倚舟候風勢見羣小兒簇二巨蛇各長丈餘一如孔雀尾色毛金翠奪目一如眞紅色鮮明若血又有十餘頭白蛇前後相次若導從俱入一榕藤薮内竟不復出故知蛇有草木水土四種其類不可窮也又歸化縣有兩頭蛇南越云無毒夷人餌之兼名苑云兩頭蛇一名越王約髮俗占見之不祥然論衡引楚相孫叔敖天祐者何也會最又云渾夕之山有蛇一首兩身名曰肥蟡見則大旱管子曰涸水之精名曰蟡音蜮一頭兩身以其名呼之可使取魚鼈

通犀

通犀置大霧重露下終不沾濡又堪爲釵鑷撓藥酒酒生沫若貯米飼雞雞見輒驚散一呼爲駭雞犀或中藥箭刺於創中立愈蓋犀食百毒棘刺故也

孔雀

雷羅數州收孔雀雛養之使極馴擾致於山野間以物絆足傍施羅網伺野孔雀至則倒網掩之舉無遺者一說孔雀不匹偶但音影相接便有孕如白鶂雄雌相視則孕或曰雄鳴上風雌鳴下風亦孕見博物志又周書曰成王時方人獻孔鳥方亦戎别名山海經南方孔鳥郭璞注孔雀也宋紀曰孝武大明五年有郡獻白孔雀爲瑞者愚按説文曰率鳥者繫生鳥以來之名䍐字林音由今獵師有䍐也淮南萬畢術曰䳄鵂致鳥註云取䳄折其大羽絆其兩足以爲媒博物志又云鵂鶹一名䳄鵂

鷓鴣

衡州南多鷓鴣解嶺南野葛諸菌毒及辟瘟瘴又一名鵃音述多對啼廣志言遮姑鳴云但南不北古今注云其鳴自呼南越志云鷓鴣充鳥也雖復東西迴翔然而命翮之始必也南翥其鳴自號杜薄州食之亡癘此三說啼處豈同於牛屋辨哉唯本草說鳴云鉤輈格磔竹客反小類斑鳩

鸜鵒

廣之南新勤春十州呼爲南道多鸜鵒凡養之俗忌以手頻觸其背犯者卽多病顫而卒土人謂爲鸜鵒瘴愚親驗之

蛤蚧

蛤蚧首如蟾蜍背淺綠色上有土花斑點若古錦文長尺餘尾絕短其族則守宫蜥蜴蝘蜓多居古木竅間自呼其名聲絕大又有十二時亦其類也大者一尺尾長於身傳云自旦至莫變十二般色傷人必死愚常獲一枚閉於籠中玩之止見變黄褐赤黑四色

紅蟹

儋州出紅蟹大小殼上多作十二點深燕支色其殼與虎蟹堪作

㲋子按蟹一名蛫音詭廣雅云雄曰蜋螘雌曰博帶抱朴子又云山中辰日稱無腸公子者蟹也古今注云小蟹一名長卿廣志云蛹音蟦小蟹大如貨錢又蟹奴如榆莢在其腹中生死不相離山海經載千里蟹洞冥記有貢百足蟹長九尺四螯者今恩州又出石蟹

蛺蝶枝

公路南行歷懸藤峽維舟飲水手覩巖側有一木五綵初謂丹青之樹因命童僕采之頃獲一枝尙綴軟蝶凡二十餘筒有翠紺縷者金眼丁香眼者紫斑者黑花者黄白者緋脈者大如蝙蝠者小如榆莢者愚因登岸覩之乃木葉化焉是知蝶生江南柑橘樹中麥爲㐌蝶烏足之葉爲蝴蝶皆造化使然豈虛語歟又會要云大食國西隣大海常遣人乘舡經八年未極西岸中有一方石石上有樹幹赤葉青樹生小兒長六七寸見人皆笑動其手脚尻著樹枝其使摘取一枝小兒死也異苑太元中汝南人入山伐見一竹

中央蛇形已成上枝葉如故吳郡桐廬民常伐薪遺竹一宿見雉頭頸盡就身猶未此亦竹爲蛇蛇爲雉也

紅蝙蝠

紅蝙蝠出瀧州皆深紅色唯翼脈淺黑多雙伏紅蕉花間採者若獲其一則一不去南人收爲媚藥王子年拾遺云有五色蝙蝠異物志鼉蝨魚因風入空木而化爲蝙蝠靈芝圖說白蝙蝠服之壽萬歲又媚藥載嗽金鳥辟寒金龍子布穀腳頸骨鸛腦砂矮蕃草荀草左行草獨未見錄紅蝙蝠處豈缺載乎又有無風獨搖草男女帶之相媚又陳藏器云金樝子蔓生取子中人帶於衣令人有媚多迷人

金龜子

金龜子甲蟲也五六月生於草蔓上大於榆莢細視之眞金帖龜子行則成雙其蟲死金色隨滅如螢光也南人收以養粉云與汞粉相宜

四足魚

金義之西南有山曰盤龍山有乳洞洞有金沙龍盆魚皆四足修尾丹腹狀若守宮游泳水濱人莫敢犯按御覽云龍盤山有石洞洞中小水有四足魚皆如龍形人殺之即風雨也然唐韻云鰨名四足山海經云人魚如鯑音啼魚四腳出丹洛二水有鯢大者謂之鰕音啼爾雅注鯢似鮎四足聲似小兒但未見言其可致風雨耳公路因思道書說五頭魚三足麂皆神化所致不可以類而推也若以魚之異者則醴水之魚名朱鼈六足有珠又歷澗潭有五色魚又丹水出丹魚割血以塗足下則可步履水上又翔法師云鰲魚一首十身初學記引魚貍背上有斑文腹下純青知海潮亦如博物志云牛魚也又金魚腦中有麩金出邛州婆塞江又吳王食鱠有餘棄江中爲魚今名吳王餘鱠者長數寸又魏書四時食制曰望魚側如刀可以刈草出豫章白髮魚戴髮形如婦人白肥無鱗出滇池又郭延生述征記曰城陽縣南堯母慶都冢廟前一池魚頭間有印文謂之印頰魚非告祠者捕不得又臨海異物志云鰄魚如指長七八寸但有脊骨曝作燭極有光明又比目魚一名鰈沈懷遠南越志謂之板魚亦曰左介介亦作魪吳都賦云雙則比目片則王餘異物志南方鏡魚圓如鏡也又異苑云鮹魚凡諸魚欲產鮹魚輒以頭衝其腹世謂衆魚之生母又臨海水土異物志鹿魚頭有兩角如鹿又云鮟閑燕反魚背腹皆有刺如三角菱又神異經黃公魚長七八尺狀如鯉魚以烏梅二七煮之即熟食之治邪病如此之類豈勝言哉

魚子

南海諸郡郡人至八九月於池塘間采魚子著艸上懸於竈烟上至二月春雷發時卻收草浸於池塘間旬日內如蝦蟆子狀悉成

細魚其大如髮土人乃編織藤竹籠子塗以禹餘糧或編泥蠣灰收水以貯魚兒鬻於市者號爲魚種於池塘間一年內可供口腹也愚按陶朱公養魚經曰朱公謂威王治生之法有五水畜第一水畜魚池也又拂林有羊羔生於土中然其臍與地連割之則死惟人著甲走馬擊鼓駭之其羔驚鳴而臍絕便逐水草又博物志云取鼈剉如棋博赤莧汁和令厚以茅苞之六月中投於池澤中經旬㘣團成鼈也

水母

水母兼名苑云一名蛀一名石鏡南人治而食之云性熱偏療河魚疾也

蚊母

端新州有鳥類青鵁而觜大常在池塘間捕魚而食每作一聲則有蚊子羣出其口按爾雅曰鷏鳥似烏鶨而大廣志云蚊母此鳥

吐出蚊也土人云其翅堪爲扇唯辟蚊子與陳藏器說同又云塞北有蚊母草嶺南有蚊母木南越志又云古度樹一呼郝子南人號曰桄日亞反不花而實實從木皮中出如綴珠璫其實大如櫻桃黄卽可食過則實中化爲飛蛾穿子飛出愚驗之亦爲蚊子也

鵝毛爲被

邕之南有酋豪多織鵝毛爲被如㲪衲之其溫軟不下綵絮也

紅蝦

紅蝦出潮州潘州南巴縣大者長二尺土人多理爲盃王子年拾遺云大蝦長一尺鬚可爲簪洞冥記載蝦鬚杖名苑云廣州獻蝦頭盃簡文將盛酒無故自躍乃不復用愚又按毛詩義疏貝大者有一尺六七寸今九眞交阯以爲盃盤寶奇物也

雞毛爲筆

番禺諸郡如隴右多以青羊毫爲筆韶州擇雞毛爲筆其三覆鋒亦有圓如錐方如鑿可抄寫細字者昔溪源有鴨毛筆以山雞毛雀雉毛間之五色可愛筆有豐狐之毫虎僕之毛蚼蛉鼠毛鼠鬚殺𤜣麝毛貍毛馬毛羊鬚胎髮龍筋爲之未若兔毫

雞卵卜

邕州之南有善行禁者取雞卵墨書祝而煮之剖爲二片以驗其黄然後決嫌疑定禍福言如響答據此乃古法也神仙傳曰人有病就茅君請福煮雞子十枚以內帳中須臾茅君擲出中無黄者病多愈有黄者不愈常以此爲候愚又見卜之流雜書傳虎卜紫姑卜牛蹄卜灼骨卜鳥卜雖不法於蓍龜亦有可以稱者

雞骨爲卜

南方逐除夜及將發舡皆殺雞擇骨爲卜傳古法也卜吉卽以肉祠舡神呼爲孟公孟姥其來尚矣按梁簡文舡神記云舡神名馮耳五行書云下舡三拜三呼其名除百忌又呼爲孟公孟姥劉思眞云玄冥爲水官死爲水神冥孟聲相似又孟公父名憒母名衣孟姥父名板母名履或云冥公冥姥因玄冥也

黑象

廣之屬城循州雷州皆產黑象牙小而紅土人捕之爭食其鼻云肥脆偏堪爲炙愚按象有十二肉陳藏器云唯鼻是其本肉諸卽雜肉梁翔法師云象一名伽那古訓云象孕子五歲始生山海經云性妬不畜淫子

鵝毛脡

恩州出鵝毛脡乃鹽藏鱊魚其味絕美其細如蝦蟲郭儀恭云小魚一斤千頭未之過也

桄榔

桄榔莖葉與波斯棗古散椰子檳榔小異其木如莎樹皮穰木皮出麪可食洛陽伽藍記云昭儀寺與有酒樹麪木得非桄榔乎其心爲炙滋腴極美

紅鹽

恩州有鹽場出紅鹽色鮮如雪驗之卽由煎時染成差可受也鄭公處云琴湖池桃花鹽色如桃花隨月盈縮在張掖西北按鹽有赤鹽紫鹽黑鹽青鹽黄鹽亦有如虎如印如織如石如水精狀者

米䴵

廣州南尚米䴵合生熟粉爲之白薄而䏰按梁劉孝威謝官賜交州米䴵四伯屈詳其言屈豈今之數乎且前朝短書雜記卽有呼食爲頭以魚爲枓茗爲薄爲莢筆爲雙爲牀爲枚墨爲螺爲量爲丸爲枚紙爲番爲幅爲枚布爲鼓錦爲兩衣爲裁裂裟爲緣奴爲頭麝爲子蠶爲餅檳榔爲口胡桃爲子爲口其事不可備論

蕪菁

韶州栄有蕪菁郡人采之爲葅脆而且甘不失北中味也愚按司

馬相如凡將篇謂門菁當門小學篇曰芴菁會最又云以子江南種變爲菘菘子黑蕪菁子紫赤也又據南朝食奠中有芥子醬蘆菔根葅菘之類是江南爲菘驗也今番禺唯韶州產蕪菁林禽木瓜勤州出栗子竇州出梨有類浙東成家梨又非哀家梨質之人食品中有團油飯蟻子醬老鹽鼈蛤蠯褒牛頭又按南朝食品中有奧肉法奧即褒類也又有洷膪煎脋法云

睡菜

睡菜五六月生於田塘中葉類茨菰根如藕梢土人採根爲鹹葅食之或云好睡郭子橫云五味草食之不使人睡亦名卻睡草

水韭

生於池塘中葉似韭得非龍爪薤乎字林云荄水中野韭也又蒔見字林似蒜生水中

蕹菜

葉如柳三月生陳藏器云主解胡蔓子毒胡蔓即冶葛也愚按廣之菜有椑東風薤葯之類無足奇者吳志孫皓時有蕒菜晉安帝紀義熙二年有苦蕒菜生揚州國初建達國獻佛土菜泥婆羅國獻波稜菜

斑皮竹筍

湘源縣十二月食斑皮竹筍諸筍無以及之吳錄云馬援至荔浦見冬筍名曰苞筍博物志曰斑皮竹堯女以淚揮竹盡斑也爾雅曰筍竹之萌說文曰筡竹胎詩義疏筍皆四月生巴竹筍八月生篃竹筍冬夏生永嘉記含墮竹筍六月生愚按山海經竹生花其年便枯六十年一易根必結實而枯死實落土復生六年還成町也竹譜曰箹必六十復亦六年是也南中有以竹爲刀錯子者如小鈍復以漿水洗之如初廣州記云石林竹勁利削爲刀切截象皮如截芋也愚聞貞元五年番禺有海戶犯鹽禁避罪羅浮山深入至第十三嶺遇巨竹百千萬竿竹圍二十一尺有三十九節節長二丈即由梧類海戶因破之爲篋會罷吏捕逐遂挈而歸時軍人獲一篋以爲奇者後獻於刺史李復復命陸子羽圖而記之漢許愼說文有長節竹謂之笅得非羅浮山龍鍾之義乎

荔支無核

南方果之美者有荔支梧州火山者初夏先熟而味小劣其高潘州者最佳五六月方熟有無核類雞卵大者其肪瑩白不減水精性熱液甘乃奇實也

變柑

新州出變柑有苞大於升者但皮薄如洞庭之橘餘柑之所弗及傳云本自高要移植不數百里形味俱變因以爲名亦如踰淮爲枳乃水土異也

山橘子

冬熟有大如土瓜者次如彈丸者皮薄下氣普寧多之

橄欖子

八九月熟其大如棗廣志云有大如雞卵者有野生者高不可梯但刻其根方數寸許內鹽於中一夕子皆落矣今高涼有銀坑橄欖子細長多味美於諸郡產者其價亦貴愚按南越志博羅縣有合成樹樹去地二丈爲三衢東向一衢爲木威南向一衢爲橄欖西向一衢爲玉文廣志書此橄欖字南州異物志作此橄棪字陳藏器云其木主鯸魚毒此木作檝撥著鯸魚皆浮出

山胡桃

山胡桃皮厚底平狀如檳榔

楊梅

楊梅葉如龍眼樹如冬靑一名杭潘州有白色者甜而絕大

偏核桃

占卑國出形如半月狀波斯人取食之絕香美極下氣

紅梅

嶺之梅小於江左居人采之雜以豆蔻花廣志作豆菉字也枸櫞子朱槿之類和鹽曝之梅爲槿花所染其色可愛又有選大梅刻鏤餅鑵結帶之類取糖汁漬之亦甚甘脆

五色藤

瓊州出五色藤合子書簍之類細於錦綺亦藤工之妙手也新州作五色藤筌臺皆一時之精絕昔梁劉孝儀謝太子五色藤筌蹏一枚云炎州采藤麗窮綺縟得非筌臺與筌蹏語訛歟

香皮紙

羅州多棧香樹身如柜柳皮堪搗紙土人號爲香皮紙小不及桑根竹膜紙松皮紙側理紙也又常讀謝康樂山居賦云剝芨岩椒言芨皮可爲紙未詳其木也

枹木

枹木產水中葉細如檜其身堅類柏唯根軟不勝刀鋸今潮州新州多剜之爲屧按翔法師書云櫪一名水松生水中無枝形如筍亦曰松枹今爲屧是也又陳周弘正謝賚漆松枹屧云蒙此慈錫便得輕舉

紅簟

瓊州出紅簟一呼爲笙或謂之遽篨亦謂之行唐其色殷紅瑩而不垢又不如溪𪄀紅席竿散臥簟椰子座席蒲禢筍席花紈臥簟月支毛席流黃簟象牙席以爲優劣歟

方竹

澄州產方竹體如削成勁健堪爲杖亦不讓張蹇筇竹杖也其竹融州亦出大者數丈又海晏出蘆堪爲杖高潘州出千歲蕨柱杖小類貝多更有疎節竹僧道多以爲杖又按會最云溱川通竹直上無節空心也

山花

山花藂生端州山崦間多有之其葉類藍其花似蓼正月開土人采含苞者賣之用爲燕支粉或持染絹帛其紅不下藍花又鄭公虔云石榴花堪作烟支

鶴子草

鶴子草蔓花也當夏開南人云是媚草甚神可比懷草夢芝采之曝乾以代面靨形如飛鶴狀翅羽觜距無不畢備亦草之奇者蔓上春生雙蟲常食其葉土人收於奩粉間飼之如養蠶法蟲老不食而蛻爲蝶女子佩之如細鳥皮號爲媚蝶郭子橫記勒畢國獻細鳥以方赤玉籠盛數百形大於蠅狀如鸚鵡聲聞數百里之間如黃鵠鳴也國人以此鳥候日晷亦曰候日蟲帝得之旬日飛盡明年有細鳥集於帷幄或襲人衣袖因名蟬衣宮內嬪御有鳥集

其衣者輒蒙愛幸至武帝末稍稍自死人服其皮者多爲丈夫所媚予謂花子事如面光眉翠月黃星靨其來尚矣然事之相類者見拾遺引孫和悅鄧夫人嘗置膝上和月下舞水晶如意誤傷夫人頰流血染袴和自舐瘡太醫曰獺髓雜玉及琥珀屑當滅痕和乃作膏琥珀太多痕未滅而頰有赤點細視之更益其妍諸嬖要寵者以丹青點頰而後進幸一說上官昭容自製花子以掩黥處

越王竹

嚴州產越王竹根於石上狀若荻枝高尺餘土人加其色用代酒籌次有沙筋產於海島間其心若骨可爲籌筋人欲采者須輕步拔之不爾聞人行聲則縮入沙中了不可取陳藏器云越王餘算味鹹生南海算子長尺許

蔓草

廣州之南數百里有蔓草生焉其草吐一葉片大如掌初夏開徧

問土人莫有知者

指甲花

花細白色絶芳香今番人重之但未詳其名也又耶悉弭花白末利花皆波斯移植中夏如毗尸沙金錢花也本出外國大同二年始來中土愚詳末利乃五印度花名佛書多載之貫華亦佛事也又扶南傳曰頓遜國有樞撥花葉逆花致祭花各遂花摩夷花唐初罽賓國獻俱物頭花伽失華國獻泥樓鉢羅花皆中國所無者

相思子

相思子有蔓生者與龍腦相宜能令香不耗干寶搜神記云大夫韓憑妻美宋康王奪之憑自殺妻自投臺下死王怒令冢相望宿昔有文梓木生二冢之端根交於下枝錯其上康王哀之因號其木曰相思樹

睡蓮

睡蓮葉如荇而大浮於水面其花布葉數重不房而蕋凡五種色當夏晝開夜縮入水底晝復出也與夢草晝縮入地夜即復出一何背哉

說郛卷第二終

說郛卷第三

談壘 五卷

明皇雜錄

女伶謝阿蠻善舞凌波曲貴妃賜以金粟裝臂環梨園弟子皆居宜春北院時馬仙期李龜年賀懷智洞知律度安祿山獻白玉簫管數百事中官自蜀回得琵琶以獻其槽以邏逤檀爲之光潤如玉有金縷紅紋蹙成雙鳳張九齡裴耀卿罷免之日二人鞠躬卑遜李林甫抑揚自得觀者謂一鵰挾兩兔上置酒興慶宮有獻水調歌頭者云山川滿目淚沾衣富貴榮華能幾時不見如今汾水上惟有年年秋雁飛上問誰爲此詞曰李嶠上曰眞才子上幸繡嶺宮宮隘而暑甚上使覘姚崇報曰乘小駟按轡木陰下上從之頓忘海暑帝爲皇孫時天后奇之曰此兒當爲太平天子以玉龍子賜之玉龍長幾數寸精巧異常本太宗晉陽時物帝甚寶惜後因旱祈雨必應

九齡在相位李林甫陰欲中之九齡作歸燕詩贈曰海燕何微眇乘春亦暫來豈知泥滓賤只見玉堂開樓戶時雙入華軒日幾回無心與物競鷹隼莫相猜林甫知其必退恚怒稍解

李林甫壻鄭平爲省郎見其鬢髮斑白因曰上明日當賜甘露羹鄭郎飲之能烏髮翌日食之一夕而髮如黳

僧一行通大衍算法聞天台國淸寺僧精其術往求之至寺未敢入竊於門間窺之見僧於庭下布算曰當有弟子來求吾術須門前水西流弟子乃至一行乃趨出請教僧視門前溪水舊東流忽西流遂授其術

李適之與李林甫同相爲林甫中傷而罷未罷前數日廚中數鼎躍出相擊耳足俱折繼貶宜春而卒

明皇用葉法善術上元夜自上陽宮往西涼州觀燈以鐵如意質酒而還遣使取之不誣

虢國夫人恩傾一時所居本韋嗣立宅韋氏子弟方晝假息忽見婦人衣黃羅帔降步輦侍婢數十人謂曰聞此宅欲貨其價幾何韋氏曰先人舊廬所未忍捨語未畢有工人數百登東廂撤其瓦木韋氏擕琴書委於衢路歎曰不才爲勢家所奪古人之戒見於今日堂成以金盤貯瑟瑟二斗以賞匠者後因大風折木墜於堂上略無所損撤瓦以觀皆承以木瓦

樂府雜錄　段安節

雅樂部　雲韶部　清樂部　鼓吹部

驅儺用方相四人戴冠及面具黃金爲四目衣熊裘執戈揚楯口作儺儺之聲以逐疫也又十二人皆朱髮衣白畫衣各執麻鞭蓋辮麻爲之長數尺振之聲甚厲乃呼神名侲子五百小兒爲之衣

朱褶青襦戴面具以晦日於紫宸殿前儺張宮縣樂

熊羆部　鼓架部　龜茲部（師子郎舞太平曲破陣樂曲萬年助曲李朱崖進此曲名天仙一師子十二人畫衣紅拂朱抹額）

胡部　歌　舞　夷部樂

俳優開元中黃幡綽張野狐弄參軍始自後漢館陶令石耽有贓犯孝和惜其才免罪每宴樂即令衣白夾衫命優伶戲弄辱之終年乃復故爲參軍開元中李仙鶴善此戲明皇特授李仙鶴正參軍以食其俸武宗朝有曹叔度劉泉水殊妙咸通以來有范傳康上官唐卿呂敬敬三人弄假婦人大中以來有孫乾飯劉璃瓶近者郭外春孫有熊僖宗幸蜀時戲中有劉眞者尤能後乃隨駕入京籍於教坊弄婆羅門大和初有康迺米禾稼米萬搥近年有李伯魁石瑤山也

夷樂部　扶南　高昌等

琵琶　箏　箜篌　笙　笛　觱栗　琴　羯鼓　鼓　拍板

安公子（曲名）始自煬帝將幸江都時有樂工於笛中吹其父病於臥內聞之乃問其子曰何得此曲對曰宮中新翻也父欷歔謂其子曰宮曰君商曰臣宮聲往而不返大駕東巡必不還矣汝可託疾勿去也其精鑒如此

黃驄疊（念曲子）太宗定中原所乘戰馬也後遇征遼馬斃上歎息乃命樂工撰此曲

離別難天后朝一士人陷冤獄其妻配入掖庭善吹觱栗撰此曲以寄哀情始名大郎神蓋取良人行第也旣畏人知遂易名悲切子終號怨回鶻

夜半樂明皇自潞州入平內難正半夜斬長樂門關引兵入宮翦逆人遂撰此曲

還京樂　雨霖鈴明皇自蜀反正樂人張野狐所製

康老子卽長安富家子落魄不事生計常與國樂遊處一旦家產

蕩盡偶一老嫗持舊錦褥貨鬻乃以半千獲之尋有波斯見大驚謂康曰何處得此至寶也是冰蠶絲所織暑月陳於座可致一室淸涼卽酬千萬康得之還與國樂追歡不經年復盡康卒樂人歎之遂製此曲亦名得至寶亦曰得寶子明皇初納太眞喜謂後宮曰得楊氏女如得至寶亦製曲名得寶子

文淑子長慶中俗講僧文淑善吟經樂工黃米飯狀其念四聲觀世音而撰此曲

望江南朱崖太尉鎭浙江日爲亡妓謝秋娘所撰本名謝秋娘後亦名曰望江南

楊柳枝白傅閒居洛邑時作後入教坊

傾杯樂宣宗善吹蘆管自製此曲有數聲不均上初捻管命俳兒辛骨咄拍不中上瞑目瞩之骨咄憂懼一旦而殂

道調子懿宗命樂工敬納吹觱栗初弄道調上謂是曲乃誤拍之

敬納乃隨拍撰成此曲

傀儡子自昔傳云起於漢祖在平城爲突厥所圍其城一面卽突厥妻閼支氏兵強於三面壘中絕食陳平方知閼支氏妒忌卽造木偶人運機關舞於陴間閼支氏望見謂是生人慮其下城突厥必納妓女遂退軍高祖乃脫禍出史但云陳平以祕計免之蓋鄙其策下耳後樂家翻爲其引歌舞郭郎者髮正禿善優笑里閭呼爲郭郎凡戲場在俳兒之首也

別樂儀識五音輪二十八調舜時調八音用金石絲竹匏土革木計用八百般樂器周時用宮商角徵羽製五音成樂器至五百般直至唐時又減樂器三百般太宗朝三百般樂器內挑絲爲胡部宮商角羽並分平上去入四聲其徵音有其聲而無其調

平聲羽七調　第一運中宮調第二運羽平調第三運南呂調第四運仙呂調第五運黃鐘調第六運般陟調第七運高般調雖云呂調七運如車輪轉御中呂一運聲也

上聲角七調　第一運越角調　大石角調　高大食角調　雙角調　小食角調亦名正角調　揭指角調　林鐘角調

去聲宮七調　正宮調　高宮調　中呂宮調　道宮調　南呂宮調　仙呂宮調　黃鐘宮調

入聲商七調　越調　大食調　高大食調　雙調　小食調　歇指調　林鐘調

上平聲犯下平聲下聲爲徵聲商角川宮遂羽

右件二十八調琵琶二十四調方得足五絲五本共應二十八調本笙二十八調本外別有二十本管中調初制胡部元無方響只有竹絲絲方響不應諸調有直拔聲太宗於庫內別取一片鐵有似方響下於中呂調頭一韻名大呂應高般涉調頭方得應二十八調筝只有宮商角羽四調臨時移柱應二十八調

歌者樂之聲故絲不如竹竹不如肉古之能者韓娥李延年莫愁善歌者必先調其氣氤氳自臍間出至喉乃噫其調卽分抗墜之音可致遏雲響谷之妙開元中內人許子和吉州永新縣樂家女也入宮因名永新能變新聲高秋朗月喉轉一聲響傳九陌一日大酺於勤政樓萬衆諠譁莫得聞龍魚百戲之音永新乃撩鬢舉袂直奏慢聲廣場寂寂若無一人漁陽之亂六宮星散永新爲一士人所得後士人卒遂落風塵臨卒謂其母曰阿母錢樹子倒矣

大曆中張紅紅本與其父唱歌丐於衢路韋青納爲姬嘗有樂工撰新聲未進先印可於青青潛令紅紅聽於屏後以小豆數合記其拍歌能青入問之云已唱得矣青出紿云某有女弟子久曾唱此非新曲也隔屏唱之一聲不失敬宗召入宮宮中號記曲娘子韋青卒紅奏云妾本風塵丐者致身入內不忍忘其恩一慟而絕

拍板本無譜黃幡綽造譜紙上畫兩耳進之但有耳道卽無節奏也牛僧孺謂之樂句

北戶錄詳在第二卷　段公路唐萬年縣尉

邕之南溪洞酋長以鵝毛爲被取鵝頭頸細軟毛如稻畦編之暖甚如絲此三條本文與注混且删改甚多

前朝呼食爲頭以魚爲斗粱科律生魚若干斗呼筆爲雙爲床爲枚粱簡文答徐擒書特設書幌乍置筆床四管爲一床也以墨爲螺爲量爲圓爲枚陸雲與兄書送墨二螺粱科律御墨一量十二圓漢官儀令僕丞郎賜墨一枚以紙爲番爲幅爲枚湘東王上荊武紙萬幅筆四百枚簡文帝奉紅牋二千番又云送四色紙三萬枚答湘東王也晉宋間有一種紙長丈餘就船抄之世謂蠻紙

南廣作蛤臛蛤卽蛙也作臛如常法陶注本草云青脊者曰土鴨黑者曰蛤子臛以青爲上漢書言鄠杜之間水多蛙魚宋書張暢弟爲猘犬所傷醫云食蝦蟆膾膾成食果愈乃知前人食蛙久矣

抱朴子云萬歲者頷下有丹書八字南史丘傑傳云蝦蟆有毒初不信暨食之夢得藥三丸下科斗子數升

芝田錄　丁用晦

侯景逼臺城梁武帝計無所出有小兒獻計以紙鳶繫書詔因風縱之冀有外援鳶飛數十援卒不至臺城遂陷煬帝在江都代王留守長安羣盜蜂起有獻計者刻木鵞繫詔於頭致之渭汭冀闕東救兵至日放百千順流而下竟無救至

隋文帝問賀若弼曰卿識陳天子否弼曰臣未甚識帝召之陳主以若弼名重既見先拜之恭謹流汗弼曰卿不必如此恐悚必不失卻歸命侯

魏徵寢疾上曰卿必不起豈無一言徵曰嫠不恤緯上曰眞藥石也徵疾亟上領幼女曰無以報卿功德卿強開眼認取新婦大事去矣終不能顧後數年以主嫁其子

幽明錄

嵇康燈下彈琴忽一人長丈餘著黑單衣革帶康熟視乃吹火滅曰恥與魑魅爭光阮德如嘗登廁見一鬼長丈餘色黑而眼大著白單衣平上幘相去咫尺德如心安氣定笑曰人言鬼可憎果然如是鬼赧而退

永嘉中泰山巢氏居晉陵家婢採薪忽一人隨婢還家不使人見與婢飲宴輒吹笛而歌歌曰閒夜寂以淸長笛亮且鳴若欲知我者姓郭名長生

袁安父亡道逢三書生告安葬地處云葬此世爲貴官安因葬其地遂登司徒子孫昌盛四世五公

紀異錄 又名洛中記異　秦再思

天寶中大宛進汗血馬六匹一曰紅叱撥二曰紫叱撥三曰青叱撥四曰黃叱撥五曰丁香叱撥六曰桃花叱撥上乃改名紅玉犀

紫玉犀平山輦凌雲輦飛香輦百花輦命圖于瑤光殿

宣宗宴罷見百官與衛士拜舞遺下果食食物上怪之咸曰歸獻父母及遺小兒上勑大官今後大宴文武官給食兩分與父母別給果子與男女所食餘者聽以帕子裹歸

陝州山中有梨樹貞觀初有鳳棲止結實脆美因號鳳棲梨

稽神錄 合併入第十四卷中　宋徐　鉉

建威軍人妻死再娶虐前妻之子夫不能制忽見亡妻入門責後妻曰人誰無死誰無子母之情乃虐我所生如是訴於地下與我十日假誨汝汝不改必死汝夫妻再拜爲具酒食滿十日將去責戒甚切舉家送入柏林中乃不見

王師征越敗於臨安裨將劉宣傷重臥於死人中至夜有官吏數人持簿編閱死者至宣乃扶起曰此漢非是引出數十步置道左明日賊退乃得歸

歸田錄 合併入第二十三卷中　歐陽修

國家開寶中所鑄錢文曰宋通元寶至寶元中則曰皇宋通寶近世錢文皆著年號惟此二錢不然者以年號有寶字文不可重故也

仁宗不豫大臣日至寢閤見上用素漆唾壺甆盂御榻上衾褥皆黃絁色已故暗宮人遽取新衾覆其上亦黃絁也

陳康肅公堯咨善射有賣油翁曰無他但手熟爾公怒曰爾安敢輕吾射翁曰以我酌油知之取一葫蘆以錢覆其口以杓酌油自錢孔入不溼因曰我亦無他惟手熟耳公笑而遣之

呂文穆公蒙正爲相有朝士藏古鑑能照二百里欲因公弟獻以求知公曰吾面不過碟子大安用照二百里聞者歎服以謂賢於李衛公遠矣

使遼錄

北人打圍一歲各有所處正月釣魚海上於冰底釣大魚二月三月放鶻號海東青打雁四五月打麋鹿六七月於涼淀坐夏八九月打虎豹之類自正月至歲終如南人趂時耕種也

銀牌形如方響刻番書宣速二字使者執牌馳馬日行數百里牌所至如此虜親到須索更易無敢違者

虜中黑山如中國之岱宗云虜人死魂皆歸此每歲王京進入馬紙各萬餘事祭山而焚之其禮甚嚴非祭不敢近山胡婦以黄物塗面妝謂之物妝

談賓錄

東蠻王入朝顏師古奏昔武王時遠國歸款周史集爲王會篇今卉服鳥章備集蠻邸請圖其事以貽於後詔立本圖之莫不盡該毫末備得精神

談錄 李昉宗諤 文正公

王太保每天氣暖和必乘小駟從三四蒼頭攜照袋貯筆硯韶略刀子牋紙幷小藥器之類照袋以烏皮爲之四方有蓋幷襻五代士人用之

相國王溥二十六歲狀元及第三十二拜相四十二以一品罷相歸班行猶在具慶下每先太傅見客王公以前宰相侍側略無惰容坐客以不安席引去者甚衆

聞見錄 趙槩

廣守數人連卒多先夢燈叚華作守夢燈編郡城未幾病卒宋景公遺戒云吾歿之後稱家有亡以治喪用浣濯之衣鶴氅裘絹綫屨三日棺三月葬愼無爲流俗陰陽拘忌也棺用襟衣漆其四會三塗即止使數十年足以腊吾骸朽衣巾而已吾學不名家文章僅及中人不足垂後爲吏在良二千石下非若數人無功於國無惠於人不可請謚不可受贈不可求巨公作碑誌不可作佛道齋醮汝等不可違命作之是以吾死爲無知也

見聞錄 胡納

太祖晚年自西洛駐蹕白馬寺而生信心洎回經劂寫金剛經讀之趙普因奏事見上上曰不欲泄于甲胄之士或有見者止謂朕讀兵書可也

異聞錄

楊禎於昭應寺讀書每見一紅裳女子誦詩曰金殿不勝秋月斜石樓冷誰是相顧人搴帷弔孤影問其姓字曰祖遠名無忌姓宋十四代祖在漢因顯揚釋教封長明公開元中明皇爲楊妃建立經幢封妾西湖夫人因賜珊瑚寶帳居之自此罷生蛾郎不復强暴奂驗之乃經幢中燈也

該聞錄 合併入後第九卷中 李畋 尙書虞部員外郎

張乖崖治蜀有盜擒獲公詰之盜曰常以半年爲盜三月至八月

夜短多蚊蚋人必少睡故不敢爲盜九月至二月夜長天寒多畏寒懶起乃可爲盜公曰春夏作何業盜曰小小營販往州縣熟訪人家事力人口出入門戶之處故十數年不敗露公曰盜亦有道誠然哉

林逋隱士處居西湖朝廷命守臣王濟體訪逋聞之投贄一啓其文皆儷偶聲律之流乃以文學保薦詔下賜帛而已濟曰草澤之士文須稽古不友王侯文學之士則修詞立誠俟時致用今林逋兩失之

東軒筆錄 一卷合併入後十二卷中 魏泰 臨漢人

王韶罷副樞知鄂州宴客出家妓坐客張續醉挽妓不前將擁之妓泣訴於韶坐皆失色韶曰出爾曹以娛賓乃令客失歡命取大杯罰妓人服其量

仁宗常步苑中及還宮顧嬪御曰渴甚可進熱水嬪進水且曰大

家何不外面取水而致久渴耶仁宗曰吾屢顧不見鐐子苟問之即有抵罪故忍渴而歸聖性仁恕如此

太宗嘗與趙普議事不合上曰安得宰相如桑維翰者與之謀乎普曰使維翰在陛下亦不用蓋維翰愛錢上曰苟用其長當護其短措大眼孔小賜與十萬貫則塞破屋子矣

雲齋廣錄　宋李獻民

餘杭進士洪浩熙寧間遊太學十年不歸其父垂白作詩寄浩曰太學何蕃且一歸十年甘旨誤庭闈休辭客路三千遠須念人生七十稀腰下雖無蘇子印篋中幸有老萊衣歸時定約春前後免使高堂賦式微進士丁湜在太學夢歸家見妻於燈下披箋握管爲書寄生生曰我已至矣何用書爲妻但揮涕而不答又於別幅見詩一首云淚溼香羅帕臨風不肯乾欲憑西去雁寄與薄情看生既覺以語同舍曰君思念之極以至於此後旬日得書并詩皆

夢中所見無少差

松窗雜錄（此三則與今本有異同）　唐李濬

明皇幸東都與一行師登閣臨眺上歎曰吾甲子得終無恙乎一行曰陛下行幸萬里聖壽無疆及幸蜀至萬里橋方悟一行之言

明皇殿內賞牡丹問侍臣曰牡丹詩誰爲首奏曰李正封詩曰國色朝含雨天香夜染衣帝謂妃子曰妝臺前宜飲一紫金盞酒則正封之詩可知矣（前二條與四十六卷重復惟四十六卷中所收字句與今本異）

狄梁公爲相有姨盧氏居午橋南別墅姨止一子未嘗來都城公因休沐候姨安否適見表弟縱獵擒雉兔歸公啓姨曰某今爲相表弟有何樂從願悉力從其欲者姨曰相自貴耳姨止有一子不欲令事女主公大慚而退

幙府燕閒錄　畢中詢

楊礪未第時夢人引升一殿有少年南面而坐引者曰此來和天尊也後眞宗爲襄王礪除記室見帝一如夢中所見

南方人畜金蠶蠶金色食以蜀錦取其遺糞置飲食中以毒人人死蠶能致他財使人暴富而遺之極難水火兵刃所不能害必多以金銀置蠶其中投之路隅人或收之蠶隨以往謂之嫁金蠶

郭子儀自同歸詔大臣就宅作軟腳局人率三百千

東皋雜錄（詳見第二卷）

孔常甫令湘潭日常誦唐人詩城頭催鼓傳花枝席上摶拳握松子

范蜀公自汴下過洛與留守文潞公富鄭公司馬溫公飲鄭公第會有以四玉盃遺溫公以爲壽官奴偶碎其一潞公命申報蜀公曰君實當判之溫公書曰玉爵難揮典禮雖聞於往記彩雲易散過差可恕於斯人大笑釋之

道州邑人言侏儒皆感獼猴氣而生猴畏竹扇聲富家婦妊得每寢必命婢以竹扇鞭其腹則猴不敢近貧下家既熟睡無人鞭腹

必夢猴與交矣

唐開元中假師人耕地得一古銅盤篆奇文曰右林左泉後岡前道萬世之寧于焉是寶考圖經乃比干墓銘

北山錄

唐徐世勣討河北饋餉不給王師且羸貸糧於市西僧寺常住不可也有慧休者聞而告其徒曰若此舉無功則國虞矣國虞而寺存未之能也遂發廩賑食神堯初欲能釋教唯河北不被詔以曾貸糧故也

後趙尚書張離張良各起大塔佛圖澄謂之曰事佛在於清淨無欲慈矜爲心檀越宜奉大法貪悋未已畋獵無度積聚無窮方受見世之罪何福報之可求耶離等後並被誅

宋文帝謂求那跋摩曰弟子常欲齋戒不殺迫以身徇於物不獲

從志跋摩曰刑不失命役無勞力則使風雨順時寒暖應節百穀滋繁桑麻莞茂如此持齋齋亦大矣如此不殺德亦重矣寧在缺半日之餐全一禽之命然後方爲持齋耶

符子曰老子之師名釋迦乂符子者符郎字元達符堅從弟著書數篇號符子

江南錄

江州陳氏元和中給事中陳京之後也長幼七百口畜僕妾上下婣睦人無間言每食必羣坐廣室未成人者別爲一席有犬百餘亦置一舡共食一犬不至羣犬亦皆不食建書樓于別墅延四方之士肄業者多依焉鄉里率化爭訟稀少

江南後苑有石如宮髻張佑舊物也上有杜紫微杭州刊字以寄張佑云

江南別錄

韓熙載居戚家常有蒼頭挈龍水圖貨于韓第卽吳淮王筆迹也韓愛而不受爲鄰家所得翌日將練爲服忽見釜中浪湧雲蒸有二事物若獺狀穿屋而去里人咸集謂之起火相將撲滅及視之惟煙霧而已韓甚追惜復異其事

霓裳羽衣曲自兵興之後絕無傳者江南周后按譜尋之盡得其聲

彭李者世爲義門陳氏之傭夫喪明已久有子一人常聞陳之子弟言舜王孝而父瞽叟舐目而致明乃歸倣之不旬日父目忽然明朗

江南野錄

先主名昪字正倫朱棃統制天下楊行密傳檄湖南大將徐溫出師濠上見先主攜歸爲巳子遂用巳姓吳主委政先主遷爲僕射遂受吳禪奉吳主爲讓皇義父溫爲武王改元昪文復姓李氏

世宗卽位遣孫忌奉表稱藩旣而背約世宗問忌江南虛實忌曰本國雖小甲兵尚三十萬未易可圖世宗曰江南不知見十數郡何可欺也忌曰精兵雖止十餘萬然長江一條飛湍千里可敵十萬之師國老宋齊丘乃王猛謝安之徒可敵十萬後主名昱字重光周世宗怒不割淮南地將征建康見白氣貫空使覘之乃後主與衆獵焉歎曰彼有人焉未敢圖也乾德二年始與鐵錢以十當銅錢之一是歲納國初先主之世約量民田以貲科賦家出一卒號爲義師又於客戶三子抽一謂之國軍至嗣主許諸郡民競渡每端午較其殿最勝者加以銀椀謂之打標至是諡覓爲卒號凌波軍又率民間傭奴贅壻謂之義勇軍又募豪民自備緡繇軍器招集無賴輩謂之自在軍王師圍急乃招百姓老弱能披執者謂之排門軍

初後主違旨拒命嘗曰它日王師見討孤當躬擐戎服背城一戰如其不獲勝室自焚太祖曰此措大兒語耳徒有其口必無其志至是果然

三輔決錄　　漢趙岐

韋誕奏蔡邕自矜其能謂非流紈素不妄下筆夫工欲善其事必先利其器用張芝筆古伯紙及臣墨兼此三具可以盡爲文之妙

瀟湘錄

洛陽牟預郊外葬一骷髏夢人來謝云我本強寇爲同輩先害感公掩藏願陰護公或有急但呼赤丁子則至矣後頗有感應

楊妃獨坐有一白鳳至前口啣書取視乃天帝詔敕謂妃爲謫仙責其妒謂言有馬嵬之事此條三十三卷中亦載而此爲節本故存之

開元中前浚儀令焦封客遊于蜀道逢一靑衣引至甲第見一女子稱夫人設瓊漿玉饌索紅箋寫詩曰妾失鴛鴦侶君方萍梗遊誤入桃源裏仙家爭肯留夫人笑曰誰教他誤入來要不留亦不

得也封笑曰只恐不留留則千年萬年矣遂伸伉儷之情封留月餘告去夫人臨歧別贈一玉環方登閣道夫人奔逐曰我不忍與君別幸挈我偕行前途旅次忽有千餘猩猩來其妻喜曰君不顧我東去我今幸女伴相召歸山遂化爲猩猩與同伴相逐而去

會稽典錄

頁方字文公家遭疫癘父母伯叔一時死凡十三喪方年十四晝則負土哀號暮則扶棺哭泣比葬年十七烏鳥衆集猛獸乳其側

夏香字曼卿永興人也年十五縣長葛君會客飲宴時郡遭大旱香進諫曰昔殷湯遭旱以六事自責而雨澤應澍成王悔過偃禾復起自古先聖畏懼天異必思變復以濟民命今始罹天災縣界獨甚未聞明達崇殷周之德飲宴獨歡百姓枯瘁神祇有靈必不享也百姓不足君孰與足宜當還守卽罷會身損俸祿以贍民飢

吳錄

朱桓還屯孫權自出祖送桓奉觴曰臣當遠去願一捋陛下鬚無所復恨權憑几前席進前捋鬚曰臣今眞可謂捋虎鬚也

步隲表於孫權曰北降人王潛等說北相部伍圖以東向多作布囊欲以盛沙塞江以大兵向荊州權曰曹氏衰弱何能有圖必不敢來若不如孤言當以牛千頭爲君作主人後有呂範諸葛恪爲說隲所言云每懷步隲輒失笑此江與開闢俱生寧有可以沙囊塞理乎

靈怪錄

顧光寶能畫陸溉患瘧經年光寶以筆圖一師子於戶牓之一夕師子目中臆前有血淋漓病乃愈

吉凶影響錄　宋岑象求

韋丹未第時洛陽橋見漁者得一黿甚大丹異之買投於河後有元長史名濬之來謁卽其黿也

樹萱錄

申屠有涯放浪雲泉常擕一缾時躍身入缾中時號瓶隱張確嘗遊霅上白蘋溪上見二碧衣女子擕手吟詠云碧水色堪染白蓮香正濃分飛俱有恨此別幾時逢酒飲玲瓏玉花藏縹緲容何當假雙翼聲影暫相從確逐之化爲翡翠飛去番禺鄭僕射嘗遊湘中宿於驛樓夜遇女子誦詩曰紅樹醉秋色碧溪彈夜絃佳期不可再風雨杳如年頃刻不見

金陵進士夢遊城臺故妓賦詩云歌罷玉樓月舞殘金縷衣匀鈿收迸筯飲黛別重闈網斷蛛休織梁空燕不歸那堪回首處江步野棠飛妓自云今爲吳神樂部

三朝聖政錄　石承進

太祖曰資廕子弟但能在家彈琵琶弄絲竹豈能治民於是未許親民

太宗躬履節儉常服澣濯之衣寢殿設青布緣葦簾常出麻履布裳賜左右曰我舊所服者也

太祖平蜀閱孟昶宮中物有寶裝溺器遽命碎之曰以此奉身不亡何待

太祖修大內既成令洞開諸門無有壅蔽曰此如我心小有私曲人皆見之

太祖問杜鎬西漢賜予悉用黃金近代爲難得之貨何也對曰當是時佛事未興金價甚賤也

太祖曰大凡居職不可不勤朕每見殿庭兵卒剩掃一片地剩汲一瓶水必記姓名許王爲中丞彈奏太宗劾之許王奏曰臣爲天子兒今犯中丞被推鞫上曰朝廷之制孰敢違之朕有過臣下亦當糾摘汝爲開封府尹豈可不舉卒罰之

眞宗召大理評事馮元說周易泰卦元敷述卦體以謂地天爲泰

言天氣下降地氣上騰然後交泰猶君下接於臣臣上承於君然後君臣道通若天以高亢居上則地無由得交於天天地不交何由得泰君以尊大自恃臣無由得接於君君臣不接何由得泰

集古目錄　宋歐陽修

顏眞卿撰麻姑壇記幷書公忠義之節皎如日月不免惑於神仙之說釋老爲民害也深矣

隋煬帝作景陽井銘及身爲淫亂則又過之銘文隱隱尚可讀有云前車已傾負乘將沒

陸鴻漸著書頗多曰君臣契三卷源解三十卷江表四姓譜十卷南北人物志十卷吳興歷官記三卷湖州刺史記三卷茶經三卷占夢三卷

唐明皇擇縣令一百六十三人賜以丁寧之誡其後天下爲縣者皆以新戒刻石

唐華陽頌玄宗詔附玄宗自稱曰上淸弟子何其陋哉佛之徒曰無生者是謂畏死之論也老之徒曰不死是貪生之說也玄宗方溺于此又慕於彼

遺教經相傳王羲之書僞也蓋唐世寫經手所書

韓忠獻別錄　王巖叟

公之客有被召而請教者公曰富貴易得名器難保

公築堂於池上效樂天因名曰樂白堂成公賦詩三章其卒章曰霓裳歌舞非吾事且學醺酣石上眠自爾寢疾遂於六月二十四日薨此詩遂爲絕筆既而上遣使特爲石虎以葬時人始悟石上眠之句若讖云

四朝聞見錄 又四條見後　宋葉紹翁

楊和王沂中閒居郊行遇相字者相者以筆札進王拒之但以所執拄杖大書地作一畫相者作而再拜曰閣下何爲微行至此宜自愛重王愕而詰其所以則又拜曰土上作一畫乃王字也王笑批緡錢五百萬仍用幣所押字命相者翌日詣司帑徵取司帑持券熟視曰爾何人乃敢作我王贋押來兌錢吾當執汝詣有司相者具言本末至聲屈冀動王聽王之司謁與司帑同列醵金五十閒白王前日王批與相者五百萬有之乎王曰是司帑進曰某以非恩王押字拒之衆人打合五十千與之矣王驚曰汝何故曰不可他今日說是王者來日又胡說增添則王之謗厚矣且恩王已開王社何所復用相王起而撫其背曰爾說得是就以予相者錢五百萬旌之

吳雲壑琚字居父留守建康高疎寮似孫授徽倅道出金陵投以詩曰四朝渥遇鬢如絲多少恩榮世少知長樂花深春侍宴重華香暖夕論詩黃金纖滿無心愛古錦囊歸有字奇一笑容陪珠履

客看臨古帖對梅枝公之客曰儲用項安世周師稷劉翰王輝王明淸晚得王大受輟子姪官授之凡遊從皆極一時之彥公無它嗜好居近城與東樓平光皇爲書扁以賜不名其名而名其官樓下設維摩榻尤愛古梅日臨鍾王帖以爲課非其所心交者迹不至此高氏獨知其詳故落句及之

憲聖初不以色幸自渡南以來以至爲天下母率多過魚貫以進卽以疾辭思陵念其勤勞之久每欲正六宮之位屬以太后遠在沙漠不敢舉行上嘗語憲聖曰極日窮月（極日窮月一作極知汝）一相同勞苦反與後進者齒朕甚有愧俟姐姐歸（一作太后）爾其選已憲聖再拜對曰大姐姐遠處北方臣妾缺於定省每遇天日淸美侍上宴集才一思之肝裂淚下臣妾誠夢不到此上爲泣下數行愈以后爲賢暨太后既旋鑾馭以向嘗與憲聖均爲徽宗左右徽宗遂以憲聖賜高宗太后恐憲聖記其微時事故無援立意上侍太后拜而有請

曰德妃吳氏服勞滋久外廷之議謂其宜主中饋更合取自妞妞教旨太后陽語上曰這事由在爾而陰實不欲上遂批付外廷曰朕奉太后之命云云德妃吳氏云云可立爲后遂開擁佑三朝之功云

宣政極盛時宮中以河陽花蠟燭無香爲恨遂用龍涎沈腦屑灌蠟燭列兩行數百枝焰明而香滃鈞天之所無也建炎紹興久不進此惟太后旋鑾沙漠復值稱壽上極天下之養用宣政故事然僅列十數炬太后陽若不聞上至奉卮白太后以燭頗愜聖意否太后謂上曰爾爹爹每夜嘗設數百枝諸人閤分亦然上因太后起更衣微謂憲聖曰如何比得爹爹富貴

孝宗以奉太母故加眷吳郡王益益太母弟也秋氣高清聖意怡懌至於手書御札一聯云趁此一天風月好橘香酒熟待君來命近璫持以賜益益入對頓首稱謝上笑曰聊復當折簡爾

韓侂胄既敗羣婢放逐之時韓門巷至有三數輩皆稱爲某妾某人父母者蓋其宛轉而入皆爲父母官中遂命願認父母者聽除首飾衣服之外不許以奩載出金釵至滿頭衣服至著數襲市人利其物而因可以轉貿其身故相競相逐願爲之父母至有引羣妾之裾必欲其同歸者亦足笑也亦足爲鑒云

賓退錄 合併入第二十三卷　趙與旹 大梁人

吳虎臣會漫錄云發州下俚有俗字如以𡗗爲矮𡘙爲齋訟牒文案亦然范文穆桂海虞衡志云邊遠俗陋牒訴券約專用土俗書桂林諸邑皆然今姑記臨桂數字雖甚鄙野而偏傍亦有依附𡗗音矮不長也閪音穩坐於門中穩也𡘜亦音穩大坐亦穩也仦音嫋小兒也奀音勒人瘦弱也歪音終人亡絕也𡚻音臘不能舉足也𡘫音大大女即姊也𥔲音磡山石之岩窟也閂音櫎門橫關也他不能悉記嶺外代答於此外又記數字氽音猶言人在水上也氼音魅言沒入水下也𠕒音和鹹切言隱身忽出以驚人之聲也砳音鬍言多髭也砯東敢切以石擊水之聲也余按魏書江式傳延昌三年上表論字體不正略曰皇魏承百王之季紹五運之緒世易風移文字改變篆形謬錯隷體失眞俗學鄙習復加虛巧談辨之士盡以意說炫惑於時難以釐改乃曰追來爲歸巧言爲辨小兒爲𦤀神虫爲蠶如斯甚衆又顏氏家訓載北朝喪亂之餘書跡鄙陋加以專輒造字乃以百念爲憂言反爲變不用爲罷追來爲歸更生爲蘇先人爲老如此不一偏滿經傳乃知俗字何代無之車同軌書同文豈易能哉與時昔年侍先人官贛之石城俗字如此者尤多今不能記憶唐君臣正論載武后改易新字如以山水土爲地千千萬萬爲年永主久王爲證長正主爲聖一忠爲臣一生爲人一人大吉爲君然常考之但有埊𠡦𢘑𤯔四字合證作𨲢聖作𨲢君作𠺞皆與正論所言不同今大理國文書至廣右者

猶書國作圀亦武后所改又吳主孫休名字四子嘗創𩅦灣𦮀迄𩃬觥𠅨礥壾莽昷舉𡨭褒𤼬攏八字南漢劉岩自製龑字爲名蓋取飛龍在天之意云唐書則天作十二文曌照丙天埊地𠥱日囝月〇星𠺞君𢘑臣𤯔人𡕀載𠡦年𨲢聖唐書云云今本無

新唐書進表謂其事則增於前其文則省於舊夫爲文記事主於辭達繁簡非所計也新唐書之病正坐此兩語前輩議之者多矣晉張輔云司馬遷敍三千年事惟五十萬言班固敍二百年事乃八百萬言以此爲遷固優劣殊不思司馬子長追述上世故不可得而繁班孟堅紀錄近事有不容於略春秋傳所謂所見異辭所聞異辭所傳聞異辭正謂是也洪文敏論史記衛靑傳書校尉李朔校尉趙不虞校尉公孫戎奴各三從大將軍獲王以千三百戶封朔爲涉軹侯以千三百戶封不虞爲隨成侯以千三百戶封戎奴爲從平侯前漢書但云校尉李朔趙不虞公孫戎奴各三從大

將軍封朔爲涉軹侯不虞爲隨成侯戎奴爲從平侯比於史記五十八字中省二十三字然不若史記爲朴贍可喜又論檀弓記石祁子事云石駘仲卒有庶子六人卜所以爲後者曰沐浴佩玉則兆五人者皆沐浴佩玉祁子曰孰有執親之喪而沐浴佩玉者乎不沐浴佩玉謂今之爲文者不然必曰沐浴佩玉則兆五人者如之祁子獨不可曰孰有執親之喪若此者乎似亦足以盡其事然古意衰矣此論得之

俗間有撃鼓射字之伎莫知所始蓋全用切韻之法該以兩詩詩皆七言一篇六句四十二字以代三十六字母而全用五支至十二齊韻取其聲相近便於誦習一篇七句四十九字以該平聲五十七韻而無側聲如一字字母在第三句第四字則鼓節前三後四叶韻亦如之又以一二三四爲平上去入之別亦有不撃鼓而揮扇之類其實一也詩曰西希低之機詩資非卑妻欺癡梯歸披

皮肥其辭移題攜持齊時依眉微離爲兒儀伊鋤尼醯雞篦溪批毗迷此字母也羅家瓜藍斜淩倫思戈交勞皆來論留連王郎龍南關盧甘林巒雷聊鄰簾櫳贏婁參辰闌楞根灣離驢寒間懷横榮鞋庚光顔此叶韻也又有以詩數十句該果實之名爲酒席之戲者與此略同然不假切韻頗爲簡易至于賣卜者但欲知十干十二支則尤不難然多只一撃鼓便能知年月日時八字蓋未撃之先踟躕顧盼舉動語默皆干支之物也

靖州圖經載其俗居喪不食酒肉鹽酪而以魚爲蔬今湖北多然謂之魚菜不特靖也老杜白小詩云白小羣分命天然二寸魚細微沾水族風俗當園蔬正指此蓋老杜嘗往來荆楚而此詩則嘉與魯氏定爲夔門所作夔亦與湖北相鄰故也注杜詩者皆不及此韻語陽秋云言白小與菜無異豈復有厚味哉非其指矣

晉書王育仕劉淵爲太傅韋忠仕劉聰爲鎮西大將軍劉敏元仕劉曜爲中書侍郎三人者皆嘗委質於晉矣而皆謂之忠義王宏桎梏罪人以泥墨塗面置深坑中餓不與食太康中撿察士庶使車服異制宏緣此復遣吏科撿婦人衵服至褰發於路顧謂之良吏王渾妻鍾氏嘗夫婦共坐其子濟趨庭而過渾欣然曰生兒如此足慰人心鍾笑曰若使新婦得配參軍生兒故不翅如此參軍者渾弟淪也顧謂之列女眞可發一笑

今世男子初入學多用五歲或七歲蓋俗有男忌雙女忌隻之說以至笄冠亦然按北齊書李渾弟繪傳繪年六歲便自願入學家人以偶年俗忌約而弗許伺其伯姊筆牘之間而輒竊用未幾遽通急就章內外異之則其來久矣

俗謂婚姻之家曰親家唐人已有此語見蕭嵩傳又有以親字爲去聲字者亦有所據盧綸作王駙馬花燭詩有人主人臣是親家之句

世人瘧疾將作謂可避之它所閭巷不經之說也然自唐已然高力士流巫州李輔國授謫制時力士方逃瘧功臣閣下杜子美詩三年猶瘧疾一鬼不銷亡隔日搜脂髓增寒抱雪霜徒然潛隙地有靦屢鮮粧則不特避之而復塗抹其面矣

漢武帝徵枚乘乘道死詔問乘子無能爲文者後乃得其孽子皋皋字少孺乘在梁時取皋母爲小妻又孔光傳淳于長坐大逆誅長小妻迺始等六人佞幸傳張彭祖爲小妻所毒薨外戚許后傳后姊孊寡居與淳于長私通因爲之小妻後漢趙惠王乾居父喪私聘小妻側中丘縣注云小妻妾也又竇融女弟爲大司空王邑小妻陳王鈞取掖庭出女李嬈爲小妻樂成靖王黨取故中山簡王傅婢李羽生爲小妻梁節王暢上疏辭謝有曰臣暢小妻三十七人其無子者願還本家陳球與劉郃輩謀誅宦者因小妻之父程璜而事泄東觀記又載彭城靖王子男丁前物故恭子酺侮丁

小妻見恭傳註周益公作歸正人蕭中一次妻耶律氏制謂次妻二字別無經據乞改稱小妻劉子中注云出漢書指此董卓傳又有少妻之稱疑卽小妻也裴松之注三國志孫皓傳引江表傳載張俶事亦曰娶小妻三十餘人又駱統傳統母改適華歆爲小妻晉宋挺本劉陶門人陶亡後娶陶愛妾爲小妻隋王世充祖支頹耨死其妻少寡儀同王粲納以爲小妻則不獨見於漢史云

謂有疾曰不快陳氏壽作華陀傳已然

俗間謂籠燭爲照道此二字出儀禮注

冬至賀禮古無有也其殆始於漢乎漢雜事曰冬至陽生君道長故賀沈約宋書曰魏晉冬至日受萬國及百寮稱賀因小會其儀亞於歲朝北齊書庫狄伏連冬至日親表稱賀其妻減馬豆設豆餅伏連大怒蓋歷代行之至今不廢

今人以月一日八日十四日十五日十八日二十三日二十四日

二十八日二十九日三十日不食肉謂之十齋釋氏之教也予按唐會武德二年正月二十四日詔自今以後每年年正月九月及每月十齋日並不得行刑所在公私宜斷屠釣永爲常式乾元元年四月二十二日敕每月十齋日及忌日並不得採捕屠宰仍永爲式其來尙矣九國志亦載南唐大臣多蔬食月爲十齋今斷獄律疏議列此十日爲之十直日

世說載何晏面白魏帝疑其傅粉以湯餅拭之愈拭愈白知其非傅粉僕考魏略晏自喜潔靖粉白不去手知其亦尙傅粉也漢佞幸傳載籍孺閎孺傅脂粉以婉媚幸上此不足道東漢李固傳飛章虛誣曰大行在殯路人掩涕而固獨胡粉飾皃搔頭弄姿盤旋偃仰從容綏步略無慘怛之心顔氏家訓謂梁朝子弟皆薰衣剃面施朱弄粉此明知古者男子傅粉（此條見朱）

實賓錄

伴食宰相盧懷愼也唐本傳　癡宰相楊再思也唐本傳　摸稜宰相蘇味道也唐本傳　盲宰相關播也唐本傳　麻膏宰相崔徹也唐本傳　曲子相公晉和凝也五代本傳　看馬僕射唐李德權也田令孜擢爲牙職令孜敗德權畏誅逃入復州爲太守園人有識之者能話其事號爲看馬僕射南楚新門　伏獵侍郎戶部侍郎蕭炅也挺之本傳　八磚學士唐翰林學士李程也本傳　斗酒學士唐待詔門下省王績也本傳　侏儒郎中唐兵部郎中韋愼也啟顔錄　軟餅中丞蜀韋𢿱唐相貽範之子仕孟旭時歷御史中丞性多依違時號軟餅中丞檮杌　赤牛中尉魏兼御史中尉元仲景也常駕赤牛時人號爲赤牛中尉本傳　驄馬御史後漢侍御史桓典也本傳　白兔御史唐王洪義也本傳　金牛御史周擂侍御史嚴昇嗜牛肉凡到處金銀爲之湧貴江南人號金牛御史本傳　四其御史唐郭霸也本傳　鳳閣舍人唐徐堅也本傳　斵窗舍人唐楊滔任中書舍人才力既疎殊不稱職一日促命制詞令吏持庫鑰他適無由檢尋乃斵窗以取物議喧然時號斵窗舍人朝野僉載　縮葱御史唐御史侯思上也本傳　五日京兆前漢京兆尹張敞也本傳　算博士唐楊炯也朝野僉載　瘦羊博士後魏博士甄宇也本傳　判詩博士五代王仁裕也因話錄　侍芝郎吳工人黄耉也本傳　有道大人漢李恢廣武君左車十四世孫高尙不仕號有道大人北史李士謙傳　青衫外郎太宰乃青衫外郎爾穆宗世不三二年位兼宰相　土山頭果毅唐諸郎中不自員外拜者之謂談賓錄　百蟲將軍洛水九山有百蟲將軍顯靈碑碑云將軍姓伊氏諱益字隤敳帝高陽之第二子伯益也水經　呷醋節度使李景略也國史補　鐺腳刺史唐刺史薛大鼎鄭德本賈敦頤也大鼎傳　瀨兒刺史後魏瀛州刺史也宇文福本傳　蠻府參軍晉郝隆也世說　圍棊

州都大中正宋明帝好圍棊置圍棊州邑王諶傳　捉舡使君唐末橫州刺史郭氏也南楚新聞　髯參軍短主簿郄超王珣也超傳　紫袍主事唐韋君素張倚也舊傳　香尉漢雍仲進南海香物拜洛陽尉時人號曰香尉述異記　進喜馬唐李瑒也本傳　好脚跡門生唐李太師逢吉知貢舉牓成未放而入相及入第就中書見座主時謂好脚迹門生前世未有　負心門生謂天子也唐宦者楊復恭本傳　秦婦吟秀才五代蜀相韋莊也　不利市秀才唐夏侯孜也後登相位瑣言　素臣謂丘明也　僞荆卿唐甄戈任俠者劉從諫傳　楊三郎隋宗室滕穆王瓚也本傳　酒可郎唐節度使王紹鼎也宣宗實錄　善士孟子曰薛居州善士也　醉士唐皮日休自謂也文粹　辨士王稽云張祿天下辨士范睢言蔡澤辨士太史公謂陸賈辨士　望士晉葛旟曰顧榮天下望士本傳　貧士晉劉寔也本傳　寒士齊司徒褚彥回謂劉

詳曰寒士不遜本傳又褚彥回謂謝超宗曰寒士不遜本傳後周張綰因酒詬杜杲曰寒士不遜本傳　萬石君漢石奮也本傳後漢馮勤曾祖父楊宣帝時爲弘農太守有子八人皆爲二千石趙魏間榮之號曰萬石君本傳後漢秦襲爲潁川太守與羣從同時爲二千石者五人故三輔號曰萬石秦家本傳　萬石秦家見上

三相張家唐張嘉貞相玄宗延賞相德宗弘靖相憲宗時號三相張家弘靖傳　三戟崔家唐崔林伯仲多至大官並列棨戟時號三戟崔家舊傳　五侯王家隋王龍之財帛埒於王侯五子各立一院邑里號爲五侯王家西京記　三戟張家唐張儉兄弟三人門皆列戟時號三戟張家本傳　書樓張家五代周張昭遠好學積書萬卷以樓載之號書樓張家五代史補　銀樓王家太原王氏四姓得之爲美故呼爲銀樓王家喻銀質而金飾也國史補

萬石張家唐張文瓘四子父子皆三品時謂萬石張家本傳

眞書盧家唐盧詹尚書爲吏部押官誥楷署其名字時人謂之眞書盧家新書　尖頭盧家五代盧膺祖父仕唐俱至顯官子孫生而頭銳時人號尖頭盧家九國志　闕下林家唐林攢親亡廬墓有白烏來甘露降詔作二闕於母墓前時號闕下林家本傳　世修降表李家蜀李昊四爲降表蜀人憤之有潛書其門者云世修降表李家九國志　不語楊家五代吳楊行密有一子病瘖鄉里號爲不語楊家九國志　點頭崔家崔雍兄弟八人皆登進士乙科世號點頭崔家金華子　鳳閣王氏唐王釋從昆弟四人皆擢進士至鳳閣舍人號鳳閣王氏本傳　龍舌張氏唐張嵩都護北庭射黑河龍死封其首以獻玄宗斷龍舌賜嵩因賜號　豢龍劉氏五代梁劉崇徐州人梁祖微時嘗傭力崇家及即位召崇仕至商州刺史崇之母撫梁祖有恩號爲國婆徐宋之民謂崇爲豢龍劉氏舊傳　孝行張家宋張楚母疾命在屬纊楚祈禱苦至燒指

自誓精誠感悟疾因得愈詔榜門曰孝行張氏之閭張退之傳　篤行董氏宋董陽二世同居詔榜其門曰篤行董氏之閭本傳　義門裴氏唐裴敬彝兄弟八人皆有孝名詔表門閥世謂義門裴氏本傳　孝馮家唐馮子華廬親墓有靈芝白兔世謂孝馮家馮宿傳　孝義劉家唐劉審禮時號爲孝義劉家本傳　法名吳家後漢吳雄季高以明法律三世爲法名家注云名爲明法之家也郭躬傳　郎官家唐韋維世號郎官家韋虛心傳　足穀翁唐盧垣宦善治生有積穀帝目之云北夢瑣言　多田翁唐盧從愿帝目爲多田翁　半英雄魏傳巽目龐統爲半英雄劉表傳　一代英雄宋武帝微時惟王謐常謂曰卿當爲一代英雄　盃酒英雄唐白居易哭劉夢得曰盃酒英雄君與操　丈夫雄漢末吳郡太守盛憲字孝章初孔融與曹公書曰孝章丈夫之雄孫韶傳　布衣雄荀彧以袁紹布衣之雄　匹夫雄魏程昱謂呂布匹夫之雄

本傳　滑稽雄東方生其滑稽之雄乎揚子　姦人雄孔子曰少
正卯姦人之雄不可以不除家語漢哀帝初杜業上書曰張禹姦
人之雄本傳唐裴度爲諸葛武侯祠堂碑曰仲達姦人之雄者漢
鮑宣上書成帝曰孫寵息夫躬姦人之雄彭宣劾奏丞相朱博姦
人之雄本傳原涉專振施貧窮赴人之急人有毀涉者曰姦人之
雄游俠傳晉張華爲相或說華曰孫秀姦人之雄本傳　穿窬雄
呂不韋穿窬之雄乎揚子　亂世姦雄許子將謂魏太祖曰子亂
世之姦雄子將傳　青山白雲人唐傅奕病曰傅奕青山白雲人
也以醉死嗚呼本傳　山長五代蔣維東好遐舉能屬文隱居衡
岳從而受業者號爲山長荆湘近事　揖客或說汲黯拜大將軍
青黯曰大將軍有揖客反不重耶本傳　素有王僧達祭顏延年
曰淸交素有　楊剝皮楊思恭以善聚斂人謂之楊剝皮九國志
蘇扛佛唐會昌毀寺分遣御史有蘇察院見銀佛一尺以下多

袖歸時人謂之蘇扛佛或問溫庭筠將何以對遽曰無以過蜜陀
僧也尙書故實　劉鑰匙五代隴右水門村劉氏以舉債爲業取
人資財如秉鑰匙開人箱篋無異故人以劉鑰匙稱之玉堂閑話
潘鐵腳五代晉潘環受牙將鐵腳銀故也　畢不管唐畢紹顏
官無政時號畢不管傳宗實錄　王惹鬧南唐王建討求中書政
事嗣主曰汝無惹鬧自是人謂之王惹鬧江南野錄　一時雋支
遁常目郄超以爲一時之雋　洛陽遺彥周裴諏人也　風流宗
晉王濛凡稱風流者舉濛爲宗本傳　豐年玉世稱庾文康爲豐
年玉世說　南金東箭晉薛兼等幼入洛張華奇之曰皆南金也
又贊曰顧紀賀薛並南金東箭　釘坐梨崔遠有文而風致世目
爲釘坐梨言座所珍也本傳　風塵表物晉王戎目王衍自然是
風塵表物本傳　藥籠中物唐元澹謂狄仁傑曰願以小人備一
藥石仁傑曰君正吾藥籠中物本傳　俗物晉王戎與阮籍爲竹
林之游戎嘗後至籍曰俗物來敗人意本傳　下水舡唐裴延裕
文書敏捷號下水船撫言爲文敏速有才舉進士場中相語曰下
水舡至矣言爲文敏速無不載也九國志　破天荒唐荆州每歲
解送舉人多不成名號曰天荒解中書舍人到既以荆解及第時
號曰破天荒北夢瑣言　萬事休五代荆南高保勉季興之幼子
也季興或盛怒保勉一見則怒自解故荆人目之爲萬事休本傳
模稜首唐蘇味道爲相恃名位嘗謂人曰模稜持多端可也故
世號爲模稜首舊傳　辣手陳彭年更科舉體式結怨士人時謂
之辣手野錄　鬼董狐晉干寶領國史撰搜神記以示劉琰琰曰
可謂鬼董狐本傳　貞處士唐鄭重蒔松於庭號貞處士本傳
游俠隱士齊何默以父不娶世稱游俠隱士　隨駕隱士唐盧藏
用舉進士不得調乃隱於終南少室二山後翻然有意當世人目
爲隨駕隱士本傳　游俠隱士齊何點與弟胤游人間時人號曰

游俠隱士本傳　黃癖隱士後漢許寂仕蜀好修鍊之術蜀人呼
爲黃癖隱士檮杌　荆臺隱士後漢梁振自稱荆臺隱士通鑑
高士新垣衍曰魯仲連先生齊國之高士也本傳　貞高士晉辛
勉博學有節操劉聰將授以官遣黃門賚藥酒逼之勉引藥將飲
黃門遽止之曰主上相試爾君貞高士本傳　貞高人晉紹續樂
安太守爲石勒所執續身灌園鬻菜以供衣食勒屢察之嘆曰此
貞高人矣本傳　南州高士徐孺子也本傳　吳中高士晉謝敷
會稽人高尙不仕餓死會稽人嘲吳人云吳中高士便是求死不
得死本傳　涼州高士晉西涼張駿遣王隲聘於劉曜曜顧左右
曰此涼州高士禮而遺之本傳　天隱或問嚴光樊英天隱不求名而
隱故曰天隱子曰古之避言人也問東方朔子曰人隱者也脫迹混俗不自求別於人故曰人隱
子曰自太伯虞仲以來天下鮮避地者仲長子光天隱無往而不
適惟變所適人不能知其天隱也文中子　朝隱魏夏侯湛東方

朔贊曰染迹朝隱　仕隱唐楊初爲江西王仲舒從事終日長吟不親公牘府公致言拂衣而去乃采山飲泉朝客聞之以爲仕隱雲隱大議　通隱梁何點人號爲通隱本傳　充隱時人號皇甫希之爲充隱桓玄傳　逝叟唐希聲自號也僖宗實錄　逸民見論語　逸人後漢趙岐初名嘉有疾敕兄子曰可立一圓石於墓前刻之曰漢有逸人姓趙名嘉有志無時命也奈何本傳　漢陰老父後漢桓帝過雲夢有老夫獨耕不輟問其姓名不告而去史謂漢陰老父　華陽眞逸見瘞鶴銘　當塗旅人唐范傳正爲李太白碑曰其生也聖朝之高士其往也當塗之旅人　伊川田父唐郤純自號也本傳　羣玉峯叟五代江南孟賓于自號野錄　荆楚逸民晉鄭芳自號本傳　南岳逸士晉孫惠自號也本傳　西川逸士皇甫謐自謂也　丘園逸士晉伍朝閑居樂道召不就胡濟奏曰朝江南之奇才丘園之逸士也　四明逸老賀知章也

烟波釣徒張志和也　江湖散人陸龜蒙也　皁江漁翁五代蜀張立也十國紀年　菊松主人唐韋表微也本傳　風月主人蜀歐陽彬也檮杌　逸羣公子唐韋騶自稱也甘澤謠　三教布衣唐陳陶也　可人晉桓溫常經王敦墓曰可人其心迹若是本傳　善人見論語　盛德人庾亮曰孟嘉故是盛德人本傳　方外人晉阮籍母喪不哭裴令公曰阮方外之人故不崇禮世說　木強人漢周昌也　羲皇上人淵明自謂也　菰蘆中偉人南唐査文徽休寧人以策干李主與語奇之曰菰蘆中偉人十國紀年

保家主襄公二十七年鄭七子賦詩印段賦蟋蟀趙孟曰善哉保家之主也又魏孟雄稱韋誕曰保家之主也小子志陳思王植之孽子也植曰此保家主也立以爲嗣　神鶴東城老賈昌少解鳥語唐明皇喜鬬雞養數千於雞坊昌爲五百小兒長開元十三年籠雞三百從封東岳時天下號爲神鷄異聞錄　吳兒晉夏統會稽人隱居不仕母病詣洛市求藥會上與王公以下並至浮橋仕女駢集時在舡晒藥不之顧太尉賈充就舡與語其應如響充耀以文武鹵簿又使妓女繞舡三匝統顔色如故若無所聞充等各散曰此吳兒是木人石心　人物志唐李守素任天策倉曹參軍通氏姓號肉譜虞世南謂之曰今以倉曹爲人物志可乎守素傳　舌耕後漢賈逵門徒來學贈獻者積粟盈倉或云賈逵非力耕所得誦經不倦世謂舌耕　行譜唐李守素工譜學時號爲行譜本傳　皮裏晉書梁劉諒有才文尤悉晉代故事時人號曰皮裏晉書本傳　有脚陽春宋璟所至有惠故時號有脚陽春開元遺事　皮裏陽秋晉褚裒字季野桓彝見而目云季野有皮裏陽秋本傳　盜儒唐李崇閱牛僧孺贊曰天下口先生語而行如此市人其名曰盜儒　山東木横唐安樂公主請爲皇太后女魏元忠諫不可主曰元忠山東木横元忠錄　媼唐禮部尚書祝欽明

不閑時務魁碩肥臑頑滯多疑臺中小吏號爲媼媼者秦穆公時野人所得肉塊而無七竅朝野僉載　癡物五代唐莊宗以盧程相莊宗曰朕誤相此癡物乃罷爲右庶子本傳　癡漢北齊裴謁之有志節好直言文宣末年昏縱尚書正諫文宣將殺之白刃臨頸辭色不變帝曰癡漢何敢如此本傳　癡漢子唐右拾遺張方爲精神不爽時人呼爲癡漢子每朝政有失抗疏論之精采昂然明皇常謂忠賢也開元遺事　鈍漢五代張彥之亂命王政言草奏不能下筆彥怒曰鈍漢辱我司空頎本傳　田舍漢唐太宗怒曰會須殺此田舍漢（猶說微也）　唐婁師德以長者稱李德昭相隨入朝師德體肥行卽緩不至怒曰尀耐田舍漢唐王武俊曰誰能臣田舍漢本傳　智短漢唐則天禁屠殺婁師德爲御史大夫使至陝廚人進肉曰豺咬殺羊遂有之師德曰大解事豺乃食之又進鱠曰豺咬殺魚師德叱之曰智短漢何不道是獺卽曰是獺師德亦

爲薦之御史臺記　馬癖晉王濟甚愛馬杜預謂有馬癖本傳
錢癖晉和嶠家產豐富性至吝杜預謂嶠有錢癖　錢愚梁武帝
宏愛聚錢武帝子綜作論譏之本傳　左傳癖晉杜預對武帝曰
臣有左傳癖本傳　聲兒癖唐王福畤子三皆著才名福畤嘗說
韓思彥思彥曰君有聲兒癖王穀傳　地癖唐李澄頗治產伊川
膏腴自相至關口疇野彌望時謂地癖本傳　詩癖梁簡文帝自
序云七歲有詩癖本傳　飛鳥使唐吐蕃攻陷麟州虜將徐舍人
飛鳥使至召其軍還飛鳥猶騎也本傳　花鳥使唐明皇歲遣使
擇天下姝好納之後宮號花鳥使呂向因奏美人賦以諷本傳
敕使墓戶唐杜宣猷爲福建觀察使是時諸道歲進閹兒號私白
蠻嶺最多後皆任事當時謂閩爲中官區數宣猷每歲時遣使致
祭其先時號敕使墓戶　隨使戶五代吳越僂元櫂之子鎭永嘉
民悅慕後移鎭姑蘇溫人有攜家屬以從者謂之隨使戶九國志

冶葛隋諸葛穎得幸於煬帝多所譖毀時人謂之冶葛本傳
針神魏秦朗其母杜氏爲太祖所納朗母畜於公宮爲帝製衣服
宮中號爲針神小名錄　茶神唐陸羽嗜茶時鬻茶者畫陸羽形
置場突間祀爲茶神本傳　花精五代吳越錢仁傑忠懿王從兄
也酷好種花人號花精吳越備史　水淫梁何修之性好潔一日
之中洗濯十餘遍猶恨不足號爲水淫本傳　酒甕飯袋五代武
陵周行逢曰吾嘗恨馬氏恣縱奢侈諸院王子時人皆謂之酒甕
飯袋及家國傾喪死溝壑者十有八九湘近事　臺穢唐則天
革命貝州舉人趙廓眇小起家監察御史時人謂之臺穢李昭德
罵之爲中霜穀束張元一目爲梟坐鷹架僉載　醉部落唐倪若
水黑而無鬢鬚魏光乘目爲醉部落同上　地藏菩薩唐史思明
呼李光弼地藏菩薩舊傳　粥飯僧五代李愚嘗目宰相曰此粥
飯僧耳以其飽食終日無所用心也本傳　邊和尚五代南唐邊
鎬節度湖南政無紀綱無日不設齋盛修佛事潭人謂之邊和尚
顧和尚五代吳越顧全武少爲僧有才錢鏐器之辟爲裨將軍
中號曰顧和尚九國志　沒字碑唐趙宗凝重清介慕王濛劉眞
長之風標質堂堂不爲文章時號沒字碑瑣言五代後唐丞相崔
協不識文字而虛有其表爲世所鄙號爲沒字碑　戴帽錫隋樂
彥先爲岐州刺史奏課爲天下第一及爲相州刺史如岐州法稱
其不能理政百姓呼爲戴帽錫本傳　天閹北齊李庶無鬚人呼
爲天閹　乞活晉東嬴公騰之鎭鄴也攜并州將田甄等部衆萬
餘人至鄴遣就穀冀州號爲乞活　檢本角觝唐顏雲收諸葛亮
兵法自言用十萬兵可以吞并四海時人謂之檢本角觝北夢瑣
言　輕薄公子隋宇文化及也本傳　輕薄團頭唐昭宗時梁祖
嘗言於昭皇趙崇是輕薄團頭昭宗實錄　酒徒漢酈生曰吾高
陽酒徒非儒人也本傳　妖物唐高駢鎭淮南愛將呂用之以左

道惑駢人怨怒張伸儉謂畢師鐸曰用之一妖物使之得志焉舊
傳　擣蒜老五代後唐安重霸也本傳　守錢奴梁鄧差南郡臨
沮人大富道途估人先不相識道邊相對共食羅布殊味二人呼
差同飲謂曰觀二人遠行商估勢不在豐何爲頓爾珍羞美食估
人曰人生在世終止爲身口爾一朝死病安能復進甘味乎終不
如臨沮鄧生平生不用爲守錢奴耳差不告姓名歸至家宰鵝自
食動筯敲骨梗其喉而死廣五行記　供御囚北齊文宣每行載
死囚以從齊人呼曰供御囚南史王僉傳并文宣記　行轍方相
唐納言婁師德長大而黑足蹇張元目爲行轍方相　小村方相
唐魏光乘目張孝嵩爲小村方相並僉載　羅剎隋庫狄士文爲
貝州刺史暴甚猛獸時人語曰羅剎本傳　牛頭羅剎北齊劉桃
枝時號牛頭羅剎鄴都記　人頭羅剎唐李全交爲監察御史以
羅織酷虐爲業臺中號曰人頭羅剎殿中王沔號鬼面夜叉僉載

夜叉羅刹後魏元乂輔政凶暴宗室鄭王以書暴其過惡言乂
本名夜叉弟羅實本名羅刹元乂傳　眞牛頭唐元鎬在縣令一
日怒獄吏王行約命去其巾項無毛髮而有角長三四寸鎬曰眞
牛頭也遂捨之聞奇錄　牛頭阿婆唐秋官侍郎周興爲酷吏安
忍殘賊時號牛頭阿婆御史臺記　牛頭阿旁唐岩爲相不法與
韋寶相同當國二人勢動天下時目其黨爲牛頭阿旁本傳　冥
漠君宋謝惠連祭古冢文以不知名氏故號冥漠君文選　杳冥
君唐薛稷爲杳冥君銘　麒麟楦唐楊炯目朝官爲麒麟楦人問
其故曰無德而衣朱紫者與覆麒麟皮何別朝野僉載　逆流蝦
蟆唐元一性滑稽而已腹麄腳短項縮眼吷吉相國目爲逆流蝦
蟆唐魏光乘目黃門侍郎李廣爲飽水蝦蟆並僉載　人蟫唐單
道宗病風疾愈後聞食具不復經口但啖飲土水以終身時謂之
人蟫兩京記　筆虎李陽冰善小篆時謂之筆虎字苑　獐頭鼠

目子唐李揆謂元載本傳　沐猴漢韓生謂項羽也本傳　猿猴
宋何尙之與顏延之少相狎二人並短小尙之嘗謂延之爲猿延
之目尙之爲猴本傳　姦兔兒五代周張可復依翟彥威爲從事
滑稽避事彥威目爲姦兔兒本傳　人貓唐李義府爲相柔而害
物號曰人貓本傳　井底蛙馬援曰子陽井底蛙耳本傳　鳳毛
晉王劭姿容似父桓公曰大奴故自得鳳毛大奴劭小字也世說
齊謝超宗有文辭帝曰超宗殊有鳳毛　羊公鶴謂晉劉爽之也
世說　喜鵲唐竇申參族也參親愛之每除吏多訪申申因得招
賂漏禁密語故申所至人目爲喜鵲本傳　鳩集鳳池唐王伾善
庸猥鈍濁爲內史時人號爲鳩集鳳池僉載　衣冠土梟唐蘇楷
河朔人目爲衣冠土梟瑣言　禿翁漢武帝怒韓安國曰與長孺
共一禿翁何爲首鼠兩端注禿翁言无官位扳援也首鼠一前一
卻安國字長孺　大家漢王鳳以五月五日生其父欲不舉叔父

曰大家以古事推之非不祥也西京雜記後漢沖帝母虞美人但
稱大家而已後漢曹世叔妻班彪女也名昭字惠有節行帝召入
宮令皇后師事焉號曰大家本傳五代南漢王劉龑才人蘇氏通
經史宮中呼爲大家九國志　女侍中後魏元乂妻拜女侍中本
傳　雷尙書晉王丞相有幸妾雷氏預政納貨蔡公謂之雷尙書
世說　女尙書魏文帝選女子知書者爲之女尙書本傳　僕射
漢廣川惠王立后陽城昭信欲擅愛請閉諸姬舍門無令出傲使
其大婢爲僕射主永巷盡封閉諸舍上籥於后非大置酒召不得
見本傳　明雌亭侯漢許負河內溫縣老嫗以相稱高祖封爲明
雌亭侯蜀劉焉傳幷漢周亞夫傳　鄼侯漢蕭何薨子孫嗣薨無
子高后乃封何夫人爲鄼侯本傳　學士唐貝州淸陽人宋廷芳
五女若華若昭若倫若憲若荀皆警慧善屬文貞元中德宗召入
禁中試文帝大咨美悉留宮中高其風標不以妾侍命之呼學士

本傳　臨光侯漢樊噲以呂后女弟呂須爲婦噲死呂須亦爲臨
光侯本傳　女學士陳後主以宮人有文學者袁大捨等爲女學
士張貴妃傳　張大夫唐三原縣董橋店有孟嫗年一百餘歲而
卒店人皆呼爲張大夫店嫗自言二十六嫁張詧詧爲郭汾陽所
任與詧之貌酷類其後詧卒遂僞衣丈夫冠投名爲詧弟請續事
汾陽大喜令替闕寡居十五年自汾陽薨吾已年七十二軍中累
奏兼御史大夫忽思煢獨遂嫁此店潘老爲夫爾來復誕二子曰
滔曰渠滔五十有五渠五十有二云乾臊子　中大夫後漢鄧康
謝病不朝太后遣使問之時宮人中耆宿皆稱中大夫鄧禹傳
將軍漢天鳳中琅琊海曲有呂母子爲縣吏犯小罪宰論殺之呂
母怨宰密聚客報仇因入海招亡命衆至數千呂母自稱將軍攻
殺縣宰劉盆子傳　王烈將軍晉末王恭起兵時王廞丁母憂在
家恭檄令起兵廞之廞以女爲王烈將軍王恭傳　潘將軍後漢

楊大眼妻潘氏善騎射大眼語人曰此潘將軍也本傳　果毅唐
史思明之叛衛州女子侯滑州女子唐青州女子王相與歃血赴
行營討賊滑濮節度使許叔冀表其忠皆補果毅楊烈婦傳　石
祭酒唐烈士珂赴選東徽安門日晚店家皆滿有一店甚靜一人
倚劍立門覩士珂因留宿既入少選傳云祭酒屈郎君食引士珂
擁爐飲酒入夜共被卽婦人也祝士珂不可語他人後訊其所由
功臣李抱玉主課之青衣石祭酒也因亂時抱玉挾名奏授國子
祭酒乾膜子　博士宋婦人吳郡韓蘭英有文辭宋孝武時持獻
中興賦賚入宮明帝用爲宮中職僚及武帝以爲博士武穆裴后
傳　孔司馬晉末王廞起兵悉以女人爲官屬顧深母孔氏年百
餘歲乃爲司馬本傳　黃門戶五代王蜀僞相周庠初在邛南幕
中留司府時臨邛縣失火人黃崇嘏纔下獄貢詩一章周遂召見
稱鄉貢進士年三十許祗對詳敏卽命釋之薦攝司府戶參軍胥

吏畏服周既重英聰又美其風采欲以女妻之崇嘏乃袖封狀謝
仍貢詩一篇落句有曰幕府若容爲坦腹願天速變作男兒周覽
詩驚愕遂召見詰問乃黃史君之女未從人周益仰其貞潔旋乞
罷歸臨邛後不知所終玉漏篇　義曹徒士齊東陽女子婁逞變
服詐爲丈夫徧遊公卿仕至揚州義曹徒士事發明帝驅令還東
陽崔惠景傳　內記室唐潞州節度使薛嵩青衣紅綫號曰內記
室甘澤謠　市令齊東昏侯於宮中爲市使宮人屠沽潘氏爲市
令帝爲市魁本紀　齋娘唐中宗郊取大臣李嶠等女爲齋娘本
傳　先生唐尚宮宋若昭姊妹五人皆入禁中穆宗以若昭拜尚
宮歷憲穆敬三朝皆稱先生后妃與諸王公主率以師禮見本傳
進士唐關圖有一妹甚聰慧文學書札罔不動人圖常語同僚
曰某家有一進士所恨不櫛爾後適醝客之子常修修略曉文墨
關氏乃與修讀書十數年才學遂優咸通中科舉南楚新聞　文

章道士唐女觀鄧玄眞從師入道隱居茅山顏魯公歎曰宜稱文
學道士女仙傳　誠節夫人唐契丹寇平州鄒保英爲刺史城且
陷妻奚率家僮女子乘城不下賊去詔封誠節夫人楊烈婦傳
美成夫人漢崔篆母師氏能通經學百家之言王莽賜號美成夫
人崔駰傳　崇義夫人唐薛仁杲將旁企地羌豪也至始州掠王
氏女醉寢于野王取企地刀斬首送梁州詔封崇義夫人仁杲傳
西堂夫人五代楚馬希範少愛倡妓徐降眞及嗣位號西堂夫
人十國紀年　左右夫人晉賈充前妻李氏坐流徙以大赦得還
時詔充置左右夫人充後妻郭氏怒乃答詔託以謙不敢當兩夫
人盛禮實畏郭也本傳　夾寨夫人五代後唐莊宗攻梁軍于夾
城得符道昭妻侯氏宮中謂之夾寨夫人劉后傳　徇忠縣君唐
嘿啜攻飛狐縣令古玄應妻高能固守虜引去詔封徇忠縣君楊
烈婦傳　娘子軍唐平陽公主世祖之女下嫁柴紹主初聞高祖

起義兵於太原乃於鄠縣招集亡命帝渡河詔以數百騎迎主引
精兵與秦王會渭北時號爲娘子軍劉餗傳紀　劉三娘齊劉孝
綽三妹一適瑯琊王叔英一適吳郡張嵊一適東海陳悱並有才
學悱妻文尤清拔所謂劉三娘者也本傳　楊烈婦唐李侃妻也
希烈陷汴謀襲陳州侃爲項城令希烈略定諸縣侃以城小欲逃
去婦曰寇至當守力不足則死焉侃乃率吏民守城婦自爨以享
衆侃中流矢還家婦責曰君不在人誰肯固守死於外猶愈於牀
也侃遽登城會賊將中矢死遂引去縣卒完詔遷侃太平令本傳
將種西晉胡貴嬪名芳奮之女也武帝與之摴蒱爭矢遂傷上
指帝怒曰此固將種也本傳　人種晉阮仲容先幸姑家鮮卑婢
及居母喪姑當遠移初云當留婢既發乃將去仲容乘驢著重服
自追之累騎而返曰人種不可失卽遙集之母　介利北齊後主
皇后穆氏名邪利母名輕霄本穆子倫婢也轉入侍中宋欽道家

姦私而生后小字黄花欽道伏誅黄花因此入宮有幸於後主宮中稱爲舍利本傳　針神魏文帝所幸愛美人姓薛名靈芝容貌甚絕靈芝之至帝乘雕玉之輦以從車坐之盛歎曰昔者言朝爲行雲莫爲行雨今非雲非雨非朝非莫改名曰夜來夜來妙爲針功雖深帷之內不用燈燭之光裁制立成非夜來縫製帝則不御宮中號爲針神拾遺　功德山唐韓晉公閒徑山爲妖妄要至見其狀貌不覺生敬乃爲設食出妻以拜曰願乞一號徑山曰功德山國史補　輿元府煆鐵李翁生女姿容絕麗人目爲花羞不許富人納爲妾嫁之貧儒亦學翁之有守云續墨客揮犀　乾阿㛑後魏穆提婆母陸令萱以其夫略超謀叛伏法配入掖庭提婆爲奴後主在襁褓中令鞠養謂之乾阿㛑呼姨姨本傳　女戎唐長孫無忌等贊曰天以女戎間唐而興雖義士仁人抗之以死決不可支　妖物晉夏統高尚不仕從父恭寧祠先人迎女巫章丹陳

珠二人亦有國色善歌舞又能隱形甲夜之初撞鐘擊鼓間以絲竹丹珠乃拔刀破舌吞刀吐火雲霧冥冥流火電發召統觀之統責諸人曰奈何諸君迎此妖物夜與遊戲本傳　白頸鴉五代契丹入寇之初所在羣盜蜂起戎人患之陳州有一婦人爲賊帥號白頸鴉形質麄短髮黃體黑來詣戎王稱男子姓名衣服拜跪皆男子戎以爲懷化將軍委之招輯山東諸盜其屬數千男子皆服役之前後有夫數十人少不如意皆手刃之僞燕王趙廷壽問之自云能左右馳射被雙鞬日可行三百里盤矛擊劍皆所善也後爲兗州節度使馬彥卿戮之玉堂閑話　窮相女子唐主承昇妹國色德宗納之不戀宮室德宗曰窮相女子乃出敕其母兄不聽嫁進士朝官任配將軍親情後適元士會因以流落貞窮相女也嘉話　狗頭新婦唐賈耽爲渭州節度酸棗縣有俚婦事姑不謹姑年甚老無目晨食婦餅裹犬糞授姑姑食之覺異子遠出外還姑仰天大哭頃雷震發有人入截婦首以犬首續之訖令牽行於境中以戒不孝者時人謂之狗頭新婦獨異志

四朝聞見錄（當併入前同處）　宋葉紹翁

或問余曰今九里松一字門扁吳說所書也字何以用金予謂之曰高宗聖駕幸天竺由九里松以入顧瞻有扁翌日取入欲自爲御書黼黻湖山命筆研書數十番嘆息曰無以易說所書也止命匠就以金塡其字復揭之於一字門云

憲聖召檜夫人入禁中賜宴進糟青魚憲聖顧問夫人曾食此否夫人對以食此已久又魚視此更大且多容臣妾翌日供進夫人歸亟以語檜檜恚之曰夫人不曉事翌日遂易糟鯶魚大者數十枚以進憲聖笑曰我便道是無許多青魚夫人誤爾

金鳳花如鳳翅飛舞每種各具一色聚開則五色成花自夏至秋尤盛謂之金鳳花中都習宮閫娭語謂鳳兒花慈懿之生有鸑鷟

儀於黑珉名曰鳳娘迨正坤極六宮避舊諱稱曰好女兒花今行在猶然

陸放翁遊祭朱文公云捐百身起九原之心傾長河注東海之淚路修齒耄神往形留公歿不忘庶其歆饗僅此六句詞有所避而意亦至矣蔡元定先公三年歿以柩歸葬文公以文慟之其詞曰竊聞亡友西山先生羈旅之櫬遠自舂陵來歸故里謹以家饌隻雞斗酒酹于柩前嗚呼哀哉略無異詞及其葬也以病不能會遣其子以文祭之曰季通而至此耶精詣之識卓絕之才不可屈之志不可窮之辨不復可得而見矣天之生是人也果何爲耶西山之顚君擇而居西山之足又卜而藏而我於君之生未及造其廬以遂半山之約及其葬也又不能扶曳病軀以視君之反此眞宅而永訣以終天年也並遊之好同志之樂已矣陸公之祭文公文公之祭蔡君俱不敢以一字誦其屈蓋當時權勢熏灼諸賢至不

敢出聲吐氣惟以目相視而已文公遭謗之後慶元六年終於正寢郡守傅伯壽以黨禁不以聞於朝猶遣人以賻至其家辭焉時故舊莫敢致哀陸公僅以文祭之（文公以下云云今本在祭文前）

隨隱漫錄　宋陳隨隱（名世崇韵東宮掌書）

潘安仁關中詩云肝腦塗地白骨交衢夫行妻寡父出子孤劉濬雲南行云妻行求死夫父行求死子形容鰥寡孤獨之慘極矣然傷於直未若曹公云憑君莫話封侯事一將成功萬骨枯陳陶云可憐無定河邊骨猶是香閨夢裏人此即漢文帝所謂多殺士卒傷良將吏寡人之妻孤人之子獨人父母得一失十朕不忍爲也然雖趙充國王忠嗣曹彬等固不多見舞干羽而苗格者何人哉

戰國四君無忌爲賢田文次之趙勝又次之黃歇無足取無忌屈身以迎侯嬴閒步以交毛薛恭近於禮忘身救趙納言如流信近於義趣駕還魏敗蒙驁於河又不可謂不知也田文雖好客納諫而不擇臧否招納亡命之徒爲逋逃主此士之所以不至也勝有一毛遂而不識歇相楚三十餘年以姦固位進李園之女弟以圖楚國亂人苗裔殖非其命天實假手非當斷不斷之不幸也宜也

朝參御殿如冬至歲賀節朝大禮奏請致齋則御大慶上壽賜宴望參賀祥瑞勝捷則御紫宸殿御宴唱名則御集賢六參官起居聽麻宣布則御文德召宰執論事則御延和武舉及軍班授官則御講武試進士及講讀則御緝熙明堂郊祀稱賀則御端誠常朝四參自九月十一至五月十二日並御垂拱大祀假忌前假自五月十三日至九月初十日並御後殿凡趍朝出入門不端笏朝堂行私禮交互幕次語笑諠譁殿門內聚談行立失序主班交語相揖無故離位拜舞不如儀穿班仗出入皆謂失儀閤門彈奏有責凡卿監郎官至院轄書監以上五日分輪一員上殿論之輪對前半月閤門以資次十員爲一單關尚左轉牒諸官預辨劄子伏臘則免凡臺諫月月緻進謂之本職公事侍從左右史樞密都副承旨謂之直前奏事三衙大帥謂之執杖子奏事各臨時閤門若在外執政侍從則謂之內引

內命婦五品貴妃淑妃賢妃則鎖院降制貴儀淑儀淑容順容婉儀婉容昭儀昭容昭婉修儀修容修婉充儀充媛婕妤美人才人侍御郡夫人郡夫人十字六字四字兩字兩字國四字兩國兩字一字國夫人爲一品尚正尚宮尚儀尚食尚服尚閤尚翰尚拭尚制尚薰司衣司寶司飾司圍司言司膳司劑司設司采典衣典寶典飾典製典園典籍典醞典珍典樂掌衣掌記掌采掌樂掌園掌籍掌醞紅霞帔知尚書內省事仙韶使副使小殿直都知押班爲二品紫霞帔尚書省都事大侍御小殿直第一等長行仙韶都頭爲三品聽宣尚書省內事錄事小殿直二等長行仙韶色爲四品殿直散直散手尚書省小侍御皇后閤祗候小殿直第三等長行著緋著綠女童爲五品

劉向楊彪盡忠漢室而歆附王莽修爲操謀郄愔盡忠於晉而超附桓溫以傾晉其父析薪其子非惟弗克負荷又從而賣君父隤家聲僅取一時之榮而不忠不孝之罪萬古莫掩哀哉

李廣殺降卒七百人故不侯虞翊殺降賊數百人故二十餘年家門不增一口嗚呼二君猶若是則項羽坑秦卒二十萬白起坑趙卒四十餘萬獲罪於天又將若之何

書首堯舜詩首文王春秋首魯隱史記世家首泰伯列傳首伯夷最有深意使人人如是則亂臣之禍不作於楚建成之變不生於唐

高沙榮全據城叛召官妓毛惜惜佐酒罵曰汝本健兒官家何負於汝而反吾有死耳不能爲反賊行酒全以刃裂口立命臠之罵至死不絕亂臣以聞特封英烈夫人且賜廟潘紫岩有詩云淮海

黠姬毛惜惜蛾眉有此萬人英恨無匕首學秦女向使裹頭眞杲卿玉骨花顏城下土冰魂雪魄史間名古今無限腰金者歌舞筵中過一生

錢塘范十郎二女俱爲雲間富民陸氏妾長曰鶯鶯寵盛早世次曰燕燕與羣妾等陸病且貧貨所居棲慕廬羣妾散燕燕獨不忍去同食貧餘年陸死自鬻以葬焉嗚呼豫讓懷智伯國士恩始以國士報燕燕得不賢於讓哉

韓香南徐娼也色藝冠一時與大將葉氏子交閉門謝客將終身焉父恚投牒有司集鰥軍于射圃中者妻之一老卒中香歆然同歸謂曰夫婦有禮而買羊沽酒召吾親故以成禮衮至酒三行香出所賫金帛高下獻之入更衣久不出自刎矣嗚呼白刃可蹈也不爲非義屈歐陽公作雜傳係遍事五代之臣香雖可入雜傳其節亦可尙矣

杭州治舊錢塘宮也紹興因以爲行宮皇城九里入寧和門左進奏院玉堂右中殿外庫至北宮門循廊左序巨璫幕次列如魚貫祥曦殿朵殿接修廊爲後殿對以御酒庫御藥院慈元殿外庫內侍省內東門司大內都巡檢司御廚天章等閣廊回路轉衆班排列又轉內藏庫對軍器庫又轉便門垂拱殿五間十二架修六丈廣八丈四尺簷屋三間修廣各丈五朵殿四兩廡各二十間殿門三門內龍墀折檻殿後擁舍七間爲延和殿右便門通後殿門左一殿隨時易名明堂郊祀曰端誠策士唱名曰集英宴對奉使曰崇德武舉及軍班授官曰講武東宮在麗正門內南宮門外本宮會議所之側入門垂楊夾道間芙蓉環珠闌二里至外宮門節後堂爲財帛生料二庫環以官屬直舍轉外窯子入內宮門廊右爲贊導春坊直舍左講堂七楹扁新益外爲講官直舍正殿內明左聖堂右祠堂後凝華殿瞻箓堂環以竺左寢室右齋安位內人直舍百二十楹左彝齋太子賜號也接繡香堂便門通繹已堂重簷複屋昔楊太后垂簾於此曰慈明堂殿前射圃竟百步環修廊右轉博雅樓十二間廊左轉數十步雕闌花甃萬卉中出秋千對陽春亭清霽亭前芙容後木樨玉質亭梅繞之由繹已堂過繡臙廊百八十楹直通御前廊外卽後苑梅花千樹曰梅岡亭冰花亭枕小西湖曰水月境界曰澄碧牡丹曰伊洛傳芳芍藥曰冠芳山茶曰鶴丹桂曰天闕清香堂曰本支百世佑聖祠曰慶和泗州曰慈濟鍾離曰得眞橘曰洞庭佳味茅亭曰昭儉木香曰架雪竹曰賞靜松亭曰天陵偃蓋以日本國松木爲翠寒堂不施丹雘白如象齒環以古松碧琳堂近之一山崔嵬作觀堂爲上焚香祝天之所吳知古掌焚修每三茅觀鼓鳴觀堂之鐘應之則駕興山背芙蓉閣風帆沙鳥履舃下山山下一溪縈帶通小西湖亭曰清漣怪石夾列獻瑰逞秀三山五湖洞穴深杳豁然平朗翬飛翼拱淩虛樓

對瑞慶殿損齋緝熙崇政殿之東爲欽先孝思復古紫宸等殿木圍卽福寧殿射殿曰選德坤寧殿貴妃昭儀婕好等位宮人直舍蛾聚焉又東過閣子庫睿思殿儀鸞修內八作翰林諸司是謂東華門（以上諸條今本未見）

夫子沒歷秦漢晉宋齊梁陳隋至明皇始封文宣王眞宗欲加尊崇禮臣定議爲至神元聖帝李淸臣者獨曰周室稱王陪臣不當爲帝於是僅加玄聖二字異代尊崇何預於周果如所言則公亦不可封矣雖萬代帝王之師何假虛名而淸臣之罪所當筆誅又執筆以俟

上謚百三十一神聖賢文武成康獻懿元章麓景宣明昭正敬恭莊肅穆戴翼襄烈桓威勇毅克壯圉魏安定簡貞節白匡質靖眞順思考囂顯和玄高光大英睿博憲堅孝忠惠德仁智愼禮義周敏信達寬理凱淸直欽益良度類基慈齊深溫讓密厚純勤謙友

祈廣淑儉靈榮厲比潔舒賁逸退訥偲逖懋宜哲察通儀經庇協端休悅綽容確恆熙洽紹世果用之君親焉用之臣子焉中謚十四懷悼愍哀隱幽沖夷懼恩攜鄭愿敵用之閔傷焉用之無後焉下謚六十五野夸躁伐荒煬戾刺虛蕩墨愆亢干褊專輕苛介暴虐愎悖凶慢忍毒惡殘爂攘頑昏驕酗湎澆狃侈惑靡溺僞妄譎謟誣詐謠詾詭奸邪慝蠱危圮懦撓覆敗戮疵饕費用之蠻夷焉用之小人焉

衞青少爲平陽公主馬前奴後貴顯公主擇配無踰青者卒歸之北齊後宮一裙之費至直萬疋周滅其國后妃以賣燭爲業南唐劉承勳窮奢極侈畜妓樂數十一妓價數十萬教以藝又數十萬服飾稱之歸京乞食凍餒死軍卒楊杲宗爲下晉公棨第丁貶海上朝廷以第賜杲宗劉美善鍛金後貴顯賜上方器視刻工名多美所造嗚呼世事翻覆往往如此惟德行文章照輝今古彼富貴猶蜉蝣醯雞豈足恃哉

紹陶錄二卷　宋王質

廬山異人多前聞久邈矣近得一人焉出於士大夫之間可書也已同年臨川唐君名汝舟字濟民其本趣可見小名宜僧小字僧兒其本趣之外又可見也君亦偉哉少業儒事決科年四十有五始有成名除南康儒官武陵宰蘄春之黃梅居久之易祠官歸溢江人莫知何爲也初娶黃繼娶張居無何出隻子贅旁舍無他嗣夫婦瀟處煢煢也不求官不治生不接親朋至不見其子人亦不知其何爲也臨川豐城溢江量薄有生理官廩亦微有嬴資一日盡裒施廬山諸寺及諸菴夫婦往來轉食無定所亦無多時問旬月輒它徙人皆莫知何爲也飲食固隨衆衣服亦不加紉浣不知其何以度寒暑錢幣皆無所挈持不知其何以應緩急也有所過耶人亦莫知自有所得邪人亦莫知惟不言故不知也或訪求即深避逢者鮮焉終莫知何爲也今夫年六十有九婦不知年經行巖谷甚速其能與君同囿宜皆康強常悅豫從君同里管鍔叔廉得之又從他得皆相符今君不可得見悲夫

古杭夢遊錄　宋灌園耐得翁

自大內和寧門外新路南北早間珠玉珍異及花果時新海鮮野味奇器天下所無者悉集於此以至朝天門清河坊中瓦洋灞頭官巷口棚心衆安橋食物店鋪人煙浩攘其夜市除大內前後諸處亦然惟中瓦前最勝撲賣奇巧器皿百色物件與日間無異其餘坊巷市井買賣榷斛酒樓歌館直至四鼓後方靜而五鼓朝馬將動其有趁賣早市者復起開張無論四時皆然如遇元宵尤盛排門私貨民居作肆觀玩鱗次不可勝紀

市肆謂之行者因官府科索而得此名不以其物小大但合充用者皆置爲行雖醫卜亦有職醫尅擇之差占則與市肆當行固也內亦有不當行而借名之者如酒行食飯行是也又有名爲團者如城南之花團泥路之青果團江下之養魚團後市街之柑子團是也其他工伎之人或爲作如名篦刀作腰帶作金銀鍍作鈒作是也

酒肆店宅子酒店花園酒店直賣店散酒店庵酒店羅酒店除官庫子庫脚店之外其餘皆謂之拘戶有茶飯店包子店所曰庵店者謂有娼妓在內可以就歡而於酒閣內暗隱藏臥牀也門前紅梔子燈上不以晴雨必用箬䇲蓋之以爲記認其他大酒店娼妓只伴坐客而已欲買歡則多往其居

大茶坊張掛名人書畫在京師只熟食店掛畫所以消遣久待也今茶坊皆然人情茶坊本非大茶坊爲正但將此爲由多下茶錢也又有一等專是娼妓父兄打聚處又有一等專是諸行借工賣伎人會聚行老處謂之市頭水茶坊乃娼家聊設桌凳以茶爲由

後生輩甘於費錢謂之乾茶錢

官府貴家置四司六局各有所掌故筵席排當凡事整齊都下街市亦有之常時人戶每遇禮席以錢倩之皆可辦也四司者帳設司廚司茶酒司臺盤司也六局者果子局蜜煎局菜蔬局油燭局香藥局排辦局也凡四司六局人祗應慣熟便省賓主一半力

瓦者野合易散之意也散樂傳學坊十三部唯以雜劇爲正色舊教坊有篳篥部大鼓部杖鼓部拍板色笛色琵琶色方響色箏色舞旋色歌板色雜劇色參軍色色有色長部有部頭上有教坊使副鈐轄都掌儀範者皆是命官紹興十一年省廢教坊之後每遇大宴則差撥臨安府衙前樂等人充應屬修內司教樂所掌

管雜劇中末泥爲長每四人或五人爲一場先做尋常熟事一段名曰豔段次做正雜劇通名爲兩段末泥色主張引戲色分付副淨色發喬副末色打諢又或添一人粧孤老其吹曲破斷送者謂之把色諸宮調本京師孔三傳撰傳奇靈怪入曲說唱　細樂以簫管笙箏稽琴方響之類合動　小樂器即一二人合動　清樂比馬後樂加方響笙笛用小提鼓　唱叫小唱謂執板唱慢曲曲破大率重起輕殺　嘌唱謂上鼓面唱令曲小詞驅駕虛聲縱弄宮調與叫果子唱耍曲兒爲一體　叫聲自京師起撰鄉國市井諸色歌吟賣物之聲採合宮調而成也　唱賺在京只有纏合纏連中興後張五牛大夫遂撰爲賺賺者誤賺之意也　雜扮或名雜班又名紐元子又名拔和乃雜劇之散段在京師時村人罕得入城遂撰此端

百戲　相撲　踢弄　雜手藝　弄懸絲傀儡　影戲

說話有四家一者小說謂之銀字兒如煙粉靈怪傳奇說公案皆是搏拳提刀趕棒及發跡變態之事說鐵騎兒謂士馬金鼓之事說經謂演說佛書說參謂參禪講史書謂說前代興廢爭戰之事

合生與起令隨合相似

商謎舊用鼓板吹賀聖朝聚人猜詩謎字謎之類本是隱語有道謎來（客念引跋謎又名打謎）正猜（求客索猜）下套（商者以物類相似者譏之又名對智）貼套（貼知思索）走智（改物類以困猜者）橫下（許旁人猜）問曰（商者喝問句頭）調爽（假作難猜以定其智）

都城天街舊自清河坊南則呼瓦北謂之界北中瓦謂之五花兒中心自五間樓北到官巷南到御街兩行多是上戶金銀鈔引交易鋪僅百餘家門列金銀見錢謂看垜錢自融和坊北至市南方謂之珠子市頭如遇買賣動以萬數間有府第富室質庫十餘處皆不以萬貫收質其他如名家綵帛鋪堆上細疋段而錦綺縑素皆諸處所無者

説郛卷第三終

說郛卷第四

墨娥漫錄 十五卷

風土記

越俗飮宴卽鼓盤以爲樂取大素圓盤以廣尺六者抱其著腹以右手五指更彈之以爲節舞者應節而舞

陽羨縣東有大湖中有包山山下有洞穴潛行地中云無所不通謂之洞庭地脈

關中記

長安地皆黑壤城今赤如火堅如石父老所傳盡鑿龍首山土爲城又諸臺闕亦爾

鍾南山一名中南言在天中居都之南故曰中南

昆明池曰神靈沼堯治水訖停舡此池蓋堯已有池漢代因特深廣之

河東記

博陵王崔元暐曾孫照大和八年九月中因疾死王追去至判官所有一大樓入門悉是金榜銀榜備列人間貴人姓名將相名列於金榜將相以下悉列銀榜更有長鐵榜列州縣府屬姓名 兩京雜記作崔喈

益州記

江由左擔道按圖在陰平縣北於城都爲西注曰其道至險自北來者擔在左肩不得度右肩也

益州城張儀所築錦城在州南蜀故宮號錦里雁橋東君平賣卜土臺高數丈

梁州記

武侯壘東南有定軍山入山十餘里有諸葛武侯墓鍾會征蜀至漢川祭亮之墓令軍士不得於墓芻牧樵采今松柏碑銘儼然

沔陽城在漢水南舊蕭何所築也劉備爲漢王權住此城盟於城下今門外有盟壇猶存

會稽記

餘姚縣南百里有太平山山形似繖四角各生一種木木不雜揉三陽之辰華卉代發縣東北六十里有土城山勾踐索美女以獻吳王得諸暨羅山賣薪女西施先教習於土城山山邊有石云是西施澣紗石

赤城山石色皆赤狀似雲霞縣霤千仞謂之瀑布飛流洒散冬夏不竭山內則有天台靈岳玉室璿臺

三齊略記

堯山在廣固城西七十里堯巡狩所登遂以爲名山頂立祠祠邊有柏樹枯而復生不知幾代樹也

臺城東南有蒲臺臺高八丈秦始王所頓處在臺下索馬至今蒲生猶縈似水楊而堪爲箭

始皇作石塘欲過海看日出處時有神人能驅石下海石去不速神輒鞭之皆流血至今悉赤陽城山石盡起立嶷嶷東傾狀如相隨行

荊州記

緣城邊隄悉植細柳綠條散風清陰交陌

雁塞北接梁州汶陽郡其間東西嶺屬天無際雁飛天欲雨輒聞鼓角簫管之聲

始興記

郡東有王山草木滋茂衆石澄澈

秦桂陽縣閣下鼓自奔逸於臨武因名聖鼓今臨武有聖鼓城也

南嶽記

衡山之岡有石室有古人住處有刀鋸銅鍾及香爐

涼州記

呂纂咸寧三年胡人發張駿冢得玉簫玉笄玉笛瑪瑙鍾榼

丹陽記

江寧縣南三十里有慈母山積石臨江生簫管竹昔伶倫采竹嶰谷其後惟此簳見珍故歷代常給樂府而俗呼鼓吹山今慈湖戍常禁采之王褒洞簫即稱此也其竹圓緻異於衆處

齊地記

不夜城在陽建東南蓋古有日夜出此城以不夜名異之也

太康地記

幷州不以衛水爲號又不以恆山爲名而云幷者蓋以其在兩谷之間乎韓魏趙謂之三晉幷冀二州是其地也

青州東方少陽其色青其氣清歲之首事之始也故以爲名

雍州兼得梁州之地西北之位陽所不及陰氣擁閼故取名焉

奉高者以事東岳帝王禪代之處也故明堂在縣南四里漢武立大壇於東山以登天下示增高

豫章記

望秦縣有一石室入室十餘里有水廣十數步清淺遊者伐竹爲筏以過水幽邃無極莫能究其源出好鍾乳

松陽門內有大梓樹大四十五圍舉樹盡枯死永嘉中一旦忽更榮茂大與中元皇帝果繼大業

廣州記

廣州廳梁上畫五羊又作五穀囊隨羊懸之云昔高固爲楚王相五羊銜穀萃於楚庭故圖其像爲瑞六國時廣州屬楚廣州城北有馬鞍崗秦時瞻氣者言南方有天子氣始皇發民鑿此崗地中出血鑿處猶在

南康記

南康縣有歸義山去縣七百里下有石城高數丈遠望嵯峨靈闕騰空故老謂之神闕

湘中記

九疑山在營道縣北山相似行者疑惑故名之

衡山近望如陣雲沿湘千里九向九背

衡山九疑皆有舜廟太守至官常遣戶曹致祀則如聞絃歌之聲

湘水至清雖深五六尺見底了了然其石子如樗蒱大五色鮮明白砂如霜雪

營水湃水灌水祁水舂水永水來水米水淥水連水倒水瀉水伯水資水皆注湘

荊州記

雁塞北接陽州汶陽郡其間東西嶺屬天無際雁飛翥至此即回翼唯一處稍下每雁飛達則矯翮裁度下處而過故名雁塞

武陵武陽縣有石帆山若數百幅帆

宜都西陵峽中有黃牛山江湍紆迴途經信宿猶望見之行者語曰朝發黃牛莫宿黃牛三日三莫黃牛如故

巴東有一折柱孤直高三丈大十圍傳云是公孫述樓柱破之血出枯而不朽

宜都記

自西陵泝江西北三十里入峽

山行周迴隱映如絕復通高山重障非日中夜半不見日月也

鄴中記

石季龍作雲母五明金薄莫難扇薄打純金如蟬翼二面采畫列仙奇鳥異獸隨扇大小雲母帖其中細縷縫其際雖掩晝而綵地明徹看之如謂可取故名莫難也季龍出以扇夾乘輿

石勒諱胡胡物皆改名胡餅曰麻餅胡荽曰香荽胡豆曰國豆

陳達妹才色甚美髮長七尺季龍以爲夫人

秦州記

金城郡漢元始六年置應劭曰初築城得金故曰金城

三秦記

秦名天子塚曰長山漢曰陵故通名山陵

潯陽記

潯陽城東門通常有蛟爲百姓害董奉疏一符投水中少日見一蛟死浮出

廬山西南有康王谷又有北嶺

襄陽記

黄承彦者高爽開朗爲沔南名士謂諸葛孔明曰聞君擇婦某有醜女黄頭黑色而才堪相配孔明許卽載送之時人以爲笑樂里爲之諺曰莫作孔明擇婦正得阿承醜女

諸葛亮初亡所在各求爲立廟朝議以禮秩不聽百姓遂因時節私祭之於道陌上言事者或以謂可聽立廟於成都後主不從步兵校尉習隆中書郎向充等共上表於是始從之

世紀荀巨伯遠看友人疾値胡賊攻郡巨伯不忍去賊既至謂巨伯曰大軍至一郡並空汝何男子敢獨止此巨伯曰友人疾不忍委之寧以我身代友人之命賊知其賢旋軍而還

番禺雜記　唐鄭熊

番禺二山名廣州昔有五仙騎羊而至遂名五羊

嶺表或見物自空而下始如彈丸漸如車輪遂四散人中之卽病謂之瘴母

海邊時有鬼市半夜而合雞鳴而散人從之多得異物

西京雜記

祕書省監號宰相病坊少號給舍病坊丞大著號省郎病坊祕書郎及小著號察官病坊

李藩未第有僧告曰公是紗籠中人藩問故曰凡宰相冥司必立其像以紗籠護之藩後果至台輔

進士放榜後須有一人謝世名報羅使言報大羅天也

都省都堂門外大槐謂之音聲樹欲除拜僕射則此槐必有聲如歌曲

大赦於金雞口銜敕宣政衙鼓樓上雞鳴六人至日同以索上雞竿爭口中敕爭得者月給俸三石謂之雞粟

京兆尹新上老吏多於石橋上看行馬以卜其行事若上橋馬行速此尹必善若馬行滯此尹必嚴惡甚驗

廬山記　宋陳舜俞

青湓山有井形如盆因號盆水城曰湓城浦曰湓浦江州故有湓江

匡俗先生姓匡名俗商周之際遯世隱居廬於廬山故曰匡廬

吳郡太守張公直過子女觀祠婢指女戲神像公直夢神致聘怖而遽發中流舡不行其家人驚曰豈愛一女令闔門受禍公直不忍其妻遂以兄女代之公直怒曰吾何面目於當世復下己女於水中而將渡遙見二女於岸側旁有一吏曰吾廬山君主簿敬君之義悉還二女皆無患

青城山記

靑城山一名赤城山一名青城都一名天國山亦爲第五洞寶仙九室之天羣峰崦互相連接靈仙所宅祥異甚多

福地記云青城山高三千六百丈周圍五千里有廿露芝草天池醴泉

青城觀北上十餘里有亭臺孤聳獨秀霞表名曰軒轅臺下望山如螘垤爲連抱之樹有若薺也此臺非得仙之人不可居之

青城山觀前有靈燈齋日必見或五或六亦無定數嘗因玄宗敕道士王仙卿就黃帝壇修醮其燈徧山僖宗幸蜀之年山中修靈寶道場周天大醮神燈千餘輝灼林表

嵩高山記

嵩高山下岩中有石室中有自然經書自然飲食

嵩高山上有石室前有石柱柱上有石脂滴下人服一合得仙

嵩山東北有牛山其山多杏至五月爛然黃茂自中國喪亂百姓饑饉皆資此爲命人人充飽而杏不盡

華山記

華山高岩四合重嶺秀起上有石池北有石鼓老父相傳嘗聞其鳴山頂池中生千葉蓮服之羽化因名華山也

羅浮山記

羅浮者蓋總稱也羅羅山也浮浮山也二山合體謂之羅浮在曾

城博羅二縣之境舊說羅浮高三千丈七十石室七十長溪神禽玉樹之所在山中菖蒲一寸廿節

西征記

金鄉焦氏山數百里有漢司隸校尉曾峻冢前有石祠堂中四壁青石隱起自書契以來忠臣孝子孔子七十二人形像皆刻石紀之

嵩高山東太室西少室相去七十里嵩高總名也

洛陽建春門外迎道北有白社董威輦所住也去門二里白社有牛馬市即嵇公臨刑處也

北征記

彭城城北六里有山臨泗水有宋桓魋石槨有奇石隱起龜龍麟鳳之形

柏谷邑也漢武帝微行至此爲老父所窘者也谷中無迴車地夾以高原柏林蔭藹窮日幽暗殆弗覩陽景

華山對河東首陽山黃河流於二山之間聞本一山巨靈所開今睹手跡於華山腳跡在首陽山下

山陽縣城北二十里魏中散大夫嵇康園宅今悉爲田墟而父老猶謂嵇公竹林地以時有遺竹也

成都古今記　趙朴

張儀樓高百尺初張儀築城雖因神龜然亦順江山之形以城勢稍偏故作樓以定南北

海棠樓李回所建以會僚佐議事裴坦爲之記

望妃樓在子城西北隅亦名西樓開明以妃墓在武擔山爲此樓以望之

紅樓先主所建綵繪華侈初潁川人華洪隨先主入蜀賜姓王名宗侃至是造紅樓城中人相率來觀曰看畫紅樓先主以爲應華

洪之讖乃誅之

錦樓在龜城山前臨大江下瞰井邑西眺雪嶺東望長松白敏中常賦詩於其上舊記云路岩所建非也岩在敏中之後

蜀宗正少卿孟德崇入嘗太廟行事攜妓而往夢老人責之叱令開手大書九十字覺而告人曰九十者賜我壽也封璉戲之曰九十字行書卒字不旬日果卒

西蜀聖壽寺僧楚安妙畫山水須一季以來方就一扇收得其筆謂之筆寶

王生聞樂言凶吉無不中者嘗遊樂市聞五門奏樂不知涕之無從出告人曰觸淳化甲午年方罹寇難今茲樂聲又將有甲午之變至明年正月王均叛

玄中記

益之爲言阸也言其地險阸亦曰疆壤益大故以名焉

天下之強者東海之惡𤋮焉水灌而不已惡𤋮者山名也在東海南方三萬里海水灌之而即消

東南有桃都山山上有大樹名曰桃都枝相去三千里上有天雞日初出照此木天雞即鳴天下雞皆隨之

南山有炎山焉行人以正二三月行過此山取下水木以爲薪然之無焰取其皮績之爲浣布

君子之國地方千里多木槿花

燕北雜記　武珪

契丹見旋風合眼望空取鞭打四十九下口道坤不刻七聲

呼種田爲提烈契丹富豪民要裹頭巾納牛駝七十頭馬一百匹以給契丹名目謂之舍利

契丹行軍不擇日用艾和馬糞於白羊琵琶骨上炙炙破便出行不破即不出

番兵每遇午日如不逢兵亦須排陣望西大喊十聲言午是番家大王之日

北界漢兒多爲契丹凌辱罵作十里鼻十里鼻奴婢也

述異記

盤古氏天地萬物之祖其死也頭爲五岳目爲日月脂膏爲江海毛髮爲草木一云頭爲東岳腹爲中岳左臂爲南岳右臂爲北岳足爲西岳一云泣爲江河氣爲風雷喜爲晴怒爲雨

漢武帝時未央宮欀上一老翁長八九寸僂步至帝前叩頭仰視屋俯視帝腳忽不見駭懼東方朔曰土木之精也陛下頻起宮室斬伐其居故來訴耳仰視屋後視陛下足者願宮室足於此不更造帝乃息役後武帝幸瓠子河聞水底弦歌聲有老翁凌波而出乃未央宮所見梁上翁也帝曰向所聞樂是公等奏耶對曰臣前歸訴蒙陛下息斤斧得全其居故相慶樂耳遂奏樂獻洞穴赤蚌

明珠

秦繆公時陳倉人掘地得物狀如豬羊繆公逢二童子曰此名媼在地中食死人腦若以柏木穿其首即死故今種松柏在墓上以防其害也

列禦寇御風而行常以立春歸於八荒立秋日遊於風穴風至則草木皆生去則草木搖落謂之離合風

天台山有杏花六出而五色號仙人杏杜陵有金李仲山有縹李其大如拳一李二色

南海中有鮫人室居水如魚不廢機織其眼能泣則珠出也

南海有龍綃宮泉織綃之處也

水際謂之步吳人賣瓜於江畔因名瓜步江吳中有魚步龜步湘中有靈妃步吳楚間謂浦爲步語訛耳

廣異記　唐戴孚　校書郎守饒州録事參軍

晁良正性剛不怖鬼每年常掘太歲地堅掘後忽見一白物良正打之三日送於河其夜使人視之三更後車馬甚衆來至肉所問太歲何故受此屈辱不讎報之太歲曰彼正榮盛無奈之何暨明失所在

乾元中張守一爲大理少卿平反折獄死囚出免者甚多後有白頭老人詣前拜謝曰某非生人明公所出死囚之父也無以報德倘有切身之求或能致耳俄有詔賜酺城中縱觀守一見士人家女甚美悅之計無從出試呼前鬼問曰能爲我致否鬼曰此易事然不得久纔可七日而已遂於靜處設帷帳有頃而至女驚曰此何處守一及鬼在旁紿云此是天上因與款昵情愛甚切至七日鬼復掩其目送還守一私覘女家云女郎卒中惡不識人七日而醒

劉彥回父爲湘州刺史有下僚於銀坑得一龜長一尺持獻彥回

父蕁官畢賀云得此龜壽千歲使君謝已非其人自騎馬送龜卻至坑所後彥回父亡彥回爲房州司士之官屬山水汎濫平地詣沒一家惶懼俄有大龜引路隨龜而行悉是淺處歷十餘地得免水難其夕彥回夢龜曰昔在銀坑蒙先使君之惠故此報恩

辰州有射豬遂入石室見老翁問何故射吾豬對以傷禾翁卽呼一童責之曰何不謹門令豬出射豬者問何人童子答曰此河上翁帝使爲諸仙講易我卽王弼受易未通遂罰守門

有神降於鄭浠家吟詩曰忽然湖上片雲飛不覺舟中雨溼衣折得蓮花渾忘卻卻將荷葉蓋頭歸宋祥異集後二則二十卷本未見

乘異錄

張士傑客壽陽被酒歷淮濱入龍祠見後帳龍女塑像甚美乃爲桐葉題詩投帳中曰我是夢中傳采筆書於葉上寄朝雲忽見舍有美女士傑逆詣置酒女吟曰落帆且泊小沙灘霜月無波海上

寒若向江湖得消息爲傳風木到長安士傑昏醉既醒孤坐於廟門之右小女奴曰娘子傳語還君桐葉勿復置念

劉道芳爲遂溪令秩滿歸京夜宿縣界富民秦氏忽見一紅裳婦人泣曰妾本秦氏子婦夫壻市一妾性剛不相下遂爲兒鞭撻而死其妾訴於陰府追攝兒已償命餘業罰爲牝羊今在秦氏之闌以員外經過將烹爲饌念爲羊固甘忍死腹中有羔就烹其業轉甚俟產就死無恨道芳因致意主人云私忌不茹葷血切勿烹羊逞明有人出告笑曰適已烹羊道芳嘆訝告以夜來之事秦氏舉家感傷內其羔於腹中瘞之

冥祥記

宋尼智通年少不信師瘠師死能道嫁魏郡梁甫生一男家貧無以爲衣尼有法華等經悉練之以衣其兒俄得病竟體壞爛狀若火燒有細白蟲日出升餘晝夜號叫聞空中語云壞經爲衣得此報旬餘而死

金鑾密記　韓渥唐翰林學士

昭宗召偓入院試文五篇萬邦咸寧賦禹拜昌言詩武臣授東川節度制答佛齊國進貢書批三功臣讓圖形表繳狀云臣才不逮羣器非拔俗待價既殊於櫝玉窮經有愧於籝金遭逢淸時涵濡睿澤峨冠振珮已塵象闕之班舐筆和鉛更辱金門之召擊鉢謝捷纂組非工撫已循涯以夢爲懼

昭宗在鳳翔宴侍臣捕魚爲饌李茂貞曰本畜此魚以待車駕又以巨杯勸帝酒帝不欲飲茂貞舉杯扣帝頤頷坐上皆憤其無禮

汴人列十餘栅圍岐城掘蚰蜒壕攻城城中大窘燒人糞煮人肉而食李茂貞不肯與梁和昭宗諭曰在內公主美人等一日食粥一日食不托今已竭矣願速與梁和

玉箱雜記

東漢蔡邕崔寔號雙鳳　崔寔與許受號二龍

王仲宣號泥下潛蛙　魏曹植號綉虎

鄧艾號伏鸞　晉陸雲號隱鵠

洞冥記

李哀負五岳眞形圖而聖號負局先生

善語國人飲丹露云日方出有露如珠又有草食之不睡號卻睡草

跋勒國常有蛟人宿其舍既去泣別所望墮淚皆成珠

東方朔得西那汗國玉枝以進武帝帝賜近臣年高者云病則枝汗死則折老聃得之七百年不汗偓佺得之三千年不折

武帝起明臺臺上設金牀象雜玉爲龜甲屏風此數條與原書大異

搜神記　晉干寶

楊雍伯常設義漿給行旅一日有人飲訖懷中出石子一升與之

曰種此可生美玉幷得好婦如言種之有徐氏女極美試求之徐公曰得白璧一雙卽可乃於所種處得璧遂娶之（刪節原書）

楊道和夏於田中有雷至桑下霹靂龍下擊之道和以鋤格其肱遂落地不得去色丹目如鏡毛角長三尺餘狀如六畜頭似獮猴」

盧汾夢蟻穴見堂宇危豁題曰雷雨堂

續搜神記　晉陶潛

晉升平中有人入山射鹿忽墮一坎窅然深絕內有數頭熊子須臾有一大熊來瞪視此人人謂必害己良久出藏得果栗分與諸子末後作一分着此人前此人飢甚於是冒死取噉之既轉相狎習熊每日覓食菓還輒分與之此人賴以支命後熊子大其母一一負將出子既盡人在坎中無出路熊母尋復還入坐人邊人解其意便抱熊足於是跳出遂得無他

晉孝武帝世宣城人秦精嘗入武昌山中採茗忽見一人身長一丈通體皆毛精見之大怖毛人徑牽其臂將至山曲大叢茗處放之便去須臾復來乃探懷中橘子與精精甚怪負茗而歸

合肥口有一大舡覆在水中云是曹公舡船嘗有漁人夜宿以舡繫之聞箏笛絃節之音漁人夢人驅遣云勿近官船此人驚覺卽移去相傳云曹公載妓舡覆於此

舊聞記

汝州臨汝縣南十八里有小山曰崆峒廣成祠在山麓山顚有穴如甕每將風雨則一白犬自穴出因名玉狗峯耆老云春秋之朝天景清麗必有素霧自崆峒山起須臾粉堞青甃緜亘數里樓殿轇轕殊木異葩數息中則不見謂之崆峒化城

潤州得玉磬十二枚張率更曰是晉某歲所造是歲閏月造者法月數今缺一宜於黃鍾東九尺掘必得敕求之如其言

東方朔記

朔與弟子俱行朔渴令弟子叩道邊家門不知室中姓名呼不應朔復往見博勞飛其家李樹上朔謂弟子曰主人姓李名博因與朔相見卽入取飲與之

法顯記

佛樓沙國有佛鉢昔月氏王大興衆來伐此國欲取佛鉢既服此國已月氏王篤信佛法欲持鉢去乃飾大象置鉢其上象便伏地更作四輪車載鉢八象共牽復不能進王知與鉢無緣卽於此處起塔及僧伽藍

洽聞記　鄭常

永昌中台州司馬孟詵奏臨海水下馮義得石連樹五株皆白石」

隆安中丹徒民陳理於江邊作魚簄潮出簄中得一女長六尺有容色無衣裳水去不動臥沙中夜夢云我江黃也昨失路落君簄潮來今當去

女子杜姜左道通神縣以爲妖閉獄桎梏變形莫知所在以狀上以其處爲廟祠號東陵聖母

吐谷渾有桃大如石瓮

東觀奏記　唐裴廷裕

宣宗聽政之暇好作詩令學士屬和蕭寘手狀謝曰此詩雖桂水日千里無以加也韋澳奏云宋太子家令沈約詩蕭寘以睿藻清新比方沈約爾上不悅曰將人臣比我得否出寘爲浙西觀察使」

僧從晦道行高潔兼以文章應制上每擇劇韻令賦詩從晦供奉積年望紫袈裟上曰朕不惜一紫袈裟但師頭耳稍薄恐不勝耳」

度支奏狀言漬汚疋段書淸汚上一覽異之樞密承旨孫隱中謂上未省添成漬字及中書復入上大怒勘添改章表者罰有差

上尤重科目鄭顥知舉帝索科目記顥撰十三卷自武德至大中仍乞令放榜錄及第人姓名記賦題進入有司接續編次卽登科

記之始

老學庵筆記 併入　陸務觀 山陰人

趙元鎮丞相謫朱崖病亟自書銘旌云身騎箕尾歸天上氣作山河壯本朝

政和中大儺下桂府進面具比進到稱一副初訝其少乃是以八百枚爲一副老少妍陋無一相似者乃大驚至今桂府作此者皆致富天下及外夷皆不能及

晁以道爲明州船場日日平旦具衣冠焚香占一卦一日有士人訪之坐間小雨以道語之某今日占卦有折足之象然非某也客至者當之必驗無疑君宜戒之士人辭去至巷口蹉滑而仆脛幾折療治累月乃愈

余在南鄭見西陲俚俗謂父曰老子雖年十七八有子亦稱老子乃悟西人所謂大范老子蓋尊之以爲父也建炎初宗汝霖留守東京羣盜降附者百餘萬皆謂汝霖曰宗爺爺蓋此比也

北方多石炭南方多木炭西蜀又有竹炭燒巨竹爲之易燃無煙耐久亦異物邛州出鐵烹煉利於竹炭皆用牛車載以入城予親見之

元豐中王荆公居半山好觀佛書每以故金漆板書藏經名遣人就蔣山寺取之人士因有用金漆板代書帖與朋儕往來者已而苦其露泄遂有作兩板相合以片紙封其際久之其製漸精或又以縑囊盛而封之南人謂之簡板北人謂之牌子其後又通謂之簡版或簡牌子淳熙末還朝則朝士乃以小紙高四五寸闊尺餘相往來謂之手簡簡板幾廢市中遂無賣者而紙肆作手簡紙賣之甚售

宣和末婦人鞋底尖以二色合成名錯到底竹骨扇以木爲柄舊矣忽變爲短柄止插至扇半名不徹頭皆服妖也

崇寧中長星出推步躔度長七十二萬里

天下名山惟華山茅山青城山無僧寺青城十里外有一寺曰布金洪水壞之今復葺於旁里許

王廣津宮詞云新睡起來思舊夢見人忘卻道勝常勝常猶今婦人言萬福也前輩尺牘有云尊候勝常者勝字當平聲讀

今僧寺輒作庫質錢取利謂之長生庫至爲鄙惡余按梁甄彬嘗以束苧就長沙寺庫質錢後贖還於束苧中得金五兩送還之則此事亦已久矣

晉語兒人二字通用世說載桓溫行經王大將軍墓望之曰可兒可兒蓋謂可人爲可兒也故晉書孫綽與庾亮牋皆曰可人又陶淵明不欲束帶見鄉里小兒亦是以小人爲小兒耳故宋書云鄉里小人也

謝景魚家有陳無已手簡一篇有十餘帖皆與酒務官托買浮炭其貧可知浮炭者謂投之水中則浮故也樂天詩曰日暮半爐麩炭火浮炭今日謂之麩炭

今人書某爲厶皆以爲俗從簡便其實古某字也穀梁桓二年蔡侯鄭伯會於鄧范甯注云鄧厶地陸德明釋文曰不知其國故云厶地本又作某

蘇叔黨政和中至東都見妓稱錄事太息語廉宣仲曰今世一切變古唐以來舊語皆廢此猶存唐舊爲可喜前輩謂妓曰酒糾蓋謂錄事也相藍之東有錄事巷傳以爲朱梁時名妓崔小紅所居

自元豐官制尚書省復二十四曹繁簡絕異在京師時有語曰吏勳封考筆頭不倒戶度金倉日夜窮忙禮祠主膳不識判硯兵職駕庫典了褲褌刑都比門總是冤魂工屯虞水白日見鬼及大駕幸臨安喪亂之後士大夫亡失告身批書者多又軍賞百倍平時賄賂公行冒濫相乘饟軍日滋賦斂愈繁而刑獄亦衆故吏戶刑

三曹吏胥人人富饒他曹寂寞彌甚吏輩又爲之語曰吏勳封考三婆兩嫂戶度金倉細酒肥羊禮祠主膳啖虀吃麪兵職駕庫吱姜呷醋刑都比門人肉餛飩工屯虞水生成餓鬼

前輩遇通家子弟初見請納拜者既受之則設席望其家遙拜其父祖乃就坐先君尚行之

陳師錫家享儀謂冬至前一日爲冬住與除夜之歲除爲對蓋閩音也今讀太平廣記三百四十卷有盧頊傳云是夕冬至除夜乃知唐人冬至前一日亦謂之除夜詩唐風日月其除除音直慮反則所謂冬住者冬除也陳氏傳其語而失其字耳

湯岐公初秉政偶刑寺奏牘有云生人婦者高廟問此有法否秦益公云古之法中有夫婦人與無夫者不同上素喜岐公顧問曰古亦有之否岐公曰古法有無臣所不能記然生人婦之語蓋出三國志杜畿傳上大驚乃笑曰卿可謂博記矣

南朝詞人謂文爲筆故沈約傳云謝元暉善爲詩任彥昇工於筆約兼而有之又庾肩吾傳梁簡文與湘東手書論文章之弊曰詩既若此筆又如之又曰謝朓沈約之詩任昉陸倕之筆任昉傳又有沈詩任筆之語老杜寄賈至嚴武詩云賈筆論孤憤嚴詩賦幾篇杜牧之亦云杜詩韓筆愁來讀似倩麻姑癢處抓亦襲南朝市語往時諸晁謂詩爲詩筆非也

蘇子容詩云起艸才多封卷速把麻人衆引聲長蘇子由詩云明日白麻傳好語曼聲微繞殿中央蓋昔時宣制皆曼延其聲如歌詠之狀張天覺自小鳳拜右揆旨下冏門令平讀遂爲故事

吳中地薄劚地二三尺輒見水予頃在南鄭見一軍校火山軍人也言火山之南地尤枯瘠鋤钁所及烈焰應手涌出故以火名軍尤爲異也

周宇文護與母閻書曰受形禀氣皆知母子誰知薩保如此不孝乃對母自稱小名南齊武帝崩鬱林王即位明帝謀廢立右僕射王晏盡力助之從弟思遠謂晏曰兄荷武帝厚恩一旦贊人如此事何以自立因勸之引決及晏拜驃騎謂思遠兄思徵曰隆昌之末阿戎勸吾自裁若用其語豈有今日思遠曰如阿戎所見猶未晚也此乃對兄自稱小名畢景儒幕府燕閒錄載蘇易簡初及第時與母書自稱岷岷亦小名也從伯父右司小名馬哥在京師省祖母楚國夫人出上馬楚國偶有所問自屏後呼馬哥親事官聞之白伯父曰夫人請吏部蓋此輩亦習聞之也今吳人子弟稍長便不欲人呼其小名雖尊者亦以行第呼之矣風俗日薄如此奈何

政和宣和間妖言至多織文及纈帛有偏地桃冠有並桃香有佩香曲有賽兒而道流爲公卿受籙議者謂桃者逃也佩香者背鄉也賽者塞也籙者戮也蔡京書神霄玉清萬壽宮及玉皇殿之類

玉字旁一點筆勢險急有道士觀之曰此點乃金筆而鋒芒侵王豈吾教之福哉時李德柔勝之親聞其言以語先父林靈素詆釋教謂之金狄亂華當時金狄之語雖詔令及士大夫章奏碑版亦多用之或以爲靈素前知金賊之禍故欲廢釋氏以厭之其實亦妖言也

仇池筆記　宋蘇軾

玉川子月蝕詩以蝕月者月中蝦蟆也梅聖俞作日蝕詩以蝕日者三足烏也此因俚說以寓意戰國策日月𩇔暉於外其賊在內則俚說亦舊矣

杜子美詩自平中宮呂太乙世不能解其義而妄者以爲唐有平中宮偶讀玄宗實錄有中宮呂太乙叛於廣南杜詩云自平中宮呂太乙下文有南海收珠之句見書不廣輕改文字鮮不爲笑

舊傳陽關三疊今歌者每句再疊而已若通一首又是四疊皆非

是每句三唱以應三疊則綦然無復節奏有文勛者得古本陽關每句皆再唱而第一句不疊乃知唐本三疊如此樂天詩云相逢且莫推辭去聽唱陽關第四聲第四聲勸君更盡一杯酒也以此驗之若一句再疊則此句爲第五聲今爲第四聲則第一句不疊審矣

張文潛云痛目忌點洗目有病當存之齒有病當抉之治目如治民治齒如治軍治民如曹參之治齊治軍如商鞅之治秦

陳敦云胡孫作人服折旋俯仰中度細視之其相侮慢也甚矣人言弄胡孫爲胡孫所弄此言頗有理（此條今本未見）

富彥國在青社河北大飢民爭歸之有夫婦襁負一子棄之道左空冢中而去後歸鄉過此冢欲取其骨則兒尚活肥健於未棄時冢中有大蝦蟆如半輪氣咻咻然意兒呼吸此氣故能不食而健自爾遂不食年六七歲肌理如玉其父抱兒來京師以示小兒醫

張荆管張曰物之能蟄燕蛇蝦蟆之類是也能蟄則不食而壽千歲若聽其不食不娶則得道矣父喜攜去今不知所在

世有附語者多婢妾賤人否則衰病不久當死者其聲音舉止皆類死者又能知人密事然皆非也意有奇鬼能爲是耶昔人有遠行者取金釵藏壁中忘以語其妻既行而病且死以告其僕已而不死其妻在家聞空中聲眞其夫也曰吾已死若不信金釵在某所妻果取得之遂發喪其後夫歸反以爲鬼

元豐中余自齊安過古黄州獲一鏡其背銘云漢有善銅出自白陽取爲鏡清明而光左龍右虎輔之兩旁其字如菽大篆款甚精妙白陽疑白水之陽其銅黑色如漆照人微小古鏡皆然此道家聚形之法也

時雨降多置器廣庭中所得甘滑不可名瀹茶煮藥皆美而有益其次井泉甘冷者乾以九二化坤坤以六二爲坎故天一爲水人能服井花水甘熱與石硫黄鍾乳等非其人服之亦能發背腦爲疽又分至日取水儲之後七日輒生物如雲母狀（此條今本未見）

至和二年成都人費孝先遊青城詣老人村壞其竹牀孝先欲償其直老人笑曰子視其下書云此牀某年月日爲費孝先所壞成敗有數子何償焉孝先知其異乃留師事之老人授以易軌革卦影後數年孝先名聞天下四方治其學者所在而有皆自託於孝先眞僞不可知也

封氏聞見記

唐封演（檢校尚書吏部郎中）

秦漢已來天子但稱皇帝別無徽號則天垂拱四年得瑞石於洛水文曰聖母臨人永昌帝業號其石爲寶圖於是羣臣上尊號請稱聖母神皇后稍加慈氏越古天册金輪聖神等號至中宗踐祚號應天神龍玄宗即位號開元神武後稍加爲開元天地大寶聖文神武應道禰宗號光天文武孝感代宗號寶應元聖文武今上號聖神文武則天以女主臨朝苟順臣子一時之請受尊崇之號自後因爲故事允文允武乃聖乃神皇王盛稱莫或過此既以爲祖父之號又以爲子孫之號雖顚之倒之互有變易曷嘗離此數代之後將無所迴避貞元初主上超然覺悟乃下詔去其徽號直稱皇帝合於古矣近歲百僚復請加尊號上守謙沖意不之許昔光武皇帝詔羣臣上書不得言聖孔子曰若聖與仁則吾豈敢其謙沖之德大矣哉

露布捷書之別名也諸軍破賊則以帛書建諸竿上兵部謂之露布蓋自漢已來有其名所以名露布者謂不封檢露而宣布欲四方之速聞也然亦謂之露板魏武奏事云有警急輒露板插羽是也宋時沈璞爲盱眙太守與臧質共拒魏軍軍退質謂璞全城使自上露板後魏韓顯宗大破齊軍不作露布高祖怪而問之答曰頃聞諸將獲二三驢馬皆爲露布臣每哂之近雖仰憑威靈得摧

醜虜斬擒不多脫復高曳長縑虛張功捷尤而放之其罪彌甚所以斂毫卷帛解上而已然則露板古今通名也隋文帝詔太常卿牛弘撰宣露布儀開皇九年平陳元帥晉王以馹上露布兵部請依新禮集百官及四方客使於朝堂內史令稱有詔在位者皆拜宣露布訖蹈舞者三又拜郡縣皆同自後因循至今不改近代諸露布大抵皆張皇國威廣談帝德動逾數千字其能體要不煩者鮮矣

近代通稱府庭爲公衙公衙卽古之公朝也字本作牙詩曰祈父予王之爪牙祈父司馬掌武備象猛獸以爪牙爲衛故軍前大旗謂之牙旗出師則有建牙禡牙之事軍中聽號令必至牙旗之下稱與府朝無異近俗尙武是以通呼公府爲公牙府門爲牙門或云公門外刻木爲牙立於門側以象獸牙軍將之行置牙竿首懸旗於上其義一也

官衙之名蓋與近代當是選曹補授須存資歷聞奏之時先具舊官名品於前次書擬官於後使新舊相衘不斷故曰官衘亦曰頭衘所以名爲衘者言如人口衘物取其連屬之意又如馬之有衘以制其首前馬已進後馬續來相次不絕者古人謂之衘尾相屬卽其義也

朝廷百司諸廳皆有壁記敘官秩創置及遷授始末原其作意蓋欲著前政履歷而發將來健羨焉故爲記之體貴其說事詳雅不爲苟飾而近時作記多借浮詞褒美人才抑揚門閥殊失記事之本意韋氏兩京記云郎官盛寫壁記以紀當廳前後遷除出入浸以成俗然則壁之有記當是國朝以來始自臺省遂流郡邑耳

士子初登榮進及遷除朋僚慰賀必盛置酒饌音樂以展歡宴謂之燒尾說者有謂虎變爲人唯尾不化須爲燒除乃得成人故以初蒙拜授如虎得爲人本尾猶在體氣既合方爲焚之故云燒尾

一云新羊入羣乃爲諸羊所觸不相親附火燒其尾則定貞觀中太宗嘗問朱子奢以羊事對

拔河古謂之牽鉤襄漢風俗常以正月望日爲之相傳楚將伐吳以爲教戰梁簡文臨雍部禁之而不能絕古用篾纜今民則以大麻絙長四五十丈兩頭分繫小索數百條挂於前分二朋兩勾齊挽當大絙之中立大旗爲界震鼓叫噪使相牽引以卻者爲輸名曰拔河

秦漢以來帝王陵前有石麒麟石辟邪石象石馬之屬人臣墓前有石羊石虎石人石柱之屬皆所以表飾墳壟如生前之儀衛耳國朝因山爲陵

玄宗朝海內殷贍送葬者或當衢設祭張施帷幕有假花假果粉人麪粻之屬然大不過方丈室高不踰數尺議者猶或非之喪亂以來此風大扇祭盤帳幕高至八九十尺用牀三四百張雕鐫飾畫窮極伎巧饌具牲牢復居其外

老學菴筆記 六卷

宋陸　游字務觀山陰人

謝景魚名淪滌硯法用蜀中貢餘紙先去墨徐以絲瓜磨洗餘漬皆盡而不損硯

故都時定器不入禁中惟用汝器以定器有芒也

淮南諺曰雞寒上樹鴨寒下水驗之皆不然有一嫗曰雞寒上距鴨寒下嘴上距謂縮一足下嘴謂藏其咮於翼間

本朝廢后入道謂之教主郭后曰金庭教主孟后曰華陽教主不祥甚矣孟后在瑤華宮遂去教主之稱以避尊號吁可怪也

任元受事母盡孝母老多疾病未嘗離左右元受自言老母有疾其得疾之由或以飮食或以燥溼或以語話稍多或以憂喜稍過盡言皆朝暮候之無毫髮不盡五臟六腑中事皆洞見曲折不待切脈而後知故用藥必效雖名醫不逮也張魏公作都督欲辟之

入幕元受力辭曰盡言方養親使得一神丹可以長年必持以遺老母不以獻公也況能捨母而與公事耶魏公太息而許之

秦會之有十客曹冠以教其孫爲門客王會以婦弟爲親客郭知運以離婚爲逐客吳益以愛壻爲嬌客施全以剸刃爲刺客李季以設醮奏章爲羽客某人（或云郎弓箋也）以治產爲莊客丁禩以出入其家爲狎客曹詠以獻計取林一飛還作子爲說客初止有此九客耳秦既死葬於建康有蜀人史叔夜者懷雞絮號慟墓前其家大喜因厚遺之遂爲弔客足十客之數

齊民要術有鹹杬子法用杬子皮漬鴨卵今吳人用虎杖根漬之亦古遺法

古謂帶一爲一腰猶今謂衣爲一領周武帝賜李賢御所服十三環金帶一腰是也近世乃謂帶爲一條語頗鄙不若從古爲一腰也

都下買婢謂未常入人家者爲一生人喜其多淳謹也余在閩中與何搢之同閱報狀見新進驟用者搢之曰渠是一生人宜其速進予怪而詰之搢之曰曾爲朝士者既爲人所忌嫉又多謗故新進者常無患蓋有激也

又二十四條在前

三夢記　唐白行簡

人之夢異於常者有之或彼夢有所往而此遇之者或此有所爲而彼夢之者或兩相通夢者天后時劉幽求爲朝邑丞常奉使夜歸未及家十餘里適有佛堂院路出其側聞寺中歌笑歡洽寺垣短缺盡得覩其中劉俯身窺之見十數人兒女雜坐羅列盤饌環繞之而共食見其妻在坐中語笑劉初愕然不測其故久之且思其不當至此復不能捨之又熟視容止言笑无異將就察之寺門閉不得入劉擲瓦擊之中其罍洗破迸走散因忽不見劉踰垣直入與從者同視殿廡皆無人寺扃如故劉訝益甚遂馳歸比至其家妻方寢聞劉至乃敘寒暄訖妻笑曰向夢中與數十人遊一寺皆不相識會食於殿庭有人自外以瓦礫投之杯盤狼藉因而遂覺劉亦具陳其見蓋所謂彼夢有所往而此遇之也

元和四年河南元微之爲監察御史奉使劍外去踰旬予與仲兄樂天隴西李杓直同遊曲江詣慈恩佛舍徧歷僧院淹留移時日已晚同詣杓直修行里第命酒對酬甚歡暢兄停杯久之曰微之當達梁矣命題一篇於屋壁其詞曰春來無計破春愁醉折花枝作酒籌忽憶故人天際去計程今日到梁州實二十一日也十許日會梁州使適至獲微之書一函後寄紀夢詩一篇其詞曰夢君兄弟曲江頭也入慈恩院裏遊屬吏喚人排馬去覺來身在古梁州日月與遊寺題詩日月率同蓋所謂此有所爲而彼夢之者矣

貞元中扶風竇質與京兆韋旬同自亳入秦宿潼關逆旅竇夢至華岳祠見一女巫黑而長青裙素襦迎路拜揖請爲之祝神竇不獲已遂聽之問其姓自稱趙氏及覺具告於韋明日至祠下有巫迎客容質妝服皆所夢也顧謂韋曰夢有徵也乃命從者視囊中得錢二鐶與之巫撫掌大笑謂同輩曰如所夢矣韋驚問之對曰昨夢二人從東來一髯而短者祝醑獲錢二鐶焉及旦乃徧述於同輩今則驗矣竇因問巫之姓氏同輩曰趙氏自始及末若合符契蓋所謂兩相通夢者矣行簡曰春秋及子史言夢者多然未有載此三夢者也世人之夢亦衆矣亦未有此三夢豈偶然也抑亦必前定也予不能知今備記其事以存錄焉

行簡云淮安西市帛肆有販粥求利而爲之平者姓張不得名家富於財居光德里其女國色也嘗因晝寢夢至一處朱門大戶棨戟森然由門而入望其中堂若設燕張樂之爲左右廊皆施幃幄有紫衣吏引張氏於西廊幕次見少女如張等輩十許人皆花容

綽約釵鈿照耀既至吏促張妝飾諸女迭助之理澤傅粉有頃自外傳呼侍郎來自隙間窺之見一紫綬大官張氏之兄嘗爲其小吏識之乃言曰吏部沈公也俄又呼曰尚書來又有識者幷帥王公也逡巡復連呼曰某來某來皆郎官以上六七箇坐廳前紫衣吏曰可出矣羣女旋進金石絲竹鏗鍧震響中署酒酣幷州見張氏而視之尤屬意謂之曰汝習何藝能對曰未嘗學聲音使與之琴辭不能曰第操之乃撫之而成曲予之箏亦然琵琶亦然皆平生所不習也王公曰恐汝或遺乃令口受詩鬟梳嫽俏學宮妝獨立閑庭納夜涼手把玉簪敲砌竹清歌一曲月如霜謂張曰且歸辭父母異日復來忽驚啼寤手捫衣帶謂母曰尚書詩遺矣索筆錄之問其故泣對以所夢且曰殆將死乎母怒曰汝作魘爾何以爲辭乃出不祥言如是因臥病累日外親有持酒肴者又有將食來者女曰且須膏沐澡瀹母聽良久豔妝盛色而至食畢乃偏拜父母及坐客曰時不留某今往矣因授衾而寢父母環伺之俄爾遂卒會昌二年六月十五日也

筆記 一卷　宋宋祁 字景文

古人寫書盡用黃紙故謂之黃卷顏之推曰讀天下書未徧不得妄下雌黃雌黃與紙色相類故用之以滅誤字今人用白紙而好事者或用雌黃滅誤字殊爲不類佛家寫書猶用黃紙齊民要術有治雌黃法或曰古人何須用黃紙曰蘗染之可用辟蟫今國家詔敕用黃紙故私家避不敢用也

陶穀本唐彥謙後石晉時避帝諱改曰陶後納唐氏爲壻亦可怪

孫炎作反切語本出於俚俗常言尚數百種故謂就爲鯽溜凡人不慧者卽曰不鯽溜謂團曰突欒謂精曰鯽令謂孔曰窟窿不可勝舉而唐盧仝詩云不鯽溜鈍漢國朝林逋詩云團欒空繞百千回是不曉俚人反語逋雖變突爲團亦其謬也

今人多誤以鮑照爲鮑昭李商隱有詩云濃烹鮑照葵又金陵有人得地中石刻作鮑照字

古者大夫字便用疊畫寫之以夫有大音故也莊子李斯嶧山碑如此

國朝有骨朶子直衞士之親近者余常修日曆嘗究其義關中人以腹大者爲胍肫（上孤下都）俗因謂杖頭大者亦爲胍肫後誤爲骨朶（平聲）然朶難得音今爲箠類固不可改矣

蜀人見物驚異輒曰噫嘻嚱李白作蜀道難因用之汾晉之間尊者呼左右曰咄左右必曰諾而司空圖作休休亭記又用之修書學士劉羲叟爲予言晉書言咄嗟而辦非是宜言咄嗟而辦然咄嗟前世人文章中多用之或自有義耳

焉本烏名能獸名爲猴名乙燕名朋鳳名借爲朋黨字（朋本鳳音）

掩其耳而聽藐藐猶洪洪然掩其目而視了了猶眊眊然惡來掩紂之耳武王會師於孟津之濱宰嚭掩夫差之耳句踐嘆笑於會稽之隊

歌者不曼其聲則少和舞者不長其袂則寡態

倉庚鳴春蟋蟀吟夏蜩螃唱秋蟻子戰陰非有命之者氣自動耳

鑑向日而火至方諸向月而水至物有自然而感應無遠近之間

佞色不能說堯目忠言不能入桀耳非色不美堯識之非言不忠桀厭之

堯之四凶今也姦臣能之周之十亂今之賢臣不能之古與今交相勝耳

堯舜之世比屋可封非盡可封也可封之人多也桀紂之世比屋可誅非盡可誅也可誅之人多也

天不待規而圓地不待矩而方天尊地卑其道有常君天道也臣地道也

愚而不可詐者民也賤而不可勝者衆也撫之爲吾之民毒之爲吾之賊
重兵在邊京師乃單拂軀以尾尾不可大尾大掉之不能反爲軀害臂大於指屈伸可使指大不使其臂乃廢剛四肢者骨也剛大廈者棟也剛天下者兵也
莫仁於雨露而靡草夏枯莫嚴於霜雪而松柏冬青
作法者君守法者臣役法者民臣弄其法主威且刼政在大臣人走私門私門可炙君戶將闃
父慈於箠家有敗子將厲於鈇士乃忘軀
珠丸之珍雀不祈彈也金鼎之貴魚不求烹也
闌金在途無不掇也吐珠在澤無不拾也
父否母然子無適從立法二門下乃告勤
梟不憑夜弗能自怪政必先罅姦人設詐

忠與邪並黨衆者勝主乃失柄
謀不厭衆決之在一決不能專朝有爭言
不大其幹而衆其枝乃速披
造父忘轡馬顚於跬庸人厲策馬爲盡力
工剛者飽於茹善邦者羨於食
去山勿棲虎喪其威爪牙弗具失所爲虎
規外求圓無圓矣法外索平無平矣
知賢不進朝有刓印知不肖不退挈明入昧
足食足衣禮往從之迫寒與飢恥則去之
贗賈亂鬻竊農敗田讒夫撓邦害馬汙羣
豣於場者雞至嗟於牢者豕集惠於國者天下來
我與之生故能爲吾死我與之樂故能爲吾憂
言等出於口在賢者爲正在不肖爲佞

櫛所以去亂髮濤所以濯膚垢
救亂之世不語儒求治之世不語戰
眞贗不同物治亂不同日
水淵則回道術則聖
拙製傷錦政迂損國
謀道作舍三年勿架
罪大魚小糜於數攪
入林失斧不能得楚
主不謹戶盜者夜舞

建炎以來朝野雜記　宋無姓氏

中宮常服初疑與士大夫之家異後見乾道邸報臨安府浙曹司所進成恭后御衣衣目乃知與家人等耳其目眞紅羅大袖（眞紅羅生色領子）眞紅羅長裙眞紅羅霞帔（藕玉墜子）眞紅羅背子（眞紅色領子）黃紗衫子（明黃生色領子）

粉紅紗衫子（粉紅生色領子）熟白紗襠褲白絹襯衣明黃紗裙子粉紅紗抹胸眞紅羅裹肚粉紅紗短衫子嘗記賈生言娼優被后服不知至今猶然
淳熙辛丑孝宗策士有昌元王昂應祥者既賜舉調潼川府司戶參軍自言年踰六十不願出仕上嘉之特改承務郎致仕其年六月朔也蜀人在朝者皆以詩送之著作郎朱師古詩一聯云集英殿下初登第神虎門前便掛冠最爲的切紹熙癸丑光宗初策士臨邛李僑年五十四調成都司戶參軍自以祿不及養乞以一官追贈父母上嘉其志特詔德秀以本官致仕父母皆予以初品官封蓋異數也嘉定辛未廷試眉山史公亮少弼天應伯謙援德秀故事有詔並循故事即致仕仍予官封國朝三百年新進士即日掛冠者惟兩蜀四人而已

西齋話記　宋祖士衡

蔡州褒信縣有文秀才者名宏惟夫婦同處不知其甲子耆舊見之約八九十年矣容貌常若五十許人去邑城十數里有田百餘畝歲自耕耘力不懈凡春秋田率各只種一色是歲新種之田例必倍熟凶年亦獨有收歲取所得常募里中尤貧乏者輦負就寄其家約日與之饘粥之費以充傭直鄉人服其義弗之欺也久之遷一處凡數四即並盡矣來歲復如之未嘗言事未嘗干人或有疑其有道術輒哀祈之者乃遷避遁逃或旬月或經歲不可見矣大中祥符初今太守少卿蔡汶典郡下車之日首命牙校邀之言前守眉州過青城隱者託以達信堅爲牙校所迫不得已偕至郡齋每行必杖策先其牙校鞭馬逐之不能及相去常百步許蔡卿盡禮迎佇略無留意咨以化民之道修身之術對曰六籍載之備矣外復何求乘間訪以黃白之事笑而不答數日求去蔡卿欲厚遺之悉無所受既歸所居語其鄰黨曰吾將遠遊亦未期迴日幸各自努力也一日挈其妻潛去於今莫知所適

太祖之御極也忠懿王錢俶親奉職貢以備藩臣之禮禮成辭歸面敘感遇俯伏流涕且曰子子孫孫盡忠盡孝太祖曰但盡我一世耳後世子孫亦非爾所及也

龍圖閣待制李行簡言隴州道士曾若虛者善醫尤得鍼砭之妙術里有寡婦再適人過疾且卒經日而心間尚暖家人因奔詣若虛哀祈一往庶幾可救若虛既至熟視之且止其哭泣引鍼鍼之即時而蘇良久乃能語曰始者若夢故夫相隨出郭外遠歷郊野橋梁復入叢林草莽展轉不相捨俄而故夫爲一物刺中其足不能履步由是獨行忽若夢覺耳郡人競詣若虛詢之若虛曰向之所鍼乃黃帝鍼八邪穴也若虛即今尚藥奉御姚可久之師耳

松窗雜錄　唐杜荀鶴九華山人

唐進士趙顏於畫工處得一軟障圖婦人甚麗顏謂畫工曰世無其人也如可令生予願納爲妻畫工曰予神畫也此亦有名曰眞眞呼其名百日晝夜不歇即必應之應則以百家綵灰酒灌之必活顏如其言遂呼之百日晝夜不止乃應曰諾急以百家綵灰酒灌之遂呼之活下步言笑飲食如常曰謝君召妾妾願事箕箒終歲生一兒兒年兩歲友人曰此妖必與君爲患余有神劍可斬之其夕遺顏劍劍纔及顏室眞眞乃曰妾南岳地仙也無何爲人畫妾之形君又呼妾名既不奪君願君今疑妾妾不可住言訖攜其子卻上軟障嘔出先所飲百家酒覩其障唯添一孩子皆是畫焉

有王生者不記其名業三史博覽甚精性好誇耀語甚容易每辨駁古昔多以臆斷有旁議者必大折之嘗遊沛因醉入高祖廟顧其神座笑而言曰持三尺劍滅暴秦翦強楚而不能免母烏老之稱徒歌大風起兮雲飛揚曷能威加四海哉徘徊庭廡間肆目久之乃還所止是夕纔寐而卒見十數騎擒至廟庭漢祖按劍大怒曰史籍未覽數紙而敢褻瀆尊神烏老之言出自何典若無所據爾罪何逃王生頓首曰臣常覽大王本紀見司馬遷班固書云母劉氏媼而註云烏老反釋云老母之稱也見之於史載籍炳然明如白日非臣敢出於胸襟耳漢祖益怒曰朕沛中泗水亭長碑昭然具載矣曷以外族媼氏而妄稱烏老乎讀錯本書且不知其義敢恃酒喧於殿庭宜付所司劾犯上之罪語未終而西南有清道者揚言太公來及階顧王生曰斯何人見辱之甚也漢祖降階對曰此虛妄侮慢之人也罪當斬之王生目太公遂遽厲聲而言曰臣覽史籍見侮慢君親者其君親尚無所貶而賤臣戲語於神廟豈期肆於市朝哉漢祖又怒曰在典籍有載侮慢君親者嘗試徵之王生曰臣敢徵大王可乎漢祖曰然生曰王即位會群臣置酒前殿獻太上皇壽有之乎漢祖曰有之既獻壽乃曰大人常以臣無賴不事產業不如仲力今某之業孰與仲多有之乎漢祖曰有

之殿上皆呼萬歲大笑爲樂有之乎曰有之王生曰是侮慢君親矣太公曰此人理不可屈宜速遣之不爾必遭杯羹之讓也漢祖然之良久曰斬此物汚我三尺劍令擲髮者摑之一摑窶然而蘇東方明矣以鏡視腮有若指蹤數日方滅

老學菴續筆記（一卷）　宋山陰陸　游

麻姑傳王方平曰吾子不喜作狡獪事蓋古謂戲爲狡獪列異傳云北地傳書小女折荻作鼠以狡獪是也今人間爲小兒戲爲狡頑蓋本於此或謂奸猾爲狡獪則失之

吳會當爲吳興會稽兩郡也吾固言之偶讀文選魏文帝詩云惜哉時不遇適與飄風會吹我東南行行至吳會兩用會字爲韻昔人所無後一韻爲會稽之會何疑焉然誤爲都會之會已久雖名輩或承誤用之又南史隱逸褚伯玉傳齊高帝手詔吳會二郡以禮迎遣

隋書元胄傳文帝嘗於正月十五日與近臣登高時胄不在上亟令馳召之及胄見上謂曰公與外人登高未若就朕也賜宴極歡正月十五日登高不見他書當考之（韓退之有人日登高詩）

唐初魏鄭公等撰隋書以隋文帝之父名忠故凡忠字皆謂之誠謂死事之臣爲誠節傳書中凡忠臣皆曰誠臣書作於唐猶爲隋避諱驟讀之殆不可曉太宗詩云疾風知勁草板蕩識誠臣亦是避隋諱耳

海南儋崖諸郡出勒竹杖大於澀竹府有芒可以剗爪東坡云倦看澀勒暗蠻村者是也

嘉祐四友王荊公呂申公司馬溫公韓少師

元祐四友蘇子瞻錢穆公王仲至蔣穎叔

梅宛陵詩好用案酒俗言下酒也出陸璣草木疏荇接余也白莖葉紫赤色正圓徑寸餘浮水上根在水底與之深淺莖大如釵股上青下白蒸其白莖以苦酒浸之脆美可案酒今北方多言案酒

余在蜀見東坡先生手書一軸曰黃幡綽告明皇求作白打使此官亦快人意哉味東坡語似以白打爲摶擊之意然王建宮詞云寒食內人長白打庫中先散與金錢則白打似是博戲耳不知公意果何如耳

王羲之之先諱正故法帖中謂正月爲一月或爲初月其他正字率以政代之

唐有一種色謂之退紅王建牡丹詩云粉光深紫膩肉色退紅嬌王貞白娼樓行云龍腦香調水教人染退紅花間集樂府云牀上小熏籠韶州新退紅蓋退紅若今之粉紅而髹器亦有作此色者今無之矣紹興末縑帛有一等似皁而淡者謂之不肯紅亦退紅類耶

老泉布衣時初未有名雅安守劉太簡簡夫獨深知之以書薦於韓魏公歐陽文忠公張文定公辭甚切至文亦高雅今蜀人多傳其本而東坡潁濱二公獨無一語及太簡者老泉集中與太簡往來亦止有辭召試一書耳如與太簡請納拜書蜀人至今傳之集亦不載初疑偶然耳久之又得老蘇所作太簡墓銘亦不在集中乃知編集時有意刪去不知其意果何如也

蔡元慶對客喜笑溢於顏面雖見所甚憎者亦親厚無間人莫能測謂之笑面夜叉盛章尹京典藩以慘毒聞殺人如刈草嘗然婦態雌聲欲語先笑未嘗正視人或置人死地時亦悲惻不異平日此尤可怪也

太宗自京尹嗣位秦王繼之秦王敗但命近臣權知開封百餘年間非東宮親王不去權字意謂尹京師祖宗嘗爲之故人臣不敢居猶唐以太宗嘗爲尚書令三百年之間無敢爲者雖郭尙父之勳業亦避之也

市井中有補治故銅鐵器者謂之骨路莫曉何義春秋正義曰說文云錮塞也鐵器穿穴者鑄鐵以塞之使不漏禁人使不得仕宦其事亦似之謂之禁錮余案骨路正是錮字反語

漢誇酇侯音贊今亳州酇縣乃音才何反而字書鄺字亦才何反云邑名一作酇而贊字部又有酇字亦云邑名按班固十八侯銘云文昌四友漢有蕭何序功第一受封爲酇唐楊巨源丹鳳樓宣赦上門下相公詩云請問漢家功第一麒麟閣上識酇侯是字有二音顏注未必是也

太史公作張耳陳餘傳秦將詐稱二世使人遺李良書曰良嘗事我得顯幸良誠能反趙爲秦赦良罪貴良四句疊用四良字馮唐傳上曰嗟乎吾獨不得廉頗李牧爲吾將吾豈憂匈奴哉兩句疊用三吾字而語若飛動減一字不得杜少陵曲江詩云一片飛花減卻春風飄萬點正愁人且看欲盡花經眼莫厭傷多酒入唇江

上小堂巢翡翠花間高冢臥麒麟細推物理須行樂何用浮名絆此身三聯中疊用三花字而意不重複又何好也

王元之詩云兩株紅杏映籬斜妝點香山副使家何事春風容不得和鶯吹折數枝花語雖極工然大風折樹而鶯猶不去於理未通當更求之

古杭雜記　四卷

元李有　字讜賢 廬陵人

理宗庚申賈似道初入相有人作詩云收拾乾坤一担擔上肩容易下肩難勸君高著擊天手多少傍人冷眼看

昔郭璞錢塘天目山詩云天目山前兩乳長龍飛鳳舞到錢唐海門一點巽峰起五百年間出帝王及高宗中興建邦天目乃主山至度宗甲戌山崩京城騷動時有建遷蹕之議者未幾宋鼎遂移有人作詩云天目山前水齧磯天心地脈露危機西周浸冷觚稜月未必遷岐說果非

開禧韓侂胄開邊浪戰乃至函其首乞和權奸之罪可謂雖死而猶爲國禍也太學有詩云晁錯既誅終叛漢於期已入竟亡燕

驛路有白塔橋印賣朝京里程圖士大夫往臨安必買以披閱有人題於壁曰白塔橋邊賣地經長亭短驛甚分明如何只說臨安路不數中原有幾程

寶慶丙戌袁樵尹京於西湖三賢堂賣酒有人題壁曰和靖東坡白樂天三人秋菊薦寒泉而今滿面生塵土卻與袁樵趁酒錢

太學服膺齋上舍鄭文秀州人其妻寄以憶秦娥云花深深一勾羅襪行花陰行花陰閑將柳帶細結同心日邊消息空沈沈畫眉樓上愁登臨愁登臨海棠開後望到如今此詞爲同舍見者傳播酒樓妓館皆歌之以爲歐陽永叔詞非也

婺州劉鼎臣因參告臨行求緉子於妻妻併作詞名鷓鴣天云金屋無人夜翦繒寶釵翻作齒痕輕臨行執手殷勤送襯取蕭郎兩鬢青聽囑付好看承千金不抵此時情明年宴罷瓊林晚酒面微

紅相映明

易祓字彥章潭州人以優校爲前廊久不歸其妻作一翦梅詩寄之云染淚修書寄彥章貪做前廊忘卻回廊功名成遂不還鄉鐵做心腸石做心腸紅日三竿懶畫妝虛度韶光瘦損容光不知何日得成雙羞對鴛鴦懶對鴛鴦

三山蕭軫登第榜下娶再婚之婦同舍張任國作柳梢青詞戲之曰掛起招牌一聲喝采舊店新開熟事孩兒家懷老子畢竟招財當初合下安排又不是豪門買獃自古人言正身替代見任添差

理宗朝嘗欲舉行推排田畝之令廷紳有言而未行至賈似道當國卒行之有人作詩曰三分天下二分亡猶把山川寸寸量縱使一邱添一畝也應不似舊封疆又有作沁園春詞云道過江南泥牆粉壁右具在前述某州某縣某鄉某里住何人地佃某人田氣

象蕭條生靈憔悴經界從來必不然惟何甚爲官爲己不把人憐思量幾許山川況土地分張又百年正西蜀巉巖雲迷烏道兩淮清野日警狼烟宰相弄權奸人罔上誰念干戈未息肩掌大地何須經理萬取千焉

蜀人文及翁登第後期集遊西湖一同年戲之曰西蜀有此景否及翁卽席賦賀新郎云一勺西湖水渡江來百年歌舞百年酣醉回首洛陽花世界烟渺黍離之地更不復新亭墮泪簇樂紅妝搖畫舫問中流擊楫何人是千古恨幾時洗予生自負澄清志更有誰磻溪未遇傅巖未起國事如今誰倚仗衣帶一江而已便都道江神堪恃借問孤山林處士但掉頭笑指梅花蘂天下事可知矣

項羽廟在臨安近郡三衢十八里頭樟戴市市人失火延及羽廟有人作詩曰嬴秦久矣酷斯民羽入關中又一秦父老莫嗟遺廟燬咸陽三月是何人

淨慈寺乃祖宗功德院側有五百尊羅漢別創一字殿安頓裝塑雄偉殿中有千手千眼觀音一位尤爲精緻其第四百二十二位阿涅毗尊者獨設一龕用黃羅爲幙幙之傍置籤筒一座其羅漢像側身偃蹇便腹斜目覰人而笑臨安婦人祈嗣者必詣此炷香默禱以手摩其腹云有感應日積月久汗手加於泥粉之上其腹黑光可鑑邪說誣民如此又假此以爲題化之端斂掠民財不可勝計其无忌憚甚矣

史彌遠作相時士夫多以鑽刺得官伶人俳優者一人手執一石用一大鑽鑽之久而不入其一人以物擊其首曰汝不去鑽彌遠卻來鑽彌堅可知道鑽不入也遂被流罪

舊傳三歲拜郊或明堂大禮所有在前誤國奸臣首級在大理寺者必致祭蓋直訛傳謂以汚穢之物祭之其實乃少牢也其文云國家於三年恩霈汝雖誤國然今亦不忘汝之舊特用豕以祭繆傳若此豈朝廷寬大之恩哉

杭州市肆有喪之家命僧作爲佛事必請親戚婦人觀看主母則帶養娘隨從養娘首問來請者曰有和尚弄花鼓棒否請者曰有則養娘爭肯前去花鼓棒者謂每舉法樂則一僧以三四鼓棒在手輪轉拋弄諸婦人競觀之以爲樂亦誨淫之一端也

賈似道母兩國夫人本賈涉之賤妾嘉定癸酉涉之爲萬安丞似道在孕不容於嫡縣宰陳履常新淦人也涉與之通家往來以情告之遂相與謀陳宰令其妻過丞廳之次諸妾環侍談話間因託丞妻以乏使令欲借知事一妾丞妾云惟所擇用陳妻遂指似道之母丞妻幸其去欣然許之卽隨軒以歸縣衙及八月八日似道生於縣治賈承檄往它郡歸謁於宰方始知之終不復入丞廳後滿任雖攜似道歸鄉而其母竟流落及似道鎭維揚母子方得聚會享富貴數十年咸淳甲戌以壽終似道歸越治葬朝士貴戚設

祭饌以相高爲競有累至數丈者裝祭之次至擴死數人送葬者值水潦不問貴官沒及腰膝不得自便雖理宗度宗山陵尢此之盛其冬北兵渡江似道潰師其生母晚年之貴如此

寶祐乙卯御史洪天錫劾內臣盧允升董宋臣疏不行六月御史丁大全除司諫御史陳大方除正言胡大昌除侍御洪天錫遂左遷理少時天下目丁大全陳大方胡大昌爲三不吠之犬

溫陵呂中作國史要略謂南渡之後一壞於紹興之檜再壞於開禧之韓三壞於嘉定之史愚亦謂理宗四十年在御一壞於嵩之再壞於大全三壞於似道也相之壞國如此哉

暇日記 一卷

宋劉跂 號盧上老人又曰學易先生字斯立河間人官正朝奉郎

正月解凌水二月白蘋水三月桃花水四月瓜蔓水五月麥黃水六月礬石水七月荳花水八月秋苗水九月霜降水十月伏槽水十一月走凌水十二月蹙凌水元祐辛未春初部管城人夫到滑

州大河上聞得如此
李誠明仲言堂屋前要不背三陽今人作佇廊非也
始冀爲水水生木則青徐次之木生火則荆楚次之火生土豫次之土生金梁雍終焉此九州五行之序
明擴子充言耳凍熬姜汁爲膏塗之卽瘥
中都縣驛有賈岡記云蹕至而稱宮事過而名驛
智永千文闕字太宗令王著寫之楊文公談苑中說樂毅論逸少名本千載一遇四字合有四點在其傍史記樂毅傳注中載夏侯論可見
興國浴室院東殿内六祖像蜀僧令宗所畫子瞻云丘文播弟子
楚州勝因院有曹仁熙畫水有一筆長一丈八尺無接續處曹慶曆中年八十時作
金陵人家門上書符曰目山敕

彭澤縣在江東岸山巘中必無東日但有西照
僧崇普說望竿可以度遠處高下其法用長一尺横一尺如丁字就口邊望之
元祐七年賀正虜使耶律建卒於滑州虜人倒懸其屍出滓穢口鼻中又以筆管刺皮膚出水以白礬塗屍令瘦但留皮骨以歸
邵先生堯夫雍於所居作便坐曰安樂窩兩傍開窗曰日月牖
劉原父晚年病不復識字日月兒女皆不能認人言永興中多發冢墓求古物致此
竇子野言人言趙過始爲牛耕前世皆是人耕也然冉耕何故字伯牛當知牛耕其來遠矣
成都不打晚衙鼓劉仲張潛夫皆說云孟蜀多以晚鼓戮人埋毬場中故每鳴鼓則鬼祟必作自是承例不打鼓
錢乙言渠病周髀周髀者本草磁石主周髀注凡髀隨血脈上下不能左右去爲周髀乙以藥使痺氣歸支體以寬心腹之苦故手足攣而心腑無恙
中都縣西門榜曰講堂門父老言孔子爲宰講說之地故以名門
錢乙言熊膽奇藥家有小兒不可無此佳者色通明如米粒用艸莛點入水轉如飛惟性急者良餘膽入水亦能轉但緩耳勇力所聚爲膽故也
髮上生心之餘眉旁生肺之餘鬚下生腎之餘先白者一臟衰董耕言王絳州道人說章丘劉道人說行氣云天門常開　地戶常閉口取之到根丹田出之到蔕項綿綿若存用之不旣審能行之自然蟬蛻
鎭國神寶仁宗諭曰奉宸庫有外國所貢玉一塊廣尺厚半尺此希世之物可作一寶因命篆適撰名曰鎭國神寶
受命寶范鎭言仁皇服用物今皆葬之如受命寶宜復用之如傳國璽可也其議勿用竟別造余記元符獲寶赦云陋秦制之非工則是別造明矣

琴絃用生天門冬碎之同煮色白如玉皆勝小麥糯米等長歷見人說
北人樹上晒乾菜冬春食之詩所謂棲菹言如烏棲然
浙江賊號曰白日鬼多在舟舡作禍彼中人見誕謾者指爲白日鬼
雞頭一斗用防風四兩渙水浸之久久益佳
雞頭煮以防風浸之經月不壞陳彥和每用之
至和初京師大疫太醫進方有用犀者内出二株解之其一乃通天犀也内侍李舜舉請以爲御所服帶上曰豈急於服御而不以療民立命碎之
鐵碪鍛金銀百十年不壞以椎皂角則一夕破碎鞭以箠馬愈久

愈潤以擊杖隨卽折裂
孟伯饒說宋用臣種柳睿思殿用常柳三株批開急合爲一取圓直廝縷繫牛矢泥固濟深栽之一年有三年力
杜二丈和叔說往年史沆都下鞫獄取水晶十數種以入初不喻既出乃知案牘故闇者水晶承日照之乃見
舊說象膽在足余見寧陵簿田世程說象嘗死三象其二膽果在足其一不在足或言膽隨四時在四足未必然也皮骨齒皆輸內香藥庫其肉斤賣肉理段段不相屬味各不同舊說象肉千味其然也

洛陽伽藍記 五卷 此數則皆刪節　拓跋魏楊衒之 撫軍府司馬

永寧寺熙平元年靈太后胡氏所立也寺中有九層浮圖去地千尺去京師百里已遙見之時有西域沙門菩提達摩者波斯國胡人也來遊中土自云年一百五十歲歷涉諸國而此寺精麗閻浮

所無也極佛境界亦未有此永熙三年二月浮圖爲火所燒火經三月不滅有入地柱火尋柱周年猶存烟氣其年五月中有人從象郡來云見浮圖於海中俄然霧起遂隱
建中寺普泰元年尙書令樂平王爾朱世隆所立也本是閹官司空劉騰宅屋宇奢侈一里之間廊廡充溢騰已物故太后追思騰罪發墓殘尸以宅賜高陽王雍雍薨太原王爾朱榮停憩其上榮被誅尙書令樂平王爾朱世隆爲榮追福以爲寺
長秋寺劉騰所立也騰初爲長秋卿因以爲名
瑤光寺世宗宣武皇帝所立椒房嬪御學道之所掖廷美人並在其中亦有名族處女性愛道場落髮辭親來儀此寺爾朱兆入洛陽縱兵大掠時有秀容胡騎入寺婬穢自後頗獲譏訕京師語曰洛陽女兒急作髻瑤光寺尼奪作壻
景樂寺太傅淸河文獻王懌所立也佛殿妙冠一時堂廡周環曲房連接至於六齋常設女樂以是尼寺丈夫不得入往觀者以爲至天堂
昭儀尼寺閹官等所立也太后臨朝閹寺專寵宦者之家金玉滿堂是以蕭忻云高軒斗升者閹官之嫠婦胡馬鳴珂者莫非黃門之養息也忻陽平人因卽知名爲治書侍御史寺有池是晉侍中石崇家池池南有綠珠樓
願會寺中書侍郎王翊捨宅立也佛堂前桑樹一株如羽蓋五重道俗謂之神桑觀者成市帝聞而惡之命給事中黃門侍郎元紀殺伐之下斧之處血流至地
胡統寺太后從姑所立也入道爲尼自居此寺 光明寺本段暉舍宅所立此云太后從姑所立乃胡統寺也未知孰是觀下文似係錯簡今更正之
修梵寺有金剛鳩鴿不入鳥雀不棲
嵩明寺亦是名寺也

景林寺在開陽門內實爲勝地
明懸尼寺彭城武宣王勰所立也
光明寺苞信縣令段暉宅也段暉宅下常聞鐘磬聲時有光明掘得金像一軀高三尺遂捨宅爲寺
龍華寺宿衛羽林虎賁等所立也有鐘撞之聞五十里初蕭衍子豫章王蕭綜來降造聽鐘歌三首綜字世纘僞齊昏主寶卷遺腹子衍認爲子綜歸我聖闕更改名曰纘字世務封丹陽王尙莊帝姊壽陽長公主字莒犂容色美麗後除徐州刺史及京師傾覆綜棄州北走世隆追取公主主至洛陽逼之公主罵曰胡狗敢辱天王女乎我寧受劍而死終不爲逆胡所汙也世隆怒縊殺之
瓔珞寺在建春門外卽中朝時白社地
宗聖寺有像一軀高三丈八尺端嚴殊特相好畢備士庶瞻仰目不暫瞬

崇眞寺比丘惠凝死七日還活經閻羅王檢閱以錯名放免惠凝具說過去之時有五比丘同閱一比丘云是寶名寺智聖坐禪苦行得升天堂一比丘是般若寺道品以誦四十卷涅槃亦升天堂一比丘是融覺寺曇謨最講涅槃華嚴領衆千人閻羅王云講經者心懷彼我以驕凌物比丘第一麤行今惟試坐禪誦經不問講經曇謨最曰立身以來惟好講經實不闇誦閻羅王曰付司卽有青衣十人送曇謨最向西北門屋舍皆黑似非好處一比丘是禪林寺道弘自云教化四輩檀越造一切經人中像十軀閻羅王曰沙門之體必須攝心守道志在禪誦不干世事不作有爲雖造作經像正欲得他人財物貪心卽起既懷貪心便是三毒不除具足煩惱亦付司仍與曇謨最同入黑門一比丘是靈覺寺寶明自云出家之前常作隴西太守造靈覺寺成卽棄官入道雖不禪誦禮拜不闕閻羅王曰卿作太守之日曲理枉法劫奪民財假作此寺非卿之力何勞說此亦付司青衣送入黑門太后聞遣黃門侍郎徐紇依惠凝所說訪問皆實議曰人死定有罪福卽請坐禪僧一百人常在殿內供養之詔不聽講經惠凝亦入白鹿山小隱修道出建春門外一里餘石橋南牛馬市刑嵇康之所也橋北綏民里有河間劉宣明宅神龜年以直諫忤時斬於都市斬訖目不瞑尸行百步時人談以枉死

魏昌尼寺閹官瀛州刺史李次壽所立也景興尼寺亦閹官所共立也

建陽里東綏民里內洛陽縣綏民里東宗義里內京兆人杜子休宅時有逸士趙逸云是晉武時人晉朝舊事多所記錄正光初來至京師見子休宅嘆息曰此宅中朝時太康寺也人未之信逸云王濬平吳之後始立此寺本有三層浮圖用甎爲之指子休園中曰此是故處子休掘而驗之果得甎數十萬幷有石銘乃晉太康

六年儀同三司襄陽侯王濬造乃服逸言號爲聖人遂捨宅爲靈應寺好事者遂尋逸問晉朝京師何如今日逸曰晉時民少於今日王侯第宅與今日相似又云永嘉已來二百餘年建國稱王者十有六君吾皆遊其都邑目見其事國滅後觀其史書皆非實錄莫不推過於人引善自向苻生雖好勇嗜酒亦仁而不殺觀其治典未爲凶暴及詳其史天下之惡皆歸苻堅自是賢主賊臣取位妄書君惡諸史官皆是類也人皆貴遠賤近以爲信然當今之人亦生愚死智惑已甚矣問其故逸曰生時中庸之人耳及死也碑文墓誌莫不窮天地之大德盡生民之能事爲君共堯舜連衡爲臣與伊周等跡牧民之臣浮虎慕其清塵執法之吏埋輪謝其梗直所謂生爲盜跖死爲夷齊妄言傷正華詞損實當時搆文之士慚逸此言汝南王聞而異之拜爲義父因而問何所服餌以致長年逸曰吾不聞養生自然長壽郭璞嘗爲吾筮云壽年五百歲今始逾半常給步挽車一乘遊於市里所經之處多記舊跡三年已後遁去莫知所在

莊嚴寺在東陽門外一里

秦太上君寺胡太后之所立也太后正號崇訓母儀天下號父爲秦太上君母爲秦太上后爲母追福因以名焉寺在暉文里之內有太傅李延實宅趙逸曰是蜀主劉禪宅延實莊帝舅也除青州刺史辭去帝謂曰懷磚之俗世號難治舅宜好用心副朝廷所委時黃門侍郎楊寬在帝側不曉懷磚之義私問舍人溫子昇子昇曰齊土之民風俗淺薄虛論高談專在榮利太守初欲入境皆懷磚叩頭以美其意及其代下還家以磚擊之言其向背速於反掌是以京師謠曰獄中無繫囚舍內無青州假令家道惡腸中不懷愁懷磚之義起在於此也

正始寺百官等所立也正始年中立因以爲名

平等寺廣平武穆王懷捨宅所立也寺門外金像一軀高二丈八尺國之吉凶先炳祥異孝昌三年十二月中此像面有悲容兩目垂泪徧體皆溼時人號曰佛汗京師士女空市里往觀之有比丘以緜拭其泪須臾之間緜溼都盡更以他緜俄然復溼如此三日乃止明年四月爾朱榮入洛陽誅戮百官死亡塗地永安二年三月此像復汗五月北海王入洛陽莊帝北巡七月北海大敗所將江淮子弟五千盡被俘虜三年七月此像悲泣如初十二月爾朱兆入洛陽擒莊帝帝崩於晉陽京殿空虛百日無主永熙元年平陽王入纂大業始造五層塔一所平陽武穆少子二年二月土木畢工帝率百官作萬人齋會寺門外石像自動低頭復舉竟日乃止中書舍人盧景宣曰石立社移也七月帝爲侍中斛斯椿所使奔於長安十月京師遷鄴焉

景寧寺太保司徒公陽椿所立也在景寧里椿創屋此里遂分宅爲寺普泰中爲爾朱世隆所誅後捨宅爲建中寺

殖貨里民劉胡兄弟四人以屠爲業永安中胡殺猪猪忽唱乞命胡即捨宅爲歸覺寺普泰元年金像生毛眉髮悉皆具足尚書左丞魏季景謂人曰張天錫有此事其國遂滅此亦不祥之徵矣明年廣陵被廢死焉

景明寺宣武皇帝所立伽藍之妙最爲稱首時世好崇福四月七日京師諸像皆來此寺尚書祠部曹錄名一千餘軀有至八日以次入宣陽門向閶闔宮前受皇帝散花

大統寺在景明寺西每夜見赤光行堂前掘地得黃金百斤銘云蘇秦家金得者爲吾造功德俗遂造招福寺世謂此地是蘇秦舊宅衒之案蘇秦時未有佛法功德者不必是寺應是碑銘之類頌其聲績也

秦太公二寺西寺太后立東寺皇姨造並爲父追福因以名之時人號爲雙女寺

報德寺高祖孝文皇帝所立也爲馮太后追福在開陽門外三里開陽門御道東有漢國子學堂堂前三種字石經二十五碑表裏刻之寫春秋尚書二部作篆科斗隸三種字漢右中郎將蔡邕筆也猶有十八碑餘皆殘毀復有石碑四十八枚亦表裏隸書寫周易尚書公羊論語四部又讚學碑一所並在堂前魏文帝作典論六碑至太和十七年猶有四高祖題爲勸學里里內有大覺三寶寧遠三寺武定四年大將軍遷石經於鄴周圍有珍果出焉有含消梨重十斤從樹著地盡化爲水

王覺寺尚書令王肅所立也

龍華寺廣陵王所立也

追聖寺北海王所立也

菩提寺西域胡人所立也

崇虛寺即漢之躍龍園也

沖覺寺太傅清河王懌捨宅所立也

宣忠寺侍中司州牧城陽王徽所立也

王典御寺閹官王桃湯所立也時閹官伽藍皆爲尼寺惟桃湯獨造僧寺世人稱之

白馬寺漢明帝所立也佛入中國之始時白馬負經而來因以爲名浮圖前柰林蒲萄異於餘處柰林實重七斤蒲萄實偉於棗

光寶寺趙逸嘆曰晉朝石塔寺今爲光寶寺也人問其故曰晉朝三十二寺盡皆煙滅唯此獨存

法雲寺西域烏陽國胡沙門曇摩羅所立也祕呪神驗呪枯樹能生枝葉呪人變爲驢馬

靈仙寺比丘道恆立也

開善寺京兆人韋英宅也英蚤卒其妻梁氏不治喪而嫁河內人

向子集爲夫仍居英宅英白日來歸乘馬將數人至於庭前呼曰阿梁卿忘我也子集驚怖張弓射之應箭而倒即變爲桃人乘馬從者盡爲蒲芡梁氏惶懼捨宅爲寺

追先寺侍中尙書令東平王畧之宅也

融覺寺清河文獻王懌所立也

大覺寺廣平王懷捨宅所立也

永明寺宣武皇帝所立也

禪靈寺在大夏門御道西

凝玄寺閹官濟州刺史賈璨所立也

說郛卷第四終

說郛卷第五

鶴林玉露 甲乙丙集十八卷

宋羅大經 字景綸廬陵人

予閒居無營日與客清談鶴林之下或欣然會心或慨然興懷輒命童子筆之久而成編目曰鶴林玉露蓋清談玉露著杜少陵之句云爾

春秋星隕如雨釋者曰如而也歐陽公集古錄載後漢郭先生碑云其長也寬舒如好施是以宗族歸懷古鏡背有銘云漢有善銅出丹陽取爲鏡清如明皆訓如爲而也

呂氏春秋云今茲美禾來茲美麥註云茲年也公羊傳云諸侯有疾曰負茲註云茲新生草也一年草生一番故以茲爲年古詩云爲樂當及時何能待來茲左氏傳五稔杜詩十暑岷山葛皆此意

古今稱大人其義不一左氏傳子服昭子曰夫必多有是說而後及其大人孟子曰有大人之事有小人之事此以位言也所謂王公大人是也孟子曰養其大者爲大人昌黎王適墓志曰翁大人不疑此以德望言也所謂大人君子是也若易之利見大人則兼德位而言之今人自稱其父曰大人然疏受對疏廣曰從大人議則叔父亦可稱大人范滂將就誅與母訣曰大人割不忍之愛則母亦可稱大人

俗語稱利市亦有所祖左氏傳鄭人盟商人之辭曰爾無我叛我無強賈爾可利市寶賄我勿與知

張儀云兵不如者勿與挑戰粟不如者勿與持久二語用兵者所當知

守城必劫寨劉信叔守順昌以數千人摧兀朮數十萬衆劫寨之力也守城不劫寨是守死耳

楚公子微服過宋門者難之其僕操箠而罵曰隸者不力門者出

之晉王厥之敗沙門曇永匿其幼子華使其提衣襲自隨津邏疑之永訶曰奴子何不速行捶之數十由是得免宇文泰與侯景戰河上馬逸墜地李穆見之以策扶泰背曰籠東（上聲）軍士汝曹主何在而尚留此追者不疑其爲貴人與之馬俱還三事相類若郭子儀殺羊而斐諝劾之李愬進馬而溫造彈之亦此意也

胡澹庵見楊龜山龜山舉兩肘示之曰吾此肘不離案三十年然後於道有進張無垢謫橫浦寓城西寶界寺其寢室有短窗每日昧爽輒執書立窗下就明而讀之如是者十四年石上雙趺之跡隱然至今猶存前輩爲學勤苦如此然龜山蓋少年事無垢晚年尤難也

歐陽公居永豐縣之沙溪其考崇公葬焉所謂瀧岡阡是也厥後奉母鄭夫人之喪歸合葬載青州石鐫阡表石綠色高丈餘光可鑑阡近有沙山太守廟褒事禱於廟祝版猶存曰大事有日陰雲

屢興假以三日之晴則拜神之賜其敢忘報執政得立功德寺公素排佛教雅不欲立寺崇公諱觀又不可立觀乃立靑陽宮然公自葬鄭夫人之後不復歸故鄉其作吉州學記云幸予他日因得歸榮故鄉見吉之士皆道德明秀而可爲公卿問於其俗而昏喪飲食皆中禮節入於其里而長幼相孝慈觀於其家行於其郊而少者扶其羸老壯者代其負荷於道路然後樂學之道成而得時從先生耆老席於衆賓之後聽鄉樂之歌飲獻酢之酒而以詩頌天子太平之功周覽學舍思詠李侯之遺愛不亦美哉雖有此言而迄不踐樂穎昌山水作思穎歌詩退休竟卜居焉前輩議其無回首敝廬息肩喬木之意近時周益公歸休尹直卿以詩賀之云六一先生薄吉州歸田去作穎昌遊我公不向螺江住羞殺靑原白鷺洲

周益公參大政朱文公與劉子澄書云如今是大承氣證卻下四君子湯雖不爲害恐無益於病爾嗚呼以乾淳之盛文公猶恨當國者不用大承氣湯況下於乾淳者乎然歷考往聖如孔子相魯於下大承氣湯固是對證大舜繼堯亦不免下大承氣湯信矣文公之爲名言也益公於在後者龍大淵曾覿除門格其制不下奉祠而去十年不用天下高之後入直翰林覿以使還除節鉞人謂公必不草制而公竟草之其詞云八統馭民敬故在尊賢之上宜其不敢用大承氣湯也

吳子之正孫子之奇兵法盡在是矣吳子似論語孫子似孟子

五代史漢王章不喜文士嘗語人曰此輩與一把算子未知顛倒何益於國算子本俗語歐陽據其言書之殊有古意溫公通鑑改作授之握算不知縱橫不如歐史矣

漢食貨志云冬民既入婦人相從夜績女工一月得四十五日註謂每日又得半夜爲四十五日也然則農之宵爾索綯儒之短檠

夜讀豈可少哉

宋紹興省試高祖能用三傑賦一卷文甚奇而第四韻押運籌帷帳試官以漢書乃帷幄非帳字不敢取出院以語周益公公曰有司誤非作賦者誤也史記正是帷帳漢書乃作帷幄

與敵對壘必分兵以擾之設詐以疑之擾之則其力不給疑之則其心不安力不給則敗心不安則遁

李公甫謁眞西山丐詞科文字西山留之小飲書房指竹夫人爲題曰蘄春縣君竹氏可封衛國夫人公甫援筆立成末聯云於戲保抱攜持朕不忘丙夜之寢輾轉反側爾尙刑四方之風西山擊節蓋八字用詩書全語皆婦人事而刑四方之風又見竹夫人玲瓏其中頌德云常居大廈之間多爲涼德之助剖心析肝陳數條之風刺自頂至踵無一節之瑕疵

朱文公云古者男子拜兩膝齊屈如今之道拜杜子春註周禮奇

拜以爲先屈一膝如今之雅拜卽今拜也古者婦女以肅拜爲正謂兩膝齊跪手至地而頭不下也拜手亦然南北朝有樂府詩說婦人曰伸腰再拜跪問客今安否伸腰亦是頭不下也周宣帝令命婦相見皆跪如男子之儀不知婦人膝不跪地而變爲今之拜者起於何時程泰之以爲始於武后不知是否予觀王建宮詞云射生宮女盡紅妝請得新弓各自張臨上馬時齊賜酒男兒跪拜謝君王則唐時婦女拜不跪可證矣

古人席地而坐登席則去履襪左氏傳諸師聲子襪而登席衛侯怒其無禮如簠簋豆籩高不踰尺便於取食今世夫子廟塑像巍然高坐而祭器乃陳於地殊覺未安朱文公云先君嘗過鄭國列子廟見其塑像以石爲席而坐於地先聖像設亦宜倣此

白樂天詩云爲問長安月誰教不相離相字下自註云思移切乃知今俗作廝字者非也

五代史漢劉銖惡史弘肇楊邠於是李業譖二人於帝而殺之銖喜爲業曰君可謂僂儸兒矣僂儸俗語狡猾也歐史間書俗語甚奇

胡澹菴上書乞斬秦檜金虜聞之以千金求其書三日得之君臣失色曰南朝有人蓋足以破其陰遣檜歸之謀也宋乾道初虜使來猶問胡銓今安在張魏公曰秦太師專柄十二年只成就得一胡邦衡

魏鶴山云古人稱字者最不輕儀禮子孫於祖禰皆稱字孔門諸子多稱夫子爲仲尼子思孫也孟子又子思弟子也亦皆稱仲尼雖今人亦稱之而人不爲怪游夏之門人皆字其師漢初惟子房一人得稱字中世有字其諸父字其諸祖者近世猶有後學呼退之兒童誦君實之類觀鶴山此說古人蓋以稱字爲至重今人唯平交乃稱字稍貴者便不敢以字稱之與古異矣魯哀公誄孔子亦曰尼父則君亦可以字臣周益公謂先君曰壽皇每稱東坡唯曰子瞻而不名其欽重如此

荆公詩云臥占寬閒五百弓蓋佛家以四肘爲弓肘一尺八寸四肘蓋七尺二寸其說出譯梵

左氏傳王子朝之亂晉命諸侯輸周粟宋樂大心不可晉士伯折之乃受牒而歸今世臺府移文屬郡曰牒蓋春秋時霸主於列國已用之矣

杜詩云江蓮搖白扇天棘夢青絲下句殊不可曉說者曰天棘柳也或曰天門冬也夢當作弄既無考據意亦短淺譚浚明嘗爲予言此出佛書終南長老入定夢天帝賜以青棘之香蓋言江蓮之香如所夢天棘之香耳此詩爲僧齊己賦故引此事予甚喜其說然終未知出何經近閱葉石林過庭錄亦言此句出佛書則浚明之言宜可信

山谷晚年作日錄題曰家乘取孟子晉之乘之義

唐武后斷王后蕭妃之手足置於酒甕中曰使此二婢骨醉蕭妃臨死曰願武爲鼠吾爲貓生生世世扼其喉亦可悲矣今俗間相傳謂貓爲天子妃者蓋本此也予自讀唐史此段每見貓得鼠未嘗不爲之稱快人心之公憤有千萬年而不可磨滅者嘗有詩云陋室偏遭黠鼠欺貍奴雖小策勳奇扼喉莫訝無遺力應記當年骨醉時

詩家用遮莫字蓋今俗語所謂儘教者是也故杜陵詩云已拚野鶴如霜鬢遮莫鄰雞下五更言鬢如野鶴已拚老矣儘教鄰雞下五更日月逾邁不復惜也而乃有用爲禁止之辭者誤矣

洛陽人謂牡丹爲花成都人謂海棠爲花尊貴之也亦如稱歐陽公司馬公之類不復指其名字稱號然必其品格超絕始可當此不然則進而君公退而爾汝者多矣

四方以西爲尊王者之廟太祖坐西所謂正太祖東向之位是也三昭則坐北面南故謂之昭昭明也向南面之明也三穆則坐南面北故謂之穆穆幽也向北面之幽也今朝廷之上羣臣皆自東階而升不敢升自西階非特嫌若賓主敵體亦以西爲尊也班孟堅西都賦曰左城右平左東也東則爲城若世所謂澁道乃羣臣所由登降之階也右西也西則爲平而不爲城也凡賓主之席主東而賓西亦所以尊賓也非謂東尊於西而使賓次主也故禮客降一等則就主人之階蓋客不敢自西階爲賓主禮欲自東階隨主人而升也主人辭客乃復位蓋主人不許客然後自西階升也

何斯舉云壬寅正月雨雪連旬忽爾開霽閭里翁媼相呼賀曰黃緜襖子出矣因作歌以記之此名甚新但所以作歌未甚愜人意乃更爲補作一絕句云范叔綈袍暖一身大裘只蓋洛陽人九州四海黃緜襖誰似天公賜予均白樂天詩云安得大裘長萬丈與

君都蓋洛陽人

告命自九品而上角軸二等以大小別之此其卑也染牙以爲經凡五等陞朝歷數而上也而穗草爲尊錦標其端凡四等而細毬之錦配穗草告身皆制綾爲之玳瑁軸素綸五等而綸爲尊告身五彩而又有紫絲法錦囊其外有小異者錦紅綠耳犀軸亦二等藻綸雖同而大小有別三品通用也絲囊如玳瑁而錦標又不同告身亦如之而加以金縷此人臣一品之極也宮掖之嚴帝姬之親大略七等鐫犀爲軸瑚玉以爲龍告身五綵絲囊標首純紅而綸如瑚玉者最高以近君也犀軸絲囊爲最高而綸皆雲鳳者次之玳軸者又次之綸事如玳瑁而告紙損其三者又次之自此以下三等皆紫絲法錦雖有差次始寖卑矣宰相親王贈封視紫絲高者執政贈封視次者其上四等明有尊不敢逼也絲囊之制以小鈴十繫之按式名曰帉鍇黃金塗金白金三等外廷之繫惟白金耳侍從庶僚所封視其官替官祠宇所封從其秩合而陳之二十有八等品位愈高則物采愈華此游默齋所記本朝之制也甚詳明

周禮庖人共祭祀之好羞鄭康成註云好羞謂四時所謂膳食若荆州之鱃魚揚州之蟹胥陸德明音釋云蟹醬也山谷詩云蟹胥與竹萌乃不羨羊腔

范石湖詩云朝霞不出門暮霞行千里今晨日未出曉氣散如綺心疑雨再作眼轉雲四起我豈知天道吳儂諺云爾古來占滂沱說者類恢詭飛雲走羣羊停雲浴三豨月當天畢宿風自少女起爛石嘵成香汗礎潤如洸逐婦鳩能拙穴居狸有智蜉蝣强知時蜥蜴與聞計垤鳴東山鸛堂審南柯蟻或加陰石鞭或議陽門閉或云逢庚變或自換甲始刑鵝以象龍聚訟非一理不如老農諺影響捷於鬼哦詩敢誇博聊用醒午睡此詩引援占雨事甚詳可

喜諺有云日出早雨淋腦日出晏晒殺雁又云月如懸弓少雨多風月如仰瓦不求自下二說尚遺何也予欲增補二句云日占出海時月驗仰瓦體

謚者死後易名也而左傳衛侯賜北宮喜謚曰貞子賜析朱鉏謚曰成子蓋生前預賜之也曾不以爲不祥今人不達畏死畏禍百種忌諱古人皆不然只看檀弓季武子成寢杜氏之葬在西階下許之合葬又許之哭伯高死於衛孔子以爲由賜也見我遂哭諸賜氏命子貢爲之主來者拜之子夏喪明曾子曰朋友喪明則哭遂往哭子夏亦哭曾子與客立於門側其徒趨而出曰吾父死將出哭於巷曾子曰反哭於爾次因北面而弔焉季武子寢疾蟜固不說齊衰而入見曰士唯公門說齊衰武子曰善哉蓋未始如今人之多忌諱也

玉牒修書始於大中祥符至於政宣而極備考定世次枝分派別

而歸於木紇者爲仙源積慶圖推其所自出于至孫子而列其名位者爲宗藩慶系錄具其官爵功罪生死及若男若女者爲類紀同姓之親而敘其五服之戚疏者爲屬籍編年以紀帝系而載其曆數及朝廷政令之因革者爲玉牒

有士夫於京師買一妾自言是蔡太師府包子廚中人一日令其作包子辭以不能詰之曰既是包子廚中人何爲不能作包子對曰妾乃包子廚中縷葱絲者也曾無疑乃周益公門下士有委之作志銘者無疑援此事以辭曰某于益公之門乃包子廚中縷葱絲者也焉能作包子哉

世傳聽讒詩云讒言謹莫聽聽之禍殃結君聽臣遭誅父聽子當決夫妻聽之離兄弟聽之別朋友聽之疏骨肉聽之絕堂堂八尺軀莫聽三寸舌舌上有龍泉殺人不見血不知何人作詞意明切類白樂天

溪蠻叢笑 二卷

宋朱輔 字季公 湘鄉人

五溪之蠻皆槃瓠種也聚落區分名亦隨異沅其故壤環四封而居者今有五曰猫曰猺曰獠曰犵狑曰犵狫風聲氣習大略相似不巾不屨言語服食率異乎人由中州官於此其始見也皆訝之旣乃笑之久則恬不知怪通守朱公瀟山先生之季子風流博雅采溪蠻事識其所習之異目曰溪蠻叢笑慶元乙卯葉芬序

刻木出以爲符契長短小大不等穴其旁多至十數各志其事專事持以驗名木契

出入坐臥必以刀自隨小者尤銛利名犵黨

酒以火成不醉不篘兩缶西東以藤吸取名釣藤酒

羽旄似雉者金頸衰背班尾揚翹蓋志意揭驕籠之不能馴名金雞

犵狫冬無緜採茅花絮之布中一被數幅聯貫成筒山猺皆臥板夜然以火犵狫視猺則爲富矣名茅花被

辰錦砂最良麻陽即古錦州舊隸辰郡砂自出等折二至折十皆顆塊佳者爲箭鏃結不實者爲肺砂碎則有趖趄末則有藥砂砂分土井崔井萬山之崖爲最猺狫以火攻取名辰砂

裙幅而頭縫斷自足而入闌班厚重下一段純以紅范史所謂獨力衣恐是也蓋裸袒以裙代袴雖盛暑不去去則犯鬼名犵狫裙

硯石出黎溪今大溪深溪竹寨溪木林岡五峴坡皆可亂眞子石勝揭石熟猺亦能礪砥黎溪爲最蓋於淘金井中取之近亦艱得矣有紫綠二色圍黃綫者名金繫帶

水銀出於朱砂因火而就或謂砂腹生水銀非也名粉紅水銀

石之不碎而砂附著其上者名砂牀

鐵之精英在水數十年者名水秀鐵

蠶事少桑多柘繭薄小不可繰可緝爲紬或以五色間染布亦可

僞名順水班

潘安仁笙賦曲沃懸匏汶陽匏篠皆笙之材蠻所吹葫蘆笙亦匏瓠餘意但列管六與說文十三簧不同耳名葫蘆笙

花之紫者全類鸞子生於藤一枝數葩名燕子花

蠻女以織帶束髮狀如經帶不闌者班也蓋反切語俚俗謂團爲突鸞孔爲窟籠即此意名不闌帶

枋板皆杉木也本身爲枋枝梢爲板又分等則曰出等甲頭曰長行曰刀斧皆枋也曰水路曰笏削曰中杠皆板也有腦子香以文如雉者爲最佳名野雞班

漢傳載蘭干蘭干獠言紵今織細白苧麻以旬月而成名娘子布

溪洞愛銅鼓甚於金玉模取古文以蠟刻板印布入靛缸漬染名點蠟幔

麻陽山有肉翅而赤者形如蝙蝠大如野狸婦人就蓐多藉其皮

此卽鼯也名飛生（此條今本無）
沙中揀金又出於石碎石而取者色視沙金爲勝金有苗路夫匠
識之名上絲金
葉似蔓菁味苦多刺卽諸葛菜也名馬王菜
麻陽苞茅山茅生三脊孟康曰零茅揚雄曰璚茅皆三脊也名三
脊茅
紫草爾雅謂之藐廣雅謂之茈䓞本草云生楚地三月採根陰乾
猺人以社前者爲佳名鴉銜草
降眞本出南海今溪洞山僻處亦有似是而非勁瘦不甚香名雞
骨香
西溪接靖州境出鉛鉛之中有銀銀體差黑以未經坯銷名出山
銀
古有麼蟲曰焦螟集於蚊睫蠻地夏蟲之小拭目難覩黑點著身

把搔不可耐名雞末子
沙鼈似馬蹄者佳九肋山出沅江名九肋鼈
蠻地多古銅有銅柱馬希範所立麻陽有銅鼓蓋安江水中掘地
得大鏞長篙三十六乳約重百餘斤今入天慶觀併有銅像二相
傳唐明皇像餘散他處鼓尤多其文環以甲士而中空無底名銅
鼓
牛羊腸臟水中略擺洗臭不可近羹以饗客客食之既則大喜嶺
表錄異曰交趾重不乃羹先鼻引其汁不乃者反切擺也名不乃
羹
丫桑味苦葉小分三叉蠶所不食犵狫取皮績布繫之於腰榿以
代機經緯回環通不過丈餘名圈布
犵狫之蠻又有怪者兩目直生惡青衣人遇之則有禍去麻陽縣
二十餘里不常見名竪眼犵狫

地多楠有極大圍者刳爲舟名獨木船
香艸見於離騷經有一穗數花與蕙茝小不同開亦先後皆蘭類
也名芷
蠻類既不巾髮皆拳如而苗尤異照日金色名黃貓頭
蠟有眞僞亦可雜以粟出山不經他手者名光面蠟
土俗歲節數日野外男女分兩朋各以五色綵囊豆粟往來拋接
名飛紽
鼓之節不一有暗箭鼓有集人鼓有犒設鼓饗客留飲亦以此遠
近隊小聽以爲準酒酣少有參商則鼓聲隨變終席無他者名客
鼓
生漆牛皮以護脰名固項
犵狫之富者多以白金象鳥獸形爲酒器或爲牛角鵜鴣之狀每
聚飲盛列以誇客名銀鵜鴣

狑狫之爲傭者名奴狗
負物不以肩肩之筠籃汲水則用木爲半枷之狀箝其項以布帶
或木皮繫之額上名背籠
死者諸子照水內一人背屍以箭射地箭之所到則定穴穴中先
藉以木貧則已矣家之溫者不問歲月醸酒屠牛呼喚圍洞發骨
而出易以小函或架崖屋或掛大木風霜剝落皆置不問名葬堂
蠻鄉最重重午不論生熟界出觀競渡三日而歸既望復出謂之
大十五舡分五色皂舡之神尤惡來去必有風雨一月前衆舡下
水飲食男女不敢共處弔屈原正楚俗也名爬舡
凡衆山環瑣盤紆嵳㠎絕嶺貫大木數十百穴一門來去此古人
因谷爲塞因山爲障之意名隘口
數十年前猺猦侵占蝦蟆行寨省地土人申請招至靖州犵狑防
托借田買屋以居名十莊院

牛榔木多漿猫猺歲飢缺食則先以火窖地掘根置窖中壓以石又用火漚（去聲）熟（漚漬食也）搗作餅餌名漚榔

胎髮不剃除長大而無櫛篦不裹巾蓬垢鬖鬆自古以然莫可化也名椎結

競渡預以四月八日下船俗尚聚飲江岸舟子各招他客盛列飲饌以相誇大或獨酌食前方丈羣巒環觀如雲一年盛事名富貴坊

甲與乙有隙兩相鬬敵背牌護身遠以標槍槍盡挺刃而前名對刀

秋冬之交聚飲以樂名喫鄉

山猺無魚具上下斷其水揉蓼葉困魚魚以辣出名痨魚

狑犽之受犒者如熟戶之猺既納款聽從命令縱其出入省地州縣差人管轄或許自推服名曹首

山猺穴居野處雖有屋以芘風雨不過翦茅刈木深依崖谷舍鏊鍋之外無有也名打寮

去州縣堡寨遠而不屬王化者名生界

祭祀必先以生物呈獻神許則殺以血和酒名呈生

山猺婚娶媒聘以銅與鹽至端午約於坡上相攜而歸名拕親拕親之後年歲生子引妻攜酒歸見婦家名出面

猺犽睡不以牀冬不覆被用三叉木支潤板旁然骨柮火炙背終夜不絕火透則易板蓋以板之易得也以展轉之意名骨浪

狑犽之隨從者如軍中行伍名隊小

醉後以長柄木杴踵躍杴臿屬殊音異節名舞杴

巢穴外雖恃險而其中極寬廣且以一處言之犵狫之居有烏落平踰禽鳥之飛力不能盡也周圍數十里皆膏腴之田凡地之坦夷者名平

牛客多行桃源路洞中占軍事之勝負因疾病之禳祈皆以牛用名倒牛

藝能之精者以刀擲於半空手承接名跳雞模

甲於乙處借人爲軍仇殺以牛酒往謝名洗面

狑犽妻女年十五六敲去右邊上一齒以竹圍五寸長三寸裹錫穿之兩耳名筒環

彼此相結歃血叫誓如蘭地犵狑結連九衙生界之類緩急爲援名門款

富洞以九月燕及三年一犒名大設

犵狫自别洞奔來此地居止名入地

戰鬬出入羣聚發喊以張聲勢名鷓鴣號

犵狫以鬼禁所居不着地雖酋長之富屋宇之多亦皆去地數尺以巨木排比如省民羊棚杉葉覆屋名羊樓

犵狫比猺苗則安自會大歲時旦望或客至皆排衙主盟其事者爲隊公又其次名左右押衙

山猺潛出省地茅葦中射弩奪物機不許虛發名坐草

能省民之言者名客語

互市踰約價償未足則刧去省民甲以乙代名準把

習俗死亡羣聚歌舞舞輒聯手踏地爲節喪家椎牛多釀以待名踏歌

夷性好殺一語不合便輒以刃百十年必報乃已名讐殺

溪洞文移他人不能特選擇往來之熟者名專事

或爲傭而亡或以姻而死約牛牲若干償還名骨價

初夏徙居數日以舍祖居否則有禍名走鬼

犵狫飲不以口而以鼻自取其便名曰鼻飲

常侍言旨　一卷　唐柳　珵

玄宗爲太上皇時在興善宮屬久雨初晴幸勤政樓樓下市人及往來者愈喜曰今日再得見我太平天子傳呼萬歲聲動天地時肅宗不豫李輔國誣奏云此皆九仙媛高力士陳玄禮之異謀也下矯詔遷太上皇於西内給絕其扈從部伍不過老弱二三十人及中道攢刃輝日輔國統之太上皇驚欲墜馬數四左右扶持得免高力士躍馬前進厲聲曰五十年太平天子李輔國舊爲家臣不宜無理李輔國下馬失轡又宣太上皇誥曰將士各得好在否於是輔國令兵士咸韜刃鞘中高聲云太上皇萬福一時拜舞力士又曰李輔國攏馬輔國遂攏馬著靴行與將士等護侍太上皇平安到西内輔國領衆既退太上皇泣持力士手曰微將軍阿瞞已爲兵死鬼矣九仙媛力士玄禮皆嗚咽流涕翌日竟爲輔國所搆九仙媛於嶺南安置力士玄禮長流遠惡處此事本在朱崖太尉所續柳史第十六條蓋以避時忌所以不書也

家世舊聞二卷　宋陸游

太傅（諱軫字壽翁）性質直雖在上前不少改越其爲館職嘗因奏事極言治亂舉笏指御榻曰天下姦雄睥睨此座者多矣陛下須好作乃可長保明日仁祖以其語告大臣曰陸某淳直如此

楚公（諱佃字農師）使虜歸攜所得貔狸邦至京師先君猶言其狀如大鼠而極肥腯甚畏日偶爲隙光所射輒死性能糜肉一鼎之肉以此物一臠投鼎中旋卽糜爛然虜人亦不以此貴之但謂珍味耳

楚公使虜時館中有小胡執事甚謹亦能華言因食夾子以食不盡者與之拜謝而不食問其故曰將以遺父母公喜更多與之且問識此何物也曰人言是石榴意其言食餡也又虜人負載隨行物不用兵夫但遇道上行者卽驅役之耳一日將就馬一擔夫訴曰某是燕京進士不能負擔公笑爲言而遣之

祖母楚國鄭夫人撫視庶子與己子等先君與四十二叔父提舉公（諱宰字元珍）同歲方懷孕時祖母作襁褓二付侍者曰先產者先用之已而八月祖母生先君九月杜知婆生叔父相距財二十餘日也（先世以來庶母皆稱知婆）

楚公言遼人雖外竊中國禮文然實安於夷狄之俗南使過中京舊例有樂來迎卽以束帛與之公以十一月廿二日至中京遼人作樂受帛自若也明日逐使輒止不行曰國忌行香公照案牘則虜忌正二十也因移文問之虜輒送還移文曰去年昨日作忌今年今日作忌有何不可蓋利束帛故徙忌日耳又回途送使聞其主喪而不能作操色幞頭但以墨滅其光行數日旣除服珮服如常矣獨副使忘洗幞頭見者大笑公平生待物以誠雖於夷狄不變也因從容摘語使洗之副使稱謝

先君（諱宰字元鈞）言青州王沂公所居坊有牓曰三元文正之坊又嘗見沂公初登科報其父書曰曾今日殿前唱名遂忝第一皆先世積德大人教訓所致然此亦是世間有底事大人不須過喜因言

楚公登科時第四人張中在殿廷喜甚擘楚公手曰如何得鄉里知去楚公及歸密謂所親曰此殆非遠器也終爲明州象山縣官坐私與高麗人朴寅亮倡和停官終身沈滯雖一時不幸坐法亦器宇非遠大也

宣和末蔡京病極篤人皆謂必死矣獨晁叔用（冲之）謂先君曰未死也此老敗壞至此若使晏然死牖下備極哀榮豈復有天道哉已而果然

先君言蔡京自少好方士之說自言在錢唐嘗遇異人以故所至輒延道人輩崇寧初作相卽爲徽廟言泰州徐神翁能知前來事元祐中蘇軾知揚州遣人往求字神翁大書曰泄慢墮地獄禍及七祖翁神翁雖方外之士而能疾元祐人所宜褒顯其可笑如此然上頗喜之羣閹又言元符中哲宗嘗遣人密問聖嗣神翁曰吉

人君子吉人者上名也於是召至都下上用太宗見陳摶故事御緣褐卽便殿以賓禮接之又有劉混康者茅山道士其師祖朱自英以傳籙著名章獻明肅太后臨朝時嘗召至京師從受法籙故混康頗有識善劾鬼神然未嘗行每曰安能敲枷擊鎖作老獄吏邪二人者既至皆物故在疑其受化仙去益求其類初京爲眞定帥道人王老志自言鍾離權弟子嘗言京必貴極人臣至是物色得之京館之後圃引與見上老志敢大言熟視上曰頗記老臣否上亦自記嘗夢遊帝所有仙官贊拜者其面目眞老志也恩禮尤渥車駕遊幸老志輒羽衣導駕言有非常輒能知之未幾老志夜叩京門告以鍾離公大怒我語涉欺誕行當謫墮公福亦不終矣明日得疾力辭歸河朔而死自是方士言自有異術者相踵而林靈素後出尤爲魁傑靈素字通變本名靈噩溫州人少嘗事僧爲童子嗜酒不檢僧笞辱之發憤棄去爲道人頗知小術亦時時自

寫所爲歌詩遺人然筆札詞句皆鄙惡了無可觀既得幸其徒黠者稍潤色之然靈素本庸夫每陞高座說法肆爲市井俚談聞者絕倒或擇日施符水爲人治病車駕閒幸其所居設次臨觀則陰募京師無賴數十人曲背爲傴扶杖爲盲噤口爲瘖曳足爲跛既噀水投符則傴者伸背盲者捨杖瘖者大呼跛者疾走或拜或泣各言得疾二十至三十年一旦都除歡聲動地上爲大悅靈素以爲未足則又倡言神霄事謂天有九霄神霄最尊上爲神霄帝君實玉帝長子下降世間而其二曰青華長生二帝君實治神霄府事每齋醮上必親禮辭表以禱二帝君或久無靈響亦禱焉好事者或謂青華爲上長生爲鄆王蓋過矣然宮觀設醮亦或言見上御道家冠服跨金龍冉冉自空而降呼奉祠官及道士與語其事祕不可知也惟擲果自空而墜則往往得之果皆絕大異常靈素又自謂已乃神霄計吏褚彗有兒曰褚嘉卿位至右極仙卿嘉今

亦生世間是爲王黼黼和御製詩有曰君臣猶記褚嘉卿者是也其他如蔡京則佐元仙伯范致虛則東臺典籍王孝迪則西臺詳閱眞文吏靈素與王革有隙則曰革廐吏也嘗與帝君馭馬其他有名者甚衆是時明節劉后方幸又曰后在神霄爲九華玉眞安妃蔡京曲燕詩曰保和前殿麗秋暉詔許塵凡到綺闈曲燕酒闌傳密詔玉眞軒裏見安妃是也安妃名在眞誥蓋天之高眞而靈素敢瀆冒如此又嘗密奏玉靈眞爲將誕蓋明節方就館也靈素賜號蕊珠殿侍晨金門羽客通眞達靈先生上刻玉爲降眞召靈之寶自用之而賜靈素塗金印文曰通眞達靈之印班視執政錫賚至不可計有弟子姓丁自言謂世孫上爲下詔贈謂爲少保士大夫無恥者日萃其門所薦進皆卽拔擢又著令道士居僧上而道士入僧寺輒據主席已而遂冠笄僧尼矣先是宮中數有物怪或見一老嫗黃衫黃帽抱十餘歲兒紅袍玉帶乘輿鳴蹕而出嫗

兒皆有悲泣容其將見必先有聲如雷宮中謂之猫（去聲）上嘗手札賜素略曰元符三年冬內人自永泰陵還攜皂莢一籠入宮門籠輒自躍皂莢皆跳出自是祟物顯行宜善治之勿爲髡徒所笑靈素竭其術不効既久上益厭之遂放靈素歸故郡宣和末病死靈素之遷憾釋氏也每謂金狄亂華又創圖宮殿爲仙女騎麟鳳之狀名之曰女眞皆言妖也

藏一話腴（十二卷甲乙丙丁戊己各二卷）　宋陳郁（字仲文號藏一臨川人）

藝祖微時日詩云欲出未出光辣撻千山萬山如火發須臾走向天上來逐卻殘星趕卻月國史潤色之乃云未離海嶠千山黑才到天心萬國明文氣卑弱大不如元作辭志慷慨規模遠大凜凜乎已有千萬世帝王氣象也

米元章寫高麗經以孔子爲佛顏子爲菩薩予謂元章以字畫名世技痒而書此語已不能無罪況以夷狄比擬聖賢乎元章師聖

賢也歟非師聖賢者也

司馬遷史記可謂美矣予恨其學不醇而言多駁焉春秋之法惟諸侯方得世祿雖卿大夫亦不可而以孔子列於世家豫讓漆身報德氣節凜凜可畏天下之義士也而列於刺客其作敍傳則尊道術而薄六經尙可得謂所學之醇乎

名山大川登臨之勝多在乎西故汝陰之西湖洪蜀永之西山嘉之峨嵋巴陵岳陽樓齊安之臨臯金陵之賞心白鷺揚之平山堂蘇之姑蘇臺荆楚之雲夢郢之白雪滁之瑯琊九江之庾樓皆延庚挹辛賓夕陽而導初月彼東北南未必無勝覽之地恐不多數耳

曾子之去妻也以蒸梨不熟孟子之去妻也以惡敗鮑永之去妻也以叱狗姑前皆以事辭而去也唐李度支以畜妓陶芳於中門而去妻當時有敕停官及薨亦無追贈今世如李者多矣

李守大巽伯珍回醫生之書云遺白金三十兩奉納以備橘黃之需始不曉所謂及觀世說有枇杷黃醫者忙橘子黃醫者藏乃知時使然耳脞談叢錄不可不知

子曰吾與回言又曰參乎又曰若由也師之稱弟子以名也于鄭兄事子產于齊兄事晏平仲故曰子謂子產有君子之道四又曰晏平仲善與人交子夏曰言游過矣子張曰子夏云何曾子曰堂堂乎張也是同朋稱其字而不稱其名至于師之前雖朋友皆稱其名曰賜也何敢望回又曰師與商也孰賢子游曰有澹臺滅明者是也

作詩作文非多歷貧愁者決不入聖處三閭阨而騷獨步杜少陵愁而詩冠古今退之欲人輟一飲之費以活己而文起八代上窺聖閫孟郊斫山耕水賈島薪米俱無窮尤甚焉其詩淸絕高遠非常人可到良有以也白石道人姜堯章氣貌若不勝衣而筆力足以扛百斛之鼎家無立錐而一飯未嘗無食客圖史翰墨之藏充棟汗牛襟期灑落如晉宋間人意到語工不期於高遠而自高遠黃景說謂造物者不以富貴浼堯章而使之聲名焜耀於無窮正合前意甚矣士之貧賤不足憂而學不充道不聞深可憂也

景祐初梅中丞知昭州嘗爲瘴說其略云仕有五瘴急催暴斂剝下奉上此租賦之瘴也深文以逞良惡不白此刑獄之瘴也昏晨酣宴弛廢王事此飲食之瘴也侵牟民利以實私儲此貨財之瘴也盛揀姬妾以娛聲色此帷薄之瘴也有一於此民怨神怒安者必疾疾者必死雖在輦下亦不可免何但遠方而已仕者不知而歸於土瘴不亦謬乎此說深中士大夫之疾

李華弔古戰場文本於庾信哀江南賦韓愈送窮文本於揚雄逐貧賦李白大鵬賦本於司馬相如大人賦而相如大人賦又本於屈原之遠遊皮日休桃花賦殆出於舒元輿牡丹賦若柳宗元之

乞巧文劉禹錫之問大鈞則同時而暗合者也

世論多以阮籍爲放曠不羈之士守禮法者羞言之蓋以迹觀而不以心察之也予見其沈緬不理若與世違然觀楚漢戰場則曰時無英雄使稚子成名豈忘慮於世變哉口不臧否然待人以靑白眼豈無意於人物哉居喪飲酒食肉然哭則嘔血數斗豈不情於哀戚哉當其王室不競強臣擅威戮大臣如刺犬豕故張華衛瓘以淸直死嵇康以高簡死王衍以淸談死陸機陸雲以俊才死至文帝將求婚鍾會欲詢以時事而致之罪而籍終皆以沈湎避其察微見遠寄託保身非高出數子之上其能脫屣於禍穽哉吁善觀人者當考其迹而逆察其心乃可也

寫照非畫科比蓋寫形不難寫心惟難寫之人尤其難也夫帝堯秀眉魯僖司馬亦秀眉舜重瞳項羽朱友敬亦重瞳沛公龍顏嵇叔夜亦龍顏世祖日角唐高祖亦日角文皇鳳姿李相國亦鳳姿

尼父如蒙魌陽虎亦如蒙魌竇將軍鳶肩駱賓王亦鳶肩楊食我熊虎之狀班定遠乃虎頭司馬懿狼顧周嵩乃狼抗若此者寫之似是矣故曰寫形不難夫寫屈原之形而肖矣儻筆無行吟澤畔懷忠不平之意亦非靈均寫少陵之貌而是矣倘不能筆其風騷沖澹之趣忠義傑特之氣峻潔葆麗之姿奇僻贍博之學離庬放曠之懷亦非浣花翁蓋寫其形必傳其神傳其神必寫其心否則君子小人貌同心異貴賤忠惡奚自而別形雖似何益故曰寫心惟難夫善論寫心者當觀其人必胸次廣識鑒高討論博知其人則筆下流出間不容髮矣倘秉筆而無胸次無識鑒不察其人不觀其形彼目大舜而性項羽心陽虎而貌仲尼違其人遠矣故曰寫之人尤其難本朝士大夫游戲筆墨者自坡仙叔黨文與可楊補之米元暉廉宣仲而次遺妙皆爲世寶二十年來徐抱獨蘇希亮高菊磵趙子固周肯白亦各寄興於此世亦爭傳惟寫照入神

今僅葉苔磯一人而已蓋苔磯讀唐詩數百家落筆有驚人句日與褒鄂人物遊凡江湖吟人未識則討論之既識則寫之今積數卷每一卷舒如親與諸吟人談笑觴詠窮達夷險洞見肺腑皆不能隱眞寫心者矣唐摩詰詩人也前輩謂其畫中有詩詩中有畫其與苔磯同一志趣歟故曰寫照非畫科比寫形不難寫心惟難寫之人尤其難也者良有以也（數條在六十卷內合併入此）

傳載 八卷　吳越僧贊寧（後爲宋左街僧錄）

越中禹志者卽高松數十株參天遠望無不見故郡人謂之禹志也實巡狩至會稽殂落葬於此陵今與山爲一體皆變爲石矣故漢書云禹葬會稽不改其列註爲不改松木百物之列也祠後窆石存焉卽古之縣封碑之濫觴也今疑謂爲禹志卽夏帝陵耳但三王之世無山陵名至秦爲山漢爲陵後兼二爲名若然者古之志卽今之陵也

福州王氏有國閩土人言音詭異呼兩浙爲東甿亦不詳其字義第三主延鈞時忽野甿自東門奔入報達知鈞曰寡人土疆不可屬東甿去鈞遇害子又去國延羲身害國亡至季達乞內附果符歸我（始初言東甿或作年紀之紀自己之己至甿歐入宇方定）

彭城漢宏自廣明癸卯中潛訓兵屠錢唐差溫牧朱褒排海艦於赭山海口武肅王率阮結成及鐸聞衰杜建徽郎璠將議夜往襲西陵蕭湑啓行劉孟安懼功不及已抽駐半軍武肅王率諸將出南雍門無何月色晈然且言掩其不備脫或彼軍覆伏待我則無類矣遂搠江沙誓之曰我苟必破叛徒天合助順言訖吞之未幾東南雲起如箕遂巡彌布漸至掩月江天暝黑急棹而渡登岸輕掩賊軍夏公順陳公正孫瓌徐度諸將悉降大軍長驅至西小江與宏軍夾水而陣頻日戰勝前進圍城駱朱闕黃朱牧皆先降乙巳年敕小將軍焦居璠和喻罷兵光啓丙午歲再征而取越中平

隴西公權知觀察處置武肅王遂權知杭州事洎明年敕使至授本州刺史管內招討安撫等使始有吾國矣

董表儀家在沙河塘東嘗欲撤屋掘土陰陽人云太歲居此方不可興工既而掘深三尺許得肉塊漫漫然董惡之投諸河後亦無禍

唐光啓中潤州大荒亂有居民家蓄米絕多可一斗五百文先定價後人攤候開倉倉中悉化爲小螺子人皆驚怪有收盛分去者至今有收得此螺子愚亦曾見

武肅王欲於錢塘江捍堤苦於怒濤所擊遂搆思爲詩祝之意如假借明日愈攻西岸憤發於壘雪樓架三百弩射之潮頭爲之斂去便命下石籠樹巨木其塘遂成

江西鍾氏旣滅第二十子匡範同母氏遂歸於國城武肅王優禮居通越驛範獻雲鶴通離水犀帶一云本玄宗御玩遺在西川川

客獻傳常寶之又獻玉盂嘗覆五雀雛於盂下熾炭久燒火退揭看雀雛飛矣武肅王回帶賜錢二萬緡因登碧波亭命之試驗方繫行水開七尺許至瑞石山上岸大爲驚賞

湖州自李師悅薨後高彥爲牧天祐丙寅卒武肅王以其子澧嗣之澧性麤暴括諸縣民戶三丁抽一立都額爲三丁軍因人言三丁軍思鄉圖反澧召衆一時斬戮初州南有漁人探捕至一高塘蘆葦夾道漁者捨舟行百餘步見一大古宅登堂見一人頭荷鐵爐炎炎火起呼漁人曰汝勿奔走寄語澧吾是黃巢天遣吾誅戮天下爲不入湖州藉汝之手速殺人

武肅王創業艱難人所知矣恆以危枕而寢稍睡濃枕偏則寤嘗輪錯諸院孫敏利者老姥監直更廳一宵銀枝燈有大蜥蜴沿油缸而噏視之將竭倏然不見亦不爲意明日王曰昨夢飲麻膏充腸而飽是何祥也宮中或有對者王微哂而已

武肅王天祐丙寅思欲拓捍海塘先是江心有石即秦望山腳橫截波濤中出崔巍然時商旅船到此强爲風濤所困而傾覆遂呼此爲羅刹石我國八月既望必迎潮設祭必運樂又鼓舞於此上尋命更呼鎭江石開平已來沙漲遂作木欄圍頂今亦存焉今祭江亭是也

雜纂 與今本互有出入

卷上　李義山

必不來

窮措大喚妓女　醉客逃席　把棒呼狗　客作偷物請假　追王侯家人

不相稱

先生不甚識字　貧斥使人　窮波斯　不解飲弟子　瘦人相撲　社長乘涼轎　瘦雜職　病醫人　老翁入倡家　屠家看經　肥大新婦

羞不出

新婦失禮　師姑懷孕　初落解　相撲人面腫　奴婢偷物敗犯姦　富人乍貧　重孝醉酒　子女豆瘢

怕人知

攝官繫銜　犯人愛寵　匿人子女　賊犯贓物　國忌動樂　親情犯罪　透稅

相似

老鵶似措大飢寒則吟　窮親情似破袖肘常自出　婢似貓兒暖處便住　京官似冬瓜暗長　印似嬰兒長長隨身　饅頭似表親獨見相親　燕子似尼姑有伴方行　縣官似虎狼動則傷人　尼姑似鼠狼入深處　樂官似喜鵲人見不嫌

不嫌

徒行得劣馬　飢得麤食　久貧得薄酒　行久得坐次　行急得小船　遇雨就小屋

不如不解

措大解音聲解則廢業　婦人解詩解則犯物議　劣奴識字識則作過　僧人解飲酒解則昏教　子弟解燒煉解則破產　士人解手藝解則卑汙

惡不久

夫婦爭小事　罵愛寵　大僚門客發怒　贓濫官打罵公人　姦汙僧尼罵行童

遲滯

老長官上任　佐官勾追人　謁致仕官　新媳婦見客　休官後出入　窮漢醵率　老剩員傳語　貧家作會　孕婦行步

不得已

忍病吃酒　掩意打兒女　大暑赴會　汗流行禮　爲妻打罵
愛寵　忍痛著灸　爲人梳頭　窮寺院待客　被勢位牽率

失本體

不學發遣書題失子弟體　弔孝不哀失凶禮體　不收拾椀器家事口中不喃喃失老婢體　送客不下廳不安排椅榻失主人體　不闔腰不持刀砧失廚子體　不點檢學生作課失先生體　不口打口罵失節級體　早晚不禮拜念佛失僧尼體　早晚不點察門戶家私失家長體　僕子著鞋襪衣服寬長失僕子體　不聽呼喚不會傳語失院子體　逃席後不令傳語謝主人失賓客體　唱小喏行步遲緩失武官體

惱人

遇佳食味脾家不和　終夜歡飲酒尊卻空　賭博方勝油盡難尋　牽不動驢馬　相看上司忽然背癢　淘井漢急尿屎　著不穩衣服　扇不去蚊蠅　遣不動窮親情

隔壁聞語

說所送物好還麽必是不佳　新娶婦卻道是前緣必是醜　說食鱠恰好必是少　說太公八十遇文王必是不達　說食祿有地必是差遣不好　說隨家豐儉必是待客不成禮數　說屋仕得恰好必是小狹　呪罵祖先必是家計不成

不窮相

駿馬嘶　蠟燭淚　栗子皮　荔枝殼　堆垜錢米　遺下花鈿
鶯燕語　落花飛　高樓吹簫　念書聲　搗藥碾茶聲

設人語

說風塵有情　說燒煉致富　說在官課績　說上位見知　說所入莊課　自說勤苦讀書　說愛寵年紀小　窮縣說官況　誇說器皿價例

酸寒

山縣移市　村縣喝道　書齋作會　村縣待賓　牛背上吹笛　騾鳴村中　村漢呼雞　村漢著新衣　乞兒打驅儺　散樂打單枝鼓

不快意

鈍刀切物　破帆使風　鱠醋不中　築牆遮山　樹陰遮景致　花時無音樂　暑月背風排筵　夏月著熱衣服

反側

出門逢債主　少人物未還　犯人家諱忌　犯人家婢妾　去人家失禮　撞見仇家　醒酒後說醉時語　誤說他心中諱事

煞風景

松下喝道　看花泪下　苔上鋪席　斫卻垂楊　花下晒褌　遊春重載　石筍繫馬　月下把火　步行將軍　背山起樓　果園種菜　花架下養雞鴨

難容

僧道對風塵笑語　客作兒惱婢　少去就客　僕人學措大體段　卑幼傲尊長　發怒對長官　吏人學書語　虞候攙語論

不忍聞

落第後喜鵲　旅店秋砧聲　孤館猿啼　市井穢語　做孝聞樂聲　少婦哭夫　夜靜聞乞兒聲　纔及第便卒

虛度

好時節褊迫　花時多病　好家業常厮吵　閹宦娶美婦　貧家節日　好景不吟　好廳館不作會　貧家好花樹　富家不會使用

不可過

夏月肥漢　入舍妻惡　窮措大舉選　嚴惡人家奴婢　遇著

惡同官　守令發人家私事　大暑涉長途　對粗俗人久坐

意想

冬月著碧衣似寒　夏月見紅似熱　入神廟若有鬼　腹大師尼似有孕　重幙下似有人　過屠家覺羶　見冰玉心中涼　見梅齒軟

惡模樣

作客與人相爭罵　打毬墜馬　對大僚食咽　僧尼新還俗　做客踏翻臺卓　說主人密事　對丈人丈母唱豔曲　嚼殘魚肉歸盤上　對衆倒臥　橫筯在羹碗上

悶損人

局席辦請客不來　不喚自來　酒醉喝人　出門逢債主　物賤無錢買　大暑逢惡客　攖索人守著門　與仇家對坐

不達時

不相稱強學時樣妝束　下賤人前談經史　向娼婦吟詩　認他高貴爲親　入境不順風儀　將男女赴筵　隔席和人唱　殘食還主人　誇男女伎倆　將主人酒食做人情　筵上啜醋聲　筵上包彈品味　獎男女嬌騃

無所知

與寡婦往來　喫他飲食不謙讓　借他物令人取　得人恩不思報　向人花園採花菓　入人房閤取人物看　食後不起妨主人　窮漢說大話　家貧學人富　作客自呼賓　問主人魚肉價　暑月排筵久坐　家貧不守己

癡頑

有錢不還債　知過不能改　見他言語強拗　自不知責人過　說話不信　把酒犯令不受罰

少知塵俗

狎近小人　合姓稱名　和鋤把筯　未語先笑　攙人語病　搥胸打背　學市廛語　牽曳衣衫　筵上亂叫喚　著鞋臥人牀　覷人不轉睛

愚昧

見人強笑　背面說人過　講他人惡事　棄家酖酒　說人家密事　聞善不記　鬭作他人　黨妻兒罵人　圖他酒食作證人　說六親過惡與外人　三頭兩面趨奉人　父母在索要分張　會衆不識尊長位次

時人漸顚狂

無因依妬毒讐記他人　酒後呼鬼神　孝子說歌令　重孝鬭雞走馬　讐記恩門　長大漢放風箏　養閑漢出入　賣田業了吉凶　殢神擲杯校　將田地與人作保　婦女出街坊罵詈

非禮

呼兒孫表德　母在呼舅作渭陽　呼他兄作家兄呼他弟作舍弟　客穿人房閤　對父母呼妻弟　聽妻話怪尊長　傲慢尊長不拜　祭亡人卻動樂

不祥

臥吃食　無事嗟嘆　寢如尸　爲上座　露頂吃食　對日月大小便　未食碗中先插匙筯　臥牀上唱歌曲　牽父母作呪誓　婦人髮垂下不收　露頂寫字　搥胸罵人

枉屈

好父母無好子　好兒無好妻　好女無良人　有錢不會使　好衣不會著　向口惜食　家富不追陪　向身惜衣　好廳館不灑掃　有疋帛不裝著　男女長成不教　好閑廢業　好顏色不解疋配　惜錢有病不醫　家藏書不解讀

須貧

家有懶婦　早臥晚起　作債追陪　養子不及父　狼藉米穀　倉庫不點檢　拋散飲食　莊園不收拾　多輸愛賭　謾藏住不堪物　棄業逐樂　物貴爭買　遮蓋家門作非爲事　家事不愛惜　物賤算分文不買

必富

勤求儉用　見藝廣學　不迷酒色　不取債負　不嫌粗辣　愛惜家事衣服　耕種醞造及時　婢妾解機織　錢物出入有簿曆　算計買賣不失時　及時收藏　檢束家計不作踐

有智能

立性有守　密事藏機　交接有志人　爲客善談對　臨時有心機　有疑問人　酒後不多語　接論知古今　回避他人諱　不習賤事　入門問忌諱　入境問風俗　尊敬德行人　小人不親近　不共愚人爭是非

失去就

卸起帽共人言談　衩衣出門迎客　不敲門直入人家　主人未請先上廳坐　席局上不慎涕唾　主人未揖食先舉筯　探手隔坐取物　衆食未了先卸筯　開人家盤盒書啓　罵人家奴婢　鑽壁窺人家

養男訓誨

一曰習祖業　二立言不回　三知禮義廉恥　四精修六藝　五談對明敏　六知尊卑威儀　七忠良恭儉　八孝敬慈惠　九博學廣覽　十與賢者交遊　十一不事嬉遊　十二有守　十三遇事有知識

養女訓誨

一曰習女工　二議論酒食　三溫良恭儉　四修飾容儀　五學書學算　六小心軟語　七閨房貞潔　八麤詞不唱　九閒事不傳　十善事尊長

強會

見他文籍強披覽　見他鞍馬强乘騎　見他弓矢强彈射　見他文字強彈駁　見他著衣強問色目　見他人家事強處置　見他鬬打強助拳

無見識

不問道理隨人做事　不說事因先罵人　做賤劣人伎倆　俗人學僧家道場　遇事不分別是非　習工藝之事　不量能解使人　縱兒子學樂藝　不識字自撰　縱兒子籠養　男兒學女工　要小下便宜

十誡

不得飲酒至醉　不得暗黑處驚人　不得陰損於人　不得獨入寡婦人房　不得開人家書　不得戲取物不令人知　不得黑暗獨自行　不得與無賴子弟往還　不得借人物用了經旬不還

卷中　王君玉續纂

奴婢相

添缾滿　挑燈長　放物當路　翻著衣裳　扱卓子高　吃乾飯　疾睡著　翦燭短

凡惡

裹假紫頭巾　繫古樣腰帶　瀝酒作呪　談話咂眼　吃豬臟夾子　著繡鞋　敲卓子唱文序子　說大官是親情　好看相撲　上馬扠手祗揖　說著大官後扣頭

易圖謀

鄰舍貓兒　小兒手中物　卑官古畫　上元夜出軍家口　取債人物業

雖奈何
恃寵婢　有錢惡妻　咬人馬　破活鮎魚　被褻狗蚤　解隱
形賊
不識羞
下第後人入期集院　新女壻渾身著新衣　被妓不采後強門
前過　低價物作貴價　賭輸誇口　不請喚來掇坐　誇妓有
情　邊臣添兵權　誇妻端正　酒食店得筆帖
不濟事
將女嫁內官　仕賭擲渾花　飯後請吃茶　持齋日作客　打
殺人後戒酒　無錢斷賭　大斧傷人手摩挲　臨死許修善
斷案了赦到　船行借得鞍乘　酒盡伶人來　臨老了及第
落解後試官道好程試
喑歡喜

丈夫商販遠歸　賭錢劄地位多一　賣棺聞人病重　同行拾
得遺棄物　少男女聞女使懷姙　舉人薦絨絨達試官　磨勘
選人橫門逢見院子點頭
不得人憐
卒死虔婆　釘手劫賊　偸食貓兒　咬人犬子　不孝義兒
別人家醜孩兒　使性氣乞兒　不成器子弟
趁不得
步行尋下水船　驚馬脫籠　伴病起人吃飯　與村樂官合曲
少經紀後課錢　捉雞貓兒　班行與文資磨勘　醉漢蹴踘
斜日照人影
無憑據
山縣更鼓　選人改官　秀才應舉　低手圍棊　醉後許物
牙郎說呪　初學卜人斷災福　不封底鎖　託魚雁傳書　無

神通廟裏極筊　子女歲數
不數料
惡文章嫌科名低　老漢恨妻醜　嫌舉主不才　不解作客歎
沈滯　老子弟爭行首　惡札人愛使牋紙　客作兒嫌人家茶
飯　大將妻要人呼縣君　巧人作事拙人不伏　抑君借差嗔
人不喚使　低棊人要與國手下棊　牙校使人雙控馬
愛便宜
不取錢官人賤買物　賭錢輸人稍著　共喫菓子揀大底　騎
別人馬遠出　好使短陌錢　將生鐵博針　共臥把自家被在
上　寄槽餧馬　將蝦釣鼈　畜養母狗雌貓
過不得
出敕限災傷狀　賃房欠房錢　鞋綫穿繡針　夫妻反目　狹
巷騎馬逢車子　臨渡無船　省試落韻　逢大官節

難理會
波斯念孔雀經　醉漢寐語　杜撰草書　兩人拽斜說話　古
篆碑額　抽亂茸綫　經紀人市語　短舌人罵詈　欠債無要
約　啞漢做手勢　遠從兄弟服紀　大官侵占鄰人田地
不識遲疾
急如廁說葛藤話　留未食人吃茶　喚老娘逢人請名　留走
馬天使還賭賽　判狀救火
冷淡
念曲子　說雜劇　吃素冷淘　齋筵聽說話　軍下人戲　無
妓逃席　村伶打諢　吃水晶鱠不用醋
不識好惡
失火處乞炭　岸上看人溺水　看斬人賞儈子好手　投事
望人遺表　貧子去燈心皂莢鋪上乞錢

左科

鄭州出曹門　上廁回嗽口　應舉下第授借差　下汴尋上水船　喚人爺作大人　喚自己作足下　丈母牙痛灸女壻脚根

問人及第道甚年上叨忝

好殺合

老妓嫁富商　曹司出職　應五六舉進士高等及第　猛將成功　貪官致仕

琅璫

村妓唱長詞　醉漢裩襠

沒折合雜劇　拖白舉人　剎竿上旛　倈白船家　逃走帶料

惡行戶

暑月仵作家　世代劫墓　行法劊子　屈曲賃房

少思算

低棊趁手下　無錢挾妓　荒唐舉人俊　癡兒使爺錢　借物當賭

不相

水手危殺　夫子逃學　師巫魘死　縣尉著賊　知班失儀

孝服上著銀帶　草屋上安獸頭　油畫屎桶

自做得的

木匠帶枷　館殿書啓　師姑袈裟　治人鍋釜　服内懷孕

和尚犯戒還俗　著棊頭撞

好看

高樓上見人家失火　五花斬人　岸上看遭風船

輟不得

問患脚人借鞍乘　廚子處借刀　就雨中人借傘　三伏手中扇子　取課錢逢貧親作謁

少道理

不會禪和尚問答　無人證見論訟　老令斷公事　初學讀書人策論　和尚撰碑記

好笑

對客泄氣　村妓妝梳　長人著短衣　婦人墜馬　口吃人相罵

阻興

點心處饅頭來盡　訪妓有客　便風無帆　元宵寺門不得開

賭錢處燭滅　待遊山雨下

不可託人

相新夫　覓女使　買馬　往別州追妓　數不知數散錢

見和尚有五防

冬月不請去頭袖防夏月不揖　開襟懷中有文字防是上疏頭

上元節夜請檀施防圖謀人家口　愛玩弄人物防教化去

廳上回顧左右防說公事

四不憤

直殿壓京官　油餅壓骨頭　和尚壓道士　見初學人及第

三官怕

都監怕城門　提刑怕油餅

沒用處

過年桃符　破鞋襪　漏餅罐　折針

可惜許

好女嫁醜漢　慳人有錢　富商據名妓　新鞋袴蹴踘　綵帛鋪失火　歌妓被決　失手玉器　驢子吃牡丹

重難

溼疥上吃棒　冬月飲冷酒　暑天赴公筵　陪奉著灸　許捨

身修寺　煉頂求福　陣上帶甲馬　臥棘針乞錢　大雨中送殯　暑月檢尸首　冬月跣足乘騎

難忍奈

觀棊不得人教行　病起人忌口　腳骨上取箭頭　忠腹泄人尋廁不得

又愛又怕

村裏漢看弄神鬼　狗吃熱油　無裩漢上秋千

沒意頭

入山訪僧不遇　妓家誇會做生活　不祿底大官門前來攏馬

卷下　蘇子瞻續纂

叵耐

監司閗部下贓濫事發　猾胥曲法取受　奴婢不伏使喚　見非理論訟平人　知人去上官處損陷

自羞恥

和尚道士有家累　師姑養孩兒　應舉遭風水牓　在官贓汚事發　說脫空漏綻

強陪奉

莊客隨有錢子弟　不飲酒見醉漢　做債對財主說閒話　入國與番使接談　對上官說葛藤話　無錢人被人要賭賽

佯不會

對尊官饑棊　假耳聾　初到官問舊來事體

旁不忿

村裏漢有錢　木大漢好妻　知無事業及第　庸常輩作好官見善人被惡小凌辱

得人惜

初學行孩兒　善歌舞小妓　快馬穩善　俊貓兒不偷食　做活計子弟　良僕妾　好書畫　有行止公人

不快活

步行著窄鞋　赴尊官筵席　入試裏窄幞頭　重囚被鎖縛　暑月對生客　妬妻頭白相守　村裏女壻裹幞頭

未得便信

賣鞭人索價　驢牙郎做吧　和尚不吃酒肉　醉漢隔宿請客　媒人誇好女兒

陡頓歡喜

窮措大及第　未有嗣生男　遠地得家書　有罪該赦　富家兒乍入舍女壻

這回得自在

僧尼還俗　重孝服闋　不肖子弟乍無尊長　寵妾獨得隨任

將不了就不了

逃軍酒醉叫反　賭錢輸首攤　虔婆索錢大家領了

不藉賴

癩子吃豬肉　乞兒突好人　已欠債吏轉　合死囚妄引徒伴

戶目睒物

怕人知

配所人逃走歸　經販私商物　孝服內生孩兒　同居私房畜財物　賣馬有毛病　去親戚家避罪

學不得

神仙　天性敏速　能飲啖　才識過人　有膽氣　臨官行事遲疾

忘不得

父母教育　好交友　曾受厚恩　得意文字　少年記誦經史

會不得

福州舉人商量故事　諸行市語　番人說話　爭論訟無道理
上山無路　爲客少裹纏
說不得
有舉業偶程試踈脫　啞子做夢　教駿兵士落馬　作官處被家人帶累　被人冤枉　醫人自患　奸良人陪卻錢物　私藏物遭盜　賊贓被人轉取去　招箭人中箭　善相撲偶輸　閟門舍人誤通謁
留不得
春雪　暑月盛饌　愛逃席客　下水船趁順風　潮水　猴猻看菓子　窮人家春絲衣　城門發更後　大官得替後
謾不得
曹司對曉事官員　熟諳行市買賣　妬妻不會飲酒　靈利孩兒換物

勸不得
服硫黃　病酒漢　愛賭錢人　醉後相罵　夫妻因婢爭鬧　兩競人須要厮打
悔不得
賭錢輸　惡中酒　失口許人物　作過後事發　出語容易　少年不修學　遇好景不曾遊賞　遇好物不曾買
愛不得
見他人好書畫奇玩物　路上見名山水　隔壁窺美婦人
怕不得
陣上相殺　夏月餅師　有罪吃棒　相撲漢拳踢　射虎招箭　弄潮　竿上打失落　臺諫官言事
諱不得
健兒面上逃走字　屎桶　捉賊見眞贓　小官祖父名　有罪對知證人
改不得
生來下劣相　性好偸竊　謬漢好作文章　村裏人體段　好說脫空　好笑話人　還俗僧道舉止　愛說是非　貪財人愛便宜　婢作正室有舊態

雲溪友議　十二卷此數條文句與今本皆有出入　唐范　攄　五雲溪人

李筌郎中爲荆南節度判官集閫外春秋十卷既成自鄙之曰常文也乃註黃帝陰符經兼成大義至禽獸之制在氣經年憎然不解忽夢烏衣人引理而教之其書遂行於世僉謂鬼谷留侯復生也筌後爲鄧州刺史常夜占星宿而坐一夕三更東南隅有異氣明旦呼吏於郊市如產男女不以貧富悉取至焉過十餘輩筌視之曰皆凡骨也重令於村落搜訪之乃得牧羊胡婦一子李君慘容曰此假天子也坐客勸殺之筌以爲不可此胡雛必爲國盜古亦有然殺假恐生眞矣則知安祿山生於南陽異人先知之也僞代志公讖曰兩角女子綠衣裳端坐太行邀君王一止之月自滅亡解曰兩角女子安也綠衣祿字也太行山字也一止正字也祿山果於正月死也後李遐周讖曰燕市人將去函關馬不歸還逢山下鬼環上繫羅衣

顏魯公爲臨川內史澆風莫競文教大行邑有楊志堅者嗜學而居貧鄉人未之知也其妻以資給不充索書求離志堅以詩送之曰當年立志早從師今日翻成鬢有絲漁父尙知溪谷暗山妻不信出身遲荆釵任意撩新鬢明鏡從他別畫眉今日便同行路客相逢卻是下山時其妻持詩詣州請公牒以求別適顏公案其妻曰楊志堅素爲博學偏覽九經篇詠之間風騷可摭愚妻覩其未遇遂有離心王歡之廩既虛豈遵黃卷朱叟之妻必去寧見錦衣惡辱鄉閭敗傷風俗若無褒貶僥倖者多阿王決二十後任改嫁楊志堅秀才贈布絹二十疋米二十石便署隨軍仍令遠近知委江左十數年來莫有敢棄其夫者

廖有方校書元和十年失意後遊蜀至寶雞西界館舍一旅逝之人天下魯爲君子之道也書板爲其記耳予元和乙未歲落第西征適此公署聞呻吟之聲潛聽而微惙也乃於闇室之內見一貧病兒郎問其疾苦行止強而對曰辛勤數舉未遇知音眄睞叩頭久而復語唯以殘骸相托餘不能言擬求救療是人俄忽而逝予遂賤鬻所乘鞍馬於村豪備棺瘞之禮恨不知其姓字苟爲金門同人臨歧悽斷復爲銘曰嗟君沒世委空囊幾度勞心翰墨場半面爲君仲一慟不知何處是家鄉廖君自西蜀回取東川路還至靈龕驛驛將迎歸私第及見其妻素衣再拜嗚咽情不可任徘徊設辭有同親懿淹留半月僕馬皆飫啜熊鹿之珍極賓主之分有方不測何緣如此悚惕尤甚臨別其妻又至相別悲啼又贈賚繒錦一馱其價値數百千驛將曰郎君今春所埋胡綰秀才即某妻室之季兄也始知亡者姓字復敘平生之弔所遺之物終不納焉

少婦及夫堅意拜上有方辭曰僕爲男子粗察古今偶然葬一同流不可當茲厚惠遂促轡而前驛將奔騎而送逾一驛尚未分離廖君不顧其物驛將竟不挈還執袂各恨東西乃棄於林野鄉老以義事申州州以表奏中朝其文武宰僚願識有方共爲導引明年李侍郎逢吉放有方及第改名游卿聲動華夷皇唐之義士也其主驛戴克勤堂牒本道節度甄昇至於極職克勤名義與廖君同遠矣

明皇代以楊妃虢國寵盛宮娥皆頗衰悴不備掖庭常書落葉隨御溝水而流云舊寵悲秋扇新恩寄早春聊題一片葉將寄接流人顧況著作聞而和之既達宸聰遣出禁內者不少或有五使之號焉和詩曰愁見鶯啼柳絮飛上陽宮女斷腸時君恩不禁東流水葉上題詩寄與誰

盧渥舍人應舉之歲偶臨御溝見一紅葉命僕搴來葉上乃有一絕句置於巾箱或呈於同志及宣宗既省宮人初下詔許從百官司吏獨不許貢舉人渥後亦一任范陽獲其所退宮人覩紅葉而吁怨久之曰當時偶題隨流不謂郎君收藏巾篋驗其書跡無不訝焉詩曰水流何太急深宮盡日閑殷勤謝紅葉好去到人間

雲溪子昔遁西霞峯厥氣方壯嘗遇玄朗上人者乃南泉禪宗普願大師之嗣孫也朗公或過高才上智者則論六渡迷津三明啓道此滅彼住無榮絕辱也或有愚士昧學之流欲其開悟則吟以王梵志詩梵志者生於西域林木之上因以梵志爲名其言雖鄙其理眞歸所謂歸眞悟道狥俗乖眞也詩云欺誑得錢君莫羨得了卻是輸他便來往報答甚分明只是換頭不識面又曰天公未生我冥冥無所知天公忽生我生我復何爲無衣遣我寒無食令我飢還爾天公我還我未生時又曰我肉衆生肉形殊性不殊元同一性命只是別形軀苦痛交他死將來作己須莫教閻老斷自

想意何如又曰多置莊田廣收宅四鄰買盡又嫌窄雕牆峻宇無歇時幾日能爲宅中客造作莊田猶未已堂上哭聲身已死哭聲盡是分錢人口哭元來心裏喜又曰粗行出家兒心中未平實貧齋行則遲富齋行則疾貪他油煑䭔愛若波羅蜜飽食不知慚受罪無休日又曰不願大大富不願大大貧昨日了今日今日了明晨此之大大因所願至如此眞成上上人又曰良田收百頃兄弟猶工商卻是成憂惱珠金盧滿堂滿堂何所用妻兒日夜忙行坐聞人死不解暫思量貧兒二畝地乾枯十樹桑桑下種粟麥四時供父娘圖謀未入手祇是願飢荒結得百家怨此身終受殃又曰本是屎尿袋強將脂粉搽凡人無見識喚作一團花相牽入地獄此是最冤家又曰生時不共作榮華死後隨車強叫喚齊頭送到墓門回分你錢財各頭散又曰衆生頭兀兀常住無明窟心裏唯欺謾口中佯念佛世無百年人擬作千年調打鐵作門閫鬼見拍

手笑家有梵志詩生死免入獄不論有益事且得耳根熟白紙書屏風客來即與讀空飯手捻鹽亦勝設酒肉勸君莫殺命背面被生嗔喫他他喫汝輪廻作主人又曰照面不用鏡布施不須財端坐念眞相此便是如來大皮裹大樹小皮裹小木生兒不用多了事一箇足省用分田宅無人橫煎蹙但心平等心天亦念孤獨我身雖孤獨未死先懷慮家有五男兒哭我無所據哭我我不聞不哭我亦去無常忽到來知身在何處又曰世間何物貴無價是詩書了了說仁義愚夫卻不知深房禁婢妾對客誇妻兒青石甃行路未知身死時

談選十卷

萬物之理雖有所謂易知事變之起亦有所謂難測易知者常也難測者變也君子道其常而已變則在所不論世之所謂常者皆能言之或不明其所以此疑誕所自而生焉因摭所聞以析厥理

有生斯有化有形斯有變釋氏謂溼生化生之類皆可以理而推然無情者能變而爲有情若腐艸化爲螢陳麥變爲蝶之類是也有情者或變爲無情若婦人化爲石山蚯化爲百合之類是也蛇化爲雉形故不相若也雀化爲蛤迹固不相類也不知者或以爲異殆非造理者爾

陰陽之氣行乎天地之間其相薄也則感而爲雷激而爲霆其偏勝也則怒而爲風和而爲雨故東方之氣雷南方之氣雹西方之氣虹霓北方之氣雲雨雹霰雪中央之氣露是以陰凝故雨隊爲雪雪者水氣也陽氣蒸於九泉之下洩而爲雲山雲艸莽水雲魚鱗旱雲烟火雨雲水波各從其類耳

北方之氣寒東方之氣風自北自東者風寒之氣也故能爲雲爲雨風高者道遠風下者道近不鳴條枝者四十里折大枝者四百里折大木者五千里三日三夕者天下盡風二日二夕者天下半風一日一夕者其風行萬里

水旱之變與天地震日月薄食皆出於常數常數亦不能無舛有所謂遭之者不能也凡天地囿於有形之中不能遁其數即數以觀象斯可以前知今夫積躔度之數則知日月食辨五雲之物則知水旱變皆張衡作地動儀事無不驗抑又可信矣平治之世有之而不爲災者常數然矣堯湯水旱是矣邪世或數見積數至此而德不足以勝之此所以不能無災也春秋所書是矣此皆以天時言之者也其所謂桑穀爲祥熒惑退舍又在夫修人事以應之而已

堅土之人肥壚土之人大砂土之人美秏土之人醜此造形者未始不由乎土也險阻多癭岸下多尰木氣多傴水氣多瘖山氣多男澤氣多女暑氣多夭寒氣多壽陵氣多貪廣氣多仁此土之所產各以其類者也太平之人仁東方也丹穴之人智南方也太蒙之人信西方也崆峒之人武北方也此四方地氣形之不同也

卉木皆感春氣而後發生者以木旺於寅卯然也獨梅開以冬其故何哉蓋東方動以生風風生木故曲直作酸則酸者木之性惟梅之味最酸乃得氣之正北方水爲之母以生之則易感故梅先衆木而華

潮者太陽太陰鼓怒之氣所起蓋日月運行陰陽鼓怒朝夕爲常故潮來有信自朔至望月去日漸近陰氣微而潮向小朔望之後自初三漸大至十八最大者潮所從來遠三日而及此也仲夏海無潮者陰氣至微不能自致仲秋最盛者陰陽氣均而陰方壯鼓怒之勢雄故也

常言謂雁爲孤而不及雙謂燕爲雙而不及孤者蓋雁屬乎陽而燕麗乎陰陽數奇陰數偶如斯而已

乾陽也故馬蹄圓坤陰也故牛蹄拆陽病則陰勝故馬病而臥陰

病則陽勝故牛病而立馬陽也故起先前足臥先後足牛陰也故起先後足臥先前足

霹靂之下必有楔柹木中間多有文磁石能引鐵伏苓善碎瓦石脾入水卽乾出水卽溼獨活有風則息無風則動擬物理有如此者

犀有通石有暈木有癭以取妍於人世皆寶之斯亦物之病

器用爲之什物者葢成周軍法以五人爲伍二五爲什供其器物故器用通爲之什物

文選擔石之儲先儒謂齊人名小甖爲擔文謂江淮之人以一石之重爲擔予竊以一石之重者爲當理

雙陸之戲最盛於唐當武后時宮中夢雙陸不勝則唐人重此戲可知今人多不能者葢亦名存而實亡嘗考其技凡白黑各用六子乃今人所謂六甲是也何以知其然昔人有對云三箇半升升半酒兩行雙陸陸雙棊卽是所以知之

熙寧末洛中有民耕於鳳凰山下獲石碣方廣二尺餘乃婦人誌其夫墓之文予愛其文理高明雖作者無以復加故錄於是集文曰漢進士曹禋墓誌銘君姓曹氏名禋字禮夫世爲洛陽人二十八歲兩策不舉卒於長安道中朝廷卿大夫鄉閭故老聞之無不哀其孝友媚睦篤行能文何其夭之如是耶惟兒聞之獨不然乃慰其母曰家有南畝足以養其親室有遺文足以教其子凡累乎陰陽之間者生死數不可逃夫何悲喜之有哉丙子年三月十八日卒其年十一月十五日葬於鳳凰山之原予姓周氏君妻也歸君室八載矣生子一人尚幼以其恩義之不可忘故作銘曰其生也天其死也天苟達此理哀何復言其生也浮其死也休終何爲哉慰母之憂

醫之爲術乃人之司命不可以妄意爲須心中曉然指下明白以形證脈以脈究病按指當有法而揣無太遽視病必詳推然後察人之虛實視時之寒燠强弱氣殊肥瘠體異以至風土異宜賦受各稟如西北之地山廣土厚其俗所食黍麥粱肉故其稟若壯而多風痺之疾東南之地土薄水深其俗所食粳稻魚蝦故其稟受差弱而多脾胃之病苟能察此用藥則亦庶幾乎

寇萊公與丁晉公同在政事堂日閑論及天下語音何處爲正寇言惟西洛人得天下之中丁曰不然四遠各有方言唯讀書人然後爲正

忠獻韓公素擯輕財好施之德一日帥定州道逢鄉里一經生坐擺公顧左右適無物乃以所用銀掬水可及百兩與之經生回中途又遇一擺客生曰公途中乏物止有一銀掬水我已得之矣幸子勿往客訴以勢不可已經生乃斷其銀與客分而去葢志誠能使人篤信如此

柳仲塗開赴舉時宿驛中夜聞婦人私哭其聲婉而哀曉起詢之乃同驛臨淮令之女令在官恣貪墨委一僕主獻納及代還爲僕所持逼其女爲室令度勢難免因許之女故哭柳素負節義往見令詰其實令不能諱悉告柳柳忿怒曰願假此僕一日爲子除害僕至柳室卽令往市酒果鹽梅等物俟夜闌呼僕入叱問曰脅主人女爲婦是汝耶卽奮七首殺而烹之翌日召令及同舍飮云共食衛肉飮散亟行令往追謝問僕安在柳曰適共食者乃其肉也

林逋處士有句云茂陵他日求遺藁猶喜曾無封禪書當時見者頗高其節予竊謂逋自矜之詞此何足道蓋不務弃競者皆能之

宋昭宣用臣卓有幹才元豐間掖庭水殿落成嘉致旣備偶失種蓮宋卽購於都城得器缶所植者百餘本連缶沈水底再夕視之則蓮已開盈沼矣其幹辦可謂精敏

浙西吳風村有吳子胥廟村俗訛舛相傳爲五卒鬚因塑其像卽

鬚分五處傍又有杜拾遺祠歲久像貌漫毀訛傳爲杜十姨一日秋成鄉老相與謀以杜十姨嫁五卒鬚河朔山東之俗以絳帛裝一婦女掛於神物祠事之號九天玄女謂其稱故懸之江浙間多事一姥曰利市婆官或言利市坡乃神所居地名非婆也或謂郪縣令死而爲神又不知何緣得此名也

說郛卷第五終

說郛卷第六

讀子隨識一卷

尹文子二卷

康衢長者有犬而能搏字之曰善噬賓客不敢過其門者三年長者怪而問之賓客以實對於是逐犬賓客復往

鄭人謂玉未理者爲璞周人謂鼠未腊者爲朴周人懷朴問鄭賈曰欲買乎鄭曰欲之出其朴視之乃鼠也因謝不取

尹文子見齊宣王王歎國寡賢尹文子曰使國悉賢孰處王下國悉不肖孰理王廟王曰賢與不肖皆無可乎文子曰不然有賢有不肖故王尊於上臣卑於下賢賢退不肖所以有上下也

管子

桓公在位管仲隰朋侍立有間二鴻飛過桓公歎曰仲父今彼鴻有時而南有時而北四方無遠所欲而至焉惟有羽翼之故是以通其意於天下乎寡人之有仲父猶飛鴻之有羽翼也

措國於不涸之倉者控有德也藏國於不竭之府者養桑麻育六畜也

桓公自莒反於齊使鮑叔牙爲宰鮑叔辭曰臣不如管夷吾乃使鮑叔請於魯曰受而甘心焉施伯謂魯侯曰非戮之也將用其政也何不殺而受之尸鮑叔曰若不生得是君與君賊比也魯君乃不殺遂生束縛仲以予齊鮑叔受而哭之三舉施伯從而笑之曰管仲必不死夫鮑叔之忍不戮賢人至堂阜之上鮑叔祓而浴之三桓公親迎之郊使人操斧主其後公辭斧三然後退之遂與歸禮之於廟三酌而問爲政

墻有耳微謀外泄之謂也

惡氣迎人害於戈兵不言之信聞於雷鼓

明道者王察道者帝通德者王謀兵者伯

齊桓公與管仲鮑叔牙甯戚四人飲公曰何不爲寡人壽鮑叔牙奉杯而起曰使公無忘在莒管仲無忘其束縛寧戚無忘飯牛車下公避席再拜

桓公北伐孤竹未至卑耳之山十里見人長尺而人物具焉右袪衣走馬而疾前公謂左右曰事其不濟乎豈有人若此者乎遂召管仲至而問之管仲曰登山之神有俞兒者長尺而人物具霸王之君興則登山神見且走馬疾前示前有水也右袪衣示從右方涉也已而至卑耳之谿有贊水者曰從右涉深至膝桓公拜管仲于馬前曰仲父之聖若此

庚桑子

尋常之汙巨魚無所還其軀而鯢鰌爲之制步仞之丘巨獸無所隱其軀而孽狐爲之祥

聖人之制萬物全其天天全則神全神仐之人不慮而通不謀而當志凝宇宙德若天地一質白之物以黑爲汙質黑之物以白爲汙吾又安知天下正潔汙哉

高士註云吸日精煉丹而仙曰高士

庚桑子居畏壘五年靈王使祭父致饋白納賂曰水旱何以禳之對曰水陰沴也于國政類刑人事類私旱陽過也于國政類德人事類盈凡水旱天子宜致刑德百官宜去私戒盈則災以類而消百福日至矣

天子勤　大臣和理之求士也則恢弘光大公直廉靖之才至天子苛察大臣躁急之求士也則規心巧運毀方破道之才至天子鑒忌大臣巧隨之求士也則奇怪異名灰微之才至天子自賢大臣固位之求士也則事文遂釁貪濁淫麗之才至天子依違大臣回佞之求士也則外忠內辟之才至

文子

天有二氣則成虹地有二氣則洩人有二氣則生病

叢蘭欲芳秋風敗之御狐貉之裘衣者不憂至寒

聖人以仁義爲準繩中繩之謂君子不中繩之謂小人

太上養神其次養形神清意平百節皆寧養生之本也肥肌膚充腹胃閑嗜慾養生之末也

尸子

舜一徙成邑再徙成都三徙成國堯聞其賢徵之艸茅之中與之語禮樂而不逆與之語政至簡而行與之語道廣大而不窮於是妻之以媓媵之以娥九子事之而託天下焉

神農氏治天下欲雨則雨五日爲行雨旬爲穀雨旬五日爲時雨四時之制萬物咸利故謂之神

墨子

守城之法木爲蒼旗火爲赤旗薪樵爲黃旗石爲白旗水爲黑旗食爲茵旗死士爲蒼釁之旗竟士爲虎旗多卒爲雙兔之旗吾人男女爲童旗弩爲狗旗戟爲荏旗盾爲羽旗車爲龍旗騎爲馬旗

管子舉日章則晝行舉月章則夜行舉龍章則行岡舉虎章則行林舉鳥章則行坡舉蛇章則行澤舉鵲章則行陸舉狼章則行山舉韓章則載食而駕

申子

堯之治也善明法察令而已聖君任法而不任智任數而不任說黃帝之治天下置法而不變使民而安樂其法也

愼子

尹文子言曰齊有黃公者二女皆國色以其美也常謙辭毀之爲醜惡醜惡之名遠布而一國之人無欲聘者

人生一世若翳之託桐葉其能幾何

劉子（劉晝字孔昭）

人不照於昧金而照於瑩鏡者以瑩能明也

身之有慾如樹之有蝎樹抱蝎則還自齧身抱慾則還自害故蝎盛則木折欲熾則身亡

畫爲西施美而不可悅刻作桃李似而不可食

螟螣秋生而秋死一時爲災如數年乏食今一人耕而百人食之其爲螟螣亦以甚矣

齊之華士棲志丘壑而太公誅之魏之干木遁迹幽居而文侯敬之太公之賢非有減於文侯干木之德非有逾於華士或榮或戮者遇不遇也

華胥履大人之迹而生伏羲女媧感瑤光貫日而生顓頊慶都與赤龍合而生唐堯握登見大蜺而生虞舜修紀見流星而生夏禹夫都見白氣貫月而生殷湯大任夢見長人而生文王顏徵在感黑帝而生孔子劉媼感赤龍而生漢祖微子感牽牛星顏淵感中台星張良感狐星樊噲感狼星老子感火星若此之類皆聖賢受天瑞相而生也

伏臘合歡必歌採菱牽石挽舟則歌噓噢非無激楚之音然而棄不用者方引重抽力不如噓噢之宜也

晉文種米曾子植羊（晉文公學外國種米於國曾參學外國人羊皮用土種之米與羊雖不生其志大也）

老聃至西戎而效夷言夏禹入裸國欣然而解裳非欲忘禮隨俗宜也墨子儉嗇而非樂者往見荊王衣錦吹笙非苟違性隨時好也

公輸之刻鳳也冠距未成翠羽未樹見其身者謂之龍雞見其首者名鵜鶘皆訾其醜而笑其拙及鳳之成翠冠雲聳朱距電搓錦身霞散綺翮烟發翽然一翥然後讚其奇而稱其巧

傅子

宋建椎牛禱賽終自焚滅文欽日祠祭事天斬於人事諸葛誕夫婦聚會神巫淫祀求福伏尸淮南舉族誅夷此天下所共見是爲明鑒也

淮南子

兩木相摩而然金火相守而流圓者常轉窾者常浮蓋自然之勢也

善浮者溺善騎者墮各以所好反自爲禍

兵強則滅木強則折革堅則裂齒剛於舌而先弊故柔弱者生之幹堅強者死之徒

心欲小而志欲大智欲圓而行欲方能欲多而事欲解

扣門求火莫不與者所饒足也林中不賣薪湖上不鬻魚有所餘也

今世祭井竈門戶箕帚杵臼者非以其神爲能享之也恃賴其德

煩苦之無已也

因媒而嫁不因媒而成因人而交不因人而親行合趣同千里相從處不合行不同對門不通

良醫者常治無病之病故無病聖人常治無患之患故無患天下無粹白狐而有粹白之裘掇之衆白也善學者若齊王食雞必食其蹠

遺腹子不思其父無貌於心也不夢見像無形於目也

楊子見逵路而哭爲其可以南可以北墨子見練絲而泣爲其可以黃可以黑

天下有三危少德而多寵一也才下位高二也身無功而有厚祿三也

牛蹄之涔無尺之鯉顡腐之山無丈之材所以然者何也皆其營守狹小而不能容巨大

鄭周之女粉白黛黑非知而見之者以爲神

盧遨遊乎北海經乎太陰入乎玄闕至象谷之上見處士者深目而結喉虎頭而鳶肩豐上而殺下軒軒然方迎風而舞顧見盧遨翻然下暮然笑曰嘻子中州之人不宜遠至此山有猛獸林木爲之不斬園有蟄蟲藜藿爲之不采伍子胥出走邊候得之子胥曰上求我以我有美珠也今我已亡之矣且曰子取之邊候恐而釋之

楚王亡其猿而林木爲之殘宋王忘其珠而池中之魚爲之殫

知過萬人爲之英千人爲之俊百人爲之豪十人爲之傑

石林燕語 十卷　宋葉夢得　考異宇文紹奕

太祖皇帝微時嘗被酒入南京高辛廟香案有竹杯筊因取以占己之名位俗以一俯一仰爲聖筊自小校而上至節度使一一擲之皆不應忽曰過是則爲天子乎一擲而得聖筊天命豈不素定矣哉晏元憲爲留守題廟中詩所謂庚庚大横兆謦欬如有聞葢記是也

元憲當作元獻

漢凡王宮皆曰禁中後以元后父名禁遂改禁爲省唐以前天子之命通稱詔武后名曌遂改詔爲制肅代後集賢院有待制之名卽漢東方朔之徒所謂待詔金馬門者也

既云凡王宮卽是諸王矣伏儼引蔡邕說省中本爲禁中門閤有禁非侍御之臣不得妄入行道豹尾中亦爲禁中避元后父名故曰省中不聞諸王皆曰禁中也漢制度云帝之下書有四一曰策書二曰制書三曰詔書四曰戒敕此云天子之命通稱詔書非也唐永徽中命弘文館學士一人日待制於武德殿西門則待制之名非始於肅代以後也明皇置翰林院延文章之士至數術之工皆處之謂之待詔卽待詔之名初不改也

母后加謚自東漢始本朝后謚初止二字明道中以章獻明肅嘗臨朝特加四字元豐中慶壽太皇太后上仙章子厚爲謚議請於朝詔以太皇太后功德盛大四字猶懼未盡始仍故事遂謚慈聖光獻自是宣仁聖烈欽聖憲肅皆四字云

始仍當作姑循詔云姑循故事而已宜以四字定謚

父沒稱皇考於禮本無見王制言天子五廟曰考廟王考廟皇考廟顯考廟祖考廟則皇考者曾祖之稱也自屈原離騷稱臣皇考曰伯庸則以皇考爲父故晉司馬機爲燕王告禰廟文稱敢昭告於皇考淸惠亭侯後世遂因不改

漢議宣帝父稱蔡義初請謚爲悼曰悼太子魏相以爲宜稱尊號曰皇考則皇考乃尊號之稱非後世所得通用沿習已久雖儒者亦不能自異也

古者天子之居總言宮而不名殿其別名皆曰堂明堂是也故詩言自堂徂基而禮言天子之堂初未有稱殿者秦始皇紀言作阿房甘泉前殿蕭何傳言作未央前殿其名始見而阿房甘泉未央亦以宮名疑皆起於秦時然秦制獨天子稱陛下漢魯有靈光殿而司馬仲達稱曹操范續稱竟陵王子良皆曰殿下則諸侯王漢以來皆通稱殿下矣至唐初制令惟皇太后皇后百官上疏稱殿下至今循用之葢自唐始也其制設吻者爲殿無吻不爲殿矣

漢梁王立自言宮殿之裏毛氂過之失亡不纂陳又黃霸傳云爲一輩先上殿顏師古曰丞相所坐屋古者屋之高嚴通呼爲殿不必宮中也齊高帝爲齊公以石頭城爲其世子宮王儉引靈光殿例以聽事爲崇光殿外齋爲宣德殿則雖曰宮而猶以殿爲疑也梁武陵王紀在蜀開寢殿以通內廄又丘遲與陳伯之書謂臨川王宏爲臨川殿下

神宗初欲爲韓魏公神道碑王禹玉爲學士密詔禹玉具故事有

無禹玉以唐太宗作魏徵碑高宗作李勣碑明皇作張說碑德宗作段秀實碑及本朝太宗作趙普碑仁宗作李用和碑數事以聞於是御製碑賜魏公家或云即禹玉之辭也

熙寧三年十二月王禹玉參知政事八年六月韓魏公薨此云禹玉爲學士非也

太平興國中司天言太一式有五福大游小游四時天一地一眞符君棊民棊臣棊凡十神皆天之貴神而五福所臨無兵疫凡行五宮四十五年一易今自甲申歲入黃室巽宮當吳分請即蘇州建宮祠之已而復有言今京城東南有蘇村可應姑蘇之兆乃改築于蘇村京師建太乙宮自此始

太宗留意字書淳化中嘗出內府及士大夫家所藏漢晉以下古帖集爲十卷刻石賜秘閣世傳閣帖是也石後禁中被火焚絳人潘師旦取閣本再摹藏於家爲絳本慶曆間劉丞相沆知潭州亦

令僧希白摹刻於州廨爲潭本元祐間徐王府又取閣本刻於木板無甚精彩建中靖國初曾丞相布當國命劉燾取淳化所遺與近出世者別爲續法帖十卷又每下矣

淳化官帖黃魯直秦少游所記皆云板刻此乃云刻石也魯直云元祐中親賢宅從禁中借板墨百本分遺宮僚此云徐王府取閣本刻於木板豈各自一事耶

續法帖跋云元祐五年四月十三日祕書省請以祕閣所藏墨跡未經太宗朝纂刻者刊於石有旨從之至建中靖國元年四月二十三日出內藏緡錢十五萬趣其工以八月旦日畢爲十卷上之此乃云曾丞相當國命劉燾別爲續法帖十卷也

大駕儀仗通號鹵簿蔡邕獨斷已有此名唐人謂鹵櫓也甲楯之別名凡兵衛以甲楯居外爲前導捍蔽其先後皆著之簿籍故曰鹵簿因舉南朝御史中丞建康令皆有鹵簿爲君臣通稱二字別無義此說爲差近或又以鹵爲鼓簿爲部謂鼓駕成於部伍不知鹵何以謂之鼓又謂石季龍以女騎千人爲一鹵部簿乃作部皆不可曉今有鹵簿記宋宣獻公所修亦以簿爲簿籍之簿則既云簿不應更言記

王僧孺幼貧母攜之至市遇御史中丞鹵簿驅迫墮溝中又蕭誕爲建康令與秣陵令同乘行車前導四卒左丞沈昭奏凡有鹵簿官共乘不得兼列騶從請免誕等官此皆所云南朝御史中丞建康令皆有鹵簿蓋謂此也然此外如宋文以宜都郡王鎭江陵司馬張邵性豪每行來常引夾轂與諮議王華相遇華佯若不知謂左右曰鹵簿甚盛必是殿下乃下牽車立於道側及邵至乃驚又顏延之常乘羸牛逢其子竣鹵簿即屛住道側又沈慶之夢引鹵簿入廁中又陳顯達車乘朽敗導從鹵簿皆羸小又虞悰朱衣乘車鹵簿立於宣陽門外入行馬內驅逐人

又呂僧珍爲南兗州刺史姊適于氏住市中小屋僧珍常導從鹵簿到其宅不以爲恥又朱异引其鹵簿自宅至城异自右衛率至領軍四職並驅鹵簿近代未有又陳長沙王叔堅始興王叔陵每朝會鹵簿不肯爲先後必分道而趣則南朝人臣而用鹵簿非特前兩事而已按唐制皇太子太子妃親王文武職官四品以上散官二品以上幷長安縣令內命婦才人以上外命婦四品以上皆給鹵簿本朝皇太子鹵簿遇升儲則草具儀注其王公以下惟大禮奉引乘輿及身薨敕葬則給太子妃以下內外命婦皆不復給則是本朝人臣亦有給者而比舊愈嚴矣故中官麥允言及充媛董氏之喪詔給鹵簿而司馬溫公皆爭之以其非常典也史記黥布傳常爲軍鋒索隱云漢書作楚軍前簿簿者鹵簿也司馬相如上林賦云扈從橫行出乎四校之中呂延濟曰橫行不依簿鹵簿也又云鼓嚴簿孟康曰簿鹵簿

也李善曰言擊嚴鼓簿鹵之中則是或曰簿鹵或曰簿又簿部亦通用也　景德中王欽若進鹵簿記在前

臣寮上殿劄子末概言取進止猶言進退也蓋唐日輪清望官兩員於禁中以待召對故有進止之辭崔祐甫奏待制官候奏事官盡然後趨出於內廊待進止至酉時放是也今乃以爲可否取決之辭自三省大臣論事皆同一體著爲定式若爾自當爲取聖旨蓋沿襲唐制而不悟也

高宗永淳元年以郭待舉岑長倩郭正一魏玄同與中書門下同承受進止平章事又乾封以後召學士元萬頃范履冰等於北門候進止時謂北門學士又肅宗即位明皇令四海軍國事皆先取皇帝進止仍奏朕知唐人章疏初云奉進止或云某人奉宣進止末云伏候進止之類則進止正是可否取決之詞非專爲待對官設也

尙書省樞密院劄子體制各不同尙書年月日宰相自上先書有次相則重書共一行而左右丞於下分書別無兩行蓋以上爲重樞密知院自下先書同知以次書於上簽書亦然蓋以下爲重而不別行

唐誥敕宰相複名者皆不出姓惟單名則出姓蓋以爲宰相人所共知不待書姓而見予多見古人告身類如此國朝雖單名亦不出姓他執政則書所以異宰相之禮也

大中祥符五年玉淸昭應宮成王魏公爲首相始命充使宮觀置使自此始然每爲見任宰相兼職天聖七年呂申公爲相時朝廷崇奉之意稍緩因上表請罷使名自是宰相不復兼使康定元年李若谷能參知政事留京師以資政殿大學士爲提舉會靈觀事宮觀置提舉自此始自是學士待制知制誥皆得爲提舉因以爲優閑不任事之職熙寧初先帝患四方士大夫年高者多疲老不可寄委罷之則傷恩留之則玩政遂承舊宮觀名而增杭州洞霄及五岳廟等並依西京崇福宮置勾管或提舉官以知州資序人充不復限以員數故人皆得以自便

宮觀使非獨宰相爲之亦不可云兼職其後宰相呂夷簡樞密使張旻副使夏竦各乞罷宮觀使從之非呂申公獨請也　先帝當作神宗

東漢以來九卿官府皆名曰寺與臺省並稱鴻臚其一也本以待四夷賓客故摩騰竺法蘭自西域以佛經至舍於鴻臚今洛中白馬寺摩騰眞身尙在或云寺即漢鴻臚舊地摩騰初來以白馬負經既死尸不壞因留寺中後遂以爲浮屠之居因名白馬今僧居概稱寺蓋本此也

蔡魯公喜接賓客終日酬酢不倦家居遇賓客少間日必至子弟學舍與其門客者從容燕笑蔡元度稟氣弱畏見賓客每不得已

一再見則以啜茶多退必嘔吐嘗云家兄一日無客則病某一日接客則病

米芾詼諸好奇在眞州嘗謁蔡太保攸於舟中攸出所藏右軍王略帖視之芾驚歎求以他畫換易攸意以爲難芾曰若不見從某不復生即投此江死矣因大呼據舡舷欲墜攸懼與之知無爲軍初入州廨見立石頗奇喜曰此足以當吾拜遂命左右取袍笏拜之每呼曰石丈言事者因而論之朝廷亦傳以爲笑

杜陽雜編 三卷　唐蘇鶚

代宗廣德元年吐蕃犯便橋上幸陝王師不利嘗有紫氣如車蓋以遮馬首及過潼關上歎曰河水洋洋送朕東去上至陝因望鐵牛蹶然謂左右曰朕年十五六宮中有尼號功德山言事往往神驗嘗告吾曰天下有災遇牛方回今見牛也朕將回爾是夜夢黃衣童子歌於帳前曰中五之德方峨峨胡乎胡乎可奈何詰旦上

具言其夢侍臣咸稱土德王胡虜破滅之兆也（黄衣土之色中五土之數峨峨者高婉之貌也）是月副元帥郭子儀與大將李忠義渭北節度使王仲昇克復京都吐蕃大潰上還京闕圖功臣於凌煙閣上因謂子儀曰安祿山僭亂中原是卿再安皇祚昨朕蒙塵卿復勠力今日天下乃卿與我也雖圖券不足以褒元老因泣下沾衣子儀於上前嗚咽流涕曰老臣爲國致命久矣但慮衰耄不堪王事賴仗陛下宗廟社稷之靈以成微績上因命御馬九花虬幷紫玉鞭轡以賜子儀子儀知九花之異固陳讓者久之上曰此馬高大稱卿體質不必讓也九花虬即范陽節度李德山所貢額高九寸毛拳如鱗頭頸鬃鬣眞虬龍也每一嘶則羣馬聳耳以身披九花紋故號九花虬上東幸觀獵於田不覺日莫忽顧謂左右曰行宮去此幾里奏曰四十里上遂令速鞭恐因夜而九花虬緩緩然若行一二里而已侍從奔驟無及者上以爲超光趨影之匹也（王子年拾遺記周穆王有八駿號超光趨影逐日而馳者）自是益加鍾愛既復京師特賜子儀崇功臣也

上敬天竺教十二年冬製二高座賜新安國寺一曰講座一曰唱經座各高二丈斫沉檀爲骨以漆塗之鏤金銀爲龍鳳花木之形徧覆其上又置小方座前陳香棱次設香盆四隅立金頻伽高三丈磴道闌檻無不悉具前繡錦襜褥精巧奇絕冠於一時既設萬人齋敕大德僧撤首爲講論上叡修安國寺臺殿廊宇制度宏麗就中三間華飾祕邃天下稱之爲最工人以夜繼日而成上親往賞勞觀者如堵降誕日於宮中結綵爲寺賜升朝官已下錦袍李可及嘗教數百人作四方菩薩蠻隊十四年春詔大德僧數十輩於鳳翔法門寺迎佛骨百官上疏諫有言憲宗故事者上曰但生得見沒而無恨也遂以金銀爲寶剎以珠玉爲寶帳香舁仍用孔雀鷸毛飾其寶剎小者高一丈大者二丈刻香檀爲飛簾花檻瓦木階砌之類其上徧以金銀覆之舁一剎則用夫數百其寶帳香舁不可勝紀工巧輝煥與日爭麗又悉珊瑚瑪瑙眞珠瑟瑟綴爲幡幢計用珍寶不啻百斛其剪綵爲幡爲傘約以萬隊四月八日佛骨入長安自開遠門安福樓夾道佛聲振地士女瞻禮僧徒道從上御安福寺親自頂禮泣下沾臆即召兩街供奉僧賜金帛各有差仍令京師耆老元和迎眞體者悉賜銀碗錦綵長安豪家競飾車服駕肩彌路四方挈老扶幼來觀者莫不蔬素以待恩福時有軍卒斷左臂於佛前以手執之一步一禮血流灑地至於肘行膝步齧指截髮不可算數又有僧以艾覆頂上謂之煉頂火發痛作即掉其首呼叫坊市少年擒之不令動搖而痛不可忍乃號哭臥於道上頭頂焦爛舉止蒼迫凡見者無不洪哂焉上迎佛骨入內道場即設金花帳溫淸牀龍鱗之席鳳毛之褥焚玉髓之香薦瓊膏之乳皆九年訶陵國所貢獻也初迎佛骨有詔令京城及畿甸於路傍壘土爲香剎或高一二丈迨八九尺悉以金翠飾之京城之內約及萬數是時妖言香剎搖動有佛光慶雲現路衢說者迭相爲異又坊市豪家相爲無遮齋大會通衢間結綵爲樓閣臺殿或水銀以爲池金玉以爲樹競聚僧徒廣設佛像吹螺擊鈸燈燭相繼又令小兒玉帶金額白腳呵唱於其間恣爲嬉戲又結錦繡爲小車輿以載歌舞如是充於輦轂之下而延壽里推爲繁華之最是歲秋七月天子晏駕（讖者以爲物極爲妖）公主薨而上崩同昌之號明矣

傳宗皇帝即位詔歸佛骨於法門其導從威儀十無其一具體而已然京城耆耋士女爭送別執手相謂曰六十年一度迎眞身不知再見復在何時即伏首於前嗚咽流涕所在香剎詔令鏟除近甸百無一二焉

雞肋編　一卷　宋莊季裕（名綽）

昔曹孟德既平漢中欲因討蜀而不得進守之又難爲功操出教

惟曰雞肋而已外曹莫能曉楊修獨曰夫雞肋食之則無所得棄之則殊可惜公歸計決矣阿瞞之績無見於策而其空言竟著於後是豈非雞肋之腊耶方其擫蘆菔龜茨而餓於牆壁之間幸而得之雖不及於兔肩視牛骨爲愈矣予之此書殆類於是故以雞肋名紹興三年二月九日清源莊季裕云

筯屐之謎載於前史鮑昭集中亦有之如一土弓長白水非衣卯金刀千里艸之類其原出於反正止戈而後人因作字謎王介甫作字謎云兄弟四人兩人大一人立地三人坐家中更有一兩口便是凶年也好過又作謎云常隨措大官人滿腹文章儒雅有時一面紅粧愛向風前月下至於酒席之間亦專以文字爲戲常爲令云有商人姓任名飪販金與錦至關關吏告之曰任飪任入金錦禁急又云親兄弟日曰昌堂兄弟木目相親兄弟火火炎堂兄弟金令鈴又云掘地去土添水成池皆無有能酬者又爲字中一

點謎云寒則重重疊疊熱則四散分流兄弟四人下縣三人入州在村裏只在村裏在市頭只在市頭又爲疊字下兩點謎云兄弟二人同姓同名若要識我先識家兄不識家兄知我爲誰又婦字謎云左七右七横山倒出飯字謎云將軍身是五行精日日燕山望石城待得功成身又退空將心腹爲蒼生

健兒之語見於晉段灼梁陳伯之傳至唐尤多予少時過荆南白碑驛見豐碑刻唐官銜有招募健兒使其碑石瑩白驛因得名或云後置大晟樂取石爲磬未知信否

又陳州城外有戹臺寺乃夫子絶糧之地今其中有一字王佛云是孔子像舊榜文宣王因風雨洗剝但存一宣王而釋氏附會爲一字王也其侍者冠服猶是顔淵之狀如杜甫之作杜十姨天下如是者蓋不可勝數

米芾元章或云其母本產媪出入禁中以勞補其子爲殿侍後登進士第善書尤工臨摹人有古帖假去率多爲其換易眞本至於紙素破汚皆能爲之卒莫辨也有好潔之癖仕太常博士奉祠太廟乃洗去祭服藻火而坐是被黜然亦半出不情其知漣水軍日先公爲漕使每傳觀公牘未嘗滌手予昆弟訪之方授刺則已須盥矣以是知其僞也宗室華原郡王仲御家多聲妓嘗欲驗之大會賓客獨設一榻待之使數卒解衣袒臂奉其酒饌姬侍環於他客盃盤狼藉久之亦自遷坐於衆賓之間乃知潔疾非天性也然人物標致可愛故一時名士俱與之遊其作文亦狂怪嘗作詩云飯白雲留子茶甘露有兄人不省露兄故嘗叩之乃曰只是甘露哥哥耳大觀中至禮部員外郎知淮陽軍卒

越州在鑑湖之中繞以秦望等山而魚薪難得故諺云有山無木有水無魚有人無義里俗頗以爲諱言及無魚則怒而欲爭矣又井深者不過丈尺淺者可以手汲霖雨時平地發之則泉出然旱

不旬日則井已涸矣皆謂泉乃横流故爾因滅裂不肯深浚致源不廣也諺又云地無三尺土人無十日恩此語通二浙皆云

浙西諺云蘇杭兩浙春寒秋熱對面厮啜背地厮說言其反覆如此又云雨下便寒晴便熱不論春夏與秋冬言其無常也此言亦通東西爲然九州以揚名地本其水波輕揚爲目漢三王策亦有五湖輕心之戒大抵人性類土風西北多山故其人重厚樸魯荆揚多水其人亦明惠文巧而患在輕淺肝鬲可見於眉睫間不爲風俗所移者惟賢哲爲能耳

孫眞人千金方有治蝨瘕方以故梳篦二物燒灰服云南人及山野人多有此猶未以爲信嘗泊舟嚴州城下有茶肆婦人少艾鮮衣靚裝銀釵簪花其門戶金漆雅潔乃取寢衣鋪几上捕蝨投口中幾不輟手旁與人笑語不爲羞而視者亦不怪之乃知方之所云爲不妄也又在劍川僧舍凡故衣皆煮於釜中雖裩袴亦然蝨

皆浮於水上此與生食者小間矣其治蚤則置衣茶藥焙中火逼令出則以熨斗烙殺之矣

事魔食菜法禁甚嚴有犯者家人雖不知情亦流於遠方以財產半給告人餘皆沒官而近時事者益衆云自福建流至溫州遂及二浙時睦州方臘之亂其徒處處相煽而起聞其法斷葷酒不事神佛祖先不會賓客死則裸葬方殮盡飾衣冠其徒使二人坐於尸傍其一問曰來時有冠否則答曰無遂去其冠逐一去之以至於盡乃曰來時何有曰有胞衣則以布囊盛尸焉云事之後致富小人無識不知絶酒肉燕祭厚葬自能積財也又始投其黨有甚貧者衆率財以助積微以至於小康矣凡出入經過雖不識黨人皆館穀焉人物用之無間謂爲一家故有無礙被之説以是誘惑其衆其魁謂之魔王爲之佐者謂之魔翁魔母各誘他人且望人出四十九錢於魔翁處燒香魔母則聚所得緡錢以時納於魔王

歲獲不貲云亦誦金剛經取以色見我爲邪道故不事神佛但拜日月以爲眞佛其説經如是法平等無有高下則以無字連上句大抵多如此解釋俗訛以魔爲麻謂其魁爲麻黄或云易王之名也其初授法設誓甚重然以張角爲祖雖死於湯鑊終不敢言角字傳云何執中守官台州州獲事魔之人勘鞫久不能得或云處州龍泉人其鄉邑多有事者必能察其虛實乃委之窮究何以雜物有數問能識其名則非是而置一羊角其中他皆名之至角則不言遂決其獄如不事祖先裸葬之類固已害規俗而又謂人生爲苦若殺之是救其苦也謂之度人度人多者則可以成佛故結集既衆乘亂而起甘嗜殺人最爲大患尤憎釋氏蓋以戒殺與之爲戾耳但禁令太嚴每有告者株連既廣又當籍沒全家流放與死等必協力同心以拒官吏州縣憚之率不敢按反致增多予謂薄其刑典除去籍財之令但治其魁首則可以弭矣

天下方俗各有所諱亦有爲而然渭州潘原諱賴云始太祖微時往鳳翔謁節度使王彥才得錢數千遂過原州臥於田間而樹陰覆之不移至今猶存謂之龍潛木至潘原與市人博大勝邑人欺其客也毆而奪之及即位亡幾欲遷廢此縣故以賴爲恥然未知以欺爲賴其義何見常州諱打爺賊云有子爲伍伯而父犯刑恐他人撻之楚而自施杖焉雖有愛心於禮教則疏矣楚州人諱烏龜頭云郡城象龜形嘗被攻而術者教以擊其首而破也泗州多水患故諱鼻山子眞州多回祿故諱火柴頭漣水地褊多荒人以食蘆根爲諱蘇州人喜盜諱言賊世云范文正知杭州乃平江人也警夜者避不敢言賊乃曰看參政鄉人是可笑也而京師僧諱和尚稱曰天師尼諱師姑呼爲和尚南方舉子至都諱蹄子謂其爲爪與獠同音也而秀州之諱佛種以昔有回頭和尚以姦敗良家多爲所染故爾衞卒諱乾醫家以顛狂皆陽盛而然疑乾者謂

健也俗謂神氣不足爲九百或以乾爲九數又以成呼之亦重陽之義耳蜀人諱雲以其近雨也劉寬以客罵奴爲畜產恐其被辱而自殺浙人雖父子朋友以畜生爲戲語而對子孫呼父祖名爲傷毀之極在龍泉見村人有刻石而名蠻名娼之類可恥賤者問之云欲人難犯又可怪也

漢史云燕地初太子丹賓客養勇士不愛後宮美女民化以爲俗至今猶然賓客相過以婦侍宿嫁娶之夕男女無別反以爲榮後頗稍止然終未改方南北通好每燕集亦用娼妓聞半皆良家以色選差如中國之庸役更代不以爲恥也後復燕山諸將嘗大會各指名以召諸娼莫有至者怪而問之云待之輕薄故不來蓋衆客共要一妓始爲厚也凡娼皆以子爲名若香子花子之類無寒暑必繫緜裙其良家仕族女子皆髡首許嫁方留髮冬月以栝蔞塗面謂之佛妝但加傅而不洗至春暖方滌去久不爲風日所侵

故潔白如玉也令使中原婦女盡汙於殊俗漢唐和親之計蓋未爲屈也

諺云麥過不入口靖康元年麥多高於人者既熟大雨所損十八

順昌种谷道人云大風先倒無根樹傷寒偏死下虛人王恬智叟云犯色傷寒猶易治傷寒犯色最難醫王丹元素云治風先治脾治痰先治氣皆衛生之要也

小人之相亦多其易驗者有一絕載云欲識爲人賤先須看四般飯遲屙屎疾睡重著衣難無不應者

汝陰尉李仲舒漢臣山陽人生平戒殺云釋教令置蝨於絲絮筒骨中久亦飢死有人教放青草葉上經宿沾露則化爲青蟲飛去試之信然皆背坼而化

瘡發於足脛骨傍肉冷難合色紫而痒者北人爲之臁瘡南人呼爲骭瘡其實一也然西北之人千萬之中患者乃無一二婦人下

實血尤罕斯疾南方婦女亦多苦之蓋俗喜飲白酒食魚鮝鮝者鹽味而鹽則散血走下魚乃發熱作瘡酒則行藥有毒三物氣味皆入於脾腎而足骭之間二脉皆由之故瘡之發必在其所素問云魚鹽之地海濱傍水民食魚而嗜鹹魚者使人熱中鹽者勝血（魚發瘡則熱中之信鹽發熱則勝血之徵）其民皆黑色踈酒其病皆爲癰瘍（血熱而瘍故者爲癰瘍）又本草酒大熱有毒能行百藥服石人不可長以酒下遂引藥入於四肢滯血化爲癰疽今白酒麯中多用草烏頭之藥皆有大毒甚於諸石釋經謂甘刀刃之蜜忘截舌之患況又害不在於目前者乎諺謂病從口入禍從口出信矣

大人以大對小而言耳而世惟子稱父爲然若施之於他則衆駭笑之矣今略舉經史子傳之所云以證其失焉易乾卦九五飛龍在天大人造也註大人賢人君子論語畏大人註大人即聖人孟子大人者不失赤子之心註大人謂國君惟大人爲能格君心之非謂輔臣大人正己而物正謂大丈夫不爲利害動搖者養其小者爲小人養其大者爲大人註務口腹者爲小人治心志者爲大人如大人弗爲大人者言不必信義亦類此惟漢高祖云始大人以臣爲亡賴霍去病云不早自知爲大人遺體崔君云大人少有英稱晉陳騫云大人大臣唐裴敬彝云大人病痛無微然皆呼其父而疏受叩頭曰從大人議則又名其叔張博云王遇大人益解范滂惟大人割不忍之恩蓋謂其母唐柳宗元謂劉禹錫之母亦曰無辭以白其大人註大人長老稱尊事之也岑彭傳韓歆南陽大人註謂大家豪右高駢傳女巫王奉先謂畢師鐸曰揚州災有大人死秦彥曰非高公耶呼韓邪單于傳大人相難久之後漢北匈奴大人車利涿唐蓋蘇文父爲東部大人則夷狄亦有指尊長爲大人也梁元帝金樓子云荆間有人名我此人向父稱我向子恆稱名此其異也又有名子爲大人者此人恆呼子爲大人此尤

異也又且鞮侯單于謂漢天子我丈人行註云丈人尊老之稱也故荆軻傳高漸離家丈人召使前擊筑杜甫贈韋濟詩云丈人試靜聽而柳宗元呼妻父楊詹事丈人母獨孤氏爲丈母故今時惟壻呼婦翁爲然亦不敢名尊老以畏譏笑至呼父爲爺謂母爲媽以兄爲哥舉世皆然問其義則無說而莫知以爲媿風俗移人咻於衆楚豈特是而已哉爹字雖見於南史梁始興王憺云始興王人之爹救人急如水火何時復來乳哺我荆土方言謂父爲爹乃晉徒我切又與世人所呼之音異也

高宗南幸舟方在道中每泊近岸執政必朝謁行於沮洳則躡芒鞋呂元直時爲宰相顧同列戲曰草屨便將爲赤舃既而傍舟水深乃積稻稈以進參政范覺民曰稻稭聊以當沙堤

油通四方可食與然者惟胡麻爲上俗呼脂麻言其性有八拘謂雨暘時薄收大旱方大熟開花向下結子向上炒焦壓榨才得生

沖鼻吏明謂鐵針乃澀也而河東食大麻油氣臭與荏子皆堪作雨衣陝西又食杏仁紅藍花子蔓菁子油亦以作燈䄇弢以蔓菁子薰目致失明今不聞爲患山東亦以蒼耳子作油此當治風有益江湖少胡麻多以桐油爲燈但烟濃汙物畫像之類尤畏之沾衣不可洗以冬瓜滌之乃可去色淸而味甘悞食之令人吐利飲酒或茶皆能蕩滌蓋南方酒中多灰爾嘗有婦人悞以膏髮粘結如椎百治不能解竟雖去之又有旁毗子油其根即烏藥村落人家以作蓐火其烟尤臭故城市罕用烏桕子油如脂可灌燭廣南皆用處婺州亦有潁州亦食魚油頗腥氣宣和中京西大歉人相食煉腦爲油以食販於四方莫能辨也

定州織刻絲不用大機以熟色絲經於木杼上隨所欲作花草禽獸狀以小梭織緯時先留其處方以雜色綫綴於經緯之上合以成文若不相連承空視之如雕鏤之象故名刻絲如婦人一衣終

歲方就雖作百花使不相類亦可蓋緯綫非通梭所織也單州城武織薄縑修廣合於官度而重才百銖望之如霧著故浣之亦不紕疎鄢陵有一種絹幅甚狹而光密蠶出獨早舊嘗端午充貢涇州雖小兒皆能撚茸毛爲綫織方勝花一疋重只十四兩者宣和間一疋鐵錢至四百千又出偸鍮石鐵尺之類甚工巧尺一對至五六千番鑷子每枚兩貫邠州出綿紬鳳翔出鞍瓦其天生曲材者亦直數十緡原州善造鐵御鐙水繩隱花皮作鞍之華好者用七寶鎪飾以馬價珠多者費直數千緡西夏興州出良弓中國購得之每張數百千時邊將有十數獻童貫者河間善造篦刀子以水精美玉爲靶鈒鏤如絲髮陳起宗爲齊慶機宜罷官至有數百副衢州開化山僻人爲魯而製茶籠鐵鎖亦佳蘇州以黃草心織布色白而細幾若羅縠越州尼皆善織爲之寺綾者乃北方隔織耳名著天下婺州紅邊貢羅東陽花羅皆不減東北但絲縷中細不可與無極臨棣等比也

衛瓘家人炊飯墮地盡化爲螺歲餘及禍石崇家稻米飯在地經宿皆化爲螺人以爲滅族之應鄭注敗前柎中藥化爲蠅數萬飛去裴楷家炊黍在甑或變如拳或作血或作蕪菁子期年而卒

管中窺豹世人惟知爲王獻之事而其原乃魏武令中語也魏志注建安八年庚申令曰議者或以軍吏雖有功能德行不堪任郡國之選故明君不官無功之臣不賞不戰之士治平尙德行有事賞功能論者之言一似管窺彪歟

唐初賊朱粲以人爲糧置碻磨寨謂啖醉人如食糟豚每覽前史爲之傷歎而自靖康丙午歲金狄亂華六七年間山東京西淮南等路荆榛千里米斗至數十千且不可得盜賊官兵以至居民更互相食人肉之價賤於犬豕肥壯者一枚不過十五斤全軀暴以爲腊登州范溫率忠義之人紹興癸丑歲汎海到錢唐有持至行

在猶食者老瘦男子廋詞謂之饒把火婦人少艾者名之百美羊小兒呼爲和骨爛又通目爲兩腳羊唐止朱粲一軍今百倍於前世殺戮焚溺飢餓疾疫陷墮其死已衆又加之以相食杜少陵謂喪亂死多門信矣不意老眼親見此時烏乎痛哉

釣絲之半繫以荻梗謂之浮子視其沒則知魚之中鈎韓退之釣魚詩云羽沉知食駛則唐世蓋浮以羽也

常袞集有謝賜緋表云內給事潘某奉敕旨賜臣緋衣一副幷魚袋玉帶牙笏等臣學愧聚螢才非倚馬典墳未博謬陳良史之官辭翰不工叨辱侍臣之列惟知待罪敢望殊私銀章雪明朱紱電映魚須在手虹玉橫腰祇奉寵榮頓忘驚惕蜉蝣之詠恐刺國風螻蟻之誠難酧天造則知唐時玉帶施於緋衣而銀魚亦縣於玉帶也

本朝宗室凡南班環衛官皆以皇伯叔姪加於銜上更不書姓雖

祖免外親亦然熙甯中始有換授外官者則去皇屬而加姓宣和中又并姓除之時以爲非靖康中乃復舊制常袞集載李譓除秘書監詞云昔劉向父子代典文籍今之秘寶豈可避親再從叔正議大夫守光祿卿同正員嗣澤王譓幼嗣藩國夙章忠孝蓋唐世非期親不加皇字雖出閤外任亦不著姓而以堂從載於銜上似爲得也然本朝宗子皆複名而連字宗派服屬見而知之又漢唐以來所勿逮者

趙叔問爲天官侍郎肥而喜睡又厭賓客在省還家常掛歇息牌於門首呼爲三覺侍郎謂朝回飯後歸第也

范覺民作相方三十二歲肥白如冠玉旦起與裹頭帶巾必皆攬鏡時謂三照相公

泉福二州婦人轎子則用金漆雇婦人以荷福州以爲僧擎至他男子則不肯肩也廣州波斯婦繞耳皆穿穴帶環有二十餘枚者

家家以篋爲門人食檳榔唾地如血北人嘲之曰人人多唾血家家盡篋門又婦女凶悍喜鬭訟雖遭刑責而不畏恥寢陋尤甚豈秀美之氣鍾於綠珠而已耶

關右塞上有黃羊無角色類獐鹿人取其皮以爲衾褥又夷人造咂酒以荻管吸於瓶中老杜送從弟亞赴河西判官詩云黃羊飫不羶蘆酒多還醉蓋謂此也

蔡京太清樓侍宴記云政和二年三月皇帝制詔臣京宥過省愆復官就第詔以是月八日開後苑宴太清樓召臣執中臣俁臣偲臣京臣紳臣居厚臣正夫臣蒙臣洵仁臣安中臣洵武臣俅臣貫於崇政殿賜坐命宮人盤鞠乃由景福殿西序入苑門詔臣京曰此跬步至宣和卽言者所謂金柱玉戶者也厚誣宮禁其令子攸掖入觀爲東入小花徑南度碧蘆叢又東入便門至宣和殿止三楹几案臺榻漆以黑下宇純朱上棟純綠繚飾無文采東西廡各有殿東曰瓊蘭西曰凝芳後曰積翠南曰瑤林北曰玉宇後有沼曰環碧兩旁有亭曰臨漪華渚沼次有山殿曰雲華閣曰太寧左右躡道以登中道有亭曰琳霄次曰會春閣下有殿曰玉華玉華之側有御書榜曰玉洞瓊文之殿傍有種玉綠雲軒相峙臣京奏曰宣和殿閣亭沼潔齊清虛雅素若此則言者不根蓋不足卹曰午謁者引執中已下入女童樂四百靴袍玉帶列排場下宮人珠籠金玉束帶秉扇拂壺巾劍鉞執香毬擁御牀以次立酒三行上顧謂羣臣曰承平無事君臣同樂宜略去苛禮飲食起居當自便無間已而羣臣盡醉京又爲皇帝幸鳴鑾堂記曰宣和九年九月金芝生道德院二十日皇帝自景龍江泛舟由天波溪至鳴鑾堂淑妃從臣京朝堂下移班拜妃內侍連呼曰妃答拜臣欲謝內侍掖起膝不得下上曰今歲四幸鳴鑾矣臣頓首曰昔人三顧堂成巳六幸千載榮遇鳴鑾固卑陋且家素窶無具願留少頃使得伸

尊奉意上曰爲卿從容臣退西廡視庖膳上爲舉筯屢釂歡笑如家人又遣使持瑪瑙大杯賜酒遂御西閣親手調茶分賜左右妃亦酌遺賜道由臣堂視臥內嗟其弊惡步至芝所上立門屏側語臣曰不御袍帶不可相見可去冠服臣惶怖曰人臣安敢罪當萬死上曰既爲姻家譴君臣禮當敍親上親酌手持橄欖以賜時屏內御座有嬪在側咫尺不敢望衆譁曰妃也妃與顧遽起立臣附童貫致禮乃奏乞遣貫爲妃壽上乃酌酒授貫妃飲竟上又酌爲妃酹酒上調羹妃剖橙榴折芭蕉分餘甘遺臣婢童餘賜曰主上每得四方美味新奇必賜師相無頃刻廢忘諭師相知無忘臣懷感歎謝上又賜酒命貫酌曰可與貫語貫爲臣言君臣相與古今無若者臣嗚咽嗟惜因語身危非主上幾不保如今日大理魏彥純事是也貫遽以聞上駭曰御卿若此小人猶敢爾咋岳山對請窮治彥純已覺其離間故罷山尹事朕豈以一語罪卿小人以細

故羅織耳亟索紙卽屏上草詔釋彥純聶山知安州上又命酒使貫陪遂醉諸孫掖出京之敍致覼縷如此不特欲夸耀於世又將以恐動言者然不知皆不足恃而榮也適足以爲國家之辱焉特以其居尙露土木賜紫羅萬疋使治帘幕而京之獻遺亦數十萬紹後戶部侍郎王蕃發之究治皆摧貨務錢也所謂天波溪者由景龍保籙宮循城西南以達京第其子絛上書其父謂今日恩波他年禍水而小民謠言十不羡中萬乘官家渠底串者是也

自中原遭胡虜之禍人死於兵革水火疾飢墜壓寒暑力役者蓋不可勝紀而避地二廣者幸獲安居連年瘴病至有滅門如平江府洞庭東西二山在太湖中非舟檝不可到胡騎寇兵皆莫能至然地方共幾百里多種柑橘桑麻餬口之物盡仰商販紹興二年冬忽大寒湖水遂冰米船不到山中小民多餓死富人遣人負載蹈冰可行遽又冰折陷而沒者亦衆泛舟而往率遇巨風激水舟

皆卽冰凍重而覆溺復不能免又是歲八月十八日錢唐觀潮往者特盛岸高二丈許上多積薪人皆乘薪而立忽風駕洪濤出岸激薪崩摧死者又數百人衢州開化縣界嚴徽信州之間萬山所環路不通驛部使者率數十歲不到居人流寓恃以安處三年春偶邑人以私怨告衆事魔有白馬洞繆羅者殺保正怒其乞取其弟四六者輒衣赭服傳布喧動至遣官兵往捕一方被害七夕日興化軍忽大水城內七尺連及泉州界漂千餘家前此父老所不記蓋九州之內幾無地能保其生者豈一時之人數當爾耶少陵謂喪亂死多門信矣

范文正公四子長曰純佑材高善知人通兵書學道家能出神一日方觀坐爲妹壻蔡交以杖擊戶神驚不歸自爾遂失心然居喪猶如禮草文正行狀皆不悞失至其得疾之歲卽書曰自此天下大亂遂擲筆於地蓋其心之亂也有子早世存一孫女喪夫亦病狂嘗閉於室中窗外有大桃樹花適盛開一夕斷檻登木食桃花幾盡明旦人見其裸身坐於樹杪以梯下之自是遂愈再嫁洛人奉議郎任諝以壽終

建炎後俚語有見當時之事者如仕途捷徑無過賊上將奇謀只是招又云欲得官殺人放火受招安欲得富趕著行在賣酒醋

興化軍莆田縣去城六十里有通應侯廟江水在其下亦曰通應地名迎仙水極深緩海潮之來亦至廟所故其江水鹹淡得中子魚出其間者味最珍美上下十數里魚味卽異頗難多得故通應子魚名傳天下而四方不知乃謂子魚大可容印者爲佳雖山谷之博聞猶以通印紫魚爲披緜黃雀之對也至云紫魚皆上通三印則傳者益誤正可謂一麾爲比矣以子名者取子多爲貴也

紹興三年八月浙右地生白毛韌不可斷時平江童謠曰地上白毛生老小一齊行臺臣論其事因下求言之詔宰相呂頤浩由此

以罪罷按晉志武帝咸康初孝武太元二年十四年地皆生毛近白祥也孫盛以爲人勞之異其後征伐徵斂賦役無寧歲天下勞擾百姓疲怨焉時軍卒多虜掠婦女人有四三每每隨軍而行謂之老小方韓劉自建康鎭江更戍旣而劉移屯池州韓復分軍江寧江寧王瓊往湖南岳飛自江外來行在卽至九江郭仲荀赴明州老小之行已數十萬人也

白樂天詩云歲盞能推藍尾酒辛盤先勸膠牙餳又云三盃藍尾酒一楪膠牙餳而東坡亦云藍尾忽驚新火後樂天寒食詩云三杯藍尾酒遨頭要及浣花前成都太守自正月二十出遊至四月十九日浣花乃止皆用藍字予嘗見唐小說載有翁姥共食一餅忽有客至云使秀才婪尾於是二人所啖甚微末乃授客其得獨多故用貪婪之字如歲盞屠蘇酒自小飮至大老大最後所餘爲多則亦有貪婪之意以餳膠牙俗亦於歲旦嚼琥珀餳以驗齒之堅脫故或用較字然二者又施之寒食豈唐世

與今異乎

兩浙婦人皆事服飾口腹而恥爲營生故小民之家不能供其費者皆縱其私通謂之貼夫公然出入不以爲怪如近寺居人其所貼者皆僧行也多至有四五焉浙人以鴨兒爲大諱北人但知鴨作羹雖甚熱亦無氣後至南方乃知鴨若止一雄則雖合而無卵須二三始有子其以爲諱者蓋爲是耳不在於無氣也

金人南牧上皇遜位虜將及都城乃與蔡攸一二近侍微服乘花綱小舟東下人皆莫知至泗上徒步至市中買魚酬價未諧估人呼爲保義上皇顧攸笑曰這漢毒也歸猶賦詩用就船魚美故事初不以爲戚

自古兵亂郡邑被焚毀者有之雖盜賊殘暴必賴室廬以處故須有存者靖康之後金虜侵陵中國露居異俗凡所經過盡皆焚毀如曲阜先聖舊宅自魯共王之後但有增葺莽卓巢溫之徒猶假崇儒未嘗敢犯至金寇遂爲煙塵指其像而詬曰爾是言夷狄之有君者中原之禍自書契以來未之有也

參政孟庾夫人徐氏有奇疾每發於聞見即舉身戰慄至於幾絕其見母與弟皆然母至死不相見又惡聞徐姓及打銀打鐵聲買物不得見有餘錢亦不欲留一文嘗有一婢使之十餘年甚得力極喜之一日偶問其家所爲業婢曰打銀疾亦遂作更不可見竟遂去之至於其他皆無所差失醫祝無能施其術蓋前世所未嘗聞也

甄徹字見獨本中山人後居宛丘大觀中登進士第時林攄爲同知樞密院當唱名讀爲堅音上皇以爲眞音攄辨不遜呼徹問之則從帝所呼攄遂以不識字坐黜後見甄氏舊譜乃徹之祖屯田外郎復所記云舜子商均封虞周封於陳爲楚惠王所滅至烈王時有陳適奔周王以爲忠將美其族以舜居陶甄之職命爲甄氏

皆適之後而居中山者於邯爲近按許愼說文甄匋也從瓦垔音居延反吳書孫堅入洛屯軍城南甄宮井上且有五色氣令人入井探得傳國璽堅以甄與己名相協以爲受命之符則三國以前未有音爲之人切者矣孫權即位尊爲武烈皇帝江左諸儒爲吳諱故以匋甄之甄因其音之相近者轉而音眞說文顚蹎瘨闐以眞爲聲烟咽以甄爲聲馴紃以川爲聲詵侁駪以先爲聲此皆先眞韻中互以爲聲也況吳人亦以甄爲旃則與眞愈近矣其後秦爲世祖苻堅隋爲高祖楊堅皆因吳音暫避其諱然秦有冀土止一十五年隋帝天下才三十七載避諱不久尋則還復既殊漢慶爲賀又異唐丙爲景字且不易惡能遽改故世處眞定者猶守舊姓奈何世俗罕識本音縱不以眞見呼又乃反爲堅字虗後從俗致汨本眞是用原正厥音參考世系敘爲家譜云予按千姓編通作二音而張孟押韻眞與甄皆之人切云舜陶甄河濱因以爲氏又稽延切而稽延之音訓察與免而不言陶與氏也堅自音經天切與甄之音異矣嘉祐中王陶作徹之曾祖說馬濟墓銘云甄以舜陶氏出於陳避吳苻隋時有爲甄南北溷訛姓音莫分本之於古乃識其眞

臨安府城中有七寶山車駕駐蹕時御史中丞辛炳殿中侍御史常同監察御史魏矼明橐周綱皆居其上人遂呼爲五臺山

車駕駐蹕臨安以府廨爲行宮紹興四年大享明堂更修射殿以爲享所其基即錢氏時握髮殿吳人語訛乃云惡發殿謂錢王怒即乘此座也時殿柱大者每條二百四十千足總木價六萬五千餘貫則壯麗可見言者屢及而不能止

紹興之後巨盜多命官招安率以宣贊舍人寵之時以此官爲恥然清流者寄祿官下皆有兼字至賊輩則無又加遙郡者盡以忠者處之其徒亦稍有辭者甚非曠蕩欲安反側之意也

古所謂媵妾者今世俗西北名曰祗候人或云左右人以其親近爲言已極鄙俚而浙人呼爲貼身或曰橫牀江南又爲橫門尤爲可笑

江南人謂社日有霜必雨丙辰春社繁霜覆瓦次日果大雨

朱希亮潁川人爲鄧州教官有喬世賢者恃才輕忽偶與朱相値遽問之曰君名希亮謂希何亮朱報云何世無賢今未問君名姓將何出喬愕不能答蓋古惟有橋姓而省木莫知其由至唐始有彝及知之或云匈奴貴姓也

予家故書有呂縉卿夏叔文集載淮陰節婦傳云婦年少美色事姑甚謹夫爲商與里人共財出販深相親好至通家往來其里人悅婦之美因同江行會傍無人卽排其夫水中夫指水泡曰他日此當爲證既溺里人大呼求救得其屍已死卽號慟爲之制服如兄弟厚爲棺斂送終之禮甚備錄其行橐一毫不私至所販貨得

利亦均分著籍既歸盡舉以付其母爲擇地卜葬日至其家奉其母如己親者是者累年婦以姑老亦不忍去皆感里人之恩人亦喜其義也姑以婦尚少里人未娶視之猶子故以婦嫁之夫婦尤歡睦後有兒女數人一日大雨里人者獨坐簷下視庭中積水竊笑婦問其故不肯告愈疑之叩之不已里人以婦相歡又有數子待己必厚故以誠語之曰吾以愛汝之故害汝前夫其死時指水泡爲證今見水泡竟何能爲此其所以笑也婦亦笑而已後伺里人之出卽訴於官鞫實其罪而行法焉婦慟哭曰以吾之色而殺二夫亦何以生遂赴淮而死此書呂氏既無而予家者亦散於兵火姓氏皆不能記姑述其大略而已

曆日中治水龍數乃自元日之後逢辰爲支卽是得寅卯在六日爲豐年之兆

楚州有賣魚人姓孫頗前知人災福時呼孫賣魚宣和間上皇聞之召至京師館於寶籙宮道院一日懷蒸餅一枚坐小殿已而上皇駕至徧詣諸殿燒香末乃至小殿時日高拜跪既久上覺微餒孫見之卽出懷中蒸餅云可以點心上皇雖訝其異然未肯接孫云後來此亦難得食也時莫悟其言明年遂有沙漠之行人始解其識

吳幵正仲著漫堂集載顧況老失子作詩云老人哭愛子淚下皆成血老人年七十不作多時別每誦詩哭之哀甚未幾復生子非熊能道前世事云在冥中聞其父哭幷詩不勝其哀懇於冥官復爲況子非熊仕至起居舍人宋明發晉叔紹興辛亥十月末在蒼梧失子其子未病時書窗壁皆作十月十日字既卒夢於其母且復爲子壬子十月十日於五羊復得子其事頗與非熊類可謂異矣晉叔賢厚是宜有子者予亦識晉叔宋城人丁巳歲爲浙西提舉市舶其室王氏亦淮陽人景融之女同老之孫也

太史公作伯夷傳但云伯夷叔齊孤竹君之二子也而論語音註引春秋少陽篇謂伯夷姓墨名允一名元字公信叔齊名智字公達夷齊謚也陸德明取之不知少陽篇何人所著今世猶有此書否如趙岐謂孟軻字則未聞而李翰註蒙求引史記云字子輿今觀史記則未嘗有劉孝標亦云子輿困臧倉之訴五臣註爲孟軻字也

沈存中筆談載雷火鎔寶劍而鞘不焚與王冰註素問謂龍火得水而熾投火而滅皆非世情可料予守南雄州紹興丙辰八月二十四日視事是日大雷破樹者數處而福慈寺普賢像亦裂其所乘獅子凡金所飾與像面皆消釋其餘采色如故與沈所書益相符也

淵聖皇帝以星變責躬詔云常膳百品十減其七放減宮女凡六千餘人則道君朝蓋以萬計矣見吳幵承旨摘文集

廣南俚俗多撰字畫以孥爲恩奎爲穩奀爲短如此甚衆又呼舅爲官姑爲家竹轝爲逍遥子女壻作駙馬皆中州所不敢言而歲除爆竹軍民環聚大呼萬歲尤可駭者

吳幵正仲云渠爲從官與數同列往見蔡京坐於後閣京諭女童使焚香久之不至坐客皆竊怪之已而報香滿蔡使捲簾則見香氣自他室而出靄若雲霧濛濛滿坐幾不相睹而無烟火之烈既歸衣冠芬馥數日不歇計非數十兩不能如是之濃也其奢侈大抵如此

廣州可耕之地少民多種柑橘以圖利嘗患小蟲損食其實惟樹多蟻則蟲不能生故園戶之家買蟻於人遂有收蟻而販者用豬羊脬盛脂其中張口置蟻穴傍俟蟻入中則持之而去謂之養柑蟻

信州弋陽海棠滿山村人至并花伐以爲薪廣南以根啖豬處州龍泉以筍亦然溫州四時有蘭各是一種衡州耒陽縣有桃一株結子而穠不甚實廣州有無核枇杷海南有無核荔支一枝嚴州通判廳下有花數種而合爲一樹云見於唐杜牧詩中宣和間欲移取屢矣卒以盤根不可徙而止然其花終無能名者

王介甫作韓魏公挽詩云木稼曾云達官怕山摧果見哲人萎時華山崩京師木稼爲中的人多不見木稼出處按舊唐書五行志開元十九年十一月二十二日雨木冰凝寒凍冽數日不解寧王見而歎曰詩云樹稼達官怕必有大臣當之其月王薨

窟磊子亦云魁磊子作偶人以戲嬉歌舞本喪家樂也漢末始用之於嘉會齊後主高緯尤所好高麗亦有之見舊唐音律志今字作傀儡子又笛漢武帝工丘仲所造云其元出於羌中篳篥本名悲篥出於胡中其聲悲亦云胡人吹之以驚中國馬云琵琶四絃漢樂也初秦長城之役有絃鼗而鼓之者及漢武帝嫁宗女於烏孫乃藏琴爲馬上樂以慰其鄉國之思推而遠之曰琵引而近之曰琶言其便於事也

張易之行成之族孫則天臨朝太平公主引其弟昌宗入侍昌宗薦易之器用過臣即令召見俱承辟陽之寵右補闕朱敬則諫曰臣聞志不可滿樂不可極嗜欲之情愚智皆同賢者能節之不使過度則前聖格言也陛下內寵已有薛懷義張易之昌宗固應足矣近聞尚食奉御柳模自言子良賓潔白美鬚眉左監門衞長史侯祥云陽道壯偉過於薛懷義專欲自進堪充宸內供奉無禮無義溢於朝聽臣愚職在諫諍不敢不奏則天勞之曰非卿直言朕不知此賜綵百段唐之舊書詳載斯語父子兄弟君臣薦進獻納如此亦可謂之穢史矣

易正義釋朵頤云是動義如手之捉物謂之朵也今世俗以手引小兒學行謂之多莫知其義以此觀之乃用手捉則當爲朵也

廣知 八卷

續博物志　林登

孫樵謂史書曰壘兵　後漢顯宗紀註以糖作狻猊形號猊糖

陸機賦掌漏官曰壺郎　何平叔謂屋角梁曰陽馬

後魏元兆能行治病有軍士女爲物所憑兆曰此畫妖也天下有至神之妖至靈之妖有在陸之精在水之魅以法治之乃黃花寺壁畫鬼祟

物類相感志嶺南多楓過雷雨則癭長三五尺如人狀謂之楓人

玉火唐東夷所貢色赤長如寸積之可以燃鼎置之室中不復挾纊

宣室志

明皇狩近郊射中大鹿張果曰千年仙鹿也漢武帝時有生獲此鹿者帝活之且命以銅牌識其年月果於左角上得一小牌

竇參爲御史中丞夢德宗以文錦半臂賜之解者曰半臂者股肱之衣也公其居股肱之位乎數日果拜相

李賀卒母夢賀曰上帝神仙之君也近遷都月圃建白瑤宮以某業於詞召與文士數輩共爲新宮記帝又作凝虛殿使某輩纂樂章今爲神仙中人甚樂願夫人無以爲念

韋臯生一月胡僧見之曰別久得無恙乎嬰兒若有喜色衆問其故僧曰此子乃諸葛武侯後身

太和中周生有道術方中秋月色澄瑩有數客來周曰我能挈月置之懷袖因取數百筯繩而架之曰我將此梯取月乃閉戶久之客步庭中伺之忽天地曛黑仰視又無纖雲俄聞生呼曰某至矣手舉其衣出月寸許一室盡明寒入肌骨食頃如初

進士曹唐以能詩名世嘗得句云水底有天春寂寂人間無路月茫茫忽見二素衣婦人閒冶徐步吟賞此句數日唐卒

有人見羣僧浴水中問之曰此玄陰池也又曰檀越可聽吾徒之梵音於是合聲而噪乃羣蛙也

元和初裴晉公征吳元濟至境上因發地得石刻有雞未肥酒未熟之語解者曰雞未肥無肉也肥去肉爲已酒未熟無水也酒去水爲酉破賊其在己酉乎後平蔡果以是日入城

博物志　谷神子

緱氏仙鶴觀道士皆精專法籙每年九月三日有一道士得仙至其夜皆不扃戶以求上升張竭忠爲縣令令勇者覘之見一黑虎入觀銜出一道士而去至明並無得仙者竭忠大獵格殺數虎或金簡玉籙或冠帔人髮骨甚多皆每年得仙道士也

獨異志　李元

李德裕奢侈每食一杯羹其費約錢三萬雜珠玉寶貝雄黃朱砂煎汁爲一過三煎即棄其滓

明皇問富人王元寶家財多少對曰請以一縑繫南山一樹南山樹盡臣縑未窮

賀知章乘醉賦詩問左右紙多少紙盡思窮

括異志　張師正（太常博士）

樂史爲西京留臺御史嘗夢帝召命俄見宮闕壯麗帝曰而主求嗣吾爲擇之少選一人至帝曰中原求嗣汝生勿辭頓首祈免者再三帝曰往哉遂唯而去旁拱立者曰此南岳赤腳李仙人也嘗酣於酒明年果生仁宗

天聖明道京師市井凡物之佳美者卽曰曹門好物之高大者卽曰曹門高景祐初仁宗册曹王女孫爲后

費孝成成都人取人生年月日時成卦爲之軌革後有卦影所譜皆衣冠祿位亦唐官次豈非唐之精象數者爲之歟

劉燁侍郎有別第在襄陽燁卒長子庫部又卒乃鬻其第爲茅處

士所得夜聞呼曰庫部來俄一人頂帽從數鬼叱茅曰我第爾何敢據速出無賈禍也凡三夕至其聲愈厲茅叱曰爾昔爲人今爲鬼矣尚恃貴氣敢爾耶若我擅居爾第宜迫我出爾子不肖不能保有先人舊廬售貨於我尙敢逐我耶言訖返叱令速出鬼遂遁去

祖異志

待制查道奉使高麗晚泊一山而止望見沙中有一婦人紅裳雙袒髻鬟紛亂肘後微有紅鬣查命水工以篙扶於水中勿令傷婦人得水偃仰復身望查拜手感戀而沒水工曰某在海上未省見此何物查曰此人魚也能與人姦處水族人性也

異物志

鸚鵡螺狀似覆盃頭如鳥頭向其腹視似鸚鵡故以爲名離殼出食飽則還殼中若爲魚所食殼乃浮出爲人所得質白而紫文如

鳥形故因其象鳥爲作兩目兩翼也

橘白赤花實皮馨香有味交趾有橘官長一人秩二百石主貢御橘

大秦國以琉璃爲牆

臨海異物志

狼猇民與漢人交關常夜爲市以鼻齅金知其好與惡

鹿魚長二尺餘有角腹下有脚如人足

海月大如鏡白色正圓常死海邊其柱如搔頭大中食肉正黑如小兒臂大長五寸中有腹無口目可炙食

曹叔雅異物志曰魚跳躍則蜥蜴於草中稍相依便共浮水上相合事竟魚還水底蜥蜴還草中

長安志

結麟樓七賢紀曰鬱華赤文與日同居結麟黄文與月同居鬱華

日精結麟月精又太上黄庭内景玉經曰高奔日月吾上道鬱儀結麟善相保梁丘子註曰鬱儀奔日之仙結鄰奔月之仙六典作結麟未知從何字

驪山在縣東南二里驪戎來居此山按土地記曰卽藍田山也天寶元年更驪山曰會昌山七載又改曰昭應山

南越志　沈懷遠

南越之地斗牛之分揚州之末土也南有大山是爲秦望又有石廣峻起壁立内有金簡玉字夏禹得之以知百川之理也

秦二世五星會於南斗牛南海尉任囂知其偏霸之氣遂有志焉病且死召眞定人趙佗行南海尉事故今呼爲尉佗漢高帝遣陸賈立爲南越王

北里志　孫棨唐翰林學士

平康里三曲妓中錚錚者多在南曲循牆一曲卑屑妓所居二曲中各有三數廳事擡花卉怪石盆池妓多假母俗呼爆炭應以難息之故故妓衰退者爲之諸女自幼丐育亦有良家子悞墮其中無以自脫諸母亦無夫未甚衰者悉爲諸邸將主之多有游惰者爲諸娼豢養號爲廟客保唐寺有講席多以月之八日諸妓相率聽焉皆納假母一緡然後能出或措大約同游則下婢納資於假母故保唐寺三八日士子極多有一嫗號汴州婆育數妓每召飲率以三鐶繼燭則倍之天水仙哥字降眞能歌與鄭舉舉爲席糾寬猛得所鄭舉舉巧談諧常有名賢醵飲乾符中狀元孫偓頗惑之與同年數人多在其舍與内妓之頭角者爲都知舉舉降眞是也曲中一席四鐶見燭則倍新郎君更倍故曰復分錢一日同年宴舉舉有疾不來令同年李師師爲酒糾狀元吟曰南行忽見李師師手舞如風令不疑任爾風流兼蘊藉天生不似鄭都知

翰林志　李肇

登翰苑者謂之凌玉清遡紫霄

翰林舊規云陸扆撰光院例榜於院堂云貴調金鼎解視草之煩勞出擁碧幢釋暖毫之羈束固人臣之極致亦翰苑之榮華至於察風俗於二方掌貨泉於三使其爲盛也抑又次焉各請出錢用光玉署

學士初入院賜馬一疋謂之長借馬大盈庫供帷褥瓊林庫供梳鏡

翰林盛事云王勃所至請託爲文金帛豐積人謂心織筆耕

續翰林志　蘇易簡

太宗曰詞臣實神仙之職也玉堂東西壁悉畫水以布之風濤浩渺瀛州之象也修篁皓鶴悉圖廊廡奇花異木羅植軒砌風傳禁漏月色滿庭眞入世之仙境新學士入院上事宣徽告報敕設儀鸞宿陳帟幕大官備珍饌設上尊酒茗悉至赴是設者止鳳閣舍

人餘不得預坐居是職者苟能節用以安貧杜門以省事探眞如之旨養浩然之氣來者瞻望其出處時君優假其顏色逍遙卒歲非神仙而何

國朝舊制有殿前承旨頗甚繁雜太宗以名稱混雜改爲三班奉職

廣志

木實曰檳榔樹無枝略如柱其顛生穟而秀生棘針重疊其下彼方珍之以爲口實亦出交趾

瓜之所出以遼東廬江燉煌之種爲美有魚瓜貍頭瓜蜜筩瓜女臂瓜羊骸瓜大如斛出涼州舊陽城御瓜有青登瓜大如三斗魁有桂枝花長二尺餘蜀地溫食瓜至冬熟

日及木槿也　蘅蕪香草魏武帝以藏衣巾　蕙草綠葉紫花魏武以爲香燒之　安息雀舉頭高八九尺張翅丈餘食大麥卵如甕

白玉美者可以照面出交州青玉出倭國赤玉出夫餘瑜玉玄玉水蒼玉皆佩用●

莫難珠其色黃生東夷又有明珠又有夜光大珠皆徑寸或圓二寸已上出黃支形至圓置之平地終日不停

方外志

于江魏之考城人嘗舉周易學究不遂慨然有超世之志醉則臥衢路或値雪則邏者戲以雪埋之其氣蒸然消釋盡去或値其宴坐從旁竊聽之潺潺然若流水之聲此蓋仙經所謂飛精入腦晝夜之間水聲潺湲不絕者是謂金丹第二轉之應也

張明者永靜農家子也有道人者呼去入牢山授以修煉內丹之法明後館於劉毅一日塞其兩楹間使毅立階阼上明袒臂中立頓撼支體俯而噦者數四忽仰而大呼噴吐一赤丸其大如橘霞彩四發時毅家人婦女皆竊窺之光芒射出隙間皆驚明卻立須臾復吸而吞之出謂毅曰此吾十五年之所養也翌日不告而去莫知所之

華陽國志

蜀中山川神祠皆種松柏太守王濬以爲非禮皆使燒除取其松柏爲舟唯不毀禹王及漢武祠

李勢時涪陵樂氏婦頭上生角長三寸凡三截之又氏馬氏婦姙身自脇下生其母無恙兒亦長育

周羣專心候天文家富多奴乃於庭中起一小樓令奴更上視氣見一氣卽白羣自上觀故所言多中

蜀有五丁力士能移山舉萬鈞每王薨輒立大石長三丈重千鈞爲墓志今石筍是也號曰筍里

周顯王之世蜀王有褒漢之地因獵谷中與秦惠王遇惠王以金

一笥遺蜀王王報珍玩之物物化爲土惠王怒羣臣賀曰天奉我矣王將得蜀土地喜

西域志

波羅奈斯國佛轉法輪處在此國也

摩訶賴國有阿耨達山王舍城在山東南竹園精舍在城西有佛六年苦行處

摩竭陀國正月十五日僧俗雲集觀佛舍利放光雨花

雞林志

龜山有佛龕林木盛邃傳云羅漢三藏行化至此滌齒楊枝插地或木淨水所着今爲清泉國人以佛法始興之地最所崇奉

高麗僧住寺修行者或犯戒律配白黑二山輕亦斥遣籍其子孫仍充受差役

僧娶婦者不得居寺

高麗善染采紅紫尤妙紫草大梗如牡丹擣汁染帛
高麗人多織席有龍鬚席藤席今舶人販至者皆席草織之狹而密緊上亦有小團花
高麗黃漆生島上六月刺取瀋色若金日暴則乾本出百濟今浙人號新羅漆
高麗王於國中出債收息有陳道人嘗入其國爲商云今以官奴求息俾之日納麤絲兒好者倍其收若得子則亦爲奴婢
高麗僧依摩禍者爲禪師法師衲甚精好

九域志

梁孝王自汴州築蓼隄至洛陽三百里　穀城神農嘗五穀於此名穀城　枌榆社漢高祖鄉社名　飛山越王時自海飛來　召伯甘棠樹在陝州府署西南隅　龍泉在延州牧龍川多產駿馬　華山神祠能興雲致雨　直市在耀州物無二價故以直市爲名　唐李德裕築琉璃城於漢源　小隴山一名隴坻其陂九迴上者七日乃至南充碧落觀唐神龍中見黃雲赤霧蓊然翳前後三日但聞斤斧之聲既霧散雲斂有宮化出　木母冢在光州乃木蘭卧也　鼓角山在蘄州每天欲雨即先鼓角鳴　錢塘在餘杭初爲瀾水所損州人華信自以私錢作塘捍海因名錢塘　奔牛堰在常州故老相傳古有金牛奔此故以名之
鐘山晉永嘉元年因水有大鐘泛上墜水中驗名是秦時樂器因以命名
玉女墩在宜春每天將雨即有五色雲氣湧出石間居人謂之玉女披衣　五孝子城昔有五孝子共居此城城在大名府

陳留志

陳留有陵樹鄉北有澤澤有天子苑囿有秦樂廄漢諸帝以馴養猛獸

陳留有萬人聚王邑破翟義積屍處

名山志

石門山兩巖間微有門形故以爲稱瀑布飛瀉丹翠交曜破石溪南二百里又有石帆修廣與破石等度質色甚同傳云古有人以破石之半爲石帆故名彼爲石帆此名破石

說郛卷第六終

說郛卷第七

諸傳摘玄

神仙傳

陶隱居遇神仙桓闓曰君之陰功著矣然所修本草用䖟蟲水蛭輩爲藥功雖及人而害物命以此一紀後方得解形而去

王次仲變篆爲隸始皇召之不至將殺之次仲化爲大鳥振翼而起使者拜曰無以復命恐見誅乃以三大翮墮與使者始皇因名其山曰落翮山

劉政有道術能以一人作千人千人作萬人又能噓水興雲聚壤成山刺地成淵

續仙傳

唐司馬承禎善篆別爲一體名金翦書隱居天台王霄峯號曰白雲子睿宗召見既歸朝士送以詩編爲白雲記

夏侯隱每登山渡水閉目美睡同行聞其鼾聲而行不蹉跌人謂之睡仙

異人丁約隱於卒伍韋子威師事之一日辭去謂子威曰郎君得道尚悶兩塵問其故約曰儒謂之世釋謂之刼道謂之塵

列仙傳

華山絕頂有石臼號玉女洗頭盆中有碧水未嘗增減

鉤弋夫人右手捲武帝發其手得玉鉤後害之殯尸不冷而香氣不絕者一月生子是爲昭帝帝即位更葬之棺空但有絲履云

仙傳拾遺

木公與玉女更投壺焉一投千二百梟設有入不出者天爲之噫（呼陵反）噓（嘗閉口而笑）梟而脫誤不接者天爲之笑

楊什伍廣漢什邡人有考治之法玄宗令尋太眞妃於東海蓬萊頂見之太眞妃曰我太上侍女隸上元宮聖上太陽朱宮眞人後一紀復合上皇因賜什伍名適幽

王氏神仙傳　杜光庭

王喬有三人有王子晉王喬有葉令王喬有食肉芝王喬皆神仙同姓名益州北平山上有白蝦蟆謂之肉芝非仙才靈骨莫能致也王喬食之得道今武陽有靈仙祠

高士傳　皇甫謐

嚴遵字君平賣卜成都市蜀有富民羅沖與之善問何以不仕遵曰無以自發沖爲具車馬衣糧遵曰吾病耳非不足也我有餘而子奈何以不足奉有餘沖曰吾有財萬金子無儋石乃云有餘謬矣遵曰不然吾前宿子家人定而役未息尚暝皆興晝夜汲汲未嘗有足今我以卜爲業不下牀而錢自至錢餘尚有數百塵埃厚寸不知所用此非有餘而子不足乎沖大慚退而嘆曰益我貨者

損我神生我名者殺我身亦不仕

高道傳　賈善翔

開元中文靖天師與司馬承禎各就枕忽聞小兒誦經聲泠泠如金玉天師窺之額上有小目如錢光照一席逼而聽之乃承禎腦中聲也

明皇問葉法善張果何人法善曰混沌初分白蝙蝠精也果嘗乘一白驢日行數萬里外即疊之其厚如紙置巾箱中以水噀之復成驢矣

高僧傳

高僧鬼戒行嚴潔常有一女子寄宿自稱天女以上人有德天遣我來勸勉其意鬼執志堅確一心無擾曰吾心若死灰無以革囊見試女乃淩雲而逝顧曰海水可生須彌可傾彼上人者秉心堅貞

孝子傳

原平墓下有數十畝田不屬原平每農月耕者袒裸原平不欲使慢其墳墓乃歸賣家資買此田三農之月輒束帶垂泣躬自耕犂

義熙中華寶父從軍時寶八歲其父語寶曰吾還當營婚冠值咸陽喪亂吉凶兩絕寶年六十不冠妻舉言流涕

展勤少失父與母居時多蚊勤臥母牀下以身當之

名臣傳

寇準貶雷州司戶道出公安翦竹插神祠前曰準心若負朝廷此竹必不生不然枯竹當再生其竹果生

元昊叛狄青屢將兵出戰四年間大小二十五陣八中流矢人呼爲狄大使上觀其儀表曰朕之關張也於是有狄萬之稱以一足以敵萬也

烈士傳

秦召魏公子無忌不行使朱亥奉璧一雙秦王大怒將朱亥著猛獸圈中亥瞋目視之眥裂血出濺猛獸終不敢動

荆軻爲燕太子謀刺秦王白虹貫日

益都耆舊傳

楊甲爲成都文學掾少治易曉占候忽有風起太守問甲甲曰方有薦木實者色黃赤頃之五官掾獻橘數苞

長沙耆舊傳

南陽太守張忠曰吾年往志譊譬如八百錢馬死生同價太尉壽少過相師相師曰凡鼻爲氣戶君鼻大貴之象

陳留耆舊傳

圉人魏尚高帝時爲太史有罪繫詔獄有萬餘頭雀集獄棘樹上拊翼而鳴尚占曰雀者爵命之祥其鳴即復也我其復官也有頃詔還故官

汝南先賢傳

鄭居居於蟻陂之陽以漁釣自娛彈琴詠詩常方坐於陂廁以蒹葭爲席常隨於杞柳之陰

周燮好潛養靖志唯典籍是樂有先人草廬在於東坑其下有陂魚蚌生焉非身所耕食則不食也

廣州先賢傳

丁密蒼梧人非家織布不衣非己耕種菜粟不食

陳留風俗傳

小黃縣者宋地黃鄉也沛公起兵野戰喪皇妣於黃鄉天下平定乃使使者以梓宮招魂幽野於是丹蛇在水自洒躍入於梓宮其浴處有遺髮故謚曰昭靈夫人

浚儀有師曠倉頡城城上有列仙吹臺

扶南傳

南海郡多荔枝樹荔枝爲名以其結實時枝弱而蒂牢不可摘取以刀斧剶取其枝故以爲名

杜蘭香別傳

杜蘭香自稱南陽人以建興四年春數詣張傅傅年十七望見車在門外婢通言阿母所生遣授配君君不可不敬從傅先改名碩碩呼女前視可十七八說事邈然久遠有婢子二人大者萱支小者松支鈿車靑牛上飲食皆備作詩曰阿母處靈岳時遊雲霄際衆女侍羽儀不出墉宮外飄輪送我來豈復恥塵穢從我與福俱嫌我與禍會至其年八月旦來復作詩曰逍遙雲霧間呼嗟發九疑流女不稽路弱水何不之出薯蕷子三枚大如雞子云食此令君不畏風波辟寒溫碩食二留一不肯令碩盡食言本爲君作妻情無曠遠以年命未合其小乖太歲東方卯當還求君蘭香降張碩碩問禱祀何如香曰消摩自可愈疾淫祀無益蘭香

以藥爲消摩

漢武內傳

武帝忽見靑衣女子曰七月七日王母暫來帝問東方朔此何人朔曰西王母紫蘭室女傳命往來至日帝盛服立階下夜聞雲中有簫鼓聲王母乘紫雲車駕五色班龍別有天仙身長一丈王母上殿自設精饌以盤盛桃七枚帝食之甘美母曰此桃三千年一結實王母命侍女王子登彈八琅之璈董雙成吹雲和之笛許飛瓊鼓靈虛之簧安法嬰歌六靈之曲帝叩頭曰徹受質不才沈淪流俗政事多缺兆民不和仰慕靈仙幸睹上聖是臣宿命合得度世母曰汝恣欲淫亂殺伐奢侈欲解脫三尸全身永久難可得也子但愛精握固閉氣吞液氣化爲血血化爲精精化爲液液化爲骨行之不倦一年易氣二年易血三年易脈四年易肉五年易髓六年易筋七年易骨八年易髮九年易形變化則道成道成則位

爲仙人吐納六氣口中甘香

王母遣侍女與上元夫人相聞劉徹好道適來視之見徹了了似可成進然形慢神穢五藏不淳肉多精少三屍攪亂恐非仙才客主對坐悒悒不樂夫人可蹔來須臾侍女返云阿環再拜上問起居遠隔絳河擾以官事遂替顏色近五千年先被太上帝君敕詣玄洲校定天元正是暫住如是當還時頃夫人至從官文武千餘人皆女子夫人可二十餘服赤霞之袍作三角髻餘髮散垂至腰戴九靈夜光之冠帶六山火玉之珮垂鳳文琳華之綬腰流黃揮精之劍

上元夫人謂帝曰汝好道乎數招方士登山祠神亦爲勤矣然汝胎性暴胎性淫胎性奢胎性酷胎性賊五者常舍於榮衛之中五藏之內若從今捨爾五性反諸柔善常爲陰德救濟死厄不泄精液齋戒勤儉鳴天鼓飲玉漿蕩華池叩金梁按而行之當有冀爾今阿母遷大道之重下降蟪蛄之窟屈寄盧之靈詐孤鳥之爼子厲之哉上元夫人曰阿母發紫臺之文賜八會之書五岳眞形雖睹妙理而無五帝六甲靈飛之符太陰六丁玉女之籙太陽六戊之書左乙東象之文右庚攝殺之律壬癸六道隱地八術丙丁入火九赤班符六辛月華之法六巳化形之方八稟十決長生紫書內脈中方凡十二事何以總攝萬精驅策百鬼帝曰願賜指授夫人曰扶廣山靑眞小童有此金書祕字相吉篇目幸加搜訪帝叩頭固請不已王母曰吾既賜徹眞形夫人告以十二事當爲成之夫人曰阿環初學道於廣都之丘倒景君無常先生授十二事二君曰初學道者聽四十年一傳得道者四百年一傳得仙者四千年一傳得眞者四萬年一傳阿環受書以來凡傳六十八女子固不可以授男也靑童小童所受者同文靑眞男官也即命侍女往扶廣山敕靑眞出六甲十二事來以授劉徹須臾侍女還捧八色

玉笈鳳文之蘊云弟子阿昌受教金書祕字十二事輒封一通阿昌近在帝所見上言劉徹者甚象山鬼哭於叢林孤魂號於異域淫酷自恣必不度世詎宜以術傳於行尸乎眞尊見敕不敢違耳王母歎曰此子誠多僭夫好道者精誠齋戒克己反善存眞守一行此一月除過一年上元夫人離席起立手執八色笈示帝母曰若汝反惡修善後三年十月再來告汝要道也

南窗下有人窺看帝驚問何人王母曰是汝侍郎東方朔我鄰家小兒性滑稽曾三來偷桃此子昔爲太上仙官令到方丈山但務遊戲擅弄雷電激波揚風致令蛟螈陸行山崩海竭太山謫斥使在人間近金華山二仙人及九疑君陳乞原之帝乃知朔非世俗之徒也

上元夫人自彈雲林之璈歌步玄之曲於是酒酣宴畢與王母同乘而去

帝乃信天下有神仙之事無如淫色之性殺伐不休受書六年意言自易以爲神眞見降必獲度世與起臺館勞弊百姓每事不從王母之深言上元之妙戒二眞遂不復來太初二年柏梁臺災眞形圖六甲五帝靈飛十二年靈光生經並燒失不存帝既焚書自知道喪其後東方朔一旦乘龍飛去帝愈懊恨

楊妃外傳

天寶四載册太眞宮女道士楊氏爲貴妃半后服進見之日奏霓裳羽衣曲　註按逸史云天寶初中秋羅公遠曰陛下能從臣月中遊乎取拄杖擲空爲大橋色如白金上行至月宮女仙數百素衣飄然舞於廣廷上問何曲曰霓裳羽衣也

是夕授金釵鈿合卻暑犀如意辟塵香雲母起花屏風舞鳳交煙香爐潤玉合歡條脫紫瓊杯玉竹水紋簟百花文石硯上又特賜紫金雙步搖親與插鬢上喜曰朕得楊氏女如得至寶製曲曰得寶子

明皇舊置五王帳與兄弟同處妃子竊寧王玉笛吹之故張祜詩云梨花靜院無人見閒把寧王玉笛吹因此忤旨放出妃泣謂中使曰妾罪萬死衣服之外皆至恩所賜唯髻與膚生從父母耳引刀剪髻一綹以獻上遽召歸

明皇覽漢武內傳時妃子後至以手整上衣領曰看何文書上笑曰莫問妃彊取讀之至飛燕身輕爲造水精盤令於宮人掌上歌舞又作七寶避風臺上曰爾則任風吹多少蓋妃子微有肌故也妃子曰霓裳一曲可掩前古

江陵種乳甘橘上種於蓬萊宮結實一百五十顆有一合歡實上與妃子持翫曰此果似知人意朕與卿一體所以合歡交趾進龍腦香有蟬蠶之狀波斯言老龍腦樹節方有之禁中呼爲瑞龍腦貴妃私發明駝持三枚遺安祿山明駝眼下有毛夜明日行五百里

華清宮有端正樓卽妃梳洗之所有蓮花湯卽妃沐浴之室

安祿山晚年益肥自稱重五百五十斤於明皇前旋舞如風上於勤政樓設大金雞障施大榻令祿山坐其下肅宗諫曰今古臣下無與君上同坐上曰渠有異相故禳之耳又嘗夜宴祿山臥化爲一猪而龍首左右遽告上曰猪龍無能爲也終不殺之卒亂中國

明皇幸蜀至馬嵬軍士殺楊國忠上使力士賜妃死妃泣曰願大家好住妾誠負國恩死無恨矣乞容禮佛帝曰願妃子善地受生力士遂縊於佛堂梨樹下纔絕而南方進荔枝到上長號使祭之妃時年三十八帝謂張野狐曰此去劍門鳥啼花落水綠山青無非助朕悲悼

術士李遐周先有詩曰燕市人皆去函關馬不歸若逢山下鬼環上繫羅衣燕市人皆去祿山悉薊門之士而來函關馬不歸哥舒

翰之敗潼關也山下鬼馬嵬也妃小字玉環及死力士以羅巾縊焉又妃常以假髻爲首飾好服黃裙天寶末謠云假髻拋河裏黃裙逐水流至此應焉

至德二年上皇自成都還密令中官移妃潛葬他所初瘞以紫褥裹之及是肌膚消釋胸前猶有錦香囊在

上居南內夜登勤政樓烟月滿目歌曰庭前琪樹已堪攀塞外征人殊未還聞里中隱隱如歌聲顧力士曰得非梨園舊人乎明日力士潛召問之果梨園弟子也其夜上皇與妃侍者紅桃歌妃所製涼州詞上因廣其曲今涼州流傳者益加焉

上皇復幸華清宮從官嬪御多非舊人至望京樓下命張野狐奏雨淋鈴曲上四顧淒涼自是聖懷耿耿但吟刻木牽絲作老翁雞皮鶴髮與眞同須臾弄罷寂無事還似人生一世中

方士楊幽通自云有李少君之術上皇命致貴妃神出天界沒地

府求之不見東絕大海跨蓬壺有洞戶署其門曰玉妃太眞院碧衣侍女詰其所從來方士稱天子使者延入妃出冠金蓮帔紫綃曳鳳舃問帝安否取金釵鈿合析其半曰尋舊好也方士請當時一事不聞於他人者爲驗不然恐負新垣平之詐妃曰驪山宮七夕上感牛女事密相誓曰願世世爲夫婦此特君王所知耳因自悲由此一念又不得居此復隨下界且結後緣或爲天或爲人決再相見上皇亦不久人間幸自愛無自苦耳上皇移入大內日悼妃子張后進櫻桃蔗漿並不食常玩一紫玉笛吹數聲有雙鶴下於庭徘徊而去上皇曰吾奉上帝命爲元始孔昇眞人此期可再會妃子耳笛可送與大收大收代宗小字也卽令具湯沐我就枕愼勿驚我俄聞鼻中有聲已崩矣

鄴侯家傳

李泌幼警敏賦詩譏楊國忠曰青青東門柳歲晏必憔悴國忠訴於帝帝曰賦柳譏卿則賦桃者爲譏朕可乎

明皇幸蜀德宗時年十五有父老曰太孫乃僭耳龍何畏賊乎

肅宗在靈武鑄印徵兵其文曰六合大同

泌謂肅宗曰臣絕粒無家祿位茅土皆非所欲收復京城後但枕天子膝睡一覺使有司奏客星犯帝座一動天文足矣泌少時身極輕能於屏風上行薰籠上立有異人云此兒十五必升騰父母惡之忽聞空中異香作蒜汁潑之恐其飛騰也既長辟穀每導引骨節珊然人謂之鏁子骨德宗播遷人多乏食無釀酒者後京師稍寧有一醉人衆觀以爲祥瑞德宗初議改元泌曰本朝之盛無如貞觀開元各取一字乃改號貞元

唐京師街衢乘大馬者行路之人皆識其名位乃給舍承郎大卿監以上否則貴臣及各鎭子弟郎官皆乘蜀馬遣捕或騎驢

泌謂盧杞姦邪德宗稱其小心泌曰小心乃姦臣之態

泌未相時宿內院人竊其鞋送德宗所帝曰鞋者諧也當爲弼諧事且諧矣

韓詩外傳　韓嬰

曾子仕於莒得粟三秉是時曾子重其祿而輕其身親沒之後齊迎以相楚迎以令尹晉迎以上卿是時曾子重其身而輕其祿

王子比干殺身以成其忠柳下惠殺身以成其信伯夷叔齊殺身以成其廉三子者皆天下之通士也

有大忠者有次忠者有下忠者有國賊者以道覆君而化之大忠也周公之於成王是也以德調君而輔之者次忠也管仲之於桓公是也以諫非而怨之下忠也子胥之於夫差是也偷合苟容持祿養交國賊也曹觸龍之於紂是也

齊桓公問管仲曰王者何貴曰貴天公仰而視天管仲曰所謂天非蒼莽之天也王者以百姓爲天

齊景公問晏子爲人何患曰患社鼠出竊於外入託於社灌之恐壞牆薰之恐燒木今君之左右出則賣君以取利入則託君以爲名此社鼠之患也公曰嗚呼豈其然人有市酒而甚美者置表甚長然至酒酸而不售問里人其故里人曰公狗甚猛人持器欲往者狗輒嚙之是以酒酸不售士欲白萬乘之主用事者皆迎而嚙之亦國之惡狗也左右者爲社鼠用事者爲惡狗此國之大患也」伯奇孝而棄於親隱公慈而殺於弟叔武賢而殺於兄比干忠而誅於君

魏文侯問孤卷子曰父賢足恃乎曰不足子賢足恃乎曰不足兄賢足恃乎曰不足臣賢足恃乎曰不足父賢不過堯而丹朱放子賢不過舜而瞽叟頑兄賢不過舜而象傲弟賢不過周公而管蔡誅臣賢不過湯武而桀紂伐望人者不至恃人者不久君欲治從身始人何可恃乎

孟子妻獨居踞孟子入戶視之白其母曰婦無禮請去之母曰非婦無禮乃汝無禮也禮不云乎將上堂聲必揚將入戶視必下不掩人不備也今汝獨燕私之處入戶不有聲令人踞而視之是汝無禮非婦無禮也孟子自責不敢去婦

楚有善相人者莊王召問焉曰臣非能相人也能相人之友者也觀布衣者其友皆孝弟篤謹家必日益身必日安所謂吉人者也觀事君者其友皆成信好善事日益官日進所謂吉臣者也人主朝臣多賢左右多忠國日安主日尊所謂吉主者也王曰善

孔子遊景山曰君子登高必賦小子願言者何期願丘將啓汝子路曰由願奮長戟盪三軍乳虎在後仇敵在前進救兩國之患子曰勇士哉子貢曰壯士列陣塵埃張天賜不持一尺之兵一斗之糧解兩國之難子曰辨士哉顏淵曰願相小國主以道制臣以德化君臣同心外內相應動作中道從容德禮言仁義者富言戰鬬者死子曰聖士哉大人出小子匿聖者起賢者伏回與執政則由賜焉施其能哉

孔子與子貢子路顏淵游於戎山之上孔子喟然嘆曰二三子各言爾志予將覽焉由爾何如對曰得白羽如雪赤羽如朱擊鐘鼓者聞於天下槃於地使由將而攻之惟由爲能子曰勇士哉賜爾何如對曰得素衣縞冠使於兩國之間不持尺寸之兵升斗之糧使兩國相親如弟兄子曰辨士哉回爾何如對曰鮑魚不與蘭茝同笥而藏桀紂不與堯舜同時而治二子已言回何言哉子曰回有鄙之心顏淵曰願得明王聖主爲之相使城郭不治溝池不鑿陰陽和調家給人足鑄庫兵以爲農器子曰大士哉由來區區汝何攻賜來便便汝何使願一得之官爲子宰焉

善御者不忘其馬善射者不忘其弓善爲上者不忘其下誠愛而利之四海之內闔若一家不愛而利子或殺父而況天下乎出則爲宗族患入則爲天下憂小人之行也

子路曰人善我我亦善之人不善我我亦不善之子貢曰人善我我亦善之人不善我我則引之進退而已耳顏回曰人善我我亦善之人不善我我亦善之三子所持各異問於夫子子曰由之所持蠻貊之言也賜之所言朋友之言也回之所言親屬之言也

修身不可不愼也嗜慾侈則行汚讒毀行則害成患生於忿怒禍起於纖微汚辱難湔洒敗失不復追不深念遠慮後悔何冀徼幸者伐性之斧也嗜慾者逐禍之馬也謾誕者趨禍之路也毀於人者困窮之舍也是故君子不徼幸節嗜慾務忠信無毀於一人則名聲常尊稱爲君子矣

軒渠錄一卷　宋呂居仁東萊先生

東坡知湖州嘗與賓客遊道場山屏退從者而入有僧憑門閫熟睡東坡戲云髡閫上困有客卽答曰何不對釘頂上釘去聲

強淵明字隱李除帥長安辭蔡太師蔡云公今喫冷茶去也強不曉而不敢發問親識間有熟知長安風物者因以此語訪之乃笑曰長安妓女步武極小行皆遲緩故有喫冷茶之戲

范直方師厚性極滑稽嘗赴平江會太守鄭滋德象問營妓之姸醜於師厚師厚以王蕙趙芷對德象云趙芷非不佳但面上髗骨高耳師厚云南方婦人豈有無髗骨者便錢大王皇后也少他那兩塊不得

米元章居鎭江常在甘露寺榜其所處曰米老菴甘露大火惟李衛公塔及米老菴獨存元章作詩云雲護衛公塔天存米老菴有戲之者每各添兩字云神護李衛公塔颯天留米老娘菴發元章母乃入內祇應老娘元章以母故命官

司馬溫公在洛陽閒居時上元節夫人欲出看燈公曰家中點燈何必出看夫人曰兼欲看游人公曰某是鬼邪

紹興十七年五月初臨安大雨雹太學屋瓦皆碎學官申朝廷修不可言雹稱爲硬雨

東坡有歌舞妓數人每留賓客飲酒必云有數箇搽粉虞候欲出來祗應也

米元章喜潔金陵人段拂字去塵登第元章見其小錄喜曰觀此名字必潔人也亟遣議親以女妻之

族婿陳氏頃寓嚴州諸子宦遊未歸偶族姪大琮過嚴州陳婿令代作書寄其子因口授云孩兒要劣㜷子又闐闐䆗䨮地且買一柄小剪子來要剪腳上骨茁(上聲)兒肐胝兒也大琮遲疑不能下筆婿笑云原來這廝兒也不識字聞者哂之因說昔時京師有營婦其夫出戍嘗以數十錢託一教學秀才寫書寄夫云窟賴兒娘傳語窟賴兒爺窟賴兒自爺去後直是忔憎兒每日根(入聲)特特地笑勃騰騰地跳天色汪(去聲)囊不要喫溫吞(入聲)蠖託底物事秀才沉思久之卻以錢還之云你且別處請人寫去與此正相似也窟賴兒乃子之小名

劉貢父爲館職節日同舍有令從者以書筒盛門狀徧散於人家貢父知之乃呼住所遣人坐於別室犒以酒炙因取書筒視之凡與貢父有一面之舊者盡易以貢父門狀其人既飲食再三致謝徧走巷陌實爲貢父投剌而主人之剌遂不得達

王齊叟字彥齡懷州人高才不羈爲太原掾官嘗作靑玉案望江南小詞以嘲帥與監司監司聞之大怒責之彥齡斂衽向前應聲答曰居下位常恐被人讒只是曾塡靑玉案何曾敢作望江南請問馬都監時馬都監者適與彥齡並坐馬皇恐亟自辨數既退詰彥齡曰某實不知子乃以某爲證何也彥齡笑曰且借公趁韻幸勿多怪

紹興辛巳冬女眞犯順米忠信夜於淮南劫寨得一箱篋乃是燕

山來者有所附書十餘封多是虜中妻寄軍中之夫建康教授唐仲友於樞密行府僚屬方圖仲處親見一紙別無他語止詩一篇垂楊傳語山丹你到江南艱難你那裏討箇南婆我這裏嫁箇契丹

莊綽季裕年未甚老而體極癯瘠洪析仲本呼爲細腰宮院子

戎幙閒談 一卷　　唐韋絢

贊皇公博物好奇尤善語古今異事當鎭蜀時賓佐宣吐亹亹不知倦焉乃謂絢曰能題而紀之亦足以資於聞見絢遂操觚錄之號爲戎幕閒談大和五年十一月二十三日巡官韋絢引

贊皇公曰予昔爲太原從事覩公牘中文水縣解牒武士彠墓前有碑元和中忽失龜頭所在碑上有武字凡十處皆鐫去之其碑高大於華岳碑且非人力拔削所及不經半年武相遇害

公又曰韓相自金陵入朝歲餘後於楊子江中有龜鼈滿江浮下而悉無頭此時韓相在城中莞人莫知其故

公又曰昨循州杜相說在此日異事頗多命書示僚佐其所言初到蜀年資州有方丈石走行盤礴數畝新都縣大道觀老君旁泥人鬚生數寸見者拔之俄頃又出都下諸處有栗樹樹忽結實食之味如李鹿頭寺泉水溢出及貓鼠相乳之妖果有蠻寇憑陵絢尋魏書述李勢在蜀欲滅頻有怪異成都北鄉有人望見女子入草注視之見物如人身有頭目而無手足能動搖不能言語又廣漢馬生角長寸半又馬生駒一頭二身六耳無目二陰一牝一牡又驢無毛飲食數日而死又江源地生草七八尺莖葉皆赤子青如牛角絢昨又見今副使司馬軍將何令宣說蠻欲圍城城門外有一人見一龍與水牛鬬俄頃皆滅又說李樹上皆生木瓜而空中不實

公又曰楊雄蜀王本紀言秦相張公子築成都城屢有頹壞時有

龜周旋行走巫言依龜行迹築之既而城果成

公又曰貞元中司勳郎中名迪即李景侍御之先人也德宗朝以美才頗有恩澤一日朝下歸第馬上昏昏如醉過其門不入馭者曰欲往何處既而君寤覺焉入宅謂其妻曰適者歸路怳惚如在夢中有二黃衫人引至一戶外且欲入中有人曰未來須待玉魚符下也既而如醒焉馬首已過於門矣此非人間也吾其能久乎後入朝朝堂之地無纖芥之物上龍尾道地上見一玉魚子光瑩奪目雕刻奇麗恐他人先得遽以袍袖裹之及歸馬上把玩至家與稚兒弄之殊忘須待玉魚符之事其妻在傍見之頗省其語潛不樂果數日而逝

牧豎閒談三卷　　蜀景渙賦圃吟牧豎

知邛州事龔穎建溪人也則眞君靖之遠孫眞君昇天之後渙嘗病耳聾曰恨蜀中無紫粉爲子修藥餌之立差因以尋常紫粉獻之龔笑曰非是此物言紫粉則蘇枋樹間自然蟲糞也是則渙錯認紫粉五十年矣

元和中成都樂籍薛濤者善篇章足辭辨雖無風諷教化之旨亦有題花咏月之才當時乃營妓之中尤物也元稹微之知有薛濤未嘗識面初授監察御史出使西蜀得與薛濤相見自後元公赴京薛濤歸浣花之人多造十色彩牋於是濤別模新樣小幅松花紙多用題詩因寄獻元公百餘幅元於松花紙上寄贈一篇曰錦江滑膩岷峨秀化作文君與薛濤言語巧偷鸚鵡舌文章分得鳳凰毛紛紛辭客皆停筆箇箇思君欲夢刀別後相思隔烟水菖蒲花發五雲高薛嘗好種菖蒲故有是句蜀中松花紙金沙紙雜色流沙紙彩霞金粉龍鳳紙近年皆廢唯十餘年綾紋紙尚在

近年有皇華奉命來至蜀中偶畜一子母胡孫似有靈性一日晴照人繫於庭樹胡孫方玩其子次忽有鳶飛下搏去其子只於舍上對其母啄其腦食其髓胡孫遙見號叫淚下三日不食哀鳴不已人皆閔之且解其絆胡孫徑於廚中取肉一片戴於頭上往中庭坐似有所伺逡巡鳶果至搏其肉胡孫兩手捉住便撦擘其翅急齧其腦食其髓衆人甚爲快意胡孫復來將上京去

豹隱紀談一卷　　宋無姓氏

杜工部詩云髮短何勞白顏衰肯更紅鄭都官云衰鬢霜供白愁顏酒借紅白太傅云鬢爲愁先老顏因醉後頳陳后山云髮短愁催白顏衰酒借紅語意相類必有定其優劣者

阮郎中贈妓詞云東風捻就腰支纖細繫的粉裙兒不起近來只慣掌中看忍教在燭花影裏　更闌應是酒紅微褪暗蹙損眉兒嬌翠夜深着兩小鞋兒靠那箇屏風立地

石次仲詠妓趨庭陳狀云醉紅宿翠髻嚲烏雲墜管是夜來不得睡那更今朝早起春風滿搦要支階前小立多時恰恨一番風雨

想應溼透鞋兒

吳興之水晶宮不載圖經刺史楊漢公九月十五日夜絕句云江南地暖少南風九月炎涼正得中溪上玉樓樓上月清光合作水晶宮後來林子中聞滕元發得湖州以詩賀何洵直邦彥曰清風樓下兩溪春三十餘年一夢新欲識玉皇香案吏水晶宮主謫仙人因爲故事

吳門風俗多重至節謂曰肥冬瘦年互送節物寓官顏侍郎度有詩云至節家家講物儀迎來送去費心機腳錢　渾閒事元物登時卻再歸

嘉定間平江妓送太守詞曰春色元無主荷東君着意看承等閒分付多少無情風與浪又那更蝶欺蜂妬算燕雀眼前無數縱使簾櫳能愛護到如今已是成遲莫芳草碧遮歸路看看做到難言處怕宣郎輕轉旌旗易歌襦袴月滿西樓絃索靜雲蔽崑城閬府

便恬地一帆輕舉獨倚闌干愁拍碎慘玉容淚眼如紅雨去與住兩難訴或云是蒲江盧申之作

嘉熙四年正月吳制使潛貼黃奏臣竊見錢唐建都百有餘年以陽陰言之海門巽水早晚兩潮今沙漲潮寒未必非天啓國家以轉移之機大有爲之會也況諜者所報多云金賊爲窺湖湘之計萬一不幸設有疎虞則去行都邵陽袁撫衢信而已臣以爲平江地勢寬闊物產富厚他日可爲臨幸之備蓋南斷長橋阻松江北決江湖之水以斷毗陵之路則不患無形勢因吳之饒則不患無穀粟團江海亡命則不患無兵而又去江不遠可以係屬人心收召豪傑有進之形無退之跡欲乞試入聖抱須作區處當軸者不欲無故遷都扼而不行實中吳萬姓之幸也

楊誠齋詩云天上歸來有六更蓋內樓五更絕柝鼓變作謂之蝦蟆更禁門方開百官隨入所謂六更者也外方則謂之攢點云

淳祐改元正月十九日理宗皇帝駕幸太學御筆云王安石謂天命不足畏祖宗不足法人言不足信此三語爲萬世之罪人豈宜從祀孔子朝廷合與削去於以正人心息邪說關係不小合議指揮有旨令國子監日下施行

徐參政淸叟微官時贈建寧妓唐玉詩云上國新行巧樣花一枝聊插鬢雲斜嬌羞未肯從郎意故把芳容半面遮吳履齋丞相賀新郎詞云可意人如玉小簾櫳輕勻淡佇道家妝束長恨春歸無尋處全在波明黛綠看冶葉倡條渾俗比似江梅淸有韻更臨風對月斜依竹看不足詠不足曲屏半掩春山簇正輕寒夜永花睡半攲殘燭縹緲九霞光裏夢香在衣裳賸馥又只恐銅壺聲促試問送人歸去後對一奩花影垂金粟腸易斷倩誰續

景定三年三月差人化遺骸疏云死於道路可憐幽滯孤魂示以津梁大發慈悲善念葬之野則露手露脚送之歸則無土無家聚是槩骸付之一火佛能救苦乃做看經道場鬼復爲人別去超生好處咦三月落花人世界一川流水佛慈航

身嘗靜退緣知止心不傾邪畏好還葛文康詩也人有能味其言以養其志必無意外之慮矣

自來巡尉下鄉擾人雖監司郡守亦不能禁止邇來尤甚京口旅邸中有戲效風雅之體作雞鳴詩曰雞鳴喈喈鴨鳴呷呷縣尉下鄉有獻則納雞鳴於塒鴨鳴於池縣尉下鄉靡有孑遺雞既鳴矣鴨既烹矣鑼鼓鳴矣縣尉行矣雞鳴三章章四句

天生好句未嘗無對俚俗之語得之爲難粟齋詩話載二對云死人身邊有活鬼強將手下無弱兵一云老手奮肐膊窮嘴餓舌頭今有一對亦可比擬如磨油拌生菜呷醋咬陳薑石湖居士戲用鄉語土俗以二至後九日爲寒燠之候故諺有夏至未來莫道熱

冬至未來莫道寒之語又夏至後一說云一九至二九扇子不離手三九二十七喫水如蜜汁四九三十六爭向露頭宿五九四十五樹頭秋葉舞六九五十四乘涼不入寺七九六十三夜眠尋被單八九七十二單被添夾被九九八十一家家打炭墼冬至後云一九至二九相喚不出手三九二十七籬頭吹觱篥四九三十六夜眠如露宿五九四十五太陽開門戶六九五十四貧兒爭意氣七九六十三布擦兩襤褸八九七十二貓狗爭陰地九九八十一犁耙一齊出范公吳人不免用鄉語

夢溪筆談 二十六卷　　宋沈括 字存中

學士院玉堂太宗皇帝曾親幸至今唯學士上日許正坐他日皆不敢獨坐故事堂中設視草臺每草制則具衣冠據臺而坐今不復如此但存空臺而已玉堂東承旨閣子窗格上有火然處太宗嘗夜幸玉堂蘇易簡爲學士已寢遽起無燭具衣冠宮嬪自窗格

引燭入照之至今不欲更易以爲玉堂一盛事

東西頭供奉官本唐從官之名自永徽以後人主多居大明宮別置從官謂之東頭供奉官西內具員不廢則謂之西頭供奉官

唐制兩省供奉官東西對立謂之蛾眉班

予及史館檢討時議密院劄子問宣頭所起予按唐故事中書舍人職掌詔誥皆寫四本一本爲底一本爲宣此宣謂行出耳未以名書也晚唐樞密使自禁中受旨出付中書卽謂之宣中書承受錄之於籍謂之宣底今史館中尙有故宣底二卷如今之聖語簿也梁朝初置崇政院專行密命至後唐莊宗復樞密使始分領政事不關由中書直行下者謂之宣如中書之敕小事則發頭子擬堂帖也至今樞密院用宣及頭子本朝樞密院亦用劄子但中書劄子宰相押字在上次相及執政以次向下樞密院劄子樞臣押字在下副貳以次向上以此爲別頭子唯給驛馬之類用之

學士院第三廳學士閣子當前有一巨槐素號槐廳舊傳居此閤者多至入相學士爭槐廳至有抵徹前人行李而強據之者予爲學士時目觀此事

諫議班前知制誥上若帶待制則在知制誥下從職也戲語謂之帶墜

內外制凡草制除官自給諫待制以上皆有潤筆物太宗特定潤筆錢數降詔刻石於舍人院每除官則移文督之在院官下至吏人院騶皆分霑元豐中改立官制內外制皆有添給罷潤筆之物

莊子云程生馬嘗觀文子注秦人謂豹曰程予至延州人至今謂虎豹爲程蓋言蟲也方言如此抑亦舊俗也

唐六典述五行有祿命驛馬湴河今人多不曉湴河之義予在鄜延見安南行營諸將閱兵馬籍有稱過范河損失問其何謂范河乃越人謂淖沙爲范河北人謂之活沙予嘗過無定河度活沙人馬履之百步之外皆動澒澒然如人行幕上其下足處雖甚堅若遇其一陷則人馬駝車應時皆沒至有數百人平陷無孑遺者或謂此卽流沙也又謂沙隨風流謂之流沙湴字書亦作埿蒲濫反按古文埿深泥也術書有湴河者蓋謂陷運如今之空亡也

世間鍛鐵所謂鋼鐵者用柔鐵屈盤之乃以生鐵陷其中泥封煉之鍛令相入謂之團鋼亦謂之灌鋼此乃僞鋼耳暫假生鐵以爲堅二三煉則生鐵自熟仍是柔鐵然而天下莫以爲非者蓋未識眞鋼耳予出使至磁州鍛坊觀煉鐵方識眞鋼凡鐵之有鋼者如麪中有筋濯盡柔麪則麪筋自見煉鋼亦然但取精鐵鍛之百餘火每鍛稱之一鍛一輕至累鍛而斤兩不減則純鋼也雖百鍊不耗矣此乃鐵之精純者其色淸明磨瑩之則黯黯然靑且黑與常鐵逈異亦有煉之至盡而全無鋼者皆繫地之所產

六十甲子有納音鮮原其意蓋六十律旋相爲宮法也一律含五音十二律納六十音也凡氣始於東方而右行音起於西方而左行陰陽相錯而生變化所謂氣始於東方者四時始於木右行傳於火火傳於土土傳於金金傳於水所謂音始於西方者五音始於金左旋傳於火火傳於木木傳於水水傳於土納音與易納甲同法乾納甲而坤納癸始於乾而終於坤納音始於金金乾也終於土土坤也納音之法同類娶妻隔八生子此漢志語也此律呂相生之法也五行先仲而後孟孟而後季此遁甲三元之紀也甲子金之仲黃鍾之商同位娶乙丑大呂之商同位謂甲與乙丙與丁之類下皆倣此隔八下生壬申金之孟夷則之商隔八謂大呂下生夷則也下皆倣此壬申同位娶癸酉南呂之商隔八上生庚辰金之季姑洗之商此金三元終若只以陽辰言之則依遁甲逆傳仲孟季若娶妻言之則順傳孟仲季也庚辰同位娶辛巳仲呂之商隔八生戊子火之仲黃鍾之徵金三元終則左行傳南方火也戊子娶己丑大呂之徵生丙申火之孟夷則之徵丙申娶丁酉南呂之徵生甲辰火之季姑洗之徵甲辰娶乙巳仲呂之徵生壬子木之仲黃鍾之角火三元終則左行傳於東方木如是左行至於丁巳中呂之宮五音一終復自甲午金之仲娶乙未隔八生壬寅一如甲子之法終於癸亥謂蕤賓娶林鍾上生太簇之類自子

至於巳爲陽故自黃鐘至於中呂皆下生自午至於亥爲陰故自林鐘至於應鐘皆上生予於樂論敍之甚詳此不復紀（甲子乙丑金與甲午乙未金雖同然甲子乙丑爲陽律陽律皆下生甲午乙未爲陰呂陰呂皆上生六十律相反所以分爲一紀也）

潁昌陽翟縣有一杜生者不知其名邑人但謂之杜五郎所居去縣三十餘里唯有屋兩間其一間自居一間其子居之室之前有空地丈餘卽是籬門杜生不出籬門凡三十餘年矣黎陽尉孫軫往訪之見其人頗瀟灑自陳村民無所能何爲見訪孫問其不出門之因其人笑曰以告者過也指門前一桑曰十五年前亦曾到此桑下納涼何謂不出門也但無用於時無求於人偶自不出耳何足尚哉問其所以爲生者曰昔居邑之南有田五十畝與兄同耕後兄之子娶婦度所耕不足贍乃以田與兄擕妻子至此偶有鄉人借得此屋遂居之唯與人擇日又賣一藥以供饘粥亦有時不繼後子能耕鄉人見憐與田三十畝令子耕之尚有餘力又與人傭耕自此食足鄉人貧以醫自給者甚多自食既足不當更兼鄉人之利自爾擇日賣藥一切不爲又問常日何所爲曰端坐耳無可爲也問頗觀書否曰二十年前亦曾觀書問觀何書曰曾有人惠一書册無題號其間多說淨名經亦不知淨名經何書也當時極愛其議論今亦忘之幷書亦不知所在久矣氣韻閑曠言詞精簡有道之士也盛寒但布袍草履室中枵然一榻而已問其子之爲人曰村童也然質性甚淳厚未嘗妄言未嘗嬉遊唯買鹽酪則一至邑中可數其行跡以待其歸徑往徑還未嘗傍遊一步也予時方有軍事至夜半未臥疲甚與官屬閑話軫遂及此不覺肅然頓忘煩勞

太常博士李處厚知廬州愼縣嘗有毆人死者處厚往驗傷以糟胾灰湯之類薄之都無傷跡有一老父求見曰邑之老書吏也知驗傷不見其跡此易辨也以新赤油繖日中覆之以水沃其屍其跡必見處厚如其言傷跡宛然自此江淮之間官司往往用此法

板印書籍唐人尚未盛爲之自馮瀛王始印五經已後典籍皆爲板本慶曆中有市之畢昇又爲活板其法用膠泥刻字薄如錢唇每字爲一印火燒令堅先設一鐵板其上以松脂蠟和灰紙之類冒之欲印則以一鐵範置鐵板上乃密布字印滿鐵範爲一板持就火煬之藥稍鎔則以一平板按其面則字平如砥若止印二三本未爲簡易若印數十百千本則極爲神速常作二鐵板一板印刷一板已自布字此印者纔畢則第二板已具更互用之瞬息可就每一字皆有數印如之也等字每字有二十餘印以備一板內有重複者不用則以紙貼之每韻爲一貼木格貯之有奇字素無備者旋刻之以草火燒瞬息可成不以木爲之者木理有疏密沾水則高下不平兼與藥相黏不可取不若燔土用訖再火令藥鎔以手拂之其印自落殊不沾汚昇死其印爲予羣從所得至今保藏

佩楚軒客談（一卷）　　元戚輔之（字友仁）

高疎仙居玉峯山四畔皆幽蘭日采數十花酌明水箋離騷自謂靈均有知當領吾意也

端淳間薦紳四絕楊嗣翁琴趙中父棊張溫夫書趙子固畫（嗣齋敍守寄溫夫字郎之子固號彝齋）　木瀆張思聰撫古帖自名鳳鳳翻身　杭社試燈花詩周弁翁擅場云燈花不結三春夢零落空餘寸草心（周密字公謹）　趙碧瀾由祚字右之琴爲雪夜冰　安溪山多竹雞山中人云春食蘭花　樵李天聖寺有唐宣宗墨跡御題羅漢本府庠有父已爲潘昉字廷堅紫岩有鶴字紫卿　李龍字和父荷澤人家吳與三匯之交效元白爲歌詩不樂仕進年登耆期自銘墓云孰生予孰死予予自不知爲文之徒詩之徒今瘞於斯孰知伯道之無兒未幾死趙文曜爲誌葬之河道兩山間梅樹百株趙德符題其碣曰

宋詩人雪林李君之墓　子固謂姜堯章爲書家申韓　吳琚節使蓄雷氏琴號九霄環珮　周弁翁釀白醪字曰秋玉　金應桂字一之雅標度能歐書受知賈似道晚居西湖南山中築薜蘿山房左弦右琴中設圖史古奇器客至撫摩諦玩清談纚纚不得休每肩輿入城府幅巾氅衣望之若神仙然

丙子之變宮娥多北遷有王昭儀下張瓊英題滿江紅於南京夷山驛云太液芙蓉渾不似丹青顏色常記得春風雨露玉樓金闕名播蘭簪妃后裏暈生蓮臉君王側忽一聲鼙鼓拍天來繁華歇龍虎散風雲滅千古恨憑誰說對山河百二泪痕沾血客館夜驚塵土夢宮車曉轉關山月問嫦娥垂顧肯相容同圓缺

浩然齋有古龍涎香自復古睿思東閣瓊英勝古清觀清燕閱古以下凡數十品

季宗元云中原人以黃華（王庭筠字子端）爲玉祕猶江南珍溫夫也（張即之）然

明昌中任仲謀字亦淳無江南鋒稜澆薄氣

又云俗以鏡臍懸玉籤但知爲美觀至見銅滑綠處兩強不相下以數千載傳世出土物寶之不足一旦磨蕩壞之有餘

鏤花香印東京有戚順者極其環異嗣後羅昇趙彥先葉東張彥使馬王敎之亦工緻　續曲洧舊聞酒名　玉井秋香　薌林秋露（向伯芳子恭新）　黃嬌（段子尚新）　萼綠春（范才元）　甕中雲（易殺大夫）　清無底　金盤露（阮腴老）　桃花雨（茅恕老）　銀光（胡長文）　雲露（范至能）　桂子香（楊萬里誠齋自釀名冷香）　孟氏在蜀時製十樣錦名　長安竹　天下樂　鵰團　宜男　寶界地　方勝　獅團　象眼　八搭韻　鐵梗衰荷　謝堂節使

有石刻千卷號爲金石友

故宮中用縷金合硫黃發燭名着合

半金銅虎漢兵制也背刻篆云某處發兵符腹上皆戊癸字

詩用虛字殊不佳中兩滿方好出處纔使唐已下字便不古又云歌曲八字一拍當云樂節非句也今樂不用拍板以鼓爲節當云樂鼓對用猶佳

張仲實爲時官作目云基高一著量減三分能書大字會篆碑文

張模菊存米老與時書自辨非顛也謂之辨顛帖

高續古東墅亭館名　秀堂　疎閣　分繡閣　足堂　雪廬　涼觀　聽雪齋　雪壑　魚莊　曆齋　清香館　綠漪　墨沼　疎寮　遊雅齋　蘭磴　藏書寮　集硯亭　朝霞　藻景亭　巖壑亭　光壁鄉　剡興亭　蓬萊觀　探春塢　霽雪亭　耶溪月　采蘭逕　陽月麓　雪凹　西崖　鼇峯　巖壑雲霞

鴨腳皮日休名曰玉蕖

唐宮中以診脈爲對脈

桂苑叢談　一卷

唐馮翊（字子休）

進士崔涯張祜自稱俠張祜下第後多客淮海嘗嗜酒侮謔時輩

或乘飲興即自稱俠二子好尚既同相與甚洽崔因醉吟俠士詩云太行嶺上三尺雪崔涯袖中三尺鐵一朝若遇有心人出門便與妻兒別由是往往播在人口崔張眞俠士也以此人多設酒饌待之得以互相推舉一旦張以計上牢盆使出其子授漕渠小職得堰俗號冬瓜人或戲之賢郎不宜作此等職張曰冬瓜合出祜子戲者相與大笑後歲餘薄有資力一夕有非常人裝飾甚武腰劍手囊貯一物流血於外入門謂曰此非張俠士居也曰然張揖客甚謹既坐客曰有一讎人十年莫得今夜獲之喜不可已指其囊曰此其首也問張曰有酒否張命酒飲之客曰此去三數里有一義士余欲報之若濟此舉則平生恩讎畢矣聞公義氣可假余十萬緡立欲酬之是余願矣此後赴湯蹈火爲狗爲雞無所憚張且不吝深喜其說乃扶囊燭下籌其縑素中品之物量而與之客曰快哉快哉無所恨也乃留囊首而去期以卻回及期不至五鼓

絕聲東曦既駕杳無蹤跡張慮以囊首彰露且非己爲客旣不來計將安出遣家人將欲埋之開囊出之乃豕首耳因方悟之而歎曰虛其名無其實而見欺之若是可不誡與爾後豪俠之氣無矣」

太尉朱崖公兩出鎮於浙右前任罷日遊甘露寺因訪別於老僧院公曰弟子奉詔西行祗別和尚老僧者熟於祗接至於談話多空教所長不甚對以他事由是公憐而敬之煮茗旣終將欲辭去公曰昔有客遺筇竹杖一條聊與師贈別亟令取之須臾而至其杖雖竹而方所持向上節眼鬚牙四面對出天生可愛且朱崖所寶之物即可知也別後不數載再領朱方居三日復因到院問前時拄杖何在曰至今寶之公請出觀之則老僧規圓而漆之矣公嗟歎者彌日自此不復見其僧矣太尉多蓄古遠之物云此杖是大宛國人所遺唯此一莖而方者也昔者友人嘗語愚云往歲江行阻風前去未得沿路野步望山嶺而去忽有蘭若甚多僧院覩客來皆扃門不納獨有一院大敞其戶一僧翹足而眠以手書空見客殊不介意友生竊自思書空有換鵝之能翹足類坦牀之事此必奇僧也直入造之僧雖強起全不樂客不得已而問曰先達有詩云天空翹足睡路險側身行和尚其庶幾乎僧曰貧道不知許事適者晝房門匙樣客不辭而出嗚呼彌天四海之談澄汰媸揚之對故附於此

葦航紀談五卷

錢塘西湖三賢兩處而皆有東坡先生其一在孤山竹閣乃香山居士白樂天和靖先生林君復東坡先生蘇子瞻三賢像中興建都孤山爲延祥觀而閣與像俱廢乾道五年郡守周淙建於水仙王廟之東廡親染其額蓋取坡詩配食水仙王之意後慶元間守臣趙從善於廟前湖隄下浚井以亭覆之名曰薦菊亦取坡詩一盞寒泉薦秋菊之意運諸所有三君石刻並附於堂中繼寶慶間袁彥淳尹天府請於朝依會稽金陵舊制遂即蘇隄中新亭增築圍地廣建堂室移水仙王廟三賢像於中前後布設亭軒以其石刻並分置於下大丞相魯國公書額爲西湖之壯觀其一在龍井壽聖院方圓庵東即趙清獻公問堂而爲三賢堂乃清獻公閱道蘇東坡辯才法師若訥像而寺在龍井之西北數里羣山中寺門有歸隱橋下有滌心沼遊人多不到彼是以少有語及者

戶部尚書沈公詵爲人寬厚嘗在刑曹有一兵卒患背疽乞告假公然之親爲合藥時旱蝗當致齋圓壇祭酬神猶叮嚀治藥內用酒公恐其貨酒不治藥又親爲治之使人持付服之愈其藥用瓜蔞一箇乳香沒藥各五錢甘草三錢用醇酒九盞煎取三盞臨服之時嚼沒藥一塊飲此酒極妙又在朝中所僦傳舍被鄰人予盜廳書司物詰之已付於有司公聞之適尙書趙公師睪尹天府公語趙公之子料院曰此人亦小仕宦子弟貧而至此望語師佐少寬斯人惟薄責之其鄰家子訟歸公又以錢米安其家後致政歸苕溪每值歉歲公即發己家租米市中出糶止依元直公自當斛斗每倍量與人或以錢密置米中鄉人不識公但云著青布衫道人量得米好其實乃沈公也

孔天瑞西資詩話云疎影橫斜水淸淺暗香浮動月黃昏不知和靖意偶到爲復愛其句取以詠梅也然唐人詩或林君復詩可否未必而句中有黃昏二字議詩者謂日斜爲黃昏非也此二字蓋亦兩字耳若謂日斜而詩不曰日黃昏而曰月黃昏蓋有源矣予嘗宿於月湖外家其家有堂植梅竹因曰雙淸予至每宿於此而花盛開其香發於四鼓後起視日已西下而月色此當午時而黃更昏正此時已五鼓矣非獨此花言應有香之花皆然薝蔔古有賦惱人惟是夜深梔子香濃非云夜淺而云夜深亦此意也蓋謂晝午後陰氣用事而花斂豔藏香夜午後陽氣用事而花敷蕊散

香耳以此知黃昏乃夜深也

天佛有六通神仙有五通比佛而不能慧而人有四通謂富則身通貴則詩通窮理性通性定慧通持此語之陸放翁放翁深然之」大凡服治風藥不可食羊予目擊之不唯無效亦甚有所反江右楊萬里親語此嘗見人食至於死

作詞者流多用冤家爲事初未知何等語亦不知所出後因閱烟花記有云冤家之說有六情深意濃彼此牽繫寧有死耳不懷異心此所謂冤家者一也兩情相有阻隔萬端心想魂飛寢食俱廢此所謂冤家者二也長亭短亭臨歧分袂黯然銷魂悲泣良苦此所謂冤家者三也山遙水遠魚雁無憑夢寐相思柔腸寸斷此所謂冤家者四也憐新棄舊辜恩負義恨切惆悵怨深刻骨此所謂冤家者五也一生一死觸景悲傷抱恨成疾殆與俱逝此所謂冤家者六也此語雖鄙俚亦予之未聞耳

紹興庚寅天台水起雖城中亦被害及十分之七水退而官司各訪舊地忽主簿廳基衙出一朱棺正當廳治其簿朱公俾令移往山東掩瘞役夫開掘其地忽見一碣上有字云乾卦吉坤卦凶五百年逢朱主簿移我葬山東雖不知其爲誰而亦異其事遂移葬之

嘉泰間內臣李侯大謙於行都九里松玉泉寺側建功德寺役工數內漆匠章生者乃天台人也偶春夜出浴回於途中遇一老嫗挽入小門暗中以手摸壁隨嫗而行但覺是布爲幕轉經數曲至一室中使就物坐此嫗乃去繼有一尼攜燈而至又見四壁皆青赤衣幃遮護終不知何地此尼又引經數曲又至一室燈燭帷帳酒殽器皿一一畢備俱非中下人家所有之物章生見之驚異亦不敢問其所以且疑且喜尼師往將頃復至後有一婦人隨至容貌非常惟不冠飾章生畏懼尼師逼使共坐遂召前嫗命酒殽數杯此婦人更不一語尼師云已晚矣章生但懇禱尼師匠者無錢尼師終不顧允遂令就寢尼師執燈扃戶而去章生屢詢所來及姓名而斯人竟無一言疑爲瘖疾至鐘動其尼復至啓鑰喚起章生出令前嫗引出亦捫布壁而行覺至一門非先來所經此嫗令出街可至役所章生如夢寢中行至一街至晚即離所造之寺二里許後循路歸其董役者怪責不歸及具語此使徧訪之終不得其元所入門域衆皆爲遇鬼物而有一木匠云此固寵借種耳

朱無惑著萍州可談載孫馮元規治杭州悟空寺僧徒以殺人爲釁之事此仁宗朝事中興後紹興中臨安府崇新門外鹿苑寺乃殿帥楊存中郡王特建以處此地流寓僧一歲元宵側近營婦連夜入寺觀燈有殿司將官妻同一女觀燈乃爲數僧引入房中置酒盛饌勸令其醉遂留宿於幽室遽殺其母而留其女女不敢哀及半年三僧盡出其房後窗外乃是野地女因逼窗望之見一卒

在地打草因呼近窗下備語前事可急往某寨某將家報言可速取我卒乃如其言往報之將官即密告楊帥遂遣人告報本寺來日郡王自來齋合寺僧行人力亦齋本府自遣廚子排齋至是伺其坐定令每二卒擒下一僧又令擒盡合寺僧行人力盡縛之即仰百十卒破其寺果得其女見父號慟遂縛三人并主首送所屬依法施行而毀其寺遂去諸髡此亦悟空寺相類況婦人遊寺院有何所益而與之遊狎者又可怪爾

嘉禾方千里一日會相識張更生千里乃作一令戲之曰古人是劉更生今人是張更生手內執一卷金剛經問你是卵生胎生溼生化生張更生還千里令云古人是馬千里今人是方千里手內執一卷刑法志問你要五百里一千里五千里聞者莫不笑其切也

韓彥古時爲戶曹尚書孝宗皇帝問曰十石米有多寡彥古對曰

萬合千升百斗廿斛遂稱旨

錢唐遺事 十卷 元劉一清 武陵人

高宗誕三日徽宗幸慈寧后閤妃嬪捧抱以見上撫視甚喜曰謂后妃曰浙臉也蓋慈寧后乃浙人其後駐蹕於杭亦豈偶然

宋太祖次陳橋驛整軍從仁和門入高宗由海道過杭聞縣名仁和甚喜曰此京師門名也駐蹕之意始此

五代錢王射潮箭在臨安府候潮門左手數步昔江潮每衝激城下錢王以壯士數百人候潮之至以強弩射之由此潮頭退避後遂以鐵鑄成箭樣其大如杵作亭泥路之傍埋箭亭中出土外猶七尺許以示鎮壓之義然潮汛之來也常失故道臨安府置一司名修江司焉

賈相當國陳藏一作雪詞譏之詞曰沒巴沒鼻霎時間做出漫天漫地不論高低并上下平白都教一例鼓動滕神招邀巽二一任張威勢識他不破只今道是祥瑞卻是鵝鴨池邊三更半夜誤了吳元濟東郭先生都不管關上門兒穩睡一夜東風三竿暖日萬事隨流水東皇笑道山河元是我底詞名念奴嬌

度宗崩幼君諒陰榜第一名王龍潭二名路萬里三名胡幼黃京師為之語曰龍在潭飛不得萬里路行不得幼而黃醫不得

德祐乙亥五月太皇太后詔諭呂文煥等息兵通好詔曰賈似道專制朝政十有五年挾智行私矜己自用結怨軍民失信鄰國戰功當賞而不賞邊費當支而不支盡心力以守襄城者坐視不救備己財以增鄂兵者反受責言遂使諸將離心三軍解體比者請師出督畏死偷生不戰而逃莫知所在自古失律之師未有如此之繆者吾已節次明正其罪但念吾年七十抱病滋久嗣君幼沖煢煢在疚念北方之兵薄吾近地宗社危急不可以一朝居似道召禍至此老身幼主實受其殃因思爾文煥世受國恩久當事任

守城六載備殫勤勞爾奕爾文虎皆受先朝之知嘗任師巖之寄一時捨此度非本心三人在此豈能詎忘本朝之舊不念吾國之危茲用手披敷陳吾意爾三人為吾轉道此意於師相吾老幼雖不足念生靈何辜受此荼毒不知何道可以息民何辭可以通好於北朝以成南北之美意以紓社稷之近憂願亟為我圖俾王室不壞理宗在天之靈亦必降於爾衷故茲詔示想宜知悉呂文煥回本國書云報國盡忠自許初心之無媿居城守節豈圖末路之多差茲祈轉念昔日之功庶可少伸今日之款明公問信歸人欲言伏念某少服戎行壯臨邊徼干戈滿眼輕性命於鴻毛弓箭在腰繫死生於馬足不但驅馳於西北誓將屏蔽於東南幸以微勞屢收薄效至若襄城之計最為淮甸之危蠢茲無厭之戎指將必攻之地迅烈如水火之衝擊飄蕩如風雨之去來作一日為尤難居九年而可奈南向高築盡欲扼吾喉襟樊城盡屠其在翦我羽翼雖別也首先於犯順而焦然中苦於黨奸孤城其如彈丸謂靴尖之踢倒長江雖曰塹固欲提鞭而斷流凶燄如斯先聲屢至臣能死爾仰天而哭伏地而哀男既生埵析骸而爨易子而食倘冀廟堂之念我急會鄰郡之聚兵委病痛於九年之間案肌肉於羣虎之口因念張巡之死守不如李陵之詐降猶期後圖可作內應國手局敗留著此豈變尋常之機俗眼圖耳觀形奈不識驪黃之馬蓋使忠臣偶陷於夷狄從今絕意不念於鄉閭固知死也何補於生安有食焉不任其事因銜北命乃擁南兵視以犬馬報亦仇讎非曰子弟攻其父母不得已也尚何言哉今皇上亶其好生開以自新之路明公都督雖是問罪藹然念舊之情安敢固違永為背叛見今按兵不動臥轍不驚撫此良臣伏覩景命且秦穆公之赦殺馬在野人猶知報恩如齊威公之相射鉤願君子終無忌怨

雞林類事 三卷 宋孫穆 奉使高麗國信書狀官

高麗王建自後唐長興中始代高氏爲君長
傳位不欲與其孫乃及於弟生女不與國臣爲姻而令弟兄自妻
之言王姬之貴不當下嫁也國人婚嫁無聘財令人通説以來食
爲定或男女相欲爲夫婦則爲之
夏日羣浴於溪流男女無別瀕海之人潮落舟遠則上下水中男
女皆露形
父母病閉於室中穴一孔與藥餌死不送
國城三面負山北最高峻有溪山折貫城中西南當下流故地稍
平衍城周二十餘里雖沙礫築之勢亦堅壯
國官月六參文班百七十員武班五百四十員六拜蹈舞而退國
王躬身還禮稟事則膝行而前得旨復膝行而退至當級乃步國
人卑者見尊者亦如之其軍民見國官甚恭尋常則胡跪而坐官
民子拜父父亦答以半禮女僧尼就地低頭對拜

夷俗不盜少爭訟國法至嚴追呼唯寸紙不至卽罰凡人詣官府
少亦費米數斗民貧甚憚之有犯不去巾但褫袍帶杖笞頗輕投
束荊使自擇以牌記其杖數最苦執縛交臂反接量罪爲之自一
至九又視輕重制其時刻而釋之唯死罪可久甚者髀骨相摩
胸皮拆裂凡大罪亦刑部拘役也周歲待決終不逃其法惡逆及
罵父母乃斬餘止杖脅亦不甚楚有降或不免歲以八月論囚諸
州不殺咸送王府夷性仁至期多赦者或配送靑嶼黑山永不得
還
五穀皆有之粱最大無秫糯以粳米爲酒少絲蠶每一銀直羅十
兩故國中多衣麻苧地瘠唯產人參松子龍鬚布藤席白硾紙
日早晚爲市皆婦人挈一柳箱小一升有六合爲一刀（以升爲刀）以稗
米定物之價而貿易之其他皆視此爲價之高下若其數多則以
銀餅每重一斤工人製造用銀十二兩半入銅二兩半作一斤以
銅當工匠之直癸未年倣本朝鑄錢交易以海東重寶三韓通寶
爲記
方言天曰漢捺　日曰姮　月曰契（黑隙切）　雲曰屈林　風曰孛纜
雪曰敕　雨曰霏微　雪下曰敕耻凡下皆曰耻　雷曰天動
雹曰霍　電曰閃　霜露皆曰率　霧曰蒙　虹曰陸橋　鬼曰
幾沁　神曰神道　佛曰孛　僊人曰僊人　一曰河屯　二曰
途孛　三曰栖（斯乃切）　四曰迺　五曰行戌　六曰逸戌　七曰一
急　八曰逸答　九曰鴉好　十曰噎　二十曰戌沒　三十曰
戌漢　四十曰麻刃　五十曰舜　六十曰逸舜　七十曰逸短
八十曰逸頓　九十曰鴉訓　百曰醞　千曰千　萬曰萬
旦曰阿摻　午曰捻宰　暮曰占捺（或言占沒）　前曰訖載　昨日曰訖
載　今日曰烏捺　明日曰轄載　後日曰毋魯　約明日至曰
轄載烏受勢　凡約日至皆曰受勢明年春夏秋冬同　上曰頂

下曰底　東西南北同　土曰轄希　田曰田　火曰孛　山
曰每　石曰突　水曰沒　海曰海　江曰江　溪曰溪　谷曰
丁蓋　泉曰泉　井曰烏沒　草曰戌　花曰骨　木曰南記
竹曰帶　果曰果　栗曰監（鋪檻切）　桃曰枝棘　松曰鮓子南　胡
桃曰渴未　柿曰坎　梨曰敗　林禽曰悶子計　漆曰黃漆
菱曰質姑　雄白鵠試　雌曰暗　雞曰啄（音達）　鷺曰漢賽　鳩曰
于雄　雉曰雉賽　鴿曰弼陀里　鵲曰則寄　鶴曰鶴　鴉曰
打馬鬼　隼曰笑利彖畿　禽皆曰雀譯　雀曰賽（斯乃反）　虎曰監
（蒲南切）牛曰燒（去聲）　羊曰羊　猪曰突　犬曰家豨　貓曰鬼尼　鼠曰
鴽　鹿曰鹿　馬曰末　乘馬曰轄打（平聲）　皮曰渴翅　毛曰毛
角曰角　龍曰珍　魚曰水脫（剔曰切）　鱉曰园　蟹曰慨　鰒曰必
螺曰蓋慨　蛇曰蛇　蠅曰蠅　螘曰螻蟻　蝨曰祀　蚤曰
批勳　蟣曰側根施　墓曰蛇鏞　人曰人　主曰主　客曰孫

命官曰員理　士曰進(音佟切)　吏曰主事　商曰行身　工匠曰
把指　農曰宰把指　兵曰軍　僧曰福田　尼曰阿尼　遊子
曰浮浪人　丐曰丐剎　倡曰水作　盜曰案兒　倡人之子曰
故作　樂工亦曰故作(子多倡人為之)　稱我曰能(奴台反)　問爾汝誰何曰餧
篙　祖曰漢子祕　父曰了祕　母曰了彌　伯叔皆曰了查祕
叔伯母皆曰了子彌　兄曰長官　嫂曰長官漢吟　姊曰嫁
妹　弟曰了兒　妹曰了慈　男子曰沙喃　女子曰漢吟　自
稱其夫曰沙會　妻亦曰漢吟　自稱其妻曰細婢(亦曰陸替)　男兒曰
了姐(亦曰案記)　女兒曰寶姐(亦曰古召育替兒)　父呼其子曰了加　孫曰了寸曰
了姐　舅曰漢子祕　姑曰漢子彌　婦曰了寸　母之兄曰訓
鬱　母之弟曰次鬱　姨妗亦皆曰了子彌　頭曰麻帝　髮曰
麻帝核試　面曰捺翅　眉曰嫩步　眼曰嫩　耳曰瑰　口曰
邑　齒曰你　舌曰竭　面美曰捺翅朝勳　面醜曰捺翅沒朝
勳　心曰沁(音尋)　身曰門　胸曰軻　背曰腿馬末　腹曰擺　手

曰遜　足曰潑　肥曰骨鹽眞(亦曰骨易成)　瘦曰安里鹽骨眞　洗手
曰遜時蛇　凡洗濯皆曰時蛇　白米曰漢菩薩　粟曰田菩薩
麥曰祕　豆曰火　穀曰田麻帝骨　酒曰酥孛　醋曰生根
醬曰祕祖　鹽曰酥甘　油曰畿(入聲)林　魚肉皆曰姑記　飯
曰朴舉　餅曰模做　茶曰茶　湯曰湯水　飲酒曰酥孛麻蛇
凡飲皆曰麻蛇　暖酒曰蘇孛打里　凡安排皆曰打里　勸
客飲盡食曰打馬此　醉曰蘇孛速　不善飲曰本道安里麻蛇
熱水曰泥根沒　冷水曰時根沒　飽曰擺咱(土加反)　飢曰擺咱
安里　金曰鄔論義　珠曰區戍　銀曰漢歲　銅曰銅　鐵曰
歲　絲曰絲　麻曰麻　羅曰速　錦曰錦　綾曰菩薩　絹曰
及　布曰背　苧曰毛施　苧布曰毛施背　幞頭曰幞頭　帽
子曰幘　頭巾曰上倦　袍曰袍　帶曰腰帶(亦曰子帶)　褐皂衫曰

珂門　被曰尼不　袴曰珂背　裩曰安海珂背　裙曰裙　鞋
曰盛　襪曰背戍　女子蓋頭曰子母蓋　斜曰板捺　夾袋曰
男子木蓋　女子勒帛曰實帶　緜曰實　繡曰繡　白曰漢
黃曰那論　靑曰靑　紫曰質背　黑曰黑　赤曰赤　紅曰眞
紅　緋曰緋　染曰沒涕里　秤曰雌孛　尺曰作　升曰刀(音堆)
斗曰抹　印曰印　車曰車　船曰擺　席曰登(音席)　薦曰質薦
倚子曰馳馬　卓子曰食床　牀曰牀　燭曰火炬　簾曰箔(音登)
燈曰活黃　下簾曰箔恥具囉　匱曰枯孛　傘曰聚笠　扇曰
孛采　笠曰蓋(音滑)　梳曰篦(音必)　篦曰頻希　齒刷曰養支　合曰合
子　盤曰盤　瓶曰瓶　銀瓶曰蘇乳　酒注曰瓶碗　盞盤曰
臺盞　釜曰吃(枯吃反)　盆曰鴉救耶　鬲曰窣　碗曰已題　楪曰
楪至　盂曰大耶　匙曰戍　茶匙曰茶戍　箸曰折(之吉反)　沙羅
曰戍羅(亦曰敖耶)　硯曰皮盧　筆曰皮盧　紙曰捶　墨曰墅　刀子

曰割　剪刀曰剃子蓋　骰子曰節　鞭曰鞭　鞍曰末鞍　轡
曰轡頭　鼓曰濮　旗曰旗　弓曰活　箭曰薩(亦曰矢)　劍曰長刀
大刀曰訓刀　斧曰烏子蓋　炭曰蘇戍　柴曰孛南木　香
曰寸　索曰鄒(又曰朴)　索縛曰郁木香　射曰活孛　讀書曰赴
鋪　寫字曰乞核薩　畫曰乞林　榜曰柏子　寢曰作之興
曰你之　坐曰阿則家　立曰囉　臥曰吃寢　行曰欺臨　走
曰速行打　來曰烏囉　去曰匿家入囉　笑曰胡臨　哭曰胡
住　客至曰孫烏囉　有客曰孫集移室　延客入曰屋裏坐少
時　語話曰替黑受勢　繫考曰室打里　決罪曰滅知衣底
借物皆曰皮離受勢　問此何物曰設審　乞物曰念受勢　問
物多少曰密翅易成　凡呼取物皆曰都囉　相別曰羅戲少時
凡事之畢皆曰得　勞問曰雅蓋　生曰生　死曰死　老曰
刀斤　少曰亞退　存曰薩囉　亡曰朱幾　有曰移實　無曰

不鳥實　大曰黑根　小曰胡根　多曰㲉何支　少曰阿捺
高曰那奔　低曰捺則　深曰及欣　淺曰泥底

説郛卷第七終

説郛卷第八

玉澗雜書 十卷　宋葉夢得少藴 號石林縉雲人官尚書左丞

陶淵明作形影相贈與形釋之詩自謂世俗惑於惜生故極陳形影之苦而釋以神之自然形贈影曰願君取吾言得酒莫苟辭影贈形曰立善有遺愛胡可不自竭形累於養而欲飲影役於名白求善皆惜生之弊也故神之釋曰日醉或能忘將非趣齡具所以辨養之累曰立善常所忻誰當爲我譽所以解名之役雖得之矣然所致意者僅在趣齡與無譽不知飲酒而壽爲善而皆見知則神亦可汲汲而從之乎似未能盡了也是以極其知不過縱浪大化中不喜亦不懼應盡便須盡無復獨多慮謂之神之自然耳此釋氏所謂斷常見也此公天資超邁眞能達生而遺世不但詩人之辭使其聞道更盡一間則其言豈止如斯而已乎

陶通明既隱茅山自號華陽隱居復徧游名山每經澗谷必坐臥其間吟咏不已謂門人曰吾見朱門廣廈雖識其華樂而無欲往之心望高巖瞰大澤知難久止自常欲就之永明中求祿得輒差舛不然豈得今日之事乎通明仕齊本爲諸王侍讀永明十年脫朝服挂神武門上表辭祿而去自淵明以來誠未有其比也梁武受禪雖屢聘不至然猶援引圖讖合爲梁瑞以獻或者譏之吾謂通明本自曉曆數符讖者此乃素學未必有意附會讀詩苑英華載其答武帝問山中何所有一詩云山中何所有嶺上多白雲只可自怡悅不堪持贈君此事本傳不記吾山朱氏子作小閣於石橋之下與西山相面景物極幽邃一日往過之朱求閣名因爲談通明本末遂以怡雲名之云

陶隱居好聽松聲所居庭院皆種松每聞其響欣然爲樂吾玉澗道傍古松皆合抱每微風驟至淸聲琅然萬壑皆應若中音節或

中夜達旦意亦喜之謝靈運云何必絲與竹山水有清音山水之音何但與絲竹爭美便作葛天之樂有何不可晉人好爲人作目目李元禮曰謖謖如勁松下風劉眞長亦云人言王荆產佳此想長松下當有清風耳荆產王微問非元禮之比然蕭瑟幽遠飄飄拂虛谷之間自是王微風致而力排雲雨摵摩半空此非元禮誰可比擬山居常患無勝士往來每行松間時作此想便覺二人相去不遠

吾山有竹數萬本初多手自移今所在森然成林有䈬竹斤竹哺雞竹斑竹紫竹數十種略備而生筍最可食今歲自春不雨累月筍類不出顧頗念之四月初一日雨踰旬忽裂地迸出如拔亟取供庖而園人靳之甚請留以俟再出問其故云筍惟初出者讙成竹次出者多爲蟲所傷十不得五六乃悟老杜詩瓜須辰日種竹要上番成之意遂忻然許之王子猷聞人有竹徑造不問主人雖

爲脫略無所繫然有時而還則吾悅亦無幾李衛公童子寺竹日使人報平安不惟不得見將不免累其胸中正使無恙亦何所補此竹吾所已有且自守之日往來其間所得過二子遠也

唐以前人和詩初無用同韻者直是先後相繼作耳頃看類文見梁武同王筠和太子懺悔詩云仍取筠韻蓋同用路字十韻也詩人以來始見有此體筠後又取所餘未用者十韻別爲一篇所謂聖智比三明帝德光四方者比次頗新巧古詩用工初不在韻王筠蓋欲自出奇後遂爲格乃知史於諸文士中獨言筠善押強韻以此

詩本觸物寓興吟詠情性但能書寫胸中所欲言無有不佳而世多役於組織雕鏤故語言雖工而淡然無味與人意了不相關嘗觀陶淵明告儼等疏云少學琴書偶愛閑靜開卷有得便忻然忘食見樹木交陰時鳥變聲亦復懽然有喜嘗言五六月中北窗下臥遇涼風至自謂是羲皇上人此皆其平生眞意及讀其詩所謂孟夏草木長繞屋樹扶疏衆鳥欣有託吾亦愛吾廬既耕亦已種時還讀我書又微雨從東來好風與之俱直是傾倒所有借書於手初不自知語言文字也此其所以不可及人誰無三間屋夏月飽睡讀書藉木陰聽鳥聲而惟淵明獨知爲至樂則知世間好事人所均有而不能自受用者何可勝數吾今歲東軒自伐林間大竹爲小榻一夫負之可趨擇美木佳處即曲肱跂足而臥殆未覺有暑氣不知與淵明所享孰多少但恨無此詩耳

阮裕對王敦將無同三語人多不曉此直言無同耳將乃晉人發語之辭如陶淵明詩將非趣齡具謝靈運云將不畏影者未能忘懷之類蓋謂同生於異周孔老莊本自無異而不同

陶隱居掛朝服神武門事於當時本無意自是棄官欲去爾蘇子瞻倅錢唐時作詩常用此事後坐詔獄吏舉詩問所出子瞻倉卒

誤記本傳云見齊祚將衰故去不敢以實對即謬言往官鳳翔見壁間王嗣宗詩云欲掛衣冠神武門先尋水竹渭南村卻將舊斬樓蘭劍旋博黃牛教子孫云詩事本此實自作也舒信道諸人得之果大笑以謂未嘗讀陶傳因釋不問故至今傳此爲嗣宗詩復嘗再用云歸來趁別陶弘景看掛衣冠神武門

有山處常患無水雖有水而澗集不時亦不足貴此山左右兩大澗右有大塢歷圓證寺少折而東經先大夫塋前復折而西最盛左自桃花塢歷趙氏墓西至玲瓏山背又經朱氏墓南復折而西雖不及右澗之盛然冬夏亦未嘗竭二水皆會於石橋之下合流西出即張文規所名浮空潭也壬寅癸卯之冬春不雨連數月溪流減七尺城中井泉多涸而二泉獨如故朱氏小樓正在石橋下疊石束澗流跨橋其上與石橋相直殊可喜五月十一日既雨踰旬始霽與客往過之衆流參會自石橋奔衝而下雷奔電激坐語

幾不相聞客有嘗至廬州三峽橋者以爲絶似但差小耳明日夜出復再往風景清潤天無片雲覆流蘂竹交翳月光與竹颭鑠相照射濺流及衣裾不覺至夜分歸居山居來得此殆無幾也

魏文帝典論云大駕都許使光祿大夫劉松北鎭袁紹軍與紹子弟日共宴飲以三伏之際晝夜酣飲極醉至於無知云以避一時之暑故河朔有避暑飲吾嘗謂此非松好飲蓋自爲計耳方曹操時與袁紹子弟相從若不日飲安能使操不疑此不唯松爲身謀亦所以防紹子弟使不暇爲他圖也今人頗傳此故事遂謂酒眞能避暑者云方暑正晝輒極飲輒涼殊不可解不過醉而沈酣不知有暑耳然亦何足爲適世多言貴賤唯居寒有門所以禦之者矣至暑雖至貴無異賤此語良是非特無異而已觸熱趨事負擔從行賤者之常未必以爲甚苦而王公大人高居深屋交扇環繞每以爲未足則無往而不病熱歐陽文忠公嘗問杜祁公何以禦

暑曰唯靜坐可以避暑能爲祁公此見者幾人乎韓持國許昌私第涼堂深七丈每盛夏猶以爲不可居常潁士適自郊居來因問郊外涼乎持國詰其故曰野人自知無修簷大廈且起不畏車馬衣冠之役胸中復無他念露頂挾持三尺木杖視木陰東搖則從東西搖則從西耳語未竟持國亟止之曰汝勿言吾心亦涼矣

癸卯七月十二日夜天氣稍涼月色如霜雪予寓居溪堂當苕霅兩溪之會適自山中還葛魯卿亟相過因同泛舟掠白蘋亭度甘棠橋至魚樂亭少留步而叩門呼莫彥平尚未寢天無片雲夜氣澄澈星斗爛然俯仰上下微風時至毛髮森動莫居三面臨水爲城中居第之勝夾徑老柳參天百尺環以蓮蕩人於柳影荷氣中時聞跳魚潑剌水上復拉彥平剌舟逆水而上月正午徐行抵南郭門而還魯卿得華亭客餉白酒色如湩乳持以飲我旋呼兵以小舟吹笛相尾道傍居人聞笛聲亦有吹而相應者酒盡抵岸已四鼓矣因謂魯卿不知袁宏牛渚李太白采石亦復過此乎古今勝事但以流傳爲美諷詠不暇安知古人亦人耳足所登覽不在天上而不能自營之而況其他然今夕之景海內非無湖有湖之地此樂非吾三人亦不能也

昔人多喜言仲長統所爲史言其少不應州郡辟命常以名不常存人生易滅優游偃仰可以自娛欲卜居清曠以樂其志論曰云云斯言信美然吾以其行事本末考之統乃徒有是言耳蓋潘岳閑居賦之類實未嘗身爲之也既從荀彧舉得尚書郎輒不復辭則前日不就州郡之辟豈其本意後遂參曹操軍事不知果欲娛清曠保性命從操何求乎史之言統每論說古今及時俗行事常發憤歎息遂著昌言尤非所言退不得踐前言以安田里進又不擇所言以輕犯世故兩未見其有得統死年纔四十一幸其早耳不然恐未必能逃禰正平之禍時人謂之狂生信有以取之范曄

徒錄其言更不辨正後世遂槩以爲高世遠引之士李文饒知止賦云仲既以得清曠雖文饒猶然人固亦易欺耶

華陀固神醫也然范曄陳壽記其治疾皆言若發結於內針藥所不能及者乃先令以酒服麻沸散既醉無所覺因刳剖破腹背抽割積聚若在腸胃則斷湔洗除去疾穢既而縫合傅以神膏四五日創愈一月之間皆平復此決無之理人之所以爲人者以形而形之所以生者以氣也陀之用藥能使人醉無所覺可以受其刳割與能完養使毀者復合則吾所不能知然腹背腸胃既以破裂斷壞則氣何由舍安有如是而復生者乎審陀能此則凡受支解之刑者皆可使生王者之刑無所復施矣太史公扁鵲傳記虢庶子之論以謂治病不以湯液醴洒砭石橋引而割皮解肌訣脈結筋湔浣腸胃漱滌五藏者言古俞跗有是術耳非謂扁鵲能之也而世遂以附會於陀凡人壽夭死生豈亦醫工所能損益不幸疾

必死而爲庸醫所殺者或有之疾未有不可爲之疾可醫可活也方書之設本以備可治之疾使無至於夭傷而已扁鵲亦自言越人非能生死人也此當生者越人能起之耳故人與其因循疾病而受欺於庸醫好奇無驗之害不若稍知治身攝生於安樂無事之時以自養其天年也

杜子美詩無人竭浮蟻有待至昏鴉註引何遜詩城陰度塹黑昏鴉接翅飛此詩語意本不相類只是用昏鴉字耳乃知杜詩不妄下語如此遜詩世無完本今存者不見此句予讀類文見梁簡文帝詩云昏鴉接翅歸暮鵲搖翎上乃亦此句簡文與遜同時蓋古人好句多爲人所求或竊取之宋之問從劉希夷求年年歲歲花相似歲歲年年人不同之句不得遂使人以計殺之然此語吾未見佳處之問詩過此者自多何至是耶楊衡初隱廬山不求舉平生詩句有一一鶴聲飛上天最爲自負後因中表盜其文及第衡

乃自至闕下追之旣怒問一一鶴聲在否曰此句知兄最惜不敢輒偸衡始笑曰猶可恕矣蓋唐以前有此例也

今歲中秋初夜微陰不見月吾與周子集適自山中還是時暑猶未退相與散髮披衣坐溪上二更後雲始解剛三更遂洞澈澄爽月色正午溪面如鏡平月在波間不覺水流意甚蕭然並溪居人樓閣相上下時聞飮酒歌呼雜以簫鼓計人人皆以得極所欲爲至樂然不過有狂藥淫聲不失此時節耳安知吾二人眞有此月乎世多言李太白以醉入水捉月溺死此談者好奇之過太白對月能作今人不見古時月今月曾經照古人之句意氣本自超出宇宙對影三人雖醉豈復狂惑至此因舉寒山頌吾心如秋月碧潭淸皎潔無物堪比倫教我如何說四海今夕共爲中秋不知有一人能作此公見處否雪竇禪師初住洞庭翠峯寺道未甚行從學者無幾寺在太湖中所謂東山者嘗有詩云太湖四萬八千頃月在波心說向誰固自已有津梁斯道之意然月一也寒山以爲無物可比而不可說雪竇以爲無人可說而不說竟可說乎不可說乎吾不能奈靜聊復造此一重公案

司馬子微作坐忘論七篇一曰敬信二曰斷緣三曰收心四曰簡事五曰眞觀六曰泰定七曰得道又爲樞一篇以總其要而別爲三戒曰簡緣無欲靜心且謂得道者心有五時身有七候一動多靜少二動靜相半三靜多動少四無事則靜事觸還動五心與道合觸而不動謂之五時一舉動順時容色和悅二宿疾盆消身輕氣爽三塡補夭傷還元復命四延數千歲名曰仙人五鍊形爲氣名曰天人六鍊氣爲神名曰神人七鍊神合道名曰至人謂之七候道釋二氏本相矛盾而子微之學乃全本於釋氏大抵以戒定慧爲宗觀七篇之序可見而樞之所載尤簡徑明白夫欲修道先去邪辟之行外事都絕無以干心然後端坐內觀正覺一念起卽

須除滅隨起隨滅動心不滅照心但冥虛心不冥有心不依一物而常住定心之上豁然無覆定心之下曠然無基又云善巧方便唯能入定發慧遲速則不由人勿於定中急急求慧求則傷定傷定則無慧定而慧自生此眞慧也此言與智者所論止觀實相表裏子微中年隱天台玉霄峯蓋智者所居疑其源流有自初潘師正授陶隱居正一法於王知遠以傳子微而陶通明自謂勝力菩薩後身其言亦多出釋氏唐書本傳不載其仙去事沈汾續仙傳云謝自然泛海將詣蓬萊求師爲風飄到一山見道人指言天台山司馬子微名在丹臺身居赤城此良師也而子微臨終亦自言吾於玉霄峯東望蓬萊常有眞靈降駕今爲東海靑童君東華君所召俄頃解化李綽又言子微貌類陶通明明皇帝常以爲通明後身天降車上有字曰賜司馬承禎尸解去曰雲鶴滿庭子微號白雲先生後人因謂其車曰白雲車至文宗時取以入內此事雖

近怪史臣所難書然其傳必亦有據

牂牁本繫船筏名華陽國志載楚頃襄王遣莊蹻伐夜郎蹻立牂牁繫船於且蘭既克夜郎會秦奪楚黔中地無路不得歸遂留王之號莊王以且蘭有繫船牂牁處因改名牂牁魏略記吳將朱然圍樊城遣兵於峴山斫牂牁材潯陽記亦言郡西北有一松樹垂陰數畝傳云陶公牂牁伐此樹此語吳晉間猶存今人絕無知者但云是郡名耳

野客叢書十五卷　宋王楙字勉夫號者齋

孟子題辭曰孟姓也名軻字則未聞也前漢志顏師古註曰聖證論云軻字子車僕謂孟子事見於孔叢子因知古人名字隱而不彰者何可勝數往往見傳註雜記姑表一二出之楚狂接輿姓陸名通伯樂姓孫名陽許由字仲武並見莊子釋文臯陶字庭堅見左傳伯夷姓墨名智字公達叔齊名允字公信彭祖姓籛名鏗並見論語註姓苑籛音翦箕子名餘胥見司馬彪註易牙名巫字易牙見孔穎達氏疏逢蒙之弟名鴻超楊朱之弟名布見列子管叔名度申公名培高祖兄仲名喜曹參字敬伯並見史記漢高祖父太公名煓字執嘉見皇甫謐帝王世紀鄭子眞名樸叔孫通名何見楚漢春秋陳仲子字子終見高士傳項伯名纏字伯見漢書註楊王孫名貴見西京雜記伏生名勝字子賤孫叔敖名饒字叔敖並見漢碑四皓園公姓唐名秉字宣明見陳留志夏黃公姓崔字少通見崔氏譜綺里季姓朱名暉字文季甪里先生姓周名述字元道此條今本無

前漢書食貨志曰漢興接秦之敝民失其業大飢米石五千人相食高祖令民就食蜀漢又按高祖紀二年關中大飢米斛萬錢人相食令民就食蜀漢皆一時事所書米價不同恐稍先後亦未可知王莽末黃金一斤易粟一斗晉愍帝時米斗二金是一斗粟易錢二十緡一石粟爲錢二百緡也後漢末董卓之亂百姓流離穀石至五十萬唐潼關失守魯炅所守郡中米斗五十千是一石穀爲錢五百緡也梁侯景食石頭常平倉盡米一斗七八萬錢是一石米爲錢七八百緡也自古米貴未有如是之甚者漢明帝永平間粟斛三十正與唐太宗米斗三錢之價同亦可謂至賤矣然北史東魏元象間穀斛九錢趙充國傳金城湟中穀斛八錢漢宣紀穀石五錢自古米賤又未有如是之甚者等一石穀耳賤而至於五錢貴而至於七八萬緡無乃太縣絕乎

今言五月五日曰重五九月九日曰重九則三月三日亦宜曰重三觀張說文集三月三日詩暮春三月重三日魏元忠曲水侍宴詩三月重三日此可據也

金石錄載趙彥深母傅太妃碑額題齊故女侍中宜陽國貞穆太妃傅氏碑按北史後魏女侍中視二品秩然本後宮嬪御之職今以宰相母爲之惟見此僕謂不但宰相母也如清河王岳母山氏封郡君授女侍中入侍皇后元乂之妻亦拜女侍中封新平郡君此類不一則知當時女侍中之號非必專處後宮嬪御蓋有近宗與大臣之妻母爲之者正以示殊寵耳然以宰相之母尊爲太妃其禮可見

東漢臣下多喚萬歲馮魴既降羣盜赦其罪各還農業皆稱萬歲耿恭於虜圍中拜井得泉衆皆稱萬歲馬援曰今賴士大夫之力蒙被大恩紆佩青紫吏士皆稱萬歲歲旦門下掾王望請上太守壽掾史皆稱萬歲臣下往往若此不以爲僭此猶可也觀漢刻中有故民吳仲山碑其銘中有子孫萬歲之語民猶稱萬歲官吏可知鮮有非之者唯竇憲爲將軍至長安尚書以下議欲拜之伏稱萬歲韓稜正色曰無臣下稱萬歲之制議者皆慚所避忌者惟此此語在當時不常諱避但不至於後世之切耳此條今本無

今人詩句多用未渠央事往往不究來處渠字作平聲用按庭燎詩夜未央注云夜未渠央渠其據反當呼遽只此一音謂夜未遽盡也古樂府王融三婦豔詩云丈人且安坐調絃遽未央又長安狹斜行曰丈夫且徐徐調絃渠未央淵明詩曰壽考豈渠央魯直詩曰木穿石槃未渠透並合呼遽史記尉佗曰使我居中國何渠不若漢班史作何遽不若漢益可驗也

古者內外之防甚嚴然男女間以故相見亦不問其親疏貴賤田延年以廢昌邑事告楊敞敞懼不知所云延年起更衣夫人遽從東廂謂敞云云延年更衣還敞夫人與參語曾不以爲嫌豈惟常人雖至尊亦莫不然周昌嘗燕入奏事高帝方擁戚姬昌還卻走高祖欲廢太子昌庭爭甚切呂后側耳東廂聽見昌跪謝曰微君太子幾廢文帝在上林所幸愼夫人與皇后並坐盎前引而卻之郅都侍景帝至上林賈姬在廁帝使都視之都不得行且以一介之臣前卻帝姬之坐幾於僭矣至帝姬處溷穢之地使人臣親往視之無乃媟甚揆之人情似無是理恐非溷廁之廁史記謂如廁未可據也

宋景文公曰夢得嘗作九日詩欲用餻字思六經中無此字遂止故景文九日詩曰劉郎不肯題糕字虛負人生一世豪僕讀周禮疏羞籩之實糗餌粉餈鄭箋今之餈糕安得謂六經中無此字也又觀揚雄方言亦有此字苕溪漁隱謂古人九日詩未有用餻字惟崔德符和呂居仁一詩有買餻沽酒之語僕謂景文詩茲豈古人詩未用餻耶(宋十四字今本無)

晉宋人多稱阿如云阿戎阿連之類或者謂此語起於曹操稱阿瞞僕謂不然觀漢武帝呼陳后爲阿嬌知此語尚矣設謂此婦人之稱則見於男子者如漢殺阬碑陰有阿奉阿買阿興等名韓退之詩阿買不識字知阿買之語有自

今人呼丈人爲泰山或者爲泰山有丈人峯故云據雜俎載唐明皇東封以張說爲封禪使及返三公以下皆轉一官說以壻鄭鎰官九品因說遷五品元宗怪而問之鎰不能對黃旛綽對曰泰山之力也與前說不同後山送外舅詩丈人東南英註謂丈人字俗以爲婦翁之稱然字則遠矣其言雖如此而不攷所自僕觀三國志裴松之註獻帝舅車騎將軍董承句下謂古無丈人之名故謂之舅按松之宋元嘉時人呼婦翁爲丈人已見當時

漫錄云東坡詩云歸來笛聲滿山谷明月正照金叵羅按北史祖珽盜神武金叵羅蓋酒器也韓子蒼詩亦曰觀我春風金叵羅入詩中用已見李太白矣不但蘇韓二人也雖知金叵羅爲酒器然覩祖珽盜金叵羅置髻下髻下豈可以置酒器乎黃朝英亦有是疑

曩歲平江鄉試有詞科人爲攷官出策題用經怪二字莫知所自僕讀後漢蔡邕傳晉嵇康書皆用此二字又觀唐人文集如劉禹錫皇甫湜書中亦多用之經常也漢書常字多作經如曰難以爲經

李商隱樊南集有代王元茂檄云投弋散地灰釘之望斯窮此二字南史陳高祖紀九錫策曰妖酋震懾遽請灰釘

晉書載陸機造王武子武子置羊酪指示陸曰卿吳中何以敵此陸曰千里蓴羹末下鹽豉或者謂千里末下皆地名蓴豉所出之地而世說載此語則曰千里蓴羹但未下鹽豉耳觀此語似非地名東坡詩曰每憐蓴菜下鹽豉又曰未肯將鹽下蓴菜坡意正協世說然杜子美詩曰我思岷下芋君思千里蓴張鉅山詩曰一出修道門重嘗末下蓴觀二公所云是又以千里末下爲地名矣前輩諸公之見不同如此僕嘗見湖人陳和之言千里地名在建康境上其地所產蓴菜甚佳末下亦地名緗素雜記漁隱叢話皆辨

世說之言以謂末下當云末下而漁隱謂千里湖名且引酉陽雜俎酒食品亦有千里之蓴僕謂末下少見出處千里蓴言者甚多如南北史載沈文季謂崔祖思曰千里蓴羹非關魯衛梁太子啓曰吳愧千里之蓴蜀慚七菜之賦吳均移曰千里蓴羹萬丈名膾千里之蓴其見稱如此

貴耳集 三卷

宋張端義 字正夫號荃翁鄭州人

予有朝野雜錄至戊己矣予端平上書得罪落南貽書索諸婦報云子錄非資治通鑑奚益於遷臣逐客火之久矣予悒悵彌日因記憶舊錄記一事必一書名曰貴耳錄耳為人至貴言由音入事由言聽古人有入耳著心之訓又有貴耳賤目之說悵前錄之已灰喜此集之脫藁述其大略竊比太史公自序云淳熙元年十二月序

慈聖曹后一日見神考不悅問其所以神考答曰廷臣有謗訕朝

政者欲議施行慈聖曰莫非軾轍也老身嘗見仁祖時策士大悅得二文士問是誰曰軾轍也朕留與子孫用神考色漸和東坡始有黃州之謫

徽考寶籙宮設醮一日嘗親臨之其道士伏章良久方起上問其故對曰適至帝所值奎宿奏事方畢章始達上問曰奎宿何神答曰即本朝蘇軾也上大驚因是使忌能之臣譖言不入雖道流之言出於懺恍然不為無補也

孝宗幸天竺及靈隱有輝僧相隨見飛來峰問輝曰既是飛來如何不飛去對曰一動不如一靜又看觀音像手持數珠問曰何用曰念觀音菩薩問自念則甚曰求人不如求己孝宗大喜

德壽與講官言讀資治通鑑知司馬光有宰相度量讀唐鑑知范祖禹有臺諫手段雖學士大夫未嘗說到這裏

章聖講周禮至典瑞有琀玉問之何義講官答人臣卒給琀玉欲使骨不朽耳章聖曰人臣但要名不朽何用骨為

熙陵書戒石銘賜郡國曰爾俸爾祿民膏民脂下民易虐上天難欺蜀檮杌中所載孟昶全文云朕念赤子旰食宵衣託之令長撫養惠綏政存三異道在七絲驅雞為理留犢為規寬猛得所風俗可移無令侵削無使瘡痍下民易虐上天難欺賦輿是切軍國是資朕之賞罰固不踰時爾俸爾祿民膏民脂為民父母莫不民慈勉爾為戒體朕深思凡二十四句昶亦可稱矣熙陵表出言簡理盡遂成王言

趙忠定庚申生韓平原壬申生繼庚申史忠獻甲申生繼壬申鄭左相丙申生繼甲申四申相乘自古罕有癸丑狀元陳亮死乙丑狀元毛自知降第五甲丁丑狀元吳潛送闕後遺論四十年間有四甲三丑之驗

舜典曰八音克諧無相奪倫神人以和自宣政間周美成柳耆卿

輩出自製樂章有曰側犯尾犯花犯玲瓏四犯八音雜律宮呂奪倫是不諧矣天寶後曲遍繁聲皆曰入破破者破碎之義明皇幸蜀宣和之曲皆曰犯犯者侵犯之義二帝北狩曲中之讖深可畏哉

紫岩張公謫居永州二水憂國耿耿一日慨然作丸墨筇杖銘墨之銘曰存身於昏昏而天下之理固已昭昭斯為瀟湘之寶予將與之逍遙筇之銘曰用則行舍則藏惟我與爾危不持顛不扶將焉用彼

鄭衛之音皆淫音也夫子獨曰放鄭聲不及衛音何也衛詩所載皆男奔女鄭詩所載皆女奔男所以放之聖人之意微矣

本朝年號或者曰皆有讖緯於其間太平有一人六十卒字太宗五十九而上仙仁宗劉后並政天聖曰二聖人明道曰日月同道徽宗崇寧錢上字蔡京書崇字自山字一筆下寧字去心當時有

云有意破宗無心寧國靖康曰十二月立康王嘉泰曰士大夫皆小人有力者喜

本朝四帝亦有吉符眞宗卽來和天尊出楊礪之夢載諸國史祥符崇尚道教建立宮觀專尚祥瑞王欽若獻芝草八千一百三十九本丁謂獻芝草三萬七千餘本獨孫奭不然其事眞宗久無嗣用方士拜章至帝所有赤脚大仙微笑玉帝卽遣大仙爲眞宗嗣大仙辭之久玉帝云當遣幾箇好人去相輔贊仁宗在禁中未嘗尚鞋惟坐殿方尚鞋襪下殿卽去之徽宗卽江南李王神祖幸祕書省閱江南李王圖見其人物嚴雅再三嘆訝繼而徽宗生所以文采風流過李王百倍及北狩女眞用江南李王見藝祖時典故高宗韋后生徽宗夢錢王再三乞還兩浙夢覺與鄭后言朕夜來被錢王取兩浙甚急鄭后奏云昨夜韋后誕高宗及建炎渡江今都錢唐百有餘年豈非應乞兩浙之夢乎

夷堅志載宣和間禁中有物曰[犭雷]音來塊然一物無頭眼手足有毛如漆中夜有聲如雷禁中人皆云[犭雷]來諸閤分皆扃戶徽廟亦避之甚至登金坑坐移時或往諸嬪榻中睡以手撫之亦溫暖曉則自榻滾下而去罔知所在或宮妃夢中有與朱溫同寢者卽此[犭雷]也或者云朱溫之厲所化左傳云豕人立而啼未必誣也

眞宗忽問陳摶國祚靈長之數陳奏云過唐不及漢紙錢使不得處二百年前已知紙錢之讖

盜亦有道黃巢後爲緇徒曾主大刹禪道爲叢林推重臨入寂時指脚之下有黃巢二字儂智高雖邕州潰卽逃往外夷方臘舊名朕此童貫改曰臘後亦不知所終就擒者非臘也

薛道衡空梁落燕泥之句詩名昔昔鹽十韶樂苑以爲羽調曲玄怪錄載籧蒢三娘唱阿鵲鹽曲又有突厥鹽黃帝鹽白鴿鹽神雀鹽疏勒鹽滿坐鹽歸國鹽唐詩媚賴吳娘唱是鹽更奏新聲刮骨鹽謂之鹽者吟行曲引之類樂府解題謂之杖鼓曲也

建業閭園丁種梨曰密父種枇杷曰蠟兒新羅使者多攜松子賂公卿家問其名有玉角子龍牙子

紹興初楊存中在建康諸軍之旗中爲雙勝交環謂之二聖環取兩宮北還之意因得美玉琢成帽環進高廟日常御裹偶有一伶者在旁高宗指環示之此環楊太尉進來名二勝環伶人接奏云可惜二勝環且放在腦後高宗亦爲之改色此所謂工執藝事以諫

王黼宅與一寺爲隣有一僧每日在黼宅溝中流出雪色飯顆漉出洗淨晒乾不知幾年積成一囤靖康城破黼宅骨肉絕食此僧卽用所囤之米復用水浸蒸熟送入黼宅老幼賴之無飢

眞定大曆寺有藏殿雖小精巧藏經皆唐宮人所書經尾題名氏極可觀佛龕上有一匣開鑰有古錦儼然有開元賜藏經敕書及會昌以前賜免折殿敕書有塗金匣藏心經一卷字體尤婉麗其後題曰善女人楊氏爲大唐皇帝李三郎書

臨安中瓦在御街中士大夫必游之地天下術士皆聚焉凡挾術者易得厚獲之來數十年間向之行術者皆多不驗惟後進者術皆奇中有老於談命者下問後進汝今之術卽我向之術何汝驗我若何不驗後進者云向之士大夫之命占得祿貴生旺皆是貴人今之士大夫之命帶刑殺衝擊方是貴人汝不見今日爲監司郡守帥閫者日以殺人爲事乎老者嘆服

緯略十二卷　　宋高似孫

似孫既輯經略史略集略又輯詩略事有逸者瑣者爲緯略蓋與諸略相爲經緯不以彙分者可續也

柳子厚漁翁詩欸乃一聲山水綠欸音襖乃音靄唐劉言史瀟湘詩夷女采山蕉緝紗浸江水野花滿髻妝色新閒歌曖迺深峽裏

曖迺知從何處生當時泣舜斷腸聲言史之詩則又以欸乃爲泣舜之餘聲夷女皆能之不必爲漁父櫂船相應聲也二字音雖同而字則異元結樂府欸乃曲曰誰能歌欸乃欸乃感人情不恨湘波深不怨湘水淸所嗟豈敢道空羨江月明昔聞扣斷舟引釣歌此聲始歌悲風起歌竟愁雲生遺曲今何在逸爲漁父行次山又有欸乃歌五章章四句其中一章曰千里楓林烟雨深無朝無暮有猿吟停橈靜聽曲中意好是雲山韶濩音審其末章亦是泣舜之意也

東方朔蚊賦曰長喙細身晝伏夜行其族惡烟爲掌所捫臣朔愚戇名之曰民崔豹古今注曰河內有人嘗見人馬滿地如黍米大取火燒皆作蚊蚋飛去因號蚊蚋爲黍民潘子眞詩話載紫姑神蚊賦曰其來續續紛紛如烟如雲嘗聞之秦謂之蚋楚謂之民用方朔賦中字也

詩人以乾鵲對溼螢唯王荆公以爲虔字音見於鵲之彊彊易統卦曰鵲者陽鳥先物而動先事而應淮南子曰乾鵲知來而不知往此修短之分也

司馬彪莊子註曰箕子名胥餘書傳所不載

楚辭曰粉白黛黑施芳澤長袂拂面善留客後漢書曰明德馬后眉不施黛獨左眉角小缺補之如粟宋起居註曰西河王汎渠蒙遜獻靑雀頭黛百斤說文曰黛畫眉也釋名曰黛代也滅去眉毛以此代其處也通俗文曰染靑石謂之點黛武元衡詩豔歌愁翠黛寶瑟思淸商張謂詩殘粧添石黛豔舞落金鈿用石黛二字正用通俗文也

雞鳴度關皆曰孟嘗君出秦關中雞未聲關未開下客爲雞聲羣雞和之乃得出然燕太子丹質於秦逃歸到關丹爲雞聲遂逃前乎此已有之也

佛圖澄傳曰襄國城塹水源暴竭石勒問澄澄曰今當敕龍取水乃登澄上坐繩床燒安息香呪數百言水大至李相之賢已集曰燒香蓋始於此按漢武故事曰昆邪王殺休屠王以其衆來降得其金人之神置之甘泉宮金人者皆長丈餘其祭不用牛羊唯燒香禮拜此事又在佛圖澄之前也

解鳥語（和菟有鳥鳴書一卷王喬有解鳥語書一卷）魏尙字文仲高皇帝時爲太史曉鳥語（謝承後漢書）楊宣爲河內太守行縣有羣鵲鳴桑樹上宣謂吏曰前有覆車此雀相隨欲往食行數里果有覆車（益州耆舊傳）秦仲知百鳥之音與之語皆應（史記）管輅聞有鳴鵲來在閣屋上聲甚急輅曰東北一婦昨殺夫牽引西家父離婁候不過日在虞泉之際告者至矣到時果有東北五人來告鄰婦手殺其夫詐說西家人與夫有嫌來殺我壻（管輅別傳）

解六畜語廣漢[illegible]翁偉能聽鳥獸之音嘗乘蹇馬之野而田間有放馬者相去數里鳴聲相聞翁偉謂其御曰彼放馬目眇其御曰何以知之曰罵此轅中馬曰蹇馬蹇馬亦罵之曰眇馬御者不信往視馬目竟眇（論衡）李南乘赤馬行道逢人白馬先鳴而赤馬應之南謂從者曰此馬言汝今當見一黃馬左目盲者是吾子也可告之快行相及從者不信行二里果逢黃馬左目盲南之馬先嘶而盲者應之其盲果白馬子乎（抱朴子）介葛盧來朝聞牛鳴曰是生三犧皆用之矣（左傳）廷尉沈僧照校獵中道而還左右問其故答曰國有邊事當選人丁何以知之答曰南山彪嘯所以知爾（梁典）

西京雜記曰司馬相如死文君爲作誄列女傳曰柳下惠死妻自爲誄門人不能損一字古人已如此

隨筆謂終風詩願言則嚏鄭氏箋曰女思我心如是我則嚏也今俗人嚏云人道我此古人之遺語也此風自古固已有之按漢藝文志有嚏耳鳴占十六卷其多如此則嚏者亦古人深以爲事月

令曰季秋行夏令則人多鼽嚏是爲病也

唐科　志烈秋霜科　幽素科　詞殫文律科　岳牧科　詞標文苑科　蓄文藻之思科　抱儒素之業科　臨難不顧徇節寧邦科　長才廣度沈迹下僚科　文藝優長科　絕倫科　拔萃科　疾惡科　龔黃科　才膺管樂科　才高位下科　材堪經邦科　賢良方正科　抱器懷能科　茂才異等科　文以經國科　藏名負俗科　文經邦國科　藻思淸華科　宣風興化科　道侔伊呂科　手筆俊拔超越輩流科　直言極諫科　哲人奇士逸倫屠釣科　良才異等科　文史兼優科　文儒異等科　博學通藝科　文詞雅麗科　將帥科　武足安邊科　高才沈淪草澤自舉科　才高未達沈跡下僚科　博學宏詞科　多才科　王霸科　知謀將帥科　文詞秀逸科　風雅古調科　詞藻宏麗科　樂道安貧科　諷諫主文科　賢良方正能直言極諫科　軍謀宏遠堪任將帥

科　文詞淸麗科　經學優深科　高蹈丘園科　軍謀越衆科　孝弟力田聞于鄉閭科　博通墳典達于教化科　識洞韜略堪任將帥科　淸廉守節政術可稱堪任縣令科　詳明政術可以理人科　才識兼茂明體識用科　達于吏理可使從政科　軍謀宏遠材任將帥科　詳明吏理達於教化科　軍謀宏遠材任邊將科

古人文章虞世南文章婉縟　趙涓翰藻豪邁　龐嚴詞章峭麗　崔文爲文華麗　張說屬思精壯　封敖屬辭贍敏　呂溫藻翰精富　楊炎文藻雄蔚　元幹用思精緻　白居易文章精切　韓愈雄深雅健（司馬子長縱蔡不足多也）　陸扆屬文敏速　楊炎文藻雄鬱　李賀辭尚奇詭　李商隱瑰邁奇古　李白淸雄奔放　柳宗元卓偉精緻　徐堅屬文典厚　柳渾屬文簡拔　李翰爲文精密　歐陽詹文章切深回復（今本脫回復二字）　王勃文章宏放　李華文辭綵麗　韋承慶爲文迅捷　許景先屬辭豐美得中和之氣

藝經曰擊壤古戲也釋名曰野老之戲也逸士傳曰堯時有壤父五十人擊壤于康衢或有觀者曰大哉堯之爲君也壤父作色曰吾日出而作日入而息鑿井而飲耕田而食帝何力于我哉此藝經所謂古戲也玄晏云（皇甫謐號也）十七時與從姑子梁柳等擊壤於路則晉時尚有此戲矣風土記曰擊壤者以木作之前廣後銳可長尺四闊三寸其形如履臘節童少以爲戲分部如摘博也經曰壤以木爲之前廣後銳長尺四闊三寸其形如履將戲先側一壤於地遙于三四十步以手中壤敵之中者爲上此言之最分明也然觀吳盛彥擊壤賦曰論衆戲以爲樂獨擊壤之可娛因風託勢罪一殺兩罪一殺兩不可曉當是以手中壤擊地上之壤如今以錢取中之類也逸士傳所云壤父是猶嵇康高士傳曰堯時隱人年老以樹爲巢而寢其上古人號曰巢父許由所師者是也

晉舊事曰酒臺二金塗環紐按周禮六彝皆以舟鄭司農曰舟下

臺也今時承盤也今所謂臺盞盤盞並出此

陸雲與兄機書曰有剔齒纖一枚以寄兄酉陽雜俎曰仙人鄭思遠常騎彪故人許隱齒痛求治鄭拔彪鬚及熱插齒間卽愈更拔數莖與之所謂纖者當是此類若以金類絲類爲之無足奇者何必寄耶

服虔通俗文曰煮米糅（所戢切）食經曰作糒法近水則澁江西有所謂釆纜豈此類也

隨筆載漢有行寃獄使者（張敞殺琛舜）美俗使者（何世代嚴翊）河隄使者（王延世塞決河）直指使者（暴勝之）皆不書於百官表因事乃見者按漢史又有監北軍使者（武帝）都水使者（武帝）稻田使者（昭帝）勸田使者（元帝）護羌使者（成帝）

唐兩省官上事皆宰相親送之上事官設床几面南判案三道宰相別施一床坐於西隅謂之壓角不知何義亦不知所從起按唐裴垍傳載令狐綯薦垍爲知制誥裴休持不可不能奪故事舍人

初詣省視事四丞相送之施一榻堂上壓角而坐坦見休重愧謝休咈然曰此令狐丞相之舉休何力顧左右索肩輿出宋次道乃云舍人上事必設紫褥于廷面北拜廳角閣長立褥之東北隅謂之壓角宋莒公作掖垣叢誌亦不解其事未知何者爲是又唐國子祭酒李涪刋誤曰兩省官上事日宰相臨焉上事者設床几面南而坐判案三道宰相别施一床連上事官南坐于西隅謂之壓角自常侍以下以南爲上差互相承實乖禮敬何不爲丞相設位于衆官之南常侍諫議給事舍人循次而坐于丞相之下尊卑有序足以爲儀由此觀之不獨中書舍人凡兩省官禮上宰相皆壓角也至五代馮道爲宰相判狀尾罷之應自此閣長立東北隅猶謂之壓角如宋次道所記也又五代會要曰晉天福五年三月敕中書門下五品以上于兩省上事宰相壓角之禮宜廢此禮今不復存惟中書舍人上事日設氈褥于庭下北向再拜閣老一人别設褥位立于東北隅候上事官拜畢則相與揖而升階亦謂之壓角蓋有餘風也吳正憲詩壓角舊儀煩閣老濡毫逋債費公移宋次道詩聖世建官追茂制唐家壓角失前規

太宗賜房玄齡黃銀帶顧謂玄齡曰昔如晦與公同心輔政今日所賜獨見公因泫然流涕程民繁露以爲黃銀者果何物鍮石屬其殆鍮石也予攷之若以鍮爲帶而賜大臣何足貴者按禮斗威儀曰君乘金而王則黃銀見當是瑞物北史辛公義爲牟州刺史時山東霖雨自陳汝至於滄海皆苦水災境内犬牙獨無所損山產黃銀獲之以獻益知其爲異物又虞世南書夫子廟堂碑太宗賜之王羲之黃銀印一枚有表以謝若以黃銀爲鍮是恐不然按唐書高宗上元元年詔九品服淺碧並鍮石帶八胯唐固自有鍮帶也又按唐愼微證類本草載靑霞子曰丹沙伏火化爲黃銀能重能輕能神能靈唐日華子論曰銀凡十七水銀銀白錫銀曾靑銀土碌銀生鐵銀生銅銀硫黃銀砒霜銀雄黃銀雌黃銀鍮石銀唯有至藥銀山澤銀草沙銀丹沙銀黑鉛銀五者爲眞餘則假也本艸曰丹沙雄黃雌黃皆殺精魅所謂黃銀者非丹沙銀則雄黃雌黃銀也太宗賜帶之時如晦已死故帝曰黃銀鬼神畏之也顯慶中監門衛長史蘇恭撰唐本草其中稱黃銀作器辟惡益知黃銀爲瑞物也方勺泊宅編曰黃銀出蜀中南人罕識朝散郎顏京監在京抵當庫有以十釵質錢者其色重與上金無異上石則正白此說尤明

陳蘭齋以玉剛卯壽向薌林詩曰仲冬吉日風穆氣休我出剛卯以壽元侯祝融之精奠此離方元侯佩之如玉之剛攘除厲凶以迪明王南門不鍵有室剛強三龠元侯既贍既禱曷以報我當以剛卯剛卯佩印也其製外方内圓以正月卯日作銘刻於上以辟邪厲詳見王莽傳及後漢輿服志簡齋詩十六句句四字皆如剛卯之銘銘之文曰帝令祝融以教夔龍庶疫癘癉莫我敢當說文殳類釋毅曰毅改大剛卯也以逐精鬼从殳亥聲已類釋改曰毅改大剛卯以逐鬼魅也音殺如魅從攴已聲讀若已然則一名而異製也

通俗文曰門首飾謂之鋪首風俗通曰門戶鋪首揚雄甘泉賦曰排玉戶而揚金鋪兮發蘭蕙與芎藭是也說文曰門扇環謂之鋪首李尤平樂觀賦曰過洞庭之輔闥歷金環之華鋪是也通俗文又引百家書曰輸般見水上蠡謂曰開汝頭見汝形蠡適出其頭般以足畫圖之蠡引閉其戶終不可開設之門戶欲使閉藏如此固密也義訓曰門飾金謂之鋪鋪謂之鏂鏂音歐今俗謂浮漚釘者也劉孝威詩金鋪玉鎖琉璃扉花鈿寶鏡織金衣江總詩兔影脉脉照金鋪虬水滴滴瀉玉壺沈佺期詩梅樓翠幌教春住舞閣金鋪借日懸

西京賦曰帶倒茄於藻井披紅葩之狎獵魏都賦曰綺井列疏以

懸帶註曰疏布也以板爲井形飾以丹青如綺也王延壽魯靈光殿賦曰圓淵方井反植荷蕖綠房紫菂窋咤垂珠左思魏都賦曰綺井列疏以懸帶華蓮垂葩以倒披曹植七啓曰綺井含葩金壁玉箱顔延之七繹曰木寫雲氣土祕椒房既挺天而倒井又斵圓而鏤方古人形容木工必言藻井者若此風俗通曰殿堂象東井形刻作荷蔆水物所以厭火也沈存中筆談曰屋上覆橑古人謂之綺井亦曰藻井又謂之覆海今壇中謂之鬭八吳人謂之罳頂唯宮室祠觀謂之藻井即天花板也

程氏繁露載李泌隱居選異采怪木蟠枝以隱背號曰養和人至今效之予按皮日休以五物送毗陵處士魏不琢其一曰烏龍養和皮陸皆有詩皮詩壽木拳數尺天然形狀幽把疑傷虺節用恐破蛇瘤置合月觀內買須雲肆頭料君擕去處煙雨太湖舟龜蒙詩養和名字好偏奇道情深所以觀逋客兼能助五禽倚肩滄海望鈎滕白雲吟不是逍遙侶誰知物外心

陸龜蒙蟹志曰稻之登也率執一穗以朝其魁然後任其所之蚤夜噆沸指江南而奔漁者緯蕭承其流而障之名曰蟹斷斷其江之道故焉耳吳都記曰江濱漁者插竹繩編之以取魚謂之扈業亦此類也

詩溱洧曰維士與女伊其相謔贈之以芍藥註曰芍藥香草也陸璣詩義疏曰今芍藥無香氣非是也孔穎達亦曰未審何草皆非也牡丹古謂之木芍藥有所謂牡丹皮者宜於婦人是猶視爾如荍貽我握椒及椒聊之實蕃衍盈升也椒性溫亦宜於婦人應劭漢官儀所謂以椒塗屋者取其溫暖也緗素雜記曰芍藥破血令人無子所以爲男淫女椒氣下達用以養陽所以爲女淫男以爲頗得詩人深意

皮日休詩白月半窗抄朮序清泉一器授芝圖殊不曉朮序所以後讀道藏仙經有載紫微夫人撰朮序

張載四愁詩美人贈我笥中布何以報之流黃素梁簡文帝詩思婦流黃素張束之詩少婦怨流黃喬知之詩愁思流黃機于鵠詩箱中取尺刀機上斷流黃蕭淳詩流黃未翦裁顧野王詩爲斷流黃機環濟要略曰間色有五紺紅縹紫流黃也按論語疏曰五方正色青赤白黑黃五方間色者綠爲青之間紅爲赤之間碧爲白之間紫爲黑之間流黃爲黃之間故不用紅紫言是間色也所以爲間者潁子嚴曰東方木木色青青加黃爲綠綠爲東方之間色南方火火色赤赤加白爲紅紅爲南方之間色西方金金色白白加青爲碧碧爲西方之間色北方水水色黑黑加赤爲紫紫爲北方之間色中央土土色黃黃加黑爲流黃流黃爲中央之間色又一法木剋土戊以妹己嫁於甲是黃入青爲綠火剋金庚以妹辛嫁於丙是白入赤爲紅金剋木甲以妹乙嫁於庚是青入白爲碧

水剋火丙以妹丁嫁於壬是赤入黑爲紫土剋水壬以妹癸嫁於戊是黑入黃爲流黃予謂考工記畫繢之事青與白相次赤與黑相次玄與黃相次青赤謂之文赤白謂之章黑白謂之黼黑青謂之黻五采備謂之繡此非間色乎

古樂府定情篇言婦人不能以禮從人而自相悅媚乃解衣服玩好致之用叙綢繆若悖環致拳拳指環致殷勤耳珠致區區香囊致和合條脫致契闊佩玉結恩情而期於山陽山北終以不答乃以傷悔焉

藝文志有泰階六符經一卷應劭以爲黃帝所作也

子爲陽之始午爲陰之始以甲加子數至午加丑數至未午上得庚未上得辛謂之陽索陰又以甲加午數至子加未數至丑亦得辛謂之陰配陽此納干數也從甲至庚凡七七爲西素皇之氣故甲子乙丑皆爲金而三爲火九爲木一爲土五爲水此所謂納音

也但數其干不數其支其源蓋出於六十律旋宮法也一律含五音十二律含六十音

漢書太液池中鳧雛雁子布滿充積用雁子甚佳王維詩蓝筍穿荷葉菱花冒雁兒此用雁兒甚新

易林曰鳳有十子同巢共哺歡以相保晉王獻之詩客從遠方來言欲到交阯遠行無他貨唯有鳳凰子山海經曰流沙之西丹山之南有鳳之圓（圓古囿字）

狒狒讚曰狒狒恠萌披髮操竹獲人則笑脣蔽其目終亦號咷反爲我戮物類相感志曰狒狒出西南蠻宋建武中安昌縣進雌雄二頭帝曰吾聞狒狒能負千斤既力若此何能致之對曰狒狒見人喜笑笑則下脣掩其額故可以釘之髮可爲髲血可染衣手似獮猴人面而紅作人言鳥聲知人生死飲其血使人見鬼帝命工圖之元稹詩狒狒穿筒格猩猩遻㞞馴（狒房沸切）

郭璞江賦曰玉珧海月吐肉石華晉安海物異名記肉柱膚寸美如珧玉臨海異物志曰玉珧柱厥甲美如珧玉趙德麟侯鯖集曰韓退之詩所云馬甲柱正謂此字書曰珧蜃甲可飾物爾雅釋弓曰弓有緣以金爲之謂之銑以玉爲之謂之珧今人但用瑤字固自有珧字也東坡詩金虀玉鱠飯炊雪海螯江柱初脫泉但用柱字李商老詩江瑤初脫柱蟟山憐壘嶂却用瑤字也

唐續時令儀曰唐制日未明七刻槌一鼓爲一嚴侍中奏開宮殿門及城門未明五刻槌二鼓爲再嚴侍中奏請中嚴鼙官五品以上俱集朝堂未明二刻槌三鼓爲三嚴侍中中書令以下俱詣西閤奉迎鑾駕出宮詣太極殿西都賦曰衛以嚴更之署注曰嚴更督夜行鼓唐制所謂嚴更者亦以鼓也

淮南子曰九疑之南山事少而水事多水事二字妙甚郄昂蚌鷸相持賦曰水濱父老以漁弋爲事此句全學南史所云沿湖居民以鶍鴨爲業也鼂無咎跋王右丞捕魚圖有曰晚道吳江如此漁者業廉而事佚用事字更好皮日休詩序曰各補茶事十數條林和靖詩亦曾用茶事二字尤清絕

梁王筠寓直詩霜被守宮槐風驚護門艸按賛寧類物志曰護門艸出常山北有之彼處人取之置於門戶上夜或有過其門其草則必叱之有盜者皆驚奔矣彼俗呼爲護門艸一曰靈草也

沈約宋書曰王者不藏金玉則紫玉見於深山矣貫休詩欲贈之以紫玉尺白銀鐺盡用此

耶悉茗花是西國花色雪白胡人攜至交廣之間家家愛其香氣皆種植之段公路北戶錄曰耶悉茗今之素馨也

漢建安二十四年吳將呂蒙病孫權爲之命道士於星辰下爲請命醮之法當本於此顧況詩飛符超羽翼焚火醮星辰姚鵠詩雪壇當醮月孤明李商隱詩通靈夜醮達星辰趙嘏詩夜醮齋壇鶴

未迴醮之禮至唐盛矣

隋煬帝詩清心禮七眞馬載詩三更禮星斗薛能詩符呪風雷惡朝修月露清此言朝修之法也然陳羽步虛詞曰漢武清齋讀鼎書內官扶上畫雲車壇上月明宮殿閉仰看星斗禮空虛漢武帝時已如此

沈約謝北酥啓曰曠阻陰山之外渺絕蒲海之東自非神力所引莫或輕至按西河舊事曰祁連山冬溫夏涼宜牧牛羊充肥乳酪好當是此類

齊高帝使江夏王學鳳尾一學便工帝以玉麒麟賜之蓋諸侯箋奏皆批曰諾諾字有尾若鳳焉蓋花書也有持二畫求售乃楊妃並馬圖上題陳宏二字筆力甚清壯又有兩墨迹如飛燕狀全類鳳尾者殊不可解徐攷之乃江南李王花書陳宏者會稽人天寶間妙於畫嘗寫明皇御容與太眞二圖筆墨之妙不可贊嘆韓子

蒼詩翠華欲幸長生殿立馬門前待貴妃尙覓君王一迴顧金鞍欲上故遲遲卽此二圖也蔡天啓集中亦有此詩程子山題陳宏畫明皇太眞聯鑣圖太眞上馬圖詩並轡春風禁籞遊外間底事上心頭騎驢後日嘉陵道料得君王始欲愁阿環百巧專恩寵自是三郎駛不知上馬未應渾乏力要迴一顧特遲遲予所得二圖卽此本也

文與可朱櫻歌君王日午坐猗蘭翡翠一盤紅靺鞨然靺鞨二字人少用按唐寶記曰紅靺鞨大如巨粟赤爛若朱櫻視之如不可觸觸之甚堅不可破施此事於櫻桃尤爲奇切

楊文公龍泉金沙塔院記曰金仙氏之敎有自來矣身毒之國紀於山經竺乾之師聞於柱史西京名將得休屠祭天之神東漢諸王爲蒲塞桑門之供道之行也源遠乎哉此可謂善用事最是山海經老子二字古今人皆不曾用可謂博而能用者

堯賜舜以昭華之玉（帝王世紀）昭華玉者律琯也又曰昭華管秦府庫中玉笛也長二尺三寸六孔吹之則見車馬山林隱隱轔轔相次吹息並不復見其上銘曰昭華之管（博物志）庾信詩更愛昭華玉胡文恭公詩仙致昭華玉唯夏英公詩昭華瑞琯中乃用琯字也

桓玄愛重圖書每以示賓客有不好事者正食寒具以手捉書畫大點汙玄惋惜移時（張彥遠名畫記）所謂上有晉人寒具油者是也寒具二字出周禮籩人註曰淸朝未食先進寒具口實之籩（齊民要術）食經曰寒具今之鐶餅也劉禹錫佳話有寒具詩云纖手搓來玉數尋碧油煎出嫩黃深夜來春睡濃於酒壓區佳人纏臂金乃以捻頭爲寒具也

陸放翁嘗問予曰比在成都見綵帛鋪榜曰翠色眞紅殊不曉所謂紅而曰翠何也予曰嵇康琴賦曰新衣翠粲纓徽流芳班婕妤自傷賦曰紛翠粲兮紈素聲翠粲取其鮮明也東坡牡丹詩一朶妖紅翠欲流蓋用鄉語放翁擊節大喜

捫蝨新話　十五卷　宋陳善（朝見先生）

道在六經不在浮屠吾儒書中頗有贅訛處便是禪家公案但今人未能嘗窺究耳孔子曰二三子以我爲隱乎吾無隱乎爾吾無行而不與二三子者是丘也不知所隱者何事顏回在陋巷一簞食一瓢飲人不堪其憂回也不改其樂不知所樂者何道孟子曰睟然見於面盎於背施於四體四體不言而喻不知所喻者何物此豈區區口耳所能證也哉易曰精氣爲物遊魂爲變故知鬼神之情狀原始要終故知死生之說而子曰朝聞道夕死可矣故子路問死又問事鬼神古之達者類有以知此至其得力處曾子病革而易簀子路臨死而結纓蓋於死生之際其嚴如此顧但設教自有先後耳豈如今之俗學乃全不攷究以六經爲治世語言至欲求道則以爲盡在浮屠氏嗚呼此宜今世脫空謾語者之所以得肆其欺誕而不顧也

讀書須知出入法始當求所以入終當求所以出見得親切此是入書法用得透脫此是出書法蓋不能入得書則不知古人用心處不能出得書則又死在言下惟知出知入乃盡讀書之法也

作文章貴首尾相應桓溫見八陣圖曰此常山蛇勢也擊其首則尾應擊其尾則首應擊其中則首尾俱應予謂此非特兵法亦文章法也文章亦要宛轉回復首尾俱應乃爲盡善山谷論詩文亦云每作一篇先立大意長篇須曲折三致意乃成章耳此亦常山蛇勢也

唐宋文章皆三變末流不免有弊唐文章三變宋朝文章亦三變矣荆公以經術東坡以議論程氏以性理三者要各自立門戶不相蹈襲然其末流皆不免有弊雖一時奉行之過其實亦事勢有激而然也至今學語之家又皆逐影吠聲未嘗有公論實不見古

人用心處予每爲之歎息

韓文公論佛骨表其說始於傅奕奕之言五帝三王未有佛法君明臣忠年祚長久至漢明帝始立胡祠然惟西域桑門傳其教西晉以上不髡髮石胡亂華乃弛厥禁主庸臣佞政虐祚短事佛致然愈特敷衍其辭爾愈以人主無不欲壽者以此刦之冀從其諫耳不意憲宗怒之深也愈至潮州以表哀謝憲宗曰但謂事佛則年代不永誠不可然憲宗自是不善聽諫賈誼言於文帝曰生爲明帝死爲明神顧成之廟名爲太宗當天子春秋隆盛之時以死生言之然文帝不能忌也使愈當此時庶其說得行哉然愈所論與周公無逸之戒大異

王勃滕王閣序落霞與孤鶩齊飛秋水共長天一色之語當時無賢愚皆以爲驚絕然予觀庾信馬射賦已云落花與赤蓋齊飛楊柳共青旂一色則知王勃之語已有來處然其句調雄傑比舊爲勝及觀歐陽集古錄隋德州長壽寺舍利碑亦云浮雲共嶺松張蓋明月與巖桂分叢則又淺陋與初造語者相去遂甚遠

文章以氣韻爲主氣韻不足雖有辭藻要非佳作也乍讀淵明詩頗似枯淡久又有味東坡晚年酷好之謂李杜不及也此無他韻勝而已

韓退之詩世謂押韻之文耳然自有一種風韻如庭楸詩朝日出其東我常坐西偏夕日在其西我常坐東邊當晝日在上我坐中央焉不知者便謂無工夫蓋是未窺古人妙斷耳且如老杜云黃四娘家花滿蹊萬朶千朶壓枝低此又可嫌其太易乎

論者謂無數蜻蜓飛上下一雙鸂鶒對浮沉便有關關雎鳩在河之洲氣象予亦謂淵明靄靄遠村人依依墟里烟犬吠深巷中雞鳴桑樹顛當與豳風七月詩相表裏此殆難與俗人言也

予每見人愛誦影搖千尺龍蛇動身撼半天風雨寒之句以爲工此與見富家子弟非無福相但未免俗耳若霜皮溜雨四十圍黛色參天二千尺覺氣韻不侔也達此理者殆可論文

擬古詩難於近似觀江文通雜體詩三十首便是顏淵具體叔敖復生也自是以來作者衆矣然皆乘漢王之車據仲尼之坐者也或者曰前世有擬古詩未聞有擬古文者予謂退之爲樊宗師作墓誌便似宗師與孟東野聯句便似東野而歐公集中擬韓作者多矣但恨世人未能讀書眼如月隙罅靡不照耳不然非吾君也何其聲之似我君也

山谷嘗謂白樂天柳子厚俱放陶淵明作詩而推子厚詩爲近然以予觀之子厚語近而氣不近樂天氣近而語不近子厚氣悽愴樂天語散緩雖各得其一要於淵明詩未能盡似也東坡亦嘗和陶詩百餘篇自謂不甚愧淵明然坡詩語亦微傷巧不若陶詩體合自然也要知陶淵明詩須觀江文通雜體詩中擬淵明作者方是逼眞

韓退之詒京師富兒不解文字飲惟能醉紅裙然予謂退之亦未是忘情者且有二侍妾名絳桃柳枝張籍所謂乃出二侍女合彈琵琶箏者也又嘗有詩云銀燭未銷窗送曙金釵半醉坐添春此豈空飲文字者邪

東坡酷愛西湖嘗作詩云若把西湖比西子淡粧濃抹總相宜識者謂此兩句已道盡西湖好處公又有詩曰雲山已作歌眉淺山下碧流淸似眼予謂此詩又是爲西子寫生也要識西子但看西湖要識西湖但看此詩

東坡詩用事多有誤處虢國夫人夜遊圖詩曰當時亦笑潘麗華不知門外韓擒虎陳後主張貴妃名麗華韓擒虎平陳後主麗華俱見收而齊東昏侯有潘淑妃初不名麗華也又東坡梅花絕句云月地雲階漫一尊玉奴終不負東昏臨春結綺荒荆棘誰道幽

香是反魂此亦張麗華事而坡作東昏侯用之坡又詩云全勝倉公飲上池史記飲上池乃是扁鵲又有詩云俄令司馬能鑱石奈有中郎解摸金而袁紹檄曹操蓋云發丘中郎摸金校尉又詩云市區收罷魚豚稅來與彌陀共一龕褚遂良云一食淸齋彌勒同龕非彌陀也此類非一蓋惟大才方可闊略餘人正不可學

余與林邦翰論詩及四字雨句邦翰云梨花一枝春帶雨雨句雖佳不免有脂粉氣不似朱簾暮捲西山雨多少豪傑予因謂樂天句似茉莉花王勃句似含笑花李長吉桃花亂落如紅雨似薝蔔花而王荆公以爲總不如院落深沉杏花雨乃似闍提花邦翰撫掌曰吾子此論不獨詩評乃花譜也

韓以文爲詩杜以詩爲文世傳以爲戲然文中要自有詩詩中要自有文亦相生法也文中有詩則句語精確詩中有文則詞調流暢謝元暉曰好詩圓美流暢如彈丸此所謂詩中有文也唐子西

曰古人雖不用偶儷而散句之中暗有聲調步驟馳騁亦有節奏此所謂文中有詩也前代作者皆如此法吾謂無出韓杜觀子美到夔州以後詩簡易純熟無斧鑿痕信是如彈丸矣退之之畫紀觀其鋪張收放字字不虛但不肯入韻耳或者謂其殆似甲乙則非也以此知杜詩韓文闕一不可世之議者遂謂子美於韻語不堪讀而以退之之詩又但爲押韻文者是果足爲韓杜之病乎文中有詩詩中有文當有知者領予此語

唐人詩嫩綠枝頭紅一點動人春色不須多之句聞舊時嘗以此試畫工衆工競以於花卉上粧點春色皆不中選惟一人於危亭縹緲綠楊隱映之處畫一美婦人凭欄而立衆工遂服此可謂善體詩人之意矣唐明皇嘗賞千葉蓮花因指妃子謂左右曰何如此解語花也而當時詩云上宮春色四時在蓋此意也然彼世俗畫工者乃亦解此邪

顧愷之善畫時人以爲癡張長史工書而人以爲顚予謂此二人之所以精書畫者也莊子曰用志不分乃凝於神

王右軍書本學衛夫人其後遂妙天下所謂風斯在下也東坡字本出顏魯公其後遂自名家所謂青出於藍也

前代牌額必先掛而後書碑石必先立而後刻魏凌雲臺至高韋誕書牓即日皓首此先掛之驗也今則先書而後掛唐吐突承璀欲立石紀德李絳上言請罷之帝悟命百牛倒之此先立之驗也今則先刻而後立

鵝有鬼兔亦有鬼抱朴子曰吳景帝有疾覡視之得一人欲試之乃殺鵝而埋于苑中架小屋施床几以婦人屐履服物著其上乃使覡視之告之曰若能視此冢中鬼婦人形狀者加賞而即信矣竟日無言帝推問之急乃曰實不見有鬼但見一頭鵝立墓上所以不卽白然則鵝死亦有鬼也稽神錄云楊邁當田獵放鷹於野

見草中一兔搏之無有如是者三即其草中而求之得兔骨一具兔之有鬼也鵝有鬼兔亦有鬼而阮瞻作無鬼論

東坡嘗與劉景文語一則仲父二則仲父當以何對景文答俗諺千不如人萬不如人坡首肯之予以爲不如對成也蕭何敗也蕭何此亦俗諺也

東坡嘗言靜似懶達似放予以爲拙亦似懶俗亦似放

玉壺淸話 十卷　宋釋文瑩 餘杭人

興國中太宗建秘閣選三館書以實焉命參政李至專掌一日李昉宋琪徐鉉三學士叩新閣求書一觀至性畏愼曰扃鑰誠其所掌籤函巾幂嚴秘難啓奈諸君非所職竊窺不便三人者笑謂至曰請無慮主上文明吾輩苟以觀書得罪不猶愈他咎乎因強拉秘鑰啓窺至密遣閣使聞奏上知之亟走就閣賜飲令盡出圖籍古畫賜昉等縱觀昉上言請升秘閣於三館之次從之仍以飛白

閣賜之又賜之草書千字文至請勒石上曰千字文本無稽梁武帝得鍾繇破碑愛其書命周興嗣次韻而成之俚無足取夫孝爲百行之本卿果欲勒石朕不惜爲卿寫孝經本刻於閣以敦教化也

景德三年有巨星見於天氐之西光芒如金圓無有識者春官正周克明言按天文錄荆州占其星名周伯語曰其色金黃其光煌煌所見之國太平而昌又按元命苞此星一曰德星不時而出時方朝野多歡六合平定鑾輿澶淵凱旋萬域富足賦斂無横宜此星之現也克明本進士獻文於朝召試中書賜及第

黃夷簡閒雅有詩名在錢忠懿王假幙中陪尊俎二十年開寶初太祖賜假開吳鎭越崇文耀武功臣遣夷簡謝於朝將歸上謂夷簡曰歸與元帥言朕已於薰風門外建離宮規模華壯不減江浙兼賜名禮賢宅以待李煜與元帥先朝者即賜之今煜掘強不朝

吾將討之元帥助我乎無爲他謀所惑果然則將以精兵堅甲奉賜向克常州元帥有大功俟江南平可暫來相見否無他但一慰延佇耳固不久留朕執圭幣三見於天矣豈敢自誣即當遣還也夷簡受天語俛首而歸私自籌曰茲事大難王或果以去就之計見決於我胡以爲對殆歸見假因不匿盡以天訓授之遂稱疾於安蹊別業保身潛遁夷簡山居詩有宿雨一番蔬甲嫩春山幾焙茗旂香之句雅喜治釋咸平中歸朝爲光祿少卿後以壽終

太祖嘗謂普曰卿苦不讀書今學臣角立雋軌高駕卿得無愧乎普由是手不釋卷太祖亦自是廣閱經史

李瀚及第於和凝相榜下後與座主同任學士會凝作相瀚爲承旨適當批詔次日於玉堂輒開和相舊閣悉取圖書器玩留一詩於榻攜之盡去云座主登庸歸鳳閣門生批詔立鼇頭玉堂舊閣多珍玩可作西齋潤筆否

杜審琦昭憲皇太后之兄也建寧州節一旦請覲審琦視太祖太宗皆甥也一日陳內宴於福寧宮昭憲后臨之祖宗以渭陽之重終宴侍焉及爲壽之際二帝皆捧觴列拜樂人史金著粗能屬文致詞於簾陛之外其略曰前殿展君臣之禮虎節朝天後宮伸骨肉之情龍衣拂地祖宗特愛之

王師伐蜀孟昶出兵拒之其勢既蹙始肯賫表詣王全斌請降即奉其母逮官屬沿峽流而下至江陵上遣使厚勞之別賜茶藥慰其母手詔止曰國母李氏有賢識昶在國或縱侈過度往往詬撻於庭有司始候昶至闕令銜璧獻俘於太廟已而罷之車駕親勞於近郊止令素服待罪於兩觀之下御含元殿備禮見之預詔有司直右掖門東葺大第五百楹什用器皿悉賜焉封昶爲中書令秦國公給巨鎭節俸拜命六日而卒年四十七發哀奠贈是三公之秩初其母纔至闕上以禁轝肩至宮庭嬪御扶掖親酌酒飲之

曰母但寬衷勿念鄉土異日必送母歸蜀母奏曰妾家本太原若許送妾還幷門死亦心足時晉壘未平太祖聞其吉讖大喜曰俟平劉鈞立送母歸必如所願因厚賜之後昶卒母亦不哭以酒酹地曰爾貪生失理不能納疆於眞主又不能死社稷實誰咎乎吾以汝在所以忍死至今今汝既死吾安藉其生耶遂數日不食而卒

太祖生於西京夾馬營至九年西幸還其廬駐蹕以鞭指其巷曰朕憶昔得一石馬兒爲戲羣兒屢竊之朕埋於此不知在否劚之果得然太祖愛其山川形勝樂其土風有遷都之意李懷忠爲雲騎指揮使諫曰東京正得皇居之中黃汴環流漕運儲廩可仰億萬不煩飛輓況國帑重兵宗廟禁掖若泰山之安根本不可輕動遂寢拜安陵奠哭爲別曰此生不得再朝於此也即更衣服弧矢登闕臺望西北鳴弦發矢以定之矢委處謂左右曰此即乃朕之

皇堂也以向得石馬埋於中又曰朕自爲陵名曰永昌是歲果晏駕

唐陸禋續水經嘗言蛇雉遺卵於地千年而爲蛟蛟龍屬漢武帝元封中尋陽浮江親射蛟於江中獲之是也其蛟出殼之日害於一方洪水飄蕩吳人謂之發洪予少時嘗遊杭州新城縣之伊山目擊此事方晚忽茂草中一雌雉飛起丈餘翅羽零亂復入草中數四不絕久而不出予竊怪之薙草往視果一巨蛇一雌雉蟠結纏糾津沫狼藉斯須雉驚而飛蛇亦入草始驗禋之說不誣

太宗御廐一馬號碧衘霞馬口角有文如碧霞夾於雙勒間圉人飼秣稍跛倚失恭則蹄齧吼噴怒不可解從征太原上下岡坂其平如砥下則伸前而屈後登高則能反之太宗甚愛上尊餘瀝時或令飲則嘶鳴喜躍後聞晏駕悲頓骨立眞宗遺從皇轝於熙陵數月遂斃詔以弊幃埋於桃花犬之旁

先主李昪受吳主禪奉爲讓皇璉讓皇長子也先主封璉中書令池州刺史將赴上遇寒食飲冷失節卒於池口舟中年十九歲初先主第四女璉納之爲妃賢明淑慎容範絕世及禪代封永康公主聞人呼公主則嗚咽流涕辭不願稱宮中爲之慘戚璉卒永康終身縞素斥去容飾不茹葷血惟誦佛書但自稱未亡人朝夕焚香對佛自誓曰願兒生生世世莫爲有情之物居延和宮中年二十四歲無疾坐亡凡五夕光如剪練長丈餘自口而出至斂溫軟如生主感悼哽痛詔李建勳刻碑宮中紀其異

徐常侍鉉仕江南日嘗直澄心堂每襆被入直至飛虹橋馬輒不進裂鞍斷轡箠之流血掣韁却立鉉貽書於餘杭沙門贊寧答曰下必有海馬骨水火俱不能毀惟漚以腐糟隨毀者乃是鉉劚之去土丈餘果得巨獸骨上脛可長五尺膝而下可長三尺腦骨若段柱積薪焚之三日不動以腐糟幾漚之遂爛焉

孔承恭上言舉令文中賤避貴之類四條乞置木牌立於郵堠以爲民告訴行之一日太宗問承恭曰令文中貴賤少長輕重各自相避並訖何必又云去避來此義安在承恭曰此必戒於去來者互相迴避爾上不然之曰借使去來相避止是憧憧於通衢之人密如交蟻焉能一一相避哉但恐設律者別有他意其精細若是

乙卯避暑錄 三卷　宋葉夢得

歐陽文忠公在揚州作平山堂壯麗爲淮南第一堂據蜀江下臨江南數百里眞潤金陵三州隱隱若可見公每暑時輒凌晨攜客往遊遣人走邵伯取荷花千餘朶以畫盆分插百許盆與客相間遇酒行卽遣妓取一花傳客以次摘其葉盡處則飲酒往往侵夜載月而歸余紹聖初始登第嘗以六七月館於此堂者幾月是歲大暑環堂左右老木參天後有竹千餘竿大如椽不復見日色蘇子瞻詩所謂稚節可專車是也寺有一僧年八十餘及見公猶能

道公時事甚詳邇來幾四十年念之猶在目今予小池植蓮雖不多來歲花開當與山中一二客修此故事

予在許昌歲適大水災傷京西尤甚流殍自鄧唐入吾境不可勝計予發賣常平所儲奏乞越常制賑之幾十餘萬人稍能全活惟遺棄小兒無由皆得之一日詢左右曰人之無子者何不收以自畜乎曰人固願得之但患既長或來歲稔父母來識認爾予爲閱法則凡因災傷遺棄小兒父母不得復取乃知爲此法者亦仁人也夫彼既棄而不育則父母之恩已絕若人不收之其誰與活乎遂作空券數千具載本法印給外內廂界保伍凡得兒者使自言所從來明書於券付之略爲籍記使以時上其數給多者賞且常平分餘粟貧者量授以爲資事定按籍給券凡三千八百人皆奪之溝壑置之襁褓雖細事不足道然每以告臨民者恐緩急不知有法或不能出此術也

劉貢父言杜子美詩所謂功曹非復漢蕭何以爲誤用鄧禹事雖近似然鄧氏子何不掾功曹自光武語非鄧禹實爲功曹則子美亦未必誠用此事今日見王洋舍人云前漢書高祖紀言蕭何爲主吏孟康註主吏功曹也吾初不省取閱之信然知子美用事精審未易輕議讀史者亦不可不詳也

楊文公談苑載周世宗嘗爲小詩示竇儼儼言今四方僭僞主各能爲之若求工則廢務不工則爲所窺世宗遂不復作當時詩必不甚佳故儼云爾非世宗英偉識帝王大略豈得不以儼言爲忤又安能卽棄去信爲天下者在此不在彼也安祿山亦好作詩櫻桃詩云櫻桃一籃子半青與半黃一半寄懷王一半寄周贄或請以一半寄周贄句在上則協韻祿山怒曰豈可使贄壓我兒也使世宗不能用儼言其詩未必如是之陋亦不過祿山爾因讀祿山事跡及之聊發千載一笑

鎭江招隱寺戴顒宅平江虎丘雲岩寺王珣宅今何山宣化寺何楷宅既皆爲寺猶可彷彿其故處何山無甚可愛淺狹僅在路傍無岩洞有岩出寺西北隅然亦不甚壯招隱雖狹而山稍曲幽邃有虎跑鹿跑二泉略如何山皆不能爲流唯虎丘最奇蓋何山不如招隱招隱不如虎丘平江比數經亂兵殘破獨虎丘幸在

嚴陵七里瀨在桐廬二十餘里兩山聳起壁立連亘七里土人謂之瀧訛爲籠言若籠中因謂初至爲入瀧既盡爲出瀧本音閭江反奔湍也以爲若籠謬也七里之間皆灘瀨今因沈約詩誤爲一名非是嚴陵灘最大居其中范文正公爲守時始作祠堂山上命僧守之山峻無平地不能爲重屋東西二釣臺乃各在山顚與灘不相及突然石出峯外略如臺上平可坐數十人因以名爾郭文居天柱峯在餘杭縣界今爲洞霄宮有大滌洞天見晉書隱逸傳此五者天下所共聞僅在浙西數州之間其四吾皆熟遊而洞霄宮距吾山無三百里吾今官事二十年未暇一至孰謂吾爲愛山者也

唐人言冬烘是不了了之語故主司頭腦太冬烘錯認顏標是魯公之言人以爲戲談今蜀人多稱之崇寧末家安國同爲郎成都辟不爲諫官以安國嘗建言移事省上章擊之其辭略云謹按某官人材闒冗臨事多烘蓋以其蜀人聞者無不笑之

婦人疾莫大于產蓐倉卒爲庸醫所殺者多矣亦不素講故也嘗嘗見杜壬作醫準一卷其一紀郝質子婦產四日瘈瘲戴眼弓背反張壬以爲痓病與大豆紫湯獨活湯而愈政和間予妻綫分娩猶在蓐中忽作此症頭足反接相去幾二尺家人驚駭以數婢強拗之不直適記所云而藥囊有獨活乃急爲之召醫未至連進三劑遂能直醫至則愈矣更不復用大豆紫湯不可不廣告人二方皆在千金第三卷

四明溫台間山谷多產菌然種類不一食之間有中毒往往至殺人者蓋蛇虺毒氣所薰蒸也有僧教掘地以冷水攪之令濁少頃取飲皆得全活此方自見本草陶隱居注謂之地漿亦治楓樹菌食之笑不止俗言笑菌者居山間不可不知此法也

劉原甫博物多聞前世實無及者在長安有得古鐵刃以獻製作極巧下爲大環以纏龍爲之而其首類鳥人無識者原甫曰此赤連勃勃所鑄龍雀刀所謂大夏龍雀者也鳥首蓋雀云問之乃和世衡築靑澗城掘地所得正夏故疆也又有獲玉印遺之者其文曰周惡夫印公曰此漢條侯印尙存于今也或疑而問之曰古亞惡二字通用史記盧綰之孫他人封亞俗侯而漢書作惡俗是也問者始大服因疑史條侯名遂作惡父亞之音未必然春秋魏有醜夫衛有良夫蓋古人命名皆不擇其美稱亦有以惡名者安知亞夫不爲惡夫也

嘉祐中邕州佛寺塑像其手忽振動晝夜不止未幾交阯入寇城幾陷其後又動而儂知高反圍城卒陷之屠其城去熙寧元年又動郡守錢師孟知其不祥亟取投之江中遂無他物理不可解佛豈爲是也哉以五行傳推之近土失其性也予在江東宣州大火幾焚其半前此亦有鐵佛坐高丈餘而身忽迭前迭却若俯而就人者數日土人方駭既時火作蓋邕州之異也

晉宋間佛學初行其徒猶未有僧稱通曰道人其姓則皆從所授學如支遁本姓關學于支謙爲支帛道猷本姓馮學於帛尸梨密爲帛是也至道安始言佛氏釋迦今爲佛子宜從佛氏乃請皆姓釋世以釋奉佛者猶言楊墨申韓今以爲稱者自不知其爲姓也貧道亦是當時儀制定以自名之辭不得不稱者疑示尊禮許其不名云爾今乃反以名相呼而不諱蓋自唐已然而貧道之言廢矣

明皇幸蜀圖李思訓畫藏宋宗室汝南郡王仲忽家予嘗見其摹本方廣不滿二尺而山川雲物車輦人畜草木禽鳥無一不具峯嶺重複徑路隱顯渺然有數百里之勢想見天下名筆政和間內府求畫甚急以其名不佳獨不敢進明皇作騎馬像前後宦官宮女導從略備道旁瓜圃宮女有即圃采瓜者或諱爲摘瓜圖而議者疑元稹望雲騅歌有騎騾幸蜀之語謂倉卒不應儀物猶若是盛遂欲以爲非幸蜀時事者終不能改者山谷間民皆冠白巾以爲蜀人爲諸葛孔明服所居深遠者後遂不除然不見他書

禹貢導漾東流爲漢又東爲滄浪之水滄浪地名非水名也孔氏謂漢水別流在荆州者孟子記孺子之歌所謂滄浪之水可以濯纓者屈原楚歌亦載之此正楚人之辭蘇子美卜居吳下前者積水即吳王僚開以爲池者作亭其上名之滄浪雖意取濯纓然似滄浪爲水渺瀰之狀不以爲地名則失之矣滄浪猶言嶓冢桐柏也不言水而直曰嶓冢桐柏可乎大抵禹貢水之正名而不可單舉者則以水足之黑水弱水澧水之類是也非水之正名而因以爲名則以水別之滄浪之水是也沇水伏流至濟而始見沇亦地名可名以濟不可名以沇故亦謂之沇水乃知聖經言一字未嘗無法也

桑欽爲水經載天下水甚詳而兩浙獨略浙謂之漸江出三天子都欽北人未嘗至東南但取山海經爲證爾山海經三天子都在彭澤安得至此今錢唐江乃北江之下流雖是彭澤來蓋衆江所會不應獨取此一水爲名予意漸江即浙字欽誤分爲二名酈道元註引地理志浙江出丹陽黟南蠻中者是也即今自分水縣出桐廬號歙港者與衢婺之溪合而過富陽以入大江大江自西來此江自東來皆會于錢塘然後南趨于海然浙江不見于禹貢以錢唐江爲浙江始見于秦紀而衢婺諸水與苕霅兩溪等不見于水經者甚多豈以小遺之抑不及知耶

蘇子瞻元豐間赴詔獄與長子邁俱行與之期送食惟菜與肉有不測則撤二物而送以魚使伺外間以爲候邁謹守踰月忽糧盡出謀于陳留委其一親戚代送而忘語其約親戚偶得肥鮓送之不兼他物子瞻大駭知不免將以祈哀於上而無以自達乃作二詩寄子由祝獄吏致之蓋意獄吏不敢隱則必以聞已而果然神宗固無殺意見詩益動心自是遂欲從寬釋凡爲深文者皆拒之二詩不載集中今附於此柏臺霜氣夜淒淒風動琅璫月向低夢繞雲山心似鹿魂飛湯火命如雞額中犀角眞吾子身後牛衣愧老妻他日神遊定何所桐棺知葬浙江西聖主如天萬物春小臣愚暗自亡身百年未了須還債十口無家更累人是處青山可藏骨他時夜雨獨傷神與君今世爲兄弟更結來生未了因

婦人以姬爲稱故周之諸女皆言姬猶宋言子齊言姜也是漢以

來不復辨類以爲婦人之名故史記言高祖居山東好美姬漢書外戚傳云所幸姬戚夫人之類固以失矣註漢書者見其言薄姬虞姬戚姬唐姬等皆妾而非后則又以爲衆妾之稱近言妾者遂皆爲姬事之流傳失實每如是今謂宗女爲姬亦因詩言王姬之誤也

樂君達州人生巴峽間不甚與中州士人相接狀極質野而博學純至先君少師特愛重之故遣吾聽讀今吾尙略能記六經皆樂君口授也家甚貧不自經理有一妻二兒一跛婢聚徒城西草廬三間以其二處諸徒而妻子居其一樂易坦率多嬉笑未嘗見其怒一日過午米缺妻使跛婢告米竭樂君曰少忍會當有餉者妻不勝忿忽自屏間躍出取案上簡擊其首樂君袒而走仆於舍下羣兒環笑掖起之已時先君適送米三斗樂君徐告其妻曰果不欺汝飢甚幸速炊俯仰如昨日幾五十年矣每且起分授羣兒經

口誦數百徧不倦少間必曳履慢聲抑揚吟諷不絕躡其後聽之則延篤之書也羣兒或竊效靳侮之亦不怒喜作詩有數百篇先君時爲司理猶記其相贈一聯云末路清談得陶令他時陰德頌于公又寄故人云夜半夢回孤月滿雨餘目斷太虛寬先君數稱賞之今老書生未有其比也

兵興以來盜賊夷狄所及無噍類有先期奔避伏匿山谷林莽間或幸以免忽襁負嬰兒啼聲聞于外亦因得其處于是避賊之人凡嬰兒未解事不可戒語者率棄之道旁以去㷀㷀相望哀哉此虎狼所不忍蓋勢不得已也有教之爲緜毬隨兒大小爲之縛置口中略使滿口而不閉氣或有力更預畜甘草末臨縶時量以水漬使咀味兒口中有物實之自不能作聲而緜軟不傷兒口或鏤板以揭饒州道上已酉冬虜自江西犯饒信所在居民皆空城去顚仆流離道上而嬰兒得此全活者甚多乃知雖小術亦有足活

人者君子可不務其大乎此亦不可不知許幹譽爲予道之廣此言使人無不聞也

明道雜志　一卷　　宋張太史　名文潛

用事謬誤雖文士時有之韓文公作孔廟記云社稷之祀不屋而壇豈如孔子巍然當坐用王者禮若以爲壇祭之禮不如屋則何必社稷天地圓丘方澤初不屋也孔子之禮雖極隆比天地則有間矣豈以壇屋分隆殺乎又巍然端坐後世爲土偶乃有此古祭用主安能巍然而坐乎退之未三思也

呂與叔長安人話長安有安氏者家藏唐明皇髑髏作紫金色其家事之甚謹因爾家富達有數子得官遂爲盛族後其家析居爭髑髏遂斧爲數片人分一片而去予因謂之曰明皇生死爲姓安人殛腦合座大笑

河豚魚水族之奇味也而世傳以爲有毒能殺人中毒則覺脹亟

取不潔食之乃可解不爾必死蘇子瞻在資善堂與數人談河豚之美諸人極口譬喻稱贊子瞻但云據其味眞是消得一死人服以爲精要或云其子不可食其子大如粟而浸之經宿大如彈丸也或云中其毒者亦不必食不潔水調炒槐花末龍腦水皆可解予見人有說中此毒急服至寶丹亦解橄欖最解魚毒其羮中多用之而吳人悉不用此直云用不潔解河豚是戲語耳惡烏頭附子之屬

經傳中無嬸妗字考其說嬸字乃世母字二合呼妗乃舅母字二合呼也（二合如漢音中合兩字音爲一）

士人有雙漸者性滑稽嘗爲縣令入僧寺中主僧半酣矣因前曰長官可同飲三杯否漸怒判云談何容易邀下官同飲三杯禮尙往來請上坐獨吃八棒竟笞遣之

松漠記聞　二卷　　宋洪忠宣公

女眞卽古肅愼國也東漢謂之挹婁元魏爲之勿吉隋唐謂之靺鞨開皇中遣使貢獻文帝因宴勞之使者及其徒起舞於前曲折皆爲戰鬭之狀上謂侍臣曰天地間乃有此物常作用兵意其屬分六部有黑水部卽今之女眞其水掬之則色微黑契丹目爲混同江其江甚深狹處可六七十步闊處至百步唐太宗征高麗靺鞨助之戰甚力駐蹕之敗高延壽高惠眞以衆及靺鞨兵十餘萬來降太宗悉縱之獨坑靺鞨三千人開元中其酋來朝拜爲勃利州刺史遂置黑水府以部長爲都督刺史朝廷爲置長史監之賜府都督姓李氏訖唐世朝獻不絕五代時始稱女眞後唐明宗時嘗寇登州渤海擊走之其後避契丹諱更爲女直（契丹之諱曰宗眞）俗訛爲女質居混同江之南者謂之熟女眞以其服屬契丹也江之北爲生女眞亦臣于契丹後有酋豪受其宣命爲首領者號太師契丹自賓州混同江北八十餘里建寨以守予嘗自賓州涉江過其寨

守禦已廢所存者數十家耳（生女眞卽金國也）女眞酋長乃新羅人號完顏氏完顏猶漢言王也女眞以其練漢事後隨以首領讓之兄弟三人一爲熟女眞酋長號萬戶其一適他國完顏年六十餘女眞妻之以女生二子其長卽胡來也自此傳三人至楊哥太師無子以其姪阿骨打之弟謚曰文烈者爲子其後楊哥生子闥辣乃令文烈歸宗

渤海國去燕京女眞所都皆千五百里以石累城足東並海其王舊以大爲姓右姓曰高張楊竇烏李不過數種部曲奴婢無姓者皆從其主婦人皆悍妬大氏與他姓相結爲十姊妹遞幾察其夫不容側室及他游聞則必謀寘毒死其所愛一夫有所犯而妻不之覺者九人則羣聚而詬之爭以忌嫉相誇故契丹女眞諸國皆有女倡而其良人皆有小婦侍婢惟渤海無之

大遼盛時銀牌天使之女眞每夕必欲薦枕者其國舊輪中下戶作止宿處以未出適女待之後求海東青使者絡繹恃大國使命惟擇美好婦人不問其有夫及閥閱高者女眞浸忿遂叛

寧江州去冷山百七十里地苦寒多草木如桃李之類皆成園至八月則倒置地中封土數尺季春出之厚培其根否則凍死每春冰始泮遼主必至其地鑿冰釣魚放弋爲樂女眞率來獻方物若貂鼠之屬各以所產量輕重而打博謂之打女眞

女眞舊絕小正朔所不及其民皆不知紀年問之則曰我見草青幾度矣蓋以草一青爲一歲也自興兵以後浸染華風酋長生朝皆自擇佳辰粘罕以正旦悟室以元夕烏拽馬以上巳其他如重午七夕重九中秋中下元四月八日皆然亦有用十一月旦者謂之周正金主生于七月七日以國忌用次日今朝廷遣賀使以正月至彼蓋循契丹故事不欲使人兩至也

金國治盜甚嚴每捕獲論罪外皆七倍責償唯正月十六日則縱

偸一日以爲戲妻女寶貨車馬爲人所竊皆不加刑是日人皆嚴備遇偸至則笑遣之既無所獲雖畚鑁微物亦擕去婦人至顯入人家伺主者出接客則縱其婢妾盜飲器他日知其主名或偸者自言大則具茶食以贖（謂羊酒者饌之類）次則擕壺小亦打餻取之亦有先與室女私約至期而竊去者女願留則聽之自契丹以來皆然今燕亦如此

回鶻自唐末浸微本朝盛時有入居秦川爲熟戶者女眞破陝悉徙之燕山甘涼瓜沙舊皆有族帳後悉羈縻于西夏唯居四郡外地者頗自爲國有君長其人卷髮深目眉修而濃自眼睫而下多虬髯奉釋氏最甚共爲一堂塑佛像其中每齋必封羊或酒酣以指染血塗佛口或捧其足而嗚之謂爲親敬誦經則衣袈裟作西竺語燕人或俾之祈禱多驗婦人類男子白皙著靑衣如中國道服然以薄靑紗冪首而見其面其居秦川時女未嫁者先與漢人

通有生數子年近三十始能配其種類媒妁來議者父母則曰吾女嘗與某人某人昵以多爲勝風俗皆然

嗢熱者國最小不知其始所居後爲契丹徙置黃龍府南百餘里曰賓州賓州近混同江即古之粟末河黑水也部落雜處以其族類之長爲千戶統之契丹女眞貴游子弟及富家兒月夕被酒則相率攜尊馳馬戲飲其地婦女聞其至多聚觀之間令侍坐與之酒即飲亦有起舞歌謳以侑觴者醉後相契調謔往反即載以歸不爲所顧者至追逐馬足不遠數里其攜去者父母皆不問留數歲有子始具茶食酒數車歸寧謂之拜門因執子壻之禮其俗謂男女自媒勝于納幣而婚者飲食皆以木器好寘蠱他人欲其不驗者云三彈指于器上則其毒自解亦間有過毒而斃者族多李姓

胡俗舊無儀法君臣同川而浴肩相摩于道民雖殺雞亦召其君同食炙股烹脯（膊肉也音蒲）以餘肉和虀菜擣臼中糜爛而進率以爲常吳乞買稱帝亦循故態今主方革之

金國新制大抵依倣中朝法律至皇統三年頒行其法有創立者率皆自便如毆妻致死非用器刃者不加刑以其側室多恐正室妬忌漢兒婦莫不唾罵以爲古無此法曾臧獲之不若也

金國天會十四年四月中京小雨大雷震羣犬數十爭赴土河而死所可救者纔二三爾

戊午夏熙州野外濼水有龍見三日初於水面見蒼龍一條良久即沒次日見金龍以爪托一嬰兒兒雖爲龍所戲弄略無懼色三日金龍如故見一帝者乘白馬紅衫玉帶如少年中官狀馬前有六蟾蜍凡三時方沒郡人競往觀之相去甚近而無風濤之害熙州嘗以圖示劉豫劉不悅趙伯璘曾見之

是年五月汴都太康縣一夕大雷雨下冰龜亘數十里龜大小不等首足卦文皆具

初漢兒至曲阜方發宣聖陵粘罕聞之問高慶緒曰孔子何人對曰古之大聖人曰大聖人墓豈可發皆殺之故闕里得全

兼明書　五卷　唐丘光庭（國子太學博士）

鄭康成以伏羲女媧神農爲三皇宋均以燧人伏羲神農爲三皇白虎通以伏羲神農祝融爲三皇孔安國以伏羲神農黃帝爲三皇明曰女媧燧人祝融事經典未嘗以皇帝言之又不承五行之運蓋霸而不王者也且祝融乃顓頊之代火官之長可列於三皇哉則知諸家之論唯安國爲長

鄭康成以黃帝少昊顓頊帝嚳唐堯虞舜爲五帝此六人而云五帝者以其俱合五帝座星也司馬遷以黃帝顓頊帝嚳唐堯虞舜爲五帝孔安國以少昊顓頊高辛唐虞爲五帝明曰康成以女媧爲皇軒轅爲帝按軒轅之德不劣女媧何故不爲稱皇而淪之入

帝仍爲六人哉考其名迹未爲允當者也司馬遷近遺少昊而遠收黃帝其爲疎略一至于斯唯安國精詳可爲定論

鄭康成云北斗天皇大帝其精生人凡稱皇者皆得天皇之氣又云五帝者仰合五帝座星也明曰康成舉其邊末爲通論也今按尚書說皇者皆天德也皇王人也大也帝諦也公平通達舉事審諦也人主德同天覆故德優者謂之皇其次謂之帝然則皇者帝者皆法天爲名非取星爲號也或曰子以軒轅爲皇何故謂之皇帝答曰凡言有通析析而言之則皇尊于帝通而言之則帝皇一也月令云其帝太昊則伏羲亦謂之帝也呂刑云皇帝淸問下民則堯亦謂之皇也

古詩云君子防未然不處嫌疑間瓜田不納履李下不整冠明曰履當爲屨字之誤也文章之體不應兩句之內二字同音又諸經傳無納履之語按曲禮曰俯而納屨義曰俯低頭也納者著也低

頭著屨則似取瓜故爲人所疑也且履無帶著時不必低頭知履當爲屨傳寫誤也

爛柯山相傳云昔人採樵於山中見二人奕棊于松下因坐而看之及棊罷而歸斧柯已爛至家三歲矣因名其山曰爛柯明曰此傳事雖有舊而理且不通何者仙凡雖殊而歲月無異故華表鶴云有鳥有鳥丁令威去家千歲今始歸卽彼此千年也且仙家行止不離人間共茲日月之下縱使仙能變化復何變於天地日月哉易曰法象莫大乎天地變通莫大乎四時懸象著明莫大乎日月日月不別山川又同三年之中凡雷風雨雪寒暑晝夜將何以蔽以敗昭明若是仙山元無燥溼則不當朽爛于柯也且仙人神思固應敏妙何三年之久方終一局哉由此而論誠爲妄矣或曰子稱爲妄其山何得此名答曰山名自遠必當別有所謂但以時經喪亡圖籍散亂後人不知其由臆爲之說耳此二條今本無

天下有山獨立者而州縣圖皆云其山自蜀飛來明曰按爾雅釋山云獨者蜀也然則凡山孤絕四面不與餘山連者皆名爲蜀而云自蜀飛來一何誣謬

今人言項羽起于江東者多以爲浙江之東明曰按古人稱江東皆謂楚江之東也以其江自西南而下江南江東隨江所向而呼也項羽起於江東卽蘇州也故漢書稱項羽避仇於吳中其論用兵之道吳中士大夫皆出其下尋其所行止無入浙東之文也或曰羽殺會稽守賈守通會稽非浙東乎答曰秦併天下分置三十六郡江東爲會稽郡其治所在吳吳卽今蘇州也羽殺賈守通之後起吳中子弟八千人非蘇州而何

晉宋齊梁之書皆謂江東爲江左明曰此據大略而言細而論之左當爲右何以明之按水之左右隨流所向而言之水南流則左在東而右在西水東流則左在北而右在南水北流則左在西而右在東昔三苗之國左洞庭而右彭蠡則洞庭在西彭蠡在東其水北流故也又哀二年左傳云昔趙簡子納衛太子蒯聵于戚夜行迷道陽虎曰右河而南必至焉此時河轉北流故謂河東爲右也又曲禮云主人入門而右客入門而左主人就東階客就西階以向堂爲正故左在西而右在東亦其義也按建康之西江水北流則當左在西而右在東今以江東爲江左則是史官失其義也若非史官失其義則世人傳寫誤也

范曄後漢書蔡琰見曹公蓬首徒跣而入明曰不乘車者謂之徒行不履韈者謂之徒跣今文姬蓋三徒跣非徒行也故下文曹公與之巾韈

虜廷事實 十卷

宋文惟簡 燕山逸士

姓氏　女眞部族種類不同有夾谷赤盞溫熟馳滿納合徒丹烏古論烏林荅紇石烈等數十姓各以其先世所居地名爲列惟完顏一姓則有異焉蓋其遠祖因避罪自高麗而至女眞後立神功聖德碑于燕城之西參知政事韓昉作文翰林承旨宇文虛中書翰林待制吳激篆額其碑自序出於高麗云

風俗　女眞風俗初甚淳質其祖宗者不知人主之爲貴鄰人醞酒欲熟則烹鮮擊肥而邀主于其家無貴賤老幼團坐而飲酒酣則賓主迭爲歌舞以誇尙今則稍知禮節不復如此耳

杖責　虜中上自宰執公卿下至判司簿尉有罪犯者亦不能免杖如天朝之臣有忤其主意者則去衣臥地令侍衛之人以杖箠之數足則止名曰御斷州縣官有罪則差天使至其本家量輕重而杖之名曰監斷有因而致死者上下內外官雖曾被刑責相視不以爲辱又安知古者刑不加大夫也

拜天　虜人州軍及軍前每遇端午中元重九三節擇寬敞之地多設酒醴牢饌餅餌果實祭於其所名曰拜天祭能則無貴賤老

幼能騎射者咸得射柳中者則金帛賞之不中者則褫衣以辱之射柳既罷則張宴飲以爲極樂也

黄鼠　沙漠之野地多黄鼠畜豆穀于其地以爲食用村民欲得之則以水灌穴遂出而有獲見其城邑有賣者去皮刻腹極甚肥大虜人相説以爲珍味則知蘇屬國奉使時胡婦掘野鼠而食之者正謂此也

婚聘　虜人風俗取婦于家而其夫身死不令婦歸宗則兄弟姪皆得以娉之有妻其繼母者與犬豕無異漢兒則不然知其非法也

過醆　金國上至朝廷下至州郡皆有過醆之禮如宰臣百官生日及民間娶婦生子若迎接天使趨奉州官之類則以酒果爲具及有幣帛金銀鞍馬珍玩等諸物以相贈遺主人乃捧其酒于賓以相贊祝祈懇名曰過醆如此結恩釋怨不如是者爲不知禮

放偸　虜中每至正月十六日夜謂之放偸俗以爲常官亦不能禁其日夜人家若不畏謹則衣裳器用鞍馬車乘之屬爲人竊去隔三兩日間主人知其所在則以酒食錢物贖之方得原物至有室女隨其家出遊或家在僻静處爲男子刼持去候月餘日方告其父母以財禮聘之則放偸之弊是何禮法

披秉　胡兒自古以來披髮左衽習以爲俗安知有衣冠之法爲可貴耶頃年初創臺有女眞契丹之人有爲公相尙書侍郎者從漢法例當披秉皆病頭悶身痒反以爲苦譯而語人曰都被爾漢人立法拘束殺我輩也受苦受辱此誠可笑

啞揖　漢兒士大夫上位者年時及久闊交友相見則進退周旋三出頭五折腰相揖而不作聲名曰啞揖不如是者爲山野之人不知禮法衆可嗤笑契丹人交手于胸前亦不作聲是謂相揖

喪葬　北人喪葬之禮蓋各不同漢兒則遺體然後瘞之喪凶之禮一如中原女眞則以木槽盛之葬于山林無有封樹惟契丹一種特有異焉其富貴之家人有亡者以刄破腹取其腸胃滌之實以香藥鹽礬五綵縫之又以尖葦筒刺于皮膚瀝其膏血且盡用金銀爲面具銅絲絡其手足耶律德光之死蓋用此法時人目爲帝羓信有之也

血泣　嘗見女眞貴人初亡之時其親戚部曲奴婢設牲牢酒饌以爲祭奠名曰燒飯乃跪膝而哭又以小刀輕厲額上血淚淋漓不止更相拜慰須臾則男女雜坐飲酒舞弄極其歡笑此何禮也

釋奠　距燕山東北千里曰中京大定府本奚霫舊地其府中亦有宣聖廟春秋二仲月行釋奠之禮契丹固哥相公者因此日就廟中張宴有胡婦數人麗服靚裝登于殿上徘徊瞻顧中有一人曰此髯者是何神道答曰者便罵我夷狄之有君者衆皆發笑而去矣

寺塔　燕山京城東壁有大寺一區名憫忠廊下有石刻云唐太宗征遼東高麗回念忠臣孝子歿于王事者所以建此寺而薦福也東西有磚塔高可十丈云是安祿山史思明所建矣

抱朴子　葛洪

蟹曰無腸公子龜曰先知君

雲英雲珠雲母雲液雲沙謂之五雲

南海之中蕭丘之上有自然之火火常以春起而秋滅丘方千里當火起時此丘上純生一種木火起著此木木雖爲火所著但小焦黑人或以爲薪者如常薪但不成炭炊熟則灌滅之復更用如此無窮

杜子微服天門冬御十八妾有子百四十人日行三百里抱朴子從祖先公每大醉及天盛熱輒入深水底八月乃出者正以能閉氣胎息故耳左慈以氣禁水水爲逆行一二丈禁水著中庭露之

大寒不冰

志雅堂雜抄 一卷 周密

龔聖予云禊序有大業間石本其後有隋諸臣御位然則在智永未藏之先此帖亦嘗入御府

廖瑩中羣玉號葯洲邵武人登科爲賈師憲平章之客嘗爲太府丞知某州皆以在翹館不赴咸淳間嘗命善工翻刻淳化閣帖十卷絳帖二十卷皆逼眞仍用北紙佳墨模搨幾與眞本並行又刻小字帖十卷王楠所作賈氏家廟記盧芳喜所作秋壑九歌又刻陳簡齋去非姜堯章任希夷柳處南四家遺墨十三卷皆精妙先是賈師憲用婺州碑工王用和翻刊定武蘭亭凡三年而後成至賞之以勇爵絲髮無遺恨幾與定本相亂又轉爲小字刻之靈璧石板世綵堂盖其堂名也

高宗朝手卷畫前上用乾卦圓印其下用希世藏畫卷後下用紹

興印墨迹無上面卦止有希世紹興印徽宗朝墨跡用雙龍鳳印用泥金題粉青絹狹簽頭

沈草庭云以煮酒脚塗靈璧石其黑如漆洗之不脫極妙

斲琴名手唐雷霄雷咸雷珏郭亮皆蜀人沈鐐張越皆江南人蔡獻僧智仁衛中正慶曆中朱仁濟馬希仁馬希先崇寧中並宋人

元豐間米元章自號恭門居士其印文火正後人某印其後並不用之

金花定椀用大蒜汁調塗描畫然後再入窰燒永不復脫凡碾工描玉用石榴皮汁則見水不脫

酒醋缸有裂破縫者可先用竹箍定于烈日中晒令十分乾仍用炭燒縫上令極熱却以好瀝青末滲縫處令融液入縫內令滿更用火略烘塗開永不滲漏勝于油灰多矣

伯幾云今所謂骨咄犀乃蛇角也以至毒宜解毒故曰蠱毒犀

宣和殿所藏殷玉鉞長三尺餘一段美玉文藻精甚三代之寶也後歸大金今入大元每大朝會必設於外廷

凡人溺死者以鴨血灌之可活 張夢符云

治閉喉倉卒之疾用巴豆以竹紙滲油令滿作撚點燈令著吹滅之以煙薰喉間即吐惡血而消

蘇壁云耳暴聾用全蝎去毒爲末酒調下以耳中聞水聲即愈

治金瘡及刀斧瘡用獨殼大栗椊爲乾末傅之立止或倉卒用生栗傅亦得

暑天痱子用黃瓜摩之即消

香附子四兩去黑皮微炒片子姜黃湯浸一宿洗淨甘草一兩炒各細末入鹽點辟嵐瘴之氣極妙

治喉痺幷生乳鵝用蝦蟆衣鳳尾草洗淨擂細入鹽霜梅肉煮酒各少許和再研細用細布絞汁以鵝毛掃患處隨手吐痰即消

鄭金曜有杖丹一方用水蛭爲末和朴硝少許以水調傅瘡上屢

施於人良驗

絳帖第九卷大令書一卷第四行內面字右邊轉筆正在石皮處隱然可見今本乃無右邊轉筆全不成字其兩面字亦一字與第五行第七字亦不同又第七行第一字舊本即書止字今本乃草書心字筆法且俗以此推之今之所見皆非舊本

衡州有花光山長老仲仁能作墨梅所謂花光梅是也

李公麟山陰圖畫許玄度王逸少謝安石支道林縫用米姓之印

米元章與伯時說許玄度王逸少謝安石支道林當時同游適于山陰南唐顧如中遂畫爲山陰圖三吳老僧寶之莫肯借傳伯時率然弄筆隨元章所說想像作此瀟灑有山陰放浪之思元豐壬戌正月二十五日與何益之李公麟魏季通同觀李琮記

説郛卷第八終

說郛卷第九

感應經 三卷　唐李淳風

積穀生蟲腐草爲螢　搜神記曰龍易骨蠱易骼蛇類解皮蟹類易殼又折其螯足墮復更生穀之化爲蟲也妖氣之所生焉禮記月令季夏腐草化爲螢

虎知衝破燕識戊己　博物志云虎知衝破有能畫地卜今人有畫地上下推其奇偶謂之虎卜說文燕玄鳥也齊魯之間謂之乙謂之子候作巢避戊己玄中記千歲之燕戶北向

梟避星名鵲避太歲　周禮硩蔟氏掌覆妖鳥之巢以方書十日之號十有」二辰之號十有二月之號十有二歲之號二十有八星之號縣其巢上則去之庭氏掌射國中之妖鳥若不見其鳥獸則以救日之弓與救月之矢夜射之若伸也則以太陰之弓與枉矢

射之晏子春秋及說苑搜神並言柏也嘗騫爲齊景公禳梟乃布翼當伏地死蓋用此術也說文曰鵲巢背太歲此非才知任自然也淮南子曰鵲識風歲多風去高木巢傍枝也

河有怪魚乃名爲鱷其身已朽其齒三作　博物志云海南有魚如鼉斬其首乾之椓去其齒而更復生者三乃已南州志亦云然淳風有聞廣州人說鱷魚能陸追牛馬殺之水中覆舟殺人値網則不敢觸如此畏愼其一孕生卵數百於陸地及其成形則有蛇有龜有鱉有魚有鼉有蛟者凡十數類及其被人捕取宰殺之其靈能爲雷電風雨殆神物龍類也

風生之獸出於火林刀劍不入鍛以鐵砧既如韋囊雖復暫死張口向風蹶然還起　十洲記曰炎洲在南海中有地方二千里去岸九萬里上有風生獸狀如豹青色如大貍張網取之積薪數車燒之薪盡而此獸在火不然以鎚鎚其頭十數萬下乃死而以其口向風須臾便活而起以石上菖蒲塞鼻則死抱朴子云生火林中得之刀劍斫不入鐵鎚打頭骨破如韋囊而不死餘同上所說」

違天無狀伯趙鵙梟害親逆道破鏡黃要何不殄滅而走消搖　春秋傳曰伯趙司至即百勞也曹植惡鳥論云夏至陰氣動爲殘殺蓋賊害之候鳴於人家則有死亡之徵又云鵙梟食母眼睛乃能飛郭璞云伏土爲梟漢書郊祀志云古者天子嘗以春解祠之黃帝用破鏡孟康云破鏡獸名食母形如貙而虎眼蜀地志黃腰獸鼬身貍首生子長大能自活則羣逐其母令不得哺形雖小能殺牛鹿及虎

炭何爲重鐵何爲輕　漢書云先冬夏至懸炭鐵於衡各一端令適停冬至陽氣至炭仰而鐵低夏至陰氣至鐵仰而炭低以此候二至淮南子曰權土炭候氣也

象而後數卜筮之術朽骨枯草安知凶吉　六韜曰文王使散宜

生卜伐殷吉乎不吉鑽龜龜不兆數蓍蓍交而拆散宜生因曰不祥不可舉也太公進曰非子所及聖人天地之道承衰亂而起龜者枯骨蓍者朽草不足以辨吉凶左氏傳曰吉凶由人也

賈氏談錄 一卷　賈黃中述僞唐張洎撰

庚午歲予銜命宋都舍於懷信驛左補闕賈黃中丞相魏公之裔也好古博雅善於談論每款接常簽所問公館多暇偶成編綴凡二十六條號曰賈氏談錄貽諸好事者云爾

厄在白馬　李贊皇初掌北門奏記有日者謂曰公他日位極人臣但厄在白馬耳及登相位雖親族亦未嘗有畜白馬者會昌初再入廟堂專持國柄平上黨破回鶻立功殊異策拜太尉封衛國公然性多忌刻當塗之士有不協者必遭遣逐翰林學士白敏中大懼遂諷給事中韋弘景上言相府不合兼領三司錢穀專政太甚武宗由是疑之及宣宗即位出德裕爲京南節度使旋屬淮海李紳有

吳汝納之獄上命刑部侍郎馬植專鞫其事盡得德裕黨庇之迹由是坐罪竄南海歿而不返厄在白馬其信乎

（院體）中土士人平常札翰多爲院體院體者貞元中翰林學士吳通微嘗工行草然體近吏故院中胥徒尤所倣傚其書大行於世故遺法迄今不泯其鄙則又甚矣

（湯泉）驪山之華清宮毀廢已久今所存惟繚垣而已天寶所植松柏徧滿岩谷望之鬱然朝元閣在北嶺之上基址最爲嶄絕次南即長生殿故基東南湯泉凡一十八所第一所是御湯周環數丈悉砌以白石瑩澈如玉面皆隱起魚龍花鳥之狀四面石坐階級而下中有雙白石蓮泉眼自甕口中湧出噴注白蓮之上御湯西南角即妃子湯湯面稍狹湯側有溫紅石盆四所作菡萏於白石之面餘湯迤邐相屬下鑿石作暗竇透水出東南數十步復立石表水自石表湧出灌注石盆中賈君云此是後人置也

（白傳冢）白傳葬龍門山河南尹盧貞刻醉吟先生傳立於墓側至今猶存洛陽士庶及四方遊人過其墓者必奠以卮酒故冢前方丈之土常成泥濘

（兵難不及）賈君云僖昭之世長安士族多避寇南山中雖孝經離亂而兵難不及故今衣冠子孫居鄠杜間室廬相比

（白傳不賜謚）白傳大中末嘗有諫官獻疏請賜謚上曰何不取醉吟先生墓表看卒不賜謚弟敏中在相位奏立神道碑其文即李義山之辭也

（虞美人草）褒斜山谷中有虞美人草狀如雞冠大而無花葉皆相對行路人見者或唱虞美人則兩葉漸搖動如人撫掌之狀頗應節拍或唱他辭寂不動也賈君親見之

（土風）余問賈君中土人每日火麪而食罕致壅熱之患何也賈君曰夾河風性寒故民多傷風河洛東地鹹水性冷故民雖哺粟食麥而無熱疾又曰滑臺風水性寒冷尤甚土民雖在羈丱其唱附子如啗芋栗

中朝故事 二卷　　唐尉遲偓（給事中本官翼述）

（湯泉）華清宮湯泉內天寶中刻石爲坐及作芙蓉樣閒說到今猶在屋木亦有全者

（阿濫堆）驪山多飛禽名阿濫堆明皇常御玉笛采其聲翻爲曲子名焉左右皆傳唱之

（鬼胎）代說鄭畋是鬼胎其母卒後與其父亞再合而生畋初亞未達旅游諸處留其妻并一婢在山觀中女冠院側及歸妻已卒詢其婢婢曰娘子將欲產臥之時聞空中有語曰汝須出觀外無觸吾清境不然吾當殺汝妻祝曰某婦人也出無歸望聖者閔念及五更分娩後乃殞絕觀內道衆爲殯於牆外野田中矣亞以錢酒往酹之是夜妻曰某命未盡合與君生貴子因汚觸道觀爲神靈所殺從此北向十里有一僧院其間只有一僧年可五十來此奇士也可往求之僧必拒諱但再三哀鳴祈之當得再奉箕帚也及寤不以爲信次夕又再夢之語如初亞於是趨其院果見彼桑門初謁之亦喜亞遂告之殊不管顧曰我即凡人也偶出家耳豈能主幽冥間之事乎亞復懇求之僧怒以拄杖驅擊亞甘其辱連日不去久亦不㝲僧乃許之曰汝既心堅若此候吾尋訪之乃坐入定半夜後起謂亞曰事諧矣天曙先歸吾當送來亞其夕歸觀三更中聞戶外人語即引妻來言本身已敗壞此即魂耳善相保囑之而去其妻宛如平生但惡明處二三年間乃生畋又數歲妻乃辭去言年數已盡合當決去涕泗而別俄不知所之

步里客談 一卷　　宋唯室先生陳長方（字齊之中吳人一作侯官人）

（聖智）太祖皇帝出兵平江南李煜遣其臣徐鉉來將以口舌勝趙普屢言擇館伴鉉及又請乃中批差三班院名下使臣以往鉉反覆

問之其人聲喏言不識字而已鉉無如之何也

聖度 太祖初受禪一日有飛矢集御輦者左右欲搜索不許但駐輦四顧曰射殺我也未到你做聖度如此

漢文章 西漢末文章與文景武帝時小異然文物之盛無如武帝時將氣有盛衰邪抑由人主所好邪

諱如不聞 富文忠公少日有詬之者如不聞或問之曰恐罵他人曰斥公名云富某曰天下安知無同姓名者

畫記 韓退之畫記東坡以爲甲乙帳而秦少游乃倣之作五百羅漢記人心之不同如此

論作文 喻子才道王侍郎剛中語云文字使人擊節賞嘆不如使人肅然生敬

太史公有俠氣 太史公有俠氣故於趙奢穰苴儀秦刺客等作傳更得手以未嘗窺聖賢門戶故五帝三王孔子孟子傳記雖補綴事迹亦未盡善

碧雲騢 魏秦託梅聖俞之名作書號碧雲騢以詆當世巨公如范文正亦不免其曰范公欲附堂吏范仲之故名仲淹意欲結之爲兄弟

轉蓬 古人多用轉蓬竟不知何物外祖林公使遼見蓬花枝葉相屬團欒在地遇風即轉問之云轉蓬也

武帝好神仙 司馬遷作武帝紀實錄方士神仙事無一字譏刺使讀者不覺思其事則武帝之愚甚矣

吹劍錄

續錄三卷別錄共四卷續錄見第二十四卷合併於此

宋俞文豹 字文蔚括蒼人

予以文字之緣漫浪江湖者四十年今乃倦遊索居京國掩關守泊條理故書以昔見聞與今所得信筆錄之莊子云吹劍者吷而已吷許劣反謂無韶也淳祐三年八月序

李泰伯不喜孟子謂孔子教人尊王孟子教人爲王蓋是時周室微弱不齒於七國故孟子但知有齊宣梁惠爾孔子作春秋於吳楚越之君止稱曰子未嘗王之孟子於齊梁之王則假然稱之於以見此時雖孟子亦不知有周王矣

齊宣王問湯放桀武王伐紂臣弒其君可乎或者宣王見周室微弱有問鼎之心故設爲是問孟子而有尊王之心欲引其君以當道而爲湯武之地則當託以應天順人之說而乃曰賊仁者謂之賊賊義者謂之殘殘賊之人謂之一夫吾聞誅獨夫紂矣未聞弒君也故前輩謂湯武非賢君伊呂非賢臣孟子非賢人

韓文公伯夷頌無一辭及武王末後方云雖然微二子則亂臣賊子接跡於後世矣其罪武王也凜然如刀鋸斧鉞之加而鋒鋩不露自佛入中國凡爲其徒作碑記者皆務爲梵語獨公送文暢序不肯自叛其教所謂法度森嚴也

君之視臣如草芥則臣視君如寇讎君雖不君臣不可以不臣何

至如此不如賈誼云主上遇其臣如犬馬彼將以犬馬自待劉公摯亦云遇人以犬馬彼將以犬馬自爲

古今論孔明者莫不以忠義許之然予兄文龍嘗攷其顛末以爲孔明之才謂之識時務則可謂之明大義則未也謂之忠於劉備則可謂之忠於漢室則未也其說有四一者備雖稱爲中山靖王之後然其服屬疎遠世數難考溫公謂猶宋高祖自稱楚元王後故通鑑不敢以紹漢統況備又非人望之所歸周瑜以梟雄目之劉巴以雄人視之司馬懿以詐力鄙之孫權以猾虜呼之亮獨何見而委身焉藉使以爲劉氏族屬然獻帝在上猶當如光武之事更始東征西伐一切聽命焉可也二者備之枉駕草廬也始謀不過曰主上蒙塵孤不度德量力欲伸大義於天下其辭甚正其志甚偉自孔明開之以跨荊益成霸業之利而備之志向始移無復以獻帝爲念由建安舉兵以來二十四年天子或都許或都長安

或幸洛陽宮室煨燼越在籬棘間備未嘗使一介行李詣行在所今年合衆萬餘明年合衆三萬未嘗一言稟命朝廷而亮亦未嘗一談及焉蓋其帝蜀之心已定於草廬一見之時矣三者曹操欲順流東下求救於吳無一言及獻帝而獨說以鼎足之說夫鼎足之說始於蒯通然通之說韓信以此猶有漢之一足當三國時而爲是說則獻帝無復染指之望矣賴周瑜漢賊之罵足以激怒孫權故能成赤壁之功若備若亮何以厲將士之氣服曹操之心哉荆楚之士從之如雲非從備也乃從漢也四者備之稱王漢中則建安二十四年也獻帝在上而敢於自王及稱帝武擔則聞獻帝之遇害也亮不能如董公說高祖率三軍爲義帝縞素仗大義連孫吳聲罪討賊乃遽乘此卽帝位而反鋒攻吳晉文公有言父死之謂何又因以爲利故賫詩以謂大敵未克便先自立恐人心疑惑而諫以高祖不敢王秦之事亮反怒而黜之夫以操之奸雄其

王其公猶必待天子之命荀彧且以此憤死以丕之篡逆亦必待獻帝之禪楊彪且不肯臣之備雖宗室而亦臣也何所稟命而自王自帝固方嘵嘵以興復漢室爲辭不知興復漢室爲獻帝邪爲劉備邪亮既有心於帝備矣萬一果能興復將置獻帝於何地出師一表雖忠誠懇懇特忠於所事爾其於大義實有所未明也管仲樂毅之事君子所羞道者以其但知有燕齊而不知有王室也亮乃以管樂自許宜其志慮之所關回功業之所成就止於區區一蜀耳或者但謂備劉氏宗也備帝蜀則漢祚存矣亮忠於備卽忠於漢矣吁無獻帝則可有獻帝在而君臣自相推戴則赤眉之立劉盆子亦有辭於世矣春秋之末諸侯爭強周室微弱孔子無一日不以尊王爲心若如亮之見則魯同姓也亦可奉之以爲王矣天下後世惟持此見故於孔明之事無敢置異議於其間文中子曰通也敢忘大皇昭烈之懿識孔明公瑾之盛心噫漢之君稱獻帝魏之君又稱武帝吳之君又稱大皇帝蜀之君又稱昭烈皇帝天無二日民無二王一天下而四帝並立可乎通之見如此宜其爲續書之僭也予兄嘗以是說取解於同文館

古大賢雖左氏孟子稱夫子止曰仲尼不敢名焉唐文宗賜裴度詩我家柱石衰憂來學丘禱以天子而名聖人又用其語故無嫌李白乃云鳳歌笑孔丘韓文公云柄用儒雅崇丘軻荆公云驅馬臨風想聖丘馬子才云何必嫌恨傷丘軻然此猶可也杜子美醉時歌儒術於我何有哉孔丘盜跖俱塵埃以百世帝王之師名呼而齊之盜跖何止得罪於名教

原涉云家人寡婦始自約勅時意慕宋伯姬爲人不幸爲盜賊所汚遂行淫佚雖知其非而不能改柳子厚河間傳亦此意也如涉所云自足以勸戒何必極狀其淫蕩之醜又捕蛇說卽苛政猛於虎之謂禮記以八十言盡之子厚乃六百字文日勝質日衰可以

觀世變矣

溫公不好佛謂其微言不出儒書而家法則云十月就寺齋僧誦經追薦先祖象山知荆門上元當設醮乃講洪範錫福章以代之

易惟四卦言酒而皆險難時需需於酒食坎樽酒簋貳困困於酒食未濟有孚於飲酒

長恨歌上窮碧落下黃泉兩處茫茫都不見人謂是目連救母孟浩然詩春眠不覺曉處處聞啼鳥夜來風雨聲花落知多少人謂是盲子荆公宅乃謝安所居地有謝公墩公賦詩曰我名公字偶相同我宅公墩在眼中公去我來墩屬我不應墩姓尙隨公人謂與死人爭地界

杜子美流離兵革中其吟內子云香霧雲鬟溼清輝玉臂寒何時倚虛幌雙照淚痕乾歐文忠范文正矯矯風節而歐公詞云寸寸柔腸盈盈粉淚樓高莫近危闌倚又薄倖辜人終不憤何時枕上

分明問文正詞云都來此事眉間心上無計相迴避又明月樓高休獨倚酒入愁腸化作相思淚讀林和靖梅詩及春水淨於僧眼碧晚山濃似佛頭青之句可想見其淸雅而長相思詞云君淚盈妾淚盈羅帶同心結未成江頭潮已平情之所鍾雖賢者不能免豈少年所作邪

漢馬臻爲會稽守立鑑湖浸淹冢宅有千餘人詣闕訴臻坐棄市順帝遣使覆按並不見人檢會名籍皆是死者乃廟而祀之會稽志

月與日並明皆天子所敬事而詞人墨客以嫦娥之說吟詠嘲弄極其褻狎至云一二三蛾眉天上安待奴年十五正面與君看

丙午丁未年中國遇之必災近衢士上丙午丁未龜鑑謂自秦昭襄五十二年迄五代凡二十一次其年皆不靖文豹聞乾興間營定陵信州徐仁旺請用山前地晉公堅主山後仁旺奏云坤水長

流災在丙午年內丁風直射禍當丁未歲中又靖康丙午時事更易次年丁未高宗渡江淳熙丁未高宗上仙其說皆驗然淳祐丁未則無他異惟自夏迄冬不雨所在湖陂河井枯竭雖然仁旺所言則一時事耳而歷代皆忌此兩年何也意者丙午丁未在天之中丙丁屬火皆在午未旺鄉五行中惟水火不宜旺旺則不可救藥非有道盛時與王盛德未易當也故大撓作甲子於丙午丁未則配以天河水以水能制火也至戊午己未則爲之天上火以戊己土蓋其上則火不燄燄也

伯樂姓孫名陽伯樂星掌天馬陽善御故名同焉而九方甄亦善相馬列子謂之九方皋

避煞之說不知出於何時按唐太常博士李才百忌歷載喪煞損害法如己日死者雄煞四十七日回煞十三四歲女雌煞出南方第三家煞白色男子或姓鄭潘孫陳至二十日及二十九日兩次回喪家故世俗相承至期必避之然旅邸死者即日出殯煞回何處京城乃傾家出避東山曰安有執親之喪欲全身遠害而扃靈柩於空屋之下又豈有爲人父而害其子者乃獨臥苫塊中終夕帖然無事而俗師又以人死者推筭如子日死則損子午卯酉生人犯之者入斂時雖孝子亦避甚至婦女皆不敢向者一切付之老嫗家僕非但枕籍碑极不仔細而金銀珠寶之類皆爲所竊記曰凡附於身者必誠必信勿之有悔焉耳蓋亡人所隨身者惟柩中物耳可不身臨之此惟老成經歷平時以此詔教其子弟庶幾臨時不爲俗師所惑

溫公曰世俗信浮屠以初死七日至七七日小祥百日大祥必作道場功德則滅罪生天否則入地獄受封舂燒磨之苦夫死則形朽腐而神飄散雖封舂燒磨又安得知唐李舟曰天堂無則已有則賢人生地獄無則已有則小人入今以父母死而禱佛是以其

親爲小人爲罪人也

伊川曰吾家治喪不用浮屠蓋道場鑼鈸胡人樂也天竺人見僧必飮之因此作樂今用之於喪家可乎文豹謂外方道場惟啓散時用鐃鼓終夕諷唄講說猶有懇切懺悔之意今京師用瑜伽法事惟只從事鼓鈸震動驚撼生人尙爲之頭疼腦裂況亡靈乎至其誦念則時復數語仍以梵語演爲歌調如降黃龍等曲至出殯之夕則美少年長指爪之僧出弄花鼓鎚專爲悅婦人掠錢物之計見者常恨不能揮碎其首此東山所以決意不用而室人交謫羣議沸騰雖屹立不動而負謗不少予嘗舉以語明達是者十八九獨一老師曰魯人獵較孔子亦獵較註云較奪禽獸時俗所尙孔子從之者爲祭祀也漢符融曰古之葬者衣之以薪惟妻子可以行志自佛入中國以來世俗相承修設道場今吾欲矯俗行志施之妻子可也施之父母人不謂我以禮送終而我薄於其親也

溫公至不信佛而有十月齋僧誦經追薦祖考之訓朱壽昌灼臂然頂刺血寫經求得其母公及韓蘇諸公歌詠其事江西尙理學黃少卿希卒其子塄欲不用僧道親族內外羣起而排之遂設半今半古之說祭享用葷食追修用緇黃蓋孝子順孫追慕誠切號泣旻天無所籲哀雖俗禮夷教猶屈意焉予謂此又是一見惟識者擇焉

越滅吳夫差自殺使蔽其面曰吾無面見子胥註云今面褉音覺始於此

女以行稱者既醉詩曰釐以士女註云女有士行也漢列女傳搜次林行晉列女傳載循六行班姬女史箴有婦行篇然古今志婦人者止曰碑曰誌未嘗稱行狀近有鄉人志其母曰行狀不知何所據

聞見錄二卷　宋羅點字春伯

歐公既作唐書紀見諸傳不能盡善乃令宋景文公各自出所著姓名宋大喜以爲前此作史皆一人專之歐公乃能不掩衆人之名不悟其用意也

自縊死者其下必有麩炭日深一日速掘去之則禍止溺水者裸雷死者不可葬虎傷食者自解衣挂樹上此皆不可曉也

鳳凰鳴矣於彼高岡梧桐生矣於彼朝陽自唐人有鳳鳴朝陽之語而承流不覺誤草北堂謂妻也今皆作母事嚶嚶兩鳥鳴今以出谷求友爲黃鶯事非也折桂事無出處范蠡西子事無出處

慕田帖王羲之臨鍾繇書南唐墨寶堂石也今在邵村家但已損不堪旃拓從事

紹興間內宴有優人作善天文者云世間貴官人必應星象我悉能窺之見星而不見人玉衡不能卒辦用銅錢一文亦可乃令窺光堯云帝星也秦師垣曰相星也張循王曰不見其星衆駭復令窺之曰中不見星只有張郡王在錢眼內坐耳殿上大笑張最多貲故譏之

有一士夫年老納二寵託其友命名友以忠奴孝奴名之其人曰忠孝誠美名然以命婢不稱友曰有出處孝當竭力忠則盡命

道樞之說博而寡要王濤叔云莫要於龍虎交其說以巳午兩時絕思慮假寐則龍虎自交不假修爲其寵姬苦骨蒸授以此法十日後自覺腰間暖如火疾自愈

後漢二十八將名次不可曉第一人鄧禹顯者也第二人馬成無聞焉第三人吳漢顯者也第四人王梁無聞焉第五人賈復顯者也第六人陳俊無聞第七人耿弇顯者也第八人杜茂無聞首尾皆然立功次序不應相間雜如此薛伯宣常云舊本漢書作兩重排列謂上一重禹居首次吳漢次賈復次耿弇下一重首馬成次王梁次陳俊次杜茂後人重刊遂錯誤此極有理范曄論云其外

又有王常李通竇融卓茂合三十二人今本乃以王常臧宮李通馬武竇融卓茂爲序則將上下重誤合而爲一明矣

西溪叢語二卷　宋姚寬字令威

嘗讀新論云若小說家合叢殘小語以作短書有可觀之辭予以生平父兄師友相與談笑履歷見聞疑誤攷證積而漸富有足採者因綴緝成編目爲叢語不敢誇於多聞聊以自怡而已紹興昭陽作噩仲春望日西溪姚寬令威云

段成式酉陽雜俎有諸皋記又有支諸皋意義難解春秋左氏傳襄公十八年秋齊侯伐我北鄙中行獻子將伐齊夢與厲公訟勿勝公以戈擊之首墜於前跪而戴之奉之以走見祝巫皋他日見諸道與之言同巫曰今茲主必死若有事於東方則可以逞獻子許諾疑此事也晁伯宇談助云靈奇祕要辟兵法正月上寅日禹步取寄生木三呪曰諸皋敢告日月震雷令人無敢見我我爲大

帝使者乃斷取五寸陰乾百日爲簪二七循頭還着令人不見晁
說非也
周易遯卦肥遯無不利肥字古作巷與古蜚字相似即今之飛字
後世遂改爲肥字九師道訓云遯而能飛吉孰大焉張平子思元
賦云欲飛遯以保名註引易上九飛遯無不利謂此也曹植七啓
云飛遯離俗程氏易傳引漸上九鴻漸於陸爲鴻漸於逵以小狐
汔濟汔當爲訖豈未辨證此耶
古文篆者黃帝史衙人蒼頡所作也蒼頡姓侯剛氏衙音語
李白過彭蠡湖詩云水碧不可采金膏祕莫言江文通詩云水碧
驗未黷金膏靈詎緇翰曰水碧水玉也金膏仙藥也又云傲睨摘
木芝凌波采水碧謝靈運入彭蠡湖口作金膏滅明光水碧輟流
溫註云水碧水玉也此江中有之然皆滅其明光止見溫潤穆天
子傳河伯示汝黃金之膏山海經云耿山多水碧又云柴桑之山

潯陽水其下多碧多冷石赭未知何物予嘗見墨子道書大藥中
有水脂碧首當是梅聖俞聽潘歙州話廬山詩云絕頂水底花開
謝向淵腹攪之不可得滴瀝空在掬豈非水碧耶
眞贋贋僞也韓非子云宋人求饞鼎魯人云眞也齊人曰贋也
昔張敏叔有十客圖不記其名予長兄伯聲常得三十客牡丹爲
貴客梅爲清客蘭爲幽客桃爲妖客杏爲豔客蓮爲溪客木犀爲
岩客海棠爲蜀客躑躅爲山客梨爲淡客瑞香爲閨客菊爲壽客
木芙蓉爲醉客酴醾爲才客臘梅爲寒客瓊花爲仙客素馨爲韻
客丁香爲情客葵爲忠客含笑爲佞客楊花爲狂客玫瑰爲刺客
月季爲癡客木槿爲時客安石榴爲村客鼓子花爲田客棣棠爲
俗客蔓陀羅爲惡客孤燈爲窮客棠梨爲鬼客
齊斧虞喜志林齊側階切凡師出齊戒入廟受斧故云齊也陳琳
云腰領不足以膏齊斧服虔註云易喪其資斧張晏云斧鉞也以

整齊天下應劭云齊利也蕭斧或云鉞也淮南子云磨蕭斧以伐
朝菌蕭之義未詳太平御覽引漢書王莽傳喪其齊斧音齊
劉向別錄云讐校書一人持本一人讀對若怨家故曰讐書
予監台州杜瀆鹽場日以蓮子試滷擇蓮子重者用之滷浮三蓮
四蓮味重五蓮尤重蓮子取其浮而直若二蓮直或一直一橫即
味差薄若滷更薄即蓮沉於底而煎鹽不成閩中之法以雞子桃
仁試之滷味重則正浮在上鹹淡相半則二物俱沈與此相類
臨安府仁和縣圖經出橐籥沙在縣東四里海際之人採用鼓鑄
銅錫之模諸州皆采之亦猶邢沙可以碾玉也
孟蜀王水殿詩東坡續爲長短句冰肌玉骨清無汗水殿風來暗
香滿簾開明月解窺人欹枕釵橫雲鬢亂夜深瓊戶寂無聲時見
飛星渡河漢屈指西風幾時來只恐流年暗中換
馬監場云泉州一僧能治金蠶蠱毒如中毒者先以白礬末令嘗

不澁覺味甘次食黑豆不腥乃中毒也即濃煎石榴根皮汁飲之
下即吐出有蟲皆活無不愈者李晦之云凡中毒以白礬牙茶搗
爲末冷水飲之
金虎二字所用不同張平子東京賦云始於宮鄰卒於金虎五臣
注云幽厲用小人與君子爲隣堅若金惡若虎卒已此亡何敬祖
詩云望舒離金虎五臣註云望舒月御也西方金也西方七宿畢
昴之屬俱白虎也河圖云亡金虎喻秦居也陸士衡詩云大辰匿
曜金虎習質甘石星經云昴西方白虎之宿太白金之精太白入
昴金虎相薄主有兵亂
沈休文山陰柳家女詩云還家問鄉里詎堪持作夫鄉里謂妻也
南史張彪傳呼妻爲鄉里云我不忍令鄉里落他處知會稽人言
家里其意同也
行香起于後魏及江左齊梁間每然香薰手或以香末散行謂之

行香唐初因之文宗朝崔蠡奏設齋行香事無經據乃罷宣宗復釋教行其儀朱梁開國大明節百官行香祝壽石晉天福中竇正固奏國忌行香宰臣跪爐百官立班仍飯僧百人即爲規式國朝至今因之

今俗諺云如鹽藥言其少而難得本草戎鹽部中陳藏器云鹽藥味鹹無毒療赤眼明目生海西南雷諸州山石似芒硝入口極冷可傅瘡腫又本草獨自草作毒箭惟鹽藥可解戎鹽條中不言恐有脫誤

唐祕書省有熟紙匠十人裝潢匠六人潢集音韻胡曠切釋名染紙也齊民要術有裝潢紙法云浸蘗汁入潢凡潢紙滅白便是染則年久色暗蓋染黃也後有雌黃治書法云潢訖治者佳先治入潢則動要術後魏賈思勰撰則古用黃紙寫書久已寫訖入潢辟蠹也今惟釋藏經如此先寫後潢要術又云凡打紙欲生生則堅厚則打紙工蓋熟紙匠也

古詩燈檠昏魚目讀檠爲去聲集韻檠渠映切有足所以几物又檠音平聲榜也非燈檠字韓退之云牆角君看短檠弃亦誤也

靑衫白髮老參軍旋糶黃粱買酒尊但得有錢留客醉也勝騎馬傍人門此詩膾炙人口不知誰作見施僉判德權云乃德淸人法原之祖盧政議詩

唐初功臣皆云圖形淩烟閣而河間元王孝恭碑乃作戢武閣豈淩烟先名戢武而後改之耶

封德彝名倫房元齡名喬高士廉名儉顏師古名籀而皆以字行顏之推云古者名終則諱之字乃以爲子孫江北士人全不辨也名亦呼爲字字固爲字顏師古匡繆正俗云或問人有稱字而不稱名何也顏師古考諸典故以稱名爲是顏師古立論如此而乃以字行不可曉也

唐河侯新祠頌秦宗撰云河伯姓馮名夷字公子潼鄉華陰人也章懷傳註引聖賢冢墓記云馮夷弘農華陰潼鄉隄首里人服石得水仙爲河伯又引龍魚河圖云河伯姓呂名公子夫人姓馮名夷三說雖異其實無攷稽處則同

唐會昌五年毀招提蘭若四萬餘區又會要元和二年官賜額爲寺私造者爲招提蘭若僧輝記梵云拓鬬提奢唐言四方僧物但傳筆者訛拓爲招去鬬奢留提字也招提乃十方住持耳

娛書堂詩話 十卷　宋趙與虤 字威伯

唐許渾題孫處士居云高歌懷地肺遠賦憶天台極爲的對眞誥云金陵者洞虛之膏腴勾曲之地肺註云其地肥故曰膏腴水至則浮故曰地肺

古樂府云愛惜加窮袴防閑託守宮冷齋夜話云窮袴漢時語今襠袴也然未詳所出按西漢上官后傳宮人使令皆爲窮袴多其帶服虔曰窮袴有前後襠不得交通也師古曰即今之緄襠袴也

東坡謂晨飲爲澆書李黃門謂午睡爲攤飯陸務觀嘗有絕句云澆書滿挹浮蛆甕攤飯橫眠夢蝶床莫笑山翁見機晚也勝朝市一生忙

康與之在高宗朝以詩章應制與左璫狎適睿思殿有徽宗御畫特爲卓絕上時持玩以起羹牆之悲璫下直竊攜至家而康適來留之飲因出示之康給璫入取殽核輒書一絕于上曰玉輦宸遊事已空尚餘奎藻繪春風年年花鳥無窮恨盡在蒼梧夕照中璫見之大駭然無可奈何明日伺間叩頭請死上大怒亟取視之天威頓霽但一慟而已

宗人紫芝贈李道人云教人知遁甲笑客問勾庚前人所未對亦警語也 此二條今本無

白樂天詩云倦倚繡床愁不動緩垂綠帶髻鬟低遼陽春盡無消

息夜合花前日又西好事者畫爲倦繡圖

嬾眞子錄 五卷

宋馬永卿 字大年廣陵人

溫公之任崇福春夏多在洛秋冬在夏縣每日與本縣從學者十許人講書用一大竹筒筒上貯竹簽上書學生姓名講後一日即抽簽令講講不通則公微數責之公每五日作一暖講一杯一飯一麪一肉一菜而已溫公先塋在鳴條山墳所有餘慶寺公一日省墳止寺中有父老五六輩上謁云欲獻薄禮乃用瓦盆盛粟米飯瓦罐盛菜羹眞飯土簋啜土鉶也公享之如太牢既畢復前啓曰某等聞端明在縣日爲諸生講書村人不及往聽今幸略說公即取紙筆書庶人章講之既已復前白曰自天子章以下各有毛詩兩句此獨無有何也公默然少許謝曰某平生慮不及此當思其所以奉荅村父笑而去每見人曰我講書曾難倒司馬端明公聞之不介意

陝府平陸主簿張貽孫子訓嘗問僕魚袋制度僕曰今之魚袋即古之魚符也必以魚者蓋分左右可以合符而唐人用袋盛此魚今人乃以魚爲袋之飾非古制也唐車服志曰隨身魚符左一右一左者進內右者隨身皆盛以袋三品以上飾以金五品以上飾以銀景雲中詔衣紫者以金飾之衣緋者以銀飾之謂之章服蓋有據也

世言五角六張此古語也嘗記開元中有人忘其姓名獻俳文於明皇其略云說甚三皇五帝不如來告三郎既是千年一遇慎莫五角六張三郎即明皇也明皇兄弟六人早乚故明皇爲太子時號五王宅寧王薛王明皇兄也申王岐王明皇弟也故謂之三郎五角六張謂五日遇角宿六日遇張宿此兩日作事多不成然一年之中不過三四日紹興癸丑歲只三日四月五日角七月二十六日張十月二十五日角他皆倣此

唐祕書省吏凡六十七人典書四人楷書十人令史四人書令史九人亭長六人掌故八人熟紙匠十人裝潢匠六人筆匠六人世但知鄉村之吏謂之亭長殊不知唐諸司多有之尚書省志云以亭長啓閉傳禁約則知三省亦有也裝潢恐是今之表背匠然謂之潢其義未詳

古今之事有可資一笑者太公八十遇文王世所知者然宋玉楚詞云太公九十乃顯榮兮誠未遇其匹合東方朔云太公體行仁義七十有二乃設用於文武噫太公老矣方得東方朔減了八歲卻被宋玉展了十歲此事眞可絕倒

襄鄧之間多隱君子僕嘗記陝州夏縣士人樂舉明遠嘗云二十四氣其名皆可解獨小滿芒種說者不一僕因問之明遠曰皆爲麥也小滿四月中謂麥之氣至此方小滿而未熟也芒種五月節種讀如種類之種謂種之有芒者麥也至是當熟矣僕因記周禮稻人澤草所生種之芒種註云澤草所生其地可種芒種稻麥也僕近爲老農始知過五月節則稻不可種所謂芒種五月節者謂麥至是而始可收稻過是而不可種矣古之名節之意所以告農候之早晚深哉

唐世士大夫崇尚家法柳氏爲冠公綽唱之仲郢和之其餘名士亦盡修整舊傳柳氏出一婢婢至宿衛韓金吾家未成券間主翁於廳事上買綾自以手取視之且與駔儈議價婢於窗隙偶見因作中風狀仆地其家怪問之婢止云我正以此疾故出柳宅也因出外舍問曰汝有此疾幾何時也婢曰不然我曾服事柳家郎君豈忍服事賣絹牙郎也其標韻如此想見柳家家法清高不爲塵垢故侍妾賤婢化之乃至如此雖今士大夫妻有此見識者少矣哀哉聞之田亘元邈

本朝宰相銜帶譯經潤文使蓋本于唐也顯慶元年正月玄裝法

師在大慈恩寺翻譯西天所得梵本經論時有黃門侍郎薛元超中書侍郎李義府問古來譯儀式如何師答云符堅時曇摩罹譯中書侍郎趙整執筆姚興時鳩摩羅什譯安城侯姚嵩執筆後魏時菩提留支譯侍郎崔光執筆貞觀時波羅頗那譯左僕射房玄齡趙郡王李孝恭太子詹事杜正倫太府卿蕭璟等看閱今獨無此正月壬辰敕曰大慈恩寺僧玄藏所翻經論既新傳譯文義須精宜令太子太傅尚書左僕射燕國公于志寧中書令來濟禮部尚書許敬宗黃門侍郎薛元超中書侍郎李義府杜正倫時爲看閱有不穩當處即隨事潤色之右出藏經三藏法師傳

天下之事有可笑者今輒記之子路在弟子中號爲好勇天下之至剛強人也而衛彌子瑕者至以色悅人天下之至柔弱人也然同爲友壻故孟子曰彌子之妻與子路之妻兄弟也彌子謂子路曰夫子主我衛卿可得也夷考其時正衛靈公之時何二人賦性之殊也爾雅曰兩婿相謂爲亞註云今江東人呼同門爲僚婿嚴助傳呼友婿江北人呼連袂又呼連襟

今之僧尼戒牒云知月黑白大小及結解夏之制皆五印度之法也中國以月晦爲一月而天竺以月滿爲一月唐西域記云月生至滿謂之白月月虧至晦謂之黑月又十二月所建各以所直二十八宿名之如中國建寅之類是也故夏三月自四月十六日至五月十五日爲頞沙荼月即鬼宿名也自五月十六日至六月十五日謂之室羅伐拏月即柳宿名也自六月十六日至七月十五日謂之婆達羅缽陀月即翼星名也黑月或十四日或十五日月有大盡小盡中國節氣與印度遞爭半月中國以二十九日爲小盡印度以十四日爲小盡中國之十六日乃印度之初一日也然結夏之制宜如西域記用四月十六日蓋四月十五日乃印度四月盡日也僕因讀藏經故漫錄出之

隴右詩云旊大瓶甖小所任各有宜考功記摶埴之工陶瓬註云讀如甫始之甫鄭玄謂旊讀如放音義甫罔切韶略甫兩切與昉同音註云摶埴工以此考之則旊者乃摶埴之工耳非器也而退之乃言旊大瓶甖小者何也考工記旊人爲簋實一觳崇直厚半寸脣寸豆實三而成觳崇尺註觳受斗二升豆實四升故云豆實三而成觳然則旊人所作器大者不過能容斗二升小者不過能容四升耳考工記前作陶旊後作旊人當以後爲正

唐人欲作寒食詩欲押餳字以無出處遂不用殊不知出于六經及楚辭也周禮小師掌教簫註簫編小竹管如今賣飴餳者所吹有聲詩簫管備舉箋云簫小竹管如今賣飴餳所吹也管如篴併而吹之招魂曰粔籹蜜餌有餦餭些註云餦餭餳也但戰國時謂之餦餭至後漢時亦謂之餳耳

洛中邵康節先生術數既高而心術亦自過人所居有圭竇甕牖圭竇者牆上鑿門上銳下方如圭之狀甕牖者以敗甕口安於室之東西用赤白紙糊之象日月也其所居謂之安樂窩先生以春秋天色溫涼之時乘安車駕黃牛出遊於諸公家諸公者望其來各置安樂窩一所先生將至其家無老少婦女良賤咸迓於門迎入窩爭前問勞且聽先生之言凡其家婦姑妯娌婢妾有爭競經時不能決者自陳於前先生逐一爲分別之人人皆得其歡心於是洒殽競進厭飫數日復遊一家月餘乃歸非獨見其心術之妙亦可想見洛中風俗之美

今印榜文額有之字者蓋其來久矣太初元年夏五月正曆以正月爲歲首色上黃數用五註云漢用土數五五謂印文也若丞相曰丞相之印章諸卿及守相印文不足五字者以之字足也僕仕于陝洛之間多見古印于蒲氏見廷尉之印章于司馬氏見軍曲侯丞印此皆太初以後五字印也後世不然印文榜額有三字者

足成四字或五字者足成六字但取其端正耳非之字本意

古今之語大都相同但其字各別耳古所謂阿堵者乃今所謂兀底也王衍口不言錢家人欲試之以錢繞床不能行因曰去阿堵物謂口不言去卻錢但云去卻兀底爾如傳神寫照正在阿堵中蓋當時以手指眼謂在兀底中爾後人遂以錢爲阿堵物眼爲阿堵中皆非是

二十八宿與今韻略所呼與世俗所呼往往不同韻略宿音繡亢音剛氐音底觜音訾皆非也何以言之二十八宿謂之二十八舍又謂之二十八次次也舍也皆有止宿之意今乃音繡此何理也爾雅云壽星角亢也注云數起角亢列宿之長故有高剛之義今乃音剛非也爾雅天根氐也註云角亢下繫于氐若木之有根其義如周禮四圭有邸漢書諸侯王邸之邸音底誤矣西方白虎而觜參爲虎首故有角之義音訾誤矣彼韻略不知但欲異於俗不

知害于義也學者當如其字呼之

俗說以人噴嚏爲人說此蓋古語也終風之詩曰寤言則寐願言則嚏箋云言我願思也嚏當爲不敢嚏咳我其憂悼而不能寐而思我心如是我則嚏也今俗人嚏云人道我此乃古之遺語也漢藝文志雜占十八家三百一十卷內嚏耳鳴雜占十六卷註云嚏丁計反然則嚏耳鳴皆有吉凶今則此術亡矣

僕仕于關中于士人王毖君求家見一古物似玉長短廣狹正如中指上有四字非篆非隸上二字乃正月字也下二字不可認問之君求云前漢剛卯字也漢人以正月卯日作佩之銘其一面曰正月剛卯乃知今人立春或戴春勝春幡亦古制也蓋剛者強也卯者劉也正月佩之尊國姓也與陳湯所謂強漢者同義

有客問僕曰古今太守一也而漢時太守赫赫如此何也僕曰漢郡極大又屬吏皆所自除故其勢炎炎非後世比只以會稽郡考之縣二十六吳即蘇州也烏傷即婺州也毗陵即常州也山陰即越州也由拳註云古之檇李即秀州也大末衢州也烏程湖州也餘姚杭州也鄞明州也以此考之即今浙東西之地乃漢一郡耳宜乎朱買臣等爲之氣焰赫赫如此也

南方朱鳥蓋未爲鶉首午爲鶉火巳爲鶉尾天道左旋二十八宿右轉而朱鳥之首在西故先曰未次曰午卒曰巳也然南方七宿之中四宿爲鳥之象漢天文志柳爲鳥味星爲鳥頸張爲鳥嗉翼爲鳥翼或問朱鳥而獨取於鶉何也僕對曰朱鳥之象止於翼宿而不言尾有似于鶉故以名之然謂之鶉尾者常問元城先生先生曰蓋以翼爲尾云故甘氏星云鳥之鬭竦其尾鶉之鬭竦其翼以此知之

古人重譜系故雖世胄縣遠可以考究淵明命子詩云天集有漢眷於愍侯赫赫愍侯運當攀龍撫劍風邁顯茲武功參誓山河啓

土開封今按漢書高帝功臣表開封愍侯陶舍以左司馬從漢祖破代封侯昔高帝與功臣盟云使黃河如帶泰山若礪國以永存爰及苗裔所謂參誓山河謂此盟也高帝功臣百有二十人舍其一也又云亹亹丞相允迪前從渾渾長源鬱鬱洪河羣川載導衆條載羅時有語默運同隆窊此蓋謂陶青也今按漢高帝功臣表開封愍侯陶舍封十一年薨十二年夷侯青嗣四十八年薨漢百官表孝景二年六月丞相嘉薨八月丁未御史大夫陶青爲丞相七年六月乙巳丞相青免太尉周亞夫爲丞相所謂羣川衆條以喻枝派之分散也語默隆窊以言自陶青後未有顯者也淵明乃長沙公之曾孫然陶侃傳不載世家獨于此見之後世累經亂離譜籍散亡然又士大夫因循滅裂不如古人所以家譜不傳于世惜哉

唐史載鄭虔集當世事著書八十餘篇目其書爲會粹老杜哀故

著作郎貶台州司戶滎陽鄭公虔詩云荅薿何技癢今按韻略荅
烏外切草多貌如荅兮蔚兮之荅薿徂外切小也如薿爾國之薿
虔自謂其書煩多而皆碎小之事也後人乃誤呼爲會稡意爲會
取其純粹也失之遠矣
政和中僕仕關中於同官蒲氏家乃宗孟之後見漢印文云輯濯
丞印印文奇古非隸非篆在漢印文中最佳輯濯乃水衡屬官輯
讀如楫濯讀如櫂蓋舡官也水衡掌上林上林有舡官而輯濯有
令丞此蓋丞印也
今之書尺稱人之德美繼之曰不佞不佞意謂不敢諂佞非也左
氏昭公二十年載奮揚之言曰臣不佞註云佞才也漢文帝曰寡
人不佞註云才也論語不有祝鮀之佞註亦云才也古人佞能通
用故佞訓才
僕嘗與陳子眞查仲本論將無同仲本曰此極易解謂言至無處

說郛卷九　二十三　涵芬樓

皆同也子眞曰不然晉人謂將爲初初無同處言各異也僕曰請
以唐時一事證之翟王元軌與處士劉平爲布衣交或問王所長
于平曰王無所長問者不解平曰人有所短則見所長蓋阮瞻之
意以謂有同則有異今初無同何況于異乎此言爲最妙故當時
謂之三語掾二子皆肯之
唐中興頌復復指期此兩字出漢書今按匡衡傳云所更或不可
行而復復之註云下扶目反又何武爲九卿時奏言宜置三公官
又與翟方進共奏罷刺史更置州牧後皆復復故註云依其舊也
下復無目反蓋上音服下音福謂復如故也
駙馬都尉之名起于三國故何晏尚魏公主謂之駙馬都尉然不
獨官名以駙馬給之蓋御馬之副謂之駙馬從而給之示親愛也
故杜預尚晉文帝妹高陸公主至武帝踐阼拜鎭南大將軍給追
鋒車第二駙馬

同州澄城縣有九龍廟然一妃耳人云馮瀛王之女也夏縣司馬
才仲戲題詩云身既事十主女亦妃九龍過客讀之無不一笑
冷齋夜話（十五卷）　宋僧惠洪
陳瑩中爲予言神宗皇帝一日行後苑見牧猳豘者問何所用牧
者對曰自祖宗以來長令畜之自稚養以至大則殺之又養稚者
前朝不敢易亦不知果何用神宗沉思久之詔付所司禁中自今
不得復畜數月忽獲妖人急欲血澆之禁中卒不能致神宗方悟
太祖遠略亦及此
前輩訪人不遇皆不書壁東坡作行記不肯書牌惡其特地止書
壁耳候人未至則掃墨竹
東坡曰世間之物無有無對者皆自然生成之象雖文字之語亦
然但學者不思耳如因事當時爲之語曰劉蕡下第我輩登科則
其前有雍齒且侯吾屬何患太宗曰我見魏徵常嫵媚則德宗乃

說郛卷九　二十四　涵芬樓

曰人言盧杞是姦邪
涑水紀聞（三十二卷）　宋司馬溫公
周恭帝幼沖軍政多決于韓通通愚愎太祖英武有度量多智略
屢立戰功由是將士皆愛服歸心焉及將北征京師民間喧言出
軍之日當立點檢爲天子富室或挈家逃匿于外州獨宮中不之
知太祖聞之懼密以告家人曰外間洶洶如此將若之何太祖姊
（或云即魏氏長公主）面如鐵色方在廚引麪杖逐太祖擊之曰大丈夫臨大事
可否當自決胸懷乃來家間恐怖婦女何爲耶太祖默然而出
太祖之自陳橋還也太夫人杜氏夫人王氏方設齋于定力院聞
變王夫人懼杜太夫人曰吾兒平生奇異人皆言當極貴何憂也
言笑自若太祖即位是月契丹北漢兵皆退
太祖常見小黃門損畫殿壁者怒之曰豎子可斬也此乃天子廨
舍耳汝豈得壞之耶

太祖常謂秦王侍講曰帝王之子當務讀經書知治亂之大體不必學作文章無所用也

太祖性節儉寢殿設布緣葦簾常出麻縷布衫以示左右曰此吾故時所服也

該聞錄 十卷

宋李畋 字渭卿城都人嘗爲虞部員外郎

唐路丞相隨父泌從渾瑊會平涼爲虜所執死焉隨方在嬰襁中迨十歲母謂隨曰汝還識汝父否隨嗚咽無言母曰祇汝眉目宛若父之眉目隨遂覽照觀之殞絕于地後終身不復臨鏡與夫曾參父嗜羊棗而參終身不食同矣豈非孝之純乎世有朝感而暮悅貌慘而心泰者其類甚衆噫斯孝之佞者豈獨孝乎忠亦有之

龍圖閣待制唐公肅文行淵雅涖政有清識之譽先與濟陽丁相同舉進士爲三益交後官各顯著居水櫃街與濟陽宅相對一日朝廷自金陵召濟陽入議有弼諧之命唐遂遷居州北避之畋往

謁唐公諮其由唐曰謂之丁相字入即大拜權勢日隆若數與之往還事涉依附或經旬不見情必猜疑故避之期歲濟陽因妖誣事黜降嶺表畋復謁唐公公曰果有是且丁之才術實天與之乃唐李贊皇之流蓋動多而靜少任智而鮮仁可以佐三事可以冢庶僚若得太祖朝趙中令呂丞相居其上則丁之用不私位不危也至哉言乎

開寶中神泉令張某者新到官外以廉潔自矜內則貪黷自奉其例甚多一日自榜縣門云某月某日是知縣生日告示門內與給使諸色人不得輒有獻送有一曹吏與衆議曰宰君明言生辰日意令我輩知也言不得獻送是謙也衆曰然至日各持縑獻之命曰續壽衣宰一無所拒感領而已復告之曰後月某日是縣君生日更莫將來無不哈者得之于神泉進士黃鳳時王嵒以鷺鷥詩諷之云飛來疑似鶴下處卻尋魚最爲中的

畋生于五門昌西橋所居之南舊有一宅高敞虛間人不可居每至昏暝聞于堂檐之下有聲漸起若銅鈴之響或四或五繚繞宅內至曉始息先考好接士徧訪人問其故時有焦道士言妖祥之興本由陰陽五行之氣相剋感而然也凡二氣相搏爲聲此必因冷氣蓄在一隅故成妖耳謂宜徧撤室中屋壁狹隘之處俾其開豁虛明發泄滯氣然後復新其壁先考如其言果妖不復作畋自幼誌之後友朋有凶宅者以此傳之皆驗

范丞相質常言驢馬駒子行有先後屬詰廐吏言俱可驗蓋上旬驥駒生者行在母前中旬生者行與母並下旬生者行在母後每驗之皆不繆質曰是含靈之類悉稟五行之氣馴致之道得于自然至于魚龍異淵沼虎兕居藪穴分行列於鴻雁辨尊卑于蠭蟻蠢動猶然而况于人乎其有逆天之理矯性之分其大者則爲亂臣賊子曾獸禽之不如

又二條在第二卷

湘素雜記 十卷

宋黃朝英 字士俊建安人

漢書文帝紀云未央宮東闕罘罳災崔豹古今注云罘罳屏也罘者復也罳者思也臣朝君至屏外復思所奏之事于其下顏師古註云罘罳謂連曲閣也以覆重刻垣牖之處其形罘罳然一曰屏也又禮記云疏屏天子之廟飾也鄭註云屏謂之樹今浮思也刻之爲雲氣蟲獸如今闕上爲之矣又劉熙釋名曰罘罳在門外罘復也臣將入請事於此復重思也予按唐蘇鶚演義稱罘罳織絲爲之輕疏浮虛象網羅交叉之狀蓋宮殿簷戶之間也又引文宗實錄云太和中甘露之禍羣臣奉上出殿北門裂斷罘罳而去又杜甫天寶末詩云罘罳朝共落棲桷夜同傾又引溫庭筠補陳武帝與王僧辨書云罘罳晝卷夜閶闔晨開爲證皆非曲閣屏障之意反以崔豹顏師古之徒爲大誤又按段成式酉陽雜俎稱上林

間多呼殿榱桷護雀網爲罘罳其淺誤也如此乃引張揖廣雅曰復思謂之屏又王莽性好時日小數遣使壞諸陵園門罘罳曰使民無復思漢也又引魚豢魏略曰黃初三年築諸門闕外罘罳爲證反以絲網之說爲大謬予謂二說皆通以罘罳爲網則結繩爲之施於宮殿簷楹之間如蘇鶚之說是也以罘罳爲屏則刻木爲之施於城隅門闕之上如成式之言是也然二說之中擇焉惟段氏之說爲長按五行志註云罘罳闕之屏也玉篇云罘罳屏樹門外也又云罘兎罟也但屏上雕刻爲其形如網罟之狀故謂之罘罳晉浮思則取其復思之義耳漢西京罘罳合板爲之亦築土爲之每門闕殿舍前皆有焉于今郡國廳前亦樹之故宋子京詩云秋色淨罘罳又云嵩邑倚罘罳皆其義也天子外屏賦云至者伏思注皆以謂人臣至屏俯伏思念其事則罘罳小樓也復思乃用伏字又以罘罳爲小樓蓋不曉諸家之論而誤爲之說也

後漢禰衡傳云衡方爲漁陽摻撾蹀躧而前註云文士傳曰衡擊鼓作漁陽摻搥自蹋地來前躡駁足脚容態不常鼓聲甚悲易衣畢復擊鼓參搥而去至今有漁陽參搥自衡始也臣賢按搥及撾並擊鼓杖也參撾是擊鼓之法而王僧孺詩云散度廣陵音參寫漁陽曲而於其詩自音云參七紺反後諸文人多同用之據此詩意以參爲曲奏之名則撾字入於下句全不成文下云復參撾而去足知參撾二字當相連而讀參字音爲去聲不知何所憑也按楊文公談苑載徐鍇仕江左至中書舍人尤嗜學博領集賢學士校祕書時吳淑爲校理古樂府中有摻字者淑多改爲操蓋章草之變鍇曰非可以一例若漁陽摻者音七鑒反三撾鼓也禰衡作漁陽參撾古歌詞云邊城晏開漁陽摻黃塵蕭蕭白日暗淑嘆服之今謂搥撾一也故或用搥字然摻字當如徐說音七鑑反三撾鼓也以其三撾故因爲之摻故唐李義山聽鼓詩云欲問漁陽摻時無禰正平又口占詩云必投潘岳果誰參禰衡撾亦以去聲讀之也沈存中筆談論廣陵散云云流廣陵之名散又應璩書云聽廣陵之淸散則知散爲曲名矣所謂漁陽摻者正如廣陵之散是也此僧孺詩所以有云又宋景文公喜雨詩云波生客浦揚舲遠潤逼漁撾作傪遲又宋李冀州詩云征鞞曲曲漁陽傪後乘人人鄴下才皆以去聲呼之但傪字從人爲異耳

漢官儀中黃門持五夜之法謂甲乙丙丁戊也故宋子京夜緒詩云宵開甲乙遲按顏氏家訓云或問一夜五更更何所訓答曰漢魏以來謂爲甲夜乙夜丙夜丁夜戊夜又謂之五鼓亦謂之五更皆以五爲節西都賦亦云重以虎威章溝嚴更之署所以爾者假令正月建寅斗柄夕則指寅曉則指午矣自寅至午凡歷五辰冬夏之月雖復長短參差然辰間遼闊盈不至六縮不至四進退常在五者之間也又嘉話云韋絢問於劉公曰五夜者甲乙丙丁戊

更相送之今唯言乙夜子夜何也予嘗笑其言之失按漢天文志六月戊戌甲夜客星居左右角間正月戊午乙夜月蝕熒惑崔豹古今注云建武八年三月庚子月星不見丙夜乃解又蔡質漢儀曰衞士甲乙徼相傳甲夜畢傳乙夜相傳盡五更晉天文志懷帝永嘉五年三月丙夜月蝕既丁月又蝕既夏統傳云甲夜之初撞鐘擊鼓又宋諸王傳云前一日甲夜太史奏東方有急兵梁本紀中大通五年正月丙夜南郊所忽聞異香又云帝然燭測鬼常至戊夜豈止言乙夜而已哉韋絢獨不見漢晉諸史何耶其曰子夜益謬也蓋晉時有子夜者善歌故李義山云嬰能歌子夜又云心酸子夜歌沈文季歌子夜半又太白有子夜歌行韋絢乃以子夜爲五夜之數又何耶或有謂之午夜者謂半夜時如日之午也故李長吉七夕詩云羅幃午夜愁杜少陵所謂五夜漏聲催曉箭者正謂午夜耳

天子曰黃闥三公曰黃閣給事舍人曰黃扉太守曰黃堂凡天子禁門曰黃闥以中人主之故號曰黃門令秦漢有給事黃門之職是也天子之與三公禮秩相亞故黃其閣以示謙漢舊儀云丞相聽事門曰黃閣又王㽦傳云既爲公須開黃閣張敞兒謂其妻嫂曰我拜後府開黃閣是也黃堂者太守聽事之堂也亦謂之雌堂杜詩爲南陽太守請郭丹爲功曹敕以丹事編署黃堂以爲後法是也或以大拜爲身到黃扉予所未諭故杜少陵與嚴閣老詩云扈聖登黃閣明公獨妙年宋子京與王相公云蕭琴順署雌閣假藩又和公序再入玉堂云七年辭玉署再入佐黃扉與徐舍人云果紆纁扆之知趣上黃扉之試又初到郡齋云姑俟天藏疾雌堂日晏居又謝寄公醪云老依濡曲作藩牧月例黃堂給宴醅又重修諸亭記云太守牙居惟有黃堂便坐則三公爲黃閣給事舍人爲黃扉太守爲黃堂明矣

蘇鶚演義云蚩者海獸也漢武帝作柏梁殿有上疏者云蚩尾水之精能辟火災可置之堂殿今人多作鴟字顏之推亦作此鴟劉孝孫事始作此蚩蚩尾既是水獸作蚩尤字者是也蚩尤銅頭鐵額牛角牛耳獸之形也作鴟鳶字恐無意義古老傳云蚩聳尾出于頭上遂謂之蚩尾顏氏家訓曰東宮舊事呼鴟尾爲祠尾蓋張敞不甚稽古隨宜解注逐鄉俗訛謬取吳呼蚩爲祠遂爲祠尾又俗間呼爲鴟吻見其吻如鴟鳶遂以此呼之自後蚩字因有作此者予按倦游雜錄云漢以宮殿多災術者言天上有魚尾星宜爲其象冠于屋以禳之今亦有自唐以來舊寺觀殿宇尚有爲飛魚形尾上指者不知何時易名爲鴟吻狀亦不類魚尾又案陳書舊制三公黃閣聽事置鴟尾後主時蕭摩訶以功授侍中詔摩訶開閣門施行馬聽事寢堂並置鴟尾又北史宇文愷傳云自晉已前未有鴟尾用鴟字宋子京詩云久叨鴟尾三重閣兼撰新唐書皆用鴟字又江南野錄云初臺殿角各有鴟吻自乾德之後天王使至則去之使還復用至是遂除此又用鴟吻竟未詳其旨

職林曰初秦漢別有給事黃門之職後漢併爲一官故有給事黃門侍郎予按漢舊儀曰黃門郎屬黃門令每日暮入對青瑣門拜名曰夕郎亦謂之夕拜案劉公嘉話云崔造以夕郎拜相又南唐近事云相弟有呼盧之會夕拜預焉蓋謂唐鎬時爲給事中也摭言云羅隱開平中累徵夕郎不起

史記載秦始皇遂上太山立石封祠祀下風雨暴至休於樹下遂封其樹爲五大夫禪梁父刻所立石蓋五大夫者秦官名第九爵也唐陸贄作禁中春松詩云不羨五株封按史記但云封其樹爲五大夫不聞有五株松之說而贄云爾者何耶又李商隱有五松驛詩云獨下長亭念過秦五松不見見輿薪又李白送人遊桃源序云登封太山風雨暴作雖五松受職草木有知云云唯舒王詠松詩云老松先得大夫官乃爲切當

應劭風俗通嘗論太史公記高漸離變名易姓爲人傭保匿作於宋子久之作苦聞其家堂上有客擊筑伎養不能無出言按伎養者謂懷其伎而腸癢也是以潘岳射雉賦亦云徒心煩而伎癢李善云有伎藝欲逞曰伎癢今史記並作徬徨不能去每出言曰彼有善有不善或作徘徊不能去而出言是爲俗傳寫誤也故景文公詩云技癢新禽百種啼蓋用此義

唐方伎傳張憬藏技與天綱埒郎中裴珪妻趙見之憬藏曰夫人目修緩法曰豕視淫又曰目有四白五夫守宅夫人且得罪俄坐姦沒入掖庭案字書脩訓長若曰脩緩于相法爲佳非有淫佚之義自當作脩脩字從攸從目玉篇湯勞切眣也眣達結切目不正也字當从脩爲是蓋傳寫之誤也

先儒說詩溱洧刺亂也其詩卒章言贈之以芍藥以爲男淫女蓋

芍藥破血令人無子贈之以芍藥者所以爲男淫女也又東門之枌疾亂也其詩卒章言貽我握菽以爲女淫男蓋椒氣下達用以養陽貽我握菽所以爲女淫男也其說雖近乎鄙俚然頗得詩人之深意故誌之

漢書何武傳武爲揚州刺史行部錄囚徒又雋不疑爲京兆尹每行縣錄囚徒顏師古註云錄者知其情狀有寃滯與不也今云慮囚本錄聲之去者耳晉力具反而近俗不曉其意訛其文爲思慮之慮失其源矣又按後漢盧延傳云帝親錄囚徒又張奮傳云和帝幸洛陽獄錄囚徒又漢百官志云諸州常以八月錄囚徒胡廣云縣邑囚徒皆閱錄又應奉爲郡決曹史行部四十二縣錄囚徒又北史太和四年帝錄囚徒二十年幸華林園親錄囚徒隋開皇二年親錄囚徒前漢書及南北史皆謂之錄囚徒而新唐史本紀云甲午慮囚或云癸亥慮囚或以旱慮囚或遣使慮免汝州輕繫皆以錄爲慮予按太玄云蹯於狴獄三歲見錄集韻云錄音良倨切寬省也蓋唐書亦循襲舊史語言以錄爲慮未之改耳

酉陽雜俎云俗云樓羅因天寶中進士有東西堋各有聲勢稍傖者多會于酒樓食畢羅故有此語予讀梁元帝風人辭云城頭網雀樓羅人著則知樓羅之言起已多時一云城頭網張雀樓羅人會著又蘇鶚演義云樓羅幹了之稱也俗云騾之大者曰摟騾騾羅聲相近非也又云婁敬甘羅亦非也蓋摟者攬也羅者綰也言人善當何幹辦于事者遂謂之摟羅摟字从手旁作婁爾雅云婁聚也此說近之然南史顧歡傳云蹲夷之儀婁羅之辦又談苑載朱貞白詩云太婁羅乃止用婁羅字又五代史劉銖傳云諸君可謂僂儸兒矣乃加人焉

司馬溫公考異云張萬歲掌國馬唐統紀曰萬歲三代典羣牧恩信行隴右故隴右人謂馬歲爲齒爲張氏諱也案公羊傳晉獻公謂荀息曰吾馬之齒亦已長矣然則謂馬歲爲馬齒有自來矣豈爲張氏諱哉

史記甘羅者甘茂孫也茂既死甘羅年十二事秦相文信侯呂不韋後因說趙有功始皇封爲上卿未嘗爲秦相也世人以爲甘羅十二爲秦相大誤也唐資暇集又謂相秦者是羅祖名茂以史記考之又不然茂得罪于秦王亡秦入齊又使于楚王欲置相于秦范蜎以爲不可故秦卒相向壽而茂竟不得復入秦卒于魏以此觀之則茂亦未嘗相秦也杜牧之偶題云甘羅昔作秦丞相其亦不考其實而誤爲之說也

蘇鶚演義云前史稱腰帶十圍者甚衆近者北史又云庾信身長八尺腰帶十圍圍者環繞之義古制以圍三徑一即一圍者三尺也豈長八尺之人而繫三十尺之腰帶乎甚非其理此圍蓋取兩手大指頭指相合爲一圍即今俗謂之一搦是也大凡中形之人腰不過六尺七尺今一小圍是一尺則身八尺腰帶一丈得其宜矣又沈存中筆談云杜甫武侯廟柏詩霜姿溜雨四十圍黛色參天二千尺四十圍乃是徑七尺無乃太細長乎予謂存中善九章算術獨於此爲誤何也四十圍若以古制論之當有百二十尺圍有百二十尺即徑四十尺矣安得云七尺也若以人兩手大指頭指相合爲一圍則一圍是一小尺即徑一丈三尺三寸又安得云七尺也武侯廟柏當從古制爲定則徑四十尺其長二千尺又宜矣豈得以太細長譏之乎老杜號爲詩史何肯妄爲云云也存中又云防風氏身廣九畝長三丈又云姬室畝廣六尺九畝乃五丈四尺如此防風之身乃一餅啗耳此又誤也案禹戮防風氏賦云廣可一畝長及三丈蓋古者畝廣六尺長六百尺防風氏身廣一畝六尺長三十尺乃是得理而云九畝不知得之於何書然當以賦爲正而存中之說誤也

宋子京春詞云新年十日逢春日紫禁千觴獻壽觴寶海歡心共萌達宅家慶祚與天長案李濟翁資暇集云公郡縣主宮禁呼爲宅家子蓋以至尊以天下爲宅四海爲家不敢斥呼故名宅家亦猶陛下之義至公主以下則加子字亦猶帝子也又謂阿宅家子阿助詞也急語乃以阿宅家子爲茶子既而亦云阿茶子或削其子遂曰阿茶一說漢魏以來宮中尊美之呼曰大家子今急訛以大爲宅焉故昔人屬對云都尉指揮都尉馬大家齊喚大家茶

南史文學傳周興嗣傳云武帝以三橋舊宅爲光宅寺勑興嗣與陸倕各製寺碑及成俱奏帝以興嗣所製自題及銅表銘柵塘碣檄魏文王羲之千字幷使興嗣爲文每奏帝稱善賜金帛又按劉公嘉話云千字文梁周興嗣編次而有王右軍書者人皆不曉此乃梁武教諸王書令殷鐵石于大王書中搨一千字不重者每字一片紙雜碎無敍武帝召興嗣謂曰卿有才思爲我韻之興嗣一

夕編次進上鬢髮皆白而賞甚厚又楊文公談苑云千字文云敕員外散騎侍郎周興嗣次韻敕字乃梁字傳寫誤爾當時帝王命令尚未稱敕至唐顯慶中始云不經鳳閣鸞臺不得稱敕敕之名始定于此

漢書霍光傳云召皇太后御小馬車張晏云漢廐有果下馬高三尺以駕犢師古曰小馬可于果樹下乘之故號果下馬又魏書東夷傳云出果下馬裴松之註云案果下馬高三尺見博物志云又見魏都賦予案顏氏家訓云周弘正爲宣城王所愛給一果下馬蓋東夷濊國所出也又北史尉景傳先是景有果下馬文襄求之不與曰土相扶爲墻人相扶爲王一馬亦不得畜而索也神武對景及常山君責文襄而杖之故舒王散愁詩云呼童羈我果下騮又任昉述異記云日南郡出果下牛高三尺漢樂浪郡出果下馬並高三尺又開元遺事云長安俠少每至春時結朋連黨各置矮馬飾以錦韉纓絡幷轡于巷樹下往來亦果下之類也

鑑戒錄 十卷　僞蜀何光遠 字輝夫東海人

朱太祖統四鎭呼中令日名溫與崔相國連構大事崔每奏太祖忠赤委之關東國無患矣昭宗遽勑太祖改名全忠議者曰全字人王也又在中心其不可也近臣亦奏之上方悔焉勑命既行追之勿及後果有大梁皇帝之號是時四分天下其在中心乃賜名之應也

裴休相公性慕禪林往往掛衲所有兒女多名師女僧兒潛令孌妾承事禪師留其聖種當時士族無不惡之李德裕相公性好玄門往往冠褐修彭祖房中之術求茅君點化之功沙汰緇徒超升術士但無所就身死朱崖議者以裴李二公累代台鉉不守諸儒之行各迷二教之宗飜成點汙空門妖婬玄教自莊老之後彭黃以來未有因少女以長生皆向陰丹而損壽矣蓋心之難制氣亦

難防者也至若心中造業身外求眞梁武帝爲寺捨身豈禳囚死長孫后號觀音婢 唐長孫皇后小名 難懺產亡所謂善不可不修財不可不捨惑之與黨者非也近以二公之行識者笑焉所以時人譏晉公曰趙氏女皆尼氏女師翁兒即晉公兒卻教術士難推算胎月分張與阿誰

虞少卿洮蜀之上醫也長興初佐蜀董太尉璋久患渴疾遣押衙李彥求醫孟蜀祖遣虞卿以往虞卿既至董公曰璋之所患經百名醫而無微差者何也虞卿對曰君之疾非惟渴漿而似渴士得其多士不勞藥石而自愈矣董公大悅時董公有面南之志虞卿故以此言譏之又曰洮聞天有六氣降爲六淫淫生六疾害于六腑六腑者陰陽風雨晦明也是以六淫隨焉六疾者寒熱末腹惑心也是以六腑隨焉故心爲離宮腎爲水藏晦明勞役百疾生焉大凡視聽至煩皆有所損心煩則亂事煩則變機煩則失兵煩則

反五音煩則損耳五色煩則損目滋味煩而生疾男女煩而減壽古者男子莫不戒之君今日有萬思時有萬機樂淫于外女淫于內渴之難瘵其由此乎虞卿之在東蜀也如處賊閫節食假寐董公疾既平復于是厚禮歸之

王蜀光天元年太祖寢疾經旬文州進白鷹茂州貢白兔羣臣議曰聖上本命是兔鷹兔至甚相刑貢二禽非以爲瑞退鷹留兔帝疾必痊赦命不從是歲晏駕又通正年有大秃鶖鳥颺于摩訶池上顧太尉夐時爲小臣直于內庭遂潛吟二十八字詠之曰昔日曾看瑞應圖萬般祥瑞不如無摩訶池上分明見子細看來是那胡至光天元年帝崩乃秃鶖之徵也

陳裕秀才下第遊蜀晢棄舉業惟事脣吻覩物便嘲其中數篇亦堪采擇雖無教化于當代誠可取笑于一時詠渾家樂云晨起梳頭午不休一窠精魅鬧啾啾阿家解舞清平樂新婦能拋白木毬著綠挑牌吹觱篥賜緋盟器和梁州天晴任爾渾家樂雨下還須滿舍愁又北郡南州處處過平生家計一驢馱囊中錢物衣裝少袋裏臙脂胡粉多滿子面甜糖脆餅蕭娘身瘦鬼嫦娥怪來喚作渾家樂骨子貓兒盡唱歌過舊居云昔日顏回宅今爲裹飯家不聞吟秀句只會餔胡麻豉汁鍋中沸粕餻案上葩朝朝宜早起擔從自排衙有一秀才忽贖酒家青衣爲婦裕嘲之曰秀才何事太忽忽琴瑟無媒便自通新婦旋䄂纔離體外姑托布尚當胸栾團箇箇皆鉗項粳米頭頭盡翦鬃一自土和逃走後至今失卻親家翁又詠大慈寺齋頭鮮于闍梨云酒肉終朝沒缺時高堂大舍養肥屍行婆滿院多爲婦童子成行半是兒面折嘬齋窮措大笑迎搽粉阿尼師一朝若也無常至劍樹刀山不放伊又大慈寺東北有放生池蜀人競以三元日多將鵝鴨放在池中裕當門書絕句自此放生稍息矣鵝鴨同羣世所知蜀人競送放生池比來養狗

圖雞在不料闍梨是野貍裕後詠金剛一絕竟暴疾而終亦由神折天年抑又神其靈也詩云橫眉努目強乾嗔便作閻浮有力神禍福豈由泥捏漢燒香供養弄蛇人

說郛卷第九終

說郛卷第十

事始三卷　唐留存 吳王府諮議行太子洗馬弘文館學士奉敕撰

皇王　世皇帝紀曰天地之分有天皇氏也

皇帝　世皇帝紀曰五帝之初有天皇帝也

王　世皇帝紀曰三王之初有夏禹

車　易曰服牛乘馬引重致遠釋名曰黃帝造舟車故曰軒轅氏

世本曰奚仲造車謂廣其制度也

鸞車　禮記曰鸞車有虞氏之輅也

鉤車　禮記曰鉤車夏后氏之輅也

乘輅　禮記曰乘輅殷輅也

金根車　董巴漢輿服志曰秦王作金根車也

指南車　崔豹古今註曰大駕指南車起於黃帝與蚩尤戰於涿

鹿之野兵出天作大霧兵士皆迷於是乃作指南車以示四方樂臺註鬼谷子曰肅慎氏獻白雉還恐惑周公爲作指南車以送之述征記曰軍止北門中有指南車車有木仙人持信旛車四西東人恆指南又云管仲所作也

輅車　李尤大輅車銘曰奚仲本造後裔飾雍車以代步可以從容也

相風　沈約宋書輿服志曰案周禮無相風此古制愚以爲是秦制也

華蓋　崔豹古今註云黃帝所作也與蚩尤戰常有五色雲在帝上故爲華蓋也

曲蓋　古今註云武王伐紂大風折蓋太公因而爲折蓋之形

雉尾扇　古今註云起於殷高宗周以爲王后夫人之服飾也

豹尾　古今註云周制也

旄頭　列異傳曰秦文公時梓樹化爲牛以騎擊之騎不勝或墜地髻解被牛衰之入水故秦自是以髦頭騎使先驅玄中記曰秦始皇時南山有梓樹大數百圍陰宮中始皇使三百人披頭以赤絲繞樹伐之因而立髦頭騎

旌　管子曰舜有進善之旌旌者精也有精光也

旗　列子曰黃帝與炎帝戰以鵰鶡胡葛反鷹鸇爲旗幟

旃　世本曰黃帝作旃說文曰旃曲柄也所以招士衆

褒衣　董巴漢輿服志曰周公抱成王晏居故施褒衣

璽　春秋運斗樞曰黃帝爲天子黃龍負圖而出圖中有璽章文曰天皇符璽

弁　世本曰爵昭公所作

冕　世本曰黃帝作

貂蟬　戰國策曰趙武靈王好胡服有貂蟬冠秦皇破趙得其冠

以賜侍中

通天冠　蔡邕獨斷曰天子冠秦禮無文漢作竹皮冠

屐　世本曰於則作扉屐宋衷曰黃帝臣草曰扉麻皮曰屐

几　李尤几銘序曰軒轅作

扇　古今註曰五明扇舜所作也

書　易曰上古結繩而治後世聖人易之以書契聖人謂庖犧氏世本曰沮誦蒼頡造書宋衷曰皆黃帝臣也

篆書　呂氏春秋曰周宣王史籀造

隸書　史記曰秦時程邈造

草書　李延說草書曰漢興有草書不知誰作也

禮　禮運曰禮本於太一鄭玄六藝論云禮之興蓋與詩同時

詩　大戴禮曰黃帝樂曰雲門樂章曰詩起自黃帝鄭玄讖虞書曰詩言志歌詠言然則詩之爲道做於此乎

尚書　孔安國序曰斷自唐虞已下迄於周
易　繫辭曰古者聖人作易注云伏羲也
春秋　孟子曰魯謂之春秋按此起於周公旦孔子修春秋起於隱公時
史　呂氏春秋曰倉頡作史
子　劉勰文心曰鬻熊作書題爲鬻子
曆　世本曰容成造曆黄帝之臣
甲子　世本曰大撓作甲子黄帝之臣
命令　史記曰秦兼天下令曰制
制誥　釋名曰詔昭闇也以此示之使昭然也蔡邕獨斷曰制誥王者之言必爲法制也詔猶告也三代無其文秦漢有焉
符　魚龍河圖曰玄女出兵符信符黄帝制蚩尤
章表　漢雜事曰秦初定制改書爲奏漢定禮儀則有四品一曰

章二曰奏三曰表四曰駮議
檄　檄者誥誓之流也戰國策曰張儀檄楚始有此名也
移　劉勰文心曰劉歆移太常按此移文所起也
啓　沈約書云景帝名啓當時俱諱自魏國牋記末方云謹啓
議　管子曰軒轅有明臺之議
賦　詩序曰二曰賦然則賦者與詩同起至春秋鄭莊公賦大隧之中見左傳
頌　詩序曰六曰頌周公作時邁頌見於詩
祝文　禮記曰伊耆氏始爲八蜡以祭八神土反其宅水歸其澤昆蟲無作草木歸其宅是祝文也
盟誓　尚書禹乃會羣后誓於師禮記曰誥誓不及五帝也
箴　文心曰軒轅輿几輿弼不逮卽爲箴也
銘　蔡邕銘論曰黄帝有金人巾几之銘

誄　周禮曰大夫以上作謚禮記曰魯莊公戰於乘丘士之有誄自此始也
碑　管子曰無懷氏封泰山刻石紀功按此碑之始也
對問　史記曰宋玉對楚王問
七發　文心曰枚乘作七發
連珠　沈約上連珠表註云始自楊子雲也
三言　毛詩曰振振鷺鷺于飛鼓淵淵醉言歸
四言　毛詩曰關關睢鳩
五言　召南曰誰謂雀無角其成篇起李陵蘇武
六言　齊風曰俟我于庭乎而
七言　秦車轔曰交交黄鳥止于棘其成篇起武帝柏梁詩
八言　節南山曰我不敢效我友自逸
烽火　黄帝出軍決法曰軍兩散敵地形不便望見烽火也

兵　世本曰蚩尤作兵宋衷註曰神農臣也
甲　世本曰與作甲少康子也
戈戟　呂氏春秋曰蚩尤作五兵五兵者周爲戈戟酋殳矛夷矛已具上
楯　山海經曰羿與鑿齒戰於疇華之野羿持弓矢鑿齒持楯
鎧　管子曰葛盧之山發黄金蚩尤受之制以爲鎧說文曰甲也
弓　世本曰揮於作弓宋衷曰黄帝臣孫卿子曰倕作弓
矢　世本曰夷則作矢此黄帝臣
弩　古史考曰黄帝作弩
藥　世本曰神農嘗百草以和藥濟人也
律　風俗通曰皋陶造律史記曰李悝造律也
刑罰　尚書蚩尤作五虐之刑虞書曰舜作五刑世本曰伯夷作五刑夏作贖刑

獄　急就篇皋陶造獄釋名曰又爲牢也

斬　尸子曰黃帝斬蚩尤於中冀

棄市　漢書中元二年改磔曰棄市

流　尚書曰流四凶族各處四裔

徒　周禮曰凡民有罪役諸司空云徒也

齋戒　春秋命戒圖曰黃帝請問太一長生之道太一曰齋戒六丁可成功註云丁取丁寧戒取戒愼

社　郊特牲曰社祭土而主陰氣也左傳共工氏有子曰句龍爲后土也

稷　孝經云稷五穀之長左傳曰有烈山氏之子曰柱烈山炎帝後也自夏后以上祀之周棄爲稷卽后稷也唐虞稷官也自商以來祀之今配之也

䄍　禮記曰伊耆氏始爲䄍䄍者索也

五祀　世本曰殷湯作五祀白虎通曰五祀者門戶井竈中霤也

高禖　五經要義曰高禖者蓋先王所謂子孫之祀也以玄鳥至之日以太牢祀於高禖註曰高辛氏妃簡狄吞燕卵而生契後王以爲禖官故因此而祀之

儺　禮記曰顓頊氏有二子生而亡去爲疫鬼一居江水中爲瘧一居人宮室區隅中善驚小兒於是以正歲十二月命祀官方相氏蒙虎皮黃金四目玄衣纁裳執戈揚盾帥隸及童子而時儺以索室毆疫鬼也

河伯　龍魚河圖曰河伯姓呂名公子夫子姓馮名夷上古聖賢處所記曰馮夷者弘農華陰人也在潼關提道里住服八石得水仙爲河伯

蔣侯祠　搜神記曰蔣子文者廣陵人嗜酒好色自謂青骨死當爲神漢末爲秣陵尉逐賊至鍾山下爲賊擊傷有頃遂死及吳先主之初其故吏見子文於道頭乘白馬執白羽從如平生謂吏曰我當王此土神以福爾下民爾可宣告百姓爲立祠孫權知之於是使者封子文爲中都侯次弟緒爲長水校尉

啓母祠　帝王世紀曰陽城有啓母祠漢元鼎元年武帝東巡中岳見啓母爲百姓尊之至今猶存也

稷丘君　列仙傳曰稷丘君者太山下道士武帝爲立祠

虞子英祠　列仙傳曰子英舒鄉人善入水捕魚得赤鯉養長丈餘魚言汝上我背與魚俱升天數歲歸來見妻子魚復來迎吳中門戶作神魚子英祠

徐君廟　異苑曰吳郡有徐君廟所居左右爲劫盗非法者便如拘縛終至被執

清溪小姑廟　異苑曰是蔣侯第三妹

梅姑廟　異苑曰丹陽湖側有梅姑廟生時有道術能著履行水

上壻怒殺之投屍水中乃流至廟處卽時有方頭漆棺在祠堂下晦日望之時見水霧中有形廟左右不敢取魚射獵

茅山廟　山謙之南徐州記曰延陵縣南有茅山漢帝時咸陽人茅盈及固並得道之處

石侯祠　搜神記曰豫章縣有高山峻石仰之絕脰俗名石侯祠

赤松子廟　異苑曰赤松子於此縣得仙乃立廟

諸侯王　漢書云帝世子封王號曰諸侯王比古之諸侯也

三公　傅子曰黃帝以風后配中台五聖配下台爲三公也

丞相　漢書曰秦官

司徒　管子曰黃帝得祝融南方故使爲司徒也

大司馬　春秋斗運樞曰黃帝大司馬容光也

太尉　河圖錄運法曰堯坐舟中與太尉舜觀鳳凰漢書曰太尉秦官也

司空　左傳曰鳲鳩氏爲司空也按鳲鳩少昊也
尚書令　續漢書曰秦置漢元鼎二年以張安世爲尚書令任安亦爲之
尚書僕射　漢書曰僕射秦官也古者武官有僕射以督課之自侍中尚書博士官皆有之獻帝時始置左右僕射
中書監令　漢書曰孝武帝遊宴後宮以宦者掌尚書事改爲中書謁者置僕射宂宦者之職皆曰中書監令魏志曰黃初中改祕書爲中書監令
侍中　環濟要略曰侍中古官也風后爲黃帝侍中周時號爲常伯漢書曰侍中秦官皆得入禁
黃門侍郎　漢書給事黃門侍郎皆秦官也
中書侍郎　漢官儀曰漢置中書領尚書事
太師　史記曰周成王爲天子以太公望爲太師

太傅　大戴禮曰昔成王幼周公爲太傅
太保　大戴禮曰成王以召公爲太保
三孤　尚書曰少師少傅少保曰三孤
卿　尚書曰天子五服孔安國云五服天子諸侯卿大夫士之服按此卿始於唐虞
太常卿　尚書秩宗周禮宗伯秦曰奉常景帝六年更曰太常卿
光祿勳一人　漢書曰秦曰郎中令武帝太初元年改曰光祿勳也
廷尉卿　漢書曰秦官也
大理宗正　漢書曰景帝中改廷尉爲大理宗正
衛尉卿　漢書曰秦官也
執金吾　漢書曰秦名中尉武帝太初元年更名執金吾
大司農　漢書曰秦治粟內史景帝改爲大司農令武帝名大司農
少府卿　漢書曰秦官也
太僕卿　應劭曰周穆王所置也
將作少匠　漢書曰將作少府景帝更爲將作匠
大鴻臚　漢書曰秦曰典客武帝名大鴻臚
廷尉平　漢書曰宣帝置
御史大夫　漢書曰秦官也
御史中丞　漢書曰秦官也
開府儀同三司　東觀漢記曰劉隱延平元年拜儀同三司號自隱始也
司隸校尉　漢書曰周官也武帝依周置之
治書御史　漢書曰宣帝元鳳中置
御史　周禮曰惟王建國立御史也

侍御史　漢官儀曰侍御史周官也
大夫　虞書曰天命有德五服五章哉孔安國曰與卿同也
太中大夫　漢書曰秦官也
諫議大夫　漢書曰武帝元狩五年置
國子祭酒　應劭漢官儀曰漢置
國子博士　晉中興書曰晉武帝置
博士　漢書曰秦官也
五經博士　漢書曰武帝建元元年置
國子助教　晉書曰晉孝武帝太元十年置
祕書監　東觀漢記曰桓帝延熹二年置
祕書丞　魏志曰武帝置祕書左右丞
著作郎　沈約宋書曰著作郎後漢官漢已來但掌天文律曆其國記撰述悉在著作後漢東觀有著作郎

太子詹事　應劭漢官儀曰詹事秦官也
太子僕　沈約宋書曰秦官也
童子郎　續漢書曰左雄奏徵海內名士使公卿子弟爲諸生能
通春秋者奏拜曰童子郎
謁者僕射　應劭漢官儀曰秦官也
都水使者　王隱晉書曰太康五年置掌舟檝
諸議參軍　晉書曰元皇帝改軍諸祭酒爲之
錄事參軍　干寶司徒議曰漢魏無此官錄事職掌總錄衆曹之
文按此晉置也
王國太傅　續漢書曰傅一人漢初立也
王友　晉書曰武帝太始三年爲樂安王鑒燕王幾各置友一人
諸王文學　漢書曰武帝詔郡國舉文學書策通一藝補文學
太農　續漢書曰漢置太農僕射桓帝改曰太農

散騎常侍　應劭漢官儀曰秦置散騎中常侍魏改散騎常侍
通直散騎常侍　晉書曰太始十年詔東平王楙爲員外常侍通
直殿中
散騎侍郎　魏志曰文帝延康元年置通直散騎侍郎晉起居注
曰大興元年置
將軍　應劭漢官儀曰周官也
驃騎將軍　漢書曰武帝元狩三年置
車騎將軍　應劭漢官儀曰漢置之
衛軍將軍　漢儀注曰漢置文帝十四年遣衛將軍周長吉
撫軍　魏志曰魏武帝置
征南征北將軍　後漢書曰漢光武建武二年置
鎮南鎮北將軍　魏書曰魏武帝建安年中置
安東安西安北將軍　魏書曰黃初太和中置東觀漢記曰漢獻
帝世置後漢書曰光武二年置祭遵爲之
安南將軍　後漢書曰光武三年置
征虜將軍　後漢書曰光武二年置以祭遵爲之
冠軍將軍　漢書曰武帝置以霍去病爲之
中壘校尉　漢書曰武帝置
中領軍　魏略曰魏延康中置
護軍將軍　漢書曰平帝元始元年置
護軍都尉　漢書曰秦官也
中護軍　魏略曰武帝置
驍騎將軍　漢書曰漢官也武帝以李廣爲之
衛尉　漢書曰秦官也
五官中郎將　漢官儀曰秦官也
五校尉　長騎越騎步兵長水射聲　漢書曰武帝初置

虎賁中郎將　尚書曰虎賁三百人按此武王置漢書曰平帝元
始元年置中郎將
期門郎　漢書曰武帝建元三年置
羽林監　漢官儀曰孝武太初元年置
冗從僕射　續漢書曰桓帝元嘉三年置
前後左右將軍　漢書曰周官也
城門校尉　環氏要略曰漢高祖置
州牧　尚書咨十有二牧
刺史　山謙之丹陽記曰漢武帝元豐五年置
郡守　秦始皇三十六年滅六國置三十六郡守
太守　景帝中和二年改郡守爲太守
令長丞尉　漢書曰秦掌治縣萬戶爲長皆有丞尉
九錫　韓詩外傳曰諸侯之有德天子錫之一錫車馬二錫衣服

三錫虎賁四錫樂器五錫納陛六錫朱戶七錫弓矢八錫鈇鉞九錫秬鬯爲之九錫此起自周代也

殷　史記曰殷本於簡狄吞乙卵生契孟子曰湯居亳與葛伯爲鄰在梁國寧陵縣

周　史記曰周本於姜嫄履大人迹生后稷漢書曰周在扶風美陽縣也

秦　史記曰本起於非子爲周王養馬於秦隴漢書曰隴西地名也

晉　史記曰周成王封母弟叔虞於晉杜預曰在平陽絳邑縣東也

杞　史記曰武王克商封夏後東樓公於杞云本都陳留雍丘也

宋　史記曰武王克商封殷後比干子於宋杜預曰宋今梁國睢陽縣也

曹　史記曰武王封子振鐸於曹杜預云今濟陽定陶縣也

虢　史記曰周封虢叔於虢杜預云虢國今弘農陝縣東是也

魯　史記曰成王封周公於魯漢書曰魯在少昊之墟曲阜之地

衛　史記曰周公封弟康叔於衛杜預曰在汲郡朝歌縣也

鄭　史記曰周宣王封母弟友於鄭在榮陽苑陵縣西南舊鄭在京兆

韓　史記曰武王之子封於韓

豳　史記曰后稷曾孫公劉所封之國杜預云在扶風陝縣

燕　史記曰周成王封召公奭於燕杜預云燕國今在薊縣

趙　史記曰周宣王封造父之孫公仲於趙至簡子與六卿分晉而有之

楚　史記曰周封鬻熊於荆後號楚杜預云南郡江陵縣地南城也

吳　史記曰周封泰伯於吳按今常州無錫縣也

陳　史記曰周武王封胡公滿於陳杜預云今陳國陳縣

蔡　史記曰周封文王子蔡叔於蔡孔安國云圻内蔡邑也杜預云今汝南上蔡

虞　史記曰周封虞仲於虞杜預云今河東太陽縣

魏　春秋曰晉封畢萬於魏杜預云今河北魏縣

居處　上古巢居而穴處後世聖人易之以宮室

城　世本曰鯀作城禹父也

郭　世本曰鯀作郭

鄉　周禮曰地官司徒曰五州五鄉

市　古史曰神農作市

屋　易曰上古穴居而野處後世聖人易之以宮室聖人伏羲也

宮　已具上文又帝王世紀曰紂作離宮高千尺

室　世本曰禹作宮室

臺　紀年書曰桀作瑤臺高千尺

秤　呂氏春秋曰黄帝使伶倫造權權謂秤也

度　同上伶倫作度度者丈尺也

量　同上伶倫因律爲量量升斛也

衣裳　易曰黄帝垂衣裳而治天下呂氏春秋曰胡曹作也

裙　古人已有裙八幅直縫乘騎至唐初馬周以五幅爲之交解裁之寬於八幅也

笄　趙襄子之姊嫁北代王襄子殺北代王其姊磨笄自刎故有磨笄山

幞頭　古人以皂羅三尺裹頭號頭巾後周武帝爲四脚依用三尺至唐朝馬周解爲之用一尺八寸

靴　釋名曰本胡服也趙武靈王所作也

鞋　古人以草爲屦皮爲履後唐馬周始以麻爲之即鞋也

甲乙帳　漢武故事上以琉璃珠夜光珠雜天下珠寶爲甲帳其次爲乙帳甲者居神乙者自居

布帛　禮運曰昔者先王未有絲麻後世聖人治絲麻以爲布帛註伏羲也

錢　漢書曰太公爲周立九府圜法李奇曰即錢也

穀　賈誼新書曰神農教人食穀

耕　周書曰神農之時天雨粟神農耕而種之

耒耜　古史曰神農作世本曰垂作

樓犂　魏略曰皇甫隆爲燉煌太守教民作樓犂

火　世本曰自燧人鑽木造火

飯　周書曰黃帝始蒸穀爲飯

糜粥　周書曰黃帝蒸穀取米以爲粥

鹽　世本曰夙沙氏煮海爲鹽神農臣也

酒　呂氏春秋曰儀狄造酒戰國策曰帝女儀狄造酒進之於禹

酒池　陸韜曰殷紂作酒池可以迴船也

肉林糟丘　史記曰紂設糟丘肉林

射　世本曰逢蒙作射宋衷云逢蒙學射於羿黃帝時已有射此言作者爲改制也

御　易繫辭曰服牛乘馬引重致遠以利天下蓋取諸隨世本曰鯀作服牛相土作乘馬蜀作駕宋衷曰三人黃帝臣也韓哀作御宋衷曰韓哀侯也有御書尙矣此復言作者加精巧也

書　世本曰蒼頡作書字黃帝史淮南子曰蒼頡造書字而天雨粟鬼夜哭說文曰蒼頡之初作書蓋依貌象形故謂之文後形聲相益謂之字字者孳乳浸多者也

數　周禮曰教國子行九數九數方田粟米之類

紙　漢書曰後漢閹蔡倫典上方將漁網麻頭始造紙也

筆　博物志曰舜造

圍棊　堯子丹朱善之後封於房

博　世本曰烏曹作六博說文曰十二棊也

摴蒱　博物志曰老子入胡作摴蒱用以卜

蹴踘　劉向別錄曰博物志言黃帝所作或曰起戰國時世說曰黃帝蹴兵勢所以練武士也

彈棊　世說曰始自魏宮內戲也魏文帝於此技好之用巾拂之無不中者

長行局　魏時曹植字子建始造雙陸局取兄弟之義

藏鉤　辛氏三秦記曰漢昭帝母藏弋手拳而有國色武帝寵之藏鉤此始也

假髻　晉中興書曰徵祥記曰太元中宮主婦女綏髮傾髻以爲

盛飾豐多可恆戴乃先於籠上裝之名曰假髻也

粉　博物志曰紂作粉魏略曰何晏動靜手不離粉

鏡　玄中記曰尹壽作鏡堯之臣

蟠龍釵　古今註曰梁冀婦所製

歌舞　山海經曰帝俊八子是始爲歌舞風俗通曰漢靈好胡舞

舞衣　尙書曰胤之舞衣孔安國曰胤國舞衣中法度

鼓吹　蔡邕禮志曰鼓吹岐伯所作以揚其德也

琴　世本曰神農作廣雅曰伏羲氏琴長七尺二寸上有五絃

瑟　世本曰庖羲氏作史記曰天帝使素女鼓五十絃瑟悲帝禁之不止改其瑟二十五絃山海經云帝俊生晏龍始爲瑟也

箏　風俗通曰箏五絃筑身今幷梁二州箏形如瑟十二絃不知誰改也或曰蒙恬所造也

箜篌　釋曰師涓所作靡靡之樂蓋空國之侯淫聲也史記曰今

上祠太一后土始用樂箜篌自此起續漢書曰靈帝作箜篌

鐘 山海經云炎帝之孫伯陵因鼓遂爲鐘世本曰倕作

磬 世本曰毋句作磬尚書泗濱浮磬

簨簴 禮記曰夏后氏之簨簴植曰簨橫曰簴用懸鐘磬也

鼓 禮記曰土鼓蕢桴葦籥伊耆氏之樂也註伊耆氏古天子號

呂氏春秋曰帝嚳令倕作鼓鞞陸機鼓吹賦云原鼓吹之始蓋稟

命於黃軒

角 國儉角賦云黃帝會羣臣於泰山作淸角之音

鐸 鬻子曰禹之治天下也宣人事者振鐸

鞞 呂氏春秋曰倕作鞞鞞鼓節也

鼗 呂氏春秋曰帝嚳使倕作鼗鼓

簫 風俗通曰舜作簫禮記曰女媧氏作

笙 釋曰笙以匏爲之十二管有簧世本曰女媧氏作簧

竽 世本曰隨作竽宋衷曰隨女媧臣

篪 世本曰蘇成公作篪宋衷曰周平王時諸侯也古史曰古有

篪尚矣蘇成公善篪而記者因以爲作謬矣

笛 風俗通曰漢武時丘仲所作周禮籥師掌吹籥言丘仲非也

塤 周禮小師均教吹塤世本曰商辛作宋衷曰商辛周平王之

諸侯

香爐 西京雜記曰長安巧手丁緩作臥褥香爐一名被中香爐

本出房風爲機環轉運四周而爐體常平可置之被褥也

胡牀 風俗通曰靈王好胡服景帝作胡牀又紂作玉牀

食器 韓子曰舜作食器黑漆其上禹作祭器黑漆其外朱畫其

內史記曰舜作竹器於壽丘

鼎 鍾繇上疏曰黃帝鑄三鼎

簠簋 禮記曰周之簠簋

瑚璉 明堂位曰夏后氏四璉殷之六瑚

俎豆 禮記曰俎豆有虞氏以梡夏后氏以嶡殷以椇周以房俎

豆夏后氏以楬豆殷玉豆周獻豆

勺 禮記曰夏后氏以龍勺殷以疏勺周以蒲勺

釜 易說卦曰坤爲釜古史黃帝造釜

甑 古史曰黃帝作

斧 周書曰神農作

鋸 古史曰孟莊子作鋸管子曰軍中必有一斧一鋸

鑿 古史曰孟莊子作

箕帚 世本曰夏少康作

瓦 古史曰夏世昆吾氏作瓦屋也

甎 古史曰夏世烏曹氏作甎也

井 博物志曰伯益作井

磑 世本曰公輸般作石磑

銚 世本曰倕作銚

冶 尸子曰蚩尤作

陶 周書神農耕而作陶尸子曰昆吾作陶

舂 世本曰雍文作舂是黃帝臣呂氏春秋曰赤冀作杵

臼杵 易曰黃帝斷木爲杵掘地爲臼世本曰雍文造也

獵 尸子曰伏羲氏教人以獵

漁 尸子曰燧人之世天下多水教人以漁

網 古史曰庖羲氏觀蒙而作網世本曰句芒作網宋衷曰句芒

庖羲臣廣雅曰魚網也

羅 世本曰句芒作羅可以取鳥

鉤 列子曰詹何以獨繭絲爲綸芒針爲鉤荊篠爲竿剖蜎爲餌

引盈車之魚於百仞之泉

舟楫　易曰黃帝刳木爲舟剡木爲楫

華表　古今註曰堯設誹謗之木今之華表也

棒　曹操傳曰曹操爲洛陽北部尉始建五色棒有犯禁者不避豪強皆棒煞也

棺槨　易曰古之葬者厚衣之以薪葬之中野不封不樹喪期無數後世聖人易之以棺槨聖人黃帝也瓦棺古史曰舜作瓦棺

堲　古史曰舜作土堲以周棺也

挽歌　漢高祖召田横至尸鄉自斃從者不敢哭之而不勝其哀故以此寄哀者

翣　世本曰武王作古史曰周公作

面衣　風俗通曰吳王夫差羞見子胥以帛幕面而死後人以爲常則也

箸　世本曰殷王象箸玉杯也

續事始 五卷

僞蜀馬鑑 梓州射洪縣令

皇帝　史記本紀自五帝之後夏殷子孫皆曰王周武王伐紂後貶帝號周朝皆王及秦初悉稱公始皇稱皇帝

太上皇　秦本紀始皇即位追尊莊襄王爲太上皇後漢高祖尊父爲太上皇倣此也

天子稱朕　自秦皇始也蔡邕註云朕我也古者上下通稱之皐陶曰朕言屈原曰朕皇考至秦制天子獨稱朕後因之不改

帝皇五運　史記曰太昊伏羲氏木德王始有五運之次炎㲉子曰帝王五運之次凡有二說鄒衍則以五行相勝爲義劉向以五行相生至顓頊五帝相承漢魏以還共遵劉說也

呼君上曰陛下　史記秦丞相李斯等議事曰今陛下興義兵誅殘賊霍光廢昌邑王丞相張敞等奏稱臣等昧死言皇太后陛下至後漢上皇太后疏亦爲常制

尊號　自堯舜禹湯以來歷代爲一加謚號及追謚至秦丞相王綰李斯等議曰臣等昧死上尊號王爲泰皇乃除謚法其後唐累朝宰臣文武百官上尊號以爲常制

避正殿損常膳　後漢明帝時僕射鍾離意以帝起北宮諫曰陛下以天旱每自剋責避正殿損常膳而天猶不雨據此起自漢明帝也其後帝王每有災告以爲規式

封禪　史記管仲曰古者封泰山禪梁父者七十二家而夷吾所記者十有二焉昔無懷氏在伏羲之前封泰山禪梁父李奇云無懷氏爲封禪之始也

皇后　后亦君也周制天子立后曰皇后秦稱皇帝正嫡曰皇后母曰皇太后漢因之祖母稱太皇太后自唐初皇太后並加四字尊號

妃　史記皇帝皆立四妃禹湯皆曰妃又古者正嫡曰元妃魏明帝六宮增淑妃宋書武帝置貴妃隋煬帝置德妃賢妃秦以天子正嫡稱妃後魏親王之妻皆爲妃王母爲太妃唐長公主母曰太儀餘六宮嬪嬙十四等二十四司品位代有沿革具載於坤儀令

皇太子　春秋晉鄭齊楚諸侯之子皆稱太子周初文王爲世子又曰太子發太子丹漢制皇帝之嫡嗣立爲皇太子諸侯王之嗣立爲世子

殿下　魏志太祖定漢中東還欲討將軍許攸留府長史杜襲諫太祖呼爲殿下時太祖封魏王位在諸侯王上置相國故襲呼殿下按此始也賈充亦呼司馬文王爲殿下唐初儀制令百官上疏於太皇太后皇后稱殿下百官及東宮官對皇太子皆曰殿下

諸侯　古者天子稱王漢初立二等爵大者王小者侯故以王號加於諸侯王蔡邕獨斷云漢制皇子及功臣封爲王自漢祖始也

皇太孫　晉永康元年立愍懷太子第二子臨淮王爲皇太孫齊

永明十一年立文惠太子長子南郡王昭業爲皇太孫唐高宗欲立皇孫重照爲太孫

郡王　魏封功臣改郡主爲郡王

郡公　漢武帝十三年初議者以土無二王臣爵不得過公以太原王章爲齊公功臣悉封公十七年依舊封王

國公　隋書文帝封功臣爲國公

公主　自古天子之女未有封邑至周中葉天子嫁女於諸侯天子至尊不自主婚使同姓諸侯主之始謂之公主漢制天子女爲公主姊妹曰長公主帝姑爲大長公主後漢諸王女封縣主

公主行婦禮　自唐王珪之子敬直尚太宗女南平公主始

百官　郯子曰太皡氏龍紀故爲龍師而龍名此乃命官之始也至虞舜建官惟百故歷代置百官焉

宰相　管子曰黄帝得六相而天地理厥後天子及列國侯皆或

一人或二人三人四人漢初惟丞相一人唐高宗以李勣爲尚書左僕射故事以右僕射一人侍中中書令各一人爲正宰相至勣受僕射始帶同中書門下三品則天下以兩省長官乃同中書門下三品並平章事爲宰相也

左右丞相　殷湯居亳初置二相伊尹爲左相仲虺爲右相自古至前漢左高於右唐玄宗以左右丞相平章事高宗永淳元年上至東都郭待舉等宜與中書門下同承受進止平章事初上欲用待舉等歷任尚淺且欲令預聞政事自是外司四品以下官知政事自以平章事爲目自待舉始也

宰相遥領節度使　唐曆云自牛仙客始按會要云蕭嵩遥領唐曆誤也

集賢殿學士　玄宗實録開元十三年置

弘文館學士　會要武德九年置神龍初爲修文館避孝敬諱開元七年仍舊

崇文館學士　東宫官魏文帝選善屬文者充之唐高宗朝鄭組等爲之

崇賢館學士　唐貞觀中置屬左春坊并直學士教授諸王後沛王賢爲皇太子避其名復爲崇文館

崇文館學士　會要開元二十九年於玄元皇帝廟置崇文館各一員命生徒習道經莊子文子列子准明經例考試

翰林學士　貞觀中太宗初開文學館高宗朝國政歸於武后后亦廣召文辭之士始曰北門學士玄宗改爲翰林待詔又改爲供奉開元二十六年乃爲學士始立學士院於翰林院之南始有翰林學士之名肅宗在靈武始掌旨詔及草麻制元和中以院長一人別敕承旨學士承旨自此始

知制誥　開元元年蘇頲王琚爲知制誥自後凡以他官爲翰林

學士中書舍人皆加知制誥

六尚書　有虞之官周禮六卿之職吏部天官冢宰戶部地官大司徒禮部春官舜典曰秩宗兵部夏官大司馬刑部秋官舜典曰士周官大司寇工部冬官周禮大司空也通典曰秦時所置秦遺吏四人在殿中主發書故謂之尚書李固云陛下有尚書猶天之有北斗總謂之尚書臺亦曰中臺

尚書左右丞　具員故事漢武帝建始四年置丞四員至後漢光武減其二惟置左右丞龍朔二年改爲左右肅機復舊

六司侍郎　前漢已有侍郎之號未分曹署隋煬帝以尚書六曹各置侍郎一人或以二人

給事中　漢書公卿表云秦官也按職員令掌侍從駁正違失顧問應對以有事於殿內故曰給事中龍朔中改爲東臺舍人咸亨初復舊

中書舍人　漢書制尚書郎主奏事起草又魏志黃初中置通事郎掌詔令晉初置舍人謂之中通事舍人（周禮地官有舍人舍人古官也）陳及北齊除通事字直曰中書舍人別置通事舍人武德初因隋制號內史舍人三年改爲中書舍人龍朔中改爲西臺舍人光宅中改爲鳳閣舍人開元初爲紫微舍人五年復爲中書舍人

尚書郎　秦置郎中領諸郡漢置尚書郎稱郎中歷代名號不常唐朝方定之

左右司郎中　隋官武德初省貞觀二年復爲左右司

諸司員外郎　隋文帝置

檢校省郎　德宗寶應元年陳少遊爲之始

九寺卿　周禮天子三公九卿三孤加六卿爲九卿秦漢以九卿所掌與古不同亦無卿字至梁太常光祿以下方加卿字漢魏九寺皆曰府至漢太和十五年詔九寺各置少卿二人即後魏以前

已改爲寺也

太常卿　尚書舜命伯夷爲秩宗周曰宗伯掌祭祀之儀秦曰奉常漢更名曰太常至梁始加卿字

光祿卿　續漢書云秦官也秦置郎中令漢武更名光祿勳梁加卿而除勳字唐改爲司宰司膳神龍初復爲光祿寺

衞尉卿　齊職儀曰秦官也梁爲衞尉卿唐龍朔改爲司衞後如故

宗正卿　周官小宗伯之職成王以伯爲宗正掌三族之屬漢魏皆以皇族爲宗正晉兼以庶姓宋齊不置梁爲宗正卿唐以皇族爲卿龍朔中改爲司宗天寶復爲宗正卿

大理卿　舜以臯陶作士乃理獄之官也周禮爲士師秦以李斯爲廷尉景帝更名爲大理梁改秋卿唐改司刑寺復爲大理卿

太僕卿　周穆王命伯冏爲太僕正漢祖以夏侯嬰爲太僕掌車馬唐改司馭司僕神龍年復爲太僕寺

鴻臚寺　秦官有典客漢曰典屬國漢武改爲大鴻臚唐改司文亦曰司賓寺神龍年復爲鴻臚寺

司農卿　少皞氏以九扈爲九農正秦爲理粟內史漢景帝改爲大農令武帝改爲司農唐改司稼寺咸亨中復爲司農寺

太府卿　周官太府下大夫掌九貢府藏諸市平準歷代不置其職任司農少府梁天監七年置少府卿後魏太和中改爲太府卿唐龍朔二年改爲外府寺光宅中改司府卿寺龍朔復爲太府寺

九寺少卿　後魏太和中各置少卿二人

九府監　少府秦官掌山海池澤之稅漢書少府屬官有尚方令隋大業中分太府所管別局少府唐光宅中改爲尚方監神龍中改少府監

祕書殿中少監　並隋煬帝所置

通事舍人　百官志魏始置通事舍人一人初與中書舍人同職晉初置通事舍人二職掌呈奏宣傳勞問之事

侍讀　宋武帝以徐受爲晉安王子勛侍讀南齊賀分爲衡陽王侍讀唐玄宗謂大臣曰宜選儒學博碩者一人每日入侍讀又開元六年以郄常等爲太子剡王已下侍讀

太子左右庶子　宋書云庶子古官古者天子諸侯世子必有庶子之官漢中庶子掌侍左右獻替贊相禮儀駁正啓奏總判坊局齊職庶子同中書門下故謂之宮相又庶子掌教世子也

太子率更令　秦官知宗族禮樂刻漏之事

太子左右諭德　唐龍朔三年置職比太子左右贊善

贊善大夫　會要龍朔二年改中允爲贊善大夫咸亨中復爲中允至鳳儀四年別置左右贊善大夫十員職比諫議大夫

太子中允　貞觀初改太子中舍爲中允職與中書舍人同

太子舍人　晉武帝置唐改中允舍人

太子儀郎　唐貞觀十八年置司儀郎四人

太子文學　魏武帝置晉不置後周置十人唐顯慶中復置太子家令漢曰詹事府置家令寺掌太子飲膳倉儲庫藏之事

侍御史雜端　侍御史周官也老子爲柱下史即其任也唐置六人取其長一人知雜謂之端公亦呼雜端

內供奉　天后垂拱年補闕拾遺各六員四人內供奉

殿中侍御史　魏置魏初遣蘭臺二御史居殿中同糾非法故曰殿中侍御史後因之爲侍御史

監察御史　隋置六典云監察御史十人分糾百僚又云隋置檢校御史爲監察御史

監察御史裏行　六典云貞觀中太宗以馬周從布衣拜監察御史裏行又唐曆云高宗龍朔元年忻州定襄縣王本立爲監察御史裏行自此始未知孰是今兩存

左右補闕　詩云袞職有闕惟仲山甫補之唐太宗朝取此義以名其官也

左右拾遺　漢書云元帝初拜給事中劉向爲侍郎以金敝拾遺於左右蓋取其職唐以名官並天后朝置掌供奉諷諫之事謂之小諫官

著作郎　自後漢有東觀著作之名未爲官號魏帝始置著作郎

著作佐郎　魏置佐著作郎至宋遂遷佐字在下

起居郎起居舍人　周官有左右史穆王置歷代錄人君之言事爲起居注送史館隋置起居舍人貞觀二年置起居郎左右史之類也

符寶郎　宋書云秦置符節令漢置符璽郎天后改符寶郎

協律郎　漢武帝以李延年爲協律郎若宗廟有事於階上舉旌

以節樂

大理司直　漢公卿表云武帝元狩五年置

大理評事　會要貞觀二年置

祕書　魏武帝置掌四庫圖書

校書郎　漢成帝置

祕書省正字　北齊置

將　軒轅本紀云黃帝舉風后以爲相用力牧以爲將

使相　肅宗朝以節度使郭元振等同中書門下平章事號爲使相也

留守　左傳晉侯將伐鄭荀罃留守史記漢高祖留蕭何守關中乃有留守之任後漢世祖每征討常令李通居守後魏文帝南伐以太尉元丕留守京師乃有留守之號唐朝天子在西京則有東都留守在東都則有西京留守

尙父　史記云周文王得呂尙以爲師謂之太師武王嗣位謂之尙父世家云師尙父註云劉向別錄曰師之尙之故曰師尙父亦男子之美號也或云姓呂名尙

元帥　左傳晉謀元帥以郤縠將中軍未有元帥之號至隋文以梁叡爲行軍元帥武德元年秦王加西討元帥玄宗以哥舒翰爲兵馬元帥

都統　唐乾元元年除李峘爲都統

大總管　周武帝建德六年以王謙爲益州都總管隋文帝命韋孝寬代尉遲迥爲益州總管迥不受代自稱大總管武帝初盛彥師裴寂並爲行軍大總管

大都督　漢光武初征伐四方始權置督軍御史魏武帝爲漢相大軍出征有併督衆事者始有都督之號督中外諸軍事武帝七年改大總管爲大都督府

京兆河南等尹　周官有內史秦因之掌理京師漢武帝太初元年改內史爲京兆尹後都洛陽置河南尹雍州置牧以親王爲之開元元年雍州爲京兆府洛州爲河南府九年幷州爲太原府蒲州置中都爲河中府十五載岐州爲鳳翔府益州爲成都府凡前代帝王所都皆爲尹其後京兆都府稱府尹河南鳳翔城都府幷改長史爲尹改司馬置少尹司馬本一人大足元年加一員爲左右司馬遂置少尹三人通判府事

諸州都督府　後周置例兼州事與刺史同

持節諸軍事　後魏刺史任重者爲使持節至隋刺史有兵處加諸軍事

副元帥副招討節度安撫等副使　古者命上卿將三軍皆有左右副也左傳晉作三軍謀元帥郤縠將中軍郤臻佐之狐假將上軍狐毛佐之卽元帥招討之副也魏志明帝詔司馬宣王討遼以

毋丘儉爲副至唐置副留守招討及節度安撫團練防禦等副使又列國卿大夫聘好必有介焉介亦副也傳曰楚公子圍聘於鄭伍舉爲介是也其後天子遣使於外國大藩册贈官告皆有使副及唐末內外諸司使皆置副使

行軍長史　魏志太祖以劉曄爲行軍長史

行軍司馬　隋文帝以尚書左丞李綱爲行軍司馬

統軍　會要武德七年改驃騎將軍爲統軍車騎將軍爲副軍德宗貞元二年置統軍二人十四年又置左右神策統軍一人

諸衛上將軍　史記楚王召宋義爲上將軍唐貞觀時置上將軍一人在大將軍上

大將軍　漢書周官大司馬之職天子六軍有征伐則命卿將之卽將之任也秦楚別無名號惟拜大將軍漢因之增立名位自三號至十二號光武中興諸將軍皆稱大字和帝以竇憲爲大將軍

左右行衛大將軍　會要武德元年因隋舊制改爲左右翊衛五年五月去翊字但爲左右衛矣

武衛大將軍　魏許褚武衛中郎將隋因之置武衛大將軍

龍武大將軍　開元中分羽林軍各置龍武大將軍一人將軍二人

神武大將軍　貞元二年殿前射生軍爲神武軍各置大將軍一人將軍二人

龍威衛大將軍　隋初置煬帝改爲屯衛左右各置大將軍一人將軍二人貞觀中號爲百騎又改千騎又改爲羽林衛復爲威衛

監門衛大將軍　隋開皇三年置幷將軍二人

千牛衛大將軍　後魏置千牛備身十二人執御刀歷代因之唐改爲左右千牛衛置大將軍各一人將軍二人龍朔年改爲奉裕神龍元年復爲千牛

雲麾將軍　通典云梁置爲武職散官唐末以爲起階具員

駙馬都尉　漢武帝置掌御馬初置奉車都尉駙馬都尉騎都尉魏以何晏尚太祖女金鄉公主拜駙馬都尉晉武帝以皇室外戚爲三都尉惟駙馬都尉諸尚主者爲之遂爲常制也

太子左右衛率府率　具員故事太子左右衛左右禦淸道鶴禁等皆爲率府初置各一員秦官也晉安帝加至四率主門衛太子出則一率前導三率從

左右衛判官　會要大曆三年左右衛使各置判官一人

版圖使　周禮司民掌登萬民之數卽後代戶部尚書侍郎之任唐以宰相充版圖使

度支使　魏文帝置度支尚書唐初置民部貞觀年改爲度支省開元以後始有判使之號又置副使判官推官巡官也

鹽鐵使　史記管仲治齊始榷山海之利漢武帝始有鑄錢煮鹽

之則乃以孔僅大司農領鹽鐵事桑弘羊奏置鹽鐵使會要乾元二年以度支郎中第五琦充諸道鹽鐵使

租庸使　開元十一年宇文融充勾當地稅使天寶二年改租庸使

採訪使　開元十七年張九齡奏置十道採訪使

招討使　開元十七年宰臣奏置

節度使　唐中宗景雲二年始以賀延嗣爲梁州都督充河西節度使

觀風使　肅宗至德元年改採訪使爲觀風處置使

安撫使　高宗朝命裴行儉册送波斯王仍爲安撫大使天后聖曆元年命狄仁傑爲河北道安撫使德宗貞元元年除韋皋劍南西川節度大使帶安撫使

軍容使　唐肅宗上元元年命內侍監魚朝恩選六師之鋭集于近圍以爲神策軍又命朝恩以神策之旅往鎮陝服仍充神策軍容始有軍容之號尋加天下觀軍容使堅讓天下之號

內樞密使　西晉書太始中以王景文爲中書令兼管內樞密唐代宗永泰中敕中官董秀管樞密因置內樞密使見君臣政要

功德使　參玄語錄云後魏立監福曹又改爲昭玄司掌僧道二教百官舉要云隋有慶善監唐改爲功德使

內飛龍使　周官太僕乘黃典廄尚乘並歷代掌閑廄之馬至則天朝置閑廄令李吉甫百司舉要云太僕則天分置閑廄飛龍司農則別有園苑莊宅玄宗朝以後置閑廄使更置飛龍使

五坊宮苑使　會要開元十九年金吾將軍楊崇慶充五坊宮苑使（五坊鵰鶻鷹鷂狗也）初五坊與宮苑同一使唐末始分爲兩使

監軍使　齊景公使穰苴願得公之寵臣以監軍乃命莊賈監之漢武帝置監軍使者唐神龍元年以後諸道節度並以中官爲監軍使

轉運使　史記楚漢相持於滎陽軍無見糧蕭何轉運關中蜀漢之粟方舡而下又曰漢時漕運山東粟以給中都卽轉運之任未有使號開元二十二年自太原倉北運浮於渭以實關中以裴耀卿充轉運使

營田使　漢尚書郎四人一人主戸口墾田蓋屯田之任也公田曰屯田晉始有屯田郎凡轉運不給則設屯田以益軍儲玄宗朝因之始置營田使也

團練使　肅宗武德中改采訪使爲觀風使并領都團練其後上郡刺史有團練使之號

防禦使　天寶十四年安祿山反中外大震玄宗始置防禦使

搜訪圖書使　梁阮孝緒七錄云漢成帝之世書籍頗有亡逸乃使謁者陳農訪遺書於天下隋祕書監牛弘亦奏遣使搜訪異書後唐明宗天成元年命戸部郎中庾傳美充三川搜訪圖書使

玄宗朝置諸侯修奉太廟使太淸宮使禮儀使園苑使閑廄使莊宅使內諸軍使左右街使典陟使巡撫使宣慰外國册立使弔祭使選補使會盟使監牧使左右巡使供軍糧料權鹽使給納使和糴使太倉使內八作使栽接使經略使覆囚使

尚書省　帝堯納舜於大麓錄天下事似其任也周官司會又其職焉漢初尚書雖有曹名不以爲號又靈帝以侍中梁鵠爲選部尚書謂之中臺前漢未有錄名章帝以趙傳趙嘉太尉牟融並錄尚書事僕射總理六尚書謂之都省亦曰南省唐光宅初改爲文昌臺垂拱年改爲都省神龍元年爲六書省

都堂　舊尚書令有大廳堂省之中謂之都堂堂左右分二十四司

門下省　秦曰黃門蓋古侍中之任漢置黃門郎晉始置門下省

改侍郎門下省爲北省亦曰左省龍朔二年改爲東堂光宅元年改爲鸞臺神龍中復爲門下省

中書省　漢書孝武帝置初以宦者典掌尚書奏之事改尚書爲中書謁者置令僕射孝武以太史公司馬遷爲中書令魏置中書侍郎中書省爲右省亦曰西掖龍朔年改爲鳳閣省開元初改爲紫微省五年復爲中書省

政事堂　舊制宰相常於門下省議事謂之政事堂故長孫无忌魏徵皆知門下事至永淳二年中書令裴炎奏政事堂合在中書遂移在中書省

中書門下印　開元十一年張說改政事印爲中書門下之印

中書除官　舊制內外皆吏部啓奏授之自隋以降五品之上官中書門下訪擇閩奏然後下制授肅宗即位復令中書以功除官

祕書省　漢書藝文志武帝建藏書府置寫書官故曰祕書桓帝置監魏置丞後魏曰芸臺唐初曰祕書省龍朔二年改爲蘭臺天授改曰麟臺咸亨元年復爲祕書省

內侍御　天文有宦者四星在天市垣帝座之側周官有宮正宮伯有內宰卽宮令是也戰國時有宦者令有將作衛尉並皇后卿也漢景帝改將作爲大長秋令初秦置中常侍參用士人自漢和熹之世乃用中官晉用詹事府管掌宮事省中內侍內常事給事中內謁者監內侍省掖廷令宮闈令奚官內僕內府府寺等局各有令丞及高品內養或爲長信府或爲長秋監隋改爲內侍省天寶十二載置內侍監

殿中省　漢書少府官有令有丞隋開皇初隸門下省大業三年分置殿內省置監丞以下掌尚食尚藥尚衣尚舍尚乘尚輦等六局唐武德初因隋舊制至三年改爲殿中省龍朔年改爲御府咸亨復舊

御史臺　御史者周柱下史之職秦置御史大夫及中丞爲執法之官漢書曰尚書爲中臺御史爲憲臺謁者爲外臺是謂三臺朝廷分御史爲左肅政臺以司隸校尉爲右肅政臺近代不置司隸校尉仍舊爲御史臺以中丞爲憲長三院御史俱曰臺官故事臺北開者以法司主陰取冬殺之義或曰隋初爲都之時兵部尚書李圓通兼御史大夫欲使向省便近故開北門

司天臺　按史曰昔在顓頊命南正重司天北正黎司地唐虞之際分命羲和紹重黎之後者使復典之周昭王在時有太史漢爲太史局以司馬談爲太史令撰述國史至唐乾元元年置司天臺臺內別置一院名曰通玄院應有天文道術人皆于此安置其太史令既改爲司天監惟掌天文而已

史館　史館肇自黃帝命倉頡掌之周之列國各有史官至漢武始置太史令魏明帝太和中史職隸中書貞觀三年置史館開元

中以宰相李林甫監修國史

四方館　沈約宋書高祖永初中置南北客館令各一人因改爲四方館舊儀于通事舍人中以宿長一人總知館事謂之館主

國子監　周官師氏之職以三德教國子卽其任也漢魏以祭酒一人掌監之學晉袁瓌爲國子祭酒上疏求立學徒帝從之則國學之興自瓌始也宋廢國學置總明觀隋開皇初罷國學立太學煬帝改爲國子監唐初改成均館光宅中改爲成均監開元初復爲國子監

石經　漢靈帝立

獻納院　唐實錄天后垂拱二年置匭四枚共爲一室以銅鑄之四面各依方色東曰延恩南曰招諫西曰伸寃北曰通玄諫議大夫及御史中丞充匭使天寶九載改爲獻納使謂之獻納院會要云大曆建中復爲理匭使

待漏院　元和中置于朝門

進奏院　大曆十二年敕諸道舊置上都留候院宜並改爲上都進奏院令諸道稱進奏官

城　軒轅本紀曰黃帝築城邑也造五城十二樓舊事始云鯀作

宮室　黃帝作室昆侖山上穆天子登昆侖山以觀黃帝之宮室

開府儀同三司　東觀漢記章帝建初三年以馬防爲車騎將軍使班同三司殤帝延平元年鄧騭爲車騎將軍使儀同三司魏黃權以車騎將軍開府儀同三司唐以爲從一品爲之散官

特進　正二品漢置皇后父率爲此官諸侯功德優盛朝廷所敬異者賜位特進在三公下後建武中鄧禹能三官列侯就第位特進隋以爲散官以爲階又唐末以開封儀同三司驃騎將軍特進並中宮之官呼焉

光祿大夫　從二品漢公卿表云大夫皆秦官也秦置郎中令漢

武更名光祿勳又中大夫爲光祿大夫至唐惟置光祿大夫爲散官

金紫光祿大夫　正三品蕭子顯齊書云加金章紫綬爲金紫光祿大夫

銀青光祿大夫　從三品後魏以前未有銀青之目舊制光祿大夫銀章青綬後加金紫爲金紫光祿大夫故名銀青以對金紫合在光祿大夫之上

五等爵　黃帝立公侯伯子男五等爵也

內外諸司使判官　古者列國諸侯之上卿皆相國也與大夫以下于天子皆稱陪臣至漢封諸王亦各有相三公及將軍幕府或有掾屬或曰長史或曰主簿或有從事郎中郡則以丞及功曹佐之漢魏齊梁未有判官之職至隋元藏機始爲過海使判官睿宗朝節度使置判官厥後三司諸道節度觀風等使及刺史各置判官唐末凡諸司使往往有判官

節度掌書記　漢百官置諸王三公及大將軍幕府皆有記室掌章表書記文檄魏志太祖以陳琳阮瑀爲記室掾文帝爲太子與吳質書云孔璋章表殊健元瑜書記翩翩至今以翩翩爲異呼也晉及齊陳隋並爲記室參軍梁武初以庾域爲郎中記室宋江夏王以丘巨源掌書記未爲職名至唐初房玄齡虞世南等並爲秦王記室參軍或曰管記近代皇太子判六軍府中亦置掌書記或曰奏記

觀風支使　唐至德初改采訪爲觀風使始置判官二人支使二人推官巡官各一人

別駕　漢置中別駕又豫州刺史周景辟陳蕃爲別駕從事袁紹以田豐爲別駕晉庾亮曰別駕與刺史任別乘刺史之半故曰半刺會要武德元年置諸州別駕

長史　通典曰秦置漢書云公孫瓚初舉孝廉除遼東屬國長史吳志伯王創業以張昭爲長史齊職官志晉武帝置諸衛長史司馬各一人又周隋以來大都督府稱長史開元中改長史爲尹又諸上州各置長史一人通判州事

司馬　周禮司馬古官也夏官大司馬掌兵之任漢因之大將軍府皆置司馬之官漢書閻柔爲烏司馬陶謙爲車騎將軍張溫司馬漢官儀云景帝置郡丞一員通判州事齊職儀云魏晉稱爲治中唐高宗即位有司以御名請改諸州治中爲司馬開元初諸府改司馬爲少尹諸州各置司馬一人如郡丞之職

司錄參軍　開元初改京兆河南戶屬官司錄參軍管公倉等六曹如錄事參軍之職

錄事參軍　晉置本爲功府官諸衛及王府皆有錄事參軍非州郡之職後漢有郡主簿亦曰督郵隋以錄事參軍代郡主簿掌勾

稽文簿等事

六曹參軍　後漢置在府曰曹在州曰司六曹者公曹倉曹戶曹兵曹法曹士曹爲州府之掾屬也法曹漢爲決曹亦曰賊曹

參軍　參軍之號其始初立名位尤重漢書靈帝時陶謙以幽州刺史參司空張溫軍事魏志太祖以荀彧爲侍中持節參丞相軍事又晉干寶司徒儀掾屬有行參軍又石苞拜大司馬以孫楚爲鎭軍參軍楚負才氣初至長揖謂苞曰天子命我參卿軍事其後號參軍自晉以大都督府置參軍掌出使彈責非違之事其職漸卑列於六曹之下

文學　炙轂子雜錄曰隋開皇中州縣皆置博士俾其教授唐朝諸縣博士縣則州補州則吏曹授肅宗朝改州博士爲文學位在參軍上

主簿　後漢始有主簿即今之錄事參軍自魏晉以後親王府御

史臺卿寺太史局宮尹國子將作水衡監悉置主簿又漢時縣置丞尉及諸曹椽至隋大業終始置主簿

醫博士　會要貞觀初諸州縣各置醫博士一員

鎭將　具員故事後魏置掌鎭遏防守唐神堯祖熙仕魏爲金門鎭將開元中置鎭遏使

耆壽　會要天寶十三載敕諸郡縣父老宜爲耆老以諸縣以押司錄事老者轉升爲耆壽而不掌吏事

里正　隋置鄉小者縣置嗇夫一人百戶爲一里里置正一人也

進貢　禹貢禹別九州任土作貢

貢士　周禮大司徒之職郡國舉賢者于王庭武德初委本州縣考試取其合格者每年十月隨物入貢

進士舉　周禮樂正論進士之秀升諸司馬曰進士隋大業初始舉進士舉

試雜文　貞觀八年始令貢士試雜文

試雜判　開元中始取州縣案牘疑議試舉人剸斷其能否乃爲試之科尋又採經史義假設甲乙丙丁令舉人判斷

舉人三場試　前漢唯射策隋及唐初亦止試策並試雜文至神龍初帖大經天寶十三載甲科舉人問策外更試詩賦爲三場

武舉　天后長安置已上並見通典摭言

道舉　玄宗置道學生徒隸崇玄館習老莊文列之道舉也

選曹　漢成帝置後漢光武改爲吏部即今之銓曹也

長名榜　唐總章二年司列少常伯（即今之吏部侍郎也）裴行儉引銓注期限定州縣升降官資高下作長名榜以爲故事即今之長定格也

禮部侍郎知舉　開元以前並以考功員外郎知貢舉玄宗朝以員外郎權輕李昂爲舉人所訴遂移於禮部以侍郎掌之

慈恩寺題名　開遊而題其同年姓名於塔下後爲故事

曳白　天寶元年冬選六十四人判入等來年正月玄宗親自重試張奭不措一辭時人謂之曳白

試官　天后天授二年凡舉人無賢不肖大置試官自此始也

處士　史記伊尹負鼎俎以干湯致於王道曰伊尹處士湯迎之五返然後往從湯遂以爲相又星經少微四星在太微西南北列第一爲處士

書　墨藪雜錄章續字源云自三皇以前結繩爲政至於太昊文字生焉庖羲氏獲景龍之瑞始作龍書炎帝神龍氏因嘉禾八穗乃作穗書

篆書　黃帝史倉頡變古文寫鳥跡爲文字作鳥跡篆少昊金天氏作鸞鳳之書取似古文字顓頊高陽氏以科斗之形作科斗書帝堯因軒轅靈龜負圖作龜書𥁕后氏象形篆似銘鍾鼎殷時仙人務光作倒薤葉周文王時作鳥書同時媒氏作塤書（即今擲字塤是）周

宣王史籀作大篆秦相李斯作小篆删古文又作刻符書鳥頭雲脚用題印璽也垂露篆漢章帝時曹喜所制縣針篆亦曹喜所制用題五經篇目有若針因而名之龍爪篆晉王羲之作花篆河東山胤所作

隸書　古隸者秦程邈于雲陽獄中變大篆所作又鍾繇作正書散隸

八分書　唐李陽冰云秦始皇時王次仲制八分書又蕭子良云漢靈帝時上谷王次仲（與秦時同姓名）亦作八分書魏鍾繇謂之章程書繇又善隸書始爲楷法鶴頭書與偃波書俱詔判所用又云鍾繇最善八分有焦尾波鍾公太山銘有此體

草書　後漢杜伯度所授因章帝所好名之爲章草魏韋誕謂之草聖

飛帛書　後漢蔡邕見門吏飛帛因成字焉

天竺書　梵王之所作

門狀　文宗朝之前未有朱崖李相貴盛於武宗朝位至一品百官無以取其意至是相扇留其銜候起居之狀至今尙之以貴賤通用謂之門狀但稍品隔者如公狀之體有參狀漢時未有紙書姓名於刺削竹木爲之後用名紙代刺也

書題籤子　元和中相國李趙公權傾天下四方緘翰日滿閽者之袖而潞帥郄士美時有珍獻趙公喜而報書盈幅曲敘慇懃誤卷入振武封內以遺之而振武別紙則附於潞時知其誤飛還趙公因命書吏凡有緘題令各籤官號以送故於今以爲規制並見李氏資暇也

行書　鍾繇作謂之行押書及藁書行隸並鍾繇變之

殿上合扇　玄宗朝蕭嵩爲相以爲天子升降俯仰衆人皆得見之非肅穆之容也乃奏請凡朔望受朝備羽扇以于殿兩階上將出所司承旨索扇扇合上坐定乃去扇受朝賀上將退又索扇如初

百官執笏　周之前已有笏天子以玉諸侯以象齒大夫以魚鬚文士以竹禮受命于君前用笏輿服志古者貴賤皆執笏後代以來唯八坐執笏公卿但執手板至後周武帝始令百官執笏

呼萬歲　自古至周未有此禮按春秋後語趙惠王得楚和氏璧秦昭王聞之遺王書願以十城易之趙遣藺相如奉璧入秦秦王大喜左右呼萬歲又田單守即墨僞約降燕軍皆呼萬歲馮鍰之薛召諸民債者合券乃矯孟嘗君之命所債賜諸民因燒其券民皆呼萬歲秦始皇殿上上壽羣臣皆呼萬歲見優孟傳蓋七國之時衆所喜慶于君皆呼萬歲以後臣下對見于君及拜恩慶賀以爲常制也

宮人爲男子拜　自後周宣帝制始令宮人殿廷爲男子拜

年號　起自漢武帝建元元年

致仕官　尙書咸有一德篇伊尹既復政厥辟將告歸乃陳戒于德疏云湯之上相受邑畿內告老致政事於君欲歸私邑以自安告歸之時已七十餘故禮云大夫七十而致仕蓋始於伊尹也

員外官　晉武帝置員外散騎常侍又置員外散騎侍郎高宗永徽五年蔣孝璋除授尙藥奉御員外置同正員實錄云自孝璋始

寓直　寓寄也潘岳爲虎賁中郎將晉朝未有郎將廨署故岳寄散騎之省而宿故岳曰寓直

天下州印　春秋斗樞曰黃帝時黃龍負圖中有璽章文曰天皇（合作鳥）符璽說文曰璽玉印也釋名印信也至秦始皇得和璧爲傳國璽故天子稱玉璽諸侯丞相金印也自三代已來無璽印之制史記蘇秦佩六國印按此人臣賜印始于秦也蔡邕獨斷云古者尊卑共用之衞宏曰秦以前民皆以金玉爲印龍虎紐秦以來天

子爲之璽獨以玉爲之臣下莫敢用也
十道　貞觀元年併省州縣始分置十道
孔子廟　會要武德二年詔於國學立周公孔子廟各一所貞觀二年詔停祭周公高祖總章三年敕天下州縣置孔子廟
廟　軒轅本紀黃帝升天臣寮取几杖立廟於是曾遊處皆有祠
教坊　唐玄宗開元三年立教坊以倡優蔓衍之戲因置使教習之
黃紙寫詔書制敕　貞觀十年太宗詔用麻紙寫敕文又高宗上元三年詔用黃紙
鳳詔　後趙石季龍置戲馬觀觀上安詔書用五色紙銜於木鳳之口而頒行之
檄　周穆王令祭公謀父爲威讓之辭以責狄人之情此檄始也事始云楚始

敕　尚書曰眚災肆赦
殿　史記秦始皇作前殿阿房商周以前其名不載白虎通及禮記皆曰天子之堂
堂　十洲記崑崙山王母所居有光碧堂人間遂有斯號又風俗通云楚邑大夫伍尚爲堂後以爲氏
樓　黃帝始作五城十二樓以候神軒轅本記云公玉帶上黃帝明堂圖上有樓此樓之始也
臺　軒轅置山海經云西王母山有軒轅臺
鴟尾　炙轂子曰漢柏梁殿災取鴟魚尾置殿上禳厭之今以瓦爲之
立戟　開元禮太廟社宮殿各施二十四戟一品十六戟郡王以下十四戟至十戟蝦蟇幡帶也戟幷每幅二十條以五物色充玄宗朝始有戟制度也

常平倉　漢書宣帝時大司農耿壽昌請二郡皆築倉
義倉　隋開皇中制王公以下應墾田者畝納二斗爲義倉以備凶年
街鼓　貞觀十年馬周置而罷傳呼俗因其聲號鼕鼓
驛門十二辰候　開元二十五年命觀風使鄭審檢校兩京驛郎今門置十二辰候
鑄金爲人形狀　史記越相范蠡既雪勾踐會稽之恥乃乘扁舟泛五湖越王思之鑄金爲其象也
鑄錢　制始自堯置之舊事始不言起於堯湯故再敘之
刻木爲人形　始自黃帝臣左澈因黃帝昇天之後乃刻木爲黃帝狀率諸侯而朝之出仙傳拾遺
榷酒　漢始文帝初榷酒酤
商稅　漢武帝始稅商賈舟船興利之官自此始也

校印斗秤　會要武德八年敕諸斗秤自京太府寺校又大曆十年敕斗秤尺度准式取大府校印然後行用
市令　周禮曰司市漢書曰內史屬官有長安令則天垂拱三年置市令
醫　帝王世紀黃帝使岐伯嘗味百草木定本草經醫方以療衆病也
卜筮　庖犧氏時有卜筮龜曰卜易曰筮又世本曰巫咸作筮
三族罪　史記秦文公二十年有三族罪自秦以後至唐罪大乃夷三族也
病坊　開元二十三年斷京城乞兒官爲置病坊給廩食焉近代改悲田院或曰養病院
鼓樓　北史李崇爲兗州牧多刼盜崇乃村置一樓樓置一鼓以防盜賊

泥人祈晴　玄宗天寶十三載自八月連雨六十餘日京城市垣頹壞敕令人家門前作泥人長三尺左手指天右手指地以祈晴也

雨旱閉門　前漢書董仲舒推陰陽術雨多則閉北門旱則閉南門卽坊市門也

導引　古今注漢京兆河南及執金吾司隸校尉皆使馬前導引傳呼使行者止坐者起四人持角弓箭走者則射之有乘高窺瞰者亦射之魏置角弩設而不用

丁中　武德七年頒新曆凡男子始生爲黃四歲爲小十六爲中二十爲丁六十爲老

馬歲爲齒　貞觀初有牝馬三千匹于隴西置羣牧使開元初命太僕卿張萬歲緝其政既沒以張氏家諱衆以爲馬齒一日倍二向三也

獸醫　黃帝時有馬師皇者善醫馬周禮夏官巫馬掌養疾馬而乘治之

三式　風后演河圖爲式一千八百局名曰遁甲

十二辰　黃帝立子丑十二辰以名月以名獸配十二辰屬之

木丸塞人口　唐武后戮郝象賢

竈　黃帝置

盤盂　黃帝臣孔甲造

僧　釋教以佛法僧爲三寶漢明帝內傳曰摩騰竺法蘭自西域以白馬馱經中國帝于城外立精舍以處摩騰等號白馬寺漢地有僧及寺之始也尊勝經號僧曰苾蒭諸經名爲比丘亦名苾蒭本是草名有五義一生不背日二冬夏常青三體性柔軟四香氣遠騰五引蔓傍布爲佛子弟理亦宜然後漢記曰其精至者號爲沙門漢言息心經疏亦言息惡沙門者梵語云迦瞞那

西街僧錄　廣弘明集云後魏太祖以趙郡沙門法果爲沙門統綰攝僧徒至文帝以師賢爲僧統又按參玄語錄云後秦姚萇之世羅什入關學徒三千餘人因立道䂮音略爲僧正法欽慧斌掌僧錄給事乃與吏人同中國置僧官自此始東魏北齊尚其統宋南齊梁陳尚其正又元魏以僧顯爲沙門都統語錄云隋革周命天下分置十統唐罷統立兩錄司於京邑謂之僧錄

紫衣　唐代宗實錄云大曆三年記杭州僧惠崇內賜紫袈裟

僧門師號　自鳩摩羅什稱爲法師後中國名僧呼法師晉書僧講經草堂寺朝臣及大德沙門千餘人觀聽於時有大德之目後趙石虎號佛圖澄爲大士後秦姚興謂什羅曰大師又晉書什羅釋在鳩摩羅炎世爲天竺相國有大節將嗣位乃辭避出家東度葱嶺龜茲王郊迎之請爲國師又姚興迎羅什待以國師之禮又續高僧傳梁國師惠約武帝勑曰師德高人唐中宗賜僧萬迴師號爲法雲公廣明中僖宗幸蜀以知玄賜號悟達國師僧澈等皆大師

僧加爵秩謚贈　弘明集後魏太祖以沙門法果授輔國宜城子累加忠信安城公卒贈先壽將軍趙明靈公隋文以沙門彥宗爲翻經館學士唐開元二十七年僧普寂卒謚曰大照禪師

沙門稱釋氏　高僧傳釋教出家從師命氏晉道安受業于佛圖澄澄姓帛氏以師莫過于佛遂以釋爲姓中國沙門稱釋自道安始也

道士　太霄琅書經曰人行大道號曰道士又仙傳拾遺又樓觀本紀曰周穆王尚神仙因尹眞人艸樓在終南山之陰王追其舊迹遂召幽逸之人尹軌杜仲謂之道士居於艸樓之所因號爲樓觀亦道觀始也

兩街威儀　仙傳拾遺隋文帝始以玄都觀主王迢爲威儀至唐

置左右兩街威儀

道門賜紫　中宗神龍二年道士葉靜能加金紫有斯命而未頒賜紫衣至代宗朝李泌初立大功李輔國將不利之乞遊衡岳許之賜紫道衣

道士賜號　魏世祖詔賜道士寇謙之天師之號軒轅本紀黄帝問牧馬童子爲天下之道再拜稽首稱天師而退其後張道陵有天師之號唐以玄宗朝李含光詔到京懇辭歸茅山敕置紫陽觀號之以玄靜先生其後道士方有兩字之號自大師加先生之號以爲常制

道門爵秩謚贈　後周武帝時道士魏元嵩封蜀郡公加太保唐高宗朝道士葉靜能入直翰林爲國子祭酒至姪孫葉法善玄宗授銀青光禄大夫鴻臚卿衛國公又肅明觀王尹愔拜諫議大夫梁陶弘景告化謚曰貞白先生又道士王知遠歷梁陳隋至唐太宗親授法籙告化年一百二十六歲詔賜昇眞先生玄宗朝葉法善告化詔贈光禄大夫越州都督

三教論義嘲譚　按會要論義始於武德七年高宗幸國學引道士沙門博士雜相駁難久之又嘉話錄德宗降誕日令三教講論嘲謔其後累朝以爲常制

靈寶清齋　仙傳拾遺王法進者幼而好道天寶中三川飢歉人多采野葛山芋而食忽有二青衣童降其庭謂法進曰上帝敕我迎汝不覺騰身經大帝之所言世人厭棄五穀爲天神所責宜令汝歸世間告諭下民使其悔罪命侍女以靈寶清齋告謝天地儀一軸傳于是相諭于幽山高靜之所置齋悔謝則宿罪可除穀父蠶母之神爲置豐衍矣

纛　二儀實錄曰殷有皂纛爲之似蚩尤首五百人置一纛晉侯作六軍六纛天子十二纛唐初置二十四纛每歲一祭之軍發處

祭纛用人及白馬爲牲所祭蚩尤主也

五方牙旗　黄帝出軍訣曰有作政代作五綵牙旗今五方旗是矣孫權作黄龍大牙在軍中

伺風烏　古今注曰夏禹置灸轂子曰舟船於檣上刻木作烏銜幡以候四方之風名五兩竿軍行以鵝毛爲之亦曰相風烏

斧鉞　輿服志曰黄帝造以銅爲鳳首銜刃古今注云金斧黄鉞也鐵斧玄鉞也三代通用之武王以黄鉞斬紂太公以玄鉞斬妲己將軍出征特授黄鉞者亦以銅爲之

槍　黄帝與蚩尤戰即有其制諸葛亮置木作槍長二丈五尺以鐵爲頭見二儀實錄

戟　實錄曰自夏后氏有之如槍兩歧置刃謂之戟今爲門戟親王加朱架之謂之棨

刀及衙刀　洞冥記曰黄帝鑄刀二儀實錄曰刀之制有四陣之刀起自蚩尤與黄帝戰於涿鹿即有陌刀軍陣用之又陣障刀侍從障衛則用之代張耳又有長刀即鹵薄千牛將軍執之又儀刀即武臣佩之自東晉多虞遂以木爲之飾以金銀佩之以備威儀即今之衙刀也

器仗　實錄云有虞氏之始也韣鹿箭筒韔靫張弓袋也又有施弓袋謂之三仗

抹額　實錄曰禹塗山之夕大風雷震中有甲步卒千餘人有金甲鐵甲者其不備甲以紅絹帕抹其頭額皆佩刀以爲侍衛至禹所云海神來朝禹問之對曰此抹服此武士之首服及始皇巡狩至海濱亦有神皆抹額緋衫大口袴以爲侍衛自此爲軍容之服

傍排　自夷牟始也謂之傍排步軍用八尺牛筋排馬軍用朱漆圓排見二儀實錄

鐵蒺蔾鐵菱角　隋書煬帝征遼東置之要路水中刺人馬也

攻城地道　魏書袁紹公孫瓚爲地道

土山　魏書太祖與袁紹戰紹起土山射營中太祖乃爲發石車擊紹衆號霹靂車

雲梯　魯人公輸般造以攻宋城太白陰經爲之飛梯以大木爲床床下置六輪上立兩牙牙有梧梯節中長一丈二尺有四桄桄相去二尺勢微曲遞牙相括飛於雲間以窺城中其上梯首冠雙轆轤枕城而上也

衝車火箭石磨井欄重牆地突　魏晋云蜀諸葛亮圍陳倉時將軍郝昭築陳倉城亮進攻起雲梯衝車昭以火箭逆射梯然昭又以繩連石磨壓其衝車衝車折亮更爲井闌百尺以射城中以土瓦塡塹欲直攀城昭又於內築重城牆障之亮又鑿地突以攻昭又於城中穿地橫截之

木驢雉尾炬　梁侯景爲尖頭木驢攻城矢石不能制羊侃作雉

尾炬施鐵鏃以油灌之擲木驢上俄頃而盡

飛樓懸梯板屋　宋書武帝攻慕容昭於廣固用之

水戰具　太白陰經云水戰之具始自伍員制之與楚戰以船爲車以檝爲馬

樓船　漢武帝欲征昆明國作昆明池以習水戰造樓船戈船後楊僕爲樓船將軍

轉關橋　梁端橫括拔去括橋轉關人馬不得過度皆傾水中秦用此橋殺燕丹出太白陰經

軍樂凱歌　岐伯置黃帝臣也

軍營　黃帝以兵師爲營衛遂築營壘後因以兵之所居曰軍營

律呂　律曆志黃帝使伶倫氏取嶰谷之竹斷兩節吹黃鐘宮制十二管應十二月聽鳳凰之鳴雄爲六律雌爲六呂

刻漏　起於軒轅周禮挈壺氏掌之

閏月　黃帝消息正閏餘也堯典以閏月正四時成歲左傳曰歸餘於終也

桃板　玉燭寶典曰元日造桃板著戶謂之仙木以鬱林山桃百鬼畏之卽今謂之桃符也其上或書神荼鬱壘之字

爆竹　荆楚歲時記曰元日庭前爆竹起於古之庭燎

翦綵勝　初學記云起於晉代賈充李夫人所作瑞綵圖之形又云取似王母戴勝也董勛問禮俗人日以七種菜爲羹翦綵爲人勝或鏤金箔爲人以帖屏風亦戴之於頭鬢又造花勝以相遺也

鞦韆　古今藝術圖云北方夷狄愛習輕趫之能每至寒食爲之中國女子學之乃以綵繩懸樹立架爲之鞦韆名也

餳粥　陸翽鄴中記寒食三日作醴酪煮粳米及大麥爲酪擣杏仁煮作粥玉燭寶典曰今人悉以大麥粥研杏仁爲酪以餳飫之蓋斷火故作此粥也

拜掃　按開元禮昔者宗子去在他國庶子無廟孔子許望墓爲壇以時祭祀又唐禮初出城拜墓每新拜墓皆往墓見會要開元二十二年敕寒食上墓禮經無聞近代相傳浸以成俗士庶有不合廟享者何以表其孝思宜許上墓編入五禮於塋南門外奠祭饌訖泣辭任於他處不得作樂

競渡　楚傳云起於越王勾踐又歲時記云俗謂屈原死於汨羅時人傷之並將舟檝以拯之因以爲俗歲華記麗云因勾踐以成風極屈原而爲俗也

登高飲菊花酒　續齊諧記云汝南桓景隨費長房遊學房謂景曰九月九日汝家當有災厄急令家人作絳囊盛茱萸懸臂登高飲菊花酒此禍可消景舉家登山夕還見雞犬皆暴死

餌　西京雜記武帝令宮人賈佩蘭九月九日食餌飲菊花酒云令人長壽玉燭寶典曰食餌者其時黍秫並收因以粘米嘉味觸

類嘗新遂成積習周官籩人實糗餌粉餈王寶注曰糗餌者豆屑末而蒸之以棗豆之味同食方言云餌謂之餈也

蜀蠶市　仙傳拾遺云蠶叢氏自立王蜀教人蠶桑作金蠶數千頭每歲之首出金頭蠶以給民一蠶民所養之蠶必繁孳罷卽歸蠶於王巡境內所止之處民則成市蜀人因其遺事每年春置蠶市也

蠶絲　黃帝元妃西陵氏始養蠶爲絲禮記享元蠶卽西陵氏也

儺　軒轅本記云東海有度索山山有神荼鬱壘之神能禦兕鬼因制毆儺之神

袍　二儀實錄云殷周以來貴賤通服論語曰衣敝緼袍至後周晉公宇文護始令袍加襴煬帝詔丞相牛弘憲章古制衣袍皆有差等三品四品通著紫綾袍五品服朱六品以下用綠官吏以青庶人服白商用皂無襴謂之直綴士卒以黃武德初並因隋制天子常服黃袍及後漸用赤黃遂禁士庶不得服赤黃

襴衫　實錄曰三代皆依命數而服冕服後至周以皁紵爲衫以爲上服貴女功之始也初命以黃至五命以紫士服短褐庶人以白唐馬周上議曰臣尋究禮經無衫服之文三代以布爲深衣今請於深衣之下添襴及裙名曰襴衫以爲上士之服其開袴者名曰舒袴衫庶人服之詔從之今之公服蓋取襴衫之制

汗衫　實錄曰古者朝宴衮服之中有白紗中單百官郊享服之中有明衣皆汗衫之狀至漢高祖與項羽戰爭之際汗透中衣單遂改名汗衫貴賤皆通服也

半臂　實錄曰隋大業中內官多服半襟卽今之長袖也唐高祖減其袖謂之半臂

幞頭　實錄曰上古被髮服皮自三代卽冠皆列品命黔首以皂絹三尺裹髮亦爲軍戎服後周武帝裁爲四脚名曰幞頭唐馬周

請左右各三攝以三才重繫前脚法二儀詔從之

巾子　實錄曰隋大業十年左丞相牛弘上議請著巾子以桐木爲之內皆漆唐武德初置平頭小樣巾子武后內宴賜百寮絲葛巾子中宗內宴賜宰相內樣巾子漢書梁冀改易制作爲埤幘狹冠折上巾傅子曰漢末王公多委王服以幅巾爲雅素袁紹崔鈞雖爲軍皆著縑巾又郭林宗遇雨巾一角墊號曰折角巾晉陶潛葛巾漉酒後人因置漉酒巾

龍袞　黃帝作

魚袋　實錄云三代以韋爲之謂之筭袋盛筭子磨石等至魏易之爲龜袋唐永徽二年文武職事四品並給魚袋天后復改魚爲龜神龍元年一品至四品賜紫給金魚袋五品以下賜緋銀魚袋會要云唐初卿大夫沒追收魚袋永徽五年敕五品以上薨沒隨身魚帶不用追取

笏囊　明皇雜錄故事皆搢笏於帶然後乘馬宰相張九齡設笏囊使持之馬前

袴　實錄云上古以皮爲袴名曰褶至今朝祭之服及鹵簿中武士皆服緋衫大口袴褶至魏文帝止名曰袴

褌　西戎以皮爲之夏后氏以來以絹爲之長至膝漢晉名曰犢鼻北齊則袴長短相似而省犢鼻之名

偏（四馬反）後衣　古者衣服短而齊不至於地後漢書梁冀始製狐尾單衣注云後裙曳地若狐尾至今婦人裙衫皆偏裁其後俗呼曰偏後衣也

韡　實錄曰胡履也趙武靈王好胡衣常服短靿靴黃皮爲之漸以長靿靴軍戎通服之故事胡虜之服不許服著入殿省至唐馬周以麻爲之殺其靿加以靴氈許入殿省又唐初天子服六合靴未知其制開元初裴叔通以羊皮爲之謂之隱櫜

履舃　實錄曰三代皆以皮爲之禮曰單底曰履重底曰舃朝祭之服也始皇二年以皮爲之西晉永嘉元年始因黃革爲之宮內妃御皆著之始有伏鳩頭鳳頭履子齊高祖宮人紫皮履梁天監中武帝以絲爲之名解脫履唐天曆中進五朶履古今注舃以木置之履下乾腊不畏泥溼天子赤舃凡舃色似裳履也履乃屨之不帶者也履卽舃之制而末底曰齒也

腰帶　實錄曰腰帶之制蓋自古皆有革帶也皆反插垂頭至秦二世始名腰帶至唐高宗詔腰帶向下插垂頭上元元年敕文官幷帶手巾筭袋刀子礪武官亦聽帶文武三品以上金玉帶十三銙四品金帶十一銙五品十銙六品以犀帶九銙七品銀帶八品九品鍮石並八銙庶人六銙銅鐵帶

帽子　實錄云漢文帝時鄧通以權船爲黃頭郎注云棹船者著黃帽因名黃頭郎蓋染絹帛爲之漢以前未聞其制晉書王濛少美容姿帶破帽入市買之嫗悅爭遺其帽子未詳誰人所制

絲麻鞋　實錄云自夏殷皆以艸爲之左傳謂之扉屨周以麻爲之晉永嘉中以絲

襪　實錄曰自三代以來皆有之謂之角襪前後不隻相盛中心繫口以帶史記中山王襪帶解顧左右無能令繫者又張釋之爲王生結襪皆有帶也自魏文帝吳妃乃裁縫爲之卽今時樣也以綾羅爲之故陳思王洛神賦羅襪生塵

大帽　實錄曰大帽野老之服至後魏朝臣皆戴之唐初以穀爲之以隔風塵

裙　二儀實錄曰古之所貴衣與裳連下有裙隨衣色而下有緣自堯舜以降或有六破及著直縫皆去緣殷周以女人服太質稍加之花繡今裙上綴五色花以羅縠爲之梁天監中武帝造五色繡裙加朱繩眞珠爲飾至煬帝作長裙十二破名曰仙裙上綴五

色翠花唐初馬周上疏女人裙請交界裁之而去朱繩其餘仍舊

蓆帽　實錄曰本羌人之首服以羊毛爲之謂之氈帽至秦漢中華競服之後以故蓆爲骨而鞔之謂之席帽女人戴者其四緣垂下網子飾以朱翠謂有障蔽之狀隋煬帝幸江都每御紫微樓觀市欲見女人姿容詔令去網子珠翠又按唐實錄曰高宗朝以國初宮人騎馬者依齊隋舊制多著羃䍦雖發自戎夷而全身障蔽不欲途路窺之王公之家亦同此永徽之後復有用幃帽施裙到胸漸爲淺露至則天後幃帽大行羃䍦遂廢

雨衣　凡雨具周時有之左傳楚子次於乾溪雨雪王皮冠秦復陶（秦所遺雨衣也）又陳成子製伏戈（製雨衣也）炙轂子雜錄曰絹油之製及帽油始有之

衫　實錄曰古者女子衣與裳連狀如披衫而制之短長與裙相似秦始皇方令短作衫子長袖猶至於腰陳時宮中尚短袖窄小衫子纔用八尺物爲衫顏色不一隋文帝用一丈物爲之卽今有印龍纈衫子唐宮人亦以一丈爲之

背子　實錄曰自秦二世詔衫子上朝服加背子袖短於衫以金銀絹繡爲之上服宴會朝賀悉令服之其裙在背子下身與衫子齊而大袖以爲禮服也

披衫　實錄曰披衫爲制蓋從褕翟而來但取其紅紫一色而無花綵長與身齊大袖下其領卽暑月之服自漢宮有之宮掖承恩者賜紫披彩後漢耆百官端午各賜一對魏晉以爲故事永嘉中貴賤通服之

披襖子　實錄曰蓋上古褘衣遺狀也尚墨色而無花綵秦漢以五色魏文帝詔令春正月婦獻上舅姑披襖子氈履

禮衣釵鈿鬢　實錄曰自殷周之代內外命婦朝賀宴會服朱翟衣戴步搖以髮爲之如今鬢周迴插以鈿釵翠朶子垂條而尋常

頭髻彷彿其樣向前後插小花子釵梳以爲容飾自後其狀不一其步搖之制不一晉永嘉以髮爲步搖之狀名鬟以爲禮容至隋及唐尙用之爲嘉禮之服裙襦大袖爲之禮衣其上皆飾以翟卽今之翟衣婦之正服至開元中婦見舅姑卽戴步搖插釵翠若今通傳卽戴鬟而無釵及裙襦大袖也西京雜記漢趙飛燕爲后其女弟遺其姊黃金步搖織成上襦同心七寶釵又崔豹古今注曰魏宮人莫瓊樹始作蟬鬢望之縹緲如蟬翼

髻梳子頭頒搔頭篦釵草花子　實錄曰自燧人氏而婦人束髮爲髻髻者繼也言女必有繼於人也但以髮相纏而無物繫縛至女媧氏以羊毛爲繩子向後繫之以荊梭及竹爲笄用貫其髮髮而未有梳至赫胥氏造梳以木爲之二十齒至黃帝有棟宇而去穴處皮毛之弊堯以銅爲笄横貫其髻後聖易之以絲及五色絹名曰頭頒舜加女人首飾釵雜以牙玳瑁爲之周文王於髻上加

珠翠翹花傳之鉛粉其髻名高曰鳳髻又有雲髻步步而搖故曰步搖始皇宮中悉好神仙之術及梳神仙髻皆紅妝翠眉漢宮尙之後有迎春髻垂雲髻漢武就李夫人取玉簪搔頭自此宮人多用玉時王母下降從者皆飛仙髻九環髻遂貫以鳳首飾釵孔雀搔頭雲頭篦以玳瑁爲之漢明帝令宮人梳百合分髾髻（音稍髮尾也）同心髻魏武帝令宮人梳反綰髻插雲頭釵篦晉惠帝令宮人梳芙蓉髻插通艸五色花及陳宮中梳隨雲髻卽暈妝隋文宮中梳九眞髻紅妝爲之桃花面插翠翹流蘇搔帖五色花子煬帝令宮人梳迎唐髻（故陳宮梳隨雲髻隋宮復梳迎唐髻皆預應入隋歸唐之讖也）插翡翠釵子作白妝又令梳翻荷髻作啼妝坐愁髻作紅妝至唐武德中宮內梳半翻髻又梳反綰髻樂遊髻卽水晶殿名也開元中梳雙環望仙髻及回鶻髻貞元中梳歸子歸順髻帖五色花子又古今注云長安作盤桓髻驚鵠髻復作倭墮髻（上音安下音墮）一云梁冀妻墮馬髻之遺狀也

畫眉　實錄曰漢武帝令宮人掃八字眉魏武帝令宮人掃靑黛眉連頭眉一畫連心細長謂之仙娥妝齊梁間多效之唐貞元中又令宮人靑黛畫蛾眉古今注云梁冀妻改翠眉爲愁眉魏人畫長眉西京雜記云司馬相如妻文君眉色如望遠山時人效之畫遠山眉

冠子　實錄曰軒轅黃帝置冠冕漢武內傳曰上元夫人戴九雲夜光之冠王母戴太眞冠晨纓之冠漢宮掖承恩者賜碧芙蓉冠子并緋芙蓉冠子

帔子帔帛　實錄云三代無帔子之說至今加披帛以爲禮節尙以縑帛爲之至漢卽以羅西晉永嘉中制絳暈帔子開元內令披帛士庶之家女子在室帔帛出適人則披帔子

拜帛　實錄曰三代無名制卽香纓以五綵爲之婦見後故要參

舅姑卽令人持香纓諮白許見則出不許卽收之晉永嘉中尙用北齊後魏尋廢隋大業五年宰相牛弘建議古禮婦執香纓以爲請訊未爲允當自今後請以素絹八尺中擗名曰拜帛以代香纓詔從之

幞頭　唐初女子不戴幃帽而戴皂羅方五尺亦謂之幞頭至今婦人凶服亦戴之以布兩幅爲之齊縗加絰於上五服外至輕者以碧紗爲之俗謂蓋頭帛

錦　王子年拾遺云員嶠環丘蠶繭長一尺五彩堯時海人織錦以獻入水不濡入火不燒後代效之染五色絲織成又丹陽記始於蜀

繡　稽事始云西施造非也尙書云黼黻絺繡以五采章施於五色作服正義曰舜令禹繡以五綵制作衣服乃知虞舜時有繡也周官曰五采備謂之繡實錄曰諸侯朝祭之服皆繡漢魏宮內競

纈名花瑞獸飛禽晉永嘉中御服皆纈
夾纈　舊事始云微子造而故實二儀實錄曰秦漢間始有之陳梁間貴賤通服之隋文帝宮中者多與流俗不同次有文纈小花以爲衫子煬帝詔內外官親侍者許服之唐代宗寶應二年章敬吳皇后將合祔肅宗建陵啟舊堂經三十四年面上妝粉如新唯衣服皆朱黃色又有繒綵如撮染成如花鳥之狀玄宗柳婕妤妹適趙氏性巧因使工鏤板爲雜花似之而打爲夾纈初獻皇后一尺上見而賞之代宗也因敕宮中依樣製造似此始有夾纈之製出潘氏聞譚
燕脂　崔豹古今注云燕脂出西方葉似薊花似茜土人以染粉爲婦人面色一名燕脂一名紅藍後人效之以紅花染絳爲臙脂
粉　殷周以降卽塗鉛粉謂之胡粉乃紂所造者二儀實錄曰秦弄玉善吹簫感簫史降與穆公鍊飛雲第一轉與弄玉塗之名曰

粉卽水銀輕粉也
流杯　晉書束晳曰昔周公卜洛流水以汎酒故逸詩曰羽觴隨流波其後三月三日曲水流杯卽其遺事
卷白波　資暇云起於東漢初擒白波賊戮之如席卷故酒席倣之以快人情氣也
三臺送酒　劉公嘉話錄曰三臺送酒蓋因北齊文宣毀銅雀臺宮人拍促呼上三臺因以送酒資暇云三臺三十拍促曲名昔鄴中有三臺石季倫遊宴之地近樂工造此曲促飲也又一說蔡邕自治書御史累遷尚書三日之間周歷三臺樂府製此曲以悅邕三說未知孰是
米　藝文類聚云神農之時民始食穀
熊白啗　貞元初穆寧爲味州刺史其子給事中未達官列侍寧前見熊白及鹿脩乃曰白肥而脩瘠相滋而宜呼卽以白裹脩段而進寧甚珍之厥後因以肥羜及熊白爲生而食之
注子偏提　元和初酌酒用罇杓無何改爲注子其形如罌而蓋嘴柄其背元和中貴人仇士良惡其名同鄭注乃去其柄安系著茗瓶而小異之目曰偏提
茶托子　建中初蜀相崔寧之女以金茶盃無儲病其熨指取碟子盛之既啜而盃傾乃以蠟環碟子使其盃遂定卽遣匠以漆環代蠟進於相國相國奇之爲製名托子是後傳者更環其底
阮咸　唐代宗朝阮行沖爲太常少卿時有人於古冢獲銅器似琵琶而圓獻於阮公曰此阮仲容所造乃命工人以木爲之音韻清朗頗難名權以仲容之姓名呼爲阮咸阮公昔賢豈可以其名氏號樂器乎元以其形似月其聲合琴名之月琴以上並見李氏資暇
帷幕　歸藏曰女媧張雲幕而占神明卽幕之始也說文曰在上

曰幕在傍曰帷幕幄也又周禮幕人掌王之帷幕也左傳曰子我在幄註幄帳也又衛侯爲虎幄於藉圃註云新造幄幕帷帳幄幕相類也
屏風　周禮曰設皇邸邸卽後版曰屏風以鳳凰羽飾之禮記天子當扆而立屏風也
拂廬帳　貞觀八年吐蕃王贊普使人入貢去長安西八千餘里貴人處於大氈帳名曰拂廬高宗永徽五年吐蕃獻大番拂廬其始以拂於穹廬爲號也
桔槔　莊子子貢教漢陰圃者爲桔槔
虎頭枕　西京雜記云李廣見虎臥一矢斃斷其髑髏以爲枕
折封刀子　資暇云起於郭汾陽書吏也舊但用刀之小者所取文帖既緊刀刃鉤折吏漸出新意削木加於折刃之上汾陽喜其用心曰眞郭子儀之吏後因傳之爲妙其製

印囊　崔豹古今注云靑囊所以盛印也

彈弓　藝文類聚云古者人民質朴死者未有棺槨殯葬之禮裹以白茅投之中野孝子不忍見父母爲禽獸所食作彈弓守之後因有彈弓

歌　呂氏春秋曰昔葛天氏三人操牛尾促足以歌八闋事始云帝俊八子始爲歌舞三皇五帝後不知是何代也

舞　按孟頫帝王統錄引教坊記昔陰康氏之王天下也水有襄陵之變人多重腿之疾思所以通利關節於是始製舞也呂氏春秋又曰舞自陶唐氏兩存之

骰子　聲譜云博陸采名也魏陳思王曹子建制雙陸局置骰子二至唐末有葉子之戲未知誰置遂加骰子至於六按烏曹始置六博之戲乃行十二棋者又老子度函谷關置摴蒱戲俱曰博見李氏資暇按諸家自書骰子合作投子投擲之義今作骰子字非史記蔡澤說范雎曰博者欲大投裴駰註云投子也乃投擲之義是樗蒲盧雉犢白五木骰子也非謂今自么至六者蓋陳王之作也潘氏紀聞譚曰骰子飾四以朱者因玄宗與貴妃采戰將北惟重四可轉敗爲勝上擲連呼咤之骰子宛轉良久而成重四上大悅命將軍高力士賜四緋也

握槊　按後魏李邵序洛陽丘阿雙工握槊蓋胡中之戲胡王有弟遇罪將殺之弟從獄中爲此戲以上之意言孤則易死（亦似曹子建所作之義或謂之雙陸即今之胡雙陸也）宣武以後大盛於時又齊武成胡皇后與和士開握槊爾朱世隆與示山擲握槊忽聞欻然笑聲一局盡倒

側楸碁局　自古有碁即有碁局唯側楸之製出齊武陵王曄始令破楸木爲片縱橫側排以爲棋局之圖

彈碁　事始引世說始自魏白氏六帖亦誤也按西京雜記漢武帝好蹴踘言事者爲勞體非至尊所宜帝曰朕好之可擇似而不勞者奏之家君作彈碁貢

角抵戲　史記秦二世在甘泉宮作樂角抵俳優之戲其後漢武帝好此戲即今之相撲也

鹵簿　炙轂子雜錄云輿駕行羽儀導從謂之鹵簿自秦漢始有其名後漢胡廣作天子出行鹵簿帝往甘泉則用之名曰甘泉鹵簿按字書鹵大楯也字亦作櫓以甲爲之所以扞敵也甲楯部伍之次皆著之簿籍南朝御史中丞建康令俱有鹵簿晉書石季龍作女騎千人爲之鹵簿

冬至朝賀　漢雜事冬至陽生君道安故賀之

降誕節　玄宗八月五日降誕日花萼樓宴羣臣宰相乾元曜等是日率百官上表請爲千秋節羣臣常獻萬歲壽酒其後誕降日節號自玄宗始

國忌日舉樂嫁娶　會要神功元年建安王攸宜破契丹凱還內史王及善等奏以爲將軍入城例有軍樂今國家忌日請備而不奏鳳閣侍郎王方慶奏晉穆帝納后用九月是康帝忌月下太常禮官都納等議稱只有忌日而無忌月若有忌月即有忌歲當時從納所議況軍樂是軍容與常樂不等臣謂請振作於事無嫌乃從之

居官不諱嫌名　宋書范曄秦之子爲太子詹事曄固辭朝議以禮不諱嫌名乃居之唐睿宗延和元年賈曾授中書舍人以父名忠辭不受議者謂中是曹司名又與曾父名音同字別禮無嫌曾乃就職

墓誌　炙轂子雜錄曰齊太子穆妃將葬議立石誌王儉曰石誌不出禮經起宋元嘉中顏延之爲王球作墓誌以其素族無名誄故以紀行自爾遂相祖習儲妃之重禮絕常例既有哀策不煩石誌儉所以知喪禮施石誌於壙裏禮無此制魏侍中繆習改葬父

毋制墓下埋文原尋此旨將以千載之後陵谷遷變欲後人有所聞知若無殊才異行但記姓名又齊時有發古冢得石云青州世子東海女郎海東豐旻以爲司馬越子嫁爲荀晞子婦驗之果然又東都殖業坊十字街有王戎墓隋代釀家穿傍得石云晉司徒安豐元公王君之墓然則昔之葬者魏晉以來皆有墓誌也鑑按西京雜記前漢杜子夏臨終作文曰云云及死命刊石埋於墓前厥後墓誌恐因此始矣

挽歌　左傳魯哀公會吳伐齊戰公孫夏命其徒歌虞殯送葬歌曲哀死也是知送葬之歌自古有之莊子曰紼謳司馬彪註曰紼引柩之索也引紼而謳者卽挽歌也所以促人齊力也事始以起自田横非也自周時有之也按漢書齊王田横自刎門人不敢哭故爲薤露蒿里之歌漢武帝時李延年分爲二章薤露送王公貴人蒿里送士大夫庶人使挽柩者歌之故亦謂挽歌

石麟人馬羊虎　西京雜記漢五柞宮梧桐樹下有石麒麟二刊其脇具爲文字是秦始皇驪山墓前物也炙轂子實錄云秦漢以來帝王陵皆有石麒麟辟邪羊馬之屬人臣墓前有石人馬羊虎柱之類

方相　軒轅本紀黃帝周遊時元妃嫘祖死於道令次妃嫫姆護監因置方相氏以護喪亦曰防喪

說郛卷第十終

說郛卷第十一

玉泉子眞錄 五卷　唐無名氏

鄭公路昆仲有爲江外官者維舟江渚羣偷奄至卽以所有金幣羅列岸上而恣賊運取賊一不犯曰但得侍御小娘子足矣其女有美色賊知之矣骨肉相顧不知所以答女欣然請行其賊卽具小舟載之而去謂賊曰君雖爲偸得無所居與親屬焉然吾衣冠族也旣爲汝妻豈以無禮見逼若達女所出會親族以託好逑足矣賊曰諾又指所偕二婢曰公旣以偸爲名此婢不當有爲君計不若歸吾家賊以貌美其言且順顧已無不可者卽自鼓其棹載二婢而去女於是赴江而死

沈佝之節使山北爲奴歸泰所害是日家宴旣歡且歌其詞卽莫打南來雁從他向北飛打時從打取莫遣兩分離其夕妾亦遇害

詞方驗云 以下四條鈔本無

崔公鉉之在淮南嘗俾樂工習其家僮以諧戲一日其樂工告以成就且請試焉鉉命閱於堂下與妻李氏坐觀之僮以李氏妬忌卽以數僮衣婦人衣曰妻曰妾列於旁側一僮則執簡束帶旋辟唯諾其間張樂命酒笑語不能無屬意者李氏未之悟也久之戲愈甚悉類李氏平昔所嘗爲李氏雖少悟以其戲偶合私謂不敢爾然且觀之僮志在於發悟愈益戲之李果怒罵之曰奴敢無禮吾何嘗如此僮指之且出曰咄咄赤眼而作白眼諱乎鉉大笑幾至絶倒

廣明之年號識者以爲黃巢日月明年兩京沒焉識者尤之

初製巾首輒先斫木爲模所謂其楦者先是數年內官競新其樣命工人斫爲之中尉者輒呼曰斫兩中尉頭樞密使亦呼曰斫兩長官頭他皆類此又京城小兒十數爲羣折蒿翦楮卒成槍旆各

各相向如臨陣敵至是悉驗云

令狐綯父楚鎭東平綯侍以赴任嘗送親友郊外逆旅中有父老爲似不知其令狐公也時方久旱綯因問民間疾苦父老卽陳以旱歉盜賊且起復曰而今卻是風不鳴條雨不破塊時也綯以其言前後相反詰之父老答曰自某月不雨至於是月得非不破塊乎賦稅征迫販妻鬻子不給繼以桑柘得非不鳴條乎綯卽命駕掩耳而去

劉賛相國楊公嗣復之門生也對策以直言忤時中官尤所嫉忌中尉仇士良謂楊公曰奈何以國家科第放此風漢及第耶楊公旣懼卽荅曰嗣復昔與賛及第時猶未風耳

金華子雜編 二卷　南唐劉崇遠 官大理司直河南人

高祖太宗之興也革隋之失民心定天下之賦租稅從優減稅納逾數皆係枉法兵興之後因亂政紊天下搔擾盜賊荐起六合岌業世無完城復以失民心之致乾符中所在猶皆平寧故老僮孺多未識兵器州部閒或忽有遺火沿燒不數舍而士庶驚撓奔迫狂駭逾時不息惋歎之音謂極於罹毒也不數年後大浸滔天九有無復息肩遺賦反復偸安兵革則向來之荼苦猶甘薺焉

李景讓尚書少孤貧母夫人王氏性嚴重明斷近代貴族母氏之賢無及之者孀居東雒諸子尚幼家本清素日用尤乏嘗値霖雨且久其宅院內古牆夜坍隤僕修築次忽見一船槽實以散錢婢僕等當困窶之際喜其有獲相率奔告於堂前夫人聞之誡僮僕曰切未得輒取俟吾來視之而後發旣到命取酒酹之曰吾聞不勤而獲猶爲身災士君子所愼者非義之得也我何堪焉若天實以先君餘慶憫及未亡人當令此諸孤學問成立他日爲俸錢賚吾門此未敢覩乃令亟掩如故其後諸子景讓景溫景莊皆進士擢第並有重名位至方岳景讓最剛正奏彈無所避爲御史大

夫宰相宅有看街樓子皆封泥之懼其糾劾也 此條無

杜晦辭自南曹郎爲趙公隱從事於朱方王郢之叛趙相國以統御失宜致仕晦辭罷職時北門李相國在淮南辟爲判官晦辭以恩門休戚辭不受命退隱於陽羨別業時論多之永寧劉相國鎭淮南又辟爲節度判官方始應召稍近於美色有父之遺風赴淮南之召路經常州李瞻給事方爲郡守晦辭於祖席忽顧營妓朱娘言別因掩袂大哭瞻曰此風聲賤人員外如要但言之何用形迹乃以步輦隨而遺之晦辭自飮筵散不及換便服步歸舟中以告其內子內子性仁和聞之無難色遂履而迎之其喜於適願也如是

龜値中紋名曰千里有通首橫紋之第一級左右有斜理皆接於千里者龜王之紋也今取常龜驗之莫有也 此條無

徐太尉彥若之赴廣南將渡小海元隨軍將忽於淺瀨中得一小琉璃瓶子大如嬰兒之拳其內有一小龜子長可一寸往來旋轉其間略無暫已瓶子之項極小不知所入之由也因取而藏之其夕忽覺舡一舷壓重乃起視之卽有衆龜層疊就舡而上其人大懼以將涉海慮蹈不虞因取所藏之瓶子祝而投於海中衆龜遂散旣而話於海舡之胡人胡人曰此所謂龜寶也稀世之靈物惜其遇而不能有蓋薄福之人不勝也苟或得而藏於家何慮寶藏之不豐哉胡客惋歎不已

楊琢嘗話在淄靑日見有一百姓家燕窠累年添接僅踰三尺其燕哺雛旣飛一旦有諸野禽飛入庭除俄而漸聚梁棟之上棲息無空隙不復畏人廚人饋食於堂手中盤饌皆被衆禽搏攫莫可驅逐其家老人罔測災祥顧之甚悶忽以杖擊破燕窠隨手有一白鳳雛長三尺許自窠而墮未及於地卽掀然出戶望西南沖天而去諸禽亦應時散逝須臾而盡予往歲宰於晉陵琢時爲縣丞

云皆目之所覩耳　琢又云一家亦是燕窠中忽然赤色光芒而隱隱有聲若鳴鼓地中日夜不輟夜後廂巡呵喝於外責其不戢燈燭既入其舍視之不見有火纔出門外望之則有火焰亙天居旬日閒人聲漸傳日或衆衆其家老父懼偶以拄杖探燕窠中卽有一小赤龍子長尺餘墮下鱗甲炳煥老父驚惶速以祠禱藉之焚香禱謝未畢既而見一火龍長丈餘自簷屋而入光如烈炬爍人瞻視一家震駭竄伏稽顙龍徐徐攜其子入自寢室穴其屋騰天而去亦不損物然其二家不三數年皆窮敗焉

燈下閒談 二卷載唐及五代異事　無姓氏

呂用之在維揚日佐渤海王擅政害人具載於妖亂志中中和四年秋有商人劉損挈家乘巨舡自江夏至揚州用之凡遇公私往來悉令偵覘行止劉妻裴氏有國色用之以陰事構置取其裴氏劉下獄獻金百兩免罪雖脫非橫然亦憤惋因成詩三首曰寶釵分股合無緣魚在深淵日在天得意紫鸞休舞鏡斷蹤青鳥罷啣箋金杯倒覆難收水玉軫傾攲嬾續絃從此蘼蕪山下過祇應將淚比流泉其二鸞辭舊伴知何止鳳得新梧想稱心紅粉尚殘香漠漠白雲將散信沈沈已休磨琢投歡玉嬾更經營買笑金願作山頭似人石丈夫身上淚痕深其三舊常遊處徧尋看覩物傷情死一般買笑樓前花已謝畫眉窗下月空殘雲歸巫峽音容斷路隔星河去住難莫道詩成無淚下淚如泉滴亦須乾吟詠不輟一日晚凭水窗見河街上一虬鬚老叟行步迅疾骨貌昂藏眸光射人彩色晶瑩如曳冰雪跳上舡來揖損曰子衷心有何不平之事抱鬱塞之氣損具白之叟曰秪今便爲取賢閤并寶貨回卽發不可更停於此也損察其意必俠士也再拜而啓曰長者能報人間不平何不去蔓除根豈更容姦黨叟曰呂用之屠割生民奪君愛室若今誅殛固不爲難寘懲過已盈亦神人共怒秪候冥靈聚錄方合身首支離不唯戮及一身又須殃連七祖且爲君取其妻室未敢逾越神明乃入呂用之家化形於斗拱上叱曰呂用之違背君親時行妖孽以苛虐爲志以惑亂律身仍於喘息之閒更慕神仙之事冥官方錄其過上帝卽議行刑吾今錄爾形骸但先罪以所取劉氏之妻并其寶貨速還前人倘更恡色貪金必見頭隨刃落言訖躍然不見所適用之驚懼遽起焚香再拜夜遣幹事併賫金及裴氏還劉損損不待明促舟子解纜虬鬚亦無蹤跡矣

清尊錄 一卷　宋　廉　布 字宣仲射澤人

政和初冀州客次中或言某官之家有異事語未畢而某官者至因自言某之妻生一男一女而死某既再娶矣一日亡妻忽空中有聲如小兒吹叫子狀三二日輒一至某問之曰君亦有形乎曰有之卽見形如平生敍舊感泣然近人輒引去常相距十許步因謂曰昔爲夫婦今忍不相親於是相與坐堂中某起執其手則堅冷如冰鐵妻勃然掣手去後五日乃復來慍曰前日遽驚我何耶某再三謝竟不可近久之後妻忽夢其先祖云汝夫前妻爲怪乃陰府失收耳今已召捕且獲後數日果絕

建炎初關陝交兵京西南路安撫使司檄諸郡凡民家畜三年以上糧者悉送官違者以乏軍興論金州石泉縣民楊廣貲鉅萬積粟支三十年因是悒悒得疾廣故豪橫兼并其鄉鄰甚患苦之既病篤絕惡見人雖妻子不得見自隙窺之則時捽所藉稻稾而食累日所食方數尺乃死斂畢棺中忽有聲若槌踢者家人亟呼匠欲啓棺匠曰此非甦活殆必有怪勿啓其子不忍啓之則一驢躍出嘶鳴甚壯衣幘如蟬蛻然家縶之隙屋中一日其子婦持草飼驢忽跳齧婦臂流血婦麤暴忿怒取抹草刀刺之立死廣妻遂訴縣稱婦殺翁縣遣修武郎王直臣往驗之備得其事

興元民有得勾闌遺小兒育以爲子數歲美姿眉民夫婦計曰使

女也教之歌舞獨不售千萬錢耶婦曰固可詐爲也因納深屋中節其食飲脣髮腰步皆飾治之比年十二三嫣然美女子也攜至成都教之新聲又絕警慧箝閉之不使人見人以爲奇貨里巷民求爲妻不可曰此女當歸之貴人於是女倡及貴遊好事者踵門一覿面輒避去猶得錢數千謂之看錢久之有邛縣通判者來成都一見心醉要其父必欲得之與直至七十萬錢乃售既成券喜甚置酒會客飲使女歌侑酒夜半客去擁而致之房男子也大驚遣人呼其父母則遁去不知蹤跡告官名捕之亦久不獲時張子公尹蜀云

鄭州進士崔嗣復預貢入都距都城一舍宿僧寺法堂上方睡忽有連聲叱之者嗣復驚起視之則一物如鶴色蒼黑目炯炯如燈鼓翅大呼甚厲嗣復皇恐避之廡下乃止明日語僧對曰素無此怪第旬日前有叢柩堂上者恐是耳嗣復至都下爲開寶一僧言之僧曰藏經有之此新死屍氣所變號陰摩羅鬼此事王碩侍郎說

狄氏者家故貴以色名動京師稍長所嫁亦貴明豔絕世每燈夕及西池春遊都城士女讙集自諸王邸第及公侯戚里中貴人家帟幕車馬相屬雖歌姝舞姬皆飾璐翠佩珠犀覽鏡顧影人人自謂傾國及狄氏至靚妝卻扇亭亭獨出雖平時妒悍自衒者皆羞伏至相怨詆輒曰若美如狄夫人耶乃敢凌我其名動一時如此然狄氏資性貞淑遇族遊羣飲淡如也有滕生者因出遊觀之駭慕喪魂魄歸悒悒不聊生訪狄氏所厚善者或曰尼慧澄與之習生過尼厚遺之日日往尼媿謝問故生曰極知不可幸萬分一耳不然且死尼曰試言之生以狄氏告尼笑曰大難大難此豈可動耶具道其決不可狀生曰然則有所好乎曰亦無有唯旬日前屬我求珠璣頗急生大喜曰可也即索馬馳去俄懷大珠二囊示尼曰直二萬緡願以萬緡歸之尼曰其夫方使北豈能遽辦如許價邪生亟言曰四五千緡不則千緡數百緡皆可又曰但可動不願一錢也尼乃持詣狄氏果大喜玩不釋問須直幾何尼以萬緡告狄氏驚曰是纔半直爾然我未能辦奈何尼因屏人曰不必錢此一官欲祝事耳狄氏曰何事曰雪失官耳夫人弟兄夫族皆可爲也狄曰持去我徐思之尼曰彼事急且投他人可復得耶姑留之明旦來問報遂辭去且以告生生益厚餉之尼明日復往狄氏曰我爲營之良易尼曰事有難言者二萬緡物付一禿媪如客主不相問使彼何以爲信狄氏曰奈何尼曰夫人以設齋來院中使彼若邂逅者可乎狄氏頩面搖手曰不可尼愠曰非有他但欲言雪官事使彼無疑耳果不可亦不相強也狄氏乃徐曰後二日我亡兄忌可往然立語亟遣之尼曰固也尼歸及門生已先在詰之具道本末拜曰儀秦之辨不加於此矣及期尼爲齋具而匿生小室

中具酒肴俟之晡時狄氏襐飾而至屏從者獨攜一小侍兒見尼曰其人來乎曰未也唄祝畢尼使童子主侍兒引狄氏至小室搴簾見生及飲具大驚欲避去生出拜狄氏答拜尼曰郎君欲以一卮爲夫人壽願勿辭生固頎秀狄氏頗心動睇而笑曰有事第言之尼固挽使坐生持酒勸之狄氏不能卻爲釂卮即自持酒酬生生因徙坐擁狄氏曰我爲子且死不意果得子擁之即幃中狄氏亦讙然恨相得之晚也比夜散去猶徘徊顧生挈其手曰非今日幾虛作一世人夜當與子會自是夜輒開垣門召生無闕夕所以奉生者靡不至惟恐毫髮不當其意也數月狄氏夫歸生小人也陰計已得狄氏不能棄重賄伺其夫與客坐遣僕入白曰某官嘗以珠直二萬緡賣第中久未得直且訟於官夫諤眙入詰狄氏語塞曰然夫督取還之生得珠後遣尼謝狄氏曰我安得此貨於親戚以動子耳狄氏雖恚甚終不能忘生夫出輒召與處數年夫覺

閑之嚴密狄氏竟以念生病死予在大學時親見

崇寧中有王生者貴家之子也隨計至都下嘗薄暮被酒至延秋坊過一小宅有女子甚美獨立於門徘徊徙倚若有所待者生方注目忽有騶騎呵衛而至下馬於此宅女子亦避去生匆匆遂行初不暇問其何姓氏也抵夜歸復過其門則寂然無人聲循牆而東數十步有隙地丈餘蓋其宅後也忽自內擲一瓦出拾視之有字云今夜於此相候生以牆上剝粉戲書瓦背云三更後宜出也復擲入焉因稍遠十餘步伺之少頃一男子至周視地上無所見微歎而去既而三鼓月高霧合生亦倦睡欲歸矣忽牆門軋然而開一女子先出一老嫗負笥從後生遽就之乃適所見立於門首者熟視生愕然曰非也回顧嫗嫗亦曰非也將復入生挽而劫之曰汝爲女子而夜與人期至此我執汝詣官醜聲一出辱汝門戶我邂逅遇汝亦有前緣不若從我去女泣而從之生攜歸逆旅匿

小樓中女自言曹氏父早死獨有己一女母鍾愛之爲擇所歸女素悅姑之子某欲嫁之使乳嫗達意於母母意以某無官勿從遂私約相奔牆下微歎而去者當是也生既南宮不利遷延數月無歸意其父使人詗之頗知有女子偕處大怒促生歸扃之別室女所賫甚厚大半爲生費所餘與嫗坐食垂盡使人訪其母則以亡女故抑鬱而死久矣女不得已與嫗謀下汴訪生所在時生侍父官閩中女至廣陵資盡不能進遂隸樂籍易姓名爲妓生遊四方亦不知女安否數年自浙中召赴闕過廣陵女以娼侍燕識生生亦訝其似女屢目之酒半女捧觴勸不覺雙雙淚墮酒中生悽然曰汝何以至此女以本末告淚隨語零生亦愧歎流涕不終席辭疾而起密召女納爲側室其後生子仕至尚書郎歷數郡生表弟臨淮李從爲予言

大桶張氏者以財雄長京師凡富人以錢委人權其出入而取其半息謂之行錢富人視行錢如部曲也或過行錢之家設特位置酒婦人出勸主人乃立侍富人遜謝強令坐再三乃敢就位張氏子年少父母死主家事未娶因祠州西灌口神歸過其行錢孫助教家孫置酒酒數行其未嫁女出勸容色絕世張目之曰我欲娶爲婦孫皇恐不可且曰我公家奴也奴爲郎主丈人鄰里笑怪張曰不然煩主少錢物耳豈敢相僕隸也張固豪侈奇衣飾即取臂上古玉條脫與女且曰擇日納幣也飲罷去孫鄰里交來賀曰有女爲百萬主母矣其後張別議婚孫念勢不敵不敢往問期而張亦恃醉戲言耳非實有意也逾年張婚他族而孫女不肯嫁其母曰張已娶矣女不對而私曰豈有信約如此而別娶乎其父乃復因張與妻祝神回并邀飲其家而使女窺之既去曰汝見其有妻可嫁矣女語塞去房內蒙被俄頃即死父母哀慟呼其鄰鄭三者告之使治其喪鄭以送喪爲業世所謂仵作行者也且曰小口死

勿停喪即日穴壁出瘞之告鄭以致死之由鄭辦喪具見其臂古玉條脫鄭心利之迺曰某有一園在州西孫謝之曰良便且厚相酬號泣不忍視急揮去即與親族往送其殯而歸夜半月明鄭發棺欲取條脫女蹙然起顧見鄭曰我何故在此亦幼識鄭鄭以言恐曰汝之父母怒汝不肯嫁而念張氏若辱其門戶使我生埋汝於此我實不忍乃私發棺而汝果生女曰第送我還家鄭曰若歸必死我亦得罪矣女不得已聽從鄭匿他處以爲妻完其殯而徙居州東鄭有母亦喜其子之有婦彼小人不暇究所從來也積數年女每語及張氏猶忿恚欲往質問前約者鄭每勸阻防閑之崇寧元年聖端太妃上仙鄭當從御翣至永安將行祝其母勿令婦出遊居一日鄭母晝睡孫出僦馬直詣張氏門語其僕曰孫氏第幾女欲見某人其僕往通張驚且怒謂僕戲己罵曰賤奴誰教汝如此對曰實有之乃與其僕俱往視焉孫氏望見張跳踉而前曳

其衣且哭且駡其僕以婦女不敢往解張以爲鬼也怒走女持之益急乃擘其手手破流血推仆地立死僦馬者恐累已往報鄭母母訴之有司因追鄭對獄具狀已而園陵復土鄭發冢罪該流值赦得原而張實傷女而殺之雜死罪也雖奏獲貸猶杖脊竟憂畏死獄中時吳興顧道尹京云

建炎初劇盜張遇起江淮間所至噍盪無噍類衆且數十萬其裨將馬吉者狀絶偉善用兵然頗仁慈每戒軍士勿妄殺人曰爲盜脫飢耳得食則已柰何廣殺凡虜獲士人及僧道輒條別善遇之有疾病視其起居飲食甚篤士卒得婦女以獻者置側室訪其親戚還之無所歸者擇配嫁聘於是遇帳下譖之曰是收軍情者遇怒極欲斬之呼至數其罪吉嘻笑自若曰賊殺賊豈須有罪耶何云云如是我死固分耳即就地坐瞑目合掌視之死矣遇雖殘忍亦爲變色左右至流涕古稱得道至人以至佛菩薩多隱盜賊牢

獄屠釣中以救人如吉殆是耶

富韓公謝事居洛一日邵康節來謁公公已不通客惟戒門者曰邵先生來無早晚入報是日公適病足臥小室延康節至臥牀前康節笑曰他客得至此耶公亦笑指康節所坐胡牀曰病中心快快雖兒子來立語遣去設一胡牀唯待君耳康節顧左右曰更取一胡牀來公問故答曰日中當有一綠衣騎白馬候公公雖病強見之公薨後此人當秉史筆記公事公素敬康節神其言因戒閽人曰今日客至無貴賤立爲通既午果范祖禹夢得來遂延入問勞稠疊且曰老病即死念平生碌碌無足言然粗懷朴忠他時筆削必累君願少留意夢得皇恐亟測避席謝後十餘年修裕陵實錄夢得竟爲修撰韓公傳此事尹侍郎𡼗說

雷申錫者江西人紹興中一舉中南省高等廷試前三日客死都下捷音與訃踵至鄉里其妻日夜悲哭忽一夕夢申錫如平生自言我往爲大吏有功德於民故累世爲士大夫然嘗誤入死囚故地下罰我凡三世如意時暴死前一世仕久連蹇後忽以要官召入及都門而卒今復如此凡兩世矣要更一世乃能償宿譴耳其事可以爲治獄者之戒

右清尊錄廉宣仲布所撰凡七十三則或謂陸公務觀所作非也蓋二公同時後人因誤指耳至大改元三月華石山人識

右此錄實山陰陸務觀所記也前人誤以爲廉宣仲紀述半村俞則大亦承前誤予嘗讀王明清揮麈錄有云近日陸務觀清尊錄載紹興間老內侍見林靈素於蜀道此最切著明清之父銍字性之務觀曾攜文謁之備見於老學菴續筆記中半村之言似無所據元統甲戌端陽王東識

意林六卷

鬻子一卷藝文志云名篇

昔文王見鬻子年九十文王曰噫老矣鬻子曰若使臣捕虎逐麋臣已老矣坐策國事臣年尚少

太公金匱二卷

武王問五帝之戒可得聞乎太公曰黃帝云余在民上搖搖恐夕不至朝故金人三緘其口愼言語也堯居民上振振如臨深淵舜居民上兢兢如履薄冰禹居民上慄慄如恐不滿湯居民上翼翼如不敢息道自微而生禍自微而成愼終而始完如金城

行必慮正無懷僥倖書履忍之須臾乃全汝軀書鋒刀利皚皚無爲汝開書刀源泉混混連旱則絶取事有常賦斂有節書井

太公六韜六卷

涓涓不塞將成江河兩葉不去將用斧柯熒熒不救炎炎奈何天下有粟賢者食之天下有民賢者牧之屈一人下伸萬人上唯聖人能行之貧窮忿怒欲決其志者名曰必死之士辯言巧辭善毀

善譽者名曰間諜飛言之士

曾子二卷

君子愛日以學及時而成難者不避易者不從且就業夕自省可謂守業年三十四十無藝則無藝矣五十不以善聞則無聞矣鄙夫鄙婦相會於牆下之陰可謂密矣明日或有知之曷云執仁與義莫不聞也

與君子遊如日之長加益不自知也與小人遊如履薄冰幾何而不陷乎

晏子八卷

君擇臣使之臣雖賤亦擇君事之一心可以事百君百心不可以事一君

晏子使楚楚王令左右縛一人作盜者過王問何處人也對曰齊人也王視晏子齊國善盜乎晏子曰橘生江南江北則作枳地土使然也今民生長於齊不盜入楚則盜臣不知也楚王自取𪏮耳

晏子使楚楚王以晏子短作小門於大門之側晏子曰往詣狗國從狗門入今來使楚不可從狗門入也遂大門入

子思子七卷

慈父能食子不能使知味聖人能悅人不能使人必悅言而信信在言前令而化化在令外聖人在上而遷其化

終年爲事無一尺之輪則不可馳繫於樂者重於憂厚於義者薄於利

孟子十四卷

蜀郡趙臺卿作章句章句曰指事

管子十八卷

倉廩實知禮節國多財遠者來衣食足知榮辱

一年之計莫若樹穀十年之計莫若樹木終身之計莫若樹人

堂上遠於百里有事十日而君不知堂下遠於千里有事一月不知門庭遠於萬里有事朞年不聞

蛟龍得水而神立聖人得民而威成海不辭水故能成大山不辭土故能成高聖不厭人故能成衆士不厭學故能成聖烏合之衆初雖有歡後必相妒雖善不親也

農有常業女有常事一農不耕民有飢者一女不織民有寒者

殺生之柄不制於主而在羣下也五穀民之司命黄金刀幣民之通施

道德經二卷

生而不有爲而不恃挫其銳解其紛和其光同其塵

將欲噏之必固張之將欲弱之必固強之將欲廢之必固興之將欲奪之必固與之是謂微明

荀卿子十二卷

肉腐出蟲木枯生蠹驕慢在身災禍作矣伯樂不可欺一馬君子不可欺一人與人善言煖若綿帛與人惡言深於矛戟

聖人無兩心天下無二道

川泉深而魚鼈歸之山林茂而禽獸歸之刑政平而百姓歸之禮義備而君子歸之淺不足與測深惡不足與謀智坎井之蛙不可以與語東海之樂

歲不寒無以知松柏事不難無以知君子

妻子具而愛衰於親爵祿盈而忠衰於君唯聖及賢者不然

荀卿子名況齊宣王時人春申君請作蘭陵令因家焉爲李斯師

魯連子五卷

財者君之所輕死者士之所重君不能以所輕與士欲得士之所重不亦難乎百足之蟲斷而不蹶持之者衆也

白刃交前不救流矢（急不暇緩也）

文仲子十二卷周平王時人師老君

水濁則魚噞政苛則民亂上多欲則下多詐

善游者必溺善騎者必墜飢馬在廐寂然無聲投芻其旁爭心乃生濟溺以金石不如尺素入水憎濡懷臭求芳不可得也

乳犬噬虎伏雞搏狸

治不能銷木匠不能斷水

往古來今謂之宙四方上下謂之宇

獸窮則觸鳥窮則啄人窮則詐

鄧析子一卷

自見則明借人見則暗自聞則聰借人聞則聾

一言而非駟馬不能追一言而急駟馬不能及喜而便賞不必當功怒而便誅不必値罪

范子十二卷並是陰陽曆數

計然子葵丘濮上人姓辛名文子其先吳國公子也少而明學陰陽見微知著不肯自顯天下莫知故稱曰計然時遨遊海澤名曰漁父

范蠡請見越王計然曰越王爲人鳥喙不可同利也

掩目別白黑雖時而中猶不知天道論陰陽有時誤中耳

胡非子一卷

負長劍赴榛薄折兕豹搏熊羆此獵人之勇也負長劍赴深泉斬蛟龍搏黿鼉此漁人之勇也登高陟危鵠立四望顏色不變此陶缶之勇也剽必刺視必殺此五刑之勇也昔齊桓公侵魯南境魯憂之三日不食曹沫請擊頸以血濺桓公公懼不知所措管仲乃勸與之盟曹沫匹夫之士布衣草屨之人一言卻萬乘之師存千乘之國此君子之勇也

墨子十六卷

墨子見染絲而歎曰染於蒼則蒼染於黃則黃非獨染絲然人固亦有染舜染許由桀染子辛紂染崇侯也

君子如鐘扣則鳴不扣則不鳴美女處不出則爭求之行而自衒人莫之娶

纏子一卷

纏子修墨氏之業以教於世儒有董無心者其言修而謬其行偏而庸欲事纏子纏子曰文言華世不足利民傾危繳繞之辭者並不爲墨子所修勸善兼愛則墨子重之

隨巢子一卷

執無鬼者曰越蘭問隨巢子曰鬼神之智何如聖人曰賢於聖人也越蘭曰治亂由人何須鬼神耶隨巢子曰聖人與天下未有所資鬼神爲四時八節以紀育人垂雲而澤以繁長之皆鬼神所能也豈不謂賢於聖人

尸子十二卷

鹿馳走無顧六馬不能望其塵所以及者顧也

水積則生吞舟之魚土積則生豫章之木學積亦有生焉

虎豹之駒未成文而有食牛之氣鴻鵠之鷇羽翼未合而有四海之心

韓非子二十卷

二柄刑罰也虎所以伏犬者爪牙也若去爪牙則伏於犬矣

韓昭侯醉甚而臥典冠見君寒加衣其上侯覺乃罪典衣殺典冠以典衣失事以典冠侵官侵官甚於寒也故明王畜臣不得越官而有功不得陳言而無當越官則死不當則罪

法度賞罰國之脂澤粉黛也

飢歲之春從弟不讓穰歲之秋疏客必食非疏骨肉多少之心異也

列子八卷

天有所短地有所長聖有所否物有所通思士不妻而感思女不夫而孕

鬼者歸也歸其眞宅（眞宅太虛也）

晏子曰吾一死之後豈關我耶焚之亦可沈之亦可瘞之亦可露之亦可棄之溝壑亦可納之石椁亦可唯所遇耳

晉文公欲伐衛公子鋤笑之問其故對曰臣笑臣隣人也有人送妻歸家道見桑婦悅而與之言顧視其妻已有人招之公乃引師還未至而有伐其北鄙者

人有亡鈇者意鄰子盜之視鄰子行步顏色皆將竊也俄而扣其谷得鈇見鄰子無復竊鈇之容

齊人有欲得金者淸旦衣冠往市適見貨金者攫奪而去吏捕問之對曰取金之時不見人但見金也

莊子十卷

水之積也不厚則其負大舟也無力

至人無己神人無功聖人無名大智閑閑小智間間

其寐也魂交其覺也形開道惡乎隱而有眞僞言惡乎隱而有是非（此言春秋有是非也）

可乎可不可乎不可

吾生也有涯而知也無涯以有涯隨無涯殆已

山木自寇也膏火自煎也桂可食故伐之漆可用故割之

人皆知有用之用而莫知無用之用人不忘其所忘而忘其所不忘此謂誠忘

至道之精杳杳冥冥至道之極昏昏默默

我悲人之自喪也吾又悲夫悲人者吾又悲夫悲人之悲也

鶡冠子三卷

烏鵲之巢可俯而窺麋鹿之居可係而招此在上者有慈心

扁鵲兄弟三人並善醫魏文侯問曰子三人其孰最善扁鵲曰長兄視神故不出家仲兄視毫毛故名不出閭扁鵲鍼人血脈投人毒藥故名聞諸侯

王孫子一卷

衛公重裘累茵見負薪者屢哭問曰何故對曰雪下衣薄故哭衛公顏色大懼乃開府出金發倉粟以賑貧窮吾恐鄰國貪養賢者以勝吾也

申子三卷（名不害）

妒妻不難破家亂臣不難破國一妻擅夫衆妻皆亂一臣專君羣臣皆蔽

智均不相使力均不相勝

鼓不預五音而爲五音主

愼子十二卷（名到）

小人食於力君子食於道

兩貴不相事兩賤不相使家富則宗族聚家貧則兄弟離非不相愛利不相容也不聰不明不能王不瞽不聾不能公海與山爭水海必得之

有權衡者不可欺以輕重有尺寸者不可差以長短有法度者不可巧以詐僞

一兔走百人追積兔於市過而不顧非不欲兔分定不可爭也

孝子不生慈父之家忠臣不生聖君之下六親不和有孝子國家昏亂有忠臣

匠人成棺不憎人死利之所在忘其醜也

燕丹子三卷

丈夫恥於受辱貞女羞於節虧

血勇怒而面赤脈勇怒而面青骨勇怒而面白

鬼谷子五卷

抱薪赴火燥者必先燃平地注水溼者必先濡此類相應也

智者不用其所短而用愚人之所長也不用其所拙而用愚人之所工也

尹文子二卷

兩智不能相使兩貴不能相臨兩辨不能相屈力均勢敵故也

專用聰明則功不成專用晦昧則事必悖一明一晦衆之所載

祿薄者不可與經亂賞輕者不可與入難處上者不可以不愼

人有字長子曰盜少子曰毆盜出行其父在後追而呼之曰盜盜吏聞因而縛之其父呼毆喻吏遽而聲不轉但云毆毆吏因而毆之幾至於死

公孫文子一卷

樂者先王所以飾喜也軍旅者先王所以飾怒也

舟從流於河而無維楫求安不可得也

陸賈新書二卷

陽出雷電陰成霜雪善言古者合之於今能述遠者考之於近道爲智者設馬爲御者良賢爲聖者用辨爲智者通

秦以刑罰爲巢故有覆巢破卵之患

文公種米曾子牧羊智者所短不如愚者所長

晁錯新書三卷

呂后專制社稷不傾若髮漢書云如帶公羊云如綫

善爲政者士實於朝野牛馬實於陸鳥獸實於林上及飛鳥下及蟲魚載之如地包之如海陛下之地東西盡冠蓋之民南北極寒暑之和匈奴不得當一縣

號令不時命曰傷天焚林斬木不時命曰傷地斷獄立刑不當命曰傷人

賈誼新書八卷

寒者利裋褐飢者甘糟糠

主之與臣若日與星貴之與賤若白與黑

與正人居不能無正人也猶生於楚不能無楚語

志有四具朝廷之志淸以嚴祭祀之志思以和軍旅之志精以厲喪紀之志憂以愁言有四術敬以正朝廷之言和以序祭祀之言併辟氣軍旅之言悲不足喪紀之言

呂氏春秋二十二卷 不全

靡曼皓齒鄭衛之音伐命之斧肥肉厚酒爛腸之食

雷則掩耳電則掩目耳聞所惡不如不聞目見所惡不如不見

強令之笑則不樂強令之哭則不悲

流水不腐戶樞不蠹動也形氣亦然

水泉東流日夜不休上不竭下不滿

戎人生乎楚楚人生乎戎則楚人戎言戎人楚言亡國之主則可化成賢主也

櫻桃爲鳥所含故曰含桃

勇凶德兵凶器

水出於山而歸於海非惡山而欲海高下使然也

周文王使人相地得枯骨令吏衣冠葬之天下聞之曰文王賢矣澤及於枯骨

石可破不可奪堅丹可磨不可奪赤性受於天也

齊人好勇者其一人居東郭一人居西郭幸而相遇飲酒曰酒須肉乎各抽刀自割相啖遂至於死

決積水於千仞之溪誰能當者

洧水大有富人溺者有人得富者屍請贖而求金甚多富人黨以

告鄧析析曰但安之必無買此者得屍者患其不贖又告鄧析析曰但安之必無人更賣又必無不贖

引其紀萬目起引其綱萬目張治民如此也

冠所以飾頭衣所以飾身今人斷首以易冠殺身以易衣則不知所爲矣世之趨利似此亦不知所爲也

黃帝之貴亦死堯舜之賢亦死孟賁之勇亦死

得十良馬不如得一伯樂得十良劍不如得一歐冶得地千里不如得一賢人

淮南子二十一卷

以湯沃沸亂乃愈甚猶鞭噬狗捶蹄馬而欲教之雖伊尹造父不能化

越舲蜀艇不能無水而浮烏號弓溪子弩不能無弦而射

乞火不若取燧寄汲不若鑿井

多欲害義多愛害知多懼妨勇

生有七尺之形死有一棺之土安知喜愉利害耶

天地雖大可以矩表知之星月之行可以律曆知之

風集而波興木茂而鳥集相生之勢也

聖人之道若中衢置罇過者斟酌雖多少不同而各得其宜也

戴哀者聞歌而泣戴樂者見哭而笑強哭者雖戚不哀強歡者雖笑不樂

漏水足以溢壺榼江河不能滿漏卮

湯沐具而蟣蝨相弔大廈成而燕雀相賀

舟覆乃見善游馬奔乃見良馭

鹽鐵論十卷 桓寬

茂林之下無豐草大塊之間無美苗

善歌者使人續其聲善作者使人紹其功

有粟而不能食無益於飢親賢而不能用無益於削歌者不期於利聲而貴於中節論者不期於麗辭而務在事實

說苑二十卷 劉向

禹見罪人下車而泣左右曰此人不恭故得罪君王何痛之禹曰堯民以堯爲心今百姓各以其心爲心故痛之

楚莊王賜羣臣酒燭滅有引美人之衣者美人援絕其纓告王曰賜人酒醉乃顯婦之節吾不取也乃命左右勿上火凡與寡人飲不絕纓者不盡歡也羣臣偏絕纓而後舉火後與晉戰引美人衣者五合以報莊王

法言十五卷 揚雄

詩人之賦麗以則辭人之賦麗以婬若孔氏之門而有賦則賈誼升堂相如入室矣

天可度則覆物淺矣地可測則載物薄矣

說天者莫辨乎易說地者莫辨乎書說體者莫辨乎詩說理者莫辨乎春秋

太玄經十卷 揚雄

君子得位則昌失位則良小人得位則橫失位則喪

新論十七卷 桓譚

明鏡龜策也章程斛斗也銓衡丈尺也

畫脂鏤冰與時消釋

龍無尺水無以昇天聖人無尺土無以王天下

舉網以綱千目皆張振裘持領萬毛自整治大國者亦當如此

論衡二十七卷 王充

淸受塵白受垢青蠅所汚常在練素

邑犬羣吠吠所怪也

蟲墮一器酒棄不飲鼠踐一筐飯捐不食

蚊蝱不如牛馬之力牛馬困于蚊蝱有勢也十圍之牛爲牧豎所驅數仞之象爲越僮所鈎無便也

人在天地之間如蚤蝨在衣裳之內若螻蟻在巢穴之中

聖人前知千歲後知萬歲孔子將死遺書曰有一男子自云秦王上我之牀顛倒我衣裳至沙丘而亡後秦王果至沙丘而亡孔子又云董仲舒亂我書後仲舒亂春秋著傳記又云亡秦者胡後胡亥亡秦此孔子後知萬世也吹律自知殷後此孔子前知千歲也

正論五卷 崔元始

舉彌天之網以羅海內之士同類翕集而蛾附計士顒𨂂而脅從黨成於下君孤於上

無賞罰之君而欲世治猶不著梳櫛而求髮治不可得也

潛夫論十卷 王符字節信

昆弟勢疎朋友世親此人情也

富貴人爭附之貧賤人爭去之與富貴交者上有稱譽之用下有貸財之益與貧賤交者上有振貸之費下有假借之損

風俗通三十一卷 應劭三國時人

俗說有功德賜金者皆黃金也按孫子兵書曰費千金千金百萬錢也陳平間楚千金賂二疏金五十斤並黃金也或云一金亦是一萬錢也

禮云十尺曰丈成人之長也夫者膚也言其智膚敏弘教也故曰丈夫

論語云匹夫匹婦傳曰一晝一夜成一日一男一女成一室按古人男女作衣用二匹今曰單衣故言匹

禮云簡不肖按生子鄙陋不似父母曰不肖今人謙辭亦曰不肖

商君書四卷

以弱去弱者弱以弱去強者強

上世之士衣不暖膚食不滿腹苦其心意勞其四肢

蠹衆則木折隙大牆壞不勝而生不敗而亡自古及今未之有也

使見戰者如餓狼之見肉則可用矣

阮子四卷

不樹者死無棺不蠶者身無帛不績者凶無縗君子暇豫則思義小人暇豫則思邪高鳥相木而集智士擇土而翔

正部十卷

皎皎練絲得藍則靑得丹則赤得蘖則黃得涅則黑

玉不琢則南山之圓石

士緯十卷 姚信

絲俱生於蠶銅等出於石作繒則賤作錦則貴鑄鈴則小鑄鐘則大

通語八卷

輪者車之跡檝者舟之羽身之須道如此二物

毀彼者雷同而鴉噪稱此者火燎而波駭

抱朴子四十卷 葛洪丹陽句容人

淸醪芳醴亂性者也紅華素質伐命者也

班狄不能削石作芒針歐冶不能鑄鉛錫作干將

素顏紅膚惑其目淸商流徵亂其聽此眞理之德也

寸鮪泛濫跡水之中則謂天下無四海之廣芒蝎宛轉果核之內則謂天下無八極之大

貴明珠而賤淵潭愛和璧而惡荆山不知淵潭是明珠所出荆山是和璧所生

大廈既燒取水於滄海洪潦凌空伐舟于長川則不及矣

高巖將殞非細縷所綴龍門沸騰非掬壤所遏

劍戟不長于縫紉可以剸割牛馬錐鑽不可剸割牛馬而長於縫

緗材有大小不可棄也
仁者政之脂粉刑者世之轡策當殺不殺大賊乃發
鑽端之火勺水可滅鷇卵未乳指掌可靡及其乘衝飈燎巨野奮六翮陵朝霞雖智勇不能制也
委轡策而乘奔馬於險途捨楫櫓而泛輕舟於江海豈不險哉
識珍者必拾濁水之明珠賞氣者必捋穢藪之芳蕙自非懸鑑誰能披泥抽淪玉澄川撥沈珠
閹官無情不得爲貞倡優不飲不可謂廉
盈丈之尾必非咫尺之軀尋仞之牙必非膚寸之口

周生烈子五卷 宇文逸張角敗後天下擾亂故著此書

御馬失節其車是碎御天下失節四海是墜
理天綱仗八柄運元象撮衆有者天子也撫人物參天意者三公也執分節事修理者士也

臨死修善於計已晚事迫乃歸於救已微
有階者易成基無因者難成事
鳩傳隼翼羔披豹皮類似質違表是裏非

荀悅申鑒五卷

善禁者先禁身而後人不善禁者先禁人而後身
君子有三鑒鑒乎前鑒乎人鑒乎鏡

仲長昌言十卷

同於我者何必可愛異於我者何必可憎
婦人有朝哭良人暮適他士涉歷百庭顔色不愧今公侯之家美女數百卿士之家侍妾數十晝則以醇酒淋其骨髓夜則以房室輸其血氣

典論五卷 魏文帝

法者主之柄吏者民之命法欲簡而明吏欲公而平
詩刺豔妻書戒晨婦司隸馮方女有國色避亂揚州袁術登城見而悅之遂取焉甚寵之諸婦教之曰將軍貴人重其志節宜數涕泣表憂愁也若如此必加重馮氏後每見術垂泣術果以謂有心益寵之諸婦乃共絞殺懸之廁言其哀怨自殺術以其不得志而死厚加殯殮
袁紹妻劉氏甚妒忌紹死未殯劉氏殺其妾五人恐死者有知復能寵之乃髠頭黑面以毀其形
君子表不隱裏明暗同度
鏡照醜好而人不怨法明善惡而人不恨
苦窮富貴之階梯 宗詳案以上三條今意林載魏子中此傚有脫

人物志三卷 劉劭

草之精秀者英獸之拔羣者雄張良是英韓信是雄

任子十卷 名奕

一人之智不如衆人之愚一目之察不如衆目之明
生于治長于治知世之所以治者君子也生于亂長于亂知世之所以亂者君子也若不知治亂之所因者凡民也
天之圓也不中規地之方也不中矩
水可乾而不可奪溼火可滅而不可奪熱金可柔而不可奪重石可破而不可奪堅
木氣人勇金氣人剛火氣人強而燥土氣人智而寬水氣人急而賊
神龍不處網罟之水鳳凰不翔罻羅之鄉賢人不入危國智者不輔亂君

篤論四卷 杜恕字務伯魏杜畿子

水性勝火分之以釜甑則火強而水弱人性勝志分之以利欲則志強而性弱

體論四卷 杜恕

夫人臣猶土也萬物載焉而不辭其重水瀆汙焉而不辭其下草木植焉而不有其功

傅子一百二十卷

人之學如渴而飲河海大飲則大盈小飲則小盈大觀則大見小觀則小見

懸千金於市人不敢取者分定也委一錢於路童兒爭之者分未定也

伊尹耕於有莘孰知非夏之野人呂尚釣於渭濱孰知非殷之漁者遇湯武文王然後知其非也

見虎一毛不知其斑

青與赤謂之文赤與白謂之章白與黑謂之黼黑與青謂之黻五綵謂之繡

必得崑山之玉而後寶則荊璞無夜光之美必須南國之珠而後珍則隋珠無明月之稱

土不可作鐵而可以作瓦

豈有太乙之君坐于庶人之座魁罡之神存于匹婦之室

積薪若山縱火其下火未及然一盃之水尚可滅也及至火猛風起雖傾河海不能救也

唐子十卷 名滂字惠潤生吳大元二年

舟循川則遊速人順路則不迷

大木百尋根積深也滄海萬仞衆流成也淵智洞達累學之功也

禍福相轉利害相生如循環而選丸耳其兆不可見其端不可覺

秦子二卷

欲顯白於宵中馳光於日下不可得也

因斧以得柯因柯以成用種一粟則千萬之粟滋種一仁則衆行之美備也

針雖小入水則沈毛雖大入水則浮性自然也

梅子一卷 按其書晉人也

伊尹呂望傅說箕子夷齊柳惠顏淵莊周阮籍易地而居能行所不能行也阮籍孝盡其親忠不忘君明不遺身智不預事愚不亂治自莊周以來命世大賢其惟阮先生乎

物理論十六卷

欲定天下而任小人者猶欲捕麞鹿而張兔罝不可得也

忿蝨焚衣其損多矣忿鼈不熟椎甑而爽之損亦多矣

太玄經十四卷 梁國楊泉字德淵

強梁者亡倔強者折大健者跛太利者闕

激氣成風游氣成雨濁霧成雪清露成霜

化清經十卷

將飛者翼伏將奮者足跼將噬者爪縮將言者口默將文者且朴

鄒子一卷

欲知其人視其朋友蒺藜在田良苗無所措其根佞邪在朝忠直無所容其身

寡門不入宿臨帷不取塵避嫌也

成敗志三卷 孫毓字仲

水性雖能流不道則不通人性雖能智不教則不達

古今通論三卷 王嬰

倉頡造書形立謂之文聲具謂之字字者取其孳乳相生在於竹帛謂之書

中論六卷 徐偉長

登高而建旗則所示者廣順風而奮鐸則所聞者遠非旗色益明鐸聲益長所託得地而况富貴施政令乎

良農不患疆場之不修而患風雨之不節君子不患道德之不建而患其時之不至

萬機論八卷 蔣濟

馬必待乘而後致遠醫必待使而後愈疾賢者待用而後興理

甲作乙婦丙來殺乙而甲不知後甲遂嫁與丙作妻生二子丙乃語甲甲因丙醉而殺之并害二子於義剛烈得寬死否答者云女子潔行專一不以鼓刀稱義今又改嫁已絶先夫之恩親害胞胎又無慈母之道也

法訓八卷 名周

公人好人之公私人好人之私

念己之短好人之長近仁也

有財不濟交非有財也有位不知舉能非有位也

相憎者能生無辜之毀相愛者能飾無實之譽

君子好聞過而無過小人惡聞過而有過

新言二卷 吳太常顧譚字默道

刑者小人之防禮者君子之檢佞人之人然膏莫見其消也

鍾子芻蕘五卷 名士季

珪玉棄於糞土鉛錫列於和肆觀者以鉛錫是眞珪璧是僞

膠之與漆合而不離煙之與水離而不合

典論十卷 陸景

榮辱所以化君子賞罰所以御小人受金行穢非貞士之操背主事仇非忠臣之節唯高帝用陳平齊桓用管仲耳

拘烏獲之手雖銖兩不能勝掩離婁之目雖嵩岱不能觀絆騄驥之足雖武步不能發斷鴻鵠之翮雖尋常不能奮

默記三卷 吳大鴻臚張儼字子節

堯舜不化朱均使爲善瞽叟不能染重華使行惡

新言五卷 裴玄

鷙鳥之擊必俛其首猛獸之攫必匿其爪虎豹不外其牙噬犬不見其齒故用兵者示之以柔迎之以剛見之以弱乘之以強

烏鳶之卵不毀則鳳凰至誹謗之言不誅則忠言達千里之隄以螻蟻之穴漏百材之屋以突隙之烟焚

正書二十五卷 袁准

交接廣而信衰于友爵祿厚而忠衰于君

曾子妻將適市兒隨啼謂兒曰吾還當與汝殺犬妻還曾子援弓將射犬妻曰向與兒戲爾曾子曰教化始于童昏若欺之何以訓耶

正論十九卷 名吳字[illegible]

鴞抱鼠而仰號恐鵷雛之奪也 鴞音玄燕鳥也

蘇子十八卷 名淳魏人也

蘭以芳致燒膏以肥見焫翠以羽殃身蚌以珠破腹女惡蛾眉士惡多口由來尙矣

典論十卷 陸景

周之管蔡秦之趙高其惡何比吾欲比之狗馬馬能致遠狗能伏狩吾欲比之虎豹虎豹則君子愛其文章吾欲比之烏頭附子則瘵偏枯之疾吾欲比之鴆鳥鴆鳥又能去公子牙而安魯國惟有青蠅蒼鼠殺國殘家可比

世要十卷 柳範字元則魏大司農

加脂粉則嫫母進蒙不潔則西施屏今學亦如此學之脂粉亦厚矣

伐一樹除一苗猶先看可伐而除之况害人而不詳審也

遇不遇命也善不善人也君子能修善而未必遇小人不能修善而未必不遇

中才之人智隨年長事以學增故年長則智廣智廣則見博

陸子十卷名雲字士龍晉人

水則有波鈞則有磨我欲更之無如之何物動而釁已彰未形而跡已朕絃在木而音和絲在繡而服美神觸物而機駭情遭變而思易

新論十卷夏侯湛字孝若晉散騎常侍

爪生于肉去爪而肉不知髮生于皮去髮而皮不知萬物之在天地同爪髮之在身體皆統於神明不可亂也

擇才而官之則明主不畜不肖之臣擇主而事之則君子不事昏闇之主

析言十卷張顯

枕仁義作筦簞食道德作梨棗古人有言君不稽古無以承天臣不稽古無以事君始皇李斯是也

幽求子二十卷杜夷子楷晉國子祭酒

凡人既飽而後輕食既煖而後輕衣夫臨觴念戚則旨酒失甘對饗思哀則嘉餚易味

裘以嚴霜見愛葛以當暑見親

從山林視朝廷猶飛鴻之與雞鶩

玉以石辨白以黑昭故醜好相昭

獵者嗜肉不多于不獵者及其陵岡巒越溪壑而有遺身之志耳

干子十卷名寶字令升

執杓而飲河者不過滿腹棄笠而灑雨者不過濡身

勢弱于己則虎步以陵之勢強于己則鼠行而事之此姦雄之才也亦且小人

新論十卷華譚字令思仕晉

干雲之枝不育於丘垤之顚徑寸之珠不產于渟汙之渚

志林二十四卷虞喜

東海之魚墜一鱗昆侖之木落一葉聖人皆能知之

孫子十二卷名綽字興公仕晉

教之治性猶藥之治病疾若倒懸而求藥於昆侖之山是身後也

大明光乎天燈燭何施焉時雨霈乎地灌溉何用焉

朱門之家鬼闞其室多藏之室人窺其牆

義訓十卷名寔

衣溫而忘百姓之寒食美而忘天下之飢非仁也

假天下之目以視則四海毫末可見借六合之耳以聽則八表之音可聞

國無道而尸大位可恥也國有道而抱關擊柝亦可恥也

遊女見人悅之則自謂逾於西施桀紂見人尊之則自謂過於禹湯

登高使人意遠臨深使人志清

諸葛子一卷

縱盜飲酒非剪惡之法絕纓加賜非防邪之萌

要言十四卷

食穀鄙田衣帛笑蠶豈不惑耶

符子二十卷名朗

水生於石未有居山而溺者火生於木未有抱木而焦者

神農本草六卷

稽首再拜問於太一小子曰鑿井出泉五味煎煮口別生熟後乃食咀男女異利子識其父曾聞太古之時人壽過百無殂落之咎獨何氣使然耶太一小子曰天有九門中道最良日月行之名曰國皇字曰老人出見南方長生不死衆耀同光神農乃從其言嘗藥以救人命

相牛經一卷 甯戚

相馬經二卷 伯樂

相鶴經一卷 浮丘公

司馬兵法三卷 穰苴

國雖大好戰必亡天下雖平忘戰必危古者國容不入軍軍容不入國國容入軍則軍亂軍容入國則國亂用命上賞犯令上戮

孫子兵法二卷 名武

黃石公記三卷

與衆同好者靡不成與衆同惡者靡不傾

四民用虛國家無儲四民用足國家安樂

泛勝之書二卷

相貝經一卷 琴高

淮南萬畢術一卷

首澤浮針取頭中垢塞針孔置水中則浮

燒角入山則虎豹自遠惡其臭也

取大鏡高懸置水盆于其下則見四鄰矣

取沸湯置瓮中幕以新縑沈井中三日成冰

取鴻毛縑囊貯之可以渡江不溺

馬好齧人取僵蠶塗其上唇卽差

取門冬赤黍漬以狐血陰乾之飮酒者一丸置舌下以酒吞之令人不醉

博物志十一卷 張華字茂先

竹譜一卷 戴凱之

筆墨法一卷 韋仲將

筆用羊靑作心名曰羊柱以兎毫衣羊靑使心高並去其穢毛使不髯茹也

新序三十卷

五教五卷 譙周

周髀一卷

夢書十卷

九章算法一卷

說郛卷第十一終

說郛卷第十二

悅生隨抄 一百卷

宋賈似道 度宗相號半閒道人

予老來觀書輒多遺忘暇日隨所披閱約而筆之寖盈編帙因釐爲百卷題曰悅生隨抄起自國史傳以稗官小說而六經諸史不及也蓋經既熟于誦說正史又廣于流傳獨金匱石室之藏世不多見比歲叨典史局遂得悉累朝之制度典章諸臣之論議風節紀纂一一專用自娛乃若百家之說雖小道必有可觀者焉然大槩非稍新于衆目則深會于予心去取之間此其義也至于淸談雅謔又所不廢譬之端坐燕席而俊伶時一雜進聊以取微中之一捷云半閒老人書

白景成性鄙吝所至聚斂爲務家財累鉅萬未嘗輒有施與每使命至惟設肉一品賓主共食之後罷鎭常忽忽不樂妻識其意引景成徧閱藏儲景成乃歎然自釋在邢州日供奉官王班者奉使至郡景成勸班酒曰王班請滿飮典客遽白此使者姓名也景成始悟曰何不素教我我謂王班是官爾聞者皆笑之 白景成傳

吳虔裕性簡率發言多輕肆右金吾上將軍王彥超告老得休致虔裕嘗語人曰我縱僵仆殿陛下斷不學王彥超七十便致仕人傳以爲笑 吳虔裕傳

張藏英涿州范陽人自言唐相嘉貞之後唐末之亂也藏英舉族數十口悉爲賊孫居道所害時藏英年十六僅以身免後逢孫居道于幽州市引佩刀刺之不死爲吏所執節帥趙德鈞壯之捨而不問以備牙職藏英後聞居道避地關南乃求爲關南都巡檢使至則微服攜鐵檛匿孫居道舍側伺其出擊之仆于地嚙其耳啖之遂擒歸設父母位具酒肴縛孫居道于前數其罪號泣以鞭之臠其肉經三日剖取其心肝以祭卽詣官首服官爲上請而釋之燕薊間目爲報讐張孝子 張藏英傳

牛思進有膂力常以强弩絓于耳以手極前張之令滿又負壁而立令力士二人撮其乳曳之不動軍中咸異之 牛思進傳

初李氏隨孟昶至京師太祖數命肩輿入宮謂之曰母善自愛無戚戚懷鄉土異日當送母歸李氏曰使妾安往太祖曰歸蜀耳李氏曰妾家本太原倘得歸老并土妾之願也時并陽未平太祖聞其言大喜曰俟平劉鈞卽如母願因厚加賜賚及昶卒不哭以酒酹地曰汝不能死社稷貪生以至今日吾所以忍死者以汝在爾今汝既死吾何生爲因不食數日卒 孟昶傳

石中立性疎曠少威儀好諧謔雖時面戲人人不以爲怒知其無心爲輕重及參大政或諫止之中立曰詔書云餘如故安可改人傳以爲笑 石中立傳

王博文以吏事進多任劇繁爲政務平恕常語諸子曰吾平生決罪至流刑未嘗不陰擇善水土處汝曹志之

江南初平汰李氏時所度僧十減六七胡旦曰彼無田廬可歸將聚而爲盜悉黥爲兵 胡旦傳

李顯忠之生母數日不能娩有僧過門曰所孕乃奇男子當以劍矢置傍卽生已而果生顯忠立于蓐人以爲異 李顯忠傳

吳僧法海好作惡詩一日萃成帙求予友人郯從事爲序郯書曰師雖習西方之教頗同東魯之風因命爲同東集然師之詩長于譬喻動有風騷昔唐小杜既爲老杜之次今師又在小杜之下 談選

洛人云園圃之勝不能相兼者六務宏大者少幽邃人力勝者少閑古水泉多者艱眺望兼此六者惟湖園而已予嘗遊之信然在唐爲裴晉公宅園園中有湖湖中有堂曰百花洲名蓋舊堂蓋新也湖北之大堂曰四幷堂蓋不足勝蓋有餘也其四達而當東西之蹊者桂堂也截然出于湖之右者迎暉亭也過橫池披林莽循

曲徑而後得者梅臺知止菴也自竹徑望之超然登之悠然者環翠亭也渺渺重邃尤擅花卉之盛而前據池亭之勝者翠樾軒也其大略如此若夫百花酣而白晝眩青蘋動而林陰合水靜而跳魚鳴木落而羣峯出雖四時不同而景物皆好則又其不可殫記者也 洛陽名園記

舅氏慈公遠好記異事一日遠來相訪言任丘縣友人養惡犬甚猛牿犬莫能勝晚年既衰猝爲衆犬所嚙憤憤不食而死刳其心已化爲石而膜絡包之似石非石色如寒灰重如礴瓦觀其脉縷眞心也不知何緣致此然嘗聞人患石淋者皆旋細石癥塊有刀斧不破者頃嘗見龍頸骨中體皆是白石虎目光落地亦成白石星光氣也落則成石松亦成石蛇蟹蠶皆成石萬物變化不可以一槩斷目耳所不聞見者何限哉

頃在寧州眞寧縣見牽羊教化者其羊胸前有右手抱胸如人手

有六指甲如羊頰長皆言前身爲人因過惡致此縣令張元弼主簿尹良臣共疑之尹曰此無他人與羊交耳衆人皆釋然 北窗記異

黃巢令皮日休作讖詞云欲知聖人姓曰八二十一欲知聖人名果頭三屈律巢大怒蓋巢頭醜掠鬢不盡疑三屈律之言是其譏也遂及禍 南部新書

東坡言郭子儀鎭河中日河甚爲患子儀禱河伯曰水患止當以女奉妻已而河復故道其女一日無疾而卒子儀以其骨塑之于廟至今祀之惜乎此事不見于史也

薦頃侍范蜀公公曰家中子弟連名百字幾乎尋盡矣至于百發百中亦取以爲名薦曰輒有俚談可爲一笑公曰何也薦曰有百蠹百利百巧百窮必不取以爲名也蜀公爲之掀髯大笑 師友談記

蘇子瞻汎愛天下士無賢不肖歡如也嘗自言上可以陪玉皇大帝下可以陪悲田院乞兒子由晦默少許可嘗戒子瞻擇交子瞻曰吾眼前見天下無一箇不好人此乃一病子由監筠州酒稅子瞻嘗就見之子由戒以口舌之禍及餞之郊外不交一談唯指口以示之 漫浪野錄

襄州穀城縣城門外道傍石人缺剜腹上有字云磨兜鞬愼勿言是亦金人之流也距縣四五十里有石人二相偶而立腹上題刻一云已及一云未厓不可得而詳也 浮休閱目集

溫陵僧國通大智禪師文宥善脉晚年不按脉望而知之又臨終五七年隔而知之凡病人骨肉往問視之而知病者之候予問其故宥曰以氣色知之苟其血氣同者憂喜皆先見古有察色然而未有隔知亦甚異也 藍山尼史

江南李氏後主嘗買一研山徑長纔踰尺前聳三十六峯皆大猶手指左右則引兩阜坡陀而中鑿爲研及江南國破研山因流轉數十人爲米老元章得後米老之歸丹陽也念將卜宅久未就而

蘇仲恭學士之弟者才翁孫也號稱好事有甘露寺下並江一古基多羣木唐晉人所居時米欲得宅而蘇覬得研于是王彥昭侍郎兄弟與登北固共爲之和會蘇米竟相易米後號海嶽菴者是也研山藏蘇子未幾索入九禁矣 鐵圍山叢談

譚振言蔡京當國一日感寒振與數親客問疾見之後堂東閤中京顧小鬟令焚香移頃鬟不至掖顧疑其忘之耶久之鬟復至白京云香已滿京云放簾卽去閤近北有若再捲簾聲者方至北一簾其香燧焞滿室如霧京謂客曰香須如此燒乃無烟氣 投空閒筆

八舅王彥舟侍郎常隨周昉韓幹畫人馬云天廐無瘠馬宮禁無悴容宜乎韓馬周人皆肥 石林錄

唐傳載云時有鬻茶之家陶爲陸羽之像置于湯器之間云宜茶足利也因月曰茶神有交易則以茶祭之無則釜湯沃之 近事會元

荆芥穗爲末以酒調下二三錢凡中風者服之立愈前後甚驗是

日順兒疾已革以酒滴水中調一服服之立定眞再生也曹公謨錄

哲宗御講筵所手折一柏枝玩之程頤爲講官奏曰方春萬物發生之時不可非時毀折哲宗亟擲于地終講有不樂之色太后聞之歎曰怪鬼壞事呂晦叔亦不樂其言也云不須得如此道山清話

野雪鍛排雜說一卷　宋許景迂山陰人

今聖節斷屠宰三日人多以爲祝聖好生之意爾嘗觀隋文帝仁壽三年五月癸酉詔曰六月十三日是朕生日其日令海內爲武元皇帝元明皇后斷屠追念劬勞其意甚美有古帝王之風隋暴虐如秦儒者之所恥道而其制度遺法唐世多遵行之蓋其間亦有人心天理不可滅者存乃知聖節之建非肇始于唐明皇但隋文帝未有節名可記是以揮麈前錄考究爲未盡也

陶尙書穀奉使江南邂逅驛女秦蒻蘭犯謹獨之戒作春光好詞前人小說或有以爲曹翰者疑以傳疑本不足論也僕比見括蒼

所刻沈叡達遼雲巢編中所記獨以爲陶使吳越惑娼女社娘遂作此詞又以求遺猫爲尋逸犬且娼既得陶詞後還落髮披仁王院與諸家之說大異審如其實則此娼亦不凡矣叡達杭人所聞當不謬院不知何地今城中吳山自有仁王院建於近年非也

東軒筆錄一卷　宋魏泰臨漢隱居

李太后始入掖庭纔十餘歲唯有一弟七歲太后臨別手結刻絲鞶囊與之拊背泣曰汝雖淪落顚沛不可失此囊異時我若遭遇必訪之汝以此爲物色也言訖不勝嗚咽而去後其弟傭於鑿紙錢家然常以囊懸於胸臆間未嘗斯須去身也一日苦下痢勢將不救爲紙家弃於道左有入內院子者見而憐之收養于家怪其衣服百結而胸懸帶鞶囊因問之具以告院子惄然驚異蓋嘗奉旨于太后令物色訪其弟也復問其姓氏小字世系甚悉遂解其囊明日持入示太后及道其本末是時太后封宸妃時眞宗已生

仁宗矣聞之悲喜遂以其事白眞宗遂官之爲右班殿直即所謂李用和也及仁宗立太后上仙謚曰章懿召用和擢以顯官後至殿前都指揮使領節鉞贈隴西郡王世所謂李國舅者是也

曹翰以罪責爲主汝州副使凡數年一日有內侍使京西朝辭日太宗密諭之曰卿至汝日當一訪曹翰觀其良善然愼勿泄我意也內侍如旨往見因弔其遷謫之久翰泣曰罪犯深重感聖恩不殺死無以報敢怨苦耶但以口衆食貧不能度日幸內侍哀矜欲以故衣質十千以饘飯粥可乎內侍曰太尉有所須敢不應命何煩質也翰固不可于是封褁一幅以授內侍收復以十千答之洎回奏翰語及質衣事太宗命取其幀開視之乃一六幅畫障題曰下江南圖太宗惻然念其功即日有旨召赴闕稍復金吾將軍蓋江南之下翰爲先鋒也

有朝士陸東通判蘇州而權州事因斷流罪命黥其面曰特刺配某州牢城黥畢幕中相與白曰凡言特者罪不至是而出于朝廷一時之旨今此人應配矣又特者非有司所得行東大恐即改特刺字爲準條字再黥之爲人所笑後有薦東之才于兩府者石參政聞之曰吾知其人矣得非權蘇州日於人面上起草者乎

王荆公之次子名雱爲太常寺太祝素有心疾娶同郡龐氏女爲妻逾年生一子雱以貌不類己百計欲殺之竟以悸死又與其妻日相鬬鬩荆公知其子失心念其婦無罪欲離異之則恐其悞被惡聲遂與擇壻而嫁之是時有工部員外郎侯叔獻者荆公之門生也娶魏氏女爲妻少悍叔獻死幃簿不肅荆公奏逐魏氏歸本家京師有諺語曰王太祝生前嫁婦侯工部死後休妻

皇甫泌向敏中之壻也少年縱逸多外寵往往涉旬不歸敏中方秉政每優容之而其女抱病甚篤敏中深以爲憂且有恚怒之詞不得已具劄子乞與泌離婚一日奏事畢方欲開陳眞宗聖體似

不和遽離座敏中近前奏曰臣有女壻皇甫泌語方至此眞宗連應曰甚好甚好會得已還內奐敏中詞不及畢不覺收淚蓋莫知聖意如何已而傳詔中書皇甫泌特轉兩官敏中茫然自失欲於翌日奏請是夕女死竟不能辨直其事

又三條在第三卷內

教坊記一卷　唐崔令欽著作佐郎

西京右教坊在光宅坊左教坊在仁政坊右多善歌左多工舞蓋相因成習東京兩教坊俱在明義坊而右在南左在北也坊南西門外卽苑之東也其間有頃餘水泊俗謂之月陂形似偃月故以名之

妓女入宜春院謂之內人亦曰前頭人常在上前頭也其家猶在教坊謂之內人家四季給米其得幸者謂之十家給第宅賜無異等初特承恩寵者有十家後繼進者敕有司給賜同十家雖數十

家猶故以十家呼之每月二十六日內人母得以女對無母則姊妹若姑一人對十家就本落餘內人並坐內教坊對內人生日則許其母姑姊妹皆來對其對所如式

樓下戲出隊宜春院人少卽以雲韶添之雲韶謂之宮人蓋賤隸也非直美惡殊貌居然易辨明內人帶魚宮人則否平人女以容色選入內者教習琵琶三絃箜篌箏等者謂之搊彈家

開元十一年初製聖壽樂令諸女衣五方色衣以歌舞之宜春院女教一日便堪上場惟搊彈家彌月不成至戲日上令宜春院人爲首尾搊彈家在行間令學其舉手也宜春院亦有工拙必擇尤者爲首尾既引隊衆所屬目故須能者樂將闋稍稍失隊餘二十許人舞曲終謂之合殺老尤要快健所以更須能者也

聖壽樂舞衣襟皆各繡一大窠皆隨其衣本色製純縵衫下纔及帶若短汗衫者以籠之所以藏繡窠也舞人初出樂次皆是縵衣舞至第二疊相聚場中卽于衆中從領上抽去籠衫各內懷中觀者忽見衆女咸文繡炳煥莫不驚異

凡欲出戲所司先進曲名上以墨點者卽舞不點者卽否謂之進點戲日內伎出舞教坊人惟得舞伊州五天重來疊去不離此兩曲餘盡讓內人也垂手羅回波樂蘭陵王春鶯囀半社渠借席烏夜啼之屬謂之軟舞阿遼柘枝黃獐拂林大渭州達摩之屬謂之健舞

凡樓下兩院進雜婦女上必召內人姊妹入內賜食因謂之曰今日娘子不須唱歌且饒姊妹并兩院婦女于是內妓與兩院歌人更代上舞臺唱歌內妓歌則黃幡綽贊揚之兩院人歌則幡綽輒訾詬之有肥大年長者卽呼爲屈突干阿姑貌稍胡者卽云康大賓阿妹隨類名之僄弄百端

諸家散樂呼天子爲崔公以歡喜爲蜆斗以每日長在至尊左右爲長人

筋斗裴承恩妹大娘善歌兄以配竿木侯氏又與長人趙解愁私通侯氏有疾因欲藥殺之王輔國鄭銜山與解愁相知又是侯鄉里密謂薛忠王琰曰爲我報侯大兄晚間有人進粥愼莫喫及期果有贈粥者侯遂不食其夜裴大娘引解愁謀殺其夫銜山情願擎土袋滅燈既黑銜山乃以土袋置侯身上不厭口鼻餘黨不之覺也比明侯氏不死有司以聞上令范安窮治其事于是趙解愁等皆決一百衆皆不知侯氏不掩口鼻而不死也或言土袋綻裂故活是以諸女戲相謂曰女伴爾自今後縫壓壻土袋當加意夾縫縫之更勿令開綻也

坊中諸女以氣類相似約爲香火兄弟每多至十四五人少不下八九輩有兒郎娉之者輒被以婦人稱呼卽所娉者兄見呼爲新婦弟見呼爲嫂也兒郎有任宮僚者官參與內人對同日垂到內

門車馬相逢或褰車簾呼阿姨若新婦者同黨未達殊爲怪異問被呼者笑而不答兒郎既娉一女其香火兄弟多相奔云學突厥法又云我兄弟相憐愛欲得嘗其婦也主者亦不妒他香火即不通

蘇五奴妻張四娘善歌舞有邀迓者五奴輒隨之前人欲得其速醉多勸酒五奴曰但多與我錢吃䭔子亦醉不煩酒也今呼鬻妻者爲五奴自蘇始

范漢女大娘子亦是竿木家開元二十一年出內有姿媚而微慍羝（狐臊氣也）

曲名

獻天花　和風柳　美唐風　透碧空（小石）
巫山女　度春江　衆仙樂（正平）　大定樂
龍飛樂（小石）　慶雲樂　繞殿樂　泛舟樂

抛毬樂　清平樂（大石）　放鷹樂　夜半樂
破陣樂（貞觀時製）　還京樂　天下樂（正平）　同心樂
賀聖朝（南呂宮薄媚）　奉聖樂　千秋樂　泛龍舟
泛玉池　春光好　迎春花　鳳樓春
負陽春　章臺春　繞池春　滿園春
長命女　武媚娘　杜韋娘　柳青娘
楊柳枝　柳含烟　替楊柳　倒垂柳
浣溪紗　浪淘沙　撒金沙　紗窗恨
金簑嶺　隔簾聽　恨無媒　望梅花
望江南　好郎君　想夫憐　別趙十
憶趙十　念家山　紅羅襖　烏夜啼
墻頭花　摘得新　北門西　煮羊頭
河瀆神　二郎神　醉鄉遊　醉花間

燈下見　太邊郵　太白星　剪春羅
會佳賓　當庭月　思帝鄉（正平）　醉思鄉
歸國遙　感皇恩（道調宮）　戀皇恩　皇帝感
戀情深　憶漢月　憶先皇　聖無憂
定風波　木蘭花　更漏長　菩薩蠻
破南蠻　八拍蠻　芳草洞　守陵宫
臨江仙　虞美人　映山紅　獻忠心
臥沙堆　怨黃沙　遐方怨　怨胡天
送征衣　送行人　望梅愁　阮郎迷
牧羊怨　掃市舞　鳳歸雲　羅裙帶
同心結　一捻鹽　阿也黃　劫家雞
綠頭鴨　下水舡　留客住　離別難
喜長新　羌心怨　女王國　繚踏歌

天外聞　賀皇化　五雲仙　滿堂花
南天竺　定西番　荷葉杯　感庭秋
月遮樓　感恩多　長相思　西江月
拜新月　上行盃　團亂旋　喜春鶯
大獻壽　鵲踏枝　萬年歡　曲玉管
傾盃樂　謁金門　巫山一段雲　望月婆羅門
玉樹後庭花　西河獅子　西河劍氣　怨陵三臺
儒士謁金門　武士朝金闕　摻工不下　麥秀兩歧
金雀兒　漣水吟　玉搔頭　鸚鵡盃
路逢花　初漏歸　相見歡　蘇幕遮
遊春苑　黃鐘樂　訴衷情　折紅蓮
征步郎　洞仙歌　太平樂　長慶樂
喜回鑾　漁父引　喜秋天　大郎神

胡渭州　夢江南　濮陽女　靜戎烟
三臺　上韶　中韶　下韶
普恩光　戀情歡　楊下采桑　大酺樂
合羅縫　蘇合香　山鷓鴣　七星管
醉公子　朝天樂　木笪　看月宮
宮人怨　嘆疆場　拂霓裳　駐征遊
泛濤溪　胡相問　廣陵散　帝歸京
喜還京　遊春夢　柘枝引　留諸錯
如意娘　黃羊兒　蘭陵王　小秦王
花王發　大明樂　望遠行　思友人
唐四姐　放鷓樂　鎮西樂　金殿樂
南歌子　八拍子　魚歌子　七夕子
十拍子　措大子　風流子　吳吟子

生查子　醉胡子　山花子　水仙子
綠鈿子　金錢子　竹枝子　天仙子
赤棗子　千秋子　心事子　胡蝶子
沙磧子　酒泉子　迷神子　得蓬子
刬碓子　麻婆子　紅娘子　甘州子
刺歷子　鎮西子　北庭子　采蓮子
破陣子　劍器子　師子　女冠子
仙鶴子　穆護子　贊普子　蕃將子
回戈子　帶竿子　摸魚子　南鄉子
大呂子　南浦子　撥棹子　河滿子
曹大子　引角子　隊踏子　水沽子
化生子　金蛾子　拾麥子　多利子
毗砂子　上元子　西溪子　劍閣子

嵇琴子　莫壁子　胡攢子　唧唧子
玩花子　西國朝天　大曲名　踏金蓮
綠腰　涼州　薄媚　賀聖樂
伊州　甘州　泛龍舟　采桑
千秋樂　霓裳　後庭花　伴侶
雨霖鈴　柘枝　胡僧破　平翻
相馳逼　呂太后　突厥三臺　大寶
一斗鹽　羊頭神　大姊　舞一姊
急月記　斷弓絃　碧宵吟　穿心蠻
羅步底　回波樂　千春樂　龜茲樂
醉渾脫　映山雞　昊破　四會子
安公子　舞春風　迎春風　看江波
寒雁子　又中春　玩中秋　迎仙客

同心結

大面出北齊蘭陵王長恭性膽勇而皃若婦人自嫌不足以威敵乃刻木為假面臨陣着之因為此戲亦入歌曲

踏謡娘北齊有人姓蘇皰鼻實不仕而自號為郎中嗜飲酗酒每醉輒毆其妻妻銜悲訴于鄰里時人弄之丈夫著婦人衣徐行入場行歌每一疊傍人齊聲和之云踏謡和來踏謡娘苦和來以其且步且歌故謂之踏謡以其稱冤故言苦及其夫至則作毆鬬之狀以為笑樂今則婦人為之遂不呼郎中但云阿叔子調弄又加典庫全失舊旨或呼為談容娘又非

烏夜啼彭城王義康衡陽王義季帝囚之潯陽後宥之使未達衡王家人叩二王所囚院曰昨夜烏夜啼官當有赦少頃使至故有此曲亦入琴操

安公子隋大業末煬帝將幸揚州樂人王令言以年老不去其子

從爲其子在家彈琵琶令言驚問此曲何名其子曰內裏新翻曲子名安公子令言流涕悲愴謂其子曰爾不須屈從大駕必不回子問其故令言曰此曲宮聲往而不返宮爲君吾是以知之

春鶯囀高宗曉聲律晨坐聞鶯聲命樂人白明達寫之遂有此曲

記曰夫以廉潔之美而道之者寡驕淫之醜而蹈之者衆何哉志意劣而嗜慾強也借如涉畏途不必皆死而人知懼溺聲色則必傷夭而莫之思不其惑歟且人之生身所稟五常耳至有悅其妻而圖其夫前古多矣是違仁也納異寵而薄糟糠凡今衆矣是忘義也重衽席之娛輕宗祀之敬是廢禮也貪耳目之玩忽禍敗之端是無知也心有所愛則靦冒苟得不顧宿諾是弃信也孜諭履仁蹈義修禮任智而信以成之嗚呼國君保之則比德堯舜士庶由之則齊名周孔矣當爲永代表式寧止一時稱舉倘謂修小善而無益犯小惡而無傷殉嗜欲近情忘性命大節施之于國則國

敗行之于家則家壞敗與壞不其痛哉是以楚莊悔懼斥遣夏氏宋武納諫遽絕慕容終成霸業號爲良主豈比高緯以馮小憐滅身叔寶以張貴妃亡國漢成以昭儀絕冢嗣燕熙以苻氏覆邦家乎非無元龜自有人鑒遂形簡牘敢告後賢

北里志一卷　　唐孫棨翰林學士號無爲子

平康里入北門東回三曲即諸妓所居之聚也妓中有錚錚者多在南曲中曲其循墻一曲者卑屑妓所居也頗爲二曲之所輕其南曲中曲門前通十字街初登館閣者多于此竊遊焉二曲中居者皆堂宇深邃各有三數廳事前後植花卉或有怪石池塘左右對設小室垂簾茵榻幃幌之類稱是

妓之母多假母也俗曰爆炭不知其由應以難姑息之故也一曰爆炭亦妓之衰退者爲之諸女或自幼丐育或傭其下里貧家常有不調之徒潛爲漁獵亦有良家子爲其家聘之以轉求厚賂誤陷其中則無以自脫初教之歌令而責之甚急微涉退怠則鞭朴備至皆冒假母姓呼以女弟女兄爲之行第率不在三旬之內諸母亦無夫其未甚衰退者悉爲諸邸將輩掌之或私畜侍寢者亦不以夫禮待多有游惰者于三曲中而爲諸娼所豢俗呼爲妙客即不知其所由

諸妓以出里爲艱每南街保唐寺有講席多以月之八日相率聽焉皆納其假母一緡然後能出于其里故保唐寺每三八日士子極多蓋有期于諸妓也有一嫗號袁州婆盛有財貨亦育數妓多畜衣服器用僦賃于三曲中亦有樂人聚居其側或呼召之立至每飲率以三鍰繼燭即倍之

美奴降眞者住于南曲中善談謔能歌令常爲席糾寬猛得所其姿容亦常常但蘊藉不惡時賢雅尙之因鼓其聲價耳劉覃登第年十六七永寧相國鄴之愛子自廣陵入京輜重數十輦名馬數十駟時同年鄭賓扇之極嗜欲于長安覃但聞衆譽美好亦不知其他所由輩潛與美妓計議每令辭以他事重難其來覃則連增

所購終無難色時有戶部府吏李全居其里中能制諸妓覃聞立召之授以金花銀榼可二斤許全逕入曲追美妓至則蓬頭垢面涕泗交下搴簾一覩亟使轝迴所費已百餘金矣

楚兒者素爲三曲之尤以退暮爲萬年捕賊官郭鍜所納置于他所楚兒在倡中狂逸特甚及被拘繫未能悛心嘗一日自曲江與鍜行前後相去十數步仝版使鄭光業昌國時爲補袞道與之遇楚兒遂出簾招之光業亦使人傳語因曳至中衢擊以馬箠其聲甚冤楚光業遙視之驚悔且慮其不任矣光業明日特繞路過其居偵覘則楚兒已在臨街窗下弄琵琶矣使人持綵箋遺光業詩曰應是前生有宿冤不期今世惡姻緣蛾眉常碎巨靈掌雞肋那勝子路拳只擬嚇人傳鐵券汾陽王有鐵券免死今則無矣遂是罵必以此爲誶也未應教我踏金蓮曲江昨日君相遇當下遭他數十鞭光業遽于馬上取箋答曰大開眼界莫言冤必若遭伊也是緣無計不煩輕假邃有門須是

疾連拳據論當道加嚴箠使合披緇念法蓮如此與情都未滅始知昨日是蒲鞭

鄭舉舉者曲中常與絳眞娘互爲席糾孫龍光偍爲狀元頗惑之與同年數人多在此家他人或不盡預故同年盧嗣業訴醵罰錢致詩于狀元曰未識都知面頻輸復分錢苦心親筆硯得志助花鈿徒步求秋賦持盃給暮饘力微多謝病非不奉同年（曲內以妓之頭角爲都知分管諸妓曲中常例每一席四錢見燭即倍之新郎更倍其數故謂復分錢）

王團兒有假女數人長曰小潤字子美少時頗籍籍者崔垂休常題記于小潤髀上爲同年李義山所見贈之詩曰慈恩塔上新泥壁滑膩光華玉不如何事博陵崔四十金陵腿上逞歐書

張住住者在南曲少而敏慧隣居有龐佛奴與之同歲甚相悅慕年六七歲私有結髮之約及住住笄年其家拘管甚切佛奴稀得見之又力窘不能聘俄而里之南有陳小鳳欲權聘住住蓋求其

元已納薄幣約其歲三月五日佛奴因寒食爭毬道故逼其窗以問之住住曰我家上巳日踏青去我當以疾辭彼即自爲計也佛奴因求其鄰宋嫗許爲之地是日嫗獨留住住家伴之住住于東墻梯過佛奴以敘平生它日住住謂之曰小鳳非娶我也其旨可知我不負子矣而子其可負我家而辱之乎必爲我計之佛奴許之曲中素有畜鬬雞者佛奴與之識至五日因令髠其冠取丹物託宋嫗致于住住既而小鳳以爲得其元甚悅又遺三緡于張氏充謝時小鳳爲平康豪族車服甚盛佛奴傭於徐邸不能給食母兒論之鄰里譏之終不能絕于佛奴指階前井曰若逼我不已骨董一聲則了矣平康里素多輕薄小兒遇事輒唱住住之誑小鳳也隣里或竊知之俄又直曲中王團兒假女小福爲一節鄭九郎掌之而私于曲中盛六子者及誕一子滎陽撫之甚厚曲中因唱曰張公吃酒李公顛盛六生兒鄭九憐上舍雄雞失一德南頭小鳳納三千久之小鳳微聞其唱其與住住相識者且告以街中之唱是日前佛奴家雄雞因避鬬飛上屋傷足前曲小鐵鑪田小福者賣馬街頭遇佛奴父以爲小福所傷遂毆之住住素有口辨因拊掌曰是何龐漢打他賣馬街頭曰小福唱上舍雄雞失一德街頭小福拉三拳且雄雞失德是何謂也小鳳且不盡喻住住因呼宋嫗使以前言告佛奴視其雞跟遂以絲密纏之置街中召群小兒共唱其住住之言小鳳出街中觀跛雞又聞改唱深悔向來悞怪乃益市酒肉復之張舍一夕宴語至旦將歸街中人又唱莫將龐大作荍（音麪）團龐大皮中的不乾不怕鳳凰當額打更將雞脚用筋纏小鳳聞之甚羞因不復詣住住佛奴初傭邸院邸將甚憐之爲致職名後聘住住爲佛奴之室小鳳家事日蹙後不濟矣

鞏氏後耳目志（一卷）

宋鞏豐

觀雜書

淮南子曰浮空一垈（甫尾切）體具衆微從之成一拳石積此以往嶄然成山中谷極愛此語

師說（專記東萊先生之言）

僕嘗聞先生古文多叶韻宜何所取先生曰當如柳子厚愚溪對吾盪而趨不知太行之累乎九衢以敗吾車吾放而游不知呂梁之異乎安流以沒吾舟不牽強

先生把孟子在手誦讀徐云此方是大文章也

先生嘗爲諸生節唐書云字欲少而事欲多乃節史之繩墨

論文

山谷祭溫公文匪天奪之乃公盡瘁蓋反天不憖遺之語王荊公爲葛宗聖墓志始終皆用也字全學醉翁亭記然用之於墓文則新

陸放翁嘗爲序言如國語吳越策等文字高古雖使堯舜禹湯見

之亦必稱美

雜論

修禊序崇山峻領漢書張耳傳南有五領之戍領字不从山與嶺同黃睿校眞語中云嶺山領也凡山有長脊有路可越如馬之項領故古但作領字

溫陵休齋陳弱翁疑石鼓歌爲非退之作唐人僞爲之云岐周地也平王東徙以賜秦襄自是岐地屬秦今其字是小篆與隸體意者秦人好田獵是詩之作其在獻公之前襄公之後乎而不列于秦風蓋史失之以聲求之當作秦聲恨不得其全與知者攻之然則地秦地字秦字聲秦聲爲秦詩何疑程秦之雍錄論石鼓甚詳而掊擊不及此豈或未見休齋詩話耶

孟光舉桉齊眉俗直謂几桉耳呂少衛語林桉乃古盌字謂盇盌與眉齊耳張平子四愁詩何以報之青玉桉謂青玉椀耳若此類者皆不可以習熟忽而不考識者所哂

襍言

憤世俗之難諧如鼓清廟之瑟未終曲而去

明者見百里而不能自視其一睫智者料萬里而不能自察其五藏

雖有姦偸不能使犬不吠雖有暴政不能使民不訛

世治則君子富貴焉世亂則小人富貴焉

山林無汙城郭無潔山林曠以泄城郭塊以嶡

吉禮莫重于笄（音項）自漢儒已不知其制凶禮莫隆于免而鄭康成以爲未聞禮之失也多矣

海山微茫而隱見江山嚴厲而峭卓溪山窈窕而幽深

如風行水如蟲食木自然成文不假琱飾

蟲之食木無鋒可見蠶之作繭無罅可尋

以不寒爲溫以不飢爲飽以無辱爲榮以無禍爲福人之游世如此足矣

自內視外者明自外視內者暗

治生莫若節用養生莫若節慾

治世之水旱天耗民之飽餘也雖耗而不勝其補亂世之中熟天補民之不足也雖補而不勝其耗所謂行小變而不失其大常也

惟知治亂者能知天之意

無私之心如權衡然物之輕重常在外無蔽之心如水鏡然物之姸醜常在乎

天無一時可以違人人無一日可以違天

穰歲多病飢年少疾（孫思邈以爲穰康語）

席間函丈人之有負者多矣食前方丈人之有愧者多矣

食人之肉可隨以鞭扑之辱乘人之車可加以鈇鉞之誅東萊先生語之

凡人傷巧則可悔之事多傷拙則可悔之事少

洞天淸祿集一卷 宋趙希鵠

唐張彥遠作閒居受用至首載齋閣應用而傍及醯醢脯羞之屬噫是乃大老姥總督米鹽細務者之爲誰謂君子受用如斯而已乎人生一世間如白駒過隙而風雨憂愁輒居三分之二其間得閒者纔一分耳况知之而能享用者又百之一二于百一之中又多以聲色爲受用殊不知吾輩自有樂地悅目初不在色盈耳初不在聲嘗見前輩諸老先生多蓄法書名畫古琴舊硯良以是也明窗淨几羅列布置篆香居中佳客玉立相映時取古人妙迹以觀鳥篆蝸書奇峰遠水摩挲鐘鼎親見商周端研湧巖泉焦桐鳴玉佩不知身居人世所謂受用淸福孰有踰此者乎是境也閬苑瑤池未必是過人鮮知之良可悲也予故會萃古琴研古鐘鼎而

次凡十門辨訂是否以貽清修好古塵外之客名曰洞天清祿若香茶紙墨之屬既譜載而亡謬誤者茲不復贅觀者宜自求之開封趙希鵠序

古琴辨

古琴以斷紋爲證蓋琴不歷五百歲不斷愈久則斷愈多然斷有數等有蛇腹斷其紋橫截琴面相去或一寸或二寸節節相似如蛇腹下紋有細紋斷如髮千百條亦停勻多在琴之兩傍而近岳處則無之又有面與底皆斷者又有梅花斷其紋如梅花頭此爲極古非千餘載不能有也凡漆器無斷紋而琴獨有之者蓋他器用布漆琴則不用他器安閒而琴日夜爲絃所激又歲久桐腐而漆相離破斷紋隱處雖腐磨礪至再重加光漆其紋愈見然眞斷紋如劍鋒僞則否

僞作者用信州薄連紙先漆一層于上加灰紙斷則有紋或于冬日以猛火烘琴極熱用雪罨激裂之或用小刀刻畫于上雖可眩俗眼然決無劍鋒亦易辨

古琴惟夫子列子二樣若太古琴或以一段木爲之並無肩腰惟加岳亦無焦尾安焦尾處則橫嵌堅木以承絃而夫子列子樣亦皆肩垂而闊非若今聳而狹也惟此二樣乃合古制近世雲和樣于岳之外刻作雲頭捲而下通身如壺瓶狀或以夫子樣周徧皆作竹節形名竹節樣其異樣不一皆非古制又于第四絃下安徽以求異曰此外國琴尤可笑也

古琴有陰陽材者蓋桐木面陽日照者爲陽背陽不面日者爲陰也謂余不信但取新舊桐木置之水上陽面浮而陰必沉雖反復之再三不易也更有一驗古今琴士所未嘗言陽材琴旦濁而暮清晴濁而雨清陰材琴旦清而暮濁晴清而雨濁此乃靈物與造化同機緘非他物比也

取古材難得過于精金美玉得古材者命良工旋製之斯可矣自昔論擇材者曰紙甑水槽木魚鼓腔敗棺古梁柱榱桷然梁柱恐爲重物壓損紋理敗棺少用桐木紙甑水槽患其薄而受溼氣太多惟木魚鼓腔晨夕近鐘鼓爲金聲所入最爲良材然亦有敲損之患別有擇材往監今陳述之昔吳越錢忠懿王能琴遣使以廉訪爲名而實物色良琴使者至天台宿山寺夜聞瀑布聲近在簷外晨起視之瀑布下淙石處正對一屋柱而柱且向日私念曰若是桐木則良琴在是矣以刀削之果桐也卽賂寺僧易之取陽面二琴材馳驛以聞乞俟一年斲之既成獻忠懿一曰洗凡二曰清絕遂爲曠代之寶後錢氏納土太宗朝二琴歸御府南渡初流轉至霅川葉夢得上之此乃擇材之良法大抵桐材既堅而又歷千餘年木液已盡復多得風日吹曝之金石瀑水之聲感入之所處在空曠清幽蕭散之地而不聞塵凡喧雜之聲取以製琴烏得不與造化同妙以此觀之安琴之室亦當如是不宜近塵穢婦女喧雜之地也

今人見琴池沼中有雷文張越字便以爲至寶殊不知雷張皆開元天寶時人去今能幾何若得古材依法留心斲之雷張未必過也惟求其是而已矣

工人供斤削之役若繩墨尺寸厚薄方圓必善琴高士主之仍不得促辦如槽腹琴面之類每壹事畢方治一事必相度審思之既斷削去則不復可增度造一琴并漆必三月或半年方辦合底面必用膠漆如皮紙厚合訖置琴于卓上橫厚木於卓下夾卓以篾絞縛之依法匣訖候一月方解底灰必雜以金銅細屑或磁器屑薄如連紙候極乾再上一次面灰用極細骨灰如薄連紙止一上並一月方乾面上糙漆僅取遮灰光漆糙底灰漆差厚無害又徽者繩也準繩墨以定聲尤宜留意豈俗工所能哉若製造之法諸

琴書備載宜擇其善者參用之

湖廣有范氏曾守土號范連州自能斲琴今有一琴在折彥質參政家其琴面乃用方二三寸許小桐木片以漆湊成之故名之百衲彈之則與尋常低下琴無異此何益哉木不成段聲必不應又爲漆所礙其竅塞可知折氏至今寶之尤可笑今人或以琴材短不及自岳之外別用桐木接之亦不可也

古琴漆色歷年既久漆光退盡惟黯黯如海舡所貨烏木此最奇古而或者以其無光磨而再漆之不惟頓失古意且滯琴之聲此大戒也

底面俱用桐謂之純陽琴古無此製近世爲之取其莫夜陰雨之際而聲不沉然必不能達遠蓋聲不實也

今人多擇面不擇底縱依法製之琴亦不清蓋面以取聲底以匱聲底木不堅聲必散逸法當取五七百年舊梓木鋸開以指甲掐之堅不可入者方是

桐木不宜太鬆桐木太鬆而理疎琴聲多泛而虛宜擇緊實而紋理條條如綫綫密條達不邪曲者此十分良材亦以掐不入者爲奇其掐得入者麄疎柔脆多是花桐乃今用作漆器胎素者非梧桐也今人多悮用之

桐木年久木液去盡紫色透裏全無白色更加細密萬金良材

古人以桐梓久浸水中又取以懸竈上或吹曝以風日百種用意終不如自然者蓋萬物在天地間必歷年多然後受陰陽氣足而成材之後壯而衰衰而老老而死陰陽之氣去盡然後反本還元復與太虛同體其奇妙處乃與造化同功此豈人力所能致哉豈吹曝所能成哉

有梧桐生子如簸箕有花桐春來開花如玉簪而微紅號折桐花有櫻桐其實堪以榨油有刺桐其木徧身皆生刺如釘堪作梁柱四種之中當用梧桐詩曰椅桐梓漆爰伐琴瑟書曰椅木梓實而桐皮即今花桐也花桐之實正類梓實桐即今梧桐也二者雖皆可以爲琴而梧桐理疏而堅花桐柔而不堅則梧桐勝于花桐明矣今取舊材但知輕者爲桐而不知堅而輕者爲梧桐無怪乎滿天下無良琴也俚諺曰新爲桐舊爲銅蓋指言梧桐也

有楸梓鋸開色微紫黑用以爲琴底者也有黃心梓其理正類櫧木而極細黃白不堪若作器用難朽非琴材漆木亦類梓蓋取其漆液堅凝古人亦以爲琴惟須不經取漆而老大者方可用

製琴腹至安鳳足處須小阬之過足則復寬之蓋聲遇阬則不直達過阬寬則復悠揚而出所以韻長乃唐雷文祕法此論琴腹橫廣也面底皆然于阬處穿鑿足

琴足宜用棗心黃楊或烏木蓋取其堅實足之下須令平如鐵切忌尖與凹足之柄與琴之鑿必小大相當毋差毫釐若柄小而以

紙副之琴聲必泛岳軫焦尾亦宜用此三等木切不可以金玉犀象爲飾多誨盜併爲琴害矣

雷張製槽腹有妙訣于琴底悉窪微令如仰瓦蓋謂于龍池鳳沼之絃微令有脣餘處悉窪之正如今銅錢之背穿眼處有絃凸起令聲有關閉既取其面底如瓦相合而池沼之脣又關閉不直達故聲有所匱而不散豈論琴腹堅深也予嘗見畢文簡公張越琴于池沼間以指探之果如此

古之愛琴者歿則戒子孫藏之冢間或有用石匣者復出而爲世用多是聲沉闇闇然蓋以受土氣多溼氣勝耳法當用大甑蒸之以去溼氣一蒸未透再多蒸之于風日處挂晾經月聲復矣

婺女浦江一士大夫家發地得琴長大有斷紋紹興間獻之御府爲巨璫所阻曰此墟墓中物豈宜進御遂給還其家至今寶之雖聲帶濁而以作廣陵等大曲彈愈久而聲方出此琴若用前蒸曝

法當無比矣

南昌一士家有古琴面上三穿孔然皆不當絃不礙聲號曰玲瓏玉有達官以千緡市之而去紹興諸賢一士大夫家有一穿孔亦不當絃今已轉徙他處

琴桉須作維摩樣庶桉脚不礙人膝連面高二尺八寸可入膝于桉下而身向前宜石面爲第一次用堅木厚爲面再三加灰漆亦令厚四脚令壯更平不假坫扱則與石桉無異永州石面桉固佳然太薄必須厚一寸半許乃佳若用木面須二寸以上若得大柏大棗木不可用膠合以漆合之尤妙又見今人作琴卓僅容一琴須闊可容四琴長過琴三之一試以桉較琴聲便可見琴桉上切不可置香罏雜物于前吳自強雲山集云于桉面作小水槽不必爾也

前輩或埋甕瓦于地上鳴琴此說恐妄傳蓋彈琴之室宜實不宜

虛最宜重樓之下蓋上有樓板則聲不散其下空曠清幽則聲透徹若高堂大廈則聲散小閣密室則聲不達園囿亭榭尤非所宜若幽人逸士于高林大木或巖洞石室之下地幽境寂更有泉石之勝則琴聲愈清與廣寒月殿何異

掛琴不宜著壁有土氣惟紙糊格及漆格上當風處爲妙然須無人往來小兒婦女貓犬所不到處當掛時加袋以障塵匣之則去袋蓋袋能引溼氣梅月須早入匣以厚紙糊縫安樓之陰涼處琴匣之制須低矮窄小僅可容此琴蓋令容受子口仍釘鉸加鎖若令童僕抱琴勿橫抱多前遇物觸損雲牙不若于袋上作帶縛暨背肩後則不損然縛須緊不可寬

露下彈琴而聲不乏蓋陽材也若鍾鳴雞唱霜清月皎以陽琴鼓之聲更清徹陰材則不然

未彈琴先盥手手澤能膩絃損聲夏月尤甚惟早晚差涼宜弄琴正午炎熱非惟汗污天氣太燥亦難爲絃若陰涼處無害

彈琴焚香惟取香清而煙少者若濃烟撲鼻大敗佳興當用水沉蓬萊忌用龍涎篤耨凡兒女態香

彈琴對花惟巖桂江梅茉莉荼蘼薝蔔等香清而色不豔者方妙若妖紅豔紫非所宜也

夜深人靜月明當軒香爇水沉曲彈古調此與羲皇上人何異但須在一更後三更前蓋初更人聲未寂三更則人倦眠矣

彈琴舞鶴鶴未必能舞觀者鬨然彈者心不專此與觀優何異非君子之事

湍流瀑布凡水之有聲者皆不宜彈琴惟澄淨池沼近在軒窗或在竹邊林下雅宜對之微風灑然游魚出聽其樂無涯也

春秋二候氣清而和人亦中夜多醒月色映窗披衣趺坐橫琴膝上時作小操然須指法精熟方可爲此

琴徽古人所以不用金玉而貴蚌徽者蓋蚌有光采得月光相射則愈煥發了然分明此正爲對月及膝上橫琴設若金玉則否今人少知此理然當用海中產珠蚌他蚌無甚光采

道人彈琴琴不清亦清俗人彈琴琴不濁亦濁而況婦人女子倡優下賤乎

古硯辨

世人論硯者皆曰多用歙石蓋未知有端殊不知歷代以來皆用端溪至南唐李主時端溪舊坑已竭故不得已而取其次歙乃端之次其失一也近時好事者作研譜惟分端溪上中下三巖而不知新舊坑下巖惟有舊坑無新坑上中二巖則皆新坑于歙亦然其失二也世之論端溪者惟貴紫色而不知下巖舊坑惟有漆黑青花二種初未嘗紫此無他未曾覩古研其失三也予慮世人貴耳鑒而無心賞故述古研辨惟說端歙二溪而不他及蓋他石皆

不及端歙或強以爲研寧不差見子墨客卿乎是說非老于用研者其孰知之

端溪下巖舊坑卵石黑如漆細潤如玉叩之無聲磨墨亦無聲有眼中有暈或六七眼相連排星斗異形石居水底須千夫堰水汲盡深數丈篝火下縋深入穴中方得之此品南唐時已難得至慶曆間坑竭下巖舊坑又一種卵石去膔方得材色青黑細如玉有花點如筯頭大其點別是碧玉清瑩與研質不同唐吳淑研賦所謂點滴青花是也故名青花子石今訛爲青花紫石李長吉詩已訛作紫字其實未嘗紫也青黑之中或有白點如粟排星斗異象水溼方見扣之無聲磨墨亦無聲此品南唐時已難得慶曆間坑竭已上二品石久用鋒鋩愈出不退鈍不假磨礲下巖上有一坑出此二種石別無新坑所謂新坑蓋元坑已盡而別開一坑下巖則否

端溪中巖舊坑石色紫如新嫩肝細潤如玉有眼小如菉豆粒純綠色而無暈或有綠條紋或白條紋如線蓋豎而圓者爲眼橫而長者爲條紋此種亦是卵石外有黃膔包絡扣之無甚聲磨墨亦無聲久用鋒鋩不退不假磨礲今此坑取之亦竭中巖新坑色淡紫眼如鴝鵒眼大重暈而緊小其中如瞳人狀石老者扣之有聲嫩者無甚聲磨墨則微有聲石有枯潤潤者雖難得然久用則鋒鋩退乏必假磨礲今此品難得遂爲希世之寶百研之中見一二耳世人見其希有又因未見古研遂目此爲下巖舊坑不知此去下巖已低三等矣

端溪上巖新舊坑皆色灰紫而麤燥眼大爲雄雞眼扣之鏗然磨墨相拒如鋸聲久用則鋒乏光如鏡面不堪用然舊坑差勝新坑今士夫所藏研多此品

他處石類端溪而非者有一種名瀫石出九溪瀫溪表淡青裏深紫而帶紅有極細潤者然以之磨墨則木寨而不發快愈用愈光而頑硬如鏡面間有金綫或黃脉直截如界行相間者號紫袍金帶高宗朝戚里吳琚曾以進御不稱旨一種辰沅州黑石色深黑質麤燥或微有小眼黯然不分明今人不知往往稱爲黑端相去天淵矣今端溪民負販者多市辰沅研璞而歸刻作端溪樣以眩士大夫被獲重價若辰沅人自鐫刻者則大雕篆或作荷蓮水波犀牛龜魚八角六花等樣藻飾異常雖極工巧而材不堪用此亦辨辰沅研之一法

歙溪龍尾舊坑色淡青黑湛如秋水並無紋以水溼之微似紫乾則否細潤如玉發墨如泛油並無聲久用不退鋒或有隱隱白文成山水星斗雲月異象水溼則見乾則否此亦是卵石故難得極大者不過四五寸多作月研就其材也或有純黑如角者東坡最貴重此品今得之亦貴重不減端溪下巖然龍尾舊坑雖極細猶

微澁墨端溪下巖則直如鐵盤塌蠟矣以此爲辨南唐時方開龍尾舊坑今已無之新坑色亦青黑無紋而麤燥礪墨退筆久用則鈍乏有極大盈三尺者

羅紋刷絲金銀間刷絲眉子四品新舊坑四品並青黑色紋細而質潤如玉羅紋真如極細羅刷絲如髮密眉子如甲痕或如蠶大金銀間絲亦細密久用不退鋒磨墨無聲無闊大者然皆次于龍尾舊坑亦南唐時開坑今已無如得之貴重不減龍尾舊坑四品新坑並紋麤而質枯燥且不堅眉子大者或長二三寸刷絲每條相去一二分羅文如羅花紋拒墨如鋸久用退乏光硬大者盈一二尺甚大者三尺

金星新舊坑並麤燥淡青色雖金星滿面然礪墨退筆久用則退乏大者盈尺別有一種黑石金星姿質亞端溪下巖漆黑石乃是萬州懸金崖金星石色漆黑細潤如玉隱隱金星水溼則見乾則

否發墨如泛油無聲久用不退乏非歙也今懸金崖亦已取盡如得之不減端溪下巖

銀星新舊坑並施燥淡青黑色有星處不堪磨墨工人多側取之避其星于外謂之銀星墻壁拒墨如鋸久用退乏如鏡面大者盈尺

除端歙二名外惟洮河綠石北方最貴重綠如藍潤如玉發墨不減端溪下巖然石在臨洮大河深水之底非人力所致得之爲無價之寶耆舊相傳雖知有洮研然目所未覩今或有綠石研名爲洮者多是潊石之表或長沙谷山石潊石潤而光不受墨堪作砥礪耳

荆襄鄂渚之間有團塊墨玉璞正與端溪下巖黑卵石同而堅縝過之正堪作研惟不如玉器出光留其鋒耳但黑中有白玉相間甚者闊寸許玉石謂之間玉瑪瑙其白處又極堅恐梗墨若用純

黑處爲研當在端溪下巖之次龍尾舊坑之上

研匣不當用五金蓋石乃金之所自出金爲石之精華子母同處則子盜母氣反致燥石而又誨盜法當用佳漆爲之研雖低匣蓋必令高過寸許方雅觀然只用琴光素漆切忌用鈿花犀皮之屬四角須用絺令極牢不宜用紗匣取其容研而周圍寬三紙或作皂絹襯尤妙今人于匣底作小穴小竅容指本以之出研而多泄潤氣但令匣稍寬不必留竅或有墨汁流下多汙几案又或匣底之下作豹脚取其可入手指以移重研此尤非所宜蓋硯實則易發墨虛則否故古人作研多實其趺又加以絣襯正爲是也

古鐘鼎彝器辨

夏尚忠商尚質周尚文其制器亦然商器質素無文周器雕篆細密此固一定不易之論而夏器獨不然予嘗見夏琱戈于銅上相嵌以金其細如髮夏器大抵皆然歲久金脫則成陰文窾以其刻畫處成凹也相嵌今俗訛爲商嵌詩云追琢其章金玉其相

銅器入土千年純青如鋪翠其色午前稍淡午後乘陰氣翠潤欲滴間有土蝕處或穿或剝並如蝸篆自然或有斧鑿痕則僞也銅器墜水千年則純綠色而瑩如玉未及千年綠而不瑩其蝕處如前今人皆以此二品體輕者爲古殊不知器大而厚者銅性未能盡其重止能減三分之一或減半器小而薄者銅性爲水土蒸淘易盡至有鋤擊破處並不見銅色惟翠綠徹骨或其中有一綫紅色如丹然尚有銅聲傳世古則不曾入水土惟流傳人間色紫褐而有朱砂斑甚者其斑凸起如上等辰砂入釜以沸湯煮之良久斑愈見僞者以漆調朱爲之易辨也

三等古銅並無腥氣惟土古新出土尚帶土氣久則否若僞作者熱磨手心以擦之銅腥觸鼻可畏

識文夏用鳥跡篆商則蟲魚周以蟲魚大篆秦用大小篆漢以小

篆隸書三國用隸書晉宋以來皆用楷書唐兼用楷隸三代用陰識謂之偃囊字其字凹入也漢以來或用陽識其字凸間有凹者或用刀刻如鐫碑蓋陰識難鑄陽識易成陽識決非三代物也

款識篆字以紀功所謂銘書鐘鼎款乃花紋以陽飾古器款居外而凸識居內而凹夏周器有款有識商器多無款有識古人作事必精緻工人預四民之列非若後世賤丈夫之事故古器款必細如髮而勻整分曉無纖毫模糊識文筆畫宛如仰瓦而不深峻大小淺深如一亦明淨分曉絕無纖毫模糊此蓋用銅之精者並無砂顆一也良工精妙二也不吝工夫非一朝夕所爲三也今設有古器款識稍或模糊必是僞作質色臭味亦自不同

古者鑄器必先用蠟爲模如此器樣又加款識刻畫然後以小桶加大而略寬入模于桶中其桶底之縫微令有絲綫漏處以澄泥和水如薄糜日一澆之候乾再澆必令周足遮護訖解桶縛去桶

板板急以細黃土多用鹽并紙筋固濟于元澄泥之外更加黃土二寸留竅中以銅汁瀉入然一鑄未必成此所以爲貴也

句容器非古物蓋自唐天寶間至南唐後主時于昇州句容縣置官場以鑄之故其上多有監官花押其輕薄漆黑款細雖可愛要非古器歲久亦有微青色者世所見天寶時大鳳環瓶此極品也

僞古銅器其法以水銀襍錫末即今磨鏡藥是也先上在新銅器上令匀然後以釅醋調細碙砂末筆蘸匀上候如臘茶面色急入新汲水滿浸即成臘茶色候如漆色急入新水浸即成漆色浸稍緩即變色矣若不入水則成純翠色三者並以新布擦令光瑩其銅腥爲水銀所匱並不發露然古銅聲微而清新銅聲濁而閧不能逃識者之鑒

古銅器入土年久受土氣深以之養花花色鮮明如枝頭開速而謝遲或謝則就瓶結實若水秀傳世古則否陶器入土千年亦然

古銅器多能辟異祟人家宜畜之蓋山精木魅之能爲祟以歷年多耳三代鐘鼎彝器歷年又過之所以能辟之范文正公家有古鏡背具十二時如博棊子每至此時則博棊光明如月循環不休又有士人家藏十二鐘能應時自鳴非古器之靈異乎

古之居官者必佩印以帶穿之故印鼻上有穴或以銅環相綰漢印多用五字不用擘窠篆止宜小篆筆畫停匀故有左三字而右二字者或左二字右三字者其四字印則畫多者占地多少者占地少五代以前尚如此今則否

古人惟鍾鼎祭器稱功頌德則有識盤盂寓戒則有識他器亦有無識者不可遽以爲非古但辨其體質款紋顏色臭味足矣

字書曰刁斗以行軍晝炊夕擊今世所見古刁斗柄長尺四五寸其斗僅可容勺合如此則恐非炊具擊之則可此物乃王莽時鑄威斗厭勝家所用耳或于上刻貳師將軍字及其他官號尤表其僞大抵刁斗如世所用有柄銚子但可炊一人之食即古之刁斗訛刁字爲銚字爾字書以銚爲田器不言可知也古鐎斗亦如今有柄銚子而加三足予曾見之辨其質與色眞三代物蓋刁鐎皆有柄故皆謂之斗刁無足而鐎有足爾又字書以鐎爲溫器蓋古以鼎烹大鼎則卒難至熱故溫已烹之冷物一二人食則用鐎予所見者正然

予猶及見漢館陶侯鼎可容今三斗則三代可知矣然近世所存古鼎或有容一升半升者考其款識則眞古物也亦謂之鼎鼎乃大烹之器豈爾耶此蓋古之祭器名曰從彝曰從則其品不一蓋以貯已熟之物以祭宗廟象鼎之器形而實非鼎也猶今之食器亦有象鉎釜者凡曰鬲曰匜曰甗曰尊其形有甚小者皆然故小尊或識曰寶尊彝

古以蕭艾達神明而不焚香故無香爐今所用香爐皆以古人宗

廟祭器爲之爵爐則古之爵狻猊爐則古之踽足豆香球則古之鬵其等不一或有新鑄而象古爲之者惟博山爐乃漢太子宮所用香爐之制始于此亦有僞爲者當以物色辨之

餘姚一達官家有古銅盆大如火爐而周圍有十二環婺州馬鋪嶺人家掘得古銅盆而兩環乃在腹之下足之上此二器文字所不載或以環低者爲古欹器

禹之聲尚文王之聲以追蠡趙岐注以追爲鐘鈕于義未安追者琢也詩云追琢其章今畫家滴粉令凸起猶謂之追粉所謂追蠡蓋古銅器款紋追起處漫滅也趙氏釋蠡爲絕亦非蓋剝蝕也今人亦以器物用久而剝蝕者爲蠡

道州民于舂陵侯冢得一古鏡于背上作菱花四朶極精巧其鏡背面皆用水銀即今所謂磨鏡藥也鏡色略昏而不黑並無青綠色及剝蝕處此迺西漢時物入土千年其質並未變信知古銅器

有青綠剝蝕者非三代時物無此也

蓋傳嵊縣僧舍治地得磚上有永和字又得銅器如今香爐而有蓋蓋上仰三足如小竹筒空而透上筒端各有一飛鶴爐下亦三足別有銅盤承之

石辨

怪石小而起峯多有巖岫聳秀嶔嵌之狀可登几桉觀玩亦奇物也其等有靈壁石英石道石融石川石桂石邵石太湖石與其他雜石亦出多等今列于後

靈壁石出絳州靈壁縣其石不在山谷深土中掘之乃見色如漆間有細白紋如玉然不起峯亦無巖岫佳者如菌萏或如臥牛如蟠螭扣之聲清越如金玉以利刀刮之略不動此石能收香齋閤中有之則香雲終日盤旋不散不取其有峰也僞者多以太湖石染色爲之蓋太湖石亦微有聲亦有白脉然以利刀刮之則成屑

英州出石如銅鑛聲亦如銅倒懸生巖下以鋸取之故底有鋸痕大者或長七八尺起峯至二三寸亦几桉奇玩然色潤者可愛枯燥者不足貴也

道州石亦起峯可愛但石麄又枯燥之甚且體脆不任衝撞

融州老君洞所出亦起峯麄燥體脆又甚于道州石

川石奇聳高大可愛然多人力雕刻後置急水中舂撞之其色枯燥

桂川石靜江府所出雖出自然而石麄色不佳或有玲瓏者雅宜置之花檻中他無用也

邵石寶慶府所出色黑多以作博棊子或刻作筆架並無自然峯巒

太湖石出平江太湖土人取大材或高一二丈者先雕刻置急水中舂撞之久久如天成或用烟薰或染之色亦能黑微有聲宜作

假山

紹興一士夫家有異石起峰峰之趾有一穴中有水應湖自生以之供研滴嘉定間越帥用重價得之

東坡小有洞天石石下作一座子座中藏香爐引數竅正對巖岫間每焚香則烟雲滿岫今在豫章郡山谷家其家珍重嘗與告身同置一篋

研屏辨

古無研屏或銘硯多鐫于硯之底與側自東坡山谷始作研屏既勒銘于硯又刻于屏以表而出之山谷有烏石研屏銘今在婺州義烏一士大夫家用南康軍烏石蓋烏石堅耐他石不可用也

洪景盧夷堅志云一士夫赴官就道其子婦方懷妊轎夫顛仆而半產乃翁呼轎夫欲治之夫曰逗曉不辨道路爲一石所礙翁不信親往視之匾闊微如玉良璞也攜詣玉工解作三片青質白章

成山林雲月飛鳥像歷歷分明自取其二以一謝玉工工治作屏因貴璫以獻御府惜其無對召工問之工具以士夫姓名對被旨以重賞宜取湊成三屏置之玉虛殿

永州祁陽石雖成紋然景蘩雜不淸遠又多刻畫而成以手摸之有凸凹可驗間有自然者不甚佳

蜀中有石解開自然有小松形或三五十株行列成逕描畫所不及又松止高一二寸正堪作硯屏屏之式止須連腔腳高尺一二寸許闊尺五六寸許方與盞小研相稱若高大非所宜其腔宜用黑漆并烏木不宜用鈿花犀皮之屬

取名畫極低小者嵌屏腔亦佳但難得耳古人但多留意作阮面大如小盌者亦宜嵌背苟非名筆則不可或用古人墨跡亦妙

筆格辨

筆格惟黑白琅玕三種玉可用須鐫刻象山峰聳秀而不俗方可

或碾作蛟螭尤佳嘗見一士人家用玉作二小兒交臂作劇面白頭黑而衣紅脚復白以之格筆奇絶或用小株珊瑚爲之以其有枝可以爲格也

銅筆格須奇古者爲上然古人少曾用筆格今所見銅鑄盤螭形圓而中空者乃古人鎭紙非筆格也

靈璧英石自然成山形者可用于石下作小漆木座高半寸許奇雅可愛

象牙烏木作小桉面上穴四竅下如座子洗筆訖倒插桉上水流向下不損爛筆心

水滴辨

予嘗見長沙同官有小銅器形如桶可容今一合號右軍研水盂其底内有永和字此必晉人貯水以添研池者也古人無水滴晨起則磨墨汁盈研池以供一日用墨盡復磨故有水盂

銅性猛烈貯水久則有毒多脆筆毫又滴上有孔受塵水所以不清故銅器不可用金銀錫者尤猥俗今所見銅犀牛天祿蟾蜍之屬口銜小盂者皆古人以之貯油點燈今人悞以爲水滴耳止堪作几桉玩具

白玉或瓘子玉其色既白若水稍有泥淀及塵汙立見而換之此物正堪作水滴上加綠漆荷葉蓋蓋之側作小穴以小杓柄嵌穴中永無塵入若當中作滴子則塵必入如無玉器用古小磁盂貯水亦佳

古翰墨眞蹟辨

北紙用橫簾造紙紋必橫又其質鬆而厚謂之側理紙桓溫問王右軍求側理紙是也南紙用竪簾紋必竪若二王眞迹多是會稽竪紋竹紙蓋東晉南渡後難得北紙又右軍父子多在會稽故也其紙止高一尺許而長尺有半蓋晉人所用大率如此驗之蘭亭押縫可見

王氏所藏右軍建安帖眞迹今在長沙士夫家其帖本云四月五日羲之報建安靈柩至胡世將曾以此帖勒于豫章其建安靈柩字提起別作一行蓋古人簡帖寫至他人事或稱尊長者舊處皆如今提空此常禮也予屢見硬黃倣書亦然今長沙所見建安二字乃與羲之報字相連而不提空豈有碑提空而眞迹反不提空者此乃搨淳化閣帖贗作無疑蓋太宗朝刻淳化閣帖乃侍書待詔王著摹勒著小人不學故于古人提空處皆聯屬之此猶可也至于蟲鼠侵蝕與字之漫滅者皆不空缺而率强聯之故多譌不成句鑒書者多以故紙浸汁染贗迹又以墨雜朱作僞印章令紙闇殊不知塵水浸紙表裏俱透若自然舊者其表色故其裏必新微揭視之則見矣古人印章必用上等朱譬如古書著色愈久愈新初未嘗昏闇也

硬黃紙唐人用以書經染以黃蘗取其辟蠹以其紙加漿澤瑩而滑故善書者多取以作字今世所有二王眞跡或用硬黃皆唐人倣書非眞迹

顏魯公之後寓居永嘉好事者守郡聞其家有魯公眞迹一篋以獄事羅織之而擇其尤者摹郡齋篋書遂歸泉南好事者晚年卜居武夷之下以聲妓自隨一夕暴雨洪水發漂所居無蹤跡其人暴尸溪側篋不知所在

朝中名賢書惟蔡莆陽蘇許公易簡蘇東坡黃山谷蘇子美秦淮海李龍眠米南宫吳練塘傅朋王逸老皆比肩古人莆陽典重有法度許公無愧楊法華東坡艸聖得意咄咄逼顏魯公山谷乃懸腕書深得蘭亭風韻然行不及眞艸不及行子美乃許公之孫自有家法艸聖可亞張長史淮海專學鍾王小楷姿媚遒勁可愛龍眠于規矩中時見飄逸綽有晉人風度南宫本學顏自成一家于

側掠拏趯動循古法度無一筆妄作練塼深入大令之室時作鍾體逸老殆欲欺淩懷素或謂過之

古今石刻辨

北紙用横簾其質鬆而厚不甚滲墨以墨拂之如薄雲之過青天猶隱隱見紙白處也凡北碑皆然且不用油蠟可辨

北墨多用松烟故色青黑更經蒸潤則愈青矣南墨用油烟故墨純黑且有油蠟可辨碑文欲辨墨者皆放此

徽宗御府所儲書其前必有御筆金書小楷標題後有宣和玉瓢御寶淳祐壬寅於臨安客舍見永嘉一士人藏一帖乃唐人硬黄倣右軍書前有金字御筆云王右軍書長者帖後有宣和玉瓢樣御寶

今售墨迹者或云古人眞迹皆筆勢相聯屬後世贋作者必逐字爲之殊不知此論行艸者也若楷書則此論難用古人眞迹字畫

雖不連而意實相聯屬觀其意可也若泥其說誤矣

古人晨起必濃磨墨汁滿研池中以供一日之用用不盡則弃去來早再作故研池必大而深其眞艸篆隸皆用濃墨至行艸過筆處雖如絲髮其墨亦濃近世惟吳傅朋深得古人筆法其他不然矣

以紙加碑上貼于窗戶間以游絲筆就明處圈却字畫塡以濃墨謂之響搨然圈隱隱猶存其字亦無精采易見

世言紙之精者可支丨年今去二王才八百餘年而片紙無存晉人無論已如唐世善書之迹甫三百餘年亦稀如星鳳何也嘗攷其故蓋物之奇異者常聚于富貴有力之家一經大盜與水火則舉聚失之非若他物散落諸處猶有存者桓玄之敗取法書名畫一夕盡焚所喪幾何良可悲也

太宗朝搜訪古人墨迹令王著詮次用棗木板摹刻十卷于秘閣故時有銀錠紋前有界行目錄者是也當時用李廷珪墨拓打措之不汙手唯親王宰執使相除拜賜一本人間罕得當時每本價已八百貫文至慶曆間禁中火災其板不存今世所見閣帖多乏精神焉有絳帖以閣本重摹而秘閣反不如絳帖精神乎則此可以觀也

絳州法帖二十卷乃潘舜臣用淳化帖重模而參入別帖然比今所見閣帖精神過之舜臣家事卑微而自能鐫石雖非閣階砌皆偏刻無餘所以段數最多或長尺餘者舜臣死二子析爲二長者負官錢沒入上十卷于絳州絳守重模下十卷足之幼者復重摹上十卷亦足成一部于是絳州有公私二本靖康兵火石並不存金虜百年之間重摹至再慶元間予官守長沙嘗見舊宰執家有南渡初親自北方攜得舜臣元所刻本未分析時二十卷其家珍藏非得二千緡官陌不肯與人乃北紙北墨精神煥發視金虜之

所模者天淵矣

淳化閣帖既頒行潭州即摹刻二本謂之潭帖予嘗見其初本當與舊絳帖雁行至慶曆八年石已殘缺永州僧希白重模東坡猶嘉其有晉人風度建炎虜騎至長沙守城者以爲砲石無存者紹興初第三次重模失眞遠矣

劉次莊模閣帖于臨江府用工頗精緻且石堅至今不曾重模獨二卷略殘缺然拓本既多頗失鋒芒今若得初本鋒芒未失者當在舊絳帖之次新潭帖之上然其釋文間有訛處

上蔡臨模絳帖上十卷雖比舊絳帖少下十卷而逈出臨江長沙之上予嘗見于長沙兩府劉轙家

武岡軍重摹絳帖二十卷殊失眞且石不堅易失精神後有武臣守郡嫌其字不精采令匠者即舊畫再刻謂之洗碑遂愈不可觀其釋文尤舛繆然武岡紙類北紙今東南所見絳帖多武岡初本

耳驗其殘缺處自可見

武陵帖亦二十卷雜取諸帖重摹而參以人間未見者其間唯右軍小字黃庭最妙他帖所無也

彭州亦刻歷代法帖十卷不甚精采紙色類北紙人多以爲北帖

元祐中奉旨以淳化閣帖之外續所得眞跡刻續法帖元本在禁中後過太淸樓今會稽重摹本亦不減古絳帖也

淳化秘閣帖板雖禁中火災不存而眞迹皆藏御府至徽宗朝奉旨以御府所藏眞跡重刊于太淸樓而參入他奇迹甚多其中有蘭亭帖者是也名曰太淸樓帖

高宗聖學天成奎文煥發握筆成書垂法萬世壽皇重規疊矩宸畫尤妙兩朝訪遺書多得晉唐舊迹至淳熙間奉旨以御府珍儲摹勒入石名淳熙秘閣續帖置秘書省寶慶火災其石不存

汝帖乃王寀輔道摘諸帖中字牽合爲之每卷後有汝州印爲黃伯思所掊擊不直一文今會稽又以汝帖重開謂之蘭亭帖其實汝之靡耳

宋宣獻公刻賜書堂帖于山陽金鄉首載古鐘鼎識文絕妙但二王帖詮擇未精今石不存胡龍學世將刻豫章法書種種精妙今已重模後有小字隸書范忠宣公子弟戒者是初本許提舉閑刻二王帖于臨江模勒極精然少詮擇盧江李氏刻甲秀堂帖前有王顏書多世所未見但繼以本朝名公書頗多大抵今人書自當作一等耳曹尚書彥約刻星鳳樓帖于南康軍雖以衆刻重模而精善不苟並無今人書韓郡王侂胄刻羣玉堂帖所載前代遺跡多有未見者後亦多今朝人書韓敗後入秘書省

蘭亭帖世以定武本爲冠自薛珦作帥別刻石易去于元石鐫損天流帶右四字以惑人然元本亦有法可辨鐫損四字一也管絃之盛上不損處若八字小龜形二也是日也觀宇宙兩行之間界

行最肥而直界伸脚十字下出橫闌外三也管絃之盛盛字之刀鋸利如鈎四也痛字改筆處不模糊五也興感之由由字類申列敘之列其豎如鐵釘此其大略也然定武又自有肥瘦二本而鐫損者乃瘦本爲眞定武無疑何以知之今復州本以眞定武本重摹亦鐫損四字其字極瘦王順伯尤延之爭辨如聚訟然瘦本風韻竟勝豈能逃識者之鑑其瘦本之石宣和間就薛珦家宣取入禁中龕于睿思殿東壁建炎南渡宗澤遣人護送此石至維揚虜犯維揚不知所在或云金人以氈裘裹之車載而去

世傳二王帖皆以眞迹模勒獨樂毅論就石書丹其石在高學士紳家已殘缺至海字後轉屬趙立之處今重模者後猶有趙立之印予嘉熙庚子自嶺右回至宜春見元本于一士人家用北紙北墨無一字殘缺而淸勁遒媚正類蘭亭字形比今世所見重模本幾小一倍此蓋齊梁間拓本眞人世間希世之寶

元常力命帖惟北本與潭州本佳他無足取

顏碑南方者尙多麻姑壇記吳興石柱誌舊本干祿字書妙喜寺記西林題名皆絕品也

歐陽小字千文在邢州溫彥博墓志在東京九成宮碑仲夏蘭若二帖化度寺碑丹州刺史碑並在北方會稽高續古家有重摹化度寺碑咄咄逼眞

雁塔題名帖有北本有彭州本然北本爲上彭本頗失眞

徐鉉深得古小篆法有篆千文刻石南昌精妙無媿古人今已重模失眞

予溯瀟湘歷衡潭永全道五郡並無古刻惟道州有漢綏蠻校尉熊君之碑若浯溪中興頌乃唐中世所立邇亦已石乏工人每因舊迹加洗刻以爲衣食業故愈失眞

予嘗見南岳一僧云衡山多秦漢以來碑在林莽蔽翳間寺僧懼

爲官司所擾匿不敢言亦不敢遷至屋下故愈爲霜露剝蝕良可歎也

山陰僧僞作王大令書保母墓志韓侂胄以千緡市其石予每疑其贋作殊無一點大令氣象及見東坡所作子由保母墓志語則僧實僞也

古畫辨

古人遠矣曹不興吳道子近世人耳猶不復見一筆況顧陸之徒其可得見之哉是故論畫當以目見者爲準若遠指古人曰此顧也此陸也不獨欺人實自欺爾故言山水則當以李成范寬花果則趙昌王友花竹翎毛則徐熙黄筌崔白崔順之馬則韓幹伯時牛則厲范二道士仙佛則孫太古神怪則石恪貓犬則何尊師周炤得此數家已爲奇妙士大夫家或有收其眞迹者價已千金矣何必遠求太古之上耳目之所不及者哉

李營丘作山水危峰奮起蔚然天成喬木倚磴下自成陰軒甍閒雅悠然遠眺道路窈窕儼然深居用墨頗濃而皴斮分曉凝坐觀之雲烟忽生澄江萬里神變萬狀予嘗見一雙幅每對之不知身在千岩萬壑中也

范寬山川渾厚有河朔氣象瑞雪滿山動有千里之遠寒林孤秀挺然自立物態嚴凝儼然三冬在目

趙昌折枝尤工花則含烟帶雨笑臉迎風果則賦形奪眞莫辨眞僞設色如新年遠不退王友乃昌之上足賦彩入昌之室寫生則未逮繼友之後者惟長沙吳澤也

徐熙乃南唐處士腹飽經史所作寒蘆荒草水鳥野凫自得天趣

黄筌則孟蜀主畫師目閲富貴所作多綺園花錦眞似粉堆而不作圈綫孔雀鸂鶒豔麗之禽動止皆有生意

崔白多用古格作花鳥必先作圈綫勁利如鐵絲塡以衆采逼眞所作荷蘆颯然風生順之乃白之孫綽有祖風所作翎毛獨步天下上有御寶乃順之所作玉虚殿立屏面流落人間徽廟時已艱得之

韓幹與李杜同時所作馬世間見一二長幀上作街道闌干不作馬槽並無他物其馬神駿不可名狀

伯時惟作水墨不設色其畫殆無筆迹凡有筆迹重濁者皆僞作其于人物而相尤妙

厲歸眞范子潛皆異人厲多作寒林而牛則遠觀如活近視有未工處范多作楊柳筆頗嫩而牛亦不及厲然二家近時所無

孫太古蜀人多用游絲筆作人物而失之軟弱出伯時下然衣摺宛轉曲盡過于李

石恪亦蜀人其畫鬼神奇怪筆畫勁利前無古人後無作者亦能水墨作蝙蝠水禽之屬筆畫輕盈而曲盡其妙

何尊師不知何許人周炤則熙寧畫院祇應所作貓犬何則有士夫氣周則工人態度然生動自然二家皆有

古畫多直幀至有畫身長八尺者雙幅亦然橫披始于米氏父子非古制也

河北絹經緯一等故無背面江南絹則經麄而緯細有背面唐人畫或用搗熟絹爲之然止是生搗令絲褊不礙筆非如今煮練加漿也古絹自然破者必有鯽魚口與雪絲僞作者則否或用絹包硬物椎成破處然絹本堅易辨也

古畫色黑或淡黑則積塵所成自有一種古香可愛若僞作者多作黄色而鮮明不塵暗此可辨也

古畫軸多作籤頂軸小而重今人所用始多用蔗段大而輕古人用香木降眞或烏木象牙他木不用也

米南宫多游江湖間每卜居必擇山水明秀處其初本不能作畫

後以月所見日漸摹倣之遂得天趣其作墨戲不專用筆或以紙筋或以蔗滓或以蓮房皆可爲畫紙不用膠礬不肯于絹上作一筆今所見米畫或用絹者皆後人僞作米父子不如此

臨江楊無咎補之學歐陽率更楷書殆逼眞以其筆畫勁利故以之作梅下筆便勝花光仲仁補之嘗游臨江城中一倡館作折枝梅于粱上矮屋至今往來士夫多往視之倡以此壯門戶端平間爲偸兒竊去其壁車馬頓稀今江西得補之一幅梅價不下百千疋又詩筆清新無一點俗氣惜其生不遇黃蘇諸公今人止以作梅目之竟無品題之者

郭忠恕石恪厲歸眞范不泯輩皆異人人家多設絹素筆研以伺其來而求畫然將成必碎之間有得之者不過一幅半幅耳李營丘范寬皆士大夫遇其適興則留數筆豈能有對軸哉今人或以孤軸爲嫌不足與之言畫矣

擇畫之名筆一室止可三四軸觀玩三五日別易名筆則諸軸皆見風日決不蒸溼又輪次挂之則不令惹塵埃時易一二家則觀之不厭然須得謹愿子弟或使令一人細意舒卷出納之日用馬尾或絲拂輕拂畫而切不可用椶拂室中切不可焚沉降腦子有油多烟之香止宜蓬萊甲箋耳窗牖必油紙糊戶口常垂簾一畫前必設一小案以護之案上勿設障畫之物止宜香爐琴研極暑則室中必蒸熱不宜掛壁大寒於室中漸著少火然令如二月天氣候掛之不妨然遇夜必入匣恐凍損

畫不脫落不宜數裝背一裝背則損精神此決然無疑者墨迹法帖亦然

古畫絹脆以手指點之皆能破損一壞則不復可救又有酒餘汚染食後油膩此皆大戒切須片紙先寫此說粘窗間以呈客方可引客入觀然又有多以此獲罪于貴客者所以人家有法書名畫只可時以自娛苟以奇品自衒誠賈禍之媒切宜謹之墨迹法帖亦然若古鐘鼎尤脆爛手觸之則糜潰米元章之言如此

人物顧盼語言花果迎風帶露飛禽走獸精神逼眞山水林泉淸閑幽曠屋廬深邃橋彴往來山脚入水澄明水源來歷分曉有此數端雖不知名定知畫爲妙手

人物如尸似塑花果類瓶中所插飛禽走獸但取皮毛山水林泉模糊遮掩屋廬高大不稱橋彴強作斷形山脚不澄明水源無來歷凡此數病皆謬筆也

郭熙畫于角有小熙字印趙大年永年則有大年某年筆記永年某年筆記蕭照以姓名作石鼓文書崔順之書姓名于葉下易元吉書于石間王晉卿家藏則有寶繪堂方寸印米元章有米氏翰墨米氏審定眞迹等印或用圓印中作米芾字如蛟形江南李主所藏則有建業文房之印內合同印陳簡齋則有無住道人印蘇

武功家則有許國後裔蘇耆國老等印東坡則用一寸長形印文曰趙郡蘇軾闕籍吳傳朋則曰延州吳說私印

石恪作飛鼠張之則鼠不入室何尊師作猫則鼠皆遠避宜洞於霅川長興成山寺羅漢壁上作損鶴皆走而復歸吳道子作出水小龍在姑蘇逵官家舒之則雲霞生信州懷玉山有名畫羅漢郡中每迎請祈雨常有一二身飛還寺中

宋復古作瀟湘八景初未嘗先命名後人自以爲洞庭秋月等目之今畫人先命名非士大夫也

近世畫手絕無南渡初尚有趙千里蕭炤李唐李迪李安忠栗起吳澤數手今名畫工絕無惟寫形狀略無精神士夫以此爲賤者之事皆不屑爲殊不知胸中萬卷書目飽前代奇迹又車轍馬跡半天下方可下筆此豈賤者之事哉

唐盧楞伽筆世人罕見予于道州見所作羅漢十六衣紋眞如鐵

綫惟崔白作圈綫頗得緒餘至伯時萬不及也

畫無筆迹非謂其墨淡模糊而無分曉也正如善書者藏筆鋒如錐畫沙印印泥耳書之藏鋒在乎執筆沉著痛快人能知善書執筆之法則能知名畫無筆迹之說故古人如孫太古今人如米元章善書必能畫善畫必能書書畫實一事爾

人物鬼神生動之物全在點睛睛活則有生意宣和畫院工或以生漆點睛然非要訣要須先圈定目睛填以藤黄夾墨于藤黄中以佳墨濃加一點作瞳子然須要參差不齊方成瞳子又不可塊然此妙法也

臨者謂以元本置案上于傍設絹素象其筆而作之繆工决不能如此則以絹加畫上摹臨之墨稍濃則透汙元本頓失精神若以名畫借人摹臨是棄之也就人借而不從尤非名鑑者也米元章就人借名畫輒模本以還而取其元本人莫能辨此人定非鑑賞

之精也

唐小李將軍始作金碧山水後王晋卿趙大年近日趙千里皆爲之大抵山水初無金碧水墨之分要在心匠布置如何爾若多用金碧如今生色罨畫之狀而略無風韻何取乎與水墨異其爲病則均耳

畫忌如印吳道子作衣紋或揮霍如蓴菜條正避此病耳由是李伯時孫太古專作游絲猶未盡善李尙時有逸筆太古則去吳天淵矣

說郛卷第十二終

說郛卷第十三

畫鑒　一卷　元湯　垕

采眞子妙於考古在京師時與今鑒書博士柯君敬仲論畫遂著此書用意精到悉有據依惜乎尙多疏略乃爲删補編次成套名曰畫鑒後有高識賞其知言采眞子東楚湯垕載之自號也

吳畫

曹弗興古稱善畫作人物衣紋皴皺畫家謂曹衣出水吳帶當風宣和內府刻意搜訪不過兵符圖一卷予嘗見於錢唐人家上有紹興題印筆意神彩疑是唐末宋初人所爲也

晉畫

衞協晉人也唐名畫記品第在顧生之上世不多見其蹟畫譜所傳高士圖刺虎圖予並見之乃唐末五代人所爲耳眞蹟不可見

或云二圖是支仲元作

顧愷之畫如春蠶吐絲初見甚平易且形似時或有失細視之六法兼備有不可以語言文字形容者曾見初平起石圖夏禹治水圖洛神賦小身天王其筆意如春雲浮空流水行地皆出自然傅染人物容貌以濃色微加點綴不求暈飾唐吳道玄早年嘗摹愷之畫位置筆意大能彷彿宣和紹興便作眞蹟覽者不可不察也謝恭云愷之畫迹不迨意聲過其實近見唐人摹本始得其說

六朝畫

陸探微與愷之齊名予平生止見文殊降靈眞跡部從人物共八十人飛仙四皆各有妙處內亦有番僧手持髑髏者蓋西域俗然此卷行筆緊細無纖毫遺恨望之神采動人眞希世之寶也今藏祕府復有維摩像觀音像觀摩利支天像皆不迨之張彥遠謂體運遒舉風力頓挫一點一畫動筆新奇非虛言也

展子虔畫山水大抵唐李將軍父子多宗之畫人物描法甚細隨以色暈開予嘗見故事人物春山人馬等圖又見北齊後主幸晉陽宮圖人物面部神彩如生意度具足下爲唐畫之祖

六朝人畫魯義姑圖一兵士持戈作勇猛之勢義姑作安詳答問之態棄所生子於地作畏懼怖急挽母衣之狀而所抱之子以兩手抱義姑之項回覷兵士一一如生筆法細潤傅色鮮明望而知其非唐畫舊藏申屠大用家今歸義興王氏王藏繆畫至三百軸此爲最也

唐畫 附五代

閻立本畫三清像異國人物職貢圖傳法太上像五星像皆宣和明昌物余並見之步輦圖畫太宗坐步輦上宮人十餘輿輦皆曲眉豐頰神彩如生一朱衣髯官執笏引班後有贊普使者服小團花衣及一從者贊皇李衛公小篆題其上唐人八分書贊普辭婚

事宋高宗題印字眞奇物也

王芝字慶家收閻令畫西域圖爲唐畫第一趙集賢子昂題其後云畫惟人物最難器服舉止古人所特留意者此一一備盡其妙至於髮彩生動有欲語狀蓋在虛無之間眞神品也吳道子筆法超妙爲百代畫聖早年行筆差細中年行筆磊落揮霍如蓴菜條人物有八面生意活動方圓平正高下曲直折算停分莫不如意其傅采於焦墨痕中略施微染自然超出縑素世謂之吳裝當時弟子甚多如盧稜伽楊庭光其尤者也五代宋絲亦能彷彿終不甚似覽者當意得之常見道子熒惑像烈焰中神像威猛筆意超動使人駭然上有金章宗題印祕在內府又見善神二燈摩利諸天像帝釋像木紋天尊像及行道觀音托塔天毗沙門神等像行筆甚細恐其弟子輩所爲耳

王右丞維工人物山水筆意清潤畫羅漢佛像至佳平生喜作雪景劍閣棧道驟綱曉行捕魚雪渡村墟等圖其畫輞川圖世之最著者也蓋其胸次瀟灑意之所在落筆便與庸史不同

周昉善畫貴遊人物又善寫眞作士女多穠麗丰肥有富貴氣

李思訓畫著色山水用金碧輝映爲一家法其子昭道變父之勢妙又過之故時人號爲大李將軍小李將軍至五代蜀人李昇工畫著色山亦呼爲小李將軍宋宗室伯駒字千里復倣效爲之嫵媚無古意予嘗見神女圖明皇御苑出遊圖皆思訓平生合作也又見昭道海岸圖絹素百碎但存神彩觀其筆墨之源皆出展子虔輩也

曹霸畫人馬筆墨沉著神彩生動余平生凡四見眞蹟一奚官試馬圖在申屠侍御家一調馬圖在李士弘家並宋高宗題印其一下槽馬圖一墨一騮色圉人皆立見鬚眉髮鬚奇甚其一予所藏人馬圖紅衣美髯奚官牽玉面騂綠衣閹官牽照夜白筆意神彩

與前三畫同趙集賢子昂嘗題云唐人善畫馬者甚衆而韓曹爲之最蓋其命意高古不求形似所以出衆工之右耳此卷曹筆無疑圉人太僕自有一種氣象非世俗所能知也集賢當代賞識豈欺我哉

韋偃畫馬松石更佳世不多見其筆法磊落揮霍振動杜子美詩所謂戲拈禿筆掃驊騮倏見麒麟出東壁者予嘗收紅鞲覆背驄馬圖筆力勁健騣尾可數如顏魯公書法往歲鮮于伯幾見之驚嘆累日嘗賦詩曰渥洼產馬如產龍韋偃畫馬如畫松奇文也惜不成章而卒

韓幹初師陳閎後師曹霸畫馬得骨肉停均法遂與曹韋並馳爭先及畫貴游人物各臻其妙至于傅染色入縑素予嘗見其人馬圖在錢唐王氏二奚官引連錢驄燕支驕又見一卷朱衣白帽人騎五明馬四蹄破碎如行水中乃李伯時舊藏在京師見明皇試

馬圖三馬圖調馬圖五陵遊俠圖照夜白粉本上有幹自書內供
奉韓幹照夜白粉本十字要知唐人畫馬雖多如曹韋韓特其最
著者後世李公麟伯時畫馬專師之亦可謂優入聖域者也
戴嵩專畫牛爲韓晉公滉幕客專師法于韓而靑出于藍者也不
惟畫牛至于川原樹石牧子樵童亦各臻妙予凡七見眞跡一在
揚州司德用家二牛相鬭毛骨竦然一在四明士人家一牛引犢
奇甚又見三牛圖渡水牛圖歸牧圖皆合作也古人云牛畜非文
房淸玩若其筆意淸潤開卷古意勃然有田家原野氣象予于嵩
有取焉
韓晉公滉畫人物及馬牛圖嘗見其田家移居圖村童蝬戲圖醉
客圖鼓腹圖醉學士圖及牛圖數本人物源流顧陸牛圖是其所
長戴嵩得其緒餘有名于世是蓋人物不及而牛獨過之也
陳閎開元中人畫人物得名明皇幸蜀作金橋圖人物閎主之予
見其照夜白馬圖筆法細潤在曹韓下
唐人花鳥邊鸞最爲馳譽大抵精于設色濃豔如生其他畫者雖
多互有得失歷五代而得黃筌資集諸家之善山水師李昇鶴師
薛稷龍水師孫位至于花竹翎毛超出衆史筌之可齊名者惟江
南徐熙熙志取高尚畫草木魚蟲妙奪造化非世之畫工所可及
也熙畫花落筆頗重中略施丹粉生意勃然黃之子居寶居寀熙
之孫崇嗣崇矩各得熙家學熙之下有唐希雅亦佳多作顫筆棘
針是效其主李重光書法後有長沙易元吉作花果禽畜尤長于
獐猿多游山林窺猨狖禽鳥之樂圖其天趣若趙昌惟以傳染爲
工求其骨法氣韻稍劣也又如滕昌祐丘慶餘葛守昌崔白艾宣
丁貺之徒皆得其緒餘以成一家要知花鳥一科唐之邊鸞宋之
徐黃爲古今規式所謂前無古人後無來者是也
尉遲乙僧外國人作佛像甚佳用色沉著堆起絹素而不隱指平

生凡四見其眞跡要不在盧稜伽之下
楊庭光學吳生行筆甚細而不弱畫佛像多在山林中雜畫一一
臻妙
裴寬善畫小馬宣和所藏一卷予嘗見之作山林間小馬十數蕭
散閒逸筆墨甚雅眞奇作也
張璪松石淸潤可愛平生嘗見四本並佳後得山堂琴會圖趙子
昂見之欲得不與因題云張璪松人間最少此卷幽深平遠如行
山陰道中誠寶絵也
翟琰師吳生筆法大不及惟得傅色之法嘗見孔雀明王像甚佳
周古言畫在周昉之下文矩之上有夜遊圖傳于世
張萱工仕女人物尤長于嬰兒不在周昉之右平生凡見十許本
皆合作畫婦人以朱暈耳眼以此爲別覽者不可不知也
王洽潑墨成山水烟雲慘淡稅去筆墨畦町予小年見一幀甚有
意度今日思之始知爲洽畫再不可見也
湯子昇畫人物極妙江南人家鑄鑑圖眞奇物也
盧鴻一畫傳世不多予見宋人摹其竹堂圖筆意位署淸氣襲人
眞跡可知其妙也
范長壽醉道士圖曾見一本皆直幀筆法堅實可愛著色亦潤
蜀人畫山水人物皆以孫位爲師龍水尤位所長者也世言孫位
畫水張南本畫大水水本無情之物二公深得其理常見孫位畫
水魚龍出沒于海濤神鬼變滅于雲漢覽之凜然眞傑作也
唐無名人畫至多要皆望而知其爲唐人別有一種氣象非宋人
所可比也
荆浩山水爲唐末之冠關仝嘗師之浩自號洪谷子作山水訣爲
范寬輩之祖
陸晃畫人物極工元章畫史稱其庶人章予嘗從同里葉氏見之

描法甚細而有力又有解厄天官像等數圖皆粗惡可厭蓋晃畫自有二種細者爲上

五代左禮與韓虬各畫佛像入妙曾見畫十六身小羅漢坐岩中筆意甚工不在韓虬之下

關仝霧鎖山關圖差嫩是早年眞蹟在京師人家

董元天眞爛熳平澹多　唐無此品在畢宏上此米元章議論唐畫山水至宋始備如元又在諸公之上樹石幽潤峰巒淸深蚤年礬頭頗多暮年一洗舊習予于祕府見春龍出蟄圖孔子哭虞丘子春山圖溪岸圖秋山圖及窠石二幀于人間約見二十本皆其平生得意合作元之後有鍾陵僧巨然及劉道士劉與巨然同時畫亦同但劉畫則以道士在左巨然則以僧在左以此爲別耳要皆各得元之一體至米氏父子用其遺法別出新意自成一家然得元之正傳者巨然爲最也

董元山水有二種一樣水墨礬頭疎林遠樹平遠幽深山石作麻皮皴一樣著色皴紋甚少用色穠古人物多用紅靑衣人面亦用粉素者二種皆佳作也

周文矩畫人物宗周昉但多顫掣筆是學其主李重光畫法如此至畫仕女則無顫筆

李後主命周文矩顧弘中圖韓熙載夜燕圖予見周畫二本至京師見弘中筆與周事蹟稍異有史魏王浩題字并紹興印雖非文房淸玩亦可爲淫樂之戒耳

徐熙畫花果多在澄心紙上至于畫絹絹文稍麄元章謂徐熙絹如布是也

唐熙雅弟忠作花鳥亦入妙品在易元吉之下用墨作棘針易不能及之也

李昇畫山水嘗見之至京師見西嶽降靈圖人物百餘體勢生動有未塡面目者是其藁本上有紹興題印若無之則以爲唐人藁本也

道士牛戩信筆作寒鵲野雉甚佳

宣和畫譜載唐李漸畫馬筆和氣調今古無儔及見三馬圖與所聞甚不逮然自有一種氣韻不可以形似求之也

支仲元畫神仙人物多有作奕棋之勢筆法師顧陸緊細有力人物淸潤不俗每見高宗題作晉六朝高古名筆者多仲元所作當有知者賞予言

唐畫龍圖在東浙錢氏家絹十二幅作一幀其高下稱是中心畫一龍頭一左臂雲氣騰湧墨痕如臂大筆蹟圓勁沉著如印一鱗如二尺盤大不知當時用何筆如此峻利上有吳越錢王大書曰感應祈雨龍神并書事蹟舊題作吳道子要知唐人無疑也

嘗見紙上畫一人騎甚佳後題永徽年月日太原王弘畫不知弘

爲何人偏考不出信知唐人能畫者固多記錄不能盡也

仕女之工在于得其閨閣之態唐周昉張萱五代杜霄周文矩下及蘇漢臣輩皆得其妙不在施朱傅粉縷金佩玉以飾爲上予嘗收宮女圖文矩筆也置玉笛于腰中自視指爪情意凝佇知其有所思也又見文矩畫高僧試筆圖在錢唐民家一僧攘臂揮翰旁觀數士人咨嗟嘖嘖之態如聞有聲眞奇蹟也

董元夏山圖今在史崇文家天眞爛熳拍塞滿軸不爲虛歇烘鎖之意而幽深古潤使人神情爽朗如人行山陰道中應接不暇豈意數尺敗素亦能若是耶

顧德謙蕭翼賺蘭亭圖在宜興岳氏作老僧自負所藏之意口目可見後有米元輝畢少董諸公跋少董畢良史也跋云此畫能用硃砂石粉而筆力雄健入本朝諸人皆所不能比丘塵柄指掌非盛稱蘭亭之美則是力辭以無蕭君袖手營度瑟縮其意必欲得

之皆是妙處畫必貴古其說如此又山西童藻跋云對榻僧靳色可掬侍僧亦復不悅僧物果難取哉

唐人畫李八百妹黃庭經圖曾于司德用家見一本萬山中一白衣婦人踞地臨溪洗一本經經上之毫光燭天殊不知其意也

胡環畫番部人馬用狼毫製筆疏渲駿尾緊細有力至于穹廬什物各盡其妙司德用家啗鷹圖眞妙品也

阮郜畫人物仕女極工且秀美見者愛玩錢唐人家有賢妃盥手圖尤佳絕

五代婦人童氏畫六隱圖見于宣和畫譜今藏山陰王子才監簿家乃畫范蠡至張志和等六人乘舟而隱居者山水樹石人物如豆許亦甚可愛

黃荃畫枯木信手塗抹畫竹如斬釘截鐵至京見二幀信天下奇筆也

衛賢五代人作界畫可觀予嘗收其盤車水磨圖佳甚又見王子慶驢鳴圖亦佳但樹木古拙皴法不老耳

胡翼工畫人物關仝畫山水人物非其所長多使翼爲之僧貫休畫維摩高僧不類世俗容貌

郭乾暉畫鷙鳥得名于時鍾隱亦負重名自謂不及乃變姓名受傭于郭經年得其筆意求去再拜陳其所以郭憐之盡以傳授故與齊名古人用心獨苦者如此

郝登畫馬甚俗嘗見人馬圖不過一工人所爲殊無古意上有宣和題印又曾見滾塵馬圖後有篆文曰金陵郝登極妙知是兩手又見渲馬圖亦俗始悟滾塵馬是無名人筆後妄加篆文以取重不知反累畫也

陸瑾江南人畫捕魚圖大抵宗王右丞嫵媚過之又嘗見溪山風雨圖尤佳

厲歸眞五代人畫牛甚妙嘗見牧牛圖大幅遠山清潤人牛閒適後有八分書羽士厲歸眞筆舊藏高仲山家今不知在何處

張符畫牛得名于唐曾見渡水牛一卷甚平常在戴嵩之下符自號烟波子

曹仲玄三官及五方如來像予曾見之聞江南王氏家有白衣觀音像未見大抵曹師吳生不得其法晚自作細筆畫以自別爲一家在支仲元下

孫孟卿松石問禪圖在錢唐人家一松淸潤一僧甚閒雅一士人作問答尊禮意筆法精妙古稱爲孫吳生名不虛得也

僧傳古龍體勢勝董羽作水甚不逮僕平生于龍畫最多留心看覽葉公之迹不傳于世唐畫曾見錢氏所藏十二幅絹素作一首一臂五代之迹不可復見祕閣曹弗興龍首于傳見之張僧繇吳道子輩所作不傳于世傳古龍約看至十四五本亦曾收過三本

大抵得蜿蜒升降之態而猶未免于畫法且看馬圖要識神駿龍圖要識變化故畫龍馬最難蓋一主于變化出沒必流于戲墨于畫法甚戲若拘于畫法則又乏變化之意故龍畫尤難董羽專門之學亦不拘于形似元章云董羽龍似魚傳古龍似蜈蚣眞知言哉嘗見董元龍數本皆清奇可愛元之長政不在是姑置不論近世陳容公儲本傳家者流畫龍深得變化之意潑墨成雲噀水成霧醉餘大叫脫巾濡墨信手塗抹然後以筆成之升者降者俯而欲嘘者怒而視者踞而爪石相向者相鬭者乘雲躍霧戰沙出水者以珠爲戲而爭者或全體發見或一臂一首隱約而不可名狀者曾不經意而皆得神妙豈胸中自有得于天者耶

五代袁嶬宋徐白善畫魚及觀其迹不過刀几間物耳使人徒起炙膾之興獨文臣劉寀畫水中魚雖風萍水荇觀之活動至于鱗尾性情游潛迴泳皆得其妙平生嘗觀其畫近見落花遊魚圖紅

桃一枝落花數片一赤鯉漾輕波吹落英深得詩人之意

僧運能五代人善畫佛像

宋畫附國朝

武宗元宋之吳生也畫人物行筆如流水神采活動嘗見朝元僊仗圖作五方帝君輦從服御眉目顧盼一一如生前輩甚稱賞之

營丘李成世業儒胸次磊落有大志寓意于山水凡烟雲變滅水石幽閒平遠險易之形風雨晦明之態莫不曲盡其妙議者以爲古今第一傳世者雖多眞者極少元章平生只見二本至欲作無李論蓋成平生所畫祇自娛耳既勢不可逼利不可取宜傳世者不多宣和御府所藏一百五十九卷眞僞果能辨耶翟院深臨摹彷彿亂眞若論神氣則霄壤之分也宋復古李公年王詵陳用志皆宗師之得其遺意亦足名一世郭熙其弟子中之最著者也

范寬名中正以其豁達大度人故以寬名之畫山水初師李成既

乃嘆曰與其師人不若師諸造化乃脫舊習遊秦中徧觀奇勝落筆雄偉老硬眞得山骨宋畫山水超絕唐世者李成董元范寬三人而已嘗評之董元得山之神氣李成得山之體貌范寬得山之骨法故三家照曜古今爲百代師法寬尤長雪山見之使人凜凜其弟子黃懷玉紀眞商訓然黃失之似商失之拙各得其一體若懷玉刻意臨摹其雪山遇得意處淺意未易斷也

郭熙河陽人宗李成善得烟雲出沒峯巒隱顯之態嘗論畫山曰春山淡冶而如笑夏山蒼翠而如滴秋山明淨而如妝冬山慘淡而如睡觀其議論可知其畫也僕平生見眞跡約五十本然絕佳者不過一二十軸而已然山頂峻險學者苟失其意竟或區薄無雲深林密之態後世楊士賢顧諒皆學之

許道寧初賣藥長安市中畫山水以集衆故逢年畫俗惡太甚至中年成名稍自檢束至細微處始入妙理傳世甚多佳本極少峯頭直皴而下是其得意也

王詵字晉卿學李成山水清潤可愛又作著色山水師唐李將軍不今不古自成一家内臣馮瑾摹其筆墨臨倣亂眞高宗竟題作王詵觀者不可不察也然予能望而知之

李伯時宋畫人物第一專師吳生照映前古者也畫馬師韓幹不爲著色獨用澄心紙爲之惟臨摹古畫用絹素著色筆法如雲行水流有起倒作天王佛像全法吳生

士人高仲常專師伯時彷彿亂眞至南渡吳興僧梵隆亦師伯時但人物多作出水紋稍乏神氣若畫馬則全不能也

伯時莫年作畫蒼古字亦老成予嘗見徐神翁像筆墨艸艸神氣烱然上有二絕句亦老筆所書佳作又見伯時摹韓幹三馬神駿突出縑素今在杭州人家使韓復生亦恐不能盡過也

王端畫人物古拙無神氣

石恪畫戲筆人物惟面部手足用畫法衣紋麄筆成之

武岳長沙人工畫人物尤長于天神星像用筆純熟其子洞清能世其學過父遠甚凡世間星像天神藥王等像傳流甚多神妙不俗大抵與武宗元相上下而神采勝之宗元朝元仙仗圖昔藏張君錫家今歸杭人崔氏儘一疋絹作五帝朝元人物仙仗皆頭相倚大抵如寫艸書然亦奇物也

王士元善畫山水屋木宣和畫譜止于山水部收山閣圖一卷至稱其兼有諸家之妙人物師周昉山水師關仝屋木師郭忠恕凡所下筆皆極精微卻于宮室敘論中貶之云如王士元輩可以皂隸目之議論相反者每如此

高克明山水雖工不免畫人之習無深厚高古之氣

趙幹畫山水多作江南景風致不俗杭人收秋涉圖上有宣和題印佳甚

翟院深學李成畫山水臨摹逼眞自作多不佳世所有成畫多此人爲之

王齊翰畫佛像神仙山水筆法雖佳不免近俗若入細者固勝易元吉徐熙後一人而已畫花鳥如生人但以能獐猨名之

燕文季作山水細潤辟淸可愛然取其氣骨無有也

裴文睍工畫牛有犖然形似有之古意不足也

李伯時摹李將軍海岸圖雖摹昭道法至於水痕林藥處不能脫其習此卷在京師人家

孫太古湖灘水石圖在浙右人家雙幅長軸中畫一石高數尺湍流激注飛濤走雪聽之似覺有聲筆法甚老黃筌不能過也

徽宗性嗜圖畫作花鳥山石人物入妙品作墨花墨石間有如神品者歷代帝王能畫者至徽可謂盡意當時設建畫學諸生試藝如取程文等高下爲進身之階故一時伎藝皆臻其妙嘗命學人

畫孔雀升墩障屏大不稱旨復命餘子次第呈進有極盡工力亦不得用者乃相與詣闕陳請所謂旨曰凡孔雀升墩必先左腳卿等所圖俱先右腳驗之信然羣工遂服其格物之精類此當時承平之盛四方貢獻珍禽異石奇花佳果無虛日徽宗乃作冊圖寫每一枝二葉十五版作一冊名曰宣和睿覽集累至數百及千餘冊予度其萬幾之餘安得工緻至于此要是當時畫院諸人倣傚其作特題之耳然徽宗親作者予自可望而識之

鄆王徽宗第二子也能畫花鳥克肖聖藝墨花入能品嘗見一卷後題年月日臣某鬪進呈徽宗御批其後曰覽卿近畫似覺稍進但用墨粗欠生動耳後作當謹之以此知一時諸王留心於畫者皆如此也

張敦禮汴梁人畫人物師六朝筆意哲宗壻也嘗見其論畫曰畫之爲藝雖小至于使人鑒善勸惡聳人觀聽爲補豈可儕于衆工哉敦禮畫人物貴賤美惡容貌可見筆法緊細神采如生江南見陳元達鎖樹諫圖其忠義之氣突出縑素在京師見阮孚蠟屐圖人物樹石並倣顧陸後有敦禮所受追贈太師誥命是其家藏之物子孫就以誥命附其後眞奇品也

文與可竹眞者甚少平生止見眞者五本僞者三十本往見張受益右齋泥壁屏上倒垂枝上題熙寧二年己酉冬至日巴郡文同與可戲筆奇作也後見畫絹三本一一如此題筆墨皆相似天地間未見者尚多豈與可一日間能作此數本耶然眞僞一見自可辨之

東坡先生文章翰墨照曜千古復能留心墨戲作墨竹師文與可枯木奇石時出新意僕平生見其謫黃州時于路途民家雞栖豕牢間有叢竹木石因圖其狀作木葉亦細紋其縷及在祕監見拳石老檜巨壑海松二幀奇怪之甚墨竹凡見十數大抵寫意不求

形似僕曾收枯木竹石圖有元章一詩今爲道士黃可玉所有矣亦奇品也

米芾元章天資高邁書法入神宣和立書畫學擢爲博士初見徽宗進所畫楚山淸曉圖大珍賞復命書周官篇于御屏書畢擲筆于地大言曰一洗二王惡札照曜皇宋萬古徽宗潛立屏風後聞之不覺步出縱觀稱賞元章再拜求索所用端硯因就賜元章喜拜置之懷中墨汁淋漓朝服帝大笑而罷其爲豪放類若此作畫喜寫古賢像山水其源出董元天眞發露怪怪奇奇枯木松石時出新意惜傳世不多耳其子友仁字元暉能傳家學作山水淸致可掬亦略變其尊人所爲成一家法烟雲變滅林泉點綴生意無窮平生亦見眞玩人不曾易手當時翟耆年有詩云善畫無根樹能描朦朧雲如今身貴也不肯與閑人其爲世貴重如此予平生凡收數卷散失不存今但有一橫披紙畫上題數百行字全師董

元眞元暉第一品也其弟友知亦善畫亦能書元章云幼兒友知代吾名書碑及乎大字更無辨門下許侍郎尤愛其小楷云每示簡可使令嗣書謂友知也

元章嘗稱華亭李用字景元作翎毛有天趣樹木不佳僕屢見其畫樹木甚拙禽鳥佳處多

宋宗室如千里希遠皆得丹青之妙如大年小景墨雍雜禽又出尋常宗室筆墨之外者

濮王宗漢墨雁可入神品

宋迪字復古師李成清甚士太夫畫中最佳不在李公年之下其猶子子房亦得家法

劉涇字巨濟與元章同爲畫友作枯木有奇思

周怡者畫院人宣和末承應摹倣唐畫有可觀

崔白蘆雁之類雖清致予平生不喜見之獨有一大軸絹闊一丈許長二丈許中濃墨塗作八大雁盡飛鳴宿食之態東坡先生大字題詩曰扶桑之繭如甕盎天女織綃雲漢上往來不遺鳳銜梭誰能鼓臂投三丈云云眞白之得意筆也

李伯時十六小馬圖至京師時始見之紙素數寸中作山林十六馬飲水齕艸樂天趣于其間神駿可愛伯時小字題其後今在郝大參家

徽宗自畫夢遊化城圖人物如半小指累數千人城郭宮室麾幢鼓樂仙嬪眞宰雲霧霄漢禽畜龍馬凡天地間所有之物色色具備爲工甚至觀之令人起神遊八極之想不復知有人世間奇物也今在嘉興陳氏又見其臨李昭道摘瓜圖舊在張受益家今聞在京師某人處明皇騎三騣照夜白馬出棧道飛仙嶺乍見小橋馬驚不進遠地二人摘瓜後有數騎漸至奇跡也

程坦元章時人善雜畫往往見之張受益收松竹幛八幅頗妙人物甚俗城南李氏收鍾馗小妹二幅甚惡元章謂程坦能汙茶房酒肆壁者此論眞是也

花光長老以墨暈作梅如花影然別成一家致所爲寫意者也傳世不多僕平生止見四五本子昂學其枝條花用別法

宋南渡士人多有善畫者如朱敦儒希眞畢良史少董江參貫道皆能畫山水窠石若畫院諸人得名者若李週唐曾馬賁下至馬遠卞圭李迪李安忠樓觀梁楷之徒僕于李唐差加賞閱其餘亦不能盡別也

畢少董能畫山水不在朱希眞之下僕嘗見之故表異以語後人

馬和之作人物甚佳行筆飄逸時人目爲小吳生更能脫去俗習留意高古亦人未到也

池州畫工作九華秋浦圖元章云甚有清趣師董元僕平生凡有七八本其工緻甚多信元章之說不妄

楊補之善墨梅甚清絕水仙亦奇自號逃禪道人

楊叔雅江右人墨梅甚佳大抵宗補之別出新意水仙蘭亦佳

趙孟堅子固墨蘭最得其妙其葉如鐵花莖亦佳作時用筆輕拂如飛白畫狀前人無此作也畫梅竹水仙松枝戲墨皆入神品水仙爲尤高子昂專師其蘭石覽者當自知其高下近世牧溪僧法常作墨戲麁惡無古法

廉布字仲宣畫枯木叢竹奇石清致不俗本學東坡青出于藍自號射澤老人畫松柏亦奇杭州龍井寺版壁畫松石古木二幅得筆法後有王清叔亦畫枯木竹石臨倣逼眞但筆墨粗惡少生意耳

常州太和寺佛殿後有徐友畫水名清濟貫河中有一筆尋其端末長四十丈觀者異之有之妙豈在是哉筆法既老波浪起伏得其水勢相對活動愈看愈奇兵火間寺屋盡焚而此殿巍然獨存

豈水能厭之邪
金人王庭筠字子端畫枯木竹石山水往往見之獨京口石民瞻
家幽竹枯槎圖武陵劉進甫家山林秋晚圖上逼古人胸次不在
元章之下也
金人楊祕監者畫山水全師李成
任詢字君謨金國人草書入能品畫山水亦佳在王子端之下
金顯宗章宗父也畫墨竹俗惡章宗每題其籤
金人畫馬極有可觀惜不能盡知其姓名
近世龔聖予先生名開淮陰人身長八尺碩大美髯讀書爲文能
成一家法畫馬專師曹霸得神駿之意但用筆最麄此不爲足耳
畫人物亦師曹韓畫山水師米元暉梅菊花卉雜師古作卷後必
題詩或贊跋皆新奇嘗自畫瘦馬題詩曰一從雲霧降天關空進
先朝十二閑今日有誰憐瘦骨夕陽沙岸影如山此詩膾炙人口

眞有盛唐風致嘗作雲山藁五册傳于家僕嘗見之及平生所臨
畫藁亦奇物也
江南畫工陳琳字仲美其先本畫院待詔琳能師古凡山水花竹
禽鳥皆稱其妙見畫臨摹彷彿古人子昂相與講明多所資益故
其畫不俗宋南渡二百年工人無此手也
外國畫
高昌國畫用金銀箔子及朱墨點點如雨銷洒在紙上畫翎毛如
中國花艸亦佳
高麗畫觀音像甚工其源出唐尉遲乙僧筆意流而至于纖麗
論畫
古人作畫皆有深意運思落筆莫不各有所主況名下無虛士相
傳既久必有過人處故畫之六法得其一二者尚能名世又得其
全者可知也今人看畫不經師授不閱記錄但合其意者爲佳不
合其意者爲不佳及問其如何是佳則茫然失對僕自十七八歲
時便有迂闊之意見畫愛玩不去手見鑑賞之士便加禮問遍借
記錄髣髴成誦詳味其言歷觀名迹參攷古說始有少悟若不留
心不過爲聽聲隨影終不精鑒也
人物于畫最爲難工蓋拘于形似位置則失神韻氣象顧陸之蹟
世不多見唐名手至多吳道子畫家之聖也照映千古至宋李公
麟伯時一出遂可與古作者並驅爭先得伯時畫三紙可敵吳生
一紙得吳生畫二紙可易顧陸一紙其爲輕重相懸類若此
古人以畫得名者必有一科是其所長如唐之鄭虔蜀之李昇並
以山水名宣和畫譜皆入人物等部畫目稱其能山水而所收止
人物神仙耳其他不可枚舉僕凡欲修宣和畫譜者數矣惜未得
遂所欲也
宋高宗每搜訪至書畫必命米友仁鑒定題跋往往有一時附會

迎合上意者嘗見畫數卷頗未佳而題識甚眞鑒者不可不知也
世人藏畫必欲盛飾以金玉不知金玉乃誨盜之端
前賢事跡可鑒
燈下不可看畫醉餘酒邊亦不可看畫俗客尤不可示之卷舒不
得其法最爲害物至于庸人繆子見畫必看妄加雌黃品藻本不
識物亂訂眞僞令人短氣
書畫之好本士大夫適興寄意而已有財力收購有目力鑒賞遇
勝日有好懷彼此出示較量高下正欲相與誇奇鬬異今世之輕
薄子則不然縱目力略知一二見人好物故貶剜疵纇用心計購
至于必得倘不得則生造毁謗必欲此物名譽不彰若賞鑒高尚
之士固不待破說平常目力未定者或爲所惑已收一物性命與
俱妄自稱譽人或欲之必作說難阻得善價而後已此皆心術不
正不可不鑒

看畫之法不可一途而取古人命意立迹各有其道豈必拘以所見繩律古人之意哉初學不可不講明要妙觀閱記錄否則縱鑒精熟見畫便知何誰便識美惡之由茫然無對雖妄加議論支梧一時言吐俗謬識見淺短爲知者所哂不可不學也

人家子弟不可不學看書畫蓋留心不于此則于彼所益非一端前輩名人鉅公未有不游意于此者陳無已詩云老知書畫眞有益卻悔歲月來無多讀之可爲浩歎

古人畫藁謂之粉本前輩多寶畜之蓋艸艸不經意處有自然之妙宣和紹興所藏粉本多有神妙

宋人賞鑒精妙無出于米元章然此公天資極高立論時有過處當時如劉巨濟薛道祖林子中蘇志東兄弟輩皆不及後有黃伯思長睿者出作法帖刊誤專考米公之失僕從而爲辨析甚詳作法帖正誤專指長睿之過當使元章復生不易吾言也

俗人論畫不知筆法氣運之神妙但先指形似者又上達之士有一等論畫之神妙便云畫十二時辰圖有十二遊蜂循環飛動畫婦人則有回身動頭之異不可枚舉此皆迂謬之說以求奇也

今之人看畫多取形似不知古人最以形似爲末節如李伯時畫人物吳道子後一人而已猶未免于形似之失蓋其妙處在于筆法氣韻神彩形似末也東坡先生有詩云論畫以形似見與兒童鄰作詩必此詩定知非詩人僕平生不惟得看畫法于此詩至于作詩之法亦由此語

唐人畫卷多用碧綾裀背當時名士于闌道上題字自經宣和紹興裝飾盡用拆去古迹遡不可得已

唐人背手卷多有紫綾作標首玉綾作引首用珊瑚爲小軸如今藏經之狀

宋末士大夫不識畫者多縱得賞鑒之名亦甚苟且蓋物盡在天府人間所存不多動爲豪勢奪去賈似道擅國柄留意收藏當時趨附之徒盡心搜訪以獻今往往見其所有眞僞相半豈當時閧見不廣抑似道目力不高一時附會致然耶

古人作畫有得意者多再作之如李成寒林范寛雪山王詵烟江疊嶂之類不可枚舉

畫梅謂之寫梅畫竹謂之寫竹畫蘭謂之寫蘭何哉蓋花之至清畫者當以意寫之不在形似耳陳去非詩云意足不求顏色似前身相馬九方皋其斯之謂歟

畫有賓主不可使賓勝主謂如山水則山水是主雲烟樹石人物禽畜樓觀皆是賓且如一尺之山是主不可使賓勝主凡賓者遠近折筭須要停勻謂如人物是主凡賓者皆隨其遠近高下布景可以意推之也

染絹上深下淡蒸絹上黑顏色黯淡槌碎者文理不直絲亂斷惟

自然古者絹黑而丹青自明看畫不可以縑素明闇爲辨

看畫如看美人其風神骨相在支體之外者佳今人看古迹必先求形似次及傅染次及事實殊非賞鑒之法也元章謂好事家與賞鑒家自是兩等家多資力貪名好勝遇物收置不過聽聲此謂好事若賞鑒則天資高明多閱傳錄或自能畫或深得畫意每得一圖終日寶玩如對古人雖聲色之奉不能奪也

收畫之法道釋爲上蓋古人用工于此欲覽者生敬慕愛禮之意其次人物可爲鑒戒其次山水有無窮之趣其次花草其次畫馬可以閱神駿若仕女番族雖精妙非文房所可玩者此元章之論也

今人收畫多貴古而賤近且如山水花鳥宋之數人超越往昔但取其神妙勿論世代可也只今如本朝趙子昂金國王子端宋南渡二百年間無此作元章收晉六朝唐五代畫至多在宋朝名筆

亦收置稱賞若以世代遠近不看畫之妙否非眞知者也

觀畫之法先觀氣韻次觀筆意骨法位置傳染然後形似此六法也若看山水墨竹梅蘭枯木奇石墨花魚禽等遊戲翰墨高人勝士寄興寫意者愼不可以形似求之先觀天眞次觀筆意相對忘筆墨之迹方爲得趣今人觀畫不知六法開卷便加稱賞或人問其妙處則不知所答者皆平昔偶爾看熟或附會一時不知其源深可鄙笑

收留名畫山水花竹窠石等作折軸文房舘掛若故實人物必須得橫卷爲佳

畫之爲物有不言之妙古人命意如此須有具眼辨之方得其理若賞閱不精又不觀紀錄知其源流徒對顧陸名筆不過爲鼠竊金以自寶奚責其知味哉

山水之爲物稟造化之秀陰陽晦暝晴雨寒暑朝昏晝夜隨形改步有無窮之趣自非胸中丘壑汪洋如萬頃波者未易摹寫如六朝至唐初畫者雖多筆法位置深得古意自王維張璪畢宏鄭虔之徒出深造其理五代荆關又別出新意一洗前習迨于宋朝董元李成范寬三家鼎立前無古人後無來者山水之法始備三家之下各有入室弟子二三人終不逮也

世俗論畫必曰畫有十三科山水打頭界畫打底故人以界畫爲易事不知方圓曲直高下低昂遠近凹凸工拙纖麤梓人匠氏有不能盡其妙者況筆墨規尺運思于縑楮之上求合其法度準繩此爲最難古人畫諸科各有其人界畫則唐絕無作者歷五代始得郭忠恕一人其他如王士元趙忠義輩數人而已如衞賢高克明抑又次焉近見趙集賢子昂教其子雍作界畫云諸畫或可杜撰瞞人至界畫未有不用工合法度者此爲知言也

大凡觀畫未精多難爲物此上下通病也僕少年見神妙之物稍

不合所見便目爲僞今則不然多聞闕疑古人之所以傳世者必有其實古云下士聞道則大笑不笑不足以爲道卽此意也

觀六朝畫先觀絹素次觀筆法次觀氣韻大概十中可信者一二有御府題印者尤不可信

古畫東移西撥捋補成章此弊自高宗莊宗始也

說郛卷第十三終

說郛卷第十四

就日錄　宋趙□□

諺傳古語有云世上好言佛說盡天下名山僧占多此雖重佛教者語亦未通理然而大藏經千百億佛無非皆欲教人律身行己坐脫立亡超脫輪廻之道其間雖有冥漠無稽之語而于大明了大通澈處有無兼遣清心釋累之論多矣僕于金剛經本原通義備言之已然而其徒自叛其師而依權傍勢自違其教而飲酒食肉何哉非佛語之不足信蓋人易惑耳朝爲田夫暮爲緇徒但知袖手端坐吃飯不問賢否便爲尊大至于造罪作業過于常人而又有此等愚庸假此以求衣食以希進達有號賣佛牙郎彼謂佛語爲何如哉且僧占名山世人不知當求孝子立意廬墓之心惰而守墳功德起鬼神祈禱之意與而崇奉香火盛又如福州雪峰

溫州江心京口金山餘杭徑山之類每週廻數百里高千百尺若非以寺僧及徒衆守之必爲盜賊之區須當設數警司養兵數百人巡捕重費縣官與其聞鉦鑼之聲使人畏懼不若聞鍾梵之音俾生善念所以其他大小山麓卽以大名刹鎮之是不重費于官而又得此曹爲官看守山林豈不陰有所利哉而此曹亦不宜少縱恐生他患爾

唐人著夢書言夢有徵夫夢者何也釋氏以四法判之一曰無明薰習二曰舊識巡游三曰四大偏增四曰善惡先兆周官簭人掌占六夢一曰正夢二曰噩夢三曰思夢四曰寤夢五曰喜夢六曰懼夢造化權輿曰神遇爲夢形接爲事浮虛夢揚沈實夢溺寢藉帶夢蛇鳥銜髮夢飛將陰夢水將晴夢火將病夢食將憂夢歌舞此列子之論也李太伯潛書云夢者之在寢也居其傍者無異見耳目口鼻手足皆故形也魂之所遊則或羽而仙或冠而朝或宮室輿馬女婦奏樂與乎其前忽富驟榮樂無有限極及其覺也撫其躬亡毛髮之得千是始知其妄而笑此無他獨其心之溺焉耳嗚呼將幸而覺耶抑將冥冥沒沒遂至于死耶前者諸說各有所見且周官藏之甚恐而列子之神遇李太伯之魂遊心溺果然哉然有二說如夜夢得金寶財貨覺而無所獲與女人交覺而失精此非心溺乎如夏月露臥偶夜露下而失覆則夢雪降冬月擁被衾多則夢火熾此非神遇乎夫至人無夢者緣無想念蓋恐此路頭熟著其所好而往所以李太伯有云將幸而覺或有不覺者則將冥冥沒沒而不知返者有之要在乎昔學力只這箇是一家工夫賢明當察之

孔子曰道之將行也與命也道之將廢也與命也是聖人素其位而行道以不可專必故歸之于命先言道而後言命天之有命聖人依命而行道所以嚴君平在蜀設肆爲人臣者勉之以忠爲人

子者勸之以孝是亦行道者爾後世不知斯理滯于書傳自立一家或以五行支干或以三元九氣或專取于日或庽于星禽或依于易數衆說紛紛徒惑聞見且如從漢帝入關二百人皆封侯隨趙括四十萬兵悉爲坑死豈漢兵無一名行衰絕運限者趙兵無一卒在生旺日時者此理須當有所處近東淮岳總卿刋江西廖君所類諸家命書爲五行精紀其集錄備載而無去取亦不免拘于五行之內言之且造物者惡得以甲乙數語而窺之耳夫人事未盡焉盡天理故善與人同卽爲合德知過再犯卽爲轉趾聞善不信卽爲孤神財不儉用卽爲耗宿昔有軍校與趙韓王同年月日時生若韓王有一大遷除而軍校則有一大責罰其小小升轉則軍校微有譴訶此又不知于命以何而取焉大抵燭理明之人五行神鬼皆不能拘繫陶淵明有云癡人前不可說夢而達人前不可言命至急則無陰陽凡有妄心則被五行所惑一有私心則

爲鬼神所制況天道福善禍淫鬼神禍盈福謙以命取斷于卜師彼以餬口之迫而藉此術以度日欲決行藏一以爲貴一以爲賤轉爲之惑以事求明于神物彼以幽沈之役尸其享祭焉敢以無作有以曲爲直私之于人且人事之公行未有詢神者惟有私求則往祈禱之夫神鬼本畏人而人一有妄心求于彼而彼得以肆欺于其間故明理者俱無斯病近時有一內貴官以門下人命而使術者議之若言命佳則必以奇禍擾之若言命窮則必以好爵榮之此是特與造物爭功略舉此以少釋其惑

錢唐江潮之說前後紀錄不一山海經以爲海鰌出入穴之度佛書以爲神龍之變化葛洪潮記謂天河激涌洞冥正一經云地機翕張盧肇論曰激水而潮生天地噓氣有呼吸晝夜成候而爲潮封演云月周天而潮應王充論衡謂水者地之血脈隨氣進退爲潮竇叔蒙海濤志以潮汐作濤必符于日月日月與海相推海與

月相明東海漁翁海潮論云地浮于大海隨氣出入上下地下則滄海之水入于江謂之潮地上則江河之水歸于滄海謂之汐浙江發源最近江水少海水多其潮特大潘洞浙江論曰海門有二山曰龕曰赭夾岸潮之初來亦慢將近是山岸狹勢逼如湧而爲濤姚令威叢語載會稽石碑大率元氣噓翕天隨氣而漲歛濆渤往來潮順天而進退者也浙江南自鑿風北自嘉興夾山而水闊下有沙潭（皮畢切）南北亘之隔礙洪波蹙遏潮勢非江山淺逼使之然也雲麓趙昂景安漫抄載徐明叔等高麗錄云天包水水承地而元氣昇降于太空之中地承水力以自持且與元氣升降互爲抑揚而人不覺衆家之議海潮潘洞之論勢頗爲當理而止云勢逼而爲濤東海漁翁之論源近遠而分大小理亦近似而云地浮于水其理間斷不若徐明叔高麗錄云天包水水承地而元氣升降竇叔蒙之論濤符于月此說正與會稽石碑及趙景安所識相合且月陰也潮水也皆應于易之坎卦爲用故易說卦曰坎爲水爲月于此可見是以三家之論爲得焉

焚紙錢之說唐王璵傳曰漢以來葬者皆有瘞錢後世里俗稍以紙寓錢爲鬼事至是璵乃用爲禳祓則是喪葬之焚紙錢起于漢世之瘞錢也其禱神而用寓錢則自王璵始矣康節先生春秋祭祀約古今禮行之亦焚楮錢程伊川怪問之曰明器之義也脫有益非孝子順孫之心乎徽廟朝高峰廖用中奏乞禁焚紙錢有云甞怪世俗鑿紙爲錢焚之以徼福于鬼神者不知何所依據非無荒唐不經之說要皆下俚之所傳耳使鬼神而有知謂之慢欺鬼神可也李珂松窗百說云世既是妄人死而爲鬼其妄又可知無身心耳目口鼻之實而六習常不斷顛倒沈迷豈復覺悟方其具酒殽列明器鑿楮象錢印繪車馬而焚之以妄塞妄也就隱曰焚紙錢之意蓋迹其漢瘞錢法原其本初恐瘞錢爲死者之禍及世

間艱得錢易以紙錢自後沿襲至唐而焚之其來久且遠而廖高峯遽欲絕之以塞妄費且夫子謂死葬之以禮又曰敬鬼神而遠之是夫子不欲遽絕而以有無之中言之惟邵康節約古今而行之又云脫有益非孝子順孫之心最爲通議今未究竟既死之後如何且酌中議之萬一幽冥中六鑿雖衆而一念沈滯不散不以此破惑無以解疑故知妄計但恐墮于未能免俗之中耳惟達者當以意解之云耳

夷堅志載路眞官行持靈驗處極多且行持符法自盧靖正一二天師傳度符籙于世亦是運自己精神眞氣正心而驅除妖邪若自己神靈氣淸心正之人鬼神亦自畏之況受正法符籙乎上帝好生慮有邪魔爲下方之患遂以天神應化人世用此符籙而馘除之實於助國行化不爲無補猶于自己積功立行可以功超仙列今也不然有無事取罪者妄意傳授符籙假此沽譽以苟衣食

行持治病則自帶親僕專備附體仍呼神叱鬼又且召役嶽帝城隍且嶽帝城隍可比人間監司郡守謂如人役僕隸受其利養處之無法尚不服使令不知汝有何功德有何神通以動監司郡守况嶽帝城隍乎豈不自招陰譴而又要求財物作爲淫亂動遭天律生不免于雷霆則死墮于風刀幽沈是誰之過歟

舊傳不肖子有三變其初變爲蝗蟲謂鬻田園而食次變爲蠹蟲謂貨書而食又變爲大蟲爲賣人而食此切當其理原其今日之不肖子爲此三蟲恐未足以盡其實初父母未亡也憑藉父母祖蔭聲勢在外無所不爲朝出暮歸盜竊財物恣情爲非父兄以內有所主反持父兄家私事逼其姊妾至于掣肘或恐玷已遂爲掩蔽付之無可奈何及託前世甚至于在外指屋起錢高價賒物低價出賣謂之轉肩及有指而目之爺健大郎父有因此淹抑成疾又增利錢候父母死還錢謂之下丁錢其或母先父亡猶且庶幾

若或父先亡而母存其爲害特甚初父亡得財產入手豈顧母親及其財物喪去而母獨處甘旨不具展轉孤苦逮其親戚兄弟擕歸奉養此子則往彼爭喧取擾以其有挾藏之物反爲求索其親厭煩則付母還之復受岑寂或有兄弟粗給則興訟索分亦自有此等人資給以導其爲訟既訟畢得錢浪費無歲月間又已空虛連及妻室而妻室及姊妹少艾素非役使焉能事人遂以妻或姊妹覓人畜養詐爲親戚出入閨門分甘忍恥食殘衣弊而妻輩以飢寒所困初似羞澀終則顧爲間有妻輩家以力奪去及妻子輩鬻身事人及與所親者厚愛從彼棄此不肖子俱無所施則思舊所交遊者及父兄朋友而求索度日如此又不知以何蟲處之矣

茅亭客話

宋黃休復 字歸本江夏處士

蜀亡先兆

聖朝乾德二年歲在甲午興師伐蜀明年春蜀主出降二月除兵部侍郎參知政事呂公餘慶知軍府事以僞皇太子策勳府爲理所先是蜀主每歲除日諸宮門各給桃符一對俾題元亨利貞四字時僞太子善書札選本宮策勳府桃符親自題曰天垂餘慶地接長春八字以爲詞翰之美也至是呂公名餘慶太祖誕聖節號長春天垂地接先兆皎然國之替興固前定矣

太平木

僞蜀廣政末成都人唐季明父失其名因破一木中有紫紋隸書太平兩字將欲進蜀主以爲嘉瑞識者解云不應此時須破了方見太平爾果自聖朝弔伐之後頻頒曠蕩之恩寬宥傷殘之俗後仍改太平興國之號即識者之言諒有證矣

木紋天尊

大中祥符六年緜州彰明縣崇仙觀柏柱上有木紋如畫天尊狀毛髮眉目衣服履舄纖縷悉備知州比部外郎劉公宗言遂紀事奏聞奉聖旨令津置赴闕送玉清昭應宮令川民皆圖畫供養之

陰吏點名

成都郡漆匠艾延祚甲午歲爲賊所驅于郡署令造漆器五月六日或聞鼓鼙聲及南門火起乃天兵至郡也延祚因上樹匿于穠葉間見天軍往來捕捜殺戮至夜遂下樹于積屍中臥至中宵聞傳呼頗類將吏有千數人且無燭炬因竊覘之不見其形但聞按據簿籍稱點姓名僵屍聞呼一一應之惟不唱艾延祚而過僵屍相接猶檢閱未已乃知聖朝討叛伐逆屠戮之數奉天行誅故無誤矣

夷婦貞烈

甲午歲五月天兵克益郡至八月賊支進猶據嘉州宿崇僞翰領兵討之軍次洪雅有卒掠獲一夷人婦頗有姿色置于兵幕之下每欲逼之云自有伉儷夜則交臂疊膝俯地而坐軍人怒許其斷

頸剖心而終不能屈堅肆強暴拒之轉甚三日不飲食以死繼之竟不能犯以非禮主帥聞而憫之使送還本家嗟乎雖蠻夷而能堅貞強暴者不能侵侮之中夏無廉潔者得無愧乎

盲女

庚子歲天兵討叛部賊突圍宵遁王師怒城中民使招誘出城大軍方入搜捕及平定後盡令歸家南市渠中有一盲女年七十八歲叫云父耶母耶兄耶嫂耶何處去不供給我飲食也其盲女爲飢渴所逼不知無家但怨呼父母兄嫂旦夕不輟有一鄰婦云此孫氏女三歲因患麩豆入眼父母憐其聰慧常教念佛書鞠養甚厚父死于輸給不迨母死于幽憤嫂因供給役夫中流矢而斃兄城陷而不知存亡更無親戚觀者痛心洒涕經旬或遇鄰婦問盲女存亡鄰婦云盲女不接他人飲食但悲號叫呼其親水飲不入口蘇而復絕七日而卒因憫而拾餘燼者材而焚之于盲女衣中

獲白金一兩遂鬻之以供僧畫像焉嗚呼城陷日似此者多矣獨書盲女者言雖鄙意有激焉夫家富財饒則禮義興矣財苟不足則禮義俱廢蓋人之常情也當是時也民家財物罄空窘迫尤甚豈謂鄰婦獨能拾餘燼之材焚燒盲女復于衣中獲金不爲己用與盲女供僧畫像奇哉鄰婦能于困窮窘迫之際存誠如是故特書之且今之見利忘義者不爲斯鄰婦之罪人乎

李吹口

永康軍太平興國中虎暮失蹤誤入市市人千餘叫譟逐之虎爲人逼弭耳矚目而坐或一怒則跳身咆哮市人皆顚沛長吏追善捕獵者李吹口失其名衆云李吹口至矣虎聞忙然躥入市屋下匿身李遂以戟刺之仍以短刃刺虎心前取血升餘飲之休復雍熙二年成都遇李因問曰向來飲虎血何也李云飲其血以壯吾志也又云虎有威如乙字長三寸許在脇兩傍皮下取得佩之臨官而能威畏衆無官佩之無憎病者凡虎視人只以一目放光一目看物獵人捕得記其頭藉之處須至月黑掘之尺餘方得如石子色琥珀狀此是虎目精魄淪入地而成琥珀之稱因此主療小兒驚癇之疾凡虎鬚拔得者將剟蚛牙無復疼痛凡虎傷人者衣服器仗乃至巾鞋皆摺疊于地上倮而復僵蓋虎役使所殺者人魂也凡有虎傷死及溺水死者魂曰倀鬼凡日月暈虎必交凡虎食狗必醉狗虎之酒也凡虎不傷醉人頃有一村夫入市醉歸臨崖而睡有虎來嗅之虎鬚偶入醉者鼻中醉者大噴噓其聲且震虎驚駭落崖而斃此事皆聞諸李吹口者

閒談錄（二卷）　宋蘇　耆

錢氏之有國也應西湖之捕魚者必日納數斤謂之使宅魚有終日不及其數者必市爲供之民頗怨嘆一日武肅大設一圖上畫磻溪直鉤之事武肅指示命羅隱賦詩應聲曰呂望當年展廟謨直鉤釣國更誰如若教生在西湖上也是須供使宅魚武肅大笑

自是盡得蠲免

許王尹京日因假奏太宗求綺帛千疋以爲服玩之資上命左右出御衣服數箱示之曰此朕之所服皆浣濯再矣汝不知艱苦但務奢華況府庫之中皆非臣之所有乃四方土貢萬姓膏血朕亦與衆共之豈可以一身而枉費用乎終不之賜是知祖宗儉德雖漢文之志亦何加焉

陶尚書穀本姓唐氏避晉祖名而改焉小字鐵牛（出鹿門先生集序）李相濤出典河中嘗有書與陶云每過中流潛思令德陶初不爲意細思方悟（蓋河中有張燕公鑄繫柱鐵牛故也）

黃寇之亂儒生多被擒戮未暇烹欝者用一驢駝二人交縛其足于鞍上面相向于腹下有相識同罹此患乃謂曰何不幸相逢此地

晉開運中馮道方在中書有人于市中牽一驢以片幅大署其面曰馮道二字道之親知見而白焉道徐曰天下同名姓人有何限但慮失驢訪主又何怪哉其大度如此

卻掃編 三卷　宋徐度 字敦立睢陽人居吳興

劉器之待制對客默坐往往不交一談至于終日客意甚倦或請去輒不聽至留之再三有問之曰人能終日矜莊危坐而不欠伸跛側者蓋百無一二焉其能者必貴人蓋嘗以其言驗之信然

童貫既敗籍其家貲得劑成理中丸幾千斤他物稱是此與胡椒八百斛者亦何異耶

劉待制安世晚歸南京客或問曰待制閒居何以遣日正色對曰君子進德修業唯日不足而可遣乎

滕龍圖達道布衣時常爲范文正公門客時范公尹京而滕方少年頗不羈往往潛出狹邪縱飲范公病之一夕至書室中滕已出

矣因明燭觀書以俟意將媿之至夜分乃大醉而歸范陽不覵以觀其所爲滕略無懾懼長揖而問曰公所讀者何書公曰漢書也復問漢高祖何如人公逡巡而入

趙康靖公槩既休致居鄉里宴居之室必置三器几上一貯黃豆一貯黑豆一空有間投數豆空器中人莫喻其意所親問之曰吾平日與一善念則投一黃豆與一惡念則投一黑豆用以自警始則黑多于黃中則黃多于黑近者二念俱忘豆亦不復投矣

功臣號起于唐德宗時朱泚之亂既平凡從行者中悉賜號奉天元從定難功臣其後凡有功者咸被賜寖相踵爲故事本朝循此制宰相樞密使初拜賜焉參知政事樞密副使初除或未賜遇加恩乃有之刺史以上止加階勳勳高者亦或賜中書樞密賜推忠協謀同德佐理餘官則推誠保德奉義翊戴掌兵則中果雄勇宣力外臣則純誠順化每以二字協意或造或因取爲美稱宰臣初加即爲六字餘並四字其進加則二字或四字多者有至十餘字又有崇仁佐運守正忠亮保順忠宣亮節之號文武迭用焉

倦遊雜錄 八卷　宋張師正

劉潛以淄州職官權知鄆州平陰縣事一日與客飲驛亭左右報太夫人暴疾潛馳歸已不救矣潛抱母一慟而絕其妻見潛死復撫潛尸大號而卒時人傷之曰子死于孝妻死于義孝義之美併集其家

凡視五色皆損目惟黑色與目無損李氏有江南日中書皆用皂羅糊屏風所以養目也王丞相介父在政府亦以皂羅糊屏障

山民云熊于山中行數千里悉有給伏之所必在石岩枯木中山民謂之熊館惟虎出百里外則迷失道路

石參政中立性滑稽天禧中爲員外郎帖職而西域獻獅子畜于御苑日給羊肉十五斤常率同列往觀或嘆曰彼獸也給肉乃爾

吾輩參預郎曹日不過數斤人翻不及獸乎石曰君何不知分耶彼乃苑中獅子吾曹員外郎耳安可比耶

韓龍圖贄山東人鄉里食味好以醬漬瓜啗之謂之瓜虀韓爲河北都漕廨宇在大名府中諸軍營多鬻此物韓嘗曰某營者最佳某營者次之趙說道笑曰歐陽永叔嘗撰花譜蔡君謨亦著荔枝譜今須請韓龍圖撰瓜虀譜矣

陳烈福州人博學不循時態動遵古禮蔡君謨居喪于莆田烈往弔之將至近境語門人曰詩不云乎凡民有喪匍匐救之今將與二三子行此禮于是烏巾襴鞹行二十餘里望門以手據地膝行號慟而入孝堂婦女望之皆走君謨匿笑受弔即時李遘貲匍匐圖

陳少常亞以滑稽著稱蔡君謨嘗以其名戲之曰陳亞有心終是惡陳復之曰蔡襄無口便成衰時以爲名對爲殿中丞日知嶺南

恩州到任書與親舊曰使君之五馬雙旌名目而已螃蟹之一文兩个眞實不虛又嘗曰平生得一對最親切者是生紅對熟白也」

今之通遠軍乃古滑州之地滑源出焉中有水蟲類于魚鳴作覓覓之聲見者卽以梃刃擊之或化爲石可以爲礪名曰覓石長尺餘直一二千兵刃經其磨者靑光而不銹亦奇物也

嶺南人好啖蛇易其名曰茅鱓草蟲曰茅蝦鼠曰家鹿蝦蟆曰蛤蚧皆常所食者海魚之異者黃魚化爲鸚鵡泡去聲魚大者如斗身有刺化爲豪猪沙魚之斑者化爲鹿

桂州婦女產男者取其胞衣淨濯細切五味煎調之召至親者合宴置酒以啗若不預者必致忿爭

今人呼奢麪爲湯餅唐人呼饅頭爲籠餅豈非水瀹而食者皆可呼湯餅籠蒸而食者皆可呼籠餅市井有鬻胡餅者不曉著名之所謂得非熟于爐而食者呼爲爐餅宜矣

零陵出石燕舊傳過雨則飛嘗見同年謝郎中鴻云向在鄉中山寺爲學高巖石上有如燕狀者因以筆識之石爲烈日所曝忽有驟雨過所識者往往墮地蓋寒熱相激而迸落非能飛也

沈香木嶺南諸郡悉有之瀕海州尤多交幹連枝岡嶺相接數千里不絕葉如冬青大者合數人抱木性虛柔山民或以構茅廬或以爲橋梁爲飯甑尤善有香者百無一二蓋木得水方結多在折枝枯幹中或爲沈或爲煎或爲黃熟自枯死者謂之水槃香今南恩高竇等州惟產生結香蓋山民入山見香木之曲幹斜枝必以刀斫之成坎經年得雨水所漬遂結香復以鋸取之刮去白木其香結爲斑點亦名鷓鴣斑燔之甚佳沈之良者惟在瓊崖等州俗謂角沈乃生木中取者宜用薰裛黃熟乃枯木中得之宜入藥用其依木皮而結者謂之靑桂氣尤淸在土中歲久不待刓剔而精者謂之龍鱗亦有削之自卷咀之柔韌者謂之黃臘沈香尤難得」

有善訣者熙寧中曾以先光祿卿孝守番禺嘗啓王介甫丞相曰某所恨微軀日益安健惟願早就木冀得丞相一埋銘庶幾名附雄文不磨滅于後世

稽神錄十卷今本六卷　　僞唐徐　鉉

廣陵有男子行乞于市每見馬矢卽取食自云嘗爲人飼馬慵不能夜起其主恒自檢視見槽中無菽督責之乃取烏梅并以飼馬馬齒楚不能食竟以是致死後因病見馬矢輒流涎欲食食之與烏梅味正同了無穢氣

淸源人陳褒隱居別業臨窗夜坐窗外卽曠野忽聞有人馬聲覘之見一婦人騎虎自窗下過徑之屋西室內壁下先有一婢臥婦人卽取細竹杖從壁隙中刺之婢忽爾肚疼開戶云如廁褒方愕駭未及言婢始出已爲虎所搏遽前救之僅免鄉人云村中恒有此怪所謂鬼虎者也此條今本無

陝西周寶爲浙西節度使治城隍至鶴林門得古冢棺櫝將腐發之有一女子面如生鉛粉衣服皆不敗掌役者以告寶親視之或曰此當是嘗餌靈藥待時而發則解化之期矣寶卽命改葬之具車輿聲樂以送寶與僚屬登望之行數里有紫雲覆輀車之上衆咸見一女子出自車中坐于紫雲之上冉冉而去久之乃沒開棺則空矣

梁開平二年使其將李思安攻潞州營于壺關伐木爲柵破一大木木中朱書文六字曰天十四載石進思安表上之其羣臣皆賀以爲十四年必有遠夷貢珍寶者其司天少監徐鴻獨謂其所親曰自古無一字爲年號者上天符命豈闕文乎吾以爲丙申之歲當有石氏王此地者移四字中兩竪畫置天之左右卽丙字也移四字外圍以十貫之卽申字也後至丙申歲晉高祖以石姓起并州如鴻之言

楚王馬希範修長沙城開濠畢忽有一物長十餘丈高丈餘無頭尾手足狀若土山自北岸出遊泳水上久之入南岸而沒出入俱無縱跡或謂之土龍無幾何而馬氏亡

閩王審知初爲泉州刺史州北數十里地名桃林光啓初一夕村中地震有聲如鳴數百面鼓及明視之禾稼方茂了無一莖掘地求之則皆倒懸土下其年審知剋晉安盡有甌閩之地傳國六十年至子延羲立桃林地中復有鼓聲時禾已收穫餘梗在田及明視之亦無一莖掘地求之則亦倒懸土下其年延羲爲左右所殺王氏遂滅

福州城中有烏石山山有大峯鑿三字曰薛老峯癸卯歲一夕風雨聞山上如數千人喧噪之聲及旦則薛老峯倒立峯字返向上城中石碑皆自轉側其年閩亡

又二條在第三卷

游宦紀聞 十卷

宋張世南 字光叔鄱陽人

書云期三百有六旬有六日以閏月定四時成歲是一歲三百六十有六日明甚今以每歲十二月計之只三百六十日又有小盡不與焉世南嘗以此問學者所對皆未精切其說當以今歲立春數至來歲立春恰三百六十有六日（以時刻較之實三百六十有五日零三時）世南始得其說未以爲然取百中經試加稽考殊無差者蓋三百六旬有六日言其凡也其實周天三百六十五度四分日之一日行一度一歲一周天一歲云者自今歲冬至數至明年冬至凡三百六十有五日奇三時所奇三時即四分日之一也若以十二月計之不滿三百六十日者月有小盡又積其餘五度有奇合之以置閏其所以有小盡有閏月者以月行速二十七日有奇也周天進三十度與日合朔之際卽爲一月凡一歲十二月合朔故曰十二月若論期之一當以氣周斷不當以十二月斷也

翡翠屑金人氣粉犀此物理相感之異者嘗觀歸田錄載歐公家有一玉罌形制甚古且精巧始得之梅聖俞以爲碧玉在潁州時常以示僚屬坐有兵馬鈐轄鄧保吉者眞宗朝老內人也識之曰此寶器也謂之翡翠寶物皆藏宜聖庫有翡翠琖一隻所以識也其後偶以金環于罌腹信手磨之金屑紛紛而落如硯中磨墨始知翡翠之能屑金也諸藥中犀最難細擣必先鎊屑乃入衆藥中已而衆藥悉盡犀屑猶存偶見一醫生元達者解犀爲小塊子方一寸半許以極薄紙裹置懷中近肉以人氣蒸之候氣薰蒸浹洽乘熱投臼中急擣應手如粉因知人氣之能粉犀也今醫工皆莫有知者

書大字用松烟墨每患無光彩而墨易脫偶得太乙宮易高士書符用墨訣試之果妙其法以黃明水膠半兩許用水小盂煎至五分蒸化尤妙如磨松墨時以膠水兩蜆殼研至五色見浮采再添

膠水俟墨濃可書則止如覺滯筆入生姜自然汁少許或溶膠時入濃皂角水數滴亦可

今醫家修製藥品往往一遵古法如本草炮炙及許學士方前所載亦既詳矣世南在蜀得數法頗出古人意表如麥門冬去心古法湯泡少時則易去今只以銀石銚火上微烙隨手漸剝極易爲力又不爲湯漬去藥味乳香沒藥最難研若作丸子藥則以乳缽研略細更入酒或水研頃刻如泥更無滓脚若酒糊丸則入酒研若以麪則入水研甚省力而易細且不飛走虧耗分兩

淮南人藏鹽酒蟹凡一器十隻以皂莢半挺置其中則經歲不壞世南向侍親至四明鹽白而廉僕輩貪利以篭盛貯邸翁曰途中走滷將若之何授汝一法可煨皂莢一挺置其中則無虞矣試之果然

凡衣帛爲漆所涴卽以麻油先漬洗透令漆去盡卽以水膠溶開

少著水令濃以洗麻油頃刻可盡蓋膠性與油相著即如米泔桐油亦然若白衣爲油涴石膏火煆研細糝汚處以重物壓過夜則如初如卒無此只以新石灰亦佳此皆試之效

驗漆之美惡有槩括爲韻語者云好漆淸如鏡懸絲似鈎鈎撼動虎斑色打著有浮漚驗桐油之法以細筱一頭作圈子入油蘸若眞者則如鼓面鞔圈子上纔有僞則不著圈上矣

昔人有誠後生不可稱前輩表字此忠厚之至也然一時出于中心至誠未嘗深考字所以表德也古人以爲美稱殷人以諱事神而後有字儀禮祭文云敢昭告于某考伯某父稱字也子思子作中庸稱其祖曰仲尼曰云云爰盎之姪問盎曰絲能日飲幾何近世子由與坡公多言子瞻兄陳了齋師事龜山簡稱中立先生非若今世俗既諱其名又諱其字也又今往往有台諱尊諱之語尤非是生曰名死曰諱載之禮經可覆禮部韻載先帝廟諱曰諱今上皇帝御名只曰名稱生人名乃曰諱不祥之甚也

辨博書畫古器前輩蓋嘗著書矣其間有論議而未詳明者如臨摹硬黃響搨是四者各有其說今人皆爲臨摹爲一體殊不知臨之與摹迥然不同臨謂置紙在旁觀其大小濃淡形勢而學之若臨淵之臨摹謂以薄紙覆上隨其曲折婉轉用筆曰摹硬黃謂置紙熱熨斗上以黃蠟塗匀儼如椀角器毫釐必見響搨謂以紙覆其上就明窗牖間映光摹之辨古器則有所謂款識臘茶色朱砂班眞靑綠井口之類方爲眞古其製作有雲紋輕重雷紋垂花雷紋鱗紋細紋粟紋蟬紋黃目飛廉饕餮蛟螭虬龍麟鳳熊虎龜蛇鹿馬象鸞夔犧蜼余季反凫雙魚蟠虺如意圜絡盤雲百乳鸚耳貫耳偃耳直耳附耳挾耳獸耳虎耳獸足夔足百獸足三螭穟草瑞草篆帶若斜若之勞星帶四傍飾以星象輔乳鐘名用以節樂者碎乳鐘名大乳三十六外復有小乳周之立夔雙夔之類凡古器制度一有此合則以名之如雲雷鐘鹿馬洗鸚耳壺之類是也如有款識則以款識名如周叔夜鼎齊侯鐘之類是也古器之名則有鐘大曰特中曰鎛小曰編鼎尊罍彝舟類洗而有耳卣音酉又音由中尊器也有罍壺是類壺瓶斝斗有耳有流有足流即嘴也卮觶之古切酒觴也角類爵而無柱杯敦簠其形方簋類鼎而矮蓋有四足豆獻牛偃切無底甑也錠徒徑切又都定切斝觚鬲形製同鼎漢志爲空足曰鬲鍑方宿切玉篇云似釜而大其實類小甕而有環盉戶戈切又胡臥切盉五味之器也似鼎而有蓋有足有鋬壺其類有四圜曰匾方曰溫盦予含切覆蓋也似洗而腰大有足提梁瓿蒲候切類缶而矮鋪類豆鋪陳犧獻之器罍類壺鑑盛水器上方如斗鐈底作風窗股上盤以盛之匜弋注切沃盥器盤洗盆銷呼玄切玉篇云小盌也杅磬錞鐸鉦類鐃而矮鐃戚鐓飾物金者錯奩鑑即鏡節鉞戈矛盾弩機表坐旗鈴刀筆杖頭蹲龍宮廟乘輿之殿或云闌檻圖物鵝車見殿之具提梁龜蛇硯滴車輅托轅之屬此其大概難以盡備然知此者亦思過半矣

所謂款識乃分二義款謂陰字是凹入者刻畫成之識謂陽字是挺出者正如臨之與摹各自不同也臘茶色亦有差別三代及秦漢間之器流傳世間歲月寖久其色微黃而潤今士大夫間論古器以極薄爲眞此蓋一偏之見也亦有極厚者但觀製作色澤自可見也亦有數百年句容所鑄其藝亦精今鑄不及必竟黑而燥須自然古色方爲眞古也

硯品中端石人皆貴重之載于譜記凡數家取予各異或作其有眼爲端或以無眼爲貴然石之靑脉者必有眼嫩則多眼堅則少眼石嫩則細潤而發墨所以貴有眼不特爲石之驗也眼之品類不一曰鸜哥眼曰鸚鴿眼曰雀眼曰雞眼曰猫眼曰菉荳眼各以形似名之翠綠爲上黃赤爲下諺謂火黯爲焦然亦石之病且石之有眼予亦不取大抵瑕翳于石有嫌况病眼假眼韶度尤不足觀

玉出藍田昆岡本草亦云好玉出藍田及南陽徐善亭部界日南盧容水中外國于闐疏勒諸處皆善今藍田南陽日南不聞有玉國朝禮器及乘輿服御多是于闐玉晉天福中平居誨從使于闐

為判官作記紀采玉處云玉河在國城外源出崑山西流千三百里至國界牛頭山分為三曰白玉河在城東三十里曰綠玉河在城西二十里曰烏玉河在綠玉河西七里源雖一玉隨地變故色不同每歲五六月水暴漲玉隨流至多寡由水細大水退乃可取方言曰撈玉國主未探禁人至河濱大觀中添創八寶從于闐國求大玉一日忽有國使奉表至故事下學院召譯表語而後答詔其表云日出東方赫赫大光照見西方五百國五百條貫主師子黑汗王表上日出東方赫赫大光照見四天下條貫主阿舅大官家你前時要者玉自家甚是用心力只為難得似你尺寸底自家已令人兩河尋訪纔得似你尺寸底便奉上也當時傳以為笑後果得之厚大踰三尺色如截肪昔未始有也大抵今世所寶多出西北部落西夏五臺山于闐國玉分五色白如截肪黃如蒸栗黑如點漆紅如雞冠紫如臙脂惟青碧一色高下最多端帶白色者

漿水又分九色上之上上之中上之下中之上中之中中之下下之上下之中下之下宣和殿有玉等子以諸色玉次第排定凡玉至則以等比之高下自見今內帑有金等子亦此法

自甲至癸為十幹自子至亥為十二枝後人省文以幹為干以枝為支非也

今之遠官及遠服賈者皆云天涯海角蓋俗談也頃在成都嘗聞有天涯地角石暇時訪古及閱圖志乃知天涯石在中興寺耆老傳云人坐其上則脚腫不能行至今人不敢踐履及坐其上又有天涯石在大東門對照覺寺高六七尺有廟今在市人楊家園地角石舊有廟在羅城內西北角高三尺餘王均之亂為守城者所壞今不復存矣欽州有天涯亭廉州有海角亭二郡蓋南轅窮途也

沙隨程先生嘗云頃于行在見一道人以笛拄項下吹曲其聲清暢而不近口竟不曉所以然此說已在三十年前嘉定庚辰先兄岳翁趙憲伯鳳自曲江攜一道人歸三衢亦喉間有竅能吹簫凡飲食則以物窒之不然水自竅中溢出每作口中語則塞喉間喉間語則以手掩口先兄之所目覩但不知沙隨先生昔所見者是此人否

諸香中龍涎最貴重廣州市直每兩不下百千次等亦五六十千係蕃中禁榷之物出大食國近海傍常有雲氣罩山間即知有龍睡其下或半載或二三載士人更相守視候雲氣散則知龍已去往觀必得龍涎或五七兩或十餘兩視所守人多寡均給之或不平更相讐殺或云龍多蟠于洋中大石臥而吐涎魚聚而嗜之土人見則沒而取焉又一說大洋海中有渦旋處龍在下湧出其涎為太陽所爍則沒成片為風飄至岸人則取之納官予嘗叩泉廣合香人云龍涎入香能收斂腦麝氣雖經數十年香味仍在嶺外

雜記數載龍涎出大食西海多龍枕石一睡涎沫浮水積片而能堅鮫人采之以為至寶新者色白稍久則紫甚久正黑又一說云白者如百藥煎如膩理黑者亞之如五靈脂而光澤其氣近于臊似浮石而輕或云異香或云氣腥能發衆香氣皆非也于香本無損益但能聚烟耳和香而用眞龍涎焚之則翠烟浮空結而不散坐客可用一翦以分烟縷所以然者蜃氣樓臺之餘烈也又一說云龍出沒于海上吐出涎沫于水有三品一曰汎水二曰滲沙三曰魚食汎水輕浮水面善水者伺龍出沒隨而取之滲沙乃被波浪飄泊洲嶼凝積多年風雨浸淫氣味盡滲于沙土中魚食因龍吐涎魚競食之復作糞散于沙磧其氣腥穢惟汎水輕者入香可用餘二者不堪曲江鄧顥以為就三說較之後說頗是諸家之論不同未知孰當以愚見第一說稍近

芥隱筆記二

宋龔頤正

八十一萬歲　李太白詩云拜龍顏獻聖壽北斗戾南山摧天子九九八十一萬歲歲歲長傾萬壽杯予嘗爲聖節詩用八十一萬歲事或問有所據否因舉此且云道藏雲笈七籤二帙混元聖記云混元一始萬刧至千百成百成亦八十一萬年而有太初太初之時老君從虛空而下爲太初之師又自太上生後復八十一萬億八十一萬歲乃生一炁

禍雙　荆公金陵懷古詩逸樂安知與禍雙雙字最佳史龜筴傳禍與福同刑與德雙聖人察之以知吉凶

擲火萬里流鈴八衝　四目　杜牧之詩老翁四百牙爪利擲火萬里精神高蓋用天蓬咒蒼舌綠齒四目老翁而今本誤以目爲百爾擲火萬里亦用度人經擲火萬里流鈴八衝之語而東坡亦用之于芙蓉城詩云仙風鏘然韻流鈴也

東坡宸奎閣碑銘　東坡宸奎閣碑銘巍巍仁皇體合自然神曜

得道非有師傳蓋出入師經吾今自然神曜得道非有師也

退之用字　退之孔戣志銘云孔世三十八吾見其孫白而長身據說文廿而集反二十幷也卅速達反三十幷也卌先立反四十幷也退之自謂識字故用之爲四字銘今刊正書者改作三十八非是

黃石白猿　杜牧之詩授圖黃石老學劍白猿翁蓋出庾信宇文盛墓志云授圖黃石不無師表之心學劍白猿遂得風雲之志

滕王閣記　王勃滕王閣記落霞與孤鶩齊飛秋水共長天一色蓋宗庾子山華林馬射賦落花與芝蓋齊飛楊柳共青旍一色

退之用丞輔字　田氏先廟碑銘訖其外庸可作丞輔乃用呂氏春秋晉文公出已反國介子推不肯受賞爲賦詩曰有龍于飛周遍天下五蛇從之爲之丞輔龍反其鄉得其處所四蛇從之得其露雨云云而刊正者以丞爲承其未知此歟

作詩下字來歷　史記秦虎狼之國也唐史太宗龍鳳之姿而子美昭陵詩云讖歸龍鳳質威定虎狼都各易一字最爲妙處洪氏辨証謂急急能鳴雁輕輕不下鷗能鳴用莊子不下用列子語于此見其用出處下字之法莊子外篇雁一能鳴列子海上鷗鳥舞而不下

荆公用麥氣字　荆公晴日暖風生麥氣蓋用何遜新林分別詩麥氣始清和

樂天詩　醉翁迂叟東坡之名皆出于白樂天詩云

荆公用歸字　荆公詩綠攪寒蕪出紅爭暖樹歸妙甚歸字蓋老杜紅入桃花嫩春歸柳葉新李白寒雪梅中盡春風柳上歸意老杜花遠重重樹雪輕處處山可作畫本

蒲仄聲桃　琵仄聲琶　調仄聲笑　司仄聲馬　樂天詩羌管吹楊柳燕姬酌蒲桃蒲桃太原酒名銀含鑿落盞金屑琵琶槽秦再思記異錄溫州朱史君有一妓善胡琴忽亡念之追悼詩云魂歸冢今上聲魄歸泉

只住人間十五年昨日施僧裙帶上斷腸猶繫琵琶絃琵字亦仄聲晉書阮咸傳唐元行冲傳琵琶字無音唐書音訓外戚傳調笑音調打嫌調笑易斂訝卷波遲調笑攏打曲名卷白波酒令酒淚迸盤斝蒲桃又對東溪野枇杷上林賦枇杷蒲桃皆無音四十著緋軍司馬男兒官職未蹉跎一爲州司馬三見歲重陽武元衡亦有唯有白鬚張司馬不言名利尚相從

轉席　今新婦轉席唐人已爾樂天春深娶婦家詩云靑衣轉氈褥錦繡一條斜

楚史檮杌二卷　無姓氏

楚莊王問于孫叔敖曰寡人未得所以爲國是也孫叔敖曰國之有是衆非之所惡也臣恐王之不能定也王曰不定獨在君乎亦在臣乎孫叔敖曰國君驕士曰士非我無道安貴士驕君曰國非士無道安强人君或至失國而不悟士或至飢寒而不進君臣不合國是無由定矣夏桀殷紂不定國是而以合其取舍者爲是以

不合其取舍者爲非故致亡而不知莊王曰善哉願相國與諸侯士大夫共定國是寡人豈敢以偏國驕士民哉

楚人有善相人所言無遺策聞于國莊王見而問其情對曰臣非能相人能觀人之交也布衣也其交皆孝弟篤愼畏令如此者其家必日益身必日安此所謂吉人也觀事君者也其交皆誠信而好善如此者事君日益官職日進此所謂吉人也主明臣賢左右多忠主有失皆敢分爭正諫如此者國日安主日尊天下日富此之謂吉主也臣非能相人能觀人之交也莊王曰善乃招聘四方之士夙夜不怠遂得叔敖將軍子重之屬以備將相遂成霸功

莊王築層臺延石千里延壤百里士有及三月之糧者大臣諫者七十二人皆死矣有諸御己者違楚百里而耕謂其耦曰吾將入見于王其耦曰以身乎吾聞之說人主者皆閒暇之人也然且至死矣今子特艸茅之人耳諸御己曰若與予同耕則比力也至于說人主不與子比賢矣委其耕而入見莊王莊王謂之曰諸御己來汝將諫邪諸御己曰君有義之用其法之行且己聞之土負水者平木負繩者正君受諫者聖君築層臺延石千里延壤百里民之釁咎血成通塗且未敢諫也己何敢諫乎顧臣愚竊聞昔者虞不用宮之奇而晉併之陳不用子家羈而楚併之曹不用僖負羈而宋併之蔡不用子猛而齊併之吳不用子胥而越併之秦不用蹇叔之言而國危桀殺關龍逢而湯得之紂殺王子比干而武王得之宣王殺杜伯而周室卑此三天子六諸侯皆不得賢士之言故身死而國亡遂趨而出王遽追之曰己子反矣吾將用子之諫先日見寡人者不足以動寡人之心又色加諸寡人故用子之諫明日命曰有能入諫者吾與之爲兄弟遂解層臺而罷民役

幙府燕閒錄 十卷

宋畢仲詢 嵐州團練推官

唐末錢尚父鏐始兼有吳越將廣牙城以大公府有術者告曰王若改舊爲新有國止及百年如塡築西湖以爲之當十倍此王其圖之鏐謂術者曰豈有千年而天下無眞主乎有國百年吾所願也即于所治增廣之及忠懿歸朝錢氏霸吳越凡九十八年矣

范文正公嘗爲人作墓銘已封將發忽曰不可不使師魯見之明日以示尹師魯師魯曰希文名重一時後世所取信不可不愼也今謂轉運爲部刺史知州爲太守誠爲脫俗然今無其官後必疑之此正起俗儒爭論也希文撫己曰賴以示子不然吾幾失之范文正公作岳陽樓記爲世所貴尹師魯讀之曰此傳奇體也

吳參政少以學究登科復中賢良爲翰林學士常草制以示歐陽文忠稱之因戲曰君福至心靈歐陽文忠在翰林日常與同院出遊有奔馬斃犬于前文忠顧曰試書其事同院曰有犬臥于通衢逸馬蹄而殺之文忠曰使子修史萬卷未已也曰內翰以爲何如文忠曰逸馬殺犬于道

池州進士鄒閬家貧有守一日將之外邑侵晨啓戶見一小箬籠子在門外無封鎖開視之乃白金酒器數十事約重百兩殆曉寂無追捕者遂挈歸謂其妻曰此物無脛而至豈天賜我乎語未絕閬左股上有物蠕動見金色爛然乃一蠶也遂撥去之未迴手復在舊處以足踐之蠶隨足而碎復在閬胸腹上矣棄之于水投之于火刀傷斧斫皆不能害衾裯飲食之間無所不在閬甚惡之遂訪友人之有識者曰吾子爲人所賣矣此謂之金蠶近至吾鄉雖小而爲禍頗大能入人腹中殘齧腸胃復完然而出閬愈懼乃以挈籠之事告之其友曰吾固知之矣子能事之即得暴富矣此蠶日食蜀錦四寸收取糞乾而屑之置少許於飲食中人食之者必死蠶得所欲日致他財以振之閬笑曰吾豈爲此也友曰固知子不爲也然則奈何閬曰復以此蠶并舊物置籠中棄之則無患矣友人曰凡人畜此蠶久而致富即以數倍之息并原物以送之謂

之嫁金蠶其蟲乃去置于原物中送之必不可遣今子貧豈有數倍之物乎實爲子憂之悶乃仰天嘆息曰吾平生以淸白自處誓不失節不幸今有此事遂歸家告其妻曰今事之固不可送之又不能惟有死耳若等好爲後事乃取其蟲擲于口中而吞之舉家救之不及妻子號慟謂其必死數日間無所苦飲啜如故逾月亦無恙竟以壽終因白金之故亦致小康豈以志誠之感不爲害乎」

古之幞頭自隋以前只是皂絹幕其首唐馬周始製四脚繫于上二脚垂于後又加巾子制度不一武后時賜臣下巾子謂之武家樣又有高頭巾之名明皇賜臣下内樣巾子又裴冕嘗自製巾子謂之僕射巾自唐中葉以後諸帝改製其垂二脚或圓或闊用絲弦爲骨稍翹矣臣庶多傚之然亦不妨就枕予家有陳宏畫明皇裹頭坦腹仰臥吹玉笛圖有鄭谷詩云玉階春冷未催班暫拂塵衣就笏眠其便如此唐末喪亂自乾符後宮娥宦官皆用木圍

頭以紙絹爲襯脚用銅鐵爲骨就其製成而戴之取其緩急之便不暇如平時對照繫裹也僖宗愛之遂製成而進御五代帝王多裹朝天幞頭二脚上翹四方僭位之主各創新樣或翹上而反折于下或如團扇蕉葉之狀合抱于前僞孟蜀始以漆紗爲之湖南馬希範二角左右長丈餘謂之龍角人或誤觸之則終日頭痛至劉漢祖始仕晉爲幷州衙校裹幞頭脚左右長尺餘橫直之不復上翹迄今不改其製予幼年嘗見先祖文簡公舊物中有幞頭羅一段織花額頭界道必是臨時裁剪而爲之文簡公畏漆䰐舉時猶裹羅幞頭其後服紗漆者須隔年製下乃可戴今時以垂脚素紗者爲纏綫不知起于甚時

國子博士王某知扶風縣有李生以貲拜官每見王輒稱同院王不能平因面質曰某自朝士與君名位不同而見目同院何邪李生徐曰固知王公未知縣事時自是國子博士謂之國博某以納粟授官亦穀博也豈非同院乎王爲之大笑

故事邊郡納粟三千斛授本州助教岐山王生納粟授官以厚價市駿馬猶不如意每以爲恨嘗騎過市醫士李生滑稽能譴遮道謂曰君馬新市其價幾何曰一百五十千李生盛稱壯健以爲價賤王怪問之李生曰馱得三千石穀豈非壯健耶

博異志一卷　唐谷神子名還古

開元中瑯邪王昌齡自吳抵京國舟行至馬當山屬風便而舟人云貴賤至此皆合謁廟以祈風水之安昌齡不能駐亦先有禱神之備見舟人言乃命使賫酒脯紙馬獻于大王兼有一量草履子上大王夫人而以一首詩令使至彼而禱之詩曰靑驄一匹崑崙牽奉上大王不取錢直爲猛風波裹驟莫怪昌齡不下舡讀畢而過當市草履子時兼市金錯刀一副貯在履子内至禱神時忘取之誤幷履子將往使者亦不曉焉昌齡至前程偶覓錯刀子方知

誤幷將神廟所矣又行不數里忽有赤鯉長可三尺躍入昌齡舟中昌齡笑曰自來之味呼侍者烹之既剖腸得金錯刀子宛然是誤送廟中者昌齡嘆息曰鬼神之情亦昭然嘗聞葛仙翁命魚送書古詩有剖鯉得素書今日亦頗同

說郛卷第十四終

說郛卷第十五

因話錄　唐趙璘（水部員外郎）

肅宗在春宮嘗與諸王從玄宗詣太清宮有龍見于殿之東梁玄宗目之顧問諸王有所見乎皆曰無之問太子太子俛而未對上問顓在何處曰在東上撫之曰眞我兒也

和政公主肅宗第三女也降柳潭肅宗宴于宮中女優有弄假官戲其綠衣秉簡者謂之參軍椿天寶末蕃將阿布思伏法其妻配掖庭善爲優因使隸樂工是日遂爲假官之長所爲椿者上及侍宴者笑樂公主獨俛首嚬眉不視上問其故公主遂諫曰禁中侍女不少何必須此人使阿布思眞逆人也其妻亦同刑人不合近至尊之座若果寃橫又豈忍使其妻與羣優雜處爲笑謔之具哉妾雖至愚深以爲不可上亦憫惻遂能戲而免阿布思之妻由是賢重公主

代宗以郭尙父勳高兼連姻帝室常呼爲大臣而不名每中使內人往來必詢其門內休戚尙父二愛姬嘗競寵爭長互論其公私佐助之功忿娟不相面尙父不能禁上知之賜金帛及簪環命宮人載酒以和之方飮令選人歌以送酒一姬怒未解歌未發遽引滿罍觴于席前曰酒盡不須歌

滎陽鄭還古少有俊才嗜學而天性孝友初家靑齊間遇李師道漸阻王命扶侍老親歸洛與其弟自舁肩轝晨暮奔迫兩肩皆瘡妻柳氏僕射元公之女也婦道克備弟齊古好博戲賭錢還古帑藏中物雖妻之資玩恣其所用齊古得之輒盡還古每出行必封管籥付家人曰留待二十九郎償博勿使別爲債息爲惡人所陷誤也弟感其意爲之稍節有堂弟浪跡好吹觱篥投許昌軍爲健兒還古使使召之自與洗沐同榻而寢因致書所知之爲方鎮者求補他職姻族以此重之而竟以剛躁喜持論不容于時惜也

玄宗問黃幡綽是勿兒得人憐（是勿兒猶言何兒也）對曰自家兒得人憐時楊妃寵極宮中號祿山爲子肅宗在春宮常危懼上聞幡綽言俛首久之上又嘗登苑北樓望渭水見一醉人臨水臥問左右曰是何人左右不得知將遣使問之幡綽曰是年滿令史上問曰汝何以知對曰更一轉入流上笑而止上又與諸王會食寧王對御座歕一口飯直及龍顏上曰寧哥何故錯喉幡綽曰此非錯喉是歕嚏（幡綽優人假戲謔之言警悟時主解紛救禍之事甚衆眞滑稽之雄）

尙書省東南隅通衢有小橋相承目爲拗項橋言侍御史及殿中諸郎久次者至此必拗項而望南宮也

都堂南門東道有古槐垂陰至廣相傳夜深聞絲竹之音省中郎有入相者俗謂之音聲樹祠部呼爲冰（去聲）廳言其淸且冷也

幽怪錄（十一卷）　唐牛僧孺

代國公郭元振開元中下第于晉之汾夜行陰晦失道久而絕遠有燈火光以爲人居也徑往尋之八九里有宅門宇甚峻既入門廊下及堂上燈燭熒煌牢饌羅列若嫁女之家而悄無人公繫馬西廊前歷階而升徘徊堂上不知其何處也俄聞堂上東閣有女子哭聲嗚咽不已公問曰堂上泣者人耶鬼耶何陳設如此無人而獨泣曰妾此鄉之祠有烏將軍者能禍福人每歲求偶于鄉人鄉人必擇處女之美者而嫁焉妾雖陋拙父利鄉人之五百緡潛以應選今夕鄉人之女並爲遊宴者到是醉妾此室共鏁而去以適于將軍者也今父母棄之就死而今惴惴哀懼君誠人耶能相救免畢身爲除掃之婦以奉指使公大憤曰其來當何時曰二更曰吾忝大丈夫也必力救之若不得當殺身以狗汝終不使汝枉死于淫鬼之手也女泣少止于是坐于西階上移其馬于堂北令僕侍立于前若爲儐而待之未幾火光照耀車馬駢闐二紫衣吏

入而復走出曰相公在此逡巡二黃衫吏入而出亦曰相公在此公私心獨喜吾當爲宰相必勝此鬼矣既而將軍漸下導吏復告之將軍曰入有戈劍弓矢引翼以入即東階下公使僕前白郭秀才見遂行揖將軍曰秀才安得到此曰聞將軍今夕嘉禮願爲小相耳將軍者喜而延坐與對食言笑極歡公于囊中有利刀思欲刺之乃問曰將軍曾食鹿脯乎曰此地難遇公曰某有少許珍者得自御廚願削以獻將軍者大悅公乃起取鹿脯幷小刀因削之置一小器令自取之將軍喜引手取之不疑其他公伺其機乃投其脯捉其腕而斷之將軍失聲而走道從之吏一時驚散公執其手脫衣纒之令僕夫出望之寂無所見乃啓門謂泣者曰將軍之腕已在此矣尋其血跡死亦不久汝既獲免可出就食泣者乃出年可十七八而甚佳麗拜于公前曰誓爲僕妾公勉諭焉天方曙開視其手則猪蹄也俄聞哭泣之聲漸近乃女之父母兄弟及鄉

中耆老相與舁櫬而來將取其屍以備殯殮見公及女乃生人也咸驚以問之公具告焉鄉老共怒公殘其神曰烏將軍此鄉鎭神鄉人奉之久矣歲配以女才無他虞此禮少遲即風雨雷雹爲虐奈何失路之客而傷我明神致暴于人此鄉何負當殺卿以祭烏將軍不爾亦縛送本縣揮少年將令執公公諭之曰爾徒老于年未老于事我天下之達理者爾衆其聽吾言夫神承天而爲鎭也不若諸侯受命于天子而疆理天下乎曰然公曰使諸侯漁色于國中天子不怒乎殘虐于人天子不伐乎誠使汝呼將軍者眞明神也神固無猪蹄天豈使淫妖之獸乎且淫妖之獸天地之罪畜也吾執正以誅之豈不可乎爾曹無正人使爾少女年年橫死于妖畜積罪動天安知天不使吾雪焉從吾言當爲爾除之永無聘禮之患如何鄉人悟而喜曰願從命公乃命數百人執弓矢刀鍤鍬钁之屬環而自隨尋血而行纔二十里血入大塚穴中因圍而斸之應手漸大如甕口公令采薪然火投入照之其中若大室見一大猪無前左蹄血臥其地突烟走出斃于圍中鄉人翻共相慶會錢以酬公公不受曰吾爲人除害非鬻獵者得免之女辭其父母親族曰多幸爲人託質血屬閨闈未出固無可殺之罪今日貪錢五百萬以嫁妖獸忍鎖而去豈人所宜若非郭公之仁勇寧有今日是妾死于父母而生于郭公也請從郭公不復以舊鄉爲念矣泣拜以從公公多歧援喻止之不獲遂納爲側室生子數人公之貴也皆任大官之位事已前定雖主遠地而弃于鬼神終不能害明矣

尼妙寂姓葉氏江州潯陽人也初嫁任華潯陽之大賈也父昇與華往復長沙廣陵間貞元十一年春之潭州不復過期數月妙寂忽夢父被髮裸形流血滿身泣曰吾與汝夫湖中遇盜皆已死矣以汝心似有志者天許復讐但幽冥之意不欲顯言故吾隱于報

汝誠能思而復之吾亦何恨妙寂曰隱語云何昇曰殺我者車中猴門東草俄而見其夫形狀若父泣曰殺我者禾中走一日夫妙寂撫膺而哭遂爲女弟所呼覺泣告其母闔門大駭念其隱語杳不可知訪于鄰家及鄉閭之有知者皆不能解秋詣上元縣舟檝之所交者四方士大夫多憇焉而又邑有瓦棺寺寺上有閣倚山瞰江萬里在目亦江湖之極境遊人弭棹莫不登眺吾將緇服其間伺可問者必有醒吾惑者于是緇衣上元捨身瓦棺寺日持箕帚洒掃閣下閒則徙倚欄檻以俟識者見高冠博帶吟嘯而來者必拜而問居數年無能辨者十七年歲在辛巳有李公佐者罷嶺南從事而來攬衣至閣神采俊逸頗異常倫妙寂前拜泣白且以前事問之公佐曰吾平生好爲人解疑況子之寃懇而神告如此當爲子思之默行數步喜招妙寂曰吾得之矣殺汝父者申蘭殺汝夫者申春耳妙寂悲喜嗚咽拜問其說公佐曰夫猴申生也車

去兩頭而言猴故申字耳艸而門門而東非蘭字耶禾中走者穿田過也此亦申字也一日又加夫蓋春字耳鬼神欲惑人故交錯其言妙寂喜不自勝久而掩涕拜謝曰賊名既彰雪冤有路苟獲釋憾誓報深恩婦人無他唯潔誠奉佛祈增福海耳乃再拜而去元和初泗州普光王寺有梵氏戒壇人之爲僧者必由之四方輻輳僧尼繁會觀者如市焉公佐自楚之秦維舟而往觀之有一尼眉目朗秀若舊識者每過必凝視公佐若有意而未言者久之公佐將去其尼遂呼曰侍御貞元中不爲南海從事乎公佐曰然然則記小師乎公佐曰不記也妙寂曰昔瓦棺寺閣求解車中猴者也公佐悟曰竟獲賊否對曰自悟夢言乃男服易名士寂泛傭于江湖之間數年聞蘄黃之間有申村因往焉流轉周星乃聞其村西北隅中有申蘭者默往求傭輒賤其價蘭喜召之俄又聞其從父弟有名春者于是勤奉執事晝夜不離見其可爲者不顧輕重而爲之未嘗待命蘭家器之晝與羣傭共作夜寢其席無知其非丈夫者逾年益自勤幹蘭愈欽念視士寂即自視其子不若也蘭或農或商或畜貨于武昌門鑰啓閉悉委爲因驗其匱中半是己物亦見其夫及父常所服者垂涕而記之而蘭春叔季出處未嘗偕在廬其擒一而驚逸其一也銜之數年永貞年重陽二盜飲既醉士寂奔告于州乘醉而獲一問而辭伏就法得其所喪以歸盡奉母而請從釋教師洪州之天宮寺尼洞微即昔時受教者也妙寂一女子也竭誠獲讐天亦不奪遂以夢寐之言獲悟于君子與其讐者得不同天碎此微軀豈酬明哲捨身梵宇無他唯虔誠法象以報效耳公佐大異之遂爲作傳太和庚戌歲復出巴南與進士沈田會于蓬州田因話奇志持以相示一覽而復之錄怪之日遂纂于此焉

續幽怪錄 二卷

唐李復言

盧從史元和初以左僕射節制澤潞因鎮陽拒命跡涉不臣爲中官驃騎將軍吐突承璀所紿縛送京師以反狀未明左遷驩州司馬既而逆跡盡露賜死于康州寶曆元年蒙州刺史李湘去郡歸闕自以海隅郡守無臺閣之親一旦造上國若扁舟泛滄海者聞端溪縣女巫者知未來之事維舟召焉巫到曰某能知未來之事乃見鬼者也呼之皆可召然鬼有二等有福德之鬼有貧賤之鬼福德者精神俊爽往往自與人言貧賤者氣劣神悴假某以言事盡在所遇非某能知也湘曰安得鬼而問之曰廳前楸樹下有一人衣紫佩魚自稱澤潞盧僕射可拜而請之湘乃公服執笏向樹而拜女巫曰僕射已答拜湘遂揖上階空中曰從史死于此廳爲弓絃所迫今尚惡之使君床上弓幸除去之湘遽命去焉時驛廳副階上只有一榻湘偶忘其貴將坐問之女巫曰使君無禮僕射官高何不延坐乃將吏視之僕射大怒去矣急隨拜謝或肯却來湘匍匐下階問其所向一步一拜凡數十步空中曰大錯公之官未敵吾軍一裨將奈何對我而自坐湘再三辭謝方肯却迴女巫曰僕射却迴矣于是拱立而拜之及階女巫曰僕射上矣別置榻而設茵褥以延之女巫曰坐矣湘乃坐空中曰使君何所問對曰湘遠官歸朝憂疑日極伏知僕射神通造化識達未然伏乞略賜一言示其榮悴空中曰大有人接引到城一月當刺梧州湘又問終更不言湘因問曰僕射去人寰久矣何不還生人中而久處冥寞曰吁是何言哉人世勞苦萬愁纏心盡如燈蛾爭撲名利愁勝而髮白神敗而形羸方寸之間波瀾萬丈相妒相賊猛于豪獸故佛以世界爲火宅道以人身爲大患吾已免離下視湯火豈復低身而臥其間乎且夫據其生死晦明未殊學仙成敗則無所異吾已得煉形之術其術自無形而煉成三尺之形則上天入地乘雲駕鶴千變萬化無不可也吾之形所未圓者三寸耳飛行自在出

幽入冥亦可也萬乘之君不及我況平民乎湘曰煉形之道可得聞乎空中曰非使君所宜聞也復問梧州之後終不言乃去湘到輦下以奇貨求助助之者數人未一月拜梧州刺史皆如其言竟終于梧州廬所以不復言其後事也

泊宅編（十卷今本三卷）　宋方勺（字仁磐）

韓退之多悲詩三百六十言哭泣者三十首白樂天多樂詩二千八百言飲酒者九百首

自古繼世宰相前漢所稱韋平而已漢袁楊二族最盛亦不過三四人唯李唐一門十相者良多至聞喜裴氏趙郡李氏一家皆十七人秉鈞軸何其盛也本朝父子相繼韓李之後未聞

自古相國最久者唯召公三十六年一朝宰相最多者唯武后六十八人

今人巧宦者皆謂之鑽班固云商鞅挾三術以鑽孝公

狄武襄公靑本拱聖兵士累戰功致位樞府既貴時相或諷其去面文者但笑不答仁廟亦宣喻之對曰臣非不能姑欲留以爲天下士卒之勸

烏程之東數十里有泊宅村予買田村下因閱金石遺文昔顔魯公守湖州張志和浮家泛宅往來苕霅間此乃志和泊舟之所也續仙傳云志和越人而唐史以爲婺人予喜卜築之初聞同里之高風遂得友其人于千載作詩識之王侍郎漢之一見而號予泊宅少翁仍爲作眞贊曰形色保神環無初終粉飾大鈞而爲之容是曰泊宅之少翁

秦之長城西起臨洮盡遼海今但穴其下以來往望之若紫雲橫亘沙漠上（此三則今本無）

自登州岸一潮渡海卽至鳥島有五所卽禹貢之羽山

西漢梅福自九江尉去隱爲吳門卒今山陰有梅市鄉山曰梅山卽其地也

閩廣多種木棉紡績爲布名曰吉貝海南蠻人織爲巾上出細字雜花卉尤工巧卽古所謂白疊巾李琛詩有腥味魚中墨衣成木上棉之句

螺塡器本出倭國物象百態頗極工巧非若今市人所售者

世言行李出左氏杜預注云使人也唐李濟翁云當作行使余按史記皐陶爲大理一本作大李又天官書曰熒惑爲理徐廣註云外則理兵內則理政又黃帝有李法一篇顔師古曰李者法官之號總兵刑政故名李法北史敍傳李氏先爲堯之理官因爲氏後改曰李則李與理其義自通蓋人將有行必先治裝如孟子之言治任鄭當時之言治行皆治裝之意然則理亦治也左傳曰一介行李又曰行理命之

今州縣獄皆立皐陶廟以時祠之蓋自漢已然范滂繫獄吏俾祭

皐陶滂曰皐陶賢者知滂無罪將理之于帝如其無知祭之何益

許昌士人張孝基娶同里富人女只一子不肖斥逐之富人病且死盡其家財付孝基與治後事如禮久之其子匃于途孝基見之惻然謂曰汝能灌園乎其子曰如得灌園以就食何幸孝基使灌園其子稍自力孝基怪之復謂曰汝能管庫乎答曰得灌園已出望外況管庫又何幸也孝基使管庫其子頗馴謹無他過孝基徐察之知其能自新不復有故態遂以其父所委財產歸之此似法華窮子之事其子自此治家勵操爲鄉閭善士不數年孝基卒其友數輩遊嵩山忽見旌幢騶御滿野如守土大臣竊視專車者乃孝基也驚喜前揖詢其所以致此孝基曰吾以還財之事上帝命主此山言訖不見（此下諸條今本未見）

曾幾學士兒皆早慧中子纔十歲一日謂父曰孔子死時宰予必不行心喪三年問何以驗之答曰予親喪以期爲久況師乎其姊

曰只恐聞于汝安乎語不敢違也乃兄從旁對曰記得夫子沒之時宰予已先亡矣

建炎己酉秋杭州淸波門裏竹園山平地湧血須臾成池腥聞數里明年金人殺戮萬人卽暗門也熙寧八年冬杭州地湧血者三最後流入于河腥不可聞右出文節公林子中野史

唐律禁食鯉違者杖六十豈非李鯉同音彼自以裔出老君不敢斥言之至號鯉爲赤鯶公不足怪也舊說鯉過禹門則爲龍仙人琴高子英皆乘以飛騰古人亦戒食之非以其能變化故耶

方言曰齊宋之間凡物盛多謂之寇注云今江東有小鳧其多無數俗謂寇鳧陸龜蒙集有暴禽一篇正爲野鳧害稼而作

人有所不爲然後可以有爲凡物亦然裴氏新書曰虎豹每行步若不勝其軀鷹在衆鳥之間若睡寐然積怒而後全剛生焉此越人以滅吳之道也

有稱中興野人和東坡念奴嬌詞題吳江橋上車駕巡師江表過而覩之詔物色其人不復見矣炎精中否歎人才委靡都無英物胡虜長驅三犯闕誰作長城壁萬國奔騰兩宮幽陷此恨何時雪草廬三顧豈無高臥賢傑天意眷我中興吾皇神武踵曾孫周發河海封疆俱效順強虜何煩灰滅翠羽南巡叩閽無術徒有衝冠髮孤忠耿耿劍鋩冷浸秋月

古者尚書令史防禦甚嚴宋法令史白事不得宿外雖八座命亦不許李唐令史不得出入夜則鎖之韓愈爲吏部侍郎乃曰人所以畏鬼以其不見鬼如可見則人不畏矣選人不得見令史故令史勢重任其出入則勢輕始不禁其出入自文公始

相鶴經一卷

鶴者陽鳥也而遊于陰因金氣依火精以自養金數九火數七故稟其純陽也生二年子毛落而黑點易三年頂赤而羽翮具七年小變而飛薄雲天復七年舞應節而晝夜十二時鳴鳴則中律復十六年大變而不食生物故大毛落而蘘毛生乃潔白如雪故泥水不汚或卽純黑而腦盡成膏矣復百六十年變而雌雄相視目睛不轉則有孕千六百年形定飮而不食與鸞鳳同羣胎化產爲仙人之騏驥矣夫聲聞于天故頂赤食于水故喙長軒于前故後指短棲于陸故足高而尾凋翔雲故毛豐而肉疎且大喉以吐故修頸以納新故天壽不可量所以體無靑黃二色者木土之氣內養故不表于外也是以行必依州嶼止必集林木蓋羽族之淸崇者也玉策記曰千歲之鶴隨時而鳴能登于木其未千歲者終不集于林也其相曰瘦頭珠頂則沖霄露眼黑睛則視遠隆鼻短喙則少瞑（雙解反又音謎）頰䚡（得宅反）耳則知時長頸竦身則能鳴鴻鶬燕膺則體輕鳳翼雀尾則善飛龜背鱉腹則伏產軒前垂後則會舞高脛麤節則足力洪髀纖指則好翹其經本浮丘伯授王子晉崔文子學道于子晉得其經藏高山石室淮南八公採藥得之遂傳于世

相貝經一卷　漢朱仲

朱仲受之于琴高高乘魚浮于河海水產必究仲學仙于高而得其法又獻珠于漢武帝去不知所之嚴助爲會稽太守仲又出遺助徑尺之貝并致此文于助曰黃帝唐堯夏禹三代之眞瑞靈奇之秘寶其有次此者貝盈尺狀如赤電黑雲謂之紫貝素質紅黑謂之朱貝靑地綠紋謂之綬貝黑文黃畫謂之霞貝紫愈疾朱明目綬消氣障霞伏蛆蟲雖不能延齡增壽其禦害一也復有下此者鷹喙蟬脊以逐溼去水無奇功

貝大者如輪文王得大秦貝徑半尋穆王得其殼懸于昭觀秦穆公以遺燕鼂可以明目遠察宜玉宜金

南海貝如珠礫或白駮其性寒其味甘止水毒

浮貝使人寡欲無以近婦人黑白各半是也
濯貝使人善驚無以親童子黄脣點齒有赤駮是也
嚼貝使人胎消勿以近孕婦赤帶通脊者是也
醬貝使童子遇女人淫有青脣赤鼻是也
慧貝使人善忘勿以近人赤熾內殼赤絡者是也
碧貝使童子盜脊上有縷句脣者是也雨則重霽則輕
委貝使人志強夜行伏迷鬼狼豹百獸赤中圓者是也雨則輕霽則重

然則爾雅曰大者魧小者鰿餘貾黄白文餘泉白黄文蜬大而險蟦小而橢亦其略也　館閣書目載相貝經一卷不知作者

土牛經一卷

釋春牛顔色第一

常以歲干色爲頭　從甲乙丙丁戊己庚辛壬癸爲十干

甲乙木其色青　丙丁火其色赤　戊己土其色黄　庚辛金其色白　壬癸水其色黑　餘倣此

支爲身色　從子丑寅卯辰巳午未申酉戌亥爲十二支

寅卯木其色青　巳午火其色赤　申酉金其色白　亥子水其色黑　辰戌丑未土其色黄　餘倣此

納音爲腹　從金木水火土爲納音

金白　木青　水黑　火赤　土黄　以此五色言之

立春日干色爲角耳尾支色爲脛腹納音色爲蹄

假如甲子歲立春甲爲干其色青用青爲午頭子爲支其色黑用黑爲身納音金其色白白爲腹丙寅日立春丙爲干其色赤用赤爲角耳尾寅爲支其色青爲脛腹納音是火赤色爲蹄

釋策牛人衣服第二

以立春日干爲衣色支爲勒帛色納音爲襯服色

假令戊子日立春戊爲干當用黄衣子爲支當用黑勒帛納音是火當用赤爲襯服其策牛人頭履鞭策各隨時候之宜是也用紅紫頭髮之類

釋策牛人前後第三

凡春在歲前人在牛後若春在歲後則人在牛前春與歲齊則人牛並立

假令立春在十二月內則是春在歲前即人在牛後如立春在正月內則是春在歲後即人在牛前若立春與歲日同即春與歲齊人牛並立

陽歲人居在左陰歲人居在右

寅辰午申戌子爲陽歲

卯巳未酉亥丑爲陰歲

釋籠頭韁索第四

孟年以麻爲之　寅申巳亥爲孟年　仲年以草爲之　子午卯酉爲仲年　季年以絲爲之　辰戌丑未爲季年

凡韁索長七尺二寸象七十二候　凡絭者乃牛鼻中環木也亦名曰拘牛拘者常以桑柘木爲之拘者是牛絭子用逐年正月中宮色拘絭者牛鼻中木也即以每年正月中宮色爲之假令寅申巳亥年正月宮中二黑用黑色拘絭子午卯酉年正月中宮八白用白色拘絭辰戌丑未年正月中宮五黄用黄色拘絭

賀龜論一卷

夫龜者水產而形故八百年反大如錢夏則游于香荷冬則蟄于藕節爲人所驚則隨波流蕩在于荷可審而察之有黑色如煤烟于荷心其狀甚分明游人往往見之此謂之息氣也故非有太清法者則莫能取之矣或見其氣象輒莫驚動其荷當潛含水及油膏噀之則其龜勿能遁形矣虞澤產水術云油可以見水族靈物

若獲之可以其色以占于未萠凡卜當以心指其龜若卜其生事龜之甲文乃變爲桃花之色其紅可愛若卜其死事甲文乃變爲黯默之色其淹可惡若卜其善事是龜也蹣跚跳躍而勿能止矣若卜其惡事則泊然不復變其色伏息竟日而復其論曰夫甲黃足赤眼白尾青腹黑者蓋稟受乎五行之粹也然而性畏刀鐵之器聞其聲則不能動矣其論本在鴻毛溪之南九岩石室之前石可半畝許大其色狀如黃羅故謂之黃羅石復其岩之上刻以金玉皆周書小篆體故鍾山泰嶽主寶冥之所秘錄也李淳風採藥于鍾山鴻毛溪紫菰石室中遇嶽主語之遂潔誠精心仰覘默記錄進唐太宗皇帝故世得聞焉

養魚經　一卷　范蠡　後爲陶朱公

朱公居陶齊威王聘朱公問之曰聞公在湖爲漁父在齊爲鴟夷子皮在西戎爲赤精子在越爲范蠡有之曰有之曰公生足千萬家累億金何術乎朱公曰夫治生之法有五水畜第一水畜所謂魚池也以六畝地爲池池中有九洲求懷子鯉魚長三尺者二十頭牡鯉魚長三尺者四頭以二月上庚日納池中令水無聲魚必生至四月內一神守六月內二神守八月內三神守神守者鱉也所以內鱉者二萬三百六十則蛟龍爲之長而將魚飛去內鱉則魚不復去在池中周繞九洲無窮自謂江湖也至來年二月得鯉魚長一尺者一萬五千枚三尺者四萬五千枚二尺者一萬枚直五十得錢一百二十五萬至明年得長一尺者十萬枚長二尺者五萬枚長三尺者五萬枚長四尺者四萬枚留長二尺者二千枚作種所餘皆貨得錢五百一十五萬候至明年不可勝計也王乃于後苑治池一年得錢三十餘萬池中九洲八谷上立水二尺谷中立水二尺又谷中立水六尺所以養鯉者鯉不相食易長不費也

師曠禽經　一卷

子野曰鳥之屬三百六十鳳爲之長故始于此

鳳者羽族之長鳳雄凰雌　鳳鴻前麟後蛇首魚尾龍文龜身燕頷雞喙駢翼首載德頂揭義背負仁心抱忠翼挾信足履正小音鐘大音鼓不啄生艸五采備舉飛則羣鳥從出則王政平國有道」

亦曰瑞鶠　景純註爾雅云瑞應鳥也雞頭蛇頸燕頷龜背魚尾五采色高六尺許出爲王者之嘉瑞孝經援神契曰王者德及鳥獸則鳳鳥翔

亦曰鸑鷟　鳳之小者曰鸑鷟五采之文三歲始備也

羽族之君長也鸞瑞鳥　鸞者鳳鳥之亞始生類鳳久則五采變易故字从變省禮斗威儀曰天下太平安寧則見其音如鈴𨫼𨫼然也周之文物大備法車之上綴以大鈴如鸞之聲也後改爲鑾」

一曰雞趣　顧野王符瑞圖曰雞趣王者有德則見

首翼赤曰丹鳳青曰羽翔白曰化翼玄曰陰翥黃曰土符　別五色而爲名也

鳳翥鸞舉百羽從之鳳靡鸞吪百鳥瘞之　鸞鳳翔止百鳥皆從也以類化鳳死曰靡鸞死曰吪百鳥啄土以瘞藏之

慈烏反哺白脰烏不祥巨喙烏善警孤烏吟夜　慈烏曰孝烏長則反哺其母大嘴烏否　烏之白脰者西南人謂之鬼雀鳴則凶咎　烏之巨嘴者善避矰弋彈射曰善警　烏之失雌雄則夜啼」

鷙鳥之善搏者曰鶚　鶚大人見而悚愕也

竊玄曰鸕　色淺黑而大者其羽蝨鳥毛也

鶬曰鷞　鷹色蒼黃謂之鶬廣雅曰鶬鷹二歲色也鷹生二歲如緊也

骨曰鶻瞭曰鷂　能遠視也瞭目明白音了

鷐曰鸇奪曰鷙　鸇晨風也向風搖翅其回迅疾類雞色青搏燕雀食之左傳曰若鷹鸇之逐鳥雀　鷙如鸇而小者其脰上下亦

取鳥雀如攘奪也
王鴡鳴鳩魚鷹也　毛詩曰王鴡摯而有别多子江表人呼以爲
魚鷹雌雄相愛不同居處詩之國風始關雎也
亦曰白鷺　鷺之色白者
亦曰白鷢　鷢狀如鷹尾上白也
雉介鳥也　善搏鬭也
亦曰奮　爾雅曰雉絶有力奮
五采備曰翬亦曰夏翟亦曰鷂雉　爾雅曰伊洛而南素質五采
皆備成章曰翬江淮而南青質五采皆備成章曰鷂言其尾色光
輝也周禮后六服一曰翬衣取其雉性介而守以比后德也　書
曰羽畎夏翟雉尾至夏則光鮮矣
朱黄曰鷩雉白曰韓雉玄曰海雉　背毛黄腹毛赤頸毛緑而鮮
明周禮鷩冕取此　韓雉江南呼曰白雉　海雉羽色純黑亦善

鬬生海中山島上
首有采毛曰山雉　山雉長尾尤珍護之林木之森鬱者不入恐
觸其尾也雨則避于岩石之下恐濡溼也久雨亦不出而求食死
者甚衆
頸有采囊曰避株　雉屬出華岳及盛山中晴暘則頸出彩色作
囊遇樹木則避之故曰避株任昉曰亦名吐綬鳥
背有采羽曰翡翠　狀如鵁鶄而色正碧鮮縟可愛飲啄于澄瀾
洄淵之側尤惜其羽日濯于水中今王公之家以爲婦人首飾其
羽直千金
腹有采文曰錦雞　狀如鳩鴿膺前五色如孔雀羽出南詔越山
中歲採捕之爲王者冠服之飾
鳴鳩戴勝布穀也亦曰鴶鵴亦曰穫穀春耕候也　揚雄曰鳲鳩
戴勝生樹穴中不巢生爾雅曰鵖鴔戴鵀鵀卽首上勝也頭上尾

起故曰戴勝而農事方起此鳥飛鳴于桑間云五穀可布種也故
曰布穀月令曰戴勝降于桑一名桑鳩仲春鷹所化也　鳴自呼
鴶鵴　江東呼爲穫穀見揚雄方言　云此鳥鳴時耕事方作農
人以爲候
鶬鶊鵹黄黄鳥也亦名楚雀亦名商庚夏蠶候也　今謂之黄鸝
是也野民曰黄栗留聲囀耳其色鵹而黄故名鵹黄詩曰黄鳥以
色呼也　北人呼爲楚雀　云此鳥鳴時蠶事方興蠶婦以爲候
對上文也
鷄鶩惡其類　雞與山鵲惡其類相值則搏鶩狀類鵲長尾丹嘴
鶩鳶玄鳥愛其類　鳶鶩西鳥也玄鳥燕也二鳥朝奇而暮偶愛
其類也
鴈以水言自北而南鳱以山言自南而北　鴈音雁隨陽鳥也冬
適南方集于江干之上故字從干　鳱亦音雁中春寒盡雁始北

鸐燕代尙寒猶集于山陸岸谷之間故字从斥
鶴以聲交而孕鵲以音感而孕白鷁相眂而孕鵁鶄睛交而孕
雄鳴上風雌承下風則孕　鵲乾鵲也上下飛鳴則孕　鷁雌雄
相眎而孕　鵁鶄狀類鳧而足高相眎而睛不眩轉孕而生雛
鸐巂周子規也啼必北嚮江介曰子規蜀右曰杜宇　爾雅曰巂
周甌越間曰怨鳥夜啼達旦血漬艸木凡鳴皆北嚮也　啼苦則
倒懸于樹自呼謝豹　望帝杜宇者葢天精也李膺蜀志曰望帝
稱王于蜀時荆州有一人化從井中出名曰鱉靈于楚身死屍反
泝流上至汶山之陽忽復生乃見望帝立以爲相其後巫山龍鬬
壅江不流蜀民墊溺鱉靈乃鑿巫山開三峽降丘宅土民得陸居
蜀人住江南羌住城北始立木栅周三十里令鱉靈爲刺史號曰
西州後數歲望帝以其功高禪位于鱉靈號曰開明氏望帝修道
處西山而隱化爲杜鵑鳥或云化爲杜宇鳥亦曰子規鳥至春則

啼聞者悽惻
隨陽越雉䳓鴣也飛必南翥晉安曰懷南江左曰逐隱　廣志云
䳓鴣似雌雉飛但往南不北也　異物記云䳓鴣白黑成文鳴自
呼象小雉其心懷南不北徂也　古今注云南方有鳥名䳓鴣向
南飛畏霜露早與暮出稀有時夜棲則以樹葉覆其背燕人亦不
知有此鳥也
鶡毅鳥也毅不知死鷗信鳥也信不知用　狀類雞首有冠性敢
于鬬死猶不置是不知死也左傳鶡冠武士戴之象其勇也　鷗
水鳥如鵜䴈而小隨潮而翔迎浪蔽日曰信鷗鷗之別類羣鳴喈
喈優優隨大小潮來也食小魚蝦蟆之類雖潮至則翔水嚮以為
信反為鷙鳥所擊是知信而不知所以自害也
鷸有文而貪鳶不擊而貪　鷸狀類燕紺色錯出有紋于水際伺
蚌出啄啄食之反為蚌所持死水中不知所食以為害左傳曰聚

鷸為冠是也　鳶鴟也不善搏擊貪于攫肉也詩曰鳶飛戾天鮑
照曰寒鴟嚇雛
鵜志在水鴷志在木　鵜鶘水鳥也似鶚而大喙長尺餘頷下有
胡如大囊受數升湖中取水以聚羣魚候其竭涸奄取食之一名
淘河詩曰維鵜在梁志在水也　爾雅曰鴷斲木鳥巢木中嶲如
雞長數寸常斲樹食蠹蟲喙振木蟲皆動也
鳩拙而安鷦巧而危　鳩鳲鳩也方言云蜀謂之拙鳥不善營巢
取鳥巢居之雖拙而安處也雄呼晴雌呼陰　鷦鷯桃雀也狀類
黃雀而小燕人謂之巧婦亦謂之女鷗關東人呼曰巧雀亦謂之
巧女喙尖取茅秀為巢刺以絲麻若紡績為巢或一房或二房懸
于蒲葦之上枝折巢敗巧而不知所托
鳧鷖之雜鸍鶭之潔　鳧鷖鴨屬色不純正故曰雜矣　鸍白鶭
似山雞而色白行止閑暇

題鵊鳴而艸衰澤雉啼而麥齊　爾雅謂之鵙鵙伯勞也狀類鶡
鶡而大左傳謂之伯趙方言曰孤雞鳴則艸衰　澤雉如商庚春
季之月始鳴麥平隴也
風翔則風雨舞則雨霜蜚則霜露翥則露　風禽鳶類越人謂之
風伯飛翔則天大風　一足鳥一名商羊字統曰商羊一名雨天
將雨則飛鳴孔子辨之于齊庭也　鷫鸘鳥名其羽可為裘以辟
寒鷫鸘飛則隕霜　露禽鶴也古今注鶴千歲變蒼又千載變黑
所謂玄鶴也子野鼓琴玄鶴來舞露下則鶴鳴也鶴之馴養于家
庭者飲露則飛去
林鳥朝嘲水鳥夜啾山鳥岩棲原鳥地處　林鳥朝之將翔也聚
而噍啁　山岩之鳥多不巢　原鳥鴫鷃之屬是也
靈鵲兆喜怪鵩塞耳　鵲噪則喜生　鵩一名休鶹廣雅曰江東
呼為怪鳥聞之多禍人惡之掩塞耳矣

鴽鶉野則義豢則搏水鶩澤則羣擾則逐　月令曰田鼠化為鴽
關東為之鶉蜀隴謂之循在田得食鳴相呼夜則羣飛晝則艸伏
馴養之久見食相搏鬬也　鶩野鴨也飛止大澤之中羣處豢擾
之惡其族類而相逼逐也
鸚䳇摩背而瘖鴝鵒剔舌而語　鸚䳇出隴西能言鳥也人以手
撫拭其背則瘖瘂矣　山海經謂之鸜鵒今人育其雛以竹刀剔
舌本教之言語謝尙能作鴝鵒舞之
扶老強力鶺鴒友悌　古今注云扶老秃鶖也狀如鶴大者高七
八尺善與人鬬好啗蛇脯羞 一作矣 食之益人氣力走及奔馬也
鶺鴒䳭屬也爾雅曰鶺鴒雝渠毛詩曰水鳥也大雀高尺小尾長
喙頸黑青灰色腹下正白飛則鳴行則搖又曰鶺鴒在原兄弟急
難鶺鴒共母者飛鳴不相離詩人取以喻兄弟相友之道也
來寮雝雝鴻儀鷺序鷃雀啁啁下齊衆庶　鴻雁屬大曰鴻小曰

雁飛有行列也鷺白鷺也小不踰大飛有次序百官縉紳之象詩
以振鷺比百僚雍容喻朝美易曰鴻漸于干于磐聖人皆以鴻鷺
之羣擬官師也　鷃雝鷃也雀屬衆人之象言多也
鵪鶉雄鶻牝庳鳩鸂雌前雄後　鶉雀也鶉也二鳥皆雄者足高
雌者足短　鳩鳴鳩也鸂大如鴿生關西為鳥憨急二鳥雌飛則
隨雌止則止雌常在前也
鷇將生子呼母應雛既生母呼子應　鳥伏卵成子鳴于鷇母應
之　鳥既雛母呼則子應之
班鳩辨鵤梟鴟害母　班次序也鳩哺子朝從上下暮從下上他
鳥皆否　梟在巢母哺之羽翼成啄母目飛去也
舒雁鳴前後和羣棲獨警　舒雁飛成行也雌前呼雄後應也夜
棲川澤中千百為羣有一雁不瞑以警衆也
覆卵則鸛入水鵝蹝月　鸛水鳥也伏卵時數入水冷則不毈取

礜石周卵以助暖氣故方術家以鸛巢中礜石為眞物也　伏月
卵則向月取其氣助卵也
霄扈司夜行扈主晝雄翼掩左雌羽掩右　爾雅曰鳥雌雄不可
別者以翼右掩左雄左掩右雌
物食長喙穀食短味搏則利觜鳴則引吭毛協四時色合五方
食物之生者皆長喙水鳥之屬也　鳥食五穀者喙皆短　鳥善
搏鬬者利觜　善啼鳴頸長也　春則毛弱夏則稀少而改易秋
則刷理冬則更生細毛自溫　倉鷹之屬以象東方木行朱鳥之
屬以象南方火行黃鳥之屬應土行以象季夏白鷺之屬以象西
方金行玄鳥以象北方水行
羽物變化轉于時令乾道始終以成物性　仲春之節鷹化為鳩
季春之節田鼠化為鴽仲秋之節鳩復化為鷹季秋之節雀入大
水化為蛤孟冬之節雉入水化為蜃淮南子曰鼈化為鶉鶉化為

鶡鶡化為布穀布穀復為鷂順節令以變形也　生物者乾之始
成物者乾之終隨時變化成就萬物之性也

漢武帝別國洞冥記 四卷　漢郭憲 東漢光祿大夫

漢武帝未誕之時景帝夢一赤彘從雲中直下如崇蘭閣帝覺而
坐于閣上果見赤雲如烟霧來蔽戶牖望上有丹霞蓊鬱而起乃
改崇蘭閣為猗蘭殿王夫人誕武帝于此殿有青雀羣飛于霸城
門乃改為青雀門及更修飾刻木為綺橑雀去因名青綺門
東方朔字曼倩父張夷字少平妻田氏女夷二百歲顏如童子朔
生三日而田氏死時景帝三年也鄰母拾而養之年三歲天文祕
讖一覽而暗誦于口　都夷香如棗核食一片則歷月不飢以如
粟米許投水中俄而蔽大盂也　元封五年勒畢國貢細鳥以方
尺之玉籠盛數百頭形如大蠅狀似鸚鵡聲聞數里之間如黃鵠
之音也國人常以此鳥候時亦名曰候日蟲帝置之于宮中旬日

而飛盡帝惜求之不復得明年見細鳥集帷幙或入衣袖因名蟬
宮內嬪妃皆悅之有鳥集其衣者輒蒙愛幸至武帝末稍稍自死
人猶愛其皮服其皮者多為丈夫所媚　建元二年帝起騰光臺
以望四遠于臺上撞碧玉之鐘掛懸黎之磬吹霜條之笛唱來雲
依日之曲　唯有一女人愛悅于帝名曰巨靈帝傍有青珉唾壺
巨靈乍出入其中或戲笑帝前東方朔望見巨靈乃叱之巨靈因
而飛去望見化成青雀因其飛去帝乃起青雀臺時見青雀不見
巨靈也　帝所幸宮人名麗娟年十四玉膚柔軟吹氣勝蘭不欲
衣纓拂之恐體痕也每歌李延年和之于芝生殿唱回風之曲庭
中花翻落置麗娟于明離之帳恐塵垢汙其體也帝常以衣帶繫
麗娟之袂閉于重幙之中恐隨風而去也麗娟以琥珀為佩置衣
裙裹不使人知乃言骨節自鳴相與為神怪也　甘泉宮南昆明
池中有靈波殿七間皆以桂為柱風來自香帝既耽于靈怪常得

丹豹之髓白鳳之骨磨青錫爲屑以蘇油和之照神壇夜暴雨光
不滅有霜蛾如蜂赴火侍者舉麟鬚拂拂之　波祇國亦名波弋
國獻神精香草亦名荃蘼亦名春蕪一根百條其間如竹節柔軟
其皮如絲可爲布所謂蕪布亦名香荃布密如紈氷也握一片滿
室皆香婦人帶之彌月芬馥　元鼎元年起招仙閣于甘泉宮西
編翠羽麟毛爲簾青琉璃爲扇懸黎火齊爲床其上懸浮金輕玉
之磬有霞光繡有藻龍繡有連烟繡有走龍錦有雲鳳錦翻鴻錦
閣上燒荃蘼香屑以迎神女神女留玉釵以贈帝帝以賜趙婕好
至昭帝元鳳中宮人猶見此釵黃諃欲之明日示之既發匣有白
燕飛昇天後宮人學作此釵因名玉燕釵　元鼎五年郅支國貢
馬肝石舂碎以和九轉之丹服之彌年不飢渴也以之拂鬢白者
皆黑是時公卿語曰不用作方伯惟須馬肝石　元封中起方丈
山招諸靈異召東方朔言其秘奥乃燒天下異香有沉光香精祇

香名庭香金磾香塗魂香外國所貢青樝之燈　起神明臺上有
九天道金牀象席虎珀鐼雜玉爲簟帝坐良久設甜水之冰以備
沐濯酌瑤琨碧酒炮青豹之脯果則有塗陰紫梨琳圓碧李仙棗
與食之　吠勒國貢文犀四頭角表有光因名明犀置暗中有光
影亦曰影犀織以爲簟如錦綺之文此國去長安九千里人長七
尺被髮至踵乘象如海底取寶宿于鮫人之舍得淚珠則鮫人所
泣之珠也亦曰泣珠　元封三年大秦國貢花蹄牛其色駿高六
尺尾環繞其身角端有肉蹄如蓮花帝使輦銅石以起望仙宮跡
在石上皆如花形故陽關之外花牛津時得異石長五丈高三丈
立于望仙宮因名龍鍾石武帝末此石自陷入地唯尾出土上今
人謂龍尾墩　帝好微行于長安城西夜見一螭遊于路董謁曰
昔桀媚末喜于膝上以金簪貫玉螭腹爲戲今螭腹餘金簪穿痕
安非此也　天漢二年帝昇蒼龍閣思仙術召諸方士言遠國遐

方之事唯東方朔曰臣遊北極至種火之山有園圃池苑皆植異
木異竹有明莖艸夜如金燈折枝爲炬照見鬼物之形亦名洞冥
艸亦名照魅艸採以藉足履水不沉有草似蒲色紅晝入地夜則
出亦名懷夢懷其草則知夢之吉凶立驗也帝思李夫人之容不
可得朔乃獻一枝帝懷之夜果夢夫人因名懷夢草　有鳳葵艸
色丹葉長四寸久食令人身輕赤松子餌之三歲乘黃蛇如水得
黃蛇珠一枚故名蛇珠亦曰銷疾珠語曰寧失千里駒不失黃蛇
珠　有五味艸食之使人不眠名曰却睡草末多國獻此艸此國
人長四寸織麟毛爲布以文石爲牀人形雖小而屋宇崇曠織鳳
錦以爲帷幙也　烏哀國有龍爪薤煎之有膏以和紫桂爲丸服
一粒千歲不飢故語曰薤和膏身生毛　有掌中芥取其子置掌
中吹之而生一吹長一尺至三尺而止然後可移于地上食之能
空中獨立足不躡地亦名躡空艸　帝嘗見彗星東方朔折指星

之木以授帝帝以木指彗星星尋卽滅也　有紫柰大如斗研之
有汁如漆可染衣其汁着衣不可澣浣亦名闇衣柰　有龍肝瓜
出冰谷食之千歲不渴　善苑國嘗貢一蟹長九尺有百足四螯
煮其殼勝于黃膠亦謂之螯膠勝于鳳喙之膠也　帝嘗夕望東
邊有青雲起俄而見雙白鵠集臺之上忽變爲二神女舞于臺振
鳳管之簫撫落霞之琴歌青吳春波之曲舒闇海玄落之席散明
天發日之香香出胥池寒國地有發日樹言日從雲出雲來掩日
風吹樹枝拂雲開日光也　有玄都翠水水中有菱碧色狀如雞
飛亦曰翔雞菱食之骨輕兼生毛羽也　有遠飛雞夕則還依人
曉則絶飛四海嘗銜桂枝之實歸于南山或落地而生高七八尺
衆仙奇愛之剉以釀酒名曰桂醪嘗一滴舉體如金色祝雞公善
養雞得遠飛雞之卵伏之名曰翻明雞翼下有目亦曰目羽雞
帝于望鵠臺西起俯月臺臺下穿影娥池池中有游月舡觸月舡

鴻毛舡遠見舡或以青桂之枝爲棹或以木蘭之心爲檝綀實之竹爲篙紉石脉以爲繩纜也石脉出晡東國細如絲可縋萬斤生石裏破石而後得此脉縈緒如麻紵也亦名石麻有司夜雞隨鼓節而鳴不息從夜至曉一更爲一聲五更爲五聲亦曰五時雞有喜日鵝至日出銜翅而舞又名舞日鵝

廣知一卷

神文將葬永昭陵大行梓宮初發引王鳳玉時爲翰林學士作平調發引二曲其一曰玉宸朝晚忽忽掩黃衣愁霧鎖金扉蓬萊待得仙丹至人世已成非龍輴轉西畿旌旆入雲飛望陵宮女垂紅泪不見翠輿歸二曰上林春晚會是奉宸遊水殿戲龍舟玉簫聲斷仙人馭一去隔千秋重到曲江頭事往狒難收當時御幄傳觴處依舊水東流能游錄

吳孫休時烏程人因疾愈而能響言聞十數里外所聞之處即若坐間其鄰家有子居外久不歸其父假之使其責詞子聞之以爲神鬼顚沛而歸亦不知其所以然廣古今五行記

說郛卷第十五終

說郛卷第十六

三器圖義一卷　　宋程迥

敍曰天地肇判陰陽攸分六位時成萬物形著是故體有長短所以起度也受有多寡所以生量也物有重輕所以用權也是器也皆准之上黨羊頭山之秬黍焉以之測幽隱之情以之達精微之理推三光之運則不失其度通八音之變則可召其和以辨上下則有品以分隆殺則有節凡朝廷之出治生民之日用未有頃刻不資焉者也歷考往古如虞舜垂重華之典周公作太平之書孔子欲行政于四方孟軻用撥敍于萬類舍是則何以哉嘗見有司頒禮既緣謬誤而莫知先儒談經亦闕略而未講于是采歷代之制考載籍之文而述度量衡三器圖義焉淳熙十年閏十一月丁酉序

古者度以北方秬黍中者一黍之廣爲分十分爲寸十寸爲尺十尺爲丈十丈爲引量容一千二百黍爲龠謂十二銖十龠爲合謂二十四銖十合爲升十升爲斗十斗爲斛權以百黍之重爲銖二十四銖爲兩謂兩黃鍾之律十六兩爲斤謂三百八十四銖准易爻三十斤爲鈞萬有一千五百二十銖當二篇之策數四鈞爲石准四時之數令文調鍾律測晷景合藥劑製冠冕則准式用之餘悉用大者謂一尺二寸爲一大尺三斗爲一大斗三兩爲一大兩古人以度定量以量定權必參相得然後黃鍾之律可求八音五聲從之而應也國朝皇祐中阮逸胡爰累黍定尺既大于周尺姑欲合其量也然竟于權不合乃爲黍稱二兩已得官稱一兩反疑史書之誤及韓忠獻公丁文簡公詳定知阮胡之失亦莫能以三器參相攷也先是范蜀公上封事曰樂者和氣也發和氣者音聲也音聲生于無形故古人以有形之物傳其法俾後人參攷之有形者何秬黍也律也尺也龠也鬴也斛也筭數也權稱也鐘也磬

也是十者必合而不相戾而後爲得也迴謂以黍定三器則十者無不該三者尺爲之本周尺也者先儒攷其制脗合者不一至宋景文公取隋書大業中歷代尺十五等獨以周尺爲之本以攷諸尺韓忠獻公嘉祐累黍尺二其一亦與周尺相近頃者司馬備刻石存此尺樣蓋溫國文正公舊物也苟以是定尺又以是黍定權量以合諸器如挈裘而振其領其順者不可勝數也

度

周官典瑞云璧羨以起度註云羨不圜之貌蓋廣徑八寸袤一尺漢書律曆志說見前蔡邕鄭康成杜夔荀勖本字讀呼玉切所論尺有增損始勖當武帝泰始中校太樂八音不和知後漢至魏尺長于古四分有餘勖乃與劉恭依周禮制尺所謂古尺也以古尺更鑄銅律調叶聲韻後汲郡盜發六國時魏襄王冢得古周時玉律及鐘磬與新聲闇同于時郡國或得漢時故鐘吹勖律以合之其聲皆應

時人稱爲精密武帝以勖律與周漢器合遂施用之勖去千載之下推萬代之法度數既合聲韻又諧亦可謂密切而有證也

一周尺漢劉歆銅斛尺後漢建武銅尺荀勖所定晉前尺祖沖之銅尺並同近年司馬備刻周尺漢劉歆尺晉前尺今圖于後備又云高敏之以漢錢五物參校尺同先是嘉祐中韓忠獻公丁文簡公累黍尺二條其一亦與周尺相近

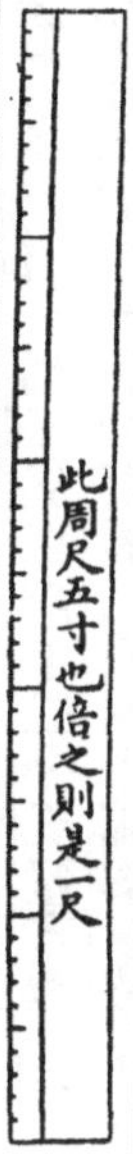

二晉田父玉尺梁法尺實比周尺一尺七釐

三梁表尺實比周尺一尺二分二釐一毫有奇隋時始用水律尺而定律呂大業中更詔用梁表律調八音之器

四漢官尺晉時始平掘得古銅尺同實比周尺一尺三分七釐晉荀勖既定晉前尺惟阮咸譏其聲高聲高則悲非興國之音必古今尺有長短所致也後始平掘地得古銅尺不知所出何代果長勖尺四分時人咸服其妙而莫能措意焉宋景文公謂時人掘地得尺乃破周漢之二器亦近夫貴耳賤目者也

五魏尺實比周尺一尺四分七釐即杜夔所用者

六晉後尺實比周尺一尺六分二釐晉氏江東所用者

七後魏前尺實比周尺一尺二寸七釐

八中尺實比周尺一尺二寸一分一釐

九後尺實比周尺一尺二寸八分一釐卽隋開皇官尺謂之鐵尺及後周市尺

十東後魏尺實比周尺一尺三寸八毫

十一蔡邕銅籥尺後周玉尺同實比周尺一尺一寸五分八釐

十二宋氏尺錢樂之渾天儀後周鐵尺同實比周尺一尺六分四釐後周時達奚震等議今勘周漢古錢大小有合宋氏渾儀尺度

無舛古者黃金方寸重一斤今鑄金校驗鐵尺爲近近司馬備刻宋尺後周尺又云太常寺樂律尺少府監祭器晷圭渾儀尺皆同實比周尺一尺五分

十三隋萬寶常水尺實比周尺一尺一寸八分六釐

十四雜尺實比周尺一尺五分趙劉曜渾天儀土圭所用者

十五梁朝俗間尺實比周尺一尺七分一釐

五代周王朴律準尺比周尺一尺二分有奇

本朝和峴景表尺比周尺一尺六分有奇

阮逸胡瑗皇祐樂書黍尺比周尺一尺七分

韓忠獻公丁文簡公校阮胡尺令尺匠石素等再累到尺二條其一比周尺一尺三分五釐

司馬備刻三司布帛尺比周尺一尺三寸五分

頃年禮部頒祭祀儀式畫到造禮器尺比周尺一尺三寸二分

量

考工記㮚氏爲量深尺內方尺而圜其外其實一鬴注云六斗四升爲鬴

漢書律曆志說見前

迥以考工記鬴法積百萬分乘除布筭則龠爲七百八十一分二釐五毫實黍千二百合爲千五百六十二分五釐實黍二千四百升爲萬五千六百二十五分實黍二萬四千鬴爲百萬分實黍百五十三萬六千太元數曰凡七十有八黃鐘之數立焉正與此合于是見阮胡龠合升斗皆大而鄧保信林億等皆小

權

周禮玉人云駔琮五寸宗后以爲權注駔讀爲組以組繫之因名焉鄭司農云以爲稱錘以起量駔琮七寸鼻寸有半天子以爲權注以爲權故有鼻也

漢書律曆志說見前

唐志武德四年鑄開元通寶錢積十錢重一兩計一千重六斤四兩蘇冕曰今錢爲古秤七銖以上比古五銖錢則加重二銖以上迥謂一大兩爲七十二銖卽一錢爲七銖畸十分銖之二則所謂三兩爲一大兩者可無疑矣

皇祐新樂圖有銖秤其圖幹上分二十四銖爲一兩止一面有星一繫一盤如民間金銀等子者其錘形如環

雲林石譜三卷　宋杜季揚號雲林居士名綰山陰人

天地至精之氣結而爲石負土而出狀爲奇怪或岩竇透邃峯嶺層稜凡棄擲于蝸鍊之餘遁逃于秦鞭之後者其類不一至有鶻飛而得印黿化而銜題叱羊射虎挺質之尙存翔燕鳴魚頒形之可驗怪或出于禹貢異或隕于宋都物象宛然得于髣髴雖擅一拳之多而能蘊千岩之秀大可列于園館小或置于几案如觀嵩少而面龜蒙坐生淸思故平泉之珍祕于德裕大餘之寶進于武宗皆石之瑰奇宜可愛者然人之好尙故自不同葉公之好龍支遁之好馬衛懿公之好鶴王中令之好鵝齊宣之好竽阮籍之好屐所好自異然無所據依殆無足取聖人常曰仁者樂山好石乃樂山之意蓋所謂靜而壽者有得于此竊嘗謂陸羽之于茶杜康之于酒戴凱之于竹蘇太古之于文房四寶歐陽永叔之于牡丹蔡君謨之于荔枝亦皆有譜而于石獨無爲可恨也雲林居士季揚蓋嘗采其瑰異第其流品載郡邑之所出而潤燥者有別秀質者有辨書于編簡其譜宜可傳也且曰幅員之至遠聞見或遺山經地志未能淹該徧覽尙俟講求當附益之居士實抑堂先生之裔大丞相祁國公之孫予嘗聞之詩史有水落魚龍夜之句蓋長沙湘鄉之山魚龍蟄土化而爲石工部固嘗形容于詩矣讀是譜者知居士之好古博雅克紹餘風不忘于著錄云旹宋紹興癸丑夏五月望日闕里孔傳題

雲林石譜卷上

靈璧石　宿州靈璧縣地名磬石山石產土中歲久穴深數丈其質爲赤泥漬滿土人多以鐵刃遍刮凡三兩次旣露石色卽以黃蓓箒或竹箒兼磁末刷治淸潤扣之鏗然有聲石底多有漬土不能盡去者度其頓放卽爲向背石在土中隨其大小具體而生或成物狀或成峯巒巉岩透空其狀妙有宛轉之勢或多空塞或質偏朴或欲成雲氣日月佛像或狀四時之景須藉斧鑿修治磨礲以全其美或一面或三兩面若四面全者卽是從土中生起凡數百之中無一二有得四面者多是石碔石尖擇奇巧處鐫治取其底平頃歲靈璧張氏蘭皋亭列巧石頗多各高一二丈許峯巒嵌竇嵌空具美大抵亦三兩面背亦著土又有一種石理嶙峻若胡桃殼紋其色稍黑大者高二三尺小者尺餘或如拳大陂陁拽脚如大山勢鮮有高峯岩竇又有一種產新坑黃泥溝峯巒嵌空奇

巧亦須刮治扣之稍有聲但石色靑淡稍燥軟易于人爲不若磬山淸潤而堅此石宜避風日若露處日久卽色轉白聲亦隨減書所謂泗濱浮磬是也

靑州石　靑州石產土中大者數尺小亦尺餘或大如拳細碎磊魂皆成物狀在穴中性頗軟見風卽勁凡采之易脆不可勝舉其質玲瓏竅眼百倍于他石眼中多爲軟土充塞徐以竹枝洗滌淨盡宛轉通透無峯巒峭拔勢石色帶紫微燥扣之無聲土人以石藥粘綴四面取巧像雲氣枯木怪石攲側之狀

林慮石　相州林慮石地名交口其質堅潤扣之有聲一種出土中采之穴地見石卽尋坑坎處石多倒生向下垂如鍾乳融結皆天然鑿去麄石留石坐如板許板山多自載山一坐峯巒下秀高拔或如物狀石色甚碧曾貢入內府有藍關蒼虬洞天凡十餘品各高數寸甚奇異又有一種色稍班而微黑臥產土中微有土漬

易于洗滌有大山勢四面徘徊無背稍著土千岩萬壑峯巒迤邐頗多嵌空洞穴宛轉相通不假人爲至有中可施香爐靜而視之若烟雲出沒岩岫間此石因崇寧年方田相視地脉偶得之大不踰三兩尺至如拳大奇巧百怪

太湖石　平江府太湖石產洞庭水中石性堅而潤有嵌空穿眼宛轉嶮怪勢一種色白一種色靑而黑一種微靑其質紋理縱橫籠絡隱起于石面遍多坳坎蓋因風浪衝激而成謂之彈子窩扣之微有聲采人攜鎚鑿入深水中頗艱辛度奇巧取鑿貫以巨索浮大舟設木架絞而出之其間稍有巉岩特勢則就加鐫礱取巧復沉水中經久爲風水衝刷石理如生此石最高有三五丈低不踰十數尺間有尺餘唯宜植立軒檻裝治假山或羅列園林廣榭中頗多偉觀鮮有小巧可置几案間者

無爲軍石　無爲軍石產土中連接而生擇奇巧者卽斷取之易于洗滌不著泥漬石色稍黑而潤大者高數尺亦有盈尺及五六寸者多作羣山勢扣之有聲至有一段二三尺間羣峯聳拔連接高下凡數十許巉岩澗谷不異眞山頃年維揚俞次契大夫家獲張氏一石方圓八九尺上有峯巒高下不知數中谷道相通目之爲千峯石又米芾爲太守獲異石拜者四面巉岩嶮怪但石苗所出不廣佳者頗難得之

臨安石　杭州臨安縣石出土中有兩種一深靑色一微靑白其質奇怪無尖峯嶒崒勢高十數尺小者數尺溫潤而堅扣之有聲間有質朴從而斧鑿修治磨礱增巧頃歲錢唐千頃院有石一塊高數尺舊有小承天法喜堂徒弟析衣鉢得此石估値五百餘千其石置方廨中四面嵌空嶮怪洞穴委曲于石罅間植枇杷一株頗年遠岩竇中嘗有露珠凝滴目爲醜石元居中有詩略云人久天所惜石久天所惜爲負磊落姿不隨寒暑易政和間取歸內府此石之尤者

武康石　湖州武康石出土中一靑色一黃黑而班其質頗燥不堅無泥然巉岩峯巒雖多透空穿眼亦不甚宛轉採人入穴石多臥生其廣闊度奇巧處以鐵鑿揭取之或多細碎大抵石性匾側多瀏道摺疊勢浙中假山藉此爲山脚石座間有險怪尖銳者卽側立爲峯巒頗勝靑州穿眼宛轉渾然可觀

崑山石　平江府崑山縣石產土中多爲赤土積漬既出土倍費挑剔洗滌其質磊魂巉岩透空無聳拔峯巒勢扣之無聲土人唯愛其色潔白或栽植小木或種溪蓀于奇巧處或置立器中互相貴重以求售（至正初杭州皋亭山後大山出石與崑山石無分毫之異）

江華石　道州江華永寧二縣皆產石石在亂山間于平地上空嵌積叠而生或大或小不相粘綴江華一種稍靑色一種灰黑間有巉岩特勢其質例皆麄澀枯燥扣之有聲未有絕奇巧者唯永

寧所產大者十數尺或二三尺至有尺餘或大如拳或多細碎每就山採石散處地上莫知其數蓋率皆奇怪大抵各隨人所欲既擇絕佳者多爲泥土苔蘚所積以水漬一兩日用磁末痛刷一種色深青一種微青一種微黑其質堅潤扣之有聲或多坳坎頗類太湖彈子窩峯巒巉岩四面亦多透空嶮怪萬狀或有數尺成大山氣像千岩萬壑羣峯環遶中有谷道拽脚類諸物像不可概舉非人力能爲之大抵其石多白脉又有如大山之巔合三兩峯間因石脉相連數道而成瀑布直落澗壑凡遇石塞路迸濺即散漫分流石之兩邊如圖寫之狀

常山石　衢州常山縣思溪又地名石洪或云空字石出水底側垂如鍾乳雖沙泥不相聯接採人車戽深水甚難得之或大或小不踰數尺奇巧萬狀多是全質每一石則有聯續尖鋭十數峯高下峭拔嵌空全若大山氣勢亦有如拳大者有于巉岩嶮怪岩竇

中出石筍或戟斜纖細互相撐拄之勢蓋石生溪中爲風水衝激融結而成奇巧又有峯巒聳秀洞穴委曲相通底坐透空堪施香爐若烟雲縈遶亂峯間一種色深青石理如刷絲捫之輒隱手又一種青而滑或以磁末刷治而然率皆溫潤扣之有聲間有質朴全無巧勢者石性稍礦不容人爲非靈璧可增嶮怪

開化石　衢州開化縣龍山深土中出石磊魂或巉岩可觀色稍燥扣之有聲又地名篚灘亦多產石水中色稍青潤石質骨麄而肉細率皆全質間有羣峯前後羅列若大山氣勢比之思溪無嶮崒勢扣之亦有聲

澧州石　澧州石產土中磊魂而生大者尺餘亦有絕小者頗多險怪巉岩類諸物狀其質爲沙泥積漬費工刷治石理遍鋪絲捫之隱手色青白稍潤間有白脉籠絡土人不知貴士大夫多攜歸裝綴假山高視之頗類雁蕩諸奇峰

英石　英州含光眞陽縣之間石產溪水中有數種一微青色間有白脉籠絡一微灰黑一淺綠各有峯巒嵌空穿眼宛轉相通其質稍潤扣之微有聲又有一種色白四面峯巒聳拔多稜角稍瑩徹面面有光可鑒物扣之有聲採人就水中度奇巧處鑿取之此石處海外邊夐人罕知之然山谷以謂象江太守費萬錢載歸古亦然耳頃年東坡獲雙石一綠一白目爲仇池又鄉人王廓夫亦嘗攜數塊歸高尺餘或大或小各有可觀方知有數種不獨白綠耳

湖口石　江州湖口石有數種或在水中或產水際一種青色混然成峯巒岩壑或類諸物狀一種匾薄嵌空穿眼通透幾若木板以利刀剜刻之狀石理如刷絲色亦微潤扣之有聲土人李正臣蓄此石大爲東坡稱賞目之爲壺中九華有百金歸買小玲瓏之語然石之諸峯間有外來奇巧相粘綴以增嶮怪此種在李氏家

頗多適偶爲大賢一顧彰名今歸尙方久矣又有一種挺然成一兩峯或三四峯高下峻峭無拽脚有向背首尾一律或大或小土人多綴以石座及以細碎諸石膠漆粘綴取巧爲盆山求售政如僧人排設供具兩兩相對殊無意味

袁石　袁州萬載縣去縣十餘里石無數出田野間其質嶙峻微青色間多峯巒岩竇四向又于石罅中上下生小林木蓊鬱可喜或高三四尺或五六尺全如一大山氣勢綿行百步不斷目地名爲亂石里土人以石占田壠有妨布種恨不去之惜乎地遠人罕知之

平泉石　平泉石出自關中攷之李德裕平泉莊記草木花石之美其石產水中每獲一奇皆鐫有道二字頃予于潁昌杜欽益家賞一石雙峯高下有徑道挺然長數寸許無嵌空岩竇勢其質不露圭角磨礱光潤而青堅于石罅中鐫有道二字扣之有聲

兗州石　兗州出石如蠟色謂之粟玉有巉岩峯巒勢無穿眼其質甚堅潤扣之有聲堪爲器頗費鐫礱土人貴重之與北虜所產粟玉頗相類但見峯巒一律耳

永康石　蜀水永寧軍產異石錢遜叔遺予一石平如板厚半寸闊六七寸于面上如鋪一紙許甚潔白上有山一座高低前後凡數十峯劇有佳趣四邊不脫其底山色皆青黑溫潤而堅利刃不能刻扣之聲清越目爲江山小平遠遜叔得自蜀中部使者云出自永康軍後未見偶者

排牙石　臨安府府署之側一山甚高名拜郊臺錢氏故跡向山之顚巉峻處兩邊各有列石數十塊從地生出者峯巒巉岩穿眼委曲翠潤而堅謂之排牙石

品石　建康府有石三塊頗雄偉岩洞巉怪色稍蒼翠遍產竹木茂鬱可觀石罅中有六朝唐宋諸公刻字謂之品石

永州石　永州州署依山廳事之東隅頃歲太守黃叔豹因其地稍露山骨除治積壤十餘尺得眞山一座凡八九峯岩洞相通翠潤可喜遍有唐人刻字于諸峯之側甚奇古有一石橫尺餘聯綴石上全若水禽因引泉水瀦滿岩竇其石正浮水面亦有唐人刻字目之爲鸂鶒石又郡山之後下廣二頃餘率皆怪石羅布田野間或爲居人蔽隱元次山叛萬石亭于郡山之顚

石筍　石筍所產凡有數處一出鎭江府黃山一產商州一產益州諸郡率皆臥生土中採之隨其長短就而出之或有斷而出者大者二三丈小者丈餘皆微著土其質挺然尖銳或區側有三四面紋理如刷絲隱起于石面或得瀾道徹扣之有聲石色無定間有四面停者又有高一二丈首尾一律因斧鑿修治而成

泰山石　襲慶府泰山石產土中大者踰三四尺間有磊塊碎小者色灰白或微靑亦有嵌空險怪勢其質甚軟可施鐫礱土人不甚珍愛

嶧山石　嶧山在襲慶府鄒縣山土中產美石間有岩穴穿眼眼不甚宛轉深邃亦有峯巒高下無嶒崒勢其質堅礦不容斧鑿色若挼藍或如木葉翠潤可喜

衡州石　衡州耒陽縣土中出石磊塊巉岩大小不等石質稍堅一種色靑黑一種色灰白一種黃而斑四面奇巧扣之無聲可置几案間小有可觀

襄陽石　襄陽府去城十數里有山名鳳凰地中出石橫長尺餘或如拳者巉岩險怪往往如大山勢色稍靑黑間有如灰褐者扣之有聲土人不甚重政和年間惟鎭江蘇仲恭留臺家有數塊置几案間

黃山峴山石　鎭江府去城十五里地名黃山在鶴林寺之西南又一山名峴山在黃山之東皆產石土中小者或全質大者或鐫

取相連處巉怪萬狀色黃清潤而堅扣之有聲間有色灰褐者石多穿眼相通可出香

排衙石　鎭江蘇仲恭留臺家有石如蹲獅子或如睡鸂鶒羅列八九枚太守梅知勝目之爲蘇氏排衙石又有一石筍長九尺餘渾然天成目之爲棟隆悉歸內府奐崇寧間米元章取小石爲峴山甚奇特峴山石多清潤而產黃山者色白多土脉少有可鐫治者

淸溪石　廣南淸溪鎭之三五十里土中出石巉岩巉怪一種色甚淸潤扣之有聲韻淸越一種色白頃年蘇仲恭家置几案間有七八石甚奇巧此石所產相隣靑綠坑尤奇于他處

邢石　邢州西山接大行山山中出石石色黑小有峯巒奇巧亦可置几案間土人往往採石爲硯名曰烏石頗發墨稍燥蘇仲恭有三研樣製殊不俗

仇池石　韶州之東南七八十里地名仇池土中產小石峯巒岩竇甚奇巧石色清潤扣之有聲頗于清溪品目相類

盧溪石　袁州石出盧溪水中色稍青黑有嵌空嶮怪勢大者高數尺鮮有小巧者㢠盧肇隱居草堂溪水之側堂前立一大石高丈餘三峯九竅甚奇怪皆謂盧溪石崇寧間欲輦置內府以石背多有前人刻字語或特忌遂止之

卞山石　湖州府西門外十五里有卞山在郡山中最爲嶒崒頃朱先生所居廛石奇巧羅布山間嵌岩礧磈色類靈璧而青潤尤勝葉少蘊得其地葢堂以就其景故號石林石上有李唐遊人題字自顏魯公而下悉署焉又州之西北鳳凰山後地名前山于亂篠間有石生土中下多流泉石質嵌空嶮怪往往多穿眼青翠如湖石悉高大鮮有小者宣和間嘗使土人取之重不可致今有數塊留道傍

涵碧石　婺州東陽縣之南五里有涵碧池唐令于典宗得其勝槩鑿池面瀑布有二大石魚置沼面魚之前有石一塊高二尺許巉岩可觀石之半間凹然如掌羅江東昔避地著書嘗以爲研好事者每往游覽劉禹錫有詩在集中

吉州石　吉州安福縣之東二三里有秀嶺石產土中不相聯綴其質巉岩清潤扣之有聲間有三兩面或混然窒塞高數尺無小巧者又有白馬廟去縣之東二十來里土中亦出石石質稍青或色稍白四面嵌空嶮怪萬狀又有佛僧潭在縣之西十四五里石產潭上土中亦青潤嵌空穿眼宛轉扣之或有聲又有一種如大山四面嶒崒勢間有小巧者或云潭遠處例皆枯燥無聲色亦灰白又縣西六十里慶雲鄉地名文石岩山極高峻中有一岩深邃可容千餘人岩之側土中出石或大或小嵌空巉岩四面峙石少有穿眼多類物像宛然天成凡此四種若白馬廟石加之清潤有全美矣

全州石　全州湘江一帶泝流而上江邊兩岸峽處間有土石山懸石如鍾乳嵌空巉岩萬狀扣之聲清越其色若靈璧青翠可喜予舟過石側鑿取數塊高尺餘甚奇巧

何君石　臨江軍新塗縣玉笥山石梁間有洞名何君按圖經十人避秦九人仙去獨何君爲地仙居其洞故因號焉岩洞透邃中有石碁枰山之前後間產巨石皆嶮怪昔何君洞有一石懸于洞口其狀如雲廣數尺巉岩秀碧扣之無聲土人何氏鑿取置亭榭中

濁潭石　筠州高安縣之東北有水出自豊城號濟步江自江口入四十里地名濁潭水中多產巨石嶙峋四面無嶒崒勢穿眼委曲不甚蒼翠鮮有小巧者

洪岩石　饒州樂平縣東山鄉地名洪岩有三洞名木梓樹水岩

各有岩穴炬火而入自水岩山半間可下數十丈方到底聞水聲如雷窮之卽無水源其洞中有石田石鐘鼓磬仙人帳若人所爲其山高下巉岩翠碧岩穴中有石佛羅漢相儼如生凡高十數尺

韶石　韶州黃牛灘水中產石峰巒巉岩百怪其色或灰扣之微有聲凡就水採取例皆枯燥須用磁末刷治卽色稍青其質頗與道州永寧石品相類間有奇巧而小者

袁石　袁州分宜縣距縣二十里有五侯嶺侯或作猴字不詳其名嶺上四旁皆山石岩嶨峭絕若劃裂摧倒勢甚嵌空多狙猨凡山下石或立或仆當是山上飛墮者石色紺青不潤澤玲瓏奇怪萬狀間有數人可遠致者臨江士人魯子明有石癖嘗親訪其處以漁舟載歸滿灘列置所居又去縣十里有石洞名洪陽游者持炬以入聞有十六室詭怪百狀又有石帆石田牛羊鐘鼓凡倉廩牀榻之類石帆高數丈段段有邊幅有如舡檣所駕飽疾風狀石

田頃畝與眞無異凡洞高處刻唐人題字彷彿可辨父老云是晉葛洪婁陽二仙所隱得名其洞穴深邃不可徧覽頃一道人結庵輒盡游其室賫糧秉炬才歷數室聞洞上有篙撑舡聲駭懼而返

萍鄉石　袁州萍鄉縣距縣百來里地名石觀突兀一山石洞穴深六七丈岩上垂石如鍾乳高底無數嵌空險怪奇秀可玩山之近側皆有怪石隱草木土人不知貴

修口石　洪州分寧縣地名修口深土中產石五色斑爛全若玳瑁石理細潤或成物像扣之稍有聲土人就穴中鐫礱爲器頗精緻見風即勁亦堪作研粗發墨

雲林石譜卷中

魚龍石　潭州湘鄉縣山之顚有石臥生土中凡穴地數尺見青石即揭去謂之蓋魚石自青石之下色微青或灰白重重揭取兩邊石面有魚形類鰍鯽鱗鬣悉如墨描穴深二三丈復見青石謂之蓋魚石石之下即著沙土然選擇數尾相隨游泳或石紋斑剝處全然如藻荇凡百十片無一二可觀大抵石中魚形反側無序者頗多或有石中兩面如龍形作蜿蜒勢鱗鬣爪甲悉備尤爲奇異土人多作僞以生漆點綴成形但刮取燒之有魚腥氣乃可辨又隴西地名魚龍川掘地取石破而得之亦多魚形與湘鄉所產無異豈非古之陂澤魚生其中因山頹塞歲久土凝爲石而致然歟杜甫詩有水落魚龍夜山空鳥鼠秋正謂隴西耳

萊石　萊州石色青黯透明斑剝石理縱橫潤而無聲亦有白色石未出土最軟工人取巧鐫礱成器甚輕妙見風即勁或爲鐺銚又堪烹飪有益于銅鐵

虢石　虢州朱陽縣石產土中或在高山其質甚軟無聲一種色深紫中有白石如圓月或如龜蟾吐雲氣之狀兩兩相對土人就石段揭取用藥點化鐫治而成間有天生如圓月形者極少得之

昔歐陽公永叔賦雲月石屛詩特爲奇異又有一種色黃白中有石紋如山峯羅列遠近澗壑相通亦是成片修治鐫削度其巧趣乃成物像以手摸之石面高低多作研屛置几案間望之如圖畫詢之土人石因積水浸漬遂多斑爛

階石　階州白石產深土中性甚軟扣之或有聲大者廣數尺工人就穴中鐫刻佛像諸物見風則勁以滑石末治令光潤或磨礱爲板裝製硯屛瑩潔可喜凡內府遣投金册玉簡于名山福地多用此石以朱書之

登州石　登州海岸沙土中出石潔白或瑩徹者質如芡實粒粒圓熟間有大者或如櫻李土人謂之彈子窩久因風濤刷激而生

松化石　婺州永康縣松林頃因馬自然先生在山一夕大風雨忽化爲石仆地悉皆斷截大者徑三二尺尚存松節脉紋土人運而爲坐具至有小如拳者亦堪置几案間

穿心石　襄州江水中多出穿心石色青黑而小中有小竅土人每因春時競向水中摸之以卜子息亦雜他石頃年家弟守官偶步水際獲得一青石大如鵝卵白脉如以粉書草字兩行把玩累日爲貴公子索去復搜求之不可再得

洛河石　西京洛河水中出碎石頗多青白間有五色斑爛採其最白者入鉛和諸藥可燒變假玉或琉璃用之

零陵石燕　永州零陵出石燕昔傳遇雨則飛頃歲予涉高岩石上如燕形者頗多因以筆識之石爲烈日所暴偶驟雨過凡所識者一一墜地蓋寒熱相激迸落不能不爾土人有石板上磊塊如燕形者呼爲燕窩

相州石　相州之北數十里地名梨園漳河水中出石數種或如濃墨圓點或紋如深黃匾豆頗堅潤土人謂之黃豉石堪琢爲器物亦磨作鎭紙其價甚廉

西蜀石　西蜀水中出石甚堅潤色黲白石理遍有圈紋如豆大中有紋如桃杏花心土人鐫礱爲龜蟾鎭紙又一種紋理如濃墨勻作圈點尤溫潤又有一種微黲黑石理稍麄澁又有一種斑黑光潤龜背上作盤蛇勢或白或朱土人以藥點飾謂之玄武石

瑪瑙石　峽州宜都縣產瑪瑙石外多沙泥積漬擊去麄表紋理旋繞如刷絲間有人物鳥獸雲氣之狀土人往往求售博易于市泗州盱眙縣寶積山與昭信縣皆產瑪瑙石紋理奇怪宣和間昭信縣令忘其姓名獲一石于村民大如升質甚白既磨礱中有黃龍作蜿蜒盤屈之狀歸置內府

奉化石　明州奉化縣諸山大石中凡擊取之即有平面石色微黃而稍潤扣之無聲其紋橫裂兩道如細墨描寫一帶夾徑寒林烟霧朦朧之狀或如濃墨點染成高林與無爲軍所產石屏頗相類但石質頑礦凡鐫治旋薄則縱橫斷裂亦可加工上磨礱爲硯

屏土人不知貴

吉州石　吉州數十里土中產石石色微紫扣之有聲可作研甚發墨但膚理頗礦燥較之永嘉華嚴石爲研差勝土人亦多鐫琢解爲諸器

金華石　婺州金華山有石如羊蹲伏予于僧寺見之耳角尾足彷彿形似高六七尺傳云黃初平叱石之山正與筆談中所載無異但未見偶者

松磁石　荆州府松磁縣溪水中出五色石間有瑩徹紋理溫潤如刷絲正與眞州瑪瑙不異土人未知貴

菩薩石　嘉州峨眉山石與五臺山石相似出岩竇中名菩薩石其色瑩潔狀如太山狼牙信州永昌之類映日射之有五色圓光其質六稜或大如棗栗則光采微芒間有小如樱珠則五色粲然可喜

于塡石　于塡國石出堅土中色深如藍黛一品斑斕白脉點點光粲謂之金星石一品色深碧光潤謂之翡翠屢試之正可脟金潤而無聲然石之一段凡廣尺餘撵其十分之一二無纖毫瑕玷者極少故所產處貴翡翠而賤金星

黃州石　黃州江岸與武昌赤壁相對江水中有石五色斑斕光潤瑩徹紋如刷絲其質或成諸物像率皆細碎頃因東坡先生以餅餌易于小兒得大小百餘枚作怪石供以遺佛印後亦爲士大夫所探玩

華嚴石　溫州華嚴石出水中一種色黃而斑黑一種色紫石理有橫紋微麄扣之無聲稍潤土人鐫治爲方圓器紫者亦堪爲研頗發墨

婺源石　徽州婺源石產水中皆爲硯材品色頗多一種石理有星點謂之龍尾蓋出于龍尾溪其質堅勁大抵發墨前世多用之

以金星爲貴石理微麄以手摩之索索有鋒鋩者尤妙以深溪爲上或如刷絲紋羅或如棗心瓜子或眉子兩兩相對又有一種色青而無紋大抵石質貴潤發墨爲最又有蘄門縣文溪所產色青紫石理溫潤發墨頗與後歷石差近出處價倍于常土人各以石材厚大者爲貴又徽州歙縣地名小溝出石亦青潤可作研但石理頗堅不甚剉墨其紋亦有刷絲者土人不知爲貴

通遠石　通遠軍即古滑州水中有蟲頗類魚鳴或作覓覓之聲土人見者多以挺刃或堅物擊之多化爲石石色靑黑溫潤堪爲礪目之爲質石爲長尺餘價値數十千凡兵刃用此治磨者靑光而不鏉

六合石　眞州六合縣水中或沙土中出瑪瑙石頗細碎有絕大而純白者玉色紋如刷絲甚溫潤瑩澈工人擇紋采或斑斕點處就巧碾成佛像

蘭州石　蘭州黃河水中產石絕有大者文采可喜間于羣石中得眞玉璞也外多黃臙又有如物像黑青者極溫潤可試金頃年予獲一圓青石大如柿作鎭紙經宿連簡册輒溼後以器貯之凡移時有水浸潤一日忽墜地破而爲三四段空有小魚一枚纔寸許跳躑頃刻卽死

淄州石　淄州石其質甚白紋理徧有斑黑鱗鱗如雲氣之狀色稍潤扣之稍有聲土人鐫治爲方斛諸器

祈闍石　鼎州祈闍山出石石中有黃土目之爲太乙餘糧色紫黑其質礧磈大小圓匾外多沾綴碎石滌盡黃土卽空虛有小如拳者可貯水爲硯滴或栽植菖蒲水窠頗佳

壽春石　壽春府壽春縣紫金山石出土中色紫琢爲硯甚發墨扣之有聲予家舊有風字樣硯甚發墨特輕薄皆遠故物

絳石　絳州石出土中其質堅礦色稍白紋多花浪頗類牛角土人謂之角石堪琢爲研惟可研丹砂滑而不發墨

辰州石　辰州蠻溪水中產石色黑諸蠻取以磨刀每洗滌水盡黑因名墨石扣之無聲亦堪爲研間有溫潤不可多得之

浮光石　光州浮光山石產土中亦潔白質微麄燥望之透明扣之無聲彷彿如階州者土人琢爲方斛器物及印材粗佳

肅愼氏石矢　臨江軍新淦縣數十里地名白羊角凌雲嶺頂上平如掌皆古時寨基地中往往獲古箭鏃鋒而刃脊其廉可劌其質則石長三四寸許間有短者此孔子所謂楛矢石砮肅愼氏之物也按禹貢荊州貢砥礪砮丹惟箘簵楛梁州貢璆鐵銀鏤砮磬則楛矢石砮自禹以來貢之矣春秋時隼集于陳廷楛矢貫之石砮長尺有咫又有石甲葉形如龜背紋稍厚石斧大如掌有貫木處率皆青堅擊之有聲

上猶石　處州上猶縣山土中出石微紫質稍麄多淺黑斑點兩暈外暈綠色堪作水斛或闌檻好事者往往鐫礱甃地上全若玳瑁

螺子石　江寧府江水中有碎石謂之螺子凡有五色大抵全如六合縣靈岩及他處所產瑪瑙無異紋理縈繞石面望之透明溫潤可喜

雲林石譜卷下

柏子瑪瑙石　黃龍府山中產柏子瑪瑙石色瑩白上生柏枝或黃或黑甚光潤頃年白蒙亨奉使北虜虜主遺以一石大若桃上有鸜鵒如豆許栖柏枝上頗奇怪又有一種多中空不瑩澈予獲一塊如棗大如貯藥數百粒

寶華石　台州天台縣石名寶華出土中其質頗與萊州石相類扣之有聲色微白紋理斑斕土人鐫礱作器皿稍工或爲鎗銚凡經火不甚堅久

石州石　石州石產深土中色多青紫或白其質甚軟頗類桂府滑石微透明土人刻爲佛像及器物甚精巧雕刻圖書印記字畫極深妙

鞏石　鞏州舊名通遠軍西門寨石產深土中一種色綠一種綠而有紋目爲水波斷爲研頗溫潤發墨宜筆其穴歲久頹塞無復可采先子頃有大圓研贈東坡公目之爲天波

燕山石　燕山石出水中奪玉瑩白堅而溫潤土人琢爲器物頗混眞

韶石　韶州之石綠色出土中一種深綠可鐫礱爲器一種青綠相兼磊塊或成山勢者一種色稍次一種細碎雜砂石以水烹研作數品入顏色用大抵穴中因銅苗氣薰蒸卽此石共產之也

桃花石　韶州桃花石出土中其色粉紅斑斕稍潤扣之無聲可琢器皿或爲紙鎭

端石　端州今爲肇慶府出斧柯山距州三四十里所謂靈羊峽對山也凡四種曰岩石曰小湘石曰後歷石曰蚌坑而岩石最貴山極高峻以漁舟入一小溪卽蚌坑水陸行七八百步至下岩自下岩十許步至上岩自上岩轉而南凡百餘步至龍岩上岩各三穴下岩一穴半邊山岩凡九十餘穴然必以下岩爲勝龍岩乃唐初取研處色正紫而細潤不及下岩遂不復取之今下岩石盡遂取諸半邊岩近亦塞矣獨上岩可取之下岩一穴泉水溢歲久石屑崩塞雖千夫終歲功亦不可得之凡北壁石在水底石色乾則灰青紫色溼則深紫眼正圓有瞳子暈十數重綠碧白黑相間如畫青綠處類翡翠色南壁石則水半石也上岩三穴則土地岩中岩穴卽梅株岩下穴今俗呼爲中岩上穴中穴今已塞矣而下穴中亦能開路采石之處下無積水上有泉滴如飛雨石色乾溼與下岩同但稍多紫色北壁者與下岩南壁相類下穴南壁者石色已微帶黃色眼有瞳子暈七八重青黃綠白黑相間已不及北壁眼無暈矣上穴中穴石色益黃其眼亦赤黃色半邊山諸岩曰大秋風曰小秋風曰獸頭曰獅子曰桃花曰河頭曰新坑曰黃坑其石亦類下岩但眼暈只三四重色赤青碧可愛唯層暈稍駮雜耳凡岩石有兩壁各石三層三層之上卽覆石也石色燥甚下卽底石也石色雜雖潤不發墨凡三層之石從上第一層謂之頂石皆紫第二層腰石或有眼或無眼第三層脚石卽無眼大抵有眼石在水岩中尤細潤下岩石謂之鴝鵒眼上岩下穴謂之鸜哥眼上岩中穴謂之雞眼猫兒眼半邊山謂之雀兒眼了哥眼土人以此別之

小湘石　在端州之西四十里石紫色稍燥間有眼者類雀兒眼但無瞳子後歷石在端州之北十里色赤紫石極細不甚潤石性極軟間有眼者但兩暈蚌坑在下岩之下一小溪今其歲久崩落之石久爲風日所侵性堅頑極不發墨石色正紫瑩淨間亦有眼無層暈色駮雜大抵諸石在穴中正如石榴子隔隔各有石朴籠絡中有硯材大小既施斧鑿十分之中可得三四許又有一種圓如瓜瓠中有其質謂之子石尤佳極鮮得之下岩之價二十倍于上岩下穴上石之價十倍于半邊山諸石半邊山價十倍于小湘小湘價倍于蚌坑蚌坑後歷絕品亦不過十來千

白馬寺石　河南府白馬寺之野中每大雨過土中多獲細石頗細碎一種色深紺綠類西蕃馬價珠一種色稍次一種色淡綠紋理多斑剝鮮有瑩淨者有刻成物像其大不過如梅李色深綠者價甚穹此石產外國蓋西洛故都之地卽有之又有于土中獲銅帶鉤塡以七寶雜諸細石粲然可喜

密石　密州安丘縣瑪瑙石產土中或出水際一種色微青一種瑩白紋如刷絲盤繞石面成諸物像外多麄石籠絡擊而取之方見其質土人磨治爲研頭之類以求售價頗廉亦不甚珍至有村人以此石壘爲墻有大斗許者頃因官中搜求其價數十倍

方石　台州黃岩縣有山名方山其山之顛狀如斗因以得名凡地中所產石不以巨細有數色率皆方形其質稍麄

鸜鵒石　荆南府有石如巨碑仆路隅色淺綠不甚堅名鸜鵒石斲取以銅盤磨其色可靖笙

紅絲石　青州紅絲石產土中其質赤黃紅斑紋如刷絲縈繞石面而稍軟扣之無聲琢爲硯先以水漬久乃可用蓋石質燥渴頗發墨唐林甫彥猷頃作墨譜以此石爲上器

石綠　信州鉛山縣石綠產深穴中一種融結爲山岩勢不甚堅一種稍堅于綠色中又如刷絲極深者鐫礱爲器向明視之頗光粲閃色又有一種淡綠或細碎者入水烹研可裝飾

無爲石　無爲軍石產土中性甚軟凡就土揭取之見風卽勁兩

面多柏枝如墨揾寫石色帶紫或灰白間有紋理成岡巒遍列其中有徑路全若圖畫之狀頗奇特又有彷彿類諸佛像土人裝治爲屏頗自然勝號略諸石

泗州石　泗州竹墩鎭瑪瑙石出砂土中其質礧磈外多砂泥積漬或如灰粉籠絡凡擊去麄面中有本色微青白稍瑩澈無刷絲紋土人治爲器物頗亦珍貴

礐石　鸛巢中有石亦名礐石如雞卵色灰白鸛于巢側爲泥池中多畜鰍鱔之類畜水中以此石養之每探取則呑而飛去頗艱得頃年溫州瑞安縣佛舍嘗有鸛巢因端午晨朝一人忽登屋謀取爲人所捕致訟詢之云竊取可以致富不利于寺今本草所載礐石凡有數種產漢川武當西遼諸處舊傳鸛巢中最佳鸛嘗入水冷故取壅卵令熱今不可得之

建州石　建州石產土中其質堅而稍潤色極深紫扣之有聲間

有如豆斑點不甚圓亦有三兩重石暈琢爲硯頗發墨往往以石點名鴝鵒眼作端石以求售

汝州石　汝州瑪瑙石出砂土或水中色多青白粉紅瑩澈少有紋理如刷絲其質頗大堪治爲盤合酒器等十餘年來方用之

鍾乳　廣連澧柳等州多鍾乳洞洞有石龜蛇蟾蟹蝘蜓及果蓏一一堅貞或顏色如生蓋因鍾乳汁點化成石予頃年屢于洞中獲此數種攷之本草載石蟹是尋常蟹生南海因年月深久水沫相著因化成石每遇海潮卽飄出又一般入洞穴年深亦然因知鍾乳點化無疑

飯石　婺州東陽縣雙林寺傳大士道場山中產石凡有青白紫綠色皆瑩澈謂之飯石質細碎堪治爲數珠或作鎭紙

墨玉石　西蜀諸山多產墨玉在深土中其質如石色深黑體甚輕軟土人鐫治爲帶胯或器物極光潤

南劒石　南劒州黯淡溪水出石石質深青黑而光潤扣之有聲作研發墨宜筆土人琢治爲香爐諸器極精緻東坡所謂鳳咮研是也

石鏡　永州祁陽縣浯溪山岩之側有立石一片廣數尺色深青潤光可照物十數步土人謂之石鏡焉杭州臨安縣山中一石光明如鏡

琅玕石　明州昌國縣沿海近淺岍水底生琅玕石狀似珊瑚或高三二尺尤繁茂漁獵者多得之初出水色甚白經久微紫黑紋理如軃枝榦一律徧多圓圈跡扣之有聲稍燥土人不甚貴西北遠方往往多裝治假山

菜葉石　漢川郡菜葉玉石出深土凡鐫取條段廣尺餘一種色如藍一種微青面多深青斑剔透明甚堅潤扣之有聲土人澆沙水以鐵刃解之成片爲響板或界方壓尺亦磨礲爲器

滄石　滄州海岸沙中出石石質長短不等色白如粉似細條縈繞石面謂之絡絲石甚軟燥而無聲每見裝綴假山餘無所用

方城石　唐州方城縣石出土中潤而頗軟一淡綠一深紫一灰白色石質細膩扣之無聲堪鐫治爲方斛器皿紫者亦堪作研頗精緻發墨

登州石　登州下臨大海有沙門島鼉磯島多產黑白石磨礲爲棊子又有車牛大竹小竹凡五島惟沙門甚近石有挺然而出者頗焦枯他處者紫翠巉岩出沒波濤中極多秀美五采斑斕或如金文者熙寧間士大夫就諸島上取石得十二枚皆犖然奇怪因舡舶載歸南海爲東坡稱賞之

玉山石　信州玉山縣地名賓賢鄉石出溪澗中石色淸潤扣之有聲土人採而爲硯頗剉墨比來翻制新樣如蓮杏葉頗適人意

雪浪石　中山府土中出石灰黑燥而無聲溫然成質其紋多白

脉籠絡如披麻旋繞委曲之勢東坡頃帥中山置一石于燕處目之爲雪浪石

杭石　杭州石出土中色多潔白扣之無聲其質無峯巒勢偏多磊塊若梅李大尖銳或硃砂床有稜角望之光明精瑩頗宜裝綴假山小有可觀

大沱石　歸州石出江水中其色青黑有紋斑斑如鷓鴣質稍麄可爲硯土人互相貴重甚發墨峽人謂江水爲沱故名大沱石

青州石　青州石多紫全產深土中可琢爲研質稍麄不甚發墨土人多用之

龍牙石　潭州寧鄉縣石產水中或山間斷而出之名龍牙石色稍紫潤堪爲研亦發墨土人頗重之

石棋子　鄂州沿江而下隔羅狀之西土名石匱頭水中產石如自然棋子圓熟匾薄不假人力黑者共試金白者如玉溫潤山下

有老姥鬻此石以爲生相傳神憐嫗故以此給之

分宜石　袁州分宜縣江水中產石一種紫色稍堅而溫潤扣之有聲縱廣不過六七寸許亦希罕不常得土人于水中採之磨爲研發墨宜筆但形製稍朴須藉鐫礱

鍾乳石　婺州金華縣智者三洞洞中產石巉岩如雪洞上間有懸石如鍾乳色灰白嵌空予于洞上獲一石大如拳高數寸若二龍交尾纏繞鱗鬣爪甲悉備石之中有數竅因植溪蓀爲好事者求去亦疑鍾乳點化所成又洞中有石鼓石磬擊之各有聲

宣和石譜　一卷　蜀僧祖考

神運昭功　敷慶萬壽

右二峯甲品獨神運廣百圍高六仞錫爵盤固侯居艮嶽道中東石爲小亭以庇之高五十尺

卿雲萬態奇峯　置萼綠華堂

右以甲乙爲次第悉與賜號守吏以金書刻于石之陽惟神運峰前諸石以金飾其字餘皆青黛而已

朝昇龍　望雲坐龍　棲霞　萬壽老松　捫參　銜日　吐月　排雲　衝斗　雷門　日窟　蹲螭　坐獅　堆青　凝碧　金鼇　玉龜　疊翠　獨秀　曳烟　揮雲　風門　雷穴　玉秀　玉竇　銳雲　巢鳳　登封　日觀　蓬瀛　須彌　老人　素星　慶雲　瑞靄　溜玉　噴玉　蘊玉　立玉　琢玉　積玉　疊玉　叢秀岩　舞仙　玉麒麟　南屏峰　伏犀　怒猊　儀鳳　烏龍尾　拔秀　凝翠　留雲　宿霧　藏燕谷　搏雲屏　積雪　滴露岩　抱犢　桂岩　太平岩　玉京獨秀

漁陽公石譜　一卷

牛僧孺好石石有一品者近代士大夫如米芾亦好石除知無爲

軍郡宅有怪石芾具公服拜之呼爲石丈爲言者所擊不恤也及收研山一名壺嶺上有天池不假凡水可以投筆天壤間奇物也東坡亦好石獲一石于壺口民家名曰壺中九華謂具九華之體而小也元章相石之法有四語焉曰秀曰瘦曰皺曰透四者雖不盡石之美亦庶幾云仍疏平生所見奇石如后

雲岫（遺山有詩）　小有洞天（甄聖譽石予家物今歸山中好事者）　萬里江山（陳晦夫物）　重樹積雪（晦夫物）　小出秀（湖石張受益物）　桂岩（李才父家物有宋徽宗題字）　其他在處不必徒出大槩北人貴湖石南人重靈壁爲遠物也今車書混一宜以湖石爲第一山石次之宣和磬石筆格（弁陽周公謹記）大德初廣濟庫官售雜物有靈壁石小峯長僅六寸高半之玲瓏秀潤所謂臥沙水道襞摺胡桃紋皆具于山峯之頂有白石正圓瑩然如玉徽宗御題八小字于旁曰山高月小水落石出略無琱琢之迹眞奇物也

李德裕于平泉別墅采天下珍木怪石爲園池之玩有醒酒石德

裕尤所寶惜醉卽踞之（唐餘錄）

五代史張全義傳云唐莊宗時爲太師尙書令兼四鎭節度有監軍嘗得平泉醒酒石德裕孫延古托全義求之監軍怒然曰自黃巢亂後洛陽園池無復能守豈獨平泉一石哉全義嘗在賊巢中以爲譏己大怒笞殺之

平泉醒酒石昔爲玉淸昭應宮所取昭應焚蕩仁廟裂其地賜濮潞潭越韓冀六王冀王之子丹陽郡王守節得其圜地發土得巧石前後幾萬塊多奇偉驚人醒酒石居其一上有文饒刻字云蘊玉抱淸輝閑庭日瀟洒塊然天地間自是孤生者長慶癸卯歲二月景戌題紹聖中有旨輦其石歸禁中築月臺後丹陽裔孫密訪醒酒所在云今置宣和殿中矣（見張右丞微濤岩集）

研山　江南後主常寶一研山徑長尺餘前聳三十六峯皆大猶手指左右則引兩坡陀而中鑿爲研及江南國破研山流轉士人家米老元章得後米老之歸丹陽也念將卜宅久勿就而蘇仲學士之弟者才公孫也號稱好事有甘露寺下並江一古基晉唐人所居時米欲得宅而蘇覬得研于是王彥昭侍郎兄弟與登北固共爲之和會蘇米竟相易米後號海岳庵者是也研山藏蘇氏未幾索入內禁矣今在台州戴氏（元章仲美有詩）

說郛卷第十六終

說郛卷第十七

希通錄（二卷）

此書名曰希通者蓋取范甯云雖我之所是理未全當安可以得當之難而自絕于希通哉嘉定癸未通岩蕭參識

豕牢　晉語胥臣對文公曰昔者太任娠文王不變少溲于豕牢而得文王不加疾焉韋氏云少小也溲便也豕牢廁也不加疾言易也設有是事猶當剪焉况于誣乎老泉帝譽論嘗闢呑卵等事爲庶幾胥臣之言無稽甚矣

天山　雪山祁連山白山其實天山明帝紀擊破白山虜于蒲類海上章懷註曰山冬夏有雪故曰白山匈奴謂之天山過之皆下拜又杜馬詩註天山卽祁連山在伊州一名雪山其名四其實則一

車二音　何彼穠矣棠棣之華曷不肅雝王姬之車韋昭曰車古皆音尺奢反從漢已來始音居恐未必然莫赤匪狐莫黑匪烏惠而好我攜手同車以此協韻攷之則古亦有居音矣

三郎　坡詩三郎官爵如泥土爭唱弘農得寶歌註皆不載出處嬾眞子錄嘗記開元中有人忘其姓名獻俳文于明皇云說甚三皇五帝不如來告三郎明皇兄弟六人一人早亡故明皇爲太子時號五王宅寧王薛王明皇兄也申王岐王明皇弟也

蒙倛　荀子仲尼之狀如蒙倛韓退之註四目爲方相兩目爲倛楊倞註其首蒙茸按子虛賦蒙公先驅愼子云毛嬙西施天下之至姣也衣之以皮倛則見之者皆走也若是則蒙倛爲二物倛音欺韻略無此字有魌字類楊倞說非

論語　誓誥盟詛切切然恐其下之不我信至于假天地神明以誘之亦甚費矣如堯舜時都俞吁咈四字成就天下無限大事二

典三謨寂寥簡短則知未施信于民而民信其盛德不可及如此

火城　王元之待漏院記相君至止煌煌火城按李肇國史補正旦曉漏已前三司使大金吾皆以樺燭擁馬謂之火城

籟　莊子天籟地籟人籟杜詩陰壑生虛籟註並云簫也按釋文三孔籥大者謂之笙小者謂之箹其中謂之籟籟者乃管之中虛也中虛然後有聲所謂樂出虛是也非眞以爲簫

南謨　佛名加南無南謨按韻祖十虞韻內膜字註胡人拜稱南謨因知佛胡神也胡人拜而并誦其號故就錄之譯經者誤作南謨

漢光武氣象　光武復南頓田租一歲父老願復十年帝曰天下重器常恐不任安敢遠期十年乎吏民又言陛下實惜之何言謙也帝大笑復增一歲此如家人父子相唯諾足想當時中興之氣象文叔少時與人不欸曲豈信然哉

揚子祖孟子　揚子祖述孟子文勢極是然揚子刻畫不若孟子渾然

始皇非坑儒　李斯曰非博士官所職天下敢有藏詩書百家語者悉詣守尉雜燒之則是天下之書雖焚而博士官猶有存者惜乎入關收圖籍而不及此竟爲楚人一炬耳前輩皆論之但坑儒一事未有究極之者僕按史書所坑特侯生盧生四百六十餘人非能盡坑天下儒者爲其所坑又非儒者何以知之始皇三十二年使盧生求羨門刻碣石門壞城郭決通隄防又盧生入海還因奏錄圖書曰亡秦者胡也始皇乃遣蒙恬發兵三十萬人北伐匈奴起臨洮築遼水又盧生說始皇曰日方中人主時爲微行以辟惡鬼惡鬼辟眞人至願上所居宮毋令人知然後不死之藥始可得也其後建阿房宮千門萬落必自此言發之觀此二事皆盧生等稔其惡又縱臾之特方技之流耳豈所謂儒者哉始皇因封禪之議謗口紛紛已懷殺意及其一怒而坑之或者天理之不容方其求藥海上也則挾童男童女以行皆取于民間奪其無告之孤肆厥不軌之狀如今所謂妖教竊意其中死無辜者多矣此一罪也因亡胡之讖與北伐之師築長城斷地脉南北生靈因是役而死者不可勝算骸積如山血流成川調發頻仍剝及閭左原始要終誰生厲階此二罪也獻辟鬼之術說眞人之來咸陽宮觀二百七十複道相連有言其所幸之處者罪死梁山之上其語一泄時在旁者盡殺之自是莫知行之所在此三罪也有一于此罪不容于死況兼有之以四百六十餘人之坑償萬民之命良不爲過天網恢恢疎而不漏眞可畏哉始皇曰盧生等吾尊賜之甚厚今乃誹謗我諸生在咸陽者吾使人廉問或爲妖言以亂黔首于是使御史按問諸生傳相告引僕亦信盧生非吾儒中人況始皇自謂尊賜甚厚豈非如前三者方術圖讖之類有以中其欲故尊賜之

初不聞其誦孔子之言以進古今相承皆曰坑儒蓋惑于扶蘇之諫扶蘇曰諸生皆誦法孔子今上皆重法繩之臣恐天下不安嗚呼若盧生者何嘗誦法孔子自扶蘇言之誤使儒者蒙不韙之名自我一洗亦萬世之快也不然如兩生四皓伏生之流鴻飛冥冥弋人何篡肯搖脣鼓吻自投于陷穽哉僕故曰盧生四百六十餘人皆方技之士也天下之大所謂儒者固不止此其坑之者此而已矣有道之士秦不能坑火德一炎兩生以講禮聞四皓以羽翼之功聞伏生以口授古書聞豈非天壽其脉留此數公以見吾儒不可磨滅而朋奸黨惡小人終不能爲長久計商君以變法禍秦竟遭車裂盧生等以方技禍秦坑于咸陽其罪等也天其或者假手于秦鞅商君裂矣盧生坑矣而秦以不祀抑亦自相擠陷之明報而禍淫之道爲不偏矣僕甚惡坑儒之名故論其顚末如此

善訓多　載馳女子善懷鄭箋善猶多也漢書云岸善崩善亦多

也以善爲多經史中少用間見于此

論亡國之主　項羽夜聞漢軍四面皆楚歌泣數行下歌曰力拔山兮氣葢世時不利兮騅不逝騅不逝兮可奈何虞兮虞兮奈若何又東坡志林載李後主去國之詞云二十餘年家國數千里地山河幾曾慣干戈一旦歸爲臣虜沈腰潘鬢消磨最是蒼黃辭廟日教坊猶奏別離歌揮泪對宮娥東坡謂後主當慟哭于九廟之下謝其民而後行顧乃揮泪對宮娥其詞悽愴同出一揆然羽爲差勝其悲歌慷慨猶有喑嗚叱咤之氣後主直是養成兒女之態耳如梁武帝稔侯景之禍毒流江左乃曰自我得之自我失之亦復何恨此說雖與二者不同如窮兒呼盧騍勝騍負無所愛惜特付之一拚耳嗚呼安得此亡國之言哉

田文無恥　田文好賢下士溫公鄙之爲逋逃主萃淵藪王介甫亦謂雞鳴狗盜之出于門此士之所以不來僕謂此不足責有一

事最無恥請暴白之戰國策孟嘗君舍人有與君之夫人相愛者或以問孟嘗君曰爲君舍人內與夫人相愛亦甚不義矣君其殺之君曰睹貌而相悅者人之情也其措之勿言也世之君子尙以爲當時有一子思不在三千之數且田文志趣如此而顧以此責之過矣就使其能以禮招聘而子思必唾去不暇詎肯以車魚之故哉

瓜期　士大夫以交代爲瓜期左傳莊公八年齊侯使連慶管至父戍葵丘瓜時而往曰及瓜而代期戍公問不至請代勿許故謀作亂據此乃一年戍守耳今例稱瓜期不當况作亂非美事乎

介胄不拜　周亞夫細柳營見文帝不拜而揖人以爲耀軍威要之身擐甲胄亦所不容拜按公羊傳公三十三年晉人及姜戎敗秦師于殽百里子與蹇叔子送其子而戒之子揖師而行何休云揖其父于師中介胄不拜爲其拜如蹲音存觀此則知亞夫之不拜有由矣

錢唐　史記始皇本紀至雲夢浮江下過丹陽至錢唐臨浙江上會稽立石刻頌秦德西漢地理志會稽有錢唐縣今人以唐爲塘非也其失本于世說註云晉人沈姓而令其縣者將築塘患土不給詭曰致土一畚以錢一畚易之土既集誘曰今不復須土矣人皆棄去因取以築故名殊不知秦漢以前已有此名豈至晉而然乎

居士　本朝以居士稱者實繁卽孟子所謂處士也六經中惟禮記玉藻有曰居士錦帶註道藝處士也居士之名昉乎此

寓公　今人以寄居官爲寓公禮記郊特牲諸侯不臣寓公註寄公之子寄公字新

東道　左傳燭之武見秦伯曰若舍鄭以爲東道主史記鄭使謂秦穆曰君何不解鄭得爲東道漢彭寵傳鄧晨傳偉卿以一身從

我不如以一代爲北道主人今世專以主人爲東道古人各指其地之所向而言之

官奴　今以官奴爲官奴卽官婢也其字原于周禮天官酒人奚三百人注今之侍史官婢

白癡　漢昌邑王賀淸狂不惠註如今白癡也僕謂以淸狂對白癡字亦新後讀左氏傳成公十八年周兄無慧葢世所謂白癡則知師古之註本于杜預惠字異意同

鏖糟　俚俗以不淨爲鏖糟語雖不雅然有所出霍去病傳鏖皐蘭下註世俗謂盡死殺人爲鏖

至竟　杜牧之息夫人廟詩至竟息亡緣底事可憐金谷墜樓人至竟畢竟也詩人習用至竟字按後漢樊英傳論朝廷若待神明至竟無他異其餘史書未見用此字

不中用　俚談以不可用爲不中用自晉時已有此語左傳成二

年郤子曰克于先大夫無能爲役杜預註不中爲之役使

劵　今人多曰執劵取償按史記田敬仲世家蘇代謂田軫曰公常執左劵以責于秦韓又平原君傳且虞卿眞兩權事成操右劵以責劵者取其合符之義曰左曰右皆可

老物　俗斥年長者爲老物實無礙人亦物也故曰人物况六經中已有此語周禮籥章祭蜡以息老物

利市　利市之說世俗皆然其實六經中已有此字易說卦巽爲利市三倍

蘇幙遮　周邦彥樂府有蘇幙遮之曲按唐書宋務光傳比見坊邑相率爲渾脫隊駿馬胡服名曰蘇莫遮葢本于此今誤爲幙

野人閑話　五卷　宋景煥

野人者成都景煥山野之人也閑話者知音會語話前蜀主孟氏一朝人間聞見之事也其中有功臣瑞應朝廷規制可紀之事則議自史官一代之書此則不述故事件繁雜言語猥俗亦可警悟于人者錄之編爲五卷謂之野人閑話時大宋乾德三年乙丑歲三月十五日序

頒令箴　蜀後主孟氏諱昶字保元尊號睿文英武仁聖明孝皇帝道號玉霄子承高纂業性多明敏以孝慈仁義在位三紀已來尊儒尚道貴農賤商城內人生三十歲有不識米麥之苗者每春三月夏四月人遊浣花者遊錦浦者歌樂掀天珠翠塡咽貴門公子乘彩舫遊百花潭窮奢極麗諸王功臣已下皆置林亭異果名花小類神仙之境兵部王尚書瑤題亭子詩一聯曰十字水中分島嶼數重花外見樓臺皆此類也自大軍收復蜀主知運數有歸尋卽納欵識者聞之嘉嘆蜀主能文章嘗爲箴誡頒諸字人各令刊刻于坐隅謂之班令箴曰云云已載在前

紅梔子花　蜀主昇平嘗理園苑異花芳艸畢集其間一日有靑城山客中迅入內進花兩粒曰紅梔子花種賤臣知聖上理苑囿輒進名花兩樹以助作趣賜與束帛皆至朝市散與貧人遂不知去處宣令內園子種之不覺成樹兩載其葉婆娑則梔子花矣其花爛紅六出其香襲人蜀主甚愛重之或令圖寫於團扇或繡入於衣服或以熟草或以絹素鵝毛做作首飾謂之紅梔子花及結實成梔子則顆大于常者用染素則成赭紅色甚妍翠其時大爲貴重

火龍騰躍　大軍未至前自春及夏無雨螟蝗大作一旦漢州什邡縣古井中夜有十火龍騰躍而出浩浩昇天而去乃至鱗甲首足明耀赫奕大風吼天樹木皆拔餘燼墜地延燒數百家翌日有一人被髮衣靑布袴奔走于街巷中高聲唱言有一神人使作無爺無母救你汗流滿面困乏喘氣而口不暫停兩日亦不知所在復有鵶鶋鳴于屋射之不中俗呼爲死耿鳥故老見之曰此鳥主少主歸命咸康時來此時又來當有興替乎皆秘而不奏明年冬大軍入界

蜀畫八人　有蜀王三紀已來故藝能之士精于書畫者衆矣沙門曇城學李陽氷篆曇城則神大師門人也道士張昭胤數柳公權書昭胤則傳貞天師門人也工部員外郎昭嘏倣韓擇木八分書昭嘏亦杜光庭門人僧曉𤜁攻張芝草聖曉𤜁則夢龜弟子皆超其本而差其肩也獨黃少監筌師邊鸞雀竹處士滕昌祐擬梁廣花草野人姜道隱本張藻松石道隱不事談論其與人交往不冠帶不跪人謂之操頭相國李昊爲著名道德常住綿竹山中李司議文才繼閻立本寫眞書畫八人皆妙絕當代野人平生討莊老之書有暇而性好圖龍之眞興思忽至卽畫百尺之狀縱意揮畫苟不稱意則塗抹之不啻千餘軀而已飄飄然雲陰雨氣似有蜿蜒之勢擲筆撫掌自爲怡逸嘗以此爲適意之作亦嘗撰集龍証筆訣三卷傳于家

靈砂餌胡孫　優旃楊千度者善弄胡猻于闤闠中嘗飼養胡孫十餘頭會人言語亦可取笑于一時一日內廐胡孫維絕走上殿閣蜀主令人射之不中三日內豎奏千度善弄胡孫試令捉之遂詔千度謝恩訖胡孫十餘頭亦朝殿上拜叉手作行立內廐胡孫亦在舍上窺之千度高聲唱言奉敕把下舍上胡孫來手下胡孫一時上舍齊手把捉內廐胡孫立在殿前蜀主大悅賜千度優緋衫錢帛收係教坊有內臣因問胡孫何以教之會人言語對曰胡孫乃獸實不會人言語千度嘗餌之靈砂變其獸心然後可教之內臣深訝所說其事有好事者知之多以靈砂飼胡孫鸚鵡犬鼠等以教之

食杏仁　翰林辛學士頃年在青城山居其居則古先道院在一峯之頂內有塑像皇姑則唐六代玄宗之子也一夕夢見召賁遜謂曰汝可食杏仁令汝聰明老而彌壯心力不倦亦資于年壽矣汝有道性又不久在此須出山佐理當代賁遜夢中拜請其法則與怡神論中者同玄宗朝申天師元有怡神論兩卷下卷中有神仙秘方三十首則甘艸丸爲首食杏仁法次之杏仁七个去皮尖早晨與嗽了內于口中久之則盡去其皮又于口中啜之逡巡爛嚼和津液如乳汁頓嚥但日日如法食之一年必換血令人輕健安泰賁遜遂日日食之至今老而輕健年踰從心猶多著述

旌節花　王侍中處回嘗于私第延接布素之士蓋欲尋藥術神仙之道從蜀主之所好也一旦有道士龐眉大鼻布衣繿縷山童從後造謁王公于竹葉上大書道士王桃枝奉謁王公從容置酒觀其談論清風颯然甚仰之因曰弟子有志清閑思于青城山下致小道院居住道士曰未也因之山童處取劍細點階前土廣尺餘襲中取花子種之令以盆覆于上逡巡去盆花已生矣漸隨日長大形長五尺以來層層有花爛然可愛者兩苗道士曰聊以寓目適性此仙家旌節花也王公命食不飡唯飲數盃而退曰珍重善爲保愛出門旋失所之後王公果除二節鎮方致仕自後往往有人收得其花種

愛日齋叢鈔　十卷　宋葉□□

夏殷稱帝　太史公夏本紀自禹卽天子位以後云帝禹至于帝履癸又曰帝桀殷本紀自太甲書帝太甲至于帝紂孔氏雜說言二王亦得稱帝引史記夏紀帝桀是也何獨桀云帝哉商紀云周武王爲天子其後世貶帝號號爲王索隱曰按夏殷天子天子亦皆稱帝後代以德薄不及五帝始貶帝號號爲王故本紀皆帝而總曰三王也又譙周云夏殷之禮生稱王死稱廟主皆以帝名配之見索隱國語云玄王勤商帝甲亂之又曰商王帝辛大惡于民帝辛紂也然而易曰帝乙書亦曰帝乙夏殷之稱帝莫信于此

句中用也字　洪氏評歐公醉翁亭記東坡酒經皆以也字爲絕句歐用二十一也字坡用十六也字歐記人人能讀至于酒經知之者蓋無幾每一也上必押韻暗寓于賦而讀之者不覺其激昂淵妙殊非世間筆墨所能形容予記王性之云古人多此體如左傳秦用孟明是以能霸也此段凡十也字其後韓文公潮州祭神文終篇皆也字不知歐陽公用柳開仲塗體開代臧丙作和州團練使李守節墓志銘又作父監察御史夢奇志文終篇用也字李志也字十五末云摭辭而書石者侯之館客臧丙夢壽也性之以歐公全用此體又觀王荊公爲葛源墓志始終用也字三十末亦云論次其所得于良嗣而爲之銘者臨川王安石也犖氏謂全學醉翁亭記用之墓文則新是未論前有柳體也韓祭神文亦于也字上字寓韻則酒經又其取法者朱新仲評醉翁亭記始終用也字議者或紛紛不知古有此例易雜卦一篇終始用也字莊子大宗師自不自適其適至皆物之情皆用也字以是知前輩文格不

可安議項平父評醉翁亭記蘇氏族譜序皆法公羊穀梁傳葢蘇明允序族譜亦用也字十九及曾子開作從兄墓表又用也字十七追論本始古而易後而三傳莊子又近而韓氏豈柳仲塗以降歐王蘇曾各爲祖述要之前古文體已備雖有作者不能不同也又黃㚬問燕嘗記世傳歐陽公作醉翁亭記成以示尹師魯自謂古無是體師魯曰古已有之公愕然師魯起取周易雜卦以示公公無語果如其說朱新仲爲善評董氏兼舉其家世遺論云亭記本韓文公潮州祭大湖神文但隱括位置又加典麗也王性之槩及韓文而謂歐實從柳此復云宗韓或疑歐公果自負作古者歟

釋奠釋菜　釋奠釋菜古禮僅存而行于學歐陽公記襄州穀城縣夫子廟有云釋奠釋菜祭之略者也古之見師以菜爲贄故始入學者必釋菜以禮其先師其學官四時之祭乃皆釋奠釋奠有樂無尸而釋菜無樂則其又略也祭之禮以迎尸酌鬯爲盛釋奠

薦饌直奠而已故曰祭之略者予讀其文因攷之禮凡學春官釋奠于其先師秋冬亦如之凡始立學者必釋奠于先聖先師及行事必以幣凡釋奠必有合也天子視學適東序釋奠于先老三見文王世子出征執有罪反釋奠于學以訊馘告見王制凡皆言釋奠而釋奠必于學春官大祝大會同造于廟宜于社過大山川則用事焉反行舍奠甸祝掌四時之田表貉之祝號舍奠于祖禰亦如之師甸致禽于虞中乃屬禽及郊饁獸舍奠于祖禰乃斂禽則在祖禰亦云舍奠也始立學者既興器用幣然後釋菜見文王世子仲春上丁命樂正習舞釋菜見月令大學始教皮弁祭菜見樂記大胥春入學舍菜合舞見春官凡皆言釋菜也而亦莫不于學士昏禮若舅姑既沒則婦入三月乃奠菜士喪禮君釋菜入門喪大記大夫士既殯而君往焉釋菜于門內春官簭人乃舍萌于四方以贈惡夢註謂猶釋菜萌菜始生則凡祭禮皆有釋菜也鄭人以釋奠者設薦饌酌奠而已無迎尸以下之事又以爲釋菜奠幣孔氏以爲直奠置于物方氏以爲釋其所執之物而祭之故其字或作舍奠言物就可薦靈菜則物用菜而已儀禮疏奠之爲言停停饌具而已又按周禮註鄭司農云舍菜謂舞者皆持芥香之菜或曰古者士見于君以雉爲贄見于師以菜爲贄菜直謂蔬食菜羹之菜或曰學者皆人君卿大夫之子衣服采飾舍采者減損解釋盛服以下其師也玄謂舍卽釋也采讀爲菜菜蘋蘩之屬呂氏春秋註舍猶置也初入學官必禮先師置采帛于前以贄神采菜兩音而異義其說惟議禮之家可以折衷也

男女拜跪　太祖嘗問趙中令禮何以男子跪拜而婦人不跪趙不能對徧詢禮官皆無知者王貽孫王祁公溥之子也爲言古詩長跪問故夫卽婦人亦跪也唐天后朝婦人始拜而不跪趙問所出因以大和中幽州從事張建章渤海國記所載爲證大重之事

具國史王貽孫傳及他雜說葉氏燕語正舉此且云天聖初明肅太后垂簾欲被袞冕親祠南郊大臣爭莫能得薛簡肅公問卽服袞冕陛下當爲男子拜乎議遂格禮九拜雖男子亦不跪貽孫之言蓋陋矣簡肅亦適幸其言偶中使當時有呂貽孫所陳密啓者則亦無及矣汪聖錫端明作燕語證誤又云漢書周昌傳呂后見昌爲跪謝周宣帝詔命婦皆執笏其拜宗廟及天臺皆俛伏則其時婦人已不跪矣故特有是詔云始于則天非也明肅乃謁太廟非郊祀也九拜有稽首有頓首非皆不跪也不跪雖有之蓋拜之輕者爾今予觀歐公所爲簡肅墓志及湘山野錄皆云后欲以袞冕謁太廟謂親祠南郊誠燕語之疑宜汪氏引宋子京謁廟賦以證至程氏攷古編又因貽孫之說考其詳云按後周天元靜帝大象二年詔內外命婦皆執笏其拜宗廟及天臺皆俛伏如男子據此詔特令于廟朝跪則他拜不跪矣張建章所著武后時婦拜始

不跪豈至此始幷與廟朝跪禮而去之而紀之不詳耶周昌諫高帝呂后見昌爲跪謝戰國策蘇秦過洛其嫂蛇行匍匐四拜自跪而謝隋志皇帝册后后先拜後起皇帝則唐以前婦拜皆跪伏也又朱文公語錄或問禮婦人吉拜雖君賜肅拜則古人女子拜亦伏地曰古有女子伏拜者乃太祖問范質之姪杲古者女子拜如何地遂舉古樂府云長跪問故夫以爲古婦女皆伏拜自則天欲爲自尊之計始不用伏拜看來此說不然樂府只說長跪問故夫不曾說伏拜古人坐也是跪一處云直身長跪若拜時亦只低手揖便是肅拜故禮註云肅俯手也蓋婦人首飾盛多如副笄六珈之類自難以俯伏地上古人所以有父母拜其子舅姑答拜者蓋只跪坐在地拜時亦容易又不曾相對拜各有向當答拜亦然大祝九拜肅拜但俯下手今時傳云介者不拜故肅使者是也文公舉貽孫之對爲范杲當別有據其論婦拜爲詳矣鶴林玉露別記

文公之說云古者男子拜兩膝齊屈如今之道拜是也杜子春註周禮奇拜以爲先屈一膝如今之雅拜卽今拜也古者婦女以肅拜爲正謂兩膝齊跪手至地而頭不下也拜手亦然南北朝有樂府詩說婦人曰伸腰再拜跪問客今安否伸腰亦是頭不下也周宣帝令命婦相見皆跪如男子之儀不知婦人膝不跪地而變爲今之拜者起于何時程泰之以爲始于武后不知是否而項氏家說則云鄭氏註周禮有肅拜云若今婦人撎安世按古之拜如今之揖折腰而已介冑之士不拜故以肅爲禮以其不可以折腰也然則儀式特斂手回身微作曲勢爾鄭氏之所謂撎蓋如此正今時婦人揖禮也據鄭氏說則婦人之拜不過如此或者乃謂自唐武氏始尊婦人不令拜伏則妄誤之甚矣周天元時令婦人拜天臺作男子拜則雖虜俗婦人亦不作男子拜也況古者男子之拜但如今之揖則婦人之拜安得已如今之伏大抵今之男子以古男子之拜爲揖故其拜也加之以跪伏爲稽顙之容今之婦人亦以古婦人之拜爲揖故其拜也加之以拳曲作虛坐之勢視古已加不得謂之減矣禮所謂女拜尙右手者特言斂手向右如孔子拱而尙右之尙非若今用手按膝作跪也男之尙左亦然古跪自是一禮與拜與伏皆不相干此論尤許于諸書疑跪拜之制後周始變古唐初或因之武后乃復其舊然王建宮詞云射生宮女宿紅妝請得新弓各自張臨上馬時齊賜酒馬兒拜跪謝君王殿前鋪設兩邊樓寒食宮人步打毬一半走來爭跪拜上朋先謝得頭籌建大和之中爲陝州司馬豈武后以後婦拜猶跪禮特行于宮掖復齋漫錄謂後周制令宮人廷拜爲男子拜引建前一詩証之唐宮詞無預後周故實也

古人貴字　禮檀弓幼名冠字五十以伯仲孔氏曰人始生三月而加名故云幼名年二十有爲人父之道同等不可復呼其名故

冠而加字年至五十耆艾轉尊又捨其二十之字直以伯仲別之士冠禮二十已有伯某甫仲叔季者彼時雖云伯仲皆配某甫而言至五十直呼伯仲爾朱文公曰吾五十卽稱伯仲除了下面兩字猶今人不敢斥尊者呼爲幾丈之類是不可以字尊也玉藻士于君所言大夫沒矣則稱謚若字名士與大夫言名士字大夫士于君前士名而大夫字字爲貴及與大夫言而字大夫雖孔氏謂言及他大夫則呼字卑者蓋亦字尊矣馬永卿赴亳州永城簿初見劉器之諫議問曰王荊安否曰王學士安樂後劉公爲縣宰言新主簿可教後生不稱前輩表德此爲得體童蒙訓曰故家惟晁氏羣居相處呼外姓尊長必曰某姓第幾叔若兄諸姑尊姑之夫必曰某姓姑夫某姓尊姑夫未嘗敢呼字也又云滎陽公外弟楊公諱瓌寶與他人語稱滎陽公但曰內兄或曰侍講未嘗敢稱字也舍人雜志云張政素先生子厚名鑒東萊公從表兄也長東萊

公十餘歲與之書未嘗呼字楊器之大夫名寶寶榮陽公表弟于東萊公尊行也與東萊公書亦未嘗呼字往時俗人有祝楊應之學士爲尊行者在朝中字呼應之回首不應榮陽公以應之當如是卑不敢字尊尊故不得字卑也故呂進伯逐門客謂呼小子字豈可爲人師而酬酢世變亦云字者朋友之職也嘗見前輩不呼後進字後進固不得呼先進也氣類不同者亦不相呼三四十年來始有字後進者要是字以代名爲成人之禮尊者疑其斥卑卑者且不敢當獨朋友無相尊卑可字也李文公答朱載書論此書云古人相接有等輕重有儀如師之于門人則名之于朋友則字而不名稱之于師則雖朋友亦名之夫子于鄭兄事子產于齊兄事晏嬰平仲傳曰子謂子產有君子之道四焉又曰晏平仲善與人交子夏曰言游過矣子張曰子夏云何曾子曰堂堂乎張也是朋友字而不名驗也謂朋友字而不名正孔子同等不可呼名而加

字者也顏氏家訓云名以體正字以表德名終則諱之字乃可以爲孫氏孔子弟子記事者皆稱仲尼呂后微時嘗字高祖爲季至漢袁種字其叔父曰絲王丹與侯霸子語字霸爲君房江南至今不諱字也河北士人全不辨之名亦呼爲字字固因呼爲字尚書王元景兄弟皆號名人其父名雲字羅漢一皆諱之其餘不足怪也又續家訓云魏常林年七歲父黨造門問林伯先在否何不拜伯先父之字也林曰臨子字父何拜之有庾翼子爰客嘗候孫盛見盛子放問曰安國何在放答曰在庾稚恭家蓋放以爰客字父亦字其父然王丹對侯昱而字其父昱不以爲嫌且字可以爲孫氏古尊卑通稱春秋書記季姜蓋季者字也杜預曰書字者伸父母之尊以稱字爲貴也謂子諱父字非諱之也稱其父字于人之子子有所尊而不敢當亦宜也顏氏舉字可以爲孫氏至蕭氏續訓衍而記之其論稱字之貴之推既據古以證後來諸老辨此加

詳荆公序石仲卿字以爲成人則貴而字之春秋二百四十二年間字而不名者十二人而已不失其所以貴乃爾少也石林葉氏云孔子雖大司寇而但稱仲尼哀公誄之曰尼父仲山甫尹吉甫皆周之卿士而山甫吉甫猶通稱或者亦以字爲重歟陸務觀筆記字所以表其人之德故傳者謂夫子曰仲尼非嫚也先左丞每言及荆公只曰介甫蘇季明書張横渠事亦只曰子厚左丞謂農師也鶴山魏氏尤主此說其記常熟縣學有曰昔柳宗元謂論語所傳弟子必以字惟曾子有子不字遂謂是書出于曾門蓋以字輕而子重也及考諸孔門之訓則字爲至貴蓋字與子皆得兼稱如門人于孔子進而稱子不敢退而稱仲尼不言子其次亦有既子且氏如閔子騫等不一二人或子或字者又數人然淵弓至游夏最號爲高弟子而不得子也有子曾子子而不得字也就二者而論則字爲尊蓋子雖有師道之稱然繫于氏者不過男子之美

稱耳故孝經字仲尼而子曾子禮運字仲尼而名言偃至于子思字其祖孟子字其師之祖相傳至今人之字仲尼者毋敢以爲疑字既尊矣則雖以孟子亞聖亦不得以字行不寧惟是仲尼作春秋二百四十二年間字而不名者僅十有二人而游夏諸子之門人亦各字其師相承至于漢初猶未敢輕以字許人答張行甫書古人稱字者最不輕儀禮子孫于祖禰皆稱字孔門弟子多謂夫子爲仲尼子思孫也孟子又子思弟子也亦皆稱仲尼至漢魏後即稱仲尼雖今人亦稱之而人不爲怪游夏之門人皆字其師漢初惟子房一人得稱字中世有字其諸父字其諸祖者近世猶有後學呼退之兒童誦君實者今曰胡子仁仲張子敬夫朱子元晦是尊敬之至答羅愚書古人以字爲重雖孔子弟子與子思皆呼孔子爲仲尼與謚相似皆人所通稱也今人呼前輩字遂謂不然題韓氏墓志後或問先賢可字乎曰若用孔門弟子與子思孟子

稱仲尼例則字先賢已過矣凡此俱推稱字爲甚貴洪景盧云論
語所記孔子與人語及門弟子幷對其人問答皆斥其名未有稱
字者雖顏冉高弟亦曰回曰雍唯至閔子獨云子騫終此書無損
名昔賢謂論語出于曾子有子之門人予意亦出于閔氏觀所言
閔子侍側之辭與冉有子貢子路不同則可見矣其說正魏氏所
謂游夏之門人各字其師者也周益公疑無已作王平父集序字
歐公至子固則曰南豐先生無已學于南豐尊之宜也尊其父而
輕其祖何也唐立夫曰四海歐永叔也無已何尊焉至于得道之
師則不可以不別是知以字爲天下通稱若不逮所尊而尊之者
特別其師資之私敬無以過于字也蓋參古今而論則臨文記事
尊者稱之以字非不敬也應對之頃書疏之間則字于其朋友從
呂氏說可也世俗去古遠徒知不可以字而更以號稱猶未可也
況不爲尊其不可字者如此故雜記之冀來者識字之所以貴也

夫

紅帕首　元和聖德詩云以紅帕首註者引實錄曰禹會塗山之
夕大風雷震有甲步卒千餘人其不被甲者以紅綃帕抹其額自
此遂爲軍容之服退之又送幽州李端公序紅帕首帕一作抹送
鄭權尚書序帕首鞾袴蓋褎用之陸氏筆記舉孫策傳張津常著
絳帕頭帕頭者巾幘之類猶今言幞頭也韓文公云以紅帕首已
爲失之東坡云絳帕蒙頭讀道書增一蒙字尤誤務觀固不引塗
山事註韓文者亦不援孫策語然李鄭二序皆連帕首鞾袴取義
爲幞頭正合范史云向栩者性卓詭不倫讀老子狀如學道好被
髮著絳綃頭李賢註說文綃生絲也案此字當作幧其字從巾古
詩云少年見羅敷脫巾著幧頭已上史註紅綃頭或即紅綃帕予謂孫
伯符所稱南陽張津爲交州刺史著絳帕頭鼓琴燒香讀邪俗道
書或由東都之季習妖妄者輒以爲首飾栩其類也韓詩帕爲虛
字坡詩帕爲實字因文著字爲蒙所用本別俱不免陸氏之疑唐
婁師德使吐蕃論國威信虜爲畏悅後募猛士討土蕃乃自奮戴
紅抹額來應詔此近塗山軍容之遺制雖不敢以釋帕首其云戴
紅抹額抑亦帕首巾幘之物爾

三白石　近時稱白石者樂清錢文季鄱陽姜夔堯章三山黃景
說岩老各因其居號之爾故堯章以謂居苕溪上與白石洞天爲
鄰潘德久字之曰白石道人詩云屋角紅梅樹花前白石生或本
樂天黃醅酒對白侍郎陳去非簡齋老對白桂花此祖其格者然
白石生見神仙傳中黃丈人弟子也至彭祖時已年二千餘歲煮
白石爲糧因就白石山居時號曰白石生堯章稱此三字蓋有據
而後用文季宗正岩老大理皆少卿當嘉定間姜止布衣

古有涪翁　復齋漫錄云山谷謫涪州別駕因自號涪翁按益都
耆舊傳廣陵有老翁釣于涪水自號涪翁然則涪翁之稱古有之

矣苕溪漁隱曰後漢逸民傳初有父老不知何出常漁釣于涪水
人因號涪翁復齋不取于此乃取益都耆舊傳後漢郭玉傳語謂
涪翁之稱古有之矣不始于魯直也蒙隱筆記引援亦同予記唐
書陸龜蒙傳時謂江湖散人或號天隨子甫里先生自比涪翁註
云巴西人居漢上者獨不用前二書爲證當別有攷也

公爲尊稱　古之稱公有不以爵者如董公呂公夏黃公園公益
公泄公申公毛公吳公殆以老成尊之諸老歷秦漢間齒既宿矣
司馬德操年少龐德公十歲兄事之呼作龐公可見尊稱也雖于
定國父爲獄吏決曹亦稱公正要年德見推唯史于夏侯嬰稱滕
公時爲滕令後方賜侯爵班書云嬰爲滕令奉車故號滕公此猶
項羽所使薛公郯公或例以令長稱公也孔融告高密縣爲鄭康
成立鄭公鄉有云昔太史公廷尉吳公謁者僕射鄧公皆漢之名
臣又商山四皓有園公夏黃公潛光隱耀世嘉其高悉稱公然則

公者仁德之正號不必三事大夫也柳子厚書相國房公琯銘陰曰天子之三公稱公諸侯之入爲王卿士亦曰公有土封其臣稱之曰公尊其道而師之稱曰公楚之僭凡爲縣者皆曰公古之人通謂年之長老曰公故言三公若周公召公王者之後若宋公爲卿士若衛武公虢文公鄭桓公其臣稱之則列國皆然師之尊若太公楚之爲縣者若葉公白公年之長老若毛公申公浩公而大臣罕能以姓配公者雖近有之然不能著也唐之大臣以姓配公最著者曰房公東坡記墨君堂云凡人相與號呼者貴之則曰公是足證公者不專以爵貴也洪景盧采子厚東坡語記公爲尊稱又曰范曄漢史惟三公乃以姓配之未嘗或紊如鄧禹稱鄧公吳漢稱吳公伏公湛宋公宏牟公融袁公安李公固陳公寵喬公玄劉公寵崔公烈胡公廣王公龔楊公彪荀公爽皇甫公嵩曹公操也三國亦有諸葛公馬公顧公張公之目其在本朝唯韓公富公歐陽公司馬公蘇公爲最著洪氏偶不引孔融語宋顏延之與何偃侍從上南郊偃遙呼延之曰顏公延之以其輕脫怪之答曰身非三公之公又非田舍之公又非君家阿公何以見呼爲公偃羞而退或以田舍公阿公皆當爲翁豈延之不知其義疑其不欲當尊稱語因過激耳自時俗崇謬敬若彼猶賢矣班書書公主亦云翁主翁公古亦雜用

許由　樓暘叔云從來人說莊周蓋是寓言却不曾深考如堯讓許由依稀是有此人蓋申呂許甫皆四岳之後許由亦其一也以當時咨四岳觀之則堯有讓四岳之事但周之言不無文飾過當處此論有鄱陽湯君錫亦云堯始讓四岳舉舜乃讓于舜左傳云夫許太岳之後杜註云堯四岳則太岳非由乎後人遂有洗耳之說劉潛夫舉湯論語許由事不見于經故揚雄以爲疑誠齋云子雲到老不曉事不信人間有許由雖沉着痛快終未有以折衷此獨援引切而說不鑿予知劉公偶不記暘叔亦已言之在左氏外傳齊許申呂由大姜解謂四國皆姜姓四岳之後大姜之家高士傳堯召許由爲九州長豈即四岳之任歟湯名師中嘉定進士伯紀端明之父與暘叔時相後先識見俱高考論自然符合也

繭栗　記王祭之牛角繭栗左氏外傳楚觀射父曰郊禘不過繭栗史漢書志天地牲角繭栗顏師古註牛角之形或如繭或如栗言其小于郊祀志始著其義西京雜記惠莊聞朱雲折五鹿充宗之角歎息曰栗犢反能爾邪栗喻小而不謂其角或非本此舞陰大姓李氏擁城不下更始徵趙憘憘年未二十既見更始笑曰繭栗犢豈能負重致遠乎除爲郎中行偏將軍使諸舞陰而李氏降范史註犢角如繭栗言小也則惠莊長安一儒生亦祖古語爾晉王濬表繭栗之質當豺狼之路以自喻微弱也坡詩云耆年日凋喪但有犢角栗魯直云紅藥枝頭初繭栗于是朱新仲紀繭栗言

小也頭成繭栗高續古紅藥詞云紅翻繭栗梢頭偏姜堯章芍藥詞亦云正繭栗梢頭弄詩句取譬花之含蕊爲工魯直食筍詩繭栗戴地翻用之于筍尤切

紙錢　事祖廣紀考論寓錢之始云今楮鏹也唐書王璵傳曰玄宗時璵爲祠祭使專以祠解中帝意有所禳祓大抵類巫覡漢以來葬者皆有瘞錢後世里俗稍以紙寓錢爲鬼事至是璵乃用之則是喪祭之焚紙錢起于漢世之瘞錢也其禱神而用寓錢則自王璵始耳法苑珠林云紙錢起于殷長史也按此則里俗以紙寓錢璵始用之非剏于璵矣朱文公云紙錢起玄宗時王璵蓋古人以玉帛後來易以錢至玄宗惑于王璵之術而鬼神事繁無許多錢來埋得璵作紙錢易之文字便是難理會且如唐禮書載范傳正言唯顏魯公張司業家祭不用紙錢故衣冠效之而國初言禮者錯看遂作紙衣冠而不用紙錢不知衣冠紙錢有何間別近世

戴氏鼠璞云法苑珠林載紙錢起于殷長史唐王璵傳載漢來皆有瘞錢後里俗稍以紙錢王璵乃用于祠祭今儒家以爲釋氏法于喪祭皆屏去予謂不然之死而致死之不仁之生而致生之不知以紙寓錢亦明器也與塗車芻靈何以異俗謂果資于冥塗則可笑是說雖異亦有文公紙衣冠何別之疑呂南公有錢鄧公不燒楮鏹頌有云古之用幣以禮神祇後之罪士爲多則假之以請禳禱祈假之不已則翻楮代焉而勿支是罪者滿世而莫救其非大抵深惡夫寓錢以徼福者也予觀洪慶善杜詩辨證載文宗備問云南齊廢帝東昏侯好鬼神之術剪紙爲錢以代束帛至唐淳風盛行其事云有益幽冥又牛僧孺云楮錢唐初剪紙爲之此足以補事祖廣記之未及

負爲婦人　史高帝紀有武負陳丞相世家有張負絳侯世家有許負皆以爲婦人紀言王媼武負則信婦人矣班書如淳注俗謂老大母爲阿負師古引劉向列女傳魏曲沃負者魏大夫如耳之母此古語謂老母爲負耳世家言戶牖富人張負索隱曰婦人老宿之稱然稱富人或恐是丈夫爾予謂張負果婦人當是女淸之流亦富人也許負相者索隱引應劭註老嫗也意其負婦音同古文相通用不然馮婦固晉善士與史註猶有異論者

九百　陳無已云世人以癡爲九百謂其精神之不足也項平甫家說云汪司業言九百草書喬字也朱彧可談云靑州王大夫爲詞鄙俚每投獻當路以爲笑具季父爲靑掾王亦與詩他日季父見其子謝之其子曰大人九百亂道玷瀆高明葢俗謂神氣不足者九百豈以一千卽足數耶以草書釋之不若陳朱之說通予讀張平子西京賦云小說九百本自虞初註者爲小說九百篇本虞初著又曰九百四十三篇言九百舉大數也漢志云小說家者流葢出于稗官街談巷語道聽塗說者之所造也如淳曰街談巷說其細碎之言也俗豈云九百或取喻細碎之爲者俚語本于史錄固有矣故漫記之東坡作艾子中有一條以彭祖八百歲其婦哭之以九百者尙在李方叔問東坡曰俗語以憨癡駘騃爲九百豈可筆之文字間乎坡曰子未知所據耳張平子西京賦云乃有祕書小說九百葢稗官小說凡九百四十三篇皆巫醫厭祝及里巷之所傳言集爲是書西漢虞初洛陽人以其書事漢武帝出入騎從衣黃衣號黃衣使者其說亦號九百書吾言豈無據也方叔後讀文選註始歎曰坡翁于世間書何往不精通邪近見雜說載此乃知前輩攷證無所不至

駕頭　舊制駕頭未詳所始相傳更一朝卽加覆黃帕一重孔氏談苑云駕頭者祖宗卽位時所坐也相傳寶之夢溪筆談云正衙法座香木爲之加金飾四足墮角其前小偃織藤冒之每車騎出幸則使老內人馬上抱之謂之駕頭江鄰幾雜志云韓持國問李端明駕頭何物曰講座之一（仁王經）原父訪王原叔云此坐傳四世矣（乃初卽作刎坐）放翁筆記云駕頭舊以一老宦者抱繡裹杌子于馬上高廟時亦然今乃代以閤門官不知自何年始參諸紀載疑渡江後兀子已非法座故物乘輿所至百官道次班迎惟望駕頭致敬而已

三朝滿月百晬　禮生男子設弧于門左女子設帨于門右三日始負子男射女否如東魏高澄尙馮翊公主生子三日靜帝幸其第賜錦綵唐章敬吳后生代宗三日玄宗臨澡之王毛仲妻產子三日玄宗命高力士賜酒饌金帛授其兒五品官姜蕚以公主子生三日玄宗曰他物無以餉吾孫賜六品官緋衣銀魚又武后時拾遺張德生男三日殺羊會同僚補闕杜肅告其屠殺楊太眞以錦繡爲襁褓裹祿山云貴妃三日洗兒也皆以三日爲重東坡賀子由生孫云况聞萬里孫已報三日浴今俗以三朝浴兒殆是意

也晬謂子生一歲顏氏家訓江南風俗兒生一期爲製新衣盥浴裝飾男則用弓矢紙筆女則刀尺針縷並加飲食之物及珍寶服玩置之兒前觀其發意所取以驗貪愚廉智名之爲試兒親表聚集置燕享云玉壺野史記曹武惠王始生周晬日父母以百玩之具羅于席觀其所取武惠王左手提干戈右手取俎豆斯須取一印餘無所視曹眞定人江南遺俗乃在北今俗謂試周是也惟相傳滿月且文之爲彌月指詩誕彌厥月言之按毛詩曰誕大也彌終也鄭氏曰終十月而生呂成公註莆田鄭氏曰彌滿也其義非謂兒生及月唐書高宗龍朔三年子旭輪生滿月大赦北戶錄云嶺俗家富者婦產三日或足月洗兒作團油飯以煎魚鰕雞鵝猪羊灌腸蕉子薑桂鹽豉爲之陸務觀謂此即東坡記盤游飯語相近必傳者之誤其云足月即滿月也東坡又記閩人生子三朝浴兒時家人及賓客皆戴葱錢曰葱使兒聰明錢使兒富大要三日之禮通古今遠近爲重爾

婦人封侯　史姚氏註楚漢春秋高祖封許負爲鳴雌亭侯是知婦人亦有封邑班志漢從秦制爵二十級十九關內侯二十徹侯亭侯未詳也范志謂列侯所食縣爲侯國承秦爵二十等爲徹侯大者食縣小者食鄉亭豈亭侯者以十里一亭之地封焉或已自漢初有之婦人封邑班書云高后嘗以蕭相國夫人同爲酇侯按司馬氏表孝惠三年哀侯祿元年高后二年懿侯同元年班志孝惠六年哀侯祿薨高后二年封何夫人祿母同爲侯二表所記異索隱又疑其事非予謂呂后欲侯呂氏先封高帝功臣欲王呂氏先王孝惠後宮子四年封呂嬃爲臨光侯必亦先封功臣妻矣自許負之封及酇侯夫人疑先漢婦人封邑之始

上梁文所始　上梁文吳氏漫錄攷其所始云後魏溫子升有閶闔門上梁祝文云惟王建國配彼大微大君有命高門啓扉良辰

是簡枚卜無違雕梁乃駕綺翼斯飛八龍杳杳九重巍巍居辰納祐就日垂衣一人有慶四海爰歸乃知上梁有祝文矣第不若今時有詩語也樓大防參政又攷兒郎偉始于方言其說云上梁文必言兒郎偉或以爲唯諾之唯或以爲奇偉之偉皆未安在敕局時見元豐中獲盜推賞刑部例即元案不改俗語有陳棘云我部領你懣廝逐去深州邊古云我隨你懣去懣本音悶俗音門猶言輩也獨秦州李德一案云自家偉不如今夜云予啞然笑曰得之矣所謂兒郎偉者猶言兒郎懣蓋呼而告之此關中方言也上梁有文尚矣唐都長安循襲之以語尤延之諸公皆以爲前未聞或有云用相兒之偉者殆誤矣樓公攷證如此予記呂氏春秋曰今舉大木者前呼輿謣後亦應之高誘註爲舉重勸力歌聲也輿謣註或作邪謣淮南子曰邪許豈偉亦古者舉木應和之音

自稱字　乾道間陸放翁取家藏前輩筆札刻石嘉州荔枝樓下名宋法帖予得其本有陳文惠書首云堯佐白後云希元再拜希元文惠字也自稱于書問不可解黃氏法帖刊誤云柳少師與弟帖末云誠懸呈人多疑之以籀註漢書丞相衡傳云字以表德豈人所自稱抑不當稱字然嘗觀逸少敬謝帖自云王逸少白廬山遠公集盧循與遠書自云范陽盧子先叩頭則古人稱字蓋或有之黃長睿精于攷古從其辨證如文惠稱字無疑矣按漢書張晏注云衡少時字鼎長乃易字稚圭世所傳衡與貢禹書上言衡敬報下言匡鼎白知是字也顏師古以爲張氏說穿鑿假有其書乃是後人見此傳云匡鼎來不曉其意妄作衡書云鼎白爾字以表德豈人所自稱乎長睿所引顏註謂此西京雜記云鼎衡小名也若文惠前名後字或取法漢人

壻稱門人　李南紀編韓吏部文爲之序稱隴西李漢然則壻也朱文公早以父韋齋吏部治命學于草堂劉公致中之門劉以息

女歸焉晚述墓表但書門人于是黃長卿狀文公言行亦祖此例或者師友之分義重于婚姻之故

生日慶賀　顏氏家訓言江南風俗二親若在每至生日常有酒食之事無教之徒雖已孤露其日皆爲供頓酣暢聲樂不知有所感傷程氏云人無父母生日當倍悲痛更安忍置酒張樂以爲樂若具慶者可已此同顏訓之意固不論在上者也然如梁元帝當載誕之辰輒齋素講經唐太宗謂長孫無忌曰今日是朕生日世俗皆爲歡樂在朕翻成感傷今君臨天下富有四海而欲承顏膝下永不可得此子路有負米之恨也詩云哀哀父母生我劬勞奈何以劬勞之日更爲宴樂乎泣數行下羣臣皆流涕則前世人主未以生日爲重而慶賀成俗已久矣漫錄又記唐中宗以降誕日宴侍臣內戚與學士聯句人主生日宴樂爲壽殆始見此時固莫盛于明皇也按唐開元十七年八月上以生日宴百官于花萼樓

下左丞相乾曜右丞相說帥百官上表請以每歲八月五日爲千秋節布于天下咸寧宴樂休假三日此置節之始十九年以千歲節降死罪流以下原之此肆赦之始二十四年八月千秋節羣臣皆獻寶鏡張九齡獻千秋金鏡錄至代宗大曆元年十月上生日諸道節度獻金帛器服珍玩駿馬此受貢之始德宗以誕日歲詔佛老者大論麟德殿并召給事中徐岱等講說此說法之始穆宗長慶元年詔七月六日是朕載誕之辰其日百僚命婦宜于光順門進名參賀朕于門內與百官相見雖嘗勑停尋復行之此進名受賀之始長慶四年敬宗初立徐泗觀察使王智興以上生日請于泗州置戒壇度僧尼資福此度僧之始文宗開成二年詔朕之生辰不欲屠宰用表好生非是信尚空門將希无妄之福自今宴會蔬食任陳脯醢永爲常例此禁屠宰之始紀節以來襲爲大典雖本自開元而明皇久以生日爲重矣王皇后寵衰泣曰三郎獨

記不得阿忠脫紫半臂換一斗麪爲生日湯餅耶蓋舊事也明皇不惟自壽每至讓皇帝憲皇后生日必幸其宅移時宴樂惠宣太子業被疾明皇自祝禱既瘉幸其第置酒賦詩爲初生歡此猶愷弟之至情天寶十四載六月一日貴妃楊氏生日幸華清宮于長生殿奏新曲會南海進荔枝因名荔枝香天寶十載正月安祿山生日賜衣服寶器酒饌以宮妾蕃將亦用此朱新仲云唐人生日多具湯餅引夢得送張與詩爾生始懸弧我作坐上賓引箸舉湯餅祝詞天麒麟此當謂初生時少陵自有宗武詩也雲溪友議載西川韋相公皋因作生日節鎮皆貢珍奇獨東川盧八座送一歌姬爲饋

茉莉花　茉莉花見于南方艸木狀云耶悉茗花茉莉花皆胡人自西國移植于南海南人憐其芳香競植之南越行紀云南越之境五穀無味百花不香此花特芳香者緣自胡國移至不隨水土

而變茉莉花似薔薇之白者香愈于耶悉茗予詳此花由西國而南產久矣乃復越南海而北蓋尤盛于宣和李仁父侍郎詩序云末利素馨皆嶺外海瀕物自宣和名益著艮嶽記即姑蘇武林明越之壤荆楚江湘南粵之野移枇杷橙柚橘柑椰栝荔枝之木金蛾玉羞虎耳鳳尾素馨渠那末利含笑之草不以土地之殊風氣之異悉生成長養于雕闌曲檻又呂居仁舍人詩序所記召伯洛中遂御前綱載茉莉花甚衆正自東南發致也今花獨吳越溉植猶甚艱而乃遠致槃苑人力果足以強之歟不惟此爾洛陽名園記亦云遠方奇卉如紫蘭抹厲璠花山茶之儔號爲難植獨植之洛陽輒與其土無異則此花先入洛中矣末利花之名王龜齡詹事題爲沒利花又名抹利花且自註其詩曰抹利見佛經名義未究或云沒者無也謂聞此花香令人覺悟而好利之心沒故前作沒利此作抹利兩存之考之他書惟陳君舉蘭花供詩亦云沒利

從旁粲然笑二公同永嘉人洪景盧素馨花賦紛末麗兮已老非待利麗之音近當有所依據名園記又書爲抹厲亦姑寓其所稱吾義未詳也

稱老爲波　林謙之詩鶩起何波理殘夢自註述夢中所見何使君蜀人以波呼之猶言丈人也范氏吳舡錄記嘉州王波渡云蜀衆稱尊老者爲波祖及外祖皆曰波又有所謂天波月波日波雷波者皆尊之之稱此王波蓋王老或王翁也宋景文嘗辨之謂當作皤字魯直貶涪州別駕自號涪皤或從其俗云按景文所記云蜀人謂老爲皤音波取皤皤黃髮義後有賊王小皤作亂今國史乃作小波非是蓋淳化三年青城民王小波爲亂史云小波范雒引宋說亦從土名之舊以波記之放翁記乃作王小皤

上馬石　詩有扁斯石履之卑兮毛氏曰扁乘石貌王乘車履石禮夏官隸僕王行洗乘石鄭司農謂乘石所登上車之石唐李景

讓淸素寡欲門無雜賓李琢罷浙西以同里訪之避不見及去命剷其扁石釋之者曰上馬石古作扁舉白華有扁斯石升車石也

孺人　張文昌祭韓吏部詩公疾浸日加孺人視藥湯以爲姬妾則前云乃出二侍女合彈琵琶箏已有侍女矣以爲妻則皇甫湜撰神道碑云夫人高平郡君此不稱夫人退之嘗云已呼孺人戛鳴瑟豈以言內子邪說詩者謂韓詩孺人對稚子自杜詩老妻稚子句中來儲光羲云孺人善逢迎稚子解趨走又出于江淹恨賦左對孺人右對稚子凡皆並指妻子唐棣王琰有二孺人爭寵蓋親王有孺人二人唐制按曲禮天子之妃曰后諸侯曰夫人大夫妻曰孺人士曰婦人庶人曰妻則孺人不得以爲妾張文昌或取此宣和罷縣君改孺人爲第八等

丈人　易師貞丈人吉王輔嗣註嚴莊之稱也論語子路遇丈人以杖荷蓧包氏註丈人老人也莊子漢陰丈人痀瘻丈人臧丈人其實皆老人之稱也故史記曰魏唐雎年九十餘至秦秦王曰丈人芒然吳越春秋子胥奔吳至江有漁父渡之視之有飢色乃曰子俟我此樹下爲子取餉漁父去後子胥疑之潛身深葦中有頃父來求之不見歌而呼之曰蘆中人乃出應漁父曰吾見子有飢色爲子取餉子何嫌哉子胥曰性命屬天今屬丈人豈敢有嫌哉胥解百金之劍以與漁父辭不受子胥曰請丈人姓字漁父曰何用姓字爲子爲蘆中人吾爲漁丈人富貴莫相忘也史記高漸離匿作于宋子家丈人召使前擊筑索隱劉氏云謂主人翁也韋昭云古者名男子爲丈夫尊父嫗爲丈人故漢書宣元六王傳所云丈人謂淮陽憲王外王母卽張博母也故古詩云三日斷五疋丈人故言遲是也此索隱中語予所見漢傳自云丈人未詳他本又魏教曰大人之家豈先言大人而後改丈乎漢書以大人爲丈人又記且鞮侯單于乃自謂我兒子安敢望漢天子我丈人行師古

註丈人尊老之稱也又疏廣子孫竊竊謂其昆弟老人廣所愛信者曰宜從丈人所勸說君買田宅師古註丈人嚴莊之稱也故親而老者皆稱焉魏高貴鄉公名裴秀爲儒林丈人宋王瑩遷義興太守代謝超宗超宗求瑩父懋書屬瑩求一吏曰丈人一旨如湯澆雪耳齊張克與王儉書丈人道佐蒼生梁張纘從兄諡聿並不問學太子戲纘曰丈人諡聿皆何在北齊盧詢祖對邢劭曰見丈人蒼蒼在鬢差以自安唐沈傳師舉進士許孟容曰我故人子何不過我傳師曰聞之丈人脫中第則累公君舉矣故不敢進者信知古昔以丈人稱于尊老前後史錄所載如此類者不可悉數蜀志先主傳獻帝舅車騎將軍董承裴松之云按董承漢靈帝母董太后之父于獻帝爲丈人蓋古無丈人之稱于婦翁故謂之舅松之宋人南方或已有此稱矣宋文帝以弓琴賜蕭思話曰丈人頃何所作事務之下故以琴書爲娛耳此琴云是舊物并往桑弓一

張丈人無所辭也又以去雍州倩府單身九人文帝戲之曰丈人終不爲田父于閭里何憂無人使邪豈以恩話孝懿后家而尊稱之顔氏家訓云吾嘗問周弘讓曰父母中外姊妹何以稱之周曰亦呼爲丈人自古未見丈人之稱施于婦人也吾親表所行若父屬者爲某姓姑母屬者爲某姓姨中外丈人之父猥俗呼爲丈母士大夫謂之王母謝母而陸機集有與長沙顧母書乃其從叔母也又云四海之人結爲兄弟亦何容易必有志均義敵令終如始方可議之一爾之後命子拜伏呼爲丈人申父友之敬身事彼親亦宜加禮又云古樂府歌詞先述三子次及三婦是對舅姑之稱其末云丈人且安坐調絃渠未央丈人亦尊老之目今世俗猶呼其祖考爲先亡丈人又疑丈當爲大北間風俗婦呼舅爲大人公丈之與大易爲誤耳之推自梁入高齊去元嘉時何止百年乃不用裴松之之説或南北俗異然已有丈母之稱韋昭吳人謂古以

丈人尊父嫗之推之説合矣吳氏漫錄引蜀志註論丈人之義本于易以妻父爲丈人又本漢匈奴語松之安得云古無之今詳顔註實不及婚姻之故以兒子自居正以尊老事漢主耳叢書云今人謂丈人爲太山或謂太山有丈人峯故云據酉陽雜俎截唐東封以張説爲封禪使反三公以下皆轉一品説以鄭壻鎰官九品因説遷五品緋元宗怪而問之鎰不能對黄幡綽曰泰山之力也與前説不同後山送外舅詩丈人東南來註謂丈人俗以爲婦翁之稱然字則遠矣而不攷所自僕觀三國志註松之宋元嘉人呼婦翁爲丈人已見此時蘇鶚演義云開元中封東嶽後各賜大臣子弟章服官爵張燕公乞與女壻時人因謂爲泰山緋自此遂目丈人爲泰山又道門中有泰山丈人是唐人多用稱婦翁且引而爲泰山之號猗覺寮雜記云爾雅妻之父爲外舅母爲外姑今無此稱皆曰丈人丈母柳子厚有祭楊詹事丈人獨孤氏丈母則知

唐已如此予今取柳集考之祭楊憑詹事文云子壻昭祭于丈人之靈亦有祭獨孤氏丈母文而與楊京兆憑已云再拜書丈人座前與憑之子誨之書亦云必有大恩澤丈人之冤聞于朝謂婦翁爲丈人既可證矣而寄許京兆孟容書云此皆丈人所見不敢與他人道答周君巢書云丈人周文雅從知己又云今丈人乃盛譽山澤之臞者又云往時京城西與丈人言者愚不能改亦欲丈人往時所執此豈皆稱婦翁耶他若送蔡秀才下第歸覲敍云丈人牧人南邦君屐觀承顔本以稱人之父抑施于前輩行皆可即韓文公誌馬暢夫人盧氏謂長子殿中丞繼祖曰吾父惟韓丈人視諸孤是也任子淵註后山詩云丈人俗以爲婦翁之稱然字則遠矣若杜詩使之不一如甚愧丈人厚甚愧丈人貞丈人試靜聽丈人且安坐之類縷縷見之大抵亦尊者之稱也至如吳越春秋載伍子胥曰性命屬天今屬丈人而古詩與梁張率所謂丈人且安

坐調絃未遽央丈人幸無遽神鳳且來儀則又非淺淺者所到此句雖屬婦翁因摘其字併論之予讀杜詩丈人且安坐體辨渭與涇丈人屋上烏烏好人亦好丈人試靜聽甚愧丈人厚甚知丈人眞吾非丈人特丈人文力猶強健丈人藉才地丈人叨禮數此語時見句中以稱薛十二丈判官射洪李四丈韋左丞鄭八丈盧五丈參謀韋大夫諸人潼關吏詩丈人視要處註者謂托關吏呼公之語是誠逌川于尊者若松下丈人巾屨同特賦甚中老人又詩題云奉寄河南韋丈人李鄠縣丈人與單稱丈者當同他如丞相中郎丈人行王孫丈人行正用漢書語別李義山詩丈人嗣王業之子白玉溫道國繼德業請從丈人論丈人領宗卿肅穆古制敦趙彦材註丈人言李義山之父正以稱人所尊若柳侯序中也邵堯夫之父天容名古自號伊川丈人陳叔易恬隱嵩山自號潤上丈人魏道輔泰自號漢上丈人猶今自稱老人之類唐陸龜蒙亦

號江上丈人劉玄佐在夷門韓滉將入相玄佐拜呼爲兄滉曰既爲兄弟未申敬丈母不敢入驛玄佐母聞之驚喜出謝事見柳氏家訓是稱于中外丈人之婦至唐猶然楊於陵爲韓滉壻同年進士章八元恃才浮傲滉械繫之於陵曰告丈人乞其生亦見柳氏家訓是稱于妻之父唐人皆然不特柳子厚嘗用之

土名傳訛　揚州天長道中有大古冢土人呼爲琉璃王家馬氏嬾眞子錄辨爲漢廣陵王胥謚厲後人誤以劉厲爲琉璃爾長安董仲舒墓門人至皆下馬謂之下馬陵訛呼爲蝦蟆陵

先生　古者先生之稱多矣論語先生饌馬融曰先生父兄則父兄可以言先生士冠禮贄見于鄉大夫鄉先生鄭氏註鄉先生鄉中老人爲卿大夫致仕者鄉飲酒禮主人說先生而謀賓介註謂先生鄉中致仕者鄉射禮徵唯所欲以告于鄉先生君子註謂鄉先生鄉大夫致仕者君子有大德行不仕者則必鄉之致仕者可以言先生曲禮從于先生不越路而與人言鄭氏註先生老人教學者孔氏曰先生師也謂師爲先生言彼先己而生其德多厚也自稱爲弟子言己則尊師如父兄也崔靈恩云凡言先生謂年德俱高又教道于幼者則師可以言先生論語見其與先生並行也包氏曰先生成人也予疑此以童子而言其年長者歟宋輕將之楚孟子遇于石丘曰先生將何之趙氏註學士年長者故謂之先生大率加于老成合先生之義雖鄭康成言致仕者必曰鄉中老人而冠義之註亦同曰鄉老而致仕者然馬氏禮解以爲齒長而有德之稱正猶崔靈恩年德俱高之說如是而後稱之受之皆無愧其稱于師者樂正子曰先生何爲出此言也樂正子孟子門人曾子居武城左右曰待先生如此其忠且敬也正義謂左右之大夫朱文公以左右爲曾子門人是也況沈猶行者註云曾子弟子其言從先生者七十人稱其師也叔孫通弟子諸生皆以此事通

唐皇甫湜爲昌黎碑銘亦然昌黎送密序謂己爲先生以密太學生昌黎領袖學館有師生之分進學解自爲國子先生而稱施先生者以太學博士稱陽先生者以國子司業少陵醉時歌贈鄭虔亦稱先生者以虔爲廣文館學士皆有師道也如燕處士田光先生齊魯仲連先生稷下先生用里先生必皆年德之可稱者平原君稱毛遂毛先生齊傳舍長稱馮驩先生而燕易王之稱蘇秦昭王之稱范睢齊梁之君之稱淳于髡韓信之稱酈食其豈姑以禮游客云爾北海王先生者一文學卒史太守乃爲跪拜其稱先生固所尊矣至于扁鵲醫也虢君稱之唐舉蒯通以相人術也蔡澤韓信稱之司馬季主卜也宋忠賈誼稱之東郭先生方士也衛青稱之或古才智之士託于方術其必有可尊也唐舉又還以稱蔡澤交相推尚何以爲尊漸已近乎後世之弊漢王召讓陳平而云先生時平疑未老讓之也猶以此稱東方朔爲郎其同爲郎者謂人皆以先生爲狂識之也亦以此稱秦漢間其名稍輕矣范睢且自謂張祿先生以隱姓氏而晉淵明之五柳南齊臧榮緒之被褐唐王無功之五斗樂天之醉吟魯望之甫里又皆寓其自號者歟韓文于此不輕用特以尊師儒而行難之稱陸先生參與送石洪處士序稱石先生當是以先輩尊之洪又退居不仕者同時送溫造纔稱生史索隱曰生者自漢以來皆號生亦先生者以自呼之耳則洪造無高下也孟東野之貞曜吳筠之宗元私謚而尊以先生也漢法眞則衆號之曰元德先生非謚也梁陶弘景之貞白唐司馬承禎之貞一潘師正之體玄皆賜謚稱先生也東都之初陳圖南以隱者賜希夷號其間方外士多賜焉相承已久惟儒者如康節安定泰山徂徠固得稱之況自文路公表程純公墓爲明道先生濂溪諸賢皆有師之道也雖元老大臣不能比其尊稱也非若近世用于謬敬加于勢位之徒劉器之諫議呼司馬公則曰老

先生以師禮事也陳瑩中諫議答陸伯思書有云來書以先生二字見與非璀所敢當欲因循不言意終不安今試爲左右言之孔子答子夏之問有先生弟子之語先生指父兄也孔子乃萬世聖賢之父孟子亦百世學者之兄父其父兄其兄者皆子弟也子又有子弟故堯舜文武之道傳傳而不息然則人倫之所恃以明者由教倫尙在故耳古者父子不責善而教謂所教爲弟子謂教之者爲先生先生父兄如也此名豈可以假人哉輕以假人而使當之者無以自安非所以處人也孔子曰後生可畏四十五十而無聞焉斯亦不足畏也已璀行年五十有六矣去死不遠而其昏未明尙有愧于後生况敢當先生之名乎朱新仲答張安國書亦云辱遠教爲禮甚過然有不敢當者先生對後生之言也本于孔漢人亦用未嘗專以目人曰某先生其後乃以命道人高士至唐則爲封爵私謚如貞曜云者弟子于師稱先生可也門生于座主稱

先生亦可也若薦舉于舉將稱先生已無理矣行之已久不怪也若無是三者遽當此名其可哉公爲天子侍從而謙遜自居是也然予人以無實之名則謙爲過矣翌于門下覗三者無一焉懼而辭者恐有識者笑其不當也近世風俗又有不宜妄加人曰丈是也非父母之執友鄉里之先進同僚之尊長舉不可稱乃有年高一倍六七十白髮老人見鄉里晚進同寮子孫一切丈之彼晚進假然不問葢不知丈云者丈于我之稱也翌于尊君有從游之舊而年又老大丈云則宜使翌可當而人不笑如何以了翁之風節灊山之文學受人先生之稱何慊而辭謝若不勝餘人宜如何哉稱謂少過則人且笑乾淳猶有古風矣富鄭公以丈事范文正公而洪景盧記曾吉甫在館中以字呼同舍同舍相約曾公前輩可尊是宜曰丈餘人自今各以字行稱丈之尊若此世俗亦不可不知也

閻羅王　韓擒虎自涼州總管召還忽有人驚走至其家曰我欲謁王左右問曰何王也答曰閻羅王子弟欲撻之擒虎止之曰生爲上柱國死作閻羅王斯亦足矣因寢疾卒歐公集古錄因舊碑不著疑史之妄唐嚴安之爲京兆尹以強明稱吏民畏之一日見一神鞾袴致禮甚恭曰武道將軍拜謁今奉天符迎公爲閻羅王替韓王安之是日卒明皇追封平等王其事甚怪熙寧間王介出守湖州荆公贈詩所謂吳興太守美如何者介知識已以破題爲十篇有云生若不爲上柱國死時猶合代閻羅荆公笑曰閻羅見闕請速赴任此借以寓嘲謔耳獨寇萊公事出于翰府名談萊公南遷再移光州妾蒨桃泣曰妾前世師事仙人爲俠今將別去公當爲地下主者閻浮提王也不久亦亡有王克勤見公曹州境上擁驢北去後騎曰閻浮提王交政也果爲閻羅王矣談藪云丁謂當國逐李寇二公欲殺不可既南貶而文定復相相傳忠愍爲閻

羅王世謂死活不得王姓之記一事略同云熙寧末修兩朝史蒲宗孟曾肇諸人作史官宗孟分寇忠愍丁晉公傳詆寇爲多而于丁甚爲明白其事葢肇之祖致堯晉公所引肇助宗孟修之會子固召還肇以呈子固子固笑曰我聞萊公死作閻羅王你自看取予謂如包孝肅尹開封京師爲之語曰關節不到有閻羅包老孝壽尹開封亦號李閻羅特喻其剛嚴即史云咸稱神明之義至于忠烈貫天地而不朽使神果聰明正直之謂是事不可徵歟近時乃以喻夔倅閻羅之名始藝淳熙之董璉寶祐之宋臣是也張彥文大經位中執法劾璉暴横至自比閻羅阜陵感悟即日竄之遠方宋臣亦嘗暫徙安吉云

猶豫　猶豫謂獸也曲禮使民決嫌疑定猶豫孔氏曰說文云皆獸名猶玃屬與象屬二獸進退多疑人多疑惑者似之故謂之猶與按說文與從舁與尹汝反或古字借用史高后紀計猶豫班書

高后紀猶豫未決索隱曰猶鄒音以獸反與音預又作豫崔浩云猶㹶類也幻鼻長尾性多疑又說文云猶獸名多疑故比之也按狐性亦多疑度冰而聽水聲故云狐疑也今解者又引老子且按狐聽水而此云冬涉川則猶與是狐類不疑若畏四鄰則猶定是獸自不保同類又云畏四鄰也爾雅曰猶如麂善登木此獸性多疑慮常居山中忽聞有聲即恐有人且來害之每豫上樹久之無人然後敢下須臾又上如此非一故不決者稱猶豫焉一曰隴西謂犬子爲猶犬隨人行每豫在前待人不得又來迎候故云猶豫也史漢註釋備矣今攷說文猶玃屬豫象之大者徐鍇釋不害于物故言豫離騷心猶豫而狐疑欲自適而不可王逸解殊備若謂並狐疑爲文則猶狐皆獸漢注正合顏氏家訓禮記云定猶豫決嫌疑離騷曰心猶豫而狐疑先儒未有釋者案尸子曰五丈犬爲猶說文云隴西謂犬子爲猶吾以爲人將犬行犬好豫在人前待人不得又來迎候如此往還至于終日斯乃豫之所以爲未定也故稱猶豫或以爾雅曰猶如麂善登木猶獸名也既聞人聲乃豫緣木如此上下故稱猶豫斯皆漢註所本嘗讀老子豫兮若冬涉川猶兮若畏四鄰儼兮其若容渙兮若氷將釋敦兮其若樸曠兮其若谷渾兮其若濁意猶爲獸之名豫爲獸之態則七者何乃並著迺以爲猶豫爲獸則儼渙而下復奚取喻況已每句釋上一字古註謂舉事輒加重愼豫豫兮若冬涉川心難之也其進退猶猶如拘制若人犯法畏四鄰之知也不如蘇氏解曰戒而後動曰豫其所欲爲猶迫而後應豫兮若冬涉川逡巡如不得已也疑而不行曰猶其所不欲避而難之猶然如畏四鄰之見也猶豫取義桀然而見矣必以爲獸則當合老子而言史述蒯通語猛虎之猶豫不若蜂蠆之致螫騏驥之蹢躅不如駑馬之安步此以喻猛虎又與蹢躅對言若非專泥于獸之多疑而固主乎遲緩即老子冬涉川畏四鄰之義而不謂獸也爾雅猶如麂漢註如麐說文麂亦作麐酉陽雜俎梁黃門侍郎明少遐曰狐性多疑鼬性多預狐疑猶預因此而傳耳魏使崔劼曰狐疑鼬預可謂獸之一短也鼬說文羊狩反

相人相物　相人之法古矣而物無不可相史云黃詧直陳君夫相馬劉長孺相彘滎陽褚氏相牛呂覽又記古有善相馬者寒風氏相口齒麻衣相頰子女厲相目衞忌相髭許鄙相尻投伐褐相胸脅管靑相膹肳陳悲相股脚秦牙相前君贊相後于獸詳焉人可知矣昭德讀書志列伯樂相馬經浮丘伯相鶴經甯戚相牛經鄭氏通志又加以周穆王相馬經諸葛穎徐成相馬經高堂隆相牛經淮南八公相鵠經相鴨經相雞經相鵝經抑皆古事耶不惟是也凡物皆然故自西都藝文之目已著相人相寶劍刀相六畜班孟堅謂形人及六畜骨法之度數器物之形容以求其聲氣貴賤吉凶要其術如是而已世代相傳當有存者陳氏書目相貝經未詳何書緯略云師曠有禽經浮丘伯有鶴經雖六畜亦有牛經馬經狗經下至蟲魚有龜經魚經唯朱仲所傳貝經怪奇豈即相貝經歟或述其名類而謂相也緯略又舉東方朔相笏經袁天綱郭先相笏經陳混常相笏經古相手板經亦驗人禍福也齊綦母珍之在西州時有一手板相者云富貴又吳氏漫錄引陸長源辨疑志載唐天寶中有李旺稱善相笏驗之以事卒皆無驗以爲不可概論遂記開寶末聶長史相長水丘巒三笏一王侯笏生人不當秉一宰相笏一卿監笏亦爲節度使而非眞後一歸錢武肅祠堂一歸沈相一歸錢昭晏以衞尉卿守滑州眞廟朝老道士爲沈良擇笏云此借緋笏兼是虔吉州通判沈時除吉州通判借緋又云俟能任別爲揀朝官笏期明年六月沈果以是時卒由前一事則貴賤在笏由後一事則吉凶在人漫錄云館中有陳混常相笏

經其說推本管輅李淳風之言又韋氏相板印法魏伯程相印法
蒸相笏之類而有相字法者術亦傳也

說郛卷第十七終

說郛卷第十八

坦齋筆衡 六卷　宋葉寘 九事八

王過對孝宗　孝宗初臨御萬機之餘留心經術無所不涉百寮奏對時有顧問多致失措有王過者蜀人著雋聲猶在選調宰相薦之上殿孝宗驟問之曰李融字若川謂何過即對曰天地之氣融而爲川結而爲山李融之字若川如元結之字次山也上大喜遂詔改舍人官除密院編修

伏章　徽宗內醮命方士劉混康伏章出神到天闕玉帝降勅命元載孔昇大帝降皇后鄭氏閤時鄭后誕彌既而乃降生帝姫上深謂其無驗未幾韋才人在鄭后閤生皇子是爲高宗生時紅光滿室及高宗大漸之夕有鶴數千盤旋德壽宮俟升遐則皆前列若導迎而西去者頃之則沒烟雲間蓋元載孔昇大帝乃度人經稱出眞定光者位極西方之一天八之一也濟世中興信其來有自

不通家　汪彥章藻嘗因其子恪赴廣西機宜臨行訓之曰自吾父及汝三世矣未嘗與人通家往還如妻者自娶以爲後嗣計豈可以娛他人

不以殘食與宮人　高宗在德壽宮每進御膳必置匙筯兩副食前多品擇所愛者別筯取置一碟中食之必盡飯亦用別匙減而後食吳后嘗問其然曰不欲以殘食與宮人輩喫其惜福如此

趙忠簡　趙忠簡公鼎初生時其母夫人夢金紫偉人入其室前有贊引者喝曰贊皇公至夫人驚寤彷彿若有所見未幾而忠簡公生焉其後位宦功名多與德裕合最是德裕自東都分司貶潮陽忠簡公亦自四明以散官安置于潮德裕明年貶朱崖而薨忠簡亦從朱崖而捐館俱壽六十二

稻孫　米元章爲無爲守秋日與寮佐登樓燕集遥望田間青色如剪元章曰秋已晚矣刈穫告功而田中復青何也亟呼老農問之農曰稻孫也稻已刈得雨復抽餘穗故稚色如此元章曰是可喜也而門樓無榜卽大書榜曰稻孫今大安門是也詩人歌穗穉卽稻孫也以穗穉對稻孫甚的

太學不出相　行在太學造工之初鳴鼓集飯有劉耆者山東來目雙瞽聽聲過之問曰此何地適聞鼓聲官氣甚旺旁人以建太學語之耆曰若如此則不出宰相永無火災所以自中興以來六七十載絕無鬱攸之驚而未聞有爰立者嘉泰中高文虎爲祭酒欲爲陳自強之奉遂謂鼓不宜請更鞔之未幾自強正拜遂以更鞔堂鼓而自強破撲席之荒也且諷齋生建登槐之亭于舊所肄業齋之前及韓平原冑敗而自強盡削在身官職竄死嶺表詔盡籍其家殆與庶民同是猶不出宰相之驗登槐之亭隨亦撤毀

東坡牛醫　東坡在黃卽坡之下種稻爲田五十畝自牧一牛一日牛忽病幾死呼牛醫療之云不識證狀王夫人多智多經涉語坡曰此牛發豆班療法當以青蒿作粥啖之如言而效嘗舉以告章子厚謂君毋云我自謫居後便作老農更無樂事豈知老妻猶能接黑牡丹也（俗呼牛爲黑牡丹）子厚我更欲留君與語恐人又謂從牛醫兒來姑且去遂大笑而別

岳飛　紹興中金人遣其祕書監劉裪來聘因問岳飛以何罪而死館伴者無以對但曰意欲謀叛爲部將所告以此抵誅裪笑曰江南忠臣善用兵者止有岳飛所至紀律甚嚴秋毫無所犯所謂項羽有一范增而不能用所以爲我擒如飛者無亦江南之范增乎館伴者不敢發一語而止秦檜約束勿以奏卽以不職貶其人

西夏答書　逆亮渝盟吳武安王璘爲收復陝計使人持書與西夏以求援兵于是夏國答書曰孤聞國之將興聽于民當從所欲師克在和不在衆必假諸隣仰惟皇宋之興咸托羣心之輔列聖承休于洪祚深仁充浹于寰區綮我小邦賴爲盟主二百年講修于信息億萬姓陶冶于醇醲嗟勿率之女眞不自安于微分鼠竊一隅之地狼貪萬乘之幾割斯民擬禽獸之如視大國若寇讐之比羈縻不遜于索無厭在天地所不容致神明之咸憤故此用兵而薄伐尚敢肆志以不庭毀先廟以示戰士之威殺君母而杜諫臣之口惟是盈科之罪難逃負槪之誅幸使命之來臨奉主言而有請欲假師徒之衆共揚干戚之容恭荷來書歡騰輿頌共切驅羊之忿敢辭汗馬之勞希告庶邦莫不徯來蘇之后荐揚師旅庶幾解倒懸之民以至仁伐不仁因多助攻寡助乘勢而起仗義以行大張赫烜之皇威一掃頑冥之醜類請同李廣勿令一騎之還毋效丁公遽爾片言之返此上天之假手宜壯士之協心允穆師言恭行天討爾衆士既造于南土我小國當應于西偏渤海受命以風從契丹乘機而雷奮張皇宋之一路鼓天兵而四臨前衝而九野聲歡左顧而羣靈色奮勇茲歃血動有餘威誓將滅其衆而犂其庭相與寢其皮而食其肉內連七國且殊晁錯之謀外命諸侯共戴武安之烈成大功于不日守中夏于歷年不取必有天殃今其時矣一征當自葛始君其念之餘需報捷之臨別候獻琛之賀使還報勉旨及不酬蓋紹興辛巳十二月也

官制　孝宗初銳意經武而不樂士大夫以科目自炫有趙善俊者虞丞相允文薦之上殿遂奏曰進士任子自分兩途任州縣者不相下蓋由階帶左右流弊至此頃楊時嘗論之今華貫淸塗非進士自不可至豈在二字以寓分別宜如元豐官制去左右二字有旨從之初制有出身者曰左無出身者曰右犯贓者乃削而不繫乃是詔下而流品混雜天下贓吏無以示戒而貪婪白晝剽金人不以爲怪矣惜夫

神告帝統　眞宗朝嘗開龍圖閣宣示瑞物內有三石目曰神告帝統石其綠石而丹文者二一曰君王萬歲一曰趙二十一帝乃太平興國四年九月嘉州夾江縣民王諾得之于靈仙洞石匣中其壘石而白文者一其文曰誌公記吾觀四五朝後次丙子年出趙號太平二十一帝敬志醮濳山九天司命眞君永安社稷乃太平興國七年三月舒州懷寧縣民柯萼得之于萬歲山之福源洞

尤延之　尤延之袤自號錫山胸中甚富本朝典故討論尤博凡朝廷議論多所裁定其與人談貫穿今古每一事引證數十悉存根據年月姓名一字不差士大夫目之曰尤書廚言其該洽也持節治郡所至稱最纖悉民隱無所不達黎庶目之爲尤蠟燭言其以明破暗也

品香　范致能平生酷愛水沉香有精鑒嘗謂廣舶所販之中下品黎峒所產大䰟大率如繭栗如附子如芝菌如茅竹葉者皆爲佳品雖刳薄如紙入水亦沉蓋香之節目久蟄土中滋液流下結而爲香環島四郡以萬安軍所采爲絕品或謂萬安在島之正東鍾朝陽之氣尤醞藉豐郁四面悉香馡馞爐餘而氣不焦所產處價與銀等洪駒父香譜亦以沉香絕品瓊之黎峒南爲最然皆聞于人要未得其眞也兩廣惟產橄欖香出廣海之北橄欖木之節目結成狀如膠飴而淸烈無俗旖旎氣烟淸味嚴苑有眞馥生香唯此品如素馨茉莉柑柚爲蒸香皆以降眞爲骨去其夙生而蒸入焉各有製法而素馨之蒸最佳有吳氏者以香業于五羊城中以龍涎著名香有定價家富日饗如封君入自叩之彼不急于售脊乳士人賣不論錢也光香箋香黃熟黃生速香結香排香蓬萊香皆出海外惟生結鷓斑脫殼茅葉爲沉之最藥沉不預也大率沉水以萬安東峒爲第一品如范致能之所詳在海外則登流眉

片沉可與黎東之香相伯仲登流眉有絕品乃千年枯木所結如石杵如拳如肘如鳳如孔雀如龜蛇如雲氣如神山人物焚一片則盈屋香霧越三日不散彼人自謂之無價寶世罕有之多歸兩廣帥府及大貴勢之家葉蔚宗香傳亦多缺文

辱井　建康辱井今鄰法寶寺近行宮中以後主麗華貴嬪共縛沉其中故以辱名世傳二妃墮血淚漬石闌故石斆猶如臙脂藹以香幣以帛拭之尚有紅紫色故俗亦稱臙脂井建康二眞仙祠蓋張孔二人也

不祭墓　先儒皆以古不祭墓爲說又以漢明帝上陵爲失禮且謂千騎上冢若以富貴加其先人不可謂孝諸家之說固然以周禮攷之有冢人之官凡祭于墓爲尸則祭墓之禮周公已立之晦菴專主于不墓之說以爲神主在廟而墓所藏形體也祭之烏乎饗是以僞事其先也張敬夫則謂止當詣墓哭省設祭后土于墓左兩家議祭禮皆不得其定

四元　王沂公歐陽公登第皆有三元之目沂公自鄉而省自省而殿皆占第一歐陽則自鄉而監自監而省皆占第一楊寘在仁宗朝自鄉舉至廷對皆第一寘未唱第仁宗已顧在列曰狀元楊寘乎啓封果然蓋寘有先聲徹宮禁也既得寘上甚喜在列以得人爲賀致[illegible]中張伯紀綱以三舍釋褐徽宗御崇政殿賜之及第顧知舉[illegible][illegible]張克公等曰人言祖宗時有三元今綱係四元果何如克公等對曰綱自本州升貢次公試次內舍校定次上舍合格次升補上等上舍皆第一人所以京師有五元之目上曰可謂得人自來止說三元今張五處作魁必不是偶中當優奬之遂除太學博士綱金壇人其後立朝有大節爲世名臣

金狄　徽宗崇尙道教凡當時詔命與夫表章皆指佛爲金狄試舉其略政和七年四月詔曰朕每澄神默受命訂正訛俗甚閔中

華被金狄之教盛行而至眞之道未正宣和三年十一月詔曰噫金狄胡風陰邪之氣源流派分使信者以寂滅爲樂豈非陰氣襲而陽魄散邪而林靈素凡四五表皆以金狄爲語如賀神霄降云益金狄之成羣干丹霄之正法如謝駕幸寶籙院聽講大洞經云幸際玉霄之主是膺金狄之風又短表云金狄熾而華風變又云期銷金狄之魔而宣和元年秋道德院奏金芝生駕幸觀因幸蔡京家鳴鑾堂置酒時蔡京有詩徽宗即席賜和曰道德方今喜迭興萬邦從化本天成定知金帝來爲主不待春風便發生其後女眞起海上滅遼國陷中原以金國爲號正讖金狄之禍而金帝之來不待春風蓋虜以宣和七年冬犯京師以十一月二十五日城陷時太史預借立春出土牛以迎新歲竟無助于事則徽宗賜和之句甚切其讖可勝歎哉

奇疾　張南軒晚得奇疾虛陽不秘每歎曰養心莫善于寡慾吾平生理會何事而心失所養乎竟莫制之踰年遂死然自昔醫書不載此疾之證

大觀易運碑　徽宗皇帝大觀二年秋八月以易占爻一乃御製易運碑刻之延福東壁其略曰如建元基（高宗御字德基）宗與得壽（紹興也德壽宮名）承太乙循運龍在九九之數（高宗壽八十一歲）祖傳庚申吉（謂太祖子孫再傳）建炎炎赫盛之勢（建炎年號）奈何五行逆順天地之數非由人致朕皆閱易執善本基庚子辛丑禍起東南（謂方臘）聳動干戈元衝立刲壬寅癸卯（宣和間天下大亂）云世哀哉甲辰乙巳（虜兵攻燕山）丙午丁未（金虜來二聖北狩）內有丙火天下生靈塗炭過半（是時天下大亂）江表之虞（高宗幸江表）莫知何幸戊申己酉（高宗初立）時正炎刲庚戌辛亥福重勢輕（苗劉之變）壬子癸丑後成改建（改元紹興）甲寅乙卯立應豐穰（是年大有）丙辰丁巳朕已何在（徽宗以紹興五年崩）聖宗復有中興之位（是年建立儲君孝宗再續太祖之後）其後事皆驗信乎聖有先知之明因往推來在天數者果不可逭歟

河魨所起　楊廷秀因舉河魨所原起古書未見有載敘者以問尤延之曰左太沖吳都賦敘王鮪鯸鮐劉淵林註鯸鮐魚狀如科斗大者尺餘腹下白脰微背上青黑有斑文性有毒雖水獺大魚不敢啖之蒸煮食之肥美以是考之河魨本原莫明白于此廷秀檢視之言無殊因嘆曰延之眞書府也人目爲廚何以胸中著數萬卷書乎予不及予不及

負暄雜錄（三卷又補遺一卷）

宋顧文薦（字伯舉號閬谷後稱立山人）

武王伐紂　禮記云文王謂武王曰女何夢矣對曰夢帝與我九齡文王曰汝以爲何也武王曰西方有九國君王其終撫諸文王曰非也古者謂年齡齒亦齡矣我百爾九十吾與汝三焉文王九十七而終武王九十三而終以應夢帝與我九齡之數史記書武王在位三年而崩則是九十歲時方興弔伐之師太公呂望仗黃鉞斬如已亦是踰八望九矣君臣之間各已老成作此不韙之事恐勢使然爾李泰伯不喜孟子謂孔子教人尊王孟子教人爲王齊宣王問孟子曰湯放桀武王伐紂臣弑其君可乎曰賊仁者謂之賊賊義者謂之殘殘賊之人謂之一夫聞誅一夫紂矣未聞弑君也若孟子只以應天順人之說對之則可豈當如此言哉使人爲不道矣故前輩謂孟子非賢人宜乎盱江終身不讀也韓文公作伯夷頌無一語及武王末後方云雖然微二子則亂臣賊子接跡于後世矣其罪武王如刀鋸斧鉞之加凜然可畏而略不露鋒芒眞得筆削之體者也

馮道天幸　世譏馮道事四朝十一帝不能死節攷其所言所行未嘗詭道免于亂世蓋天幸爾石晉之末與虜結釁無敢奉使者少主批令宰相擇人道奏云臣道自去舉朝失色皆謂陷于虎口道竟生還初郭威遣道迓湘陰道曰不知此事由衷否道平生不曾妄語又周世宗欲收河東自謂此行若泰山壓卵道曰不知陛

下做得出否凡此皆推誠委命未嘗顧避依阿也又虜主問萬姓紛紛何人救得道發一言以對不曾活生靈百萬俗人徒見道之跡不知道之心富文忠論道之爲人曰此孟子所謂大人也王荆公論馮道能屈身安人如諸佛菩薩之行唐介曰道爲宰相使天下易四姓身事十一主謂爲純臣乎安石曰伊尹五就湯五就桀正在安人而已介曰有伊尹之志則可荆公變色趙鳳女嫁馮道子道夫人嘗怒之鳳使乳媼訴之累百言道但云傳語親家翁今日好雪愚觀此老無他只是得一忍耐字眞所謂癡頑老子也

傀儡子　傀儡子起于漢祖平城之圍陳平造木偶人運機關舞埤間閼氏望見謂是生人慮冒頓必納之遂退軍史家但云秘計鄙其策下耳本朝王韶開熙河之役亦舞以迓鼓使諸羌出觀遂破羌軍此兩得以爲策也今元宵舞者是其遺製然舞者乃樂之容有大垂手小垂手字舞花舞馬舞或象驚鴻或如飛燕婆娑舞態也曼延舞綴也有健舞軟舞舞曲有綠腰蘇合香屈柘湖渭州團乳旋甘州等字舞者以身亞地布成字也今慶壽錫燕排場作天下太平字者是也花舞者著綠衣偃身合成花即今柘枝舞有花心者是也馬舞者以櫳馬人著綵衣彩帶靴鞭于床上舞蹀蹄皆應節奏唐宴吐蕃蹀馬之戲皆五色綵絲金具裝于鞍上加麟首鳳翅樂作馬皆隨音蹀足宛轉中節胡人大駭明皇之舞馬亦其遺意爾

物以諱易　物以諱避相傳已久今姑舉其數端如石晉諱敬淬鏡者用鐵牌本朝避太祖諱以香印字近之乃名鑼山藥本名薯蕷唐代宗諱豫改名薯藥本朝避英宗諱遂名山藥炊餅本名蒸餅避仁宗諱故改南唐李主諱煜改鸜鵒爲八哥錢王諱鏐改石榴爲金櫻至今吳中金劉二姓不可辨皆此類也

明妃曲　明妃曲見于篇詠者多矣劉屏山云羞貌丹青闕麗顏爲君一笑定天山西京自有麒麟閣畫向功臣衛霍間語意不蹈襲許梅屋云漢宮屏嫵息邊塵功壓貔貅十萬人好把深閨舊脂粉豔粧顏色上麒麟王金陵則不然有云漢恩自薄胡自深人生樂在相知心即此見其心術也柯東海又可發笑云龍首山頭桑苧翁謂漢元帝不識美色乃一桑苧翁耳

白光琉璃　西京雜記載漢武帝以白光琉璃爲鞍暗室照十餘丈如晝此琉璃乃自然之物彩澤光潤踰于衆玉其色不常乃眞琉璃也佛書謂車渠琉璃用以布地言其廣大恐未必然今世率以石汁消冶衆藥灌成之蓋始于月氏國元魏時來貢今北方市不多見惟大食高麗有之青白紫綠皆塗以金翠輝耀焰爛蔡京嘗以大食琉璃酒器獻淵聖時在東宮却而不受蓋已盛于宣政矣予得一瓶以銅爲胚胎傅之以革外爲魫鮫彩繪外國之人奇形詭狀却似琉璃極其工巧不知何物聞是罽賓國物更當質于博識者

鹽　鹽有五色青黃赤白黑又有紫鹽或曰戎鹽道書所謂戎鹽壘卵者是也按郭璞鹽池賦云爛然溪明冕爾霞赤則是赤鹽者李太白詩客到但知留一醉盤中祇有水晶鹽又東坡水晶鹽爲誰甜金樓子曰胡中有鹽瑩如水晶謂之玉華鹽又南史月氏恒水下有鹽色正白朝取暮生非煮海也東坡紛紛青子落紅鹽則恩州有鹽如絳雪或謂煎染而成者又琴湖池中有桃花鹽色如桃花青鹽所謂螳螂頭鹽入藥可用也蔡邕投羊月書云幸得無恙我至徒所自城以西惟有紫鹽也續漢書云天竺國出黑鹽黃鹽安西城北澗中有青鹽則鹽之所產悉在外夷惟青眞詞云吳鹽勝雪今四明諸場多有之獨此是中國之白鹽爾

紙　世說蔡倫造紙倫乃後漢和帝元興年中常侍也擣故魚網作紙三輔故事云衞太子以紙蔽鼻前漢已有之又和熹鄧太后

貢獻悉斷歲時但貢紙筆而已蓋紙舊亦有之特蔡倫善造爾非創也唐中國紙未備多取于外夷故唐人詩中多用蠻箋字亦有謂也高麗歲貢蠻紙書卷多用為襯日本國出松皮紙又南番出香皮紙色白紋如魚子又苔紙以水苔為之名側理紙啓道衡詩昔時應春色引綠泛青溝今來承玉管布字轉銀鉤又扶桑國出芨皮紙今中國惟有桑皮紙蜀中藤紙越中竹紙江南楮紙南唐以徽紙作澄心堂紙得名若蜀牋皆染擣而成蜀牋重厚不佳今吳牋為勝

軟玻璃　玻璃與琉璃同類亦分五色比之琉璃其質頗厚亦石銷冶而成多出西域諸番而夏國為最但異于琉璃者玻璃背青耳常見齊惠卿家有軟玻璃盞通天犀火浣布三物得之廣舶近好事家亦有軟玻璃墜兒是五代時大秦國來獻蓋彼能造亦是銷冶而成見火則溶冷則凝結世不多見李賀詩羲和敲日玻瓈聲乃形容耳非真成聲也併及此以資笑噱

窯器　陶器自舜時便有三代迄于秦漢所謂甓器是也今土中得者其質渾厚不務色澤末俗尚靡不貴金玉而貴銅磁遂有秘色窯器世言錢氏有國日越州燒進者不得臣庶用故云秘陸龜蒙詩九秋風露越窯開奪得千峯翠色來如向中霄盛沆瀣共嵇中散鬬遺杯洒知唐世已有非始于錢氏本朝以定州白磁器有芒不堪用遂命汝州造青窯器故河北唐鄧耀州悉有之汝窯為魁江南則處州龍泉縣窯質頗麓厚宣政間京師自置燒造名曰官窯中興渡江有邵成章提舉後苑號邵局襲徽宗遺製置窯于修內司造青器名內窯澄泥為範極其精緻油色瑩澈為世所珍後郊下別立新窯亦曰官窯比舊窯大不侔矣餘如烏泥窯餘姚窯續窯皆非官窯比若謂舊越窯不復見矣

欛枝　荔枝蜀廣俱有之今惟閩中者為貴蓋他處質雖佳而不可乾獨閩中者可乾漢西京雜記載尉陀獻高祖龍眼樹即今之荔枝也唐天寶中楊貴妃愛食之置驛傳送唐都長安去閩廣甚遠其荔枝乃蜀中涪陵所貢實小而味酸與廣閩不同今荔枝已載蔡公之譜莆為勝閩次之廣又次之而廣產甚多五月初有火山者先熟高州梧州有無核荔枝南漢劉鋹每歲設紅雲宴則窗外四壁悉皆荔枝望之如紅雲然宣和殿前亦有荔枝四株結實甚夥衛洪七開曰蒲桃龍目椰子荔枝却書此字

青門瓜　漢咸陽宮第三門本名霸門民見門青色遂名青門青門舊出瓜邵平種瓜此門甚美唐廣明中巢寇犯闕僖宗幸蜀闕外道旁之瓜悉皆萎死殆不可曉徐考之蓋宮嬪多帶麝萎瓜為麝香所薰遂皆萎落爾

蟄燕　世說海外有燕子國秋社而去春仲復來詩謂玄鳥鳦也春分玄鳥至按晉郗鑒為兗州刺史鎮鄒山百姓飢饉掘野鼠蟄燕而食之本朝京東開河岸崩見蟄燕無數予少年時臘中欲伐薪近岸古柳方施斧將斷見有蟄燕一毬大如斗相銜負始信燕亦蟄而驚蟄節氣而出度海之說烏衣之事附會為之爾

鴟炙　莊子曰見彈求鴞炙又按漢史東郡送梟五斗五月五日作梟羹賜百官是欲滅其族非為其美也又淮南萬畢術甑瓦止梟鳴取破甑向梟抵之輒自止也蓋梟之物不祥甚矣今人家有飛入者必有咎康駢劇談錄載韋顓梟鳴而登科第鄧艾梟鳴牙旂洒車勝之兆張率更聞于廷樹而授官以此推之未必皆為不吉世以鵩至梟鳴不祥觀此則又不然也

珠襦玉柙　珠襦玉柙東園秘器此漢世侯王之葬具也董賢死哀帝賜之陳德公一日以片玉示予方正而狹長五六寸中有圓竅古而潤扣予曰何物予曰恐是漢之玉柙爾蓋玉柙以玉琢方片中貫以鐵排比于棺用以籍尸者德公首肯予後得方玉無竅

有古篆四字不可識四角有四小孔是亦玉柙之一也

御史本艸　侍御史號雜端最爲雄劇臺中會聚則于座南設橫榻號南牀又曰癡牀言登此床者倨傲如癡又唐封演聞見記言御史舊例初入臺陪直二十五日爲伏豹取不出之義謂之豹直賈忠言撰御史本艸以褒行爲含口椒微毒殿中爲蘿蔔侍御史爲脆梨言漸入佳味遷南省號甘艸言可以久安也見御史臺記

黃河水　黃河水十二月各有名正月名凌解水二月三月名桃花水四月名麥黃水五月名瓜蔓水六月名礬山水七月八月名荻苗水九月名登高水十月名復槽水謂水落復故道也十一月十二月名蹙凌水冰斷復結蹙起成層也見水衡志

房老　婢妾年遠而位高者曰房長今得兩字尤新奇按王子年拾遺記載石季倫有妾名翔風及色衰退爲房老

梵嫂　唐鄭熊番禺雜記載廣中僧有室家者謂之火宅僧京師大相國寺僧有妻則曰梵嫂見于清異錄

句之韻牒　聯句自唐有之若與坐客聯句則互送爲煩據段成式廬陵官下記載取斑竹以白金踏首如茶夾以遞送聯句謂之句枝或角押惡韻或煎碗茶爲八韻詩皆謂之雜連若志于不朽則汰客揀穩韻無所得輒已謂之苦聯句句共押平聲好韻不僻者書于竹筒謂之韻牒

宋吳標致　宋子京晚年知成都帶唐書于本任刊修每宴罷開寢門垂簾燃二椽燭媵婢夾侍和墨伸紙觀者皆知尚書修唐書望之如神仙吳元中居翰苑每草制誥則使婢遠山磨墨運筆措辭宛若圖畫二公俱有標致者也

趙廣潘嵩　龍眠李伯時繪事妙絕有趙廣合肥人吏役左右頗得筆法甞馬逼眞後陷虜令其作畫辭以不能遂斷其右指蓋廣平昔左手執筆後亦多作觀音像今收伯時本多是廣筆近彝齋趙子固以水仙蘭蕙得名小吏潘嵩倣其作并字畫皆極類所謂性相近也積習而成王右軍言已苦小兒輩亂眞東坡詩家雞野鶩同登俎誠哉言也

建茶品第　唐陸羽茶經裴汶茶述皆不第建品說者但謂二子未嘗至閩不知物之發也固自有時蓋昔者山川尚閟靈芽未露至于唐末然後北苑出爲之最是時僞蜀毛文錫作茶譜始言建有紫筍而臘面乃至産于五代之季建屬南唐歲率諸州民採茶北苑初造研膏繼造臘面既又製其佳者號京鋌本朝開寶末下南唐太平興國初時造龍鳳模遣使即北苑造團茶以別庶飲龍鳳茶蓋始于此又一種茶叢生石崖枝葉尤茂至道初有詔造之別號石乳又一種號的乳又一種號白乳蓋自龍鳳與京石的白四種始出而臘面降爲下矣蓋龍鳳等茶皆太宗朝所製至咸平初丁晉公漕閩始載之于茶錄慶曆中蔡君謨將漕創造小龍團

以進被旨仍歲貢之自小團出而龍鳳遂爲次矣元豐間有旨造密雲龍其品又加于小團之上紹聖間改爲瑞雲翔龍大觀初徽宗親製茶論二十篇以白茶與常茶不同偶然生出非人力可致于是白茶遂爲第一又製三色細牙及試新銙貢新銙自三色細芽出而瑞雲翔龍顧居下矣凡茶芽數品最上曰小芽如雀舌鷹爪以其勁直纖銳故號芽茶次曰中芽乃一芽帶一葉者號一槍一旂次曰紫芽一芽帶二葉者號兩旂一槍其帶三葉四葉者皆老矣芽茶早春極少景德中建守周絳爲補茶經言茶芽只作早茶馳奉萬乘嘗之可矣若一旂一槍可謂奇茶也故一槍一旂號揀芽最爲挺特王金陵送人長閩詩云新茗齋中試一旂謂揀芽也宣和庚子歲漕臣鄭可間始創爲銀綫水芽蓋將已揀熟芽再剔去祇取心如線一縷用珍器貯清泉漬之光瑩如銀絲用以製新銙有小龍蜿蜒其上號龍團勝雪又廢白的石三乳最造花銙

二十餘色初貢茶皆入龍腦至是慮奪眞味始不用焉蓋茶之妙至勝雪極矣故合爲冠然猶在白茶之次者以白茶上所好也羅黄儒撰品茶要錄極稱當時靈芽之富謂使陸羽數子見之必爽然自失矣其茶歲分十餘綱惟白茶與勝雪自驚蟄後興役浹日乃成飛騎疾馳至中都不出中春已至號爲頭綱玉芽以下先後而發逮至夏過半矣歐陽公詩云建安三千五百里京師三月嘗新茶蓋御茶園自九窠十二隴至小山凡四十六所惟龍游窠小苦竹張坑西際又爲禁園之先也此熊蕃敘錄及諸家雜記採其說云

碑碣　墓有碑碣未詳所起按儀禮廟中有碑所以繫牲幷視日景禮記公室視豐碑三家視桓楹天子諸侯葬時下棺之柱其上有孔以貫綍索至棺而下取其安帣事畢因閉壙中臣子或書君父勳伐于碑上後又立隧口故謂之神道碑言神靈之道也今古碑上往往有孔者蓋貫綍之遺像前漢碑極少後漢蔡邕崔瑗之徒多爲人立碑魏晉之後其流漸盛碣亦碑之類也周禮凡金玉錫石楬杙也椓杙于瘞處而書死者之姓名楬立楬然則物有標榜皆謂之楬郭景純江賦云峨眉爲泉陽之楬玉壘作東別之標其字本從木後人以石爲墓碣因而從石說文曰碣特立石也據此則從木從石兩體皆通隋氏之制五品以上碣螭首龜趺上不得過四尺近代碑碣稍衆有力者多聲金帛以祈作者之諛蔡邕則云吾于人作碑多矣獨于郭有道無愧詞隋文帝子齊王攸薨僚佐請立碑帝曰欲求名只一卷史書足矣不能爲後人作鎭石爾唐則尤甚李北海以此潤筆金帛駢羅侈甚皆諛墓之物退之亦不免焉本朝惟東坡獨能守之所作止司馬公范蜀公等六碑爾

佛圖澄姓　邢州內丘縣西古中丘城寺有碑乃後趙石勒光初五年所立也碑云大和尚佛圖澄者乃天竺大國附賓小王之元子本姓濕所以言濕者思潤理國澤被四方是以濕爲姓按高僧傳晉書藝術傳佛圖澄竝無姓今云姓濕亦異文也

性嗜　世之嗜欲一行殊性前聞楚王嗜芹文王嗜昌歜屈到嗜芰曾析嗜羊棗此見之于傳記多矣近讀唐溫飛卿乾𦠆子載宋劉雍嗜瘡痂雍往詣吳興太守盧休休脫襪粘痂落地雍俯取而食之宋明帝嗜蜜鱁一食數升故劍南節度鮮于叔明好食臭蟲時人謂之蟠蟲每散令人採拾得三五升即浮于微熱水上以洩其氣候氣盡以酥及五味熬卷餅而食之云其味甚佳又長慶末前知福建院權長孺犯事流滯廣陵多日賓客相見辭之將赴闕求官臨行羣公餞飲于禪智精舍有從事蔣傳知長孺有嗜人爪之癖乃于健步及諸傭保處得爪甚多洗濯未淸以紙裹候長孺酒酣進曰侍御史遠行有少嘉味獻進遂以所裹人爪奉上長孺視之欣然如獲千金饞涎流吻連撮啖之其厭愜思欲神色自得合坐大驚蓋性之所嗜自不覺其穢汚也

饅頭　湯餅唐人謂之不托今曰餺飥晉束晳餅賦有饅頭薄特起溲牢丸今惟饅頭名猶存而起溲牢丸莫曉何物薄特荀氏云薄夜亦莫知爲何物予見京師餅鋪有一等餅名薄脆者恐亦所自也饅亦作餕

梨　梨寶脆美北方者爲最所謂語兒梨鳳栖梨金鳳梨最佳者鵝梨江南所產大不及但多食則傷胃氣故陶穀淸異錄載棗曰百益紅梨曰百損黃所益者惟齒耳予觀湘山野錄謂李建勳罷相出鎭豫章一日遊西山田間茅舍有老叟教數村童公觴于其廬連食數梨賓僚有曰梨號五藏刀斧不宜多食叟笑曰鶡冠子五藏刀斧乃離別之離非謂梨也蓋別離則殘賊胸懷有若刀斧就架取小冊以呈丞相乃鶡冠子也公大嘆服昔楊吉老在泗州

以醫得名忽有人到門求診視者楊與按脉曰君來年當以疽毒死今氣血凝結無可解者沉思久之曰惟有鵝梨爾可往京師買鵝梨食若無生梨以梨乾煎汁飲并食其滓候來春當復訪我其人如教至期再往診脉曰病已去矣恐渴作若能更食則可安後果如其言是以知梨亦能解氣血凝滯之疾不可以一槩論謂之百損黃也

辟時疾　孔平仲云邪氣氛氲未嘗無所以故宜舉㥏念世人垂不忍之心設此術以溥濟生靈避凶趨吉不致夭橫孔氏經今七十餘代用之未嘗有此患其法每于臘月二十四日五更汲取井華水（平旦第一汲者）盛淨器中量人口多少浸乳香至歲旦五更煖令溫從小至大每人以乳香一小塊飲水三呷嚥下則一年不患時疾矣

詩人主客圖　唐張爲編諸家詩人作主客圖以白居易爲廣大教化主上入室則楊乘入室則張祜羊士諤元稹升堂則盧仝顧況沈亞之及門則費冠卿皇甫松殷堯藩施肩吾周元範祝元膺徐凝朱可名童翰卿陳標以孟雲卿爲高古奧逸主上入室則韋應物入室則李賀杜牧李餘劉猛李陟胡幽貞升堂則李觀賈馳李宣古曹鄴劉駕孟遲及門則陳陶章楚老以李益爲清奇雅正主上入室則蘇郁入室則鄭畋僧清塞盧休于鵠楊洵美張籍楊巨源楊敬之僧無可姚合升堂則方干馬戴任藩賈島厲玄項斯薛壽及門則僧良乂潘誠于武陵詹雄衛準僧志定喻鳧朱慶餘以孟郊爲清奇僻苦主上入室無入室則陳陶周朴升堂無及門則劉德仁李渙以鮑溶爲博解宏拔主上入室則李羣玉劉禹錫入室則趙嘏長孫佐輔曹唐升堂則盧頻陳羽許渾張蕭遠及門則張陵章孝標雍陶周祚袁不約各有集傳于世間有無聞者呂東萊編江西宗派以黃庭堅爲主亦詩作爾

石炭　石炭不知始于何時東坡作石炭行言其冶鐵作兵器甚精亦不著起于何時也按前漢地理志豫章郡出石可然爲薪隋王邵論大事其中石炭二字則知石炭用于世久矣然今西北處處有之也

傲骨　嘗聞唐李太白腰間有傲骨不能屈折葢恃其才爾竟以清平調詞爲楊太眞所忌終身不偶遂陷永王之禍卒至采石之死今有一等士大夫姓名未高職位未顯則謙和恭謹及漸向上傲骨便長與昔迥別居閑時與居官時如兩人焉若能以道眼看破則此等俱非遠大之器若始終不改節者他日必爲名人矣

束帛　夏竦鎭襄陽遇畢叔致仕高年各賜束帛時胡旦瞽廢在郡夏依敕旨送縑十疋胡笑曰傳語舍人何寡聞如此奉還五疋請檢韓詩外傳及服虔諸書所解束帛戔戔賁于丘園之義少驗之果見三代束帛束脩之制若束脩得十脡卽脯一束也束帛則卷于二端五疋以表王者有屈折于隱淪之道也

古制度　辨驗古之衣冠制度多于古畫中見之不可不詳加審正漢魏晉時皆冠服未嘗有袍笏幞帶自五胡亂華夷狄雜處至元魏時始有袍帽葢胡服也唐世亦自北而南所以襲其服制向者有攜舊畫唐明皇潞州像來示予者絳袍黑鞓玉帶又嘗見李贊皇像亦是黑鞓金帶咸謂未嘗有黑鞓而爲金玉帶者殊不詳攷唐朝惟有黑鞓至五代方有紅鞓是以知前代衣冠制度不可不詳審焉

龍涎香品　向嘗敘海南香品矣近有人問曰今之龍涎香始于何時葢前代未嘗聞也惟古詩中有博山爐中百和香鬱金蘇合及都梁則古亦有合和成香者香譜所載品類甚多獨無龍涎香葢龍涎本不香出大食國深洋海中或云龍睡于石上數月不起則有雲覆其頂土人候其去則取之涎沫凝積如百藥煎而色白者良黑色者雜沙土不可用以其能聚香不散故用之宣政間

亦未聞焉獨有西王貴妃金香得名乃蜜劑者今之安南香也紹興光堯萬機之暇留意香品合和奇香號東閣雲頭其次則中興復古以古臘沉香爲本雜以腦麝梔花之類香味氤氳極有清韻又有劉貴妃瑤英香元總管勝古香韓鈐轄正德香韓御帶清觀香陳門司末札片香皆紹興乾淳間一時之盛耳慶元韓平原製閱古堂香氣味不減雲頭番禺有吳監稅菱角香而不假印脫手揑而成當盛夏烈日中一日而乾亦一時絕品今好事家有之泉南香不及廣香之爲妙都城市肆有詹家香頗類廣香近日多用金顏辛辣之氣無復有清芬韻度也雖御前宣賜號曰官香而香味亦淺薄非舊香之比不可入品題矣

火齊　予舊見有婦人耳環色紫而光豔照映若紫玻璃其質甚薄不識爲何物也或稱爲紫辣子近觀韓昌黎永貞行云公然白日受賄賂火齊磊落堆金盤蓋指言伾文也又陸務觀詩云火齊堆盤滿珊瑚列庫莊齊音劑云中天竺國說火齊狀如雲母色如紫金有光輝照之則如蟬翼積之則如紗縠王子年拾遺記曰董偃常臥延清室上設火齊屏風光耀一室今世不多見其耳環必火齊也

撒花　近者北兵侵犯城郭于民間索金銀等物謂之撒花不曉其義蓋夷狄以此爲重禮昔國朝三佛齊注輦國遣使來朝貢見于延和殿其使胡跪于地先撒金蓮花其次眞珠龍腦布于御座前謂之撒殿花初至闕先具呈請詔許之方施此亦所以重中國也撒花之名蓋亦有自來矣

禽蟲善鬭　禽蟲之微善于格鬭見于書傳者唐之明皇生于己酉而好鬭雞置雞坊雞場見之東城父老傳鬭蛩亦始于天寶間長安富人鏤象牙爲籠而畜之以萬金之資付之一啄其來遠矣惟南唐馮延已詞有鬭鴨闌干獨倚之句人多疑鴨未嘗鬭予按

三國志孫權傳註引江表傳魏文帝遣使求鬭鴨羣臣奏宜勿與權曰彼在諒陰中所求若此豈可與言禮義具以與之陸遜傳建昌侯慮作鬭鴨闌遜曰君侯宜勤覽經典用此何爲南史王僧達傳僧達爲太子舍人坐屬疾而往揚州橋觀鬭鴨爲有司所劾新唐書齊王祐善養鬭鴨方未反時狸咋鴨四十餘絕其頭去及敗舉連誅死者四十餘人則古蓋有之又唐田令孜傳僖宗好鬭鵝數幸六王宅興慶池與諸王鬭鵝直五萬錢則鵝亦能鬭也餘如鶉如黃頭雀靑栄子皆善鬭不數譆述爾

金石毒　金石有性之藥多僭燥前輩已嘗論之矣往往不悟致多喪身是猶晉人之好服寒食散唐人之好服丹砂雖韓文公亦不免焉武宗好神仙方士之術用趙歸眞等取銀液鍊神丹而服之遂以丹發而崩王仲言揮麈錄載宣和間王稱定觀好學能詩少年爲殿中監眷注甚渥一日召入禁中上曰朕近得異人製丹砂服之可以長生煉治經歲色如紫金卿爲試之定觀忻躍拜命取而服之纔下咽覺胸中煩燥之甚俄頃烟從口出急扶歸已不救既殮聞柩中剝啄聲莫測所以已而火出柩內頃刻遂成烈焰屋廬盡焚延燒十數家方息予景定庚申訪陳德公于三衢偶及丹竈事云向聞天台金鵝洞前有巨松夜靜遠望則火毬飛走積有年矣暇日與尤松泉爚至其處見松根脂膏融液于外意爲有異命剖鑿之有物如琥珀色光瑩朗徹始知其爲松丹也挈之歸約日分服尤服刀圭即覺狂躁不可禁急以水沃胸前熱益甚遂置身水缸中凡數易水皆如湯亟飲豆汁稍定至冬疽發幾死陳亦服寸匕雖不至甚而兩目赤腫如桃兩月方愈昔米巨容以松丹進史衞王服發其狂陽而死方仁聲泊宅編載吳景淵刑部平生服硫黃人罕知之其後二十年長子橐爲華亭市易官疽發于背而死乃知流毒傳氣尙及其子可不戒哉

瑪瑙　瑪瑙品類多不同出產有南北其實一石卵爾大者如斗其體質堅硬碾造費工若南瑪瑙產大食等國色正紅而無瑕可作杯斝器具生西北者色青黑謂之鬼面青亦須間以紅色如砞砂者爲妙若靈夏瓜州羌地沙磧中時得之者尤奇有柏枝瑪瑙質如水玉上有枝葉儼如柏枝又有節子瑪瑙黑白相間大不過一二寸又有合子瑪瑙質理純黑中間白絲者可作數珠間隔又有夾胎瑪瑙正視之則瑩白光彩倒視之則若凝血蓋一物而有兩色也出西羌沙磧中世不多見有紫雲瑪瑙者今和州產大者可作屏障卓面等用實一石爾金陵雨花臺下有小瑪瑙子但可充盆盎水石之玩均不足第品類也

墨　古者之墨多以石磨汁而書或云是延川石液爲之至魏晉時始有墨丸云是油烟松煤夾和爲丸蓋晉人以凹心硯者欲磨墨貯瀋耳後方有楪子墨亦墨丸之遺製唐高麗歲貢松烟墨以多年老松烟和以麋鹿膠爲之所謂麋膠熟萬杵者也至南唐文物之盛遂有李廷珪父子之墨始集大成然亦以松烟爲之本朝熙豐間張卿遇供御墨漸用油烟入腦麝金箔謂之龍香劑東坡先生頗稱賞爲元祐間潘谷造墨蘇黃諸公皆稱之自後蜀中蒲大韶梁杲徐伯常輩世亦不乏更有雪齋齊峯之墨不減前輩近世唯三衢葉茂實得製墨之法清黑不凝滯誠名下無虛士也惜老葉亡後其子不得其傳大不及之而翁彥卿等往往盜茂實名逐利而已不足貴也

碧雞漫志 十卷　宋王灼 字晦叔號頤堂

歌曲所起　或問歌曲所起曰天地始分而人生焉人莫不有心此歌曲所以起也舜典曰詩言志歌永言聲依永律和聲詩序曰在心爲志發言爲詩情動于中而形于言言之不足故嗟歎之嗟歎之不足故詠歌之詠歌之不足不知手之舞之足之蹈之樂記曰詩言其志歌詠其聲舞動其容三者本于心然後樂器從之故有心則有詩有詩則有歌有歌則有聲律有聲律則有樂歌永言即詩也非于詩外求歌也今先定音節乃製詞從之倒置甚矣而士大夫又分詩與樂府作兩科古詩或名曰樂府謂詩之可歌也故樂府中有歌有謠有吟有引有行有曲今人于古樂府特指爲詩之流而以詞就音始名樂府非古也舜命夔教胄子詩歌聲律率有次第又語禹曰予欲聞六律五聲八音在治忽以出納五言其君臣賡歌九功南風卿雲之歌必聲律隨具古者采詩命大師爲樂章祭祀宴射鄉飲皆用之故曰正得失動天地感鬼神莫近于詩先王以是經夫婦成孝敬厚人倫美教化移風俗詩至于動天地感鬼神移風俗何也正謂播諸樂歌有此効耳然中世亦有因管絃金石造歌以被之若漢文帝使愼夫人鼓瑟自倚瑟而歌漢魏作三調歌辭終非古法

詩詞之變　古人初不定聲律因所感發爲歌而聲律從之唐虞禪代以來是也餘波至西漢末始絕西漢時今之所謂古樂府者漸興晉魏爲盛隋氏取漢以來樂器歌章古調併入清樂餘波至李唐始絕唐中葉雖有古樂府而播在聲律則尠矣士大夫作者不過以詩一體自名耳蓋隋以來今之所謂曲子者漸興至唐稍盛今則繁聲淫奏殆不可數古歌變爲古樂府古樂府變今曲子其本一也後世風俗益不及古故相懸耳而世之士大夫亦多不知歌詞之變

樂工非庸人　子語魯太師樂知樂深矣魯太師者亦可語此耶古者歌工樂工皆非庸人故摯適齊干適楚繚適蔡缺適秦方叔入河武入漢陽襄入海孔子錄之八人中其一又見于家語孔子學琴于師襄子襄子曰吾雖以擊磬爲官然能于琴今子于琴已習是也子貢問師乙賜宜何歌答曰愛者宜歌商溫良而能斷者

宜歌齊寬而靜柔而正者宜歌頌廣大而靜疏達而信者宜歌大
雅恭儉而好禮者宜歌小雅正直而靜廉而謙者宜歌風師乙賤
工也學識乃至此又曰歌者上如抗下如墜曲如折止如槁木倨
中矩勾中鈎纍纍乎端如貫珠歌之妙不越此矣今有過鈞容班
教坊者問曰某宜何歌必曰汝宜唱田中行曹元寵小令
歌曲存亡　漢時雅鄭參用而鄭爲多魏平荆州獲漢雅樂古曲
音辭存者四曰鹿鳴騶虞伐檀文王而李延年之徒以新聲被寵
復改易音辭止存鹿鳴一曲晉初亦除之又漢代短簫鐃歌樂曲
三國時存者有朱鷺艾如張上之回戰城南巫山高將進酒之類
凡二十二曲魏吳稱號始各改其十二曲晉興又盡改之獨玄雲
釣竿二曲名存而已漢代鼙舞三國時存者有殿前生桂樹五曲
其辭則亡漢代胡角摩訶兜勒一曲張騫得自西域李延年因之
更造新聲二十八解魏晉時亦亡晉以來新曲頗衆隋初盡歸淸

樂至唐武后時舊曲存者如白雪公莫舞巴渝白苧子夜團扇懊
憹石城莫愁楊叛兒烏夜啼玉樹後庭花等止六十三曲唐中葉
聲辭存者又止三十七有聲無辭者七今不復見唐歌曲比前世
蓋多聲行于今辭見于今者皆十之三四世代差近爾大抵先世
樂府有其名者尚多其義存者十之三其辭存者十不得一若其
音則無傳勢使然也
晉之歌　石崇以明君曲教其妾綠珠曰我本漢家子將適單于
庭昔爲匣中玉今爲糞上英綠珠亦自作懊憹歌曰絲布澀難縫
元伊侍孝武飲讌撫絃而歌怨詩曰爲君既不易爲臣良獨難忠
信事不顯乃有見疑患周旦佐文武金縢功不刊推心輔王政二
叔反流言熊甫見王敦委任錢鳳將有異圖進說不納因告歸臨
與敦別歌曰徂風飈起蓋山陵氛霧蔽日玉石焚往事既去可長
嘆念別悵悵曾復難陳安死隴上歌之曰隴上壯士有陳安軀幹

雖小腹中寬愛養將士同心肝驌驄文馬鐵鍛鞍七尺大刀奮如
湍丈八蛇矛左右盤十盪十決無當前戰始三交失蛇矛棄我騳
驄竄岩幽爲我外援而懸頭西流之水東流河一去不還奈子何
劉曜聞而悲傷命樂府歌之晉以來歌曲見于史者葢如是耳
漢之歌　劉項皆善作歌漢諸帝如武宣類能之趙王幽死諸王
負罪死臨絶之音曲折深迫廣川王通經好文辭爲諸姬作歌尤
奇古而高祖之戚夫人燕王旦之容華夫人兩歌又不在諸王下
葢漢初古俗猶在也東京以來非無作者大概文采有餘情性不
足高歡玉壁之役士卒死者七萬人慚憤發疾歸使斛律金作敕
勒歌其辭略曰山蒼蒼天茫茫風吹艸底見牛羊歡自和之哀感
流涕金不知書能發揮自然之妙如此當時徐庾輩不能也吾謂
西漢後獨敕勒歌暨韓退之十琴操近古
唐之歌　唐時古意亦未全喪竹枝浪淘沙拋毬樂楊柳枝乃詩

中絶句而定爲歌曲故李太白清平調詞三章皆絶句元白諸詩
亦爲知音者協律作歌白樂天守杭元微之贈云休遣玲瓏唱我
詩我詩多是別君辭自註云樂人高玲瓏能歌歌予數十詩樂天
亦醉戲諸妓云席上爭飛使君酒歌中多唱舍人詩又聞歌妓唱
前郡守嚴郎中詩云已留舊政布中和又付新詩與豔歌元微之
見人詠韓舍人新律詩戲贈云輕新便妓唱凝妙入僧禪沈亞之
送人序云故友李賀善撰南北朝樂府古詞其所賦尤多怨鬱悽
豔之句誠以蓋古排今使爲詞者莫得偶矣惜乎其中亦不備聲
歌絃唱然唐史稱李賀樂府數十篇雲韶諸工皆合之絃管又稱
李益詩名與賀相埒每一篇成樂工爭以賂求取之被聲歌供奉
天子又稱元微之詩往往播樂府舊史亦稱武元衡工五言詩好
事者傳之往往被于管絃又舊說開元中詩人王昌齡高適王渙
之詣旗亭飲梨園伶官亦招妓聚燕三人私約曰我輩擅詩名未

第甲乙試觀諸伶謳詩分優劣一伶唱昌齡二絶句一伶唱適絶句渙之曰佳妓所唱如非我詩終身不敢與子爭衡不然子等列拜牀下須臾妓唱渙之詩渙之揶揄二子曰田舍奴我豈妄哉以此知李唐伶妓取當時名士詩句入歌曲蓋常事也蜀王衍召嘉王宗壽飲宣華苑命宮人李玉簫歌衍所撰宮詞五代猶有此風今亡矣近世有取陶淵明歸去來李太白把酒問明月李長吉將進酒大蘇公赤壁前後賦協入聲律此暗合孫吳耳

涼州　涼州曲唐史及傳載稱天寶樂曲皆以邊地爲名若涼州伊州甘州之類曲遍聲繁名入破又詔道調法曲與胡部深聲合作明年安祿山反涼伊甘皆陷土蕃史及開元傳信記亦云西涼州獻此曲寧王憲曰音始于宮散于商成于角徵羽斯曲也宮離而不屬商亂而加暴君卑逼下臣僭犯上臣恐一日有播遷之禍及安史之亂世頗思憲審音而楊妃外傳乃謂上皇居南內夜與

妃侍者紅桃歌妃所製涼州詞上因廣其曲今流傳者益加明皇雜錄亦云上初自巴蜀回夜來乘月登樓命妃侍者紅桃歌涼州即妃所製上親御玉笛爲倚樓曲曲罷無不感泣因廣其曲傳于人間予謂皆非也涼州在天寶時已盛行上皇巴蜀回居南內乃肅宗時那得始廣此曲或曰因妃所製詞而廣其曲者亦詞也則流傳者益加豈亦詞乎舊史及諸家小說謂妃善歌舞邃曉音律不稱善製詞今妃外傳及明皇雜錄所云夸誕無實獨帝御玉笛爲倚樓曲因廣之流傳人間似可信但非涼州耳唐史又云其聲本宮調今涼州見于世者凡七宮曲曰黃鍾宮道調宮無射宮中呂宮南呂宮仙呂宮高宮不知西涼所獻何宮也然七曲中知其三是唐曲黃鍾道調高宮者是也脞說云西涼州本在正宮正元初康崑崙翻入琵琶玉宸宮調初進在玉宸殿故以名合衆樂即黃鍾也予謂黃鍾即俗呼正宮崑崙豈能捨正宮外別製黃鍾涼州乎因玉宸殿奏琵琶就易美名此樂工夸大之常態而脞說便謂翻入琵琶玉宸宮調新史雖取其說止云康崑崙寓其聲於琵琶奏于玉宸殿因號玉宸宮調合諸樂則用黃鍾宮得之矣張祜詩云春風南內百花時道調涼州急遍吹揭手便拈金碗舞上皇驚笑悖拏兒又幽閑鼓吹云元載子伯和勢傾中外福州觀察使寄樂妓數十人使者半歲不得通窺伺門下有琵琶康崑崙出入乃厚遺求通伯和一試盡付崑崙段和上者自製道調涼州崑崙求譜不許以樂之半爲贈乃傳據張祜詩上皇時已有此曲而幽閑鼓吹謂段師自製未知孰是白樂天秋夜聽高調涼州詩云樓上金風聲漸緊月中銀字韻初調促張絃柱吹高管一曲涼州入泬寥大呂宮俗呼高宮其商爲高大石其羽爲高般涉所謂高調乃高宮也史及脞說又云涼州有大遍小遍非也凡大曲有散序靸排遍攧正攧入破虛催實催衮遍歇指殺衮始成一曲此謂大

遍而涼州排遍予曾見一本有二十四段後世就大曲製詞者類從簡省而管絃家又不肯從首至尾吹彈甚者學不能盡元微之詩云逡巡大遍梁州徹又云梁州大遍最豪嘈史及脞說謂有大遍小遍其悞識此乎

伊州　伊州見于世者凡七商曲大石調高大石調雙調小石調歇指調林鍾商越調第不知天寶所製七商中何調耳王建宮詞云側商調裏唱伊州林鍾商今夷則商也管色譜以凡字殺若側商則借尺字殺

霓裳羽衣曲　霓裳羽衣曲說者多異予斷之曰西涼創作明皇潤色又爲易美名其他飾以神怪者皆不足信也唐史云河西節度使楊敬述獻凡十二遍白樂天和元微之霓裳羽衣曲歌云由來能事各有主楊氏創聲君造譜自註云開元中西涼節度使楊敬述造鄭愚津陽門詩注亦稱西涼府都督楊敬述進予又攷唐

史突厥傳開元間涼州都督楊敬述爲暾欲谷所敗白衣檢校涼州事樂天鄭愚之說是也劉夢得詩云開元天子萬事足惟惜當年光景促三鄉陌上望仙山歸作霓裳羽衣曲仙心從此在瑤池三淸八景相追隨天上忽乘白雲去世間空有秋風詞李祐霓裳羽衣曲詩曰開元太平時萬國賀豐歲梨園進舊曲玉座流新製鳳管迭參差霞衣競搖曳元微之法曲詩云明皇度曲多新態宛轉浸淫易沉著赤白桃李取花名霓裳羽衣號天樂劉詩謂明皇望女几山持志求仙故退作此曲當時詩今無傳疑是西涼獻曲之後明皇三鄉眺望發興求仙因以名曲忽乘白雲去空有秋風詞譏其無成也李詩謂明皇厭梨園舊曲故有此新製元詩謂明皇作此曲多新態霓裳羽衣非人間服故號天樂然元指爲法曲而樂天亦云法曲法曲歌霓裳政和世理音洋洋開元之人樂且康又知其爲法曲一類也夫西涼既獻此曲而三人者又謂明皇

製作予以是知爲西涼創作明皇潤色者也杜佑理道要訣云天寶十三載七月改諸樂名中使輔璆琳宣進止令于太常寺刊名內黃鍾商婆羅門曲改爲霓裳羽衣曲津陽門詩註葉法善引明皇入月宮聞樂歸笛寫其半會西涼都督楊敬述進婆羅門聲調脗合遂以月中所聞爲散序敬述所進爲其腔製霓裳羽衣月宮事荒誕惟西涼進婆羅門曲明皇潤色又爲易美名最明白無疑異人錄云開元六年上皇與申天師中秋夜同游月中見一大宮府榜曰廣寒淸虛之府兵衞守門不得入天師引上皇躍超煙霧中下視玉城仙人道士乘雲駕鶴往來其間素娥十餘人舞笑于廣庭大桂樹下樂音嘈雜淸麗上皇歸編律成音製霓裳羽衣曲逸史云羅公遠中秋侍明皇宮中翫月以拄杖向空擲之化爲銀橋與帝昇橋寒氣侵人遂至月宮女仙數百素練霓裳舞于廣庭上問曲名曰霓裳羽衣上記其音歸作霓裳羽衣曲鹿革事類云

八月望夜葉法善與明皇游月宮聆月中天樂問曲名曰紫雲回默記其聲歸傳之名曰霓裳羽衣此三家者誌明皇游月宮其一偕申天師同游初不得曲名其一羅公遠同遊得今曲名其一葉法善同游得紫雲回曲名歸易之雖大同小異要皆荒誕無可稽據杜牧之華淸宮詩月聞仙曲調霓作舞衣裳詩家搜奇入句非決然信之也又有甚者開元傳信記云帝夢遊月宮聞樂聲記其曲名紫雲回楊妃外傳云上夢仙子十餘輩各執樂器御雲而下一人曰此曲神仙紫雲回今授陛下明皇雜錄及仙傳拾遺云明皇用葉法善術上元夜自上陽宮往西涼州觀燈以鐵如意質酒而還遣使取之不誣幽怪錄云開元正月望夜帝欲與葉仙師觀廣陵俄虹橋起殿前師奏請行但無回顧帝步上高力士樂官數十人從頃之到廣陵士女仰望曰仙人現師請令樂官奏霓裳羽衣一曲乃回後廣陵奏上元夜仙人乘雲西來臨孝感寺奏霓裳

羽衣曲而去上大悅唐人喜言開元天寶事而荒誕相陵奪如此將使誰信之予以是知其他飾以神怪者皆不足信也王建詩云弟子歌中留一色聽風聽水作霓裳歐陽永叔詩話以不曉聽風聽水爲恨蔡絛詩話云出唐人西域記龜茲國王與臣庶知樂者于大山間聽風水聲均節成音後翻入中國如伊州甘州涼州皆自龜茲致此說近之但不及霓裳予謂涼州定從西涼來若伊與甘自龜茲致而龜茲聽風水造諸曲皆未可知王建全章餘亦未見但弟子歌中留一色恐是指梨園弟子則何豫于龜茲置之勿論可也按唐史及唐人諸集諸家小說楊太眞進見之日奏此曲導之妃亦善此舞帝嘗以趙飛燕身輕成帝爲置七寶避風臺事戲妃曰爾則任吹多少妃曰霓裳一曲足掩前古而宮妓佩七寶瓔珞舞此曲曲終珠翠可掃故詩人云貴妃宛轉侍君側體弱不勝珠翠繁冬雪飄颻錦袍暖春風蕩漾霓裳飜又云朱閣沉沉夜

未央碧雲仙曲舞霓裳一聲玉笛向空盡月滿驪山宮漏長又云霓裳一曲千峰上舞破中原始下來又云漁陽鼙鼓動地來驚破霓裳羽衣曲又云世人莫重霓裳曲曾致干戈是此中又云雲雨馬嵬飛散後驪宮無復聽霓裳又云霓裳滿天月粉骨幾春風爲太上皇就養南宮遷于西宮梨園弟子玉琯發音聞此曲一聲則天顏不怡左右歔欷其後憲宗時每大宴間作此舞文宗時詔太常卿馮定采開元雅樂製雲韶雅樂及霓裳羽衣曲是時四方大都邑及士大夫家已多按習而文宗乃令馮定與舞曲者疑曲存而舞節非舊故就加整頓焉李後主作昭惠后誄云霓裳羽衣曲綿茲喪亂世罕聞者獲其舊譜殘缺頗甚暇日與后詳定去彼淫繁定其缺墜蓋唐末始不全蜀檮杌稱三月上巳王衍宴怡神亭衍自執板唱霓裳羽衣後庭花思越人曲決非開元全章洞微志稱五代時齊州章丘北村任六郎愛讀道書好湯餅得犯天麥

毒疾多唱異曲八月望夜待月私第六郎執板大謳一曲有水烏野雀數百集其舍屋傾聽自道云此即昔人霓裳羽衣者衆請于何得笑而不答既得之邪疾使此聲果傳亦未足信按明皇改婆羅門爲霓裳羽衣屬黃鍾商云時號越調即今之越調是也白樂天嵩陽觀夜奏霓裳詩云開元遺曲自淒涼況近秋天調是商又知其爲黃鍾商無疑歐陽永叔云人間有瀛府獻仙音二曲此其遺聲瀛府屬黃鍾宮獻仙音屬小石調了不相干永叔知霓裳羽衣爲法曲而瀛府獻仙音爲法曲中遺聲今合兩个宮調作霓裳羽衣一曲遺聲亦太疎矣筆談云蒲中逍遙樓楣上有唐人横書類梵字相傳是霓裳譜字訓不通莫知是非或謂今燕部有獻仙音曲乃其遺聲然霓裳本謂之道調曲獻仙音乃小石調爾又嘉祐雜志云同州樂工翻河中黃幡綽霓裳譜鈎容樂工士守程以爲非是別依法曲造成教坊伶人花日新見之題其後云法曲雖

精莫近望瀛予謂筆談知獻仙音非是乃指爲道調法曲則無所著見獨理道要訣所載係當時朝旨可信不誣雜志謂同州樂工翻河中黃幡綽譜雖不載何宮調安知非逍遙樓楣上横書耶今并士守程譜皆不傳樂天和元微之霓裳羽衣曲歌云磬簫箏笛遞相攙擊擫吹彈聲邐迤注云凡法曲之初衆樂不齊惟金石絲竹次第發聲霓裳序初亦復如此又云散序六奏未動衣陽臺宿雲慵不飛中序擘騞初入拍秋竹竿裂春冰坼註云散序六遍無拍故不舞中序始有拍亦名拍序又云繁音急節十二遍跳珠撼玉何鏗錚翔鸞舞了卻收翅唳鶴曲終長引聲註云霓裳十二遍而曲終凡曲將終皆聲拍促速惟霓裳之末長引一聲筆談云霓裳曲凡十二疊前六疊無拍至第七疊方謂之疊遍自此始有拍而舞筆談沈存中撰沈指霓裳羽衣爲道調法曲則是未嘗見舊譜今所云豈亦得之樂天乎世有般涉調拂霓裳曲因石曼卿取

作傳踏述開元天寶舊事曼卿云本是月宮之音翻作人間之曲近夔帥曾端伯增損其詞爲句遺隊口號亦云開寶遺音蓋二公不知此曲自屬黃鍾商而拂霓裳則般涉調也宣和初譜聲守山東人王平詞學華贍自言得夷則商霓裳羽衣譜取陳鴻白樂天長恨歌傳并樂天寄元微之霓裳羽衣曲歌又雜取唐人小說長句及明皇太眞事終以微之連昌宮詞補綴成曲刻板流傳曲十一段起第四遍第五遍第六遍正攧入破虛催袞實催袞歇拍殺袞音律節奏與白氏歌註大異則知唐曲今世決不復見亦可恨也又唐史稱客有以按樂圖示王維者無題識維徐曰此霓裳第三疊取初拍也客未然引工按曲乃信予嘗笑之霓裳第一至第六疊無拍者皆散序故也類音家所行大品安得有拍樂圖必作舞女而霓裳散序六疊以無拍故不舞又畫師子樂器上或吹或彈止能畫一箇字諸曲皆有此一字豈獨霓裳唐孔緯拜官教坊

優伶求利市綽呼使前索其笛指叚問曰何者是浣溪紗孔籠子諸伶大笑此與畫圖上定曲名何異

甘州　甘州世不見今仙呂調有曲破有八聲慢有令而中呂調有象甘州八聲他宮調不見也凡大曲就本宮調制引序慢近令蓋度曲者常態若象甘州八聲卽是用其法于中呂調此例甚廣僞蜀毛文錫有甘州遍顧瓊李珣有倒排甘州顧瓊又有甘州子皆不著宮調

胡渭州　胡渭州明皇雜錄云開元中樂工李龜年兄弟三人皆有才學盛名彭年善舞鶴年龜年能歌製渭州曲特承顧遇唐史吐蕃傳亦云奏涼州胡渭錄要雜曲今小石調胡渭州是也然世所行伊州胡渭州六么皆非大遍全曲

六么　六么一名綠腰一名樂世一名錄要元微之琵琶歌云綠腰散序多攏撚又云管兒還爲彈綠腰綠腰依舊聲迢迢又云逡

巡彈得六么徹霜刀破竹無殘節沈亞之歌者葉記云合韶奏綠腰又志盧金蘭墓云爲綠腰玉樹之舞唐史吐蕃傳云奏涼州胡渭錄要雜曲段安節琵琶錄云綠腰本錄要也樂工進曲上令錄其要者白樂天楊柳枝詞云六么水調家家唱白雪梅花處處吹又聽歌六絕句內樂世一篇云管急絃繁拍漸稠綠腰宛轉曲終頭誠知樂世聲聲樂老病人聽未免愁註云樂世一名六么王建宮詞云琵琶先抹六么頭故知唐人以腰作么者惟樂天與王建耳或云此曲拍無過六字者故曰六么至樂天又獨謂之樂世他書不見也靑箱雜記云曲有錄要者錄霓裳羽衣曲之要拍霓裳羽衣曲乃宮調與此曲了不相關士大夫論議嘗患講之未詳率然而發事與理交違幸有證之者不過如聚訟耳若無人攻擊後世隨以憒憒或遺禍于天下樂曲不足道也琵琶錄又云正元中康崑崙琵琶第一手兩市樓抵鬬聲樂崑崙登東綵樓彈新翻羽調綠腰必謂無敵曲罷西市樓上出一女郎抱樂器云我亦彈此曲兼移在楓香調中下撥聲如雷絕妙入神崑崙拜請爲師女郎更衣出乃僧善本俗姓段今六么行于世者四曰黃鍾羽卽俗呼般涉調曰夾鍾羽卽俗呼中呂調曰林鍾羽卽俗呼高平調曰夷則羽卽俗呼仙呂調皆羽調也崑崙所謂新翻今四曲中一類乎或他羽調乎是未可知也段師所謂楓香調無所著見今四曲中一類乎或他調乎亦未可知也歐陽永叔云貪看六么花十八此曲內一疊名花十八前後十八拍又四花拍共二十二拍樂家者流所謂花拍蓋非其正也曲節抑揚可喜舞亦隨之而舞築毬六么至花十八益奇

西河長命女　西河長命女崔元範自越州幙府拜侍御史李訥尙書餞于鑑湖命盛小叢歌坐客賦詩送之有云爲公唱作西河調日莫偏傷去住人理道要訣長命女西河在林鍾羽時號平調

今俗呼高平調也脞說云張紅紅者大曆初隨父歌丐食過將軍韋青所居青納爲姬自傳其藝穎悟絕倫有樂工取古西河長命女加減節奏頗有新聲未進閒先歌于青青令紅紅潛聽以小豆數合記其拍紿云女弟子久歌此非新曲也隔屏奏之一聲不失樂工大驚靑與相見嘆伏不已兼云有一聲不穩今已正矣尋達上聽召入宜春院寵澤隆異宮中號記曲小娘子尋爲才人按此曲起開元以前大曆間樂工加減節奏紅紅又正一聲而已花間集和凝有長命女曲僞蜀李珣瓊集亦有之句讀各異然皆今曲子不知孰爲古製林鍾羽并大曆加減者近世有長命女令前七拍後九拍屬仙呂調宮調句讀並非舊曲又別出大石調西河慢聲犯正平極奇古蓋西河長命女本林鍾羽而近世所分二曲在仙呂正平兩調亦羽調也

楊柳枝　楊柳枝鑑戒錄云柳枝歌亡隋之曲也前輩詩云萬里

長江一旦開岸邊楊柳幾千栽錦帆未落干戈起惆悵龍舟去不回又云樂苑隋隄事已空萬條猶舞舊春風皆指汴渠事而張祜折楊柳枝兩絕句其一云莫折宮前楊柳枝玄宗曾向笛中吹傷心日莫煙霞起無限春愁生翠眉則知隋有此曲傳至開元樂府雜錄云白傅作楊柳枝予考樂天晚年與劉夢得唱和此曲詞白云古歌舊曲君休聽聽取新翻楊柳枝又作楊柳枝二十韻云樂童翻怨調才子與妍詞註云洛下新聲也劉夢得亦云請君莫奏前朝曲聽唱新翻楊柳枝蓋後來始變新聲而所謂樂天作楊柳枝者稱其別創詞也今黃鍾商有楊柳枝曲仍是七字四句詩與劉白及五代諸子所製並同但每句下各增三字一句此乃唐時和聲如竹枝漁父今皆有和聲也舊詞多側字起頭第三句亦復側字起聲度差穩耳

喝馱子　喝馱子洞微志云屯田員外郎馮敢景德二年爲開封

府界檢澇戶田宿史胡店日落忽見三婦人過店前入西畔古佛堂敢料其鬼也擒僕王侃詣之延坐飲酒稱二十六舅母者請王侃歌送酒三女側聽十四姨者曰何名也侃對曰喝馱子十四姨曰非也此曲單州營妓教頭葛大姐所撰新聲梁祖作四鎮時駐兵魚臺值十月二十一生日大姊獻之梁祖令李振塡詞付後騎唱之以押馬隊因謂之葛大姊及戰得勝回始流傳河北軍中競唱以押馬隊故訛曰喝馱子莊皇入洛亦愛此曲謂左右曰此亦古曲葛氏但更五七聲耳李珣瓊瑤集有鳳臺一曲註云俗謂之喝馱子不載何宮調今世道調宮有慢句讀與古不類耳

蘭陵王　蘭陵王北齊史及隋唐嘉話稱齊文襄之子長恭封蘭陵王與周師戰嘗襲假面對敵擊周師金墉城下勇冠三軍武士共歌謠之曰蘭陵王入陳曲今越調蘭陵王凡三段二十四拍或曰遺聲也此曲聲犯正宮管色用大凡字大一字勾字故亦名大犯又有大石調蘭陵王慢殊非舊曲周齊之際未有前後十六拍慢曲子耳

虞美人　虞美人脞說稱起于項籍虞兮之歌予謂後世以此命名可也曲起于當時非也曾子宣夫人魏氏作虞美人草行有云三軍散盡旌旗倒玉帳佳人坐中老香魂夜逐劍光飛青血化爲原上艸芳非寂寞寄寒枝舊曲聞來似斂眉又云當時遺事久成空慷慨尊前爲誰舞亦有就曲誌其事者世以爲工其詞云帳前草草軍情變月下旌旗亂褫衣推枕愴離情遠風吹下楚歌聲正三更撫騅欲上重相顧豔態花無主手中蓮鍔凜秋霜九泉歸去是仙鄉恨茫茫黃載萬追和之壓倒前輩矣其詞云世間離恨何時了不爲英雄少楚歌聲起伯圖休一似□□□□水東流（花草粹編作玉慨佳人血淚滿東流）葛荒葵老蕪城莫玉貌知何處至今芳艸解婆娑只有當時魂魄未消磨按益州艸木記雅州名山縣出虞美人草如雞冠

花葉兩兩相對爲唱虞美人曲應拍而舞他曲則否賈氏談錄褒斜山谷中有虞美人艸狀如雞冠大葉相對或唱虞美人則兩葉如人拊掌之狀頗中節拍酉陽雜俎云舞草出雅州獨莖三葉葉如決明一葉在莖端兩葉居莖之半相對人或近之歌及抵掌謳曲葉動如舞益部方物圖贊改虞作娛云今世所傳虞美人曲下音俚調非楚虞姬作意其草纖柔爲歌氣所動故其莖至小者或若動搖美人以爲娛耳筆談云高郵桑景舒性知音舊聞虞美人艸過人唱虞美人曲枝葉皆動他曲不然試之如所傳詳其曲皆吳音也他日取琴試用吳音製一曲對草鼓之枝葉亦動乃目曰虞美人操其聲調與舊曲始末不相近而草輒應之者律法同管也今盛行江湖間人亦莫知其如何爲吳音東齋紀事云虞美人草唱他曲亦動傳者過矣予攷六家說各有異同方物圖贊最穿鑿無所稽據舊曲固非虞姬作若謂下音俚調嘻其甚矣亦聞蜀

中數處有此艸予皆未之見恐種族異則所感歌亦異然舊曲三其一屬中呂調其一中呂宮近世轉入黃鍾宮此艸應拍而舞應舊曲乎新曲乎桑氏吳音合舊曲乎新曲乎恨無可問者又不知吳艸與蜀產有無同類也

安公子　安公子通典及樂府雜錄稱煬帝將幸江都樂工王令言者妙達音律其子彈胡琵琶作安公子曲令言驚問那得此對曰宮中新翻令言流涕曰愼毋從行宮君也宮聲往而不返大駕不復回矣據理道要訣唐時安公子在太簇角今已不傳其見于世者中呂調有近般涉調有令然尾聲皆無所歸宿亦異矣

水調歌　水調歌理道要訣所載唐樂曲南呂商時號水調予數見唐人說水調各有不同予因疑水調非曲名乃俗呼音調之異名今決矣按隋唐嘉話煬帝鑿汴河自製水調歌卽非水調中製歌也世以今水調歌爲煬帝自製今曲乃中呂調而唐所謂南宮

商則今俗呼中管林鍾商也脞說云水調河傳煬帝將幸江都時所製聲韻悲切帝喜之樂工王令言謂其弟子曰不返矣水調河傳但有去聲此說與安公子事相類蓋水調中河傳也明皇雜錄云祿山犯順議欲遷幸帝置酒樓上命作樂有進水調歌者曰山川滿目淚沾衣富貴榮華能幾時不見只今汾水上惟有年年秋雁飛上問誰爲此曲曰李嶠上曰眞才子不終飲而能此水調中一句七字曲也白樂天聽水調詩云五言一遍最殷勤調少情多似有因不會當時翻曲意此聲腸斷爲何人脞說亦云水調第五遍五言調聲最愁苦此水調中一句五字曲又有多遍似是大曲也樂天詩又云時唱一聲新水調謾人道是采菱歌此水調中新腔也南唐近事云元宗留心內寵宴私擊鞠無虛日常命樂工楊花飛奏水調詞進酒花飛唯唱南朝天子好風流一句如是數四上悟覆栝賜金帛此又一句七字然既曰命奏水調詞則是今楊花飛水調中撰詞也外史檮杌云王衍泛舟巡閬中舟子皆衣錦繡自製水調銀漢曲此水調中製銀漢曲也今世所唱中呂調水調歌乃是以俗呼音調異名者名曲雖首尾亦各有五言兩句決非樂天所聞之曲

河傳　河傳唐詞存者二其一屬南呂宮凡前段平韻後仄韻其一乃今怨王孫曲屬無射宮以此知煬帝所製河傳不傳已久然歐陽永叔所集詞內河傳附越調亦怨王孫曲今世河傳乃仙呂調皆令也

萬歲樂　萬歲樂唐史云明皇分樂爲二部堂下立奏謂之立部伎堂上坐奏謂之坐部伎坐部伎六曲而鳥歌萬歲樂居其四鳥歌者武后作也有鳥能人言萬歲因以制樂通典云鳥歌萬歲樂武太后所造時宮中養鳥能人言嘗稱萬歲爲樂以象之舞三人衣緋大袖並畫鸜鵒冠作鳥象又云今嶺南有鳥似鸜鵒能言名

吉了（了音料）異哉武后也其爲昭儀至簒奪殺一后一妃而殺王侯將相中外士大夫不可勝計凶忍之極又殺諸武僅有免者又最甚則親生四子殺其二廢徙其一獨睿宗危得脫視他人性命如糞艸至聞鳥歌萬歲乃欲集慶厥躬在衆人則欲速死在一身則欲久長世無是理也按理道要訣唐時太簇商樂曲有萬歲樂或曰卽鳥歌萬歲樂也又舊唐史元和八年十月汴州劉宏撰聖朝萬歲樂譜三百首以進今黃鍾宮亦有萬歲樂不知起前曲或後曲

夜半樂　夜半樂唐史云民間以明皇自潞州還京師夜半舉兵誅韋皇后製夜半樂還京樂二曲樂府雜錄云明皇自潞州入平內難半夜斬長樂門關領兵入宮後撰夜半樂曲今黃鍾宮有三臺夜半樂中呂調有慢有近拍有序不知何者爲正

何滿子　何滿子白樂天詩云世傳滿子是人名臨就刑時曲始

成一曲四詞歌八疊從頭便是斷腸聲自註云開元中滄州歌者姓名臨刑進此曲以贖死上竟不免元微之何滿子歌云何滿能歌聲宛轉天寶年中世稱罕嬰刑繫在囹圄間下調哀音歌憤懣梨園弟子奏玄宗一唱承恩羈網緩便將何滿爲曲名御府親題樂府纂甚矣帝王不可妄有嗜好也明皇喜音律而有罪人遂欲進曲贖死然元白平生交友聞見率同獨紀此事少異盧氏雜說云甘露事後文宗便殿觀牡丹誦舒元輿牡丹賦歎息泣下命樂適情宮人沈翹翹舞何滿子詞云浮雲蔽白日上曰汝知書耶乃賜金臂環又薛逢何滿子詞云繫馬宮槐老持杯店菊黃故交今不見流恨滿川光五字四句樂天所謂一曲四詞庶幾是也歌八疊疑有和聲如漁父小秦王之類今詞屬雙調兩段各六句內五句各六字一句七字五代時尹鶚李珣亦同此其他諸公所作往往只一段而六句各六字皆無復有五字者字句既異卽知非舊

曲樂府雜錄云靈武刺史李靈曜置酒坐客姓駱唱何滿子皆稱妙絕白秀才者曰家有聲妓歌此曲音調不同召至令歌發聲清越殆非常音駱遽問曰莫是宮中胡二子否妓熟視曰君豈梨園駱供奉耶相對泣下皆明皇時人也張祜作孟才人歎云偶因歌態詠嬌嚬傳唱宮中十二春却爲一聲何滿子下泉須弔孟才人其序稱武帝疾篤孟才人以歌笙獲寵者密侍左右上目之曰吾當不諱爾何爲哉指笙囊泣曰請以此就縊上憫然復曰妾嘗藝歌願對上歌一曲以泄憤許之乃歌一聲何滿子氣亟立殞上令醫候之曰脈尚溫而腸已絕上崩將徙柩舉之愈重議者曰非俟才人乎命其櫬至乃舉僞蜀孫光憲何滿子一章云冠劍不隨君去江湖還共恩深似爲孟才人發祐又有宮詞云故國三千里深宮二十年一聲何滿子雙淚落君前其詳不可得而聞也

凌波神　凌波神開元天寶遺事云帝在東都夢一女子高髻廣裳拜而言曰妾凌波池中龍女久護宮苑陛下知音乞賜一曲帝爲作凌波曲奏之池上神出波間楊妃外傳云上夢豔女梳交心髻大袖寬衣曰妾是陛下凌波池中龍女衛宮護駕實有功陛下洞曉鈞天之音乞賜一曲夢中爲鼓胡琴作凌波曲後于凌波池奏新曲池中波濤湧起有神女出池心乃夢中所見女子因立廟池上歲祀之明皇雜錄云女伶謝阿蠻善舞凌波曲出入宮中及諸姨宅妃子待之甚厚賜以金粟粧臂環按理道要訣天寶諸樂曲名有凌波神二曲其一在林鍾宮云時號道調宮然今之林鍾宮卽時號南呂宮而道調宮卽古之仲呂宮也其一在南呂商云時號水調今南呂商則俗呼中管林鍾商也皆不傳予問諸樂工云舊見凌波曲譜不記何宮調也世傳用之歌吹能招來鬼神因是久廢豈以龍女見形之故相承爲能招來鬼神乎

荔枝香　荔枝香唐史禮樂志云帝幸驪山楊貴妃生日命小部

張樂長生殿奏新曲未有名會南方進荔枝因名曰荔枝香脞說云太眞妃好食荔枝每歲忠州置急遞上進五日至都天寶四年夏荔枝滋甚比開籠時香滿一室供奉李龜年撰此曲進之宣賜甚厚楊妃外傳云明皇在驪山命小部音樂于長生殿奏新曲未有名會南海進荔枝因名荔枝香三說雖小異要是明皇時曲然史及楊妃外傳皆謂帝在驪山故杜牧之華清絕句云長安回望繡成堆山頂千門次第開一騎紅塵妃子笑無人知道荔枝來遯齋閒覽非之曰明皇每歲十月幸驪山至春乃還未嘗用六月詞意雖好而失事實予觀小杜華清宮長篇又有塵埃羯鼓索片段荔枝筐之語其後歐陽永叔詞亦云一從魂散馬嵬間只有紅塵無驛使滿眼驪山唐史既出永叔宜此詞亦爾也今歇指大石兩調皆有近拍不知何者爲本曲

阿濫堆　阿濫堆中朝故事云驪山飛禽名阿濫堆明皇御玉笛

採其聲翻爲曲子名左右皆傳唱之播于遠近人競以笛效吹故張祜詩云紅樹蕭蕭閣半開玉皇曾幸此宮來至今風俗驪山下村笛猶吹阿濫堆賀方回朝天子曲云待月上潮平波灧灧塞管孤吹新阿濫即謂阿濫堆江湖間尚有此聲予未之聞也嘗以問老樂工云屬夾鍾商按理道要訣天寶諸樂名堆作塠屬黃鍾羽夾鍾商俗呼雙調而黃鍾羽則俗呼般涉調然理道要訣稱黃鍾羽時號黃鍾商調皆不可曉也

念奴嬌　念奴嬌元微之連昌宮詞云力士傳呼覓念奴念奴潛伴諸郎宿自註云念奴天寶中名倡善歌每歲樓下酺宴萬衆喧溢嚴安之韋皇裳輩闢易不能禁衆樂謂之罷奏明皇遣高力士大呼樓上曰欲遣念奴唱歌邠二十五郎吹小管逐看人能聽否皆悄然奉詔然明皇不欲奪俠遊之盛未嘗置在宮禁歲幸溫湯時巡東洛有司潛遣從行而已開元天寶遺事云念奴有色善歌

宮妓中第一帝嘗曰此女眼色媚人又云念奴每執板當席聲出朝霞之上今大石調念奴嬌世以爲天寶間所製曲予固疑之然唐中葉漸有今體慢曲子而近世有填連昌詞入此曲者後復傳此曲入道調宮又轉入高宮大石調

清平樂　清平樂松窗錄云開元中禁中初重木芍藥得四本紅紫淺紅通白繁開上乘照夜白太眞妃以步輦從李龜年手捧檀板押衆樂前將欲歌之上曰焉用舊詞爲命龜年宣翰林學士李白立進清平調詞三章白承詔賦詞龜年以進上命梨園弟子約格調撫絲竹捉龜年歌太眞妃笑領歌意甚厚張君房脞說指此爲清平樂曲按明皇宣白進清平調詞乃是令白于清平調中製詞蓋古樂取聲律高下合爲三曰清調平調側調此之謂三調明皇止令就擇上兩調偶不樂側調故也況白詞七字絕句與今曲不類而尊前集亦載此三絕句止目曰清平調然唐人不深攷妄指此三絕句耳此曲在越調唐至今盛行今世又有黃鍾宮黃鍾商兩音者歐陽炯稱白有應制清平樂四首往往是也

雨淋鈴　雨淋鈴明皇雜錄及楊妃外傳云帝幸蜀初入斜谷霖雨彌旬棧道中聞鈴聲帝方悼念貴妃採其聲爲雨淋鈴曲以寄恨時梨園弟子惟張野狐一人善篳篥因吹之遂傳于世予攷史乃諸家說明皇自陳倉入散關出河池初不由斜谷路今劍州梓潼縣地名上亭有古今詩刻記明皇聞鈴之地庶幾是也羅隱詩云細雨霏微宿上亭雨中因感雨霖鈴貴爲天子猶魂斷窮著荷衣好涕零劍水多端何處去巴猿無賴不堪聽少年辛苦今飄蕩深愧先生教聚螢世傳明皇宿上亭雨中聞牛鐸聲悵然而起問黃幡綽作何語曰謂陛下特郎當特郎當俗稱不整治也明皇一笑遂作此曲楊妃外傳又載上皇還京後復幸華清從官嬪御多非舊人于望京樓下命張野狐奏雨淋鈴曲上四顧悽然自是聖

懷耿耿但吟刻木牽絲作老翁雞皮鶴髮與眞同須臾弄罷寂無事還似人生一世中杜牧之詩云行雲不下朝元閣一曲淋鈴淚數行張祜詩云雨淋鈴夜却歸秦猶是張徽一曲新長說上皇和淚教月明南內更無人張徽即張野狐也或謂祜詩言上皇出蜀時曲與明皇雜錄楊妃外傳不同祜意明皇入蜀時作此曲至雨淋鈴却又歸秦猶是張野狐向來新曲非異說也元微之琵琶歌云淚垂捍撥朱絃溼水泉嗚咽流鶯澀因茲彈作雨淋鈴風雨蕭條鬼神泣今雙調雨淋鈴慢頗極哀怨眞本曲遺聲

春光好　春光好羯鼓錄云明皇尤愛羯鼓玉笛云八音之領袖時春雨始晴景色明麗帝曰對此豈可不下判斷命取羯鼓臨軒縱擊曲名春光好回顧柳杏皆已微坼上曰此一事不喚我作天工可乎今夾鍾宮春光好唐以來多有此曲或曰夾鍾宮屬二月之律明皇依月用律故能判斷如神予曰二月柳杏坼久矣此必

正月用二月律催之也春光好近世或易名愁倚欄

菩薩蠻　菩薩蠻南部新書及杜陽雜編云大中初女蠻國入貢危髻金冠纓絡被體號菩薩蠻隊遂製此曲當時倡優李可及作菩薩隊舞文士亦往往聲其詞大中乃宣宗紀號也北夢瑣言云宣宗愛唱菩薩蠻詞令狐相國假溫飛卿新撰密進之戒以勿泄而遽言于人由是疏之溫詞十四首載花間集今曲是也李可及所製蓋止此則其舞隊不過如近世傳踏之類耳

望江南　望江南樂府雜錄云李衛公爲亡妓謝秋娘撰望江南亦云夢江南白樂天作憶江南三首第一江南好第二第三江南憶自註云此曲亦名謝秋娘每首五句予考此曲自唐至今皆南呂宮字句亦同止是今曲兩段蓋近世曲子無單遍者然衛公爲謝秋娘作此曲已出兩名樂天又名以憶江南又名以謝秋娘近世又取樂天首句名以江南好

麥秀兩歧　麥秀兩歧文酒清話云唐封舜臣性輕佻德宗時使湖南道經金州守張樂燕之執盃索麥秀兩歧曲樂工不能封謂樂工曰汝山民亦合聞大朝音律守爲杖樂工復行酒封又索此曲樂工前乞侍郎舉一遍封爲唱徹衆已盡記于是終席動此曲封既行守密寫曲譜言封燕席事郵筒中送與潭州牧封至潭牧亦張樂燕之倡優作襤褸數婦人抱男子筐筥歌麥秀兩歧之詞敘其拾麥勤苦之由封面如死灰歸過金州不復言矣今世所傳麥秀兩歧今在黃鍾宮唐尊前集載和凝一曲與今曲不同

文漵子　文漵子盧氏雜說云文宗善吹小管僧文漵爲入內大德得罪流之子弟收拾院中籍入家具猶作師講聲上采其聲製曲曰文漵子予考資治通鑑敬宗寶曆二年六月己卯幸興福寺觀沙門文漵俗講敬文相繼年祀極近豈有二文漵哉至所謂俗講則不可曉意此僧以俗談侮聖言誘聚羣小至使人主臨觀爲一笑之樂死尚晚也今黃鍾宮大石調林鍾商歇指調皆有十拍令未知孰是而漵字或誤作序并緒

後庭花　後庭花南史云陳后主每引賓客對張貴妃等游宴使諸貴人及女學士與狎客共賦新詩相贈答采其尤豔麗者爲曲調其曲有玉樹後庭花通典云玉樹後庭花堂堂黃鸝留金釵兩臂垂並陳后主造恒與宮女學士及朝臣相唱和爲詩太樂令何胥采其尤輕豔者爲此曲予因知后主詩胥以配聲律遂取一句爲曲名故前輩詩云玉樹歌殘王氣終景陽鐘動曉樓空又云後庭花一曲幽怨不堪聽又云萬戶千門成野草只緣一曲後庭花又云綵牋曾襞欺江總綺閣鹿銷玉樹空又云商女不知亡國恨隔江猶唱後庭花又云玉樹歌闌海雲黑花庭忽作青蕪國又云後庭餘唱落船窗又云後庭新聲歎樵牧又云不知即入宮前井猶自聽吹玉樹花吳蜀雞冠花有一種小者高不過五六寸或紅

或淺紅或白或淺白世目曰後庭花又按國史纂異云陽縣多漢離宮故地有樹似槐而葉細土人謂之玉樹揚雄甘泉賦玉樹青葱左思以爲假稱珍怪者實非也似之而已予謂雲陽既有玉樹即甘泉賦中未必假稱陳后主玉樹後庭花或者疑是兩曲謂詩家或稱玉樹或稱後庭花少有連稱者僞蜀時孫光憲毛熙震李珣有後庭花曲皆賦後主故事不著宮調兩段各四句似令也今曲在兩段各六句亦令也

鹽角兒　鹽角兒嘉祐雜志云梅聖俞說始教坊家人市鹽于紙角中得一曲譜翻之遂以名今雙調鹽角兒令是也歐陽永叔嘗製詞

說郛卷第十八終

說郛卷第十九

打馬圖經　一卷　　宋李氏清照號易安居士

惠卽通通卽無所不達專卽精精卽無所不妙故庖丁之解牛郢人之運斤師曠之聽離婁之視大至于堯舜之仁桀紂之惡小至于擲豆起蠅巾角拂棊皆臻至理者何妙而已後世之人不惟學聖人之道不到聖處雖嬉戲之事亦得其依稀彷彿而遂止者多矣博者無他爭先術耳故專者能之予性喜博凡所謂博者皆耽之晝夜每忘寢食但平生隨多寡未嘗不進者何精而已自南渡來流離遷徙盡散博具故罕爲之然實未嘗忘于胸中也今年冬十月朔聞淮上警報江浙之人自東走西從南走北居山林者謀入城市居城市者謀入山林旁午絡繹莫卜所之易安居士亦自臨安泝流涉巖灘之險抵金華卜居陳氏第乍釋舟檝而見軒窗意頗適然更長燭明奈此良夜何于是乎博奕之事講矣且長行葉子博塞彈棊近世無傳者打褐大小猪窩族鬼胡畫數倉賭快之類皆鄙俚不經見藏弦摴蒱雙蹙融近漸廢絕選仙加減插關太質魯任命無所施人智巧大小象戲奕棊又惟可容二人獨采選打馬特爲閨房雅戲嘗恨采選叢繁勞于檢閱故能通者少難遇勍敵打馬簡要而苦無文采按打馬世有二種一種一將十馬者謂之關西馬一種無將二十馬者謂之依經馬流行既久各有圖經凡例可考行移賞罰互有同異又宣和間人取二種馬參檏加減大約交加僥倖古意盡矣所謂宣和馬者是也予獨愛依經馬因取其賞罰互度每事作數語隨事附見使兒輩圖之不獨施之博徒實足貽諸好事使千萬世後知命辭打馬始自易安居士也紹興四年十一月二十四日易安室序

打馬賦

歲令云徂盧或可呼千金一擲百萬十都尊俎具陳已行揖讓之禮主賓既醉不有博奕者乎打馬爰興摴蒱遂廢實博奕之上流乃閨房之雅戲齊驅驥騄疑穆王萬里之行間列玄黃類楊氏五家之隊珊珊佩響方驚玉蹬之敲落落星羅忽見連錢之碎若乃吳江楓冷胡山葉飛玉門關閉沙苑草肥臨波不渡似惜障泥或出入用奇有類昆陽之戰或優游仗義正如涿鹿之師或問望久高脫復庾郎之失或聲名素昧便同癡叔之奇亦有綏綏而歸昂昂而出鳥道驚馳蟻封安步崎嶇峻坂未遇王良跼促鹽車難逢造父且夫丘陵云遠白雲在天心存戀豆志在着鞭止蹄黃葉同異金錢用五十六采之間行九十一路之內明以賞罰覈以殿最運指麾于方寸之中決勝負于幾微之外且好勝者人之常情小藝者士之末技說梅止渴稍蘇奔競之心畫餅充飢少謝騰驤之志將圖實效故臨難而不回欲報厚恩故知機而先退或銜枚緩進已踰關塞之艱或賈勇爭先莫悟穽塹之墜皆由不知止足自貽尤悔況爲之不異是實見于正經用之以誠義必合于天德故繞床大叫五木皆盧瀝酒一呼六子盡赤平生不負遂成劍閣之師別墅未逾已破淮淝之賊今日豈無元子明時不乏安石又何必陶長沙博局之投正當師袁彥道之擲也辭曰佛貍定見卯年死貴賤紛紛尚流徙滿眼驊騮雜騄耳時危安得眞致此老矣誰能致千里但願相將過淮水

采色例　凡碧油至滿盆星有五十六采

賞色

堂印⚃⚃⚃　碧油⚅⚅⚅　桃花重五⚄⚄⚄　雁行兒⚂⚂⚂　拍板兒⚁⚁⚁　滿盆星⚀⚀⚀　黑十七⚅⚄⚅　馬軍⚃⚄⚅　靴楦⚁⚂⚅　銀十⚀⚃⚄　撮十⚀⚂⚅

罰色

小浮圖　小娘子

雜色

赤牛　黑牛　驢嘴　角棱　大開門

正臺　䈥䉾頭　暮宿　大鎗

皁鶴　野雞頂　八五　花羊　丫

角兒　條巾　赤十二　腰曲縷　乾

䭔兒　紅鶴　九二　小鎗　急火鑽

胡十　蛾眉　夾十　平頭　撥

九　拐九　妹九　夾九　丁九

雁八　撮八　拐八　大肚　夾八

白七　川七　夾七　拐七　火筒兒

小嘴　葫蘆頭

鋪盆例

凡置局二人至五人鈞聚錢置盆中臨時商量多寡從衆然不過四五人數多則本采交錯多致喧鬧

既先設席豈憚攫金便請著鞭謹令編埒罪而必罰已從約法之三章賞必有功勿效遶牀之大叫凡不從衆議諠閙者罰十帖入盆

本采例用骰子三隻

凡第一擲謂之本采如擲賞罰色即不得認作本采例飛龍院次本采方許過如遺鵖是進本

公車射策之初記其甲乙神武挂冠之日定彼去留汝其有始有終我則無偏無黨采十三大鵠之類皆旁本采

下馬例

凡馬二十疋用犀象刻成或鑄銅爲之如大錢樣刻其文爲馬文各以馬名別之如驪驤之類或只用錢各以錢文爲別仍雜采染其文須用

當二當三錢以絕盤下之事堂印四擲花下八疋賞八帖如十二本采更下二疋碧油六擲花下六疋賞六帖桃花重五五擲花下五疋賞五

帖如十本采更下二疋雁行兒三擲花下四疋賞四帖如九本采更下二疋拍板兒二擲花下四疋賞四帖如八本采更下二疋滿盆星擲么

花下四疋賞四帖眞本采下三疋賞三帖傍本采下二疋賞二帖承人眞撞擲下次撞手擲用上次賞罰色無眞撞下三疋賞三帖

自擲賞色謂擲十擲十黑十七馬軍傍本采各下二疋賞二帖別人擲自家傍本采傍撞各下二疋賞二帖

上次擲罰采小娘子小浮圖各下二疋賞二帖餘散采下一疋

夫勞多者賞必厚施重者報必深或再見而取十官或一門而列三戟又昔人君每有賜臣下必先以乘馬焉秦繆公悔赦孟明解左驂而贈之是也豈功重賜爾自取之予何厚薄焉凡下次人未有本采上次人雖擲賞采不理賞采

行馬例

凡馬局十一窩遇入窩而必賞既能據險一以當十便不得賞一擲後來者馬雖多亦不許行

九陽數也故數九而立窩窩險塗也放于窩而必賞既能據險

一以當千便可成功寡能敵衆請回後騎必避先登

凡疊成十馬方許過函谷關十馬先過然後餘馬隨多少得過自至函谷關則少馬不許踰別人多馬如前疊有多馬不許行候多馬移動方許行馬數同即許行

行百里者半九十汝其知乎方玆萬勒爭先千羈競轃得其中道止以半途如能疊騎先馳方許後來繼進既施薄効須稍旌甄可倒半盆

凡疊足二十馬到飛龍院散采不得行直待自擲眞本采堂印碧油桃花重五雁行兒拍板兒滿盆星諸賞采等及別人擲自家眞本采上次擲罰采方許過

萬馬無聲恐是銜枚之後千蹄不動疑乎立仗之時如能翠幙張油黃扉啓印雁歸沙漠花發武陵歌筵之小板初齊天際之流星暫聚或受彼罰或旌己勞或當謝事之時復過出身之數語曰鄰之薄家之厚也以此始者以此終乎皆得成功俱無後

悔

打馬例

凡多馬遇少馬點數相及即打去馬馬數同亦許去任便再下

衆寡不敵其誰可當成敗有時夫復何恨或往而旋反有同虞國之留或去亦無傷有類塞翁之失欲雪孟明三敗之恥好求曹劌一旦之功其勉後圖我不汝棄

凡打去人全塖馬（謂二十正作一塖者）倒半盆被打人出局如願再下者亦許

趙幟皆張楚歌盡起取功定霸一舉而成方西鄰責言豈可蝗封共處既南風不競固難金埒同居便請着鞭不須戀廐

被打去全馬人願再下

虧于一簣敗此垂成久伏鹽車方登峻坂豈期一蹶遂失長途恨棄馬之皆空悲前功之盡棄但素蒙翦拂不棄駑駘願守門闌再從驅策迴風驤首已傷去日之障泥戀主銜恩更待明年之春草

倒行例

凡遇打馬遇疊馬遇入窩許倒行

唯敵是求唯險是據後騎欲來前馬反顧既將有爲退亦何害語不云乎日莫途遠故倒行而逆施之也

入夾例

凡遇飛龍院下三路謂之夾散采不許行遇諸夾采方許行（謂如六六么行一路么么六行六路一擲渾花亦各算夾采如碧油行六路滿盆星行一路之類夾六細滿突）

昔晉襄公以二陵而勝者李亞子以夾寨而興者禍福倚伏其何可知汝其勉之當取大捷

落塹例

凡倘乘局下一路謂之塹不行不打雖後有馬到亦同落塹謂之同處患難直待自擲之渾花賞采眞本采傍本采別人擲自家眞

本采傍本采上次擲罰采下次擲眞撞方許依元初下馬之數飛出飛盡爲倒盆每飛一疋賞一帖

凜凜臨危正欲騰驤而去駸駸遇伏忽驚奔塹之投項羽之騅兮悲不逝元德之騎兮出如飛既勝以奇當旌其異請同凡例亦倒全盆

倒盆例

凡十馬先到函谷關倒半盆（在局人再添）打出別人全馬倒半盆全馬先至倘乘局爲細滿倒倍盆（在局人再添）過倘乘局爲麄滿倒一盆落塹馬飛盡同麄滿倒一盆

瑤池宴罷騏驥皆歸大宛凱旋龍媒並入已窮長路安用揮鞭未賜弊幃尤宜報主驥雖伏櫪萬里之志長存國正求賢千金之骨不棄定收老馬欲取奇駒既已解驂請拜三年之賜如圖再戰願成他日之功

賞帖例

凡謂之賞帖者臨期商量用錢爲一帖（不過五錢多則重復賠供）自擲之渾花賞采眞傍本采各隨下馬疋數（如下十馬賞十帖下一馬賞一帖）在局人皆供別人擲人眞傍本采隨手眞傍眞撞上次罰采各隨下馬疋數犯事人供凡打得一馬賞一帖被打人供落塹飛出馬一疋賞一帖在局人皆供

賞擲例

凡自擲諸渾花諸賞采眞傍本采打得馬疊得馬飛馬皆賞一擲別人擲自家眞傍本采上次擲罰采皆賞一擲

遂昌山樵雜錄一卷

元鄭元祐（字明德）

禮遇儒士　高昌廉公諱希貢字端父由按察僉事累任廉使後以薊國公致仕公嘗出其兄平章公諱希憲像而白晳如滿月冠巾圓領袍手執孟子公嘗言先兄禮賢下士如不及方爲中書平章時江南劉整以尊官來見先兄毅然至不命之坐劉去宋諸生

繿縷冠衣袖詩請見先兄亟延入坐語稽經紬史飲食勞苦如平生懽既罷某等兄弟請于先兄曰劉整貴官也而兄簡薄之宋諸生寒士也而兄加禮遇殊厚某等不能無疑敢問公曰是非汝輩所知我國家大臣語默進退繫天下重輕劉整官雖尊賣其國以叛君者若夫宋諸生所謂朝不坐燕不與彼何罪而羈囚之況今國家起朔漠我于斯文不加厚則儒術由此衰熄矣公之卓識有若此哉

鄧山房　宋道士鄧山房先生者綿州人也諱道樞以齋科精嚴際遇理度兩朝一日謝后遣巨璫召至內後門泣降德音且令其謫軍令狀使無泄后謂昨夜夢齊王大怒以爲吾且將兵由獨松關滅汝社稷后特旨令鄧于南高峰頂爲謄心章哀告上帝已而黃頭先鋒斬關而入宋亡鄧構室吳下曰會道觀

探諜　余年三十時識一老僧于吳江洲渚上老僧台人也時已

年七十餘爲予言伯顏丞相先鋒兵至吳是日大寒天雨雪老僧者時爲承天寺行童兵森列寺前住山老僧某令其覘兵勢且將自刎毋汙他人手行童震慄遠望有以銀椅中坐者以手招行童行童莫敢前且令軍士趣召之將至戒以無恐既至召令前問住山某和尚安否西廊下某首座安否行童大驚且戒令先往首座房致意首座僧大驚而銀椅中坐者已至房作禮笑問曰首座如何忘卻耶某固昔時知命子寺前賣卜者也嘗宿上房踰半年已而偕至方丈拜主僧主僧錯愕漫不省扣之乃言曰我尤宣撫也今日尚何言卽命大鍋煮粥啖兵人令兵人持招安榜而令寺行童以吳語誦榜文曉諭百姓于此始知尤公探諜江南凡八年至以龍虎山張天師符籙取驗于世祖云尤公久于江南探諜南士人品高下皆采之時江淮省改江浙省自維揚遷錢塘尤公因陞平章郡有天慶觀卽今玄妙觀杭高士褚雪巘先生諱師采自宋以清苦節行聞一日尤公單騎從一童至天慶方丈觀主王管轄者尚不知爲平章尤公乃自言觀主大驚尤公曰我欲一拜褚高士耳觀主謂其人孤僻士宰相何所取而欲見之尤公意彌堅觀主扣房門高士方讀書聞扣戶問爲誰觀主以姓名對高士曰主首不游廊管轄何爲至此觀主以山門急切事語之乃啓戶觀主以平章見請高士拒之曰某自來不識時貴人而平章顧已拜于地意欲高士延坐其室卽鎖戶偕行廊廡間平章卑抑敬之愈甚至雲堂前語平章曰三年前有閩州王高士嘗欲留此某則非其人也因長揖竟出尤公顧瞻咨嗟曰是眞一世之高士公每出見杭士女出遊仍故都遺風前後雜沓公必停輿或駐馬戒飭之曰汝輩尙瞢瞢睡邪今日非南朝矣勤儉力作尙慮不能供繇役而猶若是惰遊乎時三學諸生困甚公出必擁遏叫呼曰平章今日餓殺秀才也從者叱之公必使之前以大囊貯中統小鈔探囊撮

予之公遂建言以學校養士從公始

溫日觀　宋僧溫日觀居葛嶺瑪瑙寺人但知其畫蒲萄不知其善書也今世所傳蒲萄多贋其眞者枝葉鬚梗皆草書法也酷嗜酒楊總統以名酒啗之終不一濡唇見輒憤詈曰掘墳賊掘墳賊惟鮮于伯機父愛之溫時至其家袖瓜啗其大龜抱軒前支離叟或歌或哭每索湯浴鮮于公必躬爲進澡豆其法中所謂散聖者其人也

宋家法之嚴　宋巨璫李太尉者宋亡爲道士號梅溪元祐竜時嘗侍其遊故內指點歷歷如在獨記其過葫蘆井揮涕曰是蕊宋時先朝位上釘金字大牌曰皇帝過此罰金百兩宋家法之嚴如此它則童騃不能記憶也

激賞慈幼　宋京畿各郡門有激賞庫有慈幼局遇盜發郡守開庫募士故盜不旋踵擒獲貧家子多輒厭之故不育乃許其抱至

局書生年月日時局有乳媪鞠育之他人家或無子女却來取于局歲侵子女多入慈幼局故道無抛棄子女信乎其恩澤之周也積雨雪亦有錢雖小惠無甚貧者亦此之由

三胡先生　金華三胡先生長誠仲次穆仲次汲仲汲仲石塘先生也最知名以崔中丞薦入見世祖顧問所答不稱旨出爲揚州路儒學教授繼除建昌陞台州臨海遷鹽場司丞簿死于杭州青蓮寺天台周本心時爲浙省掾率學徒私謚曰修道先生

王眉叟　杭人王月溪諱壽衍字眉叟少年爲道士便際遇晉邸後以弘文輔道粹德眞人管領開元宮江浙首都事劉君諱致字時中海内名士也既卒貧無以葬王躬至其家弔哭周其遺孤舉其喪葬之德淸縣與其壽穴相近春秋拜掃若師友然異教中若王者蓋可尚矣

鄭所南　閩人鄭所南先生諱思肖宋有國時其上世仕于吳宋

亡遂客吳下矢不與北人交接于朋友座間見語音異者輒引起人知其孤僻故亦不以爲異若先生在周爲頑民在殷爲義士槩不易窺其涯涘矣

宋季高節　謝皋父先生諱翶自號晞髮處士讀書博學宋季以古文知名鄧中齋先生諱剡字光薦宋亡以義行著鄧牧心葉水心兩先生皆高節士宋亡深隱大滌山鄧先生于古文尤精嚴不苟作承其學者杭人李道坦字坦之

馬判　今嘉議大夫吏部尚書致仕許昌馮公名夢弼字士啓其始仕由八番西南宣慰司吏繼辟掾湖廣省士啓嘗言其在八番時乘驛出嚮某所三鼓後至一驛驛吏語以今夕晚矣且馬判出江上不若毋行士啓漫不省卽選馬亟行行未三四十里忽烏喇赤者急下馬拜跪伏其言侏離莫能曉而其意則甚哀窘士啓問之搖手意謂且死矣于是士啓亦下馬禱之曰某萬里遠客從吏遠方使有祿命固不死無之敢逃死時月微明睹一物如小屋大竟滾入江水腥風臭浪襲人行數里許乃問烏剌赤烏剌赤曰是之謂馬判問馬判何物搖手不敢對三更後至前驛驛吏出迎錯愕曰是何大膽敢越馬判來乎士啓問馬判驛吏乃言此馬蟥精也遇之者輒爲其所啗齊諧志怪而略此于是乎書

孝感　常熟之支塘里民朱良吉母錢氏年六十餘延祐乙卯冬其母病將殂良吉禱于天以刀剖胸割心肉一臠煮粥以飲母母食粥病愈而良吉心坎痛臥不起隣人哀其孝且憂其死乃裒財命頤眞觀道士馬碧潭者醮諸神明是日邑人俞浩齋聞而過其家視良吉胸間瘡裂幾五寸氣騰出痛不能言俞爲納其心以桑白皮綫縫之未及月再至其家則母子皆無恙矣俞述其事以垂勸吳人宋翠寒者有詩以紀述之其小序曰夫孝爲百行宗人以父母遺體而生乳哺鞠育教誨劬勞其恩號罔極然而刲心封股

恐其傷生而或死也父母存而子死故有禁止之令爲觀今世降俗薄悖逆其父母者視良吉何如哉如良吉者自當旌異爲教勸而有司曾莫省原其一念之純剖心之際動天地感鬼神固不待賞之于有司而天地神明固已陰錄其孝矣太上感應篇所謂若人者人敬之天祐之福祿隨之衆邪遠之神靈衛之今日爲世上人他日爲地下主進補仙階若良吉者有焉故爲顯白其孝以爲人子之勸省云

御史爲人捶　中奉大夫西臺侍御曹南馮公諱翼字君輔爲中臺監察御史時嘗與一蒙古御史並馬行蒙古馬肥健嘗先一箭行馮馬老瘦策莫前道遇一醉達達見馮馬羸衣笠弊用策捶馮三四鞭前行御史亟呼曰監察御史爲人捶憲度墜矣亟捕捶者毋貸馮舉手謝曰無是醉達躍馬去前御史至察院語同僚曰馮御史道爲人所捶我命捕之而馮曾不卹惡有是耶語竟馮至同

僚迎謂曰何故馮謝以無有前行御史怒曰如此則是我妄言馮因起立語衆人曰某本疎遠下僚朝廷不以其無似擢置言路已二十日矣天下大事未有小建明而先與醉人競曲直諸同僚曰雖此有言我輩得預聞也馮笑而不答已而成廟陪京駕下公朝服拜道左進疏十事皆天下大事云

湖山之勝　錢唐西湖舊多行樂處西太乙宮四聖觀皆在孤山宋雖遷僧寺建宮觀于其上而太乙泉寺喜鵲寺皆遷北山亦各擅山水之勝西太乙成後西出斷橋夾蘇公隄皆植花柳而時時有小亭館可憩息若天宮之□景福之門迎眞之館蘂庭之殿結構之巧丹雘之麗眞擅蓬萊道山之勝四聖觀雖建于高宗朝其規制相去遠矣予童時尙記孤山之陰一山亭在高阜上曰歲寒繚亭皆古梅亭下臨水曰挹翠閣上下皆拱斗砌成極爲宏麗蓋慮童兩璫以內府錢建西太乙宮又能以其餘貲建兩閣亦可謂

能事楊璉眞珈既奪爲僧窟今皆無有一存荒榛滿目可勝嘆哉

紀遊　錢唐門西出石函橋河西僧三寶者壘石寘磚爲西番塔舊無有也今四五十年矣想塔未必能如舊也塔南即宋放生池舊碑磨去高文虎誤用事所謂夏王道傳語商王這鳥獸魚鼈元來是你西去即保叔塔山脚下有大石世傳秦始皇纜舡石喻彌陀勸人修西方淨業晝丈餘彌陀遇塡頭行刑日彌陀張大像誦佛號其用心勤矣至鑿纜舡石爲大佛頭耳竅可坐七人其大可知東臨湖白雲宗寺西則水月園由山而上則相嚴寺寺西石磴直上則保叔塔也下則多寶寺寺西宋詩人孫花翁墓也墓西嘉澤廟祀西湖龍王蘇文忠公題和靖處士像結語謂不能配食水仙王一盞寒泉薦秋菊祠西小寺忘其名稍西復陟巘躍運使廨宇在焉後創爲善住閣其間有山中四時小窗橫幅安樂窩之類其結構皆明敞可喜稍西爲壽星寺寺有寒碧軒蘇文忠題詩尙在寺稍東陟磴而上爲江湖偉觀文忠公所謂一舸鴟夷江海去尙餘君子六千人予嘗與張貞居欲登偉觀則磴道壞不復有其處矣寺西則瑪瑙寺寺南養樂園園中花卉湖石杉檜尙存臨湖飛樓雄麗賈相養其母夫人車舡自其第茶頭便至園園有悅生堂前亭亭今歸吳中周僉省園北出稍西復登巘則玉淸宮也宮北戸直上爲初陽臺臺有亭倚亭而望盡得西湖之勝復有屋數間祠葛仙翁宮西爲竹閣寺爲六一泉寺爲圓明寺寺西則棲霞嶺嶺下爲岳王墳墳南臨湖爲褒忠寺寺爲其孫毀今遷寺忠烈廟後岳墳西則沖虛宮宋寧宗老宮人爲女冠所建也宮西爲耿家步予先人舊居與宮正相對今屢易主矣由耿家步而西爲東山巷巷有女冠神仙宮火後僅彷彿耳內附後僧建靜勝寺殊宏壯

謙抑　宛丘趙天錫諱裕官至財賦總管時公委至吳吳固公辟

掾處因訪其鄰戒其僕曰汝至人家須鞠躬屏氣叩門人人有問汝但曰前路吏趙天錫愼毋曰趙總管趙總管云視自昡顯重者有間矣

忘懷錄 三卷

宋沈括 字存中

安車　安車車輪不欲高高則搖車身長六尺可以臥也其廣合轍轅以蒲索纏之索如錢大可也車上設四柱蓋密簟爲之紙糊黑漆勿加棱棱重又蔽眼害于觀眺廂高尺四寸設茵薦之外可以穩睡爲法車後爲門前設扶板加于廂上在前可憑在後可以臨時移徙以鐵距子簪于兩廂之上板可闊尺餘令可容書策及肴尊之類下以板彌之臥則障風近後爲牽戸以備仄臥觀山也車後施油幰幰兩頭施軸如晝幀軸大如指有雨則展之傅于前柱欲障日障風則半展或偏展一邊臨時以鐵距子簪于車蓋梁及廂下無用則卷之立于車後車前爲納陛令可垂足而坐要臥

則以板梁之令平琴書酒榼扇帽之類挂車擔蓋間車後皆可也」
遊山具　遊山客不可多多則應接人事勞頓有妨靜賞兼僕衆所至擾人今爲三人具諸應用物共爲兩肩二人荷之操几杖持蓋雜使三人便足矣兼與者未預客有所攜則照裁損無浪重複惟輕簡爲便器皿皆木漆輕而遠道惟酒盃或可用銀錢一二千使人腰之操几杖者可兼也
行具二肩
甲肩　左衣篋一
衣　被　枕　盥漱具　手巾　足布　藥　湯　梳
右食匱一
竹爲之二鬲并底蓋爲四食盤子三每盤果子楪十矮酒榼一可容數升以備沽酒鉋一杯三漆筒合子貯脯脩乾果嘉蔬各數品餅餌少許以備飲食不時應猝唯三食盤相重爲一鬲其餘分任之暑月果脩合皆不須攜
乙肩　竹鬲二下爲櫃上爲虛鬲
左鬲上層書箱一　紙　筆　墨　硯　剪刀　韻略　雜書册
櫃中食碗楪各六七箸各四生果數物削果刀子
右鬲上層琴一竹匣貯之　摺疊棋局一櫃中棋子茶二三品臘茶即碾熟者盞托各三盂盌七等
附帶雜物
小斧子　斫刀　劚藥鋤子　臘燭二　拄杖　泥靴　雨衣
繖笠　食銚　虎子　急須子　油筒
敧床　如今之倚床但兩向施欓齊高令曲尺上平僧家亦有偏靠亦有狹欓然高低不等雖爲玄倚　若背倚左欓可几臂倚右欓則左可几臂左右互倚令人不倦仍可左右蹯足或枕欓角敧眠無不便適其度座高二尺足高一尺八寸欓高一尺五寸從地至欓共高三尺六寸木製藤繃或竹爲之尺寸隨人所便增損

醉牀　爲牀長七尺廣三尺高一尺八寸自半以上別爲子面歎大林中間子面廣二尺五寸長三尺皆木製韋綜之京棕欲疏欲眠人身不礙韋下虛二寸牀底以板彌之勿令通風子面歎下與大林平一頭施轉軸當大林中間子而底設一拐撐分爲五刻子面首柱一枕若欲危坐即撐起令子面直上便可靠背以枕承腦欲稍偃則退一刻盡五刻即與大牀平矣凡飲酒不宜便臥當倚牀而坐稍倦則稍偃之困即放平而臥使一童移撐高下如意不須移身可以盡四體之適大牀兩緣有二尺餘前後鑿二竅孔爲直几二其下爲筍欲倚手則歎几于竅孔中
觀雪菴　菴長九尺闊八尺高六尺以輕木爲格紙糊之三面如枕屏風上以一格覆之面前施夾幔中間可容小坐牀四具不妨設火及飲具隨處移行背風展之迴地即就雪中卓之比之氊帳輕而門闊不礙瞻眺施之別用皆可不獨觀雪也
湯鎗　溫酒爲鐵銅鎗深三寸平底可貯二寸湯以酒杯排湯中酒溫即取飲冬時擁爐靜話免使童僕紛紛殊益幽致
藥井　道院中擇好山地鑿一井須至深而狹小勿令大大即費藥江南浙東以至遠方山澗中多紫白石英洞中多鍾乳孔公孽殷孽可令採掇各一二石搗如豆粒雜投井中磁石亦好雲母廬山尤多欲用之須揀成塊者勿擊碎皆完用之仍須先下雲母乃以衆石蓋其上深數尺蓋防雲母屑入水中飲之有害故也每日汲水飲或供湯茶釀酒作羹飲皆用之久極益人唐李文勝家藥井仍用硃沙硫黃金紀玉如此尤好但山中不可致耳其井須極深深則容藥多多則力盛而堪久乃此井難浚須要一鑿便深乃可久用井上設楹常扃鐍之恐蟲鼠墜其間或爲庸人孺子所褻」
芸草　古人藏書謂之芸香是也採置書帙中即去蠹置席下去蚤蝨栽園庭間香聞數十步極可愛葉類豌豆作小叢生秋間葉

上微白粉汗南人謂之七里香江南極多大率香艸多只是花過則已縱有葉香者須采撥嗅之方香此艸遠在數十步外此間已香自春至秋不歇絕可翫也

因話錄十卷　宋曾三異字無疑號雲巢新淦人

柘枝　舞柘枝本出柘拔氏之國流傳誤爲柘枝也以其字相近耳

撚梢子　䥶鼓古樂也今不言播䥶而曰撚梢子世俗之陋也又如擊鼓云超舞云紐縮之類甚多

散樂路歧人　散樂出周禮註云野人之能樂舞者今乃謂之路歧人此皆市井之談入士大夫之口而當文之豈可習爲鄙俚

簫箏　古簫都下所謂排簫是也今言簫管而管乃別器箏秦樂也乃琴之流古瑟五十絃自黃帝令素女鼓瑟帝悲不止破之自後瑟止二十五絃秦人得古瑟兄弟爭之又破爲二箏之名自此

始今之制十三弦而古制亦有十二弦者謂之秦箏世俗有樂器而小用七弦名軋箏今乃謂之纂如是則簫管以二物爲一名纂箏以一名爲二物矣或云蒙恬分瑟爲兩則恐無爭之義

交椅　交椅謂之繩牀夷狄所制歐公不御易玄子曰倚字正當如此寫

比疏　古者尚沐浴故治髮之具櫛而已玉藻曰沐稷而靧粱櫛用樿櫛髮晞用象櫛如此而已然櫛已有比之義詩云其比如櫛箋謂相迫近也至漢書所言比疏則視樿櫛爲加密矣然猶非今之比疏也註以爲辨髮之飾則今女子首飾所著金翠珍異之流耳後世憚數沐而櫛用竹以爲去垢之具則與所言比疏名雖同而實又異也

虎子　虎子即溺器也出漢書周禮王府掌王之燕衣褻器註謂清器虎子之屬今俗語云廁馬皆取四足若清器爲旋盆則虎子廁馬之類也

白衣送酒　陶元亮九日把菊王弘送酒本傳無白衣人字白衣字出續晉陽秋云陶潛重陽日無酒坐菊花中見白衣人擔酒至乃王弘送酒也不在本傳中

権貨　権貨非揚搉之義権獨木橋也乃專利而不許他往之義李侍郎壽翁有奏劄載此說本義乃出漢書昭宗紀註

饅頭　食品饅頭本是蜀饌世傳以爲諸葛亮征南時其俗以人首祀神孔明欲止其殺教以肉麪二物像人頭而爲之流傳作饅字不知當時音義如何適以欺瞞之瞞同音孔明與馬謖謀征南有攻心心戰之說故聽孟獲熟視營陣七縱而七擒之豈于事物間有欺瞞之舉特世俗釋之如此耳

貉袖　近歲衣制有一種如旋襖長不過腰兩袖僅掩肘以最厚之帛爲之仍用夾裹或其中用緜者以紫皂緣之名曰貉袖聞之起于御馬院圉人短前後襟者坐鞍上不妨脫著短袖者以其便

于控馭耳古人所謂狐貉之厚以居褻裘長短右袂制皆不如此今以所謂貉袖者襲于衣上男女皆然三代衣冠亂常至于伏誅今士大夫亦服此而不知怪

史評　唐子西云左傳不亂道却好班史不亂道却不好史記敢亂道却好唐書不敢亂道却不好思之其書好與不好姑未論若言其不敢亂道與敢亂道則切中矣

山君海王　世言泰山府君海龍王之類鄙俗不可入文字東坡作明州僧寺御書樓銘有杳爾東南山君海王時節來朝以謹其藏豈惟融化語奇亦見百神受職意甚高也

師　人之五倫朋友預焉而不言師三人行必有我師焉是師寓于朋友中矣然有曰君師有曰父師是君父皆有師道也人之常尊曰君曰父曰師三者而已記曰師無當于五服五服弗得不親以此推之君之于臣父之于子力有所不及處賴師之教爾故師

之德配君父
絕藝　蔣大防母夫人云少日隨親謁泰山東岳天下之精藝畢集人有紙一百番鑿爲錢運鑿如飛既畢舉之其下一番未嘗有鑿痕其上九十九番則紙錢也又一庖人令一人袒背俯僂于地以其背爲刀几取肉二斤許運刀細縷之撤肉而拭其背無絲毫之傷列子載鴻超怒其妻引弓射而怖之矢注眸子而眶不睫公子牟曰此乃盡矢之藝也以前二事較之乃盡刀鑿之勢古者鴻超之射神妙誠有之非列子寓言也

又　都下賣餳者作一圓盤可三尺許其上畫禽魚器物之狀數百枚長不過半寸闊如小指甚小者只如兩豆許禽之有足鞋之有帶弓之有弦纖悉瑣細大略皆如此類以針作箭而別以五色之羽旋其盤買者投一錢取箭射之中者得餳數箭並下其盤方旋而未止賣餳者唱曰白中某赤中某餘不中逮旋止盤定視之

無差賣餳者乃自取箭再旋盤射之以酬之昔中禽之足者不使中禽之翼昔中弓之弦者不使中弓之稍毫釐比昔中者無差焉紀昌視蝨三年大如車輪能射而中之蓋此類也然懸蝨者乃定而視之此却是旋動亦能見而中之未知定者易而動者難邪是或一道也

聲　聲者氣之精華也一紙之隔而氣不能達墻垣之間聲可得聞聲之感通者甚神故詩能動天地感鬼神樂能治神人和上下皆主其有聲也

古畫有據　予家舊畫楊妃上馬圖乃明皇幸驪山時故事侍御之人無他仗衛但有兩璫各挾彈前導意其燕游戲具非有謂也後乃聞乘輿燕游前以擊彈代鳴鞘大抵古畫有據而不苟用器制度固有不能言傳因畫乃見者

論史法　前輩云有三人論史法偶有馬走過踏殺一狗云當作如何書甲云馬逸有犬死于其下乙云有犬死于奔馬之下丙云有奔馬踐斃一犬文省而意盡丙爲得法

龍戶　昌黎廣州詩衙時龍戶集上日馬人來馬人乃馬援所留人種也若龍戶往往以爲蜑戶而無明文近聞廣人云有一種盧淳人在海岸石窟中居止初無定處三四口共一小舟能沒入水數丈過半日乃浮出形骸飲食衣服非人也能食生魚兼取蜆蛤海物從舡人易少米及舊衣以蔽體風浪作即扛挽舡置岸上而身居水中無風浪則居舡中只有三姓曰杜曰伍曰陳相爲婚姻意此乃龍戶之類

雄狐牝雞　周丞相與客閒步園中玩羣鶴問曰此牝鶴耶牡鶴耶客從旁曰獸爲牝牡禽爲雌雄丞相曰雄狐綏綏狐非獸乎牝雞司晨雞非禽乎客不能對雖然牝牡字从牛雌雄字从隹乃禽獸之別也自雄狐牝雞之外經史亦不多見

子午針　地螺或有子午正針或用子正丙午間縫針天地南北之正當用子午或謂今江南地偏難用子午之正故以丙午參之古者測日景于洛陽以其天地之中正也然又于其外縣陽城之地地少偏則難正用亦自有理

伏蠟　僧家所謂伏蠟者謂削髮之後即受戒若戒斷酒色等若干件每歲禁足結夏自四月十五日至七月十五日終西方之教結夏之時隨其身之輕重以蠟爲其人解夏之後以蠟人爲驗輕重無差即爲念定而無忘想其忘想者氣血耗散必輕于蠟人矣湯朝美作本然僧塔銘寫作伏臘之臘蓋未詳此義也

姓名　舜姓姚二妃姓嬀夏姓姒卨姓子周姓姬秦姓嬴尙書釐降二女于嬀汭因地得姓因姓爲婦人之稱左傳有戴嬀有息嬀詩有大姒有必宋之子王姬驪姬文嬴穆嬴之類是也漢以後婦人如呂后名雉蔡邕之女名琰以名著者甚多孔子之母名徵在

專以名言昏禮有所謂問名公羊傳有婦人許嫁字而笄之不知名與字之義如男子乎亦止類今世大小一二之別乎若後世以姬姜爲婦人之通稱則失之矣惟娣姒之姒却不因姓堯之女娥皇女英契之母簡狄秦穆公之女簡璧后稷之母姜嫄又不知此類乃其稱號耶乃其名耶

節史　節史書先立定意欲爲乃可去取如欲知治亂則取諸君臣賢否刑政升降之間如欲知制度則取諸典章文物因革損益之事如欲知文法則取言辭摹寫融液删潤之處大抵一史須三數次節也陸務觀爲言如此

孝經序語　孝經序載孔子曰吾志在春秋行在孝經趙吉水希廸嘗與予言聞之長者二語出孝經通緯

家宅　五帝官天下三王家天下故曰官家國家家字本甚重而又以爲上下之通稱今世達官稱府稱宅下焉則稱家書謂五流

有宅則宅字反不若家字矣

祭文　歐陽文忠公奉母喪過邢郡郡守屬一同官作祭文再三戒之留意其人唯唯文忠來已逼其郡守索文觀不一再三索之對以但候其至郡守甚疑比至出文令書寫云孟軻之賢母之賢也夫人有子如孟軻夫復何憾文忠公大喜之

避秦　雲水人以小竹揉之下爲方蠡上爲方蓋蠡之中置衣食之屬蓋之下藏藥物之屬負之于背以行名曰避秦此二字班馬書皆載于四皓事處器物因事以名其源流有如此

馬門　舟之設屋開門而入者其門謂之馬門必先闖首而後能入因其字義析而稱之也鄭山父云嘗見人舉似在小說中若無他義此說雖邇就似亦得之矣

侍父發書　張安國守撫州時年未五十其父總得老人在官一日老人在齋中索紙筆發書有兩吏人來聲喏拱立總得問爲誰對云書表司適聞運使發書來祇應總得遣而去之却呼安國者曰撫州書表司是伏事汝我如何使汝當伏事我發書安國侍立候總得修書封題遣發乃退

三角亭詩　余子濤之祖仁廟時因作三角亭詩知名召爲御史不拜人問其故曰壞心術予在朝曾見朝列云言官退無所爲不相識者又多不知其事但把相識人逐个思過所謂壞人心術者誠有之矣三角亭詩云夜缺一簷雨春無四面花缺一則安知其非二無四則見其止于三昌黎送窮形容五字云非三非四滿七除二以兩句形容五字然則此詩先當以一句言二數則形容親切

西皮　髹器稱西皮者世人誤以爲犀角之犀非也乃西方馬韉自黑而丹自丹而黃時復改爲五色相疊馬鐙磨擦有凹處粲然成文遂以髹器倣爲之

蓴羹　千里蓴羹未下鹽豉世多以淡煮蓴羹未用鹽與豉相調和非也蓋末字誤書爲未末下乃地名千里亦地名此二處產此二物耳其地今屬平江郡

岳武穆獄案　岳武穆獄案今在莆陽陳魯公家始者無獄辭也但大書天日昭昭天日昭昭八字最罪案乃是細書與前筆跡不同不知後來如何黏成一卷也鄭棐之姪親見之

康節知數　邵康節先生至京師士大夫多謁之請問休咎有一人獨問國家運數先生喜曰他人所問皆爲己事子獨能上念國家再三稱嘆之曰予某日歸子可于其日相候至期其人往候先生與敘別就肩輿取緘封文字一卷授之曰毋即觀候至家發之視畢焚之其人奉教歸而發視則五代史晉出帝紀也

殤神　九歌國殤非關雲長輩不足以當之所謂生爲人傑死爲鬼雄也江鄉淫祠有馬陂大王爲盜者多祀之亦能出爲靈響俗

呼爲殤神必是小人死闘忿怒之氣不泯而爲厲者也老母言年十六七時避盜山間一民家與其婦女處于屋後小室間坐忽覺簷間有聲如蝙蝠者老母先聞之而其家婦女未聞也有頃聲稍疾又其婦倉皇出門仰視之叩齒而言曰待去呼丈夫漢歸老母亦隨之到門外仰視但彷彿見空中有黑影如胡蝶狀散去問婦女何故如此應曰神道心亦不知爲異數日後盜息歸家以告長上方知其家亦祀此神非良民也殆自投虎口矣俚俗傳之其聲作于前則吉而勝作于後則凶而負楚俗有此澁官者當知之

璽寶印　璽寶印三者名殊而用一許氏說文曰璽者印也周禮掌節云門關用璽節鄭氏云今之印章也職金吾揭而璽之鄭云璽者印也故應劭漢官儀曰璽信也古者尊卑共之月令云固封璽左傳云襄公在楚武子使公冶問璽書追而與之是也然劭乃不以周禮爲正豈遺忘耶秦始皇得玉于藍田丞相李斯書其文曰受命于天既壽永昌漢高祖入關子嬰封皇帝璽節降璽乃此也故漢書曰高祖入咸陽得秦璽乃卽天子位因服御其璽世世傳授號傳國璽及王莽簒位求璽于元后后投之于地璽上螭一角缺董卓焚洛陽徙都長安掌璽者以投于井孫堅軍城南見井中有光堅因取得之袁紹後逼堅妻取璽紹敗璽歸漢又傳魏至晉元帝南渡無玉璽北人皆云白版天子後石勒爲冉閔所滅閔得其璽閔敗晉穆帝永和八年鎭西將軍謝尙遣督護何融購得之相傳至于五代契丹滅晉出帝奉玉璽金印以降契丹謂璽非焉與前史所傳異命求其璽出帝曰從琦自焚玉璽不知所在疑焚之也本朝紹聖三年長安村民段義掘地得玉璽獻之蹇序辰安惇等皆言此秦璽也漢以爲傳國寶自五代亡失乃下兩制定驗蔡京等奏以爲考之璽文曰皇帝壽昌者晉璽也受命于天者後魏璽也有德者昌唐璽也惟德允昌晉璽也（出帝獻契丹）今云受命于天既壽永昌其爲秦璽無疑此傳國璽之本末也然秦漢以來天子始名璽故許氏直以爲王者印漢舊儀曰秦以前民皆以金玉銀銅犀象爲方寸璽各服所好漢以來天子獨稱璽又以玉羣臣莫敢用也豈非以高祖入關得爲傳國寶故璽之名遂增重耶舊儀又曰皇帝六璽皆白玉螭虎紐文曰皇帝行璽皇帝之璽皇帝信璽天子行璽天子之璽凡六皇帝行璽賜諸侯王書信璽發兵徵大臣天子行璽外國事天子之璽事天地鬼神漢書所謂璽者此也王莽遣將率易單于印單于白將率曰漢賜單于璽言璽不言章是則漢賜匈奴印亦通名璽矣唐武后改璽爲寶特此六璽之屬耳然章衡通載又謂開元六年改傳國璽又何也若曰傳國璽則秦璽乃是矣苟以爲唐璽則前有德昌是也傳至五代其名不易初何所改如曰卽前六璽則武后固改之矣豈後來人易爲璽至玄宗復改耶然後唐應順元年內批有御前新鑄

之印乃當時從珂自焚國寶散失倉卒刻鑄耳本朝雍熙三年改詔書天下合同三印皆爲寶則又書改爲印矣豈非承襲五代喪亡之後至是方釐正乎慶元六年重陽後五日在塗與兄弟論及既歸因考訂始末寄宏正姪

十二辰　十二辰屬子午卯酉五行死處其屬體皆有虧鼠無膽兔無脣馬無胃雞無肺獨兔無腎者水死甚明餘三物頗配附不合耳

畜　晉人論禽獸知有母而不知有父前輩人言惟家畜不知有父予嘗侍艮齋先生舉此二說先生曰家畜者人亂之也南方畜牧人苦不經意北方以畜產爲家貲放駒游牝往往流傳有度洪忠宣公松漠紀聞云饋人以牛則以一牝九牸唐監牧之官稱職者見于史南渡無監牧之地只買西南之馬聞相隔二三千里經過數國不知其牧養之法如何然而少用駮馬今世所謂起雲臥

雲人方以爲奇大抵不知駁馬也蓋子交毋而產者物理以此識之也世傳水草大王爲金日磾雖未必然自古服牛乘馬以致其用設爲官職漢唐之事甚著豈可如虎豹犀象驅而任之也

紙代人　紙錢起自唐時紙畫代人未知起于何時今世禱祀禬者用之刻板刻印染肖男女之形而無口北方之俗歲暮則人畫一枚于臘月二十四日夜佩之于身除夕焚之有謔詞云你自平生行短不公正欺物瞞心交年夜將燒毀猶自昧神明若還替得你可知好裏爭奈無憑我雖然無口肚裏淸醒除非是閻家大伯一時間批判昏沈休痴呵臨時恐怕各自要安身

莫愁　周美成詞金陵懷古用莫愁字金陵石頭城非莫愁所在前輩指其誤予嘗守郢郡治西偏臨漢江上石崖峭壁可長數十丈兩端以城續之流傳此爲石頭城莫愁名見古樂府意者是神漢江之西岸至今有莫愁村故謂艇子往來是也莫愁像有石本

衣冠甚古不知何時流傳郢中倡女常擇一人名以莫愁示存古意亦僭瀆矣

床婆子　崔大雄在翰苑夜直玉堂忽有内降撰文字秉燭視之乃撰祭床婆子文恍然不知格式又無舊案底可據甚以爲窘忽思周丞相爲翰長來早有朝見使人邀過院中請問云亦有故事但如常式皇帝遣某人致祭于床婆子之神汝典司床簀云云然則床婆子名字與世俗同而不改也偶子舍舉子見蓐媪舉此禮因記之

靈隱石　靈隱寺前石崖上有建隆二年己未歲云云字鑿石上予嘗用墨印染與倪正父言之正父云村人胡鑿蓋亦無處辨證也藝祖以庚申正月初四日受禪是年改元建隆錢唐之地尚屬吳越自有年號今乃有建隆己未殊不可曉

韓侂胄　韓侂胄封平原郡王而官至太師一時獻佞過稱師王晚年伏誅錢伯通在政府奉御筆施行都下撰爲閒言曰釋伽佛中間坐胡漢神立兩旁文殊普賢自鬬象祖打殺獅王象祖乃伯通名也繆妄稱呼至是遂作精對亦可發後世一笑

甘澤謠　一卷記九事　唐袁郊　尚書祠部郎中

陶峴者彭澤之子孫也開元末家于崑山富有田業擇家人不欺而了事者悉付之身則泛然江湖徧游烟水往往數歲不歸見其子孫成人初不辨其名字也峴之文學可以經濟自謂疏脫不謀宦游有生之初通于八音命陶人爲甓潛記歲時敲取其聲不失其驗撰樂錄八章以定八音之得失自製三舟備極堅巧一舟自載一舟致賓一舟貯饌飲客有前進士孟彥深進士孟雲卿布衣焦遂各置僕妾共載而峴有女樂一部奏淸商曲逢奇遇興則窮其景物興盡而行峴且聞名朝廷又値天下無事經過郡邑無不招延峴拒之曰某麋鹿閑人非王公上客亦有未招而自詣者係

方伯之爲人江山之可駐耳吳越之士號爲水仙曾有親戚爲南海守因訪韶石遂往省焉郡守嘉其遠來贈錢百萬遺古劍長二尺許玉環徑四寸海船崑崙奴名摩訶善游水而勇健遂悉以所得歸曰吾家之三寶也及迴棹下白芷入湘江每遇水色可愛則遺環劍令摩訶下取以爲戲笑也如此數歲因渡巢湖亦投環劍而令取之摩訶纔入獲環劍跳波而出焉曰爲毒蛇所嚙遽刃去一指乃能得免焦遂曰摩訶所傷得非陰靈爲怒乎犀燭下照果爲所讐蓋水府不欲人窺也峴曰敬奉諭矣然某嘗慕謝康樂之爲人云終當樂死山水間但狥所好莫知其他且棲于逆旅之中載于大塊之上居布素之賤擅貴游之權浪跡怡情垂三十年固其分也不得升玉墀見天子施功惠養得志平生亦其分也乃命移舟曰要須一到襄陽山復老吳郡也行次西塞山泊舟吉祥佛舍見江水黑而不流曰此下必有怪物乃投環劍命摩訶汨沒波

際久而方出氣力危絶殆不任持曰環劍不可取有龍高二丈許而環劍置前某引手將取龍輒怒目峴曰汝與環劍吾之三寶今者既亡環劍汝將安用必須爲我力爭也摩訶不得已被髮大呼目眦流血窮命一入不復出矣久之見摩訶支體磔裂浮于水上如有視于峴也峴流涕水濱乃命廻棹因賦詩自敍不復議遊江湖矣詩曰匡廬舊業是誰主吳越新居安此生白髮數莖歸未得青山一望計還成鵶翻楓葉夕陽動鷺立蘆根秋水鳴從此捨舟何所詣酒旂歌扇正相迎孟彥深復游青瑣出爲武昌令孟雲卿當時文學乃南朝上品焦遂天寶中爲長安飲徒時好事者爲飲中八仙歌曰云云焦遂五斗方卓然高談雄辨驚四筵

紅綫潞州節度使薛嵩青衣善彈阮又通經史嵩遣掌牋表號曰內記室時軍中大宴紅綫謂嵩曰羯鼓之音頗調悲其擊者必有事也嵩亦明曉音律曰如汝所言乃召而問之云某妻昨夜亡不

敢乞假嵩遽遣放歸時至德之後兩河未寧初置昭義軍以釜陽爲鎭命嵩固守控壓山東殺傷之餘軍府草創朝廷復遣嵩女嫁魏博節度使田承嗣男男娶滑州節度使令狐彰女三鎭互爲姻婭人使日浹往來而田承嗣嘗患熱毒風遇夏增劇每曰我若移鎭山東納其涼冷可緩數年之命乃募軍中武勇十倍者得三千人號外宅男而厚䘏養之常令三百人夜直州宅卜選良日將遷潞州嵩聞之日夜憂悶咄咄自語計無所出時夜漏將傳轅門已閉仗策庭除唯紅綫從行紅綫曰主自一月不遑寢食意有所屬豈非鄰境乎嵩曰事繫安危非汝能料紅綫曰某雖賤品亦有解主憂者嵩乃具告其事曰我承祖父遺業受國家重恩一旦失其疆土卽數百年勳業盡矣紅綫曰易爾不足勞主憂乞放某一到魏郡看其形勢覘其有無今一更首途三更可以復命請先定一走馬兼具寒暄書其他卽俟某却廻也嵩大驚曰不知汝是異人我之暗也然事若不濟反速其禍奈何紅綫曰某之行無不濟者乃入闈房飾其行具梳烏蠻髻攢金鳳釵衣紫繡短袍繫青絲輕履胸前佩龍文匕首額上書太乙神名再拜而倏忽不見嵩乃返身閉戶背燭危坐常時飲酒數合是夕舉觴十餘不醉忽聞曉角吟風一葉墜露驚而試問卽紅綫回矣嵩喜而慰問曰事諧否曰不敢辱命又問曰無傷殺否曰不至是但取床頭金合爲信耳紅綫曰某子夜前三刻卽到魏郡凡歷數門遂及寢所聞外宅男止于房廊睡聲雷動見中軍士卒步于庭廡傳呼風生某發其左扉抵其寢帳見田親家翁正于帳內鼓趺酣眠頭枕文犀髻包黃縠枕前露一七星劍劍前仰開一金合合內書生身甲子與北斗神名復有名香美珍散覆其上揚威玉帳但期心豁于生前同夢蘭堂不覺命懸于手下寧勞擒縱祇益傷嗟時則蠟炬光凝爐香燼煨侍人四布兵器森羅或頭觸屏風鼾而嚲者或手持巾拂寢

而伸者某拔其簪珥縻其襦裳如病如昏皆不能寤遂持金合以歸既出魏城西門將行二百里見銅臺高揭而漳水東注晨飆動野斜月在林憂往喜還頓忘于行役感知酬德聊副于心期所以夜漏三時往返七百餘里入危邦經五六城冀減主憂敢言其苦嵩乃發使遺承嗣書云昨夜有客從魏中來云自元帥頭邊獲一金合不敢留駐謹却封納專使星馳夜半方到見搜捕金合一軍憂疑使者以馬撾扣門非時請見承嗣遽出以金合授之捧承之時驚怛絶倒遂駐使者止于宅中狎以宴私多其錫賚明日遣使賫繒帛三萬疋名馬二百疋他物稱是以獻于嵩曰某之首領繫在恩私便宜知過自新不復更貽伊戚專膺指使敢議姻親役當奉轂後車來則揮鞭前馬所置紀綱僕號爲外宅男者本防宅盜亦非異圖今並脫其甲裳放歸田畝矣由是一兩月內河北河南人使交至而紅綫辭去嵩曰汝生我家而今欲安往又方賴汝豈

可議行紅綫曰某前世本男子歷江湖間讀神農藥書救世人災患時里有孕婦忽患蠱癥某以芫花酒下之婦人與腹中二子俱斃是某一舉殺三人陰司見誅降爲女子使身居賤隸而氣稟賊星所幸生于公家今十九年矣身厭羅綺口窮甘鮮寵待有加榮亦至矣况國家建極慶且無疆此輩背違天理當盡弭患昨往魏郡以示報恩兩地保其城池萬人全其性命使亂臣知懼烈士安謀某一婦人功亦不小固可贖其前罪還其本身便當遁迹塵中棲心物外澄淸一氣生死長存嵩曰不然遺爾千金爲居山之所給紅綫曰事關來世安可預謀嵩知不可駐乃廣爲餞別悉集賓客夜宴中堂嵩以歌送紅綫諸座客中冷朝陽爲詞曰採菱歌怨木蘭舟送別魂銷百尺樓還似洛妃乘霧去碧天無際水長流歌畢嵩不勝悲紅綫拜且泣因僞醉離席遂亡其所在

鐵圍山叢談 五卷今本六卷　宋蔡絛 號百衲居士

太祖應天順人肇有四海受禪行八年矣當乾德之五祀而五星聚于奎明大異常奎下當曲阜之墟也時太宗適爲兗海節度使則是太宗再受命之祥此所以國家傳祚聖系皆自太宗仁廟晚年未得嗣天意頗無聊稍事燕游一日于後苑龍翔池南新作兩小亭東一亭曰迎曙未幾立皇姪爲皇子而賜名適與亭名合不一年卽位是爲英宗神宗之未當宁已負疾一日後苑池水忽沸且久不已神宗臨水殿睥睨而不樂後抱延安郡王卽位是爲哲宗哲宗元符時鄧王薨祈嗣于泰州徐先生守眞世號徐神翁者天意切至徐曰上天已降嗣矣再三遣使迫詢其故卽大書吉人二字上之一時莫曉後端王繼立始悟吉人者爲太上皇御名也慈聖光獻曹后以盛德著而宣仁聖烈高后以嚴肅稱在治平時英廟疾既愈猶不得近嬪御慈聖一日使親近密以情鐫諭之曰官家卽位已久今聖躬又痊平豈得左右無一侍御者耶宣仁不樂曰奏知娘娘新婦始時嫁十三團練爾卽不曾嫁他官家時多傳于外朝

掖庭宮嬙歲給帛多色綵爾迺支賜倖稍絹應生白者多卽一束十端必間有一端爲紅生絹葢忌其純白故也此亦國家太平一故事

陰陽家流窮五行術數不得爲無至一切聽之反棄夫人事斯失矣是以古之人行道而委命不敢用億中以爲信也先魯公生慶曆之丁亥其月當壬寅日當壬辰時爲辛亥在昔幼時言命者或不多取之能道位極人臣則不過三數及逢時遇主君臣相魚水而後操術者人人爭談格局之高推富貴之繇徒足發賢者之一哂爾大觀改元歲復丁亥東都順天門內有鄭氏者貨粉于市家頗贍給俗號鄭粉家偶以正月五日亥時生一子焉歲月日時適與魯公合于是其家大喜極意撫愛謂且必貴時人亦爲之傾聳

長則恣聽其所欲爲鬬雞走狗一切不禁也始年十七八當春末攜妓多從浮浪人躍大馬遊金明池晚自苑中歸上下悉大醉矣馬忽躍入陂水中浸而死

昔昭陵在位已三十餘載時未有繼嗣而司馬溫公爲并州通判乃上書力言之朝廷不罪也又溫成張后當盛寵其叔父堯佐一日除節度宣徽景靈三使而包孝肅爲中司擊焉其白簡苦刻人不忍聞而昭陵能容之也是以仁廟實錄史臣獨載溫公書暨孝肅三章甚備故都邑諺謂人之不正者曰汝司馬家耶目人之有玷缺者必曰有包彈矣包彈之語遂播天下

歌者袁綯乃唐天寶之李龜年也宣和間供事九重嘗爲吾言東坡公昔與客遊金山適中秋夕天宇四垂一碧無際加江流澒湧俄月色如晝遂共登金山山頂之妙高臺命綯歌其水調歌頭曰明月幾時有把酒問青天者歌罷坡爲起舞而顧客曰此便是神

仙中人矣吾謂文章人物誠千載一時後生安所得乎

奉宸庫者祖宗之珍藏也政和四年太上始自攬權綱不欲付諸臣下因踵藝祖故事檢察內諸司于是乘輿御馬而從以二杖直于馬前大內中諸司局大駭懼凡數日而止因是併奉宸俱入內藏庫焉時于奉宸中得龍涎香二琉璃缶玻璃母二大篚玻璃母者若今之鐵滓然塊大小猶兒拳人莫知其方又歲久無籍且不知其所從來或云柴世宗顯德間大食所貢又謂眞宗朝物也玻璃母諸璫以意用火煅而模寫之但能作珂子狀青紅黃白隨其色而不克自必也香則多分賜大臣近侍其模製甚大而質古外視不大佳每以一豆大爇之輒作異花氣芬郁滿座終日略不歇于是太上大奇之命籍被賜者隨數多寡復收取以歸中禁因號曰古龍涎當是時一餅可直百緡金玉易得而古龍涎爲貴也諸大璫又爭取一餅穴而以青絲貫之佩于頸時于衣領間摩挲以

相示由此遂作佩香焉今佩香蓋因古龍涎始

舊說薔薇水乃外國人采薔薇花上露殆不然實用白銀或鉛爲之甗甑採薔薇花蒸氣成水則屢采屢蒸積而爲香此所以不敗但西域薔薇花氣馨烈非常故大食國薔薇水雖貯琉璃缶中蠟密封其外然香猶透徹聞數十步洒着人衣袂經數十日香不歇也至五羊效外國造香則不能得薔薇第取素馨茉莉花爲之亦足襲人鼻觀但視大食國眞薔薇水猶奴婢耳

香木初一種也膏脉貫溢則其結沈實此爲沈水香然沈水香其類有四謂之熟結自然其間凝實者也謂之脫落因木朽而自解者也謂之生結人以刀斧傷之而後膏脉聚焉故言生結也謂之蟲漏因傷蠹而後膏脉亦聚焉故言蟲漏也自然脫落爲上而其氣和生結蟲漏則其氣烈斯爲下矣沈水香過四者外則有半結半不結爲弄水沈弄水香者蕃語名婆萊者是也因其半結則實而色黑半不結則不大實而色褐好事者故謂之鷓鴣班是也婆萊中則復有名水盤頭水盤頭結實厚者亦近乎沈水但香木被伐其根盤必有膏脉湧溢以湧溢故亦結但數爲雨淫其氣頗腥烈故婆萊中水盤頭爲下矣餘雖有香氣既不大凝實若是一品號爲箋香大凡沈水婆萊箋香此三名嘗出于一種而每自有高下其品類名號爲多爾不謂沈水婆萊箋香各別有種也三者其產占城國則不若眞臘國眞臘不若海南黎峒又皆不若萬安吉陽兩軍之間黎母山至是爲冠絕天下之香無能及之矣又海北則有高化二郡亦出香然無是三者之別第爲一種類箋之上者吾久處夷中厭聞沈水香況遡者貴游取之多海南眞沈水一星直一萬居貧賤安得之因乃喜海北香若淺水地號瓦瀧者爲上高涼地號浪灘者爲中時時擇其高勝試爇一炷其香味雖淺短乃更作花氣百和旖旎古人說香暨續木艸酉陽雜俎諸家流語

殆匪其要今本無沈實此爲四字語不可通

中吳紀聞　六卷　　宋龔明之　字希仲崑山人

三江口　松江之側有小聚落曰三江口鄺善長云松江自湖東北逕七十里至江水分流謂之三江口吳越春秋云范蠡去越乘舟出三江之口入五湖之中皆謂此也卽禹貢所謂三江既入者

皐橋　漢皐伯通所居之地有橋梁鴻娶孟光同至吳居伯通廡下爲人舂役伯通察而異之舍于家皮日休詩皐橋依舊綠楊中閭里猶存隱士風惟我到來居上館不知何處勝梁鴻

紅蓮稻　紅蓮稻從古有之陸魯望詩云遙爲晚花吟白菊近炊早稻識紅蓮

鬬鴨　陸魯望有鬬鴨一闌頗馴一旦驛使過焉挾彈斃其尤者陸曰此鴨能人言見欲附蘇州上進使者奈何斃之使者懼以囊中金遺之徐問其人語魯望曰能自呼其名爾

復姓　范文正公幼孤隨母適朱氏因從其姓登第時姓名乃朱説也後請于朝始復舊姓表中改用鄭準一聯云志在投秦入境遂同于張祿名非霸越乘舟偶效于陶朱范蠡范雎事在文正用之尤爲切當今集中不載

海涌山　虎丘舊名海涌山闔閭王既葬之後金精之氣化爲虎踞其墳故名虎丘山椒有二伽藍列爲東西白樂天有東武丘西武丘詩虎字在唐避諱故曰武

三高亭　越上將軍范蠡江東步兵張翰贈右補闕陸龜蒙各畫其像于吳江鱸鄉亭之旁東坡嘗有詩後易其名曰三高更塑其像臞庵王文孺以其地廣雪灘因遷之于長橋之北與垂虹亭相望石湖范公爲之記文氣與離騷相類後又竄易十數語重刻之愈極精嚴前輩爲文多不厭改此可謂後學法程也（文氣以下云云今本無）

太公避紂處　常熟海隅山有石室十所昔太公避紂居之孟子謂太公避紂居東海之濱者即此常熟去東海止六七十里故謂之海濱楊備郎中作詩紀其事

夜航船　夜航惟浙西有之然其名舊矣古樂府有夜航舡曲皮日休答陸天隨詩云明朝有物充君信擕酒三瓶寄夜航

俗語　吳人呼來爲釐始于陸德明貽我來牟棄甲復來皆音釐蓋德明吳人也言罷則以休繼之始于吳王王一日語孫武曰將軍罷休亦吳語也

花客　張敏叔嘗以牡丹爲貴客梅爲淸客菊爲壽客瑞香爲佳客丁香爲素客蘭爲幽客蓮爲淨客酴醾爲雅客桂爲仙客薔薇爲野客茉莉爲遠客芍藥爲近客

蟹　吳之出蟹也舊矣吳越春秋云蟹稻無遺種陸魯望集有蟹志云漁者緯簫承其流而障之曰蟹斷（音籪）又曰稻之登也率執一穗以朝其魁然後緋其所之今吳人謂之輸芒

綽堆　昆山縣西數里有村曰綽堆故老相傳云是黃番綽墓未知是否

獄山　太湖中有東獄西獄二山吳王嘗于此置男女二獄楊備郎中詩云雷霆號令雪霜威二獄東西鎖翠微髣髴鄷相叢棘地巖扉應是古圜扉

幻僧　承天寺普賢院有盤溝大聖身長尺許人有祈禱置之掌中凶則不拜吉則拜推所從來葢盤溝村中有漁者嘗遇一僧云欲更業僧曰汝有何能漁者云他莫能之僧曰吾教汝塑泗州像可以致富漁者曰人不欲之奈何僧曰吾授汝一法遂以千錢與之令像中各置一錢所售之直亦以千錢漁者如所教人競求買果獲千錢今寺中所藏乃其一也（今本標題爲盤溝大聖文亦有異同）

蠡口　蠡口在齊門之北又有蠡塘在婁門之東故老相傳云范蠡破吳霸越乘扁舟遊五湖潛迹于此遣人馳書招文種大夫因以名之

蛇化劍　干將墓今匠門城東數里頃有人耕其傍忽青蛇上其足其人遽以刀誅之上半躍入艸中不可尋徐視其餘乃劍也至暮欲持歸則不見矣方子通詩載其事

丁令威宅　陽山法海寺乃丁令威宅鍊丹井存焉號令威泉井水至今甘雖旱不竭（此二條今本闕）

正訛　交讓巷謂之泔漿巷織里橋謂之吉利橋葑門謂之府門帶成橋謂之戴城橋字音之訛罕有知者

結帶巾　宣和初予在上庠時有旨令士人繫結帶巾否則以違制論當時有諺詞云頭巾帶難理會三千貫賞錢新行條制不得向後長垂胡服相類法甚嚴人甚畏便縫闊大帶向前面縈稱我太學先輩被人呼保義

與妓下火文　昆山一倡周其姓係郡中籍張子韶爲守時倡忽

暴亡適道川訪張守因命作下火文云可惜許可惜許可惜許大家且道可惜許箇甚麽可惜巫山一段雲眼如新水點絳唇昔年繡閣迎仙客今日桃源憶故人休記醜奴兒臉子便須抖擻好精神南柯夢斷如何也一曲離愁別是春大衆還知某人向甚麽處去這裏分明會得驀山溪畔頭頭盡是喜相逢芳草渡頭處處六幺花十八其或未然更聽下句咦與君一把無明火燒盡千愁萬恨心

說郛卷第十九終

說郛卷第二十

浩然齋意抄 一卷

元周密

五鳩　鶌鳩鶌亦作睢音趍別音沮非　鳴鳩布穀也音風鳴鳩是也　祝鳩鵓鳩也四牡嘉魚之詩是也　爽鳩大明之鷹揚是也　鶻鳩鷙鳥也非斑鳩　鵲巢之鳩又在五鳩之外

騶虞　騶虞嚴氏作騶虞御人非獸也呂作獸

裁　左傳水昏正而裁今築牆之板也音在定之方中

膏沐　膏所以膏面沐蓋潘米汁可以沐頭左氏遺之潘沐魯遺展氏喜以膏沐勞齊師則非專婦人用也今之賜胙是也

左辟　葛儀云宛然左辟辟音避蘇氏曰讓而避者必左

甗鷣　郭璞云甓甗鷣也甗音兆

河檗　巧言彼何人斯居河之檗音眉　傳曰水艸交曰檗李氏曰左傳語賜汝孟諸之檗

稷雪米雪　毛詩補注先集維霰曰霰稷雪也或謂之米雪謂其粒若稷若米然

綠竹　綠竹陸璣注以爲木賊草也見采綠

醻酢　醻酢尊飮也欲以醻賓而先自飮以導之此飮觴之初自飮訖進酒于賓乃謂之醻酢報也賓既卒爵洗而酌主人也瓠言酌言酢之酌言醻之

殿屎　殿屎殿去聲屎音熙　呻吟也板民之方殿屎

怤休　怤休音咩包　蕩女怤休于中國

中垢　中垢桑柔維彼不順征以中垢垢音苟中垢猶內汙也蓋以閨門之事汙蠛之若王鳳之誣毀王商

鴿金　鴿金載見鞗革有鴿鴿音鏘箋曰鴿金飾貌疑今世所謂搶金者以平聲爲去聲呼耳當考

剖冰　王祥臥冰按晉本傳及陽秋云祥性至孝繼母朱氏疾嘗

欲生魚時天寒冰凍解衣將剖冰求之冰忽自解雙鯉躍出持之而歸無臥冰事

司馬稱好　司馬操別傳曰時人有以人物問徽者每輒言佳其婦諫曰人質所疑君宜辨論而皆一言佳豈人之所以答君之意乎徽曰如君所言亦復佳

井湄　揚雄酒箴觀缾之居居井之眉自用如此不如鴟夷

三百顆　逸少帖奉橘三百顆霜未降未可多得卽東坡所書劉景文所藏子敬帖所謂君家兩行十二字氣壓鄴侯三萬籤者是也按元章書史云王獻之送梨帖云今送梨三百顆雪殊不佳耳又東坡詩話云子敬黃柑三百顆帖在劉景文處或以爲橘或以爲梨或以爲柑莫知孰然也

主孟啗　國語施優謂里克妻曰主孟啗我注云大夫之妻從夫稱主而孟則里克妻字也

綽虐　韓詩綽虐顧我顏不歡坡詩一語遭綽虐失身墜蓬萊

滑汰　東坡秧馬歌以我兩足爲四蹄聳踊滑汰如鳧鷖汰去聲

葴　越中有葴山葉似蕎麥地肥亦能蔓生莖紫赤色多生山谷陰處吳越春秋云越王嗜葴嘗采于此山故名本艸云關中謂之葴菜齊民要術亦有葴葅法然生擷之微有臭氣凶年民劚根食之諺曰豐年惡爾臭荒年賴爾活今所謂魚腥艸是爐火家謂之天蕎麥爛五石作泥

巢菜　蜀蔬有兩巢大巢豌豆之不實者小巢生稻中東坡所賦元脩菜也吳中絕多一名漂搖艸一名野蠶豆

餳枝　俗以油煠粉餌綴之米糁名蓼花取其近似也放翁詩云新煠餳枝綴紅糁二字頗新

蔗霜　糖冰　魯直答雍熙長老寄糖霜詩遠寄蔗霜知有味又糖霜譜曰遂寧有糖冰冠于四郡云

絮　方言以濡滯不決絕爲絮猶絮之柔韌牽連無邊幅也富韓並相時偶有一事富公疑之久不決韓謂富曰公又絮富變色曰絮是何言也劉夷叔嘗用爲如夢令云休絮休絮我自明朝歸去

對人不言貧　胡文定公家至貧轉徙流寓遂至空乏然貧之一字于親故間非惟口所不道亦手所不書嘗戒子弟曰對人言貧其意將何求汝曹志之

劍毚　史公奕洛陽懷古詩玉光照夜新家冢劍毚沉沙古戰場

賀枸杞表　宣和盛時所在有靈芝朱艸祥異之獻表賀殆無虛日會朝庭進築順州城得枸杞于土中其形如獒狀仙家所謂千歲所化者主者得之喜甚于是馳貢闕庭蓋徽宗生于壬戌正符所屬之辰尤以爲美祥宰臣欲以詰朝拜表稱賀諸公閣筆先是庠序久束王氏之學不爲應用之文時有舊太學生綦宏禮者素善此主者延至東閣授以此題綦從容屬聯妙絕一時首曰靈根

夜吠變異質于千年驛騎朝馳薦聖人之萬歲眷荒裔沉藏之久實王師恢復之初物豈無知時各有待綦字叔原

建康似洛　風景不殊舉目有山河之異此江左新亭語尋常讀去不曉其語蓋洛陽四山圍伊洛瀍澗在中時建康亦四山圍秦淮直在中故云耳所以李白詩曰山似洛陽多許渾詩云只有青山似洛中

商隱詩　李商隱詩云洛陽宮殿鬱嵯峨六國樓臺豔綺羅自是當年秦帝醉不關天地有山河末兩句不可曉南昌裴同論詩以爲秦帝合作天帝天地合作秦地事在張平子西京賦曰昔者天帝悅穆公而覲之饗以鈞天廣樂帝有醉焉乃爲金策錫用此土而翦諸鶉首是時也並爲強國者有六然而四海同宅西秦豈不詭哉李善曰昔秦穆公嘗如此十日而寤志林曰天帝醉暴金隕石墜云云列仙贊云秦穆受金策祚世之業史載秦地雨金三日

金愱隕其是耶嗚呼天帝有時而醉耶

峻　峻臧回切又作朘赤子陰也老子云未知牝牡之合而峻作精之至也建寧人土音亦以此音呼小兒之陰

五銘　貌言視聽思曰五事孔子告顏子視聽言動非不及思也在其中也九思一章可見矣思爲四事本五事亦還相爲本作五事銘其貌銘曰貌曰恭君子容瞻視尊衣冠中匪色厲內美充足恭者貌似同載僞拙滅德兇人肖貌天地通玉溫溫春融融恭而安乃聽恭言銘曰言有好言有莠口溺人招悔咎言曰从匪从口接以道發不苟滿天下垂永久多言哉中是守雷風行萬竅吼雷風息一何有視銘曰視何蔽目之翳今不去目不麗目本明視何累可去乎非翳比翳外來視匪外外亦視何外內自神明自靜心止乎禮非勿視聽銘曰聽是非耳司之聲自物來無時耳亦物今交迷忽深省聽者誰心大空物不違孰爲物吾何慮能知受聽在茲競競乎道心微思銘曰思無斁深莫測雖莫測有限閾不出位介如石鏡中象應無迹思在心妙天則思神通精之極是曰睿入聖域易無思思亦易

墨　張嵲齋試墨仲壽字希靜　李廷珪　文元曾文百年如石一點如漆　潘衡　宣和龍香時劑姓氏磨滅不可辨有御前墨工四字　蒲大韶書幌輕煤佛帳餘煙　德壽秦世英造　朱知常香劑梁杲復古蘗邦憲造　雪齋墨寶蘗桂堂李世英　胡友直　周朝式潘衡孫秉彝　李世英男克恭　樂溫蒲彥輝　劉文通　郭忠厚　鏡湖方氏　齊峯　緝熙劉士先造　寓庵得李潘心法　俞林丘紗共製香墨黃表之　善慶書寶謝東　徐禧　葉茂實　翁彥卿

會稽先賢　會稽先賢傳贊序云會稽共建國也自山陰南走剡東走上虞餘姚之間江山皆奇麗淸遠烟雲濃淡樓觀出沒有詩人畫工所不能模寫者故漢晉以來全德高行之士多萃于是而方外瞿仙絕俗遺世者往往出焉予蒙恩來守是邦得勝地湖中

用道家法築宮以祈雨宮成因即其兩廡左祠高士右奉列仙皆作贊刻石以備會稽故事或謂鴟夷子皮之決貿季眞之高不得名高士何也於乎予于是豈無意哉夫貴于士者進退不失禮義彼子皮之遺言有人臣所不忍而季眞阿附時好黃冠東歸又使李林甫輩祖餞賦詩予見其辱未見其榮也夫二公之賢吾輩所當敬仰然使子皮居嚴子陵之上季眞置張子同之列則有不可者故具述之覬來者知予之不敢苟而高士尤可貴也乾道己丑上巳句章史浩序

高尙之士

漢嚴先生光字子陵　漢王先生充字仲任　漢袁先生忠字正甫
漢桓先生曄字文林　魏嵇先生康字叔夜　晉孔先生愉字敬康
晉虞先生喜字仲寧　晉阮先生裕字思廣　晉王先生羲之字逸少
晉謝先生安字安石　晉謝先生敷字慶緒　晉戴先生逵字安道
宋朱先生百年史失其名　宋戴先生顒字仲若　宋孔先生淳之字彥深
宋孔先生祐史失其名　齊褚先生伯玉字元璩　梁何先生胤字子季
唐秦先生系字公緒　唐張先生志和字子同

列仙之傳

越相范公蠡字少伯　漢南昌尉梅公福字子眞
漢太尉鄭公弘字巨君　漢魏先生伯陽或以爲字
漢薊先生子訓　吳上虞令劉公綱字伯鸞
吳介先生象字元則　吳趙先生廣信
吳虞先生翁生　晉夏先生統字仲御
晉葛先生玄字孝先　晉抱朴子葛公洪字稚川
晉長史許公謐字思玄　齊顧先生歡字景怡
齊光祿大夫孔公靈產史失其字　齊杜先生京產字景齊
梁貞白陶先生弘景字通明　唐祕書監賀公知章字季眞

唐宗元吳先生篤字貞節

唐元英方先生干字雄飛

鎭江策問曰事有利害不切身而傷懷人有古今不同時而合志吾亦不知其何心也登冶城訪新亭欲問神州在何處後南渡百四十年惟見青山一髮眇眇愁予耆老不足證矣安得不寤寐東晉諸賢乎衰艸寒烟猶帶齊梁光景徒以重人黯然耳不知秦淮舊月曾照見千載英雄肝膽乎惜其遠而不可詰也北來忠義王澤在心慨嘆黍離悲歌蒲柳豈能忘情故都哉自隆興至端平三大敗縉紳不敢問中原兵端不可輕開國事不可再悞思目前之危急捨分表而經營茲猶可藉口柏城凋水草木自春不知誰家墳墓乎每歲寒食夏畦馬醫之子無不以麥飯洒其松楸者長陵抔土詎容置而不問哉劉裕取長安道路謁五陵時晉寄江左百有十三年矣五胡雲擾豈暇念晉陵寢堯野禹穴誰敢以疑心視之此臣子不忍言之至情也秦始王陳隱王之墓漢猶有人守之三歲齷齪義夫節婦墳墓猶禁樵採況祖宗神靈所眷顧乎自端平至今又二十有三年矣八陵不復動人悽愴者矣士大夫沉于湖山歌舞之娛何知有天下大義諸君北風素心豈隨末俗間斷哉公卿談學問自比孔孟論功業自許伊周若限田若鄉飲若論秀若里選皆欲彷彿三代獨此一事豈敢在晉人下乎後之作元經者必不恕矣或論本朝不能復中原者其失有四不保全名將不信任豪傑不招納降附不先據關中未知諸君所聞如何耳後來童幼班荊輒音茲固晉人所深恨聞之西北流寓抱孫長息于東南同父以知中原決不可復矣一旦聞有北方豪俊試于漕闈者有司豈不驚喜邪猶記乾道壬辰辛幼安告君相曰仇虜六十年必亡虜亡則中國之憂方大紹定足驗矣惜乎斯人之不用于亂世也諸君有義氣如幼安者百尺樓上豈不能分半席乎

唐嚴先生青

浩然齋視聽鈔一卷　元周密

雪候　雪多作于戊己日嘗攷丁亥冬雪率多驗近戊子十二月八日己未雪十八日己巳夜雪二十七日戊寅夜雪大率丙丁戊己皆雪日也

雨候　趙雲洲云凡遇戊午己未日天變必雨或遇亢壁二宿直日則可免餘宿不能免

天裂　癸酉十月李應山開淮閫于維揚一日午後忽見天裂其軍馬旗幟無數始焉皆紅旗繼而皆黑旗凡茶頃乃合見者甚多次年北軍至

不宣備　今人書不宣備文選楊脩答臨淄侯牋末曰造次不能宣備

敓字　敓音奪出羯鼓錄嵇康琴賦云閒遼故音痺絃長故徽鳴痺敓也兩年之間遠則有敓故云

山立　山立字禮記玉藻篇山立時行樂記總干山立注正立也

頻煩　頻煩字三國志費禕以奉使稱職頻煩至吳杜詩三顧頻煩天下計

圓夢　圓夢自南唐近事馮撰舉進士時有徐文幼能圓夢

字音　今世呼蒲萄枇杷皆爲入聲樂天詩云酒餘送盞推蓮子燭泪堆盤壘蒲萄又深山老去惜年華況對東溪野枇杷其音自唐然矣

對偶　對偶之佳者曰九州四海悉主悉臣億載萬年爲父爲母平生能著幾輛屐長日惟消一局棋有文事有武備與神爲監無智謀無勇功惟聖時若數點雨聲風約住一枝花影月移來柳搖臺榭東風軟花壓闌干春晝長勸君更盡一杯酒與爾同消萬古愁天下三分明月夜揚州十里小紅樓梨園子弟白髮新江州司馬靑衫濕

格言　媒己之長有覗其色纍人之短與汝爲敵位卑言高非汝職交淺言深植荆棘出于汝口者無迹入于人耳者不可滌汝如勿戒返悔何益　韓維基云凡親戚故舊之爲時官者皆當以時官待之不當以親戚故舊狎之此説最佳　留有餘不盡之巧以還造物留有餘不盡之祿以還朝廷留有餘不盡之財以還百姓留有餘不盡之福以還子孫馬碧梧嘗題于壁不知誰語也

靈璧石　以煮酒脚塗靈璧石其黑如漆永不脱極妙

斵琴名手　唐雷霄雷威雷珏郭亮皆蜀人沈鐐張鉞皆江南人蔡叡僧智仁衛中立(慶曆中)朱仁濟馬希仁馬希先(崇寧中)並宋人

北方名琴　春雷玉振流泉(並御府)不出左高寒玉寶腹琴(溫木斵成)冠古韻磬秋嘯(伯數)金儒(高彥敬)萬壑松(郭祐之)瓊響(廉端甫)玉甸冰(趙玉溪)閒素(紫霞第一琴)玉鶴玉雁(皆宣和御府後歸金人)大雅(趙菊坡)松雪(同上)浮磬(趙節齋)奔雷(樊澤民百琴堂第一)存古(張受益)秋澗泉(楊守齋)玉玲瓏(楊伯修)百衲(太平興國年趙仁濟修道入吳越王宮令李公略得之據云其家舊物也)

米元章印　米元章自號鹿門居士其印文曰火正後人芾印其後並不用之

骨咄犀　伯幾云今所謂骨咄犀乃蛇角也以至毒能散毒故曰蠱毒犀

賈秋壑詩賦　賈秋壑甲午寒食嘗作一絶云寒食家家插柳枝留春今亦不多時人生有酒須當醉青塜兒孫幾箇悲明年謫死」木蘭花慢　陳石泉自北歸有北人陳參政者餞之木蘭花慢云北歸人未老依舊著南冠正雪踏滹沱雲迷芒碭夢落邯鄲鄉心日行萬里幸此身生入玉門關多少秦烟隴霧西湖淨洗征衫燕山望不見吳山回首一歸難慨故宮離黍故家喬木那忍重看鈞天紫薇何處問瑤池八駿幾時還誰在天津橋上杜鵑聲裏闌干」

醫藥　凡人溺死者以鴨血灌之可活　金蓀壁云耳暴聾用全蝎去毒爲末酒調下以耳中聞水聲即愈云是韓平原家方　枸杞子可以榨油點燈觀書能益目力　金瘡刀斧傷用獨殼大栗研爲乾末縛之立止或倉卒痛用生栗嚼傅亦效喉痺幷乳鵝用蝦蟆衣鳳尾艸洗淨擂細入鹽霜梅肉煮酒各少許和再研細布絞汁鵝毛刷患處隨手吐痰即消張梅坡云其父患此甚不能言用之而愈　齒腫痛黑豆酒煮汁嗽之王修竹閣中用驗鄭鶴臞有枝單方用水蛭爲末和朴硝少許調傅瘡上屢施屢驗癰疽患初腫起當歸鬚黄蘗皮羌活爲細末生鷺鷥膝擂汁調傅瘡之四圍自然收毒聚作小頭即破切不可併瘡頭傅之恐毒氣四出不可收矣

少帝　宋少帝辛未九月二十八日申時生(辛未己亥己丑壬申)甲戌七月十一日登位號天瑞節丙子三月十七日北遊宋高祖劉裕丁亥生庚申即位國號宋丙子渡江國亡凡七百二十年至趙太祖丁

亥生庚申即位國號宋先是丙子俘李主後丙子大元渡江國亡據人所云未攷

法令書　法令之書其別有四敕令格式也神宗聖訓曰禁于已然之謂敕禁于未然之謂令設于此以待彼至之謂格設于此使彼效之之謂式

海運　朱張海餉自三山大洋徑至燕京或言自古所未嘗行此道昉自今始然杜少陵出塞云漁陽豪俠地擊鼓吹笙竽雲帆轉遼海粳稻來東吳越羅與楚練照曜輿臺軀又昔遊云幽燕盛用武供給亦勞哉吳門持粟帛浮海凌蓬萊然則自昔燕地皆海運非始于今也

秦璽　韃靼有拘哥者元係大根脚其家陵替典賣罄盡偶有向者征遼日所獲一蒼玉印方四寸上有交螭紐以敗篋貯之出售欲鈔二錠無酬價者偶有言于崔中丞遂取觀之且模其文令識

篆人辨之其文曰受命于天既壽永昌攷之乃秦璽于是徑進之上方乃進表稱賀甲午正月二十九日也陳東山甲午四月自燕歸言此

正月三亥　周益公日錄吳諺曰正月逢三亥湖田變成海謂大水也壬辰年正月初六日己亥十八日辛亥三十日癸亥是歲大澇湖田顆粒不收癸巳正月亦有三亥然一亥在立春前是歲無水災

俗諺云逢庚則變甲方晴或云逢庚隻變遇甲雙晴葢逢庚于隻日則變遇甲于雙日則晴多驗

視聽鈔 三卷　宋吳萃 字商翁 子博士

山谷詩　詩所以吟詠情性乃閒中之一適非欲以求名也予詩自知其淺然却是自作生活未嘗寄人籬下若有以艱深之辭文之人未必以爲淺也黃魯直詩非不淸奇不知自立者翕然宗之如多用釋氏語卒推墮于鄲瀆之中本非其長處也而乃字字剽竊萬首一律不從事于其本而影響于其末讀之令人厭章茂深郎中葉石林甥也自言從小學作江西詩石林每見之必顰蹙曰何用事此死聲活氣語也此言眞有味石林詩話談山谷之詩不容口非不取之惡夫學之者過也

何欽聖詩　王氏主經術蘇氏主詞章東坡在錢唐有三衢士人何欽聖名恭意以經爲然獻長篇于東坡欲其推尊王氏詩曰昔日歐陽心獨苦搜羅天下文中虎未逢貴馬嗟誰有崑體文章正旁午一得眉山老翁語始愜平生好奇古鶱騰鸞鳳螭虬侶錦繡腎腸終日吐眉山跨馬挾雙龍迤邐斜欲劍閣東一息萬里先羣雄是日魯酒歸醇醲仁廟當朝起數公四時閶闔來淸風眉山乘筆摩蒼穹稽首獻議何雍容是時慶曆垂嘉祐東省西垣半耆舊一代偉人爭入彀大開黃閣咸虛受公時脫穎眉山後歌向機雲同一奏建安數子空鳴脰集賢學士皆籠袖玉人發馬下天階華葢星邊捧詔來天子延英不浪開爲公此日深徘徊金吾侍側天顏低上列四輔前三台相與嚱咨將相才飄然八駿先龍媒西京應制十八九晁董褎然爲舉首此輩昂藏希世有劉蕡又作蛟龍吼觀公舉動新人手玉壺破碎珠囊剖許國誠心仍貫斗識者談之不容口天公一見列詩曹指揮姮娥供兔毫公歌數闋風刁刁若耶溪上皆停橈郢客擲筆不敢操楚人往往收離騷李杜籓牆不甚牢李白脫却錦繡袍東風顚入五湖裏萬籟聲聲酷龍耳河伯江妃愁欲死只恐公來搜見底南登灞岸將何以直節壯懷聊自倚養得身長數千里天地一夜雲雷起官家內相能幾人幾人到此陪經綸天語丁寧下降頻金蓮燭畔窺龍鱗日曝花磚暖繡裀鐶金佩玉何申申姮娥喚作眞麒麟焉知韓李非前身龍樓漏箭銅壺挹隱約六階騶唱入傳宣使者翩然集月題控馬天門立

錦韀瓊管尙書給九韶忽然如俯拾宸恩四海周流及武帝三封乃平揖我宋修文偃武初詞林翰苑森扶疏寶儀陶穀端何如裁冠曳履承明廬艸昧功名向武夫討論潤色姑徐徐剪夷五代尊圖書墨客稍稍躋天衢中間作者相踵武請試從頭爲君語眞宗皇帝親神寓楊億風流玉堂處傾金鑄瓦橫尊俎大笑哄堂任豪舉逡巡百尺江南楮密掃煤烟驟如雨六一超然又不同陳言萬紙一洗空晉宋齊梁不待功兩漢直抵元和中龍驟鳳舉扶桑中五綵射日呑長虹滿堂玉磬諧金鏞紛然和者如笙鏞木鐸可憐聲獨悄一振鐸然須大老伊說數公無處討蕭曹丙魏規模小馬遷班固工品藻出處行藏何太少升沉將相王侯了經天緯地憑誰好信知風采古爲多堯舜文章煥若何東作西成南已訛眞人更集滿東坡夷夔禮樂俄森羅黼黻郊廟金盤陀羽毛率舞呈天和高陽才子前賡歌君哉頌首一兪爾執簡抽毫無及吳周公整

頓乾坤已開闔明堂復如此從頭制作軒轅始海獸山禽咸獻美衮冕分明圭玉侈六代光華藹天子日月星辰續九天蟲魚草木續山川羣聖文章想亦然百家妙理何周旋離離黍稷春風前東周一去追無緣帝德王功只僅傳廟堂怠管催繁絃巍巍哉孔子尊如帝嬌嬌孟軻天莫制斯文其喪今何在鄒魯邈然安可再揚雄力寡知無奈天祿校讐眞末計江海悠悠百川逝回首相望幾千載熙寧天子憫斯文展轉搜揚到海垠丞相王公舉趾尊委蛇二老西來賓咀嚼六經如八珍補葺東魯鉏西秦天子資之又日新八風自轉成天鈞頤從孟子驅楊墨他日淫詞又榛棘豐鎬涼涼之左右逢皇極內聖外王眞準的古人效學豐文斯堂陛之間意已移彝何虎蜼尊何犧云何簠簋加鼈龜不然制作知無時及魯詩書一貫之明明古訓識者誰百家效語如嬰兒科斗六書藏屋

壁豈比鍾王論筆跡會通意象如作易不假言語含妙德倘從對偶音聲覓洙泗文章少平仄解道雕蟲童子識斯人稍得揚雄力熙寧論譔復何慚況把先儒衆說參舉世傳經作指南辟雍泮水堆牙籤或者嚻然痛欲殲安得諸儒口遂鉗聖主賢王實詢僉公當一語令師嚴翻思假蹇熙寧末苦信古書由世拙金陵戶外屨成列禰衡一刺終漫滅髣髴五經無二說堂堂萬里星中月欲論兩漢誰優劣忽若吟蟬風脰咽邊韶性懶讀書頑病甚相如下筆慳敢望言如霧豹斑擔簦負笈徒間關沂水春來粗解顏浴沂童子彌春灣先哲如龍尙許攀皷琴從之豈浪問可憐道德共耕獵何苦侯門侯彈鋏不挾而來聊自愜詡然夢爾爲胡蝶飲中數子劉伶俠江外主人張翰懾短舡下水輕仍捷落帆解柂吳山脇東坡得詩意不樂然亦厚遇之既乃謂人曰某詩亦佳但觀其終篇氣力薾于此矣恐必不久已而果然

逐象法　同舍鄭文振潮陽人言象爲南方之患土人苦之不問蔬穀守之稍不至踐食之立盡性嗜酒聞香輒破屋壁入飲之人皆于其來處架高木若望火樓然常有人直象獨畏烟火先用長竿接火把于其杪望見其來共然火把持竿以指之卽去隨之三數里方敢回恐重復來也眼惡蠅蚋有日色則不出羣行者猶庶幾惟獨行者最喜傷人蓋勢孤恐人害之也土人懸巨石設機壓之不能殺惟象鞋最妙象鞋者用厚木當中鑿之如深竅劣容其足中植大錐其末上向于竅之外周回峻鑿之如今之唾盂而加峻密密埋于其往來之所出草覆之倘投足木上必滑下竅中其身既重錐洞貫其足不能自拔卽仆負其痛莫能展轉謂之著鞋然猶能以牙傷人人未敢近數日後稍困則衆槍攢殺之而分其肉留其皮趁濕切作條絣乾作連枷等用自潮陽來必經由嫈江嶺此處最多先使人行前探之或遇其大羣有俟數日不去不敢

行者監司巡歷則起保甲鳴鑼皷趕逐之頑然若不聞也必俟其自散去乃敢過

儒林公議一卷　宋田況

成都劉備廟側有諸葛武侯祠前有大柏圍數丈唐相段文昌有詩石刻在焉唐末漸枯瘁歷王建孟知祥二僞國不復生然亦不敢伐之皇朝乾德五年丁卯夏五月枯柯再生時人異焉三國至乾德初歷年一千二百餘枯而復生予皇祐初守成都又八十年矣新枝聳雲幷舊枯榦並存若虯龍之形

太平興國戊寅歲程羽守益都時立春在近縣吏納土牛偶人于府門外觀者頗衆主者恐其爲人所損遂移置廳事之左程出視事怪問之主者以告程歎曰農夫牧豎非升廳之人兆見于此不祥莫大焉當時聞之以爲過論至甲午歲果有村氓叛竊入據城邑焉人亦服其理識

章聖祥符中行封祀之禮與造宮觀以崇符瑞時王旦作相迎合其事議者或非之旦謂人曰自古帝王或馳騁田獵或淫荒聲色今主上崇眞奉道爲億兆祈福不猶愈于田獵聲色之惑歟

行都紀事 一卷

宋楊和甫 字德逸延平人

北山九里松吳說書高宗詔天竺遂親御宸翰撤去吳書吳未幾守信州陛辭高宗因與語曰九里松牌乃卿書乎吳唯唯復云朕嘗作此三字觀之終不如卿吳益遜謝暨朝退即令再揭元牌遍索之乃得于天竺庫院復令植道傍今所榜是也

橘園亭在今豐樂橋投北自棚前直穿即是蓋向來未建都之時此地皆種橘高宗欲親征就此乘舟創亭其上前臨大河故至今此街市傳爲橘園亭

俞家園在今井亭橋之南向時未爲民所占皆荒地或種稻或種麥故因以園爲名今則如蜂房蟻窩盡爲房廊屋舍巷陌極爲難認蓋其錯雜與棊局相類也

有兩打繩巷都亭驛前一候潮門外一有兩石板巷臨安府前一柴木巷中一有兩龍舌頭臨安府前幷江下蕭園兩樓桃園七寶山幷薦橋門外是也

城中舊無木闌干沿河惟居民門首各爲闌障不相聯屬河之轉曲兩岸燈火相直醉者夜行經過如履平地往往多溺死歲以數十百人計自王宣子尹京始于抽解場出林置大木闌城內沿河皆周匝地每船步留一門民始便之

閭丘編修 泳 自言往年游宦湖湘間舟行江上有客子附舟尾至暮吹笛可聽閭丘正飲甚賞音命以酒勞之未幾忽聞有聲甚厲且訝且徵則皆不對少頃梢人遽進云某官且低聲勿復問舟尾橫笛者乃賊也以此爲號而嘯其徒耳適已撲殺矣須臾有一舟嘯呼直前將謂已有應援則無爈之者果詢之云吹笛舡安在舟人皆答云已過前去矣賊上前追急投岸獲免

監左祭龍舒張宣儀嘗言有親戚游宦西蜀路經褒漢晚投一店飯畢行戶外忽見旁左側上有一人無首以爲鬼也主人云尊人不須驚此人也非鬼也往年因患瘰癧病勢蔓衍一旦頭忽脫墜家人以爲不可救而竟無恙自此每有所需則以手指畫但日以粥湯灌之故至今猶存耳

又云岳侯軍中一兵犯法梟首妻方懷妊後誕一子如常人而首極細軀幹甚偉首僅如拳眉目皆如雕刻則知胞胎所係父母相爲應感

霅川月河莫氏稱望族嘗言祖某崇觀間在上庠以春秋馳名嘗至一酒樓飲壁間有題字云春王三月公與夫人會于此樓蓋輕薄子攜娼妓飲于此所題耳莫即援筆題其下云夏大旱秋飢冬雨雪公甍君子曰不度德不量力其死于飢寒也宜哉見者無不大噱

嘉興精嚴寺大剎也僧造一殿中塑大佛詭言婦人無子者惟祈禱于此獨寢一宵即有子殿門令其家自封鎖蓋僧于房中穴地道直透佛腹穿其頂而出夜與婦人合婦人驚問則云我是佛州民無不墮其計次日往往不敢言有仕族之妻亦往求嗣中夜僧忽造前既不能免則囓其鼻僧去翌日其家遣人遍于寺中物色見一僧臥病以被韜面揭而視之鼻果有傷捕聞官時韓彥古子師爲郡將流其僧而廢其寺

楊誠齋名萬里字廷秀爲監司時循歷至一郡郡守盛禮以宴之而適初夏有官妓歌葉少賀新郎詞以送酒其中有萬里雲帆何時到誠齋遽曰萬里昨日到太守大慚即監係官妓

朱晦庵爲倉使而某郡太守頗遭捃摭幾爲按治憂惶百端未幾晦庵易節他路喜可知也有寄居官因招守飲出寵姬歌大聖樂

至末句云休眉鎖問朱鹽去了還更來麼守爲之啟齒某邑宰因預借違旨遣按而歸某郡郡將乃宰公之故舊因留連有妓慧黠得宰罷官之由時方仲秋忽謳漁家傲十月小春梅蕋破宰云何大旱邪答云乃預借也宰公大慚

西京雜記 六卷　　漢葛洪 字稚川丹陽人一作劉歆

武帝時西域獻吉光裘入水不濡上常服此裘以聽朝

樂遊苑自生玫瑰樹樹下多苜蓿苜蓿一名懷風時人或謂之光風風在其間常蕭蕭然日照其花有光采故名苜蓿爲懷風茂陵人謂之連枝艸

漢帝送死皆珠襦玉匣匣形如鎧甲連以金縷武帝匣上皆鏤爲蛟龍鸞鳳龜麟之象世謂爲蛟龍玉匣成帝設雲帳雲幄雲幙于甘泉世謂三雲殿漢掖庭有月影臺雲光殿鳴鸞殿開襟閣臨池觀不在簿籍皆繁華窈窕之所棲宿焉

積翠池中有珊瑚樹高一丈二尺一本三柯上有四百六十二條是南越王趙佗所獻號爲烽火樹至夜光影常欲然

初修上林苑羣臣遠方各獻名果異樹亦有製爲美名以標奇麗者梨十紫梨青梨實大芳梨實小大谷梨細葉梨縹葉梨金葉梨出琅琊王野家太守王唐所獻東王梨出海中瀚海梨出瀚海北耐寒不枯紫條梨棗六弱枝棗玉門棗青華棗梬棗赤心棗西王棗出崑崙山栗三侯栗瑰栗嶧陽栗嶧陽都尉曹龍所獻大如拳桃九秦桃榹桃緗核桃金城桃綺葉桃霜桃霜下可食胡桃出西域櫻桃含桃李十五紫李綠李朱李黃李青綺李青房李同心李車下李含枝李金枝李顏淵李出魯羌李燕李蠻李侯李柰三白柰紫柰花紫色綠柰花綠色查三蠻查羌查猴查椑三青椑赤葉椑烏椑棠四赤棠白棠青棠沙棠梅六朱梅紫華梅同心梅麗枝梅燕梅猴梅杏二文杏材有文采蓬萊杏東郭都尉于吉所獻一株花雜五色六出云是神仙所食桐三椅桐梧桐荊桐林檎十株枇杷十株橙十株安石榴十株白銀樹十株黃銀樹十株槐六百四十株千年長生樹十株萬年長生樹十株扶老木十株守宮槐十株金明樹二十株搖風樹十株鳴風樹十株琉璃樹七株池離樹十株楔四株楓四株栝十株余就上林令虞淵得朝臣所上草木名二千餘種鄰人石瓊就予求借一觀皆遺弃今以所記憶列于篇右

公孫弘起家徒步爲丞相故人高賀從之弘食以脫粟飯覆以布被賀怨曰何用故人富貴爲脫粟布被我自有之弘大慚賀告人曰公孫弘內服貂蟬外衣麻枲內廚五鼎外膳一肴豈可以表天下于是朝廷疑其矯焉弘嘆曰寧逢惡賓不逢故人

司馬相如爲上林子虛賦意思蕭散不復與外事相關控引天地錯綜古今忽然如睡渙然如興幾百日而後成其友人盛覽字長通牂牁名士嘗問以作賦相如曰合綦組以成文列錦繡而爲質一經一緯一宮一商此賦之迹也賦家之心苞括宇宙總攬人物

斯乃得之于內不可得而傳覽乃作合組歌列錦賦而退終身不復敢言作賦之心矣

武帝過李夫人就取玉簪搔頭自此後宮人搔頭皆用玉玉價倍焉

杜陵杜夫子善奕棋爲天下第一人或譏其廢日夫子曰精其理者足以大裨聖教

郭威字文偉茂陵人也好讀書以謂爾雅周公所制而爾雅有張仲孝友張仲宣王時人非周公之制明矣予嘗以問揚子雲子雲曰孔子門徒游夏之時所記以解釋六藝者也家君以爲外戚傳稱史佚教其子以爾雅爾雅之出遠矣舊傳學者皆云周公所記也張仲孝友之類後人所足耳

元理嘗從其友陳廣漢廣漢曰吾有二囷米忘其石數子爲記之元理以食七十餘轉曰東囷七百四十九石二升七合又十餘轉

日西園六百七十九石八斗後出米西囷六百七十九石七斗九升中有一鼠大塥一升東囷不差圭合元理後歲復過之廣漢以米數詰之元理以手擊床曰遂不知鼠之殊米不如剝面皮矣廣漢爲之取酒鹿脯數片元理復筭曰諸蔗二十區應收一千五百三十六枚蹲鴟三十七畝應收六百七十三石千牛產二百犢萬雞將五萬雛羊豕鵝鴨皆道其數果蓏肴蔌悉如其所言乃曰此資業之廣何供饋之偏邪廣漢慙曰有倉卒客無倉卒主人元理曰俎上蒸豘一頭廚中荔枝一柈皆可爲設廣漢再拜謝罪自入設之盡日爲歡其後傳南季季傳項瑫瑫傳子陸皆得其分數而失其玄妙焉

南唐近事二卷　宋鄭文寶

乘鶴沖舉　廬山九仙使者廟有道士忘其姓名體貌魁偉飲啗酒肉有兼人之量晚節服餌丹砂躁于沖舉魏王之鎭潯陽也郡齋有雙鶴因風所飄憩于道野廻翔嘹唳若自天降道士且驚且喜焚香端簡前瞻雲霓自謂當赴上天之召命仙童控而乘之羽儀淸弱不勝其載毛傷背折血洒庭除抑按久之是夕皆斃翌日馴養者詰知其狀訴于公府王不之罪處士陳沆聞之爲絶句以諷云啗肉先生欲上昇黃雲踏定紫雲崩龍腰鶴背無多力傳語麻姑借大鵬

杜業妻悍妬　兵部尚書杜業任樞密有權變足幾會兵賦民籍指之掌中其妻張氏妬悍尤甚室絶婢妾業憚之如事嚴親烈祖常命元皇后召至內庭誡之曰業位望已通顯得置妾媵何拘忌如此豈婦道所宜邪張垂涕而言曰業本狂生遭逢始運多壘之初陛下所藉者駑馬未竭爾而又早衰多病縱之恐貽患將誤任使耳烈祖聞之大加獎嘆以銀盆綵段賞之

又　陳覺微時爲宋齊丘之客及爲兵部侍郎也其妻李氏妒悍親執庖爨不置妾媵齊丘選面首之婢三人與之李亦無難色奉事三婢若舅姑禮人問其故李曰此令公寵倖之人見之若面令公何敢倨慢三婢既不自安求還宋笑而許之

譏嘲　李堯廣陵布衣常以喉舌捭闔爲己任宋齊丘罷鎭江西堯褁足來謁齊丘問客素習何業堯曰修相業于今十年矣宋曰君修相福乎堯不能答他日復求見宋屬子卒左右不復通知乃題一絶而去詞曰中興唐祚滅強胡總是先生設遠謨今日喪雛猶解哭讓皇宮眷合何如

使酒　朱業爲宣州刺史好酒淩人性復威厲飲後恣意斬決無復見者惟其妻鍾氏能制之搴幃一呼懾栗而止張易令通倅之職至府數日業爲啟宴酒舉未及三爵易乘宿醒擲觥排席詬讓蜂起業怡聲屛幃之間謂左右曰張公使酒未可當也命扶易而出此後府公無復使酒焉

好物不在多　元宗曲燕保和堂命從官賦詩學士朱鞏詩成獨晚泊衆製皆就鞏已醉矣唯進一聯上疑其搆思大久復不終篇鞏再拜致謝曰好物不在多左右掩口而笑自是金陵士庶遺餉不豐好者皆以朱公爲口實

掠地皮　魏王知訓爲宣州帥苛政歛下百姓苦之因入覲侍宴伶人戲作綠衣大面胡人若鬼狀傍一人問曰何爲者綠衣人對曰吾宣州土地神王入覲和地皮掠來因至于此

捋鬚錢　張崇帥廬州好爲不法士庶苦之嘗入覲江都廬人幸其改任皆相謂曰渠伊必不復來矣崇來計口徵渠伊錢明年再入覲盛有罷府之議不敢指實道路相見皆捋鬚爲慶崇歸又徵捋鬚錢嘗爲伶人所戲一伶假爲人死有譴當作水族者陰府判曰焦湖百里一任作獺崇大慚

夢讖　後主篡位之初嘗夢一羊升武德殿御床意甚惡之及金

陵之陷補闕楊克讓首知府事盛衰之理其明徵歟

述異記 三卷　梁任　昉 字彥升新安太守

盤古氏　昔盤古氏之死也頭爲四岳目爲日月脂膏爲江海毛髮爲艸木秦漢間俗說盤古氏頭爲東岳左臂爲南岳右臂爲北岳足爲西岳腹爲中岳先儒說盤古氏泣爲江湖吁爲風聲爲雷目瞳爲電古說盤古氏喜爲晴怒爲陰吳楚間說盤古氏夫妻陰陽之始也今南海有盤古氏墓周三百餘里俗云後人追葬盤古之魂也桂林有盤古廟今南海有盤古國今人皆以盤古爲姓昉按盤古氏天地萬物之祖也然則生萬物始于盤古

鬼母　南海小虞山中有鬼母能產天下鬼一產千鬼朝產之暮食之今蒼梧有鬼姑神是也虎頭龍足蟒目蛟眉 蟒是蛇目圓蛟眉連生

防風氏　今吳越間防風廟土木作其形龍首牛耳連眉一目昔禹會塗山執玉帛者萬國防風氏後至禹誅之其長三丈其頭專

車今南中民有姓防風氏卽其後也皆長吳越俗祭防風神奏防風古樂截竹長三尺吹之如嗥三人被髮而舞

蚩尤　軒轅之初王也有蚩尤氏兄弟七十二人銅頭鐵額食鐵石軒轅誅之于涿鹿之野蚩尤能作雲霧涿鹿今在冀州髏如銅鐵者卽蚩尤之骨也今蚩尤齒長二寸堅不可碎秦漢間說蚩尤氏耳鬢如劍戟頭有角與軒轅鬬以角牴人人不能向今冀州有樂名蚩尤戲其民兩兩三三戴牛角而相牴漢造角牴戲蓋其遺製也

黃能　堯使鮌治洪水不勝其任遂誅鮌于禹山化爲黃能 奴來反 入于羽泉今會稽祭禹廟不用熊肉黃能卽黃熊也陸居曰熊水居曰能昉按今江淮中有獸名熊龍蛇之精至多化爲雉而春復爲蛇今吳中不食雉毒故也

蛟布　揚州有蛇市市人鬻珠玉而雜貨蛟布蛟人則泉仙也又名泉客

珊瑚婦人　光武時南海獻珊瑚婦人帝命植于殿前謂之女珊瑚一旦柯葉甚茂至靈帝時樹死咸以爲漢室將亡之徵也

龍川　東海島龍川穆天子養八駿處島中有艸名龍芻但馬食之日千里古語云一株龍芻化爲龍駒

蛟妾　夏桀宮中有女子化爲龍不可近俄而復爲婦人甚麗而食人桀名爲蛟妾告桀吉凶

泰山泣　桀時泰山之山石泣先儒說桀之將亡泰山三日泣今泰山山石遠望之若人泣蓋是也

相思木　昔戰國時魏國苦秦之難有以民從征戍秦不返妻思而卒既葬冢上生木枝葉皆向夫所在而傾因謂之相思木今秦趙間有相思艸狀似石竹而節節相續一名斷腸艸又名愁歸亦名霜艸人呼寮莎蓋相思之流也

虎生角　漢中山有虎生角道家云虎千年則牙蛻而生角

闔閭墓　闔閭墓中石銘云吳王之夜室也嗚呼乎吾君王棄吾之邦遷于重岡之陽吾王之邦

酸柿甜梅　番禺有酸柿甜梅李尤果賦生物之偏梅甜柿酸

鏡湖　鏡湖俗傳軒轅氏鑄鏡于湖邊今軒轅磨鏡石石上常潔不生蔓艸

盧府君墓　盧府君墓在館陶縣南二十里不知何代銘曰盧府君歸眞之宅也

虎丘　吳王闔閭葬于吳縣三月有白虎居其上號曰虎丘

犬歌　吳太皇時朱休之家犬歌曰言我不能歌聽我歌梅花今年故復可明年當柰何休逐其犬明年休家人並死

洛中記異錄　宋秦再思 號南陽叟

夢徵　唐高祖神堯皇帝將舉義師西入長安忽夜夢身死墜于

牀下爲羣蛆所食及覺甚惡之乃詣智滿禪師而密話之滿卽賀曰公得天下矣大驚謂滿曰何謂也滿曰身死是斃也墜于牀是下也羣蛆所食者是億兆之趨附也人臣不敢直指天子故曰陛下是至尊之象也甚吉又曰貧道爲沙彌日嘗攻易今敢爲公占之及卦成曰得乾飛龍在天又帝王之徵也時太宗侍帝之側滿又曰公子大人極吉又詰帝曰此公子福無量何憂天下乎帝與太宗俱大悅帝至霍邑又夢甲馬無數飛滿空中帝問是何軍伍對曰是公身中之神也若無此何以威制天下言訖並飛入帝身帝覺召太宗言之復曰吾事濟矣太宗拜于前連呼萬歲者數四帝復大悅其後果卽位乃命復營其寺賜額爲興義寺以太原帝舊田宅業產並賜之永充常住今之寺內見有圓夢堂及塑帥與帝並在

邢公扼　李密歸國封邢國公後至桃林渡叛上遣兵征之至陸渾乃斬于邢公山下先是山之側有亂石縱橫頗妨行李時人謂之邢公扼密果死于此

唐朱里　高祖崩太宗詔營獻陵在京兆府三原縣唐朱里及朱氏篡立卽唐朱之驗矣後莊宗中興乃知里者李也是再造之徵

搜朱　後主于宮中作珠簾乃勑京師市珠內外之家收索將盡計無可得者後于相國寺僧中收之猶有隱之者爲隣僧所告繫于陛牢逐院而搜之僧寺盡閉有人于寺中請僧齋闍者曰敕家正搜珠急孰敢入者至來年莊宗入汴盡滅朱氏後遠近搜之寺僧曰今日是端的搜朱也

金龜堂　朱粱許州節度使溫韜于衙城壕內得一小龜金色偏身綠毛石函而進之後主敕于苑內鑿池養之又構屋宏敞號金龜堂者是歸我也

兔上金床　蜀王建屬兔于天祐四年丁卯歲僭卽帝位乃以兔子上金床之讖遂以金飾所坐復謂左右曰朕承唐以金德王踞此床天下孰敢不賓者乎聞者皆嗤之先是甲子歌至清泰三年丙申歲云數在五樓前又云但看八九月胡虜亂中原後大軍于太原南五樓村前大戰至九月晉帝勾契丹至于城下王師敗績至十一月戎王遣蕃軍送晉祖入洛陽卽胡虜亂中原之應也

替元首　廣順末京師訛言有人還魂見冥間要數萬丫髻小兒緣是無問貴賤之家小兒有髻子者皆剃之讖曰小兒剃元首者新君之兆也未幾世宗嗣位卽替元首也

宋州官家　先是周末忽有一人衣粗布衣裹青巾艸屩而已于中書省政事堂內箕踞而坐羣吏見之咸大驚叱之何人也答云官家教我來吏曰官家在甚處復答曰在宋州尋白于諸相咸曰此狂人爾不須奏恐累諸門守衞者事非細乃寢因令逐之出外今上移鎭商丘少主禪位上開國爲大宋宋州官家是天命已睠之也

宋之祀嚳　帝嚳有四妃一生帝摯一生帝堯一生殷之先一生周之先殷之後封于宋卽商丘今上于前朝作鎭睢陽洎開國乃號大宋先是王考諱弘殷至是始驗弘者大之端也殷者宋之本也皇慶中于皇運今建都在大火之下宋爲火正又國家承周火德王按天文心星是帝王寳宋分野今高陽氏陵廟在宋城三十里卽天地陰陽人事際會亦自古罕有

召主收贖　孟昶末年忽命收官質庫家令大署庫前云奉敕限一月召主收贖未久王師西征及蜀平時人始悟召主收贖之義召者趙也贖者蜀也孟昶卽宋之臣也卽知天命王家之平邊暴亂固有自矣

孟入　同光乙酉歲王師平蜀莊宗詔太原節度使孟知祥入川鎭成都先是蜀人打毬或一棒便入湖子者爲猛入音訛爲孟入

得陰一籌其後孟蠢得兩蜀之地乃僭大號洎子昶降乃知陰一籌者果一子也

桃符語讖　孟蜀于宮城府近側置一策勳府時昶之子喆嘗居之昶以歲末自書桃符云天降餘慶聖祚長春喆拜受致于寢門之左右及蜀平詔參政呂餘慶權知府以內外曹署俱不便于公私至策勳府公曰此處甚便欣然下馬至寢門公忽覩桃符字乃曰吾不得不至于此遂遷而居之乃知天降是國家之命呂公入蜀也聖祚長春又是主上聖節之號則皇運未可涯也

碧落碑　絳州碧落觀有天尊石像光焰灼高丈餘上有文云神仙所篆莫之測也先君云唐龍翔中刺史李諶爲母氏太妃追薦所造也有老黃冠曰李使君卽高大太帝之子也其文未刻之前忽有二道士謁李使君欲篆刻其文我二人卽天下之名篆也請爲使君成乃于懷中出一軸朱書陰符經殆非人功也使君尤異之復約殿內四面封閉不得令人窺覘只我二人在中候三日卽畢矣使君從之但見二道士挈一小囊入入自闔其門餘無所覩至三日使君命開之只見白鴿一雙自門飛出及視文篆已畢餘有一及字但有一畫不成而去使君與道士衆悲喜益神之後李陽冰于此學篆凡二十日終不得妙捨之而去至今爲天下之絕矣

讀書愚見　二卷　宋鄭震　字叔起三山人

有田可以養氣　古今之士無立錐無蓋瓦者甚衆飢寒亂心有能安于恬素者亦是天分學力過人處學子與士大夫得做好人須是有以養其外以外養護內養夾持得秉彝住便是聖賢地位三代時人人有田眞是內養底本領孟子曰無恒產者無恒心無恒產而有恒心惟士爲能正慮爲士者無田失其恒心也蘇秦曰使我有洛陽二頃田安能佩六國相印乃是說無田至此孔明告蜀先主曰臣成都有桑八百株薄田十五頃子弟衣食自有餘饒亦是說有田可以自給蘇老泉亦云洵有山田二頃非兇歲可以無飢有田者眞可以養氣可以立身世有田而喪氣殺身者此又不足道矣若無田而乏衣食行古之道如孟東野輩韓文公烏得不重拳拳

材質之辨　豫章生在衆木中至七年而後枝榦始別稗麥生在麥田中其形似麥更無分別及至穟生方知非麥要之人物材質之良與不良須待久而後見

作文之法　文章本無說風行水上繁星麗天第一說也回旋曲折開合收縱千變萬化俱要自然與天地萬物相似六經上文章法度極多今姑以詩三百篇一兩字言之便見與天地萬物相似處黍離之詩其一曰彼黍離離彼稷之苗其二曰彼黍離離彼稷之穗其三曰彼黍離離彼稷之實自苗而穗自穗而實誦此詩者

一黍之生毓成熟可見矣庭燎之詩其一曰夜如何其夜未央其二曰夜如何其夜未艾其三曰夜如何其夜鄉晨誦此詩者一夜之漏刻疾徐可聞矣由淺而深作文最妙若夫感動之情箴規之意與文章法度節奏一步進一步多少涵畜讀之令人神悚如桃夭之詩句法又變其一曰灼灼其華其二曰有蕡其實其三曰其葉蓁蓁字眼上皆有造化作詩者尤不可不知

論人君　開基人君乾卦似之中興人君復卦似之然其覆露蒼生同一造化也

孔孟兵法　伊呂之後孔孟最善用兵者孔子曰臨事而懼好謀而成孟子曰天時不如地利地利不如人和孔子八箇字孟子十二箇字見得極是光明孫武吳起談兵法累千萬言大段是暗昧

主客　予嘗謂主客之間有數等人其上則師其客其次則友其客又其次則客其客又次則主與客胥失矣及秦少游論袁紹之

亡其言曰其亡不在于官渡之敗而在于殺田豐且曰師士者王友士者霸臣士者彊失士者辱慢士者危殺士者亡偉哉之論也古人有失一士之憂何秦坑焚之不思耶

動静　静中所得最多動時所損不少惟能以道爲動静者俱得之矣

佛　佛自周孝王元年佛入涅槃是時佛已示無生果法第以王化未熄佛法未敢彰露自漢以來與徼外諸國通佛法至中國遂大昌讖若以南史傳海南諸國攷之其莊嚴金碧正如今佛事去處吳時中郎康泰從事朱應嘗使于桑國泰應謂國中實佳但人褻露可怪耳師子國乃天竺旁國也其國舊無人止有鬼神及龍居之諸國商估往來市易鬼神不見其形但出珍寶題其所堪價商人依價取之諸怪事大率如此今中國之人往往奉佛欲死超生西方極樂世界但未嘗攷究不知其竟耳佛書言語有可取俗人却不知之豈知中土卽佛土耶所謂佛國者人多鬼怪既是褻露又無衣冠止有鬼神及龍居之有何可樂綿思所以爲佛國者必其人無機械心故也

字義　字亦有義天子耕用亥日蓋亥之地直上是天倉星又以建辰月祭靈星以求農耕靈星是天田星在于辰位故農字從辰陳后山云金陵人喜解字以同田爲富分貝爲貧

作記之法　作記之法禹貢是祖自是而下漢官儀載馬第伯封禪儀記爲第一其體勢雄渾雅壯碎語如畫不可及也其次柳子厚山水記法度似出于封禪儀中雖能曲折回旋作碎語文字止于清峻峭刻其體便覺卑薄

幽閒鼓吹　一卷　唐張　固清河人

李賀以歌詩謁韓吏部時爲國子博士分司送客歸極困門人呈爲解帶旋讀之首篇燕門太守行曰黑雲壓城城欲摧甲光向日

金鱗開却授帶命邀之

潘炎侍郎德宗時爲翰林學士恩渥極異其妻劉氏晏相之女也京尹某有故伺候累日不得相見乃遺閽者三百縑夫人知之謂潘曰豈有人臣京尹願一見遺奴三百匹縑帛危其可知也遽勸潘公避位子孟陽初爲戶部侍郎夫人憂惕謂曰以爾人材而在丞郎之位吾懼禍之必至也戶部解喻再三乃曰不然試會爾同列吾觀之因偏招深熟者客至夫人垂簾視之既罷會喜曰皆爾之儔也不足憂矣末座慘綠少年何人也答曰補闕杜黃裳夫人曰此人全別必是有名卿相

裴寬尚書罷郡西歸汴流中日晚維舟見一人坐樹下衣服極弊因命屈之與語大奇之遂謂之曰以君才識必自當富貴何貧也舉舡錢帛奴婢貺之客亦不讓所惠語訖上舡奴婢偃蹇者鞭撻之裴公益奇之其人乃張徐州也

植跋簡談　一卷　宋錢康公吳越人

改名　漢獻帝禪位之歲改元延康蜀後主亡國之歲改元炎興愍帝失位之歲改建業郡宣和間朝廷謂端明殿非本朝殿改官制曰延康殿學士靖康二年今上卽位法東漢中興建武之號改曰建炎己酉歲駐蹕江寧府以江寧昔號建康與藩邸王封符合今上嘗封康王改名建康府三名者皆出一時所見而不知乃前代季末之稱也故識者憂之

平江府州署之南名吳會黃外反坊按漢蔡邕傳亡命江海遠跡吳會注引會稽高遷亭竹椽爲笛事又諸葛亮說荊州形勢曰東連吳會王羲之爲會稽內史時朝廷賦役繁重吳會尤甚右崇論伐吳之功曰吳會僭逆指孫氏則吳會當是吳郡與會稽猶言吳越也蓋不獨謂姑蘇今坊名吳會未知何據然而前漢吳王濞傳云患吳人輕悍卽無會也

溫州作蠲紙潔白緊滑大略類高麗紙東南出紙處最多此當為一焉自餘皆出其下然所作至少政和以來方入貢權貴求索浸廣而紙戶力已不能勝矣吳越錢氏時供此紙者蠲其賦役故號蠲紙云

治平中禁中修寧殿築基址殿心數尺地隨築隨陷復增土實之更反窊咸怪訝之乃穴所陷處深丈許得一石有八大字皆天書不可曉時御書院有能解者辨釋云歲在申酉汴都不守也時諱其事立棄毀之其後屢更申酉皆無他靖康乙巳丙午金人再犯闕丁未四月二帝北狩今上即位于南京已而駐蹕維揚命宗澤留守東京增修守備澤死杜充代之皆能以危為安京城賴以保全至己酉春金人牧馬淮甸大驚南渡赴行在而東京遂不復守矣天書至乃其目擊也每遇申酉歲輒註之曰今年亦無他自治平至建炎九年經六申酉子中死又三遇申酉前此經而不驗者

豈非人事勝之乎故曰天亦因人

予嘗評花品以為梅有林下之風杏有閨門之態桃如倚門市娼李如東門貧女

予嘗謂近世鉅公歐文忠似韓退之司馬文正似蘧伯玉荊公似王夷甫蘇東坡似司馬遷夫人而能言之然其所以似之者人或不能知也

葆光錄 三卷　五代吳越陳□□ 號騔明子

葆光者注之而不滿酌之而不竭也

李建州 頻 與方處士 干 為吟友頻有題四皓廟詩自言奇絕云東西南北人高跡此相親天下已歸漢山中猶避秦龍樓曾作客鶴氅不為臣獨有千年後青青廟木春示干干笑而言善則善矣然內有二字未穩作字太麄而難換為字甚不當干聞率土之濱莫非王臣請改作稱字頻遂拜為一字之師

貞明中有漁者于太湖上見一舡子光采射人內有道士三人飲酒各長鬚眉目生于額上見漁者俱舉袖掩面其舟無人撐隨風行甚疾望洞庭而去

呂知隱于洞庭山穿一松造艸舍而居寶正中徵起鶴氅紗巾見武肅甚奇之善星緯識地理多術數嘗謂人曰夫艸木鬱成處有泉牛每戀臥處可鑿井蚺蛇之屬內有小魚鰕及自死鳥獸口不閉者密瓶造鮓醬搖動者皆不可食又云赤豆湯洗色衣垢楊桃枝去粘研芥子入豆醬不生蟲牛乳去油衣粘問事無不知者

有軍人早出月色朗然見一獨足者橋闌上臥軍人少壯無畏懼乃抱之其鬼即云放我當有相酬軍人曰何物曰有銀盞一問居止云少間送來軍人遂捨之其妻見一少年叩門云賢郎令將盞歸授其妻而去至晚軍人回將盞示之夫乃說今日之事妻曰神靈物不可駐之今將貨易酒肉祭之夫從其言祭畢夫曰適看此

盞有似家內樣莫非偷我者將來否妻亦疑之往取果失之矣夫妻愕然曰大是伎鬼也

衆說狗不相食者近人道矣匏里有人將其肉飼一犬銜往草間跑地埋之嗚咽久而不去

越中有胡氏性妒忌怒婢妾將熨斗烙其面皮焦爛猶未快意及其病疾徧身瘡痍兼當三伏中臥欲展轉肌腐旋粘床席體血晃穢骨露方卒

桐陰舊話 十卷　宋韓元吉 龍圖閣學士

忠憲公將生令公夢人手中書一大興字示之知門戶之將起也及命名從人從意而字宗魏蓋取畢萬之後必大萬盈數魏大名之義耳年六七歲病甚令公與夫人守視之忽若張口飲藥狀曰有道士牽犬以藥飼我俄汗而愈因畫像以祀按列仙傳韋善俊唐武后朝京兆人長齋奉道法嘗攜黑犬名烏龍今世俗謂為藥

王云

太保公忠憲曾祖也周國公祖也皆葬靈壽相比獻肅公自太原移帥定武始議改葬既發則二瓦棺並列于穴有泉湛然其下大驚以問鄉老有曰當時開壙見水貧不能易地遂以木架于水上然猶不腐則知未嘗溢涸爾因不敢改而相地者以爲奇第斲石爲柱横二石梁瓦棺仍之不別爲槨也增築其封岐冢首於上淇水李公邦直爲墓表孫康簡公曼叔書之亦買田靈壽以贍同族之貧者

忠憲公少年貧時學書無紙莊門前有大石就其上學字晚即滌去遇烈日及小雨張繖自蔽率以爲常

公與李康靖公同行應舉有一氊同寢臥至別割氊爲二分之其後浸貴以長女嫁康靖公子邯鄲公而第七解州府君娶康靖公女子孫數世婚姻不絶

李康靖公爲汝州守趙公門客（不知名本傳曰依所親趙况其是乎）忠憲公亦往見焉趙公尤敬待忠憲每聞公至書院即令設肉食康靖嘗有簡戲云久思肉味請兄訪及也趙公遂以女許嫁忠憲公既過省趙公遣人送女至京師資從甚鮮華女亦乘馬披繡衫戴帽泊城外旅邸一夕病心痛卒忠憲具素服往哭之後乃爲王文正公婿也

公在蜀既踰年仁宗欲召爲參知政事宰相有謂當俟秩滿者而更薦所厚善及公受代止以中丞召至則仁宗遂遷公同知樞密院迄拜參政乃知聖眷自有定也然范文正公嘗進百官圖詆呂文靖而力薦公宜相文正出鄱陽敕榜朝堂有妄露薦稱密行離間之語仁宗以喻公公奏曰臣頃歲陛下過聽擢貳樞密未嘗涉朋比結左右也况仲淹非親戚故舊若仲淹舉臣以公則臣之拙直陛下所知舉臣以私則臣委質以來素無交託進退之際惟陛下所裁仁宗賜詔褒答

舍人諱綜字仲文景祐元年登進士第後以呂文靖公薦入館忠憲公書戒之曰唯上感君恩次答知己外但服勤職業一心公忠何慮前程不達切須照管人情周防忌善之言爲切繼遷開封府推官又戒之曰乍贊浩穰庶事皆須熟思無致小有失錯至于斷一笞杖稍或不當明則懼于朝章幽則畏于陰騭二書眞跡具在族人家自餘尚數紙亦與獻肅兄弟者無一筆草書尾但云吾押付汝而不名

王夫人初未有子夢一僧貌甚古手持蓮花曰汝欲生男乎摘五葉餌之後生舍人及獻肅公職方宮師莊敏公五子皆貴顯嘗誨之曰汝父有法度爲世所知汝曹或不及之則人必以爲類我也其善教如此

獻肅公諱絳字子華發解過省殿試皆第三以元祐三年三月薨皆三數亦異事也故蘇惠公（頌）挽詩云三登慶歷三人第四入熙寧四輔尊盞公自樞副遷參政改宣撫陝右即軍中拜昭文相再入史館相也

職方諱繹字仲連從晏元獻公辟爲永興倅有富家子悅倡女柳約爲夫婦而父母强爲之娶乃謀之市卜教以厭蠱期妻必死可取倡則厚酬之既而妻果病垂死妻之父母聞而告官晏公醇儒不信曰世顧有是耶職方固請鞫之遂得實發地藏木偶人書其妻名氏生時與呪詛之詞晏公大驚乃奏抵法

宮師諱維字持國忠憲公嘗夢巨碑中有宮師姓名而爲金字莫曉所謂然亦意公必貴也故公不出應科舉忠憲公亦不強之曰是兒當自致遠大其後公預元祐黨籍蔡京請徽廟御書群臣姓名而金塡之或爲謂應

莊敏公諱縝字玉汝初求字于歐陽文忠公公以小合幅紙書玉女二字送來莊敏大不樂明日相見猶有愠容文忠公曰出處無

點水也君何怪耶取筆添女字三點相與一笑蓋詩中王用玉女但音作汝也前輩亦雅戲若此

契丹使每歲至中國索食料多不時珍異之物州縣撓動公之使虜入其境稍深則必索猪肉及胃臟之屬從者莫能曉蓋燕北第產羊俗不畜猪驛司馳騎疲于奔命無日不加箠楚所以困之爾既回程與伴送者飲率盡醉然公翊日乘騎如故初不病酲也葢取隨行大盃酌勸之伴者不能勝屢至委頓臨別痛飲達旦及敍違馬上幾不能相揖後聞虜中責伴者以失儀沙袋擊之至死

琵琶錄 一卷

唐段安節國子博士

琵琶法三才象四時風俗通云琵琶近代樂家作不知所起長三尺五寸法天地人也四絃象四時也釋名曰琵琶本胡中馬上所鼓推手前曰琵引手却曰琶因以爲名漢遣烏孫公主入蕃念其行遠思慕本朝使知名者馬上奏琵琶有直項曲項者葢便于關

軸也樂錄云琵琶本出于絃鼗而杜摯以爲秦之末苦于長城之役百姓絃鼓而歌之古曲陌上桑間范曄石苞謝奕孫放孔偉阮咸皆善此樂東晉謝鎭西在大市樓上彈琵琶作大道之曲世說云謝仁祖比在牖下彈琵琶有天際之意又朱生善彈琵琶雖伯牙之妙無以加焉武德中白明遠竺伯夷皆以彈琵琶至大官貞觀中裴路兒彈琵琶始廢撥用手今所謂搊琵琶是也白秀眞自蜀使得琵琶以獻以沙邏檀爲槽其木溫潤如玉光采可鑒金縷虹文蹙之成雙鳳貴妃每奏于梨園音韻淒清飄若雲外開元中梨園有駱供奉賀懷知雷海清其樂器或以石爲槽鵾雞筋作絃用鐵撥彈之安史之亂流落于外有舉子曰白秀才子孫顯達不記其名寓止京師偶値宮娃弟子出在民間白卽納一妓焉跨驢之洛其夜風清月朗是麗人忽唱新聲白驚遂不復唱逾年因遊靈武李靈曜尚書廣場設筵白預坐末廣張妓樂至有唱何滿子者四坐傾聽俱稱絕妙白曰某有伎人聲調殊異于此便召至短髻薄妝態度閑雅發問曰適唱何曲曰何滿子遂品調舉袂發聲淸亮激昂諸樂不能逐部中有一面琵琶聲韻高下攏撚揭掩節拍無差遂問曰莫是宮中胡二姊否胡復問曰莫是梨園駱供奉否二人相對汍瀾欷歔不已

建中中有康崑崙稱第一手始遇長安大旱詔兩市祈雨及至天門街市人廣較勝負及鬬聲樂街東市則有康崑崙琵琶最工必謂街西無敵也遂請崑崙登綵樓彈一曲新翻羽調綠要錄要是也本自樂工進上蕃花曲中錄出要者乃以爲名悞稱爲么至街西豪俠閱樂東市稍誚之亦于綵樓上出女郎抱樂器先云我亦彈是曲兼移于風香調中及下撥聲如雷其妙絕入神崑崙驚愕乃拜爲師女郎遂更衣出見乃莊嚴寺僧善本俗姓段也翌日德宗召入內令教崑崙段師奏曰且請令彈一調及彈師曰本領何雜兼帶邪聲崑崙驚曰師神人也少年初學

藝時偶于鄰家女巫處授一品絃調後乃屢易數師之藝今段師精識如此玄妙也段師奏曰且遣崑崙不近樂器十年候忘其本態然後可教詔許之後果盡段師之藝

元和中有王芬曹保之子善才其孫曹綱皆精其藝次有裴興奴與曹通時綱善運撥若風雨然不事揑絃興奴則善于攏撚指撥稍軟時人謂綱有右手興奴有左手

武帝初朱崖李太尉有樂人廉郊者師于曹綱盡綱之能綱嘗謂其流云教授人多矣未嘗有此性靈子弟也郊嘗詣平原別墅于池上彈蕤賓調忽有一片方鐵躍出有識者謂之蕤賓鐵葢是指撥精妙律呂相應耳

安節門下有樂吏楊志善能琵琶其姑尤更妙絕本宣徽子弟後出宮于永穆觀中住自惜其藝常畏人聞每至夜深方彈志善懇其教授終不允且曰吾誓死不傳人楊乃賂其觀主求寄宿于觀

竊聽姑彈弄仍以自繫脂皮鞓帶以指畫帶記其節奏遂得一兩曲調明日詣姑彈之姑大驚異楊卽實陳其事姑意方回乃盡傳其能

文宗朝有內人鄭中丞（中丞當時宮人官也）善胡琴內庫有琵琶二面號大忽雷小忽雷因爲題頭脫損送在崇仁坊南趙家料理大約造樂器悉在此坊其中有二趙家最妙時有權相舊吏梁厚本有別墅在昭應縣之西南西臨河渭垂釣之際忽見一物流過長五七尺許上以錦纏之令家童接得就岸乃秘器也及發開視之乃一女郎妝色儼然以羅巾繫其頸遂解其巾伺之口鼻之間倘有餘息卽移入室中養經旬方能言語云我內弟子鄭中丞也昨因忤旨令內人縊殺投內河中錦卽是弟子臨刑相贈耳及如故卽垂泣感謝厚本厚本無妻卽納爲室自言善琵琶其琵琶今在南趙家修理恰値訓注之事人莫有知者厚本因賂其樂器匠購得之至夜

分方敢輕彈後値良辰飲于花下酒酣不覺朗彈數曲是時有黃門放鷂子過于牆外聽之曰此是鄭中丞琵琶聲也竊窺識之翌日達上聽上始嘗追悔至是驚喜遣中使宣召問其由來乃捨厚本罪任從匹偶仍加錫賚焉

咸通中有米和郎（卽米嘉榮子也最善唱歌）田從道後有王連兒連兒名金

說郛卷第二十終

說郛卷第二十一

隋唐嘉話 三卷　唐劉　餗（彭城人）

薛道衡入聘陳爲人日詩云入春纔七日離家已二年南人嗤之曰是底言誰謂此虜解作詩及云人歸落雁後思發在花前乃喜曰名下固無虛士

煬帝善屬文而不欲人出其右司隸薛道衡由是得罪後因事誅之曰更能作空梁落燕泥否

煬帝爲燕歌行文士皆和著作郎王胄獨不下帝帝每銜之胄竟坐此見害而誦其警句云庭艸無人隨意綠復能作此語耶

秦王府倉曹李守素尤精譜學人號爲肉譜虞祕書世南曰昔任彥昇善談經籍時稱爲五經笥宜改倉曹爲人物志

武后初稱周恐下心不安令人自擧供奉官正員外多置裏行拾

遺補闕御史符至有車載斗量之詠有御史臺令史將入室値裏行御史數人聚立門內令史下驢衝過其間諸御史大怒將杖之令史云今日之過實在此驢乞先數之然後受罰御史許之謂驢曰汝技藝可知精神極鈍何物驢畜敢于御史裏行于是羞而止

今開元通寶錢武德四年鑄其文歐陽率更所書

王右軍蘭亭序梁亂出外陳永嘉中爲僧永所得至大建中獻之宣帝隋平陳日或以獻晉王王不之寶後僧果從帝借搨及帝登極竟未從索果師死後弟子僧辨得之太宗爲秦王日見搨本驚喜乃貴價市大王書蘭亭終不至及知在辨師處使蕭翼就越州求得之以武德四年入秦府貞觀十年乃搨十本以賜近臣帝崩中書令褚遂良奏蘭亭先帝所重不可留遂祕于昭陵

劉賓客嘉話錄 一卷　唐韋　絢（江陵少尹京兆人）

絢自襄陽負笈至江陵挐葉舟升巫峽抵白帝城投謁故贈兵部

尙書賓客中山劉公二十八丈求在左右學問晨昏與諸子起居或因語論劇談卽席聽之退而默記今錄之號曰劉公嘉話錄傳之好事以爲談柄也大中十年韋絢序

張巡之守睢陽玄宗已幸蜀胡羯方熾城孤勢蹙人食蚼以稀布切煮而食之時以茶汁和之而意自如其謝加金吾表曰想蛾眉之碧峰豫遊西蜀追綠耳于玄圃保壽南山逆賊祿山違逆天地戮辱黎獻羶臊闕庭臣被圍七旬親經百戰主辱臣死當臣致命之時惡罪稔盈是賊滅亡之日其忠勇如此又激勵將士賦詩曰接戰春來苦孤城日漸危合圍如月暈分守若魚麗屢厭黃塵起時將白羽揮裹瘡猶出陣飲血更登陴忠信應難敵堅貞諒不移無人報天子心計欲何施又夜聞笛詩曰岧嶤試一臨虜騎俯城陰不辨風塵色安知天地心營開星月近戰苦陣雲深旦夕高樓上遙聞橫笛吟

逆胡將亂于中原梁朝誌公大師有語曰兩角女子綠衣裳却背太行邀君王一止之月必消亡兩角女子安字綠者祿字也一止正月果正月敗亡

瓊州地名朐腮朐腮是蚯蚓也故土多此蟲蓋其狀物也常至夜江畔出其身半跳于空中而鳴其形朐腮（上音屈下音蠢）

劉希夷曰年年歲歲花相似歲歲年年人不同其舅宋之問曰苦愛此兩句懇乞許而不與之問怒以土袋壓殺之宋生不得其死天報之也

菜之菠稜本西國中有僧將其子來如苜蓿蒲萄因張騫而至也絢曰豈非頗稜國將來時語訛爲菠稜耶

公嘗于貴人家見梁昭明太子脛骨微紅而潤澤豈非異耶又嘗見人腊長尺許眉目手足悉具或以爲僬僥人也

絳州碑碣落文乃高祖子韓王元嘉四男（[illegible]）爲先妃所製陳惟玉書今不知者皆妄有指說

荀輿能書嘗寫狸骨方（狸骨理勞方也）右軍臨之謂之狸骨帖

王僧虔右軍之孫也齊高祖嘗問曰卿書與我書孰優對曰陛下書帝王第一臣書人臣第一帝不悅嘗以掘筆書恐爲帝所忌故也

魏受禪碑王朗文梁鵠書鍾繇鐫字謂之三絕（古鐫字皆須妙于篆籀故繇方得鐫刻）

武后朝宰相石泉公（王方慶瑯琊王）后嘗御武成殿閱書畫問方慶曰卿家舊法書帖在乎方慶遂進自右軍已下至僧虔智永等二十五人各書帖一卷命崔融作序謂之寶章集亦曰王氏世寶

石季龍少好挾彈其父怒之其母曰健犢須走車破轅良馬須逸鞅泛駕然後負重致遠蓋言童稚不奇不惠卽非異器定矣

公曰杜相鴻漸之父名鵬舉父子而似兄弟之名蓋有由也鵬舉父嘗有所之見一大碑云是宰相碑已作者金塡其字未作者刻

名于上杜問曰有杜家兒否曰有任自看之記得姓下是鳥偏傍曳脚而忘其字乃名鵬舉而謂之曰汝不爲相卽世世名鳥旁而曳脚也鵬舉生鴻漸而名字亦前定也况其官與壽乎

德宗降誕日內殿三教講論以僧監虛對韋渠牟以許孟容對趙需以僧覃延對道士郄惟素諸人皆談畢監虛曰臣請奏事玄元皇帝我唐天下文宣王古今之聖人釋迦如來西方之聖人皇帝陛下是南贍部洲之聖人

千字文梁周興嗣編次而有王右軍書者人皆不曉其始梁武帝教諸王書令殷鐵石于大王書撮一千字不重者每字一片紙雜碎無序武帝召興嗣曰卿有才思爲我韻之興嗣一夕編次進上鬢髮皆白而賞賜甚厚

謝朓詩云芳洲多杜若貞觀中醫局求杜若度支郎乃下坊州令貢之判司云坊州不出杜若應由謝朓詩誤太宗聞之大笑改雍

州司戶
率更令歐陽詢行見古碑晉索靖所書駐馬觀之良久而去去數百步復還下馬竚立疲倦則布毯坐觀因宿其下三日而去

天隱子一卷　唐司馬承禎 正一先生字子微

天隱子吾不知其何許人著書八篇包括祕妙殆非人間所能力學觀夫修煉形氣養和心靈歸根契于伯陽遺照齊于莊叟長生久視無出是書承禎服集道風惜乎世人夭促眞壽思欲傳之同志使易簡而後行信哉自伯陽而來唯天隱子而已矣司馬承禎序

神仙　人生時稟得靈氣精明通悟學無滯塞則謂之神宅神于內遺照于外自然異于俗人則謂之神仙故神仙亦人也在于修我靈氣勿爲世俗之所淪折遂我自然勿爲邪見之所凝滯則成功矣 喜怒哀樂愛惡欲七者情之邪也風寒暑濕飢飽勞逸八者氣之邪也去此必成仙功也

易簡　易曰天地之道易簡者何也天隱子曰天地在我首之上足之下開目盡見無假繁巧而言故曰易簡易簡者神仙之德也 經曰至道不繁至人無爲而已 然則以何道求之曰無求不能知無道不能成凡學神仙先知易簡苟言涉奇詭適足使人執迷無所歸本此非吾學也 世人學仙反爲仙所迷者有矣學氣反爲氣所病者有矣

漸門　易有漸卦老氏有妙門人之修眞達性不能頓悟必須漸而進之安而行之故設漸門一曰齋戒二曰安處三曰存想四曰坐忘五曰神解何謂齋戒曰澡身虛心何謂安處曰深居靜室何謂存想曰收心復性何謂坐忘曰遺形忘我何謂神解曰萬法通神故習此五者曰五漸之門先了一則漸次至二了二則漸次至三了三則漸次至四了四則漸次至五神仙成矣

齋戒　齋戒者非蔬茹飲食而已澡身者非湯浴去垢而已蓋其法在節食調中磨擦暢外者也夫人稟五行之炁而食五行之物而實自胞胎有形也呼吸精血豈可去食而求其長生但世人不知休糧服氣道家權宜非永絕粒食之謂也食之有齋戒者齋乃潔淨之務戒乃節身之稱有飢即食食勿令飽此所謂調中也百味未成熟勿食五味太多勿食腐敗閉氣之物勿食皆宜戒也手常磨擦皮膚溫熱去冷氣此所謂暢外也久坐久立久勞役皆宜戒也此是調理形骸之法形堅氣全是以齋戒爲漸門之首矣

安處　何謂安處曰非華堂邃宇重裀廣榻之謂也在乎南向而坐東首而寢陰陽適中明暗相半屋無高高則陽盛而明多屋無庳庳則陰盛而暗多故明多則傷魄暗多則傷魂人之魂陽而魄陰傷于明暗則疲疾生焉此所以居處之室必使之能向天地之炁若亢陽之攻肌淫陰之侵體豈不傷哉修養之漸倘不法此非安處之道故曰吾所居室四邊皆窗戶遇風即闔風息即開吾所居座前簾後屏太明則下簾以取其內映太暗則捲簾以通其外

曜內以安其心外以安其目心目皆安則身安矣明暗尚然況太多事慮太多情慾豈能安其內外哉故學道以安處爲次

存想　存謂存我之神想謂想我之身閉目即見自己之目收心即見自己之心心與目皆不離我身不傷我神則存想之漸也凡人目終日視他人故心亦逐外走心終日接他事故目亦逐外視營營浮光未嘗復照奈何不病且夭耶是以歸根曰靜靜曰復命成性存存衆妙之門此存想之漸學道之功半矣

坐忘　坐忘者因存想而忘也行道而不見其行非坐之義乎有見而不行其見非忘之義乎何謂不行曰心不動故何謂不見曰形都泯故或問曰何由得心不動天隱子默而不答又問何由得形都泯天隱子瞑而不視或者悟道乃退曰道果在我矣我果何人哉天隱子果何人哉于是彼我兩忘了無所照

神解　齋戒謂之信解 言無信心即不能解 安處謂之閑解 言無閑心即不能解 存想謂之

慧解（言無繫心卽不能解）坐忘謂之定解（言無定心卽不能解）信定閑慧四門通神謂之神解夫神之爲義不行而至不疾而速陰陽變通天地長久兼三才而言謂之易（繫辭云易窮則變變則通通則久）齊萬物而言謂之道德（老子道經德經是也）本一性而言謂之眞如（釋氏法華楞伽涅槃皆一性）入四眞如歸于無爲（圓覺經云佛身有爲至于無爲佛化身不空諸數皆一性）故天隱子生乎易中死乎易中動因萬物靜因萬物邪由一性貞由一性是以生死動靜邪貞吾皆以神仙解之在人謂之人仙在天曰天仙在地曰地仙故神仙之道同歸一門（謂五漸終同歸于仙矣）

後序　昔謝自然欲過海求師蓬萊至海中或謂自然曰蓬萊隔弱水三十萬里不可到天台有司馬子微身居赤城名在絳闕可往從之自然乃還受道于子微白日仙去東坡水龍吟詞曰古來雲海茫茫蓬山絳闕知何處人間自有赤城居士龍蟠鳳舉清淨無爲坐忘遺照八篇奇語觀此則此書八篇當是子微所著而序乃云天隱子不知何許人意者不欲自顯其名耶紹興壬午從事郎知台州黃岩縣主管學事勸農公事胡璉跋

楊文公談苑（十五卷）　宋黃　鑑纂集（字唐卿江夏人）

故翰林楊文公大年在眞宗朝掌內外制有重名爲天下學者所伏文辭之外其博物殫見又過人遠甚故當時與其遊者輒獲異聞奇說門生故人往往削牘藏弆以爲談助江夏黃鑑唐卿者文公之里人有俊才爲公所重幼在外舍逮乎成立故唐卿所纂比諸公爲多但雜抄廣記交錯無次序好事者相與名曰談藪予因而援去重複分爲二十一目勒成一十五卷輒改題曰楊公談苑

中書後閣宋庠序

太祖微時嘗遊鳳翔王彥超遣十千遣之後卽位悉徵藩侯入覲宴苑中縱酒爲樂諸帥競論曩昔公勳惟彥超獨言久忝藩寄無功能可紀願納節符入備宿衛上喜曰前朝異世事安足論彥超之言是也後從容語彥超曰卿當日不留我何也對曰蹄涔之水安可容神龍萬一留止又豈有今日之事帝王受命非細事也上益喜曰當復遣卿還鎭一政以爲報餘諸帥悉歸班

太宗作奕棋三勢使內侍裴愈持以示館閣學士莫能曉者其一曰獨飛天鵝勢其二曰對面千里勢其三曰大海取明珠勢皆上所製上親指授諸學士始能曉之皆歎伏神妙前後待詔等衆對奕多能覆局爲圖于祕閣

古棋圖之法以平上去入分四隅爲記交雜難辨徐鉉改爲十九字一天二地三才四時五行六官七斗八方九州十日十一冬十二月十三閏十四雉十五望十六相十七笙十八松十九客以此易故圖之法甚爲簡便

至道二年重陽皇太子諸王宴瓊林苑教坊以夫子爲戲者賓客李至言于朝曰唐太和中樂府以此爲戲文宗遽令止之笞伶人以懲其無禮魯哀公以儒爲戲尚不可况敬及先聖乎東朝驚歎言于上而禁止之此戲遂絕

祭殼開運中爲詞臣時北戎來侵晉楊光遠以青州大將爲節帥卒少帝命殼艸文以祭之殼立具艸以奏曰漢北有不賓之寇山東起伐叛之師雲陣未收將星先落少帝甚激賞

錢昭序鄧王俶之族子也爲如京副使知通利軍至道初獲赤烏白兔昭序表獻曰烏乃陽精兔爲陰類告火德蕃昌之盛示金方馴服之徵顧茲希世之珍乃有同時而見當時傳誦

錢若水爲學士一日太宗自作祝辭久而不成令左右持詣翰院中命卽草之若水對使者撰成首句云上帝之休雖眇躬是荷下民之命乃明神所司上喜曰朕閣筆思之久矣不能措辭尤激賞其才美

千字文題云敕員外散騎侍郎周興嗣次韻敕字乃梁字傳寫誤爾當時帝王命令尚未稱敕至唐顯慶中始云不經鳳閣鸞臺不

得稱敕敕之名始定于此
砌臺卽今之擦臺也王侯家多作砌臺以爲林觀之景唐張仲素詩云寫望臨香閣登高下砌臺林間見青使意上直錢來卽知唐末有之太祖朝大王都尉家其子曰承裕幼時其父戲補砌臺使

梁沙門寶誌銅牌記多識未來事云有一眞人在冀川開口張弓左右邊子子孫孫萬萬年江南中主名其子曰弘冀吳越錢鏐諸子皆連弘字期以應之而宣祖諱正當之也

馮暉爲靈武節度使其威名羌戎畏服號麻胡以其面有黶文也

學士之職所草文辭名目浸廣拜免公王將相妃主曰制賜恩宥曰赦書處分公事曰敕榜文號令曰御札賜五品官以上曰詔六品以下曰敕書批羣臣表奏曰批答賜外國曰蕃書道醮曰青詞釋門曰齋文教坊宴會曰白語土木興建曰上梁文宣勞錫賜曰口宣此外更有祝文祭文諸王布政榜號薄隊名讚佛文疏語復

有別受詔旨作銘碑墓誌樂章奏議之屬此外文表歌頌應制之作舊說唐朝宮中常于學士取眠兒歌僞蜀學士作桃符孟昶學士幸寅遜題桃符云新年納餘慶佳節號長春是也

雲莊四六餘語 一卷　宋相國道 字源中

帝王之制備載乎書典謨訓誥誓命之文多以四字爲句惟鮮對偶後之制誥間以六字而以四字成聯者亦多賦者古詩之流古之賦則六多詩三百篇其間長短句固無幾足以盡四字句之旨此四者殆四六之所從祖

徽廟以于闐玉增八寶爲九寶其文云範圍天地幽贊神明保合太和萬壽無疆王初寮草詔曰太極涵三通太和于一氣乾元用九增寶歷于萬年包括璽文無一遺者

東坡手澤云元豐六年十一月二十七日天欲明數吏持紙一幅其上題云請祭春牛文予取筆疾書云三陽既至庶草將興爰出土牛以戒農事衣被丹青之好本出泥塗成毀須臾之間誰爲喜愠吏笑曰此兩句復當有怒者傍有一吏云不妨不妨此是喚醒他盤洲祭勾芒神文曰天子命我盡牧南海之民農人告予將有西疇之事念銅虎謹班春之職出土牛示嗣歲之期此當是帥廣時所作意雖與東坡不同而詞語瓌妙則似之

玉牒所記非本支而已凡一朝大政事大號令大更革大拜罷皆在焉仙原積慶特其一條耳前此進玉牒成書表略能備言之惟于湖一表終始對說其辭有云帝係勤鴻燦科條于屬籍聖謨啓訓嚴祐典于寶儲堯統漢緒肇派別于天潢周誥商盤儼仙蹕于東壁惟昭穆親疏之有序與文章號令之當傳麟趾振振共仰宗盟之盛茂虞書渾渾更瞻聖作之相輝其形容玉牒方爲兩盡

昭聖中蔡京館遼使李儼盞汎使者留館頗久一日儼方飲忽持盤中杏曰來未花開如今多幸京卽舉梨謂之曰去雖葉落未可

輕離

舊說以紅生白熟脚色手紋寬焦薄脆之屬爲天生對偶觸類索之亦有經前人記載者聊疏于此如三川太守四日老翁相公公相子人主主人翁泥肥禾尙瘦日短夜差長斷送一生惟有破除萬慮無過北斗七星三四點南山萬壽十千年迅雷風烈風雷雨絕地天通天地人筵上枇杷本是無聲之樂草間蚱蜢還同不繫之舟皆絕工者又用書語兩句而證以俗諺者如堯之子不肖舜之子亦不肖諺曰外甥多似舅吾力足以舉百鈞而不足以舉一羽諺曰便重不便輕之類是也

晚唐五代間士人作賦用字亦有工者如江蔚天窗賦云一竅初啓如鑿開混沌之時兩瓦乍飛類化作鴛鴦之後又土牛賦云飲渚俄臨訝盟津之犢塞度關倘許疑函谷之丸封

政和中新創禁中儺儀有旨令翰苑撰文翟公巽當直其詞云南

正司天無俾人神相雜夏后鑄鼎以絶山林之姦苟非聖神孰知情狀頃刻進入人服其敏而工

章居聽輿一卷　宋陳直

讖　福州舊有讖云獅兒走狗兒吼狀元在門首皆莫曉至黄朴賜第之年元日其相對屋上瓦獅墮地羣犬從而吠之已而黄魁天下

衙棺　朱文公之葬衙棺術家云斯文當不墜丁卯臘月三日訪湖州孔守應得説云

文公卜兆　文公初卜劉夫人兆因爲壽藏嘗叩之名術者有龍歸後唐之兆繇一日至麻沙鎭睹一木牌自山溪販至者問其所從來以後唐龍鎭對遂令導往果得奇境

盤溝大聖　蘇州承天寺西廡後普賢院有神曰盤溝大聖初濟州盤溝民沈翁父子業塑工于嬰孩翁死婦語其子我不作福汝父已喪奈貧何因發願飯僧詰朝即有來者自是不輟以及一紀或于別次謝其不倦且扣所業出一包粟授其子曰以塑僧像像置粟一粒于中有禱者擊且祝吉則拜凶則否一尊取錢一百二十日無過五尊已而買者祈禱輒驗至于家有其像常州無錫徐侍郎梓官濟得之以歸後入承天紹興間閱歲已百靈響如昔光廟常宣像入内賜僧牒二以奉之雙井黄酉之爲記其像爲坐相高可尺許製甚朴而神欣悦如生他塑者莫比

埋祭　相州新安祠壟嵐皆用埋瘞或以爲異康植守廣德不以爲信至用郡印印其封翊日發視無有或以爲見異物恐未必然此蓋周禮以貍沈祭山林川澤註云祭山林曰埋川澤曰沈然則尚矣

玉筯羹　温州平陽有蕭寺丞子震少夢神人告以壽止十八至十七歲父帥蜀不欲從詰之以夢告父以茫昧強之行至郡則有盛集蜀俗主帥初入大宴酒三行例進玉筯羹每取犉牛烙鐵鑽其乳而出之乳凝筯上以爲饌蕭子偶至庖見縶牛扣知其故亟以白父索食單判免此味蕭又乞增永字于其上已而復夢神言汝有陰德不獨免夭可望期頤果至九十餘

受刑無血　景僧錄受刑無血通鑑宋景平元年魏陷虎牢先泄城中井人馬渴乏被創之人不出血又聞李庭芝死亦無血

夫人妬　周益公夫人妬有媵公盼之夫人縻之庭公過之當暑以渴告公以熟水酌之夫人窺于屏曰好箇相公爲婢酌水公笑曰獨不見建義井者乎

三柳軒雜識一卷

湖學祀安定胡先生爲先儒其後久無聞端平間郡人胡楷世行得其女孫于城西時遂白郡博士楊幼度叔憲叔憲曰我先人于胡爲體敵之甥（爾雅妻之姊妹曰姨姊妹之夫體敵更相爲甥）實相其事率鄉曲具奩飾得郡庠諸生陳應甫仲山遂以歸之胡旋有所毓安定之脉存一綫云

仲山嘗鄉請

平園記客言謂論語凡稱或者其所言皆無可取故略其姓名如或謂孔子曰子奚不爲政或問禘之説或曰孰謂鄹人之子知禮乎或曰管仲儉乎或曰雍也仁而不佞或對曰申棖之類又謂經史中言五穀以稻爲貴古人各以其類配之如以殺雞配爲黍謂野人之食也以啜菽配飲水謂貧士之孝也以稷食對菜羹謂貶降之食也以麥飯對葱湯謂艸艸之食也惟食稻則對衣錦又祭祀則以稻爲嘉膳是五穀以稻爲貴

廣德祠山神曰張避食豨按祠山事要云王始自長興縣疏聖瀆欲通津廣德化身爲豨役使陰兵後爲夫人李氏所覘其工遂輟食避豨蓋以此淮南子載禹治水時自化爲熊以通轘轅之道塗山氏見之慙而化爲石二事實相類

胡楷世行嘗言先世由徽來䝨買房屋廣化寺側修理缺壁得一
故攢堂一尸偃臥如生觸之則輒應手灰滅遂白有司遷瘞之始
聞疑信相半後閲通典有假葬三年除服議都詵母亡不致喪便
于堂北壁外下棺謂之假葬三年即吉衞瓘以其不應除服而議
之詵言北方下溼惟城中高故遂葬于所居之宅祭于所養之堂
不知其不可之辭求之晉史亦然始印胡言之信

天周九九八十一萬里(見春秋元命苞)去地九萬里(見徐整曆歷記)地廣東西二萬二
千南北二萬六千(見河圖括地象)自東極至于西極五億十萬九千八百步
(見山海經)山陵之大川澤之注菜茹之生鳥獸之聚者九百一十一萬
八千二十四頃磽角不墾者千五萬二千頃(見搜神記)

水石鍾秀山川景物可奇夷堅載高州茂名縣黃尖領石理有岩
樹景物朱子囦帥桂以兩石致景盧老榦扶疏上挾雲氣下臨廣
漠混然天成略無斧鑿過永石遠矣黃尖昔有仙人潘姓居此煉

丹遺英在地融結一層復一層殆可揭取

宋晦伯博識奇古昔在蜀中曾見玉麟符如今香囊白玉爲質理
碾麒麟又有片玉長可八寸闊三兩指如刀有把名抹衣古帝王
既御袍帶以此抹腰無摺皺又片玉甚薄上鋭下闊古壓舌殉葬
含玉也又塊玉如筍名代指講筵用以點程經籍漢唐遺物

世謂蘭亭不入選以絲竹管絃爲病天朗氣清不當于春時言陵
陽韓子蒼云春多氣昏是時天氣清明故可書如杜子美六月風
日冷之義絲竹管絃四字乃班孟堅西京賦中語梁已前古文不
在選中者尚多何特此序耶

閩廣多蠱或謂凡至旅寓當扣主人云你家有無蠱毒既問之即
不行夷堅辛志載解毒咒云姑蘇啄摩耶啄吾知蠱毒生四角父
是穹窿母是舍耶女眷屬百千年吾今悉知汝摩訶薩摩訶鄭景
望集閩廣蠱毒名曰超生有林宰家顯得二咒曰本師未來祖師
來未三百六十日祖莫能吾前要反生急急如律令又曰本師一
祖師來未咒作牛咒喫泄草入人腸元是喫食腸急急如律令又
有手訣林不能記藥則升麻一味水調服

漁樵之隱世固有之未若張芸叟南遷錄所述之異德陽甘棠湖
之南有孟氏者世業漁釣有聲公訪之門闌蕭然竹籬數掩孟生
出見葛衫草屨容止語言眞江上漁人略無異者就茅廡一啜左
右皆漁器腥穢逼人稍即廳事如富豪家坐調呼須已可嗟怪頃
間延至中堂榱題軒楹皆以綵塗間之雕采燦然奪目至于酒味
羹胾莫不旨嘉久之出妓女三四人皆百金之士服飾咸宜所傳
皆京師新聲使人終日悅然浮休以爲任俠隱身而致富者異矣
哉

花名十客世以爲雅戲姚氏叢語演爲三十客其中有未當者暇
日因易其一二且復得二十客併著之以寓猶賢之意

牡丹爲貴客　梅爲淸客　蘭爲幽客(今改楚)　桃爲夭客　杏爲
豔客　蓮爲淨客(淨一作溪)　桂爲岩客　海棠爲蜀客　躑躅爲山
客　梨爲淡客　瑞香爲閨客　木芙蓉爲醉客　菊爲壽客
酴醾爲才客　臘梅爲寒客(今改久)　橘爲仙客(今改隸)　素馨爲韻
客　丁香爲情客　葵爲忠客　含笑爲佞客　楊爲強客　玫
瑰爲刺客　月桂爲癡客　木槿爲時客(今改莊)　石榴爲村客(今改妖)
鼓子花爲田客　曼陀羅爲惡客　孤燈爲窮客　棠梨爲鬼
客　棣蕚爲俗客(兄弟之義不可稱俗今改爲和)　木筆爲書客　以上見姚氏
芍藥爲嬌客　鳳仙爲羽客　紫薇爲詞客　水仙爲雅客　杜
鵑爲仙客　萱草爲歡客　橘花爲雋客　梔子爲禪客　來禽
爲靚客　山礬爲幽客　楝花爲晚客　菖蒲爲隱客　枇杷爲
麄客　玉繡毬爲弔客　茉莉爲狎客　月丹爲豪客　菱花爲
水客　李花爲俗客　凌霄花爲勢客　迎春爲僭客　以上新

添

陰陽家以磁石引針定南每有子午之異按本草演義磁石磨針鋒則能指南然嘗偏東不全南也其法取新纊中獨縷以豕子蠟綴于針腰無風處垂之則針嘗指南以針橫貫燈心浮水上亦指南然常偏丙位蓋丙爲土火庚辛金受其制所致是物類相感耳」

淳熙間高疊登對上稱其不爲高談梁相戲云高疊不爲高談以何爲對周益公對云卑牧且爲卑牧蓋武臣卑牧見知黔州沈丞相該爲樓貯書時禮佛其上人謂之五體投地之樓以對秦檜一德格天之閣士人又訛云一德嚇天之閣對三公亂道之邦

稗史

元仇遠

志忠

夢　陳文隆興化人度宗朝狀元及第德祐末歸守本州北兵入閩不屈生縛至杭病卒于杭之貓兒橋巷初文龍入太學累試不入格太學守土之神岳侯也一日夢神請交代意必老死于太學恆悒悒不樂既而赴庭對第一仕宦日顯前夢不復記矣及守鄉州又夢通書閱書前面曰交代後書年曰至元心甚愕之未幾王城陷家殘身俘至杭幽于太學之側病將絕適見故人趙有得語其前夢因笑曰社稷人民一旦易主此大數也吾不知宋亡之日鬼神已奉其正朔豈非天哉吾今病必死于此必爲太學之神前夢不慮也故爲君道之數日果卒

戴帥初云至元丙子北兵入杭廟朝爲墟有金姓者世爲伶官流離無所歸一日道遇左丞范文虎向爲宋殿帥時熟其伶人憐之謂金曰來日公宴汝來獻伎不愁貧賤也如期往爲優戲云某寺有鐘奴不敢擊者數日主僧問其故乃言鐘樓有巨神怖不敢登也主僧亟往視之神即跪伏投拜主僧曰汝何神也答曰鐘神主僧曰既是鐘神如何投拜衆皆大笑范爲之不懌其人亦不顧卒以不遇識者莫不多之嗟夫凡人當其困苦之中忽得所遇不低首下心以順承其意諂貌諛詞以務悅其心求救無窮惟恐失之伶金以亡國之餘瀕危隣死乃至譏于所欲活之人以快其憤亦賢矣哉

志孝

刲股批乳　吾里堂溪袁鎮天性篤孝父晚年得心疾體羸幾死一日刲股肉和湯以進疾乃愈活十五年而沒家君諱聞祥值母病經年每興醫投藥皆不效家君炷香告天刃其左乳煎糜以食僅延母氏數月之命石門毛良孫父久患腹痛瀕死良孫密刲股託他肉以食之父病尋愈鄰家陸氏母病疫日危子淬刃批左乳以食之亦愈又有毛婦丁氏養姑甚孝姑病刲股肉作羹食之而死嗟夫刲肉一也或生或死豈非命耶或者誚割傷股膚爲非孝則過矣夫身乃父母之身也父母病苟可以身代亦爲之矧臠肉之足惜古人所謂身體髮膚受之父母不敢毀傷者其意謂嗣很猖獗殘形之類若夫刲所愛之肉活幾死之親發于眞誠自不容已烏可謂之非孝乎聖人復生不易吾言矣

志善

事嫂　明州城西門有民家徐氏兄弟三人以賣漿舂米爲業兄娶生五女而死兩弟事其嫂如母拊養五女與之嫁遣始終無間言里人莫不多之

嫁故人女爲娼　豐有俊字宅之四明人登第後遊青樓偶見小娼疑故人女累目之女亦悟酒罷留宿其娼羞縮良久乃入曰豐官人認得妾否告之果故人女豐曰某所以留宿者以坐間不敢問故爾如此且各寢明必有以處汝倡遂退豐與京尹有契明日以其事白尹且云某囊僅有百千欲從公更貸二百千以嫁之尹嘉其誼即取入府厚奩具擇良士嫁之尹乃王佐宣子也

嫁婢　臨安府江下陳宮幹家饒于財偶買一𤗼婢不以爲意一日浴令其揩背若不用力然顧之則見以一手拭淚陳疑之遂令且去浴罷與妻言其事妻呼之不至尋至後閣見其婢猶垂淚問其故曰妾本官宦家女妾父性暴居官時令一婢揩浴誤以指爪傷背重加之責妾今乃獲此報言訖涕淚俱下妻還白之即令其婢講家人禮厚貲遺嫁之

丐者報恩　臨安壩頭禹將仕平日好施予一日城中火逼近禹家忽見諸丐羅門口乞效死力禹許之諸丐爭爲搬挈家資無一遺者火息盡于還之主禹甚喜特厚勞之諸丐曰平日受恩今日效報一文不敢要皆拜而退

富鄰還券　天台縣有宋氏家本富後貧鬻田于鄰價成作一詩與之曰自歎年來刺骨貧蕪廬今已屬西鄰慇懃說與東園柳他日相逢是路人富者讀之惻然即以券還之亦不索其直鄉人嘉其誼

印習隱應雷知永嘉日開宴一妓頗邑邑而常不樂其內人呼而詰之對曰趙獻公之後失身娼門有辱先祖言訖淚下內人以告守聞之于席上擇一士嫁之房奩畢給有監郡高道齡彭亦助之行人兩賢之

志惡

志政

諱　馬裕齋光祖尹京府莅政之初吏具牘請諱公批曰祖無諱光祖亦無諱所諱者強盜奸吏

禁捕蛙　馬光祖知處州禁民捕蛙一村民犯禁乃將冬瓜切作蓋刳空其腹實蛙于中黎明持入爲城門卒所捕械至于庭公心怪之問曰汝何時捕至此蛙答曰夜半有知者否曰惟妻知公追其妻詰之乃妻與人通俾妻教夫如此又先往語門卒以故捕得

意欲陷其夫于罪而據其妻也公窮究其事遂置妻幷奸夫于法

決蒲團　江淮崔游平章顯沿檄至明州開分省爲政淸明有城中銀店失一蒲團後于鄰家認的鄰不服爭詈不置平章行馬至問其二人以告平章曰一蒲團直幾何失兩家之好杖蒲團七十棄之可也及杖之銀星滿地遂罪其鄰

志賢

謙抑　徐司戶逸字無競天台人號行溪又曰抱獨子少與朱文公爲友公提舉浙東常平日過天台訪其家燃燈夜話至鐘鳴而別公嘗託無競作謝恩表書云可放筆力稍低使人見之無假手之議也其受知推獎如此

賢母　淳祐初元浙漕王埜子文遭論罷官以母夫人年高託言外除以悅母意母曰我已知之汝父昔以諫諍忤時相去國今汝又如此吾方以爲喜復何憂

賢婦　有夫出外而妻獨居者忽夜中見一道人從空而下逼其爲淫婦入室取刀爲誓曰汝若逼我有死而已相持至曉乃一吃菜事魔人也信矣邪之不可干正也如此

侵葬塋地　李份字子列奉化江口人也人有侵葬其先塋之側或曰請訟之子列曰訟則彼合徙柩也昔季武子成寢杜氏之葬在西階之下請合葬猶許之此特鄰逼爾初無害吾事况業已掩藏忍使之暴露邪鄉曲賢之

好奇　江西古喻蕭太山崱好奇之士也名其堂曰堂堂堂軒曰軒軒軒亭曰亭亭亭越陳侍郎某提舉江西日蕭邀飲遍歷亭館以觀其匾至一洞公戲之曰此何不名曰洞洞洞蕭爲不懌

志言

桃符　洪平齋新第後上衛王書自宰相至州縣無不指摘其短

大概云昔之宰相端委廟堂進退百官今之宰相招權納賄倚勢作威而已凡及一職必如上式末俱用而已二字時相怒十年不調洪有桃符云未得之乎一字力只因而已十年閑

後學訓　慈湖訓後學云腹不滿詩書甚于餒目不接前輩甚于瞽身不遠聲利甚于穿骨不脫俗氣甚于痼

理到之言　楊敬仲先生曰仕宦以孤寒爲安身讀書以飢餓爲進道骨肉以不得信爲平安朋友以相見疎爲久要此理到之言也

錢塘詩　有越僧作錢塘懷古詩云天定終難恃戰功不堪雙淚溼東風百年南渡斜陽外十里西湖片雨中燕子來時龍輦去楊花飛後鳳樓空倚筇曾面西湖望山掩江城霧氣籠

志疾

血悶　陸巖奉化人以醫術行于時新昌徐氏爲婦病產不遠二

里輿致之及門而婦已死胸鬲猶微熱陸入診之良久曰此血悶也能亟捐紅花數十斤則可以活主人亟購如數陸乃爲大鍋煮之候湯沸遂以杉木桶盛湯于中取囪格藉婦人寢其上湯氣微又復進之有頃婦人指動半日遂甦蓋以紅花能活血故也

偏腸毒　四明延慶寺一僧自首至踵平分寒熱莫曉所以徧問醫無識者雖以意投藥皆不效衔有一道人囊藥就市人皆忽之計出不得已召而問之曰此何疾也道人曰此生偏腸毒也藥之一夕而愈

痢　予家君于大暑中苦痢諸藥不止以意用乾葛烏梅甘艸三味濃煎一碗服之遂愈凡痢疾者腸滑烏梅能澀腸故也蓋骨鯁用犬涎穀芒用鵝涎皆以意推也

孝宗嘗患痢衆醫不效德壽憂之過宮偶見小藥肆遣中官詢之曰汝能治痢否對曰專科遂宣之至請問得病之由說以食湖蟹

多故致此疾遂診脉曰此冷痢也其法用新采藕細研以熱酒調服如其法杵細酒調數服即愈德壽大喜就以金杵臼賜之仍命以官至今呼爲金杵臼嚴防禦家可謂不世之遇

諸瘡　本草王不留行乃剪金花其性熱敷貼瘡癤以潰膿其效甚神俗謂之金剪刀草予鄰人汪庖一日爲沸湯燒爛膚肉其痛甚困有一賣油魏生至取草作藥爛杵塗之痛即定告之知其名蛇繆草須五葉七葉者爲佳此草春時結實如圓鈎毒者俗傳食之能殺人謬曰要食死蛇毒嘗詢之者樵言此物不致殺人但能發冷涎身黑戚社兄病癱瘡于手偶盛暑到江口戒僕請艸煎湯一浴旦起則癱燥而愈詢其取草乃籬間瓠藤也又嘗見城肆收蓄松毛問之云北人多用以洗瘃又一法用鹿梨去皮刮裹王入虀臼細擣以米醋浸之當浴時塗擦候乾洗去之如此一二次則效矣又患惡瘡者以老松油煎洗瘡候乾傅之立愈臁瘡者葱鹽

洗令乾淨以馬屁勃末傅之亦愈其法用生麻布一方將馬屁勃于上往來磨擦下承其末用之

病目　病目生赤障者取田螺一殼去掩以黃連末糝之置于露中燒取則螺化爲水滴之赤障自消

嗽　治嗽方甚多予得一方甚簡但用香欒去核薄切作細片以時酒同入砂瓶內煮令熟爛自昏至五更爲度用蜜拌睡中喚服用匕挑服其效甚速又越州縣學錄云少時嘗苦嗽疾百藥不療或教用向南桑葉條一束每條寸折內鍋中大約用水五碗煎至一碗于盛暑中遇渴飲之服一月而愈

水腫　象山縣民人有患水腫者以爲鬼禍訊之卜者卜者授之方用田螺大蒜車前草研爲膏作大餅覆腹上水從便旋而出數日愈

志異

狙猿朝廟　道州有舜祠凡遇正月初吉山狙羣聚于祠傍以千百數跳踉奮擲狂奔疾趨如是者五日而後去猿次至亦如之三日乃去土人謂之狙猿朝廟

伯顏　初江北有蟲名伯顏皆渡江而南淮人爲之語曰伯顏向江南去不江北來及北師平江南其帥乃伯顏也

志詼

囦兩鴨　上虞鄭宰治邑有聲及去邑人作旗帳餞之其一云鄭君製錦天下無一封紫詔覲皇都邑人借留不肯住誰能羅網候雙鳧鄭大喜每有宴集必出是帳其弟亦作宰而歸無有餙詞頌以爲羞乃曰此作頌兄之美乃譏兄耳網即囦雙即兩鳧即鴨其意以爲囦兩鴨也兄怒命焚之

雞頌　甄龍友嘗游僧舍具饌延款僧有雌雞久矣甄請烹爲供僧曰公能作頌僧當不靳甄援筆題云頭上無冠不報四時之曉脚跟欠距難全五德之名不解雄飛但能雌伏汝生卵卵復生子種種無窮人食畜畜又食人寃寃何已若也解除業障必須先去本根大衆煎取波羅香水先與推去頭面皮毛次運菩薩慧刀剖去心腸肝膽香水源源化爲霧鑊湯滾滾成甘露引此甘露乘此霧且入佛牙深處去化生彼國極樂土僧笑曰雞死無憾矣即烹以佐酒讙歡而去

志雜

諱名　錢大爹良臣自諱其名幼子頗慧凡經史中有良臣字輙改之一日讀孟子今之所謂良臣古之所謂民賊也遂改云今之所謂爹爹古之所謂民賊也可笑可笑

船窗夜話一卷　宋顧文薦字伯舉號蘭谷崑山人

鳴哥　寶祐丙辰夏四月平江天慶觀廚堂後有隙地守宿者夜聞非旁窸窣聲意謂盜也往視則無所覩者就睡則又響至六月漸入屋宇掀盆翻盎終日不安始疑爲鬼久則有聲鳴然道士郭茱時掌常住職方啓戶入房則其物先居其中鳴號而去或分坐敘事爲鳴聲於足下久則相狎而不懼或呼之曰鳴哥至冬則出入道記堂前通夕不止以法驅逐略不效驗來歲當黃籙齋至下元預行奏告其物在眞武殿側作聲一兩夜即寂無所聞竟不知何怪也

漁樵閑話一卷　宋蘇軾

人化虎　漁曰張君房好誌怪異嘗記一人劍州男子李忠者因病而化爲虎也忠既病久而其子市藥歸乃省其父忠視其子朶頤而涎出子訝而視父乃虎也急走而出與母弟反閉其室旋聞哮吼之聲穴壁窺之乃眞虎也悲哉忠受氣爲人俄化爲獸事有所不可審其來也觀其涎流于舌欲啖其子豈人之所爲乎得非忠也久畜慘毒很暴之心而然耶內積貪惏吞噬之志而然耶素有傷生害物之蘊而然耶居常恃凶悖怒殘忍發于所觸而然耶周旋宛轉思之不得

樵曰有旨哉釋氏有陰騭報應之說常戒人動念以招因果若見向所述之事遂失人身而人託質于虎是釋氏之論勝矣子知之乎昂昂然擅威福恣暴亂流毒于人之骨髓而禍延于人之宗族者此形雖未化而心已虎矣傾人于溝壑又狥之以私意非虎哉剝人之膏血以充無名之淫費非虎哉使人父子兄弟夫婦男女不能相聚而骸骨狼藉于郊野非虎哉吾故曰形雖未化而心已虎矣於戲以仁恩育物豈欲爲是哉然而不能使爲之者自絕于世又何足怪

佷鬼　漁曰長慶中有處士馬極與山人馬紹相會于衡山祝融峰之精舍見一老僧古貌厖眉體甚魁梧舉止言語殊亦朴野得極來甚喜及倩極之僕持錢往山下市少鹽酪俄已不知老僧之

所向因馬紹繼至乃云在路逢見一虎食一僕食訖即脫班衣而衣禪衲熟視乃一老僧也極詰其服色乃知己之僕也極大懼及老僧歸紹謂極曰食僕之虎乃此僧也極視僧之口吻尚有餘血殷然二人相顧而駭懼乃默爲之計因紿其僧云寺井有怪物可同往觀之僧方窺井二人併力推入井中僧墜乃虎形也于是投之以巨石而虎斃于井二人者急趨以圖歸計他日已薄暮遇一獵者張機道傍而居棚之上謂二人曰山下尚遠羣虎方暴何不且止于棚上二人悸慄相與扳援而上寄宿于棚及昏暝忽見數十人過或僧或道或丈夫或婦女有歌吟者有戲舞者俄至張機所衆皆大怒曰早來已被二賊殺我禪師今方追捕次又敢有人張機殺我將軍遂發機而去二人聞其語遂詰獵者彼衆何人也獵者曰此倀鬼也乃曏昔嘗爲虎食之人既已死矣遂爲虎之役使以爲前導二人遽請獵者再張機方畢有一虎咆哮而至足方

觸機箭發貫心而踣逡巡向之諸倀鬼奔走却回俯伏虎之前號哭甚哀曰誰人又殺我將軍也二人者乃厲聲叱之曰汝輩眞所謂無知下鬼也生既爲虎之所食死又爲虎之役使今幸而虎已斃又從而號哭甚哀何其不自省之如此耶忽有一鬼答之曰某等性命既爲之所啗食固當拊心刻志以報寃今又左右前後以助其殘暴誠可愧恥而甘受責矣然終不知所謂禪師將軍者乃虎也悲哉人之愚惑以至如此乎近死而心不知其非宜乎沉沒于下鬼也

樵曰舉世有倀鬼不爲者幾希矣苟于進取以速利祿吮疽舐痔無所不爲者非倀鬼歟巧詐百端永爲人之鷹犬以備指呼馳奸走僞惟恐後于他人始未得之俛首卑辭態有同于妾婦及既得之尚未離于咫尺張皇誕傲陰縱毒螫遽然起殘人害物之心一旦失勢既敗乃事則愴惶竄逐不知死所然終不悟其所使往往尚懷悲感之意失内疚之責嗚呼哀哉非倀鬼歟

三怪物　漁曰李義山賦三怪物述其情狀眞所謂得體物之精要也其一物曰臣姓猾狐氏帝名臣曰巧彰字臣曰九規而官臣爲佞魖焉佞魖之狀領環水凝手貫風輪其能以烏爲鵠以鼠爲虎以蚩尤爲誠臣以共工爲賢主以夏姬爲廉以祝鮀爲魯誦節義于寒浞贊韶曼于嫫母其一物曰臣姓潛弩氏帝名臣曰攜人字臣曰銜骨而官臣爲讒魗焉讒魗之狀能使親爲疎同爲殊使父脗其子妻羹其夫又持一物狀若豐石得人一惡乃鑱乃刻又持一物大如鐏得人一善掃掠蓋蔽謟啼僞泣以就其事其一物曰臣姓狼秄氏帝名臣曰欲得字臣曰善覆而官臣爲貪魃焉貪魃之狀頂有千眼亦有千口鼠牙蠶喙通臂衆手常居于倉亦居于囊鉤骨箕鑊環聯琅璫或時敗累囚于牢狴拳梏欙校蒺棘死灰僥倖得失他日復爲嗚戲義山狀物之怪可謂中時病矣

樵曰然夫怪物之爲害充塞于道路矣何所遇而非怪耶傳聲接響更相出沒掇摭人之陰私窺伺人之間隙羅織描畫惟恐刺骨之不深非怪物之爲害乎殊不知此亦豸蟲之義也何足以怪而自悖矣

咋夢錄 五卷　宋康與之 字叔聞號退軒老人武山人

滑臺南一二里有沙嶴橫出半河上立浮圖亦不甚高大河水泛溢之際其勢橫怒欲沒孤城每至塔下輒怒氣遽息若不泛溢時及過滑臺北址則橫怒如故此殆天與滑臺而設也塔中安佛髮長及二丈有奇拳爲巨螺其大如容數升物之器髮之色非赤非青非綠人間無此色也髮根大于人指自根至杪漸殺焉使兩人對牽之人自其中來往皆無礙塔有賜名忘之矣

西北邊防城庫皆掘地作大池縱橫丈餘以蓄猛火油不閱月池土皆赤黃色又別爲池而徙焉不如是則火自屋柱延燒矣猛火

油者聞出于高麗之東數千里日初出之時因盛夏日力烘石極熱則出液他物遇之卽爲火惟眞琉璃器可貯之中山府治西有大陂池郡人呼爲海子予猶記郡帥就之以按水戰試猛火油池之別岸爲虜人營壘用油者以油涓滴自火焰中過則烈焰遽發頃刻虜營淨盡油之餘力入水藻荇俱盡魚鼈遇之皆死

開封尹李倫號李鐵面命官有犯法當追究者巧結形勢竟不肯出李憤之以術羅致之至又不遜李大怒眞決之數日後李方決府事有展牓以見者廳吏遽下取以呈其榜曰臺院承差人某方閱視二人遽升廳懷中出一牘云臺院奉聖旨推勘公事一項數內一項要開封尹李倫一名前來照鑑云云李卽呼司廳以職事付少尹遂索馬顧二人曰有少私事得至家與室人言乎對曰無害李未入中門覺有尾其後者回顧則二人也李不復入但呼細君告之曰予平生違條礙法事惟決某命官之失汝等勿憂也開

封府南向御史臺北向相去密邇倫上馬二人前導乃宛轉繚繞由別路自辰巳至申酉方至臺前二人曰請索笏李秉笏又大喝云從人散呵殿皆去二人乃呼閽者云我勾人至矣以牘示閽吏吏曰請大尹入時臺門已半掩地設重限李于是搢笏攀緣以入足跌顚於限下閽吏導李至第二重閽吏相付授如前既入則已請大尹赴臺院自此東行小門樓是也時已昏黑矣李入門無人問焉見燈數炬不置之棚梁間而置之柱礎廊之第一間則紫公裳被五木扳北而向庭中自是數門或綠公裳者皆如之李既見歎曰設使吾有謀反大逆事見此境界皆不待加箠楚而自伏矣李方怪無公吏聲有聲喏于庭下者李遽還揖之問之卽承行吏人也白李請行吏前導盤繞曲屈不知幾許至土庫側有小洞門自地高無五尺吏去幞頭俯匐以入李亦如之李又自歎入門可得出否既入則供帳床榻裀褥甚都有幞頭紫衫腰金者出揖吏

曰臺官恐大尹岑寂此官特以伴大尹也後問之乃監守李獄卒耳吏告去于是捶楚冤痛之聲四起所不忍聞既久忽一卒持片紙書云臺院問李某因何到院李答以故去又甚久又一卒持片紙如前問李出身以來有何公私過犯李答並無過犯惟前眞決命官是爲罪犯去又甚久再問李眞決命官依得祖宗是何條法李答祖宗卽無眞決命官條制時已五鼓矣承勘吏至云大尹亦無苦事莫飢否李訒自辰巳至是夜五鼓不食平生未嘗如是忍飢于是腰金者相對飲酒五杯食亦如之食畢天欲明捶楚之聲乃止腰金者與吏請李歸送至洞門曰不敢遠送請大尹徐步勿遽二人閤洞門寂不見一人李乃默記昨夕經由之所至院門又至中門及出大門則從人皆在上馬呵殿以歸後數日李放罷

西夏有竹牛重數百斤角甚長而黃黑相間用以製弓極佳尤且健勁其近靶黑者謂之前蘸近梢黑者謂之後蘸近梢靶俱黑而

弓面黃者謂之玉腰夏人常雜犀角以市焉人莫有知往時鎭江神將王昭遇有持犀帶而賣者無他文但峰巒高低繞人腰圍耳索價甚高人皆不能辨惟辛太尉道宗知此竹牛也爲弓則貴爲他則不足道耳

建炎初中州有仕宦者踉蹌至新市暫寓寺居親舊絕無牢落淒涼斷其蹤跡茫茫殊未有所向寺僧忽相過存問勤屬時時餽肴酒仕宦者極感之語次問其姓則曰姓湯而仕宦之妻亦姓湯于是通譜係爲親戚而致其周旋饋遺者愈厚一日告仕宦者曰聞金人且至台眷盍早圖避地耶仕宦者曰某中州人忽到異鄉且未有措足之所又安有避地可圖哉僧曰某山間有庵血屬在焉共處可乎于是欣然從之卽日命舟以往事已小定僧云虜已去駐蹕之地不遠公當速往註授仕宦者告以闕乏僧于是辦一舟贈貲二百緡使行仕宦者曰吾師之德于我至厚何以爲報僧曰

既爲親戚義當爾也乃留其孥于庵中僧爲酌別飲大醉遂行翌日睡覺時日已高起視乃泊舟太湖中四旁十數里皆無居人舟人語啐啐過午督之使行良久始慢應曰今行矣既而取巨石磨斧仕宦者罔知所措叩其所以則曰我等與官人無讐故相假借不忍下手官當作書别家付我訖自爲之所耳仕宦者惶惑顧望未忍即自引決則曰今幸尚早若至昏夜恐官不得其死也仕宦者于是悲慟作家書畢自沉焉時内翰汪彥章守霅川有赴郡自首者鞫其情實曰僧納仕宦之妻酬舟人者甚厚舟人每以是持僧須索百出僧不能堪一夕中夜往將殺之舟人適出其妻自内窺月明中見僧持斧也乃告其夫舟人以是自首汪以謂僧固當死而舟人受賂殺命官情罪俱重難以首從論其刑惟均可也又其妻請以亡夫告敕易度牒爲尼二事奏皆可汪命獄吏故緩其死使皆備受慘酷數月然後刑之

紹興辛巳予聽讀于建昌教官省元劉溥德廣語及予所生之地曰滑臺劉曰聞人之言黄河漲溢官爲卷埽其說何如曰予不及見也尚聞先父言斯事民甚苦之葢于無事之時取長藤爲絡若今之竹夫人狀其長大則數百倍也實以芻藁石土大小不等每量水之高下而用之大者至于一二千人方能推之于水正決時亦能遏水勢之暴遏水高且猛時若抛土塊于深淵耳此甚爲無益然舍是則亦無他策也或不幸方推之際濤遽至則溺死者甚多大抵止能塞州城之門及鹽官場務之衙宇耳瀕河之民頗能視沙漲之形勢以占水之大小遠近往往先事而拒逆來所以甚利便也又有絞藤爲繩緥結竹篾筏木栅等謂之寸金藤有時不能勝水力即寸斷如剪郡縣又科鄉民爲之所費甚廣大抵卷埽及寸金藤白馬一郡每歲不下數萬緡白馬之西即砥柱也水常高柱數尺且河怒爲柱所扼力與石鬬晝夜常有聲如雷霆或有建議者謂柱能少低則河必不怒于是募工鑿之石堅竟不能就頗有溺死者了無所益

畢少董言國初修老子廟廟有吳道子畫壁老杜所謂冕旒俱秀發旌旆盡飛揚者也官以其壁募人買有隱士亦妙手也以三百千得之于是閉門不出者三年乃以車載壁沉之洛河廟亦落成矣壁當再畫郡以請隱士隱士弗辭有老畫工齎緣以至者衆議誰當畫東壁隱士以讓畫工畫工勿敢當讓者再讓者三隱士遂就東壁畫天地隱士初落筆作前騶二人工就視之不語而去工亦畫前騶二人隱士往觀亦不語而返于是各解衣盤礴慘淡經營不復相顧及成工來觀其初有不相許之色漸觀其次遑遑咨嗟擊節及見輦中一人工愧駭下拜曰先生之才不當與某爲輩于是焚作具不復敢言畫矣或問之工曰前騶賤役也骨相當瞶目怒髯可比騶馭近侍清貴也骨相當清奇龐秀可比臺閣至于

輦中人則帝王也骨相當龍姿日表可比至尊今先生前騶乃作清奇龐秀某竊謂賤隷若此則何足以作近侍近侍縱可強力少加則何以作輦中之人也若貴賤之狀一等則不足以爲畫矣今觀先生所畫前騶乃吾近侍也所畫近侍乃吾輦中人也洎觀輦中之人其神宇骨相葢吾平生未嘗見者古圖畫中亦未之見此所以使吾慚愧駭伏隱士曰此畫天上人非畫人間人也爾所畫怒目虬髯則人間人耳人間人則面目氣象皆塵俗雖爾藝與其他工不同要之但能作人間人耳工往自毀其壁以家貲償之請隱士畢其事少董曰予評隱士之畫如韓退之作海神祠記葢劈頭便言海之爲物于人間爲至大使他人如此則後必無可繼者而退之之文累千言所言浩瀚充溢葢力竭而不窮文竭而不困至于奪天巧而破鬼膽筆勢猶未得已世之作文者孰能若是故於論隱士之畫也亦云然

北俗男女年當嫁娶未婚而死者兩家命媒互求之謂之鬼媒人通家狀細帖各以父母命禱而卜之得卜即製衣男冠帶女裙帔等畢備媒者就男墓備酒果祭以合婚設二座相並各立一小幡長尺餘者于座後其未奠也二幡凝然直垂不動奠畢祝請男女相就若合巹焉其相喜者則二幡微動以致相合若一不喜者幡不爲動且合也又有慮男女年幼或未閒教訓男即取先生已死者書其姓名生時以薦之使受教女即作冥器充保母使婢之屬既已成婚則或夢新婦謁公姑壻謁外舅也不如是則男女或作祟見穢惡之迹謂之男祥鬼女祥鬼兩家亦薄以幣帛酬鬼媒鬼媒每歲察鄉里男女之死者而議資以養生焉

宣政間楊可試可弼可輔兄弟讀書精通易數明風角雲祲鳥占孤虛之術于兵書尤邃三人皆名將也自燕山回語先人曰吾數載前在西京山中遇老人語甚款老人頗相喜勸予勿仕隱可也

予問何地可隱老人曰欲知之否乃引予入山有大穴焉老人先入楊從之穴漸小扶服以入約三四十步即漸寬又三四十步出穴即田土雞犬陶冶居民大聚落也至一家其人來迎笑謂老人曰久不來矣老人謂曰此公欲來能相容否對曰此中地闊而民居鮮少常欲人來居而不可得敢不容耶乃以酒相勸飲酒味薄而醇其香郁烈人間所無且殺雞爲黍意極歡至語楊曰速來居此不幸天下亂以一丸泥封穴口則人何得而至又曰此間居民雖異姓然皆信厚和睦同氣不若也故能同居苟志趣不同疑間爭奪則皆不願其來吾今觀子神氣骨相非貴官即名士也老人肯相引至此則子必賢者矣吾此間凡衣服飲食牛畜絲纊麻枲之屬皆不私藏與衆均之故可同處子果來勿攜金珠錦繡珍異等物在此俱無用且起爭端徒手而來可也指一家曰彼來亦未久有綺縠珠璣之屬衆共焚之所享者惟米薪魚肉蔬果此殊不缺也惟計口授地以耕以蠶不可取衣食于他人耳楊謝而從之又戒曰子來或遲則封穴矣迫暮與老人同出今吾兄弟皆休官以往矣公能相從否于是三楊自中山歸洛乃盡捐囊箱所有易絲與綿布絹先寄穴中人後聞可試幅巾布袍賣卜二弟築室山中不出俟天下果擾攘則共入穴自是聲不相聞先人遣人至築室之地訪之則屋已易三主三楊所向不可得而知也及紹興和好之成金人歸我三京予至京師訪舊居忽有人問此有康通判居否出一書相示則楊手札也書中致問吾家意極殷勤且云予居于此飲食安寢終日無一毫事何必更求仙乎公能來甚善予報以先人沒于辛亥歲今居宜興俟三京帖然則奉老母以還先生不忘先人再能寄聲以付諸孤則可訪先生于清淨境中矣未幾金人渝盟予顚頓還江南自此不復通問

臆乘 一卷

宋楊伯嵒 字彥瞻號詠齋代郡人一名景

經史字音　經史中字註音顯然而世人相傳訛舛不以爲嫌談話及散文中用之固無害若平仄聲程呼平聲者可不審哉今疏于下魁梧 梧去聲西漢 徑庭 庭上聲莊子 運量 量去聲莊子 顚隮 隮去聲尚書 枝梧 梧音悟項羽傳 膠擾 膠上聲莊子 榷酤 酤上擭切武帝紀 隱几 隱去聲孟子莊子

粟馬　秣馬也西漢匈奴傳云以爲漢兵不能至乃粟馬註云以粟秣馬蓋用詩鴛鴦篇乘馬在廄摧之秣之註秣粟也前摧之用粟字已奇註又云無事則委之以莝有事乃予之以穀若莝馬穀馬尤奇

枉渚岐渚　陸士龍答張士然詩通波激枉渚五臣註謂曲渚也是今曲池之義楚辭九章云發枉渚郭璞江賦曰因岐成渚云岐山岸曲處江水湖因曲成渚此又岐渚也

思牢竹　南番思牢國產竹質澀甚可以礪指甲唐崔鶠詩云時時出輕芒皚皚落微雪又李商隱射魚曲云思牢弩箭磨青石繡

額蠻渠三虎力是知亦可作箭今東廣新州有此種製琴樣爲礪甲之具用頗久則滑當以酸漿漬之過信則澀復初字書豪韻簩字下註云篻簩竹名

女夷　淮南子云女夷鼓吹以司和以長穀禽鳥草木註云女夷主春夏長養之神也郭璞江賦云水夷倚浪以傲睨註云水神仙人李善李本爲水夷山海經曰冰夷也

鼎卦雉膏　鼎卦雉膏不食註食之美者山谷云數面欣羊胛論詩善雉膏乃借用美之意唐張演先有詩云雉膏美景在黎陰紅蕊丹跗次第韓羊胛即夷狄傳日入烹羊胛熟東方已明說文曰戴角曰脂無角曰膏

衢尊　明尊人皆用之淮南子云聖人之道猶中衢而致尊耶註云道通謂之衢尊酒器也六尊爲衢尊人絕未用晁無咎和東坡詩云一篇尚可三致意聽人酌去如衢尊蓋用此也

柳花柳絮　柳花與柳絮迥然不同生于葉間成穗作鵝黃色者花也迨花既開就蔕結實其實之熟亂飛如緜者絮也古今吟詠往往以絮爲花以花爲絮略無分別可發一笑杜工部詩有雀啄江頭黃柳花又有生憎柳絮白于緜之句則花與絮不同顯然可見然又曰糝徑楊花鋪白氈得非又一時鹵莽而然耶

墨墨　墨墨無目也新序晉平公閑居師曠侍坐平公曰子生無目眹甚矣子之墨墨也曠對曰國有五墨墨而不危者未之有也臣之墨墨小墨墨耳何害乎國家哉

掉磬　內則舅姑若使介婦毋敢敵偶于冢婦不敢並行不敢並命不敢並坐註云不敢掉磬齊人以相絞訐爲掉磬崔云北海人以相激事爲掉磬掉徒弔反

科頭　俗爲不冠謂科頭此二字出史記張儀傳註謂不著兜鍪入敵

朝定　契丹主聞唐莊宗爲亂兵所害哭曰我朝定死也虜言朝定猶華言朋友也

眞冷　眞冷遺命也出莊子山木篇桑雩曰舜之將死眞冷禹曰汝戒之哉形莫若緣情莫若率註冷曉也謂以眞道曉語禹也

空弮　司馬遷書言李陵轉鬬千里矢盡道窮士張空弮漢書文穎註曰弮弓弩曰弮師古曰弮去權反字與拳同又音眷李善注文選援李登聲類云弮或作捲言兵已盡但張空弮以擊耳桓寬鹽鐵論曰陳勝奮空拳而破百萬之兵顏師古讀爲拳者繆矣拳則曲指不當言張陵時矢盡故張弩之空弓非手拳也今流俗謂奮空拳蓋以拳手之拳則失之矣

長慶詩　容齋隨筆略載樂天詩中字音異處蒙嘗暇隙徧閱集中如四十著緋軍司馬司字作入聲四絃不似琵琶聲琵字入聲爲問長安月誰教不相離相字上聲紅樓許住否樓鑰請不用否

請字並作平聲池通淺沮溝沮秋夜切歸來無可可𧝓衣下可字可紇切穿衣妨寬袖妨字作去聲如此之類意其爲方言或一時借用耳政如少陵詩會須上番看成竹番字作上聲恰似春風欺相得相字作入聲其義一也若曰巴絃趣數彈數字從速切恐如孟子數罟不入洿池又曰嵬峩上業嵬峩字並上聲恐如韓文聖德頌嶽祇嶪峩峩音我又曰捫腹方果然果字音顆此却政用莊子逍遥遊腹猶果然果字音顆註若火切又曰荅然無所有荅音塔亦正用莊子齊物論南郭子綦嗒焉似喪其偶嗒字吐荅切又曰作底歡娛過此夜作音做正如韓文方橋詩方橋如此做又曰栝譺喜經過喜字去聲此史中多用之如漢陳遵傳遵大喜之又十八人名空一人空字去聲正如選詩潭影空人心又云司馬人間冗長官長字去聲正用陸機文賦無取乎冗長是也又有非本韻而叶韻呼者乃方言耳外有盡君花下醉青春盡字音津上聲

繙銀中貴帶繙字去聲飄然轉旋迴雲程旋字去聲匹如元是九江人匹字去聲浴童調金管調字去聲醉依香枕坐依字烏皆切意近音熟却未知所據俟扣博聞者

茶　茶之所産陸經載之詳矣獨異美者名未備謝氏論茶曰此丹丘之仙茶勝烏程之御舞不止味同露液白況霜華豈可爲酪蒼頭便應代酒從事楊衒之作洛陽伽藍記曰食有酪奴指茶爲酪粥之奴也杜牧之詩山實東南秀茶稱瑞艸魁皮日休詩十盆前皁盧曹鄴詩劒外尤華英施肩吾詩茶爲滌煩子酒爲忘憂君此見于詩文者若南越志茗苦澀謂之果羅北苑曰葉布絕品也豫章曰白露曰白芽南劒曰石花曰鑱芽東川曰獸目湖常俱曰紫筍壽州曰黃芽福閩曰生芽曰露芽岳陽曰含膏外此尤夥頗疑似者不書若蟾背鰕鬚鵲舌蟹眼瑟瑟塵霏霏靄鼓浪湧泉琉璃眼碧玉池又皆茶事中天然偶字也

丈二尺一　今俗語丈二尺一之類亦有所本前漢匈奴傳尺一牘尺二寸牘嚴助傳丈二之組後漢陳蕃傳尺一選舉李雲傳尺一并用考工記註殳長丈二杜少陵詩同歸尺五天容齋隨筆略載今詳書之

責負　漢高帝紀折券棄負師古註以簡牘爲契券折毀之棄其所負又谷永傳起責分利受謝師古註曰古富貴有錢于他人次取利息今之人謂放債取償葢本諸此殊不知周禮天官小宰聽稱責以傅別註稱責爲貸予傅別謂券書也舉此言之則起責之說其來尙矣

鵮鶉字　續釋常談常引白樂天鵪鶉之句解未得其似鵮鶉之鵮世多寫爲鵪殊不知乃鴨字按丁度集韻鵪字在入聲三十三狎韻內與鴨字一同若鶉屬當從鵮在下平聲二十三覃韻與鵮鴿鵮鶕一同

雲族雲市　莊子云雲氣不待族而雨族聚也未聚而雨言澤少也李義山雪賦云飄蕩初從于月窟淅瀝台隨于雲市雲族雲市亦奇字

宰相稱號　史傳記居相位妍醜之稱如漢袁盎呼申屠嘉曰愚相公孫弘贊曰儒相田千秋曰車丞相張蒼贊曰名相翟方進曰通明相後漢杜林曰任職相晉謝安曰風流宰相武后呼杜景佺憲宗稱李絳俱曰眞宰相唐盧懷愼曰伴食宰相蘇瓌蘇頲贊曰再世爲賢宰相關播曰盲宰相楊再思曰癡宰相在本朝李沆曰聖相丁謂曰鶴相杜衍曰清白宰相陳升之曰筌相蔡確曰三旨丞相吁人爵之崇莫若秉軸覩淑慝之行皆得而議焉不可不謹也

絲竹管絃　舊傳王羲之蘭亭修禊引用絲竹管絃字故不入文選殊不知西漢張禹傳嘗用是四字矣羲之乃祖此事劉原父註亦云絲竹管絃等二物爾于文爲駢

稱號　古人自以公稱者獨范蠡曰陶朱公人號之者晉諸葛恢曰黑頭公宋沈慶之羣蠻號曰蒼頭公梁張綰曰百六公齊何戢曰小褚公後魏于栗磾曰黑矟公古弼曰筆頭公北齊許惇曰長鬣公齊崔伯謙曰白鬚公後周韋瓊帝呼曰逍遙公唐李德裕稱牛僧孺曰太牢公若翁號則漢田蚡罵竇嬰曰一禿翁北齊武成帝小字曰兜翁唐盧從愿帝稱曰多田翁竇鞏人號曰囁嚅翁陸羽自稱曰桑苧翁杜牧自號曰樊川翁本朝黃魯直自號涪翁張師雄人嘲之曰蜜翁郎如晉相桓沖小字曰買得郎人稱者吳周瑜曰周郎晉謝道韞稱夫王凝之曰王郎何晏曰何郎粉郎潘岳曰潘郎檀郎宋王僧虔曰王郎齊江斆曰江郎劉顯父曰劉郎梁顧協曰顧郎北齊盧師道曰盧郎袁聿修曰清郎後周獨孤信曰獨孤郎隋滕穆王曰楊郎宇文晶曰宇文三郎唐明皇曰三郎張

昌宗曰六郎元結曰漫郎錢起曰錢郎程元振曰十郎蕭悅曰蕭郎劉禹錫自稱曰劉郎五季閩王王審知曰白馬三郎乃皆稱郎也稱兒晉王敦曰可兒司馬曷曰犬兒唐白居易姪曰羅兒是皆小字也後漢貴復稱其子曰大宛兒崔暹曰癩兒人稱者漢東方朔曰偷桃小兒金日磾子曰弄兒曹操呼孫策曰猘兒呂布呼先主曰大耳兒蜀譙周曰長兒晉王衍呼裴逸曰白眼兒山濤稱王衍曰寧馨兒後魏長孫業諸子曰鐵小兒祖瑩曰聖小兒唐楊儉蘇特曰黃面兒五季李業曰傻儸兒李存信曰牧羊兒乃皆兒稱也以童得名則漢中軍曰終童後漢杜安晉潘岳唐李百藥俱曰奇童齊鬱林王曰顛童以奴得名晉桓嗣曰豹奴王濛曰阿奴石崇曰齊奴潘岳曰檀奴陳任忠曰蠻奴北齊孫騰曰鮮卑奴宋廢帝稱父武帝曰齇奴後魏古弼帝稱曰筆頭奴唐顏杲卿罵安祿山曰牧羊羯奴本朝梅聖俞呼謝師直曰錦衣奴

魄莫　物之虛浮而不堅實者俗謂之魄莫嘗疑其無據及觀內則去其皽注云皮肉之上魄莫魄普各反莫音漠皽音闡膜也

索妻　俗謂娶婦曰索妻關羽傳孫權遣使爲子索羽女又隋書太子勇傳獨孤后曰爲伊索得元家女索妻之語蓋本于此

果核仁　俗稱果核中子曰人或曰仁相傳如此于義未明予謂當以人爲是蓋人者生意之所寓謂百果得此以爲發生之基

擊鮮　世多用烹鮮字未若前漢陸賈傳曰數擊鮮毋久溷汝爲也注云擊殺鮮美擊鮮二字爲勝劉攽註引史記云數見不鮮謂言人之常情頻見則不美又引馬宮傳不鮮爲漢人語而史記本傳註云不鮮之義乃必令鮮美作食莫令見不鮮之語按馬宮云三公之任鼎足承君不有鮮明風守無以居位如是則又與所援不同未知孰是尚書益稷篇暨益奏庶鮮食註云鳥獸之食也無逸篇惠鮮鰥寡言窮民垂首喪氣文王之惠綏莫不鮮鮮然有生意奏鮮惠鮮字亦奇

莊馗　王仲宣從軍詩館宅充廛里士女滿莊馗李善註引韓詩肅肅兎罝施于中馗爾雅曰六達謂之莊九達謂之逵說文逵或作馗故毛詩兎罝施于中馗莊馗蓋衢道之稱也

賈區　前漢胡建傳時監軍御史爲姦北軍穿垣以爲賈區師古曰坐賣曰賈爲物之區也區者小室之名若今小菴屋之類衞士之屋謂之區廬宿衞宮士稱爲區士也今市衢架以浮鋪殆類是歟

行第　前輩以第行稱多見之詩少陵稱謫仙爲李十二嚴武爲嚴八鄭虔爲鄭十八蘇徯爲蘇四張建封爲張十三唐診爲唐十五裴虯爲裴二李御爲李十一文公稱王涯爲王二十李建爲李十一李程爲李二十崔立之爲崔二十六張署爲張十一張籍爲張十八李正封爲李二十八馮宿爲馮十七侯喜爲侯十一柳柳州稱韓文公爲韓十八劉禹錫謂元稹爲元九韋蘇州稱李澹爲李十九歐陽詹稱徐晦爲徐十八錢起稱李觀爲李四李勉爲李七嚴武高適俱稱子美爲杜二樂天稱劉敦夫爲劉三十二李大略爲李二十王質夫爲王十八崔元亮爲崔十八李義山稱杜勝爲杜二十七李潘爲李十七趙滂爲趙十五令狐綯爲令狐八高適稱張旭爲張九陳子昂稱王無競爲王二韋虛己爲韋五趙貞固爲趙六李崇嗣爲李三儲光羲稱王維爲王十三皇甫冉稱柳柳州爲柳八鄭堪爲鄭三孟浩然稱張子容爲張八王摩詰稱韋穆爲韋十八山谷稱東坡爲蘇二后山稱少游爲秦七少游稱后山爲陳三山谷爲黃九

浹辰浹日　左傳成公九年云浹辰之間楚克其三都辰指十二辰自子至亥也周禮天官云浹日而斂從甲至甲謂之浹凡十日也

鬻爵　事物紀原載鬻爵始爲漢文帝受晁錯言令人入粟與官及援武帝靈帝事殊不知秦始皇時蝗蔽天疫詔百姓納粟千石拜爵一級葢又在漢文之前也

行李　左傳一介行李杜預曰行李使人通聘問考按古文使字從山從人從子豈誤以使字爲李字邪

出九　黃山谷詩云肉食傾人如出九註引律諸博戲財物幷停止出九和合者各令衆五日葢博徒勝則出十其負則出償止以九云

絕字之義　絕字義訓不同如子絕四者無也絕筆于獲麟之一句者止也韋編三絕者斷也絕妙好辭者奇也絕類離倫者冠也超絕物表者超也物論已絕者息也相望遼絕者遠也烽煙始絕者熄也絕壁蒼蒼者峭極也意好殆絕者盡也絕江海者橫渡也前漢武帝紀載衞將軍絕幕者謂直度匈奴沙土之界也

芥蔕　世稱芥蔕或蔕芥往往字音皆未詳文選張平子西京賦云睚眦蠆芥五臣註怒貌李善註引張揖子虛賦註曰蔕芥刺鯁也蠆與蔕同郭象莊子註亦云蠆芥

負茲　曲禮云有負薪之憂孟子云有采薪之憂義皆相通周益公謝祠表曰分行無功懇辭鄉郡負茲有疾願備祠官人謂誤寫不知公自註云出公羊威公十六年屬負茲註云屬託也諸侯疾稱負茲大夫稱犬馬士稱負薪此言託疾也

獻成發成　斯干考室註考成也歌詩以落之又左傳欲與諸侯樂之饗大夫以落之然落有隕墜衰謝之義今人用落成非宜檀弓晉獻文子成室晉大夫發焉註獻之謂賀也諸大夫亦發禮以往獻之與發二字爲美

一散　禮經載酒器如曰斝尊爵觶角觥觚至後世有伯雅叔雅季雅大白嫈尾觴等號人皆知之詩簡兮公言錫爵註惠下不過一散散酒爵也一散受五升此二字亦奇

說郛卷第二十一終

說郛卷第二十二

清波雜志十二卷　宋周煇字昭禮

煇早侍先生長者與聆前言往行暇日因筆之時居都下清波門因謂之清波雜志

金龍夜夢　五代時有僧某築菴道邊藝蔬丐錢一日晝寢夢一金色黃龍食所藝萵苣數畦僧寤驚且曰必有異人至已而見一偉丈夫於所夢之所取萵苣食之僧視其狀貌凜然遂攝衣延之餽食甚勤頃刻告去僧囑之曰富貴無相忘因以所夢告之且曰公他日得志願爲老僧只於此地建一大寺偉丈夫乃藝祖也既卽位求其僧尚存遂命建寺賜名普安都人稱爲道者院則壽聖皇帝王封之名已兆於此

思陵儉德　高祖踐祚之初躬持儉德風動四方一日語宰執曰朕性不善與婦人久處早晚食只麪飯炊餅煎肉而已食罷多在殿旁小閤垂簾獨坐設一白木卓置筆硯並無長物又嘗詔有司毀棄螺鈿淫巧之物不可留仍擧向自相州渡大河荒野中甚寒燒柴借半破甆盂溫湯瀹飯茅簷下與汪伯彥同食今不敢忘紹興間復紆奎畫以記損齋損之又損終始如一宜乎去華崇實還淳返樸開中興而濟斯民也

避暑錄　葉石林爲蔡京客故避暑錄所書宣政間事尊京魯公凡及蔡氏每委曲迴護而於元祐斥司馬溫公多何也建炎紹興初仕宦者家供狀有不係蔡京王黼等親黨一項今日江湖從學也人人爲道是門生石林其矯一時之弊耶

日者　政宣間除擢侍從以上皆先命日者推步其五行休咎然後出命故一時術者謂士大夫窮達在我可否之間朝士例許於通衢下馬從醫卜因是此輩益得以憑依今談天者既出入貴人門第

揣摩時事以售其說偶爾符合遂名奇中卜以決疑卦影乃驗於日後及至推死生禍福貴賤各有定分彼焉能測造化之妙晁文元公平生不善術數之說每謂自然之分天命也樂天不憂知命也推理安常委命也何必逆計未然哉

借書　借書一瓻還書一瓻後訛爲痴殊失忠厚氣象書非天降地出必因人得之得而祕之自示不廣人亦豈肯以未見者相假唐杜暹家書末自題云清俸買來手自校子孫讀之知至道粥及借人爲不孝粥爲不孝可也借爲不孝過矣然煇手抄書前後遺失亦多未免往來于懷因讀唐子西失茶具說釋然不復芥蔕其說曰吾家失茶具戒婦勿求婦曰何也吾應之曰彼竊者必其所好也心之所好則思得之懼吾靳之不予也而竊之則斯人得其所好矣得其所好則寶之懼其洩而祕之懼其壞而安置之則是物也得其所託矣人得其所好物得其所託復何言哉婦曰嘻是烏得不貧煇亦云

碧雲騢　碧雲騢者廐馬也莊憲太后臨朝初以賜荊王曦王惡其旋毛太后知之曰旋毛能害人耶吾不信留以備上閑爲御馬第一以其吻肉色碧如霞片故云世以旋毛爲醜此以旋毛爲貴雖貴矣病可去乎梅聖俞不得志於諸公間乃借此名著書一卷詆譏慶曆巨公後葉石林於避暑錄嘗辨之乃襄陽魏泰所著嫁之聖俞其略謂萬有一不至猶當爲賢者諱蓋亦未免置疑邵公濟康節孫也亦引聖俞聞范文正公訃詩云一出屢更郡人皆望酒壺俗情難可學奏記向來無貧賤常甘分崇高不解諛雖然門館隔泣與衆人殊謂爲郡以酒悅人樂奏記納諛豈所以論文正者以是又疑眞出於聖俞也李伯和大性著典故辨疑非聖俞所作諸公所見異同終有一定之論煇昔得礣砆錄一編亦若碧雲騢專暴人之短爲人借去不歸

[illegible]祖母大夫人慈聖之後暇日與子孫談京都舊事政宣間以戚里數値誕皇子入內稱賀盛飾羣立於露臺人各許擲一從婢起居畢自殿陛下撒包子及成束金釵金銀錢俾衆婢爭奪或共得綵端裂爲二俯拾次多遺釵珥之屬殿上觀之爲笑樂有慧捷者重負而歸亦有徒手無一物者時盛暑以一鍍金錢於御廊得水一盃出入禁門需索無藝所得隨盡因嘆南渡後不復見此盛事曹氏分南北宅祖母北宅也武惠燕王五世孫

文體　爲文之體意不貴異而貴新事不貴僻而貴富語不貴古而貴淳字不貴怪而貴奇宋元獻公序云

畫牛　江南徐鍇得畫牛畫則齧草闌外夜則歸臥闌中持以見後主煜煜獻闕下太宗示羣臣俱無知之者帷僧贊寧曰南倭海水或減則灘磧微露倭人拾方諸蚌腊中有餘淚數滴得之和色著物則晝隱而夜顯沃焦山時或風燒飄擊忽有石落海岸得之滴水磨色染物則晝顯而夜晦

米芾　老米酷嗜書畫常從人借古畫日臨搨搨竟與眞贋本歸之俾其自擇而莫辨也巧偷豪奪故所得爲多舊傳老米在儀眞於中貴人舟中見王右軍帖求以他畫易之未允米因大呼據舡欲赴水其人大驚亟畀之好奇喜異雖性命有所不計人皆傳以爲笑

舅姑　春秋傳曰秦晉二國繼世通婚所娶之女非舅卽姑故曰舅姑白虎通曰尊之如父非父舅也恭之如母非母姑也廣川王去疾幸姬陶望卿歌曰背尊章嫖以忍尊章猶言舅姑也見前漢書

地名　陽關在遼西去長安一萬里漢將楊興敗走出此關因以爲名長安城東出南頭名霸城門俗以其色靑名靑門見三輔黃圖范睢曰秦北有甘泉宮謂其下有甘泉水見戰國策邯鄲屬磁州邯山名鄲盡也言邯山至此而盡以城郭字皆從邑故作鄲見地理志及寰宇記

火葬　浙右水鄉風俗人死雖富有力者不辦蕞爾之土以安厝亦致焚如僧寺利有所得鑿方尺之池積涔蹄之水以浸枯骨男女骸骼淆雜無辨旋卽塡塞不能容深夜乃取出畚貯散棄荒野外人家不悟逢節序仍裹飯設奠於池邊實爲酸楚而官府初無禁約也范忠宣公純仁帥太原河東地狹民惜地不葬其親公俾僚屬收無主燼骨別男女異穴以葬又檄諸郡倣此以數萬計仍自作記數百言曲折致意規變薄俗時元祐六年也淳熙間臣僚亦嘗建議柩寄僧寺無主者官爲掩瘞行之不力今柩寄僧寺者固自若也

復姓　范文正公復元姓用陶朱張祿事世傳誦之大中祥符五年潯陽陶岳作五代史補百餘條蓋補王元之內相五代史闕文未備者其書槃事中有鄭準性諒直長於牋奏成汭鎭荆南辟爲推官汭常殺人亡命改姓郭氏旣貴令準草表歸本姓其略曰臣門非冠蓋家本軍戎親朋之內盱睢爲人報怨昆弟之間點染無處求生背故國以狐疑望鄰封而鼠竄名非伯越乘舟難效於陶朱志切投秦入境遂稱於張祿如此則前已有此聯特文正公拈出尤爲切當云

清波別志　三卷　　前人

[illegible]　言事者舊有三殺之語街衷喝殺朝裏嚇殺家裏餓殺餓殺謂俸薄也近又添二殺論事不報悶殺臨了沒結果焦殺

米老　米元章風度飄逸自處晉宋人物然所謂不羈得顚之名嘗以書歷歷訴於廟堂自謂久任中外被大臣知遇舉主累數十百皆用吏能爲稱首一無以顚薦者世遂傳米老辨顚帖又嘗以書抵西府蔣穎叔云芾老矣先生勿恤浮議自薦之曰襄陽米芾在蘇軾黃庭堅之間自負其才不入黨與今老矣困於資格不幸一旦死不得潤色帝猷黼黻王度臣某實惜之願明天子去常格料理

之先生以爲何如芾皇恐世又傳米老自薦帖以是二帖余考其人顯之名不慮得也

暖屋　里巷間有遷居者鄰里醵金治具過之名暖屋乃古考室之義或謂暖屋爲俗語嘗觀王建宮詞太儀前日暖房來囑向昭陽乞藥栽敕陽一窠紅躑躅謝恩未了奏花開則暖房之語亦有自來矣

風埃　士大夫於馬上披涼衫婦人步通衢以方幅紫羅障蔽半身俗謂之蓋頭蓋唐帷帽之制也籠餅蒸餅之屬食必去皮皆爲北地風埃設凡貴游出令一二十人持鍍金水罐子前導旋洒路過車都人名曰水路江南街衢堦砌以磚初無蓬勃非北地比

多兒　侍中太子太師致仕張耆字元弼開封人年十一給事章聖藩邸福備富貴壽亦至七十五子二十四人女三十一人第八子得一知貝州王則反不能死節又爲之制定儀注伏誅其父亦鬱鬱而終一子不肖遂蕩家聲生兒安用多也

王黼　王黼居相位當全盛時又寵幸一時故窮極富貴於寢室置一榻用金玉爲屏翠綺爲帳圍以小榻數十擇美姬處之名曰擁帳後事變於道踐之身首異處人生富貴可保終身享乎

三人　建炎兵興從使絕域者厮輿輩亦補官諺曰歸爲官人病爲死人留爲番人

温公作妾　舊傳温公未有子清河郡君爲置一妾一日乘間俾盛飾入書室而公略不顧妾思所以嘗之取一帙問曰中丞此是何書公拱手莊色對曰此是尚書妾乃逡巡而退

山家清供一卷

宋林洪字龍發號可山人和靖先生裔孫

青精飯

青精飯者以比重穀也按本草南燭木今黑飯草即青精也取枝葉擣汁浸米蒸飯暴乾堅而碧色久服益顏延年仙方又有青精石飯世未知爲何石也按本草用赤石脂三斤青粱米一斗水浸越三日擣爲丸如李大日服三丸可不饑是知石即石脂也二法皆有據以山居供客則當用前法如欲效子房辟穀當用後法每讀杜詩既曰豈無青精飯令我顏色好又曰李侯金閨彥脫身事幽討當時才名如杜李可謂切於愛君憂國矣天乃不使之壯年以行志而使之俱有青精瑤草之思惜哉

碧澗羹

芹楚葵也又名水英有二種荻芹取根赤芹取葉與莖俱可食二月三月作英時采之入湯取出以苦酒研芥子入鹽與茴香漬之可作葅惟瀹而羹之者既清而馨猶碧澗然故杜甫有香芹碧澗羹之句或者爲芹也杜甫何取而詠之不暇不思野人持此猶欲以獻於君者也

苜蓿盤

開元中東宮官僚清淡薛令之爲左庶子以詩自悼曰朝日上團團照見先生盤盤中何所有苜蓿長闌干飯澁匙難滑羹稀箸易寬以此謀朝夕何由保歲寒上幸東宮因題其旁有若嫌松桂寒任逐桑榆暖之句令之皇恐謝病歸每誦此詩未知爲何物偶同宋雪岩伯仁訪鄭埜鑰見所種者因得其種并法其葉綠紫色而莖長或丈采用湯焯油炒薑鹽如意羹茹皆可風味本不惡令之何爲厭苦如此東宮官僚當極一時之選而唐世之賢見於篇什皆爲左遷令之寄興恐不在此盤賓僚之選至起食無魚之歎上之人乃諷以去吁薄矣

考亭蔊

考亭先生每飲後則以蔊菜供一出于盱江分於建陽一生於嚴灘石上公所供蓋建陽種集有蔊詩可攷山谷孫崿以沙臥蔊食其苗云生臨汀者尤佳

太守羹

梁祭尊爲吳興守不飲郡中齋前自種白莧紫茄以爲常餌世之醉醲飽鮮而怠於事者視此得無愧乎然茄莧性皆凝冷必加茳薑爲佳耳

氷壺珍

太宗問蘇易簡曰品食稱珍何者爲最對曰食無定味適口者珍臣心知虀汁美太宗笑問其故曰臣一夕酷寒擁爐燒酒痛飲大醉擁以重衾忽醒渴甚乘月中庭見殘雪中覆一虀盎不暇呼童掬雪盥手滿引數缶臣此時自謂上界仙廚鸞脯鳳炙殆恐不及屢欲作氷壺先生傳記其事未暇也太宗笑而然之後又問其方答曰用淸湯浸以菉荳解一味耳或不然請問之氷壺先生

藍田玉

漢地理志藍田出美玉魏李預每羨古人湌玉之法乃往藍田果

得美玉七十枚爲屑服餌而不戒酒色偶疾篤謂妻子曰服必屏居山林排棄嗜慾當大有神效而酒色不絕自致于死非玉過也要之長生之法能淸心戒欲雖不服玉亦可矣今法用瓠一二枚去皮毛截作二寸方片爛蒸以食之不煩燒煉之功但除一切煩惱妄想久而自然神氣淸爽較之前法差勝矣故名法製藍田玉

豆粥

漢光武在蕪蔞亭時得馮異奉豆粥至久且不忘報況山居可無此乎用沙缾煮爛赤豆候粥少沸投之同煮既熟而食東坡詩曰豈知江頭千頃雪茅簷出沒晨烟孤地碓舂秔光似玉沙缾煮豆軟如酥老我此身無著處賣書來問東家住臥聽雞鳴粥熟時蓬頭曳杖君家去此豆粥法也若夫金谷之會徒咄嗟以誇客孰若山舍淸談徜徉以俟其熟也

蟠桃飯

采山桃用米泔煮熟漉寘水中去核候飯湧同煮頃之如盦飯法東坡用石曼卿海州事詩云戲將桃核裹紅泥石間散擲如風雨作令空山作錦繡倚天照海光無數此種桃法也桃三李四能依此法越三年皆可飯矣

寒具

晉桓玄喜陳書畫客有食寒具不濯手而執書籍者偶涴之後不設寒具此必用油蜜者要術并食經皆只曰環餅世疑饊子也或巧夕蜜食也杜甫十月一日乃有粔籹作人情之句廣記則載寒食事總三者皆可疑及攷朱氏注楚詞粔籹蜜餌有餦餭些謂以米麪煎熬作寒具是也以是知楚詞一句是自三品粔籹乃蜜麪之乾者也十月開爐餅也蜜餌乃蜜麪少間者七夕蜜食也餦餭乃寒食寒具無可疑者閩人會姻友煎餔以糯粉分和麪油煎沃以糖食之不濯手則能汚物且可留月餘宜禁烟用也吾翁和靖

先生山中寒食詩云方塘坡綠杜蘅青布谷提壺已足聽定有初嘗寒食罷據梧痛飲散幽襟吾翁讀天下書攷愧先生具服其和琉璃堂應事者信乎此爲寒食具矣

黃金雞 又名鑽籬菜　山志林

李白詩云亭上十分綠醑酒盤中一味黃金雞其法燖雞淨用麻油鹽水煮之入葱椒候熟擘飣以元汁別供或薦以酒則白酒初熟黃雞正肥之樂得矣有如新法川炒等製非山家不屑爲恐非眞味也每思茅容以雞奉母而以草蔬奉客賢矣哉 本草雞小毒補虛治病

槐葉淘

杜甫詩云靑靑高槐葉采掇付中廚新麪來近市汁滓宛相俱入鼎資過熟加湌愁欲無卽此見此法於夏采槐葉之高秀者湯少瀹研細濾淸和麪作淘乃以醯醬熟蒸簇細苗以盤行之取其碧鮮可愛也末句云君王納晚涼此味亦時須不惟見詩人一食未

嘗忘君雖貴爲君王亦令知山林之味旨哉詩乎

地黃餺飥

崔元亮海上方治心痛去蟲積取地黃大者淨搗汁和細麪作餺飥食之出蟲尺許卽愈貞元間通事舍人崔杭女作淘食之出蟲如蟇狀自是心患除矣本草浮爲天黃半沉爲人黃惟沉底者佳宜用清汁入鹽則不可食或淨洗細截夾米煮粥良有益也

梅花湯餅

泉之紫帽山有高士嘗作此供初浸白梅檀香末水和麪作餛飩皮每一疊用五出鐵鑿如梅花様者鑿取之候煮熟乃過於雞清汁內每客上二百餘花可想一食亦不忘梅後留玉堂元剛亦有詩恍如孤山下飛玉浮西湖

椿根餛飩

劉禹錫著椿根餛飩皮法立秋前後謂世多痢及腰痛取椿根一大握搗篩和麪捻餛飩如皂莢子大清水煮日空腹服十枚並無禁忌山家晨有客至先供之十數枚不惟有益亦可少延早食椿實而香樗踈而臭惟椿根可也

玉糝羹 或用山芋

東坡一夕與子由飲酣甚槌蘆菔爛煮不用他料只研白米爲糝食之撫几曰若非天竺酥酡人間決無此味

百合麪

春秋仲月采根暴乾搗篩和麪作湯餅最益血氣又蒸熟可以佐酒歲時廣記二月種法宜雞糞山蚓化爲百合乃宜雞糞豈物類之相感乎

栝蔞粉

孫思邈法深掘大根厚削去白寸切水浸一日一易五日取出搗之以力貯以絹囊濾爲玉液候其乾矣可爲粉食雜粳爲糜翻匙

雪色加以乳酪食之補益又方取實酒炒爲引腸風血下可愈

素蒸鴨

鄭餘慶有親朋早至勑令家人曰爛蒸去毛勿拗折項客意鵝鴨也良久乃蒸葫蘆一枚耳今岳倦翁珂書食品付庖者詩云動指不須占染鼎去毛切莫拗蒸葫岳動閱也而知此味異哉

黃精果 餅餌附

仲春深採根九蒸九曝搗如飴可作果食又細切一石水二石五升煮去苦味漉入絹袋壓汁澄之再煎如膏以炒黑豆黃米作餅約二寸大客至可供二枚又採苗可爲菜茹隋羊公服法芝草之精也一名仙人餘糧其補益可知矣

傍林鮮

夏初竹筍盛時掃葉就竹邊煨熟其味甚鮮名曰傍林鮮文與可守臨川正與家人煨筍午飯既食忽得東坡書詩云想是清貧饞太守渭川千畝在胸中不覺噴飯滿案想作此供也大凡筍味甘鮮不當與肉爲友今俗庖多雜以肉不思幾有小人便壞君子若對此君成大嚼世間那有揚州鶴東坡之意微矣

雕菰飯

雕菰葉似蘆其米黑杜甫故有波翻菰米沉雲黑之句今胡穄是也暴乾礱洗造飯既香而滑杜詩云滑憶雕菰飯又會稽人顧翺事母孝母嗜雕菰飯翺常自采擷供家瀕太湖後湖中皆生雕菰無餘草此孝感也世有厚於奉已薄於奉親者視此寧無愧乎嗚呼孟筍王魚豈偶然哉

錦帶羹

錦帶又名文官花條生如錦葉始生柔脆可羹杜甫故有香聞錦帶羹之句或謂蓴之縈紆如帶况蓴與菰同生水濱昔張翰臨風必思蓴鱸以下氣按本草蓴鱸同羹可以下氣止嘔以是知張翰

在當世意氣抑鬱隨事嘔逆故有此思耳非蓴鱸而何杜甫臥病江閣恐同此意也謂錦帶爲花或未必然僕居山時因見有此花者其味亦不惡注謂叶綬雞則遠矣

煿金煮玉

筍取鮮嫩者以物料和薄麪拖油煎煿如黃金色甘脆可愛舊游莫干訪霅如菴正夫早供以筍切作方片和白米煮粥甚佳因戲之曰此法製惜精氣也濟顚筍疏云拖油盤內煿黃金和米鐺中煮白玉二者兼得之矣霅北司貴公也乃甘山林之味異哉

土芝丹 小者土栗

芋之大者名土芝裹以溼紙用煮酒和糟塗其外以糠皮火煨之候香熟取出安抝地內去皮溫食冷則破血用鹽則泄精取其溫補名土芝丹昔嬾殘師正煨此牛糞火中有召者却之曰尚無情緒收寒涕那得工夫伴俗人又居山人詩云深夜一爐火渾家團

欒坐煨得羊頭熟天子不如我其嗜好可知矣小者暴乾入瓮候寒月用稻草火煨 熟色香如栗名土栗雅宜山舍擁爐之夜供趙西安詩云煮芋雲生鉢燒茅雪上眉蓋得於所見非苟作也

柳葉韭 温無春歸心安五臟又名韲

杜詩夜雨剪春韭世多誤爲剪之於畦不知剪字極有理蓋於煠時必先齊其本如烹薤圓齊玉箸頭之意乃以左手持其末以其本鹽湯內少剪其末棄其觸也只煠其本帶性投冷水中出之甚脆然必以竹刀截之一方採嫩柳葉少許同煠尤佳故曰柳葉韭

松黃餅

暇日過大理寺訪秋岩陳評事介留飲出二童歌淵明歸去來辭以松黃餅供酒陳方巾美髯有超俗之標飲此使人儼然起山林之興覺駝峯熊掌皆下風矣春末松花黃和蜜摸作餅如雞舌龍涎不惟香味清甘亦自有所益也

酥瓊葉

宿蒸餅薄切塗以蜜或以油就火上炙鋪紙地上散火氣甚鬆脆且止疾化食楊誠齋詩云削成瓊葉片嚼作雪花聲形容善矣

梟莢粉

梟莢粉可作粉食甘滑異於他粉偶天台陳梅廬見惠因得其法梟莢爾雅一名芍郭云生下溼苗似龍鬚根如指頭而黑即葧臍也采以曝乾磨而澄濾之如菉豆粉法後讀劉一止非有類藁有詩云南山有蹲鴟春田多梟莢何必泌之水可以樂我饑信乎可以食矣

蘑蔔煎 又名端木煎

舊訪劉漫塘宰留午酌出此供清芳極可愛詢之乃梔子花也采大者以湯焯過少乾用甘草水和稀麪拖油煎之名蘑蔔煎杜詩云於身色有用與道氣相和今既製之清和之風備矣

蒿蔞菜　蒿魚羹

舊客江西林谷梅 山房子少魯號谷梅 山房書院春時多食此草嫩莖去葉湯焯用油鹽苦酒沃之爲茹或加以肉香脆良可愛後歸京師春輒思之偶與李竹埜制機伯恭鄰以其江西人因問之李云廣雅云蒿蔞生下田江西用以羹魚陸疏云葉似艾白色可蒸爲茹即漢廣言刈其蔞之蔞矣山谷詩云蔞蒿數筯玉簪橫及證以詩註果然李乃怡軒之子嘗從江西西山問宏詞法多識草木宜矣

玉灌肺

眞粉油餅芝麻松子胡桃蒔蘿六者爲末拌和入甑蒸熟切作肺樣塊用棗汁供今後苑名曰御愛玉灌肺要之不過一素供耳然以此見九重崇儉不嗜殺之意居山豈宜侈哉

元修菜

東坡有巢故人元修菜詩每讀豆英圓而小槐葉細且豐之句未

嘗不冥搜畦壟間必求其是詩詢諸老圃亦罕能道一日永嘉鄭文千歸自蜀過梅邊首叩之答曰蠶豆也俗亦號疏豆也蜀人謂巢菜苗葉嫩時可采以爲茹擇洗用眞麻油熱炒乃下鹽醬煮之春盡苗葉老則不可食坡所謂點酒下鹽豉縷橙芼薑葱者正炮法也君子恥一物不知必游歷久遠而後見聞博讀坡詩二十年一日得之喜可知矣

紫英菊

菊名治牆本草名節花陶註云鞠有二種莖紫氣香而味甘其葉乃可羹莖青而氣似蒿而苦名苦薏非也今法春采苗葉洗焯用油略炒煮熟下薑鹽羹之可清心明目加枸杞尤妙天隨子杞菊賦云爾杞未棗爾菊未莎其如予何本草杞葉似榴而軟者能輕身益氣其子圓而有刺者名枸棘不可用杞菊微物也有少差猶不可用然則君子小人豈不容辨哉

銀絲供

張約齋鎡性喜延山林湖海之士一日午酌數盃後命左右作銀絲供且戒之曰調和教好又要有味衆客謂必鱠也良久出琴一張請琴師彈離騷一曲衆始知銀絲乃琴絃也調和教好調絃也又要有眞味蓋取淵明琴書中有眞味之意也張中興勳家也而能知此眞味賢矣哉

進賢菜 蒼耳飯

蒼耳枲耳也江東名常枲幽州名嚼耳形如鼠耳陸機疏云葉青白色如胡妥白華細莖蔓生采嫩葉洗焯以薑鹽苦酒拌爲茹可療風杜詩云蒼耳可療風童兒且時摘詩之卷耳首章云嗟我懷人置彼周行酒醴婦人之職臣下勤勞君必勞之因采此而有所感念及酒醴之用以此見古者后妃欲以進賢之道諷其上因名進賢菜張氏詩云閨閫誠難與固防默嗟徒御困高岡觥罍欲解痡瘏恨充耳元因避酒醨其子可雜米粉爲燠故古詩有碧澗水淘蒼耳飲之句云

山海兜

春采筍蕨之嫩者以湯瀹之取魚蝦之鮮者同切作塊子用湯泡滾蒸入熟油醬鹽研胡椒拌和以粉皮乘覆各合於二盞內蒸熟今後苑多進此名蝦魚筍蕨兜今以所出不同而得同於俎豆間亦一良遇也每山海兜或即羹以筍蕨亦佳許梅屋棐詩云趁得山家筍蕨春借廚熟煮自然新倩誰分我杯羹去寄與中朝食肉人

撥霞供 本草兔用補中益氣不可用雞食

向游武夷六曲訪止師偶雪天得一兔無庖人可製師云山間只用薄批酒醬椒料沃之以風爐安座上用水半銚候湯響一盃後各分一筯令自筴入湯擺熟啖之乃隨宜各以汁供因用其法不獨易行且有團圞暖熱之樂越五六年來京師乃復於楊泳齋伯嵒席上見此恍然去武夷如隔一世楊勳家嗜古學而淸苦者宜安此山林之趣因作詩云浪湧晴江雪風翻晚照霞末云醉憶山中味渾忘是貴家 豬羊皆可

驪塘羹

曩客驪塘書院每食後必出菜湯靑白極可愛飯後得之醍醐未易及此詢庖者止用菜與蘿菔細切以井水煮之爛爲度初無他法後讀坡詩亦只用蔓菁萊菔而已詩云誰知南嶽老解作東坡羹中有蘿菔根尚含曉露清勿語貴公子從渠嗜羶腥以此可想二公之嗜好矣今江西多用此法

眞湯餅

瓜圃翁訪凝遠居士話間命僕作眞湯餅來翁謂天下安有假湯餅及見乃沸湯泡油餅人一栝耳翁曰如此則湯泡飯亦得名

眞泡飯居士曰稼穡作甘苟無勝食氣者則眞矣

沆瀣漿

雪夜張一齋飲客酒酣簿書何君時峰出沆瀣漿一瓢與客分飲不覺酒容爲之灑然問法謂得之禁苑止用甘蔗蘿菔各切作方塊以水爛煮而已蓋蔗能化酒蘿菔能化食也酒後得此其益可知矣楚辭有蔗漿恐即此也

神仙富貴餅（朮用濃石灰水必切作片子）

煮朮與菖蒲曝爲末每一斤用蒸山藥末三斤煉蜜水調入麪作餅曝收候客至蒸食條切亦可羹章簡公詩云朮薦神仙餅菖蒲富貴花

香圓餅

謝益齋奕禮不嗜酒常有不飲但能看客醉之句一日書餘琴罷命左右剖香圓作二杯刻以花溫上所賜酒以勸客清介靄然使人覺金尊玉斝皆埃𡏖矣香圓似瓜而黃閩南一果耳而得備京華鼎貴之清供可謂得所矣

蟹釀橙

橙大者截頂括去穰留少液以蟹膏肉實其內仍以帶項覆之入小甑用酒醋水蒸熟加苦酒入鹽既香而鮮使人有新酒菊花香橙螃蟹之興因記危巽齋稹贊蟹云黃中通理美在其中暢於四支美之至也此本諸易而於蟹得之矣今於橙蟹又得之矣

蓮房魚包（漁父三鮮蓮菊菱湯齏也）

蓮花中嫩房去鬚截底剜穰留其孔以酒醬香料和魚塊實其內仍以底坐甑內蒸熟或中外塗以蜜出楪用漁父三鮮供之向在李春坊席上曾受此供得詩云錦瓣金房織幾重游魚何事得相容涌身既入花房去好度華池獨化龍李大喜送端硯一枚龍墨五笏

玉帶羹

春坊趙純湖璧會弟竹潭雍亦在焉論詩把酒及夜無可供者湖曰吾有鏡湖之蒓潭曰雍有稽山之筍僕笑曰可有一杯羹矣乃命庖作玉帶羹以筍似玉蒓似帶也是夜甚適今猶喜其清高而愛客也每讀忠簡公躍馬食肉付公等浮家泛宅眞吾徒之句有此兒孫宜矣

酒煮菜

鄱江士友命飲供以酒煮菜非菜也純以酒煮鯽魚也且云鯽稷所化以酒煮之甚益第以魚名菜私竊疑之及覩趙好古賓退錄所載靖州風俗居喪不食肉唯以魚爲蔬湖北謂之魚菜杜陵小白詩亦云細微霑水族風俗當園蔬始信魚即菜也趙好古博雅君子也宜乎先得其詳矣

蜜漬梅花

楊誠齋詩云甕澄雪水釀春寒蜜點梅花帶露飡句裏略無烟火氣更教誰上少陵壇剝白梅肉少許浸雪水以梅花醞釀之露一宿取出蜜漬之可薦酒較之敲雪煎茶風味不殊也

擁螯供

蟹生於江者黃而腥生於河者紺而馨生於溪者蒼而清越淮多趣掠故或朽而不盈辛卯有錢君謙齋震祖惟硯存復歸於吳門秋偶過之把酒論文猶不減乎昨之勤也留旬餘每旦市蟹必取其圓臍烹以酒醋雜以葱芹仰之以臍少候其凝人各舉一痛飲大嚼何異乎拍浮於湖海之濱庸庖俗飣非口不知味恐失此物風韻但以橙醋自足以發揮其所蘊也且曰圓臍膏尖臍螯秋風高團者豪請舉手不必刀羹以蒿尤可饕因舉山谷詩云一腹金相玉質兩螯明月秋高眞可謂詩中之騷舉以手不以刀尤見錢君之豪也或曰蟹所惡唯朝霧實築筐哭以醋雖千里無所誤因

筆之爲蟹助

湯綻梅

十月後用竹刀取欲開梅蕋上蘸以蠟投蜜缶中夏月以熟湯就盞泡之花即綻香可愛也

通神餅

薑薄切葱細切各以硝湯焯和稀麪宜以少國老細末和入麪庶不太辣入淺油煠能已寒朱氏論語註云薑通神明故名之

金飯

危巽齋云梅以白爲正菊以黃爲正過此恐淵明和靖二公不取也今世有七十二種菊正如本草所謂今無眞牡丹不可煎煮法采紫莖黃色正菊英以甘草湯和硝少許焯退候粟飯少熟投之同煮久食可以明目延齡苟得南陽甘谷水煎之尤佳也昔之愛菊者莫如楚屈平晉陶潛然孰知今之愛者有劉石澗元茂焉雖一行坐未嘗不在於菊繙帙得菊葉詩云何年霜後黃花葉色蠹猶存萬卷詩曾是往來籬下讀一枝閒弄被風吹觀此詩不惟知其愛菊其爲人淸介可知矣

石子羹

溪流淸處取小石子或帶蘚者一二十枚汲泉煮之味甘於螺隱然有泉石之氣此法得之吳季高且曰固非通宵煮食之石然其意則甚淸矣

梅粥

掃落梅英淨洗用雪水煮白粥候熟同煮楊誠齋詩云纔看臘後得春饒愁見風前作雪飄晚蕋收將熬粥吃落英仍好當香燒

山家三脆

嫩笋小蕈枸杞菜油炒作羹加胡椒尤佳趙竹溪密夫酷嗜此或作湯餅以奉親名三脆麪嘗有詩云筍蕈初萌杞菜纖然松自煮

供親嚴人間肉食何曾鄙自是山林滋味甜薺亦名菰

玉井飯

章藝齋鑑宰德淸時雖槐古馬高尤喜延客然飯食多不取諸市恐旁緣而擾人一日往訪之適有蝗不入境之處留以曉酌數盃命左右造玉井飯甚香美法削藕截作塊采新蓮子去皮候飯少沸投之如盦飯法蓋取大華峰頭玉井蓮開花十丈藕如船之句昔有藕詩云一彎西子臂七竅比干心今杭都范堰經進斗星藕大孔七小孔二果有九竅因筆及之

洞庭饐

舊游東嘉時在水心先生席上適淨居僧送饐至如小錢大各合橘葉淸香靄然如在洞庭左右先生詩曰不待滿林霜後熟蒸來先作洞庭香詢寺僧曰采蓮蓬與橘葉搗汁加蜜和米粉作饐各以葉蒸之市亦有賣特差大耳

茶蘼粥 木香菜附

舊辱趙東岩雲子瓚夫寄詩中有一詩云好春虛度三之一滿架茶蘼取次開有客相看無可設數枝帶雨剪將來始疑茶蘼非可食者一日過靈鷲訪僧蘋洲德修午留粥甚香美詢之乃蘼花也其法采花片同甘草湯焯候粥熟同煮又采木香嫩葉就元湯炒以麻油鹽爲菜茹僧苦嗜吟宜乎知此味之淸且知岩雲之詩不誣也

蓬糕 候飯沸以蓬拌麪飯煮蓬飯

采白蓬嫩者熟煮細搗和米粉蒸熟以香爲度世之貴介子弟知鹿茸鍾乳爲重而不知食此實大有補詎可以山食而鄙之哉閩中有草稗

櫻桃煎 用蜜則解毒

櫻桃經雨則蟲在內生人莫之見用生水一椀浸之良久其蟲皆

盩盩而出乃可食也楊誠齋詩云何人弄好手萬顆搗虛脆印成花細薄染作冰斯翠北果非不多此味良獨美要之其法不過煮以梅水去核搗爲餅而加以蜜耳

如薺菜

劉彝學士宴集間必欲主人設苦蕒狄武襄公靑帥邊時邊郡難以時置一日宴集彝與韓魏公對坐偶此菜不設謾罵狄公至黥卒狄聲色不動仍以先生呼之魏公知狄公眞將相器也詩云誰謂荼苦劉可謂甘之如薺者其法用鹽醬獨拌生菜然太苦則加薑鹽而已禮記孟夏苦菜秀是也本草一名荼安心益氣隱居作屑飲可不寐今交廣多種之

蘿菔麪

王醫師承宣常搗蘿菔汁溲麪作餅謂能去麪毒本草地黃與蘿菔同食能白人髮水心先生酷嗜蘿菔甚於服玉謂誠齋云蘿菔

便是辣底玉僕與靖逸葉賢良紹翁過二十年每飲適必索蘿菔與皮生啗乃快所欲靖逸平生讀書不減水心而所嗜略同或曰能通心氣故文人嗜之然靖逸未老而髮已皤豈地黃之過與

麥門冬煎

春秋采根去心搗汁和蜜以銀器重湯煮急攪如飴爲度貯之瓷器溫酒化服滋益多矣

假煎肉

瓠與麩薄批各和以料煎麩以油煎瓠以脂乃熬葱油入酒共炒瓠與麩熟不惟如肉其味亦無辨矣吳何鑄宴客或出此吳貴爲后家而喜於山林朋友嗜此淸味賢哉常作小淸錦屏鷁鳥山水瓶簪古梅枝綴像生梅數花寘坐左右未常忘梅一夕分題賦詩有孫貴蕃施游僕亦在焉僕得心字戀繡衾即席云冰肌生怕雪未禁翠屏前短瓶滿簪眞個是疎枝瘦認花兒不要浪吟等閑蠭蜨都休惹喑香來時借水沉既得个厮偎伴任風霜儘自放心諸公差勝今忘其詞每到必先酌以巨觥名曰發符酒而復觴詠抵夜而去今喜其子姪皆克肖故及之

橙玉生

雪梨大者碎截搗橙醋入少鹽醬拌供可佐酒與葛天民嘗北梨詩云每到年頭感物華新嘗梨到野人家甘酸猶帶中原味腸斷春風不見花雖非咏梨然每愛其寓物有黍離之嘆故及之如咏雪梨則無如張斗埜蘊蔽身三寸褐貯腹一團冰之句被褐懷玉者蓋有取焉

玉延索餅

山藥名薯蕷秦楚間名玉延花白細如棗葉靑銳于牽牛夏月溉以黃牛糞則蕃春冬採根白者爲上以水浸之入礬少許經宿淨洗去涎焙乾磨篩爲麪宜作湯餅用如作索餅則熟研濾爲粉入

竹筒中溜於淺醋盆內出之於水出浸去醋味如煮湯餅如煮食惟刮去皮蘸鹽蜜皆可其性溫無毒且有補益故陳簡齋有玉延賦取香色味以爲三絕陸放翁亦有詩云久緣多病疎雲液近爲長齋進玉延比於杭都多見如掌者名佛手藥其味尤佳也

大柰糕

向杭雲公充夏日命飲作大柰糕意必粉麪爲之及出乃用大柰子生者去皮剜核以白梅甘草湯炒用蜜和松子欖仁塡之入小甑蒸熟謂柰糕也非熟則損脾且取先公大耐官職之意以此見向有意於文簡之衣鉢也夫天下之士苟知耐之一字以節義自守豈患事業之不遠到哉因賦之曰既知大耐爲家學看取淸名自此高雲谷類編乃爲大耐本李沆事或恐未然

鴛鴦炙

蜀有雞素中藏綬如錦遇晴則向陽擺之出二角寸許李文饒詩

威蕤散綬輕風裹若衍若垂何可擬王安石詩天日清明聊一吐兒童初見互驚猜生而反哺亦名孝雉雖杜甫有香開錦帶羹之句而未嘗食向遊吳之廬江留錢春塘名舜選家持螯把酒適有人携雙鴛至得之燖以油爁下酒醬香料燠熟飲餘吟倦得此甚適詩盤中一箸休嫌瘦入骨相思定不肥不減錦帶矣靜言思之吐綬鴛鴦雖各以文采烹然吐綬能反哺烹之忍哉雉不可同胡桃木耳覃食下血

筍蕨餛飩

采筍蕨嫩者各用湯爍炒以油和之酒醬香料作餛飩供向者江西林谷梅少魯家屢作此品後作古香亭采芎菊苗薦茶對玉茗花眞佳適也玉茗似茶少異高約五尺許今獨林氏有之林乃金石堂山房之子淸可思矣

雪霞羹

采芙蓉花去心蔕湯瀹之同豆腐煮紅白交錯恍如雪霽之霞名雪霞羹加胡椒薑亦可也

鵝黃豆生

溫陵人前中元數日以水浸黑豆曝之及芽以糠皮寘盆內鋪沙植豆用板壓及長則覆以桶曉則晒之欲其齊而不爲風日侵也中元則陳於祖宗之前越三日出之洗焯漬以油鹽苦酒香料可爲茹卷以麻餅尤佳色淺黃名鵝黃豆生僕游江淮二十秋每因此一起松楸之念將賦歸來以償此一大願也

眞君粥

杏實去核候粥熟同煮可謂眞君粥向游廬山聞董眞君未仙時多種杏歲稔則以杏易穀歲歉則以穀賤糶時得活者甚衆後白日昇仙有詩云爭似蓮花峰下客種成紅杏亦昇仙豈必專於煉丹服氣苟有功德於人雖未死而名亦仙矣因名之

酥黃獨並去聲

雪夜芋正熟有仇芋田從簡載酒來扣門就供之乃曰煮芋有數法獨酥黃世罕得之熟芋截片研榧子杏仁和醬拖麪煎之且自侈以爲甚妙詩云雪翻夜鉢裁成玉春化寒酥剪作金

滿山香

陳習庵塤學圃詩云只教人種菜莫誤客看花可謂重本而知山林味矣僕春日渡湖訪薛獨庵遂大留飲供以春盤偶得詩云敎童收取春盤去城市如今菜色多非薄菜也以其有所感而不忍下箸也薛曰昔人讚菜有云可使士大夫知此味不可使斯民有此色詩與文雖不同而憂時之意則無以異一日煮薑油菜羹自以爲佳品偶鄭渭濱師呂至供之乃曰予有一方爲獻只用蒔香薑椒炒爲末貯以葫蘆後煮菜少沸乃與熟油醬同下急覆之滿山已香矣試之果然名滿山香比聞湯將軍孝信嗜盦菜不用水只以油炒候得汁出和以醬料盦熟自謂香品過於禁臠湯武士也而不嗜殺異哉

酒煮玉蕈夾魚也

鮮蕈淨洗約水煮少熟乃以好酒煮或佐以臨漳綠竹筍尤佳施芸隱玉蕈詩云幸從腐水出孰被齒牙私眞有山林味難教世俗知香痕浮玉葉生意滿瓊枝饕腹何多幸相酬獨有詩今後苑多用酥炙其風味尤不淺也

鴨脚羹

葵似今蜀葵叢短而葉大以傾陽故性溫其法與羹菜同豳風九月所烹煮者是也刈之不傷其根則復生古詩故有采葵莫傷根傷根葵不生之句昔公儀休相魯其妻植葵見而拔之曰食君之祿而與民爭利可乎今之賣餅貨醬貿錢市樂食祿者又不止植葵小民豈可活哉白居易詩云祿米麞牙稻園蔬鴨脚葵因名

石榴粉銀絲羹附

藕截細塊砂器內擦稍圓用梅水同臙脂染色調菉豆粉拌之入清汁煮供宛如石榴子狀又用熟筍細絲亦和以粉煮名銀絲羹此二法恐相因而成之者故併存之

廣寒糕

采桂英去青帶洒以甘草水和米舂粉炊作糕大比歲士友咸作餅子食之相饋取廣寒高甲之讖又有采花略蒸曝乾作香者吟邊酒裏以古鼎燃之尤有清意童用珊師禹詩云膽瓶清韻撩詩興古鼎餘暈賦酒香可謂得此花之趣也

河樞粥

禮記魚乾曰虀古詩有酌醴焚枯魚之句南人謂之鰲多煨食罕有造粥者比遊天台山有取乾魚浸洗細截同米煮入醬料加胡椒言能愈頭風過於陳琳之檄亦有雜豆腐爲之者雞肋集云武夷君食何樞脯乾魚者因名之

鬆玉

文惠太子問周顒曰何菜爲最顒曰春初早韭秋末晚菘然菘有三種惟白於玉者甚鬆脆如色稍青者絕無風味因名其白者曰鬆玉亦欲世之食者有所決擇也

雷公栗

夜爐書倦每欲煨栗必慮其燒縛之患一日馬北鄽逢辰曰只用一栗蘸油一栗蘸水寘鐵銚內以四十七栗密覆其上用炭燃之候雷聲爲度偶一日同飲試之果然且勝於砂炒者雖不及數亦可矣

東坡豆腐

豆腐葱油炒用酒研小榧子一二十枚和醬料同煮又方純以酒煮俱有益也

碧筩酒

暑月命客棹舟蓮蕩中先以酒入荷葉束之又包魚鮓他葉內候舟回風薰日熾酒香魚熟各取酒及鮓作供眞佳適也坡云碧筩時作象鼻彎白酒微帶荷心苦坡守杭時想屢作此供也

罌乳魚 甘草無春

罌中粟淨洗磨乳先以小粉寘缸底用絹囊濾乳下之去清入釜稍沸亟洒淡醋收聚仍以囊壓成塊以小粉皮鋪甑內下乳蒸熟略以紅麴水洒又少蒸取出起作魚片名罌乳魚

勝魚餃 土蕈滑鬖尤佳

焯筍蕈同截入松子胡桃和以酒醬香料溲麪作餃子試蕈之法薑數片同煮色不變可食矣

木魚子

坡詩云贈君木魚三百尾中有鵝黃子魚子春時剝椶魚蒸熟與筍同蜜煮醋浸可致千里蜀人供物多用之

自愛淘 食後須下熱麵湯一盃

炒葱油用純滴醋和糖醬作虀或加以豆腐及乳餅麪熟過水作茵供食眞一補藥也

忘憂虀

嵇康云合歡蠲忿萱草忘憂崔豹古今注則曰丹棘又名鹿葱春采苗湯淪以醯醬作爲虀或燥以肉何處順宰六合時多食此毋乃以邊事未寧而憂未忘邪因贊之曰春日載陽采萱於堂天下樂兮其憂乃忘

脆琅玕

萵苣去葉皮寸切瀹以沸湯搗薑鹽糖熟油醋拌漬之頗甘脆杜甫種此二旬不甲坼且嘆君晚得微祿轗軻不進猶芝蘭困荊杞以是知詩人非爲口腹之奉實有感而作也

炙䥫

本草秋後其味勝羊道家羞爲白脯其骨可爲譽骨酒今作大欝鹽酒香料淹少頃取羊漫脂包裹猛火炙熟去脂食其肉鹿麂同法

當團參 北人名鵲豆

白扁豆溫無毒和中下氣爛炊其味甘今取葛天民爛炊白扁豆便當紫團參之句名之也

梅花脯

山栗橄欖薄切同食有梅花風韻因名梅花脯

牛尾貍

本草斑如虎者最如貍者次之肉主痔病法去皮并腸肺用紙揩淨以清酒淨洗入葱椒茴蘿於其內縫密蒸熟去料物壓隔宿薄切如玉雪天爐畔論詩配酒眞奇物也故東坡有雪天牛尾之詠或紙裹糟一宿尤佳楊誠齋詩云狐公韶勝氷玉肌子則未聞名

李貍誤隨齊相逐牛尾策勳封作糟丘子南人或以爲繪形如黃狗鼻尖而尾大者狐也其性亦溫可去風補勞臘月取膽凡暴亡者以溫水調灌之卽愈

金玉羹

山藥與栗各片截以羊汁加料煮名金玉羹

山煮羊

羊作臠寘砂鍋內除葱椒外有一秘法只用槌眞杏仁數枚活火煮之至骨亦糜爛每惜此法不逢漢時一關內侯何足道哉

牛蒡脯

孟冬後采根淨洗去皮煮毋令失之過槌扁壓乾以鹽醬茴蘿薑椒熟油料研細一兩火焙乾食之如肉脯之味笋與蓮脯皆同此法

牡丹生菜

憲聖喜淸儉不嗜殺每令後苑進生菜必采牡丹片和之或用微麪裹煠之以酥又時收楊花爲鞵襪氈褥之用至恭儉每治生菜必於梅下取落花以雜之其香又可知也

不寒虀

法用極淸麪湯截菘菜和薑椒茴蘿欲亟熟則以一盃元虀和之又入梅英一掬名梅花虀

醒酒菜

米泔浸瓊芝菜暴以日頻攪候白淨洗搗爛熟煮取出投梅花十數瓣候凍芼橙爲芝虀供

豆黃羹

豆麪細曝乾藏之入醬淸芬鹽菜心同煮爲佳第此二品獨泉有之如止用他菜及醬汁亦可惟欠風韻耳

黃菊煎

春遊西馬塍會張將使元耘軒留飲命子芝菊田賦詩作墨蘭元甚喜數盃後出菊煎法采菊苗湯瀹用甘草水調山藥粉煎之以油爽然有楚畹之風張深於學者亦謂菊以紫莖爲正云

胡麻酒

舊聞有胡麻飯未聞有胡麻酒盛夏張整齋招飲竹閣正午飲一巨觥淸風颯然絶無暑氣其法漬麻子二升煎熟略炒加生薑二兩生龍腦葉一撮同入炒細研投以煮醞五升濾渣去水浸之大有所益因賦之曰何須便覓胡麻飯六月淸涼却是仙本草名巨勝云桃源所有胡麻卽此物也恐虛誕者自異其說云

茶供

茶卽藥也煎服則去滯而化食以湯點之則反滯膈而損脾胃葢世之嗜利者多采他葉雜以爲末人多怠於煎服宜有害也今法采芽或用碎擘以活水煎之飯後必少頃乃服東坡詩云活水須

將活火烹又云飯後茶甌味正深此煎服法也陸羽經亦以江水爲第一山泉與井俱次之今世不擇水且入鹽及果殊失正味不知惟藎去昏惟梅去倦如不昏不倦亦何必用古之嗜茶者無如玉川子惟聞煎喫如有湯點則又安能及七碗乎山谷詞云湯響松風早減了七分酒病倘知此味口不能言心下快活自省之禪遠矣

新豐酒法

初用麪一斗糠醋三升水二擔煎漿及沸投以麻油川椒葱白候熟浸米一石越三日蒸飯熟乃以元漿煎強半及沸去沫投以川椒及油候熟注缸面入斗許飯及麪末十升酵半升既撹以元飯貯別缸却以元酵飯同下入水二擔麪二十斤熟踏覆之既攪以水越三日止四五日可熟夏月約三二日可熟其初餘漿又加以水浸米每値酒熟則取酵以相接續不必灰麴只磨木香皮用清水溲作餅令堅如石初無他藥僕嘗與危巽齋子驂之新豐故知其詳危君此時嘗禁竊酵以專所釀戒懷生以全所釀且絡新屨以潔所釀透風以通其釀故所釀日佳而利不虧是以知酒政之微危亦究心矣昔人丹陽道中詩云昨日新豐市猶聞舊酒香抱琴沽一醉終日臥斜陽正其地沛中自有舊豐爲酒之地乃長安郊新豐也

山家清事一卷　前人

相鶴訣

鶴不難相人必清於鶴而後可以相鶴矣夫頂丹頰碧毛羽瑩潔頸纖而修身聳而正足癯而節高頗類不食烟火人乃可謂之鶴望之如鷹鶩鵝鸛然斯爲下矣養以屋必近水竹給以料必備魚稻養以籠飼以熟食則塵濁而乏精采豈鶴俗也人俗之耳欲教舞候其餒寘食於闊遠處拊掌誘之則奮翼而唳若舞狀久則聞

拊掌而必起此食化也豈若仙家和氣自然之感召哉今仙種恐惟華亭種差強耳

種竹法

岳州風土記文心雕龍皆以五月十三日爲生日齊民要術則以八月八日爲醉日亦爲迷日俱有可疑比得之老園丁曰種竹無時認取南枝又曰莫教樹知先鉏地令鬆且闊沃以泥及馬糞急移竹多帶舊土本者種之勿踏以足若換葉姑聽之毋遽拔去又有二秘法迎陽氣則取季冬順土氣則取雨時若慮風則去梢而縛架連數根種則易生筍過此謂有他法難矣哉

酒具

山徑兀以蹇驢載酒詎容無具舊有扁提猶今酒鱉長可尺五而匾容斗餘上竅出入猶小錢大長可五分用塞設兩環帶以革惟漆爲之和靖翁送李山人故有身上祇披蓑直撥馬前長帶古扁提之句今世又有大漆葫蘆鬲以三酒下果中肉上以青絲絡負之或副以書篋可作一擔加以雨具及琴皆可較之沈存中遊山具差省矣惟酒榼皆依沈制不用銀器

山轎

夏禹山行乘橋漢南粤王輿橋過嶺顏師古北人固不知南人乘橋渡嶺而洪景盧亦謂山行之車只宜平地孰若今轎爲便橋卽轎固無疑矣若山轎則無如今廬山建昌高下輪轉之制或施以青罩用肩板㮨繩低輿之猶今貴介郊行者良便游賞有如謝屐上山則去前齒下山則去後齒非不爲雅孰若今釘履爲便云

山備

山深嵐重感之疾生薑豈容不帶每旦用帶皮生薑細嚼熟酒下之或薑湯亦可矣

梅花紙帳

法用獨床旁植四黑漆柱各掛以錫瓶插梅數枝後設黑漆枝約二尺自地及頂欲靠以清坐左右設橫木一可掛衣角安班竹書貯一藏書三四卦白麈以上作大方目頂用細白楮衾作帳罩之前安小踏床於左植綠漆小荷葉一寘香鼎然紫滕香中只用布單楮衾菊枕蒲褥神自相稱道人還了鴛鴦債紙帳梅花醉夢間之意古語云千朝服藥不如一夜獨宿倘未能以此爲戒宜亟移去梅花毋汙之

火石

語曰鑽燧改火化書云陽燧召火方諸召水燧日中取火鏡也入夜則當以石今崑山石也或竹木相戛如鋸竹木然亦可矣必先焚紙灰於缽中候之如以燭及燈皆所當備若能拾乾薪掃落葉以儲之尤見有徹桑未雨之意

泉源

臘月剖修竹相接各釘以竹釘引泉之甘者貯之以紅杜甫所謂剖竹走泉源者此也又須愛護用之諺云近水惜水此實修福之事云

山房三益

秋采山甘菊花貯以紅棊布囊作枕用能清頭目去邪穢采蒲花如柳絮者熟鞭貯以方青囊作坐褥或臥褥春則暴收甚溫燠雖臥木棉不可及也采松樛枝作曲几以靠背古名養和

插花法

插梅每旦當刺以湯插芙蓉當以沸湯閉以葉少頃插蓮當先花而後水插梔子當削頭而槌破插牡丹芍藥及蜀葵萱草之類皆當燒枝則盡開能依此法則造化之不及者全矣

詩筒

白樂天與元微之常以竹筒貯詩往來賡唱和靖翁故有帶班猶恐俗和節不防山之句每謂既有詩筒可無吟牋以助清洒一日許判司執中遠以葵牋分惠綠色而澤入墨覺有精采詢其法乃得之北司劉廉靖尊采帶露葵葉研清汁用布擦竹紙上候少乾用溫火熨之許嘗有詩云不取傾陽色那知戀主心此法不獨便於山家且知二公俱有葵藿向陽之意豈不愈於題芭蕉書柿葉者乎

金丹正論

金取乎剛丹取乎一不剛以戒慾不一以存誠豈金丹乎有如純乾即丹也自強不息即金也苟能剛毅以存吾誠則此丹可以存諸身而施諸天下豈小用哉如欲舍此以求法不過欲知玄牝之門耳非鼻非口非泥丸非丹田惟內腎一竅名玄關外腎一竅名牝戶無所感觸則精不外化而後玄關可以上通既通則精氣流轉於一身而復於元又能凝神調息以養之至於息調心靜則天

地元氣自隨節候以感通久而不爲物奪自可以漸入天道過此又欲求三峰黃白之術此愚夫也何足以語道蓋自古以來何嘗有貪財好色之神仙云

食豚自戒

僕舊苦臟疾偶遇人曰但不食豚而已試之一歲果爾按本草云其肉不可食令人暴肥而召風又耗心氣又文人尤所當戒且食多忌吳茱萸白花菜蕎麥皆不可同食由是久不食而他病亦鮮且覺氣爽而讀書日益悟信不食豚之功大或曰事祠山者當戒此恐未有所據云

種梅養鶴圖記

擇故山濱水地環籬植荊棘間栽以竹丈餘植夫容三百六十入夫容餘二丈環以梅又餘三丈重籬外植芋栗果食內重植梅結屋前茅後瓦入閣名尊經藏古今書籍中屏書堯舜之道孝弟而

已矣夫子之道忠恕而已矣宇進三丈設長榻二中掛三教圖橫扁大可山字上樓祀事天地宗親君師左塾訓子。右道院迎賓客進舍三寢一讀書二治藥一後舍二一儲酒穀列農具山具壁塗擇以芋書田所畝三十紀歲入一安僕後庖廚稱是童一婢一園丁二前鶴屋養鶴數隻後犬十二足騾四蹄牛四角客至具蔬食酒核暇則讀書課農圃事毋苦吟以安天年落成謝所賜律身以廉介處家以安順待下恕交鄰睦爲子孫悠久地先太祖瓚在唐以孝旌七世祖逋寓孤山國朝謚和靖先生高祖卿材曾祖之邵祖全皆仕父惠號心齋母氏凌姓今妻德眞女張興字曰小可山家塾所刊魏鶴山劉漫塘所跋經集大雅復古詩集趙南塘趙玉堂序跋西湖衣缽樓秋房跋文房圖贊眞西山跋詩後趙南塘跋平衢寇碑謝益齋史不窗陳東軒書梅鶴圖王潛齋擬晉唐帖幷寄詩陳習菴諸薦書唐宋詩律施芸隱詞扣閽奏本十上都賦一

續諷諫篇三十所藏當世名賢詩帖不計百江湖吟卷不計千先和靖遺文二祖收五斤鐵簡一誥敕存三十汀洲兄文雅譚書一家傳慈湖太極圖以辛卯火不存甚欲求趙子固水仙畫未能也手抄經史節二論策括二志未遂而眼以花此圖落成在何時山有靈將大有際遇姑錄其梗概蓋少慰吾梅鶴云

江湖詩戒

尊酒論詩江湖義也或雖綴於理而急於一字一句之爭甚者赭面裂眦豈義也哉不思詩之理本同而其體則異使學騷者果如騷學選者果如選學唐學江西者果如唐如江西譬之韓文不可以入柳柳文不可以入韓各精其所精如斯而已豈可執法以律天下之士哉此既律彼彼必律此勝心起而義俱失矣於是作戒詩曰詩有不同同歸於理已欲律人人將律已全此交情惟默而已可與言者斯可言矣

山林交盟

山林交與市朝異禮貴簡言貴直所尚貴淸善必相薦過必相規疾病必相救藥書尺必直言事初見用刺不拘服色主肅入序坐稱號以號及表字不以官講問必實言所知所聞事有父母者必備刺拜報謁同自後傳入一揖坐詩文隨言毋及外事時政異端饌飲隨所共會次坐序齒不以貴賤僧道易飲隨量詩隨意坐起自如不許逃席乏使令則供執役請必如期無速客例有幹實告及歸不必謝凡涉忠孝友愛事當盡心毋慢嫉前輩須接誘後學以共追古風貴介公子有志於古者必不驕人苟非其人不在茲約凡我同盟願如金石

說郛卷第二十二終

説郛卷第二十三

賓退錄十卷　宋趙與時

王建以宮詞著名然好事者多以他人之詩雜之今世所傳百篇不皆建作也余觀詩不多所知者如新鷹初放兎初肥白日君王在内稀薄暮千門臨欲鎖紅妝飛騎向前歸黄金桿撥紫檀槽絃索初張調更高盡理昨來新上曲内官簾外送櫻桃張藉宮詞二首也淚盡羅巾夢不成夜深前殿按歌聲紅顔未老恩先斷斜倚薰籠坐到明白樂天後宮詞也閑吹玉殿昭華管醉折梨園縹蔕花十年一夢歸人世絳縷猶封繫臂紗杜牧之出宮人詩也紅燭秋光冷畫屏輕羅小扇撲流螢瑶階夜色涼如水坐看牽牛織女星杜牧之秋夕詩也寶仗平明秋殿開且將團扇暫徘徊玉顔不及寒鴉色猶帶昭陽日影來王昌齡長信秋詞也日晚長秋簾外報望陵歌舞在明朝添爐欲爇薰衣麝憶得分時不忍燒日映西陵松柏枝下臺相顧一相悲朝來樂府歌新曲唱着君王自作詞劉夢得魏宮詞二首也或全錄或改一二字而已王平甫謂館中校花蘂夫人宮詞止三十二首夫人親筆又別有六十六篇者乃近世好事者旋加搜索續之語意與前詩相類者極少誠爲亂眞

世又有王岐公宮詞百篇蓋亦依託者

蘭亭石刻惟定武者得其眞蓋唐太宗以眞蹟刻之學士院朱梁徙置汴都石晉亡耶律德光輦而歸德光道死與輜重俱棄之中山之殺胡林慶曆中爲土人李學究所得韓魏公索之急李瘞之地中而別刻以獻李死其子乃出之宋景文公始買寘公帑桑芭云宋景文帥定日有學究李姓者藏此石死於妓家樂營將何水清得之以獻宋留之公庫姚令升云有游子攜此石走四方最後死於中山倡妓家伶人孟水清取以獻周承勳希稜云唐太宗既得蘭亭序眞跡使趙模等模搨以十本賜方鎭惟定武用玉石刻之文宗朝舒元輿作牡丹賦刻之碑陰世號定武本蔡絛云定武本乃江左所傳會稽石也錢氏歸版圖之後定武有富民好事者厚以金帛從會稽取之斷藏於家後戶絕貲沒縣官人始見之因置諸定帥之便坐驛間熙寧間薛師正向爲帥其子紹彭又刻

別本留公帑攜古刻歸長安王厚之順伯云紹彭竊歸洛陽周希稷云於薛帥求之不得其幼子紹彭聞公府有石用以鎭肉取觀之乃剜牡丹賦於碑陰者遂別刻石易以歸長安段友起岩云薛師正丞定嘗模打有擊自刊別本留贈樓下以應求者其子紹彭又私摹刻易殺胡林本以歸蔡絛云熙寧中孫次公傳郡帥定有旨取其石納禁中則又刻石而還之號後薛向來定遂取以歸世但謂石歸薛氏然不知雅非古矣大觀中桑芭王厚之王明清周承勳皆曰宣和詔取眞宣和殿王明清云向大子嗣凡獻於天上徽宗命置睿思東閣之壁明清之父銍則云置之艮嶽瑤碧亭蔡絛云大觀初佑陵方尚文雅詔宋孫次公所納石刻則無有或謂此石已殉裕陵乃更取薛氏石入御府靖康之變虜襲以紅氈輦歸桑芭云宋定國嘗從使虜云石今在中京王明清云靖康之亂凡奇方珍異之物悉爲輦取歸獨此石虜所不識遂棄不取建炎初高宗駐蹕廣陵宗澤居守東都見之遣騎疾馳送行在所未達月狄復南寇大駕幸浙失於倉卒之際紹興中向子固帥維揚密旨令搜訪竟不獲今東南諸刻無能彷彿者天台桑澤卿世昌編蘭亭博議一書甚詳與時參會衆說芟繁撮要記其本末如此所取何子楚蘧之辭居多諸說之異同者則附著其下雖未能定其孰是孰非然薛師正長安人王順伯謂其攜以歸洛宗忠簡守汴日夕從事戰守且其天姿剛正王仲言謂其爲人主搜羅玩物於艱難之時皆不敢謂然開元九年置朔方節度自是始有方鎭周希稷所云乃是全不知有史策若謂太宗分賜諸郡猶可也夫以一石刻之微而言人人殊莫能定於一然後知考古之難也

林靈素初名靈噩字歲昌家世寒微慕遠遊至蜀從趙昇道人數載趙卒得其書祕藏之由是善妖術輔以五雷法往來宿亳淮泗間乞食諸寺政和三年至京師寓東太乙宮徽宗夢赴東華帝君召遊神霄宮覺而異之敕道錄徐知常訪神霄事迹知常素不曉告假或告曰道堂有溫州林道士累言神霄亦作神霄詩題壁間知常得之大驚以聞召見上問有何術對曰臣上知天宮中識人間下知地府上視靈噩風皃如舊識賜名靈素號金門羽客通眞達靈元妙先生賜金牌無時入内五年築通眞宮以居之時宮禁多怪命靈素治之埋鐵簡長九尺於地其怪遂絕因建寶籙宮太一西宮建仁濟亭施符水開神霄寶籙壇詔天下天寧觀改爲神霄玉淸萬壽宮無觀者以寺充仍設長生大帝君青華大帝君像上自稱教主道君皇帝皆靈素所建也靈素被旨修道書改正諸

家醮儀校讐丹經靈篇刪修注解每遇初七日升座座下皆宰執百官三衙親王中貴士俗觀者如堵講說三洞道經京師士民始知奉道矣靈素爲幻不一上每以聰明神仙呼之御筆封賜玉眞教主神霄凝神殿侍宸立兩府班上思明達后欲見之靈素復爲葉靜能致太眞之術上尤異之謂靈素曰朕昔到青華帝君處獲言改除魔髠何謂也靈素遂縱言佛教害道今雖不可滅合與改正將佛刹改爲宮觀釋迦改爲天尊菩薩改爲大士羅漢改尊者和尚改德士皆留髮頂冠執簡有旨依奏皇太子上殿爭之令胡僧一立藏十二人并五臺僧二人道堅等與靈素𩰚法僧不勝情願戴冠執簡太子乞贖僧罪有旨胡僧放道堅係中國人送開封府刺面決配於開寶寺前令衆明年京師大旱命靈素祈雨未應蔡京奏其妄上密召靈素曰朕諸事一聽卿且與祈三日大雨以塞大臣之謗靈素請急召建昌軍南豐道士王文卿乃神霄甲子之神兼雨部與之同告上帝文卿既至執簡敕水果得雨三日上喜賜文卿亦充凝神殿侍宸靈素眷益隆忽京城傳呂洞賓訪靈素遂捻土燒香氣直至禁中遣人探問香氣自通眞宮來上亟乘小車到宮見壁間有詩云捻土焚香事有因世間宜假不宜眞太平無事張天覺四海閑遊呂洞賓京城印行繞街叫賣太子亦買數本進上大駭堆賞錢千緡開封府捕之有太學齋僕王青告首是福州士人黃待聘令青賣送大理寺勘招待聘兄弟及外族爲僧行不喜改道故云有旨斬馬行街靈素知蔡京鄉人所爲上表乞回本貫詔不允通眞有一室靈素入靜之所常封鎖雖駕來亦不入京遣人廉得有黃羅大帳金龍硃紅倚卓金龍香爐京具奏請上親往臣當從駕上廼幸通眞宮引京至開鎖同入無一物粉壁明窗而已京皇恐待罪宣和元年三月京師大水臨城上令中貴同靈素登城治水敕之水勢不退回奏臣非不能治水一者事

乃天道二者水自太子而得但令太子拜之可信也遂遣太子登城賜御香設四拜水退四丈是夜水退盡京城之民皆仰太子聖德靈素遂上表乞骸骨不允秋九月全臺上言靈素妄改(改字疑是謹字)遷都妖惑聖聽改除釋教毀謗大臣靈素即時擕衣被行出京十一月與宮祠溫州居住二年靈素一日擕所上表見太守閭丘顙乞與繳進及與州官親黨訣別而卒生前自卜墳于城南山戒其隨行弟子皇城使張如晦可掘穴深五尺見龜蛇便下棺既掘不見龜蛇而深不可視葬焉靖康之初遣使監溫州伐墓不知所蹤但見亂石縱橫強進多死遂已此耿延禧所作靈素傳也靈素本末世不知其全故著之不敢增易一字今溫州天慶宮有題銜云太中大夫沖和殿侍宸金門羽客通眞達靈元妙先生在京神霄玉淸萬壽宮管轄提舉通眞宮林靈素

世有十幹化五行眞氣之說莫究其理洪文敏載鄭景實稟之語謂取歲首月建之幹所生如甲己丙作首丙屬火火生土則甲己化土他倣此頗通予記昔年一術士云遇龍則化龍辰也甲己得戊辰戊屬土故化土乙庚得庚辰庚屬金故化金丙辛以降皆然其實一也

穆天子傳書八駿之名一曰赤驥二曰盜驪三曰白義四曰踰輪五曰山子六曰渠黃七曰驊騮八曰綠耳王子年拾遺記載穆王馭八龍之駿一名絕地二名翻羽三名奔霄四名超影五名踰輝六名超光七名騰霧八名挾翼二說不同

神仙赤松子見於書傳多矣惟淮南子稱赤誦子

前代東宮官於皇太子皆稱臣隋開皇中嘗更其制至唐而復眞廟爲皇太子始辭之

韓文公紀夢詩百二十刻須臾間方氏舉正載董彥遠云世間只百刻百二十刻以星紀言也朱文公考異云星紀之說未詳其旨

但漢哀帝嘗用夏賀良說刻漏以百二十爲度矣予謂董說固妄夏賀良之說行之不兩月而改且衰世不典之事韓公必不引用按古之漏刻晝有朝禺中晡夕夜有甲乙丙丁戊至梁武帝天監六年始以夜晝百刻布之十二時辰每時得八刻仍有餘分故今世曆家百刻畢成數耳實九十六刻也每時餘分別爲初初正初刻一日合二十有四每刻居六分刻之一總而計之爲四刻始合百刻之數刻雖有大小其名則百有二十韓詩恐只取此正不須求之遠也

朱文公嘗與客談世俗風水之說因曰冀州好一風水雲中諸山來龍也岱嶽青龍也華山白虎也嵩山案也淮南諸山案外山也」

唐明宗時加秦王從榮天下兵馬大元帥有司言元帥或統諸道或專一面自前世無天下大元帥之名其禮無所攷余按唐至德初以廣平王爲天下兵馬元帥天復三年三月以輝王祚爲諸道

元帥其年十二月敕國史所書元帥之任並以天下爲名乃自近年改爲諸道宜却復爲天下兵馬元帥至德距長興尙遠若天復則耳目相接而有司皆不之知何其陋也元帥之名肇見於左氏晉謀元帥是也然是時所謂元帥者中軍之將爾未以名官也至隋始有行軍元帥唐初有左右元帥太原道行軍元帥西討元帥自此寖多矣然天下兵馬元帥則始於廣平大元帥則始於從榮唐末嘗以天下兵馬元帥授朱全忠僞吳以天下兵馬大元帥授李昪梁末帝以天下兵馬都元帥授錢鏐晉高祖以天下兵馬都元帥授錢元瓘出帝以東南面兵馬都元帥授錢弘佐周又以天下兵馬都元帥授錢俶國初改爲天下兵馬大元帥古今當其任者蓋寥寥可數而我高宗皇帝遂以此應中天之運初元帥皆親王爲之廷臣副貳而已惟哥舒翰郭子儀李光弼房琯皆嘗眞除錢氏繼之全忠自置昪僞命不足道也

諺謂物多爲無萬數漢書成帝紀語

漢書成帝詔言昌陵作治五年客土疏惡終不可成服虔注曰取他處土以增高爲客土乃知客土二字其來甚古唐書方伎杜生傳亦有客土無氣之語蓋又近世云

唐太宗時米斗三錢後世以爲美談梁天監四年米斛亦三十錢唐元和六年天下米斗有直二錢者人罕稱道然皆不若漢宣帝元康間嘗穀石五錢矣此古今所無也東魏元象與和中穀斛九錢可以爲次矣

世俗謂自辨解曰分疏平顏師古注袁盎傳不以親爲解曰解者若今言分疏又北齊書祖珽傳高元海奏珽不合作領軍并與廣寧王交結珽亦見帝令引入珽自分疏則北朝曁唐已有是言矣」

容齋續筆云白樂天詩鞍馬呼教住骰盤喝遣輸長驅波卷白連擲采成盧注云骰盤卷白波莫走鞍馬皆當時酒令余按皇甫松

所著醉鄉日月三卷載骰子令云聚十隻骰子齊擲自出手六人依采飲焉堂印本采人勸合席碧油勸擲外三人骰子聚於一處謂之酒星依采聚散骰子令中改易不過三章次改鞍馬令不過一章又有旗旛令閃壓令抛打令今人不復曉其法矣惟優伶家猶用手打令以爲戲云以上皆洪說予謂酒令蓋始於投壺之禮雖其制皆不同而勝飲不勝者則一後漢賈逵亦嘗作酒令唐世最盛樂天詩如籌插紅螺碗觥飛白玉巵打嫌調笑易飮訝卷波遲碧籌攢米碗紅袖拂骰盤之句不一不特如洪所云也本朝歐陽文忠公作九射格獨不別勝負飮酒者皆出於適然其說云九射之格其物九爲一大侯而寓以八侯熊當中虎居上鹿居下鵰雉猿居右雁兔魚居左而物各有籌射中其物則視籌所在而飮之射者所以爲羣居之樂也而古之君子以爭九射之格以爲酒禍起於爭爭而爲歡不若不爭而樂也故無勝負無賞罰中者不

爲功則無好勝之矜不中者無所罰則無不能之誚探籌而飲飲非觥也無所恥故射而自中者有不得免飲而屢及者亦不得辭所以息爭也終日爲樂而不恥不爭君子之樂也探籌之法一物必爲三籌蓋射賓之數多少不常故多爲之籌以備也凡今賓主之數九人則人探其一八人則置其熊籌不及八人而又少則人探其一而置其餘籌可也益之以籌而人探其一或二皆可也惟主人臨時之約然皆置其熊籌中則在席皆飲若一物而再中則視執籌者飲量之多少而飲器之大小亦惟主人之命若兩籌而一物者亦然凡射者一周既飲釂則歛籌而復探之籌新而屢變矢中而無情或適當之或幸而免此所以歡然爲樂而不厭也周文忠謂醉翁亭記云射者中奕者勝觥籌交錯恐或謂此古靈陳述古亦嘗作酒令每用紙帖子其一書司舉其二書祕閣其三書隱君子其餘書士令在座默探之得司舉則司貢舉得祕閣則助

司舉搜尋隱君子進於朝搜不得則司舉并祕閣自受罰酒後復增置新格聘使館主各一員若搜出隱君子則此二人伴飲二人直候隱君子出卽時自陳不待尋問隱君子未出之前卽不得先言違此二條各倍罰酒注云聘使蓋賞其能聘賢之義館主兼取其館伴之義唐有昭文館舉士時人號爲館主人又云祕閣雖同搜訪隱君子或司舉不用其言亦不得爭權或偶失之卽不得以司舉不用己言而辭同罰也然則陪罰司舉祕閣既探得卽各明言之不待人發問如違先罰一觴司舉祕閣止得三搜客滿二十人則五搜餘人探得帖子並默然若妄宣傳罰巨觴別行令古靈集載潘家山同章衡飲次行令探得隱君子爲章衡搜出賦詩云吾聞隱君子大隱廛市間道義充諸中測度非在顏堯帝神且聖知人亦孔艱勉哉二祕閣賢行如高山近歲盧陵李寶之如圭作漢法酒云漢法酒立官十曰丞相曰御史大夫曰列卿曰京兆尹

曰丞相司直曰司隸校尉曰侍中曰中書令曰酒泉太守曰協律都尉拜司隸校尉者持節職舉劾劾及中書令酒泉太守者令太守以佞倖湎淫卽得罪劾及侍中則司隸去節劾及京兆尹則上愛其才事留中不下皆別舉劾劾丞相司直則司直亦劾之劾列卿則列卿自訟廷辨之罪其不直者其劾丞相御史大夫者亦聽須先謁而後劾丞相御史亦得罪丞相得罪則中書令酒泉太守皆望風自劾御史得罪則惟酒泉太守自劾司隸以不畏彊禦後若有罪以贖論若汎劾而及丞相御史者罪司隸劾京兆尹者事雖留中酒泉太守亦自劾劾及中書令者侍中自劾諸卿自劾得罪者皆降平原督郵協律都尉歌以餞之劾及協律者下之蠶室絃歌詩爲新聲而求幸又書其後云右酒令也戲用漢制爲之集者止九人則缺京兆尹八人則缺侍中七人則御史大夫行丞相事六人則缺司直當飲者皆卽飲之或未舉飲者亦可計集者之

數以爲除官之數每當飲者予一算除官既周視其算以爲飲齊三算者卽飲之二算者與其算等者決之一算則留以須後律令載所不及者比附從事云今館閣有小酒令一卷慶曆中縣江趙景撰飲戲助歡三卷元豐中安陽竇譝撰酒令在焉玉籤詩一卷皇朝知默南縣黃鑄撰以詩百首爲籤使探得者隨文勸酒鑄字德器柳州人釣鰲圖一卷不知作者刻木爲鰲魚之屬沉水中釣之以行勸罰凡四十類各有一詩又有采珠局以此類序稱撰人爲王公不知其名凡三十餘類亦各有一詩又有捉臥瓮人格皇朝李庭中撰以畢卓嵇康劉伶阮孚山簡阮籍儀狄顏回屈原陶潛孔融陶侃張翰李白白樂天爲目蓋與陳李之格大同小異特各更其名耳投壺經唐上官儀嘗奉敕删定史道道之玄續注蓋采周髃郝同梁簡文數家之書爲之司馬文正公更以新格舊書爲之盡廢晁子止侍郎公武郡齋讀書志又有木射圖一卷世云

唐陸秉撰爲十五筍以代侯擊地毬以觸之筍飾以朱墨字以貴賤之朱者仁義禮智信溫良恭儉讓墨者慢傲佞貪濫仁者勝濫者負而行賞罰焉疑亦此具也梁王魏帝金谷蘭亭又皆於遊燕之際以賦詩作賦不成者罰酒高續古（似孫）緯略已詳此不重出

晉瑯琊王澄有高名少所推服每聞衛玠言輒歎息絕倒時人語曰衛玠談道平子絕倒今流俗謂大笑爲絕倒非也

顏之推家訓云昔侯霸之子孫稱其祖父曰家公陳思王稱其父曰家父母爲家母潘尼稱其祖曰家祖古人之所行今人之所笑也今南北風俗言其祖及二親無云家者田里猥人方有此言之推北齊人逮今幾七百年稱家祖者復紛紛皆是名家望族亦所不免家父之稱俗輩亦多有之但家公家母之名少耳山簡謂年幾三十不爲家公所知蓋指其父非祖也

後漢陳寵傳云十三月陽氣已至天地已交萬物皆出蟄蟲始振人以爲正夏以爲春又隋書牛弘傳云今十一月不以黃鐘爲宮十三月不以太簇爲宮便是春木不王夏土不相則正月亦可稱十三月魯氏自備但記陳寵一事云

陶穀五代亂紀載黃巢遁免後祝髮爲浮屠有詩云三十年前草上飛鐵衣着盡着僧衣天津橋上無人問獨倚危闌看落暉近世王仲言亦信之筆於揮麈錄殊不知此乃以元微之智度師詩竄易磔裂合二爲一元集可攷也其一云四十年前馬上飛功名藏盡擁禪衣石榴園下擒生處獨自閑行獨自歸其二曰三陷思明三突圍鐵衣拋盡衲禪衣天津橋上無人識閒凭闌干望落暉

陸放翁入蜀記載其父入沌後見舟人焚香祈神云告紅頭須小使頭長年三老莫令錯呼錯喚問何謂長年三老云梢工是也長讀如長幼之長乃知老杜長年三老歌聲裏白晝攤錢高浪中之語蓋如此因問何謂攤錢云博也按梁冀能意錢之戲注云即攤錢也則攤錢之爲博亦信矣

南唐保大中賜道士譚紫霄號金門羽客事見廬山記祐陵賜林靈素號用此故事

知欽州林千之坐食人肉削籍隸海南天下傳以爲異謂載籍以來未之見予記盧氏雜說唐張茂昭爲節鎮頻喫人肉及除統軍到京班中有人問曰聞尚書在鎮好人肉虛實笑曰人肉腥而且臊爭堪喫五代史萇從簡家世屠羊從簡仕至左金衛上將軍嘗歷河陽忠武武寧諸鎮好食人肉所至多潛捕民間小兒以食九國志吳將高澧好使酒嗜殺人而飲其血日暮必於宅前後掠行人而食之又本朝王繼勳孝明皇后母弟太祖時屢以罪貶後以右監門衛率府副率分司西京殘暴愈甚強市民家子女以備給使小不如意即殺而食之以樽櫝貯其骨棄之野外女儈及粥棺者出入其門不絕太宗即位會有訴者斬于洛陽市則知近世亦有之若盜跖及唐之朱粲則在所不足論也

不耐煩宋書庾登之弟仲文傳有此語

漢建安二十四年吳將呂蒙病孫權命道士於星辰下爲請命醮之法當本於此顧況詩飛符起羽翼焚火醮星辰姚鵠詩蘿磴靜攀雲共過雪壇當醮月孤明李商隱詩通靈夜醮達清晨承露盤晞甲帳春趙嘏詩春生藥圃芝猶短夜醮齋壇鶴未回醮之禮至唐盛矣隋煬帝詩迴步迴三洞清心禮七眞馬戴詩三更禮星斗寸匕服丹霜薛能詩符咒風雷惡朝修月露清此言朝修之法也然陳羽步虛詞云漢武清齋讀鼎書內官扶上畫雲車壇上月明宮殿閉仰看星斗禮空虛漢武帝時已如此此高氏緯略所記予按周公金縢子路請禱自古有之後世之醮蓋其遺意特古無道士耳黃帝內傳雖有道士行禮之文但謂有道之士非今道士也太霄經云周穆王因尹軌眞人制樓觀遂召幽逸之人置爲道士

平王東遷洛邑置道士七人漢明帝永平五年置二十一人魏武帝爲九州置壇度三十五人魏文帝幸用謁陳熾法師置道士五十人晉惠帝度四十九人故用道士請命孫權之前無所見所書諸詩亦有非爲道士設者

予首卷辨王建宮詞多雜以它人所作今乃知所知不廣蓋建自有宮詞百篇傳其集者但得九十首蜀本建集序可攷後來刻梓者以它人十詩足之故爾混殽予既辨其人矣尚有二首殿前傳點各依班召對西來八詔蠻上得靑花龍尾道側身偸覷正南山鴛鴦瓦上忽然聲晝寢宮娥夢裏驚元是吾王金彈子海棠窠下打流鶯未詳誰作也所逸十篇今見於洪文敏所錄唐人絕句中然不知其所自得其詞云忽地金輿向月陂內人接着便相隨却回龍武軍前過當殿教開臥鴨池畫作天河刻作牛玉梭金鑷采橋頭每年宮女穿針夜敕賜親登乞巧樓春來晚困不梳頭懶逐

君王苑北遊暫向玉花階上坐簸錢贏得兩三籌紅燈睡裏看春雲月上三更直宿分金砌雨來行步滑兩人擡起隱金裙蜂鬚蟬翅薄鬆鬆浮動搔頭自有風一度出時抛一遍金條零落滿函中教遍宮娥唱盡詞暗中頭白沒人知樓中日日歌聲好不問當初學阿誰彈棊玉指兩參差背局臨虛鬭着危先打角頭紅子落上三金字半邊垂宛轉黃金白柄長靑荷葉子畫鴛鴦把來不是呈新樣欲進微風到御床供御香方加減頻水沉山麝每回新內中不許相傳出已被醫家寫與人藥童食後進雲漿高殿無風扇少涼每到日中重掠鬢衩衣騎馬繞宮廊

唐李昌符婢僕詩二首其一云不論秋菊與春花箇箇能噇空腹茶無事莫教頻入庫等閑物件要些些曲盡婢之情狀乃知古今如此

漢高帝封兄子信爲羹頡侯雖以其母轑釜之故然按括地志實有羹頡山在嬀州懷戎縣東南十五里注史記者失不引此顏師古注漢書但云頡一音戛言其母戛羹釜也小司馬索隱又直謂爵號耳非縣邑名皆弗深攷也

唐人稱縣令曰明府而漢人謂之明廷見范書張儉傳明府以稱太守如山陰老叟稱劉寵劉翊稱种拂高獲稱鮑昱皆然

首卷書王平甫所云花蕊宮詞三十二首今攷王恭簡續成都集記才二十八首盡筆於此庶眞贋了然五雲樓閣鳳城間花木長新日月閑三十六宮連內苑太平天子坐崑山會眞廣殿約宮墻樓閣相扶倚太陽淨甃玉階橫水岸御爐香氣撲龍牀龍池九曲遠相通楊柳絲牽兩岸風長似江南好風景畫船來去碧波中東內斜將紫禁通龍池鳳苑夾城中曉鐘聲斷嚴粧罷院院紗窗海日紅殿名新立號重光島上池臺盡改張但是一人行幸處黃金閤子鎖牙牀安排諸院接行廊水檻周回十里強靑錦地衣紅繡

毯盡鋪龍腦鬱金香夾城門與內門通朝罷巡遊到苑中每日日高祇候處滿隄紅豔立春風廚船進食簇時新侍坐無非列近臣日午殿頭宣索膾隔花催喚打魚人立春日進內園花紅蕊輕輕嫩淺霞跪到玉階猶帶露一時宣賜與宮娃三面宮城盡夾墻苑中池水白茫茫亦從獅子門前入旋見亭臺繞岸旁離宮別院遶宮城金板輕敲合鳳笙夜夜月明花樹底傍池長有按歌聲御製新翻曲子成六宮纔唱未知名盡將觱篥來抄譜先按君王玉笛聲旋移紅樹斸靑苔宣使龍池再鑿開展得綵波寬似海水心樓殿勝蓬萊太虛高閣凌波殿背倚城牆面枕池諸院各分娘子位羊車到處不教知修儀承寵住龍池掃地焚香日午時等候大家來院裏看教鸚鵡念宮詞才入出入每相隨筆硯將來繞曲池能向綵牋書大字忽防御製寫新詩六宮官職總新除宮女安排入畫圖二十四司分六局御前頻見錯相呼春風一面曉妝成偸折

花枝傍水行却被內監遙覷見故將紅豆打黃鶯梨園弟子簇池
頭小樂擕來候燕遊旋炙銀笙先按拍海棠花下合梁州殿前排
燕賞花開宮女侵晨探幾回斜望花開遙舉袖傳聲宣喚近臣來
小毬場近曲池頭宣喚勳臣試打毬先向畫廊排御幄管絃聲動
立浮油供奉頭籌不敢爭上棚等喚近臣名內人酌酒纔宣賜馬
上齊呼萬歲聲殿前宮女總纖腰初學乘騎怯又嬌上得馬來纔
似走幾回拋鞚抱鞍橋自教宮娥學打毬玉鞍初跨柳腰柔上棚
知是官家認遍遍長贏第一籌翔鸞閣外夕陽天樹影花光遠接
連望見內家來往處水門斜過畫樓船內人追逐采蓮時驚起沙
鷗兩岸飛蘭棹把來齊拍水並船相鬬溼羅衣新秋女伴各相逢
罨畫船飛別浦中旋折荷花伴歌舞夕陽斜照滿衣紅月頭支給
買花錢滿殿宮娥近數千遇着唱名多不應含羞走過御床前
梁武帝命袁昂作書評其答啓云奉敕遣臣評古今書臣愚短豈

敢輒量江海但天旨誘臣斟酌是非謹品字法如前今淳化法帖
第五卷智果書此一段謂爲梁武帝評書中興館閣書目亦然誤
也其略云王僧虔書猶如揚州王謝家子弟縱復不端正奕奕皆
有一種風流王子敬書如河朔少年皆充悅舉體沓拖而不可耐
羊欣書似婢作夫人不堪位置而舉止羞澀終不似眞阮研書如
貴胄失品次不復排突英賢王儀同書如晉安帝非不處尊位而
都無神明殷均書如高麗人抗浪乃不有意氣而姿顏自足精味
徐淮南書如南岡士夫徒尚風軌然不寒乞陶隱居書如吳與小
兒形狀未成長而骨體甚峭快吳拖書如新亭傖父一往似揚州
人共語語便態出柳惲書如深山道士見人便欲退縮曹喜書如
經論道士言不可絕王右軍書字勢雄強如龍跳天門虎臥鳳闕
故歷代寶之永以爲訓蔡邕書骨氣洞達爽爽如有神力程曠平
書如鴻鵠弄翅頡頏布置初雲之見白日蕭思話書如舞女低腰

仙人嘯樹李鎮東書如夫容之出水文彩如鏤金桓玄書如快馬
入陣隨人屈曲豈須文譜范懷約眞書有力草書無功故知簡牘
非易皇象書如音韶繞梁孤飛獨舞孔琳之書如散花空中流徽
自得李岩之書如鏤金素月屈玉自照薄紹之書如龍遊在霄繾
綣可愛崔子玉書如危峰阻日孤松單枝邯鄲淳書應規入矩方
圓乃成師宜官書如鵬翔未息翩翩而自逝梁鵠書如龍威虎震
劍拔弩張張伯英書如武帝愛道憑虛欲仙衞恆書如插花舞女
援鏡笑春索靖書如飄風忽舉鷙鳥乍飛鍾繇書如雲鶴遊天羣
鴻戲海行間茂密實亦難過米元章采隋唐至本朝得一十四家
續之僧智永書經氣骨清健大小相雜如十四五貴胄褊性方循
繩墨忽越規矩褚遂良如熟馭戰馬舉動從人而別有一種驕色
虞世南如學休糧道士神意雖清而體氣疲困歐陽詢如新痊病
人顏色憔悴舉動辛勤柳公權如深山道士修養已成神氣清健

無一點塵俗顏眞卿如項羽掛甲樊噲排突硬弩欲張鐵柱將立
昂然有不可犯之色李邕如乍富小民舉動屈強禮節生疎徐浩
如蘊德之人動容溫厚舉止端正敦尚名節體氣純白沈傳師如
龍遊天表虎踞溪旁神情自如骨法清虛周越如輕薄少年舞劍
氣勢空健而鋒刃交加錢易如美丈夫肌體充悅神氣淸秀蔡襄
如少年女子體態嬌嬈行步緩慢多飾繁華蘇舜欽如五陵少年
訪雲尋雨駿馬靑衫醉眠芳草狂歌院落張友直如宮女插花媚
嬙對鑑端正自然別有一種嬌態唐書王勃傳載開元中張說與
徐堅論近世文章說曰李嶠崔融薛稷宋之問之文如良金美玉
無施不可富嘉謨如孤峯絕岸壁立萬仞濃雲鬱興震雷俱發誠
可畏也若施於廊廟駭矣閻朝隱如麗服靚妝燕趙歌舞觀者忘
疲若類之風雅則罪人矣堅問今世奈何說曰韓休之文如太羹
玄酒有典則薄滋味許景先如豐肌膩理雖穠華可愛而乏風骨

張九齡如輕縑素練實濟時用而窘邊幅王翰如瑤杯玉斝雖爛然可珍而多玷缺堅謂篤論齊道人湯惠休云謝靈運詩如夫容照水顏延年詩如錯綵鏤金梁鍾嶸云范雲詩宛轉清便如流風迴雪丘遲詩點綴映媚如落花在艸張芸叟評本朝名公詩梅聖俞如深山道人草衣木食王公大人見之不覺屈膝石曼卿如飢鷹乍歸迅逸不可言歐陽永叔如春服乍成漉酒初熟登山臨水竟日忘歸王介甫如空中之音相中之色欲有尋繹不可得矣蘇子瞻如武庫乍開干矛森然見之不覺令人神慴子細檢點不能無利鈍郭功父如大排筵席二十四味終日揖遜適口者少劉中叟攵莊塵土黄詩序謂樂府自唐以來杜甫則壯麗結約如龍驤虎伏容止有威李白則飄揚振激如游雲轉石勢不可遏今主管廣東漕司文字長樂敖器之陶孫遂盡取魏晉而下詩人演而爲詩評曰因暇日與弟侄輩評古今諸名人詩魏武帝如幽燕老將

氣韻沉雄曹子建如三河少年風流自賞鮑明遠如飢鷹獨出奇矯無前謝康樂如東海揚帆風日流麗陶彭澤如絳雲在霄舒卷自如王右丞如秋水芙蕖倚風自笑韋蘇州如園客獨繭暗合徽音孟浩然如洞庭始波木葉微脫杜牧之如銅丸走坂駿馬注坡白樂天如山東父老課農桑言言皆實元微之如李龜年說天寶遺事貌悴而神不傷劉夢得如鏤冰雕瓊流光自照李白如劉安雞犬遺響白雲覈其歸存恍無定處韓退之如囊沙背水惟韓信獨能李長吉如武帝食露盤無補多慾孟東野如埋泉斷劍臥壑寒松張籍如優工行鄉飲酬獻秩如時有詼氣柳子厚如高秋獨眺霽晚孤吹李義山如百寶流蘇千絲鐵網綺密瓌妍要非適用本朝蘇東坡如屈注天潢倒連滄海變炫百怪終歸雄渾歐公如四瑚八璉止可施之宗廟荊公如鄧艾縋兵入蜀要以險絕爲功山谷如陶弘景祇詔入宮析理談玄而松風之夢故在梅聖俞如

關河放溜瞬息無聲秦少游如時女步春終傷婉弱后山如九皋獨唳深林孤芳冲寂自妍不求識賞韓子蒼如梨園按樂排比得倫呂居仁如散聖安禪自能奇逸其他作者未易殫陳獨唐杜工部如周公制作後世莫能擬議

東蜀楊天惠譔彰明縣附子記云綿州故廣漢地領縣八惟彰明出附子彰明領鄉二十惟赤水廉水會昌昌明宜附子總四鄉之地爲田五百二十頃有奇然秔稻之田五菽粟之田三而附子之田止居其二焉合四鄉之產得附子一十六萬斤已上然赤水爲多廉水次之而會昌昌明所出微甚凡上農夫歲以善田代處前期輒空田一再耕之蒔薺麥若巢糜其中比水苗稍壯并根葉耨覆上下復耕如初乃布種每畝用牛十耦用糞五十斛七寸爲壠五寸爲符終畝爲符二十爲壠千二百壠從符衡深亦如之又以其餘爲溝爲涂春陽墳盈丁壯畢出疏整符壠以需風雨風雨過

輒振拂而駢持之既又挽艸爲援以禦熯日其用工力比他田十倍然其歲獲亦倍稱或過之凡四鄉度用種千斛以上種出龍安及龍州齊歸木門菁堌小平者良其播種以冬盡十一月止采擷以秋盡九月止其莖類野艾而澤其葉類地麻而厚其花紫葉黃蕤長苞而圓蓋其實之美惡視功之勤窳以故富室之入常美貧者雖接畛或不盡然又有七月采者謂之早水拳縮而小蓋附子之未成者然此物畏惡猥多不能常熟或種美而苗不茂或苗秀而實不充或已釀而腐或已暴而攣若有物爲陰爲之故園人將采常禱于神或目爲藥妖云其釀法用醯醅安密室掩覆彌月乃發以時暴涼久乃乾定方出釀時其大有如拳者已定輒不盈握故及兩者極難得蓋附子之品有七實本同而末異其種之化者爲烏頭附烏頭而傍生者爲附子又左右附而偶生者爲鬲子又附而長者爲天雄又附而尖者爲天隹又附而上出者爲側子又

附而散生者爲漏藍皆脉絡連貫如子附母而附子以貴故獨專附名自餘不得與焉凡種一而子六七以上則其實皆小種一而子二三則其實稍大種一而子特生則其實特大此其凡也附子之形以蹲坐正節角小爲上有節多鼠乳者次之形不正而傷缺風皺者爲下附子之色以花白爲上鐵色次之靑綠爲下天雄烏頭天佳以豐實過握爲勝而漏藍側子園人以乞棄役夫不足數也大率蜀人之餌附子者少惟陝輔閩浙宜之陝輔之賈纔市其下者閩浙之賈纔市其中者其上品則皆士大夫求之蓋貴人金多喜奇故非得大者不厭然土人有知藥者云小者固難用要之半兩以上皆良不必及兩乃可此言近之按艸經及注載附子出犍爲山谷及江左山南嵩齊魯間以今考之皆無有誤矣又云春采爲烏頭冬采爲附子大繆又云附子八角者良其角爲側子愈大繆與余所聞絕異豈所謂盡信書不如無書者類耶以上皆楊說古涪志既删取其略著于篇然又云天雄與附子類同而種殊附子種類近漏藍天雄種如香附子凡種必取土爲槽作傾邪之勢下廣而上狹置種其間其生也與附子絕不類雖物性使然亦人力有以使之此又楊說所不及也審如志言則附子與天雄非一本矣楊說失之本艸圖經與此小異廣雅云奚素毒附子也一歲爲萴（與側同）子二歲爲烏喙三歲爲附子四歲爲烏頭五歲爲天雄蓋亦不然焉子天佳漏藍三物本艸皆不著張華博物志又云烏頭天雄附子一物春秋冬夏采各異也

寓言以貽訓誡若柳子厚三戒鞭賈之類頗似以文爲戲然亦不無補于世道吾閱近世文集得二文焉朱希眞（敦儒）東方智士說蕭東夫（德藻）吳五百是也朱之文曰東方有人自號智士才多而心狂凡古昔聖賢與當世公卿長者皆摘其短闕而非笑之然地寒力薄終歲不免飢凍里有富人建第宅甲其國中車馬奴婢鐘

鼓帷帳物物惟備一旦富人召智士語之曰吾將遠遊今以居第貸子凡室中金寶資生之具無乏皆聽子用不計期年還則歸我富人登車而出智士杖策而入僮僕妓妾羅拜堂下各效其所典簿籍以聽命號智士曰假公智士因徧觀居第富實偉麗過王者喜甚忽更衣東走圊仰視其舍卑狹俯閱其基湫隘心鬱然不樂召綱紀僕讓之曰此第高廣而圊不稱僕曰惟假公教智士因令撤舊營新狹者廣之卑者增之曰如此以當寒暑如此以蔽雨風既藻其梲又丹其楹至於聚籌積灰扇蠅攘蛆皆有法度事或未當朝移夕改必善必奇智士躬執斤帚與役夫雜作手足胼胝頭蓬面垢晝夜廢眠食忉忉焉惟恐圊之未美也不覺閱歲成未落也忽閽者奔告曰阿郎至矣智士倉皇棄帚而趨迎富人于堂下富人勞之曰子居吾第樂乎智士怳然自失曰自君之出吾惟圊是務初不知堂中之溫密別館之虛涼北榭之風南樓之月西園花竹之勝吾未嘗經目後房歌舞之妙吾未嘗舉觴蟲網琴瑟塵棲鐘鼎不知歲月之及子復歸而吾當去也富人揖而出之智士還于故廬且悲且歎悒悒而死市南宜僚聞而笑之以告北山愚公愚公曰子奚笑哉世之治圊者多矣子奚笑哉蕭之文曰吳名憃南蘭陵爲寓言靳之曰淮右浮屠客吳日飲于市醉而狂攘臂突市人行者皆避市卒以聞吳牧牧錄而械之爲符移授五百使護而返之淮右五百詬浮屠曰狂髡坐爾乃有千里役吾且爾苦也每未晨蹴之即道執扑驅其後不得休夜則縶其足至奔牛埭浮屠出腰間金市斗酒夜醉五百而髡其首解墨衣衣之且加之械而縶焉頹壁而逃明日日既昳五百乃醒寂不見浮屠顧壁已頹曰嘻其遁矣既而視其身之衣則墨驚循其首則不髮又械且縶不能出戶大呼逆旅中曰狂髡故在此獨失我耳客每見吳人輙道此吳人亦自笑也千岩老人曰是殆非寓言也世之失我者

豈獨吳五百哉生而有此我也均也是不爲榮悴有加損焉者也所寄以見榮悴乃皆外物非所謂倘來者邪彝悴而今榮倘來集其身者日以盛而顧揖步趨亦日隨所寄而改彝與之處者今視之良非昔人而其自視亦殆非復故我也是其與吳五百果有間否哉吾故人或駸駸華要當書此遺之二文朱尤屬意高遠世之人不能窮理盡性以至於聖賢之樂地而區區馳逐末務以終其身者皆東方智士之流也予亦懼夫流而至於此也讀之悚然爲之汗下

州縣城隍廟莫詳事始前輩謂既有社矣不應復有城隍故唐李陽冰謂城隍神祀典無之惟吳越有爾然成都城隍祠太和中李德裕所建李白作韋鄂州碑謂大水滅郭抗辭正色言于城隍其應如響杜牧爲黃州刺史有祭城隍神祈雨文二首它如韓文公之于潮麴信陵之于舒皆有祭文而許遠亦有衎非鵷翔危堞神護之語則不獨吳越爲然蕪湖城隍祠建于吳赤烏二年高齊慕容儼梁武陵王祀城隍神皆書于史則又不獨唐而已開成中睦州刺史呂述以爲合于禮之八蜡祭坊與水庸者今按禮記注水庸溝也正義云坊者所以蓄水亦以鄣水水庸者所以受水亦以泄水則坊蓋今之隄防水庸蓋今之溝澮也方之城隍義殊不類今其祀幾遍天下朝家或錫廟額或頒封爵未命者或襲鄰郡之稱或承流俗所傳郡異而縣不同至于神之姓名則又遷就附會各指一人何言哉負城之邑亦有與郡兩立者獨彭州既有城隍廟又有羅城廟袁州分宜縣既有城隍廟又有縣隍廟尤爲創見以予聞見所及攷之廟額封爵具者惟臨安府當後唐淸泰元年嘗封順義保寧王與越湖二神並命今號永固廟不知何時所賜紹興三十年封保順通惠侯今封顯正康濟王紹興府梁開平封崇福侯淸泰封興德保闉王紹興初賜額顯寧今封昭順靈濟孚

祐忠應王台州則鎮安廟順濟顯應王吉州則靈護廟威顯英烈侯筠州則利既廟靈祐順應顯正王袁州則顯忠廟靈惠侯濠州則孚應廟靈助侯建寧府則顯應廟福應惠寧侯建康之溧水則顯正廟廣惠侯泉州惠安縣則寧濟廟靈安昭祐侯邵武軍則顯祐廟神濟訓順侯泰寧則廣惠廟靖惠孚濟侯韶州則明惠廟善祐侯成州則靈應廟英祐侯有廟額而未爵命者鎮江忠祐寧國靈護隆興顯忠德安府威澤楚州靈顯和州孚惠襄陽孚濟汀州顯應珍州仁貺靜江嘉祐慶元之昌國邵武之建寧皆曰惠應前代錫爵而本朝未申命者湖州阜俗安城王處州龍泉縣廣順侯鄂州城隍萬勝鎮安王城隍二字亦正元中所封王號越州蕭山縣用郡城隍神初命稱崇福侯昭州立山縣爲蒙州時封靈感王台州五縣吳越時皆封以王爵臨海曰興國黃岩曰永寧天台曰始平仙居曰昇平寧海曰安仁其餘相承稱謂如溫州富俗侯處州仙都侯臨安府錢唐縣安邑侯臨安縣霸國侯興國軍高陵王筠州新昌鹽城王渾州定湘王泉州明烈王潼川興元安平將軍漢州彭州安福將軍邛州大邑縣安靜神廣州羊城使者之類皆莫究其所以也襄陽雖有孚濟額而保漢公之號未知所自寧國雖有靈護額而爵稱祐聖不可得而詳隆興雖有顯忠額而南唐嘗封輔德王故贛州稱輔德廟南康軍安慶府及潭之益陽太平之蕪湖南安之上猶皆稱輔德王撫黃復州南安臨江諸郡則稱顯忠輔德王或輔德顯忠王蓋皆以隆興廟額混南唐爵命以爲稱也神之姓名具者鎮江慶元寧國太平襄陽興元復州南安諸郡華亭蕪湖兩邑皆謂紀信隆興贛袁江吉建昌臨江南康皆謂灌嬰福州江陰以爲周苛眞州六合以爲英布和州爲范增襄陽之穀城爲蕭何興國軍爲姚弋仲紹興府爲龐玉寶龐堅四世祖事具唐書忠義傳蓋嘗歷越州總管鄂州爲焦明南史焦度之父也台州屈坦吳尚書

僕射晃之子今州治葢其故居筠州應智頊唐初州爲靖州時刺史南豐游茂洪開元間嘗知縣鎭溧水白季康唐縣令也惟筠之新昌祀西晉邑宰盧姓者紹興之嵊祀陳長官慶元昌國祀邑人茹侯三者不得其名耳耳目所不接者尚闕如也承播溱三州及遵義軍未廢時皆嘗錫城隍廟額承曰靜惠播曰昭祐溱曰寧德遵義曰懷寧承州則又有靜應侯爵今承爲綏陽縣遵義爲寨皆隸珍州溱播之地則折而入于南平之境矣嘉祐雜志載吳春卿爲臨安宰聞故老言錢尚父方睡湯瓶沸一小童以水注之錢曰吾方欲以水注瓶此童先知吾意不可赦遂殺之後見其爲厲乃封爲霸（一作厲）國侯使永爲臨安土地故塑像爲十餘歲小兒今不知塑像如何而土地之稱已轉而爲城隍矣太平廣記載宣州司戶死而復生云見城隍神自言晉桓彝也與所傳不同然彝今亦別廟食于涇紹興辛未潼川守沈該將新城隍祠夢人齋文書來

稱新差土地閱其姓名葢史堅序事愈涉怪淳熙間李異守龍舒有德于民去郡而卒邦人遂相傳爲城隍神矣尤淺妄不經也唐羊諤有城隍廟賽雨絶句二首余嘗撮城隍爵號後閱國朝會要攷西北諸郡東京號靈護廟初封廣祐公後進佑聖王大內別有城隍初封昭貺侯後進爵爲公拱州昭靈廟惠烈夫人葢俗傳爲宋襄公之娼開德府顯應廟感聖侯解州靈佑廟鎭寶侯濬州黎陽縣顯固廟靈護伯它皆無聞葢東南城隍之盛多起于近世此數者亦徽廟朝錫命耳

又十三條在前第三卷内合併入此

諸史（二卷）　宋沈徵（蜀人）

鬼物之于人但侮其命之當死及衰者爾苟人未當死而命或未衰則縱使爲妖爲孽苟能禦之以正亦無如之何吳興郡有項羽廟自古相承云羽多居郡廳前後太守不敢上南史孔靖字季恭爲守居之無害先是此邦頻喪太守人言卞山王項羽居郡廳事以致多不利于太守何季恭之獨不然也蕭惠明泰始初亦守是邦謂綱紀曰孔季恭嘗爲此郡未聞有災遂盛設筵榻接賓數日見一人長丈餘張弓挾矢向惠明既而不見因發背瘡旬日而卒蕭琛字彥瑜惠明從子也後亦爲守其本傳云郡有羽廟土人名爲憤王甚有靈驗于郡廳事安床幙爲神坐公私請禱前後二千石皆于廳下再拜祠以軛下牛充祭而避居他室琛至著屐登廳事聞室中有叱聲琛厲色曰生不能與漢祖爭中原死據此廳事何也因遷之于廟又禁殺牛以脯代肉羽竟不能害以是觀之魑魅罔兩假羽名以興禍福何獨貽害于蕭惠明而季恭彥瑜若無聞焉此無他惠明之死期偶至而二人者福未艾耳今霅川城之北門有祠號霸王廟其城門亦曰霸王門廟有碑本朝雍熙四年九月一日建宣奉郎守太子中允通判張懌文也惠明傳稱郡界

有卞山山有廟當是後人遷之入城云

宣和用兵燕雲厚賦天下緡錢督責甚峻民無貧富皆被其害時有海州楊允秀才妻劉氏寡居二子皆幼積錢十屋一日劉氏謂二子曰國家用兵歛及下戶期會促廹刑法慘酷吾家積錢列屋坐視鄉黨之困與官吏之負罪而晏然不顧于心安乎遂請于官願以緡錢一百萬獻納以免下戶之輸于是一郡數縣之官吏得以逃責而下戶得免于流離死亡者皆劉氏之賜也吁今人積金蓄穀倍息計贏遇災荒而幸糴價之高遭艱危而窖藏之密者滔滔皆是也其視劉氏賢愚何啻霄壤邪

四明戴獻可者疏財尚氣喜從賢士大夫游處而家世雄于財凡賓客見過必延欵士聞風而歸者皆若平生歡也獻可死止一子伯簡年十八九未歷世故暴承家業之富用度無藝里中惡少因得與交狎邪不數歲破家止有昌國縣魚鹽竹木之利尚存舊僕

楊忠主之自獻可無忠時出納無一毫欺伯簡家業既蕩獨楊忠所掌猶可賴爲衣食資遂往焉楊忠哭盡哀日與婦共事之籍其貲財之簿以獻伯簡大喜謂我固有之物仍復妄爲其游從輩聞之又欲誘其破蕩楊忠哭諫不顧一日伯簡與其徒會飲呼蒱楊忠挺刃而前執其尤者捽首頓之地數曰我事主人三十餘年郎君年少爾輩誘爲不善家產掃地幸我保有此別業汝必欲之靡有孑遺邪我斷汝首告官請死報我主人于地下又大叱令伏地受刃其人哀號伏罪請自今不敢復至楊忠噤咽良久收刃卻立曰爾畏死紿我邪其人號曰委不敢復至忠曰如此貸爾命倘或見欺必屠裂爾軀而後已遂出束帛曰可負此亟去其人疾走忠遂揮涕謝伯簡曰老奴驚犯郎君郎君自今改前所爲但聽老奴盡心力役不三二年舊業可復不然而再與此輩遊老奴當焚貲自沉于海不忍見郎君餓死以貽主人門戶羞也伯簡慚泣自是謝絕不還修謹自守一聽楊忠所爲果三年盡復田宅楊忠事之彌謹吁楊忠其賢矣哉眞不負其名矣其視幸主人禍敗從而取之者孰非楊忠之罪人乎雖然求之楊忠儔類中固無有也求之士大夫當國家危亂有能植侮屏姦不負其主人付託于存亡可歎之際若楊忠者予恐千萬人不一遇焉悲夫

慶曆中貝賊王則以幻說率衆閉門爲不軌漁城中子女無如趙氏美致帛萬端金千斤聘爲妻且曰女若不行即滅爾族父母不敢違獨女不可曰吾雖女子戴天子天履天子土十九年矣縱不能執兵討叛奈何妻之泣涕不食父母族人守之以所得后服衣之女曰妻賊何后也家人掩其口卒逼以往女登輿自殘于輿中賊方盛禮待之聞報皆失色而罷賊之親信自殺者三人縋城逃者七十四人懼爲賊所魚肉故也自此賊焰漸衰以至于敗嗚呼識去就知廉恥仗節死義者天下皆常以是望士君子而不以望

衆庶常以是望男子而不以是望婦人今趙氏一民家女耳表表之節乃如是可謂出于人所甚難而天下之所未嘗望者彼士君子乃號爲男子者觀之寧不有愧于心耶

徐氏名觀妙歷陽人江東曹閎中之女也嫁郡士張弼建炎己酉虜犯維揚官軍望風輙潰多肆擄掠郡人大恐弼與鄰皆往裕谿避賊獨徐氏不去爲亂兵所掠大罵曰朝廷畜汝輩以備緩急今虜犯行在不能赴難而乘時爲盜我恨一女子力小勢弱不能斬汝寧肯爲汝曹所辱以苟活耶賊慚愧以刃刺徐氏投之江中嗚呼士方平時自視霄漢抵掌大言節義自許一落賊手則蠅營狗苟以乞命或出力而助虐者多矣徐氏眇然一婦乃能奮不顧死與秋霜烈日爭嚴嗚呼壯哉

周王元儼太宗皇帝第八子也生而穎悟廣顙豐頤凛不可犯名聞外夷天聖以來太宗諸子獨元儼存仁宗尊寵尤異儼好坐木馬遇飢則就其上飲食仍奏樂于前或終日在上酣飲慶曆四年封燕王時富鄭公條上河北守禦十二策其首策曰北虜風俗貴親率以近親爲名王將相所以視中國用人亦如其國燕王威望著于北虜燕薊人小兒每遇夜啼其家必謂之曰八大王來也兒啼即止每牽馬牛渡河旅拒未進必曰八大王在河裏其畏之如此虜使每見南使未嘗不問王安否今年王薨識者亦憂之謂王之生虜以爲重今王之薨必以朝廷爲輕矣至今八大王之名獨流傳俚俗間每爭詈則曰汝是八大王耶

予每見世情炎涼釋道尤甚幼時嘗侍親遊一二寺觀多有此態歸而相語未嘗不慨然也近閱張文潛雜志忽見一事不覺憮然而書之殿中丞丘浚嘗在杭州謁珊禪師珊見之殊傲頃之有州將子弟來謁珊降階接之甚恭丘不能平伺子弟退乃問珊曰和尚接浚甚傲而接州將子弟乃爾恭耶珊曰接是不接不接是接

丘勒然起打班數下曰和尚莫怪打是不打不打是打奇哉殊快人意

京城閭閻之區竊盜極多蹤跡詭秘未易跟緝趙師睪尚書尹臨安日有賊每于人家作竊必以粉書我來也三字于門壁雖緝捕甚嚴久而不獲我來也之名鬨傳京邑不曰捉賊但云捉我來也一日所屬解一賊至謂此即我來也亟送獄鞫勘乃略不承服且無贓物可證未能竟此獄其人在京禁忽密謂守卒曰我固嘗爲賊卻不是我來也今亦自知無脫理但乞好好相看我有白金若干藏於寶叔塔上某層某處可往取之卒思塔上乃人跡往來之衝意其相侮曰毋疑但往此寺作少緣事點塔燈一夕盤旋終夜便可得矣卒從其計得金大喜次早入獄密以酒肉與賊越數日又謂卒曰我有器物一甕置侍郎橋某處水內可復取之卒曰彼處人鬧何以取賊曰令汝家人以籮貯衣裳橋下洗濯潛撥甕入籮覆以衣舁歸可也卒從其言所得愈豐次日復勞以酒食卒雖甚喜而莫知賊意一夜至二更賊低語謂卒曰我欲略出四更盡即來決不累汝卒曰不可賊曰我固不至累汝設使我不復來汝失囚不過配罪而得我遺儘可爲生苟不見從卻恐悔吝有甚于此卒無奈遂縱之去卒坐以伺正憂惱間聞簷瓦聲已躍而下卒喜復桎梏之甫旦啓獄戶聞某門張府有詞云昨夜三更被盜失物其賊于府門上寫我來也三字師睪撫按曰幾誤斷此獄宜乎其不承認也止以不合夜行杖而出諸境獄卒回妻曰半夜後聞扣門恐是汝歸亟起開門但見一人以二布囊擲戶內而去遂藏之卒取視則皆黃白器也乃悟張府所盜之物又以賂卒賊竟逃命雖以趙尹之嚴而莫測其姦可謂黠矣卒乃以疾辭役享從容之樂終身沒後子不能守悉蕩焉始與人言

歸田錄三卷

宋歐陽修

太祖皇帝初幸相國寺至佛像前燒香問當拜與否僧錄贊寧奏曰不拜問其故對曰見在佛不拜過去佛僧贊寧者頗知書有口辨其語雖類俳優然適會上意故微笑而頷之遂以爲定例今行幸焚香皆不拜也議者以爲得禮

開寶寺塔在京師諸塔中最高而制度甚精都料匠預浩所造也塔初成望之不正而勢傾西北人怪而問之浩曰京師地平無山而多西北風吹之不百年當正也其用心之精蓋如此國朝以來木工一人而已至今木工皆以預都料爲法有木經三卷行于世世傳浩惟一女年十歲每臥則交手于胸爲結構狀如此踰年撰成木經三卷今行于世者是也

往時學士入劄子不著姓但云學士臣某先朝盛度丁度並爲學士遂著姓以別之其後遂皆著姓

官制廢久矣今其名稱訛謬者多雖士大夫皆從俗不以爲怪皇女爲公主其夫必拜駙馬都尉故謂之駙馬宗室女封郡主者謂其夫爲郡馬縣主者爲縣馬不知何義也

梅聖俞以詩知名三十年終不得一館職晚年以修唐書書成未奏而卒士大夫莫不歎惜其初受敕修唐書語其妻刁氏曰吾之修書可謂猢猻入布袋矣刁氏曰君于仕宦何異鮎魚上竹竿耶聞者皆以爲善對

凡物有相感者出于自然非人智慮所及皆因其舊俗習知之今唐鄧間多大柿其初生澀堅實如石凡百十柿以一榠樝置其中（榠樝亦可）則紅熟爛如泥而可食土人謂之烘柿者非用火乃用此爾淮南人藏鹽酒蟹凡一器數十蟹以皂莢半挺置其中則可藏之經歲不沙至于薄荷醉貓死貓引竹之類皆世俗常知而翡翠屑金人氣粉犀此二物則世人未知者予家有一玉罌形製甚古而精巧始得之梅聖俞以爲碧玉在潁川時常以示僚屬坐有兵馬

鈐轄鄧保吉者眞宗朝老內臣也識之曰此寶器也謂之翡翠云禁中寶物皆藏宜聖庫庫中有翡翠盞一隻所以識也其後予偶以金環于罌腹信手磨之金屑紛紛而落如硯中磨墨始知翡翠之能屑金也諸藥中犀最難擣必先銼屑乃入衆藥中擣之衆藥篩羅已盡而犀角獨存予偶見一醫僧元達者解犀爲小塊方一寸半許以極薄紙裹置懷中使近肉以人氣蒸之候氣薰蒸浹洽乘熱投臼中急擣應手如粉因知人氣之能粉犀也然今醫工皆莫有知也

世俗傳訛惟祠廟之名爲甚今都城西崇化坊顯聖寺者本名蒲池寺周氏顯德中增廣之更名顯聖而俚俗多道其舊名今轉爲菩提寺矣江南有大小孤山在江水中嶷然獨立而世俗轉孤爲姑江側有一石磯謂之澎浪磯遂轉爲彭郎磯云彭郎小姑婿也予嘗至小姑山廟像乃一婦而敕額爲聖母廟豈止俚俗之謬哉

西京龍門山夾伊水上自端門望之如雙闕故謂之闕塞而山口有廟曰闕口廟予嘗見其廟像甚勇手持屠刃尖銳按膝而坐問之云此乃豁口大王也此尤可笑者爾

用錢之法自五代以來以七十七爲百謂之省陌今市井交易又尅其五謂之依除

又三條在第三卷內合併入此

說郛卷第二十三終

說郛卷第二十四

孔氏雜說一卷

宋孔平仲 字毅夫 臨江人

漢孔安國字安國晉安帝名德宗字德宗恭帝名德文字德文會稽王名道子字道子乃至北史慕容紹宗馮子綜魏蘭根南史蔡興宗唐郭子儀辛京杲戴休顏張孝忠尙可孤孟浩然顏見遠田承嗣田承緒張嘉貞宇文寬李嗣業皆以名爲字

王羲之子徽之徽之子禎之王允之子晞之晞之子肇之王晏之子崑之崑之子陋之三世同用之字胡母輔之子謙之吳隱之子瞻之顏悅之子愷之兩世同用之字

太史公父名談故史記無談字季布傳改趙談作趙同范曄父名泰故後漢書無泰字郭泰鄭泰皆改作太字李翱父名楚金故其所爲文皆以今爲茲韓愈爲李賀作諱辨持言在不言徵之說故

父名仲卿未嘗諱焉晉曹志者植之子也奏議武帝云幹植不強不諱植字三國之時猶不諱其君呂岱傳張承與岱書云功以權成是斥孫權名也

文王可以爲文君張衡賦文君爲我端蓍是也北狄可以爲蠻史記匈奴傳獫狁薰粥居于北蠻是也二典可以爲謨馬融曰戛擊鳴球載于虞謨舜典是也堯典亦可謂之唐書吳陸抗傳靜言庸違唐書攸戒是也韶可以爲禹樂史記禹與九韶之樂是也三王亦得稱帝史記夏紀帝桀是也獻俘不獨人也物皆可以爲俘俘取也書云俘厥寶玉是也匄不止于自乞也與人亦可稱匄前漢廣川王越傳毳取善繒匄諸宮人注匄遺也賄不獨賂也賜皆可以爲賄書賄肅愼之命是也診不止脉也視物皆可以爲診後漢王喬傳尙方診視舃是也餉不止飲食也贈皆可以爲餉魏文紀注以詩賦餉孫權徐孝穆有答餉鏡詩是也城邑亦可謂之幣趙

世家馮亭以城市邑十七幣吾國是也稱譽亦可謂之薦伯夷傳七十子之徒仲尼獨薦顏淵是也

龍不獨以譬君德凡有德者皆可以龍言也諸葛亮嵇康皆號臥龍孔融薦禰衡云龍躍天衢袁宏贊武侯云初九龍盤雅志彌確樊英傳注安帝徵隱士策文云使難進易退之人龍潛不屈許劭許虔汝南平輿(音預)人人稱平輿淵有二龍焉唐烏承玼與兄承恩人號轅門二龍陰興謂貴人曰亢龍有悔以譬外戚之家如此之類甚多然則龍不止比君德矣

父命得爲敕後漢樊重焚券諸子從敕是也叔可稱大人疎受對廣云從大人議是也毋亦可稱大人前漢淮陽獻王傳張博云王遇大人亦解後漢范滂就獄與母訣曰大人割不忍之恩勿增感慼是也父可以稱聖善楊修答曹植書有聖善之教注謂武帝也人臣不嫌稱萬歲馬援傳援釃酒享軍士皆伏稱萬歲是也上父

母壽可稱萬壽潘岳閑居賦稱萬壽以獻觴是也屋之高嚴通謂之殿前漢霍光傳鴞鳴殿前樹上黃霸傳郡國上計長史一輩先上殿是也白事丞相亦可謂之奏事魏相傳帶劍奏事是也造謁人亦可謂之朝司馬相如傳臨邛令日往朝相如是也人臣得言垂拱薛宣自言垂拱蒙成是也人臣得言端拱謝浮言端拱笑咏謝緄言端拱廟堂是也人臣得言諒闇山濤傳武帝詔云山太常雖居諒闇是也人臣得稱聖君賢君晉曹攄一縣號曰聖君薛宣傳屬縣各得賢君是也

漢文帝封宋昌爲壯武侯唐太宗作威鳳賦賜長孫無忌可觀其量矣(此條今本未見其他抄本亦未見)

漢時射策對策其事不同蕭望之傳注云射策者謂爲難問疑義書之于策量其大小署爲甲乙之科列而置之不使彰顯有欲射者隨其所取得而擇之以知優劣射之言投射也對策者顯問以政事經義令各對之以觀其文詞定高下也晉良吏潘京爲州所辟謁見問策探得不孝字刺史戲曰辟士爲不孝耶答曰今爲忠臣不得爲孝子亦射策遺法耳

相之不可憑也南史庾蓽傳庾貧家富矜財食必列鼎又狀貌豐美頤頰開張人皆謂必爲方伯及魏剋江陵貧以餓死又有水軍都督褚蘊面甚尖危從理入口竟保衣食而終唐柳渾十餘歲有巫告曰兒相夭且賤出家可免死渾不從仕至宰相魏朱建平善相鍾繇以爲唐舉許負何以復加然相王肅年踰七十位至三公肅六十二終于中領軍耳史氏以爲差失吾以爲相不可憑也南史徐陵八歲屬文十三通莊老光宅寺慧雲法師每嗟陵早死陵仕至太子少傅年至七十七唐孔若思傳孔季詡擢制科授校書郎陳子昂嘗稱其神清韻遠可比衛掾而季詡終于左補闕使徐陵而不壽季詡遂至顯官則人遂以爲風鑒之驗矣吾以此知

風鑒之不可憑也

佛果何如哉以捨身爲福則梁武以天子奴之不免侯景之禍以莊嚴爲功則晉之王恭修營佛寺務在壯麗其後斬于倪唐以持誦爲獲報則周嵩精于事佛王敦害之臨刑猶于市誦經竟死刃下佛果何如哉佛出于西胡言語不通華人譯之成文謂之經而晉人諸君子甚好于此今世所謂經說性理者大抵多晉人文章也謝靈運繙經臺今尚存焉唐傅奕謂佛入中國孅兒丐夫模象莊老以文飾之姚玄崇治令其說亦甚詳霍去病傳破匈奴獲休屠祭天金人註祭天以金人爲主休屠祠金人也師古曰今之佛像是也其後休屠王太子歸漢以金人之故賜姓金氏即日磾也據此則前漢時佛像已入中國矣凡今之佛像皆祭天之主也宜乎其盛也有天助焉爾後漢明帝夢見金人以爲佛于是大遣使天竺國圖其形像楚王英始信其術爲浮屠祭祀詔還贖縑以助

伊蒲塞之盛饌註伊蒲塞卽優婆塞也陶謙傳笮融大起浮屠寺作黃金塗像浴佛設飯前漢西域傳塞王南君罽賓塞種分散往往爲數國自疏勒以西北休循捐毒之屬皆故塞種塞先得反捐毒卽身毒天竺也後漢裴楷傳注浮屠卽佛佗聲之轉耳史記大月氏傳身毒國在大夏東南數千里其俗土著與大夏同而卑溼暑熱案後漢西域傳天竺一名身毒今浮屠像多有赤足此卑溼暑熱之驗也又云其民乘象以戰今浮屠像亦跨象云

霍去病傳諸宿將嘗流落不耦註流謂遲留落謂墜落今世多用流落據出處流合作留字

漢高祖父太上皇前史不載其名後漢章帝紀祀太上皇于萬年註名煓他官反一名執嘉高后紀載高祖母曰昭靈后

管仲謂之管敬仲出左傳閔公元年子產謂之子美出左傳襄公二十五年原憲字子思出史記張宗字諸君杜茂字諸公出陳忠

傳記注施延字君子出後漢書四皓名字鄉里可見者東園公姓園名秉字宣明陳留襄邑人常居園中故號園公夏黃公姓崔名廓字少通齊人隱居修道號夏黃公陶潛作聖賢羣輔錄云出皇甫謐高士傳揚雄所稱李仲元者名弘出蜀秦宓傳鄭子眞名樸嚴君平名尊出前史王貢兩龔傳注伯樂姓孫名揚字伯樂秦穆公時人出莊子馬蹄疏莊周字子休出列子傳計然范蠡師也姓辛氏字子文或曰計研或曰計倪出史記索隱杜康字仲寧出魏武短歌行注楚狂接輿姓陸氏名通師曠字子野並出莊子疏伯夷姓墨名允字公信孤竹君之子也叔齊名智字公達伯夷弟也夷齊諡也見論語疏引春秋少陽篇

齊隋婦人施冪帷全身障蔽也唐永徽以後皆用帷帽拖裙到頸漸爲淺露若今之蓋頭矣先是婦人猶乘車與唐乾元以來乃用兜籠若今之擔子矣唐志載咸亨中敕云多著帷帽遂弃冪羅曾不乘車別坐擔子

謂人爲明公閤下之類亦可謂之高明孔融傳李膺謂融曰高明必爲偉器又曰高明父祖與僕有舊恩亦可謂之第下張浩謂元顯爲第下明公亦可謂之仁公溫嶠書與陶侃謂侃爲仁公明府亦可謂之明庭張儉傳李篤謂毛欽曰雖好義明庭今日載其半矣賢相亦可謂之賢宰左雄傳論曰陳蕃楊秉世稱賢宰

昔時文字未有印板多是寫本齊宗室傳衡陽王鈞常手自細寫五經置于巾箱巾箱五經自此始也

今之更點擊鉦唐六典皆擊鐘也太史門有典鐘二百八十人掌擊漏鐘

今公家文字用仰字北史時已有此語北齊孝昭皇帝紀詔定三恪禮儀體式亦仰議之

俗所謂絫重亦有所出也前漢西域傳屯田輪臺募民壯健有絫

重敢徒者詣田所注絫重謂妻子家屬也

俗謂阿誰三國時已有此語龐統傳向者之論阿誰爲是

俗所謂日子亦有所出文選曹公檄吳將校部曲文年月朔日子注發檄時也然則日子日時也

工夫或作功字魏志王肅傳太極已前功夫尙大也

俗所謂停待晉書已有此語愍懷太子傳陛下停待是也

俗所謂日許者爾許也聲之訛也啓顏錄詠低人云城門爾許高故自匍匐入

俗呼抽替南史殷淑儀傳孝武帝之貴妃也有寵而薨帝思見之遂爲抽替棺欲見輒引替覩屍

前漢鮑宣傳注持時行夜行夜如今持更是已持時如今報時是已漢官儀黃門持五夜甲夜乙夜丙夜丁夜戊夜亦如今五更也

俗呼牝馬爲課馬出唐六典凡牝四游而課羊則當年而課之課

謂歲課駒犢也
文帝七年令列侯太夫人夫人無得擅徵捕如淳曰列侯之妻稱夫人列侯死子復爲列侯乃得稱太夫人子不爲列侯不得稱也然則婦人稱太者蓋如是耳

塵史 三卷　宋王得臣 字彥輔

鄭毅夫嘗說藝祖朝有聲登聞鼓求亡猪者上手詔忠獻趙公曰今日有人聲登聞鼓來問朕覓亡猪朕亦何嘗見他猪耶然與卿亦共喜者知天下無寃民
秦漢時人自稱猶曰臣天子呼公姁亦曰君後則不然惟對君則稱臣然今之人呼他人猶曰某君云者以君之稱加於人非不恭也今世見人稱公則以爲重已見人稱君則以爲輕已不知何謂古人有曰僕馬走者稱謙遜也夫自況曰僕非不卑也稱人曰君又稱云足下非不恭也嘗觀唐賢如韓退之凡與人書遇尊者則

曰閣下與在下者多云某君足下而又自稱曰僕退之之才識所言宜不苟者豈習俗之變不能易耶
莊周號爲達觀故能齊萬物一死生至于妻亡則鼓盆而歌夫哀樂均出于七情周未能亡情強歌以遣之其累一也奚爲是紛紛歟揚子雲云莊周蕩而不法信知言哉
世言七言詩肇于柏梁而盛于建安考之豈獨柏梁哉鄘風曰送我乎淇之上矣王風曰知我者謂我心憂鄭風曰還予授子之粲兮齊風曰遭我乎峱之間兮又曰俟之以瓊華乎而魏風曰胡取禾三百廛兮豳風曰二之日鑿冰冲冲三之日納于凌陰小雅曰以燕樂嘉賓之心又曰如彼築室于道謀大雅曰維昔之富不如時維今之疚不如茲昔也日闢國百里今也日蹙國百里頌曰學有緝熙于光明又曰予其懲而毖後患儀式刑文王之典又曰自今以始歲其有君子有穀貽孫子楚狂接輿歌曰今之從政者殆而項籍歌曰力拔山兮氣蓋世時不利兮騅不逝漢高歌曰大風起兮雲飛揚皆七字之濫觴也然則柏梁之作亦有所祖襲矣唐劉存乃以交交黃鳥止于棘爲七言之始蓋合兩句以言誤也
王右軍書多不講偏傍此退之所謂羲之俗書趁姿媚者也
譜牒不修也久矣晉東渡五胡亂中原衣冠流離而致然也夫京房之先李姓也牛洪之先寮姓也疎之後乃爲束是之後乃爲氏閩中人避王審知而沈氏去水而姓尤南中多危氏有惡其稱者或改爲元如此類甚多況元魏據洛諸虜喜中原之姓擇而冒之者益衆則譜不可以不知也
唐僧能詩者如晝字皎然之類甚多古人生子三日父名之二十而冠父字之所以表德也今僧頭童而不櫛不可冠何字之有縉紳亦從而呼之何也

湘山野錄 三卷併續錄爲四卷　宋吳僧文瑩 字如晦

晏元獻公撰章懿太后神道碑破題云五岳崢嶸崑山出玉四溟浩渺麗水生金蓋言誕育聖躬實繫懿后奈仁宗夙以母儀事明肅劉太后膺先帝擁佑之託難爲直致然才者則愛其善比也獨仁宗不悅謂晏曰何不直言誕育朕躬使天下知之晏公具以前意奏之上曰此等事卿宜置之區區不足較當更別改晏曰已焚草于神寢上終不悅逮升祔二后郝文孫承旨抃當筆協聖意直叙曰章懿太后丕擁慶羨實生眇沖顧復之恩深保綏之念重神御既往仙遊斯邈嗟乎爲天下之母育天下之君不逮乎九重之承顏不及乎四海之致養言念至此悲慕增結上覽之感泣彌月明賜之外悉以東宮舊玩密與之歲餘參大政
太祖皇帝將展外城幸朱雀門親自規畫獨趙韓王普時從幸上指門額問普曰何不祇書朱雀門須著之字安用普對曰語助太祖笑曰之乎者也助得甚事

范文正公以言事凡三黜初爲校理忤章獻太后旨貶倅河中僚友餞于都門曰此行極光後爲司諫因郭后廢率諫官御史伏閤爭之不勝貶睦州僚友又餞于亭曰此行愈光復爲天章閣知開封撰百官圖進呈丞相怒奏曰宰相者所以器百官今仲淹盡自稱耀焉用彼相臣等乞罷仁宗怒落職貶饒州時親賓故人又餞前郊曰此行尤光范笑謂送者曰仲淹前後三光矣此後諸君更送只乞一上牢也客大笑而散此下諸條令本未見

韓忠獻公神道碑皇帝御篆也中云薨前一夕有大星殞于園中櫪馬皆鳴又云公奉詔立皇太子被顧命立英宗爲皇帝立朕以承祖宗之序可謂定策元勳矣後銘其碑曰公行不歸中夕是悼尙想公歸涙落苑草復御篆十字塡金以冠其額曰兩朝顧命定策元勳之碑大哉天子之文章也廣大明白日月之照江海之流不過此辭也

唐熙宗以錢武肅鏐平董昌於越拜鏐爲鎭海鎭東節度使中書令賜鐵券恕九死子孫三死羅隱撰謝表略曰鐫金作誓指日成文蓋陛下憫臣處極多危憂臣防閑不至所以廣開聖澤求保私門屈以常刑宥其必死雖君親屬意在其必恕必容而臣子盡心豈敢傷慈傷愛謹當日愼一日戒子戒孫不可因此而累恩不可因茲而賈禍云云後莊宗入洛又遣使貢奉懇承旨改回請玉册金券有司定儀非天子不得用後竟賜之鏐卽以節鉞授其子元瓘自稱吳越國王名其居曰殿官屬悉稱臣又于衣錦軍大建玉册金券詔書三樓復遣使册東夷諸國封拜其君長幾極其勢與向之謝表所謂處極防微累恩賈禍之語殊相戾矣禪月貫休嘗以詩投之曰貴逼身來不自由幾年勤苦踏山丘滿堂花醉三千客一劍霜寒十四州萊子衣裳宮錦窄謝公篇詠綺霞羞他年名上凌烟閣豈羨當時萬戶侯鏐愛其詩遣吏諭之曰教和尙改十四州爲四十州方與見休性褊介謂吏曰州亦難添詩亦不改然閒雲孤鶴何天而不飛邪遂飄然入蜀以詩投之孟知祥厚遇之鏐後果爲安重誨奏削王爵以太師致仕重誨死明宗乃復鏐舊爵位

王平甫安國奉詔定蜀民楚民秦民三家所獻書可以入三館者令史李希顏料理之其書多剝脫中得一弊紙所書花蕋夫人詩乃花蕋手寫而其詞甚奇與王建宮詞無異建之詞自唐至今誦者不絕口而此獨遺棄不見取受詔定三家書者又斥去之甚爲可惜遂令令史郭祥繕寫入三館歸口誦數篇與荊公明日在中書語及之而禹玉相公當世參政願傳其本于是盛行于時文瑩親于平甫處得副本凡三十二章因錄于此其詞曰少年相逐采蓮回羅帕羅衫巧製裁每到岸頭長怕水竟擡纖手出舡來早春楊柳引長條倚岸沿邊一面高稱與畫船牽錦纜暖風搓出采絲縧婕好生長帝皇家常近龍顏逐翠華楊柳岸長春日暮傍池行困倚桃花寒食淸明小殿傍綵棲雙夾鬬雞場內人對御分明看先賭紅羅十樣床又二十八篇見賓退錄此不更抄

吹劍續錄合併入第九卷內　宋俞文豹

東坡在玉堂有幕士善謳因問我詞比柳詞何如對曰柳郎中詞只好十七八女孩兒執紅牙拍板唱楊柳外曉風殘月學士詞須關西大漢執鐵板唱大江東去公爲之絕倒

學者犯不韙斥先聖名自唐人始雖韓文公亦然我朝諸公亦未有知其非者莊子云仲尼語之以爲博東坡寶墨堂記特改作孔丘語之以爲博子由和歸去來辭曰或以佞而疑丘文豹前集嘗論之近閱柳文見其前後所稱不曰夫子孔子則曰仲尼父則知子厚有識也

逕庭出莊子庭勅定反言激過也今多讀作亭膠擾出莊子膠音

攬今多讀作交菆爾出左傳菆徂外反小也今多讀作撮綸紼出禮記紼卽綍字今多讀作孛險度出漢書險音遙今多讀作踰壘尿眠嬞出列子壘音郦尿音痴言媚相諛悅也眠音緬嬞音澳言柔膩不決裂也

書始于唐虞以五帝之盛也四詩皆始于文王以三王之顯也春秋始于魯隱以遜國之賢君也史記取此義世家則首泰伯列傳則首伯夷此子長之識見也然孔門弟子不附于孔子世家後而列于白起王翦之後以老子與韓非同傳以子貢列之貨殖淳于髠旣有傳又載之滑稽傳滑稽又何必傳此子長之失也

南軒云古不墓祭非略也知鬼神之情狀不可以墓祭也神主在廟墓以藏體魄而祭之于義何居文豹以爲詩云維桑維梓必恭敬之以父母之所植猶致敬焉況體魄之所藏乎子路去魯謂顏淵曰何以贈我曰吾聞之也去國則哭于墓而後行反其國不哭

奠墓而入孔子葬泗上子貢廬于塚六年魯世世以歲時祀孔冢禮甚厚聖門許之蔡邕曰古不墓祭殆謂上陵之禮可省今觀威儀則知明帝至孝出于天性不可奪也晉武帝欲謁文帝陵羣臣以秋暑恐帝感動傷摧帝曰得奉瞻山陵體氣自佳耳今士大夫捐親戚棄墳墓而游宦他州至有樂其風土而遂家焉如歐蘇諸公皆然是固未敢輕議要之父母之邦墳墓所在豈容恝然周公反葬于成周孔子遲遲于去魯鍾儀在晉而操南音高祖都關中而拳拳于豐沛皆仁厚之意宣和間中書侍郎馮熙載與宰相王黼不協言者以熙載不省墓黜之

太宗崩有馴犬號呼不食遣送陵所徽宗北狩四太子請王婉容爲粘罕子婦上遣之曰好事新主及行大哭曰何忍以一身事二主就輿中以奩刀自刎太子曰南宋大臣未有如此者擇地葬之立碑曰貞婦冢錢唐僧惠勤與歐公遊及公卒每對人語未嘗不流涕愚謂婉容妾婦也僧夷教也犬畜類也而有德性焉今忘恩背義之人如趙憬之負陸宣公白敏中之負李衛公張洎之負寇萊公溫仲舒之負李文穆蔣之奇之負歐陽公呂惠卿之負王荆公所謂未乾薦稱之墨已彎射羿之弓曾此婦此僧此犬之不若予雖寒素見負者尤多況士大夫利害相關寵辱相摩又可知已此翟公所以大書其門也惟韓魏公善處此境凡人語及其所不平氣必動色必變辭必厲公則不然聞小人忘恩負義欲傾己處色和氣平若道尋常事

太宗御書戒石銘頒行天下矣至紹興二年六月復頒黃庭堅所書命州縣長吏刻石坐右然守令之貪酷者視如不見輕薄子附益之曰爾俸爾祿難稱難足民膏民脂轉喫轉肥下民易虐饑投便著上天難欺且待臨期

大觀三年五月天子視學孟翊袖出卦象一軸以爲本朝火德當

中徽有再造之象行將見之宜有大更革上怒編管海州死後七年金人入寇高宗中興

松陽縣民有被毆經縣驗傷翌日引驗了無瘢痕宰推詢之乃仇家使人要歸飲以熟麻油酒臥之火燒地上覺而疼腫盡消又有肩髀中創血如箭出醫者以炒原蠶蛾末傅之立止更云前方亦治攧撲後方亦治金瘡

徽廟試畫工以萬綠枝頭紅一點動人春色不須多爲意衆皆妝點花卉惟一工于屋樓縹緲綠楊隱映中畫一婦人憑欄立衆工遂服

歐公女適張氏夫死擕孤女歸父家嫁公族子晟晟之官至宿州赴郡宴歸而失其舟捕至京師得之開封府勘乃梢人與晟妾通妻知而欲笞之反爲妾所誘併與梢人通府尹承言路風旨令張氏引公以自解獄奏仁宗大駭遣中使王昭明監勘而張氏反異

公雖得明白猶坐以張氏奩具買田作歐陽戶名出知滁州時劉煇挾省闈見黜之恨賦醉蓬萊詞以醜之

華陽宮記出于蜀僧東都事略遂具載焉殊失國史之體輒爲刪煩附錄于此以寓黍離之意政和初詔作壽山艮嶽于禁城東隅輔以太湖靈壁之石最高一峯九十丈其餘岡阜亦十餘仞築層臺于上隨其榦旋盤曲之勢而爲徑路憑險則設磴道飛空則架棧閣山上山下珍禽奇獸以億萬計鑿池爲溪澗壘石爲隄捍隨石之性不加斧鑿又因土積爲岡陵山骨暴露峯稜如削飄然有雲姿鶴態曰飛來峯高于雉堞翻若長鯨腰徑百尺植梅萬本曰梅嶺接其餘岡種丹杏曰杏岫增土壘赬石爲山因其自然而植以椒蘭曰椒崖接衆山之末增土爲大坡植檜柏萬數結爲幢蓋鸞鶴蛟龍之狀曰龍柏坡循壽山而西種竹數百步有同本而異榦者又雜以對青竹曰斑竹麓又以紫石徑數仞貼山阜立

山陰置木櫃絕頂鑿深池車駕臨幸則開閘注爲瀑布曰紫石壁瀑布屏環艮嶽之麓琢石爲梯曰朝眞磴州上植梅棠曰海棠川山之西有園曰藥寮宮室臺榭巋然其間曰瓊津殿絳霄樓萼綠花堂臺高九仞周覽都城近若指顧萬山之間有碧虛洞天開三洞門以通前後中建八角亭榱椽窗檻間以瑪瑙石琢其地爲龍礎道景龍江東出安遠門以備龍舟東幸擷景二園西泝景龍門以幸曲江池亭復自瀟湘江亭開閘通金波門北幸擷芳苑隄外築營壘衛之瀕水皆桃海棠芙蓉又于其旁作野店麓治農圃開東西二關夾懸嵓磴凡自苑中登羣峯皆由此出入道絕窄險石多鋒棱過者股栗又爲勝遊六七曰躍龍澗漾春陂桃花閘雁池迷眞洞總名爲華陽宮然華陽大抵衆山環列就中得平蕪數十頃爲園囿而闢宮門于西大石百餘林立左右名曰神運昭功敷慶萬壽峯獨居道中廣百圍高六仞錫爵盤固侯蓋以石亭高立五十丈御製記文親揮宸翰碑高三丈其餘衆石或儼然而立或奮然而起或翼然超羣或殊然危坐或傴僂而取或奔如赴鬭其他軒榭各有巨石皆御筆賜號于其首惟神運峯前羣石金飾其字餘皆青黛曰朝日御日吐月排雲卿雲鎖雲驒雲棲霞棲烟捫參銜斗雷穴雷門風門日觀月窟瑞靄堆青凝碧壘秀叢秀獨秀蹲螭坐獅巢鳳時龍金鰲玉龜玉龍玉秀玉寶溜玉噴玉蘊玉琢玉稜玉雕琢渾成登封矯首萬壽老松蓬瀛須彌老人壽星其在渚曰翔龍在津涘曰舞仙在洲中曰玉麒麟冠于壽山曰南屏小峯附于池上曰伏犀怒猊儀鳳烏龍列于沃泉上曰留雲宿霧又有藏烟谷滴翠岩摶雲屏積雪嶺其色黃而仆于亭際曰抱犢天門又有二大石配神運峯而異其居有亭庇之其在環春堂曰玉京獨秀太平岩在萼綠華堂曰慶雲萬態奇峯其餘不可殫記靖康初九祖秀秀避虜其中時大雪新霽四望林壑如在玉山猗苑中因此筆而記焉

具在後第三十卷雲谷褉記中

墨客揮犀 十卷　宋彭乘 蜀人仁宗朝

張相昇爲御史數上封章論及兩府仁宗顧謂曰卿本孤寒何故屢言近臣公奏曰臣安得爲之孤寒臣自布衣不數年致身清近曳朱腰金如陛下乃爲孤寒也帝曰何爲也奏曰陛下內無賢相外無名將官冗而失黜陟兵多而少教習孤立朝廷之上此所以孤寒也帝喜而優容之近侍皆爲之慴自此名重朝野

世人畫韓退之小面而美髯著紗帽此乃江南韓熙載耳尙有當時所畫題志甚明熙載諡文靖江南人謂之韓文公因此遂繆以爲退之退之肥而寡髯元豐中以退之從享文宣王廟郡縣所畫皆是熙載後世不復可辨退之遂爲熙載矣

今人於榜下擇婿曰臠婚其語葢本諸袁山松尤無義理其間或

有不願就而爲貴勢豪族擁逼而不得辭者嘗有一新先輩少年有風姿乃爲貴族之有勢力者所慕命十數僕擁致其第少年欣然而行略不辭避既至觀者如堵須臾有衣金紫者出曰某惟一女亦不至醜陋願配君子可乎少年鞠躬謝曰寒微得託迹高門固幸待更歸家試與妻子商量看如何衆皆大笑而散

藏書畫者多取空名偶傳爲鍾王顧陸之筆見者爭售此所謂耳鑒又有觀畫而以手摸之相傳以謂色不隱指者爲佳畫此又在耳鑒之下謂之揣骨聽聲歐陽公嘗得一古畫牡丹叢其下有一猫未知其精粗丞相正肅吳公與歐公姻家一見曰此正午牡丹也何以明之其色披哆而燥此日中時花也猫眼黑睛如綫正午猫眼也有帶露花則房斂而色澤猫眼早暮則睛圓正午則如一綫耳此亦善求古人之意也

毗陵郡士人家有一女姓李氏方年十六歲頗能詩甚有佳句吳

人多得之有拾得破錢詩云半輪殘月掩塵埃依稀猶有開元字想得清光未破時買盡人間不平事

河州有禽名骨托狀如雕高三尺許以名自呼能食鐵石郡守每置酒輒出以樂坐客或疑鐵石至堅非可食之物乃取三寸白石繫以絲繩擲其前即啄而吞之良久牽出視石已爛如泥矣

漳州漳浦縣地連潮陽素多象往往十數爲羣然不爲害惟獨象遇之逐人蹂踐至骨肉糜碎乃去蓋獨象乃衆象之最獷悍不爲羣象所容者故遇之則忿而害人

僧悟空在江外見一猿坐樹杪弋人伺其便射之正中母腹母呼其雄至付子已哀鳴數聲乃投箭墮地而死射者折矢棄弓誓不復射

予伯祖嘗于野外見蜈蚣逐一大蛇甚急蛇奔遇一溪蜈蚣亦隨之蛇知力屈不免回身張口向之蜈蚣遽入其口俄頃蛇死乃穴其腹傍而出析蛇視之已無腸矣傳言蝍蛆甘帶蝍蛆即蜈蚣之別名

蝸牛不獨能伏蝎亦能制蜈蚣蜈蚣見蝸牛則不復能去蝸徐登其背以涎繞之其足盡落

太常博士李處厚知廬州梁縣嘗有毆人死者處厚往驗傷以糟或灰湯之類薄之都無傷迹有一老父求見曰邑之老書吏也知驗傷不見迹此易辨也以新赤油繖日中覆之以水沃其屍其迹必見處厚如其言傷迹宛然自此江淮之間官司往往用此法

世謂太守爲五馬人罕知其故事或言詩云孑孑干旟在浚之都素絲組之良馬五之鄭注謂周禮州長建旟漢太守比州長法御五馬故云後見龐幾先朝奉云古乘駟馬車至漢時太守出則增一馬事見漢官儀也

杜牧華清宮詩云長安西望繡成堆山頂千門次第開一騎紅塵

妃子笑無人知是荔枝來尤膾炙人口據唐記明皇帝以十月幸驪山至春即還宮是未嘗六月在驪山也然荔枝盛暑方熟詞意雖美而失事實

子瞻嘗自言平生有三不如人謂著棋吃酒唱曲也然三者亦何用如人唱子瞻之詞雖不失體而多不入腔正以不能唱曲耳

荆公禹玉熙寧中同在相府一日同侍朝忽見虱自荆公襦領而上直緣其鬚上顧之甚笑公不自知也朝退禹玉指以告公公命從者去之禹玉曰未可輕去輒獻一言以頌蝨之功公曰如何禹玉笑而應曰屢遊相鬚曾經御覽荆公亦爲之解頤

薄傳正知杭州有術士請謁蓋年踰九十而猶有嬰兒之色傳正接之甚歡因訪以長年之術答曰某術甚簡而易他無所忌惟當絶色慾耳傳正俛思良久曰若然則壽雖千歲何益

王元澤數歲時客有以一獐一鹿同籠以問雱何者是獐何者爲

鹿麞實未識良久對曰獐邊是鹿鹿邊是獐客大奇之

續墨客揮犀十卷

石曼卿善豪飲與布衣劉潛爲友嘗通判海州劉潛來訪之曼卿迎之與潛劇飲中夜酒欲竭顧舡中有醋斗餘乃傾入酒中併飲之至明日酒醋俱盡每與客痛飲露髮跣足著械而坐謂之囚飲飲于木杪謂之巢飲以藁束之引首出飲復就束謂之鱉飲其狂縱大率如此廨後爲菴嘗過其間名之曰捫蝨菴未嘗一日不醉仁宗愛其才嘗對輔臣言欲其戒酒延年聞之因不飲遂成病而卒

劉潛以淄州職官權知鄆州平陰縣事一日與客飲驛亭左右忽報太夫人暴疾潛馳歸已不可救矣潛抱母一慟而絕其妻見潛死撫潛屍大號而卒時人傷之曰子死于孝妻死于義孝義之事併集其家

鄱陽龔冕仲自言其祖紀與族人同應進士舉唱名日其家衆妖競作牝雞或晨鳴犬或巾服而行鼠或白晝羣出至于器皿服用之物悉自變易其常處家人驚懼不知所爲乃召女巫徐姥者使治之時尚寒與姥對爐而坐有一猫正臥其側家人指猫謂姥曰吾家百物皆爲異不爲異者獨此猫耳于是人立拱手而言曰不敢姥大駭而去後數日捷音至二子皆第矣乃知妖異未必盡爲禍也

華岳張超谷岩石下有僵尸齒髮皆完春時遊人多以酒瀝口中呼爲臥仙好事者作木榻以薦之嘉祐中有石方十餘丈自上而下正塞岩口豈非仙者所蛻之形不欲人褻慢也

閩嶺已南多木棉土人競植之採其花爲布號吉貝布予後因讀南史海南諸國傳言林邑等國出古貝木其華成時如鵝毳抽其緒紡之以作布與紵布不異亦染成五色織爲斑布正此種也蓋俗呼古爲吉耳

歐陽詩話有譏唐人半夜鍾聲到客舡之句云半夜非鍾鳴時或以謂人之始死者則必鳴鍾多至數百十下不復有晝夜之拘俗號無常鍾疑詩人偶聞此耳予後至姑蘇宿一院夜半偶聞鍾聲因問寺僧皆曰固有分夜鍾何足怪乎尋問他寺皆然始知半夜鍾惟姑蘇有之詩信不繆也

梁灝八十二歲雍熙二年狀元及第其謝啓云白首窮經少伏生之八歲青雲得路多太公之二年後終祕書監卒九十餘

延平吳氏姊妹六人皆妒悍殘忍時號六虎就中五虎尤甚凡三適人皆不終平生手殺婢十餘人每至夜分常聞堂廡間喧呼擊扑之聲同室者皆懼五虎怒曰狂鬼敢爾命開戶移榻于中庭乃持刃獨寢于是徹旦寂然人謂五虎之威鬼猶畏之也

守宮其形大槩類蜥蜴足短而身闊亦有其色金者秦始皇時有

人進之云能守鑰人不敢竊發鑰古名之曰守宮由此也又云致于宮中宮人有異志者即吐血汙其衣或云以守宮繫宮人臂守宮吐血汙臂者有淫心也秦皇則殺之

長安故宮闕前有唐肺石尚在其制則如佛寺所擊響石而甚大可長八九尺形如人肺亦有款志但漫剝不可讀按秋官大司寇以肺石達窮民求其義乃伸寃者擊之立其下然後士聽辭如今之撾登聞鼓也所以肺形者便于垂叉肺主聲所以達其寃也

張杲卿丞相知潤州日有婦人夫出數日不歸忽有報菜園井中有死人婦人驚往視之號哭曰吾夫也遂以聞官公令屬官集鄰里就井驗是其夫與非衆皆以非深不可辨請出屍驗之公曰衆皆不能辨婦人獨何以知其爲夫收付所司鞫問果姦人殺其夫婦人與聞其謀

漁家以獮猻毛置之網四角則多得魚云魚見之如人見錦繡也

今又見人于江湖溪沼間垂釣布網者但志心默倒誦揭諦咒一七遍則使終日無獲湘潭間有李道人常持此咒以濟物命後爲羣漁所仇乃越境而遁

北方有白雁似雁而小色白秋深則來白雁至則霜降河北人謂之霜信杜甫詩故國霜前白雁來卽此也

夜藏飲食于器中覆之不密鼠聞其氣欲盜食而不可得則環器而走涎滴器中食之者得黃疾通身如蠟針藥所不能療也

李廷彥獻百韻詩于一上官其間有句云舍弟江南歿家兄塞北亡上官惻然傷之曰不意君家凶禍重併如此廷彥遽起自解曰實無此事但圖屬對親切耳

許義方之妻劉氏以端潔自許義方嘗出經年始歸謂其妻曰獨處無聊得無時與鄰里親戚往還乎劉曰自君之出惟閉門自守足未嘗履閾義方咨歎不已又問何以自娛答曰惟時作小詩以

適情耳義方欣然命取詩觀之開卷第一篇題月夜召鄰僧閑話

東漢人無復名者或以問鄉貢進士方絢絢云王莽時禁用兩字名蓋沿襲所致

處士劉易隱居王屋山嘗于齋中見一大蜂罹于蛛絲蛛搏之爲蜂螫墜地俄頃蛛鼓腹欲裂徐徐行入草蛛嚙芋梗微破以瘡就嚙處磨之良久腹漸消輕捷如故自後人有爲蜂螫者挼芋梗傅之則愈

王舜永云萵苣出咼國有毒百蟲不近蛇虺過其下誤觸之則目瞑不見物人有中其毒者惟生薑汁解之

謝正秀才云有人食黃顙魚後食荆芥湯卽時死後見醫者云二物極相反食他魚亦宜禁之

感應類從志

晉張　華 晉司空

盧灰投地蒼雲自滅

史記有蒼雲鬭軫軫楚之分野是不善之徵楚太史唐勒夜以蘆灰遺于地乃更滅拂之其蒼雲爲之半滅人遺灰乃盡去之

萌芽生角音振蠶絲也商弦絕絕緊也

積灰知風縣炭識雨

以榆木化灰聚置幽室中天若大風則灰皆飛揚也以秤土炭二物使輕重等懸室中天時雨則炭重晴則炭輕孫化侯云以此驗二至不雨之時夏至一陰生卽灰重冬至一陽生卽炭輕二氣變也

僵蠶拭唇馬不齩人狼皮在槽馬不食穀

以僵蠶拭馬唇內外卽不齩人亦不喫草取桑作末塗口卽不喫草也以鼠狼皮挂馬槽上或云置穀上馬不齩穀也

胡桃之券令雞夜鳴甑瓦之契投梟自止

以胡桃樹東南枝劈之書券字訖遺之于雞栖下則夜鳴不止以故甑書契字置于墻上忽聞梟鳴取以投之卽不敢更鳴也

口誦儀方登山不見虎心念儀方入澤不逢蛇

此二句目驗也

藉艸三垂魑魅收跡金乘一振遊光斂色

夜臥以所眠上抽艸一莖出長三寸許魑魅不敢來覔人田野中見遊光者火也其名曰燐鬼火也或人死血久積地爲野火遊然不常或出或沒來逼人奪人精氣以鞍兩鐙相叩作聲火卽滅也

貨宅之財不買生口估乘之物不以聘婦

賣宅之財不買生口奴婢及生物並不利于人賣驢馬之財不聘婦令家耗竭婦至不安也

牛馬度關出手卽傳衣服運井入市爭酬

欲賣牛馬驢畜宿以木闌障之明乃度過令寡婦擘其尾作十

字則其物易售也欲出貿衣服遲遶觀井三匝將入市爭酬也」
月布在戶婦人留連守宮塗臂自有文章
取婦人月水布燒作灰婦人來卽取少許置門閫門限婦人卽留連不能去五月五日取蠅虎虫以刺血竭養筐筐中以朱砂和牛脂食之令其腹赤乃止陰乾百日末少許塗人臂卽有文章揩拭不去男女陰合歸卽滅此東方朔法漢武帝以驗宮人故曰守宮也
高懸大鏡坐見四鄰迴風之艸目覩四戶
以大鏡長竿上懸之向下便照曜四鄰當鏡下以盆水坐見四鄰出入也取迴風艸插頭上令人顧見四戶之事迴風卽從風也
㩴毛止風孤槌息滂卽雨也
取黑犬皮幷毛白鷄左翼翦燒之揚鷄卽風生揚犬卽風止也

三寡婦七孤兒各令持研米槌孤兒仰天號寡婦向地哭卽雨止有大驗也
井衣獨運逃亡自歸飯縷縫裳竪奴無去
取逃人衣裳井中垂運之則逃人自思歸也以飯帶麻作綫左緊之縫奴婢衣介縫一尺六寸卽無逃走之心也
木瓜翻魚秦椒伏雀
以木瓜灰和麥飯糠及米投水中魚乃食之魚皆翻目矣或罔罩殺之其魚皆不堪食也秦椒爲末和稻飯雀食之而伏地也」
橘見屍實繁榴得骸葉茂
橘見死屍卽多子石榴一名茶林以骸骨埋于樹根下繞之其樹滋茂而葉多
刀湯不紕于練陰水可以延綫
凡練絹帛以刀畫釜中作白字或作十字名曰刀湯其練物不紕疎既練生作熟訖卽內井中懸之不至水經宿然後出之名曰陰水故考切盡此爲貴也
龜骸環牀子孫聰明狗肝泥竈婦妾孝順
取龜左骸骨環而帶之子孫聰明智慧以狗肝和淨土泥竈令婦妾載順也
沃穴離盈虛損門戶勾芒在竈家常耗耄
有穴容指以水沃之不可滿者此名虛耗之穴宅有此令人虛損不滋息竈前或左右有溼如水洗處不乾者若不去之令人家多耗耄也
蛙布在廁婦不妬草髮在竈婦安夫
以婦月水布裹蝦蟇于廁前一尺入地五寸許卽令婦人不妬忌又埋婦髮于竈前令婦人常安夫家又取他人髮埋竈前令人不怒恆喜

居三徙鬼逐人鄰三犬家必破
家三移徙耗鬼逐人三犬爲穴刲神也言此常侵耗人家不安」

逸史 三卷

盧子既作史錄畢乃集聞見之異者目爲逸史焉其間神化交化幽冥感通前定升沉先見禍福皆摭其實補其缺而已凡紀四十五條皆我唐之事時大中元年八月

玄宗

玄宗微時嘗至洛陽令崔日用宅崔公設饌未熟玄宗因寢庭前一架花初開崔公見一巨黃蛇食藤花驚不敢近逡巡不見玄宗覺曰大奇飢甚睡夢中喫藤花滋味分明記今已得餘飽崔公乃知他日啓聖之驗也

蕭家乳母

遂州蕭侍郎翰云叔父曾雇得乳母自言遭荒歉兵戈父母生之

三日逃難不能攜挈乃盛于綳被弃于岫壁石上俄有避難者數十人來共裹之將歸土龕中以泉水浸柏葉點其口數日筋骨康強歲寒能言語不喫諸物但食松柏而已至五六歲覺身輕騰空高丈餘有三四小兒相與游戲不知所從肘腋間生綠毛僅長一尺漸能飛與羣兒游王母宫聽天樂食靈果每月一歸所養人家或以仙果獻之數年賊平後無事本父母入山尋餘骸骨將葬見所養者具言其事父母涕泣曰如何一見語未訖已在空中不肯下父母望之悲號又却飛去父母後乃買果栗潛于窗下遣所養者招手遂自空中而下父母走抱之喻以歸還曰某甚樂不願去也父母更果栗令喫之逡巡羣兒齊聲曰水晶宫奏樂可去聽躍身欲飛卽墮于地于是羣兒齊聲曰喫俗物也苦哉苦哉遂散父母挈歸嫁爲人妻有二子後遭難亂乃爲乳母也

羅公遠

玄宗欲傳隱形之術公遠祕之不說上怒乃選善射者十人伏于壁召公遠與語衆矢俱發公遠致斃上令斬首瘞于宫內月餘有中使自蜀回奏事訖云臣至駱谷見羅公遠令臣附起居專于成都望車駕上大驚問其行李如何曰跣足攜鞋一隻乃令開棺唯見一草鞋在棺有箭孔數十後祿山反玄宗幸蜀有稱羅厶延來謁召之則不見思其意羅厶延羅公遠無頭上悔恨歎息累日

白樂天

會昌元年李思稷中丞爲浙東觀察使有商客遭風飄蕩不知所止月餘至大山瑞雲奇花異樹盡非人間所覩山側有人迎問曰安得至此具言云維舟上岸須謁天師遂引至一處若寺觀通入見一道士眉鬚悉白侍衛十人坐大殿令上更語曰汝中國人也藏地有緣方得一到此蓬萊山也既至莫要看否遣左右引于宫內游觀玉臺翠樹光彩奪目院宇數千皆有名號至一院扃鎖嚴固窺之衆花滿庭堂有几几上焚香階下客問之答曰此是白樂天院樂天在中國未來耳乃潛記之遂歸旬中至越具白廉使公盡錄以報白公公脫然烟埃投棄軒冕與居昧昧者固不聞也安知非謫仙哉

李主簿

近者選人李主簿者新婚東過華岳將妻入廟謁金天王妻拜次氣絕而倒惟心上微暖舁歸店走馬謁華陰縣求醫卜之人縣宰曰葉仙師善符術奉詔治龍回去此一驛公可疾往延之李生單騎奔馳十五里遇之李生下馬伏地流涕拜具言其事仙師曰是何怪魅敢如此遂與李生先行謂從者曰鞍馱速驅來待朱紱及筆至店家已聞哭聲仙師入見曰事急矣且將筆墨及紙來遂畫符焚香以水噀之符北飛走聲如旋風良久無消息仙師怒又書一符其聲如雷又無消息少頃鞍馱筆到令李生在右煮少薄粥

以候其起乃以朱書道符噴之叱咤之聲如霹靂須臾口鼻有氣漸開眼能言問之曰某向拜時金天王曰好夫人第二拜云留取遣左右扶歸院適已三日親賓大集聞馱符到門門者走報王王曰何不逐却乃第一符也逡巡門外鬧甚門者數十細言于王曰且發遣是第二符也俄有赤龍飛入正扼王喉才能出聲曰放去某遂有人送出第三符也李生齎襄以謝是知靈廟女子不得入也

西征記一卷　宋盧　褒字贊元三衢人

予嘗謂人生以七尺男子軀爲天地中最靈物造化者裂元氣取其精英而與之使呼吸至和發露天光超然出于塵垢之外苟甘心瓶罍如醯雞然老且死是造化棄物耳寧不愧乎古人以桑弧蓬矢射天地四方而樂其有志哉予欲長游遠睇窮極天下壯麗奇偉卓絶之處南窮滄溟北抵幽都東折若木之枝西奄濛汜之

谷頂摩太淸轇轕環八埏以助夫造物所以與予者生抱此志二十二年矣更念衢爲小邦處會稽姑蔑之地山川形勢不足爲天下偉觀居常病是不足廣吾胸中之氣思得一隨穆滿造父輩齊驅並馳于瑤池之宮閬風之苑亦欲乘雲御風于日月出沒之際烟霞斂散之表兆宇宙中可足跡至者邪故過洞庭彭蠡之浩漫太山孟門之巃嵸豈不知不修德而恃險者終銜璧而來歸乎過岷峨玉壘劍閣棧道之際豈不知不保國而貪利者終爲亡國之虜乎過塗山思神禹會諸侯之盛尚有專車之骨枕荒艸而萋萋者乎過瀟湘思二妃望九疑之雲尚有琅玕之上帶泪痕而斑斑者乎過崤函而思秦以虎狼之強而自爲楚齒也過烏江而思項羽以拔山之力而卒爲漢擒也登太山梁父尚有秦皇漢武芝函玉檢金篆石刻之書可讀也過洞庭玉關尚有投筆書生伏波將軍燕然銅柱之跡可復也過謝家靑山而不知今日尚有佳士能爲

蒼生時起者乎過臥龍南陽而不知今日尚有抱膝長嘯以邀三顧之寵者乎凡天下之奇形異狀陣雲迴雁之峰浮天浴日之波與夫通衢大邑遐邦異壤之遠周遊歷覽以廣吾胸中之氣豈不洋洋然浩浩然足以吞雲夢而飛天地哉去年秋舉郡計鄉老里大夫推予爲冠今年求試春官擔簦裹糧走數千里雖風俗形勢不出吳越江[illegible]之近而山川之勝槩前賢之遺迹亦已多矣因談笑之暇姑記其所游之處尚有遺賞未出于車輪馬足之間者缺之以藏諸櫃中云吳越之地牽牛織女之分野泰伯句踐之故墟有鑿山煮海之利三江五湖之險亦江東之都會也獨衢東接甌閩西連婺州自衢歷婺至新安曰睦州歙三江之水會合于亭下有山隆然直壓其首渴蠶怒鯨奮迅鬐鬣奔而衝水之狀上有桐君祠乃戴顒飛仙之地祥雲瑞氣氤氳四薄鶴駕往來鸞蹤儼然予恨斯人之不復見乃作招仙之詞歌而招之曰桐君歸來兮遠

遊將何之寧不欲朝玉京兮升紫微戴日月之高冠兮披紫霞之衣佩蒼精之龍兮餐玉田之芝友王喬與蕭史兮儼蜿旋玉佩而葳蕤何如歸來猿鶴慘兮怨空山川寥寂兮松桂閒胡不拂袖幌兮開雲關藉芳艸兮歌幽蘭庶乎遊山之人可以往還自桐君祠而西有雲山蜿蜒如兩蛇對走于平野之上三江之水並流于兩間驚波鬬馳秀壁雙峙上有東漢故人嚴子陵之釣臺孤峯特操聳立千仞奔走名利汨沒爲塵垢中客者一過其下淸風襲人毛髮爲竪使人有輕視功名之意乃作詩以歌之曰無欲戴蟬冠蟬冠械我首無欲披袞衣袞衣囚我身貧賤自閑暇功名多苦辛君不見大將軍功蓋天地一朝餓死垣牆裏又不見穰侯貴咸陽朝爲卿相暮匹夫爭如春風秋月一竿竹萬古溪山看不足勝他宮殿鎖千門細艸新蒲爲誰綠自釣臺而西曰浙江羣水赴焉衆山載焉海門二峯屹然孤立頃聞潮聲轟磕驚裂地軸如雷霆之奔

擊萬軍之決怒天靈爵躍水怪萬狀擁銀山而瀉天漢意其子胥之魂尚含屬鏤之怨怒而激爲水乎抑江神海若以謂不如是不足以震天地之威乎抑形勢使然而自爲此奔突乎竊悲子胥之忠腸義骨感激發憤欲身存國家讒鋒射人卒于誅死眞天下奇男子有不幸者如此也乃作歌以弔之曰姑蘇臺上麋鹿遊斷烟荒艸令人愁姑蘇臺邊少行迹宮殿無人土花碧當年霸業幾英雄轉首身歸血刃中利劍一朝尸壯士白楊千古號悲風吳王羞歸九泉裏西施空似桃花美子胥雖死勝生榮越人却是奇男子自浙江艤舟古岸下登其上曰杭州橫控列城爲國大藩乘熊軾而建隼旟者必王公大人非州刺史郡太守二千石比也觀閩商海賈舟車輻湊犀貝魚鹽駢羅其中龍山據其首西湖盤其腹天隱聳其肩胥丘臥其背樓臺上下如錦繡其間被髮文身者閩粵之舊俗也水犀射首者戰國之餘勇也金陵玉渠盧臺廣榭者錢

氏之故宮也霓裳羽衣綽約靡曼者蘇小之遺態也故過其地者必駐軾焉自杭而西至嘉禾曰秀州自秀而西渡吳江橋如長虹欲舒橫截水面左瞰太湖一望千頃篙工柁師風謳雨吟征人動江鄉之悲游女謳采蓮之歌思昔拂袖去國扁舟五湖者鴟夷子之遠遊也蓴羹半糝鱸魚自香者張季鷹之嘉遯也行歌長吟與鷗雲水者陸魯望之嘉遯也後人高之作祠堂于笠澤之右予登三賢之堂恍三賢之風遂賦三賢之詩曰舟繫小橋楊柳月帆移平浦芰荷風當時不向烟波老霸業功名一掃空（謂鴟夷也）鱸膾色鮮盤玉縷蓴羹香滑煮龍髯可憐水月交光夜一笛西風自捲簾（謂季鷹也）醉夢幾經芳艸渡吟魂飛上月明樓散人已出形骸外肯作鄉聲效楚囚（謂魯望也）自吳江橋而西至蘇州予求其所謂姑蘇臺者有遺址存焉父老尚能言之今天祐我宋統一寰宇四方遠近殊無據土地擁甲兵效戰國髖髀相依者是臺也今雖版圖入于王府

亦亡國之餘辱使當時知范蠡之有謀悟勾踐之嘗膽俯取忠言何至亡哉言訖涕數行下余亦悵然悲而父老作歌嗚嗚予和之曰秋風起兮鴻雁歸秋月明兮白雲飛弔往古兮一霑衣自姑蘇至毗陵曰常州自常州至京口曰潤州謁水府祠渡揚子江登金山見巨浪拍天鯨鯢出沒蜃樓駕空朱碧相照呼雲吸霧一息萬態紛紛紜紜不可名狀遂渡揚子江至儀真曰真州見江皋有巍然古宇長廊複壁間有所謂小龍之祠試造觀之有小蛇盤旋几案上朱鱗火髯目赫赫有異光尸祝指曰此非虺蝮蟒蜴之儔伍也喜則俯首搖尾僅可玩狎稍怒則搖撼坤關翻海推岳而後已所以艤舟而禱者袂相屬焉自儀真至維揚曰揚州自維揚至山陽曰楚州至淮陰登韓信廟使人扼吭歎息思昔帶長劍在五陵俛首出惡少年跨下去帖帖然不敢喘何其弱也及其登壇佩大將軍印虜魏豹滅項籍斬成安君泜水上名動諸侯南面稱孤又何壯也觀其用兵制敵神授鬼畫出入皆古兵法中言取楚三策如指諸掌何其智也鳥盡弓藏兔死狗烹雲夢之擒未幾而死于婦人之手又何其愚大丈夫抱超世絕俗之才負安時經濟之略顧用否何如耳故爲詩以傷之云築壇當日拜元戎楚漢都歸指掌中王氣未消垓下敵將星已落陣前功英名紫塞千鈞重冤血青蛇一縷紅尚有驚刀薦牲酹斜陽烟樹泣秋風自淮陰出龜山泛長淮入京昌泗州觀青蓮寶宇連榱曲桷雄視眈眈以窮土木之壯麗浮圖屹立若柱擎天委珍其絕毛血騰踏道路動以萬計更念汴水者出于昆侖黃河之源濁浪奔馳自上而下與淮俱流數千里間淸濁異色久則與俱如涇渭然遂念隋大業間煬帝所以浚闢使達于江者不過事遊幸爾奈何錦帆未張而神器移膺血未乾而生民瘠天怨神怒假手于唐龍舟鳳楫鼓櫂而回者不其無聊哉今則每歲漕上給于京師者數千百艘舳艫相銜朝暮

不絕蓋有害于一時而利于千百載之下者天以隋爲我宋王業之資也遂上所謂黃金堤與友生對坐巨柳下感今悼昔賦詩以哀之曰昆侖一綫破蒼崖霹靂飛聲趁地來煬帝絕教湖水斷巨靈羞闢華山開桃花漲滿通西洛竹箭奔流逐吹臺午夜月明楊柳岸空餘風咽笛聲哀自泗州抵宿州歷南京至雍邱乃張許二公保障江淮之地也昔胡羯梟鳴腥我嵩岱哆然四顧有橫吞天下之志二公提孤兵挫彊虜扼東南咽頷以江淮財用濟中興非古烈丈夫疇能哉吾見其悲風擊地林木怒號意者南霽雲之嗚咽也古木蒼瘦怪石孤聳意者雷萬春之壁立也殘陽滿地餘霞一林則愛妾之血肉尚在也寒鴉悲鳴林鳥爭飛則侍童之精魄猶存也爲之歌曰胡兒倚劍劈崆峒范陽兵火燒天紅潼關失守大將死鑾輿播遷岷峨中貔貅金甲照冰雪戈頭盡是生民血鯨海揚波魚黿腥中原盡作天山月二公擐甲怒□□□□□□□

□□□□□□□□□□槍極闕單前皆眥裂食窮愛妾膏斤斧愁蹙蛾眉氣如縷花鈿寶髻誰復收將士相看泣如雨霜刀抉齒肉未寒再造皇家有英主雄心義骨塡溝壑不得生榮有李郭論功初入鸛鵲樓圖形已入麒麟閣自雍邱至陳留乃漢張子房所封之境也視其以經□爲王者師躡帝足而封韓信迎四皓以定太子功成名遂翻然從赤松子遊可謂豪傑之士矣使當時擊秦皇之憤以不貲之軀塡餓虎口是與荆軻聶政朱亥郭解輩同爲匹夫之勇矣烏能垂光虹蜺哉然而悠焉遐翥脫軒冕如弊屣則其所得有大過人者不知絕粒茹芝挹朝霞而餐之果能却老而不死乎所謂黃石公者吾意其隱君子尙得從而遊乎又不知圯下兵符之書尙無恙乎鄙夫漢廷之臣甘心鼎鑊視死而不顧胡不謝去朝市而從子遊也予爲作招隱之詩庶幾其來曰有玉人兮山之隅騎蒼龍兮歌步虛薜荔交兮女蘿裾餐瑤蕋兮被玉書朝玉皇兮遊上都擘麟脯兮邀麻姑胡不捨此而來兮而吾與俱又歌曰日旋月轉兮能幾時人間不可以久留兮緇塵染予素衣何不讀靑苔之篇兮歌白雲之詩玉書金簡兮仙籍留名兮其庶幾然後左蒼虬而右靑螭飛羽蓋兮張雲旂黃鵠引兮歸瑤池汝將捨此兮安之自陳留至大梁曰汴州始禹畫爲豫周封爲魏邶鄘之故都楚漢之戰場今爲開封府是謂京兆也思昔戰功之初壯士之悲吟戰馬之嘶風凡烏江舞陽按長劍而叱咤之地今則萬國之朝會集焉昔之鋒鏑交加兩虎並隅而相睨轅門刁斗羅黃鉞而擁千刃以備掩襲之處者今則萬方之玉帛赴焉昔之荒睽斷塹猩鼯狐兎之窟宅朝風號而暮雨悲今則龍樓鳳閣正玉繩而方紫極焉昔之白葦□□有螭頭馬鬣之象過其下者莫不酸鼻出涕今則龍池鳳沼集水戲而競娛樂焉以至虞韶夏濩曦琴瑤鍾者太常作也神虬龍馬髭鬭象貝者異方貢也天球河圖赤雁白魚者瑞物錫也丹禁紫宇格熊裂貙者上林樂也黑鞘鐵脚突騎勇也虎翼龍驤戰士蹻也飛棟連櫋居人繁也輦金橐玉大賈至也樓櫓相望雉堞新也法象穹極帝闕隆也鴛行鷺列百官入也龍墀日角天王明也環流積饍置博士而列羣書則庠序之說嚴也重跰負笈起艸萊而叩帝閽則羣賢之樂而來游也至于其餘不可殫記雖班孟堅二京之筆左太沖三都之才揚子雲五柞之手與夫芝房寶鼎之作歌金馬碧雞之馳檄不可得而窮矣當使曳裾金馬門下出入承明廬中廁迹于賢公卿大夫之列庶幾獲觀明庭之制作稔祖宗之故事尙能賦之覆醬瓿貴紙價詎可必哉

碧雲騢錄一卷

宋梅堯臣 字聖俞宛陵人

碧雲騢者廐馬也莊憲太后監朝以賜荆王王惡其旋毛太后知之曰旋毛能害人耶吾不信留以備上閑遂爲御馬第一以其吻肉色碧如霞片故號之世以旋毛[illegible]此以旋毛爲貴雖貴矣病可去乎噫吁哉

范仲淹收羣小鼓扇聲勢又籠有名者爲羽翼故虛譽日馳而至參知政事上自卽位知仲淹無所有厭之而密試以策策進上笑曰老生常談耳因諭令求出遂爲河東陝西宣撫使因不復用後爲鄧靑杭三州專務燕游其政大可笑自謂已作執法又知上厭之不復收羣小縱名士故底裏盡露也仲淹微時甚貧常結中吏人范仲尹爲族弟仲淹及第時姓朱名說自朱改范姓遂與仲尹連名及爲諫官攻呂許公而得罪仲尹亦遭逐自此家破裏大有資畜已爲仲淹取給盡矣仲尹貧仲淹略不撫其家

參知政事張觀嘗知開封府府有犯夜巡者捕致之觀據案訊之曰有證見乎巡者曰若有證見亦是犯夜左右無不大笑

鄭戩結中官黃元吉左遷外補戩同列戲曰天休走却一爺矣戩

笑曰君不知我更有一爺在其不知羞愧如此
盛度以久任泣于上前遂參知政事王博文儌度泣遂自龍圖學
士爲樞密副使蕭定基爲殿中侍御史有士人匿名以何滿子嘲
之一日奏事上曰聞外有何滿子定基曰臣知之上令定基自歌
于殿上既而貶之時有語曰殿上一聲何滿子龍圖雙淚落君前
文彥博相因張貴妃父堯封嘗爲彥博父舊門客貴妃認堯封爲
伯父又欲士大夫爲助于是誘進彥博彥博知成都貴妃以近上
元令織異色錦彥博遂令工人織金綫燈籠載蓮花中爲錦文又
爲秋千以備寒食貴妃始衣之上驚曰何處有此錦妃曰昨令成
都文彥博織來以嘗與妾父有舊然妾安能使之蓋彥博奉陛下
耳上色始定自是屬意彥博自成都歸不久參知政事貝州王則
叛朝廷以明鎬往取之賊將破上以近京憂之一日宮中語曰執
政大臣無一人爲公家了事者日日上殿無有取賊意妃密令人

語彥博明日上殿乞身獨破賊上大喜以彥博往統軍至則鎬已
破賊矣捷書至遂就路拜彥博同平章事後因監察御史唐介拜
疏召彥博殿上面條奇錦事數件質于上皆實事彥博守本官出
知許州明年上元中官有詩曰無人更進燈籠錦紅粉宮中憶佞
臣上聞此句亦笑

肯綮錄一卷　宋趙叔向號西隱埜人

肯綮錄者西隱埜人所著之書也埜人閒居多暇飲酒讀書足以
自娛有疑誤隨即記之初無次第也昔蒯生自名其書曰雋永取
肉肥而味長我則異于是始見眉山先生羊骨帖所謂終日摘剔
僅銖兩于肯綮之間者因以名之西隱埜人趙叔向書于松澗山
居

歸田錄云京師食店賣酸餡者皆大牌榜于通衢而俚俗昧于字
義却轉酸從食餡從臽有滑稽子曰彼家所賣餕臽不知爲何物

也以余觀之山谷法帖見于世者皆作酸餣韻略上聲集韻與陷
同音在去聲注云餅中餡也篇韻皆無餡字不知歐陽公從何得
也但方言云關東西謂䬪爲甗音[illegible]或曰鬻音[illegible]或謂之酢餡而唐韻
甗音歉鬻音尋與方言所音已不同矣豈特此也今士大夫因循相承
信筆而書極爲未允因從陸法言唐韻取世間所常用者以示兒
曹具于後

謂人髮亂曰鬔鬆音蓬松惺憽耳聽也胮肛音龐虹肥大也敧以箸取物曰敧音欹嗞嗟嗟歎聲
鎖鑐牝牡曰鎖鑐音須匾㔸物之薄者㔸音梯竵斜物之不正上音咼闖門角子門曰闖門闖語曰闖門而與之語頰頭下
曰頰杈以拳加物曰杈皆反[illegible]眠瘓曰[illegible]膘臕形貌醜也上力臕下土臕切[illegible]久坐曰[illegible]痠身體疼也音酸手足麻痹
曰疒音[illegible]香有馣香音[illegible]舉物曰揵音虔頭凹曰[illegible]於交反目深曰窅同上音
面不平曰[illegible]同上音聲雜曰啣嘈上音卸嘈齒不齊曰[illegible]跌上音跣以肩負
物曰佗音駝身短曰矬昨禾切鍪曰鍑鍪鍑音[illegible]一斗曰一匕音方人面色
紫曰糖音唐脚細曰跉盯令丁小兒衣曰繃褯下慈夜切鐵臭曰鉎魚臭曰

鮏使性曰刎利上音[illegible]疼曰𤹪音形不定曰尤豫上音由飯不中曰餿音搜
目深曰瞘𥉰音鷗取棋子曰擊棊上音[illegible]繫物椿曰扰音沉不潔曰腌
臢上平聲衣弊曰襤衫又曰襤褸[illegible]湯中瀹肉曰燅音尋不正曰尷尬
介物在喉中曰[illegible]塵土曰埲塕上蒲蠓切下烏孔切不肯曰[illegible]或作搶
茸或作[illegible]音[illegible]麄而不媚曰[illegible]上武[illegible]切下[illegible]屈曲曰[illegible]齒傷
酸曰齒斷[illegible]飽聲曰唉上[illegible]物垂下曰[illegible]上音[illegible]下都垂切魚敗曰餒[illegible]
縫衣曰[illegible]口吃曰[illegible]生產曰解娩圓曰顛[illegible]草束曰捆[illegible]皮
起曰[illegible]火燒物曰燎了羞慚曰懡㦗上音[illegible]下來可切人醜曰[illegible]昌者切不
謹慇曰[illegible]上力兗切下除瓦切瘦曰瘠音[illegible]以水和麪曰溲[illegible]切行不正曰[illegible]
[illegible]上良用切下丑用切點筆曰[illegible]筆瘡腫曰[illegible]染藍曰[illegible]一作[illegible]好貌曰俏醋
睛船不穩曰䑧[illegible]狠強曰[illegible]米不佳曰[illegible]與[illegible]同虵退皮曰蛻[illegible]
濁曰[illegible]上音[illegible]下[illegible]切洒曰潑[illegible]去聲挑燈杖曰[illegible]去聲支物不平曰
[illegible]弆物曰揞於[illegible]切農具曰磟碡[illegible]不伸曰趜趗上居六反下音縮甑[illegible]磚

舂米曰師（伐）舟不穩曰舤（兀）低頭曰圣（窟）去水曰斘（鬱）垢曰垢坋（音墨）

今人多不識䑋美字直寫作𥳑士大夫亦如此一云臉字

予頃在蕭山時地近武林一族人家好養鷹一日有中貴人以百餘錢買一鷹去嘗見其几間有書一帙上題味潄二字初不曉取視之則皆飼鷹鶻之語字書紙籍皆極如法問其所從得則曰吾父頃在北司諸閹往來甚厚以此見遺且曰飼養法皆可用也嘗以二字徧詢相知莫有知者而味字篇韻皆所不載疑其誤書或俗子命字後見沈存中筆談載養鷹鶻者其類相語謂之味潄（以味陸切）三館書目有味潄書三卷皆養鷹鶻及醫療之術始知讀書不廣不可妄有詆訾也但此書三卷言多鄙猥竊其名爾或附益近事也

今人指傭工之人爲客作三國時已有此語焦光飢則出爲人家客作飽食而已

藥有所謂香薷者薷字不見于篇韻獨本艸音柔今人多不識此字北人呼爲香茸南人呼香葇其實皆音譌耳劉世延爲孫君作談圃記載其說甚覼縷醫家亦多不識

今士人就館聚徒皆謂之就館亦語忌也按元后傳張美人嘗妊身就館今吳正仲漫堂隨筆載王介甫嘗對上曰是時後宮方有二人就館也

說郛卷第二十四終

說郛卷第二十五

小說（十卷）　殷芸

齊髙城東有蒲臺秦始皇所頓處時始皇在臺下縈蒲繫馬至今蒲生猶縈俗謂之始皇蒲始皇作石橋欲過海觀日出處時有神人能驅石下海石去不速神人輒鞭之皆流血至今悉赤陽城十一山石盡起東傾如相隨狀至今猶爾秦皇于海中作石橋或云非人功所建海神爲之竪柱始皇感其惠乃通敬于神求與相見神云我形醜約莫圖我形當與帝會始皇乃從石橋入海三十里與神人相見左右巧者潛以脚畫神形神怒曰速去即轉馬前脚猶立後脚隨崩僅得登岸（三齊要略）

滎陽板渚津原上有厄井父老云漢高祖曾避項羽于此井也爲雙鳩所救故俗語云漢祖避時難隱身厄井間雙鳩集其上誰知下有人漢朝每正旦輒放雙鳩或起于此

漢高祖手敕太子云吾遭亂世當秦禁學問生不讀書又不自喜謂讀書無所益洎踐祚以來時方生書乃使人知之者作之追思昔所行多不是又云堯舜不以天下與子而與他人此非爲不惜天下但子不中立耳人有好牛馬尙惜況天下耶吾以汝是元子早有立意兼羣臣咸稱汝友四皓吾所不能致而爲汝來自爲汝大事也今定汝爲嗣又云吾生不學書但讀書問字而遂知耳以此故不大工然亦足自解今視汝書猶不如吾汝可勤學習每上疏宜自書勿使吏人也又云汝見蕭曹張陳諸公侯吾同時人年倍于汝者皆拜并語汝諸弟又云吾得疾遂困以如意母子相累其餘諸子皆足自立哀此兒猶小也（漢書高帝敕）

高祖初入咸陽宮周行府庫金玉珍寶不可稱言其尤驚異者有靑玉九枝燈高七尺五寸下作盤龍以口銜燈燈燃則鱗甲皆動

爛炳若列星而盈室復鑄銅人十二枚坐皆高三尺列于筵上琴瑟笙竽各有所執皆點綴華彩儼若生人筵下有二銅管上口高數尺出筵後其一管空一管有繩大如指一人吹管一人紉繩則琴瑟笙竽等皆作雖眞樂不如有琴長六尺安十三絃二十六徽用七寶飾之銘曰璠璵之樂玉笛長二尺三寸六孔吹之則見車馬山林隱嶙相次吹息則不復見銘曰昭華之管有方鏡廣四尺高五尺九寸表裏有明直來照之影則倒見以手掩心而照之則知病之所在見腸胃五臟歷然無礙又女子有邪心則膽張心動始皇常以照宮人膽張心動者則殺之高祖悉封閉以待項羽羽併將以東後不知所在

文帝自代還有良馬九疋一名浮雲一名赤電一名絕羣一名逸驃一名飛燕一名綠螭一名龍駒一名驎駒一名絕塵號九駿有求最能馬代王號王良俱還代邸 西京雜記

漢武嘗微行造主人家家有婢有國色帝悅之乃留宿夜與主婢臥有一書生亦寄宿善天文忽見客星將掩帝星甚逼書生大驚連呼咄咄不覺聲高仍又見一男子持刀將欲入閤書生聲急謂爲己故遂縮走去客星應時而退如是者數遍帝聞其聲異而問之生具說所見帝乃悟曰此人必婢婿將欲肆其凶惡于朕乃召集期門羽林語主人曰朕天子也于是擒拏問之服而誅後帝歎曰斯蓋天啓書生之心以扶佑朕躬乃厚賜書生 幽明錄

武帝時長安巧手丁綬者爲恆滿燈七龍五鳳雜以芙蓉蓮藕之奇又作臥褥香爐一名被中香爐本出房風其法後絕至綬始更爲之機環運轉四周而爐體常平可致之被褥故以爲名又作九層博山香爐鏤爲奇禽怪獸窮諸靈異皆能自然轉動又作七輪扇大輪皆徑尺相連續一人運之則滿堂皆寒戰焉

成帝設雲帳雲幄雲幕于甘泉宮紫殿世謂三雲殿 西京雜記

介子推不出晉文公焚林求之終抱木而死公撫木哀嗟伐樹製屐每懷割股之恩輒潸然流涕視屐曰悲乎足下足下之言將起于此 異苑

老子始下生乘白鹿入母胎中老子爲人黃色美眉長耳廣額大目疏齒方口厚唇耳有三門鼻有雙柱足踏五字手把千文 幽玄千瀨鄉記

襄邑縣南十八里曰瀨鄉有廟中九井或云每汲一井而八井水俱動有能潔齋入祠者須水溫即隨事而溫 郭子

顏淵子路共坐于門有鬼魅求見孔子其目若日其形甚偉子路失魄口噤顏淵乃納履拔劍而前捲捏其腰于是化爲蛇遂斬之

孔子出觀歎曰勇者不懼智者不惑仁者有勇勇者不必有仁

孔子嘗使子貢久而不返占之遇鼎弟子皆言無足不來顏回掩口而笑孔子曰回笑是謂賜必來也因問回何以知賜來對曰無足者葢乘舟而來賜且至矣明旦子貢乘潮至

子路顏回浴于洙水見五色鳥顏回問子路曰榮之鳥後日顏回與子路又浴于泗水更見前鳥復問由識此鳥否子路曰識回曰何鳥子路曰同同之鳥顏回曰何一鳥而二名子路曰譬如絲絹煮之則爲帛染之則爲皂不亦宜乎

孔子嘗遊于山使子路取水逢虎于水所與共戰攬尾得之納懷中取水還問孔子曰上士殺虎如之何子曰上士殺虎持頭中士殺虎如之何 子曰下士殺虎捉尾子路出尾弃之因恚孔子曰夫子知水所有虎使我取水是欲死我乃懷石盤欲中孔子又問上士殺人如之何子曰上士殺人使筆端又問曰中士殺人如之何子曰中士殺人用舌端又問下士殺人如之何子曰下士殺人懷石盤子路出而棄之于是心服 衝波傳

秦世有謠云秦始皇何彊梁開吾戶據吾牀飲吾漿唾吾裳飡吾飯以爲糧張吾弓射東墻前至沙丘當滅亡始皇既焚書坑儒乃發孔子墓欲取經傳墓既啓遂見此謠文刊在塚壁始皇甚惡之

及東遊乃遠沙邱而循別路忽見羣小兒攢沙爲阜問之何爲答
云此爲沙邱也從此得病而亡或云孔子將死遺書曰不知何男
子自謂秦始皇上我之堂據我之牀顛倒我衣裳至沙邱而亡
安吉縣西有孔子井吾東校書郎施彥先後居井側先云仲尼聘
楚爲令尹子西所譖欲如吳未定逍遙此境復居井側因以名焉
山謙之吳興記

鬼谷先生與蘇秦張儀書云二君足下功名赫赫但春華到秋不
得久茂日所將冬時說將老子獨不見河邊之樹乎僕御折其枝
波浪激其根此木非與天下人有仇怨蓋所居者然子見嵩岱之
松柏華霍之樹檀上葉干青雲下根通三泉上有猿狖下有赤豹
麒麟千秋萬歲不逢斧斤之伐此木非與天下人有骨血亦所居
者然今二子好朝露之榮忽長久之功輕喬松之永延貴一旦之
浮爵夫女愛不極席男歡不必輪痛夫痛夫二君二君蘇秦張儀

答書云伏以先生秉德含和之中遊心青雲之上飢必啖芝草渴
必飲玉漿德與神靈齊明與三光同不忘將書戒以行事儀以不
敏名聞不昭入秦匡霸欲翼時君刺以河邊喻以深山雖復素聞
誠哉斯旨鬼谷先生書

張子房與四皓書云良白仰惟先生秉超世之殊參身在六合之
間志凌造化之表但自大漢受命禎靈顯集神母告符足以宅兆
民之心先生當此時輝神爽乎雲霄擢鳳翼于天漢使九門之外
有非常之客北闕之下有神氣之賓而淵游山隱竊爲先生不取
也良以頑薄承乏參官所謂絕景不御而駕服鹽駘方今元首欽
明文思百揆之佐立則延企坐則引領日昃而方丈不御夜寢而
閶闔不閉蓋皇極須日月以揚光后土待嶽瀆以導滯而當聖世
鸞鳳林栖不翔乎太淸麒麟嶽遁不步于郊艸非所以寧八荒慰
六合也不及省侍展布腹心略寫至言想望翻然不精其意張良
白四皓答書云竄蟄幽藪深谷是室豈悟雲雨之使奄然萃止方
今三章之命邈殷湯之曠澤禮隆樂和四海克諧六律及予絲竹
和聲廳于金石飛鳥翔于紫闕百獸出于九門頑夫固陋守彼岩
穴足未嘗踐閶闔目未曾見廊廟野食于豐艸之中避暑于林泉
之下望月晦然後知弓弩之須許伐木然後知斧柯之用當秦項
之艱難力不能負干戈攜手逃奔避役山艸倚朽若立循木似濟
遂使青蠅盜聲于晨雞魯公竊價于隨珠公侯應靈挺特神父授
策無幽而不明也豈有烹鼎和味而願令菽麥側方丈之御披龍
服袞而欲使女蘿上紺綾之緒恐滑泥以濁白水颺塵以亂淸風
是以承命傾筐聞寵若驚因飛龍之使以寫鳴蟬之音乞守兔鹿
之志終其寄生之命也張良書

武帝幸甘泉宮馳道中有蟲赤色頭目牙齒耳鼻盡具觀者莫識
帝乃使朔視之還對曰此怪哉也昔秦時拘繫無辜衆庶愁怨咸

仰首嘆曰怪哉怪哉蓋感動天上憤所生也故名怪哉此地必秦
之獄處卽按地圖果秦故獄又問何以去蟲朔曰凡憂者得酒而
解以酒灌之當消于是使人取蟲置酒中須臾果糜散矣朔傳

蔡邕刻曹娥碑傍曰黃絹幼婦外孫虀臼魏武見而不能曉以問
羣僚莫有知者有婦人浣于江渚曰第四車中人解卽繭正平也
禰便以離合意解云絕妙好辭異苑

桓宣武征蜀猶見武侯時小吏年百餘歲桓問諸葛丞相今誰與
比意頗欲自矜答曰葛公在時亦不覺異自葛公歿正不見其比
雜記

新淦聶友小兒貧賤嘗獵見一白鹿射中之後見箭著梓樹幽心

士衡在座安仁來陸便起去安云淸風至塵飛揚陸應聲答曰衆
鳥集鳳凰翔語林

劉道眞言十五六在門前鼻上垂鼻涕至胸洛下少年乘車從門

前過曰此少年甚堈塠（上呼回反 下扶推反）劉隨車後問此言爲善惡答以爲善劉曰若佳言令你翁堈塠你母亦堈塠（雜說）

卓異記一卷　唐李翺

平賊同日

憲宗皇帝朝元和元年十一月一日斬劉闢西川之亂元和十二年十一月一日斬吳元濟淮西之亂元和二年十一月一日斬李錡浙西之亂憲宗誅三賊皆同月同日自古無等

三代爲相

河東公張嘉貞子延賞賞子弘靖按漢書韋平繼嗣爲承相者若今之張氏三代無比

三十二年作相

梁國公房玄齡按玄齡初與杜如晦爲友屬隋室喪亂未嘗不慨然相顧有匡國濟時之心及唐師至渭北玄齡即仗策詣軍門秦

王一見引爲謀主居相位三十二年而終自古未有

二十七年佩相印

汾陽王郭子儀按子儀至德元年自朔方前節度使加庫部尚書同中書門下考二十四佩相印二十七年自古未有

集異記二卷　唐薛用弱

蒼龍宮銘

蔡少霞者陳留人也性情恬和幼而奉道早歲明經得第選蘄州參軍秩滿漂寓江淮者久之再授兗州泗水丞遂于縣東二十里買山築室爲終焉之計居處深僻俯近龜蒙水石雲霞境象殊勝少霞世累早祛尤諳夙尚於一日沿溪獨行忽得美蔭因就憩焉神思昏然不覺成寐因爲褐衣鹿幘人之夢中召去隨之遠遠乃至城郭處所碧天虛曠瑞日曈曨人俗潔淸卉木鮮茂少霞舉目移足惶惑不寧卽被導之令前經歷門堂深邃莫測遙見玉人當軒獨立少霞遽修敬謁玉人謂曰愍子虔心合宜領事少霞靡曉所謂復爲鹿幘人引至東廊止于石碑之側謂少霞曰召君書此賀遇良因少霞素不工書卽極辭讓鹿幘人曰但按文而錄胡乃拒爲俄有二靑童自北而至一捧牙箱内有兩幅紫絹文書一賫筆硯卽付少霞曰法此而寫少霞凝神搦管頃刻而畢因覽讀之已記于心矣題云蒼龍溪新宮銘紫陽眞人山玄卿撰良常西麓源澤東遊新宮宏宏崇軒轗轗雕珖盤礎鏤檀竦棨璧瓦鱗差瑤階肪截閣凝瑞霧樓橫祥霓騶虞巡徼昌明捧闌珠樹規連玉泉矩洩靈飈遐集聖日俯晰太上游儲無極便闕百神守護諸眞班列仙翁鵠駕道師冰潔飮玉成漿饌瓊爲屑桂旂不動蘭屋互設妙樂竟臻流鈴間發天籟虛徐風簫冷澈鳳歌諧律鶴舞會節三變玄雲九成絳闕易遷虛語童初浪說如毁乾坤自有日月淸寧二百三十一年四月十二日建于是少霞方更再視遂爲鹿幘人

促之急遽而返醒然遂寤急命紙筆登時記錄自是好奇之人多詣少霞詢訪其事有鄭還古者爲之傳焉用弱亦嘗至其居就求第一本覩之筆迹宛有書石之態少霞無文乃孝廉一叟耳固知其不妄矣少霞遷後修道尤遽元和末已云物故

集翠裘

則天時南海郡獻集翠裘珍麗異常張昌宗侍側則天因以賜之遂命披裘供奉雙陸宰相狄梁公仁傑時入奏事則天令昇座因命梁公與昌宗雙陸梁公拜恩就局則天曰卿二人賭何物梁公對曰爭先三籌賭昌宗所衣毛裘則天謂曰卿以何物爲對梁公指所衣紫絁袍曰臣以此敵則天笑曰卿未知此裘價逾千金卿之所指爲不等矣梁公起曰臣此袍乃大臣朝見奏對之衣昌宗所衣乃嬖倖寵遇之服對臣之袍臣猶怏怏則天業已處分遂依其說而昌宗心赧神沮氣勢索莫累局連北梁公對御就褫其袍

拜恩而出及至光範門遂付家奴衣之乃促馬而去

妓伶謳詩

開元中詩人王昌齡高適王渙之齊名時風塵未偶而遊處略同一日天寒微雪三詩人共詣旗亭貰酒小飲忽有梨園伶官十數人登樓會讌三詩人因避席隈映擁爐火以觀焉俄有妙妓四輩尋續而至奢華豔曳都冶頗極旋則奏樂皆當時之名部也昌齡等私相約曰我輩各擅詩名每不自定其甲乙今者可以密觀諸伶所謳若詩入歌詞之多者則爲優矣俄而一伶拊節而唱乃曰寒雨連江夜入吳平明送客楚山孤洛陽親友如相問一片冰心在玉壺昌齡則引手畫壁曰一絕句尋又一伶謳曰開篋淚沾衣見君前日書夜臺何寂寞猶是子雲居適則引手畫壁曰一絕句尋又一伶謳曰奉帚平明金殿開強將團扇共徘徊玉顏不及寒鴉色猶帶昭陽日影來昌齡則又引手畫壁曰二絕句渙之自以得名已久因謂諸人曰此輩皆潦倒樂官所唱皆巴人下俚之詞耳豈陽春白雪之曲俗物敢近哉因指諸妓之中最佳者曰待此子所唱如非我詩吾即終身不敢與子爭論矣脫是吾詩子等當須列拜床下奉吾爲師因歡笑而俟之須臾次至雙鬟發聲則曰黃沙遠上白雲間一片孤城萬仞山羌笛何須怨楊柳春風不度玉門關渙之即擨歈二子曰田舍奴我豈妄哉因大諧笑諸伶不喻其故皆起身曰不知諸郎君何此歡噱昌齡等因話其事諸伶競拜曰俗眼不識神仙乞降清重俯就筵席三子從之飲醉竟日

相馬

寧王方集賓客讌話之際鬻馬牙人麴神奴者請呈二馬焉寧王即于中堂閱試步驟毛骨形相神駿精彩座客觀之不相上下寧王顧問神奴曰其價幾何牙人先指曰此一千緡次指曰此五百緡寧王忻然謂左右曰如言付錢馬送上廐賓客莫測其價之懸殊即共咨詢寧王曰諸公未喻當爲驗之即令鞭轡馳驅往復數四笑謂座客曰辨其優劣否皆曰不知寧王乃顧千貫者曰此馬緩急百返蹄下不起纖埃復顧五百緡者曰此馬往來十過足下頗起塵埃以此等第其價之高下焉座客乃服

荊楚歲時記一卷　梁宗懍 吏部侍郎

爆竹

正月一日三元之日也史記謂之端月雞鳴初起先於庭前爆竹以辟山臊惡鬼神異經曰西方山中有人焉其長尺餘一足性不畏人犯之則令人寒熱名曰山臊人以竹著火中烞音朴熚音畢有聲而山臊驚憚玄黃經所謂山㺐鬼是也俗人以爲爆竹起于庭燎家國不應濫于王者

敷于散

于是長幼悉正衣冠以次拜賀進椒酒柏酒飲桃湯服却鬼丸敷于散次第從小起崔寔月令云過臘一日謂之小歲拜賀君親進椒酒從小起按成公子安椒華銘則云肇惟歲首月正元日厥味惟珍蠲除百疾是知小歲則用之漢朝元正則行之天醫方序云劉謂者見鬼以正旦至市見一書生入市衆鬼悉避劉謂書生曰子有何術以至此書生云我本無術出家之日師以一丸藥絳囊裹之令以繫臂防惡氣耳于是劉就書生借此藥至所見鬼處諸鬼悉走所以世俗行之敷于散即胡治方許出散並有藥斤兩種類

紫姑

正月十五日其夕則迎紫姑以卜劉敬叔異苑云紫姑本人家妾爲大婦所妬正月十五日感激而死故世人作其形于廁中迎之卜呪曰子胥不在云是其婿曹夫人已行云是其姑小姑可出平原孟氏嘗以此日迎之穿屋而去自爾著以敗衣蓋爲此也洞覽云是帝嚳

氏女將死云平生好樂至正月半可以衣見迎又其事也雜五行書厠神名後帝異苑曰陶侃如厠見人自云後帝着單衣平上幘謂侃曰三年莫說貴不可言將後帝之靈憑紫姑而言矣

施鉤

立春日爲施鉤之戲以綆作篾纜相罥緜亙數里鳴鼓牽之求諸外典未有前事公輸子遊楚爲載舟之戲其退則鉤之進則強之名曰鉤強遂以鉤爲戲意起于此唯涅槃經云闘輪罥索其外國之戲乎今鞦韆亦施鉤之類也

禊祓

三月三日禊祓按韓詩云唯溱與洧方洹洹兮唯士與女方秉蕑兮注云今三月桃花水下以招魂續魄祓除歲穢周禮女巫歲時祓除釁浴鄭注云今三月上巳水上之類司馬彪禮儀志三月三日官民並禊飲東流水上彌驗此日南岳記云其山西曲水壇水

從石上行士女臨河壇三月三日所逍遙處續齊諧記云晉武帝嘗問尚書摯虞曰三日曲水其義何指虞答曰漢章帝時平原徐肇以三月初生三女至三日俱亡一村以爲怪乃相攜之水濱盥洗遂因流水以濫觴曲水起此帝曰若如此說便非嘉事尚書郎束皙曰摯虞小生不足以知此臣請說其始昔周公卜城洛邑因流水以泛酒故逸詩云羽觴隨波流又秦昭王三月上巳置酒於河曲有金人自東而出奉水心劍曰令君制有西夏及秦霸諸侯乃因其處立爲曲水二漢相沿皆爲盛集帝曰善周處及吳徽注吳地記則又引郭虞三女並以上巳日死故臨水以消災所未詳也張景陽洛禊賦則洛水之遊傅長虞神泉文乃園池之宴孔子曰暮春浴乎沂則水濱禊祓由來遠矣

逐除

七月七日此夜云爲織女牽牛聚會之日戴德云此月也織女東向蓋言星也春秋斗運樞云牽牛神名略石氏星經云牽牛名天關佐助期云織女神名收陰史記天官書云是天帝外孫傅玄擬天問云七月七日牽牛織女會天河此則其事也河鼓黃姑牽牛也人家婦女結綵樓穿七孔針以乞巧也

逐除

十二月八日諺云臘鼓鳴春草生村民打細腰鼓戴胡公頭及作金剛力士以逐除禮記云儺人所以逐疫鬼也呂氏春秋季冬記注云今人臘前一日擊鼓驅疫謂之逐除晉陽秋王平子在荊州以軍圍逐除以闢故也玄中記顓頊氏三子俱亡處人宮室善驚小兒漢世以五營千騎自端門送洛水故東京賦云振子萬童玄裳丹首幘卽赤幘也逐除所服宣城記云洪矩吳時作廬陵郡載土船頭逐除人就乞矩指船頭云無所載土耳小說孫興公常着戲頭與逐除人共至桓宣武家宣武覺其應對不凡推問乃驗也

金剛力士世謂佛家之神案河圖玉版云天立四極有金剛力士共長三十丈此則其義

竈神

其日並以豚酒祭竈神禮器云竈者老婦之祭所以尊于瓶盛于盆言以瓶爲尊盆盛饌許慎五經異義云顓頊氏有子曰黎爲祝融火正也祀以爲竈神姓蘇名吉利婦姓王名搏頰漢陰子方臘日見竈神以黃犬祭之謂爲黃羊陰氏世蒙其福俗人所競於此」

桐譜 一卷全抄　　宋陳翥 號銅陵逸民字子翔

古者氾勝之書今絕傳者獨齊民要術行于世雖古今之法小異然其言亦甚詳矣雖茶有經竹有譜吾皆略而不具吾植桐乎西山之南乃逃其桐之事十篇作桐譜一卷其植桐則有紀誌存焉聊以示于子孫庶知吾既不能干祿以代耕亦有補農之說云耳

皇祐元年十月七日夜

篇目

一之敘源　二之類屬　三之種植　四之所宜
五之所出　六之采斫　七之器用　八之雜說
九之記誌　十之詩賦

敘源第一

桐柔木也月令曰淸明桐始華又呂氏季春月紀云桐始華高誘曰梧桐也是月生葉故云始華爾雅釋木曰櫬桐又曰榮桐木郭並云卽今梧桐也疏引詩大雅云梧桐生矣于彼朝陽是也書云嶧陽孤桐釋木所謂櫬榮者乃桐之一木耳古詩云椅桐傾高鳳又曰井梧棲雲鳳故詩書或稱桐或云梧或曰梧桐其實一也初生葉脆而易長一年可聳七八尺更糞之圍五六寸萌子采伐之巨椿者或可尺圍毳其萌至二月三月方漸向陽者尤早背陰差遲其枝榦濡脆而嫩又空其中皮膚葉薄易爲風物所傷必須成

氣而後花是故稚嫩者先榮其葉茂盛者先榮其花花有先後先者未有葉而開自春徂夏迺結其實實如乳尖長而成穟莊子所謂桐乳致巢是也後者至冬葉脫盡後始開秀而不實其蕊萼亦小于先時者是知桐獨受陰陽之淳氣故開春冬之兩花而異于羣木也其葉味苦寒無毒主惡蝕瘡著陰皮主五痔殺三蟲療賁豚氣病其花飼豬肥大三倍然其皮葉亦有效于人也或者謂鳳凰非梧桐而不棲且衆木森森胡有不可止者豈獨梧桐乎答曰夫鳳凰仁瑞之禽也不止強惡之木梧桐葉軟之木也皮理細膩而脆枝榦扶疎而軟故鳳凰非梧桐而不棲也又生于朝陽者多茂盛是以鳳喜集之卽詩所謂梧桐生矣于彼朝陽鳳凰鳴矣于彼高岡者也詩稱椅桐梓漆後之人不別椅桐之異以爲是一木故古詩云椅桐傾高鳳嵇叔夜琴賦云惟椅桐之所生注云椅梧桐也又陶隱居云梧桐一名椅桐也是不知椅與桐別耳故毛傳云椅梓屬也孔氏引釋木云椅梓合又曰一名椅郭云卽楸也湛露曰其桐其椅既爲類而梓一名椅故云椅桐爲梓屬言梓屬則椅梓別而釋木椅梓爲一者陸云梓者楸之疏理白色而生子者梓實桐皮曰椅則大類同而小別也定本椅梓屬無桐字于理是也是知椅與桐非一木也夫桐之爲木其異于羣類卓矣生則肌骨脆而嫩死則材體堅而韌燥之所加而不坼裂溼之所漬而不腐敗雖松柏有淩霄冒雪之姿苟就以燥溼則與朽木無異耳王氏謂受氣淳矣眞不虛也于桐可獨見之矣其體溼則愈重乾則愈輕生時以斧斫之甚易乾乃軟而拒斧故鄙諺云輕是桐重是桐難斫亦是桐此之謂也

類屬第二

桐之類非一也今略志其所識者一種文理麄而體性慢葉圓大而尖長光滑而毳稚者三角因子而出者一年可拔三四尺由根

而出者可五七尺已伐而出于巨椿者或幾尺圍始小成條之時心葉皆茸毳而嫩皮體淸白喜生于朝陽之地其花先葉而開白色心赤內凝紅其實穟先長而大可圍三四寸內爲兩房房中有肉肉上細白而黑點者卽其子也謂之白花桐一種文理細而體性緊葉三角而圓大于白花花葉其色靑如上多毳而不光滑葉甚硬文微赤擎葉柄毳而亦然多生于向陽之地其茂拔但不如白花者之易長也其花亦先葉而開皆紫色而作穟有類紫藤花也其實亦穟如乳而微尖狀如訶子而粘莊子所謂桐乳致巢正爲此紫花桐實而中亦兩房房中與白花實相似但差小謂之紫花桐其花亦有微紅而黃色者蓋亦白花之小異者耳凡二桐皮色皆一類但花葉小異而體性緊慢不同耳至八月俱復有花花至葉脫盡後始開作微黃色今山谷平原間惟有白花者而紫花者尤少焉一種枝榦花葉與白桐花相類其聳拔遲小而不侔其

實大而圓一實中或二子或四子可取油爲用今山家多種成林蓋取子以貨之也一種文理細緊而性喜裂身體有巨刺其形如欓樹其葉如楓多生于山谷中謂之刺桐曾安海物異名志云刺桐花其葉丹其枝有刺云凡二桐者雖多榮茂而其材不可入器用亦不爲工匠之所瞻顧也一種枝不入用身葉俱滑如榡之初生今兼并之家成行植于階庭之下門墻之外亦名梧桐有子可啗與詩所謂梧桐者非矣一種身青葉圓大而長高三四尺便有花如眞紅色甚可珍愛花成朵而繁葉尤疏宜植于階壇庭榭以爲春秋之榮觀厥名眞桐亦曰赬桐焉凡二種雖得桐之名而無工度之用且有近貲色也

種植第三

凡種其子當先糞其地然後匀散之一春可高三四尺瘠地只一二尺耳土膏腴則莖葉青嫩而烏黑土瘦薄則成蒼黃之色至冬

便可易而植之易之則獨根者不深而又易蔓苟從小而不易至大則多爲疾風之所倒折以其一根不能自持故也凡桐之子輕而喜颺如柳絮飛可一二里其子遇地熟則出在林麓間則不生矣夫種子所長猶遲不如倒條壓之窴以肥土自然節節生條而上又多散根侯根莖大斷而植之勝于種者又下子之地宜高厚之處低溼則不能萌矣或要其栽之速者當于桐處耕鋤其下使蔓根可斷則其根斷自萌而茂與夫子種者又相萬矣凡植之法于十月十一月十二月正月葉隕汁歸其根皮榦未通之時必先坎其地而後糞之擇植一二春者全其根勿令凍損經久爲霜雪所薄掘後卽時以內坎中厥坎惟寬而深先糞之以栽著其上又復以糞覆之其上以黃土蓋焉一免走肥二亦拒搖至春則榮茂而木又易于條榦其新莖可抽五六尺者迨又至春則根行而蔓其發乃尤愈于初春時也如用春植則皮汁通葉將萌根一傷故

枝葉瘁矣至來春則齊土斫去矣以土塞其空心者免爲雨所灌令別抽新者不然至別下栽時便斫去而植則尤妙于春斫也蓋春斫則破損其榰又搖其根故也桐之性不耐低溼惟喜高平之地如植于沙溼低下泉潤之處則必枯矣縱抽茂不如高平之所凡植後至于抽條時必生歧枝日頻視之如歧枝萌五六寸許則去之高者手不能及則以竹夾折之至三二年則勿去其枝恐其長而頭下垂故也伺其大則緣身而上以快刀貼身去慎勿留榰只經一兩春自然皮合也桐之皮甚軟脆而易傷切忌耕鋤之時及牛馬等損之如有所損當以楮皮纏縛之不爾則汁出也及才一二丈則多斜曲亦可以物對夾縛之令直以木牽之亦可蓋桐抽條不藏首而出又虛軟故耳仍不喜巨材所陰如此葺之其長可至十丈者故枚乘七發云龍門之桐高百尺而無枝信哉凡桐之茂大尤速於餘木故鄙語云相訟好栽桐桐樹好做甑訟方興言其易大也

所宜第四

桐陽木也多生于崇岡峻嶽巉岩盤石之間茂拔顯敞高暖之地卽嵇叔夜所謂榮綺季之疇乃相與登飛梁越幽壑援瓊枝陟峻坂以游乎其下是也今桐之所生未必皆茂于崇岡峻嶽但平原幽顯之處向陽之地悉宜之其性喜虛肥之土植者其下當常鋤之令熟無使草之滋蔓爲諸藤之所縈縛致形材曲而不滑及有竹木根侵之鑿鋤去更用諸糞壅之則其長愈出野者數倍十餘年間可幾抱矣其地宜黃土之地則自然榮矣若沙石之所雖與時皆昌其長拔尤遲焉樂肥與熟者惟桐耳縱桑柘亦無所敵夫肥熟則葉圓而大條虛而嫩葉圓而大則鼓風矣條虛而嫩則易折矣凡欲避鼓折之患則以竹竿破其葉令作三片又摘之令疏則雖遇疾風不能損也以其葉破故耳至三四春乃自堅成不必

然也桐之性皆惡陰寒喜明暖陰寒則難長明暖則易大故詩雅云梧桐生矣于彼朝陽是也或陰溼之地植之終不榮矣夫陰溼則枝幹曲而斜漬溼則根葉黃而槁凡植于高平黃壤經三兩春後鋤其下令見蔓根以糞植之尤良蓋厥性耐肥故也

所出第五

夫桐之所出豈獨蜀之為美植之亦可以為器詩不云乎樹之榛栗椅桐梓漆爰伐琴瑟斯可知矣江南之地尤多今略志其背傳所出堪美材者嶧山書云嶧陽孤桐注云嶧山書曰嶧陽之陽特生桐中琴瑟龍門山周禮春官大司樂云龍門之琴瑟注云龍門山名也枚乘七發云龍門之桐高百尺而無枝中鬱結之輪菌根扶疎以分離上有千仞之峰下臨百丈之谿湍流遡波又澹淡徒敢反之其根半死半生冬則冽風漂霰飛雪之所激也夏則雷霆霹靂之所感也朝則黃鸝鳱鴠鳴焉暮則羈雌迷鳥宿焉獨鵠晨號

乎其上鵾雞哀鳴翔乎其下是言龍門所生之桐也雲和山周禮大司樂云雲和之琴瑟以禮天神注云雲和山名也空桑山又大司樂云空桑之琴瑟注云空桑山名也此言雲和空桑山之桐耳可為琴瑟以禮天地神祇也寒山張協七命云寒山之桐出自太冥含黃鍾以吐榦據蒼岑而孤生又云晞三春之溢露遡九秋之鳴飈零雪寫其根霏霜封其條木既繁而後綠艸未綠而先凋剪葳蕤之陽柯剖大呂之陰莖注云太冥北方也其有驃國吹臺所生之類備于雜說篇中此不具也

采斫第六

夫別地之肥瘠辨木之善否知長育之法識栽接之宜者惟山家流能之然至其長養剝斫之術多不能盡之蓋只知其長養之道而不詳乎器用所妨者今山家凡剝樹之枝悉皆去枝數寸或尺餘云免為雨所灌損而不知槁椿長則皮不能包矣迨至材巨槁椿方沒即反引水自灌及伐用之時以斧鋸刃之即其槁椿腐[illegible]所留器者必為空穴矣良由去之不早耳凡長桐木三二春其歧枝可以竹夾去之竹夾不能及則緣身而上用快刀去之其去之務令與身相平勿留餘枿不一二春自然皮合矣至大而用之則無腐穴之病于其中也歧枝只候長五寸便可折矣亦無留嫩椿則前矣夫豈惟桐乎斫諸木者亦可平身而去但人自昧耳桐材成可為器其伐之也勿高留焉齊上而取之若在山岩險絕之地邃塢坑崖之處其倒之則必拗斷折裂撲傷體理以其勢不可以伐故也如伐之法宜當所伐之下斧破之上用巨繩纏縛一尺有餘則免折裂之虞矣復用繩牽之俾向上山而從仍先去其臨險之枝則亡撲損之害矣不然則周鋤其下以斧悉斷其根則其倒也無二者之患然臨事籌計智出于匠氏但貴其勿傷為善者也凡諸材之用其伐必當八九月伐之為良不爾必多蛀蝕惟桐木

無時焉

器用第七

古今匠氏為小大之器度而用之其可貴者則必云烏椑白楊梓楪圭櫔山桃白石櫧栗楩楠松柏椅棐之類善則善矣然而采伐不時則有蛀蟲之害焉漬溼所加則有腐敗之患焉風吹日暵則有坼裂之釁焉雨濺泥淤則有枯蘚之體焉夫桐之材則異于是采伐不時而不蛀蟲漬溼所加而不腐敗風吹日曝而不坼裂雨濺泥淤而不枯蘇乾濡相兼而真質不變楩柟雖類而其永不敵與夫上所貴者卓矣故施之大廈可以為棟梁桁柱莫比其固但雄豪侈靡貴難得而尚華藻故不見用者耳今山家有以為桁柱地伏者諸木屢朽其屋兩易而桐木獨堅然而不動斯久効之驗矣又世之為棺槨其最上者則以紫沙楪為貴以堅而難朽不為乾溼所壞而不知桐木為之尤愈于是夫沙木貂釘久而可脫桐

木則粘而不鏽久而益固更加之漆措諸重壞之下周之以石灰與夫沙椺可數倍矣但識者則然亦勿爲豪右所尚也凡用琴瑟之材雖皆用桐必須擇其可堪者周禮取雲和龍門空桑之桐爲琴瑟陶隱居云惟岡桐與白桐堪作琴瑟書云嶧陽孤桐風俗通云生岩石之上采東南孫枝以爲琴是擇其泉石向陽之材自然其聲清雅而可聽蔡伯喈聞爨下桐聲取以爲琴號曰焦尾則知桐之材有賢不肖皆混而無別惟賞音者識之耳凡白花桐之材以爲器燥溼破而用之則不裂今多以爲甑杓之類其性理慢之然也紫花桐之材文理如梓而性緊而不可爲甑以其易坼故也使尤良焉餘桐之材但有名耳不入棟梁棺槨器具之用矣今之僧舍有刻以爲魚者亦白花之材也匠氏之用尤喜于紫花者白花澁而難光淨紫花緊而易光滑故也

雜說第八

魏明帝猛虎行曰雙桐生枯井枝葉自相加通泉溉其根玄雨潤其柯王逸少曰木有扶桑梧桐松柏皆受氣異于羣類者也莊子云空門來風桐乳致巢注門戶空風喜投之桐子似乳著葉而生鳥喜巢之易緯曰桐枝濡毳而又空中難成易傷須成器而華新論曰神農皇帝削桐爲琴風俗通曰梧桐生于嶧陽山岩石之上采東南孫枝爲琴聲清雅莊子曰外子之神勞子之精則倚樹而吟據梧而瞑注云勞困故耳呂氏春秋曰成王與唐叔虞燕居翦桐葉以爲珪曰以此封汝淮南子曰智者有所不足故桐不可以爲弩遁甲曰梧桐不生則九州異君注梧桐以知日月正閏生十二葉一邊有六葉從下數一月有閏則十三葉視葉小者則知閏何月也不生則九州異君崔綺七謁曰爰有梧桐生于玄谿傅根朽壤託險生危淮南子曰桐木成雲注云取十石甕滿以水置桐其中蓋之三四日氣如雲作莊子曰鵷鶵發南海而飛于北海非梧桐不止非竹實不食名山志曰吹臺有高桐皆百圍嶧陽孤生方此爲劣淮南子曰以巨斧擊桐薪不待利日良時而後破之加斧桐薪之上而無人力之奉雖順招搖刑德而不能破尢其勢也論衡曰李子長爲政欲知囚情刻梧桐象囚形鑿地爲坎臥木囚其中囚若正木囚不動若有宛木囚動出蓋人之精誠著木人也古詩曰井梧棲雲鳳又曰椅梧傾高鳳孟子曰拱把之桐梓人苟欲生之皆知所以養之者至于身而不知所以養之者豈愛身不若桐梓哉弗思甚也今有場師舍其梧檟養其樲棘則爲賤場師突廣志曰驃國有白桐木其葉有白毳取其毛淹漬緝織以爲布齊地記曰齊城有梧臺卽梧宮也齊書曰豫章王于郡起山列種桐梧武帝幸之置酒爲樂瑞應圖曰王者任用賢良則梧桐生于東廂禮斗威儀曰君乘火而王其政平梧桐長生述異記曰梧桐園在吳夫差舊國一名琴川梧園在句容縣傳曰吳王別館有楸

梧成林焉古樂府云梧宮秋吳王愁是也秦記曰初長安謠曰鳳凰鳳凰止阿房苻堅遂于阿房城植桐數萬株以待之其後慕容冲入阿房而止焉冲小字鳳也晉書武帝時臨平岸崩出一石鼓打之無聲張華曰可以蜀中桐木刻魚形扣之得鳴如其言果聲聞數十里後漢書蔡邕在吳吳人有燒桐以爨者邕聞火裂之聲知其良木也請裁爲琴果有美音故時人名之曰焦尾琴齊書曰王晏爲員外郎父普曜齋前松樹忽成梧桐論者以爲梧桐雖有棲鳳之美而失後彫之節晏後果不終高僧傳曰僧瑜幼入釋門擔薪欲焚身以宋孝建中集薪爲龕請僧設齋禮別而入火中經三日而瑜房內忽生雙桐樹根枝豐茂鬱翠非常道俗異之號爲雙桐沙門

記誌第九

西山植桐記云咸贄子陳翥字子翔少漸義方訓涉孤哀淪于季

孟惇疾否滯十有餘年蝎蠹木虛根枝不附志願相畔退爲治生至慶曆八年戊子冬十有一月于家後西山之南始有地數畝東止陳翊西止紫樓凡東西延二十丈有奇南止弟翊北止兄剪凡南北袤十丈有奇自十二月至于皇祐三年辛卯冬澆而種之凡數百株南栽棘楡以累翊北樹堇籬以分剪餘桐皆布于內靡有列也未植前坎其地有圃者至而問曰將胡爲乎余答曰植桐于其中圃者笑曰分利之速植桐不如植桑之溥矣余應之曰吾非不知衣食之源爲世所急但足而已夫仲尼豈不能明老圃之業乎下惠豈不能爲盜跖之事乎苟議利而後動誠聖賢之所不取亦予心之所未能也翌日將植撫而祝之曰爾其材森森直而理敷榮朝陽立而不倚吾將激淸風鏘其聲聽之以爲古琴之操焉爾其葉萋萋綠而繁應時開落不爲物頑吾將招君子游其下樂之以代靈鳳之棲焉又曰吾今四十矣俟我數十年當斬爾爲周

身之具斯吾植之心也因書爲植桐記西山桐竹誌云慶曆八年冬十有一月成聱子陳翥始有地數畝于山之南其下舊有水竹之苗陳以厥土惟黃壤非桑之宜堪桐與竹耳始其謀而童氏謂曰吾謂數畝桐竹豈爲生之急務乎陳子然其語遂卒皆植桐與竹而自謂曰農圃之事予豈不能爲哉苟有白圭陶朱之術以致富而亡白圭陶朱之心亦聚禍之林藪窟宅耳昔齊豫章王于郡起山別種桐竹號桐山武帝幸之置酒爲樂吾雖布衣孤而且否亦心有所好焉夫竹歲寒不易所以堅志性之操也桐識時知變所以順天地之道也伺桐茂竹盛則當列坐石命交友談詩書論古今以招涼乎其下豈有期我桑中之刺哉俾後之好事者觀之知陳子雖無桑梓起家之能亦有虛心待鳳之意其豫章王子猷之儔乎乃自號桐竹君既爲植桐記又作桐竹誌以誌之云

詩賦第十

植桐詩 井序　書曰嶧陽孤桐詩云椅桐梓漆謂其可以爲淸廟之雅器含太古之正音也然自非蔡伯喈之奇識張茂先之博物亦竈下之勞薪林中之常木耳慶曆八年冬予植桐竹八十株于西山之南因爲植桐詩云桐竹君詠井序吾年至不惑命乖強仕惸羸不合遂成支離始有數畝之地于西山之南乃植桐與竹伯仲皆竊笑之以爲不能爲農圃之事而不知吾無錐刀之心不迫于世利但將以游焉而至其中休焉而坐其下可以外塵紛邀淸風命詩書之交爲文酒之樂亦人間之逸老壺中之天地也乃自號桐竹君又爲之詠云高桐臨紫霞修篁拂碧雲吾常居其間自號桐竹君不解倣俗利所希脫世紛會交但文學啟談皆典墳噓嗟機巧徒反道是胡云　西山桐十詠 井序　吾始植桐于西山之陽議者誚其治生之拙及數年桐茂森然可愛而歆復私羨之始知桐之易成耳因作西山桐十詠識所好也桐栽曰吾有西山桐植

之未盈握所得從野人移來出喬嶽節凝去聲葉尙祕根凍土自剝匪爲待籬鷄鵬將棲鸑鷟異日成茂林論材誰見擢巨則爲棟梁微亦任楹桷仍堪雅琴器奏之反淳朴大匠如顧怜委軀願雕斲桐根曰吾有西山桐密隣桃與李得地自行根受玭踰高矗上濯春雲膏下滋醴泉髓盤結倅循環歧分類枝體乘虛肌體大憤張土脉起扶疎向山壤蔓衍出林址願偕久生固無爲半生死死議大廈材合抱由茲始桐花曰吾有西山桐長成茂其花香心自蝶戀縹縹帶無涯白者含秀色粲如凝瑤華紫者吐芳英爛若舒朝霞素柰未足擬紅杏寧相加世但貴丹藥天豔資驕奢歌管繞庭檻翫賞成今誇倘或求美材爲爾長吁嗟桐葉曰吾有西山桐下臨百丈溪布葉雖遲遲庇本亦宴宴密類張翠幄靑堪翦封圭滑澤經日少濡毳隨幹蹐迎風帶影動墜雨向身低寧隱凡鳥巢自蔽儀鳳棲松柏徒爾頑蒲柳空思齊但有知心時應候常勿迷桐

乳曰吾有西山桐其實狀如乳含房隱綠葉致巢來翠羽外滑白爲穗中犀不可數輕漸㬥秋陽重卽濡緜雨霜後感氣裂隨風到烟塢雖非松柏子受命亦于土誰能好琴瑟種之向春圃始知非凡材諸核豈相伍桐孫曰高梧已繁盛蕭蕭西山隴邑葉竟開展孫枝自森聳擢美惟東南滋榮藉萋蓁不能容燕雀只許棲鸑鳳寧入吳人爨堪隨伯禹貢雨露時加潤霜雪胡爲凍況有奇特材足任雅琴用中含太古音可奏淸風頌桐風曰分材植梧桐桐茂成翠林日日來輕風時時自登臨拂幹動微毳吹葉破圓陰虛涼可解愠鼓拂如調琴莫傳獨鵠號願逐棲鳳吟豈羞楚襄王蘭臺堪披襟亦陋陶隱居高閣聽松音無爲搖落意慰我休閑心桐陰曰枝軟自相交葉榮更分茂所得成淸陰仍宜當白晝陰疑翠帟展翳若繁雲覆日午密影疊風搖碎花漏冷不蔽空井高堪在庭甃吾本閑野人受樂忘煢疚亭亭類張葢翼翼如層構日夕獨徘

徊猶思一重復桐徑曰時人羨桃李下自成蹊徑而我愛梧桐亦以成乎性中平端隧道還往非遼夐直入無攲斜橫延亦徑挺月夕葉影碎春暮花光映淸朝濛露溼落日隨烟暝不使艸蔓滋任從根裂迸堪諸蔣詡徒惟任蓬蒿盛

桐賦 并序

始吾植桐與竹于西山南見謂乎天倫間以謂拙難于生計不如桑柘果實之木有所利吾決而遂其志乃自號桐竹君以固而拒之又作西山桐詩十二首復掇其詩之餘次而爲賦所以伸植之之心也其辭曰伊梧桐之柔木生崇絕之高岡盜天地之淳氣吐春冬之奇芳借濡潤于夕陰藉和暖于朝陽緜歲月而久跱森鬱茂而延昌俯其溪臨千仞岩空百丈曾巘岌以周列重峰疊其相向勢崔嵬而峭且峻形嶇嶮而不可上崖嶮巇以無土壑嶒屼而勿敞幹上拔而雖榮根下朶而不長迅雷疾風之所飄擊勇流飛溜之所滌蕩蒙苦霧而含暝鎖愁雲于窩望霏霜封條而欲折積雪擁根而致強枝蠹則中乾節傷則液稿同枌棘以溷殽雜樞榆而脊莽于是哀狖晨登飢鳥夜啼熊狐旁宿麏麚下蹊悲號叫嘯同惶慘悽勇夫聞之而心碎山鬼尋之而晝迷寒鵰啄鷹以之遊集妖鳥怪鵬以之安棲葢人迹罕履故物雜來萃材雖具不見用于匠氏根已固故不可以移徙其或春氣和木向榮飛子結孕披柢抽莭條毳毳以嫩聳葉茸茸而綠成暑再離而自茂氣猶缺而未英嘗斯時也吾孤且否人無我諳旣支離而不踐始有地于西山之南遂忘刻銳任情意命鑁以薙艸向陽以斸地列行行之坑坎有鱗鱗之位次庸以植梧桐而異羣類也由是召山叟訪場師披榛棘之蘩薄陟峯巒之險危望椅梓以相近求拱把而見移全根本之延蔓擇材幹之珍奇乃等地以森植亦分株而對之倖砥道之矢直鄙左右之器欹邁夾道之細柳類通衢之高椅累歲時而茂盛發花葉之繁滋土膏泉液以澤乎根春風夏雨以長其枝晨霞暮雨以陰

其幹淸露薄霧以潤其肌陽烏舒暖以條布陰兔飛光而影垂佳絲雪之難積噱岩霜之易晞是以其上則鵯鶋鷩鵝之所不敢接也其下則騰猿飛貙之所不獲息也結藤垂蔓莫得而依也奔泉依瀨亡由而及矣故遠而望之如列戟與排矛卽而憩之若綠幄與翠裯將以集鸑鷟鳴鵷鶵歗之以興詠聽之以消憂于是招直諒之賓命端善之友坐蔞蔞之陰蔭論詩書之咸否逍遙乎心氣宴樂以文酒賞茲桐之森森敵桑柘之黝黝彼槐歎婆娑樗傷擁腫一則爲蠹其生意一則嗟無其器用未若葉中藥餌材堪梁棟雲和曾入于周制嶧陽乃隨于禹貢有名實以相副豈虛僞之動衆吾將采東南之孫枝劍疏白之雅琴絃以檿桑之絲徽以雙南之金同夔牙以揮鼓並鍾期而側聆追淳風于先德寫太古之遺音使桀紂之樂慚靡鄭衛之聲愧淫非鏗鏘也不足以傾鄙夫之耳有幽靜也自可以悅君子之心桐竹君乃神魂淸心志和以道

自任孰知其它據高梧以釋俗申素臆以長歌歌曰蒿艾茂郁兮椒蘭不馨柞櫟芬芳兮楩柟不亨苟毀方以趨勢兮雖械樸而見稱儻容援之云依兮雖楸梓而勿名且斥遠于匠石兮終見委于林衡自樂天以知命兮故無慮而自營歌卒瞬目周覛沉吟自斷復以餘音系而爲亂曰貴遠賤近時之宜兮衆咸去朴爭華僞兮花葉不能資耳目兮子實無堪充口腹兮人誰采川到林麓兮雖材還同不材木兮吾願終身老林泉兮器與不器居其間兮梓桐放懷人事都捐兮優游共得終天年兮

北風揚沙錄 一卷

金國本名朱里眞番語舌音訛爲女眞或曰慮眞避契丹興宗宗眞名又曰女直肅愼氏之遺種西海之別族也或曰三韓辰韓之後姓拏氏于夷狄中最微且賤唐正觀中靺鞨來中國始聞女眞之名世居混同江水東長白山鴨綠水之源南鄰高麗北接室韋

西界渤海鐵離東瀕海三國志所謂挹婁元魏所謂勿吉唐所謂黑水靺鞨者今其地也有七十二部落不相統制契丹阿保機乘唐衰與北方呑諸番三十六女眞在其中阿保機恐女眞爲患誘豪左數千家遷之遼陽之南而著籍焉使不得與本國通謂之合蘇隸自咸州東北分界入宮口至束沫江中間所居之女眞隸契丹咸州兵馬司與其國往來無禁謂之回霸合蘇隸者熟女眞也回霸者非熟女眞亦非生女眞也自東江之北寧江之東地方千餘里戶十餘萬無大君長亦無國名散居山谷間自推豪俠爲酋長小者千戶大者數千則謂之生女眞七十二部落之一也僻處契丹東北隅地多山林屋無瓦覆以板或樺皮牆壁亦木爲之產名馬生金大珠頗事耕藝而不蠶桑人多衣布冬極寒盛夏如中國十月時屋絕高數丈獨開東南一扉扉掩復以帅綢繆之環屋爲土床熾火其下而寢食起居其上衣厚毛爲衣非入屋不撤衣履稍薄則墮指裂膚臣屬契丹二百餘年世襲節度使封號兄弟相傳周而復始間歲以北珠貂樺名馬良犬爲貢亦服叛不常契丹謂之女眞通羈縻而已俗勇悍耐飢渴辛苦騎上下崖如飛濟江河不用舟楫浮馬而渡人皆辮髮與契丹異耳垂金環留臚後髮以色絲繫之富人用珠金爲飾男子亦衣紅黃與婦人無別嗜酒而好殺無常居善爲鹿鳴呼鹿而射之生啖其肉醉則縛之而俟其醒不爾殺人雖父母不辨也與契丹言語不通而無文字賦斂調發刻箭爲號事急者三刻之謂好爲臧謂不好爲刺撒謂酒爲勃蘇謂誤殺爲蒙山不屈花不刺官之尊者以九曜二十八宿爲號職皆曰勃極列猶中國總管蓋糾官也自五戶勃極列推而上之至萬戶皆自統兵緩則射獵急則出戰宗室皆謂之郎君無大小必以郎君總之雖卿相亦拜馬前而郎君不爲禮役使之如奴隸凡用兵戈爲前行號曰硬軍人馬皆金甲刀梏自副弓矢在

後設而不發非五十步不射弓力不過也箭鏃至六七寸形如鑿入不可出人攜不滿百枝其法十五百皆有長五長擊柝行長執旗百長挾鼓千人將則旗幟金鼓悉備五長戰死四人皆斬行長戰死伍長皆斬百長戰死行長皆斬能負同伍戰沒之尸以歸卽得其家資凡將皆執旗人視其所向而趨自主將至卒皆自馭無從者以粟粥燔肉爲食上下無異品國有大事適野環坐畫灰而議自卑者始議畢卽漫滅之不聞人聲其密如此軍將行大會而飲使人獻策主帥聽而擇焉其合者卽爲將任其事師還有大會問有功者隨功高下與之金舉以示衆衆以爲薄復增之法令嚴殺死人者仍沒其家人爲奴婢親戚欲得則輸牛馬贖之盜一責十以六歸主而四輸官其他罪無輕重悉笞背守一州則一州之官許專決守一縣則一縣之官許專決取民財者無罪凡在官者將罪坐之廊賜以酒官尊者杖于堂上已下復視事如故宋朝建

隆二年始遣使來朝貢方物名馬貂皮

白獺髓 一卷元名不出齋

仗人彩帳

寧廟朝高文虎知貢舉日以天子大采朝日爲賦題試貢士而舉人困厄于此學舍皆嘆怨後文虎因作西湖放生池碑誤引故事及上殿嗲笏失儀兩學齋舍裒金作彩帳贈教禽獸仗人趙十一郎寓意以譏之其中有云鼠猴揞笏而不失其儀士有所愧禽鳥認書而咸知所出人反不如後仗人因從官梁季珌沈作賓沈詵輩與高君公會于官苑召以呈仗因以此帳張于園高君見之曰此必求淳爲之耳淳台州人後于毛自知榜第三名及第

姜夔正樂

慶元間有士人姜夔上書乞正奉常雅樂京重還丞相主此議送斯人赴太常同寺官校正斯人詣寺與寺官列坐召樂師賫出太樂首見錦瑟姜君問曰此是何樂衆官已有慢文之嘆正樂不識樂器斯人又令樂師彈之樂師曰語云鼓瑟希未聞彈之衆官咸笑而散去其議遂寢至今其書流行于世但據文而言耳

秦檜

秦檜師垣故第即今之德壽宮西有望仙橋東有昇仙橋後紹興末年師垣薨適值天府開浚運河人夫取泥盡堆積府墻及門有無名人題詩于門曰格天閣在人何在偃月堂深恨已深不向洛陽鬪白髮却于郿塢貯黃金笑談便欲興羅織咫尺那知有照臨寂寞九原今已矣空餘泥濘積牆陰

趙從善

趙從善尙書自號無著居士家居吳郡從善尹天府日延郡學喬木在家塾訓子希蒼而喬生者實無所知乃饕餮人耳不能責成其弟子但委靡依隨而已後希蒼公倅紹與日令庖人造燥子茄

子欲書判食單問廳吏茄字吏曰草頭下著加即援筆書艸下家字乃蒙字郡人字曰燥子蒙會稽郡治有賢牧堂謂范文正公趙清獻公翟忠惠公朱忠靖公趙忠簡公史越王張毗陵等像民祠之從善常帥浙東日使門吏諭耆宿經倉憲兩司陳乞以州治賢牧堂增從善像兩司一時奉承從請既成有郡士米萬年題詩于堂曰師擧使衆作祠堂要學朱張與鄭王大家飛上梧桐樹自有傍人話短長

杭州流俗

行都人多易貧乏者以其無常產借夫借錢造屋弃產作親此浙西人之常情而行都人尤甚其或借債等得錢首先充飾門戶則有漆器裝折却日逐糴米而食妻孥皆衣弊衣跣足而帶金銀釵釧夜則賃被而宿似此者非不知爲費欲其外觀之美而中心樂爲之耳其語言無實尤可誚如語年甲則曰年末語居止則曰只在前面語家口則曰一籮牙齒語仕祿則曰小差遣如此則等澆薄之語甚多

禁張蓋

嘉定癸酉臣寮奏請禁止都城靑蓋兩學俱以皂蓋出入而天府又復禁止忽有外郡參學士人入都不知所禁被獲入公府士人乞供對而書詩曰冠蓋相望古所然易靑爲皂且從權中原多少黃羅蓋何不多多出賞錢州府遂決捕人而遣之然皂蓋終非中都所宜用者

獃子

石湖范參政初官參州在客位其同參者聞爲吳郡人即云獃子石湖先生問之在滚後因醼會目云請獃子石湖先生書口號曰我是蘇州監本獃與爺上壽獻棺材宗室原來是皇族雨下水從屋上來石湖入參大政其人尙在選囑老參召其人來不呼召參

政接見溫顏講同官之好謙云某老欸無用

富春坊火

鄭剛中之鎭蜀也眷妓曰閻王所居曰富春坊忽民間遺火鄭公出鎭于火明中獲一旂上有詩乃借東坡海棠詩爲之云火星飛入富春坊天恣風流此夜狂只恐夜深花睡去高燒銀燭照紅粧公一見曰必道山公子也楊曼倩古今詞話中亦有此詞

牛乳

浙間以牛乳爲素食佛以爲奪食嘉定間黃子申大諫言向在廣中見韶陽屬邑乳源民訟于漕司與民爭乳田親引而問之何謂乳田民曰鄉中有地種乳先掘地成窖以粳米粉鋪于窖內以艸蓋之用糞壤擁之候雨過氣出則發開時米粉已化成蛹如蠐螬狀取蛹作汁以米粉漬而蒸成乳食之也韶陽乃六祖禪師顯化道場而彼處却爲此不知其故恐鄉原不知以牛乳爲食耳

後苑官

禁中後苑官有後苑使主綱領本苑事有權幹辦後苑官監視苑內事有大主管使臣謂之煖盪官又有煎烙使臣

說郛卷第二十五終

說郛卷第二十六

宣政雜錄一卷　譙郡公

狐登御座

政和壬寅有狐登崇政殿御座衞士晨起叱狐不動呼衆逐之至西廊下不見即日得旨壞狐王廟亦胡犯闕之先兆也

人妖

宣和初都下有朱節以罪置外州其妻年四十許居望春門外忽一夕頤頷痒甚至明鬚出長尺餘後召問其實莫知所以賜度牒爲女冠居于家蓋人妖而女胡犯闕之先兆也又淮南民家兒四歲自耳目下皆生鬚長寸餘能作大字其父入都持兒示人日得數緡月餘人傳曰于某處看胡兒也亦胡寇之讖云

詞讖

宣和初收復燕山以歸于朝金民來居京師其俗有臻蓬蓬歌每扣鼓和臻蓬蓬之音爲節而舞人無不喜聞其聲而効之者其歌曰臻蓬蓬外頭花花裏頭空但看明年正二月滿城不見主人翁詞本虜讖故京師不禁然次年正月徽宗南幸次年二聖北狩又其伎有以數丈長竿繫椅于杪伎者坐椅上少頃下投于尖刀所圍小棘坑中無偏頗之失未投時念詩曰百尺竿頭望九州前人田地後人收後人收得休歡喜更有收人在後頭此亦虜讖而召禍可怪

白芝

政和中宗室士頓所居鈍軒忽生白芝數本於梁棟上因易名芝軒賓客詠歌以爲和氣次年士頓死又一年賜所居入四聖觀旋衆散徙蓋不祥也壬寅春太傅王黼賜第有白芝生于正寢附臥榻後屏風而出又一本在廳事照壁上隔六年有戮身之禍

墓屍化蛇

宣和庚子滄州南皮縣弓手張德平日以健勇擒捕有獲然多及平人因瘟疫死半歲墓中忽有聲人報其子往視則墓已穴父出其面眞是也及破墓欲出之則身變白蛇子驚問曰何爲異類父曰我以殺平人多獲此報子可作屋置我于中開竅于頂時出頭四望以肉飼我日十餘斤足矣年餘身漸大所食增多家貧謂其子曰我雖壞爾財物切無害我若殺我則十二年後復生爲純白蛇則天下兵矣子憤其妖曰此正喪門神也殺之乃所以止兵乘醉礪刃斷之蛇奮躍展轉村落間壞屋宇桑麻數里

孝子

宣和中都下趙倚年十二隨母嫁里中田生生勇于力母每遭毒手積六年倚每見母被凌辱即勸母去母終無意一日倚病母遭叱詈倚病中憤鬱因力遣母出買藥時田生尙寢乃闔戶持刀殺

田生連砍十餘下以力弱不能中要害而田亦宛轉血中鄰人排闥入倚曰吾母以身歸田生執爨具飯乳子澣衣勤勞旦夕而未嘗得田生一善言爲人子者得不痛心恨吾病甚不能力斷其首即以刀付邏卒束手就執既行猶回視諸人曰好眡吾母行人皆爲之泣下獄察其孝亦爲奏讞上哀其誠止從杖而編置焉

孝女

政和中濟南府禹城縣孝義村崔志有女甚孝母臥病久冬忽思魚食而不可得其女曰聞古者王祥臥冰得魚想不難也兄弟皆曰盡信書則不如無書汝女子何妄論古今女曰不然父母有兒女者本欲養生送死兒謂女不能耶乃同乳嫗焚香誓天即往河中臥冰凡十日果得魚三尾鱗鬣稍異歸以饋母食之所病頓愈人或問方臥冰時曰以身試冰殊不覺寒也

唐汰僧碑

濟南府開元寺因更修掘地得古碑蓋會昌中汰僧碑也字皆刓缺磨滅不可讀惟八字獨存云僧盡烏巾尼皆綠鬢僧惡而碎之後有詔改德士遂符碑言

唐述志碑

唐武后昇中述志碑后自撰睿宗書極壯偉在嵩山下政和中河南尹上言請碎其碑詔從之

通同部

靖康初民間以竹徑二寸長五尺許冒皮于首鼓成節奏取其聲似曰通同部又謂製作之法曰漫上不漫下通衢用以爲戲云

兒生兒

建炎戊申鎭江府民家兒生四歲暴得腹脹經數月臍裂有兒從裂中生眉目口鼻人也但頭已下手足不分莫辨男女又出白汁斗餘三日二子俱死

丙午

徽宗崇寧間嘗夢青童自天而下出玉牌上有字曰丙午昌期眞人當出上覺默疏于簡札謂丙午年是昌盛之時眞仙當降乃預製詔書具陳夢意令天下尋訪異人以詔揭于寶籙宮然四方了無異人至乙巳冬內禪欽宗即位意當丙午之期矣而次年金人犯順有北狩之禍僕實從徽宗北行每語靑童夢怪其無驗後乃悟曰豈丙午是猖獗之期而女眞之人出也蓋事未經變不能悉其婉言

還鄉橋石

徽宗北狩經薊縣梁魚務務有還鄉橋石少主命名人至今呼之上曰吾乃比亂世之主後聖必能力伸此冤令我回經此橋因不食而去

犬妖

宣和五年間每夜漏三鼓街衢稍寂滿耳聞犬吠聲勢若舉禁城內百萬之犬俱吠無復聞人聲每深夜獨行附近察遠傾耳聽之不見犬也當時已爲異及靖康末虜犯京師至今都之始悟其兆晉書載廬江何氏家忽聞地中有犬聲掘得一犬并雌雄二雛後里中猶爲蠻夷所沒況此聲舉城之多耶

詩讖

徽宗遜位前一年中秋後在苑中賦晚間景物一聯云日射晚霞金世界月臨天宇玉乾坤寫示臣下謂甚得意臣下稱贊取對精切韻格高勝聖學非從臣可及然次年戎馬犯順後國號金亦先兆金世界也

洛陽名園記 一卷全抄

宋李格非 字文叔山東人

山東李文叔記洛陽名園凡十有九處自富鄭公而終于呂文穆其聲名氣焰見于功德者遺芳餘烈足以想象其賢其次世位尊崇與夫財力雄盛者亦足以知其人經營生理之勞又其次僭房以清淨化度群品而乃斥餘事種植灌溉奪造化之工與王公大姓相軋夫洛陽帝王東西宅爲天下之中土圭日影得陰陽之和嵩少瀍澗鍾山水之秀名公大人爲冠冕之望天匠地孕爲花卉之奇加以富貴利達優游閑暇之士配造物而相嫵媚爭妍競巧于鼎新革故之際館榭池臺風俗之習歲時嬉遊聲詩之播揚圖畫之傳寫古今華夏莫比觀文叔之記可以知近世之盛又可以信文叔之言爲不苟且夫識明智審則慮事精而信道篤隨其所見淺深爲近遠小大之應於熙寧變更天下風靡有所謂必不可者大丞相司馬公爲首後十五年無一不如公料者至今明驗大效與始言若合符節文叔方洛陽盛時足迹目力心思之所及亦遠見高覽知今日之禍曰洛陽可以爲天下治亂之候又曰公卿高進于朝放乎一己之私意忘天下之治忽嗚呼可爲知言哉文叔在元祐官太學丁建中靖國再用邪朋竄爲黨人女適趙相挺之子亦能詩上趙相救其父云何況人間父子情識者哀之今記稱潞公年九十而杖履東西按太師丙午生至紹聖乙亥歲謫逐嶺表立黨之二年誣謗宣仁聖烈廢降昭慈獻聖羣陰已壯芽孽弄權宰相不必斥其名後內相王明叟指言紹聖當國之人如操舟者當左而右當右而左旁觀者爲之寒心與文叔所言放乎一己之私意而忘天下之治忽若相終始愚故曰其言真不苟且也噫繁華盛麗過盡一時至于荊棘銅駝腥羶伊洛雖宮室苑囿滌地皆盡然一廢一興循天地無盡藏安得光明盛大復有如洛陽賢者佐中興之業乎季父浮休侍郎詠長安廢興地有詩云憶昔開元全盛日漢苑隋宮已黍離覆轍由來皆在後今人還起古人悲感而思治世之難遇嘉賢者之用心故重言以書其首紹興八年三月望日幽國張琰德和序

富鄭公園

洛陽園池多因隋唐之舊獨富鄭公園最爲近闢而景物最勝遊者自其第東出探春亭登四景堂則一園之景勝可顧覽而得南渡通津橋上方流亭望紫筠堂而還右旋花木中百餘步走蔭樾亭賞幽臺抵重波軒而止直北走土筠洞自此入大竹中凡謂之洞者皆斬竹丈許引流穿之而徑其上橫爲洞一曰土筠縱爲洞三曰水筠曰石筠曰榭筠歷四洞之北有亭五錯列竹中曰叢玉曰披風曰漪嵐曰夾竹曰兼山稍南有梅臺又南有天光臺臺出竹木之杪遵洞之南而東還有臥雲堂堂與四景堂相南北左右二山背壓通流凡坐此則一園之勝可擁而有也鄭公自還政事歸第一切謝絕賓客燕息此園幾二十年亭臺花木皆出其目營心匠故逶迤衡直容與深密曲有奧思

董氏西園

董氏西園亭臺花木不爲行列區處疑因景物歲增月葺所成自南門入有堂相望者三稍西一堂在大池間逾小橋有高臺一又西一堂竹環之中有石夫容水自其花間湧出開軒窗四面甚敞盛夏燠暑不見畏日清風忽來留而不去幽禽靜鳴各誇得意此山林之景而洛陽城中遂得之于此小路抵池池南有堂面高亭堂雖不宏大而屈曲甚邃游者至此往往相失豈前世所謂迷樓者耶元祐中有留守喜宴集于此

董氏東園

董氏以財雄洛陽元豐中少縣官錢糧盡籍入田宅城中二園因蕪壞不治然其規模尚足稱賞東園北鄉入門有栝可十圍實小如松而甘香過之有堂可居董氏盛時載酒歌舞遊之醉不可歸則宿此數十日南有敗屋遺址獨流盃寸碧二亭尚完西有大池中有堂榜之曰含碧水四面噴瀉池中而陰出之故朝夕如飛瀑而池不溢洛人盛醉者走登其堂輒醒故俗目爲醒酒池

環谿

環谿王開府宅園甚潔華亭者南臨池谿左右翼而北過涼榭復滙爲大池周圍如環故云然也榭南有多景樓以南望則嵩高少室龍門大谷層峰翠巘畢効奇于前榭北有風月臺以北望則隋唐宮闕樓臺千門萬戶岧嶢璀璨亘十餘里凡左太沖十餘年極力而賦者可瞥目而盡也又西有錦廳秀野臺園中樹松檜花木千株皆品列種植除其中爲島塢使可張幄次各待其盛而賞之涼榭錦廳其上可坐數百人宏大壯麗洛中無逾者

劉氏園

劉給事園涼堂高卑制度適愜可人意有知木經者見之且云近世建造率務峻立故居者不便而易壞惟此堂正與法合西南有臺一區尤工緻方十許丈地而樓橫堂列廊廡回繚闌楯周接木

映花承無不妍穩洛人目爲劉氏小景今析爲二不能與他全園爭矣

叢春園

今門下侍郎安公買于尹氏岑寂而喬木森然桐梓檜柏皆就行列其大亭有叢春亭高亭有先春亭叢春亭出荼䕷架上北可望洛水蓋洛水自西洶湧奔激而東天津橋者疊石爲之直力滀其怒而納之于洪下洪下皆大石底與水爭噴薄成霜雪聲聞數十里予嘗窮冬月夜登是亭聽洛水聲久之覺清冽侵人肌骨不可留迺去

天王院花園子

洛中花甚多種而獨名牡丹曰花凡園皆植牡丹而獨名此曰花園子蓋無它池亭獨有牡丹數十萬本凡城中賴花以生者畢家于此至花時張幙幄列市肆管絃其中城中士女絕烟火游之過花時則復爲丘墟破垣遺竈相望矣今牡丹歲益滋而姚黃魏紫愈難得魏花一枝千錢姚黃無貲者

歸仁園

歸仁其坊名也園盡此一坊廣輪皆里餘北有牡丹芍藥千株中有竹百畝南有桃李彌望唐丞相牛僧孺園七里檜其故木也今屬中書李侍郎方剏亭其中河南城方五十餘里中多大園池而此爲冠

苗帥園

節度使苗侯既貴欲極天下佳處卜居得河南河南園宅又號最佳處得開寶宰相王溥園遂搆之園既古景物皆蒼然復得完力藻飾出之于是有欲憑陵諸園之意矣故有七葉二樹對峙高百尺春夏望之如山然今架堂其北竹萬餘竿皆大滿二三圍疎筠琅玕如碧玉椽今架亭其南東有水自伊水派來可浮十石舟今

架亭壓其溪有大松七今引水繞之有池池宜蓮荷今架水軒板出水上對軒有橋亭制度甚雄侈然此猶未盡得之丞相故園水東爲直龍岡閭趙氏所得亦大叔第宅園池其間稍北曰郕鄏陌陌列七丞相第文潞公程丞相宅旁皆有池亭而趙韓王園獨可與諸園列

趙韓王園

趙韓王宅園國初詔將作營治故其經畫制作殆侔禁省韓王以太師歸是第百日而薨子孫皆家京師罕居之故園池亦以扃鑰爲常高亭大榭花木之淵藪歲時獨厮養擁彗負畚鍤者于其間而已蓋人之于宴閒每自吝惜宜甚于聲名爵位

李氏仁豐園

李衛公有平泉花木記百餘種耳今洛陽良工巧匠批紅判白接以它木與造化爭妙故歲歲益奇且廣桃李梅杏蓮菊各數十種

牡丹芍藥至百餘種而又遠方奇卉如紫蘭茉莉瓊花山茶之儔號爲難植獨植之洛陽輒與其土產無異故洛中園圃花木有至千種者甘露院東李氏園人力甚治而洛中花木無不有中有四幷迎翠濯纓觀清超然五亭

松島

松柏樅杉檜栝皆美木洛陽獨愛栝而敬松松島數百年松也其東南隅雙松尤奇在唐爲袁象先園本朝屬李文定公丞相今爲吳氏園傳三世矣頗葺亭榭池沼植竹木其旁南築臺北修堂東北有道院又東有池池前後有亭臨之自東大渠引水注園中清泉細流涓涓無不通處在他郡尚無有而洛陽獨以其松名

東園

文潞公東園本藥圃也地薄東城水渺瀰甚廣泛舟游者如在江湖間也淵映瀍水二堂宛宛在水中湘膚藥圃二堂間列水石西去其第里餘今潞公官太師年九十尚時杖屨遊之

紫金臺張氏園

自東園並城而北張氏園亦繞水而富竹木有亭四河圖志云黄帝坐玄扈臺郭璞曰在洛汭或曰此其處也

水北胡氏園

水北胡氏二園相距十許步在邙山之麓瀍水經其旁因岸穿二土窰深百餘尺堅完如埏埴開軒窗其前以臨水上水淸淺則鳴漱湍瀑則奔駛皆可喜也有亭榭花木率在二窰之東凡登覽而惝恍俯瞰而峭絕天授地設不待人力而巧者洛陽獨有此園耳但其亭臺之名皆不足載載之且亂實如其臺四望皆百餘里而縈伊繚洛乎其間林木薈蔚雲烟掩映高樓曲榭時隱時見使畫工極思不可圖而名之曰玩月臺有庵在松檜藤葛之中闢旁牖則臺之所見亦畢陳於前避松檜藤葛的然與人目相會而名之

曰學古庵其實皆類此

大字寺園

大字寺園唐白樂天園也樂天云吾有第在履道坊五畝之宅十畝之園有水一池有竹千竿是也今張氏得其半爲會隱園水竹尚甲洛陽但以圖攷之則曰某堂有某水某亭有某木某水某木至今猶存而曰堂曰亭者無復彷彿矣豈因于天理者可久而成于人力者不可恃也寺中樂天石刻存者尚多

獨樂園

司馬溫公在洛陽自號迂叟謂其園曰獨樂園園卑小不可與他園班其曰讀書堂者數十椽屋澆花亭者益小弄水種竹軒者尤小見山臺者高不過尋丈曰釣魚菴採藥圃者又特結竹杪落蔓繫爲之爾溫公自爲之序諸亭臺詩頗行于世所以爲人傾慕者不在于園耳

湖園

洛人云園圃之勝不能相兼者六務宏大者少幽邃人力勝者乏蒼古水泉多者無眺望兼此六者惟湖園而已予嘗遊之信然在唐爲裴晉公宅園園中有湖湖中有堂曰百花洲名蓋舊堂蓋新也湖北之大堂曰四并堂名蓋不足勝蓋有餘也其四達而當東西之蹊者桂堂也截然出于湖之右者迎暉亭也過横池披林莽循曲徑而後得者梅臺知止庵也自竹徑望之超然登之翛然者環翠亭也眇眇重邃尤擅花卉之盛而前據池亭之勝者翠樾軒也其大略如此若夫百花酣而白晝眩青蘋動而林陰合水靜而跳魚鳴木落而羣峰出雖四時不同而景物皆好則又其不可殫記者也

呂文穆園

伊洛二水自東南分經河南城中而伊水尤清澈園亭喜得之若

當其上流則春夏無枯涸之病呂文穆園在伊水上流木茂而竹盛有亭三一在池中二在池外橋跨池上相屬也洛陽又有園池中有一物可稱者如大隱莊梅楊侍郎園流杯師子園師子是也梅蓋早梅香甚烈而大說者云自大庾嶺梅移其本至此流杯水雖急不旁觸爲異師子非石也入地數十丈或以地攷之蓋武后天樞銷鑠不盡者也又有嘉猷會節恭安溪園皆隋唐公主園雖已犁爲良田樹爲桑麻矣然宮殿池沼與夫一時會集之盛今遺俗故老猶有識其所在而道其廢興之端者遊之亦可以觀萬物之無常覽時之倏來而忽逝也

論曰洛陽處天下之中挾殽澠之阻當秦隴之襟喉而趙魏之走集蓋四方必爭之地也天下常無事則已有事則洛陽先受兵予故嘗曰洛陽之盛衰者天下治亂之候也方唐貞觀開元之間公卿貴戚開館列第于東都者號千有餘所及其亂離繼以五季之酷其池塘竹樹兵車蹂踐廢而爲丘墟高亭大樹烟火焚燎化而爲灰燼與唐共滅而俱亡者無餘處矣予故曰園圃之廢興洛陽盛衰之候也且天下之治亂候于洛陽之盛衰而知洛陽之盛衰候于園圃之廢興而得則名園記之作予豈徒然哉嗚呼公卿大夫方進于朝放乎一己之私自爲而忘天下之治忽欲退享此樂得乎唐之末路是矣

洛陽名公卿園林爲天下第一夷虜以勞役祝融回祿盡取以去矣予得李格非文叔洛陽名園記讀之至流涕文叔出東坡之門其文亦可觀如論天下之治亂候于洛陽之盛衰洛陽之盛衰候于園圃之廢興其知言哉河南邵博記

晉王右軍聞成都府有漢時講堂秦時城池門屋樓觀慨然遠想欲一遊目其與周益州帖蓋所致意焉近時呂太史有宗少文臥遊之語凡昔人紀載人境之勝集爲一編其奉祠亳社也自以爲

譙沛眞源怳然在目視堯之太極嵩之崇福華之雲臺皆將臥遊之噫嘻弧矢四方之志高人達士之懷古今一也顧南北分裂蜀在境內雖遠患不往爾往則至矣亳竟嵩華視蜀猶邇封也欲往其可得乎然則太史之情其可悲也已予近得此記手寫一通與東京記長安志河南志夢華錄諸書並藏而時自覽焉是亦臥遊之意云爾永嘉陳振聲伯玉書

洛陽花木記一卷全抄　宋周　敍鄱江人

予少時聞洛陽花卉之盛甲于天下嘗恨皆未能盡觀其繁盛妍麗竊有憾焉熙寧中長兄倅絳因自東都謁告往省徧觀三月過洛陽始得遊精藍名圃賞所謂牡丹者然後信向之所聞爲不虛矣會迫于官期不得從容游覽然目之所閱者天下之所未有也元豐四年予佐官于洛吏事之暇因得從容游賞居歲餘矣甲第名園百未游其十數奇花異卉十未覩其四五于是博求譜錄得

唐李衛公平泉花木記范尙書歐陽參政二譜按名尋訪十始見其七八焉然范公所述者五十二品可攷者纔三十八歐之所錄者二篇而已其敍錢思公雙桂樓下小屏中所錄九十餘種但槩言其略耳至於花之名品則莫得而見焉因以予耳目之所聞見及近世所出新花參校二賢所錄者凡百餘品其亦殫於此乎然前賢之所記與天下之所知者止於牡丹而已至於芍藥天下必以維揚爲稱首然而知洛之所植其名品不減維揚而開頭之大殆不如也又若天下四方所產珍藂佳卉得一於園館足以爲美景異致者洛中靡不兼有之然天下之人徒知洛土之宜花而未知洛陽衣冠之淵藪王公將相之圃第鱗次而櫛比其宜於四方者舟運車輦致之於窮山遠徼而又得沃美之土與洛人之好事者又善植此所以天下莫能擬其美且盛也今撫舊譜之所未載得芍藥四十餘品雜花二百六十餘品敍於後非敢貽諸好事將

以待退居灌園按譜而求其可致者以備亭館之植云爾元豐五年二月鄞江周序

牡丹 千葉五十九品 多葉五十品

千葉黃花其別有十

姚黃　勝姚黃　牛家黃　千心黃
甘艸黃　丹州黃　閔黃　女眞黃
絲頭黃　御袍黃

千葉紅花其別三十有四

狀元紅　魏花　勝魏　都勝
紅都勝　紫都勝　瑞雲紅　岳山紅
間金紅　金繋腰　一捻紅　九蕊紅
劉師閣　大葉壽安　細葉壽安　洗妝紅
蹙金毬　探金毬　二色紅　蹙金樓子
碎金紅　越山紅樓子　彤雲紅　轉枝紅
紫絲旋心　富貴紅　不暈紅　壽妝紅
玉盤妝　雙頭紅 亦開多葉　遇仙紅　蓋園紅
簇四　簇五

千葉紫花其別有十

雙頭紫　左紫　紫繡毬　安勝紫
大宋紫　順聖紫　陳州紫　袁家紫
婆臺紫　平頭紫

千葉緋花一

潛溪緋

千葉白花其別有四

玉千葉　玉樓春　玉蒸餅　一百五

多葉紅花其別三十有二

鞓紅　大紅 深紛紅　涇紅　承露紅 有十二箇子
胭脂紅　添色紅 深似鶴翎　鶴翎紅　朱砂紅
揉紅　獻采紅　賀紅　大暈紅
林家紅 深色紅　西京強　觀音紅　青州紅
玉樓紅　雙頭紅　汝州紅　獨看紅
鹿胎紅　綴州紅　試妝紅　玲瓏紅
青綫稜　延州紅　蘇家紅　白馬草
夾黃蕊　丹州紅　柿紅　唐家紅

多葉紫花其別十有四

潑墨紫　冠子紫　葉底紫　光紫
段家紫　銀合稜 左紫之單葉者　經藏紫　蓮花萼
大紫 亦名長壽紫　索家紫　陳州紫　雙頭紫
承露紫　唐家紫

多葉黃花其別有三
絲頭黃　呂黃　古姚黃
多葉白花一
玉醆白
芍藥
千葉黃花其別十有六
御衣黃　凌雲黃　南黃樓子　尹家黃樓子
銀褐樓子　表黃　延壽黃　硤石黃
新安黃　壽安黃　溫家黃　郭家黃
青心鮑黃　紅心鮑黃　絲頭黃　黃纈子
千葉紅花其別十有六
紅樓子　紅冠子　朱砂旋心　硬條旋心
班幹旋心　深紅小魏花　淡紅小魏花　紅纈子
靈山纈子　馬家紅　楚州冠子　四蜂兒
醉西施　翦平紅　茅山冠子　柳岡新接紅絲頭
千葉紫花其別有六
紫樓子　龍間紫　紫鞍子　粉面紫
紫絲頭　紫纈子
千葉白花二
玉樓子　白纈子
千葉緋花一
緋樓子
雜花八十二品
瑞香紫色本出廬山宜陰翳處　黃瑞香　川海棠　垂絲海棠名軟條
杜海棠淡者　黃海棠　南海棠　繡綫海棠一名嬌海棠
黃香梅　紅香梅千葉　臘梅黃千葉　紫梅千葉

雪香千葉　海石榴　散水單葉　千葉散水
垂絲散水　玉瓏璁　真珠花　玉屑花
錦帶花　大錦帶　細葉錦帶　文冠花
紅龍柏　紫龍柏　白龍柏　山茶臘月開
晚山茶寒食開　粉紅山茶　白山茶　棣棠單葉
千葉棣棠　二色郁李　白郁李千葉一名玉帶　單葉郁李
千葉櫻桃　垂絲櫻桃　山桃　山木瓜
軟條木瓜　紅薇　緋薇　紫薇
千葉紅梨　石藍　玉拂子　木犀
辛夷　木蘭似木筆但木高丈餘即開花與牡丹同時發　木筆似木蘭但木極大乃有花花正月初發
紫荊　瓊花類八仙而香　玉蝴蝶　八仙花
丁香花　百結花　迎春花　金纏枝
黃雀兒　映山紅即紅躑躅　粉紅躑躅　頳桐一名百日紅
紅木梨　千葉木梨　芙蓉亦名拒霜　千葉芙蓉
黃芙蓉　千葉朱槿　三春花一名長命　莎蘿花
抹厲花　素馨花　佛桑花　夜合花
黃夜合　檉柳　倒仙花　紅蕉
仙人耳墜一名滿堂花　連翹花　鷺鷥兒花　千葉秋花
菓子花
桃之別有三十
小桃　十月桃出西太乙宮　冬桃至冬方熟　蟠桃一名餅子桃千葉
千葉纈桃　二色桃一枝上二色　合歡二色桃一朵上二色
千葉緋桃　千葉碧桃　大御桃　金桃
銀桃　白桃　昆侖桃　憨利核桃
胭脂桃　白御桃　早桃　油桃
人桃　蜜桃　平頂桃　胖桃

紫葉大桃　社桃　方桃　邠州桃
匾田桃　紅穰利核桃　光桃無毛
梅之別六
紅梅　千葉黄香梅　蠟梅　消梅
蘇梅　水梅
杏之別十有六
金杏　銀杏　水杏　香白杏
纏金杏　赤腴杏　眞大杏　詐赤杏
大緋杏　撮帶金杏　晚黄杏　黄杏
方頭金杏　千葉杏　黑葉杏　梅杏
梨之別二十有七
水梨　紅梨　雨梨　濁梨
鵝梨　穰梨　消梨　乳梨

袁家梨　車寶梨　紅鵝梨　敷鵝梨
秦王䅉消梨　大洛梨　甘棠梨　紅消梨
早接梨　鳳西梨　蜜脂梨　罨羅梨
細帶罨羅　棒槌梨　淸沙爛　棠梨
壓沙梨　梅梨　榅桲梨
李之別二十有七
粉紅桃花紅　御李　操李　麝香李
北京水李　珍珠李　眞桃李　粉香李
小桃李　偏縫李　密縷李　胡天李
黄甘李　麥熟李　揀枝李　牛心李
紫灰李　冬李　晚李　焦紅李
金條李　横枝李　淸帶李　纏枝李
漿水李　憲臺李　嘉慶李

櫻桃之別十有一
紫櫻桃　臘櫻桃　滑臺櫻桃　朱皮櫻桃
腐嘴櫻桃　早櫻桃一名熱熟子　吳櫻桃　水焰兒櫻桃
甜菓子　急溜子　千葉櫻桃
石榴之別九
千葉石榴　粉紅石榴　黄石榴　靑皮石榴
水晶漿榴　朱皮石榴　水晶甜榴　重臺石榴東京奉慈觀出
銀含稜石榴偃師縣出
林檎之別有六
蜜林檎　花紅林檎　水林檎　金林檎
轉身林檎　操林檎
木瓜之別有五
山木瓜　軟條木瓜　宣州木瓜　香木瓜

榠樝
柰之別有十
蜜柰　大柰　紅柰　兔須柰
寒毬　黄寒毬　頻婆　海紅
大楸子　小楸子
刺花凡三十七種
倒提黄薔薇　千葉白薔薇　刺紅　密枝月季
千葉月桂粉紅　黄月桂　川四季　深紅月季
長春花　日月花　四季長春　川金沙
黄金沙　水林檎單葉金沙也　寶相千葉　盧州寶相
黄寶相　荼蘼　千葉荼蘼　金荼蘼
薔薇單葉　二色薔薇　千葉黄薔薇　錦被堆
黄薔薇　馬甃花　粉團兒　玫瑰單葉寶相

玫瑰　穿心玫瑰　玉香梅　紅香梅千葉
茶梅　千葉茶梅　黃玫瑰　滅伏
木香花
草花凡八十九種
蘭出漳州者佳春開紫色　秋蘭　黃蘭出嵩山　水仙花一名金盞銀臺
單葉菊　金鈴菊　紫幹子　萬鈴菊
毬子菊　雞冠菊　棣棠菊　黃簇菊
柿黃菊　青心菊　葉紅菊　黃鸞廷子
探白大　五色菊　千葉大黃菊　粉紅菊
碧菊　千葉晚菊　白菊　六月紫菊
釵頭菊　紫菊亦謂之旱蓮　金錢菊一名夏菊　川金錢菊深紅色單葉
萱艸　川剪金　鵝黃萱艸　太山萱艸
千葉萱艸　四季萱艸　北極萱艸　糙萱艸

紅金燈　黃金燈　白金燈　硃紅金燈
碧金燈　紫金燈　紅絲花　石竹花紅粉
鵝毛石竹一名繡竹　御米花　麗春亦名寧儀　石麗春
金鳳花　麗秋花　玉簪花　紅蓑荷
水仙花　蔓陀羅花　千葉蔓陀羅花
層臺蔓陀羅花　雞冠花　矮雞冠
黃雞冠　白雞冠　粉紅雞冠　芫花一名杜山
胡蜀葵　千葉紅葵　剪金　剪稜蜀葵
千葉紫葵　鵝黃蜀葵　九心蜀葵　千葉緋葵
千葉鼓子　水紅　鬢邊嬌　家水紅開百餘日
白山丹　水山丹深紅　金蓮花出嵩山頂　雲夢花
地錦花　照天紅出峽州　水牡丹　杜參花出歙州
碧鳳花一名鴨腳　碧玉盞一名賽菀　紫錦帶　紅百合

紅山薑　碧山薑　漢百合
水花凡十七種
單葉蓮　千葉紅蓮　玉骨朶白蓮也　白樓子
紅樓子重臺紅蓮　碧蓮子出歙泉及超化寺心中涌泉者是也　白蘋
草荇　水紅　穿心蓮　瑞蓮一名朱砂滾
雙頭瑞蓮　佛頭蓮千葉　千葉珠子蓮　朝日蓮李駙馬園
釵頭蓮　甘艸黃
蔓花凡六種
淩霄　驕藤　雪蕈花　荷葉藤
千葉鼓子　牽午花
敍牡丹
姚黃千葉黃花也色極鮮潔精采射人有深紫檀心近瓶青旋心一匝與瓶同色開頭可八九寸許其花本出北邙山下白司馬坡

姚氏家今洛中名園中傳接雖多惟水北歲有開者大率間歲乃成千葉餘年皆單葉或多葉耳水南率數歲一開千葉然不及水北之盛也蓋本出山中宜高近市多糞壤非其性也其開最晚在衆花凋零之後芍藥未開之前其色甚美而高潔之性敷榮之時特異於衆花故洛人貴之號爲花王城中每歲不過開三數朶都人士女必傾城往觀鄉人扶老攜幼不遠千里其爲時所貴重如此
勝姚黃靳黃千葉黃花也有深紫檀心開頭可八九寸許色雖深於姚然精采未易勝也但頻年有花洛人所以貴之出靳氏之圃因姓得名皆在姚黃之前洛人貴之皆不減姚花但鮮潔不及姚而無青心之異焉可以亞姚而居丹州黃之上矣
牛家黃亦千葉黃花也其先出於姚黃蓋花之祖也色有紅黃相間類一捻紅之初開時也眞宗祀汾陰還駐蹕淑景亭賞花宴從

臣洛民牛氏獻此花故後人謂之牛花然色淺於姚黃而微帶紅
色其品目當在姚靳之下矣
千心黃千葉黃花也大率類丹州黃而近瓶碎蕊特盛異於衆花
故謂之千心黃
甘艸黃千葉黃花也有紅檀心色微淺於姚黃蓋牛丹之比焉其
花初出時多單葉今名園培壅之盛變爲千葉
丹州黃千葉黃花也色淺於靳而深於甘艸黃有深紅檀心大可
半葉其花初出時本多葉今名園栽接得地間或成千葉然不能
歲成就也
閔黃千葉黃花也色類甘艸黃而無檀心出於閔氏之圃因此得
名其品第蓋甘艸黃之比歟
女眞黃千葉淺黃色花也元豐中出於洛民銀李氏園中李以爲
異獻于大尹潞公公見心愛之命曰女眞黃其開頭可八九寸許

色類丹州黃而微帶紅色溫潤匀瑩其狀端整類劉師閣而黃諸
名圃皆未有其亦甘艸黃之比歟
絲頭黃千葉黃花也色類丹州黃外有大葉如盤中有碎葉一簇
可百餘片碎葉之心有黃絲數十莖聳起而特高立出於花葉之
上故目之爲絲頭黃唯天王寺僧房中一本特佳它圃未之有也
御袍黃千葉黃花也色與開頭大率類女眞黃元豐初應天院神
御花圃中植山篦數百忽于其中變此一種因目之爲御袍黃
狀元紅千葉深紅花也色類丹砂而淺葉杪微淺近蕚漸深有紫
檀心開頭可七八寸其色最美迴出衆花之上故洛人以狀元呼
之惜乎開頭差小于魏花而色深過之遠甚其花出安國寺張氏
家熙寧初方有之俗謂之張八花今流傳諸處甚盛然歲有此花
又特可貴也
魏花千葉肉紅花也本出晉相魏仁溥園中今流傳特盛然葉最

繁密人有數之者至七百餘葉面大如盤中堆積碎葉突起圜整
如覆鍾狀開頭可八九寸許其花端麗精美瑩潔異于衆花洛人
謂姚黃爲王魏花爲后誠善評也近年有勝魏都勝二品出焉勝
魏似魏花而微深都勝似魏花而差大葉微帶紫紅色意其種皆
魏花之所變歟豈寓于紅花本者其子變而爲勝魏寓于紫花本
者其子變而爲都勝耶
瑞雲紅千葉肉紅花也開頭大尺餘色類魏花微深然碎葉差大
不若魏之繁密也葉杪微卷如雲氣狀故以瑞雲目之然與魏花
迭爲盛衰魏花多則瑞雲少瑞雲多則魏花少意者艸木之妖亦
相忌嫉而勢不並立歟
岳山紅千葉肉紅花也本出于嵩岳因得此名深于瑞雲淺于狀
元紅有紫檀心鮮潔可愛花唇微淡近蕚漸深開頭可八九寸許
間金紅千葉紅花也微帶紫而類金繫腰開頭可八九寸許葉間

有黃蕊故以間金目之其蓋夾黃蕊之所變也
金繫腰千葉黃花也類間金而無蕊每葉上有金綫一道橫于半
葉上故目之爲金繫腰其花本出于緱氏山中
一捻紅千葉粉紅花也有檀心花葉之杪各有深紅一點如美人
以胭脂手捻之故謂之一捻紅然開頭差小可七八寸許初開時
多青拆開時乃變紅耳
九蕚紅千葉粉紅花也莖葉極高大其苞有青趺九重苞未拆時
特異于衆花花開必先青拆數日然後色變紅花葉多皺蹙有類
揉艸然多不成就偶有成者開頭盈尺
劉師閣千葉淺紅花也開頭可八九寸許無檀心本出長安劉氏
尼之閣下因此得名微帶紅黃色如美人肌肉然瑩白溫潤花亦
端整然不常開率數年乃見一花耳
壽安有二種皆千葉肉紅色花也出壽安縣錦屛山中其色似魏

花而淺淡一種葉差大開頭亦大因謂之大葉壽安一種葉細故謂之細葉壽安云

洗妝紅千葉肉紅花也元豐中忽生于銀李圃山篦中大率似壽安而小異劉公伯壽見而愛之謂如美婦人洗去朱粉而見其天眞之肌瑩澈溫潤因命今名其品第蓋壽安劉師閣之比歟

蹙金毬千葉淺紅花也色類間金而葉杪皺蹙間有黃稜斷續于其間因此得名然不知所出之因今安勝寺及諸園皆有之

探春毬千葉肉紅花也開時在穀雨前與一百五相次開故曰探春毬其花大率類壽安紅以其開早故得今名

二色紅千葉紅花也元豐中出于銀李園中于接頭一本上歧歧爲二色一淺一深深者類間金淺者類瑞雲始以爲有兩接頭詳細視之實一本也豈一氣之所鍾而有淺深厚薄之不齊歟大尹潞公見而賞異之因命今名

蹙金樓子千葉紅花也類金繫腰下有大葉如盤盤中碎葉繁密聳起而圓整特高于衆花碎葉皺蹙互相粘綴中有黃蕊間雜于其間然葉之多雖魏花不及也元豐中生于袁氏之圃

碎金紅千葉粉紅花也色類間金每葉上有黃點數枚如黍粟大故謂之碎金紅

越山紅樓子千葉粉紅花也本出于會稽不知到洛之因也近心有長葉數十片聳起而特立狀類重臺蓮故有樓子之名

彤雲紅千葉紅花也類狀元紅微帶緋色開頭大者幾盈尺花唇微白近萼漸深檀心之中皆瑩白類御米花本出于月坡隄之福嚴寺司馬公見而愛之目之爲彤雲紅也

轉枝紅千葉紅花也蓋間歲乃成千葉假如今年南枝千葉北枝多葉明年北枝千葉南枝多葉每歲換易故謂之轉枝紅其花大率類壽安云

紫絲旋心千葉粉紅花也外有大葉十數重如盤盤中有碎葉百許簇于瓶心之外如旋心芍藥然上有紫絲十數莖高出于碎葉之表故謂之曰紫絲旋心元豐中生于銀李圃中

富貴紅不暈紅壽妝紅玉盤妝皆千葉粉紅花也大率類壽安而有小異富貴紅色差深而帶緋紫色不暈紅次之壽妝紅又次之玉盤妝最淺淡者也大葉微白碎葉粉紅故得玉盤妝之號

雙頭紅雙頭紫皆千葉花也二花皆並蒂而生如鞍子而不相連屬者也唯應天院神御花圃中有之亦有多葉者蓋地勢有肥瘠故有多葉之變耳培壅得地之宜至有簇五者然開頭愈多則花愈小矣

左紫千葉紫花也色深于安聖然葉杪微白近萼漸深突起圓整有類魏花開頭可八九寸大者盈尺此花最先出國初時生于豪民左氏家今洛中傳接者雖多然難得眞者大抵多轉接不成千

葉唯長壽寺彌陀院一本特佳歲歲成就舊譜以謂左紫卽齊頭紫如碗而平不若左紫之繁密圓整而又無含棱之異云

紫繡毬千葉紫花也色深而瑩澤葉密而圓整因得繡毬之名然難得見花大率類左紫云但葉杪色勻不如左紫之唇白也比之陳州紫袁家紫皆大同而小異耳

安勝紫千葉紫花也開頭徑尺餘本出于城中安勝院因此得名近歲左紫與繡毬皆難得花唯安勝紫與大宋紫特盛歲歲有花故名圃中傳接甚多

大宋紫千葉紫花也本出于永寧縣大宋川豪民李氏之圃因謂大宋紫開頭極盛徑尺餘衆花無比其大者其色大率類安勝紫云

順聖紫千葉花也色深類陳州紫每葉上有白縷數道自唇至萼紫白相間淺深不同開頭可八九寸許熙寧中方有也

陳州紫袁家紫一色花皆千葉大率類紫繡毬而圓整不及也

潛溪緋本千葉緋花也有皂檀心色之殷美衆花少與比者出龍門山潛溪寺本後唐相李藩別墅今寺僧無好事者花亦不成千葉民間傳接者雖多大率皆多葉花耳惜哉

玉千葉白花無檀心瑩潔如玉溫潤可愛景祐中開于范尙書宅山篦中細葉繁密類魏花而白今傳接于洛中雖多然難得花歲成千葉也

玉樓春千葉白花也類玉蒸餅而高有樓子之狀元豐中生于清河縣左氏家左獻于潞公因命之曰玉樓春

玉蒸餅千葉白花也本出延州及流傳到洛而繁盛過于延州時花頭大于玉千葉葉杪瑩白近萼漸紅開頭可盈尺每至盛開多低之亦謂之軟條花云

承露紅多葉紅花也每朵各有二葉每葉之近萼處各成一箇皷

子花樣凡有十二箇唯葉杪舒展與衆花不異其下玲瓏不相倚着望之如雕鏤可愛凌晨如有甘露盈筒其香益更旖旎又承露紫大率相類惟有色異耳

玉鏤紅多葉紅花也色類彤雲紅而每葉上有白綾數道若雕鏤然故以玉鏤目之

一百五者千葉白花也洛中寒食衆花未開獨此花最先故此貴之

四時變接法（此唯洛中氣候可依此變接他處須各隨地氣早晚接）

立春前後　接諸般針刺花（自有刺花門）

雨水後接　木瓜上接（石南　歌山木瓜　番木瓜　歌條木瓜　宣州木瓜）　櫻桃上接（諸般桃　半枝紅）　木筆上接（木蘭　辛夷）　玉拂子上接（玉蝴蝶　八仙花）　野薔薇上接（千葉黃薔薇　井諸般刺花）

榲桲上接（楓檀）　楂子上接（榲桲）

二月節　棕椑上接（林檎　海棠）　桃椑上接（諸般桃　諸般梅）　杏椑上接（諸般杏　李子）

棠梨上接（諸般梨　海棠）

春分節　壓檜柏　分百合　接玫瑰　分玉簪　栽芙蓉　分碧蘆　分芭蕉　灌百合　剪金石竹　下金錢子　種山丹　分旱蓮　石榴上接（諸般石榴）　軟棗上接諸般柿（著蓋柿　牛頭柿　胭面柿　旋帶柿　八稜柿　朱柿　扶溝柿　椑柿）　棗椑上接（諸般棗）　栽紫條玫瑰

三月上旬　種諸般花子　栽百般花

三月穀雨節　分諸般菊　種諸般雞冠　栽五色莧　紅莧

五月節　種諸般竹　十三日竹迷

六月節　種玉簪子　望仙子（六月已前皆可種須澆灌乃活）

七月節　種木瓜　壓軟條檜

處暑　種諸般芍藥　種牡丹子

八月節　分牡丹　接牡丹篦子　分芍藥　栽諸般針刺花　種麗春望仙　撒石竹并剪金錢等花子或分栽

九月節　種桃核　麗春子　望仙子　紫條玫瑰　石竹

霜降　種諸般菓子樹

十月節　種小桃　諸般雜林木

十二月節　揭凍楡木　分擘錦被堆　減拔粉團子

接花法

接花必于秋社後九月前餘皆非其時也接花預于二三年前種下祖子唯根盛者爲佳蓋家祖子根前而嫩嫩則津脉盛而木實山祖子多老根少而木虛接之多夭劄接頭欲平而闊常令根皮包含接頭勿令作陡刃（外陡則帶皮處厚而根蝕）刃陡則接頭多退出而皮不相對津脉不通遂致枯死矣接頭繫縛欲密勿令透風不可令雨溼瘡口接頭必以細土覆之不可令人觸動接後月餘須時時看覷覷根下勿令生妬芽芽生卽分減却津脉而接頭枯矣凡選接頭須取木枝肥嫩花芽盛大平而圓實者爲佳虛尖者無花矣

栽花法

凡欲栽花須于四五月間先治地如地稍肥美卽翻起深二尺以來去石瓦礫皮頻鋤剗勿令生艸至秋社後九月以前栽之若地多瓦礫或帶鹹鹵則鋤深三尺以上去盡舊土別取新好黃土換塡切不可用糞糞卽生蠐螬而蠧花根矣根蠧則花頭不大而不成千葉也凡栽花不欲深深則根不行而花不發旺也但以瘡口齊土面爲佳此深淺之度也掘土坑須量花根長短爲淺深之準坑欲闊平而土欲肥而細然于土坑中心拍成小土墩子其墩子欲上銳而下闊將花于土墩上坐定然後整理花根令四向橫垂勿令掘𢬵爲妙然後用一生黃土覆之以瘡口齊土面爲準

種祖子法

凡欲種花子先于五六月間擇背陰處肥美地治作畦鉏欲深而頻地如不佳翻換如栽花法每歲七月以後取千葉牡丹花子候

花瓶欲拆其子微變黃時采之破其瓶子取子于已治畦地內一如種菜法種之不得隔日隔日多卽花瓶乾而子黑子黑則種之萬無一生矣撒子欲密不欲疎疎則不生不厭太密地稍乾則先以水灌之候水脉勻潤然後撒子訖把摟一如種菜法每十日一澆有雨卽止冬月須用木葉蓋覆有雪卽以雪覆木葉上候月間卽生芽葉矣生時頻去草久無雨卽十日一澆灌切不得用糞候至八月社後別治畦分開種之如栽菜法如花子已熟未曾治地卽先取花瓶連子掘地坑窖之一面速治地候熟可種卽取窖中子依前法撒之其中間或有却成千葉者

打剝花法

凡千葉牡丹須于八月社前打剝一番每株七只留花頭四枝已來餘者皆可截先接頭于祖上接之候至來年二月間所留花芽間小葉見其中花蕊切須子細辨認若花芽須平而圓實卽留之此千葉花也若花蕊虛卽不成千葉須當去之每株只留三兩蕊可也花頭多卽不成千葉而開頭小矣

分芍藥法

分芍藥處暑爲上時八月爲中時九月爲下時取芍藥須闊鉏勿令損根取出淨洗土看窠株大小花芽多寡隨時分之每窠須當四芽以上一生好細黃土和泥漿蘸花根坐于坑中土墩上整理根令四向橫垂然後以細黃土培之根不欲深深則花不發旺令花根低如土面一指以下爲佳耳不得用糞候春間花芽發更看骨堆子如頭圓平而實則留之虛大者無花矣新栽時每窠可只留花頭一兩朶候一二年花得地力可留四五朶花頭多卽不成千葉矣愼之愼之栽芍藥于陰處凉根令微乾然後種則花速起發掘取後可留月餘不妨寄遠尤宜

說郛卷第二十六終

說郛卷第二十七

雲仙散錄 一卷　唐馮贄

纂類之書多矣其間所載世人用于文字者亦不下數千輩則今未免爲陳言也予專科舉三十年蔑然無効天祐元年退居故里樂選書堂以居取九世所蓄典籍經史子集二十萬八千一百二十卷六千九百餘帙撮其膏髓列爲一書其門目未暇派別也成于四年之秋由急于應文房之用乃不能詳又數歲復得中篇者四部英華筆頭飛文壇戈戟應題錄皆傳記集異之說若見于常常之書者此必略之庶兵火煨燼之後來者不至束手豈小補與同志者幸爲珍祕之天復元年十二月序

幽人筆　司空圖隱于中條山芟松枝爲筆管人問之曰幽人筆正當如是 汗漫錄

飛雲履　白樂天燒丹于廬山艸堂作飛雲履玄綾爲質四面以素綃作雲朵染以四選香振履則如烟霧樂天著示山中道友曰吾足下生雲計不久上升朱府矣 樵人直說

孫登琴　孫登琴遇雨必有響如刃物聲竟因陰雨破作數截有黑蛟湧去 金鑾變化篇

棊聲與律呂相應　元頤本枰棊聲與律呂相應盖用響玉爲盤非有異術也 華天洞說

紅白二墨　楚王靈夔使人造紅白二墨爲戲及書寫衣服黑衣用白書白衣用紅書自成一家 大唐龍髓記

龍耳李　崔奉國家一種李肉厚而無核識者曰天罰乖龍必割其耳耳血墮地故生此李 琴莊美事

無塵子　方鎔隱天門山以棕櫚葉拂書號曰無塵子月以酒脯祭之 高士春秋

惜春御史　穆宗每宮中花開則以重頂帳蒙蔽欄檻置惜春御史掌之號曰括春 玉歷集

夢裁錦　蕭穎士少夢有人授紙百番開之皆是繡花又夢裁錦因此文思大進 文筆襟喉

柳神九烈君　李固言未第時行古柳下聞彈指聲固言問之應曰吾柳神九烈君已用柳汁染子之衣矣科第無疑得藍袍當以棗餻祠我固言許之未幾狀元及第 三峰集

文星典吏　杜子美十餘歲夢人令采文于康水覺而問人此水在二十里外往求之見鵝冠童子告曰汝本文星典吏天使汝下謫爲唐世文章海九雲誥已降可于豆隴下取甫依其言果得一石金字曰詩王本在陳芳國九夜捫之麟篆熟聲振扶桑享天福後因佩入葱市歸而飛火滿室有聲曰邂逅穢吾令汝文而不貴 文覽

玄山印記　陳茂爲尚書郎每書信印記曰玄山典記又曰玄山印擣朱礬澆麝酒閑則匣以鎮犀養以透雲香印書達數千里香不斷印刻胭脂末爲之 玄山記

鳳窠羣女　姑臧太守張憲使娼妓戴拂帶錦衣仙裳密粉淡妝使侍閤下奏書者號傳芳妓酌酒者號龍津女傳食者號仙盤使代書札者號墨娥換香者號麝姬掌詩稿者號雙清子諸倡曰鳳窠羣女又曰團雲隊曳雲仙 姑臧前後記

棠木印　張寶凡衣服采帛皆以所任官印之白黃物以墨紅黑物以粉常曰此印賢于掌庫奴遠矣文字亦然人收寶文以有棠木印者爲眞 張寶就印錄

涼物　房壽六月召客坐糠竹簟凭狐文几編香藤爲俎刳椰子爲杯擣蓮花製碧芳酒調羊酪造含風鮓皆涼物也壽勸吳田以轆轤瓮田懼其深曰但思龍門溪水濯麴糵腸耳 叩頭錄

梅粧閣　郭元振落梅粧閣有婢數十人客至則拖鴛鴦襭羣參一曲終則賞以糖雞卵明其聲也宴罷散九和握香 敍聞錄

梅檀寺春秋二會　梅檀寺悟本師春秋二會斂牛乳爲龍華飯供獻結綵錢爲幡蓋設客以臭與鬱岡糟授戒者施以般若錢求男者解密珠瑠 曾閣逸錄

搔首問青天　李白登華山落雁峯曰此山最高呼吸之氣想通天帝座矣恨不攜謝朓驚人詩來搔首問青天耳 摭言集

潸高門戶　白樂天語人曰吾以脫去利名枷鎖開潸高門戶但蓮龜子母丹不知何時可成 白度傳

午橋莊　裴令臨終告門人曰吾死無所繫但午橋莊松雲嶺未成軟碧池繡尾魚未長漢書未終篇爲可恨耳 晉公遺語

養硯墨筆紙　養筆以硫黃酒舒其毫養紙以芙蓉粉借其色養硯以文綾蓋貴乎隔塵養墨以豹皮囊貴乎遠溼逢溪子遵之 文房寶飾

迷香洞　史鳳宣城妓也待客以等差甚異者有迷香洞神雞枕鎖蓮燈次則交紅被傳香枕八分羊下則不相見以閉門羹待之使人致語曰請公夢中來馮垂客于鳳罄囊有銅錢三十萬盡納得至迷香洞題九迷詩于照春屏而歸 常新錄

袖裏春　元宗爲太子時愛妾號鸞兒多從中貰董逍遙微行以輕羅造梨花散蕊裛以月麟香號袖裏春所至暗遺之 史諱錄

金鳳凰　周光祿諸妓掠鬢用鬱金油傅面用龍消粉染衣以沈水香月終人賞金鳳凰一隻 傳芳略記

芋魁遭遇　李華燒三城絕品炭以龍腦裹芋魁煨之擊爐曰芋魁遭遇矣 三賢典語

山神以豐年相報　琴叟耕鳳嶺之田以虎紋巾裹犂推之曰勞吾躬耕山神必以豐年相報已而果然 鳳翔退耕傳

掃露明軒　王施避巢寇入天台山主人賀理給以牛粥練裙施謝曰公乃命司延我光景當爲掃露明軒永爲下吏 芳賢傳

吞雲夢澤　張曲江語人曰學者常想胸次吞雲夢澤筆頭湧若耶溪量既并包文亦浩瀚 徵文玉井

田水聲　淵明嘗聞田水聲倚杖久聽笑曰秫稻已秀翠色染人時剖胸襟一洗荊棘此水過吾師丈人矣 淵明別傳

俗耳鍼砭詩腸鼓吹　戴顒春日攜雙柑斗酒人問何之必曰往聽黃鸝聲此俗耳鍼砭詩腸鼓吹汝知之乎 高隱外書

半月履　趙廷芝安成人作半月履裁千紋布爲之托以精銀縝以絳蠟唐輔明過之奪取以貯酒已乃自飲廷芝問之答曰公器皿太微此履有滄海之積耳 安成記

烟姿玉骨　袁豐居宅後有六株梅開時爲鄰屋烟氣所爍屋乃貧人所寄豐卽塗泥塞竈張幙蔽風久之拆去其屋歎曰烟姿玉骨世外佳人但恨無傾城笑耳卽使妓秋蟾出比之乃云可與比驅爭先然脂粉之徒正當在後 張桐林桂林志

日精　陸展郎中見楊梅歎曰此果恐是日精然若無蜂兒采香誰勝雞和之味卽以竹絲籃貯千枚并茶花蜜送衡山道士 常春眞湘潭記

羔羊揮淚　程皓以鐵床熁肉肥膏見火則油焰淋漓皓戲言曰羔羊揮淚矣又曰我以三十萬錢償鐵匠而得此奉養豈不太過 方德遠金陵記

屋龍更衣　饒子卿隱廬山康王谷無瓦屋代以茅茨每年一易茅謂之屋龍更衣或時雨溼致漏則以油幄承梁坐於其下初不愁嘆 十三賢共注廬山記

掌有臥蛇文　傅咸掌有臥蛇文指甲上隱起花艸如雕刻是以文章過人 逍遙公南康記

畬中景　石崇砌上就苦蘚刻成百花飾以金玉曰畬中之景不過如是　耕桑偶記

桃花紙　楊炎在中書後閣糊窗用桃花紙塗以冰油取其明甚　鳳池編

酒器　李適之有酒器九品蓬萊盞海川螺舞仙盞瓠子巵幔卷荷金蕉葉玉蟾兒醉劉伶東溟樣蓬萊盞上有山象三島注酒以山沒爲限舞仙盞有關棙酒滿則仙人出舞瑞香毬子落盞外　逢原記

買春錢　進士不第者親知供酒肉費號買春錢　承平舊纂

苦吟　孟浩然眉毫一作毛盡落裴祐袖手衣袖至穿王維至走入醋瓮皆苦吟者也　詩源指訣

碎金面棋盤　蘇尚書八十猶參禪大爲訪之以手拍碎金面棋盤尚書尋有悟解　舊時羣學錄

翡翠指環　何充妓于後閣以翡翠指環換刺繡筆充知嘆曰此物洞仙與吾欲保長年之好乃令蒼頭急以蜻蜓帽贖之　粧樓記

赤將軍　哥舒翰有馬曰赤將軍翰愛之甚常以朝章加其背曰過吾北林兒遠矣此駿材也　馬癖記

地脂　高展爲并州判官一日見砌間沫出以手撮之試塗一老吏面上皺皮頓改如少年色展以謂必神藥問承天道士答曰此名地脂食之不死展乃發磚已無所覩　方鎭編年

過門錢　龍山康甫慷慨不羈每日置酒于門邀留賓客不住者贈過門錢日費酒者鶴觜餅二十　放懷集

爭春館　揚州太守圃中有杏花數十畷每至爛開張大宴一株令一娼倚其傍立館曰爭春開元中宴罷夜闌人或云花有歎聲　揚州事迹

郇公廚　韋陟廚中飲食之香錯雜人入于中多飽飫而歸語人曰人欲不飯筋骨舒夤緣須入郇公廚　長安後記

食蒲桃　楊炎食蒲桃曰汝若不澀當以太原尹相授　河東備錄

評花　黎舉常云欲令梅聘海棠棖子臣櫻桃及以芥嫁筍但恨時不同耳然牡丹酴醾楊梅枇杷幸爲執友　金城記

過廳羊　熊翔每會客至酒半堦前旋殺羊令衆客自割隨所好者綵綫繫之記號畢蒸之各自認取以剛竹刀切食一時盛行號過廳羊　青州雜記

界尺筆槽　有借界尺筆槽而破其槽者白其主人曰韓直木如常孤竹君無恙但半面之交忽然折節矣主人大笑　玉塵集

犀如意　虞世南以犀如意爬癢久之歎曰妨吾聲律半工　陶家瓶餘事

萱艸浣衣　鄭源令婢萱艸浣衣萱艸輒云郎君塵土太多令人手皮俱脫　三峯集

惠一絲兩絲　杜甫寓蜀每蠶熟卽與兒躬行而乞曰如或相憫惠我一絲兩絲　浣花旅地志

少延淸歡　陶淵明得太守送酒多以春秫水雜投之曰少延淸歡數日　淵明別傳

筆文章貨　羅隱喜筆工萇鳳語之曰筆文章貨也吾以一物助子取高價卽贈雁頭牋百幅士夫聞之懷金問價或以綵羅大組換之　龍鬚志

羲之鬼　虞世南書冠當時人謂其有羲之鬼　字錦

却老先生　王僧虔晚年惡白髮一日對客左右進銅鑷僧虔曰却老先生至矣庶幾乎　南康記

小兒司命　郭汾陽語子弟曰西陽庶寶方小兒之司命不可不讀　從容錄

軟棗餻　宣慈寺每求化人先留食軟棗餻柳尚書方食餻袖疏

欲出尚書急解連帶緋袍鏁子魚袋施之 海墨微言

酒窟　蘇晉作曲室爲飲所名酒窟又地上每一磚鋪以甌酒計磚約五萬枚盡日率友朋次第飲之取盡而已 酔仙圖記

詩成裁紙窗　段九章詩成無紙就窗裁故紙連綴用之九章字惠文 蓬原記

白羊妝點芳艸　午橋莊小兒坡茂艸盈里晉公每使數羣白羊散于坡上曰芳艸多情賴此妝點也 窮幽記

浮萍爲鴨作茵褥　浮光多美鴨太原少尹樊千里買百隻置後池載數車浮萍入池使爲鴨作茵褥 雲林異景志

自爲小君裁翦　李紳爲相時俗尚輕綃染鷰碧爲婦人衣紳自爲小君裁翦 鳳池編

弄葫蘆成詩　王筠好弄葫蘆每吟詠則注水于葫蘆傾已復注若擲之於地則詩成矣 詩源指訣

挼花浸酒　楊恂遇花時就花下取蕊粘綴于婦人衣上微用蜜臈兼挼花浸酒以快一時之意 玉堂佳事

簇酒　辛洞好酒而無資常攜榼登人門每家取一盞投之號爲簇酒 敍聞錄

斂衣　伊處士從衆人求尺寸之帛聚而服之目曰斂衣 搔首集

糖蜜莫逆交　陳昉得蜀糖輒以蜜澆之曰與蜜本莫逆交 傳芳略記

印宮人臂　明皇開元初宮人被進御者日印選以綢繆記印于臂上文曰風月常新印畢漬以桂紅膏則水洗色不退 史諱錄

燭圍　韋陟家宴使每婢執一燭四面佇立人呼爲燭圍 長安後記

宴客典斟　陳無咎宴客一客用一婢典斟必十二斟而後使滿以盡誠敬之道 洛都要略

聚香團　揚州太守仲端畏妻不敢延客謝廷皓調之坐久飢甚端入內袖聚香團啗之 揚州事迹

待闕鴛鴦社　朱子春未婚先開房室帷帳甚麗以待其事旁人謂之待闕鴛鴦社 粧樓記

二花　阮文姬插髻用杏花陶溥公呼曰二花 河東備錄

三鹿郡公　袁利見爲性頑獷方棠謂袁生已封三鹿郡公蓋譏其大蟲疎也 窮幽記

坐間生花　宋旻語常帶華藻李孺安曰時方三月坐間生無數牡丹花矣 鄴郡名錄

口吻生花　張祐苦吟妻孥喚之不應以責祐祐曰吾方口吻生花豈恤汝輩 白氏金鑑

數米而食　沈休文羸劣多病日數米而食羹不過一筯 青陽記

吞花臥酒　虞松方春以爲掘月擔風且留後日吞花臥酒不可過時 曲江春宴錄

屋瘢如七星　鄭廣文屋室破漏自下望之瘢如七星 蓬原記

玄綠　老子始生其母名之曰玄綠 錄異記

淵明拜火　陶淵明自用銅缽煮粥爲二食具遇發火則再拜曰非有是火何以充腹 淵明別傳

筆封九錫　薛稷爲筆封九錫拜墨曹都統黑水郡王兼毛州刺史 龍城志

墨封九錫　稷又爲墨封九錫拜松燕督護玄香太守兼亳州諸郡平章事是日墨吐異氣結成樓臺狀鄰里來觀食久乃滅 纂異記

紙封九錫　稷又爲紙封九錫拜楮國公白州刺史統領萬字軍界道中郎將 李略

硯封九錫　稷又爲硯封九錫拜離石鄉侯使持節即墨軍事長史兼鐵面尚書 鳳翔退耕傳

爲花樹洗瘡止痛　郭文在山間有石榴楊梅等花爲樵牧所傷

殆甚賣簪沽酒以澆花樹人問之曰爲二子洗瘡止痛（芳墅錄）

石斧欲砍斷詩手　杜甫子宗武以詩示阮兵曹答以石斧一具隨使幷詩還之宗武曰斧父斤也兵曹使我呈父加斤削也俄而阮聞之曰誤矣欲子砍斷其手此手若存天下詩名又在杜家矣（文覽）

諢衣　穆宗以玄綃白書素紗墨書爲衣服賜承幸宮人皆淫鄙之詞時號諢衣至廣明中猶有存者（史諱錄）

焚杜甫詩飲以膏蜜　張籍取杜甫詩一帙焚取灰燼副以膏蜜頓飲之曰令吾肝腸從此改易（詩源指訣）

七井生涼　霍仙鳴別墅在龍門一室之中開七井皆以雕鏤木盤覆之夏月坐其上七井生涼不知暑氣（雲林異景志）

糖市　洛陽振德坊皆貧民利享糖飴之薄賀知章目爲糖市（從容錄）

高齋漫錄（二卷）　宋曾慥

太祖皇帝既下河北乘勝欲取幽燕或以師老爲言太祖不能決時趙中令留守汴都走書問之趙回奏曰所得者少所失者多非唯得少之中猶難入手又況失多之後別有關心太祖得奏即日班師

熙寧中上元宣仁太后御樓觀燈召外族悉集樓上神宗皇帝數遺黃門稟曰外家有合推恩乞疏示姓名即降處分宣仁答云此自有所處不煩聖慮明日上問何以處之宣仁答曰大者各與絹二疋小者各與乳糖獅子兩箇時內外咸嘆仰后德爲不可及也

元豐中王岐公位宰相王和父尹京上眷甚渥行且大用岐公乘間奏曰京師術者皆言王安禮明年二月作執政神宗怒曰執政除拜由朕豈由術者之言它日縱當次補特且遲之明年春安禮果拜左丞珪曰陛下乃違前言何也上默然久之曰朕偶忘記信知果是命也

章公惇罷相俄落職林公希爲舍人當制制□□謫詞云悻悻無大臣之節怏怏非少主之臣章相寄聲曰此一聯無乃太甚林答曰長官發怒雜職棒毒無足怪也

東坡嘗謂錢穆父曰尋常往來止可稱家有無艸艸相聚不必過爲供具穆父一日折簡召坡食皛飯坡至乃設飯一盂蘿蔔一楪白湯一盞而已葢以三白爲皛也後數日坡復召穆父食毳飯穆父意坡必有毛物相苦比至日晏並不設食穆父饑餒甚坡笑曰飯也毛蘿蔔也毛湯也毛（毛音模京師俗語謂無爲毛）穆父笑曰子瞻可謂善戲謔者也

司馬溫公與蘇子瞻論茶墨俱香云茶與墨二者正相反茶欲白墨欲黑茶欲重墨欲輕茶欲新墨欲陳蘇曰奇茶妙墨俱香是其德同也皆堅是其操同也譬如賢人君子黔晳美惡之不同其德操一也公笑以爲然

王和父守金陵荆公退居半山每出跨驢從二村僕一日入城忽遇和父之出公亟入編戶家避之老姥自言病痁求藥公隨行偶有藥取以遺之姥酬以麻綫一縷云相公可將歸人事相婆也公笑而受之

東坡與溫公論事公之論與坡偶不合坡曰相公此論故爲鱉廝踢溫公不解其義曰鱉安能廝踢坡曰是之謂鱉廝踢（此條今本未見）

東坡聞荆公字說新成戲曰以竹鞭馬爲篤以竹鞭犬有何可笑又曰鳩字从九从鳥亦有證據詩曰鳲鳩在桑其子七兮和爺和娘恰是九箇

今之祕色磁器世言錢氏有國越州燒進爲供奉之物不得臣庶用之故云祕色嘗見陸龜蒙詩集越器云九秋風露越窰開奪得千峯翠色來好向中霄盛沆瀣共嵇中散鬬遺桮乃知唐已有祕

色

歐陽詢化度寺碑虞世南孔子廟堂記柳公權陰符經敘三公以書名而三碑又碑之最精者

佛印禪師爲王觀文陞座祝香云此一瓣香奉爲掃烟塵博士護世界大王殺人不眨眼上將軍立地成佛大居士王公大喜以其久帥多專殺也

三蘇自蜀來張安道歐陽永叔延譽於朝自是名聲大振明允一日見安道安道問云令嗣近日看甚文字明允答以軾近日方再看前漢安道曰文字尚看兩遍乎明允歸以語子瞻子瞻曰此老特未知世間人果有看三遍者安道嘗借人十七史經月即還云已盡閱其天資強記數行俱下前輩宿儒罕能及也

李賓王利用番陽人躬行君子人也又善相嘗云郭林宗作玉管通神有四句云貴賤視其眉目知慧察其皮毛苦樂觀其手足貧富觀其頤頰

毗陵有成郎中者宣和中爲省官貌不揚而多髭再娶之夕岳母陋之曰我女如菩薩乃嫁一麻胡命成作詩成乃操筆大書云一牀兩好世間無好女如何得好夫高捲珠簾明點燭試教菩薩看麻胡其女能安分隨緣和鳴偕老兒女成行各以壽終

蘇子瞻任鳳翔府節度判官章子厚爲商州商令同試永興軍進士劉原父爲帥皆以國士遇之二人相得歡甚同游南山諸寺寺有山魈爲祟客不敢宿子厚宿山魈不敢出抵仙游潭下臨絕壁萬仞岸甚狹橫木架橋子厚推子瞻過潭書壁子瞻不敢過子厚平步以過用索繫樹躡之上下神色不動以漆墨濡筆大書石壁上曰章惇蘇軾來游子瞻拊其背曰子厚必能殺人子厚曰何也子瞻曰能自拚命者能殺人也子厚大笑

山房隨筆一卷　元蔣正子（字平仲）

辛稼軒帥浙東時晦菴南軒任倉憲使劉改之欲見辛不納二公爲之地云某日公宴至後從使坐君可來門者不納但諠爭之必可入既而改之如所教門外果諠譁辛問故門者以告辛怒甚二公因言改之豪傑也善賦詩可試納之改之至長揖公問能詩乎曰能時方進羊腰腎羹辛命賦之改之對寒甚願乞卮酒酒罷乞韻時飲酒手顫餘瀝流於懷因以流字爲韻即吟云拔毫已付管城子爛首曾封關內侯死後不知身外物也隨樽俎作風流辛大喜命共嘗此羹終席而去厚餽焉席散南軒邀至公廨置酒語之曰先君魏公一生公忠爲國功厄於命來挽者竟無一章得此意願君有作以發幽潛改之即賦一絕云背水未成韓信陳明星已隕武侯軍平生一點不平氣化作祝融峯上雲南軒爲之墮淚今龍州集中不見此二詩豈遺珠耶又稼軒守京口時大雪帥僚佐登多景樓改之弊衣曳履而前辛令賦雪以難字爲韻即賦云功名有分平吳易貧賤無交訪戴難自此莫逆云

李恭山節汾州人也賦楊妃菊云命委嵬坡萬馬泥驚魂飛上傲霜枝西風落日東籬下薄倖三郎知不知

直北某州有道君題壁一詩云徹夜西風撼破扉蕭條孤館一燈微家山回首三千里目斷天南無雁飛

曾閱海上鐵斗膽猶見雲中金甲神乃陸樞密君實挽張郢州世傑詩也郢州擁德祐景祥炎興于海上各擁兵南北岸一夕忽大風雨皆不利郢州舟覆面爇翌早尋得屍桁斂焚島上其中膽如斗更焚不化諸軍感慟須臾雲中現金甲神人且云今天亡我關係不小後身出多驪除慨復矣此詩全篇不傳忠義英烈雖亡猶耿耿也

京口天慶觀主聶碧窗江西人嘗爲龍翔宮書記北朝赦至感而有詩云乾坤殺氣正沉沉又聽燕臺降德音萬口謳傳新詔好累

朝誰念舊恩深分茅列土將軍志問舍求田父老心麗正押班猶
昨日小臣無語淚霑襟又哀被擄婦云當年結髮在深閨豈料人
生有別離到底不知因色悞馬前猶自買臙脂又詠胡婦云雙柳
垂鬟別樣梳醉來馬上倩人扶江南有眼何曾見爭捲珠簾看固
姑觀中有趙太祖眞容北來者見必拜焉因題其上云鳳表龍姿
儼若新一回展卷一傷神天顏亦怪君非虜河北山東總舊臣
三山林觀過年七歲嬉遊市中以鬻詩自命或戲令詠轉矢氣云
視之不見名曰希聽之不聞名曰夷不啻若自其口出人皆掩鼻
而過之林試神童科不甚達
薛制機言有賀自長沙移鎭南昌者啓云夜醉長沙曉行湘水難
教檣燕之留朝飛南浦暮捲西山來聽佩鸞之舞又有賀除直祕
閣依舊沿江制置司幹辦公事云望玉宇瓊樓之邃何似人間從
綸巾羽扇之游依然江表上巳請客云三月三日長安水邊多麗

人一詠一觴會稽山陰修禊事又云良辰美景賞心樂事四者難
幷崇山峻嶺修竹茂林羣賢畢至端平中余申周翰分教毗陵題
選人簿云三年大比視郊祀天地之禮均萬乘臨軒與封拜公孤
之儀等中一聯云昭陵之仁如天積歲月而養成巨棟歐公之學
如海鼓波濤而放出老龍惜未見全篇
文本心典淮郡蕭條殊甚謝賈相啓有云人家如破寺十室九空
太守若頭陀兩粥一飯
蔣復軒鑷白髮詩云勸君休鑷鬢毛斑鬢到斑時已自難多少朱
門少年子業風吹上北邙山
杜氏婦作北行詩江淮幼女別鄉閭一似昭君遠嫁胡默默一身
歸故國區區千里逐狂夫慵拈簫管吹羌笛嬾繫羅裙舞鷓鴣多
少眼前悲泣事不如花柳舊江都此等多有戲作題之驛亭以爲
美談

元遺山好問裕之北方文雄也其妹爲女冠文而豔張平章當揆
欲娶之使人囑裕之辭以可否在妹妹以爲可則可張喜自往訪
覘其所向至則方自手補天花版輟而迎之張詢近日所作膲聲
答曰補天手段暫施張不許纖塵落畫堂寄語新來雙燕子移巢
別處覓雕梁張悚然而出
遂溪張復題雨竹圖云娟娟而淨森森而立孟宗何之淚痕猶溼
風竹圖云可屈者氣不屈者節故人之來盡掃秋月有思致可采
天台陳剛中爭在燕端陽日思當母誕日作太常引二章云絲絲
堂上簇蘭翹記生母正今朝無地捧金蕉奈烟水龍沙路遙碧天
迢遞白雲何處風急雨蕭蕭萬里夢魂消待飛逐錢唐夜潮其二
短衣孤劍客乾坤奈無策報親恩三載隔晨昏更疏雨寒燈斷魂
赤城霞外西風鶴髮猶想倚柴門蒲醑漫盈樽倩誰寫青山淚痕
時爲編修云

三山卓田字稼翁能賦馳聲嘗作詞云丈夫隻手把吳鉤欲斷萬
人頭因何鐵石打成心性却爲花柔君看項藉并劉季一怒使人
愁只因撞着虞姬戚氏豪傑都休其爲人溺志可想
翰林學士王文炳鐵椎銘朱亥貢金張良受之合以忠義鍛成此
鎚銅山可破鎚不可缺金埒可碎鎚不可折噫亂臣滔滔四海嗷
嗷長蛇其毒封豕其饕上帝憤之以鎚畀著（著王千戶名也）鎚不自奮假
手于女數未莫先時來敢後曾是一揮元兇碎首匪鎚之重唯人
之勇雖鎚之功惟人之忠長僅數尺重纔數斤物小用大策此奇
勛鎚在人亡再用孰堪藏之武庫永鎭姦貪
陳野水言昔紹興學正任滿後入城給取解由道經婺境至山中
村舍時暑行倦飢渴入一野室見數人擣柏油一老下碓詢所從
來野水言自紹興又問往紹興何爲野水言爲學正任滿往求解
由老人笑曰汝自討解由我自擣柏油上碓不顧野水怪之出問

其隣曰此何人也隣人云此我郡傅省元兵革以來隱處山中父子碓油種藝以自給野水取紙書一絕云忽過山中避世翁居然沮溺古人風白頭方作求名計不滿先生一笑中傅觀詩訖命坐曰子眞悟者邪即命置飲食勞之要之山澤之癯長往不返者顛崖果何限也役役蝸蠅苟竊升斗彼視之一噱耳

趙靜齋淮被執于溧陽豐登莊至北府辭家廟云祖父有功王室德澤沾及子孫今淮計窮被執誓以一死報君刀鋸置之不問萬折忠義常存急告先靈速引庶幾不辱家門即登棹船發至瓜州被刑無有敢埋其屍者有一寵姬在焦僉省處此姬啓僉省云趙四知府今日已死妾元是他婢子望相公以妾之故夫許妾將屍焚化也是相公一段陰隲焦許焉乃作一棺焚之又啓收骨散之于水亦从之遂以裙盛骨殖到江邊大慟投江水而死又聞其孫享祭靜齋降筆云生居四代將門家不幸遭逢被虜拏死在瓜州

無葬地幽魂夜夜到長沙其兄冰壺滑自京口遷金陵北兵至棄家而遁南徙不返死葬海傍山上

探花王昂榜下擇壻時作催妝詞云喜氣滿門闌光動綺羅香陌行到紫薇花下悟身非凡客不須脂粉汚天眞嫌怕太紅白留取黛眉淺處畫章臺春色

湘人陳詵登第授岳陽教官夜踰牆與妓江柳狎頗爲人所知時孟之經守岳聞其故一日公宴江柳不侍呼至杖之文其眉鬢間以陳詵二字仍押隸辰州伏法妓及其父母詣學官咎詵云自岳去辰八百里且求資糧陳且泣且悔罄其所有及賣衣物得千緡以六百贈柳餘付監押吏卒令善視且以詞餞別云鬢邊一點似飛鴉休把翠鈿遮二年三載千攔百就今日天涯楊花又逐東風去隨分入人家要不思量除非酒醒休照菱花柳將行會陸雲西以荊湖制司幹官沿檄至岳與陳有故將至陳先出迎以情告陸陸即取空名制幹劄塡陳姓名檄入制幙既而孟迎陸入即開宴陸曰聞籍中有江柳者善謳誰是也孟即呼至柳以花鈿隱眉間所文以前飮間陸戲語孟曰能以柳見予否孟曰唯命陸笑曰君尙不能容一陳教官豈能與我孟因敘詵之過陸歎惋既而終席陸呼柳問其事柳出詵送別詞呈陸陸大嗟賞而再登席陸舉詞示孟且誚之曰君試月此作可謂不知人矣今制司檄詵入幙將若之何孟求解於陸并召詵同宴明日剡薦詵且除柳名以畀之陸遂將詵如江陵薦之閫公賈秋壑俾充幙僚詵不獨洗一時之辱且有倖進之喜至今巴陵傳爲佳話矣

揚州瓊花天下祇一本士大夫愛重作亭花側扁曰無雙德祐乙亥北師至花遂不榮趙棠國炎謂有絕句弔之曰名擅無雙氣色雄忍將一死報東風它年我若修花史合傳瓊妃烈女中

北方王郎中宥有歸婦吟其序曰天馬浮江兵強將銳所征無敵

所掠無遺俘戮之民奚啻億萬然生死存亡悲歡聚散豈無數存乎其間夫劉氏者吉之永豐人也問其父母兄弟舅姑夫與子皆在焉夫我不知則已既知之何獨不令其歸寧於父母乎吾力雖不能使其死者生亡者存亦可謂悲復歡聚復散者嗚呼不幸之幸莫大於斯故不可無一言以送也東平士王宥詩曰烈火俱將玉石焚死生契闊憶中分信音一絕思靑鳥泪眼雙穿望白雲殘日鶺鴒還有難北風鴻雁正離羣新詩送汝還家去重續當年織錦文

交交桑扈交交桑扈桑滿牆陰三月暮去年蠶時處深閨今年蠶時涉遠路路傍忽聞人采桑恨不相與攜傾筐一身不蠶甘凍死祇憶兒女無衣裳　不如歸去不如歸去家在浙江東畔住離家一程遠一程飮食不同言語異今之眷聚昔寇讎開口強笑心懷憂家鄉欲歸歸未得不如狐死猶首丘　泥滑滑泥滑滑滑脫了緉

鞋脫羅襪前營上馬忙起行後隊搭駝疾催發行來數里日已低北望燕京在天末朝來傳令更可怪落後行遲都砍殺　鵓鴣鵓鴣鵓鴣帳房徧野相喧呼阿姊含羞對阿妹大嫂揮淚看小姑一家不幸俱被虜猶幸同處爲妻孥願言相憐莫相妬這箇不是親丈夫辭意婉切誦之可傷此金沙潘武子文虎詞也少有雋才善賦

粱棟隆吉作四禽言云不如歸去錦官宮殿迷烟樹天津橋邊叫一聲叫破中原無住處不如歸去　脫却布袴貧家能有幾尺布寒機織盡無得裁可人不來雁叔度脫却布袴　提葫蘆近來酒賤頻頻沽衆人皆醉我亦醉湘江喚起醒三閭提葫蘆　行不得也哥哥湖南湖北春意多九疑山前叫虞舜奈此乾坤無路何行不得也哥哥寓意甚遠諸作不及

賈秋壑敗師亡國後有人刺以詩曰深院無人艸已荒漆屏金字

尙輝煌祗知事去身宜去豈料人亡國亦亡理考發身端有自鄭人應夢果何祥臥龍不肯留渠住空使晴光滿畫墻又云事到窮時計亦窮此行難倚鄂州功木棉庵上千年恨秋壑堂中一夢空石砌苔稠猿步月松庭葉落鳥呼風客來未用多惆悵試向吳山望故宮又傷西樓詩云檀板敲殘陌上花過墻荊棘刺簷牙指麾已失鐵如意賜予寧存玉辟邪破屋春歸無主燕壞池雨產在官蛙木棉庵外尤愁絕月黑夜深鬪鬼車有和之者云榮華富貴等浮花膂力難勝國爪牙漢世但知光擁立唐朝誰識杞姦邪綺羅化作春風蝶絃管翻成夜雨蛙縱有清漳人百死碧天難挽紫雲車

秋壑在朝有術者言平章不利姓鄭之人因此每有此姓爲官者多困抑之武學生鄭虎臣登科輒以罪配之後遇赦得還秋壑喪師陳靜觀諸公欲置之死地遂尋其平日極仇者爲押送官虎臣遂請身爲之仍假以武功大夫押其行虎臣一路陵辱求死不能至漳州木棉庵病篤泄瀉踞虎子欲絕虎臣知其服腦子求死乃云好教祗恁地死遂趯數下而殂

庚申履齋吳相循州安置以秋壑賈相私憾之故未幾除承節郎劉宗申知循州劉江湖游士專以口舌嚇逼當路要人貨賂官爵士大夫畏其口姑厚餽彌縫之其得官亦由此守循之際廟堂意責之以黃祖之事宗申至郡所以捃摭履齋者無不至其隨行吏僕以次病死或謂寘毒循州貢院井中故飲此水者皆患足軟而卒履齋終不免秋壑後亦遭鄭虎臣之辱其時趙介如守漳賈門下客也宴虎臣于公舍秋壑亦與焉介如欲客似道似道不可以讓虎臣口稱天使唯謹虎臣不讓似道側坐于下介如察虎臣有殺賈意命館人訪鄭且以辭挑之于時似道衣服飲食皆爲鄭減抑介如作綿衣等餽之見其行李輜重令截寄其處俟得命放回

日就取之其館人語鄭云天使今日押練使至此度必無生理曷若令速殞免受許多苦惱鄭卽云便是這物事受得許多苦欲其死而不死未幾告殂趙往哭鄭不許趙固爭鄭怒云檢我邪趙答云汝也直得一檢然末如之何趙經紀棺殮且致祭其辭云嗚呼履齋死循死于宗申先生死閩死于虎臣嗚呼云云祗此四句然哀激之悃無往不復之微意悉寓其中

秋壑敗後有題其養樂園曰老壑曾居葛嶺西游人誰敢問蘇堤勢將覆餗不回首事到出師方噬臍廢圃更無人作主敗垣唯有客留題算來祗是孤山耐依舊梅花片月低養樂者以其奉母而樂也秋壑賜第正在蘇堤葛嶺孤山之近游人常游自賈據此地有游騎過其門偵事者密報必爲所羅織有官者被黜有財者被禍逮世變而後已

三朝野史一卷

史彌遠之立理宗而廢濟王或者謂其於夢寐之中有所感而然也後村先生劉克莊以詩譏之云楊柳春風丞相府梧桐夜雨濟王家人皆謂彌遠是佛位中人乃父丞相浩與覺長老道契握手入堂奧問之曰和尚好我好覺見堂奧中簾幙綺羅榮華富裕粉白黛綠環列左右乃應答曰大丞相富貴好老僧何好之有因此念頭一差積年蒲團工夫俱廢未免墮落一日浩坐廳上儼然見覺不揖突入堂內使人往寺中請相見人回報云覺長坐化圓寂于法堂上頃間浩堂裏寵姬弄璋浩默然自知後以覺字爲彌遠之小名觀彌遠二十七年當國册立理宗措天下於太山之安運籌廊廟日食萬錢豈非佛位中人歟彌遠自恃册立之功專權納賄天下變爲汚濁彌遠功則有之德則無也賈似道不許配享理宗即此之由

潘丙潘壬太學生也就湖州率府官册立濟王爲帝事敗不成理

宗賜濟王鴆酒而殂丙壬各梟其首欲屠湖州一城人民彌遠夢中見李侯太尉求免遂追回大統制一城生靈均拜李侯更生之賜至今長興李侯廟人民敬祀以報答其威靈也

李全擾淮之時史彌遠在廟堂束手無策有訛傳全軍馬渡江過行在京師人民惶惶彌遠夜半之際忽披衣而起有愛寵林夫人者見其起得可疑亦推枕而起相隨於後忽見彌遠欲投池中林夫人急扶住泣告曰相公且耐區處數日後忽趙葵捷書至彌遠安得不躍然而喜哉（末句一作彌遠聳然而喜）

裕齋先生馬光祖知高郵軍適値管軍官榮全率衆叛據城縱軍刦掠與同黨王安等飲宴有妓毛惜惜不服趨承全痛責之惜惜云妾雖賤妓不曾伏事反臣全遂斬之秋崖先生方岳作義倡傳全既受擒光祖因此罷任

馬光祖知京口判犯姦婦云世間若無婦人天下業風方靜觀其尹京之日不畏貴戚豪強庭無留訟頗得包孝肅公尹開封之規模福王府訴民不還房廊屋錢光祖判云晴則雞卵鴨卵雨則盆滿鉢滿福王若要屋錢直待光祖任滿有士人踰牆偷入室女寢覺到官勘令當廳面試光祖出踰牆摟處子詩士人秉筆云花柳平生債風流一段愁踰牆乘興下處子有心摟謝砌應潛越韓香許暗偸有情還愛欲無語強嬌羞不負秦樓約安知漳獄囚玉顔麗如此何用讀書求光祖判云多情多愛還了平生花柳債好箇檀郎室女爲妻也不妨傑才高作聊贈青蚨三百索燭影搖紅記取媒人是馬公犯姦之士既得幸免決罪反因此以得佳偶此光祖以禮待士也

金陵帥閫趙以夫過衢州訪秘書徐霖相見後覩而大慟左右見者駭然不知所哭何事元來哭世道艱險小人在朝君子在野生民不見太平之治以夫與霖俱懷發紲之憂故也

理宗祀明堂徐清叟爲執綏官玉音問曰猫兒捕鼠如何清叟急機答曰愛之欲其生惡之欲其死應對雖捷然理宗本命屬鼠一時答問不覺觸突天聽理宗度量恢宏亦不之咎

宏齋先生包恢年八十有八爲樞密陪祀登拜郊臺精神康健一日賈似道忽問曰包宏齋高壽步履不艱必有衛養之術願聞其略恢答曰恢有一服丸子藥乃是不傳之祕方似道欣然欲授其方恢徐徐笑曰恢喫五十年獨睡丸滿座皆哂

四月初八日謝太后崇壽節初九日度宗乾會節賈似道命司封郎中黄蛻撰致語中有一聯云聖母神子萬壽無疆亦萬壽無疆昨日今朝一佛出世又一佛出世滿朝縉紳皆喜之

至元丙子春淮西閫夏貴歸附大元宜授中書左丞至元已卯薨贈以詩云自古誰不死惜公遲四年問公今日死何似四年前又有人弔其墓云享年八十三何不七十九嗚呼夏相公萬代名不

朽
大元軍馬渡江賈似道卽出檄書播告中外曰洪惟藝祖肇造我邦至于高宗爰宅吳會以仁守國以德配天未嘗行一不義殺一不辜可以質諸無疑證諸不悖理宗四十一年忠厚之澤著在生民先帝一十一載恭儉之心何負天下不念桓溫曁從尙受卵翼之恩李陵一門初無毫髮之損國家厄運一至於此人心忠義夫豈無之太皇后七秩之聖躬今天子孤惸之沖質在人情猶知恤鄉鄰之老幼豈臣子忍坐視君父之阽危寧無郡國忠臣亦有江湖豪傑共合唱義之旅載馳勤王之師如陶士行慷慨之征中張魏公忠赤之志救日之弓救月之矢便直指於旌旗如礪之山如帶之河尙永堅於盟誓檄到諸路咸使聞知

賈似道名父之子乃父賈涉開閫淮東與國宣勞似道闔師兩淮亦效父之故智奈何閫材有餘相材不足自當軸以來收拾古銅器法書名畫玉器珍寶積畜金銀貨泉專用譚玉辨驗以元老之尊屑就典賤娼潘稱心褻狎貪財好色一至於此敗壞宋國遺臭萬年

嗚呼宋之興也始於後周恭帝八歲顯德七年宋之亡也終於德祐元年少帝四歲諱顯德顯德二字不期而合周以主幼而失國宋亦以主幼而亡國周有太后在上禪位於太祖宋有太后在上歸附於大元宋太祖革命之時韓通不伏而被誅陳宜中當國之日韓震無辜而被誅此造物報應之理也愚故爲之說曰興於顯德亡於顯德是爲天數也夫豈偶然之故哉

寄語園翁勤剗艸有時野老出看花此陳偉題建寧郡圃事可對人語心常如水平此洪咨夔題門首一柱擎天頭勢重十年踏地脚根牢老子亦常來伺候諸公卿復忍斯須此余份題重慶府戟門幷客位子爲才高欺乃父婦因夫貴孽其姑此江萬里題門首用時自有神開眼來處莫教人皺眉一念忠忱瞻北闕滿腔仁愛惠東甌此趙汝騰題軍資庫門幷譙樓數千里外江湖客十四年間畎畝人緩數更籌邀月住大開城鑰放春來朔叟不求人道好建民自與我相安尙有梅腮供客嗅定知柳眼爲人開此劉震孫題門幷建寧府譙樓戟門郡圃不因官府開燈市安得農民識訟庭亦前人題元宵燈牌者月無貧富家家有燕不炎涼歲歲來此吳必大爲賈似道作題湖上府門威行塞北幾千里春滿淮南第一州陽春簪雨一千里明月香風十二樓此江湖遊士爲賈似道作題譙樓戟門英雄天下無雙士忠義長沙第一家此理宗御書題趙葵右前諸題桃符詩句雜見野史中今類附於卷末云

說郛卷第二十七終

說郛卷第二十八

遂初堂書目（一卷全抄）　宋尤袤（字延之）

夫結繩既代圖籍肇興綣領有作典章爰著周官所掌三皇五帝之書楚史能通八索九丘之故韓子東聘始見舊經李叟西游僅窺藏室志昆丘之放者固已繆悠探禹穴之奇者曾何彷彿遐哉邈矣有足徵乎更秦焚滅之餘遭漢搜揚之盛輶軒徧於天下竹簡出於壁中世主之所討論羣儒之所綴緝前稱七略末有中經劉蒼終莫得之黃香所未見者罕歸私室悉入內朝然自雒邑初遷多從亡逸建安重擾半雜煨塵近則散落閭閻遠或流布海宇緜是博雅君子薦紳先生踵尚風流迭相傳寫壯武牛車兼兩鄴侯籤褭累萬雌黃審其未正殺青存夫不刊而家藏之積殆與中祕侔矣且夫商盤周鼎世以爲古而無適時之用蠹采夜光人以爲琉而非蓄德之具識天道之精微揆人事之終始窮物理之變化者其唯書乎故六藝立言之訓九流經世之要傳註之學辭賦之宗伎巧之方族姓之考齊諧之志丘里之談雖云殊途皆有可用誠應世之先務資身之大本歟晉陵尤延之始自青衿迨夫白首嗜好既篤網羅斯備日增月益晝誦夕思重之不以借人新若未嘗觸手耳目所飫有虞監之親鈔子孫不忘多杜侯之手校表廚樓而儷富託名山而共久不已盛乎若其剖析條流整齊綱紀則有目錄一卷甲乙丙丁之別可以類知一十百千之凡從於數舉僕雅竊通書之好每資餘燭之光猥辱話言屬爲序引研精覃思固不逮於揚雄單見淺聞復有慚於袁豹勉濡翰墨祗塵簡牘而已太末毛开平仲序

經總類

成都石刻九經論語孟子爾雅　杭本周易

舊監本尚書　京本毛詩　舊監本禮記

杭本周禮　儀禮　舊監本左傳

杭本公羊傳　杭本穀梁傳　舊監本論語

舊監本孟子　舊監本爾雅　舊監本國語

高麗本尚書　江西本九經　六經圖

朱氏新定易書詩春秋古經

周易類

周易正義　晁氏古周易　呂氏古周易

吳氏古周易　程氏古周易攷　乾鑿度

漢焦氏易林　漢京氏易傳　易緯

郭璞洞林　易元包　關氏易傳

關氏洞極經　王弼窮微論　易髓

唐陸希聲易傳　周易玄談　易外義

易啓玄　易啓源　易銓

唐李鼎祚易解　易舉正　易物象辨疑

陸希聲易微旨　麻衣道者易　易索

皇甫右丞易　大易粹言　劉攽易傳

劉攽易數鉤隱圖　程氏易傳　繫辭精義

橫渠易說　游定夫易說　李郁參同契

陳氏辨鉤隱圖　張弼易傳　了齋易說

朱子發易說卦圖　呂與叔易傳　許嵩老易傳

晁說之太極外傳　黃氏易學　鄭氏易窺餘

鄭東卿易疑難圖　陳氏易傳　胡氏易演聖通論

歐氏童子問　錢述易說易斷　程迴易章句易疑問

李舜臣易本傳　李莊簡易說　李直院易解

程尚書易原　朱氏易本義　玉泉易解

樂府解題　樂府廣題　胡瑗樂議
皇祐廣樂記　景祐廣樂圖記　皇祐景祐樂議
元豐大樂記　大晟樂書　吳仁傑樂舞新詩
琵琶錄　樂府古題要解　續樂府解題
元祐樂議　元祐祀典樂歌　琴經
止息譜

春秋類

左公穀傳并釋文　國語　左氏膏肓
春秋決事比　春秋繁露　汲冢周書
隋劉炫左氏述議　杜氏釋例　春秋公子血脉譜
左氏正義　公羊正義　唐陸淳纂例
陸淳微旨　陸淳辨疑　唐陸希聲通例
春秋加減　唐盧仝摘微　春秋名例

孫復尊王發微　鄭浩春秋邦典　春秋四譜
胡旦演聖通論　劉氏權衡意林說例并傳全
孫氏傳　葉氏傳　蘇氏傳
王文公左氏辨　春秋五代例宗　伊川程氏傳
胡氏傳例通旨全　崔氏傳本例要全　許嵩老傳
劉絢春秋學　高柳崇傳　朱長文通志
畢良史正辭　王彥光集傳　張忠獻春秋說
林栗集傳　王鎡門例通解　蕭子荆春秋經辨
洪忠宣春秋紀詠　程迥顯微例目　左氏事類
春秋經傳類賦　春秋列國諸臣傳　名號歸一圖
春秋總論　春秋年表　春秋穀梁正義
春秋會義

論語類 孝經孟子附

古文孝經　鄭玄註孝經　唐明皇注孝經
司馬溫公古文孝經指解　范太史古文孝經解
蔡子高注孝經　孝經疏　孔子家語
古注孝經論語　晉欒肇論語駁　梁皇侃論語疏
論語正義　韓文公論語筆解　宋咸增注論語
王逢源語孟解　程氏語孟說　龜山論語解
潁濱論孟拾遺　五峯論孟指南　晁以道論語講義
許嵩老論語訓詁　張南軒論語說　王居正論語感發
吳材老論語續解并考異　尹和靖孟子解
語孟集義　王元澤論語解　濡石論語解
葉氏論語釋言　史丞相論語口義　王信伯論語解
七家孟子講義　蘇文忠論語傳　呂與叔論語解

小學類

郭璞注爾雅　孫炎注爾雅　孔鮒小爾雅
晉張揖博雅　陸佃埤雅　爾雅正義
呂忱字林　劉熙釋名　揚雄方言
吳頠夾義訓　舊監本許氏說文　徐鍇說文
急就章注　開元文字音義　五經文字
九經字樣　陸德明經典釋文　羣經音辨
顏之推正俗音字　干祿書　郭氏佩觿
王氏引經字說　字說解　字說分門
玉篇　廣韻　分韻玉篇
類篇　四聲韻類　聲韻類例
徐鍇說文纂韻　龍龕手鑑　班書韻編
王氏續古文韻　古篆韻　夏英公古文韻
纂注韻　鍾鼎千文　張有復古編

韋昭辨釋名　隸續　隸釋
隸韻　王元澤諸經爾雅　吳棫韻補
張有重編韻譜

正史類

川本史記　嚴州本史記　川本前漢書
吉州本前漢書　越州本前漢書　湖北本前漢書
川本後漢書　越本後漢書　川本三國志
舊杭本三國志　舊杭本晉書　川本晉書
舊本南史　舊本北史　宋書
南齊書　梁書　陳書
魏書　北齊書　後周書
舊杭本隋書　舊杭本舊唐書　舊杭本前唐書
川本小字舊唐書　川本大字舊唐書　舊五代史

新五代史

編年類

竹書紀年　袁宏後漢紀　晉陽秋
晉春秋　魏典　宋略
梁太清紀　唐歷　大統略
馬總通歷　續通歷　續稽古錄
古今通要　稽古錄　累代歷年
歷年圖　紀年通譜　續紀年通譜
編年通載　帝王銓要　晁氏紀年
歷代年運　疑年譜　古今年號錄
通鑑外紀　五代開皇紀　川本小字通鑑
川本大字通鑑　通鑑目錄幷考異　通鑑舉要歷
通鑑釋文　通鑑紀事本末　荀悅漢紀
帝王要略　續帝王寶運錄　兩朝編年
通鑑前例

雜史類

古史　高氏小史　舊杭本戰國策
遂初先生手校戰國策　姚氏本戰國策
鮑氏注戰國策　戰國策補註　越絕書外傳
東觀漢紀　春秋後語　帝王世紀
九州春秋　吳越春秋　姬吳書
北齊史略　大業拾遺記　大業雜記
煬帝開河記　隋季革命記　唐創業起居註
貞觀政要　平陳記　太宗建元事迹
高宗承祚寶錄　開天傳信記　明皇雜錄
開寶遺事　明皇幸蜀記　明皇編遺錄

天寶西幸略　唐補紀　東觀奏記
唐補史　唐闕史　乙卯記
甘露野史　唐中興新書紀年　彭門紀亂
薊門紀亂　邠志　燕南記
妖亂志　建中河朔記　河洛春秋
河洛紀　江淮紀亂　天祚永歸記
平蔡錄　奉天錄　方鎮錄
貞陵遺事　開成承詔錄　唐年小錄
異域歸忠傳　元和朋黨錄　太和辯謗錄
汴水滔天錄　金鑾密記　唐末汎聞錄
傳載　會昌伐叛記　咸通解圍錄
五代史補　五代遺錄　新野史
五代史闕文　天下大定錄　入洛記

莊宗召福記　范質石晉陷蕃記　越絕書
三國典略　續小史　吳兢唐書備闕記
河南記　唐國史纂異

故事類

唐朝綱領圖　元和國計錄　唐國鏡
歷代宮殿名　文宗朝備問　卓絕記
續卓絕記　文場盛事　賓佐記
景龍文館記　唐選舉志　唐登科記
五代登科記　本朝登科記　皇族登科記

雜傳類

穆天子傳　王子年拾遺記　漢武故事
漢武內傳　西京雜記　梁四公記
趙飛燕外傳　楊太眞外傳　則天外傳

牛羊日歷　漢刁間傳　唐柳氏敍訓
兩朝獻替記　中樞龜鑑　郭汾陽家傳
李鄴侯家傳　相國事狀　彭城公故事
杜悰歷官錄　許國公勤王錄　列女傳
文士傳　高士傳　正始名士傳
襄陽耆舊傳　會稽先賢傳　孝史
會稽先賢贊　三相遺事　昭義記室別錄
零陵先賢傳　高力士外傳　楊貴妃遺事
梅妃傳　中朝故事　李靖行狀
狄梁公家傳　顏魯公行狀　顏魯公歷官狀
顏常山別傳　段太尉別傳　陶隱居傳
彭城公遺事　杜悰事迹　燕吳行役記
江淮異人傳　別本高士傳

僞史類（夷狄附各國史後）

華陽國志　和苞漢趙記　十六國春秋
三十國春秋　江表志　十國紀年
十國載記　五國故事　九國志
吳越會粹　泗上英雄小錄　三楚新錄
蜀記　劉氏興亡錄　燕書
南唐書　釣磯立談　楚錄
江南野史　南唐近事　蜀檮杌
天下大定錄　海東三國通錄　錢鏐備史
蜀書

國史類

三朝國史　兩朝國史　四朝國史
神宗國史　哲宗國史（樂官職志一册臣傳一册）　泰陵國史臣傳藁

李秀岩國史臣傳藁　史館修四朝臣傳藁
續通鑑長編　續長編舉要幷攷異
國紀　東朝事略　九朝通略
編年全要　聖政編年　兩朝寶訓
三朝寶訓　仁皇訓典　君臣政要
神宗聖訓　高宗聖政　孝宗聖政
徐巘紹興聖政寶鑑　趙善防孝宗政要贊
五朝隆平集　國朝事實　國朝撮要
分門要覽　太平盛典　兩朝編年
祖宗故事　泰陵玉牒　元祐七年八月日歷
熙寧日歷艸　裕陵中書時政記　裕陵密院時政記
神宗御批　神宗學士院御批　濮議
元符時政記　永熙寶訓　元祐詔旨

哲宗實錄辨証　黨人記　紹聖指揮
元符紹聖間筆錄　元祐建中宮錄　瑤華廢復記
元符行遣節目　宣仁日歷　宣仁事實
紹聖錄　符建錄　崇寧錄
靖康雜錄　皇祐平蠻錄　甘陵誅叛錄
征南錄　平蜀錄　邇英記注
欽宗與吳敏御筆　北征紀實　兩國交聘書
大觀詔令　中興日歷　中興記
崇寧行遣上書人指揮　建炎龍飛記
趙丞相扈從錄　元帥府事實　復辟詔册
張參政省記　建炎時政并元帥府事迹
權邦彥記聖語　巫伋記聖語　孫近李光等記聖語
張浚王陶等省記時政　祈請語錄

同變事實　紹興雜錄　岳侯斷案
錢處和通好事節　呂源增釋故事　御製蔡確傳
錢處和淮東宣諭錄　丙午錄

本朝雜史

建隆遺事　祖宗獨斷　溫公記聞
溫公朔記　儒林公議　王文公日錄
曾子宣日錄　蔣穎叔逸史　林子中野史
蔣穎叔日錄　續逸史　蔡條國史後補
曾子宣正論　續溫公齋記　王岩叟繫年錄
錢文僖筆錄　錢文僖逢辰錄　趙康靖日錄
王岩叟朔論偉論　溫公日錄　呂正獻手記
歐公日紀　溫公瑣語　王文公日錄遺藁
王文公送伴錄　王陶東宮記事　歐公奏事

曾南豐雜識　呂吉甫日錄　曾子宣手記節略
文潞公私記　李深之手記　范太史史院問目
永樂城事　陳瑩中尊堯集　北狩野史
北狩行錄　痛憤錄　靖康京城事實
背盟本末　吳敏靖康記事　北狩聞見錄
禍胎記　沈理南歸錄　華夷直筆
亡遼錄　靖康夜話　朝野僉言
幼老春秋　入燕錄　史略
避戎錄　北記　金國文具錄
平江錄　亂華編　小心鏡（只欽廟一朝）
中興遺史　中興小律　維揚過江錄
順昌破敵錄　淮西從軍記　宣幰紀事
鼎澧聞見錄　渡江遭變錄　辛巳叛盟錄

回天錄　紹興瀘南兵變錄　瀘南戡天錄
泣血錄　泣血拾遺　痛定錄
內禪錄　陷燕錄　順昌紀事

本朝故事

中書備對　蜀公事始　近事會元
元圭議　鑄錢故事　浸銅要略
慶曆軍錄　邇英要覽　元祐講筵謝御書表
元祐東宮錫極錄　政和曲燕記　誕聖錄
溫公河外諮目　濮議墨守　皇祐平蠻記
裕陵五使長牋　建中靖國進故事　涇原分將論列
元祐分疆錄　元祐棄地復地本末
青唐錄　隴右錄　沈黎備邊錄
富文忠青州賑濟錄　皇親故事

華戎魯衛信錄　戴斗奉使錄　寇瑊奉使錄
王介父送伴錄　皇祐會計錄　慶曆會計錄
元祐會計錄　張芸叟使遼錄　治平經費節要
淳熙國計錄　錢綦魯長主俸賜錄
乾道國用司月給數　淳熙七年財用錄
戶部諸道歲收數　左藏兩庫約支　至和發運茶鹽須知
國朝運糧數　熙寧發運司事目
國用司錢米會子出納數　景德皇祐祈雨詔書
四川宣撫司財賦兵馬數　廣明隨志
利路營田事目　張貴謨坑冶利害　王渥川奏馬政邊防錄
慶曆編類勳臣姓名錄　淳熙明堂大饗慶成詩
富公奉使錄　富公奉使別錄　劉原父奉使錄
福建盜賊須知　淮西措置事宜　兩鎮還山書稿

本朝雜傳

本朝名臣言行錄　名賢遺範錄　王文正家錄
富文忠家傳　范文正遺事　張齊賢家傳并誌
呂文靖事狀　呂文穆綸告行狀　丁晉公雜錄
歐公履歷告命　韓魏公家傳別錄遺事追榮考德愛棠集
呂政獻十事　唐質肅遺事　韓魏公事實
韓莊敏遺事　中國春秋　丁齋言行錄
豐相之遺事　范太史家傳并遺事
韓儀公行狀　孫溫靖告并神道　龔原行狀
晁以道家傳　山谷家乘　周穜行狀
范忠宣言行錄　劉元城言行錄　胡安定言行錄
王棣家傳　王岐公家辨誣　邢恕自辨錄
章申公家辨誣　張叔夜勤王記　陳規德安守潔錄

滕公守台錄　陳東事實　趙元鎮自述
向伯恭行狀　滕茂實大節集　陳剛中家傳
中興忠義錄　南軒行實　胡安定五峯行實
梁丞相行實　史彌大言行錄　劉元城家傳神道碑
范覺民事實　晏敦復行錄　王文正遺事
寇萊公遺事　張芸叟南遷錄　葉少蘊自序并制誥錄
游師雄事迹　趙元鎮事實　陳樂間事實
陳了齋自撰墓志并序　呂元直遺事
勤王記　逢辰記　王沂公言行錄
張忠定語錄　安厚卿行實　張右史事實
劉拯行錄　邢恕事實

實錄類

建康實錄　唐十五帝實錄　唐懿祖獻祖紀年錄

梁太祖實錄　漢高祖隱帝實錄
唐莊宗明宗廢帝閔帝實錄　晉高祖少帝實錄
周太祖世宗實錄　太祖皇武紀　重修太祖實錄
太宗實錄　眞宗實錄　仁宗實錄
英宗治平紀要　神宗實錄　朱墨本神宗實錄
紹興重修神宗實錄　重修哲宗實錄
蔡卞所修哲宗實錄　重修徽宗實錄
欽宗實錄　孝宗起居注

職官類

應仲豫漢官儀　漢官制　漢官舊儀
劉貢父漢官職選　歷代官號　唐六典
唐典百官職紀　唐任職官品纂要　唐杜英師職核
唐百司舉要　唐錄令　職官要錄

職官分記　職林　唐職林
職官源流要錄　唐典備對　皇宋百官圖
官制舊典　官制沿革　官制正誤
職官紀　溫公官制學制遺藁
本朝官制　官制新典　官制格目
三省總括　具員故事　淳熙裁減舉員數
契丹官儀　金國大定官制　掖垣叢志
集賢注記　唐翰林志　本朝翰林續志
金坡遺事　翰林舊規又雜志　金馬統志
翰林盛事　學士年表　翰院羣書
文昌雜錄　史館故事　唐御史臺紀
御史臺故事　御史臺因話錄　御史臺記事
直廳雜儀　合班儀　本朝重定合班儀

臺儀　咸通御史臺板榜　開遲出入儀
本朝御史臺記　館閣錄　中興館閣錄
翰林雜抄　三司條約　熙寧番官東院編敕
續史館故事　元祐戶部格目　蓬山志
麟臺故事　縣務綱目　呂觀文治縣法
江左諸鎮年表　歷代宰相年表　宰輔拜罷表
宰相樞府拜罷表　宰相拜罷編年總括
管軍年表　皇朝百官公卿表、中興百官題名
宰輔年表

儀注類

漢舊儀　漢蔡邕獨斷　崔豹古今注
服飾變古元錄　顏魯公歷古創儀制
馬鎬中華古今注　漢制叢錄　皇朝太常儀注

閤門儀注　本朝儀物　唐郊祀錄
本朝歲祀總數　朝制要覽　南郊式
宣和鹵簿圖　宇文粹中修鹵簿圖
元祐建中宮記　合班儀　六家謚法
王彥威續謚法　皇朝謚錄　尊號錄
唐鄭餘慶書儀　江亭記　唐孟詵徐潤家祭禮
孫氏仲享儀　司馬氏書儀　呂氏鄉約鄉儀
六家祭儀　高氏厚終禮　朱氏十書
元祐納后儀　永昭永穆陵儀　國朝明堂紀要
州縣祠儀　寢祀儀　紹興明堂儀注
紹興郊祀大禮儀注　紹興籍田儀注
紹興四孟朝獻儀注　紹興祀高禖儀注
紹興上皇太后册寶儀注　紹興中宮受册儀注

紹興大朝會儀注　王涇郊祀錄

刑法類

刑統　律文　開元格并律令
唐式　開寶格　天聖令
元符勅令　熙寧審官東院編敕
吏部七司法　七司式　大觀中書敕令格式
政和中書門下勅令格式
乾道重修三省密院敕令格式申明　官誥院一司條格
常平役法　淳熙常平茶鹽敕令
建炎元年以後續降錄
紹興二十七年至三十一年春攽　紹興二年春攽
條令總類　金科類要　養賢錄
金國刑統　金國須知　折獄龜鑑

明刑盡心集　金科易覽　士民指掌
檢驗法　中書條例格式　熙寧大理寺斷例
姓氏類
元和姓纂　十史姓纂　千姓編
宋何承天姓苑　古今姓氏書　姓源韻譜
梁元帝古今人同姓名錄　唐孔志姓氏雜錄
唐百家類例　唐李利涉編古命氏錄
諱行錄　瞥年錄　仙源積慶圖
本朝宗室圖譜　闕里譜系　孔子編年家譜
東家雜記　本朝人物志　皇朝百族譜
紹興臣僚類姓　三院呂氏世譜　胡氏世譜
陶氏世譜　東平劉氏世譜　趙清獻家譜
尤氏世譜　玉牒行移　唐皇孫郡王譜

大唐氏譜　宰相甲族　十四家貴族譜
唐丘光庭古賢姓名相同錄　帝王世系
史學類
史記音義　史記正義　史記索隱
集註天官書　前漢考異　後漢句字
蕭該漢書音義　漢書句字　三劉漢書
漢書問答　漢書講解　律曆志辨疑
劉氏兩漢刊誤　唐書音訓　唐書糾繆
唐書直筆新例　唐書須知　集校兩漢書
劉知幾史通　劉餗史例　邵忠史例
趙彥若史例論　通鑑問疑　兩朝實錄例
歷代史贊　兩漢博聞　荀悅漢紀節要論
兩漢補遺　王遇漢議　漢雜事

東漢質疑　唐書手抄　范太史唐鑑
石守道唐鑑　孫之翰唐論　胡氏讀史管見
通鑑入約　程迴文史評　了齋約論
史記法語　兩漢法語　班史菁華
班左誨蒙　漢雋　班史名物編
東漢年表　晉書音義　史記析微
五代史纂誤
目錄類
唐藝文志　唐毋煚古今書錄　梁阮孝緒七錄
經史品題　羣書備檢錄　皇祐祕閣書目
皇祐史館書目　崇文總目　祕閣四庫書目
嘉祐求遺書目　中興館閣書目　鄱陽吳氏書目
李邯鄲書目　邯鄲圖書志　廣川董氏藏書志

葉石林書目　川中書目　趙氏金石錄
皇祐碑籍　川郡金石錄　諸道碑目
京兆金石錄　歐陽氏集古錄　晉陽王氏碑目
浯溪古今刻集錄　資古紹志錄　祕閣書畫器物目
內府碑錄　重修唐書碑目
地理類
祕閣本山海經　池州本山海經　郭璞山海經圖贊
水經　神異經　十洲記
三輔黃圖　關中記　豫章古今記
鄴城記　鄴都故事　吳地記
東京新記　梁顧野王輿地記　兩京新記
南朝宮苑記　南方異物志　晉嵇含南方艸木狀
張朏三齊記　城冢記　唐列聖園陵記

梁二十八國職貢圖　宋沈德遠南越志
湘中山水記　續南荒錄　續廬山錄
豫章舊圖經　江州舊圖經　絲林庾辭
金國世系　至道雲南錄
儒家類
曾子　晏子春秋　晏子內外篇
孟子　荀子　孔叢子
揚子法言　陸績注太玄經　集注太玄
許嵩老法言訓詁　白虎通　王符潛夫論
仲長統昌言　荀悅申鑒　鹽鐵論
劉向新序　劉向說苑　唐劉蛻續說苑
陸賈新語　賈誼新書　魏徐幹中論
齊顏之推家訓　隋李文博中興書　帝範

臣範　虞世南帝王略論　楊相如君臣政理論
牛希濟理源　文中子中說　龔輔之注中說
薛氏注元經　唐林愼思續孟子　晉楊方五經鉤沈
唐朱敬則十代興亡論　魏蔣濟萬機論
魏鄭公時務策　唐劉迅六說　唐李恕己誡子拾遺
杜祐理道要訣　帝學　何亮本書
黃晞聱隅子　周子通書　周子太極圖
南軒太極圖解　朱氏通書太極圖解
正蒙書　劉原父弟子記　劉原父七經小傳
二程先生遺書　邵康節皇極經世　呂滎陽雜說
治道中術　刁衎本說　儒志
張芸叟卮言　張子前書　張子志書
王觀天鬻子　范蜀公正書　黃君俞泉書

伊川經解　師說　龜山經說
三經義辨　九經餘義　日錄字說辨
諸儒名道集　陳無己理究　橫渠語錄
橫渠理窟　呂氏雜說　節孝先生語
上蔡語錄　劉元城語錄　劉元城談錄
元城道護錄　洙泗言仁說　龜山語錄
河南雅言　張無垢心傳語附語錄　胡氏傳家錄
涪陵記善錄　司馬溫公家範　呂氏童蒙訓
子家子　程氏廣訓　林子誨語錄
呂伯恭閫範　劉清之訓蒙　孝弟類鑒
女誡　廣川家學　修學門庭
余氏至言　程尙書極言　石林審是錄
范氏正蒙　省心雜言　程尙書攷古編

四注法言　司馬溫公注法言　御製承華要略
御製正說　遜英聖問　觀文鑒古圖
雜家類
呂氏春秋　管子　商子
愼子　韓非子　子華子
鄧析子　董子　魯連子
鬼谷子　燕丹子　墨子
公孫龍子　尸子　尹子
劉子　傅子　殷子
孫子　淮南子　炙轂子
風俗通義　王充論衡　魏劉劭人物志
金樓子　梁庾仲容子抄　馬揔意林
忠經　唐羅隱兩同書　顏師古刊謬正俗

李涪刊誤　資暇集　蘇氏演義
唐丘光庭兼明書　程氏演繁露　隋李文博中興書
古今語要　長短要術　造化權輿
唐趙甤　李氏雜說　敷陽子
諸子談論　賈公餗山東野錄　洪氏雜家
羅隱讒書　尹文子

道家類

古文老子　王弼注老子　傅奕老子音義
漢安丘注老子　嚴遵老子指歸　晉孫盛老子攷訊
唐明皇注老子　唐陸希聲老子指解并問荅
三十家注老子　賈淸夷老子疏　王顧老子疏
老子藏室纂微　李榮注老子　陳鼻解老子
李畋老子音解　達眞子老子解　司馬溫公老子解

蘇黃門老子解　王元澤老子解　呂惠卿老子解
毛達可老子解　王懋才老子解　列子
莊子　文子　徐靈府注文子
朱弁注文子　亢倉子　王士元注亢倉子
鶡冠子　陸右丞注鶡冠子　關尹子
天隱子　抱朴子內外篇　元眞子
唐吳筠元綱論　無能子　觀妙經
紫府元珠　潘凱二化論　周朴天道論
杜光庭大寶論　莊子邈　宋齊丘化書
赤松子中誡經　張融理同論　劉向列仙傳
續仙傳　葛洪神仙傳　高道傳
仙苑編珠　周氏冥通記　洪崖先生傳
眞系傳　許先生傳　疑仙傳

陳眞人傳　唐吳簡傳　西山十二眞君列傳
徐神翁語錄　王雲中內傳　杜光庭錄異傳
福地經　洞天經　湖湘顯異
青城山靈異記　瀨鄉記　唐太淸宮簡要記
祥符奉迎聖像記　楊希文注黃庭經　神景內經
皇極系述黃庭經　參同契　西山羣仙會眞記
中皇眞經　參同肘後方　潁陽記
石藥爾雅　爐術本艸　靈芝記
參同分章通義　登眞隱訣　雲笈七籤
道樞　上淸文苑　靈山賦集
毛仙翁詩　大小游仙詩　古今道德經
河上公注道德經　王弼老子略論　老子枕中經
莊子疏　御注道德經　孫盛老子糾

眞誥　胎息經　黃庭內景經
密語　聶眞人傳　樂史洞仙集
傳仙師傳　江西續仙錄　侯眞人傳
三教解紛論　正性論　元道眞經
九轉合同要義　混元經　青城山雜錄
大丹法　太玄寶典　許眞君如意方
鍾離眞人靈寶異法

釋家類

金銀字傳大士頌　金剛經　六祖金剛經解義
王荊公注金剛經　華嚴經　楞嚴經
圓覺經　楞嚴經疏　圓覺經疏
維摩經疏　六祖壇經　正法眼藏
馬祖四家錄　笑道論　非韓論

萬善同歸　原人論　弘明集
廣弘明集　通明論　佛教總年
佛運統紀　僧寶傳　續僧寶傳
僧史　僧史略　高僧傳
法藏碎金錄　裴休問源禪師承襲圖
宗門統要　釋氏要覽　祖庭事苑
釋氏六帖　傳燈錄　臨濟語錄
雲門語錄　勇禪師語錄　普融禪師語錄
詔國師語錄　諸祖偈頌　龐居士詩
寒山詩　大慧武庫　林間錄
芙蓉般陽集　北山錄　端禪師語錄
無住語錄　釋梵　雪竇語錄
近世尊者語錄　古塔主語錄　晁文元耄智餘書

道院集要　禪源諸詮　風穴語錄
謝陽以下二十二家語錄　德仙語錄
曹洞語錄　長蘆覺語錄　法雲語錄

農家類

夏小正　唐删令月令　唐注月令
四時纂要　齊民要術　千金月令
韋氏月錄　荆楚歲時記　秦農要事
鄙記　四民福祿論　李邕金谷園記
玉燭寶典　山居忘懷錄　歲時廣記
范如圭田書　林勳本政書　曾安上禾譜
農器譜　錦帶書　輦下歲時記

兵書類

司馬法　太公兵法　黃石公三略

孫子　吳子　尉繚子
李靖集太公兵法　李衛公兵法問答　七書
十一家注孫子　杜牧之注孫子　風后握機
風后握機贊　黃帝陰符經　黃石公素書
八陣法　諸葛亮將苑　諸葛亮十六條
太白陰經　眞人水鏡　古今兵要
武經總要　郭元振安邊策　李光弼統軍祕策
禦戎要訣　劉晙平燕策　劉牧平戎策
神機武略　武略清邊　重修武經摠要
千古兵要　唐李筌閫外春秋　呂夏卿廣兵志
何博士備論　神武祕略　百將傳
兵法精義　慶曆軍錄

數術家類　一天文　二曆法　三五行　四陰陽　五卜筮　六形勢

甘氏星經　張華列象圖　周髀經
別本甘氏經　天文機要圖　天象賦
星經簿讚　仰視纂微　錦囊書
步天歌　宋濤天文書　皇朝天文書
姚令威注天官書　集注天官書　紹聖儀象法要
銅壺漏編　刻漏規矩　官曆刻漏圖
景祐乾象新書　七政曆要　十二曜細行曆
靑羅妙度曆　四曆剝蝕考　開元大衍曆議
長慶宣明曆　紀元曆經　崇天曆經
康定轉神曆　熙寧奉元曆　元祐觀天曆
黃若只議紀元曆書　林永叔曆學
大衍宣明貞元欽天奉天儀元崇貞明天官觀天曆草
吳氏荊璞集　王普荊璞指瑕　金國大明日曆

小說類

譜錄類

類書類

醫書類

程晏集　李程集　梁肅集
李衛公會昌集　孫樵集　孫逖集
杜牧集　沈雲卿集　李義山集
牛僧孺集　陳黯集　顧況集
符載集　蔣防集　劉子夏集
崔嘏制誥集　李翰集　穆員集
李觀集　王貞白集　任希古集
孫郃集　陳陶集　林藻文集
毛欽一集　丁稜集　李甘集
李華集　陸龜蒙集　戎昱集
戴叔倫述藁　劉蛻文泉子　張登集
顧雲編藁　嚴從中黃子　黃璞霧居子
秦韜玉投知小錄　盧肇文標集　令狐楚表奏事

于公異奏記集　鄭畋敕誥集　鄭畋堂判集
段成式漢上題襟集　鮑溶集
賈至集　皮日休集　司空圖一鳴集
麴信陵集　姚合極玄集　殷璠丹陽集
薛瑩洞庭集　李琪篋中集　唐彥謙集
李公武集　王轂觀光集　松陵唱和集
顔魯公集　岑參集　裴晉公集
樊宗師集　王侍讀集　劉商集
吳均集　南唐李後主集　南唐潘佑集
羅隱集　韋蘇州詩集　杜審言集
李嘉祐集　張祜集　孟浩然集
施肩吾集　吳融集　許渾丁卯集
劉叉集　鮑溶　薛逢集

朱景玄集　耿緯集　劉希夷集
李涉集　王貞白靈溪集　裴夷直集
李殷集　薛能集　李紳追昔遊編
邵謁集　來鵠集　李長吉集
丘爲集　王操集　張碧集
盧仝集　張蠙集　賈島長江集
孟賓于集　孟歸唐集　張籍集
錢起集　許用晦　沈下賢
劉長卿集　方雄飛集　李君虞集
王無功集　張承吉集　儲光曦集
鄭都官集　李益集　武伯蒼集
司空曙集　李端集　張喬集
韓翃集　楊巨源集　陸暢集

周賀集　張繼集　李頻集
朱慶餘集　林嵩集　王棨集
李頎集　郎士元集　于鵠集
李廓集　李峴集　于鄴集
于武陵集　冷朝陽集　祖詠集
鄭巢集　綦毋潛集　周濆集
竇叔向集　雍裕之集　李適集
劉憲集　武平一集　趙彥昭集
陶翰集　盧象集　竇華集
秦韜玉集　包幼正集　蘇味道集
徐鴻集　崔湜集　李遠集
王教集　孫逖集　崔顥集
羅昭諫集　王司馬集　顧非熊集

韓持國南陽集　王岐公華陽集　元厚之玉堂制集
玉堂詩集　青略集　文路公集
蘇魏公集　祖擇之范陽集　陳述古古靈先生集
宋敏求東觀絕筆　王原叔遺文　鄭毅夫鄖溪集
彭器資集　王岩叟大名集　劉忠肅集
李邦直集　楊元素集　錢穆父集
強幾聖集　周濂溪集　明道先生集
伊川先生集　橫渠先生集　胡文恭集
呂元均集　陸農師集　呂南公灌園集
馮文簡集　范忠宣集　章子厚內制集
王子發元豐懷遇集　徐仲車集
龔輔之東原集　鄭介夫西塘集　黃魯直集
張文潛集　秦少游淮海集　晁无咎雞肋集

陳后山集　趙承之集　李之儀姑溪集
范淳父集　張浮休集　李成季樂靜集
毛澤民集　三沈先生集　齊祖之賢良集
任德翁乘桴集　游定夫集　黃冕仲演山集
陳了齋集　鄒道鄉集　晁説之集
李格非集　張天覺集　田承君集
劉斯立集　崔德符集　鄧考功集
唐子西集　廖明略集　呂希純紫薇集
楊傑無爲集　畢仲游西臺集　清江三孔集
李履中谿水集　林子中集　邢和叔集
蔡天啓浮玉集　又丹陽集　二林集
葉棣集　鮑當淸風集　羅正之赤城集
吳思道集　王防集　邢淳夫呻吟集

劉煇東歸集　戚同文孟諸集　馬子才集
杜澤民鄄城集　劉偉明集　愼伯筠集
黃長睿東觀餘論　林和靖集　鄧奭栟櫚集
石孝若集　王賢良策論　沈興宗集
吳淮集　李新跨鼇集　徐德占進卷集
洪駒父老圃集　徐夫人詩　女郎曹希蘊詩
女郎謝希孟詩　鄭褒集　張乖崖集
孫明復睢陽集　向文簡集　呂獻可集
楊文公刀筆集　歐陽公刀筆集　宋景文刀筆集
東坡刀筆集　王發進卷　張臺卿盤谷集
周行己集　呂與叔芸閣集　程俱北山集
呂叔巽集　謝無逸集　謝幼槃集
呂居仁集　楊龜山集　王初寮集

梅執禮集　毛友爛柯集　蘇後湖集
曾紆空青集　蘇籀雙溪集　許志仁集
王瞻叔集　韓子蒼陵陽集　李忠愍集
高彥先東溪集　龐佑甫白蘋集　鮑欽心集
林元凱集　秦會之表奏集　張叔夜集
周少隱稊米集　張全眞集　周麟之集
汪彥章集　陳簡齋內外制　孫叔諸內外制
綦叔厚內外制　湯進之內外制　林待聘內外制
葉石林集略　邵公濟集　呂元直集
李漢老艸堂集　翟公巽集　張右丞集
王居正竹西集　沈與求龜溪集　方祕監集
吳則禮集　張巨山集　朱喬年韋齋集
胡世將集　劉行簡集　熊叔雅集

陳國佐奏議　張全眞奏議　蘇季眞奏議
章且叟奏議　劉大中奏議　趙忠簡奏議
葉石林奏議　劉珏奏議　林待聘奏議
霍叔豹奏議　曾元忠奏議　石侍御風憲集
張魏公奏議　范元長奏議　分門名臣奏議
骨鯁奏議　三老奏議　元祐章疏
建炎以來章疏　戊午讜議　田錫章疏別集
范文正奏議　又政府奏議　朱光庭奏議
吳執中奏議　陳公輔奏議　范忠宣彈事
王韶熙河奏議　馬仲塗奏議　劉隨諫艸

總集類

楚詞　洪氏補注楚詞　晁氏定楚詞
晁氏續離騷　晁氏變騷　周少隱楚詞贅說

天問章句　古文章　古文苑
李善注文選　五臣注文選　文苑英華
孔逭文苑　西漢文類　秦漢遺文
三國志文類　唐史文類　漢唐策要
唐文粹　南北雜文　類文
聖宋文粹　皇朝文鑑　本朝二百家文粹
四先生文粹　西漢詔令　兩漢詔書
唐大詔令　咸通表奏　大中制誥
太平內制　五代制誥　唐以後詔敕錄
本朝大詔令　玉堂集　中興玉堂制艸
續玉堂制艸　續西垣制艸　唐章奏類
唐類表　輔弼名對　本朝羣公奏議節要
唐賢長策　唐人類啓　唐臨淮尺牘

唐羽書集　本朝尺牘　仕途必用
詞林類槀　龍筋鳳髓判　余襄公判詞
典麗賦　宏詞總類　羣策纂要
詔武遺音　古詩選　唐五言詩
唐七言詩　續增五言七言詩　古樂府
樂府詩集　唐百家詩選　皇宋百家詩
樂府逸詞　花間集　江西詩派
詩苑英華　唐中興間氣集　唐河岳英靈集
太平文華　唐又玄集　大曆浙東聯句
羣英聯句　西崑詩　寶刻叢章
聲畫集　玉臺新詠幷後集　唐才調集
唐詩類選　九釋詩　宋文海
絾啓新範　名賢四六集　皇朝制誥

瑤池集　成都文類　廬陵集幷續集
丹陽集　揚州集又賦　岳陽名賢詩
許昌倡和集　漢南酬唱　吳興詩
嚴州集　天台詩文　桃源詩
汝川圖集　石鼓山詩　嚴州詩
齊安集　于越紀咏　京口集
延平集　湟州集　金山詩
荆門集　石橋詩　池陽集
括蒼集　小洞庭前後集　江夏紀詠
滁陽慶曆集　無爲集　廬山集
宣城集　華鎭會稽覽古詩

文史類

梁劉勰文心雕龍　梁任昉文章緣起　梁鍾嶸詩品

晉李充翰林論　馮鑑修文要訣　唐登科題解
文選同異　詩史音辨　詩史總目正異
詩話集錄　詩苑類格　敘事詩話
詩談　韶語陽秋　黃徹詩話
周少隱詩話　王明之詩話　王性之詩章幷後記
苕溪漁隱叢話　筆墨閒錄　見見錄廣類
烏臺詩話　詩話雋永　靜照詩話
唐宋詩話　歸叟詩話　詩話總龜
漢臯詩話　洪駒父詩話

樂曲類

唐花間集　馮延巳陽春集　黃魯直詞
秦淮海詞　晏叔原詞　晁次膺詞
東坡詞　王逐客詞　李后主詞
楊元素本事曲　曲選　四英樂府
錦屏樂章　樂府雅詞

予生晚不及拜遂初先生聞儲書之盛又恨不能如劉道原所以假館于春明者寶慶初元冬得臯南還過錫山訪前廣德使君則書厄于火者累月矣爲之徬徨不忍去因惟國朝以來藏書之盛鮮有久而勿厄者孫長孺自唐僖宗時爲榜書樓二字國朝之藏書者莫先焉三百年間再燬于火江元叔合江南吳越之藏凡數萬卷爲臧僕竊去市人裂之以藉物其入于安陸張氏者傳之未幾一篋之富僅供一炊王文康李文正廬山劉壯輿南陽井氏皆以藏書名未久而失之宋宣獻兼有畢文簡楊文莊二家之書不減中祕而元符中蕩爲烟埃晁文元累世所藏自中原無事時已有火厄至政和甲午之災尺素不存斯理也殆不可曉聖賢不過託之寓言以垂世示後所以共天命而植民彝也兼收並蓄博覽

精索以淑其身以待後之人此何幸于天而厄之爾極也使子孫不能守如江張王李諸家是固可恨若孫宋晁氏則子孫知守之矣而火攻其外矧如尤氏子孫克世厥家茲莫可曉雖然是穮是蓘雖有飢饉亦有豐年吾知有穮蓘耳豐凶非我知也尤氏子孫其尙思所以勿替先志云臨邛魏了翁跋

李太史燾云延之于書靡不觀觀書靡不記每公退則閉戶謝客日計手抄若干古書其子弟及諸女亦抄書一日謂予曰吾所抄書今若干卷將彙而目之飢讀之以當肉寒讀之以當裘孤寂而讀之以當友朋幽憂而讀之以當金石琴瑟也

右遂初堂書目一卷按直齋陳氏書錄解題曰錫山尤氏尙書袤延之淳熙名臣藏書至多法書尤富嘗燼于火今其存無幾矣吳郡陸友仁書

說郛卷第二十八終

說郛卷第二十九

桃源手聽 一卷

制敵

嘗論戰守和皆應敵之具而非制敵之本乃在夫可以戰可以守可以和者此實其腹心而運用四支之道也蓋盡吾所以治中國者則戰之中有和有守守之中有和有戰和之中亦有戰有守如環無端迭相爲用其變不同則其所以應之者亦不一要令制敵在我而其力常有餘欲戰則爲唐太宗欲守則爲漢光武欲和則爲漢文帝如斯而已苟惟先外而後內執一而廢二以塞兵爲戰以畫地爲守以懈弛爲和則以戰乃秦氏隋氏之戰守乃朱梁之守而其和乃石晉之和矣此刻舟守株之論不通之甚也

詔市牛筋

孝宗朝詔婺州市牛筋五千斤時李侍郎椿字壽翁爲守奏一牛之筋纔四兩今必求此是欲屠二萬牛也上悟爲收前詔

駢語

八萬四千母陀羅臂示現衆生煩惱林三十二應具足妙身成就無量功德海

自作墓銘

白樂天自作醉吟先生傳醉吟先生墓志銘

東坡書扇

東坡爲錢塘時民有訴扇肆負債二萬者逮至則曰天久雨且寒有扇莫售非不肯償也公令以扇二十來就判事筆隨意作行艸及枯木竹石以付之才出門人競以千錢取一扇所持立盡遂悉償所負

論筆

尖齊圓健禿偏褊弱

四肘爲一弓

薩波多論云西天度地以四肘爲一弓去村店五百弓不遠不近以閒散處爲蘭若今若以唐尺計之度二里許也還鑑毀氏本唐武帝記

春雪詩

南昌士人周伯仁友之和人春雪詩照天不夜梨花月落地無聲柳絮風

宗室

有服宗室爲宗室無服宗室爲宗室子

史越王歸里

史越王罷相歸里經從慈溪邑宰蔣鶚遠迎既見邑吏而下皆參羅拜庭下越王答拜蔣宰局蹐請免王曰門下與之有名分某與之爲鄉曲

座右銘

張德遠座右銘云夫血氣不可以勝人勝人者理也剛不可以屈物屈物者柔也懷疑于人人未可疑而已先疑矣逆詐于人人未必詐而已先詐矣揚人之善人將揚其善掩人之惡人將掩其惡待我以不誠而我應之以誠則彼自愧犯我以非理而我以理服之則彼自服我以容人則易人以容我則難望人太深則生怨察物太明則取憎

躤柳

壬辰二月三日在金陵預閲李顯忠兵司馬最後折柳環插毬場軍士馳馬射之其矢鏃闊于常鏃略可寸餘中輒斷之名曰躤柳其呼躤若乍聲樞師洪公謂予曰何始予曰殆躤林故事耶漢書匈奴傳秋高馬肥大會躤林服虔曰躤音帶師古曰躤者繞林而祭也鮮卑之俗自古相傳秋之天祭無林木者嘗植柳枝衆騎馳

繞三周乃出此其遺法按此卽予言有證也其相馳躪之外加弓矢焉則又益文矣（出演繁露）

書法

錢鄧州若水嘗言古之善書鮮有得筆法者唐陸希聲得之凡五字擫押鉤格柢用筆雙鉤則點畫遒勁而盡妙矣謂之撥鐙法希聲自言昔二王皆傳此法自斯公以至陽冰亦得之希聲以授沙門䛒光䛒光入長安爲翰林供奉希聲猶未達以詩寄䛒光曰筆下龍蛇似有神天池雷雨變逡巡寄言昔日不龜手應念江頭洴澼人䛒光感其言因引薦希聲於貴倖後至宰相刁衎言江南後主得此法書絕勁復增二字曰導送今待詔尹熙古亦得之而所書爲一時之絕李無惑工篆亦得其法查道始習篆患其體勢柔弱熙古教以此法仍雙鉤用筆經年手始習熟而篆體勁直甚佳」

小篆

李無惑同安人善小篆爲翰林待詔蓋斯公陽冰之後未見其比徐鉉鄭文寶查道高紳端妙又過于陽冰士大夫家藏之以爲寶」

東坡手澤（三卷）　蘇軾

用兵

善用兵者破敵滅國當如小兒毀齒以漸撼搖取之雖小痛兒能堪也若不以漸一拔而得齒則取齒足以殺兒吾觀王翦以六十萬人取荊此一拔得齒之道也秦亦憊矣二世而敗坐此也夫

宰我非叛臣

常病太史公言宰我嘗作亂夷其族使吾先師之門乃有叛臣而天下所通祀者乃容叛臣其間豈非千歲不蠲之惑也耶近令兒子過考閱經書究其所因則宰我不叛左驗甚明太史公因陋承疑使宰我負寃千歲而吾先師與蒙其垢自茲一洗亦古今之快也

論霍光

吾觀昌邑王與張敞語眞清狂不惠者耳惡能爲惡既廢則已矣何至誅殺其從官二百餘人以予觀之其從官中必有謀光者光知之故立廢賀非專以淫亂故也二百人者方誅號呼于市曰當斷不斷反受其亂此其有謀明矣特其事祕史無緣得之著此者亦欲後人微見其意也武王數紂之罪孔子猶且疑之光等疏賀之惡可盡信耶

論孫卿子

孫卿子云青出于藍而青于藍冰生于水而寒于水世人言弟子勝師者輒以此爲口實此無異夢中語青卽藍也冰卽水也釀米爲酒殺羊豕爲膳羞曰酒甘于米膳羞美于羊豕雖兒童必笑之而孫卿子以是爲辨信其醉夢顚倒之言以惡論人之性皆此論也

漢武帝

漢武帝無道無足觀者惟踞廁見衞青不冠不見汲長孺爲可嘉耳若青奴才雅宜舐痔踞廁見之正其宜也

巫蠱

漢武帝諱巫蠱疾之如仇讎蓋夫婦父子君臣之間嗷嗷然不聊生矣然史記封禪書云丁夫人雒陽虞初等以方祠詛匈奴大宛已且爲巫蠱之魁何以責其下此最可歎云

絕慾爲難

昨日太守楊君采通守張君規邀予出游安國寺坐中論服氣養生之事余云皆不足道難在去慾張云蘇子卿嚙雪啖氊齒皆出血無一語少屈可謂了生死之際矣然不免與胡婦生子窮海之上而況洞房綺疏之下乎乃知此事不易消除衆客皆大笑予愛其語有理故爲記之

辨文選

劉子玄辨文選所載李陵與蘇武書非西漢文蓋齊梁間文士擬作者也予因以悟陵與武贈答五言亦後人所擬今日讀列女傳蔡琰二詩其詞明白感慨類世所傳木蘭詩東京無此格也建安七子猶涵養圭角不盡發見况伯喈女乎又琰之流離必在父沒之後董卓既誅伯喈乃遇禍今此詩乃云爲董卓所驅虜入胡尤知其非眞也蓋擬作者疏略而范曄荒淺遂載之本傳可以一笑也

婦姑皆賢

昔吾先君先夫人僦宅于眉之紗縠行一日一婢子熨帛足陷于地眎之深數尺有大甕覆以烏木板先夫人急命以土塞之甕中有物如人咳聲凡一年乃已人以爲此有宿藏物欲出也夫人之姪程之問者聞之欲發焉會吾家遷居之問遂僦此宅掘地丈餘

終不見甕所在其後某官于岐下所居大柳雪方尺不積雪晴地墳起數寸某疑有古人藏丹藥處欲發之亡妻崇德君曰使吾先姑必不發也某愧而止

妻作送夫詩

眞皇既東封訪天下隱者得杞人楊璞能爲詩召對自言不能上問臨行有人作詩送卿否璞言惟臣妻有一首云更休落魄耽杯酒切莫猖狂愛詠詩今日捉將官裏去這回斷送老頭皮上大笑放還山予在湖州坐作詩追赴詔獄妻子送予出門皆哭予無以語之顧老妻曰子獨不能如楊處士妻作一詩送我乎妻子不覺失笑予乃出

祭春牛文

元豐六年十一月二十七日天欲明夢數吏人持紙一幅其上題云請祭春牛文余取筆疾書其上云三陽既至庶艸將興爰出土牛以戒農事衣被丹青之好本出泥塗成毀須臾之間誰爲喜慍吏微笑曰此兩句復當有怒者傍一吏云不妨此是喚醒他

扑影

至和二年成都人有費孝先始來眉山云近遊靑城山訪老人村壞其一牀孝先謝不敏且欲償其直老人笑曰子視其下字字云此牀以某年月日造某年月日爲費孝先所壞成壞自有數子何以償爲孝先知其異乃留師事之老人授易軌革扑影之術前此未有知此學者也後五六年孝先名聞天下

益智

海南產益智花實作長穟而分爲三節其實熟否以候歲之豐歉其下節以候早禾中上亦如之大凶之歲則皆不實蓋罕有三節並熟者其爲藥治氣止水而無益于智智豈求之于藥者乎其得此名蓋以其知歲也耶

何國

泗州大聖僧伽傳云和尚何國人也又曰世莫知其所從來云不知何國人也近讀隋史西域傳乃有何國

艾人

端午日未出于艾中以意求其似人者輒擷之以灸殊有效幼時見一書中云忘其爲何書也艾未有眞似人者于明闇間苟以意命之而已萬法皆妄無一眞者此何疑耶

坦齋通編 一卷　宋邢凱 字廷擧

畫當作晝

孟子去齊宿于畫畫當作晝字之誤也按史記田單傳聞畫邑人王蠋賢劉熙注畫音獲齊西南近邑也後漢耿弇討張步進軍畫中遂攻臨淄拔之即此可證 下二條今本無

孔子主癰疽

萬章問曰或謂孔子于衛主癰疽于齊主侍人瘠環瘠環姓名也癰疽趙岐以爲癰疽之醫按說苑備述此章凡百八十言而曰孔子于衛主雍雎雍雎姓名也與癰疽聲相近至趙岐時傳之誤也

孝經引詩

孝經章末引詩先儒以爲後人增益然匡衡上疏大雅曰無念爾祖聿修厥德孔子著之孝經首章蓋至德之本也乃知由漢以來所傳如此恐實夫子所引也

犀毗

今之累朱漆而刻畫爲文以作器皿名曰犀皮意海犀之皮必不如是匈奴傳文帝遺單于黃金犀毗一注云帶鉤也按毗字訓厚訓輔若他無所本當作此毗字

旬歲旬月

班史有旬歲旬月解者或有兩說翟方進爲丞相司直旬歲間免

兩司隸注云旬歲猶言滿歲也至旬月往往作十閱月車千秋爲大鴻臚數月代屈氂爲丞相後云特以一言寤主意旬月取宰相封侯殆不止滿月而已至揚雄上疏艾朝鮮之旃拔兩越之旗近不過旬月之役遠不離二時之勞以旬月爲近二時爲遠二時止六閱月則旬月若止滿月與千秋事又不同

束脩二義

論語禮記中束脩脩脯也十脡爲束禮物雖微足以爲贄延篤曰吾自束脩以來爲人臣不陷于不忠注云束帶修飾李固奏記梁商曰王公束脩厲節王龔崇樂藝文不求苟得皆荀羨擒貫堅憤其不降墜曰吾束修自立君何忽忽相謂降耶皆檢飾之義與禮記論語之意不同（此條今本無）

星有好風

洪範曰星有好風星有好雨又曰月之從星則以風雨註云箕星好風畢星好雨月經于箕則多風月離于畢則多雨此古法也而孫子火攻之法乃曰起火有日日者月在箕壁翼軫也四宿者風起之日也自箕之外又有壁翼軫三星好風焉意者風角等占自有一家之說耳

遮說

淳熙丁未洪景盧知舉貢一考官大笑絕倒問之則云試卷中有用董公遮說漢王事以公遮爲並三老之名洪曰其下無注文安知其非名耶既撤棘有考官出道此語予曰洪非不知但惡後生輕薄故爲此說耳其人未喻予曰不然則周亞夫傳趙涉遮說將軍涉遮亦趙之名乎坐客皆笑而罷（此條今本無）

史事重出

事有重出者人見後之所紀用之既熟而本于前者往往略之如豺狼橫道不宜復問狐狸此前漢侯文對孫寶之言後漢張綱有

豺狼當道安問狐狸之語今人但指爲張綱埋輪事爾鷙鳥累百不如一鶚此鄒陽諫吳王濞之言孔融薦禰衡實用其言今之援引但曰禰衡一鶚耳如樊準薦龐參亦曰鷙鳥累百不如一鶚皆祖鄒陽說也

註書未是

左傳昭公二十四年萇弘引泰誓曰紂有億兆人亦有離德予有亂臣十人同心同德杜預註云今泰誓無此語按泰誓中篇實有之但離心離德改爲亦有離德耳預豈偶忘之耶

執冰而踞

左傳執冰而踞杜預以冰爲箭筩初疑其不然及觀詩太叔于田抑釋掤忌註掤冰所以覆矢鬯弓師古釋文掤音冰所以覆矢也馬氏云櫝圓蓋也今韻略注云箭房之蓋掤通作冰乃知預之說爲有據也

郭公

春秋書夏五郭公人皆以爲闕文夏五固無可疑至郭公胡氏以爲郭亡蓋齊威有郭何故亡之問父老有善善惡惡之對然以公爲亡疑其未然按春秋書有蜚有蜚謂昔無而今有也至螽之一字傳文宣襄之世凡六書之而無它說以此爲例恐郭公亦止是一物直書之以記異爾本艸布穀一條江東呼爲郭公豈此物耶

顏孟十哲

子雖齊聖不先父食顏回曾參子也享于殿上顏路曾晳父也祀于廊廡沒而有知其歆祀乎子思師也而列于下孟軻門弟子也而坐于上其亦可乎謂宜別立一堂祀顏路曾晳子思庶存名分

改易地名

詩人好改易地名以就句法如大孤山旁有女兒港小孤山對岸有澎浪磯韓子蒼詩小姑已嫁彭郎去大姑常隨女兒住四者之中所不改者女兒港耳獨大散關有喜歡鋪東坡入贛詩山憶喜歡來遠夢地名惶恐泣孤臣自下而上第一灘在萬安縣前名黃公灘坡乃更爲惶恐以對喜歡廬陵志二十四灘坡詩乃云十八灘頭一葉身亦非也

伏波

作詩文之類如用馬援字但曰伏波則不可須加一馬字乃是蓋前漢已有路博德爲伏波將軍矣見史記衞青傳從霍驃騎軍有功封符離侯

古今涓日

古今涓吉外事用剛日內事用柔日如甲子爲剛乙丑爲柔至爲簡易甲午治兵壬午大閱吉日庚午既差我馬皆外事也故用剛日丁丑蒸之乙亥嘗之凡祭之用丁用辛內事也故用柔日然社祭用甲郊以日至亦不拘也後世術家既多互相矛盾緒先生云

武帝聚會占家問某日可娶婦乎五行家曰可堪輿家曰不可又有建除叢辰天人太乙厤家凡七種所言吉凶相半制曰避諸死忌以五行爲主今觀諸厤一日之內有吉有凶當如武帝主一家可也鄭鮮之啓宋武明日見蠻人是四廢日答曰吾初不擇日此亦可法見殷芸小說

西方聖人

列子述孔子曰西方有聖人佞佛者以爲指釋氏而言蓋妄也國語姜氏曰西方之書有之曰懷與安實疚大事注云周詩誰將西歸西方之人皆謂周也予謂孔子果有是言謂昔文王也于佛何與至王通直指佛爲西方聖人其學可知矣

巫覡致妖

吉贛地近甌粤其俗右鬼父老言巫覡挾邪一登人門妖怪隨至當禁絕之因觀漢武惑欒大之術至封侯賜第大夜祠于家將以下神神未至而百鬼集乃信父老之言不誣

刑夭

洪內翰謂靖節詩刑天無千歲當作刑夭舞干戚字之悞也周益公辨其不然按段成式雜俎天山有神名刑夭黃帝時與帝爭神帝斷其首乃曰吾以乳爲目臍爲口操干戚而舞不止則知洪說爲是

碧湖雜記一卷今本撰人無姓名　宋蔡宋之臨川人

老饕賦

東坡老饕賦蓋文章之游戲耳按左氏縉雲氏有不才子貪于飲食冒于貨賄侵欲崇侈不可盈厭聚斂積實不知紀極不分孤寡不恤窮匱天下之民以比三凶謂之饕餮說文曰貪財爲饕貪食爲餮然則東坡之賦當作老餮爲是

靖節題甲子

五臣注文選謂陶淵明詩自晉義熙以後皆題甲子後世因仍其說獨治平中虎丘僧思悅編淵明詩辨其不然其說曰淵明之詩題甲子者始庚子迄丙辰凡十七年皆晉安帝時所作至恭帝元熙二年庚申歲宋始受禪自庚子至庚申蓋二十年豈有宋未受禪前二十年恥事二姓而題甲子之理曾裘父艇齋詩話亦信其說然以予考之元興二年桓玄篡位晉氏不絕如綫得劉裕而始平改元義熙自此天下大權盡歸于裕淵明賦歸去來辭實義熙元年也至十四年劉公爲相國恭帝即位改元元熙至二年庚申禪于宋觀恭帝之言曰桓玄之時晉氏已亡天下重爲劉公所延將二十載今日之事本所甘心詳味此語則劉氏自庚子得政至庚申革命凡二十年淵明自庚子以後題甲子者蓋逆知其末流必至于此忠之至義之盡也思悅裘父殆不足以知之

桑落酒

杜詩云坐開桑落酒來把菊花枝按賈思勰齊民要術造酒門有桑落酒神麯酒其名不一又云桑欲落時造黍米酒可得永年造神麯酒春秋二時造者皆得過夏然桑落時作者乃勝于春又有造桑落酒麯法老杜或本諸此注所謂桑落酒者恐未必然

宮禁不嚴

杜牧之華清宮詩云雨露偏金穴乾坤入醉鄉許彥周謂如此天下焉得不亂蓋以明皇寵幸妃族賞賚無極君臣終日酣宴所以兆漁陽之變耳予聞東都宣政間禁中有保和殿殿西南廡有玉眞軒軒內有玉華閣即安妃妝閣也妃姓劉氏入宮進位貴妃林靈素以左道得幸謂上爲長生帝君妃爲九華玉眞安妃每神降必別置妃位畫妃像于其中每祀妃像妃方寢而覺有酒容是時羣臣惟蔡元長最承恩遇嘗賦詩題殿壁曰瓊瑤錯落密成林檜竹交加午有陰恩許塵凡時縱步不知身在五雲深常侍宴於保

和殿上令妃見京先有詩曰雅興酣添逸興玉眞軒內看安妃命京賡補成篇京即題曰保和新殿麗秋暉恩許塵凡到綺闈云云須臾命京入軒但見妃像京又有詩云玉眞軒檻暖如春只見丹青未見人月裏姮娥終有恨鑑中姑射未應眞已而至閣妃出見京勸酬至再日暮而退且君門九重睡榻之側豈容它人咳唾至令人臣縱步褻飲于其間當時恩幸可從而知矣然極其它日之禍殆甚于天寶之季此可以爲萬世君臣之戒

潯陽三隱

劉遺民名程之字仲恩遺民其號也彭城人嘗作柴桑令與淵明同隱淵明有和劉柴桑詩時又有周續之者爲撫軍參軍淵明呼爲周掾亦隱于柴桑號潯陽三隱

童謠

大麥青青小麥枯誰當穫者婦與姑丈夫何在西擊胡吏買馬軍具車請爲諸君鼓嚨胡山谷親書此帖乃東漢成帝時童謠也後至元嘉中涼州羌寇反抄三輔延及幷冀大爲民害命將出師每戰輒負中國益發田卒麥多委棄但有婦女收穫吏買馬軍具車者言調發重也請爲諸君鼓嚨胡者不敢公言私相語也

女子作男兒

古樂府木蘭詞乃女子代父征戍十年而歸不受封爵故杜牧之有題木蘭廟詩云彎弓征戰作男兒夢裏曾經與畫眉幾度思歸還把酒拂雲堆上祝明妃女子作男兒其事甚怪五代王蜀時有崇嘏者本臨邛女子黃氏蜀相周庠初在臨邛嘏以詩上謁庠稱之薦攝府掾吏事明敏胥吏畏服逾一載欲妻以女嘏以詩辭之曰一辭拾翠碧江涯貧守蓬茅但賦詩自服藍衫居郡掾永抛鸞鏡畫蛾眉立身卓爾青松操挺志堅然白璧姿幕府若容爲坦腹願天速變作男兒庠大驚召問具述本末乃黃使君之女元未從

人惟老嫗同居此事尤怪

蘭陵王

今樂府有蘭陵王乃北齊文襄之子長恭一名孝瓘爲蘭陵王芒山之戰長恭爲中軍率五百騎再入周軍遂至金墉之下被圍甚急城上人勿識長恭免冑示之面乃下弩手救之於是大捷武士因歌謠之爲蘭陵王入陣曲是也

朝野遺記 二卷

以瞽瞽目

和議成顯仁后（徽宗后韋氏）將還欽廟挽其裾而蹄之曰第與吾南歸但得爲太乙宮主足矣它無望於九哥也（高宗第九）后不能卻爲之誓曰吾先歸苟不迎若有瞽吾目乃升車既至則是間所見大異不久后失明募醫療者莫能奏効有道士應募中貴導之入宮金鍼一撥左翳脫然而復明后大喜曰老身久盲是師重朗更煩終治其

右報當不貲道士笑曰后以一目視足矣彼一目存誓言可也后惕然起拜曰師聖人也知吾之隱設几而留謝之皆不答才啜茗遽索去后因詢其報德萬一者謾曰太后不相忘略修靈泉縣朱仙觀足矣拂衣即出時上方視朝也仗下入長樂大驚急跡訪之寂無所得後王剛中帥成都而得旨受金東朝來修玉珍故隱既圖朱仙像進入儼然當日道士也

欽宗神遊行都

逆亮南侵使人至欽宗所犯蹕七百餘人俱受害行都固未知也一日京師舊輦官二人閒步景靈宮前見淵聖衣羽衣入門趨殿輦官駭甚從而迹之無見也一念所鍾神游尚不能忘故國耶

相者預見

車駕在維揚魏公方居臺院妙應師館其家一日師自外謂公曰適見城中人有死氣者七八度不應如是之衆此必虜至之徵也宜早勸上渡江爲要妙應相法極神張氏素信之即入奏乞早移蹕然上意欲觀燈然後南巡也未幾粘罕遽至翠華亟行城中死者果無數

高宗無子思明受

方伯彥潛善毅安之際外傳北風極勁而汪黃傲然謂無事故上亦不甚虞比江都宮中方有所御幸而張浚告變者遽至矍然驚惕遂病痿腐故明受殂後後宮皆絕孕高廟中年不樂張忠獻者非獨以和戰異議亦追歸來望思之怒耳

明受之事

苗傅劉正彥之變植虛器于前星欲自恣凶狂耳春宮未辨菽麥而魏公在建業乃責倬而殛之過矣睿宗嘗帝數年又爲皇嗣者十餘載中宗復位以親王就列德王裕爲劉季述等迫立昭宗反正復歸東宮皆諒其非出于己也今明受之殤在鐵塔下父老尚

能言蓋當時併乳嫗皆掩之云

航海衞士幾生變

航海之役及水涵而衞士懷家流言呂相頤浩以大義諭解且怵以利曰先及舟者遷五秩署名而以堂印志之其不遜唱率者呂皆側用印記事定悉別而誅賞之

高宗渡江

乘輿初涉鎮江羽衞介冑間止一黃扇存耳欲發羽檄下四方而庚符不可得朱䘵又非立談成者忽遽中取祖廷彤几析而代匱焉

張說負舟

御舟離四明閼于沙淺長年之子祖躍而濕舟盡聖自牖窺之語其父曰兒盡力保護維檝利涉事定我以女弟妻此子故一時舟人盡其忠勞者后此舉見極深遠也舟子即張說竟與上爲婭至

阜陵時遂本兵柄其際遇昉乎此

越次建儲

莊文既薨孝廟白德壽扶立光宗至宣鎖院之夕德壽故召魏王宴宿宮中洎次日歸邸則儲册已行而魏邸出廡之宣城矣復見高廟亦有憾言曰翁翁留愷卻使三哥越次做太子帝語索漫戲撫之云兒謂官家好做做時煩惱云

光宗初郊

自上聞貴妃以子故殞哭泣無節初郊宿青城汩不已祀故止而壽仁復至玉津行園亦犯玉女宓妃之戒內夜將臨星月上皎方入大次服袞冕始搢大圭烈風倏起辟歷一震燎火帟幙皆仆在位者辟易上亦驚僵而雨雹交擊衆皆暗中自捄不暇莫能措手稍霽則已曙亦不容卽禮矣聖體遂苦風眩神位玉帛牲牢皆狼籍所執鎭圭殿中監已授扶持御樂竟不知所在一時第命宰臣

望祀車駕亟歸療疾雖御樓之類悉不能舉矣

重華責李后

重華聞上疾自臨大內撫視時上噤不知人但張口囈言耳壽皇憂且怒呼李后而數之云宗廟社稷之重汝不謹視上使之至此今將奈何一時忿極遽曰萬一不復當族而家既歸東朝召留正責之乃曰以汝爲相不強諫何事正曰臣非不言奈不聽何帝曰爾自後須苦言之若有不入待朕留渠細語之其言止是爾光宗既愈后泣謂曰嘗勸哥哥少飲不相聽近者不豫壽皇幾欲族妾家何負何辜既又聞留正所得聖語謂若更過宮決被留不可還矣光宗已有怔忡之候此語既入故終畏乃父玉輦无近於龍樓云

光宗不朝東內

光廟逾年不朝東內壽皇怏怏一日登朝堂露臺聞委巷小兒爭闘呼趙官家者壽皇曰朕呼之尚不至爾枉自叫悽然不樂自此浸不豫

光宗欲速得正位

紹熙在鶴禁有意受終而難發言也數擊鮮于慈福后詢近侍大臣屢排當位何故旁側有奏曰意望孃孃爲趣上爾后笑壽皇至東內從容閑語官家也好早取樂放下與兒曹上曰臣久欲爾但孩兒尚小未經歷故不能卽與之不爾則自快活多時矣後來儲邸度長樂必已及之矣備具狀爲壽者再后不能已語之曰吾亦嘗諭乃翁渠所見又爾光宗岸幘稟后曰臣已白髮尚以爲童則罪過翁翁后無語蓋謂高廟遜壽皇於盛年爾

光宗追恨壽仁

光宗既退居每追既往時成敗時自嗔罵或慟哭壽仁后輒奏觴以解陶之以是爲常雖宮門外事不欲動其心然久亦覺知矣初

郊祀成恭謝回鑾御樂聲達于內光宗問何事后曰市井爲樂耳帝怒曰爾欺我至是尚爾耶揮之以肱后仆于閾自是遂得疾

壽仁終于精室

壽仁后惑日者言已有厄於大內靜處築精室獨居以道妝事佛病革遂終于此長御欲之椒殿取禮服偶內人有怨后者持鑰不啓曰使予憑誰命捭此褘翟既不得周身則相與舉簀以歸于鵲儀及半途或妄言風王至則皆委之而走時泰安恍惚內中畏避之故也及久知訛傳方再有至者則爲日所暴體色黝然矣措之大寢宮人無計致鮑于地以蓮數十金瓶亂其芬洎事聞于外梓人進榫幾有小白之訛後葬于赤山邢后之側不久雷震毀殯殿人共怪云

寧宗后楊氏

長秋所生母舊隸德壽爲樂部以久次出適于外矣一日奏樂上

以爲不諧中貴人奏近老舊者得旨嫁出今皆新習未能串便欲使已嫁出者通籍復入庶新故參教上可之自是悉還然后母在外孕身以數月矣將及期宦者奏乞復外館高宗后吳氏憲聖后曰第令產仙韶無害也遂誕后東朝禁中三日洗兒憲聖臨眎戲祝云使汝長福祿及吾左右皆失笑雖一時笑言後乃符驗云長秋自是亦養宮中既久新樂純習熟其所生與儔侶俱還民間后乃在楊才人位爲義女而以琵琶隸慈福宮其生在壬午至光宗紹熙之季蓋已長矣今上以嘉邸踐祚于東朝爲重華承嫡主喪故久于彼一日朝長信偶酒後盥手后奉匜以前帝悅而瀧之自爾得幸然間至上所久而憲聖知之幾欲賜朴大璫王去爲力救之曰娘娘尚以天下畀孫一婦人何足惜且是事不可使外人知也東朝雖少解然終不恝然謂王且使楊氏寄汝家候駕回南內却舍而復之故后暫居去爲家而去爲之子瑜自是得幸及阜陵

禮畢泰安易門闕于東華上歸舊東宮以便御視朝長秋復還長信上眷念殊厚然莫能得之韓后既上仙所幸宦官王德謙將詣于東朝憲聖語曰乃翁舊欲吾堂前一人尚不與之德謙頗黠則奏云臣非不識去就敢竊數娘娘嬪御今大內人物如楊美人者亦不乏臣所私見蓋以皇后近上升後宮雜進无敘苟得一人自陛下處賜與官家則衆人方帖伏甚于保愛上躬爲宗社大計非輕憲聖稍解曰汝此言亦不爲无理德謙知有間可乘又使中貴人儳和以爲娘娘尚未見玄孫而楊氏相命皆宜子浸潤鼓扇慈福遂以賜寧宗漸進爲婕妤時韓侂冑用事知王瑜之舊也瑜遂不得入內時曹氏亦得幸于上韓復左右之故后克自抑勵讀書飾已挾數以御同進者一時故有賢稱韓无自窺之

理宗

今東宮選入實餘杭宗室善下居其間而韓侂冑與善下厚故得導達也然同時入者亦一二人惟韓后獨喜今儲嘗因與內人馳逐總角皆鬅鬙人欲爲梳櫛者悉不可必得媽媽方結蓋常時后自爲束髮故也由此韓后鍾情遂決爲嗣同入者復出後聞織莊文者亦在當時選中此實天命也夫以雖因善下出入韓氏導達而致而非其人者詎能致哉

寧宗立后

韓成恭上仙後後宮爲上所眷者今長秋與婕妤曹氏耳時欲繼立椒塗二黨交進曹有姊妹通籍禁中皆爲女冠賜號虛无自然先生者左右街都道錄者皆厚于韓侂冑或謂亦與韓嫗韓侍禁中時多在曹位故鑄金之際意自輕重然曹罕術今長秋能挾數以御之且上意專在楊韓密間之未能奪也先是禁中有二內人懷春而病事且媾各設席以邀羊車欲決此舉二閤皆同日今長秋故遜曹使朝飲而已飲于夜曹不悟也逮旰酒甫一再行曹未

及有請則楊位已奏恭肅帝輦矣奏趣重沓上起洎至楊所則自從容且遂留寢故能舐筆展幅以請奎章上即書貴妃楊氏可立爲皇后付外施行而長秋復進筆乞又書其一付其兄次山逮曉雙出之中貴所受者未至省而次山已持御筆自白廟堂矣蓋后慮韓匿上批事或中變故兩行之使不可遏爾

劉蘇善謔

劉貢父觴客子瞻有事欲先起劉調之曰幸早裹且從容子瞻曰奈這事須當歸各以三果一藥爲對

避戎夜話

陳宋烈在靖康圍城中作避戎夜話與孤臣泣血錄俱盛行於時當虜人欲立異姓御史馬伸論列狀于虜酋而秦檜爲中司以臺長同簽故虜悉囚之北去宋烈所載不肯推戴異姓者臺狀以檜爲首特以事紀之爾非表其忠誠也已而宋烈至紹興後方以選

擧來改秩市至都則一擧將事故函謀見闕欲再合契爲人教其謁廟堂者時檜用事客艱于謁宋烈謾納銜名于其府不知檜陰識之久矣既入卽判請一府駭異既見檜逆問曰夜話公筆否宋烈曰有之問來故具以剡劄告檜每聽語必下眎若瞑至此擧目曰且理會改官遂索湯餞客陳罔測也檜卽呼天官吏謂曰某人朝廷正欲擢用汝等何得阻其出選限三日改官吏諸歸而傅會文字更易日月以遷就之吏曰師相知此人異日必作侍郎于是羣詣賀于邸中恍若從天而下既問所自乃大喜未及謝檜一夕暴卒

善利將軍

洞庭廟在金沙堆中秋水淼溢風浪號怒故行人必卜之而妖巫倚爲神怪有劉彥者綱梢中大頭也入廟爲駛吏憑神以恐舟人逆順行留惟賄施是眎惟劉意是聽昜秩歸潭劉微施未厭止之數日雖欲行而梢人聽于彼不肯解維昜怒召劉而詰之劉曰神未許也前必與龍遇則危矣昜曰今風恬浪靜如此吾舟淹滯已數日今吾系汝于舟尾若如所言而舟覆與汝俱亡苟無風濤善達當以欺誑刑汝遂命僕縛之鼓棹遂行如期抵邑聞之縣杖而逐之彥既死塑于廟以其爲社神而愚俗遂訛爲舍人趙彥勵帥潭乞封于朝秩在後省格斥乃已至陳研繼守舟膠于湖禱而克濟遂申前請竟得善利將軍之號焉

感舊詞

張孝純在雲中府粘罕座上有所覩賦一詞云疏眉秀目依舊是宣和裝束貴氣盈盈姿性巧擧止知非凡俗宋室宗姬秦王幼女曾嫁欽慈族干戈橫蕩事隨天地翻覆一笑邂逅相逢勸人欲飲旋旋吹橫竹流落天涯俱是客何必平生相熟舊日榮華如今憔悴付與盃中醁興亡休問爲伊且盡缸玉

六州歌頭

六州歌頭在國初時京東張李二生能之凡作四闋今世傳秦亡草昧劉項起吞併鞭寰宇驅龍虎掃欃槍斬長鯨血染中原戰眎餘耳皆鷹犬平禍亂歸炎漢勢奔傾兵散月明風急旌旗亂刁斗三更共虞姬相對泣聽楚歌聲玉帳魂驚泪盈盈念花無主凝愁苦揮雪刃掩泉扃時不利騅不逝困陰陵叱追兵嗚咽摧天地望歸路忍偷生功蓋世何處見遺靈江靜水寒烟冷波紋細古木彫零遣行人到此追念益傷情勝負難憑此追傷項籍者也其一號玉淸昭應宮者卽追詠眞廟者故慈聖光獻每聞必泣下仁宗此時尙幼嘗問左右是誰激惱大娘娘左右具言之遂編置二生以譏瀆宗廟之罪自後少有繼之者然聲調雄遠哀而不怨於長短句中殊雅麗近張安國在建康留守席上賦一篇云長淮望斷關塞莽然平征塵暗朔風勁悄邊聲黯銷凝追想當年事殆天數非人力洙泗上絃歌地亦羶腥隔水旃鄉落日牛羊下區脫縱橫看名王宵獵騎火一川明笳鼓悲鳴遣人驚念腰間箭匣中劍空埃蠹竟何成時易失心徒壯歲將零渺渺神京干羽方懷遠靜烽燧且休兵冠蓋使紛馳鶩若爲情聞道中原遺老長南望翠葆霓旌遣行人到此忠憤氣塡膺有淚如傾歌闋魏公爲罷席而入

宣和君臣褻狎

王黼雖爲相然事徽考極褻宮中使內人爲市黼爲市令若東昏之戲一日上故責市令撻之取樂黼窘顧曰告堯舜免一次上笑曰吾非唐虞汝非稷契也一日又與踰垣微行黼以肩承帝趾墻峻微有不相接處上曰聳上來司馬光黼應曰伸下來神宗皇帝君臣相謔乃爾

徽宗詞

徽廟在韓州會虜傳至書一小使始至見上登屋自正茇舍急下

顧笑曰尭舜茅茨不翦方取棫眎又有感懷小詞末云天遥地闊萬水千山知它故宫何處怎不思量除夢裏有時曾去無據和夢也有時不做眞似李主別時容易見時難聲調也後顯仁歸鑾云此爲絶筆

銀工家出相

李太宰邦彦家起于銀工既貴其母嘗語昔事諸孫以爲恥母曰汝固有識乎宰相家出銀工則可羞銀工家出宰相正爲嘉事何恥焉其見高于李守素多矣

象簡匾闊

哲廟苦瘵疾不欲人見其面凡臣寮奏事悉以大笏自障象簡匾闊葢始于此

忠勇

文水縣西有山險可據保正石頴聚衆據之時抄虜遊騎且斷其

運道數夜犯其小砦粘罕怒遣重兵合攻之遂擒頴釘于車上將剮之已剸刃于腹而色不變奇之好謂曰能降我以汝爲將頴怒目罵曰爺能死不降爺姓石名石上釘橛更無移易也罕怒寸磔之罵不絶聲而死

程敦厚知貢舉

程敦厚子山東坡表兄士元之孫也秦檜善之爲中舍時一日呼至府第請入内閤坐候之終日一室蕭然獨案上有紫褄標一册書聖人以日星爲紀賦末後有學生類貢進士秦暄呈文釆豔麗子山兀坐靜觀反覆幾成誦雖酒肴問勞沓至及晩竟不出乃退子山叵測也後數日差知貢舉宣押即入院程始大悟即以是命題此賦果精粲考官皆稱善洎揭曉乃孫果首選

秦檜妻

秦檜妻王氏素陰險出其夫上方岳飛獄具一日檜獨居書室食柑玩皮以爪劃之若有思者王氏窺見笑曰老漢何一無決耶捉虎易放虎難也檜掣然當其心即片紙付入獄是日岳王薨于棘寺

岳王卒葬

孝廟追復岳飛官爵收召其子孫使給還原貲砮主具當日所得止九千緡物耳飛握重兵許久家無賸財自是賢矣其薨于獄也實請具浴拉脅而殂獄卒隗順負其屍出踰城至九曲叢祠中故至今九曲五顯廟尚靈（舊大理寺在廟下）順葬之北山之滑身素有一玉環順亦殉之腰下樹雙橘其上誌焉及其死也謂其子曰異時朝家必求求而不獲必懸官賞及是汝告曰棺上一鉛筩有棘寺勒字吾埋殯之符也後果購其瘗不得以一班行爲賞隗之子始上告官悉如所言時無它珠玉爲殯而尸色如生尚可更斂禮服也

澹山雜識三卷　錢□□號淮海野人

族嬸兇虐

予有族叔景直供奉娶宗室女屢殺婢使元符中直爲高郵酒官予嘗飯于其家見婢子二人出執酒器口鉗適寸耳垂及項面目淋漓腰背傴僂眞地獄中囚徒也駭汗不能食亟出謂叔曰何致若此直但太息不敢言明年聞猝死乃夫又移其長子止與其婿同載歸其婿亦宗室子是其親姪也自高郵攬載客貨并客之二婢至穀熟風雨夜投入汴河其後事敗聞全家死獄中嬸亦錮囚之云

蠅子入水心亭

張文潛喜飲酒能及斗餘每過先君未嘗不醉吾家酒器唯銀葵花最大幾容一升一日先君以盤盞飲文潛意不快謂先君曰願借水心亭飲之先君即命換盞且問文潛所以名文潛曰飲必有餘瀝蠅子正飛在盞莖上豈非人之水心亭乎坐客皆大笑

產鯉魚

予爲海州太守或云郡門外有魚羹飯店家一婦產鯉魚十四頭相續而出極爲痛楚生畢而斃魚獨無恙予初未之信臨行飯于天寧正見其夫爲作齋呼來問之信然

維揚無燕子

予自少年愛維揚欲卜居自兗守罷遂築室于揚亦既五年忽春深巢燕不歸意已疑之默訪諸寺觀州宅皆不至不二年一城丘墟矣

獄囚自脫枷杻

謝寶文景溫初任爲獄官忽倉皇自外入急闔中門家人問之曰但云有囚善作法已自脫去枷杻勢必見害其家有一老獲告之曰可速往取筆楊子楊其兩中指復杻之必無能爲景溫亟出用其言賊遂不能神

東坡借磚

某年十三歲時見東坡過先君具言世有豪傑之士隱而不見于世者吾鄉隱居君子（予失其姓名）世居眉山之中坡節葬時會期日已迫而墓磚未足謀之于人皆曰當往見此君則立可辦也但多游獵又所居山林敻絕未易見之試往圖之東坡凡兩日始得至其居又候至日昃伏于道左方見其從數騎歸乃弊少年也既下馬始通謁少年易服出迎于門外執禮無違坐定問其所以東坡具以告少年曰易事爾已具飯且宿于此當令如期辦所須少頃數青衣童跪進盤殖皆今日所擊之鮮也進酒數大白飲啖旁若食兼數人飯畢始從容對榻翌日遣僕馬送坡下山三日無耗明日且下手破土坡甚疑悔欲罪元告者是夕至晚磚猶無一口至者明日曉視其墓地之側則五萬口斬斬然羅列矣衆皆驚嘆事畢再往謁謝卒不得見送所直亦不得達豪傑士哉

龐安時

龐安時蘄州蘄水人也隱于醫四方之請者日滿其門安時亦饒于田產不汲汲于利故其聲益高余嘗見其還自金陵過池陽先君命予往謁之隨行四五大官舟行李之盛倅部使者一舟所載聲樂也一舟輜重也一舟廚傳也一舟諸色伎藝人無不有也然其人自言重聽不肯入京或謂不然醫之妙亦近世所無也

昭德新編 一卷　宋晁迥（字明遠澶州清豐人謚文公）

揚湯止沸不如徹薪制心息慮不如簡緣

夫曲終而奏雅猶勝終不變其淫聲年老而修善猶勝終不改其前過

物生而後有象象而後有滋滋而後有數是知萬物皆有數矣夫人以有涯之數而營無涯之事多見其不知量也

老子曰名與身孰親愚因時展轉別得新意而自言身與心孰親心與性孰親

昔向子平讀易盛稱損益二卦愚初未詳古人之意今日讀易至此而愛其損卦懲忿窒欲益卦遷善改過損益之要其在茲乎

樂天知命故不憂窮理盡性故不疑少私寡欲故不貪澄神定靈故不動四者備矣一以貫之

水靜極則影像明心靜極則智慧生

植福之道救人飢寒最爲急務若使脫衣與人自忍嚴寒之苦此則難事的不能行者也錦衣有餘見彼窮民受凍必當取其剩者與此至寒之人

夫心者虛靈之府也神棲于其間苟心謀之則神知神知則天地神明知之未有善惡不謀于心者既謀于心此神道知察無遺于分毫則福善禍淫信不差矣

岩下放言 三卷　宋葉夢得

字義

古語多不同或各從其方言亦有造字之初未備假借用之後有正字遂別出如若字訓順未有順字時但言若後有順字故但言順不言若初無二義而後人必妄分別爾雅訓釋最爲近古世言周公作妄矣其間多是類詩中語而取毛氏說爲正予意此但漢人所作爾

揚雄好奇

揚雄能識字親作訓纂方言訓纂已不復見而方言尙存亦不爲无意矣然太玄書用字奇險多前此所无其有據耶抑雄自爲之也有據當有所見自爲之則正字之外別爲一字乃與其以太玄準易同一法門雄言司馬子長好奇不知己乃好奇之甚者而勿悟也

卒語之辭

楚辭言些沈存中謂梵語薩縛訶三合之音此非是不知梵語何緣得通荊楚之間此正方言各係其山川風氣使然安可以義攷大抵古文多有卒語之辭如螽斯羽詵詵兮宜爾子孫繩繩兮以兮爲終老子文亦多然母也天只不諒人只以只爲終狂童之狂也且椒聊且遠條且以且爲終唐棣之華偏其反而俟我于著乎而充耳以素乎而以而爲終既曰歸止曷又懷止以止爲終无不皆然風俗所習齊不可移之宋鄭不可移之許後世文體既變不復論其終爲楚辭者類仍用些語已誤更欲窮其義失之遠矣

斛石之辨

名生于實凡物皆然以斛爲石不知起何時自漢以來始見之石本五權之名漢制重百二十斤爲石非量名也以之取民賦祿如二千石之類以穀一百二十斤爲斛猶之可也若酒言石酒之多寡本不係穀數從其取之醇醨以今準之酒之醇者斛止取七斗或六斗而醨者多至於十五六斗若以穀百二十斤爲斛酒從其權名則斛當爲酒十五六斗從其量名則斛當穀百八九十斤進退兩無所合是漢酒言石者未嘗有定數也至于麵言斛石麵亦未必正爲麥百二十斤而麥之實又有小大虛實然沿襲至今莫知爲非及弓弩較力言斗言石此乃古法打硾以斤爲別而世反疑之乃知名實何常之有以妍爲醜以醜爲妍以美爲惡以惡爲美惟其所稱此亦學道者之一警也

晉古冢碑

法華人發古冢得磚背有刻字曰晉升平四年三月四日太學博士陳留郡雍丘縣都鄉周墟里周闡字道舒妻活晉潯陽太守譙國龍堈縣柏逸字茂長小女父晉安成太守鷹揚男諱蟠字永時皆鐫成文同此周闡之妻柏逸之女墓也父晉安成太守鷹揚男諱蟠者蓋闡之父故獨稱諱但不知妻名活何義字畫極分明無訛其中無它物惟得銅銚一三足鐺柄面闊四寸餘深半之製作不甚工野人來求售予適得之云尙有一石臺高二尺許有花文先爲漢南人取去升平四年至今紹興十六年正七百八十七年自有道觀之殆朝暮爾今吾復居于此未知後七百八十七年來者復誰亦可以一笑也

論種竹

山中有竹數千竿皆予累歲手植初但得數十竿且旦觀之既久不覺成林無一處不森茂可喜嘗自戲善種竹无如予者頃過吳江以語王份秀才份云竹殊易種但得肥地盡去瓦礫荆棘深根頻以水沃取糞壤更壅培無不可活不必擇時然取美觀則可如欲爲用不若瘦瘠地磽瘠非人力所營或崖谷間自生者其質堅實而肉厚斷之如金石以爲椽常竹十歲一易者此倍之吾居前後多竹椽初未嘗驗既歸一一驗之無不如其言乃知予三十年

種竹初未嘗得眞竹微份余不聞君子哉若人

與僧論合

常上人來吾問如來會中阿那律多無目而見跋難陁龍無耳而聽憍伽神女非鼻聞香驕梵鉢提異舌知味舜若多神無身覺觸此是根塵中來爲復在根塵外若言根塵中來彼自無有誰爲受者若言在外我既無內云誰爲外常子大笑若能解此則老氏言視之不見名曰夷聽之不聞名曰希搏之不得名曰微猶是落第二義人生十二時要須常體會此一段事無令冷地有人看見

冥報

予守許昌時洛中方營西內甚急宋昇以都轉運使主之其屬有李寔韓溶二人最用事宮室梁柱闌檻窗牖皆用灰布期既迫竭洛陽內外猪羊牛骨不充用韓溶建議掘漏澤園人骨以代昇欣然從之一日李寔暴疾死而還魂具言冥官初追正以灰骨事有

數百人訟于庭冥官問狀寔言此非我盖韓溶忽有吏趨而出有頃復至過寔曰果然君當還然宋都運亦不免既白冥官而下所抱文字風動其紙尾略有滅門二字後三日溶有三子尚幼連死其妻哭之哀又三日亦死已而溶亦死昇時已入爲殿中監未幾傳昇忽溺不止經日下數石而斃人始信幽冥之事有不可誣者是時范德孺卒才數月其家語予近有人有事之鄆州夜過野中見有屋百許間如官府揭其榜曰西證獄問其故曰此范龍圖治西內事也家中亦有兆相符會有屬吏往洛予使覆其言于李寔亦然甚哉禍福可不畏乎予素不樂言鬼神幽怪特書此事示兒子以爲當官無所忌憚者之戒

殺降

前史載李廣以殺降終不侯廣何止不侯盖自不能免其身于公以治獄有陰德大其門閭而責報于天如符契然因果報應之說何必待釋氏而後知也世傳歐希範五藏圖此慶曆間杜杞待制治廣南賊歐希範所作也希範本書生桀黠有智數通曉文法嘗爲攝官乘元昊叛西方有兵時度王師必不能及乃與其黨蒙幹嘯聚數千人聲搖湖南朝廷遣楊畋討之不得乃以杞代杞入境卽爲招降之說與之通好希範猖獗久亦幸以苟免遂從之與幹挾其酋領數十人偕至杞大爲燕犒醉之以酒已乃執于座上翌日盡磔于市且使皆剖腹刳其腎腸因使醫與畫人一一探索繪以爲圖用是遷待制帥慶州未幾若有所覩一夕登圊忽仆于圊中家人急出之口鼻皆流血微言歐希範以拳擊我後三日竟死杞有幹略亦知書號能吏歐陽永叔爲誌其墓夫爲將不得已而至于殺彼自有罪固不得辭然既已降矣何至殘忍而重苦之乎此固造物者所不得私也計希範起盜賊其殺無辜亦已多矣然終不以相易盖不可以欺行也兵興以來士好功名如杞所爲而

有異聞者間有之予未敢以爲盡信而希範之傳不可誣也故予出入兵間十餘年所將幾十萬所平治不爲不多非特不敢爲杞之爲固自不敢萌于心幕府偏裨數有以奇策相干一切皆謝之今退老一壑庶幾幸無憾不然既有希範之聞亦安得不自疑也

玉堂逢辰錄 二卷

宋錢惟演 諡文僖

榮王宮火

大中祥符八年四月二十三日夜榮王宮火時大風東北來五更後火益盛 予起登樓觀之知是禁中迺夕不寐 未明東宮六位一時蕩盡 宮人多走上東華門樓有出不及者焚死百餘人東宮六位東行第一雍王第二相王第三南陽郡王四行第一兗王第二寧王第三榮王西上卽連御廚密庫上樓 二十四日左掖門東華門並不開朝者皆趨右掖門天明宰相等並立於內東門廊廡之下既而火至承天門西燒儀鸞司使燒朝元殿後閣西至東上閤長春殿南廊折南北主廊以絕火勢火遂南燒內藏庫香藥庫又東迴燒左藏庫又西燒秘閣史館午時燒朝元門東角樓西至朝

堂救之而止未時火出宮城連燒中書省門下省鼓司審官院是夕燒屋舍計二千餘間救焚而死者千五百人火至夜不絕宰臣樞密兩制是夕並宿禁中是時救左藏庫人尤衆盜出金銀疋帛莫知其數積于城墻之上及燒角樓風急迴東北又燒之烟焰燭天救者不能措手初燒長春殿南廊火自屋內西行忽隔十餘間而發人皆奔走避之所存惟大內及中書樞密院以西而已二王時無居處寓于東華門樓及夕上召入禁中明日出居於上原驛時焚諸庫香聞十餘里祕閣三館圖籍一時俱盡又大風中有飄書籍至汴水之南者中夕風定火亦止二十五日詔知雜王與中使閻文慶岑守素勘遺火之蹤中人說二十四日欲明火勢漸東來遂折御廚主廊數百人登屋運水時望見宮人相壓死于煨燼中甚衆猶有手足能動者曹王夫人將投火中救之獲免宮人入火者不知其數禁中大樹燒之殆盡所餘者亦焦枯焉惟相王宮

在東南火自西北起王四更破東墻自率宿衛者運府庫等物出之十得七八矣五月三日榮王落遂州節度使降封端王（先領梓遂二州也）其日勘得掌茶酒宮人韓小姐新與親事官孟貴私通多竊寶器以遺之後事泄王乳母將決責之小姐乃謀放火因而奔出有琵琶夫人王大賽者知之受小姐金而不言二十三夜于佛堂前簾上秉炬爇之時因風火遂大作

侍宴

九年正月二十八日先于閣門賜食久之召宰臣親王承郎給諫入玉宸殿賜宴其日初入苑東門至苑中西南行至一門百餘步有小亭上坐亭中見訖穿假山中南行至大茶蘼架上賜坐皆石床上面南侍臣東西分列架下有小水分流渡于坐石之側賜酒三行又南登小山又有小亭前上山直至一閣其上藏太宗御書及史籍并御製文字命侍臣更讀之乃南過小樓東有閣道上設繪軸書五臣論等皆列于壁自閣道下瞰皆是梨花夾路如雪標枝拂于闌檻間又北行皆在山上山逕中設茶具御坐北即有御製自誡箴紫牡丹歌風琴詩千葉牡丹詩等繪軸却南行至翔鸞閣小宴賦詩罷便至流盃亭皆坐藉以方磚流水周繞御盃栽以龍首小舟泛泛而至其次每一盃皆舟中一仙人執之而來又有水嬉千百其狀龍魚皆相隨流泛其饌亦用小舟一胡人捧盤而來周徧乃止酒數行乃登象瀛山峯巒峻拔其上珍木異花叢萃相映山北址有響石上製響銘在焉山下亭中有石水臺水中朱書誡酒銘又諸石笥石壁之上皆朱書御詩至此徧觀賜茶而出憩于幄次少頃又召入復穿一石橋跨小池之上覆以茶蘼架此處又有大橋交蔭花卉千品遂至玉宸殿遍觀東一室中有碑文又東有石記未暇讀乃宣侍坐命酒于殿內七盃而罷其日惟黃門小樂二十餘人行酒者皆中使也閤門使教坊並不預焉蓋深

嚴之地非人間矣及出侍臣皆醉焉

家王故事　一卷　錢惟演

隆遇

先臣開寶九年二月入朝一日太祖召宴後苑時惟太宗及秦王侍坐酒酣詔先臣與太宗敘兄弟之禮命中人翼起之先臣叩頭辭讓繼之以泣方得免先臣太平興國三年入朝太宗詔赴苑中宴先臣時獨臣兄安僖王惟濬侍焉因泛舟于宮池太宗手奉御盃賜先臣跪而飲之明日奉表謝其略曰御苑深沉想人臣之不到天顏咫尺惟父子以同親

保護廢王

先臣初為台州刺史時伯父廢王倧始嗣立而宿將胡進思怙權亂政倧不能容形于色言且願殺之進思懼乃逼廢倧而以兵迎立先臣時晉開運中四年十二月晦也先臣乙夜至府署且與進

思約曰能全吾兄則敢承命不然者請避賢路進思曰諾先臣始覩事于是遷倧于越其後進思違約日請害倧先臣譬說百端進思之請益固先臣察其必有它變乃先遣親將薛溫者往越爲倧守衛且誡曰是行也委爾保全廢王事無大小皆非吾意當死扞之溫既行進思果夜使二卒持刃踰垣而入倧第倧闔寢戶以拒之求救之聲聞于外溫領徒而入斃二卒于廷中及進思之死倧獲無恙開寶中始以疾終

大度

先臣鎭東南日嘗大會賓客食鱉臛而庖人因刃傷手以紙濡血紙墮食器中先臣得之遂藏于袖且顧左右曰無令掌膳者知

焚案帳

太平興國中趙普再入相盧多遜已罷爲兵部尙書一日普召臣兄惟濬到中書謂曰朝廷知盧多遜求取元帥財物甚多今未亟

行者爲元帥故也請具所遺之物列狀上之辭意重疊冀在必致惟濬歸而白之且曰侍中之言（侍中者趙普也）未必不是上旨先臣曰上英明大臣有過行卽自行何假吾狀惟濬懼普因與寮吏等又堅請曰逆侍中意恐致不測先臣知不可已乃曰汝將案帳來吾與汝審視之乃盡取當時所與大臣近密財物之類籍倈惟濬等退命火悉焚之既而召謂曰我受主上非常之恩是以入朝之初覩上所顧遇者皆以金幣爲之土物耳且非有它求爲上故也况侍中而下皆有之何獨盧相豈有見人之將溺而又加石焉汝等少年勿爲此案籍已焚之禍福吾自當之惟濬等惕息而退後果知其事非太宗意焉

說郛卷第二十九終

說郛卷第三十

蜀道征討比事

宋袁申儒（監四川總領）

軍法

紹興三十二年正月一日四川宣撫使吳璘遣中軍統制杜寔傳令于邵州防禦使向起利州兵馬鈐轄吳挺及保寧軍節度使姚仲其略曰軍行並從隊伍勿亂次勿殿後勿踐稼勿毀民舍勿掠民財逢敵欲戰必成列爲陣甲軍弓弩手並坐視敵兵距陣約一百五十步令神臂弓兵起立先用箭約射之箭之所至可穿敵陣卽全軍俱發敵兵距陣約百步令平射弓兵起立用箭約射如初然後全陣俱發或敵兵直犯拒馬令甲軍槍手密依拒馬枕槍攛刺忠義人亦如之違者並處斬如敵兵已敗許忠義人乘其後追擊之必生獲女眞及金人與其首級乃議賞否則闕其有以他兵

首領僞爲女眞金人首級冒賞者罪亦如之先是遣杜寔示陣式于諸將以步軍爲陣心爲左右翅翼馬軍爲左右肋拒馬環于左右肋之內以衛步軍以一陣約計之主管陣敵統制一統領四主陣撥發各一正副將準備將部隊將則因其隊爲多寡陣兵二千二百六十有三軍步軍居陣之內者一千二百有七爲陣心者一千有六（甲軍槍手五百有二平射弓二百有二）與拒馬者二百居陣外分兩翅副翼者五百六十有六左翼二百八十有三（主陣將官二平射弓二百一十有七神臂弓六十有四）右翼亦如之馬軍居陣外都爲左肋者二百六十有二（將官二訓練一部隊十隊兵乘騎者二百四十八）右肋亦如之雖中間有貼撥輔陣增益之不同而大略可以見矣

寒食詩

雋永錄（三卷）

寒食詩云寒食家家插柳枝綠春春亦不多時兒孫只解花前醉青冢能消幾箇悲（此賈秋壑平章于德祐元年上母墳回至集賢堂所作豈非亡國之讖歟臆抄）

海鰍行

鮮于伯幾經歷海鰍行云至元辛卯之季多浙江連日吹腥風有物宛轉沙泥中非黿非鼉非蛟龍神物失勢誰爲雄萬刃剉割江水紅九州之外四海通出內日月涵虛空汪洋浩瀚足爾容胡爲一出蕩忘返糜軀鼎俎蝦蜆同嗟吁人有達與窮無以外慕戕厥躬古來妄動多灾凶

風之始

吳給事女敏慧工詩詞後歸華陽陳子朝名儒也晚年惑一妾緣此遂染風疾一日親戚來問吳同妾在側因指妾曰此風之始也後西南士夫凡有所惑者皆以風之始爲口實（蕙畝拾英集）

巴家富詩

李黨學大女適巴長卿巴氏貧甚李亦安之戲嘗作詩云誰道巴家窘巴家十倍鄒池中羅水馬庭下列蝸牛燕麥紛無數楡錢散

不收夜來深驟富新月掛銀鉤

白紙詩

士人郭暉因寄安問誤封一白紙去細君得之乃寄一絕云碧紗窗下啓緘封盡紙從頭徹尾空應是仙郎懷別恨憶人全在不言中

來歲狀元賦

祥符中西蜀有二人學同硯席既得舉貧甚干索旁郡乃能辦行已迫歲始發鄉里懼引保後時窮日夜以行至劍門張惡子廟號英顯王其靈響震三川過者必禱焉二子過廟已昏晚大風雪苦寒不可夜行遂禱于神各占其得失且祈夢爲信草草就廟廡下席地而寢入夜風雪轉甚忽見廟中燈燭如晝然後肴俎甚盛人物紛然往來俄傳導自遠而至聲振四山皆岳瀆貴神也既就席賓主勸酬如世人二子大懼已無可奈何潛起伏暗處觀焉酒行忽一神曰帝命吾儕作來歲狀元賦當議題一神曰以鑄鼎象物爲題既而諸神皆賦一韻且各刪潤雕改商確又久之遂畢朗然誦之曰當召作狀元者魂魄授之二子默然私相謂曰此正爲吾二人發迨將曉見神各起致別傳呼出廟而去視廟中寂然如故二子素聰警各盡記其賦亟寫于書帙後無一字忘相與拜賜鼓舞而去倍道以行笑語欣然唯恐富貴之逼身也至京適及引保就試過省益志氣洋溢半驗矣至御試二子坐東西廊御題出果是鑄鼎象物賦韻脚盡同東廊者下筆思廟中所書懵然一字不能上口間關過西廊問之西廊者望見東廊來者曰御題驗矣我乃不能記欲起問子幸無隱也東廊者曰我正欲問子也于是二子交相疑曰臨利害之際乃見平生且此神賜而獨私以自用天其福爾耶各忿怒不得意草草信筆而出唱名二子皆被黜狀元乃徐奭也既見印賣賦二子比廟中所記者無一字異也二子嘆

息始悟凡得失皆有假手者遂皆罷筆入山不復事筆硯恨不能記其姓名云（續清夜錄）

拾遺記（十卷）　晉王　嘉（字子年隴西人）

春皇庖犧

春皇者庖犧之別號所都之國有華胥之洲神母遊其上有青龍繞神母久而方滅即覺有娠歷十二年而生庖犧長頭修目龜齒龍唇眉上有白毫鬚垂委地或人曰歲星十二年一週天今叶以天時庖者包也言包含萬像以犧牲登薦于百神民服其聖故曰庖犧亦謂伏羲變混沌之質文宓其教故曰伏羲布至德于天下元元之類莫不尊焉以木德稱王故曰春皇其明叡照于八區是謂太昊昊者明也位居東方以含養蠢化叶于木德其音附角號曰木皇

炎帝神農

炎帝始教民耒耜躬勤畎畝之事百穀滋阜聖德所感無不著焉

軒轅皇帝

軒轅出自有熊之國母曰昊樞以戊巳之日生故以土德稱王也厭世于昆臺之上留其冠劍佩舃焉昆臺者鼎湖之極峻處也立館于其下至今望而祭焉帝以神金鑄器皆銘題及升遐後羣臣觀其銘皆上古之字多磨滅缺落凡所造建咸刊記其年時辭跡皆質

少昊

少昊以金德王母曰皇娥處琁宮而夜織或乘桴木而晝游經歷窮桑滄茫之浦時有神童容貌絕俗稱爲白帝之子卽太白之精降于水際與皇娥讌戲奏嫙娟之樂遊漾忘歸窮桑者西海之濱有孤桑之樹直上千尋葉紅椹紫萬歲一實食之後天而老帝子與皇娥泛于海上以桂枝爲表結薰茅爲旌刻玉爲鳩置于表端

言鳩知四時之候故春秋傳曰司至是也今之相風此之遺象也帝子與皇娥並坐撫桐琴梓瑟皇娥倚瑟而清歌曰天清地曠浩茫茫萬象迴薄化無方蒼天蕩蕩望滄滄乘桴輕漾著日傍當期何所至窮桑心知和樂悅未央俗謂遊樂之處爲桑中也詩中衛風云期我乎桑中蓋類此也白帝子答歌四維八埏眇難極驅光逐影窮水域璇宮夜靜當軒織桐峯文梓千尋直伐梓作器成琴瑟清歌流暢樂難極滄湄海浦來棲息及皇娥生少昊號曰窮桑氏亦曰桑丘氏至六國時桑丘子著陰陽書卽其餘裔也少昊以主西方一號金天氏亦曰金窮氏有五鳳隨方之色集于帝庭因曰鳳鳥氏金鳴于山銀涌于地或如龜蛇之類或作人鬼之形有水屈曲亦如龍鳳之狀有山盤紆亦如屈龍之勢故有龍山龜山鳳水之目也亦因以爲姓末代爲龍丘氏出班固藝文志蛇丘氏出西王母神異傳

顓頊

帝顓頊高陽氏黃帝孫昌意之子昌意出河濱遇黑龍負玄玉圖時有一老叟謂昌意云生子必叶水德而王至十年顓頊生手有紋如龍亦有玉圖之象其夜昌意仰眎天北辰下化爲老叟及顓頊居位奇祥衆祉莫不總集不稟正朔者越山航海而皆至也

高辛

帝嚳之妃鄒屠氏之女也軒轅去蚩尤之凶遷其民善者于鄒屠之地遷惡者于有北之鄉其先以地命族後分爲鄒氏屠氏女行不踐地常履風雲游于伊洛帝乃期焉納以爲妃妃常夢吞日則生一子凡經八夢則生八子

唐堯

帝堯在位聖德光洽西海之西有浮玉山山下有巨穴穴中有水其色若火晝則通朧不明夜則照耀穴外雖波濤灌蕩其光不滅

是謂陰火當堯世其光爛起化爲赤雲丹輝炳映百川恬澈游海者銘曰沈燃以應火德之運也堯在位七十年有秖支之國獻重明之鳥一名雙睛言雙睛在目狀如雞鳴似鳳時解落毛羽肉翮而飛能搏逐猛獸虎狼使妖災羣惡不能爲害飼以瓊膏或一歲數來或數歲不至國人莫不掃灑門戶以望重明之集其未至之時國人或刻木或鑄金爲此鳥之狀置于門戶之間則魑魅醜類自然退伏今人每歲元日或刻木鑄金或圖畫爲雞于牖上此之遺像也

虞舜

虞舜在位十年有五老遊于國都舜以師道尊之言則及造化之始舜禪于禹五老去不知所從舜乃置五星之祠以祭之其夜有五長星出薰風四起連珠合璧祥應備焉萬國重譯而至

夏禹

堯命夏鯀治水九載无績鯀自沉于羽淵作爲玄魚時揚鬚振鱗橫修波之上見者謂爲河精羽淵與河海通源也海民于羽山之中修立鯀廟四時以致祭祀常見玄魚與蛟龍跳躍而出觀者驚而畏矣至舜命禹疏川奠岳濟巨海則黿鼉而爲梁踰翠岑則神龍而爲馭行遍日月之墟惟不踐羽山之地皆聖德感鯀之靈化其事乎說神變猶一而色狀不同玄魚黃能四音相亂傳寫流文鯀字或魚邊玄也羣疑衆說並略記焉

殷湯

商之始也有神女簡狄遊于桑野見黑鳥遺卵于地有五色文作八百字簡狄拾之貯以玉筐覆以朱紱夜夢神母謂之曰爾懷此卵即生聖子以繼金德狄乃懷卵一年而有娠經十四年而生契祚以八百年叶卵之文也雖遭旱厄後嗣興焉傳說賃爲赭衣者舂于深岩以自給夢乘龍繞日而行筮得利建侯之卦歲餘湯以玉帛聘爲阿衡也

師延（原書無此題於此條上標傳說二字當誤又案上條末傳說云云當另一條且當移傳說二字標之於）

師延者殷之樂人也設樂以來世遵此職至師延精述陰陽曉明象緯莫測其爲人世載遼絕或出或隱在軒轅之世爲司樂之官及殷時總修三皇五帝之樂當軒轅之時已數百歲聽衆國樂聲以審興亡之兆至夏末抱樂器以奔殷時紂淫于聲色乃拘師延于陰宮欲極刑戮師延既被囚繫奏清商流徵滌角之音司獄者以聞于紂紂猶嫌曰此乃淳古遠樂非余可聽說也猶不釋師延乃更奏迷魂淫魄之曲以歡修夜之娛乃得免炮烙之害周武王興師乃越濮流而逝或云死于水府故晉衛之人鑄石鑄金以象其形立祀不絕矣

周

周武王東伐紂夜濟河時雲明如晝八百之族皆齊而歌有大蜂狀如丹鳥飛集王舟因以鳥畫其旂翌日而梟紂名其船曰蜂舟魯哀公二年鄭人擊趙簡子得其蜂旂則其類也（事出太公六韜）武王使畫其像于幡旂以爲吉兆今人幡信皆爲鳥畫則遺像也

周穆王

穆王即位三十二年巡行天下馭八龍之駿一名絕地足不踐土二名翻羽行越飛禽三名奔霄夜行萬里四名超影逐日而行五名踰輝毛色炳燿六名超光一形十影七名騰霧乘雲而奔八名挾翼身有肉翅遞而駕焉按轡徐行以匝天地之域

魯僖公

僖公十四年晉文公焚林以求介子推有白鴉遶烟而噪或集子推之側火不能焚晉人嘉之起一高臺名曰思烟臺種仁壽木故呂氏春秋云木之美者有仁壽之華焉即此是也或云戒所焚之山數百里居人不得設網羅呼曰仁烏俗亦謂烏白臆者爲慈烏

則其類也

周靈王

周靈王立二十一年孔子生于魯襄公之世夜有二蒼龍自天而下來附徵在之房因夢而生夫子有二神女擎香露于空中而來以沐浴徵在天帝下奏鈞天之樂列于顏氏之房空中有聲言天感生聖子故降以和樂笙鏞之音異于俗世也又有五老列于徵在之庭則五星之精也夫子未生時有麟吐玉書于闕里人家文云水精之子繼衰周而素王故二龍繞室五星降庭徵在賢明知爲神異乃以繡紱繫麟角信宿而麟去相者云夫子係殷湯水德而素王至敬王之末魯定公二十四年魯人鋤商田于大澤得麟以示夫子繫角之紱尚猶在焉夫子知命之將終乃抱麟解紱涕泗滂沱且麟出之時及解紱之歲垂百年矣

越謀滅吳蓄天下奇寶美人異味進于吳又有美女二人一名夷

光一名修明（即西施鄭旦之別名也）以貢于吳吳處以椒花之房貫細珠爲簾幌朝下以蔽景夕捲以待月二人當軒並坐理鏡靚妝于珠幌之內竊窺者莫不動心驚魂謂之神人吳王妖惑忘政及越兵入國乃抱二女以逃吳苑越軍亂入見二女在樹下皆言神女望而不敢侵今吳城蛇門內有朽株尚爲祠神女之處

燕昭王

燕昭王卽位二年廣延國來獻善舞者二人一名旋娟一名提嫫並玉質凝膚體輕氣馥綽約而窈窕絶古無倫王登崇霞之臺乃召二人徘徊翔舞殆不自支王以纓縷拂之其舞一名縈塵言其體輕與塵相亂次曰集羽言其宛轉若羽毛之從風末曲曰旋懷言其支體纏曼若入懷袖也

秦

秦始皇時張儀蘇秦二人同志好學迭剪髮而粥之以相養或傭力寫書非聖人之言不讀遇見墳典途行無所題記以墨書掌及股裏夜還而寫之析竹爲簡二人每假食于路剝樹皮編以爲書帙以盛天下良書嘗息大樹之下假息而寐有一先生問二子何勤苦也儀秦又問之子何國人答曰吾生于歸谷亦云鬼谷鬼者歸也又云歸者谷名也乃請其術教以干世出俗之辨卽探胸內得二卷說書言輔時之事古史考云鬼谷子也鬼歸音相近也

漢

漢成帝以三秋閒日與飛燕戲于太液池以沙棠木爲舟貴其不沉沒也以雲母飾于鷁首一名雲舟又刻大梧桐木爲虯龍彫飾如眞以夾雲舟而行以紫桂爲柂枻及觀雲棹水玩擷菱蕖帝每憂輕蕩以驚飛燕命佽飛之士以金鏁纜雲舟于波上每輕風至飛燕殆欲隨風入水帝以翠纓結飛燕之裙常怨曰妾微賤何福得預纓裙之遊今太液池尚有避風之臺卽飛燕結裙之處

哀帝尙淫奢多進諂佞幸愛之臣競以妝飾妖麗巧言取容董賢以霧綃單衣飄若蟬翼帝入宴息之房命賢更易輕衣小袖不用奢帶修裙故使宛轉便易也宮人皆效其斷袖又曰割袖恐驚其眠

靈帝初平三年遊于西園起裸遊館千間采綠苔而被堦引渠水以繞砌周流澄澈乘紅以遊漾使宮女乘之選玉色輕體以執篙檝搖漾于渠中其水淸澄以盛暑之時使舟覆沒視宮人玉色者帝盛夏避暑于裸遊館長夜宴飲帝嗟嘆曰使萬歲如此則上仙也宮人年二七已上三六已下皆靚妝解其上衣惟著內服或共裸浴西域所獻茵墀香草以爲湯宮人以浴浣使以餘汁入渠名曰流香渠

郭況光武皇后之弟也累金數億家僮數百人以黃金爲器工冶之聲震于都鄙時人謂郭氏之室不雨而雷言其鑄鍛之聲盛也庭中起高閣長廡置衡石于其上以稱量珠玉也閣下有藏金窟列武士以衞之錯雜寶以飾臺榭縣明珠于四垂晝視之如星夜望之如月里語曰洛陽多錢郭氏室夜月晝星富無匹其寵者皆以玉器盛食故東京謂郭家爲瓊廚金穴況小心畏愼雖居富勢閉門優游未曾干世事爲一時之智也

魏

咸熙二年宮中夜有異獸白色光潔繞宮而行閹宦見之以聞于帝帝曰宮闈幽密若有異獸皆非祥也使宦者伺之果見一白虎子徧房而走候者以戈投之卽中左目比往取視惟見血在地下不復見虎搜檢宮內及諸池井不見有物次檢寶庫中得一玉虎頭枕眼有傷血痕尚溼帝該古博聞云漢誅梁冀得一玉虎頭枕云單池國所獻檢其頷下有篆書云是帝辛之枕嘗與妲己同枕之是殷時遺寶也又按五帝本紀云帝辛殷代之末至咸熙多歷

年所代代相傳凡珍寶久則生精靈必神物憑之也

吳

孫堅母姙堅之時夢腸出繞腰有一童女負之繞吳閶門外又授以芳茅一莖童女語曰此善祥也必生才雄之子今賜母以土王于翼軫之地鼎足于天下百年中應于異寶授于人也語畢而覺且起筮之筮者曰所夢童女負母繞閶門是太白之精感化來夢夫帝王之興必有神跡自表白氣者金色及吳滅而踐晉祚夢之徵焉

蜀

先主甘后沛人也生于賤微里中相者云此女後貴位極宮掖及后長而體貌特異至十八玉質柔肌態媚容冶先主召入綃帳中于戶外望者如月下聚雪河南獻玉人高三尺乃取玉人置后側晝則講說軍謀夕則擁后而玩玉人常稱玉之所貴德比君子況爲人形而不可玩乎后與玉人潔白齊潤觀者殆相亂惑嬖寵者非惟嫉于甘后亦妬于玉人也后常欲琢毀壞之乃試先主曰昔子罕不以玉爲寶春秋美之今吳魏未滅安以妖玩繼懷凡淫惑生疑勿復進焉先主乃撤玉人像嬖者皆退當斯之時君子議以甘后爲神智婦人焉

晉

晉武帝時有一羌人姓姚名馥字世芬充廄養馬妙解陰陽之術年九十八姚襄則其祖也好讀書嗜酒常醉時好言帝王興亡之事善戲笑滑稽無窮常嘆云九河之水不足以漬麴蘖八藪之木不足以作薪蒸七澤之麋不足以充庖俎凡人禀天地之精靈不知飲酒動肉含氣耳何必木偶于心識乎好啜濁糟常言渴于醇酒羣輩常弄狎之呼爲渴羌

石季倫愛婢名翔風魏末于胡中得之始十歲使房內養之至十五無有比其容貌特以姿態見美妙別玉聲巧觀金色石氏侍人美豔者數千人翔風最以文辭擅愛石崇常語之曰吾百年之後當指白日以汝爲殉答曰生愛死離不如無愛妾得爲殉身其何朽于是彌見愛寵及翔風年三十妙年者爭嫉之石崇受譖浸之言即退翔風爲房老使主羣少乃懷怨而作五言詩曰春花誰不美卒傷秋落時突烟還自低鄙退豈所期桂芳徒自蠹失愛在蛾眉坐見芳時歇憔悴空自嗤石氏房中並歌此爲樂曲至晉末乃止

諸名山

崑崙山有昆陵之地其高出日月之上山有九層每層相去萬里有雲色從下望之如城闕之象蓬萊山亦名防丘亦名雲來高二萬里廣七萬里方丈之山一名巒雉東方龍場地方千里瀛洲一名魂洲亦名環洲員嶠山一名環丘上有方湖週迴千里岱輿山有員淵常沸騰以金石投之則爛如土矣昆吾山其下多赤金色如火昔黃帝伐蚩尤陳兵于此地掘深百丈猶未及泉惟見火光如星洞庭山浮于水上其下有金堂數百間玉女居之四時聞金石絲竹之聲徹于山頂楚懷王之時舉羣才賦詩于水濱故云瀟湘洞庭之樂聽者令人忘老雖咸池九韶不得比焉

雲谷雜記 十卷

宋張淏 字清源單父人

臚句傳

叔孫通傳羣臣朝十月儀設九賓爲臚句傳按字書聲絕爲句外此無它義云臚句傳者即臚傳也句字乃衍文故史記注但云傳從上下爲臚而已蘇林注漢書乃析臚句爲二事云上告下爲臚下告上爲句不知何據而云鄭康成儀禮注謂臚爲衆則臚傳蓋衆相遞傳也國語云風聽臚言于市辨妖祥于謠又莊子有大傳臚得之語此最可據以二書証林說其妄可知矣

紫蓋黃旗

吳書陳化使魏魏文帝因酒酣嘲問曰吳魏峙立誰將平一海內者乎化對曰易稱帝出乎震化聞先哲知命舊說紫蓋黃旗運在東南帝心奇其辭又江表傳初丹陽刁元使蜀得司馬徽與劉廙論運命曆數事玄詐增其文以誑國人曰黃旗紫蓋見于東南終有天下者荆揚之君乎六朝以來都于東南故有黃旗紫蓋之語文士多引用之雖皆知其爲符瑞事而罕有究其義者李善最號博洽其注文選紫蓋黃旗之句亦不過引司馬徽書而已余嘗見薛道衡隋高祖功德頌云談黃旗紫蓋之氣恃龍蟠虎踞之險雖知黃旗紫蓋爲氣終以未得其所自爲恨一日讀宋書符瑞志云漢世術士言黃旗紫蓋見于斗牛之間江東有天子氣胸中于是釋然因而知讀書不厭于多也

玉帳

杜子美送嚴公入朝云空留玉帳術愁殺錦城人又送盧十四侍御云但促銅壺箭休添玉帳旗王洙于玉帳術句注云兵書也後來增釋者不過曰唐藝文志有玉帳經一卷而已至玉帳旗句則云見空留玉帳術注然玉帳術謂之兵書則可句中無術字則不當引前事蓋洙與增釋者俱不得其詳也按顏之推觀我生賦云守金城之湯池轉絳宮之玉帳又袁卓遁甲專征賦云或倚其直使之游宮或居其貴人之玉帳蓋玉帳乃兵家厭勝之方位謂主將于其方置軍帳則堅不可犯猶玉帳然其法出于黃帝遁甲以月建前三位取之如正月建寅則已爲玉帳主將宜居李太白司馬將軍歌云身居玉帳臨河魁戌爲河魁謂主將之帳在戌也非深識其法者不能爲此語

月令字誤

月令仲夏云令民毋艾藍以染毋燒灰鄭氏注爲傷火氣也火之

氣于是爲盛火之滅者爲灰按文全無義理若謂傷火氣故仲夏之月令民毋得燒灰則當若古者太原寒食不舉火然後可是可一笑耳季秋乃有草木黃落乃伐薪爲炭之語意灰字必是炭字但無它據未敢斷以爲是後讀呂不韋春秋十二月紀仲夏云無刈藍以染無燒炭高誘注草木未成不欲夭物季秋云草木黃落乃伐薪爲炭注草木節解斧入山林伐林作炭詳二注其義甚曉然則灰當爲炭可無疑也灰炭二字相類一時書寫之誤鄭氏注書之時略不致審遽任意胡解殊可恨不韋之書漢人于文字間多所引用非特記禮者取以爲月令如班固律曆志中伶倫取竹嶰谷等事皆本其書今人罕讀之惜哉

書後押字

方勺泊宅編云東坡就逮下御史獄張安道上書力陳其可貸之狀劉莘老蘇子容仝輔政子容曰昨得張安道書不稱名但著押字莘老曰某亦得書尚未啓封令取視之亦押字也其事人罕知故記之予按東觀餘論云唐文皇令羣臣上奏任用眞草惟名不得草遂以草名爲花押韋陟五朶雲是也魏晉以來法書至梁御府藏之皆是朱异姚懷珍等題名于首尾紙縫間故謂之押縫或謂之押尾祇是書名耳後人花押乃以草書記其自書故謂押字蓋沿襲此耳唐人及國初前輩與人書牘或即用押字與名用之無異上表章亦或爾近世遂施押字于移檄或不書已名字而別作形模非也又孫公談圃云先朝人書狀簡尺多用押字非自尊也從簡省以代名耳今人不復識見押字便怒則書用押字其來亦久矣劉蘇二公與方勺偶不知之也予頃在武陵于畢文簡公諸孫處見文簡與寇萊公一帖尾用押字押字之下却有拜咨二字此正以押字代名也景德間士大夫質厚故此風尚存至元豐間相去方七十餘年以爲罕見今固不復有矣

太祖達生知命

太祖創業垂統其睿謀英略盛烈豐功刻之琬琰昭若日星已不待言但達生知命了然不惑親卜山陵于優游預暇之日處分大事于頃刻談笑之間此是唐虞以來未有之也初太祖生于西京甲馬營開寶九年西幸還其廬駐蹕以鞭指其巷曰朕憶昔得一石馬兒爲戲羣兒屢竊之朕埋于此不知在否劚之果然上愛山川形勝樂其土風有遷都之意李懷忠爲雲騎指揮使諫曰東京正得皇居之中黃汴環流漕運儲廩可仰億萬不煩飛輓況國帑重兵宗廟禁掖若太山之安根本不可輕動遂寢議拜安陵奠哭爲別曰此生不得再朝于此也即更衣服弧矢登闕臺望西北鳴弦發矢指矢委處謂左右曰即此乃朕之黃堂也以向得石馬埋于中又曰朕自爲陵名曰永昌是歲果晏駕又潛耀日常與一道士游于關河無定姓名自曰混沌或人曰眞無與祖宗三人者每

劇飲爛醉生善歌能引其喉于杳冥之間作清微之音時或一二句隨天風飄下惟祖宗聞之曰金猴虎頭四眞龍得眞位至醒詰之則曰醉夢豈足憑耶至膺圖受禪日乃庚申正月初四日也自御極不再見下詔多澤徧訪之或見于轘轅道中或嵩洛間後十六載乃開寶乙亥歲也上已祓禊駕幸西洛生醉坐于岸木陰下笑揖太祖曰別來喜安上大喜即遣中人密引至後掖恐其遁急回蹕見之一如平時抵掌浩飲上語生曰吾久欲見汝決尅一事無它我壽還得幾多在生曰但今年十月二十日夜晴則可延一紀不爾則當速速措置上酷留之俾泊後苑夜或見宿于木末鳥巢中止數日不見常切切記其語至所期之夕上御太清閣以望氣是夕果晴星斗明燦上心方喜俄而陰霾四起天地陡變雪雹驟降移仗下閣急傳宮鑰開門召開封尹即太宗也延入大寢酌酒對飲宦官宮妾悉屏之但遙見燭下太宗時或避席有不可勝之狀飲訖禁漏三鼓殿雪已數寸上引柱斧截雪顧太宗曰好做遂解帶就寢鼻息如雷是夕太宗留宿禁內將五鼓周廬者寂無所聞帝已崩矣太宗受遺詔于柩前即位逮曉登明堂宣遺詔罷聲慟引近臣環戾以瞻聖體玉色溫瑩如出湯沐二事可謂夐絕前古而實錄正史雖粗載登闕臺發矢事而極簡略至顧命之詳則皆不記雜見于它書故特表出之

上祭于畢

史記周紀武王上祭于畢馬融云畢文王墓地名也司馬貞索隱曰按文有上字當作畢星予按後漢蘇竟傳畢爲天網主網羅無道之君故武王將伐紂上祭于畢以求天助也據此則畢爲畢星甚曉然馬融墓地之說非矣惜乎索隱不能引此爲証

宰予之枉

史記宰予字子我爲臨菑大夫與田常作亂以夷其族孔子恥之

司馬貞索隱曰按左氏無宰我與田常作亂之文然有闞止字子我而因爭寵遂爲陳恆所殺恐字與宰我相涉因誤云然東坡志林云李斯上言諫二世其略曰田常簡公臣布惠施德下得百姓上得羣臣陰取齊國殺宰予于庭是宰予不從田常爲常所殺也弟子傳乃云宰予與田常作亂使吾先師之門乃有叛臣焉而天下通祀者容叛臣于其間豈非千載不觸之惑也近令兒子邁考閱舊書究其所因則宰我不叛其驗明甚太史公因陋承疑使宰我有寃千載而吾師蒙其詬自茲一洗亦古今之快也蘇子由古史曰田恆之亂本與闞止爭政闞止亦子我也田恆既殺闞止而宰我蒙其惡名豈不哀哉且使宰我與田恆之亂恆既殺闞止弑簡公則尙誰族宰我者事蓋必不然矣子由又曰李斯言田恆陰取齊國殺宰予于庭因殺簡公又劉向別錄田成子與宰我爭宰我夜伏卒將以攻田成子令于卒中曰不見旌節毋起鴟夷子皮

聞之告田成子成子因爲旌節以起宰我之卒以攻之遂殘宰我信如此説則宰我乃田恆之仇爲齊攻田恆者非與恆作亂矣要之𠕋闞止亦曰子我故戰國諸子誤以爲宰予皆不足信也考諸家所言索隱則以其字同闞止遂至于誤東坡則據李斯之言以宰予不從田常故爲常所殺子由固以爲闞止而未免以李斯劉向之言爲惑然劉向所謂鴟夷子皮者范蠡也田常之亂在周敬王三十九年是時范蠡方在越與句踐謀伐吳後八年吳滅蠡始浮江湖變名易姓適齊爲鴟夷子皮國語及蠡傳可攷其妄已不待言李斯之言正由一時承襲之誤爾索隱古史謂爲闞止然無確然之證終不能祛人之疑而破人之惑也予按左傳哀公十四年齊簡公在魯也闞止有寵焉及即位使爲政成子憚之（成子陳恆之字也陳敬仲如齊以陳爲田氏曰田恆漢文帝諱恆故史記以恆作常）諸御鞅言于公曰陳闞不可並也其擇焉弗聽夏五月壬申成子兄弟如公子我屬徒攻闈與大門皆不勝乃出陳氏追之殺諸郭關庚辰陳恆執公于舒州公曰吾早從鞅之言不及此説苑正諫篇齊簡公有臣曰諸御鞅諫簡公曰田常與宰予此二人者甚相憎也臣恐其相攻雖叛而危之不可願君去一人簡公曰非細人之所敢議也居無幾何田常果攻宰予于庭弑簡公于朝簡公喟然而嘆息曰余不用鞅之言以至此患也説苑所云與左氏正同獨以闞止爲宰予者則後人誤以闞氏之子我爲宰氏之子我最分明夫一名字之混遂至賢逆之無辨曾參殺人眞可畏哉太史公作傳實以家語弟子解一篇爲之殊不知此書不全出于孔氏弟子之手多爲好事者以意增損孔安國嘗病之矣宰予之事正所當攷者略不致審信筆記録遂使聖門高弟重羅誣謗謂之良史可乎東坡之辨固足以雪其恥矣而尚以宰予爲常所殺是宰予猶死于非命也以今所考常之所殺乃闞子我也則宰予之枉可一洗無餘蘊矣

藏金石刻

秦漢以前字畫多見于鍾鼎彝器間至東漢時石刻方盛本朝歐陽公始酷嗜之所藏至千卷既自爲跋尾又命其子棐撮其大要爲之説曰集古録月晚年自號六一居士集録蓋其一也其門人南豐曾公亦集古篆刻爲金石録五百卷後來趙公明誠所蓄尤富凡二千卷其數正倍于歐陽公著金石録三十卷石林葉公夢得又取碑所載事與史違誤者爲金石類攷五十卷近時洪文惠公适集漢魏間碑爲隸釋續凡四十八卷昭武李公丙類其所有起夏后氏竟五季著于録者亦千卷號博古圖正訛謬廣異聞皆有功于後學隸釋復録其刻文前代遺篇墜欵因得槩見于方册間此尤可貴也

神道

能改齋漫録葬者墓路稱神道自漢已然引襄陽耆舊傳光武立蘇嶺祠刻二石鹿夾神道楊震碑首題太尉楊公神道碑銘爲證予按漢書高惠文功臣表云戚圉侯季信成坐爲太常丞縱丞相侵神道爲隸臣又霍光傳光薨夫人侈大其塋制起三出坎槃神道此二事皆在前當以爲據蓋不始于後漢但表所謂神道疑宗廟之路也

飲茶盛于唐

飲茶不知起于何時歐陽公集古録跋云茶之見前史蓋自魏晉以來有之予按晏子春秋嬰相齊景公時食脱粟之飯炙三弋五卯茗菜而已又漢王褒童約有武陽（一作武都）買茶之語則魏晉之前已有之矣但當時雖知飲茶未若後世之盛也郭璞注爾雅云樹似梔子冬生葉可煮作羹飲然茶至冬味苦澀豈復可作羹飲耶飲之令人少睡張華得之以爲異聞遂載之博物志非但飲茶者鮮識茶者亦鮮至唐陸羽著茶經三篇言茶者甚備天下益知飲

茶其後尙茶成風回紇入朝始驅馬市茶德宗建中間趙贊始興茶稅興元初雖詔罷貞元五年張滂復奏請歲得緡錢四十萬今乃與鹽酒同佐國用所入不知已倍于唐矣

門下

門下省掌管詔令今詔制之首必冠以門下二字此制葢自唐已然傅亮修張子房廟教首曰紀綱唐呂延濟注云紀綱爲主簿之司教皆主簿宣之故先呼之亦猶今出制首言門下是也

鸎桃

櫻桃亦云鸎桃呂不韋春秋羞以含桃先薦寢廟注云含桃鸎桃鸎所含食故言含桃鸎桃二字頗爲雅馴而前輩罕曾引用

木劍

近世官府騶徒所持假劍以木爲之號曰木劍隋禮儀志漢自天子至于百官無不佩刀蔡謨議云大臣優禮皆劍履上殿非侍臣

解之葢防刃也近代以來未詳所起東齊著令謂爲象劍言象于劍又南史陳始興王叔陵傳左右取朝服所佩木劍以進此皆假劍之始然施于佩服而已不知何時遂爲輿衛之飾

溫公得人心

司馬溫公元豐末來京師都人奔趨競觀即以相公目之左右擁塞馬至不能行及謁時相於私第市人登樹騎屋窺瞰之隸卒或止之曰吾非望而君顧一識司馬公耳至于呵叱不退而屋瓦爲之碎樹枝爲之折及薨京師之民罷市而往弔鬻衣以致奠巷哭以過車者葢以千萬數上命戶部侍郎趙瞻內侍省押班馮宗道護其喪歸葬瞻等還言民哭公哀甚如哭其私親四方來會葬者葢數萬人而嶺南封州父老相率致祭且作佛事以薦公者其詞尤哀注香于首頂以送公葬者九百餘人京師民畫其像刻印鬻之家置一本飲食必祀焉四方皆遣人購之京師時畫工有致富者蔡京南遷道中市飲食之類及知爲京皆不肯售至于詬駡無所不道州縣護送吏卒驅逐不稍息人之賢不肖于人心得失一至如此兒童詢君實走卒知司馬如溫公者葢千載一人而已

登聞鼓

文昌雜錄登聞鼓院未知起于何代因讀唐會要顯慶五年有抱屈人齎鼓于朝堂訴遂令東西都各置登聞鼓登聞鼓自此始予按世說晉元帝時張闓私作都門蚤閉晚開羣小患之詣州府訴不得理撾登聞鼓又晉范堅傳邵廣二子撾登聞鼓乞恩又後魏刑罰志世祖闕左懸登聞鼓人有窮寃則撾鼓公車上其表又隋刑法志高祖詔四方有枉屈詞訟縣不理者令以次經郡及州省仍不理乃詣闕申訴有所未愜聽撾登聞鼓是登聞鼓其來已久非始于唐也呂不韋春秋堯置欲諫之鼓鬻子禹治天下門懸鐘鼓鐸磬而置鞀爲銘于簨簴曰教寡人以獄訟者揮鞀二事當爲

登聞鼓之始

壽山艮嶽

徽宗登極之初皇嗣未廣有方士言京城東北隅地協堪輿但形勢稍下倘少增高之則皇嗣繁衍矣上遂命工培其岡阜使少加于舊已而果有多男之應自後海內乂安朝廷無事上頗留意苑囿政和間遂即其地大興工役築山號壽山艮岳命宦者梁師成專董其事時有朱勔者取浙中珍異花木竹石以進號曰花石綱專置應奉局于平江所費動以億巨萬計諸民搜岩剔藪幽隱不置一花一木曾經黃封護視稍不謹則加之以罪斸山輦石雖江湖不測之淵力不可致者百計以出之至名曰神運舟檝相繼日夜不絕廣濟四指揮盡以充輓士猶不給時東南監司郡守二廣市舶率有應奉又有不待旨但進物至都託宦者以獻者大率靈壁太湖諸石二浙奇竹異花登萊文石湖湘文竹四川佳果異木

之屬皆越海渡江鑿城郭而後至後上亦知其擾稍加禁戢獨許朱勔及蔡攸入貢竭府庫之積聚萃天下之伎藝凡六歲而始成亦呼爲萬歲山奇花美木珍禽異獸莫不畢集飛樓傑觀雄偉瓌麗極于此矣越十年金人犯闕大雪盈尺詔令民任便斫伐爲薪是日百姓奔往無慮十萬人臺榭宮觀悉見毁拆官不能禁也余讀國史及諸傳記得始末如此每恨其它不可得而詳後得徽宗御製記文及蜀僧祖秀作華陽宮記讀之所謂壽山艮岳者森然在目也因各摭其略以備遺亡云御製艮岳記曰云云于是按圖度地庀徒僝工累土積石設洞庭湖口絲谿仇池之深淵與泗濱林慮靈璧芙蓉之諸山取瓌奇特異瑤琨之石卽姑蘇武林明越之壤荆楚江湘南粤之野移枇杷橙柚橘柑榔栝荔枝之木金蛾玉羞虎耳鳳尾素馨渠那末利含笑之草不以土地之殊風氣之異悉生成長養于雕闌曲檻而穿石出罅岡連阜屬東西相望前

後相續左山而右水後溪而傍隴連緜而彌滿呑山懷谷其東則高峰峙立其下則植梅以萬數綠萼成蹊芬芳馥郁結構山根號萼綠華堂又旁有承嵐崑雲之亭有屋外方內圓如半月是名書館又有八仙館屋圓如規又有紫石之岩祈眞之嶝攬秀之軒龍吟之堂其南則壽山嵯峨兩峯並峙列嶂如屏瀑布下入雁池池水清泚漣漪鳧雁浮泳水面棲息石間不可勝計其上亭曰噰噰北直絳霄樓峯巒崛起千疊萬複不知其幾千里而方廣無數十里其西則參朮杞菊黃精芎藭被山彌塢中號藥寮又有禾麻菽麥黍豆秔秫築室若農家故名西莊上有亭曰巢雲高出峰岫下視羣嶺若在掌上自南徂北行岡脊兩石間緜亘數里與東山相望水出石口噴薄飛注如獸面名之曰白龍沼濯龍峽蟠秀練光跨雲亭羅漢岩又西半山間樓曰倚翠青松蔽密布于前後號萬松嶺上下設兩關出關下平地有大方沼中有兩洲東爲蘆渚亭曰浮陽西爲梅渚亭曰雲浪沼水西流爲鳳池東出爲研池中分兩館東曰流碧西曰環山館有閣曰巢鳳堂曰三秀以奉九華玉眞安妃聖像東池後結棟山下曰揮雲廳復由嶝道盤行縈曲捫石而上既而山絕路隔繼之以木棧木倚石排空周環曲折有蜀道之難躋攀至介亭此最高于諸山前列巨石凡三丈許號排衙巧怪巉岩藤蘿蔓衍若龍若鳳不可殫窮麓雲半山居右極目蕭森居左北俯景龍江長波遠岸彌十餘里其上流注山間西行潺湲爲漱玉軒又行石間爲煉丹亭凝觀圖山亭下視水際見高陽酒肆淸斯閣北岸萬竹蒼翠蓊鬱仰不見日月有勝筠菴躡雲臺消閑館飛岑亭無雜花異木四面皆竹也又支流爲山莊爲回溪自山蹊石罅搴條下平陸中立而四顧則岩峽洞穴亭閣樓觀喬木茂草或高或下或遠或近一出一入一榮一凋四面周匝徘徊而仰顧若在重山大壑幽谷深岩之底而不知京邑空曠坦蕩而

平夷也又不知郛郭寰會紛華而塡委也眞天造地設神謀化力非人所能爲者此舉其梗槩焉祖秀華陽宮記曰政和初天子命作壽山艮岳于禁城之東陬詔閹人董其役舟以載石輿以輦土驅散軍萬人築岡阜高十餘仞增以太湖靈壁之石雄拔峭峙功奪天造石皆激怒觝觸若踶若齧牙角口鼻首尾爪距千態萬狀殫奇盡怪輔以蟠木瘿藤雜以黃楊對青竹蔭其上又隨其旋斡之勢斬石開徑憑險則設磴道飛空則駕棧閣仍于絕頂增高樹以冠之搜遠方珍材盡天下之蠹工絕伎而經始焉山之上下致四方珍禽奇獸動以億計猶以爲未也鑿地爲溪澗壘石爲隄捍任其石之性不加斧鑿因其餘土積而爲山山骨虣露峰稜如削飄然有雲姿鶴態曰飛來峰高于雉堞翻若長鯨腰徑百尺植梅萬本曰梅嶺接其餘岡種丹杏鴨脚曰杏岫又增土疊石間留隙穴以栽黃楊曰黃楊巘築修岡以植丁香積石其間從而設險曰

丁香嶂又得赭石任其自然增而成山以椒蘭雜植于其上曰椒崖接衆山之末增土爲大坡徙東西側柏枝幹柔密揉之不斷華華結結爲幢蓋鸞鶴蛟龍之狀動以萬數曰龍柏坂循壽山而西移竹成林復開小徑至數百步竹有同本而異幹者不可紀極皆四方珍貢又雜以對青竹十居八九曰斑竹麓又得紫石滑淨如削面徑數仞因而爲山貼山卓立山陰置木櫃絕頂開深池車駕臨幸則驅水工登其頂開閘注水而爲瀑布曰紫石壁又名瀑布屏從艮岳之麓琢石爲梯石皆溫潤淨滑曰朝眞磴又于洲上植芳木以海棠冠之曰海棠川壽山之西別治園囿曰藥寮其宮室臺榭卓然著聞者曰琋津殿絳霄樓萼綠華堂築臺高九仞周覽都城近若指顧造碧虛洞天萬山環之開三洞爲品字門以通前後苑建八角亭于其中央榱椽窗楹皆以瑪瑙石間之其地琢爲龍礎導景龍江東出安遠門以備龍舟行幸東西擷景二園西則

溯舟造景龍門以幸曲江池亭復自瀟湘江亭開閘通金波門北幸擷芳苑隄外築壘衛之瀕水蒔絳桃海棠芙蓉垂楊略無隙地又于舊地作野店麓治農圃開東西二關夾懸岩磴道隘迫石多峰稜過者膽戰股栗凡自苑中登羣峯所出入者此二關而已又爲勝遊六七曰濯龍澗漾春陂桃花閘雁池迷眞洞其餘勝迹不可殫紀工已落成上名之曰華陽宮然華陽大抵衆山環列于其前得平蕪數十頃以治園圃以闢宮門于西入徑廣于馳道左右大石皆林立僅百餘株以神運昭功敷慶萬壽峰而名之獨神運峰廣百圍高六仞錫爵盤固侯居道之中束石爲小亭以庇之高五十尺御製記文親書建三丈碑附于石之東南陬其餘石若羣臣入侍幃幄正容凜然不可犯或戰栗如敬天威或奮然而起又若攫取其怪狀餘態娛人者多矣上既悅之悉與賜號守吏以奎畫列于石之陽其它軒榭庭徑各有巨石棋列星布並與賜名惟

神運峯前羣石以金飾其字餘皆青黛而已此所以弟其甲乙者也乃命羣峯其略曰朝日昇龍望雲坐龍矯首玉龍萬壽老松棲霞捫參銜日吐月排雲衝斗雷門月窟蹲螭坐獅堆青凝碧金鰲玉龜疊翠獨秀抽烟蟬雲風門雷穴玉秀玉寶銳雲巢鳳雕琢渾成登封日觀蓬瀛須彌老人壽星卿雲瑞靄溜玉噴玉蘊玉琢玉疊玉積玉叢秀而在于渚者曰翔鱗立津涘者曰舞仙獨踞洲中者曰玉麒麟冠于壽山者曰南屏小峰而附於池上者曰伏犀怒猊儀鳳烏龍立于沃泉上者曰留雲宿霧又爲藏烟谷滴翠岩搏雲屏積雪嶺其間黃石仆于亭際者曰抱犢天門又有大石二枚配神運峰異其居以壓衆石作亭庇之寘于環春堂者曰玉京獨秀太平岩寘于綠萼華堂者曰卿雲萬態奇峯括天下之美藏古今之勝于斯盡矣靖康元年閏十一月大梁陷都人相與排牆避虜于壽山艮岳之上時大雪新霽丘壑林塘粲若畫本凡天下之美古今之勝在焉祖秀周覽累日咨嗟驚嘆信天下之傑觀而天

造有所未盡也明年春復遊華陽宮而民廢之矣

聯句所始

漁隱叢話曰雪浪齋日記云退之聯句古無此法自退之斬新開闢予觀謝宣城集有聯句七篇陶靖節有聯句一篇杜工部集有聯句一篇則諸公已先爲之至退之亦是沿襲其舊自退之斬新開闢則非也今攷之漁隱所言亦未爲得聯句實起于漢柏梁臺非始于靖節諸人也又何遜李白顏眞卿亦皆有是作亦不特謝宣城杜工部而止耳

人事物

今人以物相遺謂之人事韓退之奏韓弘人事物狀云奉勅撰平淮西碑文伏緣聖恩以碑本賜韓弘等今韓弘寄絹五百疋與臣充人事物未敢受領謹錄奏聞又杜牧謝許受江西送撰韋丹碑

綵絹等狀云中使奉宣聖旨令臣領受江西觀察使紇干衆所寄撰韋丹遺愛碑文人事綵絹共三百疋乃知此稱自唐已有之

蒜髮

今人年壯而髮白者目之曰蒜髮猶言宣髮也宣髮見于陸德明易說卦釋文中此固人所知也而蒜髮書傳間或未之見獨本草蕪菁條下云蔓菁子壓油塗頭能變蒜髮此亦可爲據也

關羽印

紹興中洞庭漁人獲一印方僅二寸其制甚古紐有連環四兩兩相貫上有一大環總之蓋所以佩也漁者以爲金競而訟于官辨其文乃壽亭侯印四字關羽嘗封漢壽亭侯此必羽物遂留長沙官庫守庫吏見印上時有光焰因白于官乃遣人送荆門軍羽祠中光怪遂絶淳熙四年玉泉寺僧眞慈將獻之東宮印已函而未發忽光焰四起衆皆驚愕遂不復獻

無置錐地

今俗謂人之至貧者則曰無置錐之地此語蓋自古有之韓非子云堯無膠漆之約于當世而道行舜無置錐之地於宇內而德結又史記優孟傳孫叔敖爲楚相死其子無立錐之地又後漢郭丹傳蜀諸葛亮傳俱有此語

稱臣呼卿

古者稱臣盖示謙卑而已上下通行不特稱于君上之前也如齊太子對醫者文摯云臣以死爭之虢君見扁鵲曰寡臣幸甚呂公謂漢高祖曰臣少好相人高祖謝項羽曰將軍戰河北臣戰河南之類是也晉宋間彼此相呼爲卿自唐以來唯君上以呼臣庶士大夫不復敢以相稱謂矣

稱萬歲

萬歲之稱不知起于何代商周以前不復可攷呂氏春秋宋康王飲酒室中有呼萬歲者堂上悉應戰國策馮驩燒債劵民稱萬歲藺相如全璧入秦秦王大喜左右皆呼萬歲韓非子曰巫祝之祝人曰使若千秋萬歲萬歲之聲聒耳新序梁君出獵歸入廟門呼萬歲曰幸哉今日也紀信乘黃屋左纛曰食盡漢王降楚楚呼萬歲陸賈奏新語左右稱善呼萬歲漢武帝登嵩高呼萬歲者三元帝送許后入太子家謂左右酌酒賀我左右呼萬歲馮異得趙匡將兵助異幷送縑穀軍中皆稱萬歲馬援封侯乃擊牛釃酒勞饗軍士皆伏稱萬歲王望曰今日歲首請上雅壽掾史皆稱萬歲吳甘寧入魏營斬數十級還入營作鼓吹稱萬歲是則慶賀之際上下通稱之初無禁制不知自何時始專爲君上之祝也

崔豹

韓子蒼書崔豹古今注後云崔豹漢魏間人也當干戈搶攘時能自見于翰墨雖小道亦足觀士生無事時圓冠而方履飽食嬉戲亦足愧矣余按劉孝標世說注云晉百官名崔豹字正熊燕國人惠帝時官至太傅是則非漢末魏初間人蓋子蒼初不得其詳以意度其是時人故不免于誤

斷屠

高承事物紀原唐刑法志武德二年詔斷屠日不行刑會要曰武德二年正月二十四日詔自今以後每年正月五日九日及每月十齋日並斷屠按此則斷屠之始起于唐高祖也承所紀非也隋高祖仁壽三年詔六月十三日是朕生日宜令海內爲武元皇帝元明皇后斷屠則此制隋已有之不始于唐也

劉歆顔游秦有功于漢書

葛洪云洪家世有劉子駿漢書百卷歆欲撰漢書編錄漢事未得締構而亡故書無定本止雜記而已試以此攷校班固所作殆是全取劉書亦小有異同耳固所不取不過二萬許言顔游秦師古

之叔也嘗撰漢書決疑十二卷時稱爲大顏後師古爲太子承乾注班書多資取其義是二公有功于漢書多矣今人但知班固師古而已知歆及游秦者鮮故予因表出之以示好事者游秦事唐史略載于師古傳末其詳則見于顏眞卿集也

檄書露布所始

文章緣起漢陳琳作檄曹操文謂檄文起于琳也以文心雕龍攷之已有張儀檄楚書隗囂檄亡新文矣又司馬相如喻蜀文文選作喻蜀檄文則檄不起于陳琳隋禮儀志後魏每攻戰尅捷欲天下知聞乃書帛建于竿上名爲露布其後相因施行如隋志所言則露布始見于後魏時事物紀原引世說袁虎倚馬爲桓溫作北伐露布云見于晉二者俱未爲得漢賈洪爲馬超作伐曹操露布則露布自後漢已有之豈書帛揭竿實自後魏始耶然露布之語其來亦久矣漢官儀凡制書皆璽封唯赦贖令司徒印露布州郡也

魚雁傳書

陳勝吳廣皆舉事因卜者言遂以丹書帛曰陳勝王置入所罾魚腹中其卒買魚烹食果得書古辭烹鯉得素書雖非引用此事而意實本此蘇武留匈奴昭帝求武匈奴詭言武死後漢使用常惠教言天子射上林中得雁足有帛書言武實在以讓單于單于驚謝二者皆出于一時之僞後來遂以魚雁爲傳書之實

黃庭經

晉書王羲之傳羲之性愛鵝山陰有道士養好鵝羲之固求市之道士云爲寫道德經當舉羣相贈羲之欣然寫畢籠鵝而歸其任率如此蔡絛西淸詩話云李太白詩山陰道士如相訪爲寫黃庭換白鵝換鵝乃道德經非黃庭也黃伯思東觀餘論云黃庭眞帖爲逸少書僕嘗攷之非也按陶隱居眞誥翼眞檢論上淸眞經始末云晉哀帝興寧二年南岳魏夫人所授云云惟有黃庭經一篇得存蓋此經也僕按逸少以晉穆帝昇平五年卒是年歲在辛酉後二年卽哀帝興寧二年始降黃庭于世安得逸少預書之又按梁虞龢論書表云山陰曇禳村養鵝道士謂羲之曰久欲寫河上公老子縑素早辦無人能書府君能自屈書道德兩章便合羣以奉于是羲之便停半日爲寫畢携鵝去而晉書本傳亦著道士云爲寫道德經畢當舉羣相贈耳初未嘗言寫黃庭也以三書攷之卽黃庭非逸少書然陶隱居與梁武帝啓云逸少有名之迹不過數首黃庭勸進告誓等不審猶有存否蓋此啓在著眞誥前故未之攷正耳至唐張懷瓘作書斷云樂毅黃庭但得幾篇卽爲國寶遂誤以爲逸少書李太白承之作詩山陰道士如相訪應寫黃庭換白鵝苟欲隨之耳初未嘗攷之韓退之第云數紙尚可博白鵝而不云黃庭豈非覺其謬歟伯思之論似若詳悉矣以予攷之其

說非也蓋書黃庭經換鵝與書道德經換鵝自是兩事伯思謂黃庭之傳在右軍死後二年此最失于詳審也道家有黃庭內景經又有黃庭外景經及黃庭遁甲緣身經黃庭玉軸經世俗例稱爲黃庭經內景經乃大道玉晨君所作扶桑大帝君命暘谷神王傳魏夫人凡三十六章卽眞誥所言者外景經三篇乃老君作也卽右軍所書者與魏夫人所得者初不同余家舊藏右軍所書外景經石刻一卷凡六十行末云永和十二年五月二十五日在山陰縣寫以小歐陽集古錄目校之與文忠所藏本同則右軍之寫黃庭甚曉然緣諸公攷之未詳故未免紛紜如此黃伯思謂與梁武啓在著眞誥之前此又曲爲之辨也予又嘗于道藏中得務成子注外景經一卷有序云晉有道士好黃庭之術意專書寫嘗求于人聞王右軍精于草隸而性復愛白鵝遂以數頭贈之得其妙翰右軍逸興自縱未免脫漏但美其書耳張君房所進雲笈七籤亦

載此序此最爲的據也蓋道德經是偶悦道士之鵝因爲之寫若黄庭是道士聞其善書且喜鵝故以是爲贈而求其書此是兩事頗分明緣俱以寫經得鵝遂使後人指爲一事而妄起異論唯李太白知其爲二事故其詩右軍一篇云右軍本淸眞瀟洒在風塵山陰遇羽客邀此好鵝賓掃素寫道德筆精妙入神書罷籠鵝去何曾別主人此言書道德經得鵝也送賀賓客歸越一篇云鏡湖淸水漾淸波狂客歸舟逸興多山陰道士如相見應寫黄庭換白鵝此言書黄庭經得鵝也太白于兩詩各言之初未嘗誤乃後人自誤也

又

程文簡演繁露云王羲之本傳以書換鵝者道德經也文士謂作黄庭人皆謂誤張彥遠法書要錄載褚遂良右軍書目正書第二卷有黄庭經六十行與山陰道士其時眞迹故在既可以見其爲

黄庭無疑又武平一徐氏法書記親在禁中見武后曝太宗時法書六十餘函所記憶者扇書樂毅告誓黄庭徐浩古跡記玄宗時大王正書三卷以黄庭爲弟一不聞道德經則傳之所載却誤程云晉書傳誤者蓋不詳太白之詩故不知爲二事者也

竹之異品

竹之異品頗多成都古今注云對靑竹竹黄而溝靑故每節若間出云此竹今浙中亦有之唯會稽頗多彼人呼爲黄金間碧玉辰州有一種小竹曰龍孫竹生山谷間高不盈尺細僅如針凡所以爲竹無不具前輩詩有小竹如針能具體卽此也武陵桃源山有方竹四面平整如削堅勁可以爲杖余頃在湖湘間見有以竹根爲桶者其徑幾二尺羅浮山記云第三峯有竹大徑七尺圍節長丈二葉若芭蕉謂之龍公竹松窗雜錄有異竹箴長百尺餘玉篇云籦竹可爲舟龍公竹及籦竹雖未親覩以前所見推之詎不信哉

佛書

佛書見于中國世謂起于後漢明帝時今攷之明帝之前已有劉向列仙傳曰歷觀百家之中以相檢驗得仙者百四十六人其七十二人已在佛經（今世傳列仙傳佛經字多作仙經惟梁劉孝標注世說殷中軍見佛經事全引此文隋顏之推家訓所引列仙傳贊亦云七十四人出佛經方知仙字是後人以意易之）霍去病傳收休屠祭天金人張晏曰佛徒祀金人也顔師古曰今佛像是也漢武故事曰昆邪王殺休屠王以其衆來降得其金人之神置之甘泉宮金人皆長丈餘其祭不用牛羊惟燒香禮拜上使依其國俗祀之魚豢魏略西戎傳曰哀帝元壽元年博士弟子景盧受大月氏王使伊存口傳浮屠經此皆明帝未遣使取經之前也使明帝之前未有佛書傳毅對明帝所言何從得之隋書經籍志云其書久已流布遭秦之世所以湮滅其說必有所據也

刀耕火種

沅湘間多山農家唯植粟且多在岡阜每欲布種時則先伐其林木縱火焚之俟其灰卽布種于其間如是則所收必倍蓋史所謂刀耕火種也

鐘鳴漏盡

今人言人之衰老者則曰鐘鳴漏盡隋柳彧傳伏見詔書以上柱國和平子爲杞州刺史其人年垂八十鐘鳴漏盡若令刺擧所損殊大人皆以此言始於彧非也田豫爲幷州刺史遷衞尉年老求遜位司馬宣王以爲豫克壯書喻未聽豫答書曰年過七十而以居位譬猶鐘鳴漏盡而夜行不休是罪人也當以此爲始豫書見于魏書本傳

燕脂

燕脂今或書作燕支又作烟支烟脂然各有所據中華古今注燕

脂蓋起于紂紅藍花汁凝作之以其燕所生故曰燕脂蘇氏演義曰燕支葉似薊花似蒲出西方土人以染名爲燕支中國亦謂爲紅藍以染粉爲婦人面色謂之燕支粉北戶錄載習鑿齒書云此有紅藍北人採取其花作燕支婦人妝時作頰色殊覺鮮明匈奴名妻作閼支言可愛如燕支也

孝宗聖德

初隆祐太后升遐時朝廷欲建山陵兩浙漕臣曾公卷謂帝后陵寢今在伊洛不日復中原卽歸附矣宜以攢宮爲名僉以爲當遂卜吉于會稽民間塚墓有附近者往往多徙之他處高宗思陵興役之際孝宗嘗密敕無得輒壞人墳墓其愛人卹物一至如此文王之澤及朽骨未足多也

干姓

干于皆姓也干古寒切千姓編云望出滎陽潁川宋有干犨晉干寶著搜神記于本姓邘周武王邘叔之後子孫去邑爲于漢有于定國魏將軍于禁望出東海河南是干與于爲二姓甚明今晉書于寶傳書干作于文選晉武革命論則云于令升諸書引搜神記則云于寶搜神記周禮注則云于寶云字畫之差相承之久遂至無辨良可歎也

二赤松

赤松子有二其一神農時爲雨師服水玉能入火不燒卽張子房願從之遊者事見劉向列仙傳其一則晉之黃初平嘗牧羊忽爲一道士將至金華山石室中後服松脂伏苓成仙易姓爲赤曰赤松子卽叱石爲羊者事見葛洪神仙傳今婺州金華山赤松觀乃其飛昇之地而往來賦詠者多引用張子房事誤矣

諡號

傳曰古者生無爵死無諡諡法周公所爲諡者行之迹也累積平生所行事善惡而定其名也是必死後有諡今考之亦有不然者如楚熊通自立爲楚武王趙佗自稱爲南粵武帝蜀杜宇自號爲望帝此固顯然自爲號稱者也若周公謂伯禽云我文王之子武王之弟成王之叔父伍子胥謂楚使者云報汝平王欲國不滅釋吾父兄（吳越春秋云）是時周之成王楚之平王皆生存已有此稱此皆不可曉者劉向說苑改成王作今王楊倞釋荀子謂成王乃後人所加正以生存不當有諡爲疑故臨文未免遷就其說

五大夫

秦始皇下泰山風雨暴至休于樹下因封其樹爲五大夫初不言其爲何樹也後漢應劭作漢官儀始言爲松蓋樹在泰山之小天門至劭時猶存故知其爲松也五大夫蓋秦爵之弟九級如曹參賜爵七大夫遷爲五大夫是也後人不解遂謂松之封大夫者五故唐人松詩有不羨五株封之句皆循襲不考之過也紹興上虞

縣有村市曰五夫故老云有焦氏墓于此後五子皆位至大夫因而得名近世好事者或異其說曰此秦封松爲五大夫之地也紹興間王十朋爲郡幕官搜訪所聞作會稽風俗賦得此遂以爲然故賦中有楓挺千丈松封五夫之句疏于下云上虞有地名五夫始皇封松爲五大夫之處蓋越人但知始皇嘗上會稽刻石頌德初不知封松乃在泰山時非在會稽時也而十朋復失于致審遂以爲實予嘗過其處見道旁有古石塔有刻字尚可讀乃會昌三年余球所記云草市曰五夫因焦氏立塋于此孝感上聖而爲名焉乃知五夫之名實由焦氏惜乎十朋之不見也

禮部韻

古者字未有反切故訓釋者但曰讀如某字而已至魏孫炎始作反切其實出于西域梵學也自後聲韻日盛宋周顒始作四聲切韻行于時梁沈約又撰四聲譜以爲在昔詞人累千載而不悟而

獨得胸襟窮其妙旨自謂入神之作繼是若夏侯該四聲韻略之類紛然各自名家矣至唐孫愐始集爲唐韻諸書遂爲之廢本朝眞宗時陳彭年與晁迥戚綸條貢舉事取字林韻集韻略字統及三蒼爾雅爲禮部韻凡科場儀範悉著爲格又景祐四年詔國子監以翰林學士丁度脩禮部韻略頒行初崇政殿説書賈昌朝言舊韻略多無訓解又疑渾聲與重疊字不顯義理致擧人詩賦或悞用之遂詔度等以唐諸家韻本刋定其韻窄者凡十三處許令附近通用疑渾聲及疊出字皆于字下注解之此蓋今所行禮部韻略也吳曾漫錄嘗論景祐脩韻略事既不得其始徒屑屑于張希文鄭天休脩書先後之辨爾予因歎近時小學幾至于廢絶遂摭聲韻之本末備論于此庶覽者得以攷云

堯九男

孟子云堯使九男二女以事舜于畎畝之中趙岐注云堯典曰釐降二女不見九男獨丹朱以胤嗣之子臣下以距堯求禪其餘八庶無事故不見于堯典予按呂不韋春秋云堯有子十人而與舜貴公也然則丹朱之外不特八庶子而已皇甫謐帝王世記云堯娶散宜氏之女曰女皇生丹朱又有庶子九人其數正與不韋春秋合蓋使事舜時朱以嫡子故不在所遣中趙岐云八庶蓋未之攷耳

二洪崖先生

洪崖先生有二其一三皇時伶倫得仙者號洪崖神仙傳衛叔卿與數人博戲于華山石上其子度世曰不審與父並坐者誰也卿曰洪崖先生許由巢父耳郭璞詩左挹浮丘袖右拍洪崖肩即此是也其一唐有張氳亦號洪崖先生按本傳及豫章職方乘云氳晉州神山縣人隱姑射山開元七年召至長安見玄宗于湛露殿十六年洪州大疫氳至施藥病者立愈州以上聞玄宗意其爲氳驛召之果氳也常服烏方帽紅蕉衣黑犀帶跨白驢從者負六角扇垂雲笠鐵如意往來市間人莫知其年歲今人好圖其像者即此是也豫章有洪崖蓋古洪崖得道處也後張洪崖亦至其處豫章人立祠于洪井洪崖遂至無辨

阿堵

嬾眞子錄古今之語大都相同但其字各別耳故所謂阿堵者乃今所謂兀底也王衍口不言錢家人欲試之以錢繞牀不能行因曰去阿堵物謂口不言去却錢但云去却兀底耳後人遂以錢爲阿堵物眼爲阿堵中皆非是蓋此阿堵同一意也予按晉人所稱不止此兩事而已殷浩見佛經云理亦應阿堵上桓溫止新亭大陳兵衛呼謝安及王坦之欲于坐害之安擧目徧歷溫左右衛士謂溫曰安聞諸侯有道守在四鄰明公何須壁間著阿堵輩溫笑曰正自不能不爾且若更以二者爲證其義尤見分明

後漢人亦有二字名

歐陽公集古錄目楊震碑陰題名跋云此碑所書河間賈伯騎博陵劉顯祖之類凡百九十人疑其所書皆是字爾蓋後漢時人見于史傳者未嘗有名兩字者也予按前漢書匈奴傳王莽秉政令中國不得有二名因使使者以風單于宜上書慕化爲一名漢必加厚賞單于從之上書言幸得備藩臣竊樂太平聖制臣故名囊知牙斯今謹更名曰知莽大悅白太后遣使者答諭厚賞賜焉當莽時故有明禁暨光武即位以來士大夫相循襲複名者極少但不可謂無也蘇不韋字公先有傳附于蘇章傳後孔僖二子曰長彥季彥又有劉駒駼嘗與劉珍校定東觀書謝承漢書有雲中丘季智名靈擧郭泰傳有張孝仲范特祖召公子許偉康司馬子威此數人者出于芻牧置郵屠沽卒伍決非以字行者其爲名無可疑如此之類見于書傳中今可考也

酒名齊物論

唐子西謫居惠州嘗醞酒二種其和者名養生主其稍勁者名齊物論

蔗字

東觀餘論跋右軍甘蔗後摹本云蔗似竹于文從焉俗從草非是予按説文蔗字在艸部注云諸蔗也玉篇有篜字在竹部音失御切方筐也集韻亦載此一字音同云箕屬是蔗與篜自古兩字右軍正誤黄氏見蔗有節似竹遂以從草爲非謬矣蔗字見于説文豈可謂之俗字也

避忌諱字

晉宋以來士大夫多以父祖名諱爲重習以成風拘忌太過至于迂怪可笑齊王亮父諱攸遷晉陵太守沈瓚之好犯亮諱亮不堪遂啓代之瓚之怏怏乃造坐云下官以犯諱被代未知明府諱若爲攸字當作無骹尊旁犬爲犬旁無骹尊（太平御覽載此云當作尊旁安犬猶爲犬傍安尊與今南史小異）若是有心悠無心攸乞告示亮不履跣而走瓚之撫掌大笑而去北齊熊安生將通名見徐之才和士開二人相對以之才諱雄士開諱安乃稱觸觸生羣公哂之此與瓚之甚相反然觸觸生之稱此尤迂怪可笑也

說郛卷第三十終

說郛卷第三十一

紫微雜記　一卷　　宋呂東萊

賭新法

神宗病甚不能言宣仁謂曰我欲爲汝改某事事凡二十餘條神宗皆點頭獨至靑苗法再三問終不應熙寧神宗與二王禁中打毬子上問二王欲賭何物徐王曰臣不別賭物若贏時只告罷了新法

何宗韓詩

神宗朝蔣堂爲樞密直學士知成都府有狂士何宗韓上堂詩有截斷劍門燒棧閣此中別是一乾坤堂愳遽下宗韓吏緻其詩待罪一日上問政府何宗韓事如何諸公對方欲進呈此本狂生欲請諸州編置可也上曰不可如此窮措大爲飢寒迫所致與一不管事官遂授鄧州司士參軍仍賜袍笏

晁伯禹詩

晁伯禹（載之）學問精碻少見比常作昭陵夫人祠詩云殺翁分我一杯羮龍種由來事杳冥安用生兒作劉季暮年無骨葬昭陵

晁之道詩

晁之道（詠之）西池唱和云旌旆太乙三山外軍馬長楊五柞中柳外雕鞍公子醉花前團扇麗人行殆絶唱也

家禮

呂氏舊俗母母受嬸房婢拜以受其主母拜也嬸見母母房婢妮即答拜是毋亦尊尊之義也母母呼嬸房人並斥其名嬸呼母母房稍老成親近者則並以姐稱之諸婢先來即呼後來者名後來者呼爲姐毋母于嬸處自稱名或去名不稱新婦嬸于母處則稱之

作文引事

老蘇嘗謂學士作文引証事實猶訟事之引証見人引一人苟得審諦不須更引或一人不能証之不免共引

司馬文正所以不樂東坡

司馬文正公見賓客多論語言不窮東坡一日謁之謂文正曰告相公少住教誨之言容軾道幾句文正大不樂遂不復語

盛服赴宴

富鄭公每赴親賓宴集未嘗不盛服而往以享主人之厚意

侯鯖錄（八卷又見三十九卷當併入此間）　宋趙令時（字德麟號聊復翁）

文選古詩云文綵雙鴛鴦裁爲合歡被著以長相思緣以結不解注被中著綿謂之長相思綿綿之意緣被四邊綴以絲縷結而不解之意余得一古被四邊有緣眞此意也著謂充以絮（出文選第五卷）

正俗云或問今以臥氊著裹施緣者何以呼爲池氊答曰禮云魚

躍拂池池者緣飾之名謂其形像水池耳左太沖嬌女詩云衣被皆重池即其證也今人被頭別施帛爲緣者猶呼爲被池此氊亦有爲緣故得名池耳俗間不知根本競爲異說當時已少有知者況比來士大夫耶獨宋子京博學嘗用作詩云曉日侵簾厭春寒到被池（余得一古被是唐物四幅紅綿外緣以青花錦與此說正合）

漢明帝聽陽城侯劉峻等出家僧之始也濟陽婦女阿潘等出家尼之始也

閬州有三雅池出潘遠記聞譚云昔有人修此池得三銅器狀如杯盞上各有篆字一云伯雅二曰仲雅三曰季雅不知所由乃名此池爲三雅池余嘗覽魏文典論云靈帝末斗酒直萬錢劉表一子好飲乃製三爵大曰伯雅（注云一斗）次曰仲雅（注云七升）小曰季雅（注云五升）今三雅池所得乃劉氏酒器也

閣下法帖十卷淳化中朝廷所集其中多弔喪問疾人多疑之比見刊誤乃唐國子祭酒李涪所撰短啓出于晉宋兵革之間時國禁書疏非弔喪問疾不得輒行尺牘故敎之書首云死罪是違制令故也且啓事論兵皆短而械之貴易于藏隱

刊誤云古無文刺唯書竹簡以代結繩謂之簡冊也魏禰衡處士致名於紙是紙上題名投刺公侯自後相承刺謁者見通名紙爲公狀也至今士子之家存焉

杜牧之宮人詩云絳蠟猶封繫臂紗晉武帝選士庶女子有姿色者以紗繫其臂大將軍胡奮女泣哭不伏繫臂左右掩其口今定親之家亦有繫臂者續古事也

張文潛初官通許喜營妓劉淑女爲作詩曰可是相逢意更深爲郎巧笑不須金門前一尺春風髻窗外三更夜雨衾別燕從教燈照汨夜船惟有月知心東西芳艸皆相似欲望高樓何處尋又云未說蝤蠐如素領固應新月學纖眉引成密約因言笑認得眞情

似別離樽酒且傾濃琥珀淚痕更着薄燕脂北城月落烏啼後便是孤舟腸斷時

孫賁公素畏內衆所共知嘗求東坡書扇坡題云坡翁當年笑溫嶠握刀晚歲戰劉郎不須戚戚如馮衍但願時時說李陽公素昔爲程宣徽門賓後娶程公之女性極妬悍故云

魯直戲東坡曰昔王右軍字爲換鵝書韓宗儒性饕餮每得公一帖于殿帥姚麟許換羊肉十數斤可名二丈書爲換羊書矣東坡大笑一日公在翰苑以聖節製撰紛冗宗儒日作數簡以圖報書使人立庭下督索甚急公笑語曰傳語本官今日斷屠

前世錢未有草書者淳化中太宗始以宸翰爲之既成以賜近臣崇寧大觀御書錢蓋襲故事也

宋莒公兄弟皆以高名擢用仁廟時本朝文章多人未有二公比者少時作落花詩爲時膾炙莒公詩云一夜東風拂苑墻歸來無

處剩凄涼漢皐佩冷臨江濕金谷樓危到地香泪臉補痕勞獺髓舞臺收影費鸞腸南朝樂府休賡曲桃葉桃根盡可傷景文詩云隊素翻紅各自傷靑樓烟雨忍相忘欲飛更作回風舞已落猶成半面妝滄海客歸珠迸泪章臺人去骨微香可憐無意傳雙蝶盡委芳心與蜜房

幾頭酒山東風俗新沐訖飲酒謂之幾頭酒顔師古云字當爲禨音機福祥也按禮云沐稷而醴粱髮晞用象櫛進禨進羞工乃升歌鄭康成云沐醴必進禨作樂盈氣也此謂新沐醴體故更進食飲而加樂以自輔助致福祥也此古之遺法乎

露布人多用之亦不知其始春秋佐助期曰武露布文露沉宋均云甘露見其國布散者人上武文采者則甘露沉重（初學記）

舊學云院壁間有題云李陽生指李樹爲姓生而知之久無對者楊大年爲學士乃對云馬援死以馬革裹尸死而後已

李白開元中謁宰相封一版上題曰海上釣鰲客李白相問曰先生臨滄海釣巨鰲以何物爲釣綫曰以風浪逸其情乾坤縱其志以虹霓爲絲明月爲鈎又曰何物爲餌曰以天下无氣義丈夫爲餌丞相竦然

新昌李相紳性暴不禮士鎭宣武有士人遇于中道避不及爲前騶所拘紳鞠之乃宗室答曰勤政樓前尙容緩步開封橋上不許徐行汴州豈大于帝都尙書未尊于天子公失色使去

王彦伯醫名既著列三四竈煮藥于庭老幼塞門而來請彦伯指曰熱者飲此寒者飲此風者氣者各飲此皆飲之而去劾者各負錢而酧不來者亦不責之其長者之流歟（千金方有王彦伯方）

唐與人顧况一見李鄴侯如舊相識待以異禮及鄴侯卒况感其知詠海鷗以寄懷云萬里飛來爲客鳥曾蒙丹鳳借枝柯一朝鳳去梧桐死滿目鴟鳶奈爾何遂爲權貴所疾貶饒州司戶

荆州大曆中有馮希樂者善佞見人家鼠穴亦佞嘗到長林謁縣令留宴語令云仁風所暨感獸出境昨初入縣界見虎狼相尾西去有頃村吏來報昨夜大蟲食人令戲詰之馮遽曰是必掠食便過

南宮縣君錢氏詩云士悲秋色女懷春此語由來未是眞倘若有情相眷戀四時天氣總愁人

三臺陸翽鄴中記云魏武于鄴城西北立三臺中名銅雀南名金獸北名冰井

梅聖俞詩世稱五字之妙其歌辭語勝理旨大似元微之作花娘歌曰花娘十二能歌舞藉甚聲名居樂府荏苒其間十四年朝爲行雲暮行雨格高氣俊能動人人能動之無幾許前歲適從江國來時因燕席相微語雖有幽情未得傳暗結殷勤度寒暑去春送客出東城舟中接膝心已傾自茲稍稍有期約五月蓮航並鈎行

曲隄別浦無人處始笑鴛鴦浪得名爾後頻逢殊燕婉各恨從來相見晚月下花前不蹔離蹔離已抵銀河遠靑鳥傳音日幾回雞鳴歸去暮還來經秋度臘無纖失愛極情專易得猜前年南圃尋芳卉小憤不勝投袂起官司乘釁作威稜督促倉皇出閭里瀟瀟風雨滿長堤一舸翩然逐流水忽逢小吏向城東泣淚寄言心欲死願郎日日致靑雲妾已長甘在泥滓更悲恩意不得終世事難憑何若此郎聞此語痛莫深天地無窮恨不已我今爲爾偶成章便欲械之託雙鯉

闌楯王逸注云縱曰闌横曰楯楯間子曰櫺闌楯殿上臨邊之飾亦以防人墜墮今言鈎欄是也（沙門玄應撰）

今人謂拙直者名方頭陸魯望作有懷詩云頭方不會王門事塵土空緇白苧衣亦有此出處矣

馮夷者淸泠傳曰馮夷華陰潼鄉隄畔人也服八石得水仙是爲

河伯一云以八月庚子浴于南河溺而死一云渡河溺死出莊子大宗師第六卷義注中

金陵人謂中酒曰酒惡則知李後主詩云酒惡時拈花蕊嗅用鄉人語也

愁憂也集韻楊雄有仵牢愁音曹今人言心中不快爲心曹當用此愁字即憂也

東坡云余飲少輒醉臥則鼻鼾如雷傍舍爲厭而已不知也一日因醉臥有魚頭鬼身者自海中來告予廣利王來請端明余被褐草履黃冠而去亦不知身步入水但聞風雷聲暴如觸石意亦知在深水處有頃豁然明白眞所謂水晶宮殿相照耀也其上則有驪目夜光文犀尺璧南金火齊不可仰觀而琥珀珊瑚又不知多少也廣利少間冠劍而出從者二青衣余對以海上逐客重煩邀命廣利且歡且笑頃南溟夫人亦造焉東華眞人亦造焉自知不在人世少間出鮫綃命予題詩予乃賦之曰天地雖虛廓惟海爲最大聖主皆祀事位尊河伯拜祝融爲異號恍惚聚百怪三氣變流光萬里風雲快靈旂搖紅纛赤虬噴滂湃家近玉皇樓彤光照無界若得明月珠可償逐客債寫竟進廣利諸仙咸稱妙獨廣利傍一冠簪水族謂之鱉相公進言蘇軾不避忌諱祝融字犯王諱王大怒余退而歎曰到處被相公廝壞

錢唐一官妓性善媚或人號曰九尾野狐東坡先生適是邦闕守權攝九尾野狐者一日下狀解籍遂判云五日京兆判斷自由九尾野狐從良任便有一名倡亦援此例遂判云敦召南之化此意誠可嘉空冀北之羣所請宜不允

藝圃折中六卷 宋鄭厚莆田人泉州觀察推事

湯武非聖君伊周非純臣孟子非賢人楊雄非君子成湯放桀于南巢唯有慚德曰予恐來世以台爲口實夷齊扣馬而諫曰父死不葬爰及干戈可謂孝乎以臣弑君可謂仁乎此湯武之罪也去亳適夏既醜有夏復歸于亳召公不悅周公作君奭以自解此伊尹周公之罪也仲尼之徒無道桓文之事者聞誅一夫紂矣未聞弑君三宿出晝于予心以爲速沈同問燕可伐歟吾應之曰可此孟軻之罪也周公以來未有漢公之懿此楊雄之罪也

湯武

君天也父也元首也天不常雨澤而潦旱爲下土者傾而陷之可乎父不理生産而博飲爲子孫者鴆而戕之可乎頭目昏重一身之累于腹心股肱者謀而易置之可乎其不可也必矣湯武之罪當無所逃彼其自恕與天下後世恕之者不過曰誅一殘賊而拯億兆于塗炭行大義者不卹小節興大利者不顧小害是又不思甚也爲湯武者能保其子孫皆賢明仁聖否乎如身後之付不可必盍亦姑忍是時冀其將來矣何遽爲稱首以啓天下無君無父之心使殃毒之流紛紛如也蜂蟻之有君其羣不敢攘而代之分數定也使湯武不爲亂臣賊子倡未必後世敢兆是亂也夏書成湯放桀于南巢惟有慚德使湯禽獸也則安而有之若猶人也惡得不慚夷齊讎周而餓死君子曰義士則不義之名將有歸矣若曰應天順人湯武豈得已哉此書生所知也愚夫編民且不曉此特以根夫納民心者爲是說

伊周

伊尹周公非純臣也非經行也不可爲後世法也跖犬吠堯各護其主臣無二心天之致也伊尹去湯就桀醜桀歸湯去就之險迹同姦謀使兵家得引爲反間伊尹自取之也桐宮之放與夷羿唯阿耳此豈人臣所當爲者哉冢宰居攝召公不悅非謂敢遂有之也亦意其啓當時之釁開後世之端爾是以効伊尹而不得盡其心者爲霍光効周公而不得盡其心者爲王莽董卓曹氏代漢司

馬代魏劉裕代晉紛紛至于五代未嘗不託迹伊周以階亂故曰伊尹周公非純臣也非經行也不可以爲後世法也萬章之于伊尹曰賢者之爲人臣也其君不賢則固可放歟愚于周公亦曰賢者之爲人臣也其君不任固可代歟

孟子

春秋書王存周也孔子曰如有用我者吾其爲東周乎此仲尼之本心也孟軻非周民乎履周之地食周之粟常有無周之心學仲尼之叛者也周德之不競亦已甚矣然終其虛位猶拱而存也使當時有能唱桓文之舉則文武成康之道業庸可幾乎爲軻者徒以口舌求合自媒利祿盍亦使務是而已乎奈何今日說梁惠明日說齊宣說梁襄說滕文皆昭之使爲湯武之爲此軻之賊心也譬父病亟使商臣爲子未有不望其生者如之何而安明諸不救之地哉軻忍人也辨士也儀秦之雄也其資薄其性慧其行輕其說如流其應如響豈君子長者之言也其免于蘇張范蔡申韓商李之黨者挾仲尼以欺天下也使數子者皆咈其素矯其習竊仁義兩字以藉口是孟軻而已矣要之戰國縱橫捭闔之士皆發冢之人而軻能以詩禮也是故孟軻誦仁義猶老錄公之誦法也老錄公誦法賣法者也軻誦仁義賣仁義者也安得爲仲尼之徒歟嗟乎孔子生而周尊孟軻生而周絕何世人一視孔孟之心記曰擬人必于其倫寧從漢儒曰孔墨

楊雄

謂菽爲麥大愚也謂鹿爲馬大姦也楊雄以法言僭論語以太玄僭易當時諸儒引春秋吳越之君比之引春秋一王之法誅絕之毋乃太甚此正如兒曹斂容危坐以効老成拜揖趨蹌以効賓主羅蜃列瓦以効俎豆長者見之特一笑耳何足深罪哉惟符命之作非大姦則大愚淸淨寂寞者爲之乎

孟子

京師坐鬻者愚遠方之人直百必索千酬之當其直則售意其知價也知價不可復愚酬之過其直則不售意其不知價也不知價則惟吾之愚必極其所索而後售孟軻抱縱橫之具飾以仁義行鬻于齊齊王酬之以客卿且曰吾欲中國而授孟子室養弟子以萬鍾軻意齊王不知價者遂愚齊王求極所索而後售齊王徐而思孟軻之言曰王如用予則齊王由反掌開闢以來無是理悔而不酬軻亦覺齊王之稍覺也卷而不售抱以之它徐而自思曰齊王之酬我其直矣矯然不售行將安鬻遲遲吾行三宿出晝冀齊王呼已而還其舊直又是市井販婦行鬻魚鹽果菜之態也京師坐鬻猶有小兒方啼而怒進以飲推而不就徐其怒歇而飢也睨睨然望人進之矣軻之去齊留齊兒態也夫

古今未嘗無小人

秦始皇漢武帝唐太宗欲無夷狄韓愈欲無釋老孟軻欲無楊墨甚哉未之思也天不唯慶雲瑞雪景風時雨霜雹降焉地不唯五穀桑麻而蕘稗鈎吻生焉山林河海不唯龜龍麟鳳而鵰梟豺狼蛟鼉出焉古今豈有無小人之國哉嗚呼作易者其知道乎

神

足履平地徑尺而廣半互而進之亦如是而已今置榱桷于平地乘而履之已飢飢而不安移而爲澗溪之梁越者必股慄毛寒汗溢氣奪又移而駕之不測之淵臨而擬之身足皆廢夫步武之地不過容足之外廣狹何與焉而安危相縣者履生于視視生于氣氣生于神貫蝨承蜩操舟運斤非絕人之巧一其神也則醉人不懼其神全也達人不礙其神圓也賢人不惑其神藏也高人不望其神守也聖人不憂其神安也神人不測其神運也奇常無實狀好惡無實情舉世皆嗜癡逐臭則熊掌芝蘭必以爲可惡大地皆

金瑰珠玉而瓦礫者不多得且不常有勢必以爲奇情與見移見與境奪幻妄顛倒可勝慨耶

鬚眉髮

鬚眉髮皆毛類分所屬髮屬心火也故上生鬚屬腎水也故下生眉屬肝木也木旁敷故側生貴人勞心故少髮婦人宦者無勢故無鬚癩者風風盛落木故先禿眉

詩

李謫仙詩中龍也矯矯焉不受約束杜則麟游靈囿鳳鳴朝陽自是人間瑞物施諸工用則力牛服箱德驥駕輅李亦不能爲也陶淵明逸鶴狂風閑鷗忘海鮑明遠則高鴻決漢孤鶻破霜孟東野則秋蛩艸根白樂天則春鶯柳陰皆造化中一妙餘皆象龍刻鳳雖美不情無取正焉

無聲樂

僕在童齔與同隊行笑令曰無聲樂其令以十數輩環立相視笙簫鼓板雜部各司其一無其器而有其狀其手之所指口之所擬身之所倚足之所履儼如其部之器瞪目禁聲先笑者犯大抵笑者不惑人之狀亦自惑其狀曰是何等作爲貌像耶此笑機所以暗發而不可禁也然亦多輕佻者犯沉重者免僕素非沉重者而率當不犯每記當是時亦有道處之方其將作此態也先定想于胸中曰此予之平時手足口體也今變動而爲是耳而又何足笑哉又能目寓而神不管形接而心不隨常將以此自免輩類且仿之嗚呼壯而長也能守此道以涉世何憂患之能入哉

王介甫

小兒嘗拾一錢于道左明後日之來往于得錢處常惓惓焉意其復有也王介甫見周人書放井牧施舍散斂致太平叚得政欲乘其轍嗚呼兒眞癡矣夫

東齋記事十卷　宋范鎮蜀人

昭憲太后　劉尚書渙嘗言宣祖初自河朔南來至杜家莊院雪甚避于門下久之看莊院人私竊飯之數日見其相貌奇偉兼勤謹乃白之主人主人出見而亦愛之遂留于莊院累數月家人商議欲以爲四娘子舍居女婿四娘子卽昭憲皇太后也其後后生兩天子及天下之養定宗廟大計其兆蓋發于避雪時也聖人之生必有其符信哉

三帶　錢俶進寶犀帶太祖顧謂曰朕有三帶與此蓋不同俶請宣示一觀太祖笑曰汴河一條民河一條五丈河一條俶大愧服其規模豈不宏遠哉

狀元給騶從　大中祥符八年蔡文忠公狀元及第眞宗覩其狀貌秀偉舉止安重顧謂宰相寇萊公曰得人矣因詔金吾給騶從傳呼狀元給騶從始于此也

蛇精　有諫議周恂者知安州一日宴園中園吏見大蛇垂于闌楯上就視之乃周恂醉而假寢也予壽亦嘗言周恂相法爲蛇精蔡君謨知福州以疾不視事者累日每夜中卽夢登鼓角樓憑鼓而睡通判有怪鼓角將累日不打三更者同對數夜有大蛇盤據鼓上不敢近君謨既愈與通判言所夢正與鼓角將所說同人遂以君謨爲蛇精

賢女　劉從德卒錄姻戚廂僕七十餘人尚書刑部員外郎知雜事曹修古言其恩太濫章憲怒降工部員外郎通判杭州改知興化軍卒無子修古廉潔家貧有以致棺斂者其女慟哭曰奈何以是累吾父邪不受人以爲非此父不生此女也其從子僅知封州拒儂智高力戰死（此條今本未見）

自親婢疾　廣安軍俗信巫疾病不加醫藥康定中大疫壽安縣太君王氏家婢疫染相枕藉它婢畏不敢近且欲召巫治之王氏

不許親爲煮藥致食膳左右爭勸止之曰平居用其力至病則不省視後當誰使者王氏之子黎詢錞皆與予同學太學爲予言儔侻其孫也

官家鄰人　太祖一日御後殿慮囚內有一囚告念臣是官家鄰人太祖以爲燕薊鄰人遣問之乃言住東華門外太祖笑而宥之

詩則不足　歐陽永叔每誇政事而不誇文章蔡君謨不誇書呂濟叔不誇棋何公南李公素不誇飲酒司馬君實不誇清約大抵不足則誇也

戲謔　石資政中立好談諧樂易人也楊文公一日置酒作絕句招之末云好把長鞭便一揮石留其僕即和曰尋常不召猶相造况是今朝得指揮其詼諧敏捷類如此也又嘗于文公家會葬坐客乃執政及貴游子弟皆服白襴衫或羅或絹有差等中立坐而大慟人問其故曰慟吾父又問之曰父在時當得羅襴衫也蓋見

執政子弟服羅而石止服絹坐中皆大笑

灸女面　歸州民家自漢王昭君嫁異域生女者無妍醜必灸其面至今其俗猶然

文昌雜錄六卷　宋龐元英南安人官主客郎中

養珠法

禮部侍郎謝公言有一養珠法以今所作假珠擇光瑩圓潤者取稍大蚌蛤以清水浸之伺其口開急以珠投之頻換清水夜置月中蚌蛤采月華玩此經兩秋即成眞珠矣

治骨鯁

禮部王員外言昔在金陵有一士子爲魚鯁所苦累日不能飲食忽見賣白餳者因買食之頓覺無恙然後知餳能治魚鯁也後見孫眞人書已有此方矣予知安州有鼎州通判柳應辰爲予傳治魚鯁法以倒流水半盞先問其人使之應吸其氣入水中而東詠元亨利貞七遍吸氣入水飲少許即差亦嘗試之甚驗

製藥

禮部謝侍郎言乾山藥法刮去皮以厚紙裹掛于風中最良又置焙籠中下鋪茅數寸以微火烘之亦佳作湯點如新者乳香最難研先置壁罅中半日許入缽乃不粘祠部趙郎中亦云研乳香取指甲三兩片置缽中尤易末爾

玉龍膏

禮部王員外言今謂面油爲玉龍膏太宗皇帝始合此藥以白玉碾龍合子貯之因以名焉

鳳子

禮部王員外言崔豹古今注蛺蝶大者名鳳子然詞人罕用予讀唐韓偓詩有鵝兒唼啑雌黃嘴鳳子輕盈膩粉腰正爲蝶也

藥樹

元微之詩云松門待制應全遠藥樹監搜可得知蓋有唐宣政殿爲正衙殿庭東西有四松松下待制官立班之地舊圖至今猶存按開成元年詔以入閤日次對官班退立于東階松樹下須宰臣奏事畢齊至香案前各言本司事雖紫宸殿亦有松樹爲待對官立位云殿門外有藥樹監察御史監搜之位在焉唐制百官入宮殿門必搜監察所掌也太和元年詔曰自魏晉以降參用霸制虛儀搜索因習尚存朕方推表大信眞人心腹況吾台宰又何間焉自今以後自坐朝衆寮既退宰臣復進奏事其監搜宜停

嫁杏

禮部王員外言昔見朝議大夫李冠卿說揚州所居堂前有杏一窠極大花多而不實適有一媒姥見如此笑語家人曰來春與嫁了此杏冬深忽攜樽酒來云是婚家撞門酒索處子裙一腰繫杏上已而奠酒辭祝再三家人莫不笑之至來春此杏結子无數江

淮亦多有嫁橘法不知是何術也

洞庭柑橘

國子朱司業言南方柑橘雖多然亦畏霜每霜時亦不甚收唯洞庭霜雖多却不能損詢彼人云洞庭四面皆水也水氣上騰尤能闢霜所以洞庭柑橘最佳歲收不耗正爲此耳

司馬地室

司門范郎中云叔父蜀郡公鎮近居許昌作高庵以待司馬公累招未至庵極高在一臺基上司馬公居洛作地室隧而入以避暑熱故蜀郡作高庵以爲戲也北京留守王宣徽洛中園宅尤勝中堂七間上起高樓更爲華侈司馬公在陋巷所居才能庇風雨又作地室常讀書于其中洛人戲云王家鑽天司馬家入地然而道德之尊彼亦不知顔氏子之樂也

高麗貢日本國車

元豐三年高麗國遣使柳洪副朴寅亮朝貢且獻日本國車乘洪云諸侯不貢車服誠知非禮本國所以上進者欲中朝見日本工拙爾朝廷爲留之高麗本箕子之國其知禮如此

降賊脚色

熙寧中福建賊廖恩嘯聚羣黨于山林招撫久之方出降朝廷赦其罪授右班殿直既至有司供脚色有項云一歷任以來並無公私過犯見者無不笑之

煮浣油衣

淳化中有司言油衣帟幕損蔽者萬數欲毀棄詔令煮而浣之命尙方染以雜色別爲旗幟焉

袴褶

晉志云袴褶之制未詳所起近代車駕親戎中外戒嚴則服之唐制三品已上紫褶五品之上緋褶通用細綾七品已上綠褶九品

已上碧褶通用小綾玉藻云禪爲之絅（音扃）引急也帛爲褶褶袷也鄭云單爲絅有衣裳而裹者也帛爲褶有表裏而無著者也周遷輿服雜事云趙武靈王變胡之纓戎服有袴褶之制始自漢武近世服以從戎隋制纉嚴文武百官咸服之車駕親戎則縛袴使不舒散皇朝導駕官袴褶蓋馬上之服也

引喤

通典梁御史中丞給威儀十人其八人武冠絳韝一人緗衣執鞭杖依行列行七人唱呼入殿引喤（音黃喤又音皇按說文小兒聲引詩其泣喤喤）至階一人執靑儀囊不喤國朝故事御史中丞告官呵引至朝堂門兩朱衣吏告引入朝堂至文德殿門止蓋亦引喤之比也

公主賜謚

唐德宗貞元十年七月賜故唐安公主謚曰莊穆公主賜謚始于此也

唐朝殿種花柳

杜甫紫宸退朝詩云香飄合殿春風轉花覆千官淑景移又晚出左掖云退朝花底散歸院柳邊迷乃知唐朝殿亦種花柳今殿庭惟對植槐楸鬱鬱然有嚴毅之氣也

市井

世言市井市廛未曉其義如何因讀風俗通曰市亦謂之市井言人至市有鬻賣者當于井上洗濯令香潔然後到市或曰古者二十畝爲井田因井爲市故云又市中空地謂之廛顔師古乃云凡言市井者市交易之處井共汲之所總而言之者也

捺缽

北虜謂住坐處曰捺缽四時皆然如春捺缽之類是也不曉其義近者彼國中書舍人王師儒來修祭奠余充接伴使因以問師儒答云是契丹家語猶言行在也

彈甘蕉文

梁沈約有修竹彈甘蕉文其略曰渭川長兼淇園貞幹臣修竹稽首言竊尋姑蘇臺前甘蕉一蕨宿漸雲露荏苒歲月今月某日有臺西階澤蘭萱艸到園同訴自稱今月某日巫岫斂雲秦樓開照乾光弘普罔陰不矚而甘蕉攢莖布影獨見鄣蔽雖處臺隅遂同幽谷臣謂偏辭難信敢察其情登攝甘蕉左近杜若江離依源辨覆兩艸各處異列同欵既有証據差非風聞妨賢敗政孰過于此而不除戮憲章何用請以見事徙根翦葉斥出臺外庶懲彼將來謝此衆屈歷觀自昔文集未嘗有類此製者雖曰新奇葢亦有所寓託也

避父諱

史記季布傳楚人曹丘生招權傾金錢事貴人趙同等漢書同作談司馬遷以父名故改之今人與父同名者改曰同爲是也

梁四公子

梁四公子一人姓蜀(音攜)名闖(音方葉反)孫原人一人姓皝(音万)名杰(音桀)天齊人一人姓㲋(音蜀)名黷(音獨)浩灃人(上音皓下音門)一人姓仉(音掌)名脅(音親)五阮人昭明太子曰蜀出揚雄蜀記闖出公羊傳皝出世本字亦作簡出三齊記杰出竹書記年㲋出索緯隴西人物志黷出世本及廣雅仉出太乙符脅出史記孫原㯳山名浩灃洮湟之間二水名五阮雁門也

談藪(七卷)　宋龐元英(號復竹齋)

王公衮字吉老宣子尚書之弟先墓在會稽西山爲掌墓人奚泗所發公衮訴之郡杖之而已公衮憤甚奚泗受杖詣公衮謝罪公衮呼前勞以酒拔劍斬之持其首詣郡宣子時爲侍郎奏乞以己官贖罪詔給舍集議中書舍人張孝祥等議曰云云詔赦之猶鐫一秩當時公衮孝名聞天下永嘉王十朋以詩美之公衮性甚和平居常若嬉笑人謂之笑面虎

王公宣子在太學時中齋與芮公國器同序俱治書相得歡甚暇日偶相言代言之體當使深純溫厚如訓誥中語而近世文人駢儷磔裂吾輩它日秉筆鑾坡當力革此弊已而各登第又二十年王公以次對帥潭芮公爲中書舍人即爲詞云十國爲連連有帥疇茲俾乂厥唯艱哉以爾有猷有爲有守率自中剛而無虐寬而有制庸建爾于上游藩輔往哉惟欽其有弗若于汝政弗化汝訓辟以止辟乃辟則予一人以嘉因寓書王公時中之約今幸償之王得書欣然者累日(此三條今本未見)

劉煥婺人有聲上庠登第後道州教官到任未久哭妻哭子繼喪其父友生爲作黃籙青詞云卜商失子方深舐犢之悲潘岳悼亡遽起離鸞之恨將返二喪于閭里尚沈孤迹于江湖藐無縮地之由崇降不天之罰

宣子自潭移帥揚鍾君錄必萬作樂語云長沙萬人傾國出攀戀雖多揚州十里捲簾看迎望已久

甄龍友雲卿永嘉人滑稽辨捷爲近世之冠樓宣獻自西掖出守以首春觴客甄預坐席間謂公曰今年春氣一何太盛公問其故甄曰以果奩甘蔗知之根在公前而末已至此公爲罰掌吏衆嘗其猥率遊天竺寺集詩句贊大士大書于壁云巧笑倩兮美目盼兮彼美人兮西方之人兮孝廟臨幸一見賞之詔侍臣物色其人或以甄姓名聞曰是溫州狂生用之且敗風俗上曰惟此一人朕自舉之甄時爲某邑宰趣召登殿上迎問曰卿何故名龍友甄惘然不知所對既退乃得之曰君爲堯舜之君故臣得與夔龍爲友由是不稱旨猶得郡倅後至國子監簿甄嘗頌臨安北山大佛頭云色如黃金面如滿月盡大地人只見一橛禪人多許之

沈詹事持要坐葉丞相談恢復貶筠州沈方售一妾年十七八攜

與俱行處筠凡七年既歸呼妾父母以女歸之猶處子時人以比張忠定公詠會稽潘方仲矩爲安吉尉獻詩曰昔年單騎向筠州覓得歌姬共遠遊去日正宜供夜直歸來渾未識春愁禪人尚有香囊愧道士猶懷炭婦羞鐵石心腸延壽藥不風流處却風流

岳珂肅之侍郎數歲時作布袋和尚頌云行也布袋坐也布袋放下布袋多少自在

錢處和參政好飼鼠爲侍從居臨安每日食畢輒以大盆貯餘饌三擊盆則羣鼠累累然來食訖乃去以爲常洎遷政府鼠復至以其相距差近不怪也已而帥越帥閫纔掛冠歸里鼠至如初迨錢亡乃不見

洪文憲文敏兄弟皆畏內雖少年貴達家有聲伎之奉往往不能快意王宣子知饒州景伯家居喪偶宣子弔焉主人受弔已延客至內齋喚酒小酌甫舉杯羣妾坌出素妝靚態黛色粉光不異平日謔浪笑語酒行至無算景伯半酣握王手曰不圖今有此樂賓主相顧一笑後二十年宣子謝事歸越景盧來爲守時已鰥居暇日宣子造郡齋景盧留歎亦出家姬侑席笑語王曰家兄有言不圖今日有此樂王爲絕倒

謝希孟在臨安狎娼陸氏象山責之曰士君子乃朝夕與賤娼女居獨不愧于名教乎希孟敬謝請後不敢它日復爲娼造鴛鴦樓象山聞之又以爲言謝曰非特建樓且有記象山喜其文不覺曰樓記云何即口占首句云自遜抗機雲之死英靈之氣不鍾于世之男子而鍾于婦人象山默然希孟一日在娼所忽起歸興遂不告而行娼追送江滸泣涕戀戀希孟毅然取領巾書一詞與之云雙槳浪花平夾岸青山鎖你自歸家我自歸說着如何過我斷不思量你莫思量我將你從前于我心付與旁人可希孟與鄉人陳伯益好相調戲伯益面黑而狹多髯希孟入其書室見寫眞掛壁

上題云伯益之面太無兩指髭髯不仁侵擾乎其旁而不已于是乎伯益之面所餘無幾此語喧傳伯益病之而莫能報希孟後避寧宗旁諱改名直字古民伯益于是以兩句詠其名炊餅擔頭挑取去白衣鋪上喝將來聞者笑倒伯益又嘗寫眞衣皂道服躡僧鞵希孟贊之曰禪鞵俗人鬚髩道服儒巾面皮秋水長天一色落霞孤鶩齊飛

曹詠侍郎妻碩人厲氏餘姚大族女始嫁四明曹秀才與夫不相得仳離而歸乃適詠時尚武弁不數年以秦檜之姻黨易文階驟擢直至徽猷閣守鄞元夕張燈州治大合樂宴飲曹秀才攜家來觀碩人服用精麗左右供侍備極尊嚴語其母曰渠乃合在此中居享如此富貴吾家豈能留歎息久之詠曰益顯爲戶部侍郎尹京會之殂詠貶新州而亡碩人領二子取喪歸葬二子復不肖家貧蕩析至不能給朝晡趙德老觀文亦厲氏婿碩人從父妹也憐其老且無聊招至四明里第養之終身碩人間出訪親舊過故夫曹秀才家門庭整潔花木蓊茂顧侍婢曰我當時能自安于此豈有今日因泣下數行二十年間夫妻更相悔羨世態翻覆不可料如此方詠盛時鄉里奔走承迎惟恐後獨碩人之兄厲德新不然詠銜怒帥越時德新爲里正詠風邑官脅治百端冀其祈已竟不屈會之甫殂乃遣介致書于詠啓封乃樹倒猢猻散賦一篇新州之行又以十詩贈行其一云斷尾雄雞不畏犧憑依授禍復何疑八千里路新州瘴歸骨中原是幾時詠得詩憤極然無如之何韓侂胄暮年以冬月攜家遊西湖遣船花輿偏覽南北二山之勝末乃宴于南園族子判院與焉席間有獻牽絲傀儡爲土偶負小兒者名爲迎春黃胖韓顧族子汝名能詩可詠此即承命一絕云脚踏虛空手弄春一人頭上要安身忽然綫斷兒童手骨命俱爲陌上塵韓大不樂不終宴而歸未幾禍作也

贛妓朱雲楚字卿警慧知書趙時逢遜可爲守嘗會客果實有炮栗趙指之曰栗綻縫黃見俾客屬對皆莫能楚輒曰妾有對乃取席間藕片以進曰藕露絲飛趙大奇之

豐宅之赴南宮偕數友小飲娼館一娼美而豔豐悅之數調微詞娼亦相和答忽摘豐起曰君非豐運使郎君乎豐曰然曰君嘗于某年過江州江州司理與君家有舊置酒召君乎豐駭然曰汝何以知之娼曰且飲酒他日爲君言復就坐唏豐不暫舍豐疑焉飲罷與友別復造其室娼欣納之因叩其故娼悲泣曰某司理女也先人到州不幸病故家貧無以歸葬母氏鬻我于人展轉至此數年矣噫召時從屏間窺室風采坐客何人肴饌何物歷數不遺已而又慟哭豐勉之曰事已然無可奈何吾當試與汝道地翌日徑謁大尹張定叟具道其事且傾笈中錢得二十萬願以贖此女張大奇之立喚娼奪以俾豐復斥庫緡五百盡貲之費遂改嫁爲良

人妻

樓叔韶鏻初入太學與同舍友厚善休日友語叔韶寂寂不自聊吾欲至一處求半日適飲醇膳美又有聲色之玩但不可言君性輕脫或以利口敗吾事能息聲則可偕往樓敬諾要約數四乃相率出城買小舟延緣葦間將十里舍舟陟小坡行道微高下又二里得精舍門徑絕卑小而松竹花艸楚楚然友款于門即有小童應客主人繼出乃少年僧姿狀秀美進趨安詳殊有富貴家氣象揖客曰久別甚思款接都不見過何也問樓爲誰友曰吾親也遂偕坐款語片刻許僧忽回顧日影下庭西笑曰日旰二君餒乎便起推西邊小戶入華屋三間窗几如拭玩具皆珍奇喚侍童進點心素膳三品甘芳精好不知何物所造撤器命推窗平湖當前數十百頃其外連山橫陳樓觀森列夕陽反照丹碧紫翠互相發明漁歌菱唱隱隱在耳騁望久之僧取麈尾敲闌干數聲俄時小豔舫傍湖而來二美人徑出登岸靚妝麗色王公家不過也僧命具酌指顧間觴豆羅陳窮極水陸左右執事童奴皎好杯行美人更起歌舞僧與友謔浪調笑歡意無間樓神思惝恍正容危坐噤不敢吐一語伺僧暫起挈友臂扣所以友愠曰子但飲食縱觀何用知如許而觴十餘巡夜已艾僧復引客至小閣中臥具皆備曰姑憩此遂去壁外即僧榻試穴隙窺則徑擁二姬就寢友醉甚大鼾樓獨彷徨不寐起如廁一童執燭密詢之此爲何地童笑曰官人是親戚何須問樓反室展轉達宵時側耳審聽但聞鼻息齁齁而已將曉僧已至客寢問安否盥櫛畢引入一院變作尤邃巧縷幪蔽虧庭下奇花盛開香氣蓊勃小山叢竹位置愜當回思夜來境界已迷不能憶逌具食則器用張陳一新食品加精獨二姬竟不復出食罷各去僧送出門鄭重而別由它徑絕湖而歸樓惘惘累日疑所到非人間數問友但笑不言亦許尋舊遊而樓用它故亟

歸鄉其後出處參商訖不克再諧

唐小說記紅葉事凡四一本事詩顧況在洛乘間與一二詩友遊苑中流水上得大梧葉題詩云一入深宮裏年年不見春聊題一片葉寄與有情人況明日于上流亦題云愁見鶯啼柳絮飛上陽宮女斷腸時君恩不禁東流水葉上題詩寄與誰後十餘日客來苑中又于葉上得詩以示況曰一葉題詩出禁城誰人酬和獨含情自嗟不及波中葉蕩漾乘春取次行又明皇代以楊妃虢國寵盛宮娥皆衰悴不顧備掖庭嘗書落葉隨御溝水流出云舊寵悲秋扇新恩寄早春聊題一片葉將寄接流人顧況聞而和之既達聖聰遣出禁內人不少或有五使之號況所和郎前四句也其二雲溪友議盧渥舍人應舉之歲偶臨御溝見紅葉上有詩云流水何太急深宮盡日閑殷勤謝紅葉好去到人間其三北夢瑣言進士李茵嘗遊苑中見紅葉自御溝流出上題詩曰與盧渥詩同其四玉溪

編事侯繼圖秋日于大慈寺倚闌樓上忽木葉飄墜上有詩曰拭翠斂愁蛾爲鬱心中事搦筆下庭除書作相思字此字不書名此字不書紙書向秋葉上願逐秋風起天下有情人盡解相思死余意前三則本只一事而傳記者各異耳劉斧靑瑣中有流紅記最爲鄙妄蓋竊取前說而易其名爲于祐云本朝詞人罕用此事惟周淸眞樂府兩用之掃花遊云隨流去想一葉怨題今到何處六醜詠落花云飄流處莫趁潮汐二恐斷紅上有相思字何由見得脫胎換骨之妙極矣淸眞名邦彥字美成徽宗時爲待制提舉大晟樂府

王中行字知復國子司業逃之子學問文章皆有家法在廣西幕時李公大異爲帥常誦老杜天吳紫鳳之句問坐客曰天吳水神也吳當音華見山海經未知復何書客皆莫對王獨曰按後漢戴就被收獄吏燒鋘斧使就挾之注引何承天纂文張揖字詁鋘音

華又不吳不敖不吳不揚亦皆華音李公稱善衆亦服其該洽知復輕財重義喜周人之急姚江跨江爲邑自南而北必喚渡以濟邦人議立橋久不就司業捐館時積錢百緍知復不它費獨力成橋遂爲一邑偉觀

大溪山在廣州境內山有一洞其處所人不常識每歲五月五日洞開則見之土人預備墨瀋紙刷入其中以手模石壁覺有罅隙若鐫刻者以墨刷其上紙覆其上印搨而出洞亦隨閉持所印紙視之成咒語或藥方所得皆不同亦有不成字無所得者咒術藥方應用無不效驗蓋南法之所出也

湖南北沙板皆自地發多在人家迸出如筍長數十丈大數十圍或一或二或數株並生人家遭此者皆拆裂傾陷屋宇如掃然析之爲板其利甚溥因此家道日進故俗以爲吉祥亦有掘地得板一窖至數百片土人往往以鐵爲長梗入山刺地有板處鐵不能入殊不知地中何以有此也毛義夫云往年平江大旱河水盡涸居民就河底挖旱井或有掘得沙板者愈取愈多相去五里十里必有一處多至四百片亦有得沈香者滄洲云洞板完全者最難得補綴精密雖巧目亦不能辨以沸湯沃之則敗矣

嚴州壽昌縣道傍有朱買臣廟廟貌甚設其地有朱池朱村居人多朱姓朱謙之有詩云貧賤難堪俗眼低區區何事便雲泥會稽乞得無它念直爲歸來詑故妻束薪行道自歌呼越俗安知有丈夫一見印章驚欲倒相看方悔太模糊

浦城雕花蜜煎爲天下最冬瓜柳穿魚引之長三尺壽架子臺坐假山龜鶴壽星仙女皆冬瓜也三台梅者三顆共蔕四輔梅亦然雕刻精妙天慶觀所售尤佳皆道童爲之

謙之云魏府之隸呼馬子爲肥匱豐樂陳氏呼滓斗爲骨鉢

謙之云曩在筠州新昌縣嘗出遊歷將至五峰馬上遙見山中草

木蠕蠕動疑爲地震馭者云滿山皆猴也數以千萬計行人獨過常遭戲虐每羣呼跳踉而至扳緣頭目胸項手足滾成毛毬雖有兵刃亦無所施往往致死夜宿民家犬爲虎銜去明日至寺問山中有虎乎曰無有何以無曰山中皆大林木虎安敢來朱曰林木森森虎所隱庇何爲不來曰大木上多趫鼠虎過其下鼠必鳴噪自拔其毛投虎身著處必生蟲久則徧體瘡爛以至于死故畏不敢至方悟宣城包氏畫虎皆平原曠野茅葦叢薄中亦有棘枝蕁丈木嘗作林木者以此隋文帝云譬之猛虎人不能害反爲毛間蟲所蠹損又可證也

又見道旁民家有侏儒女僅長二尺政如冬瓜中插手足坐而緝麻有頃老嫗抱嬰兒來侏儒女接取披其胸乳之問則嫗之子婦也已而夫歸乃長六尺餘甚雄壯

賴省幹之卜天下知名賴建寧人挾妖術殺人祭鬼常于浙中尋

求十餘歲童女養之以充用其母喜誦佛書女習念心經後此女次當供祭沐浴裝飾寘空室中鐍其戶而去女自分必死夜且半覺有物自天窗下光熚熚然不勝怖急急念揭諦呪忽口中亦有光出此物逡廵欲進復却女誦呪益急良久口中光漸大直出射此物物顛仆床下鏗然有聲不復起其室近街俄時警夜卒過焉女大呌殺人卒報所屬率衆破壁取女出視壁下物乃大白蟒死矣捕賴及家人鞠問具服黥配海外籍其家今爲齋安撫居宅

徑山寺主圜僧行菜畦間爲蛇傷足久之毒氣蔓延一脚皆爛號呼宛轉常住爲招醫積費數百千不能愈有游僧見之曰吾能治此命汲淨水洗病脚腐膿敗肉悉去之易水數器瘡上白筋數見挹以軟緜解包取藥末均糝瘡中惡水泉湧良久乃止明日淨洗如初日日皆然但見水漸少肉漸生一月之後平復如舊主僧及合寺大喜欲謝以錢物僧云吾與山門結緣豈因以利却不受他

日主僧具食延之謂曰山中蛇虺多被傷者時有之誠願得其方以備緩急僧云和尚有命豈敢不從但此方來處絕妙不必廣傳香白芷爲末入鴨嘴膽礬麝香少許臨期以意斟酌之未幾僧已起單去長老升座以此方徧告諸人

孫琳路鈐本殿前司健兒寧宗爲郡王病淋日夜凡三百起國醫罔措黄院子有與孫善者薦其能光宗時在東宮亟使人召之至孫求二十錢買大蒜淡豉蒸餅三物爛研合和爲丸令以溫水下三十丸曰今日進三服病當退三分之一明日再進如之三日則病除已而果然賞以千緡奏官右列或問其說孫曰小兒何緣有淋只是水道不通利蒜豉皆通利無他巧也張知閤久病瘧遇熱作時如火年餘骨立醫以爲虛餌之茸附熱愈甚招孫診視許謝五十萬孫笑曰但安樂時湖上作一會足矣命官局贖小柴胡湯三貼服之熱減十九又一服病脫然孫曰是名勞瘧熱從髓出又

加剛劑剝損氣血安得不瘦蓋熱藥不一有去皮膚中熱者有去臟腑中熱者若髓熱非柴胡不可北方銀州柴胡只須一服南方力減于北故三服乃效今却可進滋補藥矣一少年子娶妻得軟脚病疼楚特甚醫以爲脚氣孫聞之曰吾不必診視但買杜仲一味寸斷片析每一兩用半酒半水一大盞煮六分頻服之三日而能行又三日如未嘗病者孫曰府第寢處高明衣履燥潔無受溼之理特新娶色欲過度致然杜仲專治腰膝以酒行之則爲效易矣其伎大略奇驗如此

徐淵子舍人好以詩文諧謔丁少詹與妻有違言棄家居茶寮山茹素誦經日買海物放生久而不歸妻患之祈徐譬解徐許諾出門見賣老婆牙者買一巨籃餉丁且作詞曰茶寮山上一頭陀新來學者麼蝤蛑螃蟹與烏螺知它放幾多有一物是蜂窠姓牙名老婆雖然無奈得它何如何放得它丁見詞大笑而歸

朱中直府判爲池之青陽簿老吏言紹興初有縣丞夫婦皆年三十而無子令吏輩求嬰兒爲嗣不數日輒死又求之數年內凡失十餘子最後一子死棺殮就焚其本生父母來視之循其體兩股微熱復視之陰囊已破去雙腎矣哭告于官追丞家人劾治具得其狀乃丞用道人授房中之術用嬰兒腎入藥僞爲求嗣實爲藥資案成丞死于獄不克正其罪

兀朮見一卒妻美殺其夫而納之寵嬖殊甚朮有所佩七首極利寢則枕之它日方寢此婦取七首將殺之朮覺驚問婦曰將殺汝朮曰何故曰我夫爲汝殺吾欲報仇朮默然久之曰吾不忍殺汝當爲汝別求夫乃盡集諸將使自擇婦指一人卽以嫁之丘宋卿同客談此曰此其所以爲兀朮也

滄州令朱都延往桂陽託趙守市沙板未言產沙板地名沙甫洞羅址洞羅浮江漿村龍查上坑夫村取板皆貧民下戶率一二十

人請財主出木裹糧入深谷結茅舍宿食每日四散用鐵椎插地探板謂之探寶或即來得或一月或數月在財主福分耳財主呼爲糧甲頭亦有空費糧食訖無得者木有三等上者價十倍常板次曰秋木次桧木但有鷺鷥糞鵓鳩斑爲上板出下江道路之費倍于買價大略如此

京師士人出遊迫暮過人家缺墻似可越被酒試逾以入則一大園花木繁茂徑路交互不覺深入天漸暝望紅紗籠燭而來驚惶尋歸路迷不能識亟入道左小亭亭中氊下有一穴試窺之先有壯士伏其中見人驚奔而去士人就隱焉已而燭漸近乃婦人十餘靚妝麗服俄趨亭上競舉氊見生驚曰又不是那一箇婦熟視曰也得也得執其手以行生不敢問引入洞房曲室羣飲交戲五鼓乃散士人憊倦不能行婦貯以巨篋舁而縋之墻外天將曉思爲人所見強起扶持而歸他日迹其所過乃蔡太師花園也

今軍營中有天王堂按僧史天寶初西番寇安西奏乞援兵明皇詔不空三藏誦仁王護國經帝見神人帶甲荷戈在殿前不空云此毗沙門天王第二子獨健往救安西也後安西奏有神人長丈餘被金甲鼓角大鳴番寇奔潰斯須城上天王現形謹圖形上進因敕諸節鎮所在州府于城西北隅各立天王形像佛寺亦別院安置但不知何時流入軍營耳

三衢一子弟淫其里鍛工之女爲工所擒不忍殺以鐵鉗缺其左耳縱之去輕薄子作賦誚之內一聯云君子將有爲也載寢之牀匠人斵而小之言提其耳

趙德老常戲言明州有三賤燒底賤著底賤吃底賤或問其故曰燒底是燈艸著底是艸鞖吃底是鹽又云慈溪縣有三薦茶店湯瓶不曾薦客店牀上無藁薦大街上好放薦皆可資笑

鄭景望紀聞云乖崖師蜀時入蜀者不挈家給辭濯紉縫二人乖崖悅一姬中夜心動而起繞室行但云張詠小人張詠小人于是稍令自近及將歸出帖子議親云某家室女房奩五百千以禮遣之蓋未嘗有犯也趙清獻帥蜀日有妓戴杏花清獻喜之戲語之曰頭上杏花眞可幸妓應聲曰枝頭梅子豈無媒趙益感感夜語直宿老兵曰汝識某妓所居乎曰識之曰爲我呼來去幾二鼓不至復令人速之旋又令止之老兵忽自幙後出公怪問之兵曰某度相公不過一箇時辰此念息矣雖承命實未曾往它日置酒公猶却之妓使忽進元祐公此說未然某向見郭德正言却有理張帥蜀時新有變爲帥守者不許將官家擇處子十人執院級紅之役張始不肯用既而恐不便于後政遂留之執事一年將歸悉嫁之則處子也後趙爲帥聞其風悅之然已不敢親近置之它所有宴集則呼之一日偶喜其中一人者酒罷留之私舍公先入宅曰侯來呼你則入女不勝喜孔目官以下皆通名謁見求芘覆矣公

入久不出或覘之則周行室中連聲自叱其名趙某不得無禮如是一時頃乃呼女吏云適間女子可支錢五百千明日便令嫁人毛義夫云清獻旣留此女入而濯足且將復出時天大寒熾炭命老兵持盆水出忽舉盆澆炭上烟火飛揚滿室公悟乃遣女去余意此皆近世所傳恐不得實乖崖清獻而未免剛制它人獨奈何哉

臨安有人家土庫中被盜者絕無踪迹一總轄語其徒曰恐是市上弄猢猻者試往脅之不伏則執之又不伏則令唾掌中如其言其人良久覺無唾可吐色變具服乃令猢猻由天窗中入取物或謂總轄何以知之曰吾亦不敢必但人之驚恐者必無唾可吐姑以卜之幸而中耳又一總轄坐霸頭茶坊有賣熟水人持兩銀杯一客衣服濟然若巨商者行過就飲總轄遙見呼謂曰吾在此不得弄手段將執汝客慚悚謝罪而去人問其故曰此奸盜之魁桀

也適飲水時以兩手捧盂蓋陰度其廣狹將作僞者以易之耳吾既見安得不問韓王府中忽失銀器皿數事掌器婢叫呼爲賊傷手趙從善尹京命總轄往府中測視良久執一親僕訊之立伏歸白趙云適視婢瘡口在左手蓋與僕有私竊器與之以刀自傷僞稱有賊而此僕意思有異于衆以是得之

朱謙之云婢名雖得雅馴者常欲命庖者曰家常隨宜爨者曰浙玉攛鲊者曰無塵侍更衣者曰抱衾

尤延之極短小壽皇嘗問之外廷語卿爲秤鎚有諸對曰秤鎚雖小斤兩分明上頷之

洪景盧奉使其父忠宣常薦之景盧爲虜困辱而歸太學諸生作詞云洪邁被拘留垂哀告彼酋七日忍飢猶不耐堪羞蘇武爭禁十九秋厥父既無謀厥子安能解國憂萬里歸來誇舌辯村牛好擺頭爾不擺頭蓋洪好搖頭也

建寧監作院鄭江三衙吏也以棘寺推司得官嘗云岳鵬舉初入獄欲坐以得督視所劄子令策應而三日不行爲違節制行軍法何伯壽奉命治其事岳語何曰如此招子某不到得死何曰相公但放心若相誤令某子孫皆無眼岳乃詈竟坐死何由此得執政既而其家生子果皆淸盲此事得于老吏

蔡元定字季通博學強記通術數游朱晦翁門公極喜之薦元善尤重之薦其能傳康節之學命使定曆密院劄令赴行在蔡雖不應命人猶以聘君稱之晦翁以道學不容于時胡閎章疏併及蔡謂之妖人坐謫道州以死蔡善地理學每與鄉人卜葬改定其間吉凶不能皆驗及貶有贈詩者曰掘盡人家好隴丘寃魂欲訴更無由先生若有堯夫術何不先言去道州

王中建陽人有才而輕薄鄉人游必舉連生二女作湯餅王必與席至于三慚不招客王贈詩曰數年生女必相邀今度如何不見招但願君家常弄瓦弄來弄去弄成窰

建寧府有解魁謝太守啓云賈誼作秀才諸生無出其右韓信拜大將一軍皆爲之驚百戰百勝君無務已試之功三沐三熏予將有善後之請

俗以湯之未滾者爲盲湯初滾曰蟹眼漸大曰魚眼其未滾者無眼所語盲也

說郛卷第三十一終

說郛卷第三十二

遯齋閒覽 十四卷　宋范正敏 福州長溪縣令

名賢

妙齡穎悟

楊大年內翰七歲對客談論有老成風年十一太宗聞其名召對便殿授祕書正字且謂曰卿久離鄉里無念父母乎對曰臣見陛下如臣父母上歎賞久之

剛果而和

程丞相 琳 性嚴毅無所推下出鎮大名每晨起據案決事左右皆惴恐無敢喘息及開宴召佐歡酒則笑歌歡謔釋如無聞于是人畏剛果而樂其曠達

野逸

性度寬弘

羅可沙陽之碩儒也性度寬弘詞學贍麗嘗預鄉薦見黜于禮部遂慨然不復有進取意以疏放自適鄉人共以師禮事焉人有竊刈其園中蔬者可適見因躡足伏草間避之以俟其去又有攘其雞者可以攜索就之其人慚悚服罪可執其手曰與子幸仝閭里不能烹雞以待子我誠自愧乃設席呼其妻孥環坐盡醉而歸終不以語人人由是相誡無犯年六十七而終

詩談

華清宮詩

杜牧華清宮詩云長安回望綉成堆山頂千門次第開一騎紅塵妃子笑無人知是荔枝來尤膾炙人口據唐紀明皇常以十月至驪山至春即還宮是未嘗六月在驪山也然荔枝盛暑方熟詞意雖是而失事實

唐參軍簿尉

杜甫贈高適詩云脫身簿尉中始與捶楚辭韓愈贈張功曹詩云判司卑官不堪說未免捶楚塵埃間杜牧寄小姪阿宜詩云參軍與簿尉塵上驚羌勷一語不中治鞭箠身滿瘡以此明唐之參軍簿尉有過即受笞杖之刑今之吏胥也

花瑞

揚州芍藥名著天下郡國最其盛處仁宗朝韓魏公以副樞出鎮維揚初夏芍藥盛開忽于蘖中得黃緣稜者四朵士人呼爲金腰帶云數十年間或有一二朵不常見也魏公開宴召三人者仝賞時王禹玉作監郡王荆公爲幕官陳秀公初授衛尉寺丞爲過客其後四人皆相繼登台輔蓋花瑞也

證誤

春秋所引非逸文

春秋襄五年楚殺令尹子辛君子謂楚共王于是不刑因舉夏書成允成功爲證又哀十八年巴人伐楚傳引官占惟先蔽志昆命于元龜此皆大禹謨之文杜預並注云逸書也是知預未嘗讀古文尚書

吉貝

閩嶺已南多木棉土人競植之有至數千株者采其花爲布號吉貝布余後因讀南史海南諸國傳言林邑等國出古貝木其花成時如鵝毛抽其緒紡之以爲布與紵布不異亦染成五色織班布正此種也蓋俗呼古爲吉耳

通應子魚

蒲陽通應子魚名著天下蓋其地有通應侯廟廟前有港港中魚最佳今人必求其大可容印者謂之通印子魚故荆公有詩云長魚俎上通三印此傳聞之訛者

夷言無正音

歐公云契丹阿保機李珙集中賜契丹詔乃爲何布機後有人自虜中歸云虜中實呼爲阿保謹以爲傳聞之誤余嘗思之蓋夷言無正音用華語譯不能無訛謬如漢身毒國亦號捐篤其後改爲乾篤又曰乾竺今遂呼爲天竺矣譯者但取在語音與中國相近者言之故隨時更變而莫能定也

擬古詩

文選有江文通擬古詩三十首如擬休上人閨情云日暮碧雲合佳人殊未來今人遂用爲休上人詩古事又擬陶淵明田園詩云種禾在東皐苗生滿阡陌今此詩亦收在陶淵明集中皆誤也

引易緯文

永叔作傳易圖序云予讀經解至引易曰差若毫釐繆以千里之句怪今易無此文疑易非完書且經解所引按王充論衡乃易之緯文永叔于易經求之誤矣

雜評

編詩

或問王荆公云編四家詩以杜甫爲第一李白爲第四豈白之才格詞致不逮甫耶公曰白之歌詩豪放飄逸人固莫及然其格止于此而已不知變也至于甫則悲歡窮泰發斂抑揚疾徐縱橫無施不可其詩有平淡簡易者有綺麗精確者有嚴重威武若三軍之帥者有奮迅馳驟若汎駕之馬者有寂寞閑靜如山谷隱士者有風流蘊藉若貴介公子者蓋其詩緒密而思深觀者苟不能臻其閫奧未易識其妙處夫豈淺近者所能窺哉此甫之所以光掩前人而後來無繼也元稹以語兼人人所獨專斯言信矣或者又曰唐人之呼何以李加杜先而語之李杜豈當時之論有所未當歟公笑曰名姓先後之呼豈足以優劣人哉蓋漢之時有李固杜

喬者世號李杜又有李膺杜密亦語之李杜當時甫白復以能詩齊名因亦謂之李杜取其稱呼之便耳退之詩有曰李杜文章在又曰昔年嘗讀李白杜甫詩則李在杜先若曰遠追甫白感至誠又曰少陵無人謫仙死則李居杜後如此則孰爲優劣如今人呼其姓則謂之班馬呼其名則謂之遷固先而白居易與元稹同時唱和人號元白後與劉禹錫唱和則語之曰劉白居易之才豈眞下二子哉若曰王楊盧駱楊冏固嘗自言余愧在盧前恥居王後益知稱呼前後不足以優劣人也晉王導嘗戲諸葛恢云人言王葛不言葛王何邪恢答曰譬言驢馬豈驢能勝馬耶君若泥稱呼爲優劣將復有以此戲君者矣或者又曰評詩曰謂甫期白太過反爲白所誚公曰不然甫贈白詩云淸新庾開府俊逸鮑參軍但比之庾信鮑昭而已又云李侯有佳句往往似陰鏗詩又在庾鮑下矣飯顆之嘲唯一時戲劇之談然二人者名既相逼亦不能無相忌也

人事

安石遇人談文

舒王退謝金陵幅巾杖履獨遊一寺遇數客盛談文史詞辨紛然公在側人莫之顧有一客徐謂曰爾知書乎公但唯唯復問君何姓拱手而答曰安石姓王衆賓惶懼遽謝而退

修寺焚僧

太平興國江東有僧詣闕請修天台寺且言寺成願焚身以報太宗命入內高品衛紹欽督事其紹欽日與僧笑語無間及營繕畢乃積薪于庭呼僧從願僧言願見至尊面謝紹欽不許僧大怖泣告紹欽促令登薪火盛僧欲下紹欽遣左右以杖抑按焚之而退

娶婦離間友愛

姑蘇馮氏兄弟三人甚相友愛其季娶婦逾年輒風使其夫分異

夫怒詬曰吾家義居三世矣汝欲敗吾素業耶婦乃不復言而其仲每對親戚常切齒以語此婦必敗吾家一日其婦向夫悲泣求去詰之不答固問之始收淚曰妾父母以君家兄弟篤于友義故以妾婦君今仲常欲私我我不敢從每恚怒欲令君逐妾向勸君卜居于外其實慮此使妾不幸爲仲所汚縱君含恥能忍妾亦何面目以見親族乎季怒遂逼其兄析居而孝友衰焉王荆公嘗言柳開所撰其叔母墓誌云人家兄弟無不友愛多由娶婦離間觀此眞可以爲誡焉

妬

婦人之妬出于天性殆不可開諭甚者雖脅以白刃不變也故小說載唐太宗賜房玄齡妻酒事至今以爲口實近世士人中二事尤異皆不欲顯其名姓陳浩吉通直云四十年前撫州監酒范寺成妻色美而妒范甚寵憚之同寮每休招妓燕集皆不得預一夕

范輪次直宿謂告有私醸者范晨率吏卒徑往捜捕其司李供奉平日與范無間素知其妻妒乃戲取官妓雙履密置范臥具中須臾務吏挈衾囊歸妻抱衾見履神色沮喪詰吏所以來吏對不知于是泣怨良久因摘心而呼曰天乎吾至是耶乃入室閉戶而寢頃之范還排門而入則妻自經死矣又有人任湖南倅妻生一子始及晬倅甚愛憐之偶一日郡守在告倅攝郡事會鄰郡太守過郡與倅有舊倅爲開宴命妓佐酒妓中有一人差秀慧者立侍倅側倅顧與語及戲爲酒令笑語方酣見鈴吏擎生肉二盤一置倅前一置客前倅愕問其故則其子肉也蓋妻忿夫與妓語乃手刃其子封肉以獻其忍毒至此

六虎

延平吳氏姊妹六人皆妬悍殘忍時號六虎就中五虎尤甚凡三適人皆不終平生手殺婢十餘人每至夜分嘗聞堂廡間喧呼擊扑之聲同室者皆思五虎怒曰狂鬼敢爾耶命闢戶移榻于中庭乃持刃獨寢于是徹旦寂然人謂五虎之威鬼猶畏之也

劉喜焚妻

德州軍士劉喜有氣節嘗出經年妻與一富人子私通夫歸紿語妻曰汝之前事我盡知之吾不能默默受辱于人又不忍間兩情之好汝能令富人子以百金餉我我則使汝詐爲得病而死者載以凶器而送諸野汝夜則潛往奔之如是庶可以滅口妻以爲然因進百金托以病逝夫乃納妻于棺膠以大釘遂縱火焚之即以身自訴于郡將張不疑奇其節而釋其罪

醫巫

田嵓閩人以醫著名尤善治瘵疾察形診候度疾淺深以計所酬之直約定始肯爲治多至五百千少不下百千疾平受期以時月未嘗有失嵓後自得瘵疾歷試平日所用之方無一驗遂死南人

信巫有疾癘不召醫惟命巫使行禁呪辛巳年臨汀大疫郡巫盡死餘人不治多自瘥然則醫巫豈足恃乎

柏木中作笛聲

余尚書靖慶曆中知桂州州境窮僻處有林木延袤數十里每至月盈之夕輒有笛聲發于林中甚清遠土人云聞之已數十年終不計其何怪也公遣人尋之見其聲一大柏木中出乃伐取以爲枕聲如期而發公甚寶惜凡數年公之季弟欲窮其怪命工解視之但見木之文理正如人月下吹笛之像雖善匠者不能及重以膠合之則不復有聲矣

腸瘻疾

傳舍人爲太學博士忽得腸瘻之疾至其劇時往往對衆失笑吃吃不止數年方愈此疾殆古人所未有

應聲蟲

余友劉伯時嘗見淮西士人楊勔自言中年得異疾每發言應答腹中輒有小聲效之數年間其聲浸大有道士見之驚曰此應聲蟲也久不治延及妻子宜讀本草遇蟲所不應者當取服之勔如言讀至雷丸蟲忽無聲乃頓餌數粒遂愈余始未以爲信其後至長汀遇一丐者亦有是疾環而觀之者衆因教之使服雷丸丐者謝曰某貧無他技所以求衣食于人者唯藉此耳

腹鳴如鼓

陳子直主簿之妻有異疾每腹脹則腹中有聲如擊鼓遠聞于外過門者皆疑其家作樂腹消則鼓聲亦止一月一作經數十醫皆莫能名其疾

嗜酒

鏌陽有士人嗜酒日常數斗至午後飲興一發則不可遏家業由是殘破一夕大醉嘔出一物如舌初視無痕竅至欲飲時眼偏其

上蠢然而起家人沃之以酒立至盡常日所飲之數而止遂投之猛火中忽爆烈爲數十片士人自此惡酒

諸異

登州海中過晴霽忽見臺觀城市人物往還者謂之海市東坡常一見之又歐常過河朔高唐縣宿驛舍夜聞神鬼自空中過人畜之聲可辨父老云二十年嘗晝過縣土人謂之海市高虛云海賓遠謂之海市竊恐不然舊說漢時有人奉使過海忽見漢家宮闕臺殿如在目前使人因具衣冠向闕而拜須臾風駛舟行遂迷所在又酉陽雜俎云有人掘井深已倍常井數丈不見水忽聞向下車馬人喧鬧之聲近如隔壁出以告州將將遣數人驗之不誣欲奏其事恐涉怪而止遽令塞之又湘潭界中有寺名方廣每至四月朔日在東壁則照見維揚宮府樓堞居民宇舍彰著壁上亦物物可數又家弟公敍嘗夜宿福清紫微院三鼓忽聞院後讙呼買物之聲正如城市皆是浙音達旦而止明日起視皆高山峻壁也寺僧云一歲之中凡數次如此人謂之鬼市陰冥之事蓋有非人意所能測者

諧噱

頌蝨

荆公禹玉熙寧中同在相府一日同侍朝忽有蝨自荆公襦領而上直緣其鬚上顧之而笑公不自知也朝退禹玉指以告公公命從者去之禹玉曰未可輕去輒獻一言以頌蝨之功公曰如何禹玉笑而應曰屢遊相鬚曾經御覽荆公亦爲之解頤

長年術

蒲傳正知杭州有術士請謁蓋年踰九十而猶有嬰兒之色傳正接之甚歡因訪以長年之術答曰某術甚簡而易行它無所忌唯當絕色慾耳傳正俛思良久曰若然則壽雖千歲何益

崖州地望最重

丁晉公自崖州還與客會飲一客論及天下地理謂四坐曰海內州郡何處最爲雄盛晉公曰唯崖州地望最重客問其故答曰朝廷宰相祇作彼州司戶參軍它州何可及也

海南人情不惡

東坡自海南還過潤州州牧故人也出郊迓之因問海南風土人情如何東坡云風土極善人情不惡其初離昌化時有十數父老皆攜酒饌直至舟次相送執手泣涕而去且曰此回與內翰相別後不知甚時再得來相見

應舉忌落字

柳冕秀才性多忌諱應舉而同輩與之語有犯落字者則忿然見于詞色僕夫誤犯輒加杖楚常語安樂爲安康忽聞榜出亟遣僕視須臾僕還冕門迎問曰我得否乎僕應曰秀才康了也

䊷婿

今人于榜下擇婿號䊷婿其語蓋本諸袁山松尤無義理其間或有意不願就而爲貴勢豪族擁逼而不得辭者有一先新輩少年有風姿爲貴族之有勢力者所慕命十數僕擁至其第少年欣然而行略不辭遜既至觀者如堵須臾有衣金紫者出曰某惟一女亦不至醜陋願配君子可乎少年鞠躬謝曰寒微得託迹高門固幸待我歸家試與妻子商量如何衆皆大笑而散

作詩圖對偶親切

魏達可朝奉喜爲諧談嘗云李廷彥獻百詠詩于一上官其間有句云舍弟江南沒家兄塞北亡上官蹵然傷之曰不意君家凶禍重併如是廷彥遽起自解曰實無此事但圖屬對親切耳

作邀僧夜話詩

又云許義方妻劉以端潔自許義方嘗出經年始歸語其妻曰獨處無聊得無時與隣里往還乎劉曰自君之出雖閉戶自守足未嘗履閾義方咨嗟不已又問何以自娛答曰唯時作小詩以適情耳義方欣然命取詩觀之開卷第一篇題云月夜招隣僧閑話

汎志

複名

東漢人無複名者或以問其鄉貢進士方絢絢云王莽時禁用兩字名蓋沿襲所致

麻胡

今人呼麻胡以怖小兒其說有二朝野僉載云僞趙石勒虎以麻將軍秋爲帥秋胡人暴戾好殺國人畏之有兒啼母輒恐之曰麻胡來啼聲不絕至今以爲故事又大業拾遺云煬帝將幸江都令將軍麻胡濬河胡虐用其民每以木鵝爲試鵝流不迅謂濬河不忠皆抵死百姓惴慄常呼其名以恐小兒小兒夜啼不止呼麻胡來應時止大業拾遺在僉載前當以拾遺爲是或云胡本名祜胡者爲其多髭髯也

李庭邽墨

唐末墨工李超與其子庭邽自易水渡江遷居歙州本姓奚江南賜姓李氏庭邽其後改之故世有奚庭邽墨又有李庭邽墨或有作庭邽字者僞也墨亦不精庭邽之弟之子文用皆能世其業然皆不及庭邽祥符中治昭應宮用庭邽墨爲染飾今人間所有皆其時餘物耳有貴族常誤遺一丸于池中疑爲水所壞因不復取既踰月臨池飲墜一金器爲乃令善水者併得其墨光色不變表裹如新其人益寶藏之

風土

土宜

陝西鳳州妓女雖不盡妖麗然手皆纖白州境內所栽柳翠色尤可愛與他處不同又公庫多美醞故世言鳳州有三出謂手柳酒也宣城士人李愈云吾鄉有四出問何物答曰漆栗筆墨

動植

禽鳥有智

鸂鶒能敕水故水宿而物莫能害鴆能巫步禁蛇故食蛇啄木遇蠹穴能以嘴畫字成符即蠹蟲自出鵲有隱巢木故鷙鳥莫能見燕啣泥避戊巳日故巢固而不傾鸛有長水石故能于巢中養魚而水不涸燕惡艾雀欲奪其巢即啣艾置其巢中燕見艾避去皆鳥之有智者也

鴆

人有任嶺南官至山寺登廁忽有異禽飛集廁前石跳躍作聲若巫家之禹步者須臾石裂出一青蛇乃啗之而去見者大駭問寺僧云正鴆鳥也蓋惟食毒蛇乃能成其毒

又

蘄州黃梅山有鳩巢于山岩大木中狀類訓狐聲如擊腰鼓巢下數十步無生草每春生二子一能飛乃送出山唯二雌雄獨留此與金山石穴二鶴無異

百勞

百勞一名梟一名鴟能捕燕雀諸小禽食之又能禁蛇以其食母不孝故古人賜梟羹又標其首于木故後人標賊首以示衆者謂之梟首余嘗偶居北門鎭小寺寺後喬木數株有梟巢其上凡生八子子大能飛身皆與母等求食益急母勢不能供即避伏荊棘間羣子噪逐不已母知必不能逃乃仰身披翅而臥任衆子啄食至盡乃散去就視惟毛嘴存焉

毬魚

海中異物不知名者甚多大抵以狀名之朱崖之傍有物正如鞠

大小質狀無異亦有紋如綫謂味極肥美土人但呼爲毬魚

種松令假蓋

蘇伯材奉議云凡欲松假蓋極不難栽時當去松中大根惟留四傍鬚根則無不假蓋

迷樓記 一卷

煬帝晚年尤深迷女色他日顧謂近侍曰人主享天下之富亦欲極當年之樂自快其意今天下安富外內無事此吾得以遂其樂也今宮殿雖壯麗顯敞苦無曲房小室幽軒短檻若得此則吾期老于其中也近侍高昌奏曰臣有友項昇淛人也自言能構宮室帝翌日召而問之項昇曰臣乞先奏圖本後數日進圖帝覽大悅即日詔有司供具材木凡役夫數萬經歲而成樓閣高下軒窗掩映幽窗曲室玉闌朱楯互相連屬回環四合曲屋自通千門萬牖上下金碧金虬伏于棟下玉獸蹲于戶傍壁砌生光瑣窗射日工巧之極自古無有也費用金玉帑庫爲之一虛人誤入者雖終日不能出帝幸之大喜顧左右曰使眞仙遊其中亦當自迷也可目之曰迷樓詔以五品官賜項昇仍給內庫帛千疋賞之詔選後宮良家女數千以居樓中每一幸有經月而不出是月大夫何稠進御童女車車之制度絕小祇容一人有機處于其中以機礙女之手足纖毫不能動帝以處女試之極喜召何稠語之曰卿之巧思一何神妙如此以千金贈之旌其巧也何稠出爲人言車之機巧有識者曰此非盛德之器也稠又進轉關車車用挽之可以昇樓閣如行平地車中御女則自搖動帝尤喜悅帝語稠曰此車何名也稠曰臣任意造成未有名也願帝賜佳名帝曰卿任其巧意以成車朕得之任其意以自樂可名任意車也何稠再拜而去帝令畫工繪士女會合之圖數十幅懸于閣中其年上官時自江外得替回鑄烏銅屏八面其高五尺而闊三尺磨以成鑑爲屏可環于

寢所詣闕投進帝以屏內迷樓而御女于其中纖毫皆入于鑑中帝大喜曰繪畫得其象耳此得人之眞容也勝繪圖萬倍矣又以千金賜上官時帝日夕沉荒于迷樓罄竭其力亦多倦怠顧謂近侍曰朕憶初登極日多辛苦無睡得婦人枕而藉之方能合目才似夢則又覺今睡則冥冥不知返近女色則憊何也它日倭民王義上奏曰臣田野廢民作事皆不勝人又生于遐陬絕遠之域幸因入貢得備後宮掃除之役陛下特加愛遇臣常自宮以侍陛下自茲出入臥內周旋宮室方今親信無如臣者臣由是竊覽書殿中簡編反覆玩味微有所得臣聞精氣爲人之聰明陛下當龍潛日先帝勤儉陛下鮮親聲色日近善人陛下精實于內神清于外故日夕無寢陛下自數年聲色無數盈滿後宮陛下日夕游宴于其中自非元日大辰陛下何嘗臨御前殿其餘多不受朝設或引見遠人非時慶賀亦日晏坐朝曾未移刻則聖躬起入後宮夫以

有限之體以投無盡之慾臣固知其竭也臣聞古者有老叟獨歌舞于磐石之上人詢之曰子何獨樂之多也叟曰吾有三樂子知之乎何也人生難遇太平世吾今不見兵革此一樂也人生難得支體全完吾今不殘廢此二樂也人生難得老壽吾今年八十矣是三樂也其人嘆賞而去陛下享天下之富貴聖貌軒逸龍姿鳳而不自愛重其思慮固出于野叟之外臣蕞爾微軀難圖報効罔知忌諱上逆天顏因俯伏泣涕帝乃命引起翌日召義語之曰朕昨夜思汝言極有深理汝眞愛我者也乃命義後宮擇一淨室而帝居其中宮女皆不得入居二日帝忿然而出曰安能悒悒居此乎若此雖壽千萬歲將安用也乃復入迷樓宮女無數不得進御者亦極衆後宮侯夫人有美色一日自經于棟下臂懸錦囊中有文左右取以進帝乃詩也自感三首云庭絕玉輦迹芳草漸成窠隱隱聞簫鼓君恩何處多欲泣不成淚悲來翻強歌庭花方爛

熳無計奈春何春陰正無際獨步意如何不及閑花草翻承雨露多看梅二首云砌雪無消日捲簾時自嗟庭梅對我有憐意先露枝頭一點春香淸寒豔好誰惜是天眞玉梅謝後陽和至散與羣芳自在春妝成云妝成多自惜夢好却成悲不及楊花意春來到處飛遺意云祕峒扃仙卉雕房鎖玉人毛君眞可戮不肯寫昭君自傷云初入承明日深深報未央長門七八載無復見君王春寒入骨淸獨臥愁空房颯履步庭下幽懷空感傷平日新愛惜自待聊非常色美反成棄命薄何可量君恩實疏遠妾意徒徬徨家豈無骨肉偏親老北堂此身無羽翼何計出高牆性命誠所重棄割良可傷懸帛朱棟上肝腸如沸湯引頸又自惜有若絲牽腸毅然就死地從此歸冥鄉帝見其詩反覆傷感帝往視其尸曰此已死顏色猶美如桃花乃急召中使許廷輔曰朕向遣汝入後宮擇女入迷樓汝何故獨棄此人也乃令廷輔就獄賜自盡厚禮葬侯夫人帝日誦詩酷好其文乃令樂府歌之帝又于後宮親擇女百人入迷樓大業八年方士□千進大丹帝服之蕩思愈不可制日夕御女數十人入夏帝煩燥日引飲已百盃而渴不止醫丞莫君錫上奏曰帝心脉煩盛眞元太虛多飲即大疾生焉因進劑治之仍乞置冰盤于前俾帝日夕朝望之亦治煩燥之一術也自茲諸院美人各市冰爲盤以望行幸京師冰爲之踴貴藏冰之家皆獲千金大業九年帝將再幸江都有迷樓宮人靜夜抗歌云河南楊柳謝河北李花榮楊花飛去落何處李花結果自然成帝聞其歌披衣起聽召宮女問之云孰使汝歌也汝自爲之耶宮女曰臣有弟在民間因得此歌曰道途兒童多唱此歌帝默然久之曰天啓之也天啓之也帝因索酒自歌云宮木陰濃燕子飛興衰自古漫成悲它日迷樓更好景宮中吐豔變紅輝歌竟不勝其悲近侍奏無故而悲又歌臣皆不曉帝曰休問它日自知也後帝幸江都唐帝

提兵號令入京見迷樓太宗曰此皆民膏血所爲也乃命焚之經月火不滅前謠前詩皆見矣方知世代興亡非偶然也

海山記一卷　唐□□

余家世好蓄古書器推隋煬帝事詳備皆他書不載之文乃編以成紀傳諸好事者使聞其所未聞故也

隋煬帝生于仁壽二年有紅光竟天宮中甚驚是時牛馬皆鳴帝母先夢龍出身中飛高十餘里龍墮地尾輒斷以其事奏于文帝帝沉吟默然不答帝三歲戲于文帝前文帝抱之臨軒愛玩親之甚久曰是兒極貴恐破吾家自茲雖愛帝而亦不快于帝十歲好觀書古今書傳至于方藥天文地理伎藝術數無不通曉然而性褊忍陰賊刻忌好鈎賾人情淺深時楊素有戰功方貴用帝傾意結之文帝得疾內外莫有知者時后亦不安旬餘日不通兩宮安否帝坐便室召素謀曰君國之元老能了吾家事者君也乃私執

素手曰使我得志我亦終身報公素曰待之當自有計素入問疾文帝見素起坐語素曰吾嘗親冒鋒刃出入矢石生死與子同之方享今日之貴吾自惟不免此疾不能臨天下汝立吾族中人吾不諱汝立吾兒勇爲帝汝倍吾言吾去世亦殺汝此事吾不語人吾之死目不合素曰國本不可屢易臣不敢奉詔帝因忿懣乃大呼左右曰召我兒勇來乃氣哽塞回面向之不言素乃出語帝曰事未可更待之有頃左右出報素曰帝呼不應喉中呦呦有聲帝拜素願以終身累公素急入帝已崩矣乃不發喪明日素袖遺詔立帝時百官猶未知素執圭謂百官曰大行遺詔立帝有不從者戮于此左右扶帝上殿帝足弱欲倒者數四不能上素下去左右以手扶接帝帝執之乃上百官莫不嗟歎素歸家謂家人輩曰小兒子吾已提起教作大家即不知了當得否素恃有功見帝多呼爲郎君侍宴內殿宮人偶覆酒污素衣素怒叱左右引下殿加撻

焉帝頗惡之隱忍不發一日帝與素釣魚于池帝與素並坐左右張傘以遮日帝起如廁回見素坐赭傘下風骨秀異堂堂然帝大疑忌帝多欲有所爲素輒請而抑之由是愈有害素意會素死帝曰使素不死夷其九族先素欲入朝出見文帝執金鉞逐之曰此賊吾欲立勇汝竟不從吾言今必殺汝素驚呼入室召子弟而語曰吾必死以見文帝語之不移時素死帝自素死益無憚乃闢地周二百里爲西苑役民力常萬數內爲十六苑聚土石爲山鑿池爲五湖四海詔天下境內所有鳥獸艸木驛至京師天下共進花木艸卉鳥獸魚蟲莫知其數此不具載詔起西苑十六院名景明一迎暉二棲鸞三晨光四明霞五翠華六文安七積珍八影紋九儀鳳十仁智十一清脩十二寶林十三和明十四綺陰十五絳陽十六皆帝自製名院有二十人皆擇宮中佳麗謹厚有容色美人實之每一院選帝常幸御者爲之首每院有宦者主出入易市又

鑿五湖每湖四方十里東曰翠光湖南曰迎陽湖西曰金光湖北曰潔水湖中曰廣明湖湖中積土石爲山上構亭殿屈曲環繞澄碧皆窮極人間華麗又鑿北海周環四十里中有三山效蓬萊方丈瀛州上皆臺榭回廊水深數丈開溝通五湖四海溝盡通行龍鳳舸帝多泛東湖帝因製湖上曲望江南八闋云湖上月偏照列仙家水浸寒光鋪枕簟浪摇晴影走金蛇偏稱泛靈槎光景好輕彩望中斜清露冷浸銀兎影西風吹落桂枝花開宴思無涯湖上柳烟裏不勝垂宿霧洗開明媚眼東風摇弄好腰肢烟雨更相宜環曲岸陰覆畫橋低綫拂行人春晚後絮飛晴雪暖風時幽意更依依湖上雪風急墮還多輕片有時敲竹戶素花無韻入澄波望外玉相磨湖水遠天地色相和仰面莫思梁苑賦朝來且聽玉人歌不醉擬如何湖上艸碧翠浪通津修帶不爲歌舞緩濃鋪堪作醉人茵無意襯香衾晴霽後顏色一般新游子不歸生滿地佳人

遠意寄青春留詠卒難伸湖上花天水浸靈芽淺蕊水邊匀玉粉濃苞天外剪明霞即在列仙家開爛熳插鬢若相遮水殿春寒幽冷豔玉軒晴照暖添華清賞思何賖湖上女精選正輕盈猶恨乍離金殿侶相將今是採蓮人清唱謾頻頻軒內好嬉戲下龍津玉管朱絃聞盡衣踏青鬬草事青春玉輦泛羣眞湖上酒終日助清懽檀板輕聲銀甲緩醅浮香米玉蛆寒醉眼暗相看春殿晚仙豔奉杯盤湖上風光眞可愛醉鄉天地就中寬皇帝正清安湖上水流繞禁園中斜日暖摇清翠動落花香暖衆紋紅蘋末起清風閒縱目魚躍小蓮東泛泛輕摇蘭棹穩沉沉寒影上仙宮遠意更重重帝嘗遊湖上多令宮中美女歌唱此曲大業六年後苑草木鳥獸繁息茂盛桃蹊李徑翠陰交合金猿青鹿動輒成羣自大內開爲御道直通西苑夾道植長松高柳帝多幸苑中去來無時侍御多夾道而宿帝往往中夜即幸焉一夕帝泛舟遊北海惟宦人十

數輩帝升海山是時月色朦朧晚風輕軟浮浪無聲萬籟皆息帝意恍惚俄水上有一小舟祇容兩人帝謂爲十六院中美人泊至首一人先登贊道陳後主謁帝帝亦忘其死帝幼年與後主甚善乃起迎之後主再拜帝亦鞠躬勞謝既坐後主曰憶昔與帝同隊遊戲情愛甚于同氣今陛下富有四海令人欽服始者謂帝將致理于三王之上今乃甚取當時之樂以快平生亦甚美事聞陛下已開隋渠引洪河之水東游維揚因作詩來奏乃探懷出詩上帝詩曰隋室開兹水初心謀太賒一千里力役百萬民吁嗟水殿不復返龍舟成小瑕溢流隨陡岸濁浪噴黃沙兩人迎客至三月柳飛花日脚沉雲外楡梢噪暝鴉如今遊子俗異日便天家且樂人間景休尋海上槎人喧舟艤岸風細錦帆斜莫言無後利千古壯京華帝覩詩拂衣怒曰死生命也興亡數也爾安知吾開河爲後人之利帝怒叱之後主曰子之壯氣能得幾日其終始更不若吾

帝乃起逐之後主走曰且去且去後一年吳公臺下相見乃沒于水際帝方悟其死帝兀然不自知驚悸移時一日明霞院美人楊夫人喜報帝曰酸棗邑所進玉李一夕忽長淸陰數畝帝沉默甚久曰何故而忽茂夫人云是夕院中人聞空中若有千百人語言切切云李木當茂洎曉看之已茂盛如此帝欲伐去左右或奏曰木德來助之應也又一夕晨光院周夫人來奏云院中楊梅一夕忽爾繁盛帝喜問曰楊梅之茂能如玉李乎或曰楊梅雖茂終不敵玉李之盛帝往兩院觀之亦自見玉李繁茂後梅李同時結果院妃來獻帝問二果孰勝院妃曰楊梅雖好味頗淸酸終不若玉李之甘院中人多好玉李帝歎曰惡梅好李豈人情哉天意乎後帝將崩揚州一日院妃報楊梅已枯死帝果崩于揚州異乎一日洛水漁父獲生鯉一尾金鱗赤尾鮮明可愛帝問漁者之姓姓解未有名帝以朱筆于魚額上題解生字以記之乃放之北海中後帝幸北海其鯉已長丈餘浮水見帝其魚不沒帝與蕭后及諸院妃嬪同看魚額朱字尚存惟解字無半尚隱隱角字存焉蕭后曰鯉有角龍也帝曰朕爲人主豈不知此意遂引弓射之魚乃沉大業四年道州貢矮民王義眉目濃秀應對甚敏帝尤愛之從帝遊終不得入宮曰爾非宮中物也義乃自宮帝由是愈加憐愛得出入帝臥內寢義多臥御榻下帝游湖海回多宿十六院一夕帝中夜潛入棲鸞院時夏氣暄煩院妃牛慶兒臥于簾下初月照窗頗明朗慶兒睡中驚魘若不救者帝使義呼慶兒帝自扶起久方淸醒帝曰汝夢中何故而如此慶兒曰妾夢中如常時帝握妾臂遊十六院至第十院帝入院坐殿上俄而火發妾乃奔走回視帝坐烈焰中妾驚呼人救帝久方睡覺帝怪自強解曰夢死得生火有威烈之勢吾居其中得威者也大業十年隋乃亡帝入第十院居火中此其應也龍舟爲楊玄感所燒後敕揚州刺史再造制度又

華麗仍長廣于前舟成來進帝東幸維揚後宮十六院皆隨行西苑令馬守忠別帝曰願陛下早還都輦臣整頓西苑以待乘輿之來西苑風景臺殿如此陛下豈不思戀捨之而遠遊也又泣下帝亦愴然語守忠曰爲吾好看西苑無令後人笑吾不解裝景趣也左右甚疑訝帝御龍舟中道夜半聞歌者甚悲其詞曰我兄征遼東餓死靑山下今我挽龍舟又困隋堤道方今天下飢路糧無些小前去三千程此身安可保寒骨枕荒沙幽魂泣烟艸悲損門內妻望斷吾家老安得義男兒焚此無主屍引其孤魂回負其白骨歸帝聞其歌遽遣人求其歌者至曉不得其人帝頗彷徨通夕不寐揚州朝百官天下朝貢使無一人至者有來者在路遭兵奪去其貢物帝猶與羣臣議詔十三道起兵誅不朝貢者帝知世祚已去意欲遂幸永嘉羣臣皆不願從帝未遇害前數日帝亦微識玄象多夜起觀天乃召太史令袁充問曰天象如何充伏地泣涕

曰星文大惡賊星逼帝座甚急恐禍起旦夕願陛下遽修德滅之帝不樂乃起入便殿按膝俛首不語顧王義曰汝知天下之亂乎汝何故省言而不告我也義泣對曰臣遠方廢民得蒙上貢自入深宮久膺聖澤又常自宮以近陛下天下大亂固非今日履霜堅冰其來久矣臣料大禍事在不救帝曰子何不早教我也義曰臣不早言言即臣死久矣帝乃泣下曰卿爲我陳成敗之理朕貴知也翌日義上書云臣本南楚卑薄之地逢聖明爲治之時不愛此身願從入貢臣本侏儒性尤蒙滯出入金馬積有歲華濃被聖私皆踰素望侍從乘輿周旋臺閣臣雖至鄙酷好窮經頗知善惡之本源少識興亡之所以還往民間周知利害深蒙顧問方敢敷陳自陛下嗣守元符體臨大器聖神獨斷諫諍莫從獨發睿謀不容人獻大興西苑兩至遼東龍舟踰于萬艘宮闕徧于天下兵革常役百萬士民窮乎山谷征遼者百不存十歿葬者十未有一骼藏

全虛穀粟湧貴乘輿竟往行幸無時兵人侍從常踰萬人遂令四方失望天下爲墟方今百家之村存者可計子弟死于兵役老弱困于蓬蒿兵屍如嶽餓莩盈郊狗彘厭人之肉鳶烏食人之餘臭聞千里骨積高原膏血草野狐彘大肥陰風無人之墟鬼哭寒草之下目斷平野千里無烟殘民剝落莫保朝昏父遺幼子妻號故夫孤苦何多飢荒尤甚亂離方始生死孰知人主愛人一何如此陛下植性毅然孰敢上諫或有鯁言又令賜死臣下相顧箝結自全龍逢復生安敢議諫上位近臣阿諛順旨迎合帝意造作拒諫皆出此途乃逢富貴陛下過惡從何得聞方今又敗遼師再幸東土社稷危于春雪干戈徧于四方生民已入塗炭官吏猶未敢言陛下自惟若何爲計陛下欲幸永嘉坐延歲月神武威嚴一何銷鑠陛下欲興師則兵吏不順欲行幸則侍衛莫從適當此時如何自處陛下雖欲發憤修德特加愛民聖慈雖切救時天下不可復得大勢已去時不再來巨廈將崩一木不能支洪河已決掬壤不能救臣本遠人不知忌諱事忽至此安敢不言臣今不死後必死兵敢獻此書延頸待誅帝省義奏曰自古安有不亡之國不死之主乎義曰陛下尚猶蔽飾己過陛下平日嘗言吾當跨三皇超五帝下視商周使萬世不可及今日其勢如何能自復回都輦乎帝乃泣涕而下拜再三嘉歎義曰臣昔不言誠愛生也今既具奏願以死謝也天下方亂陛下自愛少選報云義以自刎矣帝不勝悲傷特命厚葬焉不數日帝遇害時中夜聞外切切有聲帝急起衣冠御內殿坐未久左右伏兵俱起司馬戡攜刃向帝帝叱之曰吾終年重祿養汝吾無負汝汝何負吾帝常所幸朱貴兒在帝傍謂戡曰三日前帝慮侍衛薄秋小寒有詔宮人悉絮袍袴帝自臨視造數千袍兩日畢工前日賜公等豈不知也爾等何敢逼脅乘輿乃大罵戡戡曰臣實負陛下但今天下俱叛二京以爲賊據陛下

歸亦無路臣生亦無門臣已萌逆節雖欲復已不可得也願得陛下首以謝天下乃持劍上殿帝復叱曰汝豈不知諸侯之血入地尚大旱況人主乎戡進帛帝入內閣自經貴兒猶大罵不息爲亂兵所殺

趙飛燕外傳　一卷

漢　伶玄（字子于潞水人江東都尉）

趙后飛燕父馮萬金祖大力工理樂器事江都王爲協律舍人萬金不肯傳家業編集樂聲亡章曲甚爲繁手哀聲自號凡靡之樂聞者心動爲江都王孫女姑蘇主嫁江都中尉趙曼曼幸萬金食不同器不飽萬金得通趙主主有娠曼性暴妒且早有私病不近婦人主恐稱疾居王宮一產二子歸之萬金長曰宜主次曰合德然皆冒趙姓宜主幼聰悟家有彭祖方脉之書善行氣術長而纖便輕細舉止翩然人謂之飛燕合德膏滑出浴不濡善音辭輕緩可聽二人皆出世色萬金死馮氏家敗飛燕姊弟流轉至長安于

時人稱趙主子或云曼之他子與陽阿主家令趙臨共里巷託附
臨屢爲組文刺繡獻臨臨愧受之居臨家稱臨女臨常有女事宮
省被病歸死飛燕或稱死者飛燕妹弟事陽阿主家爲舍直常竊
效歌舞積思精巧至終日不得食待直貲服疏苦財且顓事膏沐
澡粉其費亡所愛共直者指爲愚人飛燕通鄰羽林射鳥者飛燕
貧與合德共被夜雪期射鳥者于舍傍飛燕露立閉息順氣體溫
舒亡疹栗射鳥者異之以爲神仙飛燕因主家大人得入宮召幸
姑妹樊嫕爲丞光司帟者故識飛燕與射鳥兒事爲之寒心及幸
飛燕瞑目牢握泣交頤下戰栗不迎帝帝擁飛燕三夕不能接略
無譴意宮中所素幸者從容問帝帝曰豐若有餘柔若無骨遷延
謙畏若遠若近禮義人也寧與汝曹婢脅肩者比耶既幸流丹浹
籍嫕私語飛燕曰射鳥兒不近汝耶飛燕曰吾內視三日肉肌盈
實矣帝體洪壯創我甚焉飛燕自此特幸後宮號趙皇后帝居鴛

鴦殿便房省宮簿嫕上簿嫕因進言飛燕有女弟合德美容體性
淳粹可信不與飛燕比帝即令舍人呂延福以百寶鳳毛步輦迎
合德合德曰非貴人姊召不敢行願斬首以報宮中延福還奏嫕
爲帝取后五綵組文繡爲符以召合德合德新沐膏九回沉水香
爲卷髮號爲新髻爲薄眉號遠山黛施小粉號慵來妝故短繡裙
小袖李文襪帝御雲光殿帳使樊嫕進合德合德謝曰貴人姊虐妬不
難滅恩受恥不愛死非姊教願以死易恥不望旋踵音詞舒閑清
切左右歎賞之嘖嘖帝乃歸合德宣帝時披香博士淖方成教授
宮中號淖夫人在帝後唾曰此禍水也滅火必矣帝因樊嫕計爲
后別開遠條館賜紫茸雲氣帳文玉几赤金九層博山爐令嫕風
后上久無子宮中不思千萬歲計耶何不時進上求來子后德嫕
計是夜進合德帝大悅以輔屬體無所不靡謂爲溫柔鄉語嫕曰
吾老是鄉矣不能效武皇帝求白雲鄉也嫕呼萬歲曰陛下眞得

仙者上立賜嫕鮫文萬金錦二十四疋合德尤幸號爲趙婕妤婕
妤事后爲侍兒拜后與婕妤坐后誤唾婕妤袖婕妤曰姊唾染人
紺袖正如石上華假令尚方爲之未必能如此衣之華以爲石華
廣袖后在遠條館多通侍郎宮奴多子者婕妤傾心翊護常語帝
曰姊性剛或爲人構陷則趙氏亡種矣每泣下悽惻以故白后姦
狀者帝輒殺之侍郎宮奴鮮紛藴香縱恣棲息遠條館無敢言者
后終無子后浴五藴七香湯踞通香沉水坐燎降神百藴香婕妤
浴荳蔻湯傅露華百英粉帝嘗私語樊嫕曰后雖有異香不若婕
妤體自香也江都易王故姬李陽華其姑爲馮大力妻陽華老歸
馮氏后姊弟母事陽華陽華善賁飾嘗教后九回沉水香澤雄麝
臍內息肌丸婕妤亦內息肌丸常試若爲婦人月事益薄它日后
言于承光司劑者上官嫵嫵摘膺曰后如是安有子乎教后煮羊
花滌之終不能驗眞臈夷獻萬年蛤不夜珠光彩皆若月照人無

妍醜皆美豔帝以蛤賜后以珠賜婕妤后以蛤妝五成金霞帳帳
中常若滿月久之帝語婕妤曰吾晝視后不若夜視之美每旦令
人忽忽如失婕妤即以珠號爲枕前不夜珠爲后壽終不爲后道
帝言后始加大號婕妤奉書于后曰天地交暢貴人姊及此令吉
光登正位爲先人休不堪喜豫謹奉上二十六物以賀金屑組文
茵一鋪沉水香蓮心碗一面五色同心大結一盤鴛鴦萬金錦一
疋琉璃屏風一張枕前不夜珠一枚含光綠毛貍籍一鋪通香虎
文檀象一座龍香握魚二首獨搖寶蓮一鋪七出菱花鏡一奩精
金彄環四指若亡絳綃單衣一襲香文羅手籍三幅七回光雄肪
髮澤一盎紫金被褥香爐三枚文犀辟毒筯二雙碧玉膏奩一合
使侍兒郭語瑤拜上后報以雲錦五色帳沉水香玉壺一婕妤泣
怨帝曰非姊賜我死不知此器帝謝之詔益州留州輸爲婕妤作
七成錦帳以沉水香飾婕妤接帝于太液池作千人舟號合宮之

舟池中起爲瀛州榭高四十尺帝御流波文縠無縫衫后衣南越所貢雲英紫裙碧瓊輕綃廣袖坐榭上后歌舞歸風送遠之曲帝以文犀簪擊玉甌令后所愛侍郎馮無方吹籥以倚后歌中流歌酣風大起順風揚音無方長噏細嫋與相屬后裙髀曰顧我顧我后揚袖曰仙乎仙乎去故而就新寧忘懷乎帝曰無方爲我持后無方捨吹持后之履風霽后泣曰帝恩我使我仙去不得悵然曼嘯泣數行下帝亦愧愛后賜無方千萬入后房闥它日宮姝幸者或襞裙爲縐號曰留仙裙婕妤益貴幸號爲昭儀求近遠條館帝作少嬪館爲露華殿含風殿博昌殿求安殿皆爲前殿後殿又爲温室凝紅室浴蘭室曲房連檻飾黃金白玉以璧爲表裏千變萬狀連遠條館號通仙門后貴寵益思放蕩使人博求術士求匪安卻老之方時西南北波夷致貢其使者輿茹一飯晝夜不臥假典屬國上其狀屢有光怪后聞之問如何術夷曰吾術天地平生死

齊出入有無變化萬象而卒不化后令樊嫕弟子不周遺千金夷人曰學吾術者要不淫與謾言后遂不報它日樊嫕侍后浴甚歡后爲樊嫕道夷言嫕拊掌笑曰憶在江都時陽華李姑畜鬬鴨池上苦獺嚙鴨時下朱里芮姥者求捕獺狸獻姥語姑曰是狸不它食當飯以鴨姑怒絞其狸今夷術眞似此也后大笑曰臭夷何足汚吾絞乎后所通宮奴燕赤鳳者雄捷能超觀閣兼通昭儀赤鳳始出少嬪館后適來幸時十月五日宮中故事上靈安廟是日吹塤擊鼓歌連臂踏地歌赤鳳來曲后語昭儀曰赤鳳爲誰來昭儀曰赤鳳自爲姊來寧爲它人乎后怒以杯抵昭儀裙曰鼠子能嚙人乎昭儀曰穿其衣見其私足矣安在嚙人乎昭儀素卑事后不虞見答之暴熟視不復言樊嫕脫簪扣頭出血扶昭儀爲拜后昭儀拜乃泣曰姊寧忘共被夜長苦寒不成寐使合德擁姊背耶今日幸得貴皆勝人且無外搏我姊弟其忍內相搏乎后亦泣持

昭儀手抽紫玉九雛釵爲昭儀簪髻乃罷帝微聞其事畏后不敢問以問昭儀昭儀曰后妬我耳以漢爲火德故以帝爲赤鳳帝信之大悅帝嘗早臘觸雪得疾陰緩弱不能壯發每持昭儀足不勝至欲輒暴起昭儀常轉側帝不能常持其足樊嫕語昭儀曰上餌方士藥求盛大不能得得貴人足一持暢動此天與貴妃大福寧轉側俾帝就耶昭儀曰幸轉側不就常能留帝欲亦如姊教帝持則厭去矣安能動乎后驕逸體微病輒不自飲食須帝持七箸藥有苦口者非帝爲含吐不下咽昭儀夜入浴蘭室膚體光發占燈燭帝從幃中竊視之侍兒以白昭儀昭儀曰覽巾使撤燭它日帝約賜侍兒黃金使無得言私婢不豫約中出幃値帝卽入白昭儀昭儀遽隱避自是帝從蘭室幃中窺昭儀多袖金逢侍兒私婢輒止賜之侍兒貪帝金一出一入不絕帝使夜從帑益或至百金帝病緩弱太醫方不能救求奇藥嘗得昚卹膏遺昭儀昭儀輒進帝

帝御一丸一幸一夕昭儀醉進七丸帝昏夜擁昭儀居七成帳笑吃吃不止抵明帝起御衣陰精流輸不禁有頃絕倒裒衣視帝餘精出湧沾汚被內須臾帝崩宮人以白太后太后使理昭儀昭儀曰吾持人主如嬰兒寵傾天下安能斂手與掖庭令爭幃幄之事乎乃撫膺呼曰帝何往乎遂歐血而死伶玄自序云玄字子于潞水人學無不通知音善屬文簡率尚直朴無所務式揚雄獨知之然雄貪名矯激子于謝不與交雄深慊毀之子于由司空小吏歷三署刺守州郡爲淮南相又有風情哀帝時子于老休買妾樊通德嫕之弟子不周之女也有才色知書慕司馬遷史記頗能言趙飛燕姊弟故事子于閑居命言厭厭不倦子于語通德曰斯人俱灰滅矣當時疲精力馳騖嗜欲蠱惑之事寧知終歸荒田野草乎通德占袖顧視燭影以手擁髻淒然泣下不勝其悲子于亦然通德謂子于曰凡天淫于色非慧男子不至也慧則通通則流流不

得其防則萬物變態爲溝爲壑無所不往焉禮義成則之說不能止其流惟感之以盛衰奄忽之變可以防其壞今婢子所道趙后姊弟事盛之至也主君悵然有荒田野草之悲衰之至也婢子拊形屬影識夫盛之不可留衰之不可推俄然相緣奄忽雖婕妤聞此不少遺乎幸主君著其傳使婢子執研削道所記于是撰趙后別傳

子于爲河東郡尉班躅爲決曹得幸太守多所取受子于召躅數其罪捽辱之躅從兄子彪續司馬史記絀子于無所收錄

桓譚云王莽時茂陵卞理者不仕以夏侯尙書授時人更始年赤眉過茂陵卞理棄圖書隱山中劉恭入其廬獲金滕漆匱發之乃得玄書建武二年賈子翊以書示予曰卞理之琴師玄云

尙書臣勛校中書右伶玄趙后傳竹簡磨滅文義交錯不可興曉詎與臣勛書同校定相證別刪去其不可詳者合爲一篇其趙后

樊嫕亡所終疑玄之闕文也

趙飛燕別傳 一卷 一作趙后遺事

宋秦醇 字子復譙川人

余里有李生世業儒術一日家事零替余往見之墻角破筐中有古文數冊其間有趙后別傳雖編次脫落尙可觀覽余就李生乞其文以歸補正編次以成傳傳諸好事者

趙后腰骨尤纖細善踽步行若人手執花枝顫顫然它人莫可學也在主家時號爲飛燕入宮後復引援其妹得幸爲昭儀昭儀尤善笑語肌骨秀滑二人皆天下第一色傾後宮自昭儀入宮帝亦希幸東宮昭儀居西宮太后居中宮后日夜欲求子爲自固久遠計多用小犢車載年少子與通帝一日惟從三四人往后宮后方與人亂不知左右急報后驚遽出迎帝后冠髮散亂言語失度帝因亦疑焉帝坐未久復聞壁衣中有人嗽聲帝乃出由是帝有害后意以昭儀故隱忍未發一日帝與昭儀方飲帝忽攘袖瞋目直視昭儀怒氣怫然不可犯昭儀遽起避席伏地謝曰臣妾族孤寒下無強近之愛一旦得備後庭驅使之列不意獨承幸御濃被聖私立于衆人之上恃寵邀愛衆謗來集加以不識忌諱冒觸威怒臣妾願賜速死以寬聖抱因涕淚交下帝自引昭儀曰汝復坐吾語汝汝無罪汝之姊吾欲梟其首斷其手足置于溷中乃快吾意昭儀曰何緣而得罪帝言壁衣中事昭儀曰臣妾緣后得備後宮后死則妾安能獨生况陛下無故而殺一后天下有以窺陛下也願得身實鼎鑊體膏斧鉞因大慟以身投地帝驚遂起持昭儀曰吾以汝之故因不害后第言之耳汝何自恨若是久之昭儀方就坐問壁衣中人帝陰窮其迹乃宿衞陳崇子也帝使人就其家殺之而廢陳崇昭儀往見后言帝所言且曰姊曾憶家貧飢寒無聊姊使我共鄰家女爲草履入市貨履市米一日得米歸遇風雨無火可炊飢寒甚不能成寐使我擁姊背同泣此事姊豈不憶也今

日幸富貴無他人敓我而自毀脫或再有過帝復怒事不可救身首異地爲天下笑今日妾能拯救也存沒無定或爾妾死姊尙誰攀乎乃涕泣不已后亦泣焉自是帝不復往后宮承幸御者昭儀一人而已昭儀方浴帝私窺之侍者報昭儀昭儀急趨燭後避帝瞥見之心愈眩惑他日昭儀浴帝默賜侍者特令不言帝自屏罅覘蘭湯灩灩昭儀坐其中若三尺寒泉浸明玉帝意思飛蕩若無所主帝語近侍曰自古人主無二后若有則吾立昭儀爲后矣趙后知帝見昭儀浴益加寵幸乃具湯浴請帝以觀既往后入浴后躶體而立以水沃之后愈親近而帝愈不樂不終幸而去后泣曰愛在一身無可奈何后生日昭儀爲賀帝亦同往酒半酣后欲感動帝意乃泣數行下帝曰它人對酒而樂子獨悲豈有所不足耶后曰妾昔在主宮時帝幸其第妾立主後帝時視妾不移目甚久主知帝意遣妾侍帝竟承更衣之幸下體常汚御服妾欲爲帝浣

去帝曰留以爲憶不數日備後宮時帝齒痕猶在妾頸今日思之不覺感泣帝惻然懷舊有愛后意顧視嗟嘆昭儀知帝欲留昭儀先辭去帝過暮方離后宮后因帝幸心爲姦利上器主受經三月乃詐託有孕上牋奏云臣妾久備掖庭先承幸御遺賜大號積有歲時近因始生之日復加善視之私特屈乘輿俯臨東掖久侍宴私再承幸御臣妾數月來內宮盈實月脉不流飲食甘美不異常日知聖躬之在體夢天日之入懷虹初貫日總是珍符龍據妾胸茲爲佳瑞更期誕育神嗣抱日趨庭瞻望聖明踴躍臨賀謹此以聞帝時在西宮得奏喜動顏色答云因閱來奏喜慶交集夫婦之私義均一體社稷之重嗣續其先姙體方初保綏宜厚藥有性者勿舉食無毒者可親有懇求上無煩牋奏口授宮使可矣兩宮候問宮使交至后慮帝幸見其詐乃與宮使王盛謀自爲之計盛謂后曰莫若辭以有姙者不可近人近人則有所觸焉觸則孕敗后

乃遣王盛奏帝帝不復見后第遣問安否而已俯及誕月帝具浴子之儀后召王盛入宮中謂曰汝自黃衣郎出入禁掖吾引汝父子俱富貴吾欲爲自利長久計託孕乃吾之私意實非也已及期子能爲我謀焉若事成子萬世有後利盛曰臣爲后取民間才生子攜入宮爲后子但事密不洩亦無害后曰可盛于都城外有生子者纔數日以百金售之以物囊之入宮見后既發器則子死后驚曰子死安用也盛曰臣今知矣載子之器氣不泄此子所以死也臣今求子載之器穴其上使氣可出入則子不死盛得子趨宮門欲入則子驚啼尤甚盛不敢入少選復攜之趨門子復如此盛終不敢入宮盛來見后具言驚啼事后泣曰爲之奈何時已踰十二月矣帝頗疑訝或奏帝曰堯之母十四月而生堯后所姙當是聖人后終無計乃遣人奏帝云臣妾昨夢龍臥不幸聖嗣不育帝但歎惋而已昭儀知其詐乃遣人謝后曰聖嗣不育豈日月不滿也三尺童子尚不可欺況人主乎一日手足俱見妾不知姊之死所也時後庭掌茶宮女朱氏生子昭儀曰從何而得也乃以身投地大慟帝自持昭儀起坐昭儀呼宮吏蔡規曰急爲吾取子來規取子上昭儀語規曰爲我殺之規疑慮昭儀怒罵曰吾重祿養汝將安用也不然吾併戮汝規以子擊殿礎死投之井後宮宮人孕子者盡殺之後帝行步遲澀頗氣憊不能御昭儀有方士獻大丹其丹養于火百日乃成先以大甕貯水滿即置丹于水中水即沸又易去復以新水如是十日不沸方可服帝日服一粒頗能幸昭儀一夕在大慶殿昭儀醉連進十粒初夜絳帳中擁昭儀帝笑聲吃吃不止及中夜帝昏昏知不可將起坐夜或仆臥昭儀急起秉燭自視帝精出如泉溢有頃帝崩太后遣人理昭儀且急窮帝得疾之端昭儀乃自絕后居東宮久益失御一夕后寢驚啼甚久侍者呼問方覺乃言曰適吾夢中見帝帝自雲中賜吾坐帝命進茶

左右奏帝后向日侍帝不謹不合啜此茶吾意既不足吾又問帝昭儀安在帝曰以數殺吾子今罰爲巨黿居北海之陰水穴間受千歲冰寒之苦乃大慟後北鄙大月支王獵于海見一巨黿出于穴上首猶貫玉釵顒望波上惓惓有戀人之意大月支王遣使問梁武帝武帝以昭儀事答之

明皇雜錄二卷

唐鄭處誨 秘書省校書郎

象憤賊不拜舞

上西幸蜀祿山以車輦樂器及歌舞衣服迫脅樂工牽引其犀象驅掠舞馬盡入洛陽復散于河北舊時之盛掃地而盡矣洎肅宗克復方散求于人間其後歸于京師者十無一二焉祿山至東都既懷僭逆大設聲樂祿山揣幽戎王蕃胡酋長多未之見因誑之曰吾自有天下大象自南海奔走而至見吾必拜舞鳥獸尚知天命有所歸何況人乎則四海必從我于是左右引象來至則瞋目

憤怒略無拜舞者祿山大懷慚怒命左右置檻穽中以烈火爇之以刀槊俾壯士乘高投之洞中胸臆血流數丈奮人樂工見者無不掩淚（此二條今本未見）

避暑

上幸東都至繡嶺宮時當炎酷上以行宮狹隘謂左右曰此有佛寺乎吾將避暑于廣厦或云六軍頓委于其中不可速行上語高力士姚崇多計第往覘之力士回奏曰姚崇方紾絺綌乘小駟按轡于木陰下上悅曰吾得之矣遽命小駟而頓消煩溽乃嘆曰小事尚如此觸類而長之天下固受其惠矣

樂工李龜年

樂工李龜年特承顧遇于東都大起第宅僭侈之制踰於公侯宅在東都通遠里中堂制度甲于都下今裴晉公移于定鼎門外別墅號綠野堂是也其後龜年流落江南每遇良辰勝賞爲人歌數闋座客聞之莫不掩泣罷酒杜甫嘗贈之曰岐王宅裏尋常見崔九堂前幾度聞正是江南好風景落花時節又逢君

鸚鵡塚

天寶中嶺南獻白鸚鵡養之宮中歲久頗聰慧洞曉宮詞上及貴妃皆呼爲雪衣娘方嬉戲于殿檻管有鷹至擊搏而斃上與貴妃歎息久之遂瘞于苑中呼爲鸚鵡塚（此條今本未見）

樂工死忠

天寶中羣賊陷兩京竊據宮闕大搜文武朝臣及黃門宮嬪樂工騎士每獲數百人則兵仗嚴衛送于洛陽至有逃于山谷者皆羅捕遞脅授以冠帶祿山尤致意于樂工求訪頗切不逾旬日獲梨園子弟數百人羣逆因相與大會于凝碧池宴僞官十數人大陳御庫珍寶列于前後暨作樂梨園弟子奮人不覺歔欷相視泣下羣逆皆露刃持滿以脅之有雷海清樂工者投樂器于地西向慟

哭逆黨縛海清于戲馬殿支解以示人聞之者莫不傷痛王維時在賊中拘于菩提寺聞之亦賦詩曰萬戶傷心生野烟百官何日更朝天秋槐葉落深宮裏凝碧池頭奏管絃

明皇移居西宮

上既自蜀還京居南內其後李輔國矯制移上西宮玉眞公主徙居于外高力士而下悉放逐嶺表上因蔬食或餌藥辟穀肅宗泣涕切諫自是日不過一食上常懷戚戚但吟刻木牽絲作老翁雞皮鶴髮與眞同須臾弄罷寂無事還是人生一夢中

明皇幸華清

至德中復幸華清宮父老奉迎壺漿塞路時上春秋已高乘步輦父老進曰前時上皇過此馳馬從禽今何不爲上曰吾老矣吾豈復堪此父老士女聞之莫不悲泣

明皇見臂環

新豐市有女伶謝阿蠻善舞凌波曲常出入宮中貴妃遇之甚寵至德中復幸華清宮復令召焉舞罷阿蠻因出金粟粧臂環曰此尚貴妃所與上持之淒然出淚從官左右莫不嗚咽

上幸華清宮每躋攀無處不悲淒感泣

高力士

高力士既謫于巫山丹谷多薺而人不食力士感之因作詩以寄意曰兩京作斤賣五溪無人采夷夏雖有殊氣味多不改其後會赦歸至武陵道遇開元中羽林軍士坐事謫嶺南停車話舊方知上皇已厭世力士北望號泣嘔血而卒

恃威横暴

王鉷之子準爲衛尉少卿出入宮中以鬬雞侍帝左右時李林甫方持權恃勢林甫之子岫爲將作監亦入侍幃幄爲準所侮而不敢詰一旦準盡率其徒過駙馬王繇私第繇望塵趨拜準挾彈命

中于繇冠上折玉簪以爲笑樂遂置酒張樂永穆公主親御匀匕上長女也仁孝端淑頗推于戚里上特所鍾念準既去或語繇曰鼠輩雖恃其父勢然公主亦上之愛女君待之若此或聞上豈不介意耶繇曰天子怒無所畏但性命繫之七郎安敢不爾國忠第七時呼爲七郎其恃威暴横人之畏憚也如此

羣居解頤 三卷

唐高　擇 號高崇處士

嘲戲

唐初有裴略者宿衛考滿兵部試判爲錯一事落第此人即向溫彥博處披訴博時與杜如晦坐不理其訴此人即云少小以來自許明辨至于通博言語堪作通事舍人并解文章兼能嘲戲彥博始回意共語而廳前有竹彥博即令嘲竹此人應聲嘲曰竹風吹青肅肅凌寒葉不凋多子不熱虛心未能待國士皮上何勞生節目即云解道傳言語可傳語廳前屏墻此人走至廳前大聲語曰

方今聖上聰明闢四門以待士君是何人物在此妨賢路即推倒彥博曰此意省博此人云非但省博亦當省博彥博如晦大歎喜即令送吏部與官

天子親家翁

蕭瑀嘗因宴太宗語近臣曰自知一座最貴者先把酒時有長孫無忌房玄齡相顧未言瑀引手取杯帝問曰卿有何說瑀對曰臣是梁朝天子兒隋室皇后弟唐朝左僕射天子親家翁太宗撫掌極歡而罷

未解思量

太宗征遼作飛梯以上其城有應募爲梯首者城中矢石如雨因競爲先登英公李世勣指之語中書舍人許敬宗曰此人豈不大健敬宗曰非健要是未解思量帝聞將罪之

見屈原

散樂老崔嵬善弄癡大帝令給事捺頭向水下良久帝問之曰見屈原云我逢楚懷王乃沉汨羅水汝逢聖明君何爲亦來此帝大笑賜物百段

卷耳

韋慶本女選爲妃詣明堂欲謝而慶本兩耳先卷朝士多呼爲卷耳時長安令杜松壽見慶本而賀之因曰僕固知足下女得妃慶本曰何以知之松壽乃自模其耳而卷之曰卷耳后妃之德也

見人多忘

中書令許敬宗見人多忘之或語其不聰曰卿自難記若遇何劉沈謝暗中摸索著亦可識

選人被放

吏部侍郎李迥秀好機警有選人被放訴云羞見來路迥秀問從何來曰從蒲津關來迥秀曰取潼關路去選者曰恥見妻子迥秀

曰賢宅本自相諳亦應不怪

逆風孤帆

杭州參軍獨孤守忠領租船赴都夜半急追集船人更無它語乃云逆風必不得張帆衆大哂焉

命名曰孚

祕書監賀知章有高名告老歸吳中明皇嘉重之每事優異將行泣涕上問何所欲曰臣有男未有定名幸陛下賜之歸鄉之榮上曰爲道之要莫所信孚者信也履信思乎順卿之子必信順人也宜名之孚再拜而受命焉久而悟之曰上何謔我也我是吳人孚乃爪下爲子豈非呼我兒爪子也

史思明詩

安祿山敗史思明繼逆至東都遇櫻桃熟其在河北欲寄遺之因作詩同去詩云櫻桃一籠子半赤已半黃一半與懷王一半與周

至詩成贊美之皆曰明公此詩大佳若能言一半周至一半懷王卽與黄字聲勢稍穩思明大怒曰我兒豈可居周至之下周至卽其傅也

淮敕惡詩

杜佑鎭淮南進崔叔淸詩百篇德宗語使者曰此惡詩焉用進時人呼淮勅惡詩

重婚

元和初達官中外之親重婚者先以涉溱洧之譏就禮之夕儐相則有淸河張仲素宗室李程女家索催妝詩仲素朗吟曰舜耕餘草木禹鑿舊山川程久之乃悟曰張九張九舜禹之事吾知之矣于是羣客大笑

嶺南風俗

嶺南地暖草菜經冬不衰故蔬圃之中栽種茄子者宿根二三年者漸長枝幹乃成大樹每夏秋熟時梯樹摘之三年後樹老子稀卽伐去別栽嫩者又其俗入冬好食餛飩往往稍暄食須用扇至十月但率以扇一柄相遺書中以吃餛飩爲題故俗云踏梯摘茄子把扇喫餛飩

又

嶺南無問貧富之家數女不以針縷紡績爲功但窮庖廚勤刀俎而已善醯醢葅鮓者得爲大好女矣俚民爭婣娉者相與語曰我女裁袍補襖卽灼然不會若修治水蛇黄鱔則一條勝似一條矣

妻妒

李福妻裴氏性妒忌姬侍甚多福未嘗敢屬意鎭滑臺日有女奴獻之者福意欲私之而未果一日乘間言于妻曰某官已至節度使矣然其所指使者率不過老僕夫人待某無乃薄乎裴曰然不知公意所屬何人卽指所獻女奴裴許諾爾後不過執衣侍膳未嘗得一縑絻福又囑妻之左右曰設夫人沐髮必遽來報我既而果有以沐髮來告者福卽僞言腹痛且召其女奴既往左右以裴方沐不可遽已卽告以福所疾裴以爲言然遽出髮盆中跣問福所苦既業以疾爲言卽若不可忍狀裴極憂之由是以藥投兒溺中進之明日監軍及從事悉來候問福卽具以告之因言曰一事無成固當有分所苦者虒咽一甌溺耳聞者莫不大笑

優人滑稽

咸通中優人李可及滑稽諧戲獨出輩流雖不得括諷諭然巧智敏捷亦不可多得嘗因延慶節緇黄講論畢次及優倡爲戲可及褒衣博帶攝齋以升坐稱三教論衡偶坐者問曰既言博通三教釋迦如來是何人對曰婦人問者驚曰何也曰金剛經云敷坐而坐非婦人何煩夫坐而後兒坐也上爲之啓齒又曰太上老君何人曰亦婦人也問者益所不喻乃曰道德經云吾有大患爲吾有身及吾無身吾有何患倘非婦人何患于有身乎上大悅又問曰文宣王何人也曰婦人也問者曰何以知之論語曰沽之哉待賈者也向非婦人奚待嫁爲上意極歡賜予頗厚

拜胡僧

僞蜀王先主未開國前西域胡僧到蜀蜀人瞻敬如見釋迦舍如大慈三學院蜀主復謁坐于聽傾都士女就院不令止之婦女到次拜俳優王含楊言曰女弟子勤禮拜願後身面孔一似和尚蜀主大笑

邦禿鶖

僞蜀王先主晏駕前來大禿鶖鳥遊于摩訶池上顧夐時爲上臣直于內禁遂潛吟二十八字詠曰昔日曾聞瑞應圖萬般徵意不如無摩訶池上分明見仔細看來是那胡

拊掌錄 三卷

元□□□ 號然子

東萊呂居仁先生作軒渠錄皆記一時可笑之事余觀諸家雜説中亦多有類是者暇日裒成一集目之曰拊掌錄不獨資開卷者之一笑亦足以補軒渠之遺也延祐改元立春日輾然子書

卜者許壽

王溥五代狀元相周高祖世宗至宋以宮師罷相其父祚爲周觀察使致仕祚居富貴久奉養奢侈所不足者未知年壽耳一日居洛陽里第聞有卜者令人呼之乃瞽者也密問老兵云何人呼我答曰王相公父也貴極富溢所不知者壽也今以告汝俟出當厚以卦錢相酬也既見祚令布卦成爻推命大驚曰此命惟有壽也祚喜問曰能至七十否瞽者笑曰更向上答以至八九十否又大笑曰更向上答曰能至百歲乎又歎息曰此命至少亦須一百三四十歲也祚大喜曰其間莫有疾病否曰並無之其人又細數之曰俱無祇是近一百二十歲之年春夏間微苦臟腑尋便安愈矣祚大喜回顧子孫在後侍立者孩兒懣切記之是季且莫教我喫冷湯水

講論語

魏博節度使韓簡性麤質對文士不曉其説心常恥之乃召一孝廉講論語爲政篇翌日語從士曰近方知古人淳朴年至三十方能行立聞者大笑（此條未見）

假作僧道

南中小郡多無緇流每宣德音須假作僧道陪位昭宗即位柳韜爲容管宣告使赦下到下屬州自來無僧道皆臨事差攝宣時有一假僧不伏排位太守王宏大怪而問之僧曰役未到差遣偏并去歲已曾作文宣王今年又差作和尚聞者莫不絕倒（此條未見）

署吏爲聖人

自廣南際海中數州多不立文宣廟有刺史不知禮將釋奠郡署二書吏爲文宣王亞聖鞠躬于門外不進不知儀叩判云文宣王亞聖各決若干（此條未見）

燒裙

信州有一女子落拓貧窶好歌善飲酒居常衣食甚迫有一人乞于州圖因浣染爲裙墨跡不落會鄰邀之出妓佐酒良久一婢驚出云娘子誤燒裙其人遂問損處婢曰正燒着大雲寺門（此條未見）

依卿所奏

司馬溫公屢言王廣淵章八九上留身乞誅之以謝天下聲震朝廷是時滕元發爲起居注侍立殿砌既歸廣淵來問元發早來司馬君實上殿聞乞斬某以謝天下不知聖語如何元發戲曰我即聽得聖語云依卿所奏

風流骸骨

王輔運勾骨立有風味朋從目之曰風流骸骨崇寧癸未在金陵府集見官妓有極瘦者府尹朱世昌顧予曰爾識生色骷髏否予欣然爲王勾得對（此條未見）

春帖子

大觀間翰苑進春帖子有一學士撰詞云神祇祖考安樂之草木鳥獸裕如也以鳥獸對祖考所不宜更以是得罪（此條未見）

木野狐草大虫

葉濤好奕棋王介甫作詩切責之終不肯已奕者多廢事不以貴賤嗜之率皆失業故人目棊枰爲木野狐言其媚惑人如狐也自崇寧後復榷茶法度日嚴私販者因以抵罪而商賈官劵請納有限道路有程纖悉不如令則被繫罪或沒貨出告緡愚者往往不免其儕乃目茶籠爲草大虫言其傷人如虎也

活卦影

熙寧中蜀中日者費孝先筮易以丹青寫吉凶謂之卦影其後轉

相祖述其詭人物不常鳥或四足獸或兩翼人或儒冠而僧衣故爲怪以見像朝士米芾好怪常戴俗帽衣深衣而躡朝靴紺緣纈朋從目爲活卦影

出汗方

錢遹田家子高躋膴仕性甚魯每遇失汗則負重走齋中汗出乃蘇既爲禁從猶如此或取十餘千錢就帳內荷之以作力諸方不載此法但人生惡安逸喜勞動惜乎非中庸也輕薄子以語此出汗方當編入御藥院可一笑故記之(此條未見)

盆成括

沈括成中方就浴劉貢父遽哭之曰存中可憐已矣衆愕問云死矣盆成括也

禽言

王荆公嘗與客飲喜摘經書中語作禽言令燕云知之爲知之不

知爲不知是知也久之無酧者劉貢父忽曰吾摘句取字可乎因作鵓鴿令曰沽不沽沽坐客皆笑(此條未見)

雪詩

宗室有滔天使者喜作俳笑之詩有曰一蕠草字碧茸茸誰人喚作麥門冬若還移種麥門西不成喚作麥門東(京師有麥門)哲宗末年多躁怒不怡左右無以娛悅常往來天使求詩一日雪問有何詩方吟兩句云誰把鵝毛滿處撏玉皇大帝販私鹽急持以奏哲宗大笑(此條未見)

鄙詩

哲宗朝宗子有好爲詩而鄙俚可笑者常作即事詩云日暖看三織風高鬭兩廂蛙翻白出闊蚓死紫之長潑聽琵梧鳳饅抛接建章歸來窻裏坐打殺又何妨或問詩意答云始見三蜘蛛織網于簷間又見二雀鬭于兩廂有死蛙翻腹似出字死蚓如之字方喫

撥飯聞鄰家彈琵琶作鳳棲梧食饅頭未畢閽人報建安章秀才上謁迎客既歸見臥內門上畫鍾馗擊小鬼故云打殺又何妨哲宗嘗灼艾諸內侍欲娛上或舉其詩上笑不已竟不能灼艾而罷

置帽僧頭

張逸密學知成都善詩僧文鑒大師蜀中民素所禮重一日文鑒謁張公未及見時華陽主簿張唐輔同俟于客次唐輔欲搔髮方脫烏紗睥睨文鑒罩于其首文鑒大誼怒張公遽召才就坐即白曰某與此官人素不相識適將幞頭罩某頭上張公問其故唐輔對曰某方頭痒取下幞頭無處頓放見師頭閑遂且權置少時不意其怒也張公大笑而已(此條未見)

甪𠚖圖

陳烈福州人博學不狥時動遵古禮蔡君謨居喪于莆田烈往弔之將至近境語門人曰詩不云乎凡民有喪匍匐救之今將與二

三子行此禮于是烏巾襴鞾與二十餘生望門以手据地膝行號慟而入孝堂婦女望之皆走君謨匿笑受弔時李遘即詆甪𠚖圖(此條未見)

作犯徒以上罪詩

歐陽公與人行令各作詩兩句須犯徒以上罪者一云持刀哄寡婦下海刼人船一云月黑殺人夜風高放火天歐云酒粘衫袖重花壓帽簷偏或問之答云當此時徒以上罪亦做了

換羊書

黃魯直戲語子瞻曰晉右軍字爲換鵝字韓宗儒者性饕餮每得公一帖于殿帥姚麟處換肉十斤可名公書爲換羊書矣一日公在翰苑以生辰撰著正冗宗儒作簡以圖報章來使立庭下督索甚急公笑曰傳語本官今日斷屠(此條未見)

厥撒太尉

世傳宗室中亦有昏謬者（呼爲厥徽太尉）一日坐宮門見釘鉸者急呼之命僕取婢弊履令工以革護其首工笑曰非我技也公乃悟曰我謬也誤呼汝矣適欲呼一錮漏（俗呼骨路）者耳聞者大笑之（此條未見）

茶

王濛肅客必以茶人語今日有水厄東坡昔簪客語茶主人曰所謂老婆子塗面主人不曉搽了又搽（此條未見）

獨步

黃魯直在荊州聞東坡下世士人往弔之魯直兩手把一膝起云獨步獨步（此條未見）

嗜燒錬

黃裳晧嗜燒錬晚年疾篤語諸子曰吾死以大鋼一妝坐之復以大鋼覆之用鐵綫上下管定赤石脂固縫置之穴中足矣

賊詩

閩地越海賊曰鄭廣後就降補官官同強之作詩廣曰不問文官與武官總一般衆官是做官了做賊鄭廣是做賊了做官（此條未見）

說郛卷第三十二終

說郛卷第三十三

二老堂詩話（二卷）　宋周必大

靖節讀山海經　江州陶靖節集末載宣和六年臨溪曾紘謂靖節讀山海經詩其一篇云形夭無千歲猛志固常在疑上下文義不貫遂按山海經有云刑天獸名口銜干戚而舞以此句爲刑天舞干戚因筆畫相近五字皆訛岑穰晁詠之撫掌稱善予謂紘說固美然靖節此題十三篇大概一篇指一事如前篇終始記夸父則此篇恐專說精衛銜木塡海無千歲之壽而猛志常在化去不悔若併指刑天似不相續又況末句云徒設在昔心良晨詎可待何預干戚之猛耶後見周紫芝竹坡詩話第一卷復襲紘意以爲已說皆誤矣

劉禹錫淮陰行　劉禹錫淮陰行云無奈脫菜時淸淮春浪軟黃

魯直云淮陰行情調殊美語氣尤穩切惟無奈脫菜時不可解當待博物洽聞者說也予嘗見古本作挑菜時東坡惠州新年詩云水生挑菜渚恐用此字

人生如寄　蘇文忠公詩文少重復者惟人生如寄耳十數處用雖和陶詩亦及之蓋有感于斯言此句本起魏文帝樂府厥後高僧傳載王羲之與支道林書祇其語爾朱翌新仲猗覺寮雜志乃引高僧傳及南齊劉善明事似未記魏樂府

報班齊　歐公詩云玉勒爭門隨仗入牙牌當殿報班齊或疑其不然今朝殿爭門者往往隨仗而入及在廷排立旣定駕將御殿閤門持牙牌刻班齊二字候班齊小黃門接入上先坐後幄黃門復出揚聲云人齊未行門當頭者應云人齊上卽出方轉照殿衛士卽鳴鞭然此乃是駕出時常日則不同

老人十拗　朱新仲鄞川志載郭功父老人十拗詩謂不記近事

記遠事不能近視能遠視哭無淚笑有淚夜不睡日却睡不肯坐多好行不肯食軟要食硬兒子不惜惜孫子大事不問問細事少飲酒多飲茶暖不出寒即出丁巳歲予年七十二目視昏花耳中無時作風雨聲而實雨却不甚聞因補一聯云夜雨稀聞聞耳雨春花微見見空花是亦兩拗也嘗錄寄朱元晦朱大以爲然屬予足成之遂帖兩句云自矜他日盲宰相今復癡聾作富家

長壽菴　予家猶有米元章書長壽菴三字後題兩句人是西方無量佛壽如南極老人星不知古人詩句或元章自作也

歲寒堂詩話

宋張戒絳郡人

韓退之詩愛憎相過愛者以爲雖杜子美亦不及不愛者以爲退之于詩本無所得自陳無已輩皆有此論然二家之持論俱失矣以爲子美亦不及者固非以爲退之于詩本無所得者談何容易耶退之詩大抵才氣有餘故能擒能縱顛倒崛奇無施不可放之

則如長江大河波浪洶湧滾滾不窮收之則藏形匿影乍出乍沒姿態橫生變怪百出可喜可愕可畏可服也蘇黃門子由有云唐人詩當推韓杜韓詩豪杜詩雄然杜之雄猶可以兼韓之豪也此論得之詩文字畫大抵從胸臆中出子美篤于忠義深于經術故其詩雄而正李太白喜任俠喜神仙故其詩豪而逸退之文章侍從故其詩文有廊廟氣退之詩正可與太白爲敵然二豪不並立當屈退之第三

柳柳州詩字字如珠玉精則精矣然不若退之變態百出矣使退之收斂而爲子厚則易使子厚開拓而爲退之則難矣意味可學而才氣則不可強也

韋蘇州詩韻高而氣清王右丞詩格老而味長雖五言之宗匠然互有得失不無優劣以標韻觀之右丞詩格老而味遠不逮蘇州至于詞不迫切而味甚長雖蘇州亦不及也

世言白少傅詩格卑雖誠有之然亦不可不察也元白張籍詩皆自陶阮中出專以道得人心中事爲工本不應格卑但其詞傷于太煩其意傷于太盡遂成冗長卑陋爾比之吳融韓偓俳優之詞號爲格卑則有間矣若收斂其詞而少加含蓄其意味豈可及也蘇端明子瞻喜之獨于是有由然皮日休曰天下皆汲汲樂天獨恬然天下皆悶悶樂天獨捨旃仕若不得志可爲龜鑒焉此語得之

退之于籍湜輩皆兒子蓄之獨于東野極口推重雖退之謙抑亦不徒然世以配賈島而鄙其寒苦蓋未之察也郊之詩寒苦則信矣然其格致高古詞意精確其才亦豈可易得也

論詩文當以文體爲先警策爲後若但取其警策而已則楓落吳江冷豈足以定優劣孟浩然微雲淡河漢疏雨滴梧桐之句東野集中未必有也然使浩然當退之大敵如城南聯句亦必困矣子

瞻曰浩然詩如內庫造酒却是上尊之規模但欠警策爾此論盡之

韋蘇州律詩自古劉隨州古詩自律大抵下李杜韓退之一等便不能兼隨州詩韻度不能如韋蘇州之高簡意味不能如王摩詰之勝絕然其筆力豪贍氣格老成則皆過之與杜子美並時其得意處子美之匹亞也長城之目蓋不徒然

張司業詩與元白一律專以道得人心中事爲工但白才多而意切張思深而語精元體輕而詞躁爾籍律詩雖有意味而少文遠不逮李義山劉夢得杜牧之然籍之樂府諸人未必能也

李義山劉夢得杜牧之三人得力不能相上下大抵工律詩而不工古詩七言尤工五言微弱卑劣雖有佳句然不能如韋柳王孟之高致也義山多奇趣夢得有雅韻牧之專事華藻此其優劣耳

杜牧之敘李賀詩云騷人之苗裔又云少加以理奴僕命騷可也

牧之論太過李賀詩乃自李太白樂府中出瑰奇譎怪則似之秀逸豪放則不及也賀有太白之語而無太白之韻元白張籍以意爲主而失于少文賀以詞調爲主而失于少理各得其一偏故曰文質彬彬然後君子

王介甫只知巧語之爲詩而不知拙語亦詩也山谷只知奇語之爲詩而不知常語亦詩也歐陽公詩專以快意爲主而蘇端明專以新意爲工李義山詩只知有金玉鸞鳳杜牧之詩只知有綺羅脂粉李長吉詩只知有花草蠭蝶而不知世間一切皆詩也惟杜子美則不然在山林則山林在廊廟則廊廟遇巧則巧遇拙則拙遇奇則奇遇俗則俗或放或收或新或舊一切物一切事一切意無非詩者故曰吟多意有餘又曰詩盡人間意誠哉是言

孔子曰詩三百一言以蔽之曰思無邪世儒解釋終不了了予嘗觀古今詩人然後知斯言良有以也詩序有云詩者志之所之也

在心爲志發言爲詩情動于中而形于言其正少其邪多孔子删詩取其思無邪者而已自建安七子六朝有唐及近世諸人思無邪者惟陶淵明杜子美耳餘皆不免落邪思也六朝徐庾唐李義山國朝黄魯直乃邪思之尤者魯直雖不多説婦人然其韻度矜持冶容太甚讀之足以蕩人心魄此正所謂邪思也魯直專學子美然以子美詩讀之使人凛然興起肅然生敬詩序所謂警夫婦成孝敬明人倫美教化移風俗者也豈可與魯直詩同年而語邪

搜神祕覽二卷　章炳文字叔虎京兆人

元豐二年相州安陽縣民段化以疾失明其子簡屢求醫不驗一夕或夢神人告之曰與爾匕藥可用人髓下之則汝父之目立見光明既晤手中果得藥簡乃卸左腕槌骨取髓調藥以進立愈相州具奏其事如古之時有爲父母卸指者復叓生自非至誠安能動天地感鬼神哉自段簡者妄知不能也哉

西川費孝先善軌革世皆知名有客人王旻因售貨至成都求爲卦孝先曰教住莫住教洗莫洗一石穀擣得三斗米遇明即活遇暗即死再三戒之令誦此數言足矣旻受乃行途中遇大雨憩一屋下路人盈塞乃思曰教住莫住得非此耶遂冒雨行未幾屋顛覆獨得免焉旻之妻已私誷隣比欲講終身之好候夫歸將致毒謀旻既至妻約其私人曰今夕但洗沐者乃夫也日欲晡果呼旻洗沐重易巾櫛旻思曰教洗莫洗得非此耶堅不從婦怒不肯自沐夜半反被害旻驚悅罔測遂獨囚繫官府拷訊獄就不能自辨郡守錄狀牘旻悲泣言曰死只死矣但孝先所言略無驗耳左右以是語上達翌日郡守命未得行法呼旻汝比隣何人也康七道遣人捕之殺汝妻者必此人也已而果然因謂僚佐曰一石穀擣得三斗米非康七乎旻既辦云誠遇明即活之效歟

睽車志五卷井續添　宋郭彖字伯象歷陽人

長安古冢　長安近城官道之側有大古塚以當行人常所往來故獨久存不毀建炎初寇亂有人發之得古銅鐘鼎之屬甚多驗款識皆三代物塚爲隧道窟室土堅如石周匝皆刻成人物侍衛之狀其冠服丈夫則幞頭婦人則假紒衣皆寬袖頗類今制而小異乃知數千載前冠服已嘗如此

欺心殿舉　龍舒人劉觀仕平江許浦監酒其子堯舉字唐卿因就嘉禾流寓試僦舟以行舟人有女堯舉調之舟人防閑甚嚴無由得間既引試舟人以其重扃棘闈無他慮也日出市貿易而試題適唐卿私課既得意出院甚早比兩場皆然遂與舟女得諧私約觀夫婦一夕夢黃衣二人馳至報榜云郎君首薦觀前欲視其榜傍一人忽掣去云劉堯舉近作欺心事天符殿一舉矣覺言其夢而協頗驚異俄而拆卷堯舉以雜犯見黜主文皆歎惜其文既歸觀以夢語之且詰其近作何事匿不言次舉果首薦于舒然至今未第

也
岳侯死後臨安西溪寨軍將子弟因請紫姑神而岳侯降之大書其名衆已驚愕請其花押則宛然平日眞迹也復書一絶云經略中原二十秋功多過少未全酬丹心似石今誰愬空有遊魂徧九州丞相秦公聞而惡之擒治其徒流竄者數人人有死者

孝婦得米
常州一村媪老而盲家惟一子一婦一日方炊未熟而其子呼之他所婦囑姑爲畢其炊媪盲無所覩飲食成捫器貯之誤得溺器婦歸不敢言先取其當中潔者食姑次以餉夫其親器臭惡者乃以自食良久天忽晝暝覿面不相覩其婦暗中若爲人攝去俄頃開明身乃在近舍林中懷挾間得小布袋貯米三四升適足供餔明旦視袋米亦復如故寶之至今如始聞此事竊謂晝暝得米或孝感所致郭巨得金之類至謂袋米且常盈則頗近迂誕然范得老爲人誠愨恐必不妄傳而村婦一節如此亦可尙也故錄以爲之勸云

肉出地中
治平丁未歲漳州地震裂長數十丈闊尺餘有狗自中出視其底皆林木枝葉蔚然

玉眞娘子
程迥者伊川之後紹興八年來居臨安之律洋街門臨通衢垂簾爲蔽一日有物如燕瞥然自外飛入徑着堂壁家人就視乃一美婦僅長五六寸而形體皆具容服甚麗見人殊不驚小聲歷歷可辨自言我玉眞娘子也偶至此非爲禍祟苟能事我亦甚善其家乃就壁爲小龕至以香火奉之頗能預言休咎皆驗好事者爭往求觀人輸百錢乃爲起龕至者絡繹小阜程氏矣如是期年忽復飛去不知所在

殺降
紹興初福建寇亂賊魁曰張義張萬全葉伯小凶焰頗盛提刑李稷臣諭降之二張詣葉于稷臣具言葉無降意將復爲變稷臣信之乃植火柱于通衢取葉以鐵索鎖縛于柱熾炭圍繞醢和五辛飲之備極楚毒稷臣躬臨視之葉大呼曰我已就降何罪至此體皆焦爛乃死自是稷臣每獨坐時見葉在側大惡之後三年稷臣偏體生瘡疱狀如火灼痛不可忍竟卒

石碑
宗左藏晛嘗言家故澤州有第宅園圃牆角有古塚因治地發之得一石誌題曰郡守李公之墓疊石爲藏中朽骨一具無他物而棺之側斲石爲乳婢抱帉一嬰兒不知其何所爲也

向汲與其弟孿生狀貌酷相肖人不能辨一日汲自外歸弟婦以爲其夫也迎而呼之不應隨而詈之遂批其頰汲正色謂之曰我乃伯也婦惶愧而退汲自是更其衣冠以自別異

胡孩兒
宣和間沂密有優人持二子號曰胡孩兒年各六七歲童首而長鬣所至觀者如堵自云其婦孿生此二兒生而有鬚亦不知優人所自來後失其所在卽時胡醜亂華蓋人妖也

逆亮末年自製尖鞾頭極長銳云便於取鐙而足指所不及謂之不到頭又爲短鞭僅存其半謂之沒下梢其後渝盟犯順卒爲其下所戕于江上

枯骨抱人
劉先生者河朔人年六十餘居衡岳紫蓋峰下間出衡山縣市從人丐得錢則市鹽酪徑歸盡則更出日擕一竹籃中貯大小筆欆帚麻拂數事徧遊諸寺廟拂拭神佛塑像鼻耳竅有塵土卽筆撚出之率以爲常環百里人皆熟識之縣市一富人嘗贈一紬袍劉欣謝而去越數日見之則故褐如初問之云吾幾爲子所累吾嘗日出菴有門不掩旣歸就寢門亦不扃自得袍之後不衣而出則以備盜數日營營不能自立今日偶衣至市忽自悟以一袍故使方寸如此是大可歎適遇一人過前卽脫袍與之吾心方坦然無復繫念吾幾爲子所累矣嘗至上封歸路遇雨視道邊一塚有穴遂入以避會昏暮因就寢夜將半睡覺雨止月明透穴照壙中歷歷可見甓甃甚光潔北壁惟白骨一具自頂至足俱全餘無

一物劉方起坐少近視之白骨倏然而起急前抱劉劉極力奮擊乃零落墮地不復動矣劉出每與人談此異或曰此非怪也劉陽氣壯盛足以翕附枯骨耳今兒童拔雞羽置之懷以手指上下引之隨動羽稍折斷即不應亦此類也

宜春傳信錄 三卷　羅綉

彭伉唐徵士揖雲之孫也伉妻即湛賁之姨伉舉進士及第湛猶爲縣吏妻族爲置賀宴皆官人名士伉居客右一坐盡傾湛至命飯于後閤湛無難色其妻憤報責之曰男子不能自勵窘辱如此復何爲容湛感其言孜孜向學湛未數歲一舉登第伉常侮之伉方跨長耳縱遊郊郭忽有僮馳報湛郎及第伉失聲而墜故袁肇字子發唐人也開成中就江西解爲試官來送肇有啓事謝曰巨鰲贔屭首冠蓬山試官謂之曰昨限以人數擠排雖獲仲展深慚名第奉先爲得首冠蓬山之謂肇曰必知明公垂問大凡頑石在

上巨鰲戴之豈非首冠耶一坐聞之大笑至京師先達或問所來啓曰某袁氏也或曰袁將出舉人耶肇曰袁州出舉人亦由沅江出鮆九肋者稀矣會昌三年肇爲狀頭及第

鬚髯不第　何朝宗萍鄉人年十八到殿前太祖曰此人未有髭鬚恐未老成不宜與第且令歸讀書至太宗朝登第終于縣令

李佛子　屯田郎中李公衢名道中通判筠時爲性寬慈不擾民有婦人輸官絹以兩段縫合爲一疋吏執詣公公詢其故婦人曰官中催科限逼而夫逃竄貧無所出是以至此惻然良久遣其婦人去召主吏曰封絹于庫內候支春衣下官自要它日官受秋租而利乞無藝公知之遂自入倉監視吏無所措其手筠人爲之語曰輸租不使錢賴有李屯田每出則人指之曰李佛子來矣

排斥釋教　朝議大夫李觀字夢符史傳諸書一過目即成誦文章唐元次山登第歷官知處州不就請監衡州南嶽廟以歸建玉溪洞洞中有抱一堂水仙亭有梅處曰香雪塢有梨叢花處曰錦繡谷貯史書處曰文藪終日醉吟溪上于世味淡如也公排斥佛老釋教至老不衰鄉人常請公作條崇勝院佛殿記中間曰天子愛民澤至渥也使供租稅若有難色至奉方之教則倒廩竭橐忻然無辭施者頗慚其後多寶佛塔成有欲求記于公者公于是又曰今之人父母甘旨之養往往未能錙銖惟或報應捨萬金垂如也衆益慚故二文至今不果于刻石

販夫　彭則爲巨賈置產甚厚喜儒學爲其子迎接師友不問其費嘗以羨餘買國子監壽文兩本一本藏于家一本納于州學郡從事楊辨爲之記中間目則爲販夫子孫恥之後太常少卿徐師閔知州見其文歎曰此善事也尚不能掩販夫之目他人豈誰肯爲善乎于是略竄易首尾而去販夫字命其從事余襄名其記刻之子孫始以爲榮焉

啽囈集 一卷　宋　元 字子虚號翠寒道人平江人

眼淚洗面　李溫歸縣後鬱鬱不樂見于詞語在賜第七夕命故妓作樂聞于外太宗怒人傳小樓昨夜又東風併坐之遂被相襲江南錄云李國王小周后隨後主歸縣封鄭國夫人例隨命婦入宮每一入輒數日出必大泣罵後主外聞之主多宛轉避之又縣玉汝家有國主歸縣後與金陵舊宮人書曰此中日夕只以眼淚洗面

芳儀曲　芳儀江南國王李景女曰納土後在京師初嫁共奉官孫某爲武彊都監妻生女皆爲遼中聖宗所獲封芳儀生公主一人趙至忠虜部自北虜歸明官嘗仕遼爲翰林學士修國史著虜庭雜記載其事晁補之爲比都教官覽其書而悲之與顏復長道作芳儀曲云金陵宮殿春霏微江南花發鷓鴣飛風流國主家千口十五吹簫粉黛稀滿堂詩酒皆詞客奪錦揮毫在瑤席後庭一曲恣風流國主家風景改易攷淚臨江悲故國公獻籍來朝未央勅書

築第優降王魏俘曾不輸織室供奉一官奔武驪秦淮朝水鍾山樹寒北江南易懷土雙燕清秋夢柏梁吹落天涯猶並羽相隨未是斷腸悲黃河應有却還時寧知翻手明朝事咫尺山河不可期倉皇三鼓滹沱岸良人白馬今誰見國亡家破一身存薄命如雲言流轉芳儀加我名字新教歌遺舞不由人採珠拾翠衣裳好深紅暗盡驚胡塵陰山射虎邊風急嘈雜琵琶酒闌泣無言數徧天河星只有南箕近鄉邑當年千指渡江來千指不知身獨哀中原骨肉又零落黃鵠寄意何當回生男自有四方志女子那知出門事君不見李陵椎髻泣窮邊丈夫漂泊猶可憐江州廬山眞風觀李主有國日施財修之刊姓氏于后有太寧公主嘉公主皆李景女不知芳儀者孰是也

陳同甫名亮號龍川始聞辛稼軒名訪之將至門過小橋馬三躍而三却同甫怒投鞭揮馬首推馬仆地徒步而進稼軒適倚樓見

之大驚異遣人詢之則同甫已及門遂定交稼軒帥淮時同甫與時落落家甚貧訪稼軒于治所相與談天下事酒酣稼軒言南北之利害南之可以并北者如此北之可以并南者如此且言錢唐非帝王之居斷牛頭之山天下無援兵決西湖之水滿城皆魚鱉飲罷宿同甫于齋中同甫夜思稼軒沉醉失言醒必思其誤將殺我以滅口遂盜駿馬而逃月餘同甫致書于稼軒假十萬緡以濟食稼軒如其數與之

畫史　　宋米芾

序 杜甫詩謂薛少保惜哉功名迕但見書畫傳甫老儒汲汲于功名豈不知固有時命殆是平生寂寥所慕嗟乎五王之功業尋爲女子笑而少保之筆精墨妙摹印亦廣石泐則重刻絹破則重補又假以行者何可謂也然則才子鑒士寶鈿瑞錦繅襲數十以爲珍玩回視五王之煒煒皆糠粃埃壒奚足道哉雖孺子知其不逮少保遠甚明白余故題所得蘇氏薛稷二鶴云遼海歸來顧螻蟻昂霄孤唳留清耳從容雅步在庭除浩蕩閑心存萬里乘軒未失入佳談寫眞不妄傳詩史好事心靈自不煩臭穢功名皆一戲武功中令應天人束髮遼陽侍帝宸連城照乘不保寶黃圖孔誥悉珍眞百齡生我欲公起九原蕭蕭松鬣鬣得公遺物非不多賞物懷賢心不已其後以帖易與蔣長源字仲永吾書畫友也予平生嗜此老矣此外無足爲者嘗作詩云棐几延毛子明窗館墨卿功名皆一戲未覺負平生九原不可作漫呼杜老曰杜二酹汝一巵酒愧汝在不能從我遊也故敘平生所覩以示子孫題曰畫史識者爲予增廣眼目也

李無山水論 李成只見二本一松石一山水四軸松石出盛文肅家今在會稽山水在蘇州寶月大師處秀潤不凡松榦勁挺枝葉鬱然有陰荊楚小木無冗筆不作龍蛇鬼神之狀今世貴侯所貴大圖猶

如顏柳書藥鋪牌形貌似爾無自然近凡俗林木怒張松榦枯瘦多節小木如柴無甚生意成身爲光祿丞第進士子祐爲諫議大夫孫宥爲光祿待制贈成金紫光祿大夫使其是凡工衣食所仰亦不如是之多皆俗手假名予欲爲無李論

巨然 巨然師董源今世多有本嵐氣清潤布景得天眞多少年時作多作礬頭老來平淡趣高

劉道 劉道士亦江南人與巨然畫同師巨然畫則僧在主位劉畫則道士在主位以此爲別

董源 董源平淡天眞多唐無此品在畢宏上近世神品格高無與比也峰巒出沒雲霧顯晦不裝巧處皆得天眞嵐色鬱蒼枝榦勁挺咸有生意小溪漁浦洲渚掩映一片江南也

關同 關同人物俗石木出于畢宏有枝無榦

滕邊 滕昌祐邊鸞徐熙徐崇嗣花皆如生黃筌惟蓮差勝徐黃雖富

豔皆俗
（李黄）李王山水唐希雅黄筌之倫翎毛小筆人收甚衆好事家必五
七本不必深論
（掛畫）凡收畫必先收唐希雅徐熙等雪圖巨然或范寬山水圖齊整
相對者裝堂遮壁乃于其上旋旋扑名筆絹素大小可相當成對
者又漸漸掛無對者蓋古畫大小不齊鋪掛不端正若晉筆須第
二重掛唐筆爲襯乃可掛也許道寧不可用模人畫太俗也
（古畫不可頻背）古畫若得之不脫不須背標若不佳換標一次背一次壞屢
更矣深可惜蓋人物精神髮彩花之穠豔蜂蝶只在約略濃淡之
間一經背多或失之也
（李成大扇）予家所收李成至李冠卿大扇愛之不已爲天下之冠既購
得之背于眞州昭宣使宋用臣自舒州召還見之太息云慈聖光
獻太后于上溫凊小次盡購李成畫帖成屏風以上所好至轂玩

之因吳丞相沖卿夫人入朝太后使引辨眞僞成之孫女也內以
四軸爲眞拆奉上別購補之敕宋用臣背于內東門正與內類因
語泫然囑吾愛惜予亦甚珍之及得盛文肅家松石片幅如紙幹
挺可爲隆棟枝葉凄然生陰作節處不用墨圈下一大點以通身
淡墨穿過乃如天成對面皴石圓潤突起至坡峯落筆于石脚及
水中一石相平下用淡墨作水相準乃是一磧直入水中不若世
俗所效直斜落筆下更無地又無水勢如飛空中使妄人評之以
李成直筆無脚蓋未見眞耳劉涇自以李成直筆多于是出示之
乃良久曰此必成師也
（唐希雅）唐希雅作林竹韻淸楚但不合多作禽鳥又作棘林間戰筆
小竹非善是効其主李重光耳
（李重光）錦峯白蓮居士又稱鍾峯隱者皆李重光畫自題號意是鍾
山隱居耳每自畫必題曰鍾隱筆上著內殿圖書之印及押用內
合同集賢院黑印有此印者是典于文房物也內合同乃其璽唐
室皆用內合同爲御印至梁高祖始用御前之印也錢氏以內院
倣之封函曰制姓名內曰制名公某人可某官上用此印日月
用國印
（畫故事）今人絕不畫故事則爲之人又不攷古衣冠皆使人發笑古
人皆云某圖是故事也蜀人有晉唐餘風國初已前多作之人物
不過一指雖乏氣格亦秀整林木皆用重色淸潤可喜今絕不復
見矣
（洪谷子）范寬師荆浩浩自稱洪谷子王詵嘗以二畫見送題云勾龍
爽畫因重背入水于左邊石上有洪谷子荆浩筆字在合綠色抹
石之下非後人作也然全不似寬
（胡瓌）東丹王胡瓌蕃馬雖好非齋室淸玩
（王端）王端學關同人物益入俗

（元靄）元靄傳寫眞有神采
（孫知微）孫知微作星辰多奇異不類人間所傳信異人也然是逸格
造次而成平淡而生動雖淸拔筆皆不闇學者莫及然自有瓌古
圓勁之氣畫龍有神彩不俗也
（楊朏）楊朏學吳生點睛髭髮有意衣紋差圓尚爲孫知微逸格所破
（武岳）武岳學吳有古意子洞淸元作佛像羅漢善戰掣筆作髭髮尤
工天人畫壁髮彩生動然絹素畫以粉點睛久皆先落使人惜之
南岳後殿壁天下奇筆
（劉常龍）江南劉常龍氣格淸秀有生意固在趙昌王友上
（傳古龍）傳古龍如蜈蚣董羽龍如魚
（曹仁熙）曹仁熙水今古無及四幅圖內中心一筆長丈餘自此分去
高郵有水壁院
（三尺橫掛）古人圖畫無非勸戒今人撰明皇幸興慶圖無非奢麗吳王

避暑圖重樓平閣陸動後人侈心予嘗與李伯時言分布次第作子敬書練裙圖圖成乃歸權要竟不復得予又嘗作支許王謝於山水間行自掛齋室又以山水古今相師少有出塵格者因信筆作之多煙雲掩映樹石不取細意似便已知音求者只作三尺橫掛三尺軸惟寶晉齋中掛雙幅成對長不過三尺標出不及椅所映人行過肩汗不着更不作大圖無一筆李成關同俗氣

燕宋劉師李成 禮部侍郎燕穆之司封郎中宋迪復古直龍圖閣劉明復皆師李成復古比二公特細秀作松枝而無向背荆棘甚細秀大夫蔣長原作著色山水松似荆浩松身似李成葉取眞松爲之如靈鼠尾大有生意石不甚工作凌霄花纏松亦佳作

嗣濮王 嗣濮王宗漢作蘆雁有佳思

王詵 王詵學李成皴法以金碌爲之似古今觀音寶陀山狀作小景亦墨作平遠皆李成法也

趙令穰 宗室令穰大年作小軸清麗雪景類世所收王維汀渚水鳥有江湖意

東坡 蘇軾子瞻作墨竹從地一直起至頂予問何不逐節分曰竹生時何嘗逐節生運思清拔出于文與可自謂與文拈一瓣香以墨深爲面淡爲背自與可始

李氏 朝議大夫王之才妻南昌縣君李尚書公擇之妹能臨松竹木石畫見本即爲之難卒辨

章友直 章友直字伯益善畫龍蛇以篆筆畫亦有意又能以篆筆畫棋盤筆筆相似其女並能之

翎毛 艾宣張涇寶覺大師翎毛蘆雁不俗

印湘 印湘見畫即臨甚不相似

林生 杭士林生作江湖景蘆雁水禽氣格清絕南唐無此畫可並徐熙在艾宣張涇寶覺之右人罕得之

硯 古書畫皆圖蓋有助于器晉唐皆鳳池研中心如瓦凹故曰研瓦如以一花頭瓦安三足爾墨稱螺製必如蛤粉此又明用凹硯也一援筆因凹勢鋒已圓書畫安得不圓本朝研始心平如砥一援筆則褊故字亦褊唐詢字彥猷始作鍬心凹研云宜看墨色每援筆即三角字安得圓哉予稍追復其樣士人間有用者然稍平革鍬背未至于瓦惟至交一兩人頓悟者用之奕亦世俗不能發藥也

博易 書畫不可論價士人難以貨取所以通書畫博易自是雅致今人收一物與性命俱大可笑人生適目之事看久即厭時易新玩兩適其欲乃是達者

印 予家最上品書畫用姓名字印審定眞跡字印神品字印平生眞賞印米芾祕篋印寶晉書印米姓翰墨印鑒定法書之印米姓祕玩之印玉印六枚辛卯米芾米芾之印米芾氏印米芾印米芾

元章印米芾氏已上六枚白字有此印者皆絕品玉印惟著于書帖其他用米姓清玩之印者皆次品也無下品者其他字印有百枚雖參用于上品印也自畫古賢惟用玉印

畫絹 古畫至唐初皆生絹至吳生周昉韓幹後來皆以熱湯湯半熟入粉槌如銀板故作人物精采入筆今人收唐畫必以絹辨見文麄便云不是唐非也張僧畫閻令畫世所存者皆生絹南唐畫皆麄絹徐熙絹或如布

背畫 裝背畫不須用絹破碎處用之絹新時似好展卷久爲硬絹抵之却于不破處破大可惜古畫人惜其字故行間勒作痕其字在筒瓦中不破今人得之却以絹或絹背帖所勒行一時平直良久于字上裂大可惜也紙上書畫不可以絹背雖熟絹新終硬文縷磨書畫面上成絹紋蓋取爲骨久之紙毛是絹所磨也用背紙書畫日月損磨墨色在絹上王晉卿舊亦以絹背畫初未信久之取

桓溫畫看墨色見磨在紙上而絹紋透紙始恨之乃以歛薄一張蓋而收之其後不用絹也

（裂文）絹素百破必好畫文裂各有辨長幅橫卷裂文橫也橫幅直挫裂文直各隨軸裂也直斷不當一縷歲久卷自兩頭蘇開斷不相合不作毛掐則蘇也不可僞作其僞者快刀直過當縷兩頭依舊生作毛起掐又堅紉也溼染色棲縷間乾薰者烟臭上深下淺古紙素有一般古香也

（易元吉）易元吉徐熙後一人而已善畫草木葉心翎毛如唐徐後無人繼世但以獐猿稱可歎或云畫孝嚴殿壁院人妬其能只令畫獐猿竟爲人鴆

（畫軸）檀香辟濕氣畫必用檀軸有益開匣有香而無糊氣又辟蠹也若玉軸以古檀爲身檀身重今却取兩片刳中空合柄軸鑿乃輕輕不損畫常卷必用杉桐佳也軸重損絹軸不宜用金銀既俗且

招盜若桓靈寶不然水精作軸挂幅必兩頭墜性重蜀青圓錢雙鶯錦最俗不可背古畫只背今人裝堂亦俗也蘇木爲軸以石灰湯轉色歲久愈佳又性輕角軸引蟲又開軸多有濕臭氣檀犀同匣共發古香紙素既古自有古香也

（范寬）范寬山水槩槩如恆岱遠山多正面折落有勢晚年用墨太多土石不分本朝自無人出其右溪出深虛水若有聲其作雪山全師所謂王摩詰

（王士元）王士元山水作漁村浦嶼雪景類江南畫

（李文定家藏）濮州李文定丞相家畫三等上等書名用名印中等書字用字印下等亦用字印押字而已

（王冀公書畫）王冀公家書畫用太原欽若圖書品少精者

（牛戩）道士牛戩筆墨粗豪縱放亦不俗格固在艾宣惠崇寶覺張涇之上也

（李甲）李甲華亭逸人作逸筆翎毛有意外趣木不佳

（陳常）江南陳常以飛白筆作樹石有清逸意人物不工折枝花亦以逸筆一抹爲枝以色亂點花欲奪造化本朝妙工也

李成淡墨如烟霧中石如雲動多巧少眞意范寬勢雖雄傑然深暗如暮夜晦暝土石不分物象之幽雅品固在李成上關同麓山工關河之勢峯巒少秀氣董源峯頂不工絕澗危徑幽壑荒迴率多眞意巨然明潤鬱葱最有爽氣礬頭太多荆浩善爲雲中山頂四面峻厚

（絹色）眞絹色淡雖百破而色明白精神采色如新惟佛像多經香烟薰損本色染絹作滋香色棲塵紋間最易辨仍蓋色上作一重古破不直裂須連兩三經不可僞作

瀟湘錄 十卷

李　隱（守秘書省校書郎）

（金蝦蟇）高宗承祧後多患頭風召醫于四方終不得瘳有一宮人忽

自陳世業醫術請修合藥餌高宗初未之信及堅論奏遂令宦者監之修其藥宮人開坎作藥爐比藥中有燒香者穿地方深一二尺忽有一蝦蟇跳出如黃金色背上有朱書武字宮人不敢匿其事乃進于高宗不曉其兆遽命棄于後苑內宮人遂別擇地穿藥鑪方深一尺復得前金色蝦蟇又聞于上上惡之以爲不祥命殺而棄之至夜其修藥宮人及宦者皆無疾而卒

（老父賣藥）則天末年益州有一老父攜一藥壺于城中賣藥得錢即轉濟貧乏自不食時即飲淨水如此經歲餘百姓賴之有疾得藥者無不愈時或自游江岸凝眺永日又或登高引領不語永日每遇有識者必告之曰夫人一身便如一國也人之心即帝王也傍列臟腑即內府也外張九竅即外臣也故心病則內外不可救之又何異君亂于上臣下焉可止之但凡欲身之無病必須先正其心不使氣索不使狂思不使嗜慾不使迷惑則心無病心既無病則

內輔必堅臟腑雖有病不難療之也外之九竅亦無由受病也況藥有君有臣有佐有使或攻其病君先臣次然後用佐用使自然合其宜加以佐小不當其用心自亂也又何能救病此又國家任人也老夫常以此爲念每見愚者一身君不君臣不臣使九竅之邪總納其病以至于良醫自逃名藥不效猶不自知治身之病後時矣悲夫士君子記之忽一日獨詣錦江解衣淨浴探壺中惟選一丸藥自吞之謂衆人曰老夫謫罪已滿今却歸島嶼俄化爲一白鶴去其衣與藥壺併沒于水求尋不得

定亂案 相國李林甫家一奴號蒼璧性敏慧林甫憐之忽一日猝然而死經宿復蘇林甫問之曰死時到何處見何事因何却得生也奴曰死時固不覺其死但忽于門前見儀仗擁一貴人經過有似君上方潛窺之遽有數人者走來擒去去之一峭拔奇秀之山俄及一大樓下須臾有三四人黃衣小兒曰且立于此聽鈞旨見殿

上捲一珠翠簾依稀見一貴人坐臨階砌似剸斷公事殿前東西立杖衛約千餘人有一朱衣人攜一文簿奏言是新奉命亂國革位者安祿山及祿山後相次三朝亂主兼同時將相悖亂貴人敕定亂案殿上人問朱衣曰大唐君隆基君人之數雖將足壽命之數未足何如耶朱衣曰大唐之君奢侈不節儉本合折數但緣不好殺有仁心故壽命之數在焉又問曰安祿山之後數人僭爲僞主殺害黎元當須速止之無令殺人過多以傷上帝心慮罪及我府事行之時當速止之朱衣奏曰唐君紹位臨御以來天下之人安堵樂業亦已久矣據期運推遷之數天下之人亦合罹亂惶惶至于廣害黎元必至傷上帝心也殿上人曰宜速舉而行之無失他安祿山之時也又謂朱衣曰宜便先追取李林甫楊國忠也朱衣一一受命而退俄頃有一朱衣捧文簿至奏大唐君第六朝天子復位及佐命大臣文簿殿上人曰可惜大唐世民效力甚苦方得天下治到今日復亂也雖嗣王復位乃至于末代終不治也謂朱衣曰但速行之朱衣奏訖又退及將日夕忽殿上又一小兒急喚蒼璧令對見蒼璧方仔細見殿上一人坐碧玉案衣道服戴白玉冠謂蒼璧曰當却回寄語李林甫速來歸我紫府應知人間之苦也蒼璧即得放回林甫知必不久將亂矣遂潛恣酒色焉

白鳳銜符 楊貴妃晝寢驚覺見簾外有雲氣氤氳令宮人視之見白鳳銜書一有似詔敕自空而下立于寢殿前宮人白貴妃起而熟視遂命焚香親授其書命宮嬪披讀其文曰敕謫仙子楊氏爾居玉闕之時常多傲慢謫塵寰之後轉有驕矜以聲色惑人君以寵愛庇族屬內則兼夫人備位外則使國忠秉權殊無知過之心顯有亂時之迹比當限滿合議復歸其如罪之更深法不可貸專茲告示且與沉淪宜令死于人世貴妃極惡之令宮闈間切祕此事亦不聞于上其鳳飛去其書藏于玉匣中三日後忽失之

胡亂之讖 天寶年中楊國忠權勢漸高四方奉貢珍寶莫不先獻之豪富奢華朝廷間無敵忽有一婦人自投其宅請見國忠閽人拒之婦人大叫言于閽人曰我直有一大事要白楊公爾何艱阻我若不見得楊公我當令火發盡焚楊公宅閽人懼遂告國忠國忠甚驚遽召見婦人婦人見國忠曰公爲相國何不知否泰之道耶公位極人臣又聯國戚名動區宇亦已久矣奢佚不節德義不修壅塞賢路諂媚君上又久矣略不能效前朝房杜之蹤跡不以社稷爲念賢與愚不能判但納賄于門者爵而祿之大才大德之士伏于林泉不一顧錄以恩付兵柄以愛使民牧噫欲社稷安而保家族必不可也國忠大怒問婦人曰汝自何來何造次觸犯宰相不懼死罪也婦人曰公自不知有死罪翻以我爲死罪國忠極怒命左右欲斬之婦人忽復自滅國忠驚疑未久又復立于前國忠問曰是何妖耶婦人曰我實惜高祖太宗之社稷將被一匹夫傾覆

公不解爲宰相雖處輔佐之位無輔佐之功公一死小事爾可痛者國朝自此翦滅幾不保其宗廟亂將至矣胡怒之耶我來白于公胡多事也我今卻退胡有公也公胡死也民胡災也言訖笑而出令人逐之不見後至祿山起兵方悟胡字焉

犬妖　杜修己者趙人也善醫術其妻卽富人薛氏之女也性淫佚修己家養一白犬甚愛之每與珍饌食後修己出其犬突入室內欲齧修己妻薛氏仍似有姦私之心薛氏因怪而問之曰爾欲私我耶若然則勿齧我犬卽搖尾登其牀薛氏懼而私與其犬通不異于人邇後每修己出必姦淫無度忽一日方在室內同寢修己自外入見之因欲殺犬犬走出修己怒出其妻薛氏歸薛贇後半載其犬忽突入薛贇家口銜薛氏髻而背負走出家人趕奪之不得不知所之犬攜薛直入恆山潛之每至夜卽下山竊所食之物晝則守薛氏經一年薛孕生一男雖形貌如人而徧身有白毛薛氏

只于山中撫養之又一年其犬忽死薛氏抱子迤邐出山入冀州乞食有知此事者遂詣贇家以告薛贇遽令家人取至家其所生子年十七形貌醜陋性復兇惡每私走出作盜賊或旬餘或數月卽還家薛贇患之欲殺之薛氏乃泣謂其子曰爾是一白犬之種也幼時我不忍殺爾爾今日在他薛家豈合更不謹若更私出外爲賊薛家人必殺爾實恐爾累及他當改之其子大號泣而言曰我稟犬之性而生也無人心好殺爲賊自然耳何以我爲過薛贇能容我卽容之不能容我卽當與我一言何殺我耶母當自愛我其遠去不復來矣薛氏堅留之不從乃謂曰去卽可何不時來一省我也我是爾之母爭忍永不見也其子又號泣而言曰後三年我復來耳攜劍拜母而去又三年其子領羣賊盜千餘人至門自稱曰我將軍既入拜母後令羣盜盡殺其薛贇家屬惟留其母焚其宅攜母而去

三水小牘二卷　皇甫枚字遵美安定人

文公夢金神　韓文公之寢疾也名醫良藥日進有加而無瘳忽宵中驚悸既寤而汗洽衾裯命侍人扶坐小君問之良久曰向來夢神長丈餘金鎧揚戟直入寢門我不覺降階拜之自稱大聖瞋目謂我曰睢盱骨稅國世與韓爲讐吾欲討之而不能如何我跪答曰願從大聖討焉不旬日而文公薨果從其請矣

水如血　滎陽郡城西有永福湖引鄭水以注之平時繞岸皆臺榭花木乃太守郊勞班餞之所西南壖多修竹喬林則故徐帥崔常侍彥曾別業也當咸通中龐勛之作變崔公爲所執也湖中水如凝血者三日而復未幾而其家凶問至予光啓初寓居鄭地故得之昔讀本朝書見河間王之征輔公祏也江行舟中宴羣帥命左右以金盌酌江水將飮之水至忽化爲血合座失色王徐曰盌中之血公祏授首之徵果破之則禍福之難明也如是

陸存遇賊　陸存者愚儒也襃白之後方調授汝州郟城時乾符丁酉歲也是秋王仙芝黨與起自海沂來攻郡途經郟城存微服將遁爲賊所虜其酋問曰汝何等人也存紿之曰某庖人也乃令溲麫煎油作饆饠者移時不成賊酋怒之曰這漢謾語把劍來存懼撮麫兩手連拍曰祖祖父父世世業業衆大笑釋之時縣尉李庭妻崔氏有殊色賊至爲所掠將妻之崔氏大詬曰我公卿家女爲士子妻死乃緣命豈可受草賊汚土賊辱賊怒刳其心而食見者無不灑涕矣

汝州魯山縣西六十里小山間有祠曰女靈觀其像獨一女子焉佩鬢嚬蛾豔冶而有怨慕之色祠堂後平地怪石圍數畝上擢三峯皆十餘丈森然肖太華也詢之老人云大中初斯地忽暴風驟雨襄丘陵震屋瓦一夕而止遂有茲山其神見形于樵蘇者曰吾商于之女也帝命有此百里之境可告鄉里爲吾立祠于山前山

名女靈亦吾所持來者無曠時祭當福汝鄉人遂建祠官書祀典歷數世矣咸通末予調補縣印吏實尸嘗祭與同舍生譙國夏侯禎偕行祭畢與禎縱觀祠內禎獨睠睠不能去乃索巵酒酹曰夏侯禎少年未有匹偶今者仰覩靈姿願爲廟中掃除之隸神其鑒乎既舍爵乃歸其夕夏侯生怳惚不寐若爲陰物所中其僕來告予走視之則目瞪口禁不能言矣予謂曰得非女靈乎禎頷焉予命吏載楮鏹潔尊席而禱曰夫人岳鎭愛女疆埸明祇致禾黍豐登戢虎狼爨殄斯神之任也今日之祭乃郡縣常祀某職其事敢不嚴恭豈謂友生不勝酖斝之餘至有慢言黷于神聽今疾作矣豈降之罰耶抑果其請耶若降之罰是以一言而斃一國士是違好生之德當專戮之辜帝豈不降鑒而使神祇虐于下乎若果其請是以一言舍貞靜之道播淫泆之風綠張碩而動雲軿顧交甫而解明佩若九閽一呼必貽幃簿不修之責况天下多美丈夫何必是也神其聽之奠訖夏侯生康預如故

渤海封夫人諱絢字景文天官侍郎敖孫也諸兄皆貢士有聲于名場夫人氣韻恬和容止都雅善草隸攻文章盛飾則芙蕖出綠波巧思則柳絮因風起至于婉靜之法剪製之工固不教而生知姻黨號爲淑女咸通戊子歲始從媒贄移天于殿門故祕省校書保晦遐搆遐搆兄余寮婿也愛鍾自出姑實親姨夙夜蒸嘗劬勞無怠廣明十歲妖纒黃道斁發白丁闚輔烽飛鑾轂遐狩以天府陸海之盛伧化于鯨鯢腹中卽冬十二月七日也都人大潰校書自永寧里所居謐室潛于蘭陵里蕭氏池臺地鄰五門以爲賊不復入至明日羣凶霧合祕校遂爲所俘賊酋覘夫人之麗容將欲叱後乘以載之夫人正色相拒確然不移誘說萬辭但瞋目反背而莫顧日將夕賊酋勃然起曰行則保羅綺于百齡止則取虀粉于一劍夫人奮袂罵曰狂賊我生于公卿高門爲士君子正室琴瑟叶奏鳳凰和鳴豈意昊天不容降此大厲守正而死猶生之年終不負穢苟羞于汝逆盜之手言訖遇害賊酋既去祕校脫身來歸侍婢迎門白夫人已逝矣祕校撫膺失聲而前枕屍于股大慟良久揮淚于夫人面曰景文卽相見遂長號而絕于地三婢子覩主父主母俱殞乃相攜投浚井而死三水人曰噫二主二夫實女之醜行至于履危抗節乃大夫事業豈謂今見于女德哉渤海之媛汝陰之嬪貞烈規儀永光于彤管矣辛丑歲遐搆兄出自雍話茲事以予有春秋學命筆以俏備史官之闕

廣明庚子歲予在汝墳溫泉之別業夏四月朔旦雲物暴起于西北隅瞬息間濃雲四塞大風發屋拔木雨且雹雹有如梧棬者鳥獸盡殪被于山澤中至午方霽觀行潦之內蝦蟹甚衆明日予抵洛師而都城自長夏門之北夾道古槐十拔去五六矣門之鴟吻亦失矣予爲非吉徵也至八月汝州召募軍李廷光等一千五百人自雁門回掠東都南市焚長夏門而去十一月黃巾百萬自汝突出東都遂長驅陷西京天子出狩于庯蜀自茲諸夏騷蕩矣上天垂戒豈虛也哉

婦人不立入神祠　許州長葛令嚴郜衣冠族也立性簡直雖羈束于官署常蓄退藏之心咸通中罷任乃于縣西北境上陘山陽置別業良田萬頃桑柘成陰奇花芳草與松竹交錯引泉成沼疏阜爲臺盡登臨之美矣夫人河東裴氏有三女長適滎陽鄭氏次適京兆杜氏幼曰阿珊特端麗妍白光啓乙巳歲年十五矣時遇淸明節嚴公盡室登陘山山西岑有鄭大王祠乃于祠中薦酒饌令諸女縱觀日晚方歸纔降及山之足旋風忽起于道左繚繞諸人塵坌晦冥衆皆驚懼而阿珊獨仆于地色變不能言髮上失雙金翹乃扶持而歸召巫者視之巫譯神言曰我鄭大王也今聘爾女爲第三子婦其家遽使賷酒肴紙錢令巫者詣祠祈之既至得金翹于神坐

上巫者再三請禱神終言不可明日阿珊殞便憑巫言已達祠所
矣嚴氏遂令送服玩設禮筵于祠內厥後每有所須必托巫言告
其家嚴公夫人即予室之諸姑也故得其實而傳之
臨淮武公業咸通中任河南府功曹參軍愛妾曰飛烟姓步氏容
止纖麗若不勝綺羅善秦聲好文墨尤工擊甌其韻與絲竹合公
業甚嬖之其比鄰天水趙氏第也亦衣纓之族其子曰象端秀有
文纔弱冠矣時方居喪禮忽一日于南垣隙中窺見非烟神氣俱
喪廢食忘寐乃厚賂公業之閽以情告之閽有難色復爲厚利所
動乃令其妻伺非烟閒處具以象意言焉非烟聞之但含笑凝睇
而不答門媪盡以語象象發狂心蕩不知所持乃取薛濤牋題絕
句曰一覩傾城貌塵心只自猜不隨蕭史去擬學阿蘭來以所題
密緘之祈門媪達非烟烟讀畢吁嗟良久謂媪曰我亦曾窺見趙
郎大好才貌此生薄福不得當之蓋鄙武生麤悍非良配耳乃復

酬篇寫于金鳳牋曰綠慘雙蛾不自持只緣幽恨在新詩郎心應
似琴心怨脉脉春情更泥誰封付門媪令遺象象啓緘吟諷數四
拊掌喜曰吾事諧矣又以剡溪玉葉紙賦詩以謝曰珍重佳人贈
好音綵牋芳翰兩情深薄于蟬翼難供恨密似蠅頭未寫心疑是
落花迷碧洞只思輕雨灑幽襟百回消息千回夢裁作長謠寄綠
琴詩去旬日門媪不復來象幽懣恐事洩或非烟追悔春夕于前
庭獨坐賦詩曰綠暗紅藏起暝烟獨將幽恨小庭前沉沉良夜與
誰語星隔銀河月半天明日晨起吟際而門媪來傳非烟語曰勿
訝旬日無信蓋以微有不安因授象以連蟬錦香囊并碧苔牋詩
曰無力嚴妝倚繡櫳暗題蟬錦思難窮近來嬴得傷春病柳弱花
攲怯曉風象結錦香囊于懷細讀小簡又恐飛烟幽思增疾乃剪
烏絲闌爲迴緘曰春日遲遲人心悄悄自因窺覯長役夢魂雖羽
駕塵襟難于會合而丹誠皎日誓以周旋昨日瑶臺青鳥忽來殷

勤寄語蟬錦香囊之贈芬馥盈懷佩服徒增翹戀彌切況懷又聞
乘春多感芳履乖和耗冰雪之妍姿鬱蕙蘭之佳氣憂抑之極恨
不翻飛且望寬情無至憔悴莫孤短顧寧爽後期惝恍寸心書豈
能盡兼持斐什仰繼華篇伏惟試賜凝睇詩曰見說傷情爲見春
想封蟬錦綠蛾顰叩頭爲報烟卿道第一風流最損人門媪既得
迴報徑齎詣飛烟閣中武生爲府掾屬公務繁夥或數夜一直或
竟日不歸此時恰值入府曹飛烟拆書得以欵曲尋繹既而長太
息曰丈夫之情心契魂交遠如近也于是闔戶垂幌爲書曰下妾
不幸垂髫而孤中間爲媒妁所欺遂匹合于瑣類每至清風明月
移玉柱以增懷秋帳冬缸泛金徽而寄恨豈謂公子忽貽好音發
華椷而思飛諷麗句而目斷所恨洛川波隔賈午墻高連雲不及
于秦臺薦夢尚遙于楚岫猶望天從素懇神假微機一拜清光就
殞無恨兼題短什用寄幽懷伏惟特賜吟諷也詩曰畫簷春燕須

同宿蘭浦雙鴛肯獨飛長恨桃源諸女伴等閑花裏送郎歸封訖
召閽媪令達于象覽書及詩以飛烟意切喜不自持但靜室焚香
虔禱以候忽一日將夕閽媪促步而至笑且拜曰趙郎願見神仙
否象驚連問之傳飛烟語曰值今夜功曹府直可謂良時妾家後
亭即君之前垣也若不渝惠好專望來儀方寸萬重悉候晤語既
曛黑象乃乘梯而登飛烟已令重榻于下既下見飛烟靚妝盛服
立于庭前交拜訖俱以喜極不能言乃相攜自後門入房中遂背
缸解幌盡繾綣之意焉及曉鐘初動復送象于垣下飛烟執象手
曰今日相遇乃前生姻緣耳勿謂妾無玉潔松貞之志放蕩如斯
直以郎之風調不能自固願深鑒之象曰挹希世之貌見出人之
心已誓幽庸永奉歡洽言訖象踰垣而歸明托閽媪贈詩曰十洞
三清雖路阻有心還得傍瑤臺瑞香風引思深夜知是蕊宮仙馭
來飛烟覽詩微笑復贈象詩曰相思只怕不相識相見還愁却別

君願得化爲松上鶴一雙飛去入行雲付閽媪仍令語象曰賴値兒家有小小篇咏不然君作幾許大才而目兹不盈旬常得一期于後庭展幽微之思罄宿昔之心以爲鬼神不知天人相助或景物寓目歌詠寄情來往便繁不能悉載如是者周歲無何飛烟數以細過撻其女奴陰銜之乘間盡以告公業公業曰汝愼勿揚聲我當伺察之後至直日乃僞陳狀請假迨夜如常入直遂潛于里門街鼓既作匍伏而歸循墻至後庭見飛烟方倚戶微吟象則據垣斜睇公業不勝其憤挺前欲擒象覺跳去公業搏之得其半襦乃入室呼飛烟詰之飛烟色動聲顫而不以實告公業愈怒縛之大柱鞭楚血流但云生得相親死亦何恨深夜公業怠而假寐飛烟呼其所愛女僕曰與我一盃水水至飲盡而絶公業起將復笞之已死矣乃解縛舉致閣中連呼之聲言飛烟暴疾致殞數日窆之北邙而里巷間皆知其死矣象因變服易名遠自竄于江浙間

洛中才士有崔李二生嘗與武掾游處崔詩末句云恰似傳花人飲散空床抛下最繁枝其夕夢飛烟謝曰妾貌雖不迨桃李而零落過之捧君佳什愧仰無已李生詩末句云艷魄香魂如有在還應羞見墜樓人其夕夢飛烟戟手而詈曰士有百行君得全乎何至務矜片言苦相詆斥當屈君于地下面證之數日李生卒時人異焉遠後調授汝州魯山縣主簿隴西李垣代之咸通末予復代垣而與遠少相狎故洛祕事亦知之而垣復爲手説故得以傳焉三水人曰噫艷冶之貌則代有之矣潔朗之操則人鮮聞故士矜才則德薄女衒色則情私若能如執盈如臨深則皆爲端士淑女矣飛烟之罪雖不可逭察其心亦可悲矣

卻要

故湖南廉使李公庾遐構兄姨夫也李氏之女奴曰卻要美容止善辭令朔望通禮謁于親姻家惟卻要主之李公侍婢數十要之偕也而巧媚才捷能承順顔色姻黨亦多憐之李公四子長曰延範延祚所謂大郎二郎三郎五郎也皆年少狂夫盡欲擅卻要而不能嘗遇清明節時纖月娟娟庭花爛發中堂垂繡幙皆銀釭而大郎與卻要遇于櫻桃花影中乃持之求偶卻要取疊席授之紿曰可于東廳裏東南留佇相待僕常侍郡君眠熟當至大郎既去至廊下又逢二郎調之卻要取綺褥授之曰可于東廳東北角相守二郎既去于堂側又逢三郎束之卻要取靑氈授之曰可于東廳裏面西南角相待三郎既去于砌下又與五郎遇握手不可解卻要取練毯授之曰可于東廳裏面西北角相待四人皆去延禧于角中屏息以待廳斜閉見其三弟比而至各趣一隅心雖訝而不敢聲少頃卻要燃蜜炬疾向所豁雙扉而照之謂延禧輩曰阿堵乞兒爭敢向這裏覓宿處皆棄所擕掩面散走卻要大咍而回咸通辛卯歲予于洛師尙覩卻要容華雖三秋是怨調態猶一顧動人情惜其風流聊以爲序

咸通庚寅歲盧龍軍節度使檢校尙書左僕射張直方抗表請修入覲之禮優詔允焉先是張氏世蒞燕土民亦世服其恩禮昭臺之嘉賓撫易水之壯士地沃兵庶朝廷每姑息之洎直方之嗣事也出綺紈之中據方岳之上未嘗以民間休戚爲意而酣酒于室淫獸于原巨賞狎于皮冠厚寵襲于綠幘暮年而三軍大怨直方稍不自安左右有爲其計者乃盡室西上至京懿宗授之左藏衛大將軍而直方飛蒼走黃莫親徼道之職往往設置罘于通道則犬彘無遺臧獲有不如意者殺之或曰輦轂之下不可專戮其母曰尙有尊于我子者乎則僭軼可知者也于是諫官列上請收付廷尉天子不忍置于法乃降爲昭王府司馬俾分務洛師焉直方至東京既不自新而慢游愈亟洛陽四旁翥走者見皆識之必羣噪長嗥而去有王知古者東諸侯之貢士也雖薄涉儒術而數奇不中春官選乃退處于三川之上以擊鞠飛觴爲事遨遊于南鄰

北里間至是有鬭于張直方延之覩其利喙贍辭不覺前席自是日相狎壬辰歲冬十一月知古嘗晨興則僦舍無烟愁雲塞望悄然勿怡乃徒步于直方第至則直方急趨將出畋也謂知古曰能莬乎而知古以新寒有難色直方顧謂僮曰取短皂袍來請知古衣之知古乃上加麻衣焉遂聯轡而去出長夏門則凝霰始零由闕塞而密雪如注乃渡伊水而東南踐萬安山之陰麓而韝采之攫甚夥傾羽觴燒兔肩殊不覺有嚴冬意及乎霞開雪霽日將夕焉忽有封狐突起于知古馬首乘酒馳之數里不能及又與獵徒相失須臾雀噪烟暝莫知所如而隱隱聞洛城暮鐘但徬徨于樵徑古陌之上俄而山川暗然若一鼓將半試長望有炬火甚明仍依積雪光而赴之復若十餘里至則喬林交柯而朱門中開皓壁橫亘眞北闕之甲第也知古及門下馬將徙倚以待且無何小駟頓轡闕者覺之隔閽而問阿誰知古應曰成周貢士太原王知古也

今但有友人將歸于崆峒舊隱者僕餞之伊水濱不勝離觴既摻袂馬逸復不能止失道至此耳遲明將去幸無見讓閽曰此乃南海副使崔中丞之莊也主父近承天書赴闕郎君復隨計吏西征此唯閨幃中人耳豈可淹久乎某不敢去留請聞于內知古雖怵惕不寧自度中宵矣去將安適乃拱立以候少頃有秉蜜炬自內至者振鑰管闢扉引保母出知古前發仍述厥由母曰夫人傳語主與小子皆不在家于禮無延客之道然僻居于山藪接軫豺狼所嘷若固相拒是見溺不救也請舍外廳翌日可去知古辭謝乃從保母而入過重門門側廳事欒櫨宏敞帷幙鮮華張銀鐙設綺席命知古坐焉酒三行陳方丈之饌豹胎魴腴窮水陸之美者保母亦時來相勉食畢保母復問知古世嗣宦族及內外姻黨知古具言之乃曰秀才軒裳令胄金玉奇標既當春秋又潔操履斯實淑媛之賢夫也小君以鍾愛稚女將及笄年嘗託媒妁為求諸對久矣今夕何夕獲遘良人潘楊之睦可遵鳳凰之兆斯在未知雅抱何如耳知古斂容曰僕文愧金聲才非玉潤豈室家為望唯泥塗是憂不謂寵及迷津慶逢子夜聆好音于魯館逼佳氣于秦臺二客遊神方茲莫及三星委照唯恐不揚倘獲托彼強宗睠以佳偶則平生所志畢在斯乎保母喜謔浪而入白復出致小君之命曰兒自移天崔門實秉懿範奉蘋蘩之敬如琴瑟之和唯以雅女是懷思配君子既辱高義乃叶夙心上言飛書路且不遠百兩陳禮事亦非賒忻慰所多傾矚而已知古磬折而答曰某蟲沙微類分及湮淪而鍾鼎高門忽蒙採拾有如白水以奉淸塵鶴企鳧移惟待休旨知古復故保母戲曰他日錦雉之衣欲解青鸞之匣全開貌如月華室若雲邃此際頗相念否知古謝以凡近仙自地登漢不有所舉孰能自媒當誓彼襟靈志之紳帶期于沒齒佩以周旋復少時則燎沉當庭良夜將艾保母請知古脫服以休既解麻

衣而皂袍見保母詬曰豈有逢掖之士而服從役衣耶知古謝曰此乃假之于與游所熟者固非己有又問所從答曰乃盧龍張直方僕射所借耳保母忽驚叫仆地色如死灰既起不顧而走入宅遙聞大叱曰夫人差事宿客乃張直方之徒也復聞夫人者叫曰火急斥出無啓寇讎于是婢子小豎輩羣出秉猛炬曳白棓而登階知古恇懼避于庭中四顧遜謝罵言狎至僅得出門既出已橫關闔扉猶聞喧譁未已知古愕立道左自怛久之將隱頹垣乃得馬于其下遂馳走遙望大火若燎原者乃縱轡赴之至則輸租車坊飯牛附火耳詢其所則伊水東草店之南也復枕轡假寐食頃而雲方洞然心思稍安乃揚鞭于大道比及都門已有直方騎數輩來迹矣遙至其第既見直方而知古憤懣不能言直方慰之坐定知古乃述宵中怪事直方起而撫髀曰山魈木魅亦知人間有張直方耶且止知古復益其徒數十人皆射支飲胄者享以卮酒

豚肩與知古復南既至萬安之北知古前道雪中馬迹宛然直詣柏林下則知碑版廢于荒坎樵蘇殘于茂林中列大塚十餘皆狐兔之窟視其下成蹊于是直方命四周張彀弓以待內則秉蘊荷鍤且掘且薰少焉有群狐突出即焦頭爛額罥羅罥掛者應弦飲羽者凡獲狐大小百餘頭以歸三水人曰嗟乎王生生世不諧而爲狐貉所侮況其大者乎向若無張公之皂袍則強死于穢獸之穴也予時在洛敦化里第于宴集中博士渤海徐公讜爲予言之豈曰語怪以摭實故傳之焉

說郛卷第三十三終

說郛卷第三十四

春明退朝錄　宋宋敏求

熙寧三年予以諫議大夫奉朝請每退食觀唐人洎本朝名輩撰著以補史遺者因纂所聞見繼之先廬在春明里題爲春明退朝錄云十一月晦常山宋敏求述

國朝宰相趙令虛相文潞公四十三登庸寇萊公四十四王沂公四十五賈魏公四十八

樞密副使趙令三十九寇萊公三十一晏元獻公三十五韓魏公三十六

參知政事蘇侍郎易簡三十六王沂公三十九

知制誥蘇侍郎易簡二十六王沂公二十七盧相楊文公晏元獻公宣獻公今宣徽使王公拱辰皆二十八夏文莊三十

學士蘇侍郎二十八晏元獻公宣徽王公皆三十宣獻公三十五王沂公李邯鄲皆三十六楊文公錢子飛皆三十七盧相今參政王禹玉皆三十八

吳政肅言律令有丁推（丁推）推字不通少壯之意嘗是丁稚唐以大帝諱避之損其點畫

邇英閣講諷之所也閣後有隆儒殿（隆儒殿學士）在叢竹中制度特小王原叔久在講筵而身短同列戲之曰宜爲隆儒殿學士

孫之翰（幽州圖）言太祖一日召對趙中令出取幽州圖以示之趙令詳觀稱嘆曰是必曹翰所爲也帝曰何以知之普對方今將帥才謀無出于翰此圖非翰他人不可爲也翰往必得幽州能取幽州陛下遣何人代翰帝默然持圖歸內

予嘗判官誥院（官誥用印）知制誥時又提舉兵吏司封官誥院而不白司勳恐遺之也凡文臣及節度觀察防團刺史諸司使副內殿承

制崇班皆用吏部印管軍至軍校環衛官用兵部印封爵命婦用司封印加勳却用司勳印

凡官誥之制后妃銷金雲龍羅紙十七張銷金褾袋寶裝軸紅絲網金帎楮公主銷金大鳳羅紙十七張銷金褾袋玳瑁軸紅絲網塗金銀帎楮（按舊后當降制誥不發詰身而用册本朝諸后皆止用誥景祐元年立后始用册治平熙寧皆循之）親王宰相使相背五色金花綾紙十七張暈錦褾袋犀軸色帶紫絲網銀帎楮樞密使三師三公前宰相官至僕射東宮三師嗣王郡王節度使白背五色金花綾紙十七張暈錦褾袋犀軸色帶參知政事樞密副使知院同知院簽書院事宣徽使僕射東宮三師御史大夫宗室率府副率以上白背五色綾紙十七張暈錦褾袋牙軸色帶尚書觀文殿大學士資政殿大學士東宮三少六統軍上將軍留後觀察使同上惟用法錦褾（近者用翠毛獅子錦以舉錦非舊制也）三司使翰林學士承旨至直學士待制承郎御史中丞大兩省賓客大卿監祭酒詹事庶子

大將軍防團刺史橫行使內諸司使軍職遙郡樞密都承旨初除駙馬都尉白綾大紙七張法錦褾大牙軸色帶三司副使少卿監司業起居郎至正言知雜至監察御史郎中員外郎四赤令諭德少詹事家令率更令太子僕太常博士節度行軍司馬副使橫行副司諸司副使樞密副承旨軍職都指揮使忠佐馬軍步軍都軍頭以上藩方馬步軍都指揮使並不遙郡者白綾大紙七張大錦褾袋牙軸青帶國子博士至洗馬通事舍人諸王友六尚奉御諸衛將軍承制崇班閤門祗候五官正諸州別駕樞密院諸房承旨（官至將軍以上用大綾紙大錦褾大牙軸）兩使判官防團副使率府率副率京官館職堂後官中書樞密院主事諸軍職都虞候忠佐馬軍步軍副都軍頭諸班指揮使藩方馬步軍副都指揮使都虞候內供奉官至四品白綾中紙五張中錦褾中牙軸青帶祕書郎至將作監主簿白綾小紙五張黃錦褾角軸青帶幕職州縣官靈臺郎保章正諸州長史司馬中書錄事主書守當官樞密院令史書令史諸軍指揮使內品待詔書藝白綾小紙五張小錦褾木軸青帶諸蕃蠻子大將軍司階司戈司候郎將以上並白綾大紙法錦褾大牙軸色帶凡修儀婉容才人貴人美人銷金小鳳羅紙七張銷金褾袋玳瑁軸紅絲網塗金銀帎楮司言司正尚衣尚食尚寶常使金花羅紙七張法錦褾袋內降夫人郡君團窠羅紙七張暈銀褾袋宗室婦女常使金花羅紙七張法錦褾袋宗室女素羅紙七張法錦褾袋國夫人銷金闊窠五色羅紙七張暈錦褾袋郡夫人常使金花羅紙七張（凡任兩府母妻使踰次）法錦褾袋（以上至司書司正等皆用玳瑁軸紫絲網帶）郡君縣太君遙郡刺史正郎以上妻並銷金常使羅紙七張餘命婦並素羅紙七張

（降麻官）凡封贈父祖爲降麻官用白背五色綾紙法錦褾大牙軸餘雖極品止給大綾紙法錦褾大牙軸

（尊號所起）尊號起于唐中宗稱應天神龍皇帝後明皇稱開元神武皇

帝自後率如之

（上元燃燈）上元燃燈或云沿漢祠太乙自昏至晝故事梁簡文帝有列燈賦陳後主有光壁殿遙咏山燈詩唐明皇先天中東都設燈文宗開成中建燈迎三宮太后是則唐以前歲不常設本朝太宗時三元不禁夜上元御乾元門中元下元御東華門後罷中元下元二節而初元遊觀之盛冠于前代

（綠髹器）綠髹器始于王冀公家祥符天禧中每會郎盛陳之然製自江南頗質朴慶曆後浙中始造盛行于時

（公家文書）凡公家文書之槀中書謂之草樞密院謂之底三司謂之檢今祕府有梁朝宣底三卷即正明中崇正院書也檢即州縣通稱焉

（類書）太宗詔諸儒編故事一千卷曰太平總類文章一千卷曰文苑英華小說五百卷曰太平廣記醫方一千卷曰神醫普救總類成

帝日覽三卷一年而讀周賜名太平御覽又詔翰林承旨蘇公易簡道士孫德純僧贊寧集三教聖賢事迹各五十卷書成命贊寧爲首坐其書不傳眞宗詔諸儒編君臣事迹千卷曰册府元龜不欲以后妃婦人等厠其間别纂彤管懿範七十卷又命陳文禧公裒歷代帝王文章爲宸章集二十五卷復集婦人文章爲十五卷亦世不傳

（曆存卅周甲子）至道二年十一月司天冬官正楊文鎰言曆日六十甲子外更留二十年太宗以爲支干相承雖止于六十本命之外却從一歲起首並不見當生紀年若存兩周甲子共成上壽之數使期頤之人猶見本年號令司天議之司天請如上旨印造新曆頒行可之（以下三條今本無）

門下中書尚書省稱三省又爲尚書都省管五房一曰吏其次戶刑禮兵每房管主事三人逐房有令史

（官品）予熙寧初判諮院知制誥編修敕令始修官制品序仍分正從注爲格法太師太尉太傅太保司徒司空侍中中書令尚書令爲正一品尚書左僕射尚書右僕射開府儀同三司太子太師太子太傅太子太保特進嗣王郡王國公爲從一品知樞密院事門下侍郎中書侍郎尚書左丞尚書右丞同知樞密院事吏部尚書金紫光祿大夫開國郡公上柱國爲正二品觀文殿大學士太子少師太子少傅太子少保御史大夫戶部禮部兵部刑部工部尚書銀青光祿大夫左右金吾衛左右衛上將軍節度使開國縣公柱國爲從二品觀文殿學士資政殿大學士翰林學士承旨翰林學士資政端明殿學士龍圖天章寶文閣學士左右散騎常侍樞密直學士光祿大夫上護軍爲正三品御史中丞尚書吏部戶部禮部兵部刑部工部侍郎龍圖天章寶文閣直學士正議大夫諸衛上將軍太子詹事開國侯護軍爲從三品給事中中書舍人通議大夫節度觀察留後太常卿宗正卿祕書監殿中監諸衛大將軍開國伯上輕車都尉爲正四品左右諫議大夫龍圖天章寶文待制太中大夫光祿衛尉太僕大理鴻臚司農太府卿國子祭酒少府監觀察使中大夫開國子上騎都尉爲正五品中散大夫內客省使樞密都承旨太常少卿祕書少監殿中少監延福宮使景福殿使入內內侍省都都知內侍省左右班都知客省事太子左右庶子引進使防禦團練使諸州刺使駙馬都尉開國騎都尉爲從五品軍器監都水使者光祿衛尉太僕大理鴻臚司農少卿諫議大夫尚書左右司郎中國子司業集賢殿修撰宣度使令三京畿縣令爲正八品少府縣佐軍器都水監丞御臺檢法官主簿太常宗正光祿衛尉太僕大理鴻臚司農太府寺主簿祕書省校書郎祕書郎正字親王府記室參軍事閤門祗候樞密院逐房副承旨內東頭供奉官東頭供奉官內西頭供奉官西頭供奉官太子諸

率府副率宣德郎太常寺協律奉禮郎太祝大學律學武學博士國子少府將作軍器都水監主簿宣義郎節度觀察判官節度掌書記軍事判官防禦團練軍事推官軍監判官諸府司錄節正上中下四錄事參軍事京州軍處判官京府諸曹參軍事節度副使行軍司馬防禦團練副使翰林醫官太史局承直長靈臺郎保障正書藝學祕祗候直長門下中書尚書樞密院主事令史書吏京畿縣三京赤縣丞三京畿縣丞諸州上中下縣令二赤縣主簿尉諸州上中下縣丞節鎭及上州司理司戶司法參軍爲從八品承事郎承奉郎（理親民資序者從八品承務郎准此）殿頭高品左右侍禁郊社令籍田令光祿寺大官令左右殿直大正武學諭太學錄律學正挈壺正書藝圖畫局藝學待詔州別駕長史司馬京畿縣主簿尉三京尉主簿尉爲正九品承務郎高班黃門內品三班奉職借中下州司理司戶司法參軍事諸州上中下縣主簿尉城寨馬監主簿翰林醫

學參軍事爲從九品（爲從五品旬下原書有缺）
太師太傅太保爲三師太尉司徒司空爲三公三省長官僕射爲
宰相知樞密院事兩省侍郎尚書左右丞同知樞密院事爲執政
官開府儀同三司爲使相特進至承務郎爲寄祿官通直郎內殿
崇班以上爲陞朝官有執事者爲侍從官上柱國至武騎尉爲勳
官王公侯伯子男爲爵金吾上將軍至諸衛將軍爲衛官太子太
師至率府副率爲東宮官節度使觀察留後觀察防禦團練使刺
史爲正任節度觀察留後至七使領他官者爲遙郡內客省使至
閤門副使爲橫行延福宮使至昭宣使爲東班官內內侍省都至
內侍省內品爲侍官諸使副使承旨崇班閤門祗候爲大使臣供
奉官侍禁殿直奉職借職爲小臣京府判官至軍監判官爲幕職
官司錄參軍至監主簿爲州縣官節度副使行軍司馬防禦團練
副使州別駕長史司馬司士文學參軍事爲散官

趨朝事類二卷

官品令

五階綾紙

諸州助教　諸州文學　通仕郎　登仕郎　將仕郎

選人七階

迪功郎　修職郎　從政郎　從仕郎　文林郎　儒林郎　承
直郎

京官五階

承務郎　承奉郎　承事郎　宣議郎　宣教郎

陞朝官二十四階

通直郎　奉議郎　承議郎　朝奉郎　朝散郎　朝請郎　朝
奉大夫　朝散大夫　朝請大夫　奉直大夫　朝議大夫　中
散大夫　中奉大夫　中大夫　太中大夫　通議大夫　通奉
大夫　正議大夫　宣奉大夫　正奉大夫　光祿大夫　金紫
光祿大夫　特進　武弁出身　進義校尉　進武校尉

小使臣八階

承信郎　承節郎　保義郎　承忠郎　忠翊郎　忠訓郎　秉
義郎　從義郎

大使臣二階

修武郎　訓武郎

副使八階是郎　正使八階是大夫

武翼郎大夫　武義　武經　武略　武節　武顯　武德　武
功

橫行副使十二階是郎　正使十二階是大夫

右武郎大夫　拱衛　親衛　翊衛　中衛　中亮　左武　中
侍　協忠　履正　宣正

正侍衛官

左右五衛上將軍（比節度使）　大將軍（比武臣大夫）　左右衛驍衛武衛屯衛領
軍衛監門衛千牛衛上將軍諸衛大將軍

勳一十二轉

上柱國　柱國　上護軍　護軍　上輕車都尉　輕車都尉
上騎都尉　騎都尉　驍騎尉　飛騎尉　雲騎尉　武騎尉
以上騎尉以上兩府及武臣以上經恩加兩重文武朝官加一重
武騎尉以上京官加一重朝官雖未至驍騎尉經恩一便加騎都
尉

爵一十二字

王　嗣王　郡王　國公　郡公　開國公　開國郡公　開國
縣公　開國侯　開國伯　開國子　開國男
以上封爵王子兄弟封國案王之子承嫡爲嗣王宗室近親及特

旨者郡王見前任宰執食邑實封共萬戶及承襲並郡公其開國
家隨食邑

食邑無定法

一萬戶　八千戶　七千戶　六千戶　五千戶　四千戶　三千戶　二千戶　一千戶　七百戶　四百戶　三百戶　五百戶　二百戶

以上輕恩宰執以上加千戶實封四百戶餘降麻官七百戶實封三百戶文臣侍郎武臣觀察使五百戶實封二百戶文臣少卿監武臣諸司副使宗室副率以上三百戶雖有加例緣無定法以實封一戶日計錢二十五文足二千戶封公一千戶封侯七百戶封伯五百戶封子三百戶封男

內命婦品

一等

貴妃　淑妃　德妃　賢妃　貴儀　淑儀　淑容　順容　婉儀　婉容　昭儀　昭容　昭媛　修容　修媛　修儀　充媛

婕妤　美人　才人

侍郎郡太夫人　郡夫人　十字國夫人　八字國夫人　六字國夫人　兩國四字夫人　四字國夫人　兩國兩字夫人　兩字國夫人　國夫人

二等

尚宇　尚正　尚宮　尚儀　尚食　尚服　尚寢　司字　司衣　司賓　司室　司設　司園　典衣　典賓　典字　典室

典飾　典製　典園　典籍　典醞　典珍　典樂　掌字

掌衣　掌記　掌錄　掌樂　掌園　掌藉　掌醞　紅霞帔

知尚書內省事　小殿直都知　小殿直押班

三等

紫霞帔　尚書省都事　大侍御　小殿直等一等長行　仙韶都頭

四等

聽宣　尚書省內事　錄事　中殿直等一等長行　仙韶色長行

五等

殿直　散直　散手　書省　小侍御　皇后閤祗候　小殿直

第三等長行著緋著綠女童

內命婦封贈

貴妃　淑妃　德妃　賢妃

正一品封贈三代　十字　八字　六字

貴儀　貴容　淑儀　淑容　順儀　順容　婉儀　婉容

從一品封三代　六字　兩國　四字

昭儀　昭容　昭媛　修儀　修容　修媛　充儀　充容　充媛

正二品封三代　四字　兩字　兩國

婕妤

正三品封二代　四字　兩國

美人

正四品封一代　國

才人

正五品封一代　郡

尚字正六品　司字正七品　典字正八品　掌字正九品　紅霞帔　紫霞帔　聽宣　聽直　書直　以上不係入品

外命婦品

使相以上封國夫人　執政節度使以上封郡夫人　尚書以上

封淑人　侍郎以上封碩人　大中大夫以下封令人　中散大夫以下封恭人　朝奉大夫以下封宜人　朝奉郎以下封安人　通直郎以下封孺人

封贈綾羅紙價錢

三公三少開府（七貫五百）東宮二郎三少特進光祿大夫左右金吾衛上將軍主觀察使（六貫）宣奉至通奉諸衛上將軍（三貫五百）通議至中散諸衛大將軍（三貫六百）朝議至朝奉大夫（二貫五百）朝議至承議郎諸率府副率（一貫五百）宣教郎以下（一貫）母（七貫三百五十）妻（六貫四百五十）朝奉大夫遥郡刺史已上妻（七貫二百五十）后妃才人以上同

宰相執政官（曾任同）若金章閣直學士以上及駙馬都尉管軍臣僚入內內侍省至押班并將校化外蕃蠻官免納雖已致仕准見任官例

封贈郡號

鉅鹿　樂安　壽春　仙遊　萬年　萬載　許昌　延安　遂寧　奉天　靈寶　天長　天興　保寧　興國　永安　乾祐　昌國　寧國　郡縣不在封贈之例

典禮須知

行在

諸稱行在者謂天子駐蹕之所在也古不聞之自秦漢方有此稱本縣百司初稱隨駕其司自眞廟後皆稱行在惟三省學士院臺諫內侍省之類不云行在蓋天子之司及常侍之謂也

三省

諸稱三省者謂門下中書尚書省中書擬定門下進畫尚書奉行紹興十五年中書門下併而爲一謂之制敕院

省劄

凡尚書省施行事以由奉山所造紙每張文與免戶役准此字令寫大準此因寇丞相名準至今寫大準省小准字

鵞頭

鵞頭者祖宗即位時所生也皇朝類苑曰謂之正衙法座香木爲之金□四足墮其角其前小偃織藤冒之鵞頭至則宣贊喝引迎駕者起居也又沈存中筆談謂是中貴官捧月様杌子于馬上今係閤門宣贊舍人

狨毛座

諸職事官諫議大夫寄祿官太中大夫以上及學士待制或恩賜者許乘節度使曾任執政官者准此

麟臺故事（五卷）　程俱（字致道衢人少監）

（天神祥異書）寶元二年上嘗集天文辰緯雲氣雜占凡百五十六篇離三十門爲十卷號宣元天神祥異書召輔臣于太淸出而示之命發于祕閣

（文苑英華）淳化七年九月詔翰林學士承旨李昉翰林學士扈蒙侍中直學士院徐鉉中書舍人宋白知制誥賈黃中呂蒙正李至司封員外郎李穆庫部員外郎楊徽之監察御史李範祕書丞楊礪著作佐郎吳淑呂文仲胡河汀著作佐郎直史館戴賜慶國子監丞舒雅等閱前代文集撮其精要以類分之爲文苑英華（其後李昉扈蒙呂蒙正李至李範楊礪吳淑呂文仲胡汀戴賜慶杜鎬舒雅等並領他任續命翰林學士蘇易簡中書舍人王祜知制誥范杲宋湜與宋白等共成之）雍熙三年上之凡一千卷

（續通典）咸平三年十月命翰林學士承旨宋白起居舍人知制誥李宗諤修續通典以祕閣校理舒雅直集賢院李維石中立王隨爲編修官直祕閣杜鎬爲檢討官四年九月成二百卷上之詔付祕閣先是淳化中太宗命翰林學士蘇易簡與三館文學之士撰集此書會易簡等各涖他務尋罷其事至是復詔成之

（冊府元龜）景德二年九月命刑部侍郎資政學士王欽若右司諫知制

誥楊億修歷代君臣事迹欽若等奏請以太僕少卿直祕閣錢惟演都官郎中直祕閣龍圖閣待制杜鎬駕部員外郎直祕閣刁衎戶部員外郎直集賢院李維右正言祕閣校理龍圖閣待制戚綸太常博士直史館王希逸祕書丞直史館陳彭年江嶼太子右贊善大夫宋貽序著作佐郎直史館陳越同編修初命欽若億等俄又取祕書丞陳從易祕閣校理劉均及希逸卒貽序貶官又命直史館査道太常博士王曙後復命直集賢院夏竦又命職方員外郎孫奭注撰音義凡九年至大中祥符六年成一千卷上之總三十一部有總序一千一百有小序又目錄音義各十卷上覽久之賜名策府元龜又錄婦人事迹爲八十卷賜名彤管懿範

九域志　熙寧八年六月尙書都官員外郎劉師旦言今九域圖涉六十餘年州縣有廢置名號有改易節第有昇降而所載古迹有出于俚俗不經者詔三館祕閣删定其後又傳命太常博士直集賢校理趙彥若衞州獲嘉縣令館閣校勘曾肇删定就祕閣不置局彥若免删定從之以舊書不繪地形難以稱圖更賜名曰九域志天聖末國史成始于修史院續纂會要明道二年命參知政事宋綬看詳纂至慶曆四年四月監修國史章得象上新修國朝會要一百五十卷

豪異祕纂 又名傳記雜編 一卷 載五事

扶餘國主　張說

隋煬帝之幸江都命司空楊素守西京素驕貴又以時亂天下之權重望崇者莫我若也奢貴自奉禮異人臣每公卿入言賓客上謁未嘗不踞床而見令美人捧出侍婢羅列頗僭于上末年愈甚無復知所負荷有扶危持顚之心一日衞公李靖以布衣上謁獻奇策素亦踞見公前揖曰天下方亂英雄競起公爲帝室重臣須以收羅豪傑爲心不宜踞見賓客素斂容而起謝公與語大悅收其策而對當公之騁辨也一妓有殊色執紅拂立于前獨目公既去而執拂者臨軒指吏曰問去者處士第幾住何處公具以對妓頷而去公歸逆旅其夜五更初忽聞叩門而聲低者公起問焉乃紫衣帶帽人杖一囊公問誰曰妾楊家之紅拂妓也公遽延入脫衣去帽乃十八九佳人也素面畫衣而拜公驚答拜曰妾侍楊司空久閱天下之人多矣無如公者絲蘿非獨生願託喬木故來奔耳公曰楊司空權重京師如何曰彼屍居餘氣不足畏也諸妓知其無成去者甚衆矣彼亦不甚逐也計之詳矣幸無疑焉問其姓曰張問伯仲之次曰最長觀其肌膚儀狀言詞氣語眞天人也公不自意獲之愈喜愈懼瞬息萬慮不安而窺戶者無停屨數日亦聞追討之聲意亦非峻乃雄服乘馬排闥而去將歸太原行次靈石旅舍既就牀爐中烹肉且熟張氏以髮長委地立梳牀前公方刷馬忽有一人中形赤髯而虯乘蹇驢而來投革囊于爐前取枕欹臥看張梳頭公怒甚未決猶親刷馬張熟視其面一手映身搖示公令勿怒忽忽梳頭畢斂衽前問其姓臥客答曰張對曰妾亦姓張合是妹遽拜之問第幾曰第三因問妹第幾曰最長遂喜曰今夕幸逢一妹張氏遙呼李郎且來見三兄公驟拜之遂環坐客曰煮者何肉曰羊肉計已熟矣客曰飢公出市胡餅客抽腰間匕首切食之竟餘肉亂切送驢前食之甚速客曰觀李郎之行貧士也何以致斯異人曰靖雖貧亦有心者焉他人見問故不言兄之問則不隱耳具言其由曰然則何之曰將避地太原曰然故非君所致也曰有酒乎曰主人西則酒肆也公取酒一斗既巡客曰吾有少下酒物李郎能同之乎曰不敢于是開革囊取一人頭幷心肝卻頭囊中以匕首切心肝共食之曰此人天下負心者銜之十年今始獲之吾憾釋矣又曰觀李郎儀形器宇眞丈夫也亦聞太原有異人乎曰嘗識一人愚謂之眞人也其餘將帥而已曰何姓

曰靖之同姓曰年幾曰僅二十曰今何爲曰州將之子也曰似矣亦須見之李郎能致吾一見乎曰靖之友劉文靜昔與之狎因文靜見之可也然兄何爲曰望氣者言太原有奇氣使吾訪之李郎何日到太原靖計之日曰達之明日方曙俟我于汾陽橋言訖乘驢而去其行若飛迴顧已失公與張氏且驚且喜久之曰烈士不欺人固無畏促鞭而行及期入太原果復相見大喜偕詣劉氏詐謂文靜曰有善相者思見郎君請迎之文靜素奇其人一旦聞有客善相遽迎致之使迴而至不衫不履裼裘而來神氣揚揚貌與常異虬髯默然居末坐見之心死飮數桮招靖曰眞天子也公以告劉劉益喜自負既出而虬髯曰吾得十八九矣然須道兄見之李郎宜與一妹復入京某日午時訪我於馬行東酒樓下有此驢即我與道兄俱在其上矣到即登焉又別而去公與張氏復應之及期訪焉宛見二乘攬衣登樓虬髯與一道士方對飮見公驚喜

召坐圍飮十數巡樓下櫃中有錢十萬擇深隱處駐一妹某日復會前汾陽橋如期至即道士與虬髯已先到矣俱謁文靜時方奕棋揖而話心焉文靜時爽飛書迎文皇看棋道士對奕虬髯與公傍立侍焉俄而文皇道來精采驚人長揖而坐神氣清朗滿坐風生顧盼煒如也道士一見慘然下棋子曰局全輸矣于此失却局我救無路矣復奚言罷奕而請去既出謂虬髯曰此世界非公世界他方可以勉之勿以爲念因共入京虬髯曰計李郎之程某日方到到之明日可與一妹同詣某坊曲小宅相訪娌李郎相從一妹懸然知鑒欲令新婦祗謁兼議從容無前却也言畢吁嗟而去公策馬而歸即到京遂與張氏同往一小板門子叩之有應者拜曰三郎令候李郎一娘子久矣延入重門門愈壯麗婢四十人羅列庭前奴二十人引公入東廳之陳設窮極珍異巾箱妝奩冠鏡首飾之盛非人間之物巾櫛妝飾畢備請更衣衣又珍異既傳云

三郎來乃虬髯紗帽裼裘而來亦有龍虎之狀歡然相見催其妻出拜亦天人耳四人對饌訖陳女樂列奏其前飮食妓樂若從天降非人間之曲食畢行酒家。自堂東舁出二十床以錦繡帕覆之既陳盡去其帕乃文簿鑰匙耳虬髯曰此盡寶貨泉貝之數吾之所有悉以充贈何者本欲于此世界求事當或龍戰三二載建少功業今既行主住亦何爲太原李氏眞英主也三五年內即當太平郎以奇特之材輔清平之主竭心盡善必極人臣一妹以天人之姿蘊不世之藝從夫之貴榮極軒裳非一妹不能識李郎非李郎不能榮一妹起陸之漸際會如期虎嘯風生龍吟雲萃固非偶然也持予之贈以佐眞主贊功業也勉之哉此後十年當東南數千里外有異事是吾得志之秋也一妹與李郎可瀝酒東南相賀因命家童列拜曰李郎一妹是汝主也言訖與其妻從一奴乘馬而去既出遂不復見公據其宅乃爲豪家得以助文皇帝之資

遂臣天下貞觀十年公以左僕射平章事果南蠻入奏曰有海船千艘甲兵十萬入扶餘國殺其主自立國已定矣公心知虬髯成功也歸告張氏具衣冠賀瀝酒東祝拜之乃知眞人之興也由英雄所冀況非英雄者乎人臣之謬思亂者乃螳臂之拒走輪耳我皇家垂萬福業豈偶然哉或曰衞公之兵法乃虬髯所傳耳（髯一本作髭）

歷代帝王傳國璽　鄭文寶

祖伯　從孫無釋

仙種稻　羅隱

蜀石　王仁裕

左傳昭公二十八年叔向之母曰子靈之妻殺三夫一君一子亡一國兩卿矣可無懲乎吾聞之甚美必有甚惡此春秋爲深誡矣前蜀徐公有女美而奇豔初王太祖搜求國色亦不知徐公有美女焉徐寓其二女直以感遂納之各有子焉長曰翊聖太妃生彭

王衍曰順聖太后生後主性多狂率不守宗祧頻歲省方政歸國母多行殺令亟戮重臣乾德中姊妹以巡禮至境爲名恣風月烟花之勝性駕輜軿于綠野擁金翠于青山倍役生靈頗銷經費凡經過之所宴寢之宮皆有篇章刊于玉石自秦漢已來妃后省方未有富貴如斯之盛也順聖太后題青城西山丈人觀詩曰早與元妃慕至玄同躋靈嶽訪眞仙當時聞有壺中景今日親來洞裏天儀仗影交寥廓外金絲聲揭翠微巔惟慚未致華胥理徒卜昇平萬萬年翊聖太妃繼曰獲陪翠輦喜殊常同陟仙壇豈厭長不羨乘鸞入烟霧此中便是五雲鄉順聖太后又題謁丈人觀先帝聖容云舜帝歸梧也躬來謁聖顏旋登三境路似陟九疑山日照堆嵐迫雲橫積翠間期修封禪禮方候再躋攀翊聖太妃繼曰共謁御容儀還同在禁闈笙歌喧寶殿彩服耀金微清淚沾羅袂紅霞拂繡衣九疑山水遠無路繼湘妃順聖又題謁丈人觀先帝聖

容云千尋綠嶂夾流溪登眺因知海岳低瀑布迸舂青石碎輪囷橫剪翠峰齊步粘苔蘚龍橋目門掩烟蘿蔦徑迷莫道窮天無分到此山便是碧雲梯翊聖太妃繼曰登登丹壑到玄都接日紅霞照座隅即問迴廻雖上看似看曾進畫圖無順聖又題金華宮曰再到金華頂玄都訪道回雲披分景像霧鎖顯樓臺雨濺前山靜風吹去路開翠屏夾流水何必羨蓬萊翊聖太妃繼曰碧烟紅霧撲人衣宿露花苔石徑危風巧解吹松士曲蝶嬌頻採臉邊脂同尋僻徑思攜手暗指遥山學畫眉好把身心清淨處角冠霞帔事希夷順聖又題丹景山至德寺云周迴雲水遊丹景因與眞妃眺上方晴日曉昇金照耀寒泉夜落玉丁當松梢月轉禽棲影柏徑風來麝食香虔揲六銖宜禱祝惟期聖祚保遐昌翊聖繼曰丹景山頭宿梵宮玉輪金輅駐遥空軍持無水注寒碧蘭若有花開晚紅武士盡排青嶂下內人皆在講筵中我家帝子專王業積善終期四海同順聖又題彭州陽平化云尋玄遊聖境巡撫到陽平水遠波瀾闊山高氣象清殿龍孫氏兒碑暗係師名夜月照壇醮松風森磬聲翊聖繼曰雲浮翠輦留陽平眞似驂鸞至上清風起半崖聞虎嘯雨來當面見龍行晚尋水澗聽松韻夜上星壇看月明長恐前身居此境玉皇教向錦城生順聖又題漢州三學山至夜看聖燈云虔禱遊靈境元妃夙志同玉爐香靜夜銀燭炫遥空泉漱雲根月鐘敲檜杪風印金標聖迹飛石顯神功隔望天涯極登臨雨腳紅猿歸齋室上僧集講筵中頓覺超三界渾疑証六通願成修假事社稷保延洪翊聖繼曰聖燈千萬炬旋向碧雲生細雨濕不暗好風吹更明磬敲金地響僧唱梵天聲若說無心法此光如有情順聖又題天且鄧云因尋靈境散花雨千里江山暫得行卽恨烟光看未足却驅金翠入龜城翊聖繼曰翠驛紅亭近玉京夢魂猶自在青城此來出看江山景儘被江山看出行識者以爲

翰林之態非婦人女子之事所以謝女無長城之志空振才名班姬有團扇之辭亦彰婦志今徐氏逞乎妖志飾自倖臣假以風騷麗其遊倖取女史一時之美爲遊人曠代之嗤及唐朝興弔伐之師遇蜀國有荒淫之主三軍不戰束手而降良由子母盤遊君臣陵僭之所致于是亡一君後主名衍破一國蜀殺九子彭王宗鼎忠王宗賢褒王宗紀興王宗澤宗王宗獻雅王宗輅資王宗霸祧承祀誅十臣王宗弼王宗勳李周輅韓召景潤澄宗光嗣歐陽晃王承休蕭懷武殄滅萬家流移百辟其次六宮嬪御挫紅綫于征途十宅公主碎金珠于逆旅子靈之室無方以比故與聖太子隨軍仁裕有戮後主出降詩曰蜀朝昏主出降時銜璧牽羊倒繫旗二十萬軍高拱手更無一箇是男兒又蜀僧遠公有傷廢國詩曰樂極悲來數有涯歌聲纔歇便興嗟牽羊廢主尋傾國指鹿姦臣盡破家丹禁夜涼空鎖月後庭春暖漫開花兩朝帝業空成夢陵

樹蒼蒼噪暮雅

耳目記 二卷

唐天祐初有儒者夫李甲本常山人以歲逢饑饉徙家邢臺西南山谷中採樵鬻薪以給朝夕夜至明山一值風雨暴至遂入神祠以避之俄及中宵雷雨方息甲即寢于廟宇之間松栢之下須臾有呵殿之音自遠而至見旌旂閃車馬闐或擐甲冑者或執矛盾者或危冠大履者或朝服端簡者揖讓而升階列坐于堂上者十數輩方且命酒食歡語良久其東榻之長即大明山神也其西榻之首黃澤之神也更其次者云是漳河之伯餘即不知其名四坐讀論商確幽冥之事大明之神忽揚目盱衡咄嗟長嘆而謂衆賓曰諸公鎮撫方隅分理疆野或水或陸各有所長然而天地運行之數生靈厄會之期巨盜將興大難方作雖曩公之善理其奈之何衆感問言何謂也大明曰余昨上天廷所聞衆聖博論將來之

事三十年間兵戈大起黃河之右令厯害人民六十餘萬當是時也若非積善累仁忠孝純至者莫能免焉乘閒西北有華胥遮毗二國待茲人衆用實彼土焉豈此生民寡沾當其殺戮乎衆皆嚬蹙相視曰非所知也飲餞之畢天亦將曙諸客散而去大明之神亦不知所在比及平旦李甲神思恍然有若夢中所遇旣歸具以始末書志之言于鄰里之賢者自後至今已二十餘祀相尋及晉末戎虜亂華干戈不息被其塗炭者何啻六十萬焉今詳李生所說殆天意乎非人事也

李記室　進士柴朋龜學問精深文章充贍光化中數舉未第因以文章濟其匱乏薄遊太原武皇爲幷帥功冠天下雄略無比朋龜乃作長劍歌以獻之文詞壯麗武皇大悅賜以千金猶謂未足酧其才志也又加以良馬二疋武皇英特開豁重士如此時李襲吉任記室凡軍書羽檄一以委之其文體雄健詞理精快爲一時之最也武皇讀之未嘗不喜于顏色嘗謂左右曰吾嘗有沙陀鐵騎數幾五千而猶能破巢賊五十六萬今又有五千騎何憂梁寇之未平乎侍者皆不達其旨武皇曰李記室文章一字可當一騎總而言之何啻五千騎也常山王開幁禮士俊人甚多能相行有東海徐員外爲稱首員外姓徐名守溫瓌陶人少立淸節累歷州縣皆有能名當趙王之日屬邑令長例兼防禦之任專制百里頗事威他咸尙其剛猛唯徐公獨以寬恕爲治百姓安寧號爲佛子後遷授節度推官又及度支使

銀燈檠　幽州從事溫郎中璉燕人也以儒學著稱與瀛王馮中令幼少相善曾經兵亂有賣漆燈檠于市者璉以爲鐵也遂數百錢買之累家之用然燈燭因旋拂拭乃知銀也詐詔各登車遂大小觀之雖不欣喜惟璉憫然曰非義之物安可買遂訪其賣主而還之彼曰某自不識珍奇鬻于御辟郎中厚加酬直非强買也不

敢復收璉固還之乃收受而去別賚四五萬將其半以償之璉終不納遂施于僧寺用飾佛龕冀祝心之壽也當時遐近無不推服以其有仁人之行後官至尙書侍郎卒

淸泰元年百川水淺人言比舊日十無二三滄州人言海水縮狹四百盡滹沱乾涸絕流者數月行人車馬縱橫揭厲是年大熱深室之內鐵器如燒暍死者無數長興四年冬明宗晏駕宗主嗣位是歲天多陰晦十二月中寒霧數日又加微雲花墜地皆靑墨色屋室中多生白物狀如毛長者二三寸明年正月改元夜閏二月大風拔樹屋瓦多飛天地變異三日方止四月潞王即位改元淸太也

晉朝末年汴京壕水冰凍皆爲花鳥人物之狀十月朔雷霆大震經旬陰雨不息夜有雲分爲數十道南北竟天是年戎虜亂華契丹據中國五六月敗滅也

辨疑志三卷　　　陸長源吳郡人

聖姑棺　吳郡太湖中有聖姑棺洞庭山中有聖姑寺并祠其棺在祠中俗傳聖姑之死今已數百年其貌如生遠近求賽歲獻文服妝粉不絕又有人欲得觀者巫祕密恐懼不可若開有風雨之變聞皆信事之無敢窺者巫又妄傳云有見者衣裝儼然一如生人大曆中福建觀察使李照之子七郎者性荒狂恃勢不懼程法因率奴客啓棺觀覩之唯朽骨骸而已亦無風雨之變

陝州　陝州城南有鐵牛出長數尺大如五六斗鐵上有兩穴世人稱是鐵牛鼻又河北道觀中有一榦出云是鐵牛尾俗傳此牛盤泊地下其河北出以爲陝州凡臨大河無此牛卽城不復立河東楊諫立碑以頌之上元中衛伯玉爲陝州刺史發卒掘以觀牛之勢纔深二丈許其鐵卽絕以巨榻財之員亦纔深二丈更無私遂却于舊處以土掩之

石老　幽州石老者賣藥爲業年八十忽然腹大十餘日全不下食飲水而已其疾猶扶持而行比其子號泣叫四鄰云適來有兩白鶴入吾父室中吾父亦化爲白鶴同飛去遂指雲中白鶴辯地號慟之人異而觀之皆焚香跪拜節度使李懷仙差兵馬使朱希來驗見室中有穿紙格出入處遍問邑人四鄰皆言石老化爲白鶴飛去翔翥雲間移時節度使賜石老子米一百石絹一百疋遠近傳石老得仙太淸宮道士改常著續仙傳備載石老得升仙事月餘其子與鄰人爭鬭官中物鞠乃爲絹不平云石老病久其夕化忽將絡其子以木貫大石縛父屍沉于桑乾河水妄指雲中白鶴是父州縣差人檢驗于所沉處滂漉得屍懷仙怒遂杖殺其子里五節科次瘞其石老死屍

女媧墓　潼關北大河中有灘出水可二三尺灘上有一樹故老相傳云本女媧墓聖人鍊石補天缺斷鰲足以立地維故其在大河中水高下與之高下蓋神所扶持也于今數年矣立祠于岸載在祠典天寶十三載秋霖雨一百日河水泛溢其灘遂被洪水衝沒至今無遺跡乃平人明向來皆繆耳吳閶門外有太伯廟來往舟船求賽者常溢謂廟東又有一宅者有塑像云是太伯三郎長妳祭時巫覡云若得福請爲太伯買牛造華蓋其如太伯輕天下以讓之而適于勾吳豈有顧一牛一蓋而爲人致福哉又按太伯傳太伯無嗣立弟仲雍太伯三郎不曉出何典耶

談淵一卷　　　王　陶字道

鍮飲器贈客　胡則侍郎淳化初爲許沂州陽翟令孫漢公丁晉公皆未登第寓居邑中朝夕從遊胡待甚厚一夕月下閒飲而胡之辟𥳑下窺之丁公重彭退告于胡胡知其必貴將赴舉胡留酌別平日置酒常用白金飲具是日乃酌以陶器二人者心頗薄之旣撤具胡方白某官之京乏餘鏹但鍮飲器爲二笏以資行二公

深服其厚意

于闐玉印　天禧中秦州言澶州軍士王貴至州自云得于闐國玉印一以獻初太平興國中貴至之日忽見使者至營急召偕行至河橋驛馬已具卽命乘之俄覺空而去頃之駐馬但見屋宇宏麗使者貴入其營衛制度悉如王者謂貴曰候汝年五十八當往于闐國北通聖山取一異寶以奉皇帝宜志之遂復乘馬凌雲而旋軍中失貴已數日矣驗所乘卽營卒之馬也知州宋道照以奏聞太宗釋之至是貴自陳年已五十八願遵前戒西至于闐尋許其行貴至秦州以道遠懼俄于市中遇一道士引貴至州登赤城原問所欲具以前實對仰命閉目少頃令開目見其山川頓異道士曰此于闐國北境通聖山兒復引貴至一日池池中有仙人出一物授之謂曰持此奉皇帝又令瞑目俄頃復至秦州向之道士已失所在發其物乃玉印也文曰國王趙萬年永寶

建隆中曹彬潘美統王師平江南二將皆知兵善戰曹之識慮尤遠潘所不迨城既破國主李煜白衫紗帽見二公先見潘設拜潘答之次見曹設拜曹使人明語之曰介冑在身下拜不及答識者善其得體二公先登舟召煜飲茶船前設一獨木脚道煜躡之國主儀衛甚盛一旦獨登舟徘徊不能進曹命左右翼而登焉既一啜曹謂李歸辦裝詰旦會于此同赴京師來曉如期而赴焉始潘甚憾之曰詎可放歸曹曰適獨木板尚不能進畏死甚也既許其生赴中國焉能取死衆方服其識量

鶻露啼　張鄧公士遜三入相景祐五年與章郇公並命已七十五歲後二年西賊叛命寶元康定之間措置乖方物議罪之方引年除正太傅致仕以小詩別郇公云緒案當衙並命時蒹葭衰朽倚瓊枝如今我得休官志鴻入南溟鳳在池邊輔咸知焉當時輕薄少年改鄧公詩曰緒案當衙並命時與君兩箇沒操持如今我得休官志一任夫君鶻露啼聞者無不大哂

徐鉉見趙太祖　江南徐鉉有學問善談吐古儒之流也李氏未歸順時奉王命至中朝便殿見藝祖升殿端笏緩頰而言曰江南李煜無罪陛下師出無名久之藝祖再令敷奏乃曰李煜如地陛下如天李煜如子陛下如父天乃能蓋地父乃能庇子藝祖應答曰既是父子安得兩處吃飯鉉無以對識者無不服藝祖神聖矣

翰林院侍講學士杜鎬博學有識都城外有墳莊一日若有甘露降布林木子姪輩驚白于鎬味之慘然不懌子姪啓請鎬曰此非甘露乃雀餳大非佳兆吾門其衰矣踰年鎬薨有八喪

李後主善詩　太祖一日小宴顧江南國主李煜曰聞卿善詩可舉一聯煜思久之乃舉詠扇詩云揖讓月在手搖動風滿懷太祖答曰滿懷之風何足尚從官莫不嘆服

王仁裕祖母　太原王仁裕家道祖母約二百餘歲形質眇小長

約三四尺許兩眼白睛皆碧飲啗甚少夜多不睡每月餘忽不見數日復至亦不知其來往之迹床頭有柳箱可尺餘封鎖甚密人未嘗得見中物常戒諸孫曰如我出愼勿開即我不來也諸孫中有一無賴者一日恃酒而歸祖母不在徑詣床頭取封鎖柳箱開之其中一小鐵篦子餘無他物自此祖母竟不回矣

嶺表錄異記　劉恂（廣州司馬昭宗時人）

綠珠井在白州雙角山下昔梁氏之女有容質石季倫爲交趾采訪使以眞珠三斛買之梁氏之居舊井存焉耆老云汲此井者誕女必多美麗里閭有識者以美色無益于時因以巨石塡之迨後雖有產女端者而七竅四肢多不完具異哉

珠池廉州海邊之中有洲島島上有大池謂之珠池每年刺史修貢自監珠戶入池采珠以充貢賦耆舊傳云太守貪即珠逃去（孟嘗君還珠池）皆采老蚌剖而取珠池在海上其底與海通又池水至深無可測也取小蚌肉貫之以篾曝乾謂之珠母容桂人率如脯燒之以薦酒肉有細珠如粱粟乃知珠池之蚌隨其大小悉胎中有珠矣

犀牛大約似牛形而豬頭脚似象蹄有三甲首有二角一在額上爲兕犀一在鼻上較小爲胡帽犀鼻上者皆窘束而花點小多有奇文牯犀亦有二角皆謂毛犀俱有粟文堪爲腰帶千百犀中或有通者花點大小奇異固無常定有偏花路通有頂花大而根花小者謂之倒插通此二種亦五色無常矣若通處白黑分明花點差奇則計價巨萬希世之寶也予久居番禺諸犀各曾經眼又有墮羅犀犀中最大一株有重七八斤者云是牯犀額上有心花多是撒豆斑色深者堪爲胯具斑散而淺者即治爲杯盤器皿之類又有駭雞犀（云辟雞見之驚散）辟塵犀（爲婦人簪梳塵埃不著髮）辟水犀（云此犀行於江海水爲開置角于霧露中經久不濕也）光明犀（云置暗室自光明也）此數犀但聞其說不可得而見也（予久居二何他木録）

野象廣之屬郡潮循州多野象牙小而紅最堪爲笏潮循人或捕

其象爭食其鼻云肥脆偏堪作炙或云象肉有十二膾不附肝月轉在諸肉（假令正月建寅即膾在戌肉上）楚越之間象皆青黑惟西方弗林大食國即多白象悔有親表曾奉使雲南彼中豪族各家養象負重致遠若中夏之畜牛馬也（此條他本分作數條）

兩頭蛇嶺外多有此類時見者如小指大者長尺餘腹下鱗紅皆錯錦文一頭有口眼一頭似蛇無口眼云兩頭俱能進退亦謬也昔孫叔敖見之爲不祥乃殺而埋之慮後之人見後受其禍而南人見之以爲常其禍安在

海鏡廣人呼爲膏葉盤兩片合而成形殼圓口中瑩滑日照如雲母光內有小肉如蚌胎腹中有小紅蟹子其小如黃豆而頭足俱備海鏡飢即蟹出拾食蟹飽歸腹海鏡亦飽予曾市得數箇驗之或迫以火即蟹子走出離腹立斃或生割之有蟹子活在腹中逡巡亦死

水母廣州謂之水母閩人謂之蛇（尹鴛反）其形乃渾然凝結一物有淡紫色者有白色者大者如覆帽小者如碗腹下有物如懸絮俗謂之足而無口眼長有數十蝦寄腹下咂食其涎浮泛水上捕之者或遇之即歘然而沒以其蝦有所見越絕書云海鏡蟹爲腹水母蝦爲目南中好食之云性溫能已冷熱之疾其理未詳

彭螖（音滑）吳人呼爲彭越蓋語訛也足上無毛堪食

章舉形如烏賊閩越間多采鮮者爍如水母以姜醋食之石距乃章舉之類也身小而足長入鹽乾燒食極美

瓦屋子蓋蚌蛤之類也南中舊呼爲空慈子頃因盧鈞尚書作鎮遂改爲瓦屋子以其殼上有稜如瓦故以名焉殼中有肉紫色而滿腹廣人尤重之多燒以薦酒俗呼爲天臠炙喫多即壅氣背膊煩疼未測其本性也

蟻卵醬交廣溪洞間酋長收蟻卵淘滓令淨鹵以爲醬或云其味酷似肉醬非官客親友不可知其味也

聖齏容南土風好食水牛肉既飽即下聖齏以消之齏如青苔云是牛腸胃中已化草未爲糞者既至則以鹽酪姜桂調而啜之腹遂不脹

蚺蛇膽普安州有養蛇戶每年五月五日即擔蚺蛇入府祗候取膽予曾親看皆于大籠中藉以軟草盤屈其上兩人舁一條在地上即以十數拐子從頭翻其身旋以拐子按之不得轉側即于腹上約其尺寸用利刃決之肝膽突出即割下其膽皆如鴨子大曝乾以備上貢却合內肝以綫合其瘡口却被入籠或云舁歸放川澤

舂堂以渾木刳而爲一槽兩邊約排十杵男女間立以舂稻粱敲磕槽舷皆有遍拍槽聲若鼓聞于數里雖思婦之巧弄秋砧不能比其瀏亮也

鵝毛被南道之酋豪多選鵝之細毛夾以布帛絮而爲被復從橫衲之其溫柔不下于挾纊也俗云鵝毛柔暖而性冷偏宜覆嬰兒兼辟驚癇

番禺地無狐兔用鹿毛野貍毛爲筆又昭富春勤等州則擇雞毛爲筆其爲用亦與兔毫不異但恨鼠鬚之名未得見也

沓潮廣州去大海不遠二百里每年八月潮水最大秋中復多颶風當潮水未退之間颶風作而潮不落晚潮又至遂至波濤溢岸淹沒人廬舍蕩失苗稼沉溺舟舡南中謂之沓潮或十數年一有之亦係時之災數耳俗呼爲海翻爲漫天

沙著生于海岸沙中春吐苗其心若骨白而且勁可爲酒籌凡欲采者輕步向前及手急拔之不然聞行者聲遽縮入沙中掘尋之終不可得也

說郛卷第三十四終

說郛卷第三十五

帝闕錄 三卷　唐韓太行山人

李密字玄邃遼西人也(又云遼東襄平人)本姓居何胡人祖獯仕後魏爲東城令(河東聞喜)爲讎人陳渾切齒(潭士丞相)懼執改姓李氏南奔歸宋宋孝文用之爲直閤吏後出爲安固令(安固縣在永嘉)獯子道平累仕朝議郎宋通直道人陳沈慶之出牧江揚道平子過仙在任爲司州聳縣令爲魏所虜北歸魏爲交城尉累入仕隨于戎虜轉副車掾入京後轉征戎將軍過仙子曜爲周太保轉官至魏國公刑部尚書未幾卒子弼年三十二歲轉資襲父爵范陽侯弼子寬上柱國蒲山公知名當代寬卒而密起焉晉楊玄感將反密爲畫三策用密之下東據黎陽反玄感敗走自殺盡獲李密等行至魏郡去後依翟讓反自號魏國公令祖君彥作書布告天下書曰大魏永平元年四

月二十七日魏公府上國公(隱懷也)元帥府左長史邴元眞大將軍左司馬楊德方等布告天下人倫衣冠士庶等自元氣肇闢厥初生民樹之帝王以爲司牧是以羲農軒項之后堯舜禹湯之君靡不祗畏上玄愛育黎庶乾乾始終翼翼小心馭朽索而同危履薄氷而爲懼故一物失所若納溝而愧之一夫有罪遂下車而泣之謙德軫于責躬憂勞切于罪己溥天之下率土之濱蟠木距于流沙瀚海窮于丹穴莫不鼓腹擊壤鑿井耕田致政昇平驅民仁壽是以愛之如父母敬之如神明用能享國多年祚延長葉未有暴虐臨人克終天位者也隋氏往因周末豫奉綴衣狐媚而圖聖賢胠篋以取神器纘承負扆狼虎其心始曀明兩之暉便干少陽之位先皇大漸侍疾禁中遂爲梟獍便行鴆毒禍深于莒僕釁酷于商臣天地之所不容人神之所嗟憤如以州吁安忍闕伯尋仇劍閣所以懷兇晉陽于焉起甲句人爲蘗淫刑斯逞夫九族既睦唐帝闡其欽明百代本枝文王表其光大况乃嫡壞盤石剿絶維城唇亡齒寒豈止虞虢欲求長久其可得乎其罪一也禽獸之行在于聚麀人倫之禮別于內外而蘭陵公主逼幸告終誰謂敎首之賢翻見齊襄之恥逮于先皇嬪御並進銀鐶諸皇子女咸貯金屋牝雞鳴于詰旦雌雉恣其羣飛袒服戲陳侯之朝穹廬同冒頓之寢爵賞之出女謁遂成公卿宣淫無復綱紀其罪二也平章百姓一日萬幾未曉求衣昃日方食是以大禹不貴于尺璧光武無隔于支體以此殷憂深慮幽枉而荒腆于酒色俾晝作夜式號且呼甘嗜聲伎常居窟室每籍糟邱朝廷罕見其身羣臣希覩其面斷決自還不行敷奏于焉停擁中山千日之酒酩酊無知襄陽三雅之盃留連詎比又廣召良家充選宮掖潛爲九市親駕六驢自比商人見邀逆旅殷紂之譴爲小漢靈之罪更輕內外驚心遐邇失望其罪三也上棟下宇著在易爻茅茨采椽陳諸史籍聖人本意

唯避風雨詎待金玉之華何須締構之麗故瓊室崇構商辛以之滅亡阿房崛起秦政以之傾覆而不遵故典不念前書廣立池臺都爲宮觀金鋪玉戶青瑣丹墀蔽虧日月隔閡寒暑窮生人之筋力罄天下之資財使鬼尙難爲之勞民固其不可其罪四也公田所徵不過十畝人力所供纔止三日是以輕徭薄賦不奪農時寧積與人無藏府庫而科稅繁猝不知紀極猛火屢燒漏卮難滿頭會箕斂逆折十年之租杼柚其空日有黃金之費父母不保其赤子夫婦相棄于康莊萬戶則城郭空虛千里則烟火斷絶西蜀王孫之宅翻爲原憲之貧東海糜竺之家俄成鄧通之鬼其罪五也古先哲王卜征巡狩唐虞五載周則一紀本欲親問疾苦觀省風謠乃復廣積薪芻多聚餱糧年年歷覽處處登臨草臣疲弊供畜辛苦而飄風凍雨聊竊比于先驅車轍馬迹遂周行于天下秦皇之心未已周穆之意難窮宴西王母以歌雲浮東洋海而觀日家

苦納稽之勸入聞來蘇之望且天子有道守在海內夷不亂華在德非險長城之役戰國所爲乃是狙詐之風非關稽古之法而乃追蹤前代版築更興廣立基址延袤萬里骸骨蔽野流血成川積怨比于丘山號哭動于天地其罪六也遼水之東朝鮮之地禹貢以爲荒服周王棄而不臣以羈縻達其聲教苟欲愛人非求拓土强弩射天無穿于魯縞衝風餘力詎可動于鴻毛石田得而無堪雞肋棄而有用恃衆怙强窮兵黷武唯在并吞不思長策兵猶火也不戢自焚遂使億兆夷人隻輪莫返夫差喪國實爲黃池之盟苻堅滅身良由壽陽之役捕鳴蟬于前不知挾彈在後復失相顧暨弟成行義夫烈節壯士扼腕其罪七也正言啟沃王臣匪躬惟木從繩若金須礪唐堯進鼓思聞獻替之音夏禹懸鞀時聽箴規之美而愎諫違卜妬賢嫉能直士正人皆由屠戮左僕射上柱國齊國公高熲達上柱國宋國公賀若弼或文昌上相或細柳功臣

暫吐良藥之言翻加屬鏤之賜龍逢無罪乃遭夏桀之誅王子何辜遂被商辛之戮遂令君子結舌賢人鉗口指白日而比盛射蒼天而敢欺不悟國之將亡不知老之將至其罪八也設官分職責在銓衡察獄問刑無聞販鬻而錢神起論銅臭爲功梁冀愛黃金之蛇孟佗薦蒲萄之酒遂使彝倫攸斁政以賄成君子在野小人在位積薪居上同汲黯之言囊錢不如傷趙壹之賦其罪九也宣尼有言無信不立用命賞祖義豈食言自昏王嗣位每歲駕幸南北巡遊東西征伐至于浩亹陪蹕東郡固守閼鄉野戰雁門解圍自外征夫不可勝紀既立功勳須酬官爵而志懷翻覆言行浮詭臨危則勳賞懸授勉定則絲綸不行異商鞅之齊金同項羽之刓印芳餌之下必有懸魚惜其重賞求人死力走丸逆坂譬此非難凡百驍雄誰不讐怨至于匹夫蕞爾宿諾不虧況在乘輿二三其德其罪十也有一于此未或不亡況四維不張三靈總瘁無小無

大共識殷亡愚婦愚夫咸知夏滅罄南山之竹書罪無窮決東海之波流惡難盡是以窮奇災于上國猰貐暴于中原三河縱封豕之貪四海被長蛇之毒百姓殘賊殆無遺類十分爲計纔一而已蒼生懍懍同曩杞國之崩赤縣嗷嗷但愁歷陽之陷且國祚將改必有常期六百殷喪之辰三十姬終之數故讖籙皆云隋氏三十六而滅此則厭德之象以彰代終之兆先見皇天無親惟德是輔況乃欃槍竟天申繻謂之除舊歲星入井甘公以爲義與兼朱雀門燒正陽日蝕狐鳴鬼哭川竭山崩並是宗廟丘墟之妖荊棘板蕩之事夏氏則災釁非多殷人則咎徵更少牽牛入漢方知大亂之期王良策馬始驗兵車之會今者順人將革先天勿違大誓孟津陳盟景亳三千列國七百諸侯不謀以同詞不召以自至轟轟隱隱如霆如雷雖虎嘯而谷風生應龍驤而景雲起我魏公聰明神武齊聖廣淵總七德而在躬包九功而挺秀周太保魏國公之

孫上柱國蒲山公之子家傳聖德武王承季歷之基地啟元勳世祖嗣蕭王之業禹生白水日角之相便彰載誕丹陵大寶之文斯著加以姓符圖籙名協歌謠六合所以歸心三靈所以改卜文王厄于羑里赤雀方來高祖隱于碭上彤雲自起兵誅不道赤符至自長安鋒刃難當黃星出于梁宋九五龍飛之始大人豹變之秋歷試諸難大敵彌勇上柱國司徒東郡公翟讓功宣締構翼贊經綸伊尹之佐成湯蕭何之輔高帝上柱國總管歷城公孟讓上柱國左武侯大將軍單雄信上柱國右武侯大將軍徐勣上柱國大將軍邴元眞絳郡公裴行儼等並運籌千里勇冠三軍擊劍則截蛟斷鼇彎弧則吟猿落雁韓彭絳灌成沛公之基寇賈吳馮奉蕭王之業復有蒙輪挾輈之士超距投石之夫冀馬追風吳戈照日魏公屬當斯運救此億兆躬擐甲胄跋涉山川櫛風沐雨豈辭勞倦遂與西伯之師將問南巢之罪百萬成旅四七爲名呼吸則江

河絕流叱咤則嵩華自拔以此攻城何城不尅以此擊陣何陣不摧譬猶瀉滄海而灌殘熒舉昆侖而壓小卵鼓行而進百道俱前以四月二十一日留于東都而昏朝文武留守段達韋津皇甫無逸等昆吾惡稔飛廉奸佞尙迷天數敢拒義師驅率醜徒衆有十萬自迴洛倉北遂來舉斧于是熊羆角逐貔豹爭先因其倒戈之心乘我破竹之勢曾未旋踵瓦解冰消坑卒則長平未多積甲則熊耳爲小達等助傑爲虐嬰城自固梯衝亂舉徒設九拒之謀鼓角將鳴空憑百樓之險燕巢衛幕魚游宋池殄滅之期匪伊旦夕然與洛武牢國家儲積並我先據爲日久矣又得回洛取黎陽天下之倉稱盡非隋有四海赴義萬里如雲足食足兵無前無敵裴充祿位仁基雄才上將受脤專征遐邇攸歸安危是託識機知變遷感事夏袁謙擒于藍水須陀獲在滎陽竇慶戰沒于淮南郭詢授首于河北隋之亡沒可料知矣淸河公房彥藻近持戎律略地

東南師之所臨風行電激安陸汝南隨機蕩定淮安濟陽俄能送款徐圓明已平魯郡孟海公又破濟陰于是海內驍雄咸來響應封人瞻取長平之境郝孝德據黎陽之倉李士林虎視于長平王湘仁鷹揚于上黨劉興祖起于北朔翟白駒在于潁川各擁數萬之兵俱期牧野之會滄溟之右函谷之東牛酒獻于軍前壺漿迎于道左諸公等並衣冠華胄杞梓良材神歆靈繹之秋裂地封侯之始豹變鵠起今也其時龜鳴鼉應見機而作宜加鳩率子弟茹功名耿弇之赴光武蕭何之奉高帝當召金章紫綬軒蓋朱輪富貴已重當年珪組必傳後業豈不盛哉若隋代官人同夫桀犬尙知王莽之恩仍懷蒯聵之祿審配死于袁氏不如張郃歸曹范增困于項王未若陳平輔漢魏公推以赤心當加好爵擇木而處幸不自疑猛虎猶豫舟中敵國夙沙之人共縛其主彭寵之漢自殺其君高官上爵卽以相授如暗于成事守迷不返崑山縱火玉石

俱焚易義噬臍悔將何及黃河帶地明予旦旦之言皎日麗天知我勤勤之意布告天下咸使聞知祖君彥范陽人齊僕射孝徵第六子博學強記下筆成文瞻速之甚名馳海內吏部侍郎薛道衡嘗荐于隋文帝帝曰豈非欲殺之斛律明人者耶煬帝嗣位尤忌知名遂依常調東郡書佐校宿城令稱爲祖宿城自負其才嘗鬱鬱思亂及李密用爲元帥府將長史記室參軍恨被隋朝擯棄所以縱筆直言唐高祖屯兵壽陽衆號五十萬遣仁則齎書至密密負其強自爲盟主密作書報曰頃者皇綱失統人神離擾運窮陽九數中百六四海業業常懷逐鹿之心百姓嗷嗷家有古烏之望故炎帝衰則軒轅出夏癸亂而成湯起尙勤二十七位終勞五十二戰大極橫流重安區域及周之季世七雄並據漢之末年三分鼎峙雖由天時亦由人事自大業昏兇年踰一紀牝雞司晨飛虎擇肉游畋莫反終傷五子之歌宮室奢侈寧止百金之費加以巡

幸靡極役用無窮筋力盡于征伐賦稅窮于箕斂夫征妻寡父出子孤潛鬻如亂麻之多丘陵有積屍之氣况雄威早著壯志遠聞白武安之用兵張文成之運策遂能見機而作觀釁而動奮臂鵠起拂衣豹變是知一繩所係寧爲大樹之顚阿膠欲投未止黃河之濁昔項伯亂楚微子去殷非夫明誓豈能及與兄派流雖異根系本同俱稟鳳啄之風共承龍德之後實願永作維城長爲盤石自惟庸薄幸藉時來海內英雄共推明主銳師百萬成旅上將四七成登牛馬谷量羅紈山積開鉅橋之粟褫負攸歸發廒倉之米人天斯賚故能長淮之地滄海之西莫不饋厥玄黃爭獻牛酒轟轟隱隱如霆如雷滅周者九鼎之輕亡秦者三戶云衆况吾陽之城表裏山川共爲屛蔽天下誰敵左提右挈戮力同心執子嬰于咸陽殪商辛于牧野豈不盛哉豈不休哉願追步騎數千次于河內聽待至日卽卻令盟當時而奉光儀親論進止東都江消息來

去其知動靜今辰涼風已留大火將流戎略務殷唯宜動息脫蒙親降玉趾則側聽金聲雲霧既披適願無已唐公得書大笑曰李密陸梁放肆不可以折簡致之吾方安輯西京不遑東伐即欲拒絕便是更生一秦宜優待之使其遷善記室承指報密曰頃者昆山火烈海水羣飛赤縣丘墟黔黎塗炭布衣戍卒鋤耰荊棘爭帝圖王狐鳴蠭起翼翼京洛強弩圍城膴膴周原僵屍滿路昭王南巡泛膠船而忘返匈奴北盛將放髮于伊川輦上無虞臺下結舌大盜移國莫之敢指吾雖庸劣幸承餘緒出爲八使入典八屯雖云位未爲高立城非賤素飡當職偭俛叨榮從容平勃之間雖云不可但顛而不扶通賢所責主憂臣辱無義徒然等袁安之流涕極賈生之痛哭所以仗旗投袂大會義兵綏撫河朔親和蕃兵共匡天下志在尊隋以弟見機而作一日千里雞鳴起舞豹變先鞭啓宇當塗聿來中土兵臨郟鄏將觀周鼎屯營敖庾酷似漢王前

遺簡書屈爲唇齒今辱來旨莫願肯顧天生蒸庶必有司牧當今爲牧非子而誰老夫年逾知命願不及此忻戴大弟攀鱗附翼早膺圖籙以寧億兆宗盟之長屬籍見容復封于唐斯榮足矣殪商辛于牧野所不忍言執子嬰于咸陽非敢聞命汾晉左右尙須安輯孟津之會未暇卜期今日鑾輿南幸恐同永嘉之勢顧此中原鞠爲茂草興言感嘆實疚予懷未面虛襟用增勞軫名利之地鋒鏑縱橫深愼垂堂勉茲鴻業溢大雅之詞也密得書大喜自是言使頻遣往來有道士徐鴻客上經天緯地策一篇于密軍旅揮霍失其本文題其封曰大衆久聚恐米盡人散師老厭戰難以成功勸密乘進取之機因士馬之銳沿流東指直詣江都執取獨夫號令天下密雖未遑遠略心異其言以書招之曰齊州長史至得所上奇策一篇理智俊長文采密麗覽而味之佳歎無已夫天地閉賢人隱少微光處士見故崆峒之上軒轅問于廣成汾水之陽唐

帝從于齧缺是知肥遯爲美齊物幽歸雅度與蘭桂俱芳高風並雲霞競遠孤門承世胄地籍餘緒平生大志豈圖富貴只爲時逢版蕩代屬艱虞厭海水之羣飛憫蒼生之塗炭便與二三人傑百萬武旅欲受降于軹道將問罪于商郊未遇玄女已思黃石詎有啓沃謀猷弼成韜鈐者也百戰百勝之奇七縱七擒之略每求筮仕實勞夢想仙師學究本源術苞奇數八風五星之候玉臺金匱之書莫不洞識于心若指諸掌今龍戰于野鶴翔寥廓或出或處且變且更濡足援手始是仁人除暴靖亂方稱君子贊我興運今也其時師宜躡蹻擔簦川虞卿之禮披裘輓輅襲婁敬之風引領瞻望拂席相待遲聽酈生之談方聞左車之說桂樹山幽歲云暮矣桃花源穴想其人耶冬首薄寒比其宜也想攝養有方當無勞慮庶不遠千里早赴六軍孤已敕彼州令以禮相送冀面非遙此不多及書送鴻客晦昧林野莫知所之宇文化及弒煬帝于江都

唐高祖始即位改元江都凶問至東都越王侗即位李密使房彥藻詐云密欲降隋猶慮羣臣異議者越王乃授密太尉尙書令衆征討諸校事詔曰我大隋之有天下于茲三十八載高祖文皇帝聖略神功載造區夏世祖明皇帝則天法祖渾一華戎東暨蟠桃西通細柳前蹤丹徼後越幽都日月之所照風雨之所至圓首方足稟氣食毛莫不盡入提封皆爲臣妾加以寶貺畢集祥瑞咸臻作樂制禮移風易俗知周寰海萬物咸受其賜道濟天下百姓用而不知往因歷試統臨南服自居極順慰茲望幸所以往歲省方展禮肆覲停鑾駐蹕按駕清道八屯如昔七萃不移豈意釁起非常逼于軒陛事生不意延及冕旒奉諱之日五情殞潰攀號荼毒不能自勝且聞之自古哲帝王有此迍剝賊臣逆子何代無之且如宇文化及世傳庸器其父述往屬時來早沾厚遇賜以婚媾豈之公輔位過九命祿重天下禮極人臣榮居世表徒承出獄之恩

未有消塵之益化及以此下材夙蒙顧盼出入內外奉望階墀昔陪藩國統領禁衛從昇聖祚位列九卿但性本兇很恣其貪穢或結交惡黨或侵掠貨財事重刑篇狀盈獄簡在上不遺簪履恩加草萊應至死辜每蒙恕免三經除解尋獲本職再徙邊裔尋即追還生成之恩昊天罔極獎擢之義人間稀有化及梟獍爲心鳥獸不若縱毒興禍傾覆行宮諸王兄弟一時殘酷暴于行路口不忍言有窮之在夏時戎狄之于周代痛辱之極亦未爲過朕所以殞首崩心飲膽食血瞻天視地無處容身今公卿士庶羣僚百辟咸以大寶鴻名不可顚墜元兇巨猾須早夷芟翼戴朕躬嗣守寶位顧惟寡薄志在復讐今者離黼扆而秉旄鉞釋衰麻而擐甲冑銜冤誓衆忍泪興兵指日遄征以平大盜且化及僞立秦王之子幽于北方因抱其身自稱霸相專權擬于九五履踐禁御據有宮闕昂首揚眉初無慙色衣冠朝士外懼兇威志士誠臣內皆憤怨以

我義師順彼天道梟夷醜族匪夕伊朝太尉尚書令魏國公丹誠內發宏略外舉率勤王之師討違天之逆貔虎爭先熊羆競進鼓鼙震響若火焚毛鋒刃縱橫似湯沃雪魏公志在康濟投袂前驅朕親御六軍星言繼軌以此衆戰遂期順舉擘山可以破射石可以穿況賊擁此徒皆有離德京師侍衛北憶家鄉江右淳黎南思邦邑比來表疏絡繹人信相尋若王師一臨舊章暫覩必卸甲倒戈冰消葉散且聞化及自恣天奪其心戮及不辜挫辱人士莫不道路以目號天踊地朕今復讐雪恥梟斬者一人拯溺救焚所哀者士庶凡因駕在賊所者一切原免罪悉不論已詔魏公掃平之日縱授賊官明非本意忍因請計爲傲若戰前自拔赴官軍者量加爵賞表其誠節朕都即大位克在進賢比來擢引勳舊皆縻好爵其從駕朝士雖未至東朝皆遙授官職不爲異等父兄子弟咸亦引擢內外朝一依官品祿廩賜物准舊給之務在哀矜俾無困

乏難望天監孔殷祐我宗社億兆感義俱會朕心梟戮元兇策勳飲至四海交泰稱朕意焉其兵術戎機總取魏公節度盧楚之詞也越王仍別與密書以伸厚意皇帝敢問太尉尚書令東道行軍元帥上柱國魏國公司農卿李儉等至覽表具知公以厚地鴻材冠冕當世連城重價領袖一時加以博學令聞雄才上略縉紳攸而雅俗傾心朕昔居藩邸久相欽尚眷言敬愛載勞夢想常恨以事塗之情未遂神交之望鬱結何似今屬王室不造賊臣搆難南征不反蒼梧未歸雖地承丕緒應此明命泣血冕旒之下飲膽宮闈之中公孝義爲心聞于遐邇仁恕待物形于內外具卿相門克昌自久撫高祖撫運之年明聖在藩之日非爲義合實亦家道今公即宗哥智足匡時威足夷難奮高世之略舉勤王之師經綸國家雪復讐恥此是公之任也更俟何人前度公此懷必可暗寄故馳遣一札聊布腹心忽得今表事若符契詞高理至義重情深執

對循環以悲以慰昔韓信之道合漢高竇融之功成河右以古譬今萬分非一今日以前咸共剛蕩使至已後彼此通懷七政之重佇公匡弼九伐之利委公指麾皇靈在上幽祇在下福謙禍盈天地常數公率義衆剪戮兇醜朕與天下共賞之宇文化及滔天構逆傾覆性扆朕與天下共誅之且聞元兇初謀誑惑內外及行大禍殘忍極理久僞霸相據有宮闕文武官人凡有所識心痛鼻酸聲徹天壤今公率有名之師接無妄之衆頽山壓卵覆海經營不俟終日元功早建朕亦委公公以來素懷付朕魚水一合金石不移即是韓彭更生伊周再出公縱欲存撝謙以認古人而古往今來彼何人也道高者不以俗務爲累德厚者不以名實爲心公運此謀猷除彼喪亂匪躬之節出于世表豈以名殊而掛雅懷但功高茂實義弘往策屈已從務亦達之心故有今授恩體之耳既彼此義合觸類公家所授官悉依前定承制封拜事有舊章任公便

宜量加除授必若須行詔敕待報即俟送告身務在機權勿爲形迹知摧破凶徒已大果意于洪達是起釁之黨擒獲送身非直朕之甘心亦甚袁公深意李才蠶命延晷刻待公東行事畢返斾西討剋復隴河蹻足可待司農卿李儉等既將君意遠來非無勞止所以並擄授官以答來既總戎之心去此稱遙東望風烟情深爲劇秋首猶熱戎略務殷念保千金慰茲延望隱若敵非獨往賢今與公合圖亦是幽明注意公其勉之嗣天心也故遣銀青光祿大夫大理卿張權等指揮者密北面執臣位拜受詔敕密與王充戰敗歸長安皇朝拜上柱國光祿卿邢國公以表妹獨孤氏妻獻策勒其舊兵歸河東高祖許之乃行常侯敕詔密歸朝迴到桃林反叛時史寶藏爲熊州留守遣將軍劉善武討之密敗死密妻獨孤氏爲周宗所虜周宗善武下兵士問是表妹却獻善武

青塘錄 二卷　李遠

青唐邈川其地在黃河之曲直西成都數千里北占河湟間二千餘里河湟間有鄯洮河渭岷疊岩蕁州唐屬隴右節度而鄯其治所也蓋禹自積石導河河行數曲而湟水洮水入焉河渭蘭會疊岩在大河之南洮岷又在洮水之南湟鄯廓積石軍在大河之北湟水之南河州渡河至炳靈寺即唐靈嵓寺也貞元十九年涼州觀察使薄承祧所建寺有大閣附山七重中有像刻山爲之百餘尺環寺皆山山悉奇秀有泉自石壁中出多臺榭故基及唐人碑碣三十里至墨城城因山削成屈曲相重自墨城西下坡十餘里始得平川皆沃壤中有流水羌多相依水築屋而居激流而磑由平壤中有行三十里至湟州城周七里東倚高山北臨宗河橋西入省章峽上峻嶺二十餘里至湟復由小徑下十餘里道出峭壁間縈行曲折不容並馳其道斷處鑿石爲棧下臨湟水深數百尺過者寒心崖壁間多唐人鐫字中途過平地絕廣數畝羌因之卓

帳建寺焉四十里出峽屈曲下至大川城川也長百里宗河行其中夾岸皆羌人居間以松篁宛如荆楚又四十里至宗奇城分東西二壘廣八里北依山南枕湟水比諸城最高至秦州千餘里東北至西涼州西北至甘州城皆五百里東西蘭州三百里北至河州四百餘里又二十里至青塘城城枕湟水之南廣二十里旁開八門中有隔城僞主居城門設譙機二重譙樓後設中門後設儀門門之東契丹公主所居也西爲絕及夏國公主所居也過儀門北二百餘步爲大殿北楹柱繪黃朝基高八尺去坐丈餘矣碧琉璃磚環之羌呼禁圍凡首領升殿白事立琉璃磚外犯者殺之傍設金冶佛像高數十尺飾以眞珠覆以羽蓋國相廳事處其西國王親屬廳事處其東直南大衢之西有壇三級縱廣畝餘每三歲冕祭天于其上西域無慮數千家東城惟陷羌人及陷人之子孫夏國降于闐四統往來賈販之人數百家城之西有青唐水注宗河水西平遠建佛祠廣五六里繚以岡垣屋至千餘楹爲大象以黃金塗其身又爲浮屠三十級以護之阿里骨斂民作是像民始離吐蕃重僧有大事必集僧決之僧麗法無不免者城中之屋佛舍居半維國主殿及佛舍以瓦餘雖主之宮室亦土覆之自青唐西行四十里至林金城城去青海善馬三日可到海廣數百里其水鹹不可食自凝爲鹽其色青中有島廣十里習宣往意權至羸糧居之海西地皆平衍無壟斷其人逐善水草以牧放射獵爲生多不粒食至此百鐵堠高丈餘羌云此以識界自鐵堠西皆黃沙無人居西行逾兩月即入回紇于闐界又犛牛城在青唐北五十餘里其野產牛城之北行數日繞大山其外即接契丹又青唐之南有瀘戎漢呼爲蘆甘子其人物與青唐羌相類所造鎧甲刀劍尤良瀘戎之南即西蜀之背瀘戎至蜀有崇山絕險之此青唐邈川土疆風俗之可紀者也

故宋吏部侍郎徐公度家所藏書手自校定仍題靑唐錄三字其子孫世寶之延祐中于吳購得之度字敦立睢陽人靖康太宰處仁之子故本內仁字皆缺其畫是書或云右班殿直李遠撰遠紹聖中武舉入官鎭洮奉檄軍前記其經歷見聞之實粲然可觀後見孫尙書覿所撰汪彥章墓志其著述有靑唐錄二卷不知果是書否也元統二年四月十日笠澤陸友仁記

省心詮要 一卷　宋林逋

無瑕之玉可以爲國器孝悌之子可以爲家瑞寶貨用之有盡忠孝享之無窮　讒言巧佞言甘忠言直信言寡　多言則背道多慾則傷生　語人之短不曰直濟人之惡不曰意好勝者必爭貪榮者必辱　知足則樂務貪則憂　心不淸則無以見道志不確則無以立功行坦途者肆而忽故疾走則蹶行險途者畏而愼故徐步則不跌然後知安樂有致死之道憂患爲養生之本可不省

諸　廣積聚者遺子孫爲禍害多聲色者殘性命以斧斤　以忠沽名者訐以信沽名者詐以廉沽名者貪以潔沽名者汚忠信廉潔立身之本非釣名之具也有一于此鄉原之徒又何足取哉　千斤之石置之立坂之上一刀可以落九仞萬斛之舟溯于急溜之中片帆可以去千里勢使然也若馳犖馬于平陸集多士于大廷非駿可奇才不得先　人之有失猶身之有疾病攻之以藥石誨之以廉恥雖過失不害爲賢者雖疾病不失爲全人口腹不節致疾之因念慮不正殺身之本驕富貴者戚戚安貧賤者休休所以景公千駟不及顏子之一瓢也攫金于市者欲心勝而不知羞惡求珠于淵者利心專而不顧其沉溺張飽帆于大江馳駿馬于平陸天下至快反思則憂慮不爭之地乘獨後之馬人或我嗤樂莫大焉利可共而不可極謀可寡而不可衆獨利則敗衆謀則泄內不溺于妻子者事親必孝外不欺于朋友者事君必忠人性如水一傾則不可復性一縱則不可反制水者必以隄防制性者必以禮法　以言傷人者利于刀斧以術害人者毒于虎狼言不可不愼術不可不愼也　以愛妻子之心事親則無往而不孝以保富貴之心事君則無往而不忠以責人之心責己則寡過以恕己之心恕人則全巧辯者與道多悖訥者涉世必疎　責越人以鞍馬強胡人以舟楫其猶詢民瘼于貴游索珍玩于寒士難哉　人以巧勝天天以直勝人　女相妒于室士相嫉于朝古今通患也若無貪榮擅寵之心何嫉妒之有　情相親者禮必寡道相悖者術不同禮簡者誠術異者疎　沽虛譽于小人不若聽之于天遺貨財于子孫不若周人之急輕人足以聚人律己足以服人量寬足以得人身先足以率人　不臨難不見忠臣之心不臨財不見義士之節用心之專者不聞雷霆之震驚寒暑之切肌爲己重者不知富貴之可以殺身功名之可以致禍行道衞大道者不迷心

至公無私者不惑

和靖先生傳淮海桑世昌字澤卿作附于此先生林公逋字君復世爲錢塘人祖克己世仕錢氏爲通儒院學士逋少孤刻志爲學景德中放游江淮及歸結廬西湖之孤山眞宗聞其名屢賜粟帛詔州縣常存遇之善行草書喜爲詩其語孤峭澄淡而未嘗錄其稿或謂曰先生何不錄所著詩以傳于後世逋曰吾終志山林尙不欲取名于時況後世乎逋不娶無子敎兄子宥登進士第居西湖二十年來未嘗入城市李及薛映知州每造其居淸談終日而去臨終有詩曰湖上靑山對結廬墳前修竹亦消疎茂陵他日求遺稿猶喜曾無封禪書天聖六年十二月丁卯仁宗賜諡曰和靖先生仍賜其家米五十石帛五十疋初逋客臨江李諮始舉進士而未有知者逋嘗謂人曰此公輔之器逋卒而諮適知杭州爲制緦麻服與其門人哭而葬之刻臨終詩納其壙中

能改齋漫錄 二十卷一作十八卷 一　宋吳　曾 字虎臣臨川人一作崇仁人

上梁文　後魏溫子升有閶闔門上梁祝文云惟王建國配彼太微大君有命高門啓扉良臣是簡牧下無違雕梁乃架河翼斯飛八龍李李九重巍巍居宸納祐就日垂衣一人有慶四海爰歸乃知上梁有祝其來久矣第不若今時有詩語也

凌烟閣名　唐太宗貞觀十七年以功臣圖凌烟閣閣名凌烟世以始于太宗然宋鮑照亦有凌烟樓銘曰瞰江列楹望景延除積淸風露含綵烟塗俯窺淮海俛眺荆吳我王結駕藻思神居宜此萬春修靈所扶則凌烟之名六朝已有矣

婦人有謚　王岐公作呂公綽墓誌云公綽以古者婦人無謚自漢晉以來皇后各因帝謚爲稱國家順僖翼宣四帝暨太祖皇后悉同廟謚獨章聖皇帝五后曰節惠曰宣莊與謚典不合願易名爲章追正前失仁宗革之予按晉時婦人有謚虞譚母卒謚曰宣

桓溫母卒謚曰敬然則公綽以古者婦人無謚蓋不知所本矣漢祖尊先媼曰昭靈夫人後高后五年又尊曰昭靈后謚法曰婦人有謚自周景皇穆后始也又左傳云聲子生隱公杜預注聲謚也正義曰謚法曰生其國曰聲

放生碑　放生建碑世以起于唐非也按梁朝元帝已有荆州放生亭碑見藝文類聚之七十七卷

寄附鋪　今世所在市井有寄附唐已然矣按唐異聞集薛防作霍小玉傳有云大曆中寄付鋪侯景家

近世造糖作狻猊形號猊糖

酉陽　荆州記曰小酉山上石穴有書千卷相傳秦人于此學因留之故梁湘東王山賦訪酉陽之逸典予乃悞改成二名嘗之所自也 以上七條今本未見

司馬溫公有眞率會蓋本于東晉初肆拜官相飾供饌羊曇在丹陽日客來早者得佳設日晏則漸不復精隨客早晚而不問貴賤時羊固拜臨海守竟日皆美雖晚至者猶獲精饌時言固之豐膳不如曇之眞率

焚香始漢　李相之賢已集謂焚香之始云本佛圖澄傳襄陽國城塹水源暴竭石勒問澄澄曰今當敕龍下取水乃至澄上坐繩床燒安息香呪數百言水大至予按江表傳有道士于吉來吳會立精舍燒香讀書制作呪水以療病又按漢武帝故事亦云昆邪王殺休屠王以其衆來降得其金人之神置之甘泉宮金人者皆長丈餘其祭不用牛羊唯燒香禮拜然則焚香自漢已然矣

搏風　今之屋翼謂之搏風見儀禮士冠禮篇云直于東榮鄭氏注云榮屋翼也唐賈公彥疏曰榮屋翼也者卽今之搏風又云榮在屋棟兩頭與屋爲翼如鳥之有翼故斯干詩美宣王之室云如鳥斯革如翬斯飛與屋爲榮飾故云榮也

錢塘蘇小小　劉次莊樂府解題曰錢塘蘇小小歌蘇小小非唐人世見樂天夢得詩多稱咏遂謂與之同時耳次莊雖知蘇小小非唐人而無所據予按郭茂倩所編引廣韻曰蘇小小錢唐名娼也蓋南齊時人西陵在錢塘江之西故古辭云何處結同心西陵松柏下

和買　和買二字見孔穎達左氏正義昭公十六年晉韓起聘于鄭宣子有環其一在鄭商宣子買諸賈人旣成價矣商人曰必告君大夫子產曰今吾子以好來辱而謂敝邑強奪商人是教敝邑背盟誓也穎達云止稱買諸賈人則是和買而子產謂之強奪者韓宣子以威逼之其價必賤故商人欲得告君大夫子產知其非和買故云然也

經典無騎字　春秋左氏傳昭公二十五年左師展將以公乘馬而歸杜預注曰欲與公輕歸宋劉炫謂左師展將以公乘馬而歸

欲與公單騎而歸此騎馬之漸也予按古者服牛乘馬馬以駕車不單騎也至六國之時始有單騎蘇秦所謂車千乘騎萬匹是也曲禮云前有車騎者禮記乃漢世書耳經典並無騎字

羹音郎　王觀國學林新編云史記前漢頡羹侯劉信潁川地名頡羹者羹音郎春秋昭公十二年左傳今我大城陳蔡不羹陸德明音義曰羹音郎前漢地理志潁川郡定陵縣有東不羹襄城有西不羹顏師古曰羹音郎羹音郎者自古所呼如此宋玉招魂云肥牛之腱臑若芳和酸若苦陳吳羹以音韻協之亦讀羹爲郎已上皆王說予按古者羹臛之字音皆爲郎不止宋玉招魂也故魯頌閟宮與史游急就章羹與房胾糖爲韻至于以不羹爲郎者孔穎達云近世以來方如此不知又何也

登聞鼓　按資治通鑑魏世祖懸登聞鼓以達寃人乃知登聞鼓其來甚久第院之始或起于本朝也

給公驗　唐宣宗時中書門下奏若官度僧尼有闕則擇人補之仍申祠部給牒其欲遠遊尋師者須有本州公驗乃知本縣僧尼出遊給公驗自唐已然矣

裁旨　近世自鈞旨台旨以下稱裁旨按李罕之擅引澤州兵夜入潞州以狀白李克用曰薛鐵山死州民無主慮不逞者爲變故罕之專命鎭撫取王裁旨

行狀　自唐以來未爲墓誌銘必先有行狀蓋南朝以來已有之按梁江淹爲宋建平王太妃周氏行狀任昉裴子野皆有行狀

乾笑　世稱笑之不情者爲乾笑按宋范曄謀逆就刑于市妻來別罵曄曰身死固不足塞罪奈何枉殺子孫曄乾笑而已按乾笑此爲始

舍弟　兄稱弟曰舍弟亦有所本魏文帝與鍾繇書曰是以令舍弟子建因荀仲茂從容喻鄙旨

併當　併當去聲二字俗呼收拾然晉已有此語按世說長豫與丞相語嘗以謹密爲端丞相還臺及行未嘗不送至車後爲曹夫人併當箱篋長豫亡後丞相還臺發車後哭至臺門曹夫人作奩封而不忍開

一頓　食可以言一頓世說羅友嘗伺人祀祠欲乞食主人迎神出曰何得在此答曰聞卿祠欲乞一頓食耳

經紀　江西人以能幹旋者爲經紀唐已有此語滕王元嬰與蔣王皆好聚斂太宗嘗賜諸王帛敕曰滕叔蔣兄自能經紀不須賜物

恩府　以恩地爲恩府始于唐馬戴戴大中初爲掌書記于太原李司空幙以正言被斥貶朗州龍陽尉戴着書自痛不得盡忠于恩府而動天下之浮議見金華子雜編

風聞　風聞二字出漢書尉佗曰風聞老夫父母墓已壞削賈逵國語注曰風聞采也采聽商旅之言故沈約彈王源曰風聞東海

王源嫁女與富陽滿氏而魏任城王澄表以爲法忌煩苛治貴清約御史之體風聞是司

婦女稱姐　婦女以姐爲稱說文曰𡟰字或作姐古字假借也子也切近世多以女兄爲姐蓋尊之也按魏繁欽與文帝牋曰自左騏史妠謇姐名倡魏志曰文帝令杜夔與左騏等于賓客之中吹笙鼓琴李善註云其史妠謇姐蓋亦當時之樂人以是知婦人稱姐漢魏已然矣

點心　世俗例以早晨小食爲點心自唐時已有此語按鄭傪爲江淮留後家人備夫人晨饌夫人顧其弟曰治妝未畢我未及餐爾且可點心其弟舉甌已罄俄而女僕請飯庫鑰匙備夫人點心傪詬曰適已給了何得又請云云

起居何如　今世書問往還必曰不審比來起居何如按漢武帝

內傳云上元夫人曰承阿母相邀詣劉徹家不意天靈至尊下降于至濁不審比來起居何如乃知此語久矣

飲席酹酒之始　唐僕射孫會宗集外內親表開宴有一甥姪閒朝官後至及中門見緋衣官人衣襟前皆是酒洟咄咄而出不相識洎卽席說于主人咸無此官沉思之乃是將行酒時于階上酹酒草草傾潑也自此每酹飲令側身恭跪一酹而已自孫氏始也今人三酹非也出北夢瑣言

丈人　以妻父爲丈人本于漢匈奴所謂漢天子我丈人行也

竹笭箵　大唐新語曰漁具總曰笭箵漁服總曰袯襫唐書元結傳載自釋語曰能帶笭箵全獨而保生能學聱齖保宗而全家聱也如此漫乎非耶語皆協韻箵音平聲與生相協今唐書音釋乃作蓰挺切誤矣故蘇子美松江觀漁詩云嗚榔莫觸蛟龍睡舉網時聞魚鱉腥我實宦游無況者擬來隨爾帶笭箵皆作平聲今韻略不收此字

蘭若　若字白樂天詩作惹字押爾者切予按上官儀酬薛舍人萬年宮晚景寓直懷友詩中四句云東望安仁省西臨子雲閣長嘯求烟霞高步尋蘭若此又作日灼切押

開元錢　世所傳靑瑣集楊妃別傳以爲開元錢乃明皇所鑄上有指甲痕乃貴妃掐迹殊不知唐談賓錄云武德中廢五銖錢行開元通寶錢此四字及書皆歐陽詢之所爲初進樣文德皇后掐一痕因鑄之

條脫　唐盧氏雜說文宗問宰臣條脫是何物宰臣未對上曰眞誥言安妃有金條脫爲臂飾卽金釧也又眞誥蕚綠華贈羊權金玉條脫各一枚予按周處風土記云仲夏造百綵索臂又有條達等織組雜物以相贈遺唐徐堅撰初學記引古詩云繞臂雙條達然則條達之爲釧必矣第以達爲脫不知又何謂也徐堅所引古詩乃後漢繁欽定情篇云何以致契闊繞腕雙跳脫但跳脫兩字不同

花驚定　鮑彪譜論杜詩戲作花卿歌云花卿舊注名驚定新舊史無其人予按舊史崔光遠傳光遠爲成都尹及段子璋反東川節度使李奐敗走投光遠率將花驚定等討平之將士肆剽刦婦女有金銀臂釧皆斷腕以取之光遠不能禁肅宗按其罪高適傳花驚定者恃勇誅子璋大掠東蜀天子怒光遠不能戢軍乃罷之以適代光遠爲成都尹惟新史不見花驚定名字鮑彪不讀舊史故耳

精舍　王觀國學林新編曰晉書孝武帝以奉佛法立精舍于殿內引沙門居之因此世俗謂佛寺爲精舍觀國按古之儒者教授生徒其所居皆謂之精舍故後漢包咸傳曰立精舍教授又姜肱傳曰盜就精廬求見注曰精廬卽精舍也以此觀之精舍本爲儒者設至晉孝武立精舍以居沙門亦謂之精舍非有儒釋之別也以上皆王說予按三國志注引江表傳曰于吉來吳立精舍燒香讀道書製作符水以療病然則晉武以前道士亦立精舍矣

胡笳十八拍　王觀國學林新編曰秦再思紀異錄云琴譜胡笳曲者本昭君見胡人捲蘆葉而吹之昭君感之爲製曲凡十八拍觀國以爲董杞妻蔡琰文姬爲胡騎所獲歸作詩二章今世所傳胡笳曲十八拍亦用文姬詩中語蓋非文姬所撰乃後人所撰以咏文姬也紀異謂昭君製曲則誤矣王荆公作集句胡笳曲十八拍首言中郎有女能傳業者亦咏蔡文姬也王昭君未嘗有胡笳曲傳世以上皆王說予按琴集曰大胡笳十八拍小胡笳十九拍並蔡琰作及按蔡翼琴曲有大小胡笳十八拍沈遼集世名祝家聲小胡笳又有契聲一拍共十九拍謂之祝家聲祝氏不詳何代人李良輔廣陵止息譜序曰契者明會合之理殷勤之餘也李肇

國史補曰唐有董庭蘭善沈聲蓋大小胡笳云以此校之觀國謂非文姬所撰亦非宊予又按謝希逸琴論曰平調明君三十六拍胡笳明君二十八拍淸調明君十三拍間絃明君十九拍蜀調明君十二拍吳調明君十四拍杜瓊明君二十一拍凡有七曲然則明君亦有胡笳但拍數不同耳庾信詩云方調琴上曲變入胡笳聲觀國謂昭君不能製曲又非也

掩耳偷鐘　諺有掩耳偷鈴非鈴也乃鐘也亦有所本呂氏春秋范氏亡有得其鐘者欲負而走則大鐘不可負以椎毀之鐘怳然有音恐人聞之而奪己遽然掩其耳惡聞其過亦由此也任昉勸進牋云惑甚盜鐘功疑不賞

一頓食　杜詩頓頓食黃魚昔謝僕射陶太常同詣吳領軍坐久吳留客作食日已中使婢賣狗供客客比得一頓食殆無氣可語

女墻　春秋左傳氏襄公六年晏弱圍萊堙之環城傅于堞注云堞女墻也又二十五年吳子門于巢巢牛臣隱于短墻以射之二十七年盧蒲嫳攻崔氏崔氏堞其宮而守之注曰堞短墻也俾倪短垣女墻皆一物也說文云堞城上女垣也廣雅云陴倪堞女墻也釋名曰女墻言其卑小比之於城如女子之于丈夫也故杜子美上白帝城詩城峻隨天壁樓高望女墻劉長卿登餘干縣古城詩曰官舍已空秋草沒女墻猶在夜烏啼劉禹錫詩曰夜深猶過女墻來韓偓故鄉詩云塞雁已侵池籞宿宮鴉猶戀女墻啼此學長卿也

虛牝　韓退之贈崔立之詩曰可憐無補費精神有似黃金擲虛牝洪慶善曰牝谿谷也古詩云哀壑叩虛牝予按古詩之意虛牝當是竅中窾穴耳所以老子曰玄牝之門是爲天地之根然大戴禮以丘陵爲牡谿谷爲牝洪蓋取大戴之意耳

醉如泥　後漢周澤時人爲之語曰生世不諧作大常妻一歲三百六十日三百五十九日齋一日不齋醉如泥按稗官小說南海有蟲無骨名曰泥在水中活失水則醉如一堆泥然

笑林　秘閣有古笑林十卷晉孫楚笑賦曰信天下之笑林調謔之具觀笑林本于此

上人　唐時詩多以僧爲上人杜子美曰已上人茅齋是也按摩訶般若經云何名上人佛言若菩薩一心行阿耨菩提心不散亂是名上人十誦律云人有四種一麤人二濁人三中間人四上人

天洗兵　說苑武王伐紂風霽而乘以大雨散宜生入諫曰此非妖歟武王曰非也天洗兵也故杜子美有洗兵馬行

瑣語　唐孫光憲有北夢瑣言按晉書太康二年汲郡人不準盜發魏襄王墓或言安釐王冢得竹書數十車其瑣語十一篇乃知古已有瑣言

曲江　曲江有三枚乘七發云觀濤于廣陵之曲江今蘇州也廣

東有曲江今韶州也司馬相如弔二世賦云臨曲江之隑州即長安也按唐劉餗傳記云京師芙蓉園本名曲江園隋文帝以名不正改之故杜子美詩曰曲江翠幙排銀牓又云春日潛行曲江曲七發所謂曲江有弭節伍子之山今胥山在今蘇州

萬乘作平聲　天子萬乘諸經音訓皆作去聲予讀晉傳元漢高祖畫贊曰赫赫漢祖受命龍興五星協象神母告徵討秦滅項如日之升超從側陋光據萬乘亦可以平聲用也

箕子名胥餘司馬彪注莊子于他書不免易牙名巫易牙其字也見孔穎達左傳疏（此條今本未見）

花蘂夫人　僞蜀主孟昶徐匡璋納女于昶拜貴妃別號花蘂夫人意花不足擬其色似花蘂翾輕也又升號慧妃以號如其性也王師下蜀太祖聞其名命別護送途中作詞自解曰初離蜀道心將碎離恨綿綿春日如年馬上時時聞杜鵑三千宮女皆花貌妾

最蟬娟此去朝天只恐君王寵愛偏陳無已以夫人姓覺誤也

崔念四詞　政和間一貴人未達時嘗遊妓崔念四之館因其行第作踏青遊詞云識箇情人恰正二年歡會似賭賽六隻渾四向巫山重重去如魚水兩情美同倚畫樓十二倚了又還重倚兩日不來時時在人心裹擬問卜常占歸計且拚三八清齋望永同鴛被蕬然被人驚覺夢也有頭無尾都下盛傳

呂洞賓　廣異文集載沈既濟作枕中記云開元中道者呂翁經邯鄲道止邸舍中以囊中枕借盧生睡事此呂翁非洞賓也蓋洞賓嘗自序以爲呂渭之孫渭仕德宗朝今云開元中則呂翁非洞賓無可疑者而或者又以爲開元恐是開成字亦非也開成雖文宗時然洞賓度此時未可以稱翁按本朝國史稱關中逸人呂洞賓年百餘歲而狀貌如嬰兒世傳有劍術時至陳摶室若以國史證之止云百餘歲則非開元人明矣雅言系述有呂洞賓傳云關

右人咸通初舉進士不第値巢賊爲梗攜家隱居終南學老子法云云以此知洞賓乃唐末人

喏樣　李祐晉臣初在河朔守官監官怒其喏大抵對責之翌日請見遂極高監司愈怒稱又責問祐供狀云高來不可低來不可乞指揮明降喏樣一箇蓋用俚語也二條今本未見

鞋底樣　楊文公億有重名嘗因草制爲執政者所多塗竄楊甚不平因取藁本上塗抹處以濃墨傳之就加爲鞋底樣題其旁曰世裝楊鞋底人或問其意曰此語是他別人脚迹當時傳以爲笑爾後舍人草制被點抹者則相謂曰又遭鞋底

續釋常談二十卷　龔頤正字養正號介隱郯昌人

北史魏崔亮爲吏部尙書奏爲格至至問士之賢愚專以停解日月爲斷雖復官須此人停日後者終不得庸才下品年月久者灼然失用沉滯者皆稱其然通鑑梁大同四年東魏高澄攝吏部尙書始改崔亮年勞之制銓實能沙汰尙書郎妙選人地以居之

御前陛下　後漢蔡邕獨斷天子所在曰御前漢高祖紀注王者必有執兵陳于階陛之側陛下者羣臣嚴至尊之意也

盧氏雜說鄭還古東都閒居與柳當將軍甚熟柳妓樂極多鄭嘗與八妓詩曰云云柳見詩意甚喜某不惜此妓待見榮命便發遣充賀禮及鄭入京不半年除國子博士柳見除目乃置入京

新除　南史元嘉九年新除太保王弘蕘大明元年遣新除司空沈慶之討綠江蠻景和元年十一月殺新除太尉沈慶之

下官　通典曰宋孝武帝多猜忌諸國吏人于本國君不得稱臣而稱下官事在孝武紀中一說昔之稱臣皆通稱焉梁武帝始改臣爲下官

面折　漢王陵傳陳平曰于面折廷爭臣不如君汲黯傳黯爲人性倨少禮面折不能容人之過公孫弘傳每會議開陳其端使人主自擇不肯面折廷爭

脫空　五代史周太祖入京師少主崩于北崗周祖命宰相馮道迎湘陰公立之公至宗州周祖已爲三軍推戴郭忠恕責道曰令公今一旦反作脫空漢前功並弃令公之心安乎道無以對

備員　毛遂傳備員幸矣

承乏　闕史鄭澣以素儉自居居河南日有從父昆弟之孫來謁力農自贍未嘗干謁拜揖甚野澣怪之問其所欲則曰思得承乏一尉乃衣錦還鄉里也澣許之

不快活　蘇氏閑談錄桑中令維翰嘗謂交親曰凡居宰相職後有似着新鞋襪外望雖好其中甚不快活

相公尊重　涑水記聞宰相自唐以來謂之禮絕百寮見之無少長皆拜少垂手扶之送客未嘗下階客坐稍久則吏桌傍唱曰相公尊重客踧踖起退

相門有相　南史王訓傳召見文德殿上目送之語朱异曰可謂相門有相

將門有將　南史王鎭惡傳宋武帝曰鎭惡王猛孫所謂將門有將

出入臥內　漢盧綰傳從東擊項籍以太尉常從出入臥內楚元王交傳與盧綰常侍上出入臥內

不作好事　五代史王建立見明宗涕泣言已無罪明宗曰汝爲節度使不作好事

風流罪過　北齊書郎基爲鄭州長史性淸儉在官頗令人寫書潘子義遺書曰在官令人寫書亦是風流罪過

遺腹子　淮南子遺腹子不思其父無貌于心也不知父貌

守寡　後漢仇覽傳陳元之母告元不孝覽謂曰母守寡養孤苦身投老奈何肆忿一朝欲子以不義乎

小斤　玉堂閒話元和中裴晉公微服出遊側近邸見湖糾與語憐而寢亦三十餘年入小斤曰云云

房室　梁書武帝手敕責賀琛曰朕絕房室三十餘年與女人同室而寢亦三十餘年

作人難　本事詩陳太子舍人徐德言之妻後主叔寶之妹封樂昌公主才色冠絕德言方値時亂恐不相保謂其妻曰以君才容國亡必入豪權之家于斯絕矣倘情緣未斷猶冀相見有以信之乃破一鏡各執其半約曰他日必以正月望夜賣于都市及陳亡果入越公楊素家寵嬖殊厚德言流離半載辛苦僅能至京遂以正月望日訪于都市有蒼頭賣半鏡者乃高其價人皆笑之德言直引至其居就食具言其故出半鏡以合之仍題詩曰鏡與人亡去鏡歸人不歸無復嫦娥影空窗明月輝陳氏得詩泣涕不食素知之愴然改容卽召德言還其妻仍與德言陳氏偕飲令陳氏爲詩曰今日甚遷次新官對舊官笑啼俱不敢方驗作人難

郎子　北史齊楊林之傳崔暹子達拏幼而聰敏年十餘已作五言詩暹持示朝士林之獨正言郎子聰明可成偉器又暴顯傳有一沙門指之曰此郎子相好南史梁鄧元起自以母年老乞歸供養時元起爲益州刺史以西昌侯藻代之藻入城求其良馬元起曰年少郎子何用馬爲

郎君　世說諸葛瑾爲豫遣別駕詣臺語云小兒知談卿可與語連往詣恪恪不與相見後相過別喚出郎君云文選應璩與滿炳書亦云外嘉郎君謙下之德璩嘗事其父寵故稱郎君

半子　唐回紇傳咸安公主嫁可汗上書恭甚其言昔爲兄弟今婿半子也

老兄　晉書劉毅傳東府摴蒱大擲毅擲得雉劉裕挼五木久之曰老兄誠爲卿答既而四子俱黑其一子轉躍未定裕厲聲喝之卽成盧焉

吾兄　左傳襄公十五年宋向戌來聘見孟獻子尤其室曰我在晉吾兄爲之毀之重勞且不敢間定公十年辰曰是我迋吾兄也

令弟　文選謝靈運酬從弟惠連云末路値令弟開顏投我心

小姑　古樂府焦仲卿妻詞云却與小姑別淚落連珠子

姨夫　元氏小焦子答姪書吾時在鳳翔每借書于齊倉曹家徒步執卷就陸姨夫師授

姑夫　五代史石敬瑭入篡時皇后云

妹婿　三輔決錄趙岐娶馬某女宗姜爲妻其兄子融岐不以妹婿之故屈志于融

妹夫婦弟　談藪王詢祖曰惟覺妹夫疏于婦弟

先輩　世說王子敬問謝公林公何如庾公謝殊不受答曰先輩

初無他語又人有問太傅子敬可是先輩誰比謝曰阿敬近撮王
劉之標
卑末　後漢杜根傳根爲桂陽太守雜幹是卑末皆古習讀村人
晉劉驎之居岐積年衣食有無嘗與村人共値已匱乏村人亦如
之
火伴　古木蘭詞云出門見火伴火伴始驚惶
阿妳　廣異記有張御史謂見一黃衫人至謂之曰陰府取君合
淮中溺死能一日內轉千卷續命經當得延壽又云續命經卽金
剛也張因呼人衆集同朝足千卷鬼又至云可免然雖暫到地府
衆見黃衣人與御史相逐出門張至地府言轉經事得放黃衫人
乞少錢張許之云我今一鬼耳何由辦得鬼云但念令妻子還張
遂心念其妻鬼云夫人却與阿妳來張仍又心念之其鬼云已得
之矣既活其妻言夢君求錢阿妳云夢何足信阿妳又夢見君便

市紙錢燒之又李商隱雜纂七不稱意內云少去聲阿妳
媒人　焦仲卿妻古詩阿母白媒人貧賤有此女始適還家門又
云阿母謝媒人女子先有誓又云媒人下床去諾諾復爾爾
貧道　晉宋間儀制道人自名之詞曰貧道
貧子　野人閒話僞蜀彭州刺史安思謙男守範嘗與賓客游天
台禪院聯句爲詩紀僧壁而去翌日有貧子乞食見之卽言曰撫
掌大笑
乞兒　漢官儀曰張衡云明帝聽辟雍二府觀壯嚴而太尉府獨
卑陋顯宗東頭皀日雍牛縱酒勿令乞兒爲宰
檀郎　李商隱詩謝傅門庭舊末行今朝歌管屬檀郎李賀詩檀
郎謝女眠何處
丫頭　劉賓客寄贈小樊詩花面丫頭十三四春來綽約向人時」
累重　孔毅夫雜說前漢西域傳屯田輪臺募民壯健者累重敢

涉者詣田所注累謂妻子家屬也
某甲　三國志許攸呼太祖小字曰某甲卿不得我不得冀州也」
小家子　殷芸小說李奮周縣聶季某甲實小家子不敢見膺
後生子　鮑明遠少年時至衰老行篇云寄語後生子作樂當及
春今俗小少年者稱爲後生子文士往往笑之不謂此乃古語詩
人尙用也
幹事人　宋書沈文季傳宋帝就褚彥回求一幹事人爲晉平王
上佐
侍史　史記孟嘗君與客坐語而屛風後常有侍史記君所與客
語
書手　報應記宋衎江淮人應明經舉元和初至河陰縣因疾病
廢業爲鹽鐵院書手
客氣　左傳定公八年陽虎曰盡客氣也南史宋尙書左丞荀赤

松奏顏延之啓雲高日北擬客氣虛張
村氣　劉餗隋唐嘉話薛萬徹尙丹陽公主太宗嘗謂人曰薛駙
馬村氣
窮相頭骨　太平廣記鄭光業常言及第之歲策試夜一同人突
入試鋪爲笑語謂光業曰必先可以相容不光業輟半鋪之地又
曰必先欲枚取一杓水又曰使子就煎一碗茶光業欣然與之煎
居二日光業取狀元及第其人首貢一啓頗敍一宵之素曰既蒙
取水又使煎茶當時之不識貴人凡夫肉眼今日之俄爲後進窮
相骨頭
意智　諸葛亮集載先主遺詔敕後主閑暇歷觀諸子及六韜商
君書益人意智
在意　通鑑漢乾祐二年漢隱帝出兵拒郭威太后遣使戒聶文
進曰大頭在意

苦殺人　韓偓金鑾密記上執偓手涕泣曰我勸你且和同果如此有何利益苦殺人

打草驚蛇　南唐近事王魯爲當塗宰日以資產爲務會部中連狀訴主簿貪賄于魯魯乃判曰汝雖打草吾已驚蛇

暖寒　開元天寶遺事巨豪王元寶每至冬月大雪之際令僕夫自本坊巷中掃雪爲徑路躬親至坊巷前迎揖賓客就本家具酒炙宴樂爲之暖寒之具

陪酒陪歌　釋中殊花品序每歲禁烟前後置酒饌以待賞花者不問親疎謂之看花局故里云彈琴種花陪酒陪歌

今朝有酒今朝醉　羅隱自遣詩云今朝有酒今朝醉明日愁來明日當

張公吃酒李公醉　朝野僉載天后謠言云張公者謂易之兄弟李公言李氏也

十字街　韋述兩京新記有十字街西之北云云

一步地　劉禹錫懷白樂天詩相望一步地脉脉萬里情王建長門怨長門一步地肯□輕回車

檥衣　舊唐書王武傳武檥衣坐胡床受參云

靈床　世說顧彥先平生好琴及喪家人常以琴置靈床上

遠水不救近火　通鑑梁中大通六年杜翔周曰遠水不救近火

橫財　獨異志盧懷慎無疾暴卒及復生冥司有三十爐日夜爲張說鑄橫財

財主　世說陳仲弓爲太丘長有劫賊殺財主

懸鼓待槌　世說陸士衡士龍鴻鵠之徘徊懸鼓之待槌

不長進　世說王長史與支公語支曰君義言了不長進

罨頭　白樂天和賈常州醉中詩云罨頭新令從偸去亂骨淸吟得似無

前程萬里　南楚新聞魏公崔相鉉元略之子也爲兒童隨父訪于韓晉公滉曰此兒可謂前程萬里也

預借　五代史後唐莊宗后劉氏傳同光二年秋大旱預借明年夏秋稅

大程　五代史孔謙傳謙唐莊宗時爲租庸使遣大臣放猪羊柴炭占庇人

活地獄　通鑑五代南漢主設鑊湯鐵床刳剔等刑謂之活地獄玉堂閒話遍勘在城五作子行人

大樹皮纒　大唐鄭谷詩曰大樹大皮纒小樹小皮裹庭前紫薇樹無皮也得過

不曉事　文選楊修書稱修家子雲老不曉事

三十六策　三十六策走是上策南史王敬則傳有告敬則曰檀公三十六策走是上策

叵耐　國史纂異志李德昭爲內史婁師德爲納言相隨入朝婁體肥行緩李怒曰叵耐殺人田舍翁

計較　三國志孫堅傳堅夜馳見袁術畫地計較

改常　北夢瑣言左軍容使嚴尊美閹官中人也常一日發狂手足舞蹈傍有一貓一犬貓太息謂犬曰軍容改常也

說郛卷第三十五終

說郛卷第三十六

酉陽雜俎 二十卷　唐段成式 字柯古臨淄人

忠志

高祖神勇　高祖少神勇隋末嘗以十二人破草賊號無端兒數萬又龍門戰盡一房箭中十八人

高宗敕字　高宗初扶床將戲弄筆左右試置紙于前乃亂畫滿紙角邊畫處成草書敕字太宗遽令焚之不許傳外

則天　則天初誕之夕雌雉皆雊右手中指有黑毫左旋如黑子引之長尺餘

柳圈　三月三日賜侍臣細柳圈言帶之免蠆毒

禮異

禮下　西漢帝見丞相謁者贊曰皇帝爲丞相起御史大夫見皇帝稱謹謝

北朝昏禮　北朝昏禮青布幔爲屋在門內外謂之青廬于此交拜迎婦夫家領百餘人或十數人隨其奢儉挾車俱呼新婦子催出來至新婦登車乃止聟拜閤日婦家親賓婦女畢集各以杖打聟爲戲樂至有大委頓者 聟說文云卽壻字

天咫

月中有桂　舊言月中有桂有蟾蜍故異書言月桂高五百丈下有一人常斫之樹創隨合人姓吳名剛西河人學仙有過謫令伐樹

玉格

守庚申　五臟九宮十二室四支五體三焦九竅百八十機關三百六十骨節三萬六千神隨其所而居之魂以精爲根魄以目爲戶三魂可拘七魄可制庚申日伏尸言人過本命日天曹計人行

三尸一日三朝上尸青姑伐人眼中尸白姑伐人五臟下尸血姑伐人胃命亦曰玄靈又曰一居人頭中令多思欲好車馬其色黑一居人腹令人好食飲恚怒其色青一居人足令人好色喜煞七守庚申三尸滅三守庚申三尸伏

壺史

玉晈異人　玉晈 晈一曰 先生善于術數未嘗言天寶中偶與客夜中露坐指星月曰時將亂矣爲鄰人所傳時上春秋高頗拘忌其語爲人所奏上令密詔殺之刑者鑿其頸數十方死因破其腦視之腦骨厚一寸八分晈先與達奚侍郎還往及安史平晈忽至達奚家方知異人也

貝編

僧萬　天后時任酷吏羅織位稍隆者日別妻子博陵王崔玄暉位望俱極其母憂之曰汝可一迎萬回此僧寶誌之流可以觀其舉止禍福也及至母垂泣作禮兼施銀匙筯一雙萬回忽下階擲其匙筯于堂上掉臂而去一家謂爲不祥經日令上屋取之匙筯下得書一卷觀之乃讖緯書也遽令焚之數日有司忽即其家大索圖讖不獲得雪時酷吏令盜夜埋蠱遺讖于人家經月告密籍之博陵微萬回則滅族矣

境異

五方之人　東方之人鼻大竅通于目筋力屬焉南方之人口大竅通于耳西方之人面大竅通于鼻北方之人竅通于陰短頸中央之人竅通于口

殃傒偣　帝女子澤性妬有從婢散逐四出無所依託東偶狐狸生子曰殃南交猴有子曰傒北通玃猳所育爲偣

馬留　馬伏波有餘兵十家不返居壽洽縣自相姻婚有二百戶以其流寓號馬留衣食與華同山川移易銅柱入海以此民爲識

耳亦曰馬留

喜兆

蝦蟇見拜相　集賢張希復學士嘗言李揆相公將拜相前一月日將夕有蝦蟇大如牀見于堂中俄失所在

井漲拜相　又言初授新州將拜相井忽漲水纔深尺餘

有物投瓦　鄭絪相公宅在招國坊南門忽有物投瓦礫五六夜不絕乃移于安仁西門宅避之瓦礫又隨而至經久復歸招國鄭公歸心釋門禪室方丈及歸將入丈室蟢子滿室懸絲去地一二尺不知其數其夕瓦礫亦絕翌日拜相

禍兆

枯骸行酒　姜楚公嘗遊禪定寺京兆辦局甚盛及飲酒座上一妓絕色獻盃盤盤（發）未嘗見手衆怪之有客被酒戲曰勿六指乎乃強牽視妓隨牽而倒乃枯骸也姜竟及禍焉

物革

塔影　諮議朱景玄見鮑客（一容）曰說陳司徒在揚州時東市塔影忽倒老人言海影翻則如此

怪術

毒蛇所噬　長壽寺僧晉言他時在衡山村人爲毒蛇所噬須臾而死髮解腫起尺餘其子曰昝老若在何慮遂迎昝至乃以灰圍其屍開四門先曰若從足入則不救矣遂踏步握固久而蛇不至昝大怒乃取飯數升擣蛇形詛之忽蠕動出門有頃飯蛇引一蛇從死者頭入徑吸其瘡屍漸低蛇皰縮而死村人乃活

語錄（語錄一則今本粗組未載）

樺香　處士許畢云樺根爇之如煎香

破蝨錄　一夕堂中會時妓女玉壺忌角炙見之色動因訪諸妓所惡者蓬山忌兒金子忌蝨尤甚坐客乃竟徵蝨挐以擾之予戲摭其事作破蝨錄

醋心　李君鄠言嘗見栽植經三卷言木有病醋心者

酒食

三𥟖之蟲　伊尹干湯言天子可具叁𥟖之蟲謂水居者腥肉攫者臊草食者羶也

醫

鷰醫　盧城之東有扁鵲冢云魏時針藥之士以卮腊禱之所謂盧醫也

黥

婦人印面　今婦人面飾用花子起自昭容上官氏所製以掩黥迹大曆已前士大夫妻妾多妬悍者婢妾小不如意輒印面故有月黥錢黥

習水鏤身　越人習水必鏤身以避蛟龍之患今南中繡面狫子蓋雕題之遺俗也

雷

油瓮梁上　元稹在江夏襄州賈塹有莊新起堂上梁纔畢疾風甚雨時莊客輸油六七瓮忽雷震一聲油瓮悉列于梁上一滴不漏其年元卒

夢

愚者少夢　李鉉著李子正辨言至精之夢則夢中身人可見如劉幽求見妻夢中身也則知夢不可以一事推矣愚者少夢不獨至人問（一作間）之騶皁百夕無一夢也

事感

濟水之魚　平原高苑城東有漁津傳云魏末平原潘府君字惠延自白馬登舟之部手中筭囊遂墜於水囊中本有鍾乳一兩在郡三年濟水泛溢得一魚長三丈廣五尺刳其腹中得墜水之囊

金針尙在鍾乳消盡其魚得脂數十斛時人異之

盜俠

盜跖冢　高堂縣南有鮮卑城舊傳鮮卑聘燕停于此矣城傍有盜跖冢極高大賊盜嘗私祈禱齊天保初土鼓縣令丁永興有羣賊刦其部內興乃密令人冢傍伺之果有祈祀者乃執詣縣案殺之自後祀者頗絕

弄閣　或言刺客飛天夜叉術也韓晉公在浙西時瓦棺寺商人設無遮齋衆中有一年少請弄閣乃投蓋而上單練𦂝履膜皮猿掛鳥跂捷若神鬼復建罌水于結脊下先溜至簷空一足歆身承其溜焉觀者無不毛戴

物異

碑　潁陽碑魏曹丕受禪處後六字生金司馬氏金行明六世遷魏也

梨　洛陽報德寺梨重六斤

雨木　貞元四年雨木于陳留大如指長寸許每木有孔通中所下其立如植徧十餘里

廣知

五月上屋　俗諱五月上屋言五月人蛻上屋見影魂當去

辱金　金曾經在丘及爲釵釧溲器陶隱居謂之辱金不可合鍊

鬵釜不沸　鬵釜不沸者有物如豚居之去之無也

灶溼潤　灶無故自溼潤者赤蝦蟇名鈎注居之去之則止

諸氣　山氣多男澤氣多女水氣多瘖風氣多聾木氣多傴石氣多力險阻氣多癭暑氣多疾雲氣多壽谷氣多痺丘氣多尫衍氣多仁陵氣多貪

太淸外術　隱訣言太淸外術　生人髮掛菓樹烏鳥不敢食其實　莎衣結治蠼螋瘡　井口邊草止小兒夜啼著母臥薦下勿令知之　舡底苔療天行　寡婦藁薦草節去小兒霍亂　自縊死繩主顚狂　孝子衿灰傅面皯　砧垢能蝕人履底　蝌腹下有毛殺人　蛇以桑柴燒之則見足出　酒漿無影者不可飲

頗黎千歲冰所化也　琉璃瑪瑙先以自然灰煮令軟可以雕刻自然灰生南海　瑪瑙鬼血所化也

金剛神像　都下佛寺往往有神像鳥雀不汙者鳳翔山人張盈善飛化甲子言或有佛寺金剛鳥不集者非其靈驗也蓋由取水土處及塑像時偶與日辰王相相符也

語資

石　舜祠東有大石廣三丈許鑿不醉不歸四字于其上公曰此非遺德令鑿去之

天子兄弟醉樂　玄宗常伺察諸王寧王常夏仲揮汗鞔鼓所讀書乃龜茲樂譜也上知之喜曰天子兄子當極醉樂耳

冥跡

鬼怪　魏韋英卒妻梁氏嫁向子集嫁日英歸至庭呼曰阿梁卿忘我耶子集驚張弓射之卽變爲桃人茅馬

尸穸

梓棺　南陽縣民蘇調女死三年自開棺還家言夫將軍事赤小豆黃豆死有持此二豆一石者無復作苦又言可用梓木爲棺

諸皐記

東王公　東王公諱倪字君明天下未有人民時秩二萬六千石佩雜色綬綬長六丈六尺從女九千以丁亥日死

西王母　西王母姓楊氏諱回治崑崙西北隅以丁丑日死一曰婉妗

竈神　竈神名隗狀如美女又姓張名單字子郭夫人字卿忌有六女皆名察（一作登）治專錄人罪狀大者奪紀紀三百日小者奪筭

筭一百日故爲天帝督使下爲地精巳丑日日出卯時上天禺中下行署此日祭得福其屬神有天帝孫天帝大夫天帝都尉天帝長兄硎上童子突上紫官君太和君玉池夫人等一曰竈神名壤子也

山蕭　山蕭一名山臊神異經作㺐一曰㺐永嘉郡記作山魅一名山駱一名蛟一曰蛟一名濯肉一名暉一名飛龍如鳩靑色亦曰治烏巢大如五斗器飾以土堊赤白相間狀如射侯犯者能役虎害人燒人廬舍俗言山魈

廣動植

鵲上梁　鵲巢中必有梁崔圓相公妻在家時與姊妹戲于後園見二鵲構巢共銜一木如筆管長尺餘安巢中衆悉不見俗言見鵲上梁必貴

杜鵑　杜鵑始陽相催而鳴先鳴者吐血死嘗有人山行見一羣寂然聊學其聲卽死初鳴先聽其聲者主離別廁上聽其聲不祥厭之法爲犬聲應之

一木五香　一木五香根旃檀節沉香花雞舌葉藿膠薰陸

酉陽雜俎續集十卷　唐段成式

支諾臯

妖物食兒　貞元中望苑驛西有百姓王申手植楡于路傍成林構茅屋數椽夏月嘗饋漿水于行人官者卽延憩具茗有兒年十三每令伺客忽一日白其父路有女子求水因命呼入女少年衣碧襦白幅巾自言家在此南十餘里夫死無兒今服禫矣將馬嵬訪親情丐衣食言語明悟舉止可愛王申乃留飯之謂曰今日暮夜可宿此達明去也女亦欣然從之其妻遂納之後堂呼之爲妹倩其成衣數事自午至戌悉辦針綴細密殆非人工王申大驚異妻尤愛之乃戲曰妹既無極親能爲我家作新婦子乎女笑曰身

既無託願執爨井竈王申卽日賃衣貰禮爲新婦其夕暑熱戒其夫近多盜不可開門舉椽捍而寢及半夜王申妻夢其子披髮訴曰被食將盡矣驚欲省其子王申怒之老人得新婦喜極囈言耶妻還睡復夢如初申與妻燬炗呼其子及新婦悉不復應啓其戶戶牢如鍵乃壞門闔纔開有物圓目鑿齒體如藍色沖人而去其子惟餘腦骨及髮而已

貶誤

露筋驛　相傳江淮間有驛俗呼露筋嘗有一人醉止其處一夕白鳥蛄嘬血滴筋露而死據江德藻聘北道記云自邵伯埭三十六里至鹿筋梁先有邏此處足白鳥故老云有鹿過此一夕爲蚊所食至曉見筋因而爲名

挽歌　世說挽歌起于田横爲横死從者不敢大哭爲歌以寄哀也摯虞初禮議挽歌出于漢武帝役人勞懼善歌聲哀楚遂以送終非古制也工部郎中嚴厚本云挽歌其來久矣據左氏傳公會吳子伐齊將戰公孫夏命其徒歌虞殯示必死也予近讀莊子曰紼謳以所生必于斥苦司馬彪註云紼讀曰拂引柩索也謳挽歌斥疏緩也苦急促也言引紼謳者爲人用力也

寺塔記

東禪院亦曰木塔院院門北西廊五壁吳道玄弟子釋恩道畫釋梵八部不施彩色尚有典型

光明寺中鬼子母及文惠太子塑像舉止態度如生工名李岫

常樂坊趙景公寺隋開皇三年置本曰弘善寺十八年改焉南中三門裏東壁上吳道玄白畫地獄筆力勁怒變狀陰怪覩之不覺毛戴吳畫中得意處

三階院西廊下范長壽畫西方變及十六對事寶池池中龍妙絕諦視之覺水入深壁院門上白畫樹石頗似閻立德予擴立德行

天祠粉本驗之無異
西中三門內門南吳生畫龍及刷天王鬚筆跡如鐵有執爐天女竊眸欲語
大同坊靈華寺觀音堂中構大坊爲壁設色煥縟本邵武宗畫不知何以稱聖畫
道政坊寶應寺韓幹藍田人少時嘗爲貰酒家送酒王右丞兄弟未遇忽一貰酒漫遊幹嘗徵債于王家戲畫地爲人馬右丞精思丹靑奇其意趣乃歲與錢二萬令幹畫十餘年今寺中釋梵天女悉齊公妓小小等寫眞也寺中有幹畫下生幀彌勒衣紫袈裟右邊仰面菩薩及二獅子尤入神
曼殊院東廊大曆中畫人陳子昂畫廷下象馬人物一時之妙也及簷前額上有相觀法法擬韓混同西廊壁有劉整畫雙松亦不循常轍

平康坊菩提寺佛殿東西障日及諸柱上圖畫是東廊跡舊鄭法士畫開元中因屋壞移入大佛殿內槽北壁
食堂東壁上吳道玄畫智度論色偈變揭吳自題筆跡遒勁如磔鬼神毛髮次堵畫禮骨仙人天衣飛揚滿殿風動
佛殿內槽後壁面吳道玄畫消災經事樹石古險
佛殿內槽東壁維摩變舍利弗角而轉睞
故興元鄭公尚書題北壁僧院詩曰但慮彩色汚無虞臂胛肥盈
寺碑陰雕飾奇巧相傳法士所起樣也初會覺上人以施利起宅十餘畝工畢釀酒百石列缾瓮于兩廡下引吳道玄觀之因謂曰檀越爲我畫以是賞之吳生嗜酒且利其多欣然而許予以蹤跡似不及景公寺畫中三門內東間塑神善繼云是吳生弟子王耐兒之工也
普賢堂本天后梳洗堂中尉遲畫頗有奇處四壁畫像及脫皮白骨匠意極險又變形三魔女身若出壁又佛圓光均彩相錯亂目
宣陽坊靜域寺本太穆皇后宅禪院門內外遊目記云王昭隱畫門西裏面和修吉龍王有靈門內之西火目藥叉及北方天王甚奇猛門東裏面賢門夜叉部落鬼首上蟠蛇汗烟可懼西廊萬菩菩院門裏南壁皇甫軫畫鬼神及雕形勢若脫軫與吳道玄同時吳以其藝逼已募人殺之
萬菩薩堂三門外畫亦是皇甫軫跡也
睿宗聖容院門外鬼神數壁自內移來畫跡甚奇鬼所執野雞似覺毛起庫院鬼子母貞元中李眞畫往往得長史規矩把鏡者尤工
崇聖坊資聖寺淨土院門外相傳吳生一夕秉燭醉畫就中戟手視之惡駭院門裏盧楞伽畫盧常學吳勢吳亦授以手訣乃畫總持三門寺方半吳大賞之曰楞伽不得心訣用思太苦其能久乎

畫畢而卒中門窗間吳畫高僧中三門外兩面上層不知何人畫人物頗類閻令寺中西廊北隅楊坦畫近塔天女明睇將瞬
團塔院北堂有鐵觀音高三丈餘觀音院兩廊四十二賢聖韓畫
團塔上菩薩李眞畫四面花鳥邊鸞畫

金經鳩異

大曆中太原偷馬賊誣一王孝廉同情拷掠旬日苦極强首獄吏疑其冤未卽具獄其人唯念金剛經其聲哀切晝夜不息忽一日有竹兩節墜獄中轉至于前它爭取之獄卒意藏刀破視內有兩行字云法尙應捨何況非法書跡甚工賊首悲悔具承以匿（一曰[illegible]）嫌誣之

支動

蝨身一半已下鱗盡逆　章舉每月三八則多
蝦姑狀若蜈蚣管蝦

支植

紫薇北人呼爲猴郎達樹謂其無皮猿不能捷也北地其樹絕大有環數圍者

洛中鬻花木者言嵩山深處有碧花玫瑰

吳曾能改齋漫錄云按姚寬西溪叢語云段成式酉陽雜俎有諸皐記又有支諸皐意義難解春秋左氏傳襄公八年秋齊侯伐我北鄙中行獻子將伐齊夢與厲公訟弗勝公以戈擊之首墜于前跪而戴之奉以走見梗陽之巫皐他日見于道與之言同巫曰今若有事于東方則可以逞獻子許諾疑此事也晁伯宇談助云靈奇祕要辟兵法正月上寅日禹步取寄生木三呪曰諸皐敢告日月震雷令人無敵見我我爲大帝使者乃斷取五寸陰乾百日爲簪二七循頭乃還著巾中人不得見晁説非也以上皆叢語予以叢語未盡得之盖段氏所載皆鬼神事雖獻子所夢有巫名皐而

獻子諾之是信皐所言之意亦似可證然葛洪抱朴子内篇載遁甲中經曰往山林中當以左手取青龍上草折半置逢星下歷明堂入太陰中禹步而行三呪曰諸皐太陰將軍獨開曾孫某甲勿開外人使人見甲者以爲束薪不見甲者以爲非人則折所持之草置地上左手取土以傅鼻人中右手持草自蔽左手著前禹步而行到六癸下閉氣而住人鬼不能見也以是知諸皐乃太陰之名太陰者乃隱神之神晁氏不無所本二皆可取今發明于此吳曾

緗古叢編　十卷

藕花十丈　韓昌黎古意詩太華峯頭玉井蓮開花十丈藕如舡始意退之自爲豪偉之辭後見眞人關令尹喜傳老子眞人遊時各坐蓮花之上花輒徑十丈有返生香靈蓮香聞三千里又北齊修文御覽有反生香一門專載此事諸家集注韓詩皆遺而不收特表出之

詅癡符　胡氏漁隱叢話論楊湜古今詞話中多臆説乃撥宋子京江左有文拙而好刻石謂之詅嗤符今湜之言俚甚而鋟板行世殆類是也予按宋景文題三泉龍洞詩利田漕爲刻石本寄公公答書有江左有文拙而好刊石謂嗤詅符非此謂乎予窮其原乃出于顏之推家訓有云吾見世人至無才思自謂淸華流布醜拙亦以衆矣江南號爲詅癡符然三書二作詅嗤一作嗤詅要以顏氏詅癡爲正大抵論其文藻歆皺矜伐自鬻亦不專爲刻石質之集韻詅音力正切誶賣也豈非癡自衒鬻之意

金錯刀　金錯刀名一而義二錢一也刀一也食貨志王莽更造大錢又造錯刀以黃金錯其文曰一刀直五千此錢也續漢書輿服志佩刀乘黃金通身雕錯諸侯黃金錯環東觀漢書記賜鄧通金錯刀此刀也文選張平子四愁詩美人贈我金錯刀何以報之

英瓊瑤杜詩云金錯囊徒罄銀壺酒易賒韓詩云聞道松醪賤何須恡錯刀及梅聖俞詩云爾持金錯刀不入鵝眼貫若此則指爲錢矣孟浩然詩曰美人贈金錯纖手膾紅鮮錢昭度詩荷揮萬朵玉如意蟬弄一聲金錯刀若此則指爲刀矣詩家用之不同故分白之

騷篇取九　楚辭多以九爲義屈原曰九章九歌宋玉曰九辯王褒曰九環劉向曰九嘆是也後人繼之者又有如曹植之九愁九詠陸雲之九恐前後祖述必用九者王逸九辨謂九者陽之數道之紀綱也五臣文選註亦云九者陽數之極自謂否極取爲歌名也二家之説如此予按山海經曰夏后開上三嬪于天（昔獻美人于天帝也）得九辨與九歌以下郭景純註引歸藏開筮曰昔彼九冥是爲帝辨同宮之序是爲九歌放此則九歌九辨皆天帝樂名夏初得之屈原宋玉取諸此也況屈宋辭多摘山海經之事迹乎詩亡而後騷

作騷亦詩樂之餘派樂至九而成故周禮九德之歌九韶之舞奏于宗廟之中樂必九變而可成所以取於九者黃鐘在子太玄以謂子數九得非黃鐘爲五音之宮歟然屈原而下寫辭規諫寓諸樂章將以感神之心而感人意切矣夏后開即啓元漢之時並避景帝諱

玉堂　昔人論玉堂乃前漢殿名至其後也翰苑則名玉堂之署又其後也避諱直曰玉堂是以殿名榜直廬矣予考玉堂之法不止漢殿也楚人蘭臺之宮亦有玉堂宋玉風賦倘佯乎中庭北上玉堂東漢文翁講授之室亦名玉堂華陽國志曰翁立講堂下作石室一曰玉堂成部志曰石室云者意其爲司馬遷傳石室金匱之類並石室者參藏圖籍之所天上神仙壁記之地亦名玉堂三洞珠囊曰謝自然于金山仙去其金泉碑云天上有白玉壁上列高仙之名如人間壁記時有朱書註其下曰降世爲某官名山仙人所居之地亦有玉堂左太沖吳都賦曰玉堂對霤石室相距珠綽天台山賦曰珠網玲瓏于林間玉堂陸離于高隅至于唐人梅詩有云白玉堂前一樹梅今朝忽見數株開兒家門戶重重閉春色因何得入來此白玉堂則如古樂府君家誠易知易知復難忘黃金爲君門白玉爲君堂堂上羅尊酒使作邯鄲倡非翰苑之玉堂矣然則玉堂之名不始于漢不專于殿云

器勒　禮記月令命工師効功陳祭器物勒工名以效其誠器必著名正爲祭器設晉令曰欲作漆器賣者各先移主吏者各乃得作家當淳漆著布器成以朱題年月姓名則知至今鬻髹器者以朱識于底自晉然也

堯韭　周益公校正文苑英華序云以堯韭對舜華非本艸註安知其爲菖蒲按梁元帝玄覽賦曰金鹽玉豉堯韭舜華論此也予讀他書亦有用者如類聚載梁太子賚河南菜啓則云堯韭未儔姬歜非喩又以堯韭對姬歜矣固曰堯韭于本草而不知所以名之之義後見典術曰聖人之功濟天下者堯也天心降精于庭爲韭感百陰爲菖蒲爲今菖蒲是也

無恙無它　古人稱無恙無它義各不同自應劭風俗通以恙爲

噬蟲能食人心然爾雅說文皆以憂釋之昔有辨爲非蟲者今不贅數嘗讀顏魯公集有湖州烏程妙喜寺碑云昔吳興太守何皆釣臺西北五十步至避它城說文云它蛇也上古患它而相問得無它乎蓋古人築城避它也如此則無恙可以爲虛字無它則不可爲虛字也

石敢當　西漢史游急就章云石敢當顏師古註曰衛有石蜡石買石惡鄭有石制皆爲石氏周有石速齊有石之紛如其後以命石敢當所向無敵也予因悟民之廬舍衢陌直衝必設石人或植片石題鐫曰石敢當以寓厭禳之旨亦有本也

高春　淮南子曰經于泉隅是謂高春頓于燭石是謂下春故梁元帝游後園詩斜景落高春又納涼詩高春斜日下唐薛能詩隔溪遙見夕陽春皆本淮南子也已上吳氏漫錄云予按高春二字古人用者多矣今附益之南史陳本紀云求衣昧旦仄食高春王僧孺表致仕高春之景一斜不周之風忽至唐駱賓王露布破揚處賊既而照盡高春雲昏一夜柳子厚詩越絕孤城千萬峰空齋不語坐高春李義山詩碧虛隨轉笠紅燭近高春皆以日景爲言也訂之註釋未暝時上象先春曰高春欲暝時下悉象春日下春豈晚日近昏之候乎

讀山海經　山海經漢劉歆典校爲十八篇謂出唐虞之際禹平洪水伯翳主驅禽獸命山川類艸木及禹任土作貢而益籌類物善惡者著山海經也至晉郭璞註序亦云夏后之迹靡列于將來八荒之事有開于後裔亦爲禹初書矣及淳熙庚子尤遂初文昌定刊于池陽其跋略云山海夏禹爲之非也其間或援啓及有窮后羿之事漢儒或謂翳爲之非也然屈原離騷經多摘取狄山也則言帝堯葬于陽帝嚳葬于陽且繼以文王皆葬其所說夏耕之尸也則曰湯伐夏桀于章山克之其論相顧之尸也則曰伯夷父

生四岳先生龍按此三事則不止及夏啓后羿而已是周初亦嘗及之人定爲先秦書信矣大抵如穆天子傳如竹書紀年多荒怪不經之事皆此類也

艇齋詩話 一卷

宋曾李經 字裘甫南豐人

題甲子　陶淵明詩自宋義熙以後皆題甲子此說始于五臣註文選云爾後世遂因仍其說治平中有虎丘僧思悅者編淵明集獨辨其說曰淵明之詩題甲子者始庚子迄丙辰凡十七年間九首皆晉安帝時所作及恭帝元熙二年庚申歲宋始受禪自庚子至庚申蓋二十年豈有宋未受禪前二十年恥事二姓而題甲子之理哉思悅之言信而有證矣

東坡于韋柳楊有德　前人論詩初不知有韋蘇州柳子厚論字亦不知有楊凝式二者至東坡而後發此祕遂以韋柳配淵明凝式配顔魯公東坡眞有德于三子也

天馬之子　老杜吾聞天子之馬走千里當作天馬之子

攤錢　老杜白晝攤錢高浪中攤錢今攤賭也見後漢梁冀傳

口號　東坡海外上梁文口號曰爲報先生春睡美道人輕打五更鐘章子厚見之遂再貶儋耳以爲安穩故再遷之

結字　韓文石鼎聯句云長結喉中作楚語結字斷句結音髻西漢髻字皆作結字寫退之正用此也今人讀作結喉非也東坡云長頸高結喉蓋承誤也

東海釣客　韋蘇州集載秦系詩自稱東海釣客少遊作啓事嘗用之蓋秦氏事也

身訓我　東坡詩云公自主人身是客舉觴登望得無愁用樂天心是主人身是客又身是字本語身猶言我也如張飛自言身是張益德可共來決死及宋彭城王義眞自關中歸謂段宏曰身在此刎身頭以南使家公望絶謝倫云身家大傳若此類甚多皆以身爲我也韓子蒼詩云身今老病役炎瘴最憶冰盤貯蔗漿亦用身字

碧溪詩話

宋黃徹 字常明碧溪人

李杜不可齊名　世俗誇太白賜床調羹爲榮力士脫靴爲勇愚觀唐玄宗渠渠于白豈眞樂道下賢者哉其意急得艶詞媟語以悅婦人耳白之論撰亦不過爲玉樓金殿鴛鴦翡翠等語社稷蒼生何賴就使滑稽傲世然東方生不忘納諫況黃屋既爲之屈乎說者以謀謨潛密歷考全集愛國憂民之心如子美語一何鮮也力士閹闥腐庸惟恐不當人主意挾主勢驅之何所不可脫靴乃其職也自退之爲蚍蜉撼大樹之喻遂使後學吞聲予竊謂如論其文章豪眞一代偉人如論其心術事業可施廊廟李杜齊名眞忝竊也

淵明心存憂民乎　淵明非畏枯槁其所以嘆時化推遷者蓋傷時之急于聲利也非畏亂離其所以愁憤于干戈盜賊者蓋以王室元元爲懷也

俗士何以識之

友于貽厥　史傳襲稱兄弟爲友于故淵明詩云再喜見友于子美云友于皆挺拔又山鳥山花吾友于南史到晝從武帝登北固樓賦詩晝受詔便就上以示其祖溉云晝定是才子翻恐卿從來文章假手于晝後每和御詩上輒手詔戲溉曰得無貽厥之力乎退之玉川詩云誰爲貽厥無基址二事正可對也

蟹略 四卷

宋高似孫

郭索傳　太玄經銳之初一日蟹之郭索後蚓黃泉測曰蟹之郭索心不一也范明叔曰郭索多足貌司馬溫公云荀子曰蚓無爪牙之利筋骨之強下飲黃泉用心一也蟹六跪而二螯用心躁也劉貢父蟹詩後蚓知不足杜詩草泥行郭索雲木叫鉤輈陸龜蒙詩自有揚雄知郭索且非何胤歎蟹蟹黃太史詩朝泥看郭索暮鼎調鹹辛又詩黃泥本自行郭索玉人爲開桃李願毛友詩沙頭郭索來橫行登料身歸五湖煮陸放翁詩未嘗輸鳴喚兒敢烹郭索曾裘父詩知自不知隨爾汝能令郭宋劉穆前詠寮詩硯澀春鋤雨爐畏郭索泥

郭索字介夫　皮日休龍潭詩左右擁介臣從橫守麟卒介臣麟卒四字大奇故曰介夫李方叔作趙德麟德錫堂叢品其一曰氏謝清畫三界朝元圖下有水神來朝無間揺一蟹足以文其滑稽因此觀者必一笑云　系生于吳今吳越江淮間孳種

尤盛而在松陵者嘗聞者雋秀特傑有聲名蓋孕氣儲精上應辰次而羲翁之甞義取諸離至漢揚雄氏艸太玄經獨推稱之性耿介不受擾觸外甚剛果若奮矛甲內實柔美殊無他腸人皆愛之稱其爲無腸公子歲至西風高霜深月峭佳穀登實之秋更甚得志至采雙穗執以朝其宗是爲智且義者至若風味開爽如老于騷者而世欲樂而食之不亦愚且昧乎惟畢茂世與之狎最爲相知者陸龜蒙黃太史更能知其可嘉相與擊節于酒杯筆硯中其他騷人墨客固多推尙未有如二三公之心相知著他支不一曰蚌曰蟳往往過美如樂于甘佚而略不通騷者又有蜞蜎蟚皆錄錄么陋幾草茅婁人不足道矣惟介夫有稜韻有風尙庶幾于直而溫寬而栗亦一代之雄天下之奇乎贊曰畢茂世有云右手持蟹螯左手持酒杯拍浮酒池中豈不了一生乎（晉春秋曰畢卓字茂世云云）郭子曰一手持蟹螯一手持酒杯拍浮酒池中可了一生哉

蟹原

易說卦曰離爲蟹孔穎達曰取其剛在外

禮記月令曰季秋行冬令介蟲爲妖註曰後漢五行志曰丑爲蟹

月令章句曰介者甲也蟹之屬

大戴禮曰甲蟲三百六十神龜爲之長蟹亦甲蟲之壹

廣雅曰蟹蛫（音危）也雄曰蜋螘其雌曰博帶玉篇作蜋

蟹象

匡 箱 甲 殼 斗 膏 臍 二螯 爪 目 無腸 心

躁 香 沫 肥 性味 風味 仄行 走 朝魁 治瘵

治瘧 食忌 毒

蟹鄉

蟹澤 蟹浦 蟹洲 蟹浪 蟹穴 蟹窟 蟹舍

蟹具

蟹斷 蟹簾 蟹扈 蟹籪 蟹簻 蟹網 蟹釣 蟹火 蟹戶

蟹品

洛蟹 吳蟹 越蟹 楚蟹 淮蟹 江蟹 湖蟹 溪蟹 潭蟹 渚蟹 泖蟹 水中蟹 石蟹 潮蟹 新蟹 早蟹 老蟹 螃蟹 毛蟹 活蟹 春蟹 夏蟹 秋蟹 霜蟹 稻蟹 樂蟹（吳人以稻秋蟹食既足腹芒朝江爲樂蟹也） 冬蟹 燈蟹 大蟹 尺蟹 斤蟹

簡蟹 子蟹 紫蟹 健蟹 生蟹 魚蟹 蝦蟹

蟹占

蟹宮 蟹日 蟹災 蟹食 蟹漆 蟹鼠 蟹亂

蟹貢

獻蟹 供蟹 貢蟹 登蟹 禁蟹 取蟹 孝蟹 遺蟹 持蟹 買蟹 烹蟹 煮蟹 熟蟹 斫蟹 送蟹 把蟹 擘蟹

啖蟹 食蟹

蟹饌

蟹生（洗手蟹酒蟹） 蟹醑（醬蟹） 蟹鮓 蟹羹 糟蟹 糖蟹 蟹齏

蟹黃 蟹饆饠 蟹包 蟹飯

蟹牒

蟛蜞 蟳 彭蜞 彭蜎 擁劍 桀步 江蜥 蠘 蚢 蝦

（捺枕切） 蝤蛑（方布切布其切） 蟟（沙水切） 海蟹（紅蟹紅蟹） 赤蟹（白蟹及蟹） 江蟹

沙蟹 水蟹 彪蟹 石蟹

蟹雜

蟹圖 蟹琴聲 蟹眼茶湯 蟹杯（已上諸類各有典故若欲其詳考諸全集）

蟹志

陸龜蒙蟹志云蟹水族之微者其爲蟲也有籍見于禮經載于國語揚雄太玄辭爲春秋勸學等篇考于易象爲介類與龜與鱉剛

其外者背乾之屬也周公所謂旁行者歟參于藥錄食疏蔓延乎小說其志則未聞也唯左氏記其爲災子雲譏其躁以爲郭索後蚓而已蟹始窟穴于沮洳中秋冬交必大出江東人云稻之登也率執一穗以朝其魁然後縱其所之也蚤夜觱沸指江而奔漁者緯蕭承其流而障之曰蟹斷（音斷）斷其入江之道焉爾然後扳援越軼遯而去者十六七既入于江則形質寖大于舊自江復趨于海如江之狀漁者又斷而求之其越軼遯去者又加多焉既入于海形質益大海人亦異其稱謂矣嗚呼執穗而朝其魁不近于義邪捨沮洳而之江海自微而務著不近于智邪今之學者始得百家小說而不知孟軻荀揚氏之道或知之又不汲汲于聖人之言求大中之要何也百家小說沮洳也孟軻荀揚氏聖人之瀆也六籍者聖人之海也苟不能捨沮洳而求瀆由瀆以至于海是人之知反出于水蟲下能不悲夫吾是以志其蟹

蟹賦

松江蟹舍賦（似孫）　蟹寄魯望（皮日休）　襲美寄蟹（陸龜蒙）　客惠吳蟹（宋郊）　吳正仲遺活蟹（梅堯臣）　釣蟹（同上）　食蟹（黃魯直）　謝何十三送蟹（同上）　借答送蟹韻戲小何（同上）　代二螯解嘲（同上）　又借前韻（同上）　鄂渚絕無蟹（同上）　食蟹（張耒）　寄文剛求蟹（同上）　次韻送糟蟹（王遘）　唐判官寄螃蟹（毛友）　食蟹（韓駒）　謝送糖蟹（同上）　食蟹（陸放翁）　食蟹（李彌老）　詠蟹（陳與義）　糟蟹（曾幾）　錢仲修餉新蟹（同上）　趙嘉父致松江蟹　以下十三篇（似孫）

雲南志略（四卷 附錄 抄）

元李京（字景山 河間人）

雲南總敘

（雲南通中國史）雲南上世無可稽考按華陽國志楚威王遣莊蹻畧地巴黔伐夜郎植牂牁西至滇池會秦奪楚黔中地不得歸遂留王滇池雲南通中國自此始漢武帝開僰道通西南夷元狩元年使呂越人等求身毒國至滇滇王留使者四歲使者還言滇大國滇今中慶是也元鼎五年發巴蜀罪人及八校尉兵伐之南人震恐請置吏遂立越嶲郡後諷滇王入朝不聽元封二年發巴蜀兵征之滇王降以滇爲益州地節二年復叛以金城司馬陳立爲牂牁太守平之明帝永平元年諸部悉反以安漢張翕討之渡瀾滄江置永昌郡以廣漢鄭純爲永昌太守元初四年越嶲反諸部皆應之詔益州刺史張喬討之叛酋封离等詣喬陳叛亂之由乞降喬厚加慰納奏長吏奸猾侵犯蠻夷者九十餘人皆斬之三十六部聞之悉來內附蜀建興三年諸葛亮征南閩孟獲爲夷漢所服募生致之凡七縱七擒獲曰公天威也南人不復反矣諸部悉平亮即其渠帥而用之或以諫亮亮曰若留外部人則當留兵留兵則糧加以夷新傷破父兄死喪留外人而無兵必成禍患今吾欲不留兵不運糧紀綱粗定夷漢粗安于是悉收豪傑以爲官屬出其金銀丹漆牛馬以給軍國之用終亮之世夷不復反晉武帝以天水李毅爲南蠻校尉統五十八部毅卒寧州夷叛救援者未至毅女秀明達有父風衆推秀領寧州事嬰城固守城中糧盡掘鼠而食伺夷稍怠輒出擊之終得保完

（爨人之名始初）晉武帝時以爨深爲興古太守今曲靖也今有廟在晉寧州爨人之名始此齊永平中以陳顯達爲益州都督顯達一目夷人慢之顯達遣使責其租稅獠帥曰兩目刺史尙不能調況一目耶遂殺其使顯達分遣將帥聲言出獵夜往襲之無少長盡殺之蠻夷震服梁帝大同三年武陵王紀都督益州先是蜀亂建寧越嶲之地累朝不能有至紀開越嶲通建寧貢獻方物十倍前人以爨爲寧州刺史隋開皇中以史萬歲南征蠻夷皆降師還復叛蜀王秀奏萬歲貪賂致生邊患萬歲以罪廢乃以梁毗爲西寧州刺史諸酋相率以金遺毗毗置金座側對之慟哭曰此物飢不可食寒不可衣汝等以此相殘何爲今將此來要殺我耶一無所取蠻酋

大悅唐武德元年以爨弘達爲昆州刺史開元中以鬼主爨歸王
爲寧州都督
雲南建國冊王始此初蠻酋張氏名仁果時當漢末居蒙舍川在諸部之南故
曰南詔詔漢語國君也傳三十三王至樂進求爲蒙氏所滅蒙氏
名細奴羅城蒙舍之龍于圖而都之國號大象自稱奇王雲南建
國稱王始此唐貞觀三年也在位二十一年子羅晟立是爲興宗
王始用三軍景雲元年御史李知古請兵伐南詔南詔臣服知古
增置郡縣而重賦之諸部皆叛殺知古以其尸祭天羅晟在位三
十七年子晟羅皮立是爲太宗王始得意于六詔蒙氏居蒙舍川
號蒙舍詔施望欠據石和城號施浪詔豐咩鄧賧川號鄧賧詔豐
時據浪穹號浪穹詔波衝據越析川號末些詔輔源羅據越嶲號
蒙嶲詔是謂六詔開元二年遣其相張建成入朝玄宗厚禮之賜
浮屠像雲南始有佛書在位三十七年子皮羅閣立賂節度使王

昱求合六詔朝廷從之封大酋帥越國公雲南王賜名歸義盡有
雲南之地自是以後不可復制在位五年禪其子閣羅鳳是爲武
王改元建鍾雲南改元始此閣羅鳳妻女嘗謁都督張處陀處陀
皆通之且多求乞閣羅鳳不勝其忿遂發兵反攻陷姚州殺處陀
唐以劍南節度使鮮于仲通將兵八萬討之蒙使行成勿許及戰
仲通大敗僅以身免閣羅鳳乃結之吐蕃刻石于龍尾關明其不
得已叛唐之意天寶十三載劍南留後李宓將兵七萬致討閣羅
鳳誘之全軍以沒唐益發兵竟不克前後死者二十餘萬人在位
二十年禪其子鳳伽異自號主父居太和城鳳伽異立是爲孝桓
王改元建龍制清平官已下十司給服祿徙都苴咩城封點蒼山
爲中岳遣烏蠻鬼主夢衝苴來朝復臣于唐與劍南節度使韋皋
連兵討吐蕃大破之取鐵橋等一十五城在位三十年子尋閣券
立是爲孝惠王改元應道在位二年子券龍晟立是爲幽王改元

龍興淫虐不道弄棟節度使蒙苴顛弒之在位五年弟券利立是
爲靖王改元全義在位八年弟券豐佑立是爲成昭王改元保和
又改天啓唐太和三年蠻有學書子弟在成都得蜀之虛實遣清
平官蒙苴顛大入寇取邛戎嶲三州遂入成都掠子女百工數萬
人南歸在位三十六年子世隆立始僭帝號改元建極遣清平官
董成入朝于唐受敵國禮而還九年遣楊酋慶歸所俘三千人唐
殺酋慶十年世隆自將侵蜀遂破成都自是大渡河以南盡屬蒙
矣在位十八年殂于越嶲謚景莊子法堯立改元貞明變昆崙女
失道豎人楊定趙登弒之在位二十年子舜化立改元中興在位
三年布爕鄭買嗣篡之國滅蒙氏自細奴羅至舜化共十三主合
二百四十七年即唐光口二年也買嗣唐西瀘令鄭回之後閣羅
鳳陷嶲州得回以清平官遷侍中至買嗣漸盛竟至于篡買嗣易
名杲國號大長和改元安國在位九年子仁旻立凡五改元曰孝

治天瑞安和貞佑初立在位十八年侍中趙善政篡之善政立國
號興元改元應天歷二年劍川節度使楊于貞殺之于貞國號義
寧改元曰光聖曰皇興曰大明曰鼎新曰建國凡九年通海節度
使段思平滅之時晉天福三年思平蒙清平官忠國六世孫布燮
保隆之子國號大理改元文德都苴咩城在位八年號太祖先帝
宋太祖建隆三年王全斌克蜀欲因取雲南太祖止之曰德化所
及蠻夷自服何在用兵于是開邊之釁息矣子思英立改元文經
在位一年遜位爲僧思平母弟與胄立改元主治在位五年殂謚
文武先皇子思聰立改元明德又改廣平聖德在位十七年子乘
英立改元曰廣明白明應明聖治明統在位二十五年子乘廉立
改元明啓在位十三年乘英之孫乘隆立改元明通在位五年遜
位爲僧乘廉之子乘眞立改元正治在位十六年乘英孫乘興立
改元聖明在位三年思平五世孫思廉立改元曰保安太安正安

正德保德在位三十年子廉義立改元上德在位七年遇弑思平
五世孫暉壽立改元上明在位一年思廉之孫政明立改元保定
建安天祐在位十六年遜位于鄯闡岳牧高泰昇泰昇改元上治
國號大中歷二年殂子孫不敢繼復歸段氏政明之子政淳立改
元天授明開大政文安在位十三年子政嚴立改元日新文治永
嘉天保廣運在位四十年子政興立改元永貞天寶龍興盛明建
德在位二十六年子政智立改元利貞盛德嘉會元亨安定在位
二十九年子智廉立改元鳳曆元壽在位六年子智祥立改元天
開天輔仁壽在位三十四年子祥興立改元道隆在位十六年子
興智立改元天定是歲壬子越明年欽遇我世祖皇帝由吐蕃麗
江入興智舉國出奔至鄯闡被擒段氏自思平至興智共二十二
主合三百一十六年

國朝平雲南　甲寅春大駕東還命大將兀良吉專行征伐三十七部及金

齒交趾舉皆內附雲南悉平兀良吉回師之後委任非人政令屢
變天庭高遠不相聞知邊鄙之民往往復叛迨至至元甲戌以平
章政事賽天赤行省雲南下車之日立州縣均賦役興水利置屯
田擢廉能黜汙濫明賞罰恤孤貧秉政六年民情丕變舊政一新
而民不知擾及薨之日遠近聞知如喪父母于時公于內廷眷顧
甚重凡屬職除授及南方便宜無不俞允而公亦開誠布公寬大
廉簡故能上下感戴聲名洋溢後之繼者雖有善政莫能及也嗚
呼雲南于古爲蠻獠之域秦漢以來雖略通道然不過發一將軍
遣一使者以鎮遏其相殘慰喻其邪懇而已所任得人則乞憐效
順任非其人則相率以叛羈縻苟且以覽于唐王師屢覆而南詔
始盛矣天寶以後値中原多故不暇及五季擾亂而鄭趙楊氏亦
復擾據宋興介于遼下未遑遠略故蒙段二姓與唐宋相終始天
運勃興文軌混一欽惟世祖皇帝天戈一指盡六詔之地皆爲郡
縣迄今吏治文化侔于中州非聖化溥博何以臻此而其地風物
未至紀錄實爲缺典今撮其古今興廢其人物山川艸木類爲一
編其懼未能周知悉覽然其大略亦足以提挈一方之要領云

諸夷風俗

白人有姓氏漢武帝開僰道通西南夷道今敘州屬縣是也故中
慶楚威大理永昌皆僰人今轉爲白人矣唐泰和中蒙氏取邛戎
嶲三州遂入成都掠子女工技數萬人南歸雲南有纂組文繡自
此始白人語着衣曰衣衣喫飯曰咽羹茹樵採曰拆薪帛曰幕酒
曰尊鞍韂曰悼泥牆曰墫垣如此之類甚多則白人之爲僰人明
矣男女首戴次工製如中原漁人之蒲笠差大編竹爲之覆以黑
氈親舊雖久別無拜跪唯取次工以爲饋男子披氈椎髻婦人不
施脂粉酥澤其髮以青紗分編繞首盤繫裹以攢頂黑巾耳金環
象牙纏臂衣繡方幅以半身細氈爲上服處子孀婦出入無禁少

年子弟號曰妙子暮夜游行或吹蘆笙或作歌曲聲韻之中皆寄
情意情通私耦然後成婚居屋多爲回簷如殿制食貴生如猪牛
雞魚皆生醢之和以蒜泥而食每歲以臘月二十四日祀祖如中
州上冢之禮六月二十四日通夕以高竿縛火炬照天小兒各持
松明火相燒爲戲謂之驅禳佛教甚盛戒律精嚴者名得道俗甚
重之有家室者名師僧教童子多讀佛書少知六經者段氏而上
選官置吏皆出此民俗家無貧富皆有佛堂旦夕擊鼓恭禮少長
手不釋念珠一歲之中齋戒幾半諸種蠻夷剛愎嗜殺骨肉之間
一言不合則白刃相劇不知事神佛若梟獍然惟白人事佛甚謹
故殺心差少由是言之佛法之設其于異俗亦自有益其俊秀者
頗能書有晉人筆意蠻文云保和中遣張志成學書于唐故雲南
尊王羲之不知尊孔孟我朝收附後分置省府詔所在立文廟蠻
自爲漢佛市井謂之街子午前聚集抵暮而罷交易用棋子俗呼

作䝼以一爲庄四庄爲手四手爲苗五苗爲索人死俗屍束縛令坐棺如方櫃擊銅鼓送喪以翦髮爲孝哭聲如歌而不哀既焚盛骨而葬冬夏無暑四時花木不絕多水田謂五畝爲一雙山水明秀亞于江南麻麥蔬果頗同中國其稱呼國主曰縹信太子曰坦綽諸王曰信苴相國曰布燮之文字之職曰清平官其貴人被服近年雖略從漢制其他亦自如也

羅羅即烏蠻也男子推髻摘去鬚髯或髠其髮左右佩雙刀喜鬬好殺父子昆弟之間一言不相下則兵刃相接以輕死爲勇馬貴折尾鞍無韉剜木爲鐙狀如魚口微容足指婦人披髮衣布衣貴者錦緣賤者披羊皮乘馬則並足橫坐室女耳穿大環翦髮齊眉裙不過膝男女無貴賤皆披氈跣足手面經年不洗夫婦之禮晝不相見夜同寢子生十歲不得見其父妻妾不相妒忌雖貴床無褥松花鋪地惟一氈一席而已嫁娶尙舅家無可匹者方許別娶有疾不識醫藥惟用男巫號曰大奚婆以雞骨占吉凶酋長左右斯須不可闕事無巨細皆決之凡娶婦必先與大奚婆通次則諸房昆弟皆舞之謂之和睦後方與其夫成婚昆弟有一人不如此者則爲不義反相爲惡正妻曰耐德非耐德所生不得繼父之位若耐德無子或有子未及娶而死者則爲娶妻諸人皆得亂有所生則爲已死之男女如酋長無繼嗣則立妻女爲酋長婦人無女侍惟男子十數奉左右皆私之酋長死以豹皮裹尸而焚葬其骨于山非骨肉莫知其處葬畢用七寶偶人藏之高樓盜取鄰境貴人之首以祭如不得則不能祭祭祀時親戚畢至宰殺牛羊動以千數少者不下數百每歲以臘月春節豎長竿橫設一木左右各坐一人以互相起落爲戲多養義士名苴可厚贍之遇戰鬬視死如歸善造堅甲利刃有價値數十馬者標杵勁弩置毒矢末沾血立死自順元曲靖烏蒙烏撒越巂皆此類也按今陸涼州有爨府君碑載爨氏出楚令尹子文之後受姓班氏西漢末食河南邑因以爲氏爲鎭蠻校尉寧州刺史晉成帝以爨深爲興古太守自後爨瓚爨震相繼不絕唐開元初以爨歸王爲南寧州都督理石城郡即今曲靖也爨人之名原此然今目白人爲白爨羅羅爲黑爨字復訛爲寸矣大德六年冬京從脫脫平章平越巂之叛親見射死一人有尾長三寸許詢之土人謂此等間或有之年老往往化爲虎云金齒百夷記識無文字刻木爲約酋長死非其子孫自立者衆共擊之男女文身去髭鬚鬢眉睫以赤白土傅面綵繒束髮衣赤黑衣躡繡履帶鏡呼痛之聲曰阿也韋絕類中國僰人不事稼穡唯護養小兒天寶中隨爨歸王入朝于唐今之爨弄實原于此婦女去眉睫不施脂粉髮分兩髻衣文錦衣聯綴珂貝爲飾盡力農事勤苦不輟及產方得少暇既產即抱子浴于江歸付其父動作如故至于雞亦雌卵則雄伏之風土下溼上熱多起竹樓居瀕江一日十浴父母昆弟慚恥不拘有疾不服藥惟以姜鹽注鼻中檳榔蛤灰茯蒥葉奉賓客少馬多牛雜羈無統略有讐隙互相戕賊遇破敵斬首置於樓下軍校畢集結束甚武髻插雉尾手執兵戈繞俘馘而舞仍殺雞祭之使巫祝之曰爾酋長人民速來歸我祭畢論功名明賞罰飲酒作樂而罷攻城破栅不殺其主全家逐去不然囚之至死嫁娶不分宗族不重處女淫亂同狗彘女子紅帕首餘髮下垂未嫁而死所通之男人持一幡相送幡至百者爲絕美父母哭曰女愛者衆何期夭耶交易五日一集旦則婦人爲市日中男子爲市以氈布茶鹽互相貿易地多桑柘四時皆蠶金裹兩齒謂之金齒蠻漆其齒者謂之漆齒蠻文其面者謂之繡面蠻繡其足者謂之花脚蠻彩繒分撮其髮者謂之花角蠻西南之蠻白夷最盛北接吐蕃南抵交趾風俗大槩相同

末些蠻在大理北與吐蕃接界臨金沙江地涼多羊馬及麝香名

鐵依江附險酋寨星列不相統攝善戰喜獵挾短刀以硨磲爲飾少不如意鳴鉦鼓相讐殺兩家婦人中間和解之乃罷婦人披氊皂衣跣足風髮高髻女子剪髮齊眉以毛繩爲裙裸霜不以爲恥既嫁易之淫亂無禁忌不事神佛惟正月十五日登山祭天極嚴潔男女動百數各執其手團旋歌舞以爲樂俗甚儉約飲食疏薄一歲之糧圓粄（實中也已）貧家鹽外不知別味有力者尊敬官長每歲冬月宰殺牛羊競相邀客請無虛日一客不至則爲深恥人死則用竹簀舁至山下無棺槨貴賤皆焚一所不收其骨非命死者則別焚之其餘頗與烏蠻同

土獠蠻敘州南烏蒙北皆是男子及十四五則左右擊去兩齒然後婚娶猪羊同室而居無匕筯手摶飯而食足蹈高櫈上下山坂如奔鹿婦人跣足高髻樺皮爲冠耳墜大雙環衣黑布項帶鎖牌以爲飾出入林麓望之宛如猿猱人死則以棺木盛之置于千仞

顚崖之上以先墮者爲吉山田薄少刀耕火種所收稻穀懸于竹棚之下日旋搗而食常以採荔枝販茶爲業云

野蠻在彝傳以西散居岩谷無衣服以木皮蔽體形醜惡男少女多一夫有十數妻持木弓以禦侵暴不事農畝入山林采艸木及動物而食食無器皿以芭蕉葉藉之

斡泥蠻在臨安西南五百里巢居山林極險家有積具以一百二十索爲一窖藏之地中將死則囑之子曰我平日藏若干汝可取幾處餘者勿動我來生用之其愚如此

蒲蠻一名撲子蠻在瀾滄江迤西性勇健專爲盜賊騎馬不用鞍跣足衣短甲膝頸皆露善用槍弩首插雉尾馳突如飛

說郛卷第三十六終

說郛卷第三十七

揮麈錄（三錄共十八卷）　宋王明清（字仲言汝陰人）

（仁宗不寶玉帶）李文和遺事云仁宗嘗服美玉帶侍臣皆注目上還宮語內侍曰侍臣目帶不已何耶對曰未嘗見此奇異者上曰當以遺虜主左右曰此天下至寶賜外夷可惜上曰中國以人安爲寶此何足惜臣下皆呼萬歲

（欲封夫子爲帝）北齊顯祖高洋晉陽公李元忠南齊竟陵王蕭子良隋長孫覽俱謚文宣孔子蓋出四謚之後大中祥符元年始加玄聖二字後避聖祖諱易爲至聖熙寧中欲加謚至神元聖帝禮官李邦直以謂夫子周臣也周室諸君止稱王執以爲不可卒從其議

（避諱易姓）太上皇帝中興之初蜀中有大族犯御名之嫌者而遊宦參差不齊倉卒之間各易其姓仍其字而更其音者勾濤是也加金

字者鈎光祖是也加絲字者絇紡是也加草頭者苟諶是也改爲句者句思是也增而爲句龍者如淵是也絲是析爲數家累世之後昏婣將不復別文潞公自云敬暉之後以國初翼祖諱而改今有荀氏子孫與文氏所云相同蓋本一族亦是仕于南北失于相照與此相類

（配享之說）崇寧中以王荊公配宣聖亞兗公而居鄒公之上遷鄒于兗之次靖康初詔黜荊公但舁塑像不復移鄒公于舊位至今天下庠序悉兗鄒並列而虛右雖後來重建者率皆沿襲而竟不能革

（古印章）亡友薛叔器家有關外侯印甚奇古後攷之魏建安二十三年嘗置此名也又友人家有盪虜將軍章又明清有橫武將軍印皆不可攷伯氏有新遷長印後考前漢書乃新室嘗以上蔡爲新遷也又友人家有多睦子家丞印多睦郡名既云子又家丞秩甚卑然篆文印樣皆出諸印右嘗撫得之或云亦王莽時印畢少董

家有雍未央姓名見于急就章

（付身著形說）本朝及五代以來吏部給初出身官付劄不惟著歲數兼說形貌如云長身品紫棠色有髭髯大眼面有若干痕記或云短小無髭眼小面瘢痕之類以防僞冒至元豐改官制始除之靖康之亂衣冠南度承襲僞冒盜名字者多矣不可稽攷乃知舊制不爲無意也

（潮）姚寬令威明清先友也著西溪叢語考古今事最爲詳備其間一條云舊于會稽得一石碑論海潮依附陰陽時刻極有理不知其誰氏復恐遺失故載之觀古今諸家海潮之說多矣或謂天河激湧（葛洪潮說）亦云地機翕張（見瀾洪正一經）盧肇以日激水而潮生封演云月周天而潮應挺空入漢山湧而濤隨（施師謂僧隱之之言）析木大梁月行而水大（見寶叔蒙濤志）源殊派異無所適從索隱探微宜伸確論大中祥符九年冬奉詔按察嶺外嘗經合浦郡（廉州）沿南溟而東過海康（雷州）歷陵水

（化州）涉恩平（恩州）住南海（廣州）迨由龍川（惠州）抵潮陽（潮州）洎出守會稽（越州）移莅句章（明州）是以上諸郡皆沿海濱朝夕觀望潮汐之候者有日矣得以求之刻漏究之消息（消息進退）十年用心頗有準的大率元氣噓吸天隨氣而張斂溟渤往來潮順天而進退者也以日者重陽之母陰生于陽故潮附之于日也月者太陰之精水者陰故潮依之于月也是故隨日而應月依陰而附陽盈于朔望消于朏（數尾切）魄虛于上下弦息于輝朒（朔而日見東方）故潮有大小焉今起月朔夜半子時潮平于地之子位四刻一十六分半月離于日在地之辰次日移三刻七十二分對月到之位以日臨之次潮必應之過月望復東行潮附日而又西應之至後朔子時四刻一十六分半日月潮水亦俱復會于子位于是知潮當附日而右旋以月臨子午潮必平矣月在卯酉汐必盡矣或遲速消息又少異而進退盈虛終不失於時期矣或問曰四海潮平來皆有漸惟浙江濤至則亘如山岳奮如雷霆水岸橫飛雪崖傍射澎騰奔激吁可畏也其可怒之理可得聞乎曰或云夾岸有山南曰龕北曰赭二山相對謂之海門岸狹勢逼湧而爲濤耳若言岸狹勢逼則東溟自定海（縣名屬四明郡）吞餘姚奉化二江（江以縣爲名屬會稽其一隸四明）侔之浙江尤甚狹逼潮來不聞波濤有聲耳今觀浙江之口起自纂風亭（地名屬會稽）北望嘉興大山（屬秀州）水闊二百餘里故海商舶船怖于上潭（水中沙爲潭徒旱切）惟泛餘姚小江易舟而浮運河達于杭越矣蓋以下有沙潭南北亘之隔礙洪波蹙遏潮勢夫月離震兌他潮已生惟浙江水未洎月徑巽乾潮來已半濁浪推滯後水益來于是陰于沙潭猛怒頓湧聲勢激射故起而爲濤耳非江山淺逼使之然也宜哉令威以該洽聞于時恨不能知其人明清心謂必機博之人後以眞宗實錄考之大中祥符九年以燕肅爲廣東提點刑獄遂取兩朝史燕公傳觀之果嘗自知越州移明州卷末又云嘗著海潮論海潮圖並行于世則知爲燕無疑

（降王舊臣修書）太平興國中諸降王死其舊臣或宣怨言太宗盡收用之置之館閣使修羣書如册府元龜文苑英華太平廣記之類廣其卷帙厚其廩祿贍給以役其心多卒老于文字之間云

（聖學權輿）仁宗卽位方十歲章獻明肅太后臨朝章獻素多知謀分命儒臣馮章靖元孫宣公奭宋宣獻綬等采摭歷代君臣事跡爲觀文覽古一書祖宗故事爲三朝寶訓十卷每卷十事又纂郊祀儀仗爲鹵簿三十卷詔翰林待詔高克明等繪畫之極爲精妙敍事于左令傳姆輩日夕侍上展玩之解釋誘進鏤板于禁中元豐末哲宗以九歲登極或有以其事啓于宣仁聖烈皇后亦命取板摹印倣此爲帝學之權輿分賜近臣及館職

（赤脚仙人）章懿李后初在側微事章獻明肅章聖偶過閤中欲盥手后捧洗而前上悅其膚色玉耀與之言后奏昨夕忽夢一羽衣之士

跣足從空而下云來爲汝子時上未有嗣聞之大喜云當爲汝成之是夕召幸有娠明年誕育昭陵昭陵幼年每穿履襪即亟令脫去常徒步禁掖宮中皆呼爲赤脚仙人葢古之得道李君也

高宗臥龍現　宣和中燕諸王于禁中高宗以困于酒倦甚小愒幄次徽宗忽詢康王何往乎左右告以故徽宗幸其所觀之甫入即返驚愕默然內侍請于上上云適揭簾之次但見金龍丈餘蜿蜒榻上不欲呼之所以亟出歎息久之云此天命也繇是異待焉

儀刑　高宗嘗語呂頤浩云朕在宮中每天下奏案至莫不熟閱再三求其生路有至夜分卿可以此意戒刑寺官凡于治獄切當留心勿草草頤浩再拜贊既以上旨諭之

溫公得人心　司馬溫公元豐末來京師都人疊足聚觀即以相公目之馬至于不能行謁時相于私第市人登樹騎屋窺瞰人或止之曰吾非望而君所願識司馬相公之風采耳呵叱不退屋瓦爲之碎樹

枝爲之折一時得人之心如此

蔡元長南遷　蔡元長既南遷中路有旨取所寵姬慕容邢武者三人以金人指名來索也元長作詩以別云爲愛桃花三樹紅年年歲歲惹春風如今去逐他人手誰復尊前念老翁初元長之竄也道中市食飲之類問知蔡氏皆不肯售至于詬罵無所不道州縣吏爲驅遂之稍息元長轎中獨歎曰京失人心一至于此至潭州作詞曰八十一年住世四千里外無家如今流落向天涯夢到瑤池闕下玉殿五回命相彤庭幾度宣麻止因貪寵戀榮華便有如今事也後數日卒門人呂川卞老醵錢葬之

碑工辭免刻黨人碑　九江有碑工李仲寧刻字甚工黃太史題其居曰琢玉坊崇寧初詔郡國刊元祐黨籍姓名太守呼仲寧使刊之仲寧曰小人家貧窶止因開雕蘇內翰黃學士詞翰遂至飽暖今日以姦人爲名誠不忍下手守義之曰賢哉士大夫之所不及也餽以酒肉而從其請

蘇叔黨榮遇　宣和中蘇叔黨游京師寓居景德寺僧房忽見快行家者同一小轎至傳聖詔宣召亟令升車叔黨不知所以然不敢拒纔入則以物障其前惟不設頂上以一小涼繖蔽之二人肩之其疾如飛約行十數里抵一修廊內侍一人自上而下引之升一小殿中上已先坐披黃背子頂青玉冠宮女環侍莫知其數亦莫敢仰窺始知爲崇高莫大之居時當六月積冰如山噴香若霧寒不可忍俯仰之間不可名狀起居畢上諭云聞卿是蘇軾之子善畫窠石適有壁欲煩一掃非有他也叔黨再拜承命然後落筆須臾而成上起身縱觀賞歎再三命宮人捧賜醇酒一鍾錫賚極渥拜謝而下復循廊間登小輿而出亦不知經從所歷何地但歸來如夢復如癡也

揮麈餘話　二卷　　王明淸

永昌陵　永昌陵卜吉命司天太監苗昌裔往相地西洛既覆土昌裔引董役內侍王繼恩登山巔周覽形勢謂繼恩云太祖之後當再有天下繼恩默識之太宗大漸繼恩乃與參知政事李昌齡樞密趙鎔知制誥胡旦布衣潘閬謀立太祖之孫惟吉適泄其機呂正惠時爲上宰鎖繼恩而迎眞宗于南衙即帝位繼恩等尋悉誅竄前人已嘗記之熙寧中昌齡之孫逢登進士第以能賦擅名一時吳伯固編三元衡鑑祭九河合爲一者是也逢素聞其家語與方士李士寧醫官劉育熒惑宗室世居共謀不軌旋皆敗死詳見國史靖康末趙子崧守陳州子崧先在邸中剽竊此說至是適天下大亂二聖北狩與門人傅亮等歃血爲盟以倖非常傳檄有云藝祖建邦千齡而符景運皇天祐宋六葉而生眇躬繼知高宗已濟大河惶懼歸命遣其妻弟陳良翰奉表勸進高宗羅致元帥幙中興後亟欲大用會與大將辛道宗爭功道宗得文繳進之詔置獄

京口究治得情高宗震怒然不肯暴其事以他罪竄子崧于嶺外此與夏賀良赤精子之言劉歆易名以應符讖何以異哉豈知千秋之統帝王自有眞耶

（符兆）高宗建炎二年冬自建康避狄幸浙東初度錢唐至蕭山有列拜于道側者揭其前云宗室趙不衰以下起居上大喜顧左右曰符兆如是吾無慮焉詔不衰進秩三等是行雖涉海往返然天下自此大定矣不衰卽善俊之父此與太宗征河東宋捷之祥一也是時選御舟篙工又有趙立畢勝之讖

（孝宗降誕）秀州外醫張浩自云少隸軍籍嘗爲杉靑閘官虞候一日晚出郊過嘉興縣忽覩丞廳赤光照天浩疑爲回祿亟入觀之云趙縣丞之妻適免身得男是誕育孝宗也浩之子樸爲醫官家于縣橋之西可質焉

（阜陵中興）紹興壬子詔知大宗正事安定郡王令時訪求宗室伯字號

七歲以下者十人入宮備選十人中又擇二人焉一肥一瘦迺留肥而遣瘦賜銀三百兩以謝之未及出思陵忽云更子細觀迺令二人叉手並立忽一貓走前肥者以足踢之上曰此貓偶爾而過何爲遽踢之輕易如此安能重任耶卽逐肥者瘦者乃阜陵也肥者名伯浩後終于溫州都監

（曲宴記）蔡元長所述太淸樓特宴記既列于前又得保和殿曲燕延福宮曲燕二記今復載于左方宣和元年九月十二日皇帝召臣蔡京臣王黼臣越王俁臣燕王似臣嘉王楷臣童貫臣嗣濮王仲忽臣馮熙載臣蔡攸燕保和殿臣蔡絛臣蔡儵臣蔡鯈東曲水朝于玉華殿上步西曲水循酴醿架至大寧閣登層巒林霄騫鳳垂雲亭景物如前林木蔽蔭加勝始至保和殿三楹楹七十架兩挾閣無綵繪俗飾落成于八月而高竹崇檜已森然蓊鬱中楹置御榻東西二間列寶玩與古鼎彝器玉左挾閣曰妙有設古今儒書史子林墨右曰日宣道家金匱玉笈之書與神霄諸天隱文上步前行稽古閣有宣王石殿歷邃古尙古鑑古作古傳古博古祕古諸閣藏祖宗訓謨與夏商周尊彝鼎鬲爵斝卣敦盤盂漢晉隋唐書畫多不知識駭見上親指示爲言其槪因指閣內此藏卿表章字札無遺者命開櫃櫃有朱隔隔內置小匣匣內覆以緗綺得臣所書撰淑妃劉氏制臣進曰札惡文鄙不謂襲藏如此念無以稱報頓首謝抵玉林軒過宣和殿列岫軒天眞閣凝德殿之東崇石峭壁高百丈林壑茂密倍于昔見過翠翹燕閣諸處賜茶全眞殿上親御擊注湯出乳花盈面臣等惶恐前曰陛下略君臣夷等爲臣下烹調震悸惶怖豈敢啜之頓首拜上曰可少休乃出瑤林殿中使馮皓傳旨留題殿壁諭臣筆墨已具乃題曰瓊瑤錯落密成林檜竹交加午有陰恩許塵凡時縱步不知身在五雲深頃之就坐女童樂作坐間賜荔子黃橙金柑相間布列前後命師文浩剖

橙分賜酒五行再休許至玉眞軒軒在保和西南廡卽安妃妝閣命使傳旨曰雅燕酒酣添逸興玉眞軒內看安妃詔臣賡補成篇臣卽題曰保和新殿麗秋輝詔許塵凡到綺闈方是時人自謂得見妃矣既而但見畫象掛西垣臣卽以詩奏曰玉眞軒檻煖如春只見丹靑未見人月裏嫦娥終有恨鑑中姑射未應眞須臾中使召臣至玉華閣上手持詩曰因卿有詩況姻家自當見臣曰頃緣葭莩已得拜望故敢以詩請上大笑妃素妝無珠玉飾綽約若仙子臣前進再拜敍謝妃答拜臣又拜妃命左右掖起上手持大觥酌酒命妃曰可勸太師臣奏曰禮無不答不審酬酢可否于是持瓶注酒授使以進再坐撤女童去羯鼓御侍奏細樂作蘭陵王揚州散古調酬勸交錯臣奏曰陛下樂與人同不間高卑日且暮久勤聖躬不敢安上曰不醉無歸更勸迭進酒行無算臣又奏曰樂奏纔紛酒觴交錯方事燕飲上及纔述下及故老若朋友相與銜

杯酒接慇懃之歡道舊論新顧臣何足以當臣請序其事以示後世知今日燕樂非酒食而已夜漏已二鼓五籌衆前奏丐罷始退

十三日臣京序延福宮曲燕記宣和二年十二月癸巳召宰執親王等曲宴于延福宮特召學士承旨臣李邦彥學士臣宇文粹中與示異恩也是日初御睿謨殿設席如外廷賜宴之禮然器用殽品瓌奇精緻非常宴比仙韶執樂和音曼聲合變爭節亦非教坊工人所能髣髴上遣殿中監蔡行諭旨曰此中不同外廷無彈奏之儀但飲食自如食味果實有餘者自當攜歸酒五行以碧玉醆宣諭侍宴諸臣云前此曲宴畢坐未嘗宣勸今出異數少慰于殿門之東廡晚召赴景龍門觀燈玉華閣飛陛金碧絢耀疑在雲霄間設衢尊鈞樂于下都人熙熙且醉且戲繼以歌誦示天下與民同樂之恩眞太平之盛事也次詣穆清殿後入崆峒洞天過覽橋至會寧殿有八閣東西對列曰琴棋書畫茶丹經香臣等熟視之

自崆峒入至八閣所陳之物左右上下皆琉璃也映徹焜煌心目俱奪閣前再坐小案玉斝珍異如海陸羞鼎又與睿謨不同酒三行甚遬起詣殿側縱觀上詣寶和殿謂學士蔡儵曰引二翰苑子細看一一說與諄諭再三次詣成平殿鳳燭龍燈燦然如畫奇偉萬狀不可名言上命近侍取茶具親手注湯擊拂少頃白乳浮盞面如疏星澹月顧諸臣曰此自布茶飲畢皆頓首謝既而命坐酒行無算復出宮人合曲妙舞蹁躚態有餘妍凡目創見上諭臣邦彥臣粹中曰此盡是嬪御自來翰林不曾與此集自卿等始又曰翰林志誰修太宰王黼奏云承旨李邦彥上顧臣邦彥曰好翰林志可以盡載此事此儒臣榮遇臣邦彥謝不敏瓊瑤玉舟宣勸非一上每親臨視使釂復顧臣某曰李承旨善飲乃數被特勸夜分而罷

平楚樓　張邦昌僭位國號大楚其坐罪始謫昭化軍節度副使潭州安置既抵貶所寓居于郡中天寧寺寺有平楚樓取唐沈傳師目傷平楚虞帝魂之句也朝廷遣殿中侍御史馬伸賜死讀詔畢張徘徊退避不忍自盡執事者趣迫登樓張仰首急覩三字長歎就縊

秦熺　秦熺本王㬇之孽子㬇妻鄭氏達夫之女㬇繇婦家而早達鄭氏怙勢而妬熺既誕即逐其所生以熺爲會之乞子會之任中司虜拘北去夫婦偕行獨留熺于會之夫人伯父王仲嶷豐父家父子時驕而傲每凌侮之其後會之用事其親黨遍躋要途獨豐每以參議官處之

河源志　一卷全　元潘昂霄

延祐乙卯春聖天子以四海萬國之廣軫念庶民艱虞罔控告也分使詣外郡諸道布揚德心休戚與替之淸冷揚激之畿甸密邇獨不得均其澤越五月詔前翰林學士承旨臣闊闊出翰林侍讀

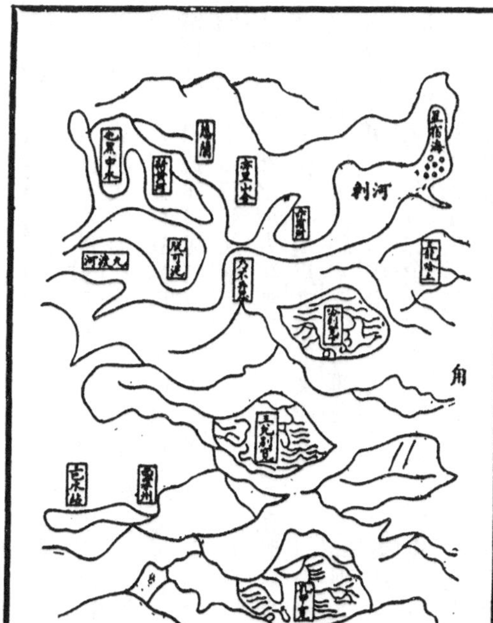

臣昂霄奉使宣撫京畿西道臣昂霄承命驚悸罔措唯務罄竭忠赤盡民瘼而後已闊公一日語昂霄予嘗從予兄榮祿公都實抵西國窮河源耳之不覺瞿然以駭有是乎哉請畢其語公曰世祖皇帝至元十七年歲在庚辰欽承聖諭黃河之入中國夏后氏導之知自積石矣漢唐所不能悉其源今爲吾地朕欲極其源之所出營一城俾番賈互市規置航傳凡貢物水行達京師古無有也朕爲之以永後來無窮利益蓋難其人都實汝舊人且習諸國語往圖汝諸授招討使佩金虎符以行是歲四月至河州州東六十里有寧河驛驛西南五六十里山曰殺馬關林麓穹隘譯言泰石答班啓足寖高一日程至巔西邁逾高四閱月約四五千里始抵河源多還圖城傳位置以聞上悅往營之授土蕃等處都元帥仍金虎符置寮宷督工工師悉資內地造航爲艘六十城傳措工物完闕闊出驛聞適相哥征昆哥藏不回力阻遂止翌歲兄都實旋

都河源在土蕃朵甘思西鄙有泉百餘泓或泉或潦水沮洳散渙方可七八十里且泥淖弱不勝人跡逼觀匆克旁履高山下眎粲若列星以故名火敦惱兒火敦譯言星宿也羣流奔輳近五七里滙二巨澤名阿剌惱兒自西徂東連屬吞噬廣輪馬行一日程迤邐東鶩成川號赤賓河二三日程水西南來名赤里出合赤賓三四日程南來名忽蘭又水東南來名也里朮合流入赤賓其流寖大始名黃河然水清人可涉又一二日歧裂八九股名也孫斡論譯言九度通廣五七里馬亦可度又四五日程水渾濁土人抱革囊乘騎過之民聚落糾木幹象舟傅毛革以濟僅容兩人繼是兩山峽束廣可一里二里或半里深叵測矣朵甘思東北鄙有大雪山名亦耳麻不莫剌其山最高譯言騰乞里塔卽崑崙也山腹至頂皆雪冬夏不消土人言遠年成冰時六月見之自八九股水至崑崙行二十日程河行崑崙南半日程地又四五日程至地名闊

卽及闊提二地相屬又三日程至地名哈剌別里赤兒四達之衝也多寇盜有官兵鎮防崑崙迤西人簡少多處山南山皆不穹峻水亦散漫獸有髦牛野馬狼狍羱羊之類其東山益高地亦漸下岸岸狹隘有狐可一躍越之者行五六日程有水西南來名納鄰哈剌譯言細黃河也又兩日程地水南來名乞兒馬出二水合流入河河北行轉西至崑崙北二日程地水過之北流少東又北流約行半月程至貴德州地名必赤里始有州事官府州隸河州置司土蕃等處宣慰司所轄又四五日程至積石州卽禹貢積石五日程至河州安鄉關一日程至打羅坑東北行一日程洮河水南來入河又一日程至蘭州其下過北卜渡至鳴沙州過應吉里州正東行至寧夏府南東行卽東勝州隸西京大同路地面自發源至漢地南北澗溪細流傍貫莫知紀極山皆草山石山至積石山方林木暢茂世言河九折彼地有二折蓋乞兒馬出及貴德州必

赤里也漢張騫使絕域羈聯拘執艱厄百罹歷大宛月氏等數國其傍大國五六皆稱傳聞以爲窮河源烏能覩所謂河源哉史稱河有兩源一出于闐一出葱嶺于闐水北行合葱嶺河注蒲類海伏流至臨洮出焉今洮水自南來非蒲類明矣詢之土人言于闐葱嶺水俱下流散之沙磧又有言河與天河通尋源得織女支機石以歸亦妄也崑崙至嵩高五萬里閬風玄圃積瑤華蓋仙人所居又何耶唐史玉土蕃傳河上流由河洪濟梁南二千里水益狹春可涉秋夏乃勝舟其南二百里三山中高而四下曰紫山古所謂崑崙其言頗類然止稱河源其間云國家啟天威亘天地所覆無間海內外冠帶萬國罔非臣妾視漢唐爲不足訝故窮河源去萬里若步閨闥嘻盛典也不可不志因志之都實族女眞蒲察氏統烏思藏路暨招討都元帥凡三至吐蕃閫閾出今除甘肅行省參知政事是歲八月初吉翰林侍讀學士中奉大夫知制誥同修國史臣潘昂霄謹述

河源有志自本朝始前乎此曷爲未有志河源者道路遼阻所傳聞異辭莫能究河之源也山經曰敦薨之水西流注于泑澤出于崑崙之東北陬實惟河源而水經載河出崑崙經十餘國乃至泑澤山經又稱陽紆之山河出其中凌門之山河出其中穆天子傳亦云陽紆之山河伯馮夷所居是維河宗氏西域志稱阿耨達大山上有大淵水即崑崙山也地理志亦稱崑崙山在臨羌西而漢書載河出兩源或稱有或稱無而河源所著異同況世殊代易名地亦異終莫能有究之者我太祖皇帝二十有一年春正月征西夏夏取甘肅等處秋取西涼府遂過沙陁至黃河九渡按崑崙當九渡下流則崑崙固已歸我職方氏矣憲宗皇帝二年命皇太弟旭烈師諸部軍征西域凡六年闢封疆四萬里于是河源及所注枝出者盡在封域之內當時在行有能記其說皆得于目擊非泛攷也逮世祖皇帝功成治定天下殷富遂命臣都實窮河源故翰林侍講學士潘公得究其詳實搜源析派而作斯志乃知更崑崙行一月始窮河源於戲當四海混一之盛聞廣見覈致數千載莫能究者俾後世有考而傳信焉豈斯文之光實邦家無疆之休也公之子詡能不墜其先業增光而潤色之至順間以同知嘉定州事來吳將刊是書行于世屬九思序其說于篇端元統元年冬十有一月日南至奎章閣學士院鑒書博士文林郎柯九思序

倦游錄 八卷

宋張師正

唐陵無碑　唐諸陵皆無碑記惟乾陵西南隅有大碑高三十餘尺螭首龜趺巋然表裏無一字亦不知其何爲而立

子孝妻義　劉潛以淄州職官權知鄆州平陰縣事一日與客飲驛亭左右報太夫人暴疾潛馳歸已不救矣潛抱母一慟而絕其妻見潛死復扶潛尸大號而卒時人傷之曰子死于孝妻死于義孝義之美併集其家

皂屏養目　凡視五色皆損目惟黑色于目無損李氏有江南日中書皆用皂羅糊屏風所以養目也王丞相在政府亦以皂羅糊屏障

造舟賜號　元豐元年春命安燾陳陸二學士使高麗敕明州造萬斛船二隻仍賜號一爲凌虛致遠安濟舟一爲靈飛順濟神舟令御書院勒字明州造碑

溫泉碑　安經華清宮溫泉碑唐太宗撰幷書又飛白眞觀二字于額天聖初自糞壤中發出之再加刻而立于小亭

員外郎　石參政中立性滑稽天禧中爲員外郎貼職時西域獻獅子畜于御苑日給羊肉十五觔嘗率同列往觀或歎曰彼獸也給肉乃爾吾輩忝預郎曹日不過數斤人翻不及獸乎石曰君何不知分耶彼乃苑中獅子吾曹員外郎耳安可比耶

名附雄文　有善訣者熙寧中曾以光祿卿荐守番禺嘗啓王介甫丞相曰某所恨微軀日益安健惟冀早就木冀得丞相一埋銘庶幾名附雄文不磨滅于後世

具啓切當　終慎思大名人家貧苦學衣冠故敝風貌寢陋始來應舉魏之舉人視之蔑如也既就試遂爲解首其謝解啓曰三年于此衆人悉誚于毛生一軍皆驚大將果歸于韓信又董儲郎中憫其窮嘗以書薦于士人之富者庶濡涸轍而士人殊無哀王孫之意終復取書歸而具啓納于董曰魯箭高飛謂聊城之必下秦都不割懷趙璧以空歸人多嘉其切當

野史（八卷）　宋林子中（諡文節公）

（先兆）治平三年丙午十一月十八日英廟不豫罷朝外人驚擾不知其詳及十二月二十二日立皇太子中外益疑四年正月北使兩番在館民間私相語云上已升遐但俟北客去始發哀耳予親聞

里嫗女掩耳而逃時上雖大漸八日早猶召孫奇入診是日北客方出館果呼班宣遺制上竟以北客去日上仙民間之語何不祥耶

（石讖）福寧殿御座下地微陷治之復然掘之深丈餘得一石石上有八字不可辨御書院祗應有曉仙家篆者令密解之云歲在申酉汴都不守神宗以丁未即位在位再涉申酉年無他不知其何祥也

（秦璽）紹聖五年春永興軍田夫段義耕得玉璽上于尚書禮部以爲秦之傳國璽其文曰受命于天既壽永昌詔與禮部翰林祕書御史太常官驗定集議方圓二寸半刻文深琢如碑字背曰而地紅也字畫乃蟲篆

（禁中尼道）禁中帝后及西宮各有尼并女冠各七人選于諸內侍年三十以上能法事者充隨本殿內人居處每日一尼一道于上之邀佛閣前贊念導上燒香（佛道各兩拜）又導下殿燒天香（四拜）又導之殿門後殿出視朝方退應諸閤分欲請尼道看經者皆此輩每半年或數月一歸元寺觀拆洗本位使臣隨住五七日還

琴書類集　宋僧居月（錢唐人）

凡諸調弄諸家譜錄盡分三古若以琴道之始則伏羲爲上古明矣今並取自堯制神人暢等諸曲爲上古秦始皇制詠道德爲中古蔡邕制游春等五弄爲下古先賢既分今亦別之于左

神人暢（堯製）　思親操（舜製）　耕歷山　五老彈（並舜製又云舜爲五弦琴歌南風之詩即是此曲今謂之南薰也）

襄陵操（禹製明治水也）　禹上會稽（禹製探古穴也）　訓田操（湯製習武事也）　克商操（武伐紂也）　離夏操（文王製明夷象也）　思士操　王受命　岐山操　拘幽操　千金操（並文王製）　越王操（周公製）　神鳳操（成王製）　傷殷操（微子製）　離拘操　箕子吟（並箕子製）　采薇操（伯夷製）　箕山操（許由製）　文王操（師襄製）　履霜操（尹伯奇製）　歡樂樹　將歸操

龜山操　猗蘭操　獲麟操　畏匡操　厄于陳　閑居樂　東

武太山　風操　悲風　憶顏回（已上十二弄並仲尼製）　望仙操　懷陵操

水仙操　仙道操　幽澗操　石上流泉　三峽流泉　流水（已上並伯牙製）　別鶴操（商陵牧子製）　朝飛操（牧犢子製）　殘形操　梁甫吟　白雪（並曾子製）　鹿鳴（周人製）　騶虞（邵周人製）　鵲巢（邵女製）　伐檀（魏女製）　伯姬引（魯保母製）　走馬引（牧恭製）

王女引（衛女製）　歸田引　列女引（同上）（樊姬製）　霹靂引（楚商梁製）　子胥吟（伍子胥製）　北鄙操（子路製）　南音操（鍾儀製）　湘妃怨（女英製）　三樂（榮啓期製）　鳳歸林（樊門先生製）　楚光明（楚臣白光明製）　楚妃歎（息媯製）　沈湘怨（屈原妻製）　風入松（嵇明周製）　易水　幽蘭

右並上古琴弄名

詠道德（始皇製）　秦浴口（同上）　秦琴姬（秦姬製免秦王荊軻之難）　刺韓王（聶政製）　野老傾盃　嵇康索酒　羽客銜杯　竹蟲子　登隴望秦　梁父怨（梁相妻製）

大風起（漢祖製）　拔山操（項王製）　采芝操（四皓製）　王昭君（明妃製）　八公操（淮南王製）　文君弄（司馬相如製）　楚引（龍丘高製）　將軍歌（霍去病製）　董桃歌（漢後人製）　五調聲（相如製）

長樂聲（胡云製）　武溪深（馬援製）　雙燕離巢　處女吟　鵾雞吟　遠遊

吟　招來吟　胡笳吟　千里吟　延壽吟　黃老吟　五香引
飛龍引　走馬引　枯魚引　箜篌引　梁甫引　大雄引
東武引　白頭吟　靑箱引　猛虎行　從軍行　堂上行　燕
歌行　君子行　妬婦行　秋胡行　豫章行　長安行　洛陽
道　平陵道　度壟道　度岷山　飛天白鶴
右並中古琴弄名
遊春　渌水　幽居　坐愁　秋思此五曲蔡邕昔入青溪訪鬼谷先生所居山東常有人遊因成遊春曲南有渌水獨沿流因成渌水中者即先生所居深壑成幽居北即高崖岐極猿聲哀因成坐愁西即秋風飄颻而生因成秋思爲　廣陵散嵇康製　蜀明君劉備製
烏夜啼王義慶爲文帝所徵家人大懼夜聞烏啼聲恩而成此曲　失女怨　十仙遊　郢客歸思　楚
歌行　楚客吟秋風　秋夜聞猿　淸宵秋竹悲　燕初歸　玄
鶴唳　仙鶴舞　寒松操　仙人勸酒　歸山樂　野老傾杯
嵇康索酒　羽客銜杯　草蟲子　登壠望秦　竹吟風　哀松
露　悲漢月　長淸　短淸　長側此四曲嵇氏四弄多帖蔡氏五弄通爲九大弄　登高引望

幽人折芳桂　悲風吟　隴頭　鳳遊春　神風操　望月操
雙飛操　霜鴻引　澗底松　岩前桂　秋風落葉　怡神調
金丹熟　天女怨　華池宴　對竹吟　大胡笳十八拍　小
胡笳十八拍[illegible]　別胡兒　憶胡兒　大砂塲　小砂塲　出塞
入塞　皇甫　竹林七賢　拜仙壇　碎玉斗　葉下聞蟬
明君　相如題柱　平戎操[illegible]　楚澤寒秋不傷金也　塞門積雪不換玉也
越江吟　越溪吟　淸夜吟　孤猿吟　寒山吟　三淸若賀
看花面　月落書窗　石磬吟　對秋月　猿渡碧澗　淸江引
聖德頌　玉漏遲　泛虛舟　思親吟　思友人　出山吟
楚歌　金雁操　晚角　邊城聞曉角　卞和泣玉　出塞吟[illegible]
[illegible]思鄉吟[illegible]　聞杜宇　丁生化鶴　祥雲出洞　巫山神女　淸
風搖玉佩　伯牙憶子期　楚襄雲　虞姬[illegible]　無射商九弄[illegible]
[illegible]弔三閭　獨醒　鶴舞松　鴻雁來賓　並淒涼調或云西涼

調傳之于西涼府也　離騷九拍陳康士製
右並下古琴弄名
摭青雜說二十四卷　宋□□□
陰兵紹興辛巳冬虜人南侵朝廷遣大軍屯淮東以遏虜衝虜勢漸逼主將每遣小校將數隊四出遊奕候望有何兼資者領五十人至六合縣西望見一隊軍馬自西北來旗幟不類虜人又不類官軍兼資躊躇未知所措其人馬行速已出兼資之後號令下寨兼資遂令所部隱身蘆荻林中須臾有一人傳令曰荻林中有人否一人應曰彼中乃生人與吾不相關涉兼資聞有生人不相關之言而知其爲鬼兵也乃免冑出見守寨門官因再拜曰某大宋劉太尉下踏白軍也不知神兵自何道來其所征討爲何事門者命報中軍須臾中軍傳令召兼資入凡五門始至軍中一人廟坐冠服如天神一人西向形貌英毅鬚髯皆指天一人面貌亦俊爽餘

二三人分坐于左右皆金裝甲冑兼資再拜致詞未畢忽西向者曰吾奉天符來助汝太尉管取必勝兼資再拜致謝因問曰今日幸遇神將將兵相助敢請廟位神號廟坐者瞪視不言西向者乃曰此天蓬神主事也不與凡間通言汝不必問兼資又再拜就西向者問曰大王又何神也答曰某唐張巡也指對坐者曰此唐許遠也因徧指下坐者謂兼資曰此雷萬春也此南霽雲也兼資少亦讀書頗記張巡許遠事因再拜頂禮曰某曾讀唐書見二大王忠義之節每正冠斂容羨其英特豈期今日得瞻拜風采然信史所載豈皆實乎巡曰史有何疑兼資曰史言大王城守凡食三萬餘人不知果然否巡曰有之而實不然也其所食者皆已死之人非殺生人也兼資又曰史言張大王殺愛妾許大王殺愛奴以享士不知果然否巡曰非殺也妾見孤城危逼勢不能保欲學虞姬綠珠效死于吾前故自刎許大王奴亦以憂悸暴死遂烹以享士

蕊用術以堅士卒之心耳兼資顧見雷萬春面上止有一瘢因再拜問曰史言將軍面著六箭而止有一瘢何也萬春曰當時實著六箭而五著兜鍪虜人相傳謂吾面著六箭不動吾亦當之庶揚名以威虜也須臾命酒肴饌亦人間之物惟天神者不食良久傳漏者報云天漸曉矣巡謂兼資曰汝歸語汝主吾奉天符助兵然此虜將悖逆吾當斬其首以報上帝語訖命人引兼資出兼資出至荻林呼其所部出至張許下寨之所已不復有人矣不半月有皂角林之捷未幾虜主有龜山之禍皆如其言兼資後累功至正使見今在京西多與士大夫言之

守節

建炎庚戌歲建州兇賊范汝爲因飢荒嘯聚至十餘萬是時朝廷以邊境多故未遑致討遂命本路官司姑務招安汝爲聽命遂領其徒出屯州城名曰招安但不殺人而已其刦人財帛掠人妻女常自若也州縣不能制次年春有呂忠翊本關西人得受福州

稅監官方之任道過建州爲賊徒所刧呂監有女十七八歲亦爲所掠是時賊徒正盛呂監不敢陳理委之而去汝爲有族子范希周本士人三入上舍間在學校曾試中上亦陷在賊中不能自脫年二十五六歲猶未娶呂監之女爲希周見其爲宦家女又顏色清麗性和柔遂卜日合族告祖備禮册爲正室是冬朝廷命韓郡王統大軍討捕呂氏謂希周曰妾聞正女不事二夫君既告祖成婚妾乃君家之婦也孤城危迫其勢必破則君乃賊之親黨必不能免妾不忍見君之死引刀將自刎希周救之曰我陷在賊中雖非本心無以自明死有餘責汝衣冠宦族兒女虜刦在此爲大不幸大將軍士皆是北人汝既是北人或言語相合宛轉尋着親戚骨肉又是再生也呂氏曰果然妾亦終身不嫁人但恐爲軍人將校所虜吾誓再不辱惟一死耳希周曰我萬一漏網得延殘年亦終身不娶以答汝今日之心先是呂監與韓郡王有舊韓過州郡

呂監爲提轄官同到建州十餘日城破希周不知所之呂氏見兵勢正盛勢不能免乃就一荒屋中自縊呂監巡視次適見之使人解下乃其女也良久方蘇具言其所以父子相見且悲且喜事定呂監隨韓帥歸臨安將令其女改適呂氏不肯父罵曰今嫁士人文官未可知武官可必有也縣君不肯做倘戀戀爲逆賊之妻不忍拋耶呂氏曰彼名雖曰賊其實君子人也彼是讀書人但爲其宗人所逼不得已而從之他在賊中常與人作方便若有天理其人必不死兒今且奉道在家作老女奉事二親亦多少快活何必嫁也紹興壬戌歲呂監爲封州將領一日有廣州使臣賀承信以公牒到將領司呂監延見于廳上既去呂氏謂呂監曰適來者何人也呂監曰廣州使臣呂氏曰言語步趨宛類建州范氏子監笑曰汝范家子死于亂兵骨已朽矣彼自姓賀自與你范家子了無半毫相惹汝道世間只有一箇范家子耶呂氏爲父所沮亦不敢

復言後半載賀承信又以職事到封州將領司事務纔繞未得了畢時復至呂監廳事呂監時或延以酒食情契欵熟呂氏屢窺之知其爲希周也乃情懇其父因飲酒熟問其鄉貫出身賀羞愧向呂監曰某建州人也實姓范宗人范汝爲者叛逆某陷在賊中既而大軍來討城破舉黃旂招安某隨投降恐以賊之宗族一併誅夷遂改姓賀出就招安後撥在岳承宣軍下收楊么時某以南人便水常前鋒每戰某尤盡力主將知之賊平之後遂特與某解由初任和州指使第二任合受監官當以闕遠遂只受此廣州指使呂監又問曰令孺人何姓初娶再娶乎賀泣曰在賊中時虜得一官員女爲妻是冬城破夫妻各分散走逃且約苟存性命彼此無娶嫁後來又在信州尋得老母見今不曾娶只有母子二人一箇㸊妾而已語訖悲泣失聲呂監感其恩義亦爲泣下引入堂中見其女住數日事結畢束裝具令隨希周歸廣州後一年呂監解罷

迂道之廣州待希周任滿同赴臨安呂得淮上州鈐范得淮上監税官廣州有一兵官郝大夫嘗與予説其事

鹽商厚德　項四郎泰州鹽商也嘗商販自荆湖歸至太平州中夜月明睡不着聞有一物觸舡項起視之有似一人遂命梢子急救之乃一丫鬟女子也十五六歲問其所事曰姓徐本北人醴州寄居兹者父自辰倅解官舉家赴臨安至此江中忽逢刼賊某驚墮水中附一踏道漂流至此父母想皆遭賊手矣項以其貴人家女意欲留之爲子婦遂令獨寢比歸至家以其意告厥妻妻曰吾等商賈人家止可娶農賈之家彼驕貴家女豈能攻苦食淡緝麻織布爲村俗人事邪不如貨得百十千別與兒男娶由是富家娼家競來索買項曰彼一家遭難獨彼留得餘生今我既不留爲子婦寧陪些少結束嫁一本分人豈可更教他作倡女婢妾一生無出倫耶其妻屢以爲言至于喧爭項終不肯項鄰里有一金官人受得醴

州安鄉尉新喪妻聞此女善能針綫遂親見項求顧項執前言不肯金尉求之不已女常呼項爲阿爹因謂項曰兒受阿爹厚恩死無以報阿爹許嫁我好人好人不知來歷亦不肯娶我今此官人看來亦是一箇周旋底人又是尉職或能獲賊便能報仇兼差遣在醴州亦可以到彼知得家人存亡項曰汝自意如此吾豈可固執但去後或有不足處不干我事女曰此兒甘心情願也遂許之且戒金尉曰萬一不如意須嫁事一好人不要教他失所金尉笑曰吾與四郎爲隣居豈不知某不他耶金尉問項所索項曰吾始者更要陪些奩具嫁人今與官人既無結束豈復需索也徐氏既歸金尉金尉見其是女身又宦家兒女又凡事曉了大稱所望始名爲意奴又改爲意姐又以第行呼爲七娘謂徐氏曰若得知汝家世分明當册汝爲正室縱無分明亦不別娶也歲時往來項家如親戚居二年相挈赴安鄉任初到官即遣人問徐倅信息居人曰有一徐官人昨日辰州通判替下舉家赴行在至今不曾歸不知得甚處差使也七娘意其父母必死但悲哀號哭不復思念後一年尉司獲一火刦盜因推勘乃問其前後又曾在甚處刦掠甚人財物內有二人招曰曾在太平州刦一徐通判舡是時只有一梢子脚上中槍船中人皆走舡尾去擔方得一擔籠出上岸忽聞鑼鳴聲恐是官軍來遂走散去並不曾傷人七娘聞之稍稍自安但未有的耗又一年金尉權一邑事有一過往徐將仕借脚夫七娘自屏後窺之甚類其兄比去乃與金尉説金尉乃具晚食召將仕因問其父歷任經由將仕曰某河北人流寓在此寄居數年自辰倅罷得鄂倅見今在岳州寄居金尉又問罷辰倅赴臨安日舟行乎步行乎將仕曰舟行金尉又問曰舟行如何想無風波之恐將仕曰不曾有風波之患只在太平州遭一火刦賊財物無甚大失但一小妹落水死累日尋尸不得因淚下金尉乃引將仕入中

堂兄妹相持大哭既而説雙親長幼皆無恙又復相慰當日將仕但聞商人收得轉顧在金尉處其詳悉未及契勘次日問金尉元直費幾金當收贖以歸金尉笑曰某與令妹有言約矣況今有娠豈可復令嫁他人七娘乃與阿兄説及項四郎高義賢者當初如此如此將仕泣曰彼商賈乃高見如此士大夫色重禮輕有不如也父母生汝不克有終能終汝者項君也于是將仕發書告其父母遂擇日告祖成婚七娘詣項像爲生祠終身奉事

茶肆還金　京師樊樓畔有一小茶肆甚瀟洒清潔皆一品器皿椅卓皆濟楚故賣茶極盛熙豐間有一士人邵武軍人李氏在肆前遇一舊相知引就茶肆相敘渴別之懷先有金數十兩別爲袋子繫于肘腋間以防水火盜賊之虞時春月乍暖士人因解卸衣服次置此金于茶卓之上未及收拾舊知招往樊樓會飲遂忘記擕出飲極歡夜深將滅燈火方始省記李以茶肆中往來者如織必不可

根究遂息心更不去詢問後數年李復過此肆因與同行者曰某往年在此曾失去一包金子自謂狼狽凍餒不能得回家今日天與之幸復能至此主人聞之進相揖曰官人說甚麼事李曰某三四年前曾在盛肆啜茶遺下一包金子是時以相知招飲夜深方覺自知其不可尋遂一向歸安于下處更不曾拜稟主人徐徐思之曰官人彼時著毛衫在裏邊坐乎李曰然又曰前面坐者著皂披襖乎李曰然主人曰此物是小人收得彼時亦隨背趕來送還而官人行速于稠人廣衆中不可辨認遂爲收取意官人明日必來取某不曾爲開覺得甚重想是黃白之物也官人但說得片數稱兩同即領去李曰果收得吾當與你中分主人笑而不答茶肆上有一小棚樓主人捧小梯登樓李隨至樓上見其中收得人所遺失之物如傘扇衣服器皿之屬甚多各有標題曰某年某月某日某色人所遺下者僧道婦人即曰僧道婦人其雜色人則曰其

人似商賈似官員秀才似公吏不知者則曰不知其人就樓角尋得一小袱封結如故上標曰某年月日一官人所遺下遂相引下樓集衆再問李片數稱兩李曰計若干片若干兩主人開之與李所言相符卽舉以付李李分一半與之主人曰官人想亦讀書何不知人如此義利之分古人所重小人若重利輕義則匿而不告官人待如何又不可以官法相加所以然者常恐有愧于心故也李既知其不受但慚怍失言加禮遜謝請上樊樓飲酒亦堅辭不往時茶肆中五十餘人皆以手加額咨嗟歎息謂世所罕見爲識者謂伊尹之一介不取楊震之畏四知亦不過是惜乎名不附于國史附之亦卓行之流也今邵武軍光澤縣烏州諸李衣冠頗盛乃士人之宗族子孫高殿院之子元輔乃李氏親甥與予具言其事

夫妻復舊約 京師孝感坊有邢知縣單推官並門居邢之妻即單之姊也

單有子名符郎邢有女名春娘年齒相上下在襁褓中已議婚宣和丙午夏邢挈家赴鄧州順陽縣官單亦舉家往揚州待推官闕約官滿日歸成婚是冬戎寇大擾邢夫妻皆遇害春娘爲賊所虜轉賣在全州倡家名楊玉春娘十歲時已能語孟詩書作小詞至是倡嫗教之樂色事藝無不精絕每公庭侍宴能將舊詞更改皆對景着模處玉爲人體態容貌清秀舉措閑雅不恃口吻以相嘲謔有良人風度前後守倅皆重之單推官渡江累遷至郎官與邢聲跡不相聞紹興初符郎受父蔭爲全州司戶是時一州官屬惟司戶年少司戶見楊玉甚慕之玉亦有意而未有因司理與司戶契分相投將與之爲地而畏太守嚴明有所未敢居二年會新守至與司理有舊司戶又每蒙前席于是司理置酒請司戶只點楊玉一名祗候酒半酬司戶佯醉嘔吐假息于書齋司理令楊玉侍湯藥因得一遇會以遂所欲司戶褒美楊玉謂其知書多才藝因

曰汝必是一个名公苗裔但不可推究果是何人玉羞愧曰妾本是官族流落至此非楊嫗所生也司戶因問其父是何官何姓玉涕泣曰妾本姓邢在京師孝感坊居住幼年許與舅之子結婚父授鄧州順陽縣知縣不幸父母皆遭寇隕命妾被人掠賣至此司戶復問曰汝舅何姓何官其子何名玉曰舅姓單是時得揚州推官其子名符郎今不知存亡如何因大泣下司戶慰勞之曰汝郎日鮮衣美食時官皆愛重而不肯輕賤有何不可玉曰妾聞女子生而願爲之有家若卽嫁一小民布裙短衾啜菽飲水亦是人家媳婦今在此迎新送故是何情緒司戶心知其爲春娘也然未有所處而未敢言後一日司戶置酒回司理復招楊玉佐樽遂不復與狎昵因好言正問曰汝前日言爲小民婦亦所甘心我今喪偶無正室汝肯嫁我乎玉曰豐衣足食不用送往迎來此亦妾所願也但恐新孺人歸不能相容若見有孺人妾自去稟知一言決矣

司戶知其厭惡風塵出于誠心乃發書告其父祁靖康之亂邢有弟號四承務渡江歸臨安與單往來單時在省爲郎官乃使四承務具狀經朝廷徑送金州乞歸良續舊婚符既下單又致書與太守四承務自賫符并單書到金州司戶請司理召玉告之以實且戒以勿泄次日司戶自䄂其父書并符見太守太守曰此美事也敢不如命既而至日中文引不下司戶疑其有他變密使人探之見尉司正鋪排開宴司戶曰此老尙作少年態耶然錯處非一拍此亦何足惜也既而果召楊玉祗候只通判二人酒半席太守謂玉曰汝今爲縣君矣何以報我玉答曰妾一身皆判府之賜所謂生死而骨肉也何以報德太守乃抱持之謂曰雖然必有以報我通判起立正色謂太守曰昔爲吾州弟子今是司戶孺人君子進退當以禮太守踧踖謝曰老夫不能忘情非府判之言不知其爲過也乃令玉入宅堂與諸女同處却召司理司戶四人同坐飲至

天明極歡而罷晨朝視事下文引告翁媪翁媪出其不意號哭而來曰養女十餘年用盡心力今更不得別見春娘出諭之曰吾夫妻相尋得著亦是好事我十年雖蒙汝恩養所積金帛亦多足爲汝養老之計媪猶號哭不已太守叱之使出既而太守使州司人從自宅堂擡出玉與司戶同歸衙司理爲媒四承務爲主如法成婚任將滿春娘謂司戶曰妾失身風塵亦荷翁媪愛育亦有義姊妹情分厚者今既遠去終身不相見欲少具酒食與之話別如何司戶曰汝諸事一州之人莫不聞知又不可隱諱此亦何害春娘遂置上禮就會勝寺請翁媪及同列者十餘人會飲酒酣有李英者本與春娘連居其樂色皆春娘教之常呼爲姊情極相得忽起持春娘手曰姊今超脫出靑雲之上我沈淪糞土中無有出期遂失聲慟哭春娘亦哭李英針綫妙絕春娘曰我司戶正少一針綫人但吾妹平日與我一等人今豈能爲我下耶英曰我在風塵中常退姊一步況今日有雲泥之隔嫡庶之異若得姊爲我方便得脫此門路也是一段陰德事若司戶左右要針綫人姊得我爲之則素相諳委勝如生分人也春娘歸以語司戶司戶不許曰一之爲甚其可再乎既而英屢使人來催司戶不得已拚一失色懇告太守太守曰君欲一箭射雙鵰耶敬當奉命以贖前此通判所責之罪司戶挈春娘歸舅姑見之相持大哭既而問李英之事遂責其子曰吾至親骨肉流落失所理當收拾又更旁及外人豈得已而不已耶司戶皇恐欲令其改嫁其母見李氏小心婉順遂留之居一年李氏生男邢氏養爲己子符郎名飛英字騰實罷金州幕職歷令丞每有不了辦公事上司督責聞有此事以爲知義往往多得解釋紹興乙亥歲自夔罷倅奉祠寄居武陵邢李皆在側每對士大夫具言其事無有隱諱人皆義之

說郛卷第三十七終

説郛卷第三十八

綠珠傳一卷全

綠珠者姓梁白州博白縣人也州則南昌郡古越池秦象郡漢合浦縣地唐武德初削平蕭銑於此置南州尋改爲白州取白江爲名州境有博白山博白江盤龍洞房山雙角山大荒山山上有池池中有婢妾魚綠珠生雙角山下美而豔越俗以珠爲上寶生女爲珠娘生男爲珠兒綠珠之字由此而稱晉石崇爲交趾採訪使以眞珠三斛致之崇有別廬在河南金谷澗澗中有金水自太白源來崇即川阜製園館綠珠能吹笛又善舞明君（明君昭君也避晉文帝諱改昭爲明）明君者漢妃也漢元帝時匈奴單于入朝詔王嬙配之即昭君也及將去入辭光彩射人天子悔焉重難改更漢人憐其遠嫁爲作歌崇以此曲教之而自製新歌曰我本良家子將適單于庭辭別未及終前驅已抗旌僕御涕流離轅馬悲且鳴哀鬱傷五內涕泣霑珠纓行行日已遠遂造匈奴城延佇于穹廬加我閼（於邊切）氏（音支）名殊類非所安雖貴非所榮父子見陵辱對之慚且驚殺身良不易默默以苟生苟生亦何聊積思常憤盈願假飛鳥翼棄之以遐征飛鴻不我顧佇立以屏營昔爲匣中玉今爲糞上蠅朝華不足歡甘與秋草幷傳語後世人遠嫁難爲情崇又製懊惱曲以贈綠珠崇之美豔者千餘人擇數十人粧飾一等使忽視之不相分別刻玉爲倒龍佩鎔金爲鳳凰釵結袖繞楹而舞欲有所召者不呼姓名悉聽佩聲視釵色佩聲輕者居前釵色豔者居後以爲行次而進趙王倫亂常賊類孫秀使人求綠珠崇方登涼觀臨清水婦人侍側使者以告崇出侍婢數百人以示之皆蘊蘭麝而披羅縠曰在所擇使者曰君侯服御麗矣然受命指索綠珠不知孰是崇勃然曰他無所愛綠珠不可得也秀自是譖倫族之收兵忽至崇

謂綠珠曰我今爲爾獲罪綠珠泣曰願效死于君前崇因止之于是墜樓而死崇棄東市後人名其樓曰綠珠樓樓在步庚里邇狄泉泉在王城之東綠珠有弟子宋諱有國色善吹笛後入晉明帝宮中今白州有一派水自雙角山出合容州江呼爲綠珠江亦猶歸州有昭君村昭君場吳有西施谷脂粉塘蓋取美人出處爲名又有綠珠井在雙角山下故老傳云汲此井飲者誕女必多美麗里閭有識者以美色無益于時因以巨石鎭之邇後雖有產女端妍者而七竅四肢多不完具異哉山水之使然昭君村生女皆炙破其面故白居易詩云不取往者戒恐貽來者冤至今村女面燒灼成瘢痕又以不完具而同焉牛僧孺周秦行記云夜宿薄太后廟見戚夫人王嬙太眞妃潘淑妃各賦詩言志別有善笛女子短鬟衫具帶貌甚美與潘氏偕來太后以接坐居之令吹笛往往亦及酒太后顧而問曰識此否石家綠珠也潘妃養作妹太后曰綠珠豈能無詩乎綠珠致謝作曰此日人非昔日人笛聲空怨趙王倫紅殘鈿碎花樓下金谷千年更不春太后曰牛秀才遠來今日誰人與伴綠珠曰石衛尉性嚴忌今有死不可及亂然事雖詭怪聊以解頤噫石崇之敗雖自綠珠始亦其來有漸矣崇嘗刺荆州劫奪遠使臣殺商客以致巨富又遣王愷鴆鳥共爲鴆毒之事有此陰謀加以每邀燕集令美人行酒客飲不盡者使黃門斬美女王丞相與大將軍嘗共訪崇丞相素不能飲輒自勉強至于沉醉至大將軍故不飲以觀其變色已斬三人君子曰禍福無門唯人所召崇心不義舉動殺人烏得無報耶非綠珠無以速石崇之誅非石崇無以顯綠珠之名綠珠之墜樓侍兒之有貞節者也比之于古則有曰六出六出者王進賢侍兒也進賢晉愍太子妃洛陽亂石勒掠進賢度孟津欲妻之進賢罵曰我皇太子婦司徒公女胡羌小子敢干我乎言畢投河六出曰大既有之小亦宜然復沒

河中又有窈娘者武周時喬知之寵婢也盛有姿色特善歌舞知之教讀書善屬文深所愛幸時武承嗣驕貴內宴酒酣迫知之將玉賭窈娘知之不勝便使人就家强載以歸知之怨悔作綠珠篇以敍其怨詞曰石家金谷重新聲明珠十斛買娉婷此日可憐無復比此時可愛得人情君家閨閤未曾難嘗持歌舞使人看富貴雄豪非分理驕矜貴勢橫相干辭君去君終不忍徒勞掩面傷紅粉百年離別在高樓一旦紅顏爲君盡知之私屬承嗣家閽奴傳詩于窈娘窈娘得詩悲泣投井而死承嗣令汲出于衣中得詩鞭殺閽奴諷吏羅織知之以至殺焉悲夫二子以愛姬示人掇喪身之禍所謂倒持太阿授人以柄易曰慢藏誨盜冶容誨淫其此之謂乎其後詩人題歌舞妓者皆以綠珠爲名庾肩吾曰蘭堂上客至綺席清絃撫自作明君辭還教綠珠舞李元操云絳樹搖歌扇金谷舞筵開羅袖拂歸客留歡醉玉杯江總云綠珠銜淚舞孫秀

強相邀綠珠之沒已數百年矣詩人尙詠之不已其故何哉蓋一婢子不知書而能感主恩憤不顧身其志烈懍懍誠足使後人仰慕歌詠也至有享厚祿盜高位亡仁義之行懷反覆之情暮四朝三唯利是務節操反不若一婦人豈不愧哉今爲此傳非徒述美麗窒禍源且欲懲戒辜恩負義之類也季倫死後十日趙王倫敗左衞將軍趙泉斬孫秀于中書軍士趙駿剖秀心食之倫囚金墉城賜金屑酒倫慚以巾覆面曰孫秀誤我也飲金屑而卒皆夷家族南陽生曰此乃假天之報怨不然何梟夷之立見乎

梅妃傳 一卷全　　唐曹鄴

梅妃姓江氏莆田人父仲遜世爲醫妃年九歲能誦二南語父曰我雖女子期以此爲志父奇之名之曰采蘋開元中高力士使閩粵妃笄矣見其少麗選歸侍明皇大見寵幸長安大內大明興慶三宮東都大內上陽兩宮幾四萬人自得妃視如塵土宮中亦自以爲不及妃能屬文自比謝女嘗淡妝雅服而姿態明秀筆不可描畫性喜梅所居欄檻悉植數株上榜曰梅亭梅開賦賞至夜分尙顧戀花下不能去上以其所好戲名曰梅妃妃有蕭蘭梨園梅花鳳笛玻盃剪刀綺窗七賦是時承平歲久海內無事上于兄弟間極友愛日從燕閒必妃侍側上命破橙往賜諸王至漢邸潛以足躡妃履妃登時退閣上命連宣報言適履珠脫綴竟當來久之上親往命妃妃拽衣迓上言胸腹疾作不果前也卒不至其恃寵如此後上與妃鬭茶顧諸王戲曰此梅精也吹白玉笛作驚鴻舞一座光輝鬭茶今又勝我矣妃應聲曰草木之戲誤勝陛下設使調和四海烹飪鼎鼐萬乘自有心法賤妾何能較勝負也上大喜會太眞楊氏入侍寵愛日奪上無疎意而二人相嫉避路而行上以方之英皇議者謂廣狹不類竊笑之太眞忌而智妃性柔緩亡以勝後竟爲太眞遷于上陽宮後上憶妃夜遣小黃門滅燭密

以戲馬召妃至翠華西閣敍舊愛悲不自勝繼而上失寤侍御驚報曰妃子已屆閣前當奈何上披衣抱妃藏夾幙間太眞既至問梅精安在上曰在東宮太眞曰乞宣至今日同浴溫泉上曰此女已放屛無並往也太眞語益堅上顧左右不答太眞大怒曰肴核狼藉御榻下有婦人遺舃夜來何人侍陛下寢懽醉至于日出不視朝陛下可出見羣臣妾止此閣以候駕回上愧甚拽衾向屛復寢曰今日有疾不可臨朝太眞怒甚徑歸私第上頃覓妃所在已爲小黃門送令步歸東宮上怒斬之遺舃并翠鈿命封賜妃妃謂使者曰上棄我之深乎使曰上非棄妃誠恐太眞惡情耳妃笑曰恐憐我則動肥婢情豈非棄也妃以千金壽高力士求詞人擬司馬相如爲長門賦欲邀上意力士方奉太眞且畏其勢報曰無人解賦妃乃自作樓東賦略曰玉鑑塵生鳳奩香殄懶蟬鬢之巧梳閒縷衣之輕練苦寂寞于蕙宮但凝思乎蘭殿信摽落之梅花隔

長門而不見況乃花心颺恨柳眼弄愁暖風習習春鳥啾啾樓上黃昏兮聽鳳吹而回首碧雲日暮兮對素月而凝眸溫泉不到憶拾翠之舊遊長門深閉嗟青鸞之信修憶昔太液清波水光蕩浮笙歌賞燕陪從宸旒奏舞鸞之妙曲乘畫鷁之仙舟君情繾綣深敘綢繆誓山海而常在似日月而無休奈何嫉色庸庸妒氣沖沖奪我之愛幸斥我乎幽宮思舊歡之莫得想夢著乎朦朧度花朝與月夕羞嬾對乎春風欲相如之奏賦奈世才之不工屬愁吟之未盡已響動乎疎鐘空長歎而掩袂躊躇步于樓東太眞聞之訴明皇曰江妃庸賤以諛詞宣言怨望願賜死上默然會嶺表使歸妃問左右何處驛使來非梅使耶對曰庶邦貢楊妃果實使來妃悲咽泣下上在花萼樓會夷使至命封珍珠一斛密賜妃妃不受以詩付使者曰爲我進御前也曰柳葉雙眉久不描殘粧和淚溼紅綃長門自是無梳洗何必珍珠慰寂寥上覽詩悵然不樂令樂

府以新聲度之號一斛珠曲名始此也後祿山犯闕上西幸太眞死及東歸尋妃所在不可得上悲謂兵火之後流落他處詔有得之官二秩錢百萬搜訪不知所在上又命方士飛神御氣潛經天地亦不可得有宦者進其畫眞上言似甚但不活耳題詩于上曰憶昔嬌妃在紫宸鉛華不御得天眞霜綃雖似當時態爭奈嬌波不顧人讀之泣下命模像刊石後上暑月晝寢彷彿見妃隔竹間泣含涕障袂如花矇露狀妃曰昔陛下蒙塵妾死亂兵之手哀妾者埋骨池東梅株傍上駭然流汗而寤登時令往太液池發視之不獲上益不樂忽悟溫泉湯池側有梅十餘株豈在是乎上自命駕令發視纔數株得屍裹以錦裀盛以酒槽附土三尺許上大慟左右莫能仰視視其所傷脅下有刀痕上自製文誄之以妃禮易葬焉

贊曰明皇自爲潞州別駕以豪偉聞馳騁犬馬鄠杜之間與俠少遊用此起支庶踐尊位五十餘年享天下之奉窮奢極侈子孫百數其閱萬方美色衆矣晚得楊氏變易三綱濁亂四海身廢國辱思之不少悔是固有以中其心滿其欲矣江妃者後先其間以色爲所深嫉則其當人主者又可知矣議者謂或覆宗或非命均其媢忌自取殊不知明皇耄而忮忍至一日殺三子如輕斷螻蟻之命奔竄而歸受制昏逆四顧嬪嬙斬亡俱盡窮獨苟活天下哀之傳曰以其所不愛及其所愛蓋天所以酬之也報復之理毫忽不差是豈特兩女子之罪哉

漢興尊春秋諸儒持公穀角勝負左傳獨隱而不宣最後迺出蓋古書歷久始傳者極衆今世圖畫美人把梅者號梅妃泛言唐明皇時人而莫詳所自也蓋明皇失邦咎歸楊氏故詞人喜傳之梅妃特嬪御擅美顯晦不同理應爾也此傳得自萬卷朱遵度家大中二年七月所書字亦端好其言時有涉俗者惜乎史逸其說略加修潤而曲循舊語懼沒其實也惟葉少蘊與予得之後世之傳或在此本又記其所從來如此

楊太眞外傳 三卷全

唐樂史 郎唐史官

楊妃小字玉環弘農華陰人也後徙居蒲州永樂之獨頭村高祖令本金州刺史父玄琰蜀州司戶貴妃生于蜀嘗誤墜池中後人呼爲落妃池池在導江縣前妃早孤養于叔父河南府士曹玄珪家開元二十二年十一月歸于壽王二十八年十月玄宗幸溫泉宮使高力士取楊氏女于壽邸度爲女道士號太眞住內太眞宮天寶四載七月冊左衞中郎將韋昭訓女配壽邸是月于鳳凰園冊太眞宮女道士楊氏爲貴妃半后服用進見之日奏霓裳羽衣曲是夕授金釵鈿合上又自執麗水鎮庫紫磨金琢成步搖至妝閤親與插鬢上喜甚謂後宮人曰朕得楊貴妃如得至寶也乃製曲子曰得寶子又曰得鞛（方孔反）子先是開元初玄宗有武惠妃王

皇后后無子妃生子又美麗寵傾後宮至十三年皇后廢妃嬪無
得與惠妃比二十一年十一月惠妃卽世後庭雖有良家子無悅
上目者上心悽然至是得貴妃有寵甚于惠妃有姊三皆豐碩修
整工于謔浪巧會旨趣每入宮中移晷方出宮中呼貴妃爲娘子
禮數同于皇后册妃日贈其父玄琰濟陰太守母李氏隴西郡夫
人又贈玄琰兵部尙書李氏梁國夫人叔玄珪爲光祿卿銀青光
祿大夫再從兄釗拜爲侍郎兼制使兄銛又居朔列堂弟錡尙太
華公主是武惠妃生以母見遇過于諸女賜第連于宮禁自此楊
氏權傾天下每有囑請臺省府縣若奉詔敕四方奇貨僮僕駞馬
日輸其門時安祿山爲范陽節度恩遇最深上呼之爲兒嘗于便
殿與貴妃同宴樂祿山每就坐不拜上而拜貴妃上顧而問之胡
不拜我而拜妃子意者何也祿山奏云胡家不知其父只知其母
上笑而赦之又命楊銛而下約祿山爲兄弟姊妹往來必相宴餞

初雖結義頗深後亦權敵不叶五載七月妃子以妒悍忤旨乘單
車令高力士送還楊銛宅及亭午思之不食舉動發怒力士探旨
奏請載還送院中宮人衣服及司農米麵酒饌百餘車諸姊及銛
初則懼禍聚哭及恩賜浸廣御饌兼至稍寬慰妃初出上無聊中
官趨過者或笞撻之至有驚怖而亡者力士因請就召既夜遂開
安興坊從太華宅以入及曉玄宗見之內殿大悅貴妃拜泣謝過
因召兩市雜戲以娛貴妃貴妃諸姊進食作樂自茲恩遇日深後
宮無得進幸矣七載加釗御史大夫權京兆尹賜名國忠封大姨
爲韓國夫人三姨爲虢國夫人八姨爲秦國夫人同日拜命皆月
給錢十萬爲脂粉之資然虢國不施妝粉自衒美豔常素面朝天
當時杜甫有詩云虢國夫人承主恩平明上馬入宮門却嫌脂粉
涴顏色淡掃蛾眉朝至尊又賜虢國照夜璣秦國七葉冠國忠鏁
子帳蓋希代之珍其恩寵如此銛授銀青光祿大夫鴻臚卿將列

棨戟特授上柱國一日三詔與國忠五家于宣陽里甲第洞開僭
擬宮掖車馬僕從照耀京邑遞相誇尙每造一堂費逾千萬計見
制度宏壯于己者則毀之復造土木之工不捨晝夜上賜御食及
方外進獻皆頒賜五宅開元以來豪貴榮盛未之比也上起動必
與貴妃同行將乘馬則力士執轡授鞭宮中掌貴妃刺繡織錦七
百人雕鏤器物又數百人供生日及時節慶續命楊益任嶺南長
史日求新異以進奉嶺南節度張九章廣陵長史王翼以端午進
貴妃珍玩衣服異于他郡九章加銀青光祿大夫翼擢爲戸部侍
郎九載二月上舊置五王帳長枕大被與兄弟共處其間妃子無
何竊寧王紫玉笛吹故詩人張祜詩云梨花靜院無人見閑把寧
王玉笛吹因此又忤旨放出時吉溫多與中貴人善國忠懼請計
于溫遂入奏曰妃婦人無智識有忤聖顏罪當死既嘗蒙恩寵只
合死于宮中陛下何惜一席之地使其就戮安忍取辱于外乎曰

朕用卿蓋不緣妃也初令中使張韜光送妃至宅妃泣謂韜光曰
請奏妾罪合萬死夫衣服之外皆聖恩所賜唯髮膚是父母所生
今當卽死無以謝上乃引刀剪其髮一繚附韜光以獻妃既出上
憮然至是韜光以髮搭于肩上以奏上大驚惋遽使力士就召以
歸自後益嬖焉又加國忠遙領劍南節度使十載上元節楊氏五
宅夜遊遂與廣寧公主騎從爭西市門楊氏奴揮鞭誤及公主衣
公主墮馬駙馬程昌裔扶公主因及數撾公主泣奏之上令決殺
楊氏奴一人昌裔停官不許朝謁于是楊家轉橫出入禁門不問
京師長吏爲之側目故當時謠曰生女勿悲酸生男勿喜歡又曰
男不封侯女作妃君看女却是門楣其天下人心羨慕如此上一
旦御勤政樓大張聲樂時教坊有王大娘善戴百尺竿上施木山
狀瀛州方丈令小兒持絳節出入其間而舞不輟時劉晏以神童
爲祕書省正字十歲惠悟過人上召于樓中貴妃坐于膝上爲施

粉黛與之巾櫛貴妃令詠王大娘戴竿晏應聲曰樓前百戲競爭新唯有長竿妙入神誰謂綺羅翻有力猶自嫌輕更著人上與妃及嬪御皆歡笑移時聲聞于外因命牙笏錦文袍賜之上又宴諸王于木蘭殿時木蘭花發皇情不悅妃醉中舞霓裳羽衣一曲天顏大悅方知迴雪流風可以回天轉地上嘗夢十仙子乃製紫雲回并夢龍女又製凌波曲二曲既成遂賜宜春院及梨園弟子并諸王時新豐初進女伶謝阿蠻善舞上與妃子鍾念因而受焉就按于清元小殿寧王吹玉笛上羯鼓妃琵琶馬仙期方響李龜年觱篥張野狐箜篌賀懷智拍板自旦至午歡洽異常時惟妃女弟秦國夫人端坐觀之曲罷上戲曰阿瞞樂籍今日幸得供養夫人請一纏頭秦國曰豈有大唐天子阿姨無錢用邪遂出三百萬爲一局焉樂器皆非世有者纔奏而清風習習聲出天表妃琵琶邏逤檀寺人白季貞使蜀還獻其木溫潤如玉光輝可鑒有金縷紅文甃成雙鳳絃乃末訶彌羅國永泰元年所貢者淥水蠶絲也光瑩如貫珠琴瑟紫玉笛乃姮娥所得也祿山進三百事管色俱用媚玉爲之諸王郡主妃之姊妹皆師妃爲琵琶弟子每一曲徹廣有獻遺妃子是日問阿蠻曰你貧無可獻師長待我與爾爲命侍兒紅桃取紅粟玉臂支賜阿蠻妃善擊磬拊搏之音泠泠然多新聲雖太常梨園之妓莫能及之上命採藍田綠玉琢成磬上方造簴流蘇之屬以金鈿珠翠飾之鑄金爲二師子以爲趺綵繪縟麗一時無比先開元中禁中重木芍藥即今牡丹也得數本紅紫淺紅通白者上因移植于興慶池東沉香亭前會花方繁開上乘照夜白妃以步輦從詔選梨園弟子中尤者得樂十六色李龜年以歌擅一時之名手捧檀板押衆樂前將欲歌之上曰賞名花對妃子焉用舊樂詞爲遽命龜年持金花牋宣賜翰林學士李白立進清平樂詞三闋承旨猶苦宿醒因援筆賦之第一首雲想衣裳花

想容春風拂檻露華濃若非羣玉山頭見會向瑤臺月下逢第二首一枝紅豔露凝香雲雨巫山枉斷腸借問漢宮誰得似可憐飛燕倚新妝第三首名花傾國兩相歡長得君王帶笑看解釋春風無限恨沉香亭北倚欄杆龜年奉詞進上命梨園弟子略約詞調撫絲竹遂促龜年以歌妃持玻璃七寶杯酌西涼州蒲萄酒笑領歌意甚厚上因調玉笛以倚曲每曲遍將換則遲其聲以媚之妃飲罷斂繡巾再拜上自是顧李翰林尤異于他學士會力士終以脫靴爲恥異日妃重吟前詞力士戲曰始爲妃子怨李白深入骨髓何翻拳拳如是耶妃子驚曰何學士能辱人如斯力士曰以飛燕比妃子賤之甚矣妃深然之上嘗三欲命李白官卒爲宮中所捍而止上在百花院便殿因覽漢成帝內傳時妃子至以手整上衣領曰看何文書上笑曰莫問知則又殢人覓去乃是漢成帝獲飛燕身輕欲不勝風恐其飄翥帝爲造水晶盤令宮人掌之而歌舞又製七寶避風臺間以諸香安于上恐其四肢不禁也上又曰爾則任風吹多少蓋妃微有肌也故上有此語戲妃妃曰霓裳羽衣一曲可掩前古上曰我纔弄爾便欲嗔乎憶有一屏風合在待訪得以賜爾屏風乃虹霓爲名雕刻前代美人之形可長三寸許其間服玩之器衣服皆用衆寶雜廁而成水精爲地外以玳瑁水犀爲押絡以珍珠瑟瑟間綴精妙殆非人力所製此乃隋文帝所造賜義成公主隨在北胡貞觀初滅胡與蕭后同歸中國上因而賜焉妃歸衛公家遂持去安于高樓上未及將歸國忠日午偃息樓上至床觀屏風在焉纔就枕而屏風諸女悉皆下床前各通所號曰裂繒人也定陶人也穹廬人也當壚人也亡吳人也步蓮人也桃源人也斑竹人也奉五官人也溫肌人也曹氏投波人也吳宮無雙返香人也拾翠人也竊香人也金屋人也解佩人也爲雲人也董雙成也爲煙人也畫眉人也吹簫人也笑蠻人也掌中人也許飛瓊也趙飛燕也金谷人也小鬟人也光發人也夜來人也結綺人也臨春閣人也扶風人也國忠雖開目歷歷見之而身體不能動口不能發聲諸女以物列坐俄有纖腰妓人近十餘輩曰楚章華踏謠娘也迺連臂而歌之曰三朵芙蓉是我流大楊造得小楊收復有二三妓曰楚宮弓腰也何不見楚辭別序云綽約花態弓身玉肌俄而遞爲本藝將畢乞一一復歸屏上國忠方醒惶懼甚遽走下樓急令封鎖之貴妃知之亦不欲見焉祿山亂後其物猶存在宰相元載家自後不知所在初開元末江陵進乳柑橘上以十株種于蓬萊宮至天寶十載九月秋結實宣賜宰臣

曰朕近于宮中種柑子樹數株今秋結實一百五十餘顆乃與江南及蜀道所貢無別亦可謂稍異者宰臣表賀曰伏以自天所育者不能改有常之性曠古所無者乃可謂非常之感是知聖人御物以元氣布和大道乘時則殊方叶致且橘柚所植南北異名實造化之有初非陰陽之有革陛下玄風眞紀六合一家雨露所均混天區而齊被草木有性憑地氣以潛通故茲江外之珍果爲禁中之佳實綠蔕含霜芳流綺殿金衣爛日色麗彤庭云云乃頒賜大臣外有一合歡實上與妃子互相持玩上曰此果似知人意朕與卿固同一體所以合歡于是促坐同食焉因令畫圖傳之于後妃子既生于蜀嗜荔枝南海荔枝勝于蜀者故每歲馳驛以進然方暑熱而熟經宿則無味後人不能知也上與妃采戲將北唯重四轉敗爲勝連叱之骰子宛轉而成重四遂命高力士賜緋風俗因而不易廣南進白鸚鵡洞曉言辭呼爲雪衣女一朝飛上妃鏡

臺上自語雪衣女昨夜夢爲鷙鳥所搏上令妃授以多心經記誦精熟後上與妃遊別殿置雪衣女于步輦竿上同去瞥有鷹至搏之而斃上與妃歎息久之遂瘞于苑中呼爲鸚鵡冢交趾貢龍腦香有蟬蠶之狀五十枚波斯言老龍腦樹生節方有禁中呼爲瑞龍腦賜妃十枚妃私發明駝使（明駝使腹下有毛夜能明日行五百里）持三枚遺祿山幷金平脫裝具玉合金平脫鐵面椀十一載李林甫死又以國忠爲相帶四十餘使十二載加國忠司空長男暄先尙延和郡主又拜銀青光祿大夫太常卿兼戶部侍郎小男朏尙萬春公主貴妃堂弟祕書少監鑑尙承榮郡主一門一貴妃二公主三郡主三夫人十三載重贈玄琰太尉齊國公母重封梁國夫人官爲造廟御製碑及書玄珪又拜工部尙書韓國壻祕書少監崔珣女爲代宗妃虢國男裴徽尙代宗女延光公主女爲讓帝男妻秦國壻柳澄男鈞尙長淸縣主澄弟潭尙肅宗女和政公主上每年冬十月幸華

淸宮常經冬還宮闕去卽與妃同輦華淸有端正樓卽貴妃梳洗之所有蓮花湯卽貴妃澡浴之室國忠賜第在宮東門之南虢國相對韓國秦國甍棟相接天子幸其第必過五家賞賜燕樂扈從之時每家爲一隊隊着一色衣五家合隊相映如百花之煥發遺鈿墜舃瑟瑟珠翠粲于路歧可掬曾有人俯身一窺其車香氣數日不絕駝馬千餘頭疋以劍南旌節器仗前驅出有餞飲還有軟脚遠近餉遺珍玩狗馬閹侍歌兒相望于家及秦國先死獨虢國韓國國忠轉盛虢國與國忠亂焉略無儀檢每入朝謁國忠與韓虢聯轡揮鞭驟馬以爲諧謔從官㜮嫗百餘騎秉燭如晝鮮妝炫服而行亦無蒙蔽衢路觀者如堵無不駭歎十宅諸王男女婚嫁皆資韓虢介紹每一人納一千貫上乃許之十四載六月一日上幸華淸宮乃貴妃生日上命小部音聲小部者梨園法部所置凡三十人皆十五已下于長生殿奏新曲未有名會南海進荔枝因

以曲名荔枝香左右歡呼聲動山谷其年十一月祿山反幽陵以誅國忠爲名咸言國忠虢國貴妃三罪莫敢上聞上欲以皇太子監國蓋欲代位自親征謀于國忠國忠大懼歸謂姊妹曰我等死在旦夕今東宮監國當與娘子等併命矣姊妹哭訴于貴妃妃銜壁上請命事乃寢十五載六月潼關失守上幸巴蜀貴妃從至馬嵬右龍武將軍陳玄禮懼兵亂乃謂軍士曰今天下崩離萬乘震蕩豈不由楊國忠割剝甿庶以至于此若不誅之何以謝天下衆曰念之久矣會吐蕃和好使在驛門遮國忠訴事軍士呼曰楊國忠與蕃人謀叛諸軍乃圍驛四合殺國忠幷男暄等（國忠舊名釗本張易之子也天授中易之恩幸莫比每歸私第詔令居樓仍去其梯圍以束棘無復女奴侍立母恐張氏絕嗣乃置女奴蠙珠于樓複壁中遂有娠而生國忠後嫁于楊氏）上乃出驛門勞六軍六軍不解圍上顧左右責其故高力士對曰國忠負罪諸將討之貴妃卽國忠之妹猶在陛下左右羣臣能無憂怖乞聖慮裁斷（一本作賊根猶在何敢散乎蓋斥貴妃也）上迴入驛驛門內傍有小巷上不忍歸行宮

于巷中倚杖欹首而立聖性昏默久而不進京兆司錄韋鍔進曰乞陛下割恩忍斷以寧國家逡巡上入宮撫妃子出于廳門至馬道北墻口而別之使力士賜死泣涕嗚咽語不勝情乃曰願大家好住妾誠負國恩死無恨矣乞容禮佛帝曰願妃子善地受生力士遂縊于佛堂前之梨樹下纔絕而南方進荔枝至上覩之長號數息使力士曰與我祭之祭後六軍尚未解圍以繡衾覆牀置驛亭中敕玄禮等入驛視之玄禮擡其首知其死曰是已而圍解瘞于西郭之外一里許道北下妃時年三十八上持荔枝于馬上謂張野狐曰此去劍門鳥啼花落水綠山青無非助朕悲悼妃子之由也初上在華清宮乘馬出宮門欲幸虢國夫人之宅玄禮曰未宣敕報臣天子不可輕去就上爲之迴轡他年在華清宮逼上元欲夜遊玄禮奏曰宮外卽是曠野須有預備若欲遊願歸城闕上又不能違諫及此馬嵬之誅皆是敢言之有便也先是術士李遐

周有詩曰燕市人皆去函關馬不歸若逢山下鬼環上繫羅衣燕市人皆去祿山卽薊門之士而來函關馬不歸哥舒翰之敗潼關也若逢山下鬼嵬字卽馬嵬驛也環上繫羅衣貴妃小字玉環及其死也力士以羅巾縊焉又妃嘗以假髻爲首飾而好服黃裙天寶末京師童謠曰義髻拋河裏黃裙逐水流至此應矣初祿山嘗于上前應對雜以諧謔妃常在坐祿山心動及聞馬嵬之死數日歎惋雖林甫養育之國忠激怒之然其有所自也是時虢國夫人先至陳倉之官店國忠誅問至縣令薛景仙率吏追之走入竹林下以爲賊軍至虢國先殺其男徽次殺其女國忠妻裴柔曰娘子何不借我方便乎遂幷其女刺殺之已而自刎不死載于獄中猶問人曰國家乎賊乎獄吏曰互有之血凝其喉而死遂倂坎于東谷十餘步道北楊樹下上發馬嵬行至扶風道傍有花寺畔見石楠樹團圓愛玩之因呼爲端正樹蓋有所思也及至劍閣口屬霖

雨涉旬于棧道雨中聞鈴聲隔山相應上旣悼念貴妃因採其聲爲雨霖鈴曲以寄恨焉至德二年旣收復西京十一月上自成都還使祭之後欲改葬李輔國等皆不從時禮部侍郎李揆奏曰龍武將士以楊國忠反故誅之今改葬故妃恐龍武將士疑懼肅宗遂止之上皇密令中官潛移葬之于他所妃之初瘞以紫褥裹之及移葬肌膚已消釋矣胸前猶有錦香囊在焉中官葬畢以獻上皇置之懷袖又令畫工寫妃形于別殿朝夕視之而歔欷焉上皇旣居南內夜闌登勤政樓凭闌南望烟月滿目上因自歌曰庭前琪樹已堪攀塞外征人殊未還歌歇聞里中隱隱如有歌聲者顧力士曰得非梨園舊人乎遲明爲我訪來翌日力士潛求于里中因召與同去果梨園弟子也其後上復與妃侍者紅桃在樓焉歌涼州之詞貴妃所製也上親御玉笛爲之倚曲曲罷相視無不掩泣上因廣其曲今涼州流傳者益加焉至德中復幸華清宮從官

嬪御多非舊人上于望京樓下命張野狐奏雨霖鈴曲曲半上四顧淒涼不覺流涕左右亦爲感傷新豐有女伶謝阿蠻善舞凌波曲舊出入宮禁貴妃厚焉是日詔令舞舞罷阿蠻因進金粟裝臂環曰此貴妃所賜上持之淒然垂涕曰此我祖大帝破高麗獲二寶一紫金帶一紅玉支朕以岐王所進龍池篇賜之金帶紅玉支賜妃子後高麗知此寶歸我乃上言本國自失此寶風雨愆時民離兵弱朕尋以爲得此不足爲貴乃命還其紫金帶唯此不還汝旣得之于妃子朕今再覩之但興悲念矣言訖又涕零至乾元元年賀懷智又上言曰昔上夏日與親王棋令臣獨彈琵琶貴妃立于局前觀之上數枰子將輸貴妃放康國猧子上局亂之上大悅時風吹貴妃領巾于臣巾上良久迴身方落及反歸覺滿身香氣乃卸頭幘貯于錦囊中今輒進所貯幞頭上皇發囊且曰此瑞龍腦香吾曾施于暖池玉蓮朶再幸尚有香氣宛然況乎絲縷潤膩

之物哉遂悽愴不已自是聖懷耿耿但吟刻木牽絲作老翁雞皮鶴髮與眞同須臾弄罷寂無事還似人生一世中有道士楊通幽自蜀來知上皇念貴妃自云有李少君之術上皇大喜命致其神方士乃竭其術以索之不至又能遊神馭氣出天界入地府求之竟不見又旁求四虛上下東極大海跨蓬壺忽見最高山上多樓閣洎至西廂下有洞戶東向闔其門額署曰玉妃太眞院方士抽簪叩扉有雙鬟童女出應問方士造次未敢言雙鬟復入俄有碧衣侍女至詰其所來方士因稱天子使者且致其命碧衣云玉妃方寢請少待之踰時碧衣延入且引曰玉妃出冠金蓮帔紫綃佩紅玉曳鳳舄左右侍女七八人揖方士問皇帝安否次問天寶十四載已還言訖憫然指碧衣女取金釵鈿合折其半授使者曰爲我謝太上皇謹獻是物尋舊好也方士將行色有不足碧衣因徵其意乃復前跪致詞請當時一事不聞于他人者驗于太上皇不然恐金釵鈿合負新垣平之詐也玉妃茫然退立若有所思徐而言曰昔天寶十載侍輦避暑驪山宮秋七月牽牛織女相見之夕上憑肩而望因仰天感牛女事密相誓心願世世爲夫婦言訖各相嗚咽此獨君王知之耳因悲曰由此一念又不得居此復墮下界且請結後緣或爲天或爲人決再相見和合如舊因言太上皇亦不久人間幸惟自愛無自苦耳使者還具奏太上皇皇心震悼及至移入大內甘露殿悲悼妃子無日無之遂辟穀服氣張皇后進櫻桃蔗漿上皇並不食常玩一紫玉笛因吹數聲有雙鶴棲外庭徘徊而去上皇語侍兒宮愛曰吾奉上帝所命爲元始孔昇眞人此期可再會妃子耳笛非爾所寶可送大收（大收代宗小字）即令具湯沐我若就枕愼勿驚我宮愛聞睡中有聲駭而視之已崩矣妃之死日馬嵬媼得錦袎襪一隻相傳過客一玩百錢前後獲錢無數悲夫玄宗在位久倦于萬機常以大臣接對拘檢難徇私欲自得李林甫一以委成故絕逆耳之言恣行燕樂衽席無別不以爲恥由林甫之贊成矣乘輿遷播朝廷陷沒百僚繫頸妃主被戮兵滿天下茶毒四海皆國忠之召禍也

史臣曰夫禮者定尊卑理家國君不君何以享國父不父何以正家有一于此未或不亡唐明皇之一誤貽天下之羞所以祿山叛亂止罪三人今爲外傳非徒拾楊妃之故事且懲禍階而已

重編燕北錄 三卷

宋王易

淸寧四年戊戌歲十月二十三日戎主一行起離靴甸往西北約二百七十餘里地名永興甸行柴册之禮于十一月一日先到小禁圍內宿泊二日先于契丹官內揀選九人與戎主身材一般大小者各賜戎主所著衣服一套令結束九人假作戎主不許別人知覺于當夜子時與戎主共十人相離出小禁圍入大禁圍內分頭各入一帳每帳內只有蠟燭一條椅子一隻並無一人于三日辰時每帳前有契丹大人一員各自入帳列何骨腦（漢語捉認天時也）若捉認得戎主者宣賜牛羊駝馬各一千當日宋國大王（戎主親弟）于第八帳內捉認得戎主番儀須得言道我不是的皇帝其宋國大王却言道你的是皇帝如此往來番語三遍戎主方始言是便出帳來著箱內番儀衣服畢次第行禮先望日四拜次拜七祖殿木葉山神次拜金神次拜太后次拜赤娘子次拜七祖眷屬次上柴籠受册次入黑龍殿受賀當日行禮罷與太后太叔同出大禁圍却入小禁門內與近上番儀臣僚夜宴至三更退四日歇泊五日却來靴甸受南朝禮物小禁圍在大禁圍外東北角內有氈帳二三座大禁圍每一面長一百一十步有氈帳十座黑氈兵幕七座大小禁圍外有契丹兵甲一萬人各執鎗刀旗鼓弓箭等旗上錯成番書旧字（漢語正軍字）七祖者太祖太宗世宗穆宗景宗聖宗興宗也赤娘子者番語謂之掠胡奥俗傳是陰山七騎所得黃河中流下一

婦人因生其族類其形木雕彩裝常時于木葉山廟內安置每一新戎主行柴册禮時于廟內取來作儀注第三日送歸本廟七祖眷屬七人俱是木人着紅錦衣亦于木葉山廟內取到柴龍之制高三十二尺用帶皮楡柴疊就上安黑漆木壇三層壇上安御帳當日戎主坐其中下有契丹臣僚三百餘人

生產皇后生產如過八月先起建無量壽道場逐日行香禮拜一月與戎主各帳寢預先造團白氊帳四十九座內一座最大徑圍七十二尺皇后欲覺產時于道場內先燒香望日番拜八拜便入最大者帳內其四十八座小帳于大帳周圍放卓每帳各用有角羊一口以一人紐羊角候皇后欲產時令諸小帳內人等一時用力紐羊角其聲俱發內外人語不辨番云此羊代皇后忍痛之聲也仍以契丹翰林院使抹却眼抱皇后胸穩婆是燕京高夫人其皇后用甘草苗代桿草臥之若生兒時方產了戎主著紅衣服于

前帳內動番樂與近上契丹臣僚飲酒皇后即服調酥杏油半盞如生女時戎主着皂衣動漢樂與近上漢兒臣僚飲酒皇后即服黑豆湯調鹽三分其用羊差人牧放不得宰殺直至自斃皇后至第九日却歸戎主帳其餘契丹婦人產時亦望日番拜八拜候入帳內以手帕子抹却契丹醫人眼抱婦人胸臥甘草苗若生兒時其夫面塗蓬子胭脂產母亦服酥調杏（其蓬子八月收以麄布絞汁用時以浸布水塗面番婦人時常亦用作妝飾）或生女時面塗炭墨產母亦服黑豆湯調番言用此二物塗面時宜男女貧者不具此儀

戎主及契丹臣庶每年取祈降雪戎主太后噓噴時但是近位番漢臣僚等並齊道治𢧐離漢語萬歲也契丹如見月蝕當夜各備酒饌相賀戎主次日亦有宴會如日蝕即盡望日唾之仍背日坐戎主及契丹臣庶每鬧䂀靂聲各相鈎中指只作喚雀聲以爲禳厭也

戎主及契丹臣庶等如見旋風時便合眼用鞭子空中打四十九下口道神不尅七聲漢語溲風也以禳厭

凡兵馬應是漢兵多以得勝或必勝二字爲號諸番兵以蕃珂忍號漢語龍虎二字也

銀牌有三道（上是番書朕字）用金鍍銀成見在內侍左承宣宋璘處收掌用黑漆匣盛每日于戎主前呈封一遍或有緊急事宜用此牌帶在項上走馬于南北大王處抽發兵馬餘事即不用也

長牌有七十二道（上是番書敕走馬字）用金鍍銀成見在南內司收掌每遇下五京諸處取索物色及進南朝野味鹿茸果子用此牌信帶在腰間左邊走馬

木刻子牌約有一十二道（上是番書急字）左面刻作七刻取其本國已歷之世也右面刻作一刻旁是番書永字其字只是用金鍍銀葉陷成長一尺二寸已來每遇往女眞達靼國取要物色抽發兵馬用此牌信帶在腰間左邊走馬其二國驗認爲信

鐵瓜（番呼蝦覩）以熟鐵打作八片虛合成用柳木作柄約長三尺兩頭鐵裹打數不過七下

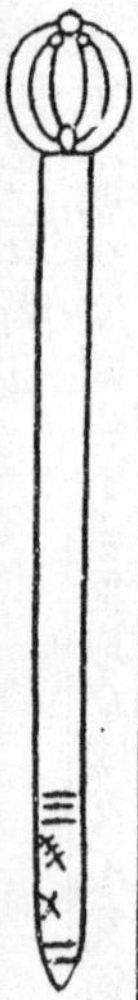

沙袋（番呼郛不離）以牛皮夾縫如鞋底內盛沙半以來柄以柳木作胎亦用牛皮裹長二尺打數不過五百

戎主太后寢帳內事不論大小若傳播出外捉獲者其元傳播人處死接聲傳人決沙袋五百

契丹盜衣服錢絹諸物等捉獲賊重或累倍估計價錢每五貫文決沙袋一下累至一百五十文決沙袋五百配役五年若更有錢時十貫文打骨鎚一下至骨鎚五十已上更有錢時處死

四時捺鉢多于長春州東北三千里就爍甸住坐夏捺鉢多于永安山住坐秋捺鉢多在靴甸住坐所謂捺鉢者戎主所至處也

異聞 三卷

宋何光 字礎謙 四明人

兠離國　周宗春字本之世家安吉之烏程蚤歲以筆力自傭游學旁郡至天台適報恩寺長老了清有同里之好留憩蕭寺時嘉熙丁酉仲夏也嘗以是年八月六日因事出城北歸薄暮足倦神

憊急呼童整榻布寢恍惚間聞有車輪聲從簷外來周亟起迎之見一使者躍馬而至車乘踵其後周方愕視使者遽前啓周曰大王奉召周且疑且辭使者躍曰大王久欽令譽覬覲光儀故遣一介致卑詞安車聘老爪席待賢之意不越于此先輩其可戀守株之舊循墻之避乎周謙士也不覺汗背請唯其命于是乘車而往使者前道其行甚疾路亦不惡道旁略無人舍約十里許忽覩層閣複道朱甍翠瓦城堞突兀草木葱蒨揭扁額其上曰兠離國入門數十步使者曰宮闕不遠請先輩下車周曰某山野草萊終日書案鳴珮曳履夢想所不到上國不以譾陋賜之聘召深恐步武蹉跌取戾朝儀願使者先有以教之使者徐應曰且安心但見綵衢紫陌香塵滾滾塗謳里詠喜見顏色周頗自安私謂必樂地得終老于此不猶愈于粥魚齋鼓荒涼蕭寺之居乎頃刻間已抵玉闕道左一館扁曰延英使者揖周入辭曰道路風塵衣冠欹側先輩少歇周與使者對揖而別甫轉首一丈夫金章紫綬立館右小吏持銜狀前白周視之上題昌化大夫知延英館事臯甫潗小吏揖客入各敘起居竟始欲解帶磅礴俄報宮闈已啓周整束冠裳從知館而去曉色猶暝殘月耿耿璇題間玉闕聳峙輪奐共奕目不禁視圭冕交錯雜遝而進遙望九陛上帷幔燦爛座中設百官以次左右行列有報班齊者王御正衙宰弼敘聖躬萬福王亦致答餘各拜舞忽聞呼周姓名有二朱衣引周獨立殿下傳王旨曰寡人濫承先緒涼德是愧持盈守成自古所懼樂得賢者相與圖回聞卿學術久富意甚嘉之周曰臣紕踐餘生不學無似殿下誤加采錄使者親銜王命勉臣此行遂得瞻望清光遭逢盛事王復曰寡人渴想名賢得卿如醴泉甘露尉悅可勝勉爲少留共扶國事周敘謝方欲措詞而吏報班退即有別吏持牒文授周曰周宗春可特授文籍監丞日赴堂却預議事仍賜第一所俄有從吏數

十名姬不下十餘輩擁周入一宅華麗奇巧服御光生周入居其中即日視事同僚各持銜狀互賀自此曉則謁王午則入都堂與議一國之事皆參決焉暮則回第荏苒約半載官況益美忽一日報相國木契子齡病王召周而問曰子齡相國二十年矣政事粗舉倘一疾不起何人可代周曰知臣莫若君王曰寡人得之矣翌日子齡薨位俄報右丞屈曲槊拜相國槊性險愎貪污罕倫一聞敕下人皆側目周聞之驚甚即上疏諫王曰臣聞植治有堦浚亂有源自昔英君誼辟不以治爲可喜而常以亂爲憂何則治亂之分自君子小人始一君子之政未足以勝百小人之姦一小人之謀深足以干千百君子之政君子之用意也善其爲政也明白洞達其事可行其言可覆小人則異是豺軀麒角羊質虎皮喜則摩足以相攏怒則反目而相噬此堯之所以誅四凶成王之所以流管蔡史臣直筆不以四凶之罰爲甚管蔡之誅爲過蓋其人天怒

神怨摧折已晚使尙佚其辜將自速于禍矣然則城姦穿惡刻刻不忘大治榮華何慮其不至譬如嘉穀織莠必除譬彼長隄寸罅必窒所謂植治之階浚亂之源係乎人君用舍之頃一毫不容間爾殿下以神聖之姿守太平之緒首任棟梁以付穹窿之寄旁搜蘭茝以贊熙治之期四民均安百世允賴今天不慭遺大老故相國木契子齡未就衰年遽終奇恙殿下更召耆俊親試登庸于進退間治亂由別豈意私昵並緣乘間竊寵欲以一國之事付之佞人屈曲槃之手槃何如其人也蠱毒百端狐媚萬狀內藉宮掖之援外肆溪壑之求昔典戶曹攫金珠如瓦礫嘗領郡寄視版籍如蒙氈上恩隆寬猶爲涵覆綴班宰府叨逾已甚素餐公餗顏不知羞相鼎暫虛顧乃歸之掌握此槃之平昔所願望而不可得者一旦而得之將使吐胸中之陰蹤詭狀盡肘後之庸方末技上以誤殿下下以誤蒼生宗社生靈殆有不忍言之禍矣且相國之位非

殿下所得私一國之相位也任之匪人亂源立見根本既仆枝葉從之敕下日士爲廢書商爲罷市殿下聞乎否乎使其聞而不爲動心則一國之事去矣臣所以激激爲殿下告者猶喜其未聞而趣爲反汗也臣異國書生早承眷遇不恤肝腦敢布腹心惟殿下采擇取進止書上王拊案大怒曰狂生不識時宜輒以右丞爲佞人多見其不知量遣使者召對時王御紫琳閣周入王怒色未霽叱曰卿疏賤下士何得輒議吾大臣貫爾一死放卿東歸周對曰某斥退固宜歸則何所王笑曰卿本世上人何不思歸周因大悟涕泣交下願乞骸骨而歸王曰卿雖爲狂悖亦無甚過惡後十八年歲在班文更當召卿顧宮媵取玉合三枚署甲乙其上賜之且戒之曰卿歸日首開其一餘或遇難次第啓視周再拜泣謝而出宮門有疋馬二卒迎白請監丞上馬周曰我欲回賜第取衣物卒曰奉朝旨不許周頗悒怏疋馬趣行出城門見向使者迎訣曰不

意監丞事業止此揖而退遂指來途而返路人皆叩馬而嘆曰忠臣去矣如國事何亦有焚香酌水而送別者少頃至臺城過報恩寺門周卽下馬入齋房顧已身偃臥榻上周驚曰吾其死矣忽有呼周姓名者欲唯諾間已驚悟時約五鼓孤燈猶照東壁小豎鼻息如雷鳴周悅然而起視袖間玉合儼存周啓其一內有墨迹如鮮題曰人生無百年世事一如夢可往衡山中峯尋五官子問之周歷歷盡記染筆亟識其顛末及曉訪了淸言之卽往衡嶽訪異人了淸堅留不可周出所書以示之呼童擕橐而去迄今不知其存否了淸錄其所書如此

碧瀾堂　安吉碧瀾堂素有奇怪郡士晁子芝嘗與客游眺于彼迫暮共見水面一好女子衣服楚楚手捧蓮葉足履萍草而來晁料其異物急叱之女子自若且行且吟云水天日暮風無力斷雲影裏蘆花色折得荷花水上游兩鬢瀟瀟釵玉直吟畢由東岸而

去

淫獄　四明定海縣留氏婦病熱三日始甦夢吏攝入冥府見獄掾曰爾姓是甚留氏婦曰陳留之留掾相顧曰幾錯事遂遣使送回過一冥司土木盛興婦叩使者曰此何所也使者歎曰近來世道薄惡嗜欲無度冥司新建淫獄專以鍛鍊罪人耳爾歸遍相警告切須省節且毋爲姦通事自取其孽吁可傷哉婦人既寤徧以告人

續骫骳說一卷　宋朱弁號聘游子

予居東里或有示予晁無咎骫骳說二卷其大概多論樂府歌詞皆近世人所爲也予不自揆亦述所見聞以貽好事名之曰續骫骳說信筆而書無有倫次豈可仿彿前輩施諸尊俎祇可爲掀髯捧腹之具壬戌六年辛巳聘游子敍

女眞之亂　政和中袁裪爲教坊判官製撰文字一日爲蔡京撰傳言玉

女詞有淺淡梳妝愛學女眞梳掠之語上見之索筆改女眞二字爲漢宮而人莫解蓋當時已與女眞盟于海上矣而中外未知帝惡其語故竄易之也

元宵詞　都下元宵觀游之盛前人或于歌詞中道之而故族大家宗藩戚里宴賞往來車馬駢闐五晝夜不止每出必窮日盡夜漏乃始還家往往不及小甜雖含酲溘疲思亦不暇寐皆相呼理殘粧而速客者已在門矣又婦女首飾至此一新髻鬢篸插如蛾蟬蜂蝶雪柳玉梅燈毬裊裊滿頭其名件甚多不知起何時而詞客未有及之者晁叔用作上林春慢云帽落宮花衣惹御香鳳輦晚來初過鶴降詔飛龍擎燭戲端門萬枝燈火滿城車馬對明月有誰閒坐任狂遊更許傍禁街不扃金鎖玉樓人暗中擲果珍簾下笑着春衫裊嫋素娥遶釵輕蟬撲鬢垂垂柳絲梅朶夜闌飲散但贏得翠翹雙嚲醉歸來又重向曉窗梳裹此詞雖非絕唱然句句皆是實事亦前人所未嘗道者良可喜也

士氣　一身之盛衰在乎元氣天下之治亂在乎士氣元氣壯則膚革充盈士氣伸則朝廷安強故善養生者使元氣不耗善治國者使士氣不沮欲元氣不耗則必調飲食以助之而咽喉者所以納受飲食也欲士氣不沮則必防壅蔽以達之而言路者所以開導壅蔽也近取諸身遠取諸物遠近雖殊治道無二

文章有法　古人凡在文章之苑者其下筆皆有所法不苟作也班固序傳爲斟酌六經放易象論然則文章自六經出者上也其次亦各有所祖傳而時自爲變態劉夢得與柳子厚論平淮西碑云若在我乎當學左傳蓋欲如左氏敍謀帥事而爲之也不有所法不足名文章相如美人本于好色退之送窮出于逐貧杜牧晚晴蓋託小園歐公黃楊實則枯樹其他往往而是未可以槩舉也舉筆者詎可易也

參寥子　參寥子者妙揔大師曇潛也俗姓王氏杭州錢塘縣人幼不茹葷父母聽出家以童子誦法華經度爲比丘受具戒于內外典無所不窺能文章尤喜爲詩秦少游與之有支許之契嘗在臨平道中作詩云風蒲獵獵弄輕柔欲立蜻蜓不自由五月臨平山下路藕花無數亂汀洲東坡一見爲寫而刻諸石宗婦曹夫人善丹青作臨平藕花圖人爭影寫蓋不獨寶其畫也東坡守彭城參寥嘗往見之在坡座賦詩援筆立成一坐嗟服坡遣官妓馬盼盼索詩參寥笑作絕句有禪心已作沾泥絮之語坡曰予嘗見柳絮落泥中私謂可以入詩偶未嘗收拾乃爲此老所先可惜也住西湖智果院坡南遷素不快者摭詩語謂有剌譏得罪反初服建中靖國元年曾子開爲翰林學士言其非辜詔復祝髮紫方神師號如故蘇黃門每稱曰此釋子詩無一點蔬筍氣其體制絕似儲光曦非近世詩僧所能比也欲集其詩序之竟不果而卒參寥崇寧末歸老江湖既示寂其傳孫法穎以其集行于世然猶有不傳者

傳載　三卷

唐劉餗　彭城人

齊吳均爲文多慷慨軍旅之意梁武帝被圍臺城朝廷問外禦之計均忙懼不知所答但云愚意願速降爲上

洛陽城南市卽隋之豐都市也初築外垣之時掘得一塚無甎甓棺中有平幘朱衣銘云筮言居朝龜言遡市五百年閒于斯見矣校其年月當魏黃初二年也

秦王府倉曹李守素尤精譜學人號爲肉譜虞祕書世南曰昔任彥昇善談經籍時人稱爲五經笥今宜改倉曹爲人物志

太宗使宇文士及割肉以餅拭手帝屢目之士及佯爲不悟更徐拭而啗之

武衛將軍秦叔寶晚年多病每謂人曰吾少長戎馬經二百餘戰前後出血不啻數斛何能無患乎

秦武衛勇力絕人其所持鎗踰越常制初從太宗圍王世充于洛陽馳馬頓之城下而去城中數十人共拔不能動叔寶復馳馬舉之以還迄今國家每仗陳設必列于殿廷以旌異之

太宗將賜鄭公櫻桃稱奉則以尊言賜又以卑乃問之虞監曰昔梁帝遺巴陵王物稱餉遂從之

太宗嘗出行有司請載副書以從上曰世南在此行祕書也太宗稱虞監博聞德行書翰詞藻忠直一人而兼五善

中書令馬周始以布衣上書太宗覽之未及終卷三命召之所陳世事莫不施行

太宗之征遼作飛梯臨其城募爲梯首者城中矢石如雨而競爲先登英公指謂中書舍人許敬宗曰此人豈不健敬宗曰健卽大健要是未解思量帝聞將罪之

晉謝靈運鬚美臨刑施爲南海祇洹寺維摩詰鬚寺人保惜初不

虧損中宗朝安樂公主五日鬬百艸欲廣其物色令馳驛取之也

說郛卷第三十八終

說郛卷第三十九

侯鯖錄（八卷當併入前三十一卷內侯鯖錄中）　宋趙令時（字德麟號聊復翁）

東坡與司馬溫公論茶墨溫公曰茶與墨正相反茶欲白墨欲黑茶欲重墨欲輕茶欲新墨欲陳予曰二物之質誠然然亦有同者公曰謂何予曰奇茶妙墨皆香是其德同也皆堅是其性同也譬如賢士君子妍醜黔皙之不同其德操韞藏實無以異公笑以爲是

集韻云鱓（音鼉）魚也皮可冒鼓今多以鼉鼓使鼉字非也此水蟲耳

王性之作傳奇辨正云嘗讀蘇翰林贈張子野詩云詩人老去鶯鶯在注言所謂張生乃張籍也僕按元微之所作傳奇鶯鶯事在貞元十六年春又言明年生文戰不利乃在十七年而唐登科記張籍以貞元十五年商郢下登科既先二年決非張籍明矣每觀

斯文撫卷嘆息且未知張生果爲何人意其非微之一等人不可當也會清源莊季裕爲僕言友人楊阜公嘗得微之所作姨母鄭氏墓銘云暨其喪夫遭軍亂微之爲保護其家備至則所謂傳奇者蓋微之自敍特假他姓亦避嫌耳僕退而攷微之長慶集不見所謂鄭氏誌文豈予家所收未全或別本有之細味微之所序及考于他書則與季裕所說皆合蓋昔人事有悖于義者多托之鬼神夢寐或假之他人或云見他書後世猶可考也微之心不自聊既出之翰墨姑易其姓氏耳不然爲人敍事安能委曲詳盡如此按樂天作微之墓誌大和五年薨年五十三則當以大曆十四年己未生至貞元庚辰正二十二歲矣（傳奇言生年二十二尙不知女色）又退之作微之妻韋墓誌文作壻韋氏時微之始以選爲校書郞正傳奇所謂後歲餘生亦有所娶者也（貞元十八年拔萃爲校書郞年二十四矣）又微之作陸氏姊誌云予外祖睦州刺史鄭濟樂天作微之母鄭夫人誌亦言鄭濟女而唐

氏崔氏譜永寧尉鵬亦娶鄭濟女則鶯鶯者乃崔鵬之女于微之爲中表正傳奇言所謂鄭氏爲異派之從母者也非特此而已僕家有微之作元氏古豔詩百餘篇中有春詞二首皆隱鶯字（傳奇言立叚春）（劉二曾以授之不符謂字者訛此意是也）及自有鶯鶯詩離思詩雜憶詩與傳奇所載猶一家說也又有古決絕詞夢遊春詩前敘所遇後言捨之以義及敘娶韋氏之年與此無少異者（夢遊春詩云當年二紀初嘉節三星度韋門正全盛出入多歡裕二紀初謂二十四歲也）其詩中多言雙文意謂二鶯字爲雙文也併書之後使覽之者可考焉又意古豔詩詩多微之專因鶯鶯而作無疑又微之百韻詩寄樂天云山岫當階翠牆花拂面枝鶯聲愛嬌小燕翼玩逶迤注云昔予賦詩云時見牆頭拂面花時惟樂天知此事又云幼年與蒲中詩人楊巨源友善日課爲詩（傳奇言生發其書于所知予亦聞其說生甚善楊巨源源爲賦崔娘詩一絕）凡是數端有一于此可驗決爲微之無疑況于如是之衆耶然必更以張生者豈元與張受姓命氏本同所自出耶（張姓出黃帝之後元姓亦然後爲拓跋氏後魏有國改姓）

元 僕性喜討論考合同異每聞一事隱而未見或可見而事不同如瓦礫之在懷必欲討閱得一說而後已嘗謂讀千歲之書而探千歲之迹必須盡見當時事理如身履其間絲分縷解終始備盡乃足以置議論若略執一言一事未見其餘則事之相戾者多矣又謂前世之事無不可考者特學者觀書少而未見爾微之所遇合雖涉于流宕自放不中禮義然名輩風流照映後世亦人間可喜事而士之臻此者特鮮也雖爲避嫌然意微而顯見于微之其他文辭者彰著又如此故反覆抑揚張而明之以信其說他時見所作姨母鄭氏誌文當詳載于後云微之古豔詩春詞云春來頻到宋家東垂袖開懷待好風鶯藏柳暗無人語惟有牆花滿樹紅深院無人草自光嬌鶯不語趁陰藏等閑弄水浮花片流出門前賺阮郎鶯鶯詩云殷紅淺碧舊衣裳取次梳頭暗淡粧夜合帶烟籠曉日牡丹經雨泣殘陽依稀似笑還非笑髣髴聞香不是香頻動橫波嗔不語等閑教見小兒郎離思云自愛殘粧曉鏡中金釵謾插綠絲叢須臾日射臙脂頰一朵紅酥旋欲融山泉散漫遶階流萬樹桃花映小樓閒讀道書慵未起水晶簾下看梳頭紅羅著壓逐時新杏子花紗嫩麴塵第一莫嫌才地弱些些紕縵最宜人曾經滄海難爲水除却巫山不是雲取次花叢懶回顧半緣修道半緣君尋常百種花齊發偏摘梨花與白人今日江頭兩三樹可憐枝葉度殘春春曉詩云半欲天明半未明醉聞花氣睡聞鶯娃兒撼起鐘聲動二十年前曉寺情古決絕詞云乍可爲天上牽牛織女星不願爲庭前紅槿枝七月七日一相見相見故心終不移那能朝開莫飛去一任東西南北吹分不兩相守恨不兩相思對面且如此背面當可知春風撩亂百勞語況當此時拋去時握手苦相問竟不言後期君情既決絕妾意苦參差借如死相別安得長苦悲又云噫春冰之將泮何予懷之獨結有美一人于焉曠絕

一日不見比于三年況三年之曠別水得風兮小而已波筍在籜兮高不見節矧桃李之當春競衆人之攀折我自顧悠悠而若雲又安能保君皓皓之如雪感破鏡之分明覩淚痕之餘血幸他人之既不我先又安能使他人之終不我奪已焉哉織女別黃姑一年一度暫相見彼此隔河何事無又云夜夜相抱眠幽懷尚沉結那堪一年事長遣一宵說但感久相思何暇暫相悅虹橋薄夜成龍駕侵晨列生憎野鶴性遲回死恨天雞識時節曙色漸曈曨華星欲明滅一去又一年一年何可徹有此迢遞期不如死相別天公若是妒相憐何不便教相決絕雜憶云今年寒食月無光夜色纔侵已上床憶得雙文通內裏玉櫳深處暗聞香花籠微月竹籠烟百尺絲繩拂地懸憶得雙文人靜後潛教桃葉送鞦韆寒輕夜淺繞迴廊不辨花叢暗辨香憶得雙文籠月下小樓前後捉迷藏山榴似火葉相兼半拂低牆半拂簷憶得雙文獨披掩滿頭花草

倚新篨春冰消盡碧波湖瀁影殘霞似有無憶得雙文衫子薄鈿
頭雲映褪紅酥贈雙文云豔極翻含態憐多轉自嬌有時還自笑
閒坐更無憀曉月行看墮春酥見欲消何因肯垂手不敢望回腰
夢遊春云昔歲夢遊春夢遊何所遇夢入深洞中果遂平生趣清
泠淺漫溪畫舸蘭篙渡過盡萬株桃盤旋竹林路長廊抱小樓門
牖相回互樓下雜花叢叢邊繞鴛鴦池光漾彩霞曉日初明煦未
敢上階行頻移曲池步烏龍不作聲碧玉曾相慕漸到簾幙間徘
徊意猶懼閒窺東西閣奇玩參差布隔子碧油糊駝鈎紫金鍍逡
巡日漸高影響人將寤鸚鵡飢亂鳴嬌娃睡猶怒簾開侍兒起見
我遙相諭鋪設錦綳裀施張鈿裝具潛褰翡翠帷瞥見珊瑚樹不
辨花貌人空驚香若霧回身夜合偏斂態朝霞聚睡臉桃破風汗
粧蓮委露叢梳百葉髻金蹙重臺履紕軟鈿頭裙玲瓏合歡袴鮮
妍脂粉薄暗淡衣裳故最惜紅牡丹雨來春欲暮夢魂良易驚靈

境難久寓夜夜望天河無由重沿泝結念心所期返如禪頓悟覺
來八九年不向花回顧雜遝兩京春喧闐衆禽護我到看花時但
作懷仙句浮生轉經歷道性尤堅固近作夢仙詩亦知勞肺腑一
夢何足云良時事婚娶當年二紀初嘉節三星度朝蕣玉佩迎高
松女蘿附韋門正全盛出入多歡裕云云樂天和微之夢遊仙詩序之云斯言也不可使不知吾者知知
吾者亦不可使不知樂天知吾者也吾不敢不俲吾子知予爲斯言復其指大抵悔旣往而悟將來者也云云正謂此事非張籍益明矣三微之年譜
己未代宗大曆十四年是歲微之生庚申德宗建中元年辛酉至甲子興
元元年是歲崔氏生乙丑貞元元年丙寅至癸酉九年是歲微之明經及第甲戌至己
卯十五年十二月辛未咸寧王渾瑊薨于蒲丁文雅不能御軍遂作亂庚辰十六年是歲微之年二十二傳奇言生年二十二未近女色
崔氏年十七傳奇言于今之貞元庚辰十七年矣辛巳十七年是歲微之年二十三傳奇言生以文調西去所謂文戰不利遂止京師崔氏書所謂春氣多厲正大
年春也壬午十八年是歲微之年二十四以中書判第四等授校書郎傳奇言後歲餘崔乃委身于人生亦有所娶按退之作微之妻韋叢墓誌曰選婿時稹始以選
授校書郎與微之夢遊春二紀初三星度所謂有所娶之言同癸未十九年至乙酉順宗永貞元年丙戌
憲宗元和元年是歲微之年二十八以才識兼茂明于體用科第拜左拾遺出爲河南尉丁亥戊子二年是歲授監察御

史己丑四年是歲妻韋氏年二十九卒庚寅五年是歲貶江陵士曹辛卯至甲午九年徙唐州從事
乙未十年是歲召入部徙通州司馬丙申至己亥十四年是歲徙虢州長史爲膳部員外庚子十五
年是歲穆宗即位授祠部郎中知制誥辛丑穆宗長慶元年是歲擢翰林學士工部侍郎平章事壬寅三年出爲同州刺史
癸卯甲辰四年是歲移浙東觀察使越州刺史乙巳敬宗寶曆元年丁未文宗大和
元年己酉三年是歲召爲尚書右丞旋改鄂岳節度使庚戌辛亥五年是歲薨于鎮年五十三元微之
所述傳奇傳曰予所善張君性溫茂美風儀寓于蒲之普救寺適
有崔氏孀婦將歸長安路出于蒲亦止茲寺崔氏婦鄭氏也張出
于鄭敍其次乃是異派之從母是歲丁文雅不善于軍軍之徒因
大擾刦掠蒲人崔氏之家財產甚厚惶駭不知所措張與蒲將之
黨有善請吏護之遂不及難鄭厚張之德因飾饌以命張中堂讌
之復謂曰姨之孤嫠未亡提攜幼稚不幸屬師徒大潰實不保其
身弱子幼女猶君之所生也豈可儗恩哉今俾以仁兄之禮奉承
乃命其子曰歡郎次命其女曰鶯鶯出拜爾兄久之崔辭以疾怒

曰張兄保爾之命寧復遠嫌乎又久之乃至常服睟容不加新飾
垂鬟淺黛雙臉桃紅而已顏色豔異光輝動人張驚爲之禮因坐
鄭傍凝睇豔色若不勝其體張問其年紀鄭曰十七歲矣張生稍
以詞導之宛不蒙對終席而罷張生自是惓惓願致其情無由得
也崔之侍兒曰紅娘者私爲之地數四乘間遂道其衷翌日紅娘
復至且曰郎之言所不敢忘崔之婚姻君所詳也何不因媒而求
娶焉張曰予始自孩提之時性不苟合昨一席間幾不自持數日
以來行亡止食亡俛恐不踰旦暮若因媒而娶則幾月之間索我
於枯魚之肆矣紅娘曰崔之正順自保雖所尊不能以非語犯之
然而善屬文往往沉吟章句怨慕者久之君試爲諭情詩以亂之
不然無由得也張大喜立綴春詞二首以授之是夕紅娘復至以
彩牋授張生曰崔所命也題其篇曰明月三五夜其詞曰待月西
廂下迎風戶半開拂墻花影動疑是玉人來張亦微諭其旨是歲

二月十四日矣崔之東墻有杏花一株攀援可踰既望之夕張因其所而踰焉達于西廂則戶果半開良久紅娘來連曰至矣至矣張生且喜且駭心謂得之矣及至則端服儼容大數張曰兄之恩活我家固厚矣由是慈母以弱子幼女見依奈何因不令之婢致淫泆之詞始以護人之亂爲義終以掠亂而求之是以亂易亂其去幾何誠欲寢其詞則保人之姦不正欲明之母則背人之惠不祥是用因諭短章願自陳啓猶懼兄之見難因鄙靡之詞以求必至非禮之動能不愧心特願以禮自保無及于亂言畢翻然而逝張生失色者久之復踰而返由是絕望矣後數夕張君臨軒獨寢驚歘而起則紅娘斂衾攜枕而至撫張生曰至矣至矣睡何爲哉張生拭目危坐者久之久之猶疑夢寐俄而紅娘捧崔而至則嬌羞融冶力不能運肢體向時之端莊不復同矣是夕旬有八日也斜月晶熒幽輝半床張生飄飄然且疑神仙之徒不謂從人間而

至也有頃寺鐘鳴曉紅娘促去崔氏嬌啼宛轉紅娘又捧而去終夕無言張生自疑于心曰豈其夢耶所可明者妝在臂香在衣淚光熒熒然猶瑩于裀席也已而此後又十數日杳不復知張生賦會眞詩三十韻未畢而紅娘至以授之貽崔氏自是崔氏復容之朝隱而出莫隱而入同安于向所謂西廂者一月矣張生將往長安先以情喻之崔氏宛無難詞然愁怨之容動人矣欲行之再夕不可復見而張生遂西行不數月張生復遊于蒲舍于崔氏者又累月張生雅知崔氏善屬文求索再三終不可見雖待張之意甚厚然而未嘗以詞繼之異時獨夜操琴愁弄悽惻張竊聽之求之則不復鼓矣張生以文調及期又當西去臨去之夕崔恭貌怡聲徐謂張曰始亂之今棄之固其宜矣愚不敢恨必也君始之君終之亦君之惠也又何必深憾于此行然而君既不懌無以奉寧君常謂我善鼓琴今且往矣既達君此誠因命拂琴鼓霓裳羽衣序不數聲哀音怨亂不復知其是曲左右皆欷歔崔投琴擁面泣下流漣趨歸鄭所遂不復至詰旦張生遂行明年文戰不利遂止于京因貽書于崔以廣其意崔氏緘報之詞粗載于此書曰奉覽來問撫愛過深兼惠花勝一合口脂五寸致耀首膏脣之飾雖荷殊惠誰復爲容伏承便於京中就業於修進之道固在便安但恨鄙陋之人永以遐棄命也如此知復何言自去秋以來忽忽如有所失至于夢寐之間亦多敘感咽離憂之思綢繆繾綣暫若尋常幽會未終驚魂已斷雖半衾始暖而思之甚遙昔中表相因或同宴處兒有援琴之挑鄙無投梭之拒及薦枕席義感意深愚幼之情永謂終托豈期既見君子不能以禮定情松柏留心致有自獻之羞不復明侍巾櫛歿身永恨含歎何言倘若仁人用心俯遂幽劣雖死之日猶生之年如或達士略情捨小從大以先配爲醜行謂要盟爲可欺則當骨化形消丹誠不泯因風委露猶託清塵存歿

之誠言盡于此臨紙嗚咽情不能伸千萬珍重千萬珍重玉環一枚是兒幼年所弄寄充君子下體之佩玉取其堅潔不渝環取其始終不絕兼致綵絲一絇文竹茶合碾子一枚數物不足珍意者且欲君子如玉之潔鄙志如環不解淚痕在竹愁緒縈絲因物達誠永以爲好心邇身遙拜會無期幽憤所鍾千里神合千萬珍重春風多厲強飯爲佳愼自保持無以鄙爲深念也張生之友聞之莫不聳異而張生之志固絕之矣後歲餘崔委身于人張亦有所娶適經其所張求以外兄見夫已諾之而崔終不爲出張生怨念之誠動于顏色崔知之潛賦一詩寄張曰自從消瘦減容光萬轉千回懶下床不爲旁人羞不起爲郎憔悴却羞郎然竟不之見後數日張君將行崔氏賦一詩以謝絕之曰棄置今何道當時且自親還將舊來意憐取眼前人

陶朱新錄一卷

宋馬純 字子約號樸巢單父人寓陶朱鄉一作單州城父人

黄定者于紹聖間有以牛目司馬溫公者因作宛牛文華州村民往歲有耕山者日晡疲甚遂枕犂而臥乳虎翳林間怒鬣搖尾張勢作威欲啖而食屢前牛輙以身立其人之體上左右以角抵虎甚力虎不得食垂涎至地而去其人則熟寢未之知也虎行已遠牛且未離其體人則覺而惡之意以爲妖因杖牛牛不能言而奔輒自逐之盡怒而得愈見怪焉歸而殺之解其體食其肉不悔夫牛有功而見殺盡力于不見知之地死而不能以自明向使其人早覺而悟虎之害已則牛知免而獲德矣惟牛出身捍虎于其人未覺之前此所以功立而身斃嗚呼觀此可以見夫天下之害甚于翳虎忠臣之功力于一牛嫌疑之猜過于伏體不悟于心深于熟寢苟人主莫或察焉則忠義之恨何所自別哉傳稱妾佯僵而棄酒上存主父下存主母猶不免于笞固有忠臣獲罪言猶諒夫容有目牛之事親過而弔焉予聞其語感而書宛牛云又自跋曰

是牛也能捍虎于其人未寤之前而不能全其功于虎行之後其見殺宜哉

嘉王榜王昂作狀元始婚禮夕婦家立索催妝詞昂走筆賦好事近云喜氣擁門闌光動綺羅香陌行到紫薇花下悟身非凡客不須脂粉汚天眞嫌怕太紅白留取黛眉淺處畫章臺春色

王太尉恩自親事官出上皇時爲三衙其夫人爲買妾甚美恩方詣之見恩幞間雕靑㸏指曰此何物也恩自失而回謂夫人曰所買何等人必良家子遂訪之妾具言母縣主也父死貧故見鬻乃呼其母至不肯言其實又喻之曰不要你還直顧但言之方道其事與妾同恩遂呼諸小吏之未婚者令妾與母自擇得一少年其家亦仕宦父爲右職即命歸白其父具聘禮恩又以數百千爲資送奩具戒其婿使善奉其妻之母焉噫恩本一卒而有士君子之行宜其貴也

元祐黨籍凡三著僕家舊有元祐姦黨碑建炎間呂元直作相取去最後者也其間多是元符間臣僚文曰皇帝嗣位之五年旌別淑慝明信賞刑黜元祐害政之臣靡有佚罰乃命有司夷考罪狀第其首惡與其附麗者以聞得三百十九人皇帝書而刻之石置于文德殿門之東壁永爲萬世臣子之戒又詔臣京書之將頒之天下臣竊惟陛下仁聖英武遵制揚功彰善癉惡以昭先烈臣敢不對揚休命仰承陛下孝弟繼述之志司空尚書左僕射兼門下侍郎臣蔡京謹書

文臣曾任執政官二十七人

司馬光　文彥博　呂公著　呂大防　劉摯
范純仁　韓忠彥　梁燾　王岩叟　曾布
蘇轍　王存　鄭雍　傅堯俞　趙瞻
韓維　孫固　范百祿　胡宗愈　李清臣

劉奉世　范純禮　安燾　陸佃元符黨籍　黃履元符籍
張商英　蔣之奇元符籍

曾任待制已上官四十九人

蘇軾　劉安世　范祖禹　朱光庭　姚勔
趙君錫　馬默　孔武仲　孔文仲　吳安持
孫覺　錢勰　李之純　鮮于侁　趙彥若
趙卨　王欽臣　孫昇　李周　王汾
韓川　顧臨　賈易　呂希純　曾肇
王覿　范純粹　呂陶　王古　豐稷
張舜民　張問　楊畏　陳次昇　鄒浩
謝文瓘元符黨籍　岑象求　周鼎　徐勣　路昌衡
董敦逸　上官均　葉濤　郭知章　楊康國
龔源　朱紱　葉祖洽　朱師服元符黨籍

餘官一百七十七人

秦　觀　黄庭堅　晁補之　張　耒　吳安詩
歐陽棐　劉唐老　王　鞏　呂希哲　杜　純
張保源　孔平仲　湯　彧　司馬康　宋保國
黄　隱　畢仲遊　常安民　汪　衍　余　爽
鄭　俠　常　立　程　頤　唐義問　余　卞
李格非　陳　瓘　任伯雨　張庭堅　馬　涓
陳　郛　孫　諤　朱光裔　蘇　嘉　龔　夬
王　回　呂希績　吳　儔　歐陽中立（皇元祐）　尹　材
葉　仲　李茂直　吳處厚　李積中　商　倚
陳　祐　虞　防　李　祉　李　深　李之儀
范正平　曹　蓋　楊　琳　蘇　昞　葛茂宗
劉　渭　柴　袞　洪　羽　趙天祖　李　新

衡　鈞　兖公適　馮百藥　周　誼　孫　琮
范柔中　鄧考甫　王　察　趙　峋　胡端修
封覺民　李　傑　李　賁　趙令疇　郭執中
石　芳　金　極　高公應　安信之　張　集
黄　策　吳安遜　周永徽　高　漸　張　夙
鮮于綽　呂諒卿　王　貫　朱　紘　吳　朋
梁安國　王　古　蘇　迥　檀　固　何大受
王　箴　鹿敏求　江公望　曾　紆　高士育
鄧忠臣　种師極　韓　浩　郁　既　秦希甫
錢景祥　周　綍　何大正　呂彥祖　梁　寬
沈　千　曹興宗　羅鼎臣　劉　勃　王　拯
黄安期　陳師錫　于　肇　黄　遷　黄佚正
許堯甫　楊　朏　胡　良　梅君愈　寇宗顏

張　居　李　修　逢純熙　高遵恪　黄　才
曹　盥　侯顧道　周遵道　林　膚　葛　輝
宋壽岳　王公彥　王　交　張　溥　許安修
劉吉甫　胡　潛　董　祥　楊懷寶　倪直孺
蔣　津　王　守　鄧元中　梁俊民　王　陽
張　裕　陸表民　葉世英　謝　潛　陳　唐
劉經國　扈　充　張　恕　陳　幷　洪　芻
周　諤　蕭　刑　趙　鉞　滕　友　江　洵
方　适　許端卿　李昭玘　向　紃　陳　察
鍾正甫　高茂華　楊彥璋　廖正一　李夷行
彭　醇　梁士能（皇元符）

武臣二十五人

張　巽　李　備　王獻可　胡　田　馬　諗

王　履　趙希夷　任　濬　郭子旂　錢　盛
趙希德　汪長民　李　永　王庭臣　吉師雄
李　愚　吳休復　崔昌符　潘　滋　高士權
李嘉亮　李　琥　劉延肇　姚　雄　李　基（皇元符）

內臣二十九人

梁惟簡　陳　衍　梁知新　張士良　李　倬
譚　扆　竇　鉞　黄卿從　趙　約　馮　說
曾　燾　蘇舜民　梁　弼　楊　偁　陳　恂
張茂則　張　琳　李　偁　李　穆　閻守勤
王　紱　裴彥臣　王化基　鄭居簡　王　道
鄧世昌　蔡克明　王化臣　張　祐（皇元祐）

爲臣不忠曾任宰臣二人

王　珪（元祐）　章　惇（元符）

右令准尚書兵部符備降敕命指揮立石監司廳

崇寧四年二月日此兩浙常平司所立碑時天下監司郡守皆立之後星變遂毁

通判監酒趙詩者昔在學校嘗因同齋熟寢與衆戲以香燭花果楮鏹之類設供于臥榻之前而潛伺之寢者既覺見之曰我已死耶歔欷不已少頃復寐久不起視之眞死矣乃撤供設之物竟不敢言其所以於人豈乍覺見此驚散神魂遂不復還體也耶事有不可知者

紹興己酉永嘉災前數日有熊自楠溪至江滸躍入小舟度至城下初不懼人命獵士殺之時高開府世則寓城中謂其倅趙元昭曰熊于字爲能火郡中宜愼火燭趙笑不以爲然果延燒官民舍什七八獨州治存焉

建炎間收陳州賊杜用軍于陳之鄧灣統制官曹實韓宏守統制王渙寨門中夜聞小喧徐擁一美婦出斬之行刑者潛語二將曰某屢斬無辜矣重自歎息又曰適婦人自云陳之胥妻也早來王統制得之賊中欲與之通不允已刺一刀適又逼之婦人曰統制軍官也隨都統來破賊本爲百姓除害若要新婦充婢使則可若欲見私所不願也王渙欲強之且曰我當殺汝婦人又曰如此統制亦賊耳一死何懼遂命斬之二將嗟嘆通夕不能寢噫保其貞潔而不愛死雖古烈女不之過也

河陰南廣武山漢高皇廟在其麓殿前有八角井曰漢泉井中三魚一金鱗一黑而如常一邊鱗肉與骨皆無獨其首全與二魚並遊水中但其遊差緩不復有揚鬐撥刺之勢觀者凭欄俯窺雖異之而猶未審一日有墮井而死者因濬之遂得三魚鱗色如在水中時半邊者五內皆無方大驚異後復置井中今三魚尚存俗傳漢高帝食膾炰人治魚及半而楚軍至倉皇棄魚井中而遁此語固無根雖信然已刳之魚而遊泳不死亦可怪也

眞蠟風土記

元周達觀號草庭逸民永嘉人

眞蠟國或稱占蠟其國自稱曰甘孛智今聖朝按西番經名其國曰澉浦只蓋亦甘孛智之近音也自溫州開洋行丁未針歷閩廣海外諸州港口過七洲洋經交趾洋到占城又自占城順風可半月到眞蒲乃其境也又自眞蒲行坤申針過崑崙洋入港港凡有數十惟第四港可入其餘港以沙淺故不通巨舟然而彌望皆修藤古木黃沙白葦倉卒未易辨認故舟人以尋港爲難事自港口西北行順水可半月抵其地曰查南乃其屬郡也又自查南換小舟順水可十餘日過半路村佛村渡淡洋可抵其地曰干傍取城五十里按諸番志稱其地廣七千里其國北抵占城半月路西南拒暹羅半月程南拒番禺十日程其東則大海也舊爲通商來往之國聖朝誕膺天命奄有四海唆都元帥之置省占城也嘗遣一虎符萬戶一金牌千戶同到本國竟爲拘執不返元貞乙未之六月聖天子遣使招諭俾予從行以次年丙申二月離明州二十日自溫州港口開洋三月十五日抵占城中途遇風不利秋七月始至遂得臣服至大德丁酉六月回舟八月十二日抵四明泊岸其風土國事之詳雖不能盡知然其大略亦可見矣

州城周圍可二十里有五門門各兩重惟東向開二門餘向皆一門城之外皆巨濠濠之上通衢大橋橋之兩傍各有石神五十四枚如石將軍之狀甚巨而獰五門皆相似橋之欄皆石爲之鑿爲蛇形蛇皆九頭五十四神皆以手拔蛇有不容其走逸之勢城門之上有大石佛頭五面向西方中置其一飾之以金門之兩傍鑿石爲象形城皆疊石爲之高可二丈石甚周密堅固且不生繁艸卻無女墻城之上間或種桄榔木比比皆空屋其內向而坡子厚可十餘丈坡上皆有大門夜閉早開亦有監門者惟狗不許入門其城甚方整四方各有石塔一座曾受斬趾刑人亦不許入門當

國之中有金塔一座傍有石塔二十餘座石屋百餘間東向有金橋一所金獅子二枚列于橋之左右金佛八身列于石屋之下金塔之北可一里許有銅塔一座比金塔更高望之鬱然其下亦有石屋數十間又其北一里許則國主之廬也其寢室又有金塔一座焉所以舶商自來有富貴眞蠟之褒者想爲此也石塔山在南門外半里餘俗傳魯般一夜造成魯般墓在南門外一里許周圍可十里石屋數百間東池在城東十里周圍可百里中有石塔石屋塔之中有臥銅佛一身臍中常有水流出北池在城北五里中有金方塔一座石屋數十間金獅子金佛銅象銅牛銅馬之屬皆有之

國宮及官舍府第皆面東國宮在金塔金橋之北近北門周圍可五六里其正室之瓦以鉛爲之餘皆土瓦黃色梁柱甚巨皆雕畫佛形屋頗壯觀修廊複道突兀參差稍有規模其莅事處有金窗

櫺左右方柱上有鏡約有四五十面列放于窗之傍其下爲像形閨內中多有奇處防禁甚嚴不可得而見也其內中金塔國主夜則臥其下土人皆謂塔之中有九頭蛇精乃一國之土地主也係女身每夜則見國主則先與之同寢交媾雖其妻亦不敢入二鼓乃出方可與妻妾同睡若此精一夜不見則番主死期至矣若番主一夜不往則必獲災禍其次如國戚大臣等屋制度廣袤與常人家逈別周圍皆用艸蓋獨家廟及正寢二處許用瓦亦各隨其官之等級以爲屋室廣狹之制其下如百姓之家止用艸蓋瓦片不敢上屋其廣狹雖隨其家之貧富然終不敢效府第制度也自國主以下男女皆椎髻袒裼止以布圍腰出入則加以大布一條纏于小布之上布甚有等級國主所打之布(打字作用字方通)有直金三四兩者極其華麗精美其國中雖自織布暹羅及占城皆有來者往往以來自西洋者爲上旨其精巧而細美故也惟國主可打純花布頭戴金冠子如金剛頭上所戴者或有時不戴冠但以線穿香花如茉莉之類周匝于髻間項上帶大珍珠三五斤計手足及諸指上皆帶金鐲指展上皆嵌貓兒眼睛石其下跣足足下及手掌皆以紅樂染赤色出則手持金劍百姓間惟婦女可染手足掌男子不敢也大臣國戚可打疎花布惟官人可打兩頭花布百姓間惟婦女可打之新唐人雖打兩頭花布人亦不敢罪之以其暗丁八殺故也暗丁八殺者不識體例也

國中亦有丞相將帥司天等官其下各設司吏之屬但名稱不同耳大率皆國戚爲之否則亦納女爲嬪其出入儀從各有等級用金轎扛四金傘柄者爲上金轎扛二金傘柄者次之金轎扛一金傘柄者又次之止用一金傘柄者又其次之其下者止用一銀傘柄而已亦有用銀轎扛者金傘柄已上官皆呼爲巴丁或呼暗丁銀傘柄者呼爲厮辣的傘皆以中國紅絹爲之其裙直拖地油傘

皆以綠絹爲之裙却短

爲儒者呼爲班詰爲僧者呼爲苧姑爲道者呼爲八思惟班詰不知其所祖亦無所謂學舍講習之處亦難究其所讀何書但見其如常人打布之外于項上掛白綫一條此以別其爲儒耳由班詰入仕者則爲高上之人項上之綫終身不去苧姑削髮穿黃偏袒右肩其下則繫黃布裙跣足寺亦許用瓦蓋中止有一像正如釋迦佛之狀呼爲孛賴穿紅塑以泥飾以丹青外此別無像也塔中之佛相貌又別皆以銅鑄成無鐘磬鐃鈸亦無幢幡寶蓋之類僧皆茹魚肉惟不飲酒供佛亦用魚肉每日一齋皆取辦于齋主之家寺中不設廚竈所誦之經甚多皆以貝葉疊成極其齊整于上寫黑字既不用筆墨但不知其用何物書寫僧亦用金銀轎扛傘柄者國主有大政亦咨訪之却無尼姑八思惟止常人打布之外但于頭上戴一紅布或白布如韃靼娘子罟姑之狀而略低亦有

宮觀但比之寺院較狹而道教者亦不如僧教之盛耳所供無別像但止一魂石如中國社壇中之石耳亦不知其何所祖也却有女道士宮觀亦得用瓦八思惟不食他人之食亦不令人見食亦不飲酒不曾見其誦經及與人功果之事俗之小兒入學者皆先就僧家教習暨長而還俗其詳莫能考也

人但知蠻俗人物麄醜甚黑殊不知居于海島村僻及尋常閭巷間者則信然矣至如宮人及南棚婦女（南棚乃府第也）多有其白如玉者葢以不見天日故也大抵一布纏腰之外不以男女皆露出胸酥椎髻跣足雖國主之妻亦只如此國主凡有五妻正室一人四方四人其下嬪妾之屬聞亦有三五千聞亦自分等級未嘗輕出戶予每一入內見番王必與正妻同出乃坐正室金窗中諸宮人皆次第列于兩廊窗中徙倚以窺覘予備獲一見凡人家有女美貌者必召入內其下供內中出入之役者呼爲陳家蘭亦不下一二千

數却皆有丈夫與民間雜處只于顖門之前削去其髮如北人開水道之狀塗以銀硃及于兩鬢之傍以此爲陳家蘭別耳惟此婦可以入內其下餘人不可得而入也內宮之前多有絡繹于道途間尋常婦女椎髻之外別無釵梳頭面之飾但臂中帶金鐲指中帶金指展且陳家蘭及內中諸宮人皆用之男女身上常塗香藥以檀麝等香合成家家皆修佛事國中有二形人每日以十數成羣行於墟場間常有招徠唐人之意反有厚餽可醜可惡

番婦產後即作熱飯拌之以鹽納于陰戶凡一晝夜而除之以此產中無病且收斂常如室女予初聞而詫之深疑其不然既而所泊之家有女育子備知其事且次日即抱嬰兒同往河內澡洗尤所怪見又每見人言番婦多淫產後一兩日即與夫合若丈夫不中所欲即有買臣見棄之事若丈夫適有遠役只數夜則可過十餘夜其婦必曰我非是鬼如何孤眠淫蕩之心尤切然亦聞有守志者婦女最易老葢其昏嫁產育既早二三十歲人已如中國四五十歲人矣

人家養女其父母必祝之曰願汝有人要將來嫁千百箇丈夫富室之女自七歲或至九歲至貧之家則止于十一歲必命僧道去其童身名曰陣毯葢官司每歲于中國四月內擇一日頒行本國應有養女當陣毯之家先行申報官司官司先給巨燭一條燭間刻畫一處約以是夜遇昏點燭至刻畫處則爲陣毯時候矣先期一月或半月或十日父母必擇一僧或一道隨其何處寺觀往往亦自有主顧向上好僧皆爲官戶富室所先貧者亦不暇擇也官富之家饋以酒米布帛檳榔銀器之類至有一百担者該直中國二三百兩銀子之物少者或三四十担或一二十担隨其家之豐儉所以貧人之家至十一二歲而始行事者爲難辦此物故耳富家亦有舍錢與貧女陣毯者謂之做好事葢以一歲之中一僧止

可馭一女僧既允受更不他許是夜其家大設飲食鼓樂會親鄰門外縛一高棚裝塑泥人泥獸之屬于其上或十餘或止三四枚貧家則無之各按故事凡七日而始撤既昏以轎傘鼓樂迎此僧而歸以綵帛結二亭子一則坐女于其中一則坐僧于其中不曉其口說何語鼓樂之聲喧闐是夜不禁犯夜閧至期與女俱入房親以手去其童納之酒中或謂父母親鄰各點于額上或謂俱嘗以口或謂僧與女交媾之事或謂無此但不容唐人見之所以莫知其的至天將明時則又以轎傘鼓樂送僧去後當以布帛之類與僧贖身否則此女終爲此僧所有不可得而他適也予所見者大德丁酉之四月初六夜也前此父母必與女同寢此後則斥于房外任其所之無復拘束隄防之矣至若嫁娶則雖有納幣之禮不過苟簡從事多有先姦而後娶者其風俗既不以爲恥亦不以爲怪也陣毯之夜一巷中或至十餘家城中迎僧道者交錯于途

間鼓樂之聲無處無之
人家奴婢皆買野人以充其役多者百餘少者亦有一二十枚除至貧之家則無之蓋野人者山中之人也自有種類俗呼爲撞賊到城中皆不敢入人之家城間人相罵者亦呼之爲撞則恨入骨髓其見輕于人如此少壯者一枚可直百布老弱者一枚止三四十布可得只許于樓下坐臥若執役方許登樓亦必跪膝合掌頂禮而後敢進呼主人爲巴駝主母爲米巴駝者父也米者母也若有過撻之則俯首受杖略不敢動其牝牡自相配偶主人終無與之交接之理或唐人在彼久曠者不擇一與之接主人得于所聞次日亦不肯與之同坐以其曾與野人接故也或于外人交至于有娠養子主人亦不詰問其所從來蓋以其所在不齒且利其得子仍可爲他日之奴婢也或有逃者擒而復得之必于面刺以青或項上帶鐵以錮之亦有帶于雙腿間者

國中言語自成音聲雖近而占城暹人皆不通話說如以一爲梅二爲別三爲卑四爲般五爲孛藍梅七爲孛藍別八爲孛藍卑九爲孛藍般十爲答呼父爲巴駝至叔伯亦呼爲巴駝呼母爲米姑姨嬸姆以至鄰人之尊年者亦呼爲米呼兄爲邦姊亦呼爲邦呼弟爲補溫呼舅爲乞賴姑夫姊夫姨夫妹夫亦呼爲孛賴大抵多以下字在上如言此人乃張三之弟則曰補溫張三彼人乃李四之舅則曰乞賴李四又如呼中國爲備世呼官人爲巴丁呼秀才爲班詰乃呼中國之官人不曰備世巴丁而曰巴丁備世呼中國之秀才不曰備世班詰而曰班詰備世大抵皆如此此其大略耳至若官府則有官府之議論秀才則有秀才之文談僧道自有僧道之語說城市村落言語又自不同亦與中國無異也
野人有二種有一等通往來話言之野人乃賣與城間爲奴之類是也有一等不屬教化不通言語之野人此輩皆無家可居但領其家屬巡行于山頭戴一瓦盆而走遇有野獸以弧矢標鎗射而得之擊火于石共烹食而去其性甚很其藥甚毒同黨中常自相殺戮近地亦有以種荳蔻木棉花織布爲業者布甚麤厚花紋甚別
尋常文字及官府文書皆以麂鹿皮等物染黑隨其大小闊狹以意裁之用一等粉如中國白堊之類搓爲小條子其名爲梭拈于手中就皮畫以成字永不脫落用畢則插于耳之上字跡亦可辨認爲何人書寫須以濕物揩拭方去大率字樣正似回鶻字凡文書皆自後書向前却不自上書下也予聞之也先海牙云其字母音聲正與蒙古音相類但所不同者三兩字耳初無印信人家告狀亦無書鋪書寫
每用中國十月以爲正月是月也名爲佳得當國宮之前縛大棚棚上可容千餘人盡掛燈毬花朵之屬其對岸遠離二三十丈地

則以木接續縛成高棚如造搭撲竿之狀可高二十餘丈每夜或設三四座或五六座裝烟火爆杖于其上此皆諸屬郡及諸府第認直遇夜則請國主出觀點放烟火爆杖烟火雖百里之外皆見之爆杖其大如砲聲震一城其官屬貴戚每人分以巨燭檳榔所費甚夥國主亦請奉使觀焉如是者半月而後止每一月必有一事如四月則拋毬九月則壓獵壓獵者聚一國之衆皆來城中教閱于國宮之前五月則迎佛水聚一國遠近之佛皆送水來與國主洗身陸地行舟國主登樓以觀七月則燒稻其時新稻已熟迎于南門外燒之以供諸佛婦女車象往觀者無數國主却不出八月則挨藍挨藍者舞也點差伎樂每日就國宮內挨藍且鬭猪鬭象國主亦請奉使觀焉如是者一旬其餘月分不能詳記也國中人亦有通天文者日月薄蝕皆能推算但是大小盡却與中國不同中國閏歲則彼亦必置閏但只閏九月殊不可曉一夜只分四

更每七日一輪亦如中國所謂開閉建除之類番人既無名姓亦不記生日多有以所生日頭爲名者有兩日最吉三日平平四日最凶何日可出東方何日可出西方雖婦人皆能算之十二生肖亦與中國同但所呼之名異耳如以馬爲卜賽呼雞爲蠻呼猪爲直盧呼牛爲箇之類

民間爭訟雖小事亦必上聞國主初無笞杖之責但聞罰金而已其人大逆重事亦無絞斬之事止于城西門外掘地成坑納罪人于坑實以土石堅築而罷其次有斬手足指者有去鼻者但姦與賭無禁姦婦之夫或知之則以兩柴絞姦夫之足痛不可忍竭其資而與之方可獲免然裝局欺騙者亦有之人或有死于門首者則自用繩拖置城外野地初無所謂體究檢驗之事人家若獲盜亦可自施監禁拷打之刑却有二項可取且如人家失物疑此人爲盜不肯招認遂以鍋煎油極熱令此人伸手于其中若果偷物

則手腐爛否則皮肉如故云番人有異法如此又兩家交訟莫辨曲直國宮之對岸有小石塔十二座令二人各坐一塔中塔之外兩家自以親屬互相隄防或坐一二日或三四日其無理者必獲証候而出或身上生瘡癤或咳嗽發熱之類有理者略無纖事以此剖判曲直謂之天獄蓋其土神之靈有如此也

國人尋常有病多是入水浸浴及頻頻洗頭便自痊可然多病癩者比比道途間土人雖與之同臥同食亦不校或謂彼中風土有此疾又云曾有國主患此疾故人不之嫌以愚意觀之往往好色之餘便入水澡洗故成此疾聞土人色慾纔畢皆入水澡洗其患痢者十死八九亦有貨藥于市者與中國之藥不類不知其爲何物更有一等師巫之屬與人行持尤爲可笑

人死無棺止貯以簟席之類蓋之以布其出喪也前亦用旗幟鼓樂之屬又以兩柈盛以炒米繞路拋撒抬至城外僻遠無人之地棄擲而去俟有鷹雅犬畜來食頃刻而盡則謂父母有福故獲此報若不食或食而不盡反謂父母獲罪而至此今亦漸有焚化者往往皆是唐人之遺種也父母死別無服制男子則盡髡其髮女子則于頂門剪髮如錢大以此爲孝耳國主亦有塔葬埋但不知葬身與葬骨耳

大抵一歲中有可三四番收種蓋四時常如五六月天且不識霜雪故也其地半年有雨半年絕無自四月至九月每日下雨午後方止淡水洋中水痕可高七八丈巨樹盡沒僅留一杪耳人家濱水而居者皆移入山後十月至三月點雨絕無洋中僅可通小舟深處不過三五尺人家又旋移下耕種者指至何時稻熟是時水可渰至何處隨其地而播種之耕不用牛耒耜鎌鉏之器雖稍相類而制自不相同又有一等野田不種常生水高至一丈而稻亦與之俱高想別一種也但糞田及種蔬皆不用穢嫌其不潔也若

唐人到此皆不與言及中國糞壅之事恐爲所鄙每三二家共掘地爲坑蓋之以艸滿則塡之又別掘地凡登溷既畢須入池洗淨凡洗淨止用左手右手留以拿飯見唐人登廁用紙揩拭者皆笑之甚至不欲其登門婦人亦有立而溺者可笑可笑

自入眞埔以來率多平林叢木長江巨港橫亘數百里森森古樹梟梟修藤禽獸之聲雜遝于其間至半港而始有曠田絕無寸木彌望芃芃禾黍而已野牛以千百成羣聚于其地又有竹坡緜亘數百里其竹節間生刺筍味至苦四畔皆有高山山多異木無木處乃犀象屯聚養育之地珍禽奇獸不計其數細色有翠毛象牙犀角黃蠟麄色有降眞荳蔻畫黃紫梗大風子油翡翠其得也頗難蓋叢林中有池池中有魚翡翠自林中飛出求魚番人以樹葉蔽體而坐水濱籠一雌以誘之手持小網伺其來則罩之有終日止獲三五枚或有不得者象牙則山僻人家有之每一象死方有

二牙舊傳謂每歲一換牙者非也其牙以標而殺之者爲上自死而隨時爲人所收者次之死于山中多年者斯爲下矣黃蠟出于村落朽樹間其一種細腰蜂有如馬蟻者番人取而得之每一船可收二三千魄每一魄大者三四十斤小者亦不下十八九斤犀角白而帶花者爲上黑爲下降眞生叢林中番人頗費砍斫之勞蓋此乃樹之心耳其外白木可厚八九寸其少亦不下四五寸荳蔻皆野人山上所種畫黃乃一等樹間之脂番人預先一年以刀砍樹滴瀝其脂至次年而始收紫梗生于一等樹枝間正如桑寄生之狀亦頗難得大楓子油乃大樹之子狀如椰子而圓中有子數十枚胡椒間亦有之纏藤而生纍纍如綠草子其生而靑者更辣

國中賣買皆婦人能之所以唐人到彼須先納一婦人者兼亦利其能賣買故也每日一墟自卯至午卽罷無鋪店但以蓬蓆之類鋪于地間各有常處聞亦納官司賃地錢小交關則用米穀及唐貨次則用布若乃大交關則用金銀矣往年土人最朴見唐人頗加敬畏呼之爲佛見則伏地頂禮今亦有脫騙欺負唐人者矣以去人之多故也

其地想不出金銀以唐人金銀爲第一五色輕縑帛次之其次如眞州之錫蠟溫州之漆盤泉處之靑甆器及水銀銀硃紙劄硫黃磺硝檀香草芎白芷麝香麻布黃草布雨傘鐵鍋銅盤水珠桐油篦箕木梳針其麄重則如明州之席甚欲得者則菽麥也然不可將去耳

惟石榴甘蔗荷花蓮藕羊桃蕉芎與中國同荔支橘子狀雖同而味酸其餘皆中國所未曾見也樹木亦甚各別草花更多且香而豔水中之花更有多品皆不知其名至若桃李梅杏松柏杉檜梨棗楊柳蘭桂菊芷之類皆所無也（正月亦有荷花）

禽有孔雀翡翠鸚哥乃中國所無其餘如鷹鴉鷺鷥雀兒鸕鷀鸛鶴野鴨黃雀等物皆有之所無者喜鵲鴻雁黃鶯杜宇燕鴿之屬」

獸有犀象野牛山馬乃中國所無其餘如虎豹熊羆野猪麞鹿麖麂猿狸狖之類甚多所不見者獅子猩猩駱駝耳雞鴨牛羊猪馬所在不論也馬甚矮小牛甚多生不敢騎死不敢食亦不敢剝其皮聽其腐爛而已以其與人出力故也但以駕車耳在先無鵝近有舟人自中國攜去鼠有大如猫者又有一等鼠頭腦絕類新生小狗兒

蔬菜有葱芥韭茄西瓜冬瓜王瓜莧菜所無者蘿蔔生菜苦蕒菠薐之類瓜茄雖正二月間亦有之茄樹有經數年不除者木棉花樹高可過屋有十餘年不換者不識名之菜甚多水中之菜亦多種

魚鱉惟黑鯉魚最多其他鯉鯽草魚亦多有吐哺魚大者重二斤以上更有不識名之魚甚多此皆淡水洋中所來者至若海中之魚色色有之鱔魚湖鰻田雞土人不食之入夜則縱橫道途間黿鼉大如合苧雖六藏之龜亦充食用查南之鰕重一斤以上眞蒲龜脚可長八九寸許鱷魚大者如船有四脚絕類龍特無角耳螺甚脆美蛤蜆螄螺之屬淡水洋中可捧而得獨不見蟹想亦有之而人不食耳

酒有四等第一等唐人呼爲蜜糖酒用藥麴以蜜及水中半爲之其次者土人呼爲朋牙四以樹葉爲之朋牙四者乃一等樹葉之名也又其次以米或以剩飯爲之名曰包稜角蓋包稜角者米也其下有糖鑑酒以糖爲之又入港濱水人有茭醬酒蓋有一等茭葉生于水濱其漿可以釀酒

鹺物國中無禁自眞蒲巴澗濱海等處率皆燒山間更有一等石味勝于鹽可琢以成器土人不能爲醋羹中欲酸則着以咸平樹

葉樹既生莢則用莢既生子則用子亦不識合醬爲無麥與荳故也亦不曾造麴蘗以蜜水及樹葉釀酒所用者酒藥耳亦如鄉閭白酒藥之狀

土人皆不事蠶桑婦人亦不識針綫縫補之事僅能織木棉布而已亦不能紡但以手捏成條無機杼以一頭縛腰一頭搭窗上梭亦止用一竹管近年暹人來居却以蠶桑爲業桑種蠶種皆自暹中來亦無蔴苧惟有絡蔴暹人却以絲自織皂綾衣着暹婦却能縫補土人打布損破皆倩暹婦補之

尋常人家房舍之外別無桌凳盂桶之屬但煮飯則用一瓦釜煮羹則用一瓦銚就地埋三石爲竈以椰子殼爲杓盛飯用中國瓦盤或銅盤羹則用樹葉造一小碗雖盛汁亦不漏又以茭葉製一小勺用兜汁入口用畢則棄之雖祭祀神佛亦然又以一錫器或瓦器盛水於傍用以醮手蓋飯只用手拿其粘于手者非水不能

去也飲酒則用鑞器可盛三四盞許其名爲恰盛酒則用鑞注子貧人則用瓦缽子若府第富家則一一用銀至有用金者國主處多用金器制度形狀又別地下所鋪者明州之草席亦有鋪虎豹麂鹿等皮及藤簟者近新置矮桌子高尺許睡只以席臥于地又用矮床者往往皆唐人製作也夜多蚊子亦用布罩國主內中以銷金縑帛爲之皆舶商所饋也稻子不用礱磨但只杵臼耳

轎之制以一木屈其兩頭豎起雕刻花樣以金銀裹之所謂金銀轎杠者此也每頭一尺之內釘一鈎子以大布一條厚摺用繩繫于兩頭鈎中人坐于布內以兩人擡之轎外又加一物如船篷而更闊飾以五色縑帛四人扛之隨轎而走若遠行亦有騎象騎馬者亦有用車者車之制却與北地一般馬無鞍象却有凳可坐

巨舟以硬樹破板爲之匠者無鋸但以斧鑿之開成板既費木且費工甚拙也凡要木成段亦只以鑿鑿斷起屋亦然船亦用鐵釘上以茭葉蓋覆却以檳榔木破片壓之此船名爲新拿用棹所粘之油魚油也所和之灰石灰也小舟却以巨木鑿成槽以火薰軟用木撑開腹大兩頭尖無篷可載數人止以棹划之名爲皮闌

屬郡凡十餘曰眞蒲曰查南曰巴閭曰莫良曰八薛曰蒲買曰雉棍曰木津波曰賴敢坑曰八厮里其餘不能盡紀各置官屬皆以木排柵爲城

每一村或有寺或有塔人家稍密亦自有鎮守之官名爲買節大路上自有歇脚去處如郵亭之類其名爲森木因屢與暹人交兵遂至皆成曠地

前此于八月內取膽蓋占城主每年來索人膽一甕可千餘枚遇夜則多方令人于城中及村落去處逢有夜行者以繩兜住其頭用小刀于右脅下取去其膽俟數足以饋占城主獨不取唐人膽蓋因一年取唐人一膽雜于諸膽之中遂致俱臭腐而不可用故

也近年已除取膽之事另置取膽官屬居北門之裏

東門之裏有蠻人淫乎其妹者皮肉相粘不開凡三日不食而俱死余鄉人薛氏在番地居三十五年矣渠謂兩見此事蓋其國聖佛之靈所以如此

地苦炎熱每日非數次澡洗則不可入夜亦不免一二次初無浴室盂桶之類但每家須有一池否則亦三兩家合一池不分男女皆裸體入池惟父母尊年者在池則子女卑幼不敢入或卑幼先在池則尊年者亦須迴避之如行輩則無拘也但以左手遮其牝門入水而已或三四日或五六日國中婦女三五成羣咸至城外河中澡洗至河邊脫去所纏之布而入水會聚于河者動千百數雖府第婦女亦預焉略不以爲恥自踵至頂皆可得而見之城外大河無日無之唐人暇日頗以此爲遊觀之樂聞亦有就水中偸期者水常溫如湯惟五更則微涼至于日出則復溫矣

唐人之爲水手者利其國中不着衣裳且米糧易求婦女易得屋室易辦器用易足買賣易爲往往皆逃逸于彼

軍馬亦只裸體跣足右手執標鎗左手執戰牌別無所謂弓箭砲石甲冑之屬傳聞與暹人相攻皆驅百姓使戰往往亦別無智略謀畫

聞在先國主轍迹未嘗離戶蓋亦防有不測之變也新主乃故國主之婿元以典兵爲職其婦翁殂其女密竊金劍以付其夫以故親子不得承襲嘗謀起兵爲新主所覺斬其趾安置幽室新主身嵌聖鐵縱刀箭之屬着身不入恃此遂敢出戶予宿留年餘見其出者四五其出也諸軍馬擁其前旗幟鼓樂踵其後宮女三五百花布花髻手執巨燭自成一隊雖白日亦點燭又有宮女手執標槍牌爲內兵又成一隊又有羊車鹿車馬車皆以金爲飾其諸臣僚國戚皆騎象在前遠望紅涼傘不知其數又其次則國主之妻

及妾媵或轎或車或馬或象銷金涼傘何止百餘其後則是國主立于象上手持金劍象之牙亦以金套之打銷金白涼傘凡二十餘傘柄皆金爲之其四圍擁從之象甚多又有軍馬護之若遊近處止用金轎子皆宮女擡之凡出入必迎小金塔金佛在其前觀者皆當跪地頂禮名爲三罷不爾則爲貌事者所擒不虛釋也每日國主兩次坐衙治事亦無定處凡諸臣僚及百姓之欲見國主者皆列坐地上以俟少頃聞內中隱隱有樂聲在外方吹螺以迎之聞止用金車子來處稍遠須臾見二宮女纖手捲簾而國主已仗劍立金窗之中矣臣僚以下皆合掌叩頭螺聲絕方許擡頭國主隨亦就坐聞坐處有獅子皮一領乃傳國之寶言事既畢國主尋即轉身二宮女復垂簾諸人各起身以此見雖蠻貊之邦未嘗不知有君也

投轄錄

宋王明清 字仲言汝陰人

迅雷倏電劇雨飄風波濤噴激蛟龍蜿見亦可謂之怪矣以其有目所覩久以爲常故勿之異鬼神之情狀若石言于晉神降于野齊桓之疾彭生之厲存之書傳以爲不然可乎齊諧志怪由古及今無慮千帙僕少年時性所嗜讀家藏目覽鱗集麏至十踰六七間有以新奇事相告語者思欲識之以續前聞因仍未能屬者屏迹杜門居多暇日記憶曩歲之所剽聆遺忘之餘僅存數十事筆之簡編因念唔言一室親友情話夜漏既深互談所覩皆側耳聳聽使婦輩斂足稚子不敢左顧童僕顏變于外則坐客愈忻怡忘倦神躍色揚不待投轄自然肯留故命以爲名後之僕同志者當知斯言之不誣紹興己卯十月朔且敘

蓬萊　祥符中封禪事竣宰執對于後殿眞宗曰治平無事久欲與卿等至一二處未能今日可矣遂引羣公及內侍數人入一小殿殿後有假山甚高山面有洞上既先入復招羣公從行初覺甚暗行

數十步則天宇豁然千峰百嶂雜花流水盡天下之偉觀少焉又至一所重樓複閣金碧照耀有二道士貌亦奇古來揖上執禮甚恭上亦答之良厚邀上主席上再三遜謝然後坐羣臣再拜居道士之次所論皆玄妙之旨而殽醴之屬又非人間所見也鸞鶴舞于庭笙簫振林木至夕而罷道士送上出門而別曰萬幾之暇無惜與諸公頻見過也復緣舊路以歸臣下因以請于上上曰此道家所謂蓬萊三山者也羣臣惘然自失者累日後亦不復再往不知何術以致之祖父聞于歐陽文忠公

鉤致年少求子　章丞相初來京師年少美風姿當日晚獨步禁街覩車子數乘輿衛甚嚴最後者轅後一婦人美而豔揭簾目逆丞相因信步隨之不覺至夕婦人以手招丞相遂登車與之共載至一甲第甚雄壯婦人遮蔽丞相雜衆人以入一院甚深邃若久無人居者少選前婦人始至備酒饌之屬亦甚珍丞相因問其所婦人笑而不

荅自是婦人引儕類輩迭相往來甚衆俱媚甚詢之皆不顧而言他每去則必以巨鎖扃之如是累日夕丞相體爲之弊意甚彷徨一姬年差長忽發問曰此豈郎君所遊之地何爲至此耶我之主翁行違多不循道理寵婢多而無嗣息每鈎致年少之徒與羣妾合久則斃之此地凡數人矣丞相惶駭曰果爾爲之柰何姬曰觀子之容非碌碌者似必能脫主翁翊日入朝甚早今夕解我之衣以衣子且不復鎖子門俟至五鼓吾當來呼子子亟隨我登廳事我當以厮役之服服子隨前騶以出可以無患矣爾後愼勿以語人亦不可復繇此街不然吾與若彼此禍不旋踵矣詰旦果來扣戶丞相用其術遂免于難後丞相既貴猶以此事語族中所厚善者云後得其主翁之姓名但不欲曉于人耳李平仲云

毛女 蔡元長自長安易鎭西川道出華山舊聞毛女之異默祈一見向晚從者見嶽廟燒紙錢爐中有物甚異以告元長亟往視之乃一婦人也遍身皆毛色如紺碧而髮若漆目光射人顧元長曰萬不爲有餘一不爲不足言訖而去其疾如飛既至成都命追寫其像以祀之元長親語先太史如此并模其像貌遺焉

算術 呂源子原守吉州日嘗令修城掘土得一舊棺既舁置江中始得石誌于傍乃昔人父葬其子者其略曰後十六甲子東平公守此郡吾兒當出而從河伯之遊矣算術之精有如此者又知夫世事莫非前定也

說郛卷第三十九終

說郛卷第四十

友會談叢 三卷　　宋上官融 華陽人

唐段成式說大曆中有乞兒無兩手以右足夾筆而寫經此誠詭遇也然今京師有一婦人年四十餘全無兩臂自雙肩如削循行衢井求丐爲事每梳頭鬢右足夾櫛左足綰髮及繫衣浣布亦如之其輕捷便穩與手無異人多擲錢贈之亟伸足取貫韋繩之上略無凝滯予爲兒時見之雖出處不定將踰一紀而豐凶寒暑彼且無恙又段夕拜曄言景德中因事到岳州嘗見一婦人無雙臂但用兩足刺繡鞋片纖緻與巧手相若服飾頗潔每止之處觀者如堵人競以錢投之噫世有無圖之人手足具完不能自養乃甘死于溝壑是其手臂反不如此二婦人足也悲夫引以驗成式之言知不誣云

故滄州節度使米信本銀夏部落以軍功累官至加節鉞纖嗇聚斂爲時所鄙京師龍和曲築大第外營田園內造邸舍日入計算何啻千緡其長子嚮任供奉官以信之故不敢自專但于富室厚利以取錢自用謂之老倒還兼典契劵爲約其詞以若父死鐘聲纔絕本利齊到之語蓋謂信纔瞑目而亟還也于是私募僕夫十餘輩飾珍異以袍帶令伺于宅左右俟其出門擁掖而去鞍馬服玩備極珍異其黨則京師搖唇舌獵炮炙之徒日有十數謂其嬉遊則信陵孟嘗諸公子謂其用度則石崇王濟爲鄙夫諂佞互作聾騃不悟而復大言人間之物靡有難致錢去便到其速如神至于筵會有奉其歡心者器皿之具盡傾與之嘗謂盡此生逸樂惟我而已至信之卒時已用過十餘萬緡乃齊約交還及信葬畢籍其餘者比信時十去五六焉外無官俸內用私帑闔門百口之給不可缺者加以恣縱蕩費更踰于前以至鬻田園貨邸店未周歲

而日用之緡亦絕其弟方四歲乳母與家人竊議若此不改我輩皆為餧鬼乳母乃抱小兒詣府陳訴是時眞宗在壽邸開府聞之甚怒具以上言舉餘財與所訴之弟供奉者斥出之一簪不著身仍除其班簪因茲索然無歸寄跡旅店乃歷自來游縱之處求衣食人既數回亦皆厭矣遂于京師多假代獄卒搖夜鈴于軍巡聊足餬口素不服勞又以疏怠被逐京師貨藥者多假弄獅子弄胡孫為戲聚集市人供奉形質么麼頰頰尖薄克肖胡孫復委質于戲場焉韋繩貫頸跳躑不已旁觀有為之顏厚而彼殊無怪色噫公侯之裔一旦如此有其父必生其子何足怪耶

呂蒙周任江南幙職既受代與室家奴僕輩泛舟西歸內一僕患疫未得愈蒙周以船小暑毒妨于出處又慮相染心頗厭之因擠于中流僕者久熱被體忽得水涼兼善游泳雖困憊且甚強隨波上下相次至岸有漁叟愍之置于家占身席間聞兩岸喧然僕者扶力出望見蒙周之船已傾倒波間篙檝莫制移時沉溺僕乃雪涕嗟嘆曳漁父共聞官司官司俾為索焉不數日盡得蒙周及家人之尸而僕病已間矣于是悉心致哀昇置其櫬焚之辨析立標掩瘗乃踰越險阻白其親屬不懷擠江之怨焉夫趨走事人職為愚賤蒙周厭其臥疾致其死地是不仁也及茲傾沒僕當鼓舞而幸災乃不念舊惡力為主張掩瘗而告其族此世之難能也則名列章服職曳紳組者外貌是人矣其中心未必如斯人也

柳如京開與處士潘閬為莫逆交尚氣自任潘常嗤之端拱中典金州途出睢陽潘卜居在彼迎謁河涘時正炎酷柳云可偕往傳舍就淸涼宵話也洎到傳舍止于廳事中堂扃鎖甚秘柳怒將笞驛吏吏曰此非敢靳舊傳舍宿者多不自安向無人居十稔矣柳強曰吾文章可驚鬼神膽氣可讋夷夏縱有凶怪因而屏之于是啓戶掃除靜處其中閬潛思曰古人尚不敢欺暗室何紿我之甚

豈有人不畏神乎乃謂柳曰今夕且歸製少湯餠凌晨用籍手為別此室虛寂請公卜宵可也柳不答閬出密謂驛吏曰柳公我之故人常輕言自衒聊作戲怖渠無致訝也閬薄莫乃以黛染身貌衣豹文犢鼻吐牙被髮執巨箠由外垣上正據廳脊俯視堂前是夜月色淸霽洞鑒毛髮柳尚不寐正斂衣循墻而行閬忽叱之柳悚然舉目初不甚懼再呵之已覺惶恐遽云某假道赴任暫憩此館非意干忤幸乞恕之閬遂斥柳平生幽隱不法之事揚聲曰陰府以汝積戾如此俾我持符追攝便須行也柳乃茫然設拜曰事誠有之其如官序未達宦事未了盛年昭代忍便舍焉倘垂恩庇誠有厚報言訖再拜繼之以泣閬徐曰吾只便是潘閬也柳知其所為誠不勝慚阻再三邀閬下屋閬曰公性格躁暴不奈人戲也他日必辱我以惡言矣于是潛遁柳亟歸舟解纜便去聞者為之絕倒柳河東剛殺人人皆畏之一旦為逍遙所悕幾乎泣血古人云雖能言之不能行之此之謂也況其下者乎

瀛州團練使李廷渥蒞邊郡日虞人獲子母胡孫為獻甚小縶在馬院其子跳躍出院為鴟所搏母號呼奮擲晝夜不絕一旦嚙韋繩而逸之捕之不得于庖中竊肉置瓦溝上潛身屋橑間俟鴟下攫跳而擒之遽抉雙目次除兩翅乃攜至廄舍剖其腹磔裂腸胃陳之于前哀號數聲以祭其子然後寸寸斷之肉皆析為縷焉廄吏驚報廷渥覩而歎息遂令人送入山中噫天性之慈猶于人也教被于質則愛生于心周旋而不失其正者厥惟上智乎橫目嗤嗤識又愚下惑于遠而泥于近捨其本而存其末猜嫌于是起慈愛以之絕且藥餔之詐黃臺之詩見聞而終勿悟者其心不如禽獸也悲夫

麟州府在黃河西古雲中之地乃蕃漢樸居黃茅土山高下相屬極目四顧無十步平垣廨舍廟宇覆之以瓦民居用土止若棚焉

架險就平重複不定上引瓦爲溝雖大澍亦不浸潤其梁柱椽題頗甚華麗在下者方能細窺城邑之外穹廬窟室而已人性頑悍不循理法事公惟吏稍識去就降玆而下莫我知也俗輕生重死侮法亡義凡育女稍長靡由媒妁暗有期會家不之問情之至者必相挈奔逸于山岩掩映之處並首而卧繩帶置頭各迭用力緊之倏忽雙斃二族方率親屬尋焉見而不哭謂男女之樂何足悲悼用繒綵都包其身外裹之以氈椎牛設祭乃絛其革密加纏束然後擇峻嶺架木高丈餘呼爲女棚遷尸于上云于飛昇天也二族于其下擊鼓飲酒盡日而散予大中祥符七年隨侍至彼問土人多言却不之信是時主帥折惟中巡出邊徼拉予偕往遂深入不毛往往見女棚致于嶺上而新者氈角宛然異俗如此且低徊呢愛又如此嗚呼州境去京不及二千里而土風差殊可駭耳目則邕州溪洞戎瀘之蠻蜑前達名公書其怪以此思彼眞爲實錄

南窗紀談　一卷　宋失名

士大夫要不可有所好一爲所蔽未有不爲害者房次律平生自視爲何等人是豈逢君之欲託賤役以自售者哉史稱天寶中明皇有逸志數巡幸廣溫泉爲華清宮環宮所置百司區署以琯資機算時方爲給事中詔總經度驪山疏剔岩藪爲天子游觀此等事在當時韋堅王珙楊愼矜之徒乃當任之琯顧安而爲之不恥考其平素未必不出于本心殆適中其所好耳可不愼哉徽宗朝有建言請毁艮嶽以其地還民方議共請內出圖本宣示宰執吳相元中觀至其間佳處失聲稱善上顧笑曰卿亦好此乎元中一時失言出于無心于義固未有所傷然使在天寶間不知果能不爲房琯耶

漢武帝元朔三年詔曰夫刑罰所以妨姦也內長文所以見愛也以百姓之未洽于教化朕嘉與士大夫日新厥業祗而不解其赦天下內長文之語了不可解張晏曰長文長文德也師古曰詔言有文德者卽親內而崇長之所以見仁愛之道見謂顯示也顏子之說雖比張晏爲詳然終不能服人意許少伊右丞言往讀江南舊本乃以內爲而文爲史傳寫之誤容或有此而其義通矣近見一士人言前輩校正本乃以內爲而長爲肆文爲赦所以見愛于其下文尤爲貫穿但改字太多不知果有所據否歐陽公云讀書有不通因改易本文而傅會之最爲解經者之弊此言蓋譏鄭氏也近世學者多或不免如此

飲茶或云始于梁天監中事見洛陽伽藍記非也按吳志韋曜傳孫皓時每宴饗無不竟日坐席無能否飲酒率以七升爲限雖不悉入口皆澆灌取盡曜素飲酒不過二升初見禮異時或爲裁減或密賜茶荈以當酒如此言則三國時已知飲茶但未能如後世之盛耳逮唐中世榷利遂與酤酒相抗迄今國計賴此爲多

傅簡獻公事仁英兩朝居言路御榻前論事是是非非正色抗議未嘗少有茍容姑息之言退而與人道之亦未嘗少有驕矜自負之色及出爲郡循循然遵奉詔條惟謹或問之曰公以直節聞天下今雖不爲郡謂當時有所縱捨以自表見奈何俛首奉法如此何以自別于常人乎公曰不然君子素其位而行官行言事之職牧守行守土之職此古人所以安分而明守也聞者歎服

司馬溫公嘗與邵康節論近代人物曰淸直勇三者人所難能也吾于欽之畏焉康節曰欽之淸而不耀直而不激勇而不慍尤所難矣世以爲知言

王文正公遺事公幼時見天門開中有公姓名弟旭乘間問之公曰要待死後墓銘寫上吾不知此言雖云拒之亦可見其實有是事矣龐敏公帥延安日因冬至奉祀家廟齋居中夜恍惚之間見天象成文云龐某後十年作相當以仁佐天下凡十三字駐視久

之方滅公因作詩紀之云冬至子時陽已生道隨陽長物初萌星辰賜告銘心骨願以寬仁輔太平手緘之題曰齋誠密紀之詩藏其曾孫益孺處用小粉牋字札極草草按實錄自慶曆元年初分陝西四路公與韓忠獻公范文正公王聖源公俱爲帥至皇祐三年登庸適十年夫天道遠矣而告人諄諄如此理固有之不可盡詰

三楚新錄

宋周羽翀（儒林郎試秘書省校書郎前桂州修仁令）

馬氏諱殷上蔡人也自云伏波之後唐末濁亂所在豪傑競起時殷方處卒伍之列隨渠帥何氏南侵長沙據之殷頻戰有功何乃擢爲裨將且命爲邵州刺史殷寬厚大度能得士之死力何氏卒諸將在外者皆擁兵歸以爭其位唯殷如故且素服爲何氏發喪識者謂之知禮未幾衆軍各殺其帥使人共迎殷爲主初衆軍之迎殷也値夜殷甚疑懼欲拒而不行將曉忽覩一人黑色而貌甚雄偉手執大棒鞠躬趨進報曰軍國內外平安俄而不見由是殷

以爲嘉兆其心始安乃謂所親曰吾之此行未必不爲福及至衆果欣躍而奉之殷立且使人間道上表僖宗在蜀聞之甚悅據其表遣使朱書御札許自開國立臺置卿相分天子之半仗焉楊行密據有淮南聞其建國且遣舟師數萬伐之比至城下殷登樓指麾一鼓而破其兵伏屍流血湘水爲之丹焉自是四方慴伏無敢侵之嶺外廖光圖自韶陽叛舉族來奔其部曲隨而至者數千人殷以其豪而衆多將拒而不納或有諫者曰廖者料也馬得必肥是家國強霸之兆何爲而拒之遂待之以禮因命光圖爲永州刺史光圖具陳南越可取之狀言甚激切殷亦將開拓疆土聞其所陳甚善使其部將李勳將數萬衆擊南越未數日拔桂管十八城劉龑懼而乞盟勳即李老虎也勇壯絕倫每一餐費肉十數斤皆割爲大臠而啖之故時人號曰李老虎先是桂管兒童每聚戲呼曰大蟲來號呼而走及勳拔桂管論者以爲應莊宗反正下詔徵諸侯入覲馬殷以年老不行命長子希範入朝希範多辨善於應對及至莊宗謂曰朕聞卿部內有洞庭湖其波無際有之乎對曰有之陛下一旦南巡狩則此湖不足以飲馬耳莊宗大悅既而曰比聞馬氏之國必爲高郁所圖今有子如此高郁何能可得耶高郁殷之謀臣也莊宗將去其爪牙故以是言離間而希範不察及歸果使人搆其罪郁竟棄市自是識者知其不克霸焉初希範之入覲途經淮上時桑維翰旅游楚泗間知其來遂謁之且曰僕聞楚之爲國挾天子而令諸侯其勢不可爲之卑也加以利盡南海而公室大富足下之來若非傾府庫之半則不足供芻粟之費今僕貧者敢以萬金爲請惟足下濟之希範輕薄公子覩維翰形短而腰長語魯而且醜不覺絕倒而笑之既而贈與數百縑維翰大怒拂衣不顧而去及殷薨希範立時維翰已爲宰相奏削去半

仗止稱天策上將軍楚王而已其卿相臺閣皆罷之然希範性剛愎好以誇大爲事雖黜去半仗而軍國制度皆擬乘輿乃大興土功建天策府中搆九龍殿仍以沉香爲龍其數八各長百尺皆抱柱而相向作趨捧之勢而希範坐于其間自謂一龍也每凌晨將坐先使人焚香于龍腹中烟氣鬱然而出若口吐焉自近古以來侯王之奢僭未有如此之盛者也時處士戴假賢而有才嫉其過度乃自稱元黃子作漁父詩百篇諷之希範聞而不悅遂禁錮士庶無使與之交假竟至餓死麾下將丁思覲雄傑之士以希範器度不廣乃上書曰今四海分裂中原之地纔十數州而大王克紹先業爲諸侯之長未聞折一馬箠爲天子計此愚臣所以爲恥也惟大王思之希範覽而怒未幾削思覲官希範婬而無禮至于先王妾媵無不烝通又使尼潛搜于士庶家女有容者皆強取之前後約及數百然猶有不足之色乃曰吾聞軒轅御五百女以昇天

吾其庶幾乎未幾死大爲識者所笑先是既殺高郁數覩形影將死郁又晝見時謂之冥報焉時異母弟希萼爲永州刺史聞其死自以長而當立具舟檝以歸及至長沙衆且立嫡弟希廣矣遽命希萼爲鼎州刺史初牙將張萬敵建議以希萼居長立之則順而記室李皋爭之曰吾聞立嗣君必以冢嫡希萼乃婢妾所生安可立之乎萬敵退而歎曰惜哉李公禍自此始未幾希萼果自鼎州舉兵叛將襲長沙希廣聞之遽命將許可瓊拒之既而可瓊倒戈以降希廣甚懼計無所出然素好釋氏乃披緇服召衆僧念佛以爲禳厭比及城陷念誦之聲不輟其爲愚昧皆此類也竟爲希萼縊殺之且命捕李皋有擒而至者希萼責之曰吾雖生于庶孽然託體于先君汝何見毀而不使吾繼立耶皋無以對命壯士劙其肉而殺之先是皋問術士陳承福曰吾壽幾何對曰九十至是議者以爲九十乃倉卒而死焉既而希萼嬖于酒色多爲不道小門

使謝延澤有美貌希萼逼幸之每引延澤入內閤與妻妾朋坐而飲大爲衆心所惡其弟希崇乘其釁而作亂擒希萼而囚于衡陽既而悔焉遽命舟檝而追之約於長沙南五十里地號昭潭沉之路經衡山縣豪族廖光圖子仁勇聞其來與叔凝議曰希萼長而被廢今又見追此必不免吾屬受先王重恩而不能爲之除禍亂安社稷豈所謂居水土乎乃率數百人刦而立之號衡山王以衡山縣爲府且使人募兵數日之間衆及一萬郡縣多起兵應之希崇懼求救于吳時吳命邊鎬將兵來救其實伐也初童謠云鞭打馬馬急走及鎬至希崇知其謀又將拒焉或以童謠爲諫希崇不得已遂降及希萼見鎬且請入吳于是鎬以禮遣希萼及希崇舉族而行先是吳加兵而來以鎬多藝且使詐爲僧以遊長沙既至且弄鈸行乞未幾詐亡去故吳竟以爲將而鎬非將才每出師皆齋佛事而行時自祝以請福由是三軍解體及武陵酋豪王逵擁兵至竟宵遁焉先是馬氏之國强聞海內諸院公子長幼各八百餘人皆以侈靡放蕩爲務識者多非之公子之徒聞而且恐時有國師張氏紿之曰彼所見非者恐祚之不永也以君昆仲之衆使更而王亦有八百年之家國何憂何懼乎于是時郊外有鄧翁者聞而歎曰文武之道未嘗介意而更納虛誕之說以自安此輩吾見其死于溝壑有日矣及邊鎬師至果驗然星散寒餒而卒者過半焉

周氏諱行逢武陵人也世耕鉏爲業嘗犯法顯德中馬氏荒亂吳命邊鎬將兵伐之浹旬盡有湘中之地時鎬雖克勝然安撫無策故民多怨叛武陵酋豪王逵劉咬牙等十數人乘衆心之怨謀舉兵襲之未數日而有八千之衆行逢始預焉倍道兼行遇夜奄至城下于是鼓譟斬關而入時鎬軍驟勝士卒解甲不復防禦又當昏黑之際忽聞兵入倉卒驚駭計無所出皆束手就戮遲明死者

十有八九鎬竟以單騎遁走于是逵據其境上表于朝廷天子嘉之就除湖南節度兼中書令逵素雄豪得志之後不拘小禮其車服制度擬于王者先是吳有術士言南楚之分氣色甚盛以目觀之將有王氏起焉僞主聞而憂之且問曰今之諸將處於南楚者誰爲王姓或對曰有永州刺史王溫耳僞主疑其當之謀殺溫且遣使拜溫爲征南將軍賜以印綬巾帶仍密于巾中置毒及使至溫拜命著巾俄頃腦裂而死未幾逵舉兵襲長沙而據之卽其應也逵好功名嘗秣馬勵兵以候征戰時行逢已爲麾下將衆頗服其才略逵因命爲副二行逢雖受命然終以逵非君長之才自是密結心腹以圖之未幾逵自領兵侵南越留行逢知留後事而行逢因忽謂所親曰王公逵必不返然以後事付吾者所謂以雲雨資蛟龍也吾何憂乎及逵方至桂陽果爲越兵所破逵僅以身免既而死于路行逢竟代其位時軍吏多武陵人咸有戀土之心或

或說行逢曰夫富貴不還鄉如衣錦夜行公起于徒步自署爲列侯可謂富且貴也然而無西還意使鄉人父老平生親知將何以瞻望風采耶行逢感悟即日命駕歸武陵以武陵爲西府且使人迎其妻潘氏潘貌素陋然爲性剛烈雖行逢已爲侯王而待之蔑如也先是所侍皆勸之使詣行逢笑而對曰夫人爲心自非聖賢必多變動以吾旣老且醜雖欲往而公豈以曩時之心相向哉唯有死而已時聞者未以爲然及使至果不從命唯躬率婢僕以耕織自給至于賦稅亦及時輸納而未嘗逋懸行逢止之而不從曰賦稅者官物也豈以己爲主而自免之哉行逢聞而有慚色時兵革之後郡邑官吏以聚斂爲務行逢患之乃潛使人察其姓名一旦卒然除去自是管內稍稍清肅至于建官設職亦皆愼其選擇嘗有女婿乞補吏行逢度其非才乃曰吏所以理民也今觀汝不堪其事然吾當爲汝置鍬犂數具汝能用之鉏種以養老幼亦是

美事何祿之求于是竟不補焉時一方翕然號爲英主然多猜忌好發入陰事故麾下將帥恐其不免多有謀叛而行逢亦能預爲之備往往事未發而誅于是公府凜然入見之者若履冰雪先是何進士景山爲王逵記室每輕忽行逢行逢得志景山爲益陽令未幾因事縛景山投之于江謂曰汝嘗佐王逵今王逵已死且爲我告龍王其殘忍皆此類也故天策學士徐仲雅有淸才然爲性好以滑稽輕薄爲事國破之後傷于凍餒行逢聞其名且以窮困謂必能改節因使召之命爲節度判官初王逵之起兵也知設官有輕重權欲其得衆茍能應募皆置司空太保以誘之自是武陵村落鄽市豪横之輩稱司空太保者無算及仲雅至行逢問曰自吾還鎭西土控雄盛之地四境懼之乎仲雅對曰公管內滿天太保滿地司空何不懼之衎逢不悅未幾大宴僚吏而仲雅在座行逢又與之論事然行逢夷音每呼字音多誤仲雅因戲之曰不于

五月五日剪却舌頭使語音乖錯如此行逢大怒然仲雅嘗歷事馬氏諸士民信之久矣故不敢加誅後仲雅竟以忤意去職因退居山寺暇日覩羣僧爭剝椶枝乃詠其樹曰葉似新蒲綠身如亂錦纏任君千度剝意氣自衝天蓋怨行逢之斥而謗之也有鄧洵美者連郡人也登進士第將歸連上箋行逢署館驛巡官洵美背傴時謂之鄧駝子其爲性迂僻皆類其形衆咸不悅之故雖處幕僚而食貧不暇給同年王溥爲相聞洵美不得志乃爲詩曰綵衣我已登黃閣白社君猶困故廬自是行逢稍優給之未幾給事中李昉至昉亦洵美同年也相見話舊不覺號慟古人布衣交不及此也久而忤行逢旨乃貶爲易俗場官須臾又使人詐爲山賊突入公署殺之聞者無不痛惜後李昉再奉命祠南岳知洵美墳在近乃爲詩弔之曰今日自君墳畔過不勝懷抱暗酸辛李觀象爲節度副使以行逢嚴酷恐其及禍乃寢紙帳臥紙被行逢信而用

之凡軍府事無輕重皆決于觀象性多嫉忌好蔽人之善零陵儒士蔣密能吟咏頗得風騷之旨嘗題桑云綺羅因片葉桃李謾同時大爲作者所許觀象聞之佯驚曰此僕詩何蔣密之能爲士林以此鄙之及行逢病又託疾復命子保權師尊之且謂保權曰麾下將校有凶很難制者除之已盡惟衡州張文表耳吾死之後此人必叛萬一不可敵當舉族北歸無使骨肉落虎狼之口言訖奄然而逝未數月張文表果叛于衡州舉舟師順流而下以襲長沙時行軍司馬廖簡知留後事方與軍吏湶會有報文表至簡素輕文表殊不介意且謂軍吏曰黃口小兒到而擒之何憂乎乃伐鼓飲酒如初于是至晚文表已入城麾軍直至會所時簡已醉不能發弓矢惟按膝作氣而已文表親以戈擊殺之在座間遇害者數十人時保權年方十三而英爽有膽氣聞叛歎曰先君可謂知人矣僕雖無能安可使軍國落此賊手乎遽命部將楊師璠率萬餘

衆討之及師璠將行又親出餞送仍泣對三軍曰先君薨背墳土未乾而兇賊悖逆實保權不孝所致也安敢勞于諸軍以先君之故無忘戮力苟滅此賊安先君于地下足矣各希勉之其吐氣發言義形于色三軍無不感激然保權猶慮其敗且馳表而乞師未逾旬而師璠已大破文表于平亭津仍梟文表之首于是餘黨皆戮初文表將叛猶豫未定有從者夜夢文表頷上出一龍及明以告文表大悅曰此天命我也于是舉兵及敗論者以龍神物也而出于頷是禍將作神告焉保權以文表已滅且命使止師不意王師已破江陵而逼境矣保權懼召李觀象議之觀象曰夫請王師者所以討賊張文表故也今文表已破而王師不還豈非朝廷將有事于南地乎然我國之所恃者江陵之在北境耳今江陵已束手不能自救其急且欲與王師相拒此所謂魚入沸湯而更鼓腮掉尾其可免乎惟公善自圖之無失子孫萬世之利也保權不得已乃出郊迎王師且請入覲天子聞而悅之命以禮遣既至宗族封拜有差先是行逢頗以淫祠爲患管內祠廟自非前代有功及民者皆命毀拆之約省祭祠之費三分之一時有識之士忻然以爲明斷及末年酷信釋氏每一歲之間設大會齋者四無非破耗國用仍度僧建寺所在不輟因暇復召羣僧于府中講唱而已自執爐焚香以聽凡披緇之士雖三尺童子皆搶地伏拜之雖梁武篤好未之加也故君子知其不克永世矣

高氏諱季興字貽孫峽州硤石人也東魏司徒昂之後幼好武而有膽氣乾符末所在寇賊競起時梁祖爲元帥專征伐潛有飛揚跋扈之志思得義勇者與之同力時季興潛察之乃謁梁祖于郊祖見之悅尋拔爲制勝軍使其後累從征討以功授宋州團練使未幾移授荆南兵馬留後及梁祖禪代正拜江陵尹兼管內節度觀察處置等使季興以江陵古之重地又當天下多事陰有割據

之志乃大興力役重築城壘執畚者逮十數萬人皆攀援賓友負土助焉其郭外五十餘里坟冢皆令發掘取磚以甃之及土工畢陰慘之夜皆鬪鬼哭鬼火數起將撲之俄然而滅如此者累月方定論者以爲發掘坟冢使幽魂不安故也時諸侯爭霸急于用人進士梁震登第後薄遊江陵季興請爲掌書記震性抗直臨事敢言時莊宗反正下詔徵諸侯王入覲季興欣然奉詔將行震諫曰朝廷自反正後有吞併諸侯之心若我繕甲以自守猶恐不保其地況敢抛棄軍國千里入覲哉且又今之諸侯爲梁朝舊人者唯公耳安知朝廷不以讐敵相待耶幸望圖之無使懷王之患復見于今日也季興曰吾計決矣多言奚爲及至莊宗果欲留之及歸直夜將吏父老出迎于郊外季興乃握震手曰不聽君言幾葬虎口初季興方對莊宗謂之曰今天下負固不服者惟吳與蜀耳朕今欲先有事于蜀而蜀地險阻尤難之江南纔隔荆南一水耳朕欲先征之卿以爲何如季興對曰臣聞蜀國地富民饒獲之必建大利江南國貧地狹民少得之恐無益臣願陛下釋吳先蜀時莊宗意本欲伐蜀及聞季興之言大悅未踰年莊宗伐蜀季興私自喜曰此吾以計紿之彼乃信而用耳未幾遣使册季興爲南平王季興謂震曰此恐吾與蜀連衡故也及蜀破書至季興方食乃落筯而歎曰此吾之失計也所謂倒持太阿授人以柄梁震曰大王勿憂今蜀雖破未必爲福未幾莊宗晏駕果再亂一如梁震之言初季興嘗從梁祖出征引軍早發至邸未曉有一嫗秉燭開門而迎其禮甚謹季興頗疑而問嫗對曰妾適夢金甲神人推門呼曰宜速起有王者來及起開門而果有君子至豈非所謂王者耶所以不敢褻慢耳季興大悅後果然洎季興卒從誨立震獨不悅謂所親曰先王平生與吾相見弟兄之不若也今日之下安能屈節北面復事其子耶于是求解職退處于郊外灌園鬻蔬爲別業稱

處士每從誨以事召至府則倒跨黃牛往往直造廳事前呼從誨不以官閥止稱大郎君而已從誨以其先王舊人不忍以過殺之有李載仁者唐室之後也唐末避亂于江陵季興署爲觀察推官載仁自負文學常感季興見知每從容接待不爲少禮然爲性迂緩一日將赴季興召方上馬無何部曲相毆載仁怒且命急于廚中取飯并熟猪肉令相毆者對湌之仍令軍將戒之曰如敢再犯必當于猪肉中加之以酥聞者無不笑之及從誨嗣立有孫光憲者本成都人旅游江陵方圖進取從誨辟之用爲掌書記自是凡牋奏書檄皆出其手載仁充位而已由是載仁遂與光憲有隙光憲猶能避之故論者多光憲光憲每患兵戈之際書籍不備遇發使諸道則未嘗不厚與金帛購求焉于是三年間收書及數萬卷然自負文學嘗怏怏如不得志又嘗慕史氏之作自恨諸侯幕府不足展其才力每謂交親曰安知獲麟之筆不反爲倚馬之用因

吟劉禹錫詩曰一生不得文章力百口空爲飽暖家有梁延嗣者復州景陵人唐天成中將兵守復州監利季興之入覲也莊宗欲殺之既而逃歸益懷怨憤遂以兵攻取復之監利星沙二縣延嗣兵敗爲季興所獲至從誨既立擢爲大校遂承制授歸州刺史未幾又遷復州團練使仍掌親軍延嗣雖起非行陣自行累典戎事幾年十九諱健兒士卒之語每聚談或有傷犯之者往往交遊變爲仇讎光憲與延嗣年甲相亞居嘗自謂筋力不衰一旦赴毬場上馬左右扶持者甚衆延嗣在其後笑曰孰謂大卿年老而彌壯觀其上馬輕健良由扶持者衆爾光憲乃回顧曰非因衆扶持蓋是老健延嗣不勝憤怒論者以此少之有王惠範者平江軍節度保義之子美風儀好讀書初保義之奔荆南也季興以爲行軍司馬未幾生惠範及長以門蔭爲文學累遷觀察推官從誨立以女妻之且以惠範本將家子欲使自幕府事掌內外軍政惠範爲人閒談不羈聞之不悅入告從誨且辭之自是復以從誨爲不知己至軍國之事皆不參預但以金帛購求古書圖畫日以披玩爲志從誨卒子繼冲嗣建隆三年武安軍節度周行逢薨子保權嗣位衡州刺史張文表不服舉兵反直入長沙殺行軍司馬廖簡保權懼告急朝廷乞王師爲援朝廷命宣徽使李處耘領兵萬餘人救之李以路由江陵慮繼冲不測先遣使諭之曰比者王師救應東道之主誠在足下然利在急速故不淹留但假一鄉道使于城外經過幸矣繼冲將許之猶豫未決有大校李景威者素勇悍越次白繼冲曰兵尚權變城外之說實不可信以臣觀之彼實欲乘釁伐我耳況今精兵數萬自先王已訓練備矣景威雖不才願盡以相付不顧性命爲大王拒之繼冲聞之曰事未可知爾勿憂也及王師至果如景威之言繼冲大懼乃不得已出郊外迎王師且請李公乞上表入朝李公飛騎以聞天子大悅遣使就除繼冲徐州

節度使便道赴任蓋孫光憲之謀也景威以其不用己謀遂扼喉而死繼冲聞而傷之先是荆南尙使磁器皆高其足而公私競用之謂之高足碗至大軍一臨舉族東遷高足之讖一朝應之蓋由天命信矣哉

慎子 一卷全

慎到 趙人字滑厘　滕輔註

威德一

天有明不憂人之暗地有財不憂人之貧聖人有德不憂人之危也天雖不憂人暗闢戶牖必取己明焉則天無事也地雖不憂人貧伐木刈草必取己富焉則地無事也聖人雖不憂人之危百姓準上而比于下其必取己安焉則聖人無事也故聖人處上能無害人不能使人無己害也則百姓除其害矣聖人之有天下也愛之也非敢取之也有光明之德故有百姓權而與之耳其取之微百姓之于聖人也養之也非使聖人養己也則聖人無事古者工不兼事士不兼官工不兼事

則事省省則易勝士不兼官則職寡寡則易守故士位可世工事可常古之宰物者用其一以成其事是以用無棄人使無棄才若任使於過分之中役物於易使之地則上下顚倒豈能濟亂百工之子不學而能者非生巧也言有常事也今也國無常道官無常法是以國家日繆教雖成官不足官不足則道理匱矣古者立天子而貴者非以利一人也曰天下無一貴則理無由通通理以爲天下也故立天子以爲天下非立天下以爲天子也立國君以爲國非立國以爲君也立官長以爲官非立官以爲官長也法雖不善猶愈于無法所以一人心也夫投鉤分財投策分馬非鉤策爲均也使得美者不知所以美使得惡者不知所以怨此可以塞怨望也明君動事分官必由慧定賞分財必由法行德制中必由禮法者所以愛民禮者所以使事故欲不得干時必于農隙愛不得犯法當官而行貴不得踰親祿不得踰位士不得兼官工不得兼事以能受使以利受事若是者上無羨賞下無羨財羨謂盜也

因循二

天道因則大因百姓情遂自然性則功高而道大化則細化民從我非物所樂其理偏狹其德細小因也者因人之情也人不得其所以自爲也則上不取用焉化而使之爲我則莫得而用矣逆性矯情引彼就我忿戾非道莫有以者是故先王不受祿者不臣不厚祿者不與人人不得其所以自爲也則上不取自用焉夫君上者取用必惟天機之動性分之適然後上下交泰經世可久爾故使自爲則無不得化而使之則無不失矣故用人之自爲不用人之爲我則莫不可得而用矣此謂之因

民雜三

民雜處而各有所能者不同此民之情也然聖人不求備于一人也大君者大上也兼畜下者也下之所能不同而皆上之用也是以大君因民之能爲資盡包而畜之無能去取焉君之御世也皆由盡百姓短就之能文者文武者武能者能隸屬萬物之分因長使器育者使觀理有無棄財是故不設于方以求于人故所求者無一足也大君不擇其下故足不擇其下則爲下易矣易爲下則下莫不容莫不容故多下多下之謂大上其下既多故在上者大也君臣之道臣有事而君無事也

各事其所事也百官之職各有所司君逸樂臣任勞臣盡智力以善其事而君無與焉仰成而已事無不治治之正道然也人君自任而務爲善以先下則是代下負任蒙勞也臣反逸矣故曰君人者好爲善以先下則下不敢與君爭善以先君矣君好務于善羣下皆望善于君矣上以一方之善施于衆求其爲體偏用多而臣其下則天下亂矣皆私所知以自覆掩有過則臣反責君逆亂之道也夫以置百官使各述所知以事久而出衆端正庶績耳乃君願善臣竊能百臣善不用而歸惡而下則者衆矣君之知未必最賢于衆也以未最賢而欲盡被下則不贍矣假使賢不可推一己之智也而察居下而況不贍若君之智最賢以一君而盡贍下則勞勞則有倦倦則衰衰則復返于人不贍之道也是以人君自任而躬事則臣不事事也君躬親其事則臣下不復以事爲事是君臣易位也謂之倒逆倒逆則亂矣人君任臣而勿自躬則臣事事矣是君臣之順治亂之分不可不察也所謂任人者逸自任者勞

德立四

立天子不使諸侯疑立諸侯不使大夫疑立正妻不使羣妾疑立宗子不使庶孽疑疑則動兩動兩則爭雜則相傷害在有與不在獨也故臣有兩位者國必亂臣兩位國不亂者君在也恃君不亂矣失君則亂子有兩位者家必亂子兩位而不亂者父在也恃父不亂矣失父則亂臣疑君而無不危國孽疑宗而無不危家

君人五

君人者舍法以身治則誅賞予奪從君心出然則受賞者雖當望多無窮受罰雖當望輕無已民所倚法法限之則不也在賞欲多罰欲少無以窮輕重盡心以班之所倫矣雖聰明予奪何解于志望君舍法以心裁輕重則同功殊賞同罪殊罰矣怨之所由生也是以分馬之用策分財之用鉤非以策鉤爲過于人智所以去私塞怨也故曰大君任法而勿躬則事斷于法法之所加各以分蒙賞罰而無望于君是以怨不生而上下和矣

周氏涉筆曰稷下能言者如愼到最爲屏去繆悠剪削枝葉本道而附于情主法而責于上非田駢尹文之徒所能及五篇雖簡約

而明白純正統本貫末而云天下無一貴則理無由通故立天子以爲天下君又曰不擇其下則爲下易爲下易則下莫不容故多下多下之謂大上又曰人不得其所以自爲也則上不取用焉化而使之爲我則莫可得而用矣自古論王政者能及此者鮮矣又云君舍法而以身治則誅賞予奪從君心出又曰法雖不善猶愈于無法今通指慎子爲刑名家亦未然也孟子曰王政不合慎子述名法不同偏忌一說遇合不知何所明也（此篇缺）

野說

宋邵　思（雁門人）

江南二徐大儒也（鉉爲吏部尚書　鍇爲中書舍人）後主政王六歲時戲佛像前有大琉璃缾爲貓所觸判然墜地因驚得疾薨鍇爲王墓志兩日矣鉉曰受命撰文當早爲之鍇曰文意雖不引貓兒事此故實兄頗記否鉉因取紙筆數疏之不過二十事鍇曰都未也適已憶七十餘事鉉曰弟今大能記明且又云夜來復得數事兄撫掌而已

太宗皇帝嘗內出古畫三百軸雜以山川人物鳥獸花木糊其名氏詔參政賈黃中直院舍人張洎直秘閣刁衎各領一百軸不同日而給謂曰卿可分高下等第進來刁得之尋以品藻一日參政退朝召刁衎曰聖旨出畫一百軸令觀某于此藝未嘗經心學士多能幸與銓決既而盡辨之它日舍人亦召刁衎出畫如賈所說盡踰月相次進納備言郡國所畫復以九品第之上覆視與舊題不差大喜曰卿何爲各能旌別二臣對曰臣等不曉繪事俱是刁衎所定祕閣由是擅博識之名焉

開寶八年十一月二十七日夜半金陵城陷大軍將入予六歲矣父母昆弟十三人空宅號泣而出未知匿藏之所天漸明行至廣濟倉北角姑之子張成家見父母泣且言曰兵至矣去將安適此有梯可踰垣入倉大軍若來必不燒倉成家老小率相隨而度入度訖毀梯勿使人覺父異其言骨肉由是皆入既而成欲去梯父曰不可也我與汝即免後人若何但留之俾來者得踰垣則衆皆濟矣于是果有人沿梯而上復有駕异而登者父乃與仲氏取倉中官梯兩隻擲于外至卯辰間大軍既入火照臺城少頃果有百餘甲士持赤幟立于墻外實守倉廒是則張成所謀蓋得濟者衆由父不使去梯而又益之者二十八日招安城中固多殺虜惟此間老幼近二千人獲全云

建康瓦官寺閣普哀帝時造逶迤精巧甲于江左年代寖遠西南角久已欹側唐明皇開元九年七月十一日江淮大風拔木是夜因風雨自正（閣上有實記在塈閣說此事）大宋開寶八年十一月二十七日剋復之際爲兵火所焚時已五百八十餘載矣明年有客自東海來言是夕雪中天上有光自西南引一閣來北去聞鐘梵鼓樂之音云（瓦棺寺本名昇號禮崇林）

周世宗已得淮南李後主令侍中林仁肇出鎮武昌倚爲長城可

知矣未幾而太祖受命太祖欲先取上游兵帥多憚仁肇未即遣之于時後主弟齊王達質于闕下太祖嘗密令親信行班武昌僧院竊取仁肇全身眞容既至掛于便殿召齊王觀之曰卿識此人不對曰臣不識然有類臣江南林仁肇上曰正是耳近有表幷進此像言相次歸朝朕將遣使迎之齊不省其謀亟使人間行歸白其事由是君臣猜惑仁肇不明而卒

亡國之音信然不止玉樹後庭花也南唐後主精于音律凡變曲莫非奇絶開寶中因將除自撰念家山一曲既而廣爲念家山破其讖可知也宮中民間日夜奏之未及兩月傳滿江南蓋李氏將亡雖聰明睿智不能無感其怨于今音尚在焉

先公談錄一卷（丞相李文正公昉）

宋李宗諤

宗諤二毛之年丁先公憂既卒哭朋友勉以毀不滅性之道雖茍延殘喘素無以度于朝夕因之錄先公昔所嘗談號泣而書焉總

而謂之曰先公談錄第三男宗諤序

先公嘗言座主王公（翰林學士戶部侍郎王仁裕也）知舉時已年高有數子皆早亡諸孫並幼每諸生至門必迎于中堂公與夫人偶坐（夫人歐陽氏）受諸生拜一如兒孫禮然後備酒饌命諸生侍坐于餅餌羹臛之物皆公與夫人親手調品以授諸生甚于慈母之親嬰兒也公文章之外尤精音律至酒酣則盡出樂器自取小管吹弄諸生有善絲竹者亦各使獻其能或間以分題聯句未嘗不盡歡焉忽一日生徒畢集出一詩版懸于客次曰二百一十四門生（時并明經童子二百十四人故禮部侍郎賈黄中郎玄子顒頭也）春風初長羽毛成擲金換得天邊桂鑿壁偷將榜上名何幸不才逢聖世偶將疏網罩羣英衰翁漸老兒孫少異日知誰略有情公後有一孫名全禧終于縣州西昌令一女適河東薛氏甚賢明余亦忘矣

先公致政之明年正月望夜上御乾元門觀燈召公預焉初夕樂作酒三行上起凭欄四顧見燈燭士庶之盛詔移先公邇御座別賜一榻在丞相上上自取御尊斟酒并親授果餌因顧問先公晉漢朝舊事久之聖意甚懽謂左右曰帝都人物闐駢里閈闊遠非復昔時之隘陋也若方之晉漢繁富百倍矣此惟李某宿舊尚可記耳上又目先公語侍臣曰李某可謂善人君子侍朕二十年兩在相位未嘗有傷人害物之事餘可知矣先公但俯伏拜謝至中夜方退先公歸謂諸子曰吾雖名宦仕僅五十年內省生平所為雖不能見奇功異勳以耀簡册然不蔽人之善不忌人之進度德守分不愧屋漏承聖君獎拔兩至相位又保全老朽今退其身又顧盼恩意益厚于往昔又對羣臣目之為善人君子惟四者有一亦足為幸吾何人哉而享是具美者仲尼有言曰善人吾不得而見之矣又謂子夏曰汝為君子儒又目季札曰有吳延陵君子是知善人君子乃男子極美之稱耳而金口獎諭曲加于老臣吾何

以稱之古人受一言之知尚思殺身以報況辱斯言哉爾曹勉勵忠孝節義思聖君之所言念吾身之所行則無愧爾父矣

先公休致之明年年七十一思欲繼白樂天洛中九老之會時吏部尚書宋公琪年七十九左諫議大夫楊公徽之年七十五鄧州刺史判左金吾衛事魏公丕年七十六太常少卿致仕李公運年八十水部郎中直祕閣朱公昂年七十一廬州節度副使武公允成年七十九太子中舍致仕張公好古年八十五吳僧家左講經首座贊寧年七十八并公九人欲會于家園合為九老之會已形于歌咏布在人口適會蜀寇作亂朝廷方議出師繇是不成會而罷

說郛卷第四十終